C# von Kopf bis Fuß

Dritte Auflage

WÄRE ES NICHT WUNDERBAR, WENN ES EIN C#-BUCH GÄBE, DAS AMÜSANTER IST, ALS ***EIN TELEFONBUCH AUSWENDIG ZU LERNEN***? ABER WAHRSCHEINLICH IST DAS NUR EIN TRAUM ...

Andrew Stellman
Jennifer Greene

Deutsche Übersetzung von
Lars Schulten

O'REILLY®

Beijing • Cambridge • Köln • Sebastopol • Tokyo

Kommentare und Fragen können Sie gerne an uns richten:

O'Reilly Verlag
Balthasarstr. 81
50670 Köln
E-Mail: kommentar@oreilly.de

1. Auflage 2008
2. Auflage 2010
3. Auflage 2014

Die Originalausgabe erschien 2010 unter dem Titel
Head First C#, Second Edition bei O'Reilly Media, Inc.

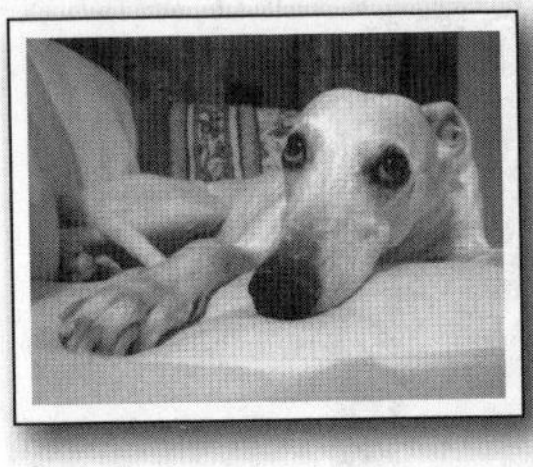

Bei der Erstellung dieses Buchs wurden keinerlei Bienen, Außerirdische oder Comic-Helden verletzt.

Bibliografische Information Der Deutschen Nationalbibliothek
Die Deutsche Nationalbibliothek verzeichnet diese Publikation in der Deutschen Nationalbibliografie; detaillierte bibliografische Daten sind im Internet über http://dnb.d-nb.de abrufbar.

Übersetzung und deutsche Bearbeitung: Lars Schulten, Köln
Lektorat: Alexandra Follenius & Susanne Gerbert, Köln
Korrektorat: Sibylle Feldmann, Düsseldorf
Satz: Ulrich Borstelmann, Dortmund
Umschlaggestaltung: Louise Barr & Steve Fehler, Sebastopol & Michael Oreal, Köln
Produktion: Andrea Miß, Köln
Belichtung, Druck und buchbinderische Verarbeitung: Media-Print, Paderborn

ISBN 978-3-95561-596-3

Dieses Buch ist auf 100% chlorfrei gebleichtem Papier gedruckt.

Dieses Buch ist dem Andenken an Sludgie den Wal gewidmet,
der am 17. April 2007 nach Brooklyn schwamm.

In unserem Kanal warst du nur einen Tag,
in unseren Herzen wirst du immer sein.

DANKE, DASS SIE UNSER BUCH GEKAUFT HABEN! ÜBER DIESE DINGE ZU SCHREIBEN, BEREITET UNS WIRKLICH VERGNÜGEN, UND WIR HOFFEN, DASS SIE BEIM LESEN AUCH AUF DEN GESCHMACK KOMMEN ...
... WEIL WIR WISSEN, DASS SIE BEIM LERNEN VON C# EINE *WUNDERBARE ZEIT* HABEN WERDEN.
Andrew
Jenny
Dieses Foto ist von Nisha Sondhe (wie auch das vom Gowanus Canal).

Andrew Stellman hat *zwei Mal* in Minneapolis, Genf und Pittsburgh gelebt, obwohl er eigentlich in New York aufgewachsen ist. Das erste Mal, als er seinen Abschluss an der Carnegie Mellon School of Computer Science machte, das zweite Mal, als er mit Jenny eine Consulting-Agentur gründete und sie gemeinsam ihr erstes Buch für O'Reilly schrieben.

Im ersten Job, den Andrew nach dem College antrat, erstellte er Software bei einer Schallplattenfirma, EMI-Capitol Records – was recht passend war, da er die LaGuardia High School of Music and Art and the Performing Arts besuchte, um Cello und Jazz-Bassgitarre zu studieren. Das erste Mal arbeiteten Jenny und er bei einem Unternehmen für Finanzsoftware zusammen, wo er ein Programmiererteam leitete. Über die Jahre war er unter anderem Vizepräsident einer größeren Investment-Bank, hat Hochleistungs-Echtzeit-Backend-Systeme entworfen, große internationale Software-Teams geleitet und Unternehmen, Universitäten und Organisationen beraten, unter anderem Microsoft, das National Bureau of Economic Research und das MIT. Über die Jahre hinweg hatte er das Privileg, mit einigen ziemlich herausragenden Programmierern zusammenzuarbeiten, und ist davon überzeugt, dass er von ihnen ein paar Dinge gelernt hat.

Wenn er nicht gerade Bücher schreibt, beschäftigt sich Andrew damit, nutzlose (aber amüsante) Software zu schreiben, Musik zu spielen (noch mehr allerdings Videospiele), Tai-Chi und Aikido zu lernen und einen Spitz zu haben.

Jennifer Greene studierte im College Philosophie, konnte wie alle anderen anschließend aber keinen Job finden, bei dem sie genau das einsetzen konnte. Glücklicherweise ist sie eine gute Softwaretesterin, und als solche startete sie zunächst bei einem Onlinedienst. Dabei begriff sie zum ersten Mal, was gutes Projektmanagement wirklich ist.

Nach New York zog sie 1998, um bei einem Unternehmen für Finanzsoftware Software zu testen. Seitdem hat sie Teams von Entwicklern, Testern und Projektmanagern bei Softwareprojekten im Medien- und Finanzbereich geleitet.

Sie ist quer durch die ganze Welt gereist, um mit verschiedenen Softwareteams zu arbeiten und die unterschiedlichsten coolen Projekte aufzubauen.

Sie liebt Reisen, Bollywood-Filme, liest gelegentlich Comics, spielt PS3-Spiele und hängt mit ihrer gewaltigen Sibirischen Katze Sascha ab.

Seitdem sie sich 1998 das erste Mal begegneten, haben Jenny und Andrew gemeinsam Software entwickelt und über das Schreiben von Software geschrieben. Ihr erstes Buch, **Applied Software Project Management**, wurde 2005 von O'Reilly veröffentlicht. Andere Stellman/Greene-Bücher für O'Reilly sind unter anderem **Beautiful Teams** (2009) und ihr erstes Buch in der Von Kopf bis Fuß-Reihe, **Head First PMP** (2007).

2003 gründeten sie Stellman & Greene Consulting und bauten ein Softwareprojekt für Wissenschaftler auf, die die Herbizid-Belastung bei Vietnamveteranen untersuchen. Wenn sie nicht gerade Software oder Bücher schreiben, beraten sie Unternehmen und halten eine Menge Vorträge bei Konferenzen und Versammlungen von Softwareingenieuren, -architekten und -projektmanagern.

Besuchen Sie ihr Blog **Building Better Software**: **http://www.stellman-greene.com**.

Folgen Sie **@AndrewStellman** und **@JennyGreene** auf Twitter.

Über den Übersetzer dieses Buchs

Lars Schulten ist freier Übersetzer für IT-Fachliteratur und hat für den O'Reilly Verlag schon unzählige Bücher zu ungefähr allem übersetzt, was man mit Computern so anstellen kann. Eigentlich hat er mal Philosopie studiert, aber mit Computern schlägt er sich schon seit den Zeiten herum, in denen Windows laufen lernte. Die Liste der Dinge, mit denen er sich beschäftigt, ist ungefähr so lang, launenhaft und heterogen wie die seiner Lieblingsessen oder Lieblingsbücher.

Ergänzende Bücher von O'Reilly

HTML5 & CSS3

HTML5 – kurz & gut

CSS Kochbuch

CSS – kurz & gut

JavaScript – Das umfassende Referenzwerk

JavaScript – kurz & gut

Weitere Bücher aus unserer *Von-Kopf-bis-Fuß*-Reihe

HTML5-Programmierung von Kopf bis Fuß

Mobiles Web von Kopf bis Fuß

Webdesign von Kopf bis Fuß

JavaScript von Kopf bis Fuß

jQuery von Kopf bis Fuß

PHP & MySQL von Kopf bis Fuß

C von Kopf bis Fuß

Datenanalyse von Kopf bis Fuß

Entwurfsmuster von Kopf bis Fuß

Java von Kopf bis Fuß

Netzwerke von Kopf bis Fuß

Objektorientierte Analyse und Design von Kopf bis Fuß

Programmieren von Kopf bis Fuß

Python von Kopf bis Fuß

Servlets & JSP von Kopf bis Fuß

Softwareentwicklung von Kopf bis Fuß

SQL von Kopf bis Fuß

Statistik von Kopf bis Fuß

Der Inhalt (im Überblick)

	Einführung	xxix
1	Erste Schritte mit C#: *Apps im Handumdrehn*	1
2	Es ist alles bloß Code: *Unter der Motorhaube*	53
3	Objekte: Orientieren Sie sich!: *Aufgabenspezifischer Code*	101
4	Typen und Referenzen: *Es ist 10:00. Wissen Sie, wo Ihre Daten sind?*	141
	C# Workshop 1: *Ein Tag beim Rennen*	187
5	Kapselung: *Alles zu zeigen, ist nicht immer richtig*	197
6	Vererbung: *Der Stammbaum Ihres Objekts*	237
7	Schnittstellen und abstrakte Klassen: *Klassen, die Versprechen halten*	293
8	Enums und Auflistungen: *Daten in Massen speichern*	351
9	Dateien lesen und schreiben: *Speichere das Array, rette die Welt*	409
	C# Workshop 2: *Die Suche*	465
10	Windows Store-Apps mit XAML: *Ihre Apps auf die nächste Stufe bringen*	487
11	XAML, Datei-I/O und Datenkontraktserialisierung: *Entschuldigen Sie die Unterbrechung*	535
12	Exception-Handling: *Fehler-Prävention*	569
13	Captain Amazing: *Der Tod des Objekts*	611
14	Datenabfrage und App-Bau mit LINQ: *Bekommen Sie Ihre Daten in den Griff*	649
15	Events und Delegates: *Was Ihr Code macht, wenn Sie nicht gucken*	701
16	App-Entwurf mit dem MVVM-Muster: *Tolle Apps, außen wie innen*	745
	C# Workshop 3: *Invaders*	807
17	Bonusprojekt: *Erstellen Sie eine Windows Phone-App*	831
A	Was übrig bleibt: *Die Top 11 der Themen, die es nicht ins Buch geschafft haben*	845
	Index	877

Der Inhalt (jetzt ausführlich)

Einführung

Ihr Gehirn und C#. *Sie* versuchen, etwas zu *lernen*, und Ihr *Hirn* tut sein Bestes, damit das Gelernte nicht *hängen bleibt*. Es denkt nämlich: »Wir sollten lieber ordentlich Platz für wichtigere Dinge lassen, z.B. für das Wissen darüber, welche Tiere einem gefährlich werden könnten oder dass es eine ganz schlechte Idee ist, nackt Snowboard zu fahren.« Tja, *wie* schaffen wir es nun, Ihr Gehirn davon zu überzeugen, dass Ihr Leben davon abhängt, etwas über C# zu wissen?

Für wen ist dieses Buch?	xxx
Wir wissen, was Ihr Gehirn denkt	xxxi
Metakognition	xxxiii
Machen Sie sich Ihr Hirn untertan	xxxv
Was Sie für dieses Buch brauchen	xxxvi
Lies mich	xxxvii
Die Fachgutachter	xxxviii
Danksagungen	xxxix

1 Erste Schritte mit C#
Apps im Handumdrehn

Sie wollen tolle Apps in Windeseile aufbauen?

Mit C# steht Ihnen eine **ausgezeichnete Programmiersprache** und ein **wertvolles Werkzeug** zur Verfügung. Dank der **Visual Studio IDE** werden Sie nie wieder Stunden damit verbringen müssen, obskuren Code zu schreiben, um einen simplen Button funktionsfähig zu machen. Noch besser ist, dass Sie **richtig coole Programme aufbauen können,** ohne dass Sie sich einprägen müssen, welche Teile Ihres Codes den *Namen* eines Buttons repräsentieren und welche für sein *Label* stehen. Klingt das interessant? Blättern Sie um, und legen Sie mit dem Programmieren los.

Zu vermeiden

Warum Sie C# lernen sollten	2
C# und die Visual Studio IDE erleichtern Ihnen eine Menge Dinge	3
Was Sie in Visual Studio tun …	4
Was Visual Studio für Sie tut …	4
Angriff aus dem All!	8
Das werden Sie erstellen	10
Beginnen wir mit einer leeren Anwendung	12
Das Grid für Ihre Seite anpassen	18
Dem Grid Steuerelemente hinzufügen	20
Das Aussehen über Eigenschaften ändern	22
Steuerelemente machen das Spiel funktionsfähig	24
Sie haben die Bühne für das Spiel vorbereitet	29
Eine Methode, die etwas macht	31
Den Code für Ihre Methode einfügen	32
Letzte Schritte und erste Ausführung	34
Das haben Sie bislang getan	36
Den Spielablauf mit Timern steuern	38
Den Start-Button funktionsfähig machen	40
Führen Sie das Programm erneut aus	41
Fügen Sie Code ein, damit die Controls mit dem Spieler interagieren können	42
Jetzt ist das Spiel spielbar	45
Die Feinde zu Aliens machen	46
Splash-Screen und Kachel	47
Die App veröffentlichen	48
Nutzen Sie den Remote Debugger, um Ihre App auf einem anderen Rechner zu installieren	49
Das Remote-Debugging starten	50

Himmel! Aliens beamen Menschen. Das ist übel!
?!

Es ist alles bloß Code

2 Unter der Motorhaube

Sie sind Programmierer, nicht bloß IDE-Benutzer.

Mit der IDE können Sie eine Menge Dinge erledigen, aber dennoch kann sie Sie nur ein bestimmtes Stück Ihres Wegs begleiten. Sicher gibt es eine Menge **sich wiederholender Aufgaben**, die Sie erledigen müssen, wenn Sie eine Anwendung aufbauen. Diese Aufgaben kann Ihnen die IDE wunderbar abnehmen. Aber die Arbeit mit der IDE ist *erst der Anfang*. Sie können Ihre Programme dazu bringen, noch viel mehr zu machen – und das geht nur, indem Sie **C#-Code schreiben**. Haben Sie das Programmieren einmal im Griff, gibt es *nichts mehr*, was Ihre Programme nicht tun könnten.

Wenn Sie das tun … 54

… macht die IDE das 55

Wo Ihre Programme herkommen 56

Die IDE hilft Ihnen beim Programmieren 58

Anatomie eines Programms 60

Zwei Klassen können im gleichen Namensraum sein 65

Ihre Programme nutzen Variablen, um mit Daten zu arbeiten 66

C# nutzt vertraute mathematische Symbole 68

Mit dem Debugger Variablen beobachten 69

Mit Schleifen Aktionen wiederholen 71

if/else-Anweisungen fällen Entscheidungen 72

Eine App von null auf aufbauen 73

Die Buttons etwas tun lassen 75

Bedingungen aufstellen und prüfen 76

Windows Desktop-Apps lassen sich leicht erstellen 87

Die App für Windows Desktop neu erstellen 88

Ihre Desktop-App weiß, wo sie anfangen muss 92

Sie können den Einstiegspunkt Ihres Programms ändern 94

Wenn Sie Dinge in der IDE ändern, ändern Sie auch Ihren Code 96

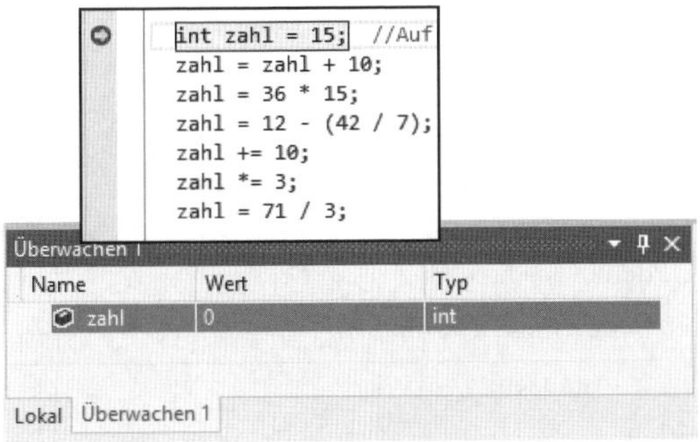

int zahl = 15; //Auf
zahl = zahl + 10;
zahl = 36 * 15;
zahl = 12 - (42 / 7);
zahl += 10;
zahl *= 3;
zahl = 71 / 3;
Überwachen 1
Name
Wert
Typ
zahl
0
int
Lokal
Überwachen 1

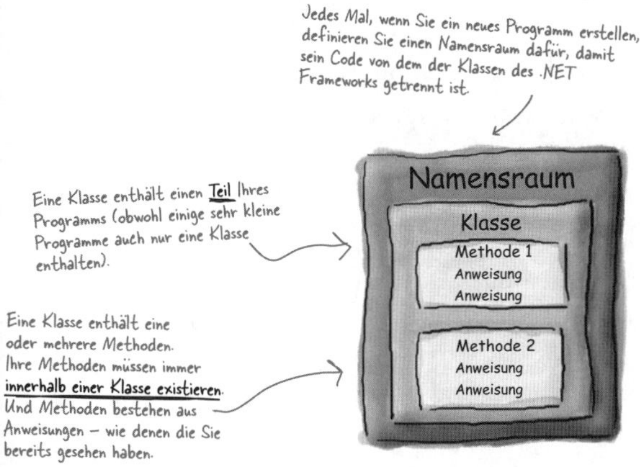

Jedes Mal, wenn Sie ein neues Programm erstellen, definieren Sie einen Namensraum dafür, damit sein Code von dem der Klassen des .NET Frameworks getrennt ist.
Eine Klasse enthält einen Teil Ihres Programms (obwohl einige sehr kleine Programme auch nur eine Klasse enthalten).
Eine Klasse enthält eine oder mehrere Methoden. Ihre Methoden müssen immer innerhalb einer Klasse existieren. Und Methoden bestehen aus Anweisungen – wie denen die Sie bereits gesehen haben.
Namensraum
Klasse
Methode 1
Anweisung
Anweisung
Methode 2
Anweisung
Anweisung

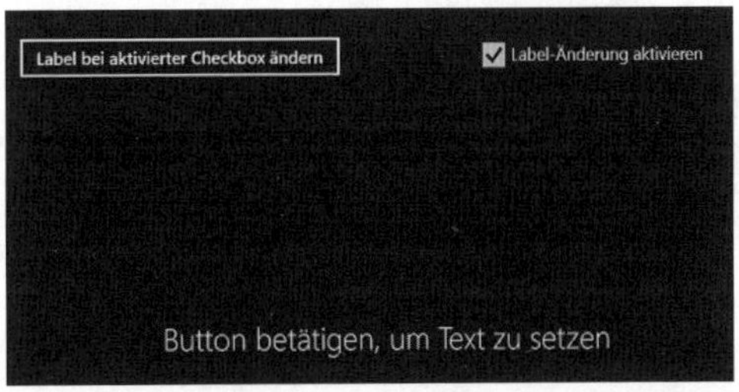

Label bei aktivierter Checkbox ändern
Label-Änderung aktivieren
Button betätigen, um Text zu setzen

3 Objekte: Orientieren Sie sich!

Aufgabenspezifischer Code

Jedes Programm, das Sie schreiben, löst ein Problem.

Bevor Sie ein Programm erstellen, überlegen Sie sich am besten, welches *Problem* Ihr Programm lösen soll. Deswegen sind ***Objekte*** so ungemein hilfreich. Mit diesen können Sie Ihren Code auf Basis des Problems strukturieren, das er lösen soll. Und dann können Sie Ihre Zeit damit verbringen, *über das Problem nachzudenken*, an dem Sie arbeiten müssen, anstatt gleich beim Schreiben des Codes im Sumpf der Implementierungsanforderungen zu versinken. Wenn Sie Objekte richtig einsetzen, erhalten Sie Code, der *intuitiv* zu schreiben sowie leicht zu lesen und zu ändern ist.

Wie Mark über sein Problem nachdenkt 102
Wie Marks Navi über das Problem nachdenkt 103
Die Methoden von Marks Navigator-Klasse 104
Nutzen Sie das Gelernte, um eine einfache Anwendung zu erstellen 105
Was wir damit erreicht haben 106
Mark hat eine Idee 107
Mark kann sein Problem mit Objekten lösen 108
Sie nutzen eine Klasse, um ein Objekt zu erstellen 109
Wenn Sie ein neues Objekt einer Klasse erstellen, bezeichnet man dieses als Instanz der Klasse 110
Eine bessere Lösung … dank Objekten! 111
Eine Instanz nutzt Felder, um Dinge festzuhalten 116
Erstellen wir mal ein paar Instanzen! 117
Objekte auf dem Speicher 118
Was Ihr Programm im Kopf hat 119
Sie können Klassen- und Methodennamen verwenden, um Ihren Code intuitiv zu machen 120
Geben Sie Ihren Klassen eine natürliche Struktur 122
Klassendiagramme helfen Ihnen, Ihre Klassen auf sinnvolle Weise zu organisieren 124
Eine Klasse für die Arbeit mit ein paar Typen erstellen 128
Ein Projekt für die Jungs erstellen 129
Erstellen Sie ein Formular zur Interaktion mit den Jungs 130
Die Objektinitialisierung kann noch einfacher sein 133

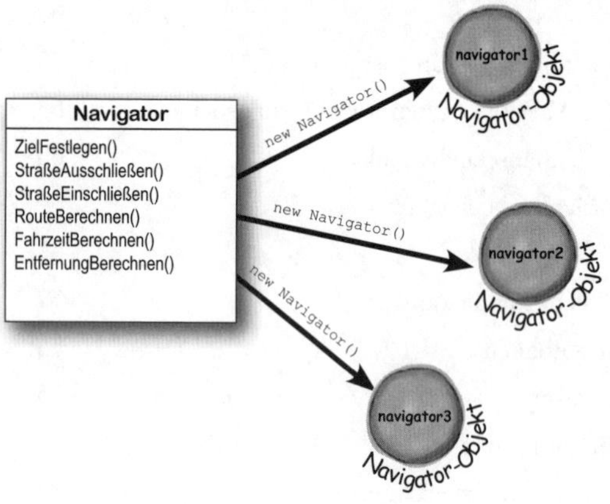

Navigator
ZielFestlegen()
StraßeAusschließen()
StraßeEinschließen()
RouteBerechnen()
FahrzeitBerechnen()
EntfernungBerechnen()
new Navigator()
new Navigator()
new Navigator()
navigator1
Navigator-Objekt
navigator2
Navigator-Objekt
navigator3
Navigator-Objekt

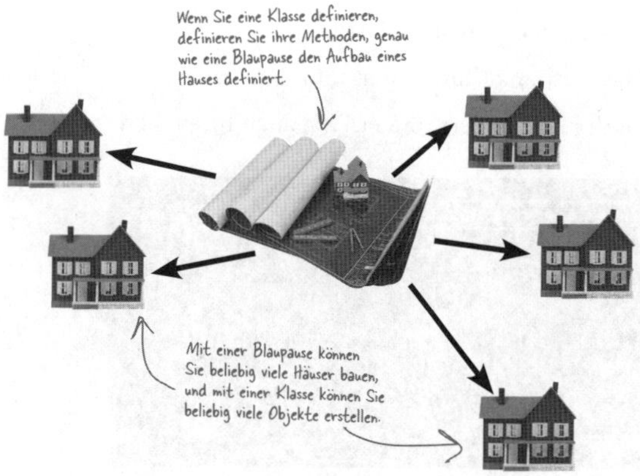

Wenn Sie eine Klasse definieren, definieren Sie ihre Methoden, genau wie eine Blaupause den Aufbau eines Hauses definiert.
Mit einer Blaupause können Sie beliebig viele Häuser bauen, und mit einer Klasse können Sie beliebig viele Objekte erstellen.

4 Typen und Referenzen

Es ist 10:00. Wissen Sie, wo Ihre Daten sind?

Datentyp, Datenbank, Lieutenant Commander Data … all das ist wichtiges Zeug. Ohne Daten sind Ihre Programme nutzlos. Sie brauchen **Informationen** von Ihren Anwendern und nutzen diese, um andere Informationen nachzuschlagen oder neue Informationen zu produzieren, die Sie dann wieder an Ihre User zurückliefern. Eigentlich schließt fast alles, was Sie beim Programmieren tun, auf die eine oder andere Weise **Arbeit mit Daten** ein. In diesem Kapitel werden Sie alles über die **Datentypen** von C# lernen, erfahren, wie Sie in Ihrem Programm mit Daten arbeiten, und Sie werden sogar auf einige schmutzige Geheimnisse bei **Objekten** stoßen (*psst … auch Objekte sind Daten*).

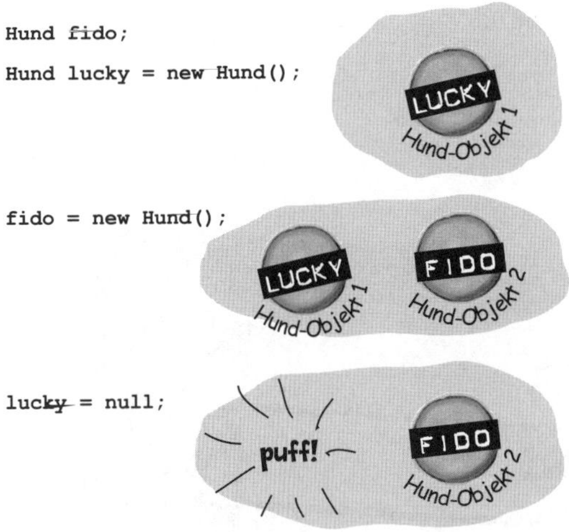
Hund fido;
Hund lucky = new Hund();
LUCKY
Hund-Objekt 1
fido = new Hund();
LUCKY
Hund-Objekt 1
FIDO
Hund-Objekt 2
lucky = null;
puff!
FIDO
Hund-Objekt 2

Der Typ einer Variablen bestimmt, welche Art Daten sie speichern kann 142
Eine Variable ist wie ein Daten-to-go-Becher 144
10 Kilo Daten in einem 5-Kilo-Sack 145
Auch eine Zahl der richtigen Größe können Sie nicht einfach irgendeiner Variablen zuweisen 146
Wandeln Sie einen zu großen Wert um, passt C# ihn automatisch an 147
Einige Umwandlungen macht C# automatisch 148
Beim Aufruf einer Methode müssen die Variablen den Typen der Parameter entsprechen 149
Den Kilometerrechner debuggen 153
Einen Operator mit = kombinieren 154
Auch für Objekte braucht man Variablen 155
Mit Referenzvariablen auf Objekte verweisen 156
Referenzen sind wie Etiketten für Ihr Objekt 157
Gibt es keine Referenzen mehr, holt die Müllabfuhr Ihr Objekt 158
Mehrere Referenzen und ihre Nebenwirkungen 160
Zwei Referenzen bedeuten ZWEI Möglichkeiten, die Daten eines Objekts zu ändern 165
Ein Sonderfall: Arrays 166
Arrays können auch einen Haufen Referenzvariablen speichern 167
Willkommen beim Sandwich-Discount vom Strammen Max 168
Objekte nutzen Referenzen, um zu kommunizieren 170
Wohin noch kein Objekt gekommen ist 171
Erstellen Sie ein Tippspiel 176

C#-Workshop 1

Ein Tag beim Rennen

Tim, Tom und Jan verbringen ihre Zeit mit Vorliebe auf der Rennbahn, sind es allerdings leid, dabei ständig ihr gesamtes Geld zu verlieren. Sie sollen den Dreien einen Simulator aufbauen, der ihnen hilft, den Sieger zu bestimmen, bevor sie ihr Geld setzen. Und wenn Sie dabei gute Arbeit leisten, erhalten Sie Ihren Anteil an ihren Profiten.

Die Spezifikation: Erstellen Sie eine Rennbahn-Simulation 188
Das fertige Produkt 196

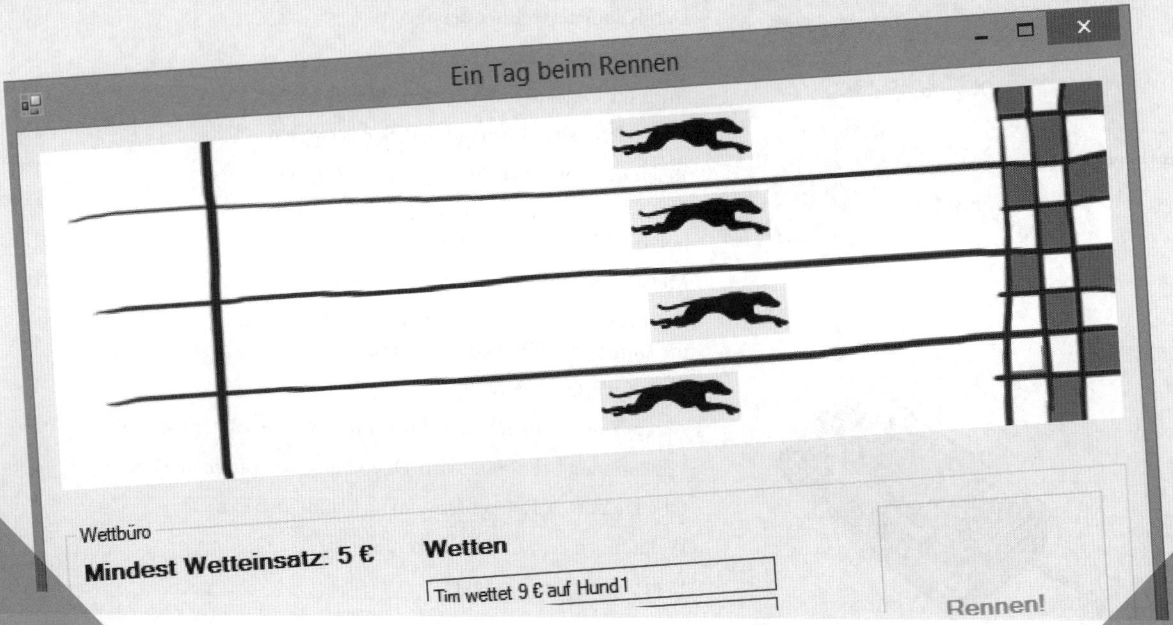
Ein Tag beim Rennen
Wettbüro
Mindest Wetteinsatz: 5 €
Wetten
Tim wettet 9 € auf Hund1
Rennen!

5 Kapselung

Alles zu zeigen, ist nicht immer richtig

Denken Sie auch, dass man manches nicht gleich allen offenbaren muss?

Manchmal geht es Ihren Objekten ebenfalls so. Genau so, wie Sie nicht jeden Ihr Tagebuch oder Ihre Kontoauszüge lesen lassen, lassen gute Objekte ***andere*** Objekte nicht in ihre Felder blicken. In diesem Kapitel werden Sie die Macht der **Kapselung** kennenlernen. Sie **werden die Daten Ihrer Objekte privat machen** und Methoden hinzufügen, **die schützen, wie auf diese Daten zugegriffen wird.**

Kathrin ist Event-Managerin	198
Was der Kostenrechner macht	199
Sie werden ein Programm für Kathrin erstellen	200
Kathrins Testlauf	206
Jede Option sollte einzeln berechnet werden	208
Objekte werden leicht unabsichtlich missbraucht	210
Kapselung bedeutet, dass man einige Daten in einer Klasse privat hält	211
Nutzen Sie Kapselung, um den Zugriff auf die Methoden und Felder Ihrer Klassen zu steuern	212
Aber ist das Feld WahrerName WIRKLICH geschützt?	213
Auf private Felder und Methoden kann nur aus der Klasse selbst heraus zugegriffen werden	214
Kapselung hält Ihre Daten rein	222
Eigenschaften vereinfachen die Kapselung	223
Eine Anwendung zum Testen der Klasse Bauer erstellen	224
Automatische Eigenschaften	225
Was ist, wenn wir den FutterMultiplikator ändern möchten?	226
Initialisieren Sie private Felder mit einem Konstruktor	227

ciaAgent

kgbAgent

mi5Agent

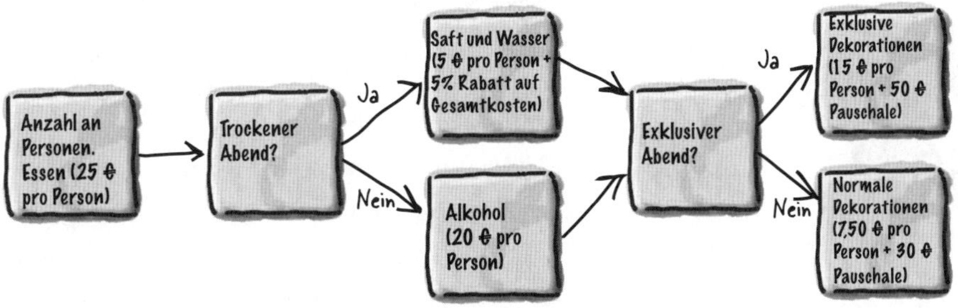
Anzahl an Personen. Essen (25 € pro Person)
Trockener Abend?
Ja
Saft und Wasser (5 € pro Person + 5% Rabatt auf Gesamtkosten)
Nein
Alkohol (20 € pro Person)
Exklusiver Abend?
Ja
Exklusive Dekorationen (15 € pro Person + 50 € Pauschale)
Nein
Normale Dekorationen (7,50 € pro Person + 30 € Pauschale)

6 Vererbung

Der Stammbaum Ihres Objekts

Es gibt Momente, da *WILL* man wie die eigenen Eltern sein.

Ist Ihnen schon einmal ein Objekt über den Weg gelaufen, das ***fast*** genau das macht, was ***Ihr*** Objekt machen soll? Und haben Sie sich gewünscht, Sie ***bräuchten einfach nur ein paar Dinge zu ändern*** und das Objekt wäre perfekt? Genau das ist der Grund dafür, dass **Vererbung** eins der mächtigsten und wichtigsten Konzepte in C# ist. Bevor Sie mit diesem Kapitel durch sind, werden Sie gelernt haben, wie Sie von einer Klasse **ableiten**, um ihr Verhalten zu bekommen, dabei aber die **Flexibilität** bewahren, Änderungen an diesem Verhalten vorzunehmen. Sie **vermeiden doppelten Code**, **modellieren die wahre Welt** präziser nach und erhalten Code, der **leichter zu warten ist.**

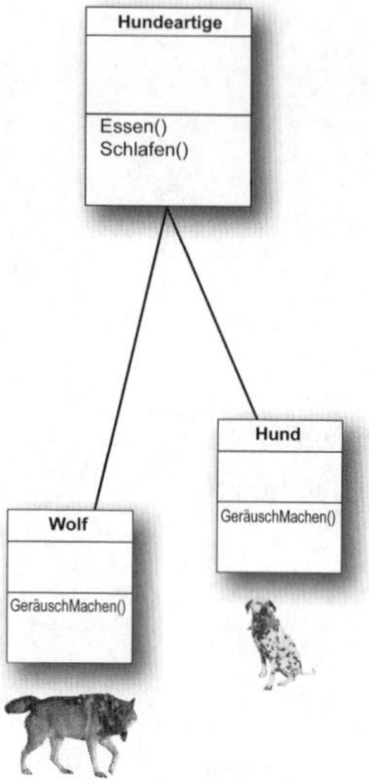
Hundeartige
Essen()
Schlafen()
Hund
GeräuschMachen()
Wolf
GeräuschMachen()

Kathrin plant auch Geburtstagsfeiern 238

Party-Planer 2.0 240

Eine Sache noch ... können Sie eine Gebühr von 100 € für Partys mit mehr als 12 Personen hinzufügen? 247

Nutzen Ihre Klassen Vererbung, müssen Sie Ihren Code nur einmal schreiben 248

Erstellen Sie Ihr Klassenmodell, indem Sie allgemein beginnen und immer spezifischer werden 249

Wie würden Sie einen Zoo-Simulator entwerfen? 250

Nutzen Sie Vererbung, um doppelten Code in Unterklassen zu vermeiden 251

Die Klassenhierarchie erstellen 254

Jede Unterklasse erweitert Ihre Basisklasse 255

Erweiterungen geben Sie mit einem Doppelpunkt an 256

Eine Unterklasse kann Methoden überschreiben, um geerbte Methoden zu ändern oder zu ersetzen 260

Überall dort, wo Sie die Basisklasse verwenden können, können Sie stattdessen ein Unterklasse verwenden 261

Unterklassen können Oberklassenmethoden ausblenden 268

Nutzen Sie override und virtual, um Verhalten zu ändern 270

Basisklassenzugriff über das Schlüsselwort base 272

Hat die Basisklasse einen Konstruktor, braucht ihn die Unterklasse auch 273

Jetzt können Sie die Arbeit für Kathrin abschließen! 274

Bauen Sie eine Bienenstockverwaltung 279

Wie Sie die Bienenstockverwaltung aufbauen werden 280

Erweitern Sie die Bienenverwaltung mit Vererbung 287

7 Schnittstellen und abstrakte Klassen

Klassen, die Versprechen halten

Taten sagen mehr als Worte.

Gelegentlich müssen Sie Ihre Objekte auf Basis dessen gruppieren, **was sie tun können, und** nicht auf Basis der Klassen, von denen sie erben. Dann kommen **Schnittstellen** ins Spiel – diese ermöglichen Ihnen, mit jeder Klasse zu arbeiten, die bestimmte Aufgaben erledigen kann. Aber mit **großer Macht geht eine große Verantwortung einher**: Jede Klasse, die eine Schnittstelle implementiert, muss versprechen, **all ihre Verpflichtungen zu erfüllen** ... oder der Compiler tritt Ihnen vors Schienbein, Verstanden()?

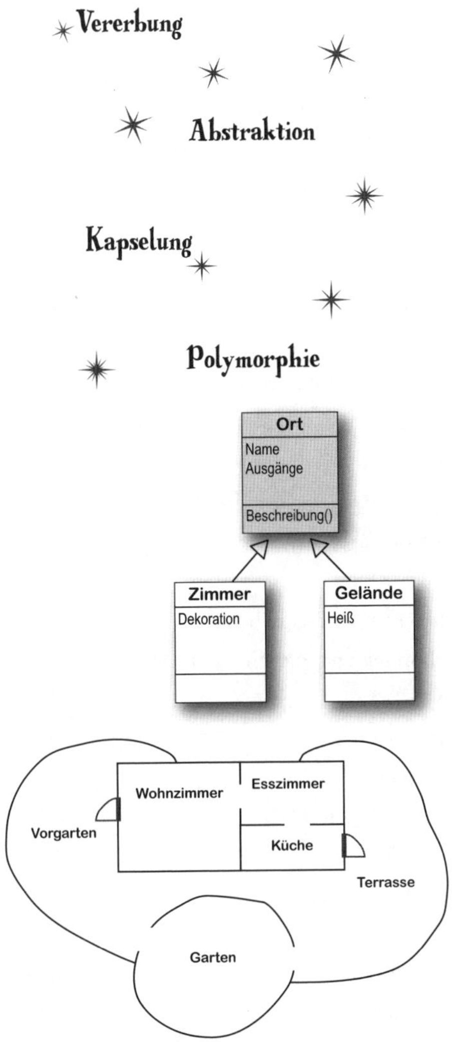
Vererbung
Abstraktion
Kapselung
Polymorphie
Ort
Name
Ausgänge
Beschreibung()
Zimmer
Dekoration
Gelände
Heiß
Wohnzimmer
Esszimmer
Vorgarten
Küche
Terrasse
Garten

Kehren wir zu den Bienen zurück 294
Mit Vererbung können wir Klassen für die unterschiedlichen Arten von Bienen erstellen 295
Eine Schnittstelle sagt einer Klasse, dass sie bestimmte Methoden und Eigenschaften implementieren muss 296
Schnittstellen definieren Sie mit dem Schlüsselwort interface 297
Klassen, die Schnittstellen implementieren, müssen ALLE Methoden der Schnittstelle einschließen 299
Sammeln Sie Erfahrung im Umgang mit Schnittstellen 300
Eine Schnittstelle können Sie nicht instantiieren, aber Sie können sie referenzieren 302
Schnittstellenreferenzen funktionieren wie Objektreferenzen 303
Mit »is« können Sie ermitteln, ob eine Klasse eine bestimmte Schnittstelle implementiert 304
Eine Schnittstelle kann von einer anderen erben 305
Eine RoboBiene kann die Arbeit von Arbeiterinnen erledigen und braucht keinen Honig 306
Umwandeln funktioniert mit Objekten und Schnittstellen 309
Mit Downcasting können Sie Ihr Gerät wieder zu einer Kaffeemaschine machen 310
Upcasting und Downcasting funktionieren auch mit Schnittstellen 311
Es gibt nicht nur public und private 315
Zugriffsmodifizierer ändern die Sichtbarkeit 316
Manche Klassen sollten nicht instantiiert werden 319
Eine abstrakte Klasse ist vergleichbar mit einer Kreuzung aus normaler Klasse und Schnittstelle 320
Manche Klassen sollten nicht instantiiert werden 322
Eine abstrakte Methode hat keinen Rumpf 323
Der Deadly Diamond of Death! 328

8 Enums und Auflistungen

Daten in Massen speichern

Eigentlich tritt alles immer in Massen auf.

Im wahren Leben wird man mit Daten nie in kleinen Fragmenten konfrontiert. Nein, sie begegnen Ihnen immer in **Massen, Bergen und Haufen**. Und Sie brauchen ziemlich leistungsfähige Werkzeuge, um sie zu organisieren. Genau das sind **Auflistungen**. Mit diesen können Sie alle Daten **speichern, sortieren und verwalten**, die Ihr Programm durchforsten muss. Sie können sich darauf konzentrieren, wie Ihr Programm mit den Daten arbeitet, und es den Auflistungen überlassen, sich für Sie um die Daten selbst zu kümmern.

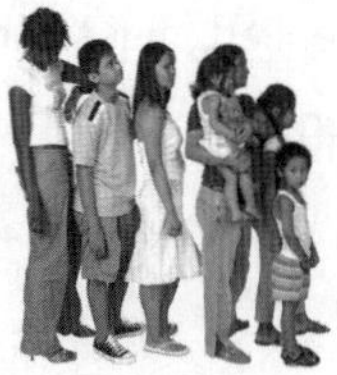

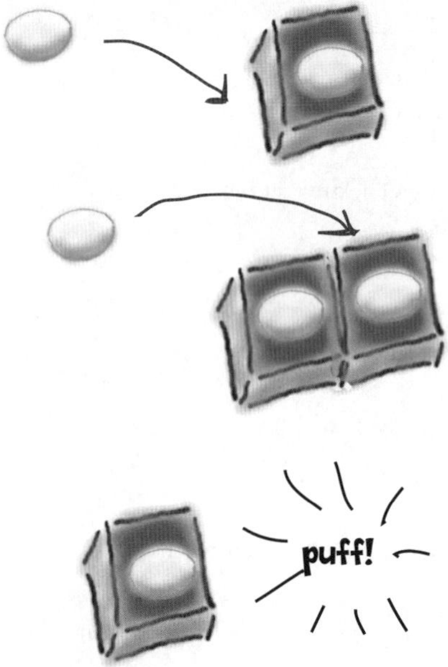
puff!

Gelegentlich sind Strings nicht gut genug, wenn es darum geht, Kategorien von Daten zu speichern 352
Mit Enumerationen können Sie erlaubte Werte aufzählen 353
Mit Enums können Zahlen über Namen repräsentiert werden 354
Die Arbeit mit Arrays ist nicht immer einfach 358
Listen erleichtern das Speichern von Sammlungen ... jeder Art 359
Listen sind flexibler als Arrays 360
Listen schrumpfen und wachsen dynamisch 363
Generische Auflistungen können beliebige Typen speichern 364
Auflistungsinitialisierer funktionieren wie Objektinitialisierer 368
Listen sind leicht, aber SORTIEREN kann verzwickt sein 370
Enten sortieren mit IComparable<Ente> 371
Mit IComparer sagen Sie Ihren Listen, wie sie sortieren sollen 372
Erstellen Sie eine Instanz Ihrer Comparer-Klasse 373
Komplexe IComparer 374
Die ToString()-Methode von Objekten überschreiben 377
foreach aktualisieren, damit sich Enten und Karten selbst darstellen 378
foreach nutzt ein IEnumerable<T> 379
Über IEnumerable ganze Listen upcasten 380
Auch Sie können Methoden überladen 381
Schlüssel und Werte speichern Sie in Wörterbüchern 387
Die Dictionary-Funktionalität im Überblick 388
Ein Programm mit einem Wörterbuch erstellen 389
Noch MEHR Auflistungstypen ... 401
Eine Queue ist FIFO – First-in-First-out 402
Ein Stack ist LIFO – Last-in-First-out 403

Dateien lesen und schreiben

9 Speichere das Array, rette die Welt

Gelegentlich zahlt es sich aus, wenn man Dinge festhält. Bisher hatten alle Ihre Programme nur ein Kurzzeitgedächtnis. Sie starten, laufen eine Weile und enden dann. Manchmal reicht das nicht aus, insbesondere wenn Sie mit wichtigen Daten arbeiten. Sie müssen **Ihre Arbeit speichern können**. In diesem Kapitel werden wir uns ansehen, wie man **Daten in einer Datei speichert** und diese **Informationen dann wieder aus einer Datei einliest**. Sie werden etwas über die **.NET-Stream-Klassen** lernen und sich mit den Mysterien **Hexadezimal** und **Binär** auseinandersetzen.

C# nutzt Streams, um Daten zu lesen und zu schreiben 410
Verschiedene Streams lesen und schreiben verschiedene Dinge 411
Ein FileStream schreibt Bytes in eine Datei 412
Wie man Daten in eine Textdatei schreibt 413
Lesen und Schreiben mit zwei Objekten 417
Daten können durch mehrere Streams laufen 418
Öffnen Sie mit eingebauten Objekten Standarddialoge 421
Dialoge sind einfach ein weiteres .NET-Steuerelement 422
Mit den eingebauten Klassen File und Directory können Sie mit Dateien und Verzeichnissen arbeiten 424
Dateien mit vorgefertigten Dialogen öffnen und speichern 427
IDisposable sorgt dafür, dass Ihre Objekte entsorgt werden 429
Vermeiden Sie Dateisystemfehler mit using-Anweisungen 430
Wählen Sie Ihre Optionen mit einer switch-Anweisung 437
Ein überladener Kartenstapel()-Konstruktor, der einen Kartenstapel aus einer Datei einliest 439
Wird ein Objekt serialisiert, werden die Objekte, die es referenziert, ebenfalls serialisiert ... 443
Mit Serialisierung können Sie ein ganzes Objekt auf einmal lesen oder schreiben 444
.NET speichert Text in Unicode 449
Mit byte-Arrays können Daten verschoben werden 450
Binäre Daten schreiben Sie mit einem BinaryWriter 451
Sie können serialisierte Dateien auch manuell lesen und schreiben 453
Die Arbeit mit Binärdateien kann kompliziert sein 455
Mit Datei-Streams ein Hex-Dump-Programm erstellen 456
Mit Stream.Read() Bytes aus einem Stream lesen 458

FileStream-Objekt

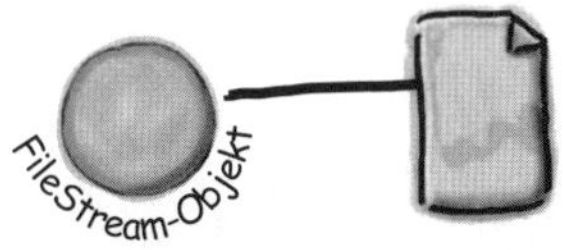
FileStream-Objekt

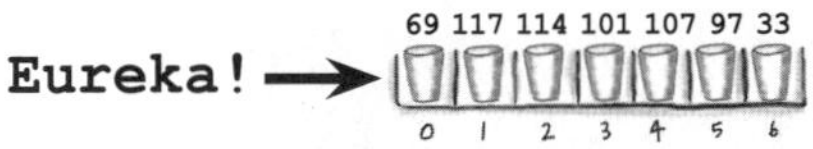
Eureka!
69 117 114 101 107 97 33
0 1 2 3 4 5 6

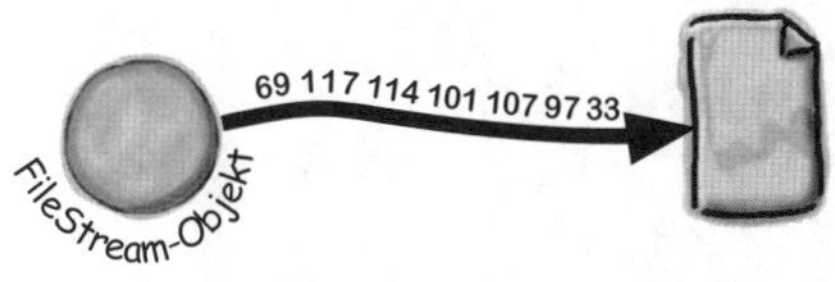
69 117 114 101 107 97 33
FileStream-Objekt

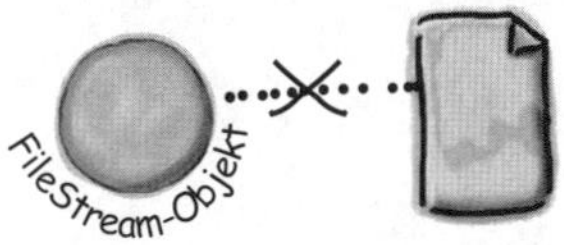
FileStream-Objekt

C#-Workshop 2

Die Suche

Sie haben die Aufgabe, ein Adventure zu erstellen, in dem ein mächtiger Abenteurer von Level zu Level die tödlichsten Feinde besiegt. Sie werden ein rundenbasiertes Spiel erstellen. Das bedeutet, dass erst der Spieler und dann die Gegner ihren Zug machen. Der Spieler kann sich bewegen oder angreifen, und dann erhält jeder Gegner die Möglichkeit, sich zu bewegen und anzugreifen. Das Spiel geht so lange, bis der Spieler auf allen sieben Leveln seine Gegner besiegt hat oder stirbt.

Die Spezifikation: Erstellen Sie ein Adventure-Spiel 466
Der Spaß fängt gerade erst an! 486

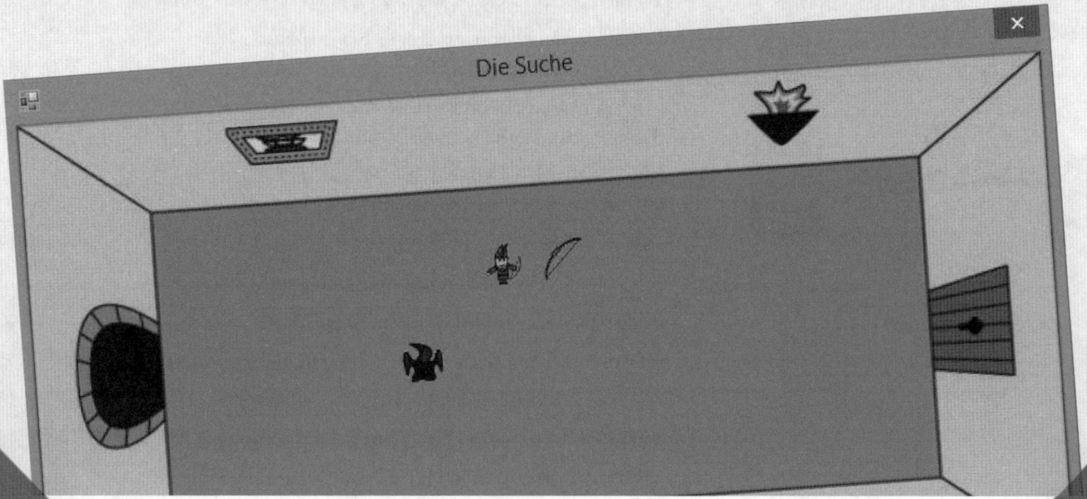
Die Suche

10 Windows Store-Apps mit XAML

Ihre Apps auf die nächste Stufe bringen

Sie sind für ein neues Kapitel der App-Entwicklung bereit.

Mit WinForms und dem Aufbau von Windows-Desktop-Programmen kann man wichtige C#-Konzepte leicht erlernen, aber *Ihre Programme könnten noch so viel mehr leisten*. In diesem Kapitel werden Sie **XAML** nutzen, um Windows Store-Apps zu gestalten. Sie werden lernen, wie man **Seiten so aufbaut, dass sie auf alle Geräte passen**, wie man mit **Datenbindungen** Daten in Seiten **einbindet** und wie man sich mit Visual Studio einen Weg zu den innersten Geheimnissen von XAML-Seiten bahnt, indem man die Objekte untersucht, die von Ihrem XAML-Code erstellt werden.

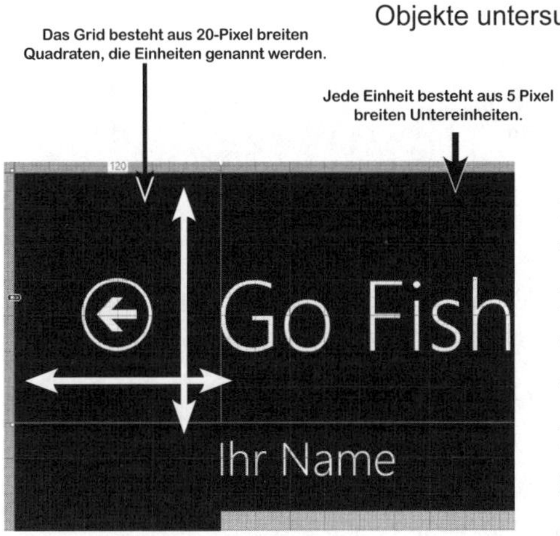
Das Grid besteht aus 20-Pixel breiten Quadraten, die Einheiten genannt werden.
Jede Einheit besteht aus 5 Pixel breiten Untereinheiten.
Go Fish
Ihr Name

Brian nutzt Windows 8 488
Windows Forms nutzen einen Objektgraphen 494
Den Objektgraphen mit der IDE erforschen 497
Windows Store-Apps erstellen UI-Objekte mit XAML 498
Verwandeln Sie Go Fish! in eine Windows Store-App 500
Das Seitenlayout setzt auf den Steuerelementen auf 502
Zeilen und Spalten können sich an die Seitengröße anpassen 504
App-Seiten mit dem Grid-System gestalten 506
Datenbindung verbindet Ihre XAML-Seiten mit Ihren Klassen 512
XAML-Steuerelemente können vieles enthalten 514
Datenbindung für den Strammen Max 516
Mit statischen Ressourcen Objekte im XAML deklarieren 522
Objekte mit einer Datenvorlage anzeigen 524
INotifyPropertyChanged benachrichtigt gebundene Objekte 526
Lassen Sie MenüMacher Änderungen des Erstellungsdatums melden 527

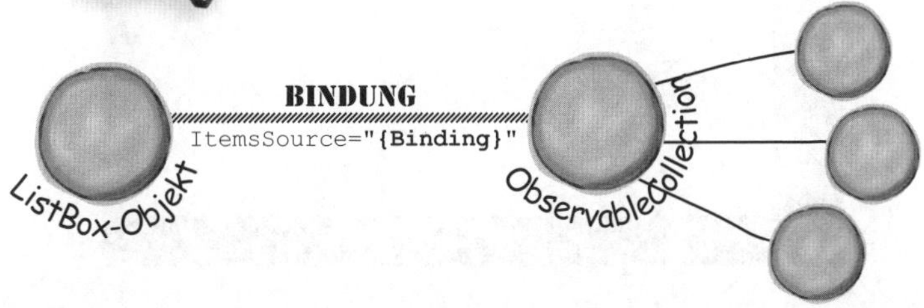
BINDUNG
ItemsSource="{Binding}"
ListBox-Objekt
ObservableCollection

11 XAML, Datei-I/O und Datenkontraktserialisierung

Entschuldigen Sie die Unterbrechung

Niemand mag, warten müssen, insbesondere Nutzer nicht.

Computer sind sehr geschickt, wenn es darum geht, mehrere Dinge auf einmal zu tun – es gibt also keinen Grund dafür, dass Ihre Apps das nicht auch können sollten. In diesem Kapitel werden Sie lernen, wie Sie Ihre Apps reaktionsfähig halten, indem Sie **asynchrone Methoden erstellen**. Sie werden auch erfahren, wie Sie die eingebauten **Dateiwähler- und Benachrichtigungsdialoge** sowie **asynchrone Dateieingabe und -ausgabe** nutzen, damit Ihre Apps nicht einfrieren. Kombinieren Sie das mit der **Datenkontraktserialisierung,** und Sie haben das Fundament einer absolut modernen App.

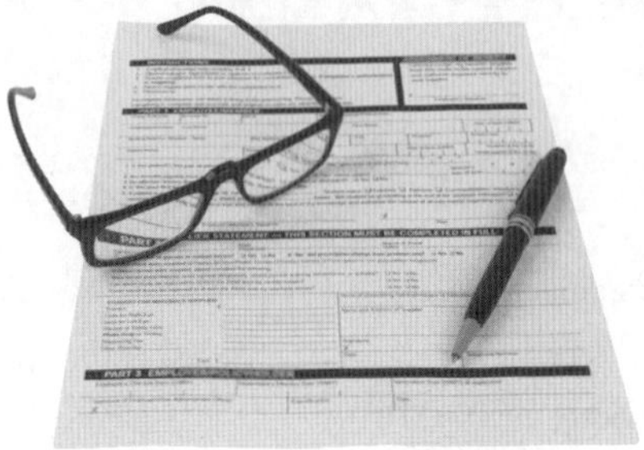

Brian hat Dateiprobleme 536

Windows Store-Apps nutzen await 538

Dateien schreiben und lesen Sie mit der Klasse FileIO 540

Ein etwas komplexerer Texteditor 542

Ein Datenkontrakt ist eine abstrakte Definition der Daten Ihres Objekts 547

Dateien mit asynchronen Methoden suchen und öffnen 548

KnownFolders hilft Ihnen beim Zugriff auf wichtige Ordner 550

Der gesamte Objektgraph wird in XML serialisiert 551

Schreiben Sie Typ-Objekte in den lokalen Ordner Ihrer App 552

Den Typ-Serialisierer testen 556

Mit einem Task eine asynchrone Methode aus einer anderen heraus aufrufen 557

Erstellen Sie Brian eine neue Ausredeverwaltung 558

Seite, Ausrede und Manager trennen 559

Die Hauptseite für die Ausredeverwaltung 560

Der Hauptseite eine App-Leiste hinzufügen 561

Die Klasse Ausredeverwaltung 562

Der Unterstützungscode für die Seite 564

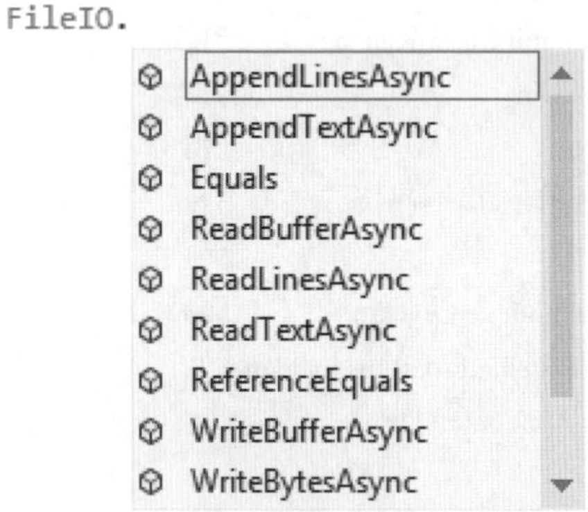

FileIO.
AppendLinesAsync
AppendTextAsync
Equals
ReadBufferAsync
ReadLinesAsync
ReadTextAsync
ReferenceEquals
WriteBufferAsync
WriteBytesAsync

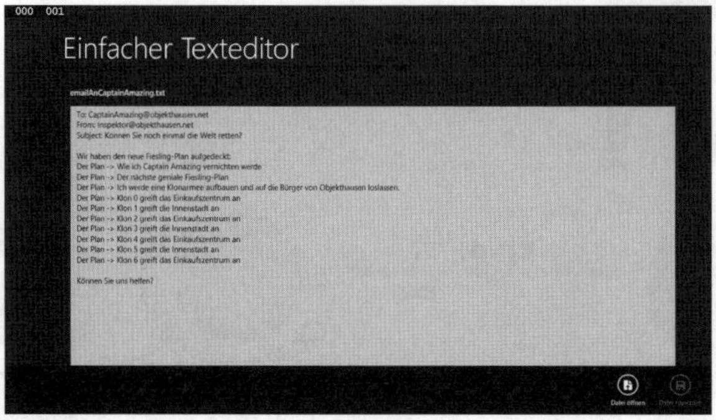

Einfacher Texteditor

Exception-Handling

Fehler-Prävention

12

Programmierer sind keine Feuerlöscher. Sie haben sich auf die Hinterbeine gesetzt, einen Haufen trockener Handbücher und ein paar ansprechende Von Kopf bis Fuß-Bücher durchgearbeitet und haben den Gipfel Ihres Berufsstands erreicht: **Meisterprogrammierer**. Dennoch erhalten Sie immer mitten in der Nacht panische Anrufe, weil **Ihr Programm abstürzt** oder **sich nicht so verhält, wie es sich verhalten soll**. Nichts kann einem die Programmierstimmung so verhageln wie die Forderung, einen seltsamen Fehler zu beheben … aber mit **Exception-Handling** kann sich Ihr Code **um die aufkommenden Probleme kümmern**. Und Sie können auf diese Probleme sogar reagieren und dafür sorgen, **dass das Programm weiterläuft**.

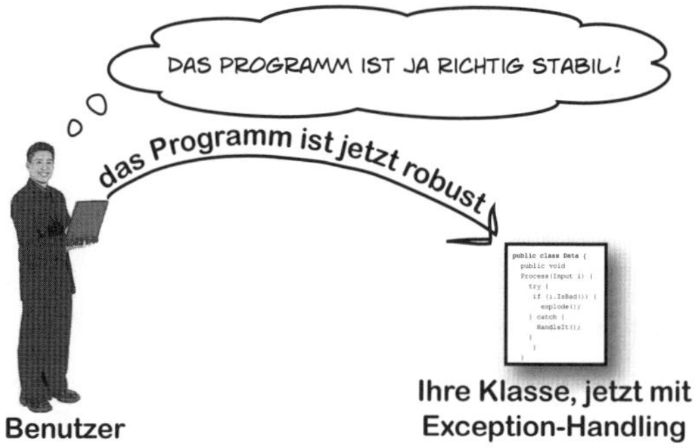
DAS PROGRAMM IST JA RICHTIG STABIL!
das Programm ist jetzt robust
Benutzer
Ihre Klasse, jetzt mit Exception-Handling

OH, WAS BITTE IST DENN DAS?
ein Objekt

```
int[] dasArray = {3, 4, 1, 11};
int derWert = dasArray[15];
```

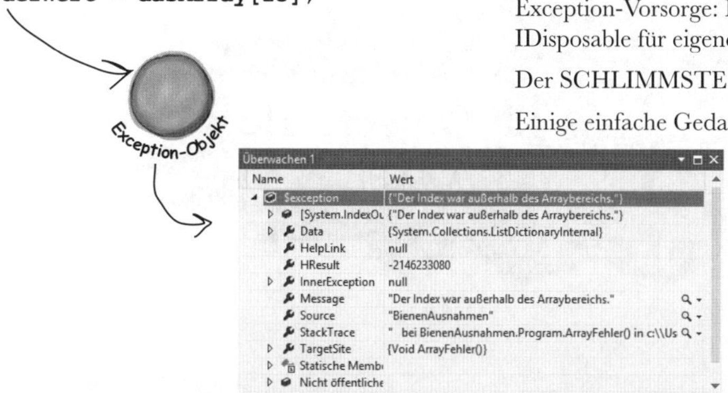
Exception-Objekt
Überwachen 1
Name
Wert
$exception
{"Der Index war außerhalb des Arraybereichs."}
[System.IndexOu
{"Der Index war außerhalb des Arraybereichs."}
Data
{System.Collections.ListDictionaryInternal}
HelpLink
null
HResult
-2146233080
InnerException
null
Message
"Der Index war außerhalb des Arraybereichs."
Source
"BienenAusnahmen"
StackTrace
" bei BienenAusnahmen.Program.ArrayFehler() in c:\\Us
TargetSite
{Void ArrayFehler()}
Statische Memb
Nicht öffentliche

Brians Ausreden müssen mobil werden 570
Löst Ihr Programm eine Exception aus, erzeugt .NET ein Exception-Objekt 574
Brians Code machte etwas Unerwartetes 576
Alle Exception-Objekte erben von Exception 578
Der Debugger hilft Ihnen, Exceptions in Ihrem Code aufzuspüren und zu verhindern 579
Mist, der Code hat immer noch Probleme … 583
Exceptions mit try und catch behandeln 585
Was passiert, wenn eine Methode gefährlich ist? 586
Folgen Sie try/catch mit dem Debugger 588
Nutzen Sie finally, wenn Sie Code haben, der IMMER ausgeführt werden soll 590
Nutzen Sie das Exception-Objekt, um Informationen zum Problem zu erhalten 595
Mehrere Typen von Exceptions mit mehreren Catch-Blöcken abfangen 596
Eine Klasse löst eine Exception aus, eine andere fängt sie ab 597
Ein einfaches Mittel, um viele Probleme zu vermeiden: using gibt Ihnen try und finally kostenlos 601
Exception-Vorsorge: Implementieren Sie IDisposable für eigene Aufräumarbeiten 602
Der SCHLIMMSTE catch-Block: Kommentare 604
Einige einfache Gedanken zum Exception-Handling 606

CAPTAIN AMAZING
DER TOD DES OBJEKTS

13

Ihre letzte Chance, etwas zu TUN ... der Finalisierer Ihres Objekts 618
Wann GENAU läuft ein Finalisierer? 619
Dispose() arbeitet mit using, Finalisierer mit der Garbage Collection 620
Finalisierer dürfen nicht von der Stabilität abhängen 622
Lassen Sie ein Objekt sich selbst in Dispose() serialisieren 623
Ein Struct *sieht aus* wie ein Objekt ... 627
... ist aber *nicht* auf dem Heap 627
Werte werden kopiert, Referenzen werden zugewiesen 628
Structs sind Werttypen, Objekte sind Referenztypen 629
Stack vs. Heap: mehr zum Speicher 631
Mit Parametern Methoden mehrere Werte liefern lassen 634
Mit dem Modifizierer ref Referenzen übergeben 635
Mit optionalen Parametern Standardwerte setzen 636
Nullbare Typen vertreten nicht existierende Werte 637
Nullbare Typen machen Programme robuster 638
Captain Amazing ... nicht ganz 641
Erweiterungsmethoden fügen BESTEHENDEN Klassen neue Verhalten hinzu 642
Einen elementaren Typ erweitern: string 644

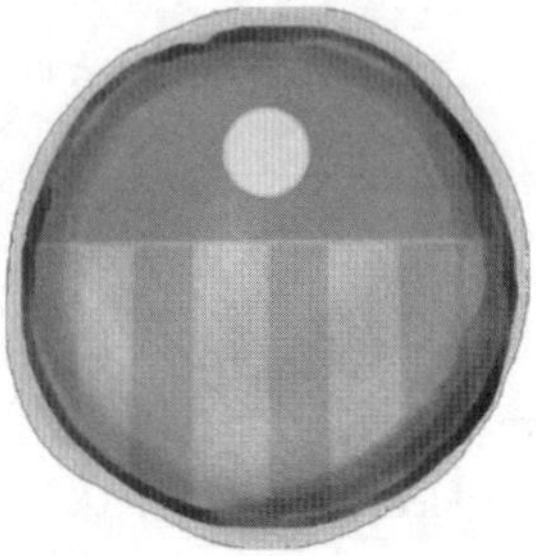

Welcome to
Objectville
Home of Polymorphism

14 Datenabfrage und App-Bau mit LINQ

Bekommen Sie Ihre Daten in den Griff

Die Welt ist datengesteuert ... Sie sollten damit zu leben wissen. Vorbei sind die Zeiten, in denen Sie Tage, sogar Wochen programmieren konnten, ohne sich mit **Massen von Daten** befassen zu müssen. Heute ***dreht sich alles um Daten***. Und mit **LINQ** lässt sich all das bewältigen. Mit LINQ können Sie **Ihre Daten** nicht bloß auf leichte, intuitive Weise **abfragen**, sondern auch **gruppieren** und **Daten von unterschiedlichen Quellen zusammenführen**. Und wenn Sie Ihre Daten zu Happen gebündelt haben, mit denen man arbeiten kann, bieten Ihnen Windows Store-Apps **Steuerelemente**, über die Benutzer diese Daten erforschen, durchlaufen oder auch detailliert ansehen können.

CAPTAIN AMAZING
THE PINK
TRIBAL TATTOO
A Woman's work
The Swindler
BLACK MONDAY

Tim ist der größte Captain Amazing-Fan ...	650
... aber seine Sammlung ist ein einziges Chaos	651
LINQ kann Daten aus vielen Quellen ziehen	652
.NET-Auflistungen sind bereits für LINQ eingerichtet	653
LINQ vereinfacht Abfragen	654
LINQ ist einfach, Ihre Abfragen sind das nicht immer	655
Tim könnte unsere Hilfe gebrauchen	658
Bauen Sie Tims App auf	660
Mit dem Schlüsselwort new anonyme Typen erstellen	663
LINQ ist vielseitig	666
Neue Abfragen für Tims App	668
LINQ kann Ergebnisse zu Gruppen zusammenfassen	673
Tims Werte gruppieren	674
Zwei Auflistungen in einer Abfrage mit join kombinieren	677
Tim hat eine Menge Kohle gespart	678
Daten mit semantischem Zoom navigieren	684
Geben Sie Tims App semantischen Zoom	686
Sie haben Tim große Freude bereitet	691
Die Split App-Vorlage der IDE vereinfacht den Aufbau von Apps, die sich um die Navigation durch Daten drehen	692

15 Events und Delegates

Was Ihr Code macht, wenn Sie nicht gucken

Ihre Objekte beginnen, für sich selbst zu denken.

Sie können nicht immer kontrollieren, was Ihre Objekte machen. Manche Dinge passieren einfach. Und wenn sie passieren, sollten Ihre Objekte schlau genug sein, **auf alles eine Antwort zu wissen**, was eintreten könnte. Darum geht es bei Events (oder Ereignissen). Ein Objekt *veröffentlicht* ein Event, andere Objekte *abonnieren* es, und alle arbeiten zusammen, damit die Dinge im Fluss bleiben. Das geht so lange gut, bis Sie steuern können wollen, wer ein Event abonnieren darf. Dann werden sich **Callbacks** als praktisch erweisen.

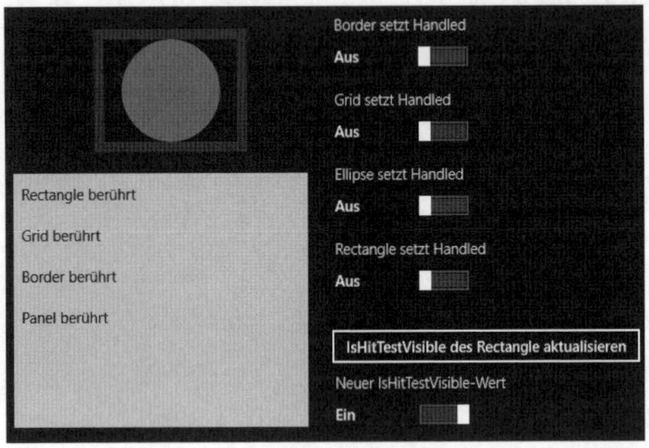
Border setzt Handled
Aus
Grid setzt Handled
Aus
Ellipse setzt Handled
Aus
Rectangle setzt Handled
Aus
Rectangle berührt
Grid berührt
Border berührt
Panel berührt
IsHitTestVisible des Rectangle aktualisieren
Neuer IsHitTestVisible-Wert
Ein

Möchten auch Sie, dass Ihre Objekte für sich selbst denken? 702
Aber woher weiß ein Objekt, dass es reagieren soll? 702
Wenn Events eintreten ... lauschen Objekte 703
Ein Objekt setzt ein Event ab, andere lauschen darauf ... 704
Dann behandeln andere Objekte das Event 705
Die Punkte verbinden 706
Die IDE erzeugt Event-Handler automatisch 710
Mit generischen Event-Handlern eigene Event-Typen definieren 716
Windows Forms nutzen viele verschiedene Events 717
Windows Store-Apps nutzen Events für die Abwicklung des Prozesslebenszyklus 720
Geben Sie Tims Comics eine Lebenszyklusverwaltung 721
XAML-Steuerelemente nutzen Routing-Events 724
Eine App zur Erforschung von Routing-Events 725
Event-Sender mit Event-Empfängern verbinden 730
Ein Delegate VERTRITT die eigentliche Methode 731
Delegates in Aktion 732
Jedes Objekt kann ein öffentliches Event abonnieren ... 735
Nutzen Sie Callbacks statt Events, um genau ein Objekt mit einem Delegate zu verbinden 736
Callbacks nutzen Delegates, aber KEINE Events 738
Callbacks und MessageDialog-Befehle 740
Mit Delegates den Einstellungen-Charm von Windows nutzen 742

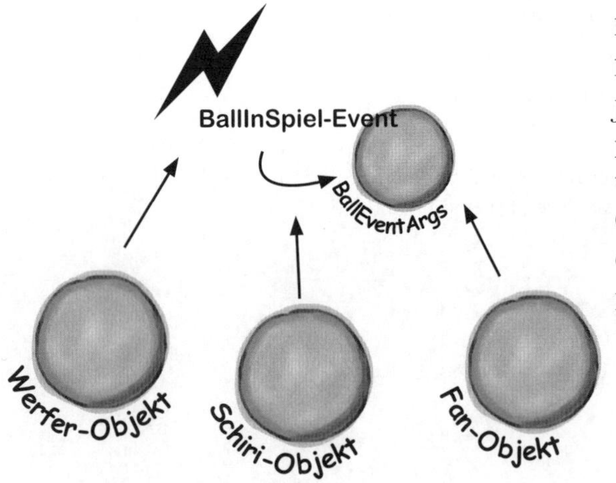
BallInSpiel-Event
BallEventArgs
Werfer-Objekt
Schiri-Objekt
Fan-Objekt

16 App-Entwurf mit dem MVVM-Muster

Tolle Apps, außen wie innen

Beeindruckendes Aussehen allein reicht nicht.

Woran denken Sie, wenn Sie den Begriff Design hören? An ein Beispiel hervorragender Gebäudearchitektur? Eine aufregend gestaltete Seite? Ein Produkt, das gleichermaßen ästhetisch ansprechend wie gut gebaut ist? Genau diese Prinzipien gelten auch für Apps. In diesem Kapitel werden Sie das **Model-View-ViewModel-Muster** kennenlernen und erfahren, wie Sie mit seiner Hilfe gut gebaute, locker gebundene Apps aufbauen. Dabei werden Sie etwas über **Animationen und Control-Templates** für die visuelle Gestaltung Ihrer Apps erfahren, lernen, wie Sie sich Datenbindungen mit **Konvertierern** erleichtern und wie Sie all das zusammenbringen, um ein ***solides C#-Fundament*** für alle Apps zu gestalten, die Sie erstellen wollen.

VIEW
MODEL

Start
Runde

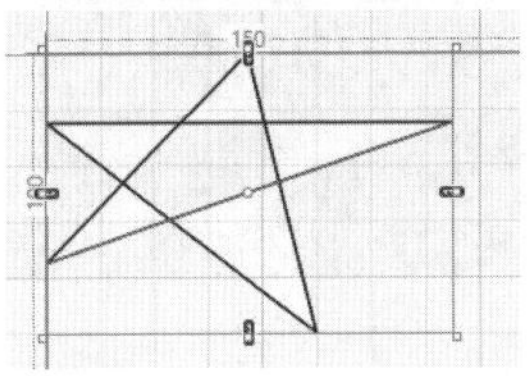

Die Von Kopf bis Fuß-Basketball-Liga braucht eine App 746
Aber können Sie sich über die Gestaltung einigen? 747
Entwerfen Sie für die Datenbindung oder für die Arbeit mit Daten? 748
MVVM berücksichtigt Bindung und Daten 749
Mit dem MVVM-Muster die Basketball-App angehen 750
Eigene Steuerelemente erstellen 753
Der Schiri braucht eine Stoppuhr 761
MVVM heißt: Den Zustand der App im Blick 762
Das Model für die Stoppuhr-App 763
Events informieren den Rest der App über Zustandsänderungen 764
Den View für eine einfache Stoppuhr erstellen 765
Das Stoppuhr-ViewModel 766
Konvertierer wandeln Werte für Bindungen automatisch um 770
Konvertierer können mit unterschiedlichen Typen arbeiten 772
Visuelle Zustände lassen Steuerelemente auf Änderungen reagieren 778
Mit DoubleAnimation double-Werte animieren 779
Objektwerte mit Objektanimationen animieren 780
UI-Steuerelemente können auch mit C#-Code instantiiert werden 786
C# kann auch »echte« Animationen aufbauen 788
Das Bild mit einem Benutzersteuerelement animieren 789
Lassen Sie die Bienen über die Seite fliegen 790
Mit ItemsPanelTemplate Steuerelemente an ein Canvas binden 793

C#-Workshop 3

Invaders

In diesem Workshop werden Sie einer der beliebtesten, am meisten bewunderten und am häufigsten kopierten Ikonen der Videospielgeschichte die Ehre erweisen, einem Spiel, das keiner weiteren Vorstellung bedarf. Es ist Zeit, ein Invaders-Spiel zu schreiben.

Der Urvater aller Videospiele 808

Und es ist immer noch mehr zu tun ... 829

Invaders
2690

Bonusprojekt

17 Erstellen Sie eine Windows Phone-App

Sie können bereits Windows Phone-Apps schreiben.

Klassen, Objekte, XAML, Kapselung, Vererbung, Polymorphie, LINQ, MVVM … Sie haben alle Werkzeuge, die Sie zur Erstellung beeindruckender Windows Store- und Desktop-Apps benötigen. Aber wussten Sie auch, dass Sie die **gleichen Werkzeuge nutzen können, um Apps für *Windows Phones* zu erstellen**? Sie haben richtig gehört! In diesem Bonus-Projekt werden wir Sie durch den Aufbau eines Spieles für die Windows Phone-Plattform begleiten. Und sollten Sie kein Windows Phone-Gerät haben, können Sie den **Windows Phone-Emulator** nutzen, um es zu spielen. Legen wir los!

12:59
Erlaubte Fehler: 0
0
Bienen Alarm
Neues Spiel starten
Lernen Sie, wie man dieses Spiel erstellt
12:56
Erlaubte Fehler: 1
43

Bienenalarm! 832
Bevor Sie loslegen 833

Anhang: Was übrig bleibt

A Die Top 11 der Themen, die es nicht ins Buch geschafft haben

Der Spaß fängt gerade erst an!

Wir haben Ihnen viele wunderbare Werkzeuge gezeigt, mit denen Sie mit C# richtig **mächtige Software** aufbauen können. Aber es war unmöglich, **alle Werkzeuge, Technologien und Techniken** in dieses Buch einzuschließen – so viele Seiten hat es einfach nicht. Wir mussten einige *sehr harte Entscheidungen* in Bezug darauf treffen, was wir aufnehmen und was wir weglassen. Hier sind ein paar Themen, die es nicht geschafft haben. Aber auch wenn wir zu ihnen nicht gekommen sind, denken wir trotzdem, dass sie **wichtig und nützlich** sind, und möchten Ihnen einen kleinen Ausblick auf sie bieten.

1. Der Windows Store hat noch viel mehr zu bieten 846
2. Die Grundlagen 848
3. Namensräume und Assemblies 854
4. Mit BackgroundWorker das UI reaktiver machen 858
5. Die Klasse Type und GetType() 861
6. Gleichheit, IEquatable und Equals() 862
7. Mit yield return enumerierbare Objekte erzeugen 865
8. Umgestalten (Refactoring) 868
9. Anonyme Typen und Methoden sowie Lambda-Ausdrücke 870
10. LINQ to XML 872
11. Windows Presentation Foundation 874
Wusten Sie, dass Sie mit C# und dem .NET Framework ... 875

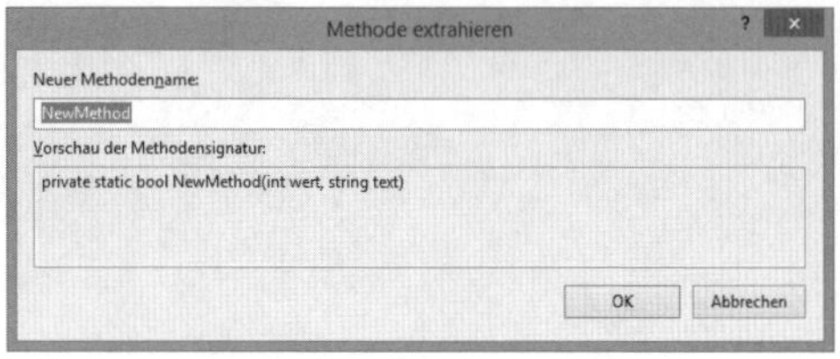

Methode extrahieren
Neuer Methodenname:
NewMethod
Vorschau der Methodensignatur:
private static bool NewMethod(int wert, string text)
OK
Abbrechen

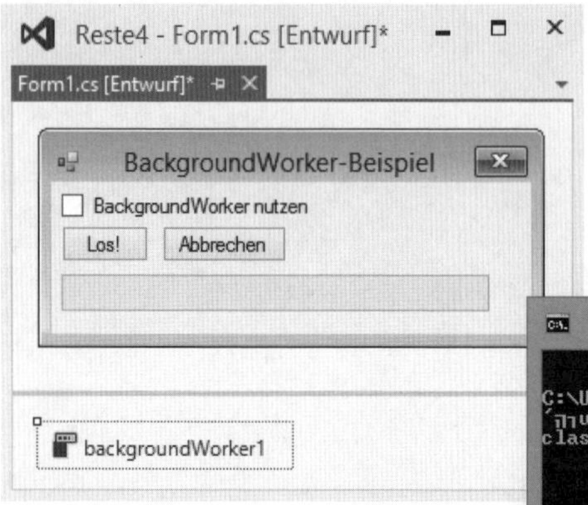

Reste4 - Form1.cs [Entwurf]*
Form1.cs [Entwurf]*
BackgroundWorker-Beispiel
BackgroundWorker nutzen
Los!
Abbrechen
backgroundWorker1

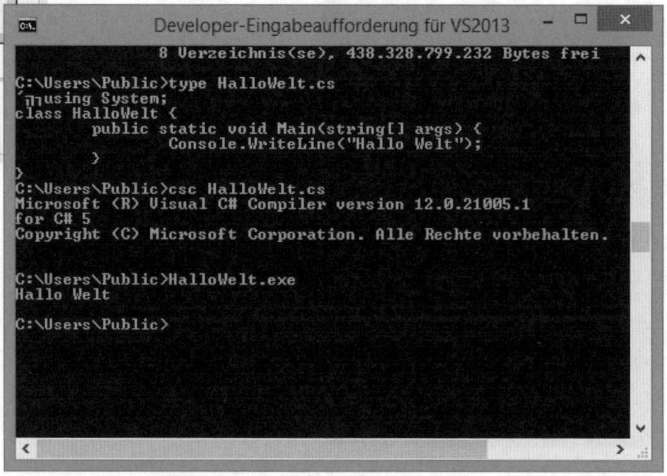

Developer-Eingabeaufforderung für VS2013
8 Verzeichnis(se), 438.328.799.232 Bytes frei
C:\Users\Public>type HalloWelt.cs
using System;
class HalloWelt {
public static void Main(string[] args) {
Console.WriteLine("Hallo Welt");
}
}
C:\Users\Public>csc HalloWelt.cs
Microsoft (R) Visual C# Compiler version 12.0.21005.1
for C# 5
Copyright (C) Microsoft Corporation. Alle Rechte vorbehalten.
C:\Users\Public>HalloWelt.exe
Hallo Welt
C:\Users\Public>

Wie man dieses Buch benutzt

Einführung

ICH KANN EINFACH NICHT FASSEN, DASS ***SO WAS*** IN EINEM C#-BUCH STEHT!
Is this book for you?
This book is for anyone with the money to pay for it. And it makes a great gift for that special someone.
Head First
C#

In diesem Abschnitt beantworten wir die brennende Frage: »Und? Warum STEHT so was in einem C#-Buch?«

Für wen ist dieses Buch?

Wenn Sie alle folgenden Fragen mit »Ja« beantworten können ...

1. **Möchten Sie C# lernen?**

2. **Basteln Sie gern herum – lernen Sie, indem Sie etwas anwenden, statt einfach nur zu lesen?**

3. Ziehen Sie **anregende Partyunterhaltungen** trockenen, öden, akademischen Vorlesungen vor?

... dann ist dieses Buch etwas für Sie.

Kennen Sie eine andere Programmiersprache und müssen jetzt Ihre C#-Kenntnisse aufmöbeln?

Sind Sie bereits ein guter C#-Entwickler und wollen mehr über XAML, Model-View-ViewModel (MVVM) und die Entwicklung von Windows Store-App erfahren?

Wollen Sie mit vielen Programmierübungen praktische Erfahrung sammeln?

Falls das so ist: Viele Leute haben dieses Buch zu genau diesen Zwecken genutzt!

Wer sollte eher die Finger von diesem Buch lassen?

Wenn Sie ***eine*** dieser Fragen mit »Ja« beantworten müssen ...

1. **Macht Sie der Gedanke, viel Code schreiben zu müssen, etwas nervös?**

2. **Sind Sie ein ausgebuffter C++- oder Java-Programmierer und nur auf der Suche nach einem Referenzbuch?**

3. Sie haben **Angst, etwas Neues auszuprobieren**? Sie unterziehen sich lieber einer Wurzelbehandlung, als in einer Streifen-Karo-Kombination auf die Straße zu gehen? Sie sind überzeugt davon, dass ein Fachbuch nicht seriös sein kann, wenn C# vermenschlicht wird?

... dann ist dieses Buch nicht das richtige für Sie.

Sie müssen keine Programmierkenntnisse haben, um dieses Buch zu verwenden – Sie müssen nur Neugier und Interesse mitbringen! Tausende von Anfängern ohne jegliche Programmiererfahrung haben mit C# von Kopf bis Fuß bereits das Programmieren gelernt. Sie können das auch!

[Anmerkung aus dem Marketing: Dieses Buch ist etwas für jeden, der eine Kreditkarte besitzt.]

Wir wissen, was Sie gerade denken.

»Wie kann *das* ein ernsthaftes C#-Programmierbuch sein?«

»Was sollen all die Abbildungen?«

»Kann ich auf diese Weise wirklich *lernen*?«

Und wir wissen, was Ihr *Gehirn* gerade denkt.

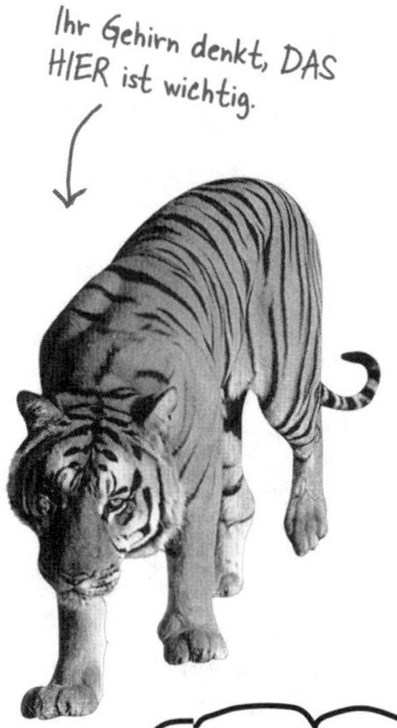
Ihr Gehirn denkt, DAS HIER ist wichtig.

Ihr Gehirn lechzt nach Neuem. Es ist ständig dabei, Ihre Umgebung abzusuchen, und es *wartet* auf etwas Ungewöhnliches. So ist es nun einmal gebaut, und es hilft Ihnen zu überleben.

Heutzutage ist es weniger wahrscheinlich, dass Sie von einem Tiger verputzt werden. Aber Ihr Gehirn hält immer noch Ausschau. Man weiß ja nie.

Also, was macht Ihr Gehirn mit all den gewöhnlichen, normalen Routinesachen, denen Sie begegnen? Es tut alles in seiner Macht Stehende, damit es dadurch nicht bei seiner *eigentlichen* Arbeit gestört wird: Dinge zu erfassen, die wirklich *wichtig* sind. Es gibt sich nicht damit ab, die langweiligen Sachen zu speichern, sondern lässt sie gar nicht erst durch den »Dies-ist-offensichtlich-nicht-wichtig«-Filter.

Woher *weiß* Ihr Gehirn denn, was wichtig ist? Nehmen Sie an, Sie machen einen Tagesausflug und ein Tiger springt vor Ihnen aus dem Gebüsch: Was passiert dabei in Ihrem Kopf und Ihrem Körper?

Neuronen feuern. Gefühle werden angekurbelt. *Chemische Substanzen durchfluten Sie.*

Und so weiß Ihr Gehirn:

Dies muss wichtig sein! Vergiss es nicht!

NA TOLL. NUR NOCH 700 TROCKENE, LANGWEILIGE SEITEN.
Ihr Gehirn denkt, DAS HIER zu speichern, lohnt sich nicht.

Aber nun stellen Sie sich vor, Sie sind zu Hause oder in einer Bibliothek. In einer sicheren, warmen, tigerfreien Zone. Sie lernen. Bereiten sich auf eine Prüfung vor. Oder Sie versuchen, irgendein schwieriges Thema zu lernen, von dem Ihr Chef glaubt, Sie bräuchten dafür eine Woche oder höchstens zehn Tage.

Da ist nur ein Problem: Ihr Gehirn möchte Ihnen einen großen Gefallen tun. Es versucht, dafür zu sorgen, dass diese *offensichtlich* unwichtigen Inhalte nicht knappe Ressourcen verstopfen. Ressourcen, die besser dafür verwendet würden, die wirklich *wichtigen* Dinge zu speichern. Wie Tiger. Wie die Gefahren des Feuers. Oder dass Sie diese »Party-Fotos« besser nicht auf Ihrer Facebook-Seite gepostet hätten.

Und es gibt keine einfache Möglichkeit, Ihrem Gehirn zu sagen: »Hey, Gehirn, vielen Dank, aber egal, wie langweilig dieses Buch auch ist und wie klein der Ausschlag auf meiner emotionalen Richterskala gerade ist, ich *will* wirklich, dass du diesen Kram behältst.«

Wir stellen uns unseren Leser als einen aktiv Lernenden vor.

Also, was ist nötig, damit Sie etwas *lernen*? Erst einmal müssen Sie es *aufnehmen* und dann dafür sorgen, dass Sie es nicht wieder *vergessen*. Es geht nicht darum, Fakten in Ihren Kopf zu schieben. Nach den neuesten Forschungsergebnissen der Kognitionswissenschaft, der Neurobiologie und der Lernpsychologie gehört zum *Lernen* viel mehr als nur Text auf einer Seite. Wir wissen, was Ihr Gehirn anmacht.

Einige der Lernprinzipien dieser Buchreihe:

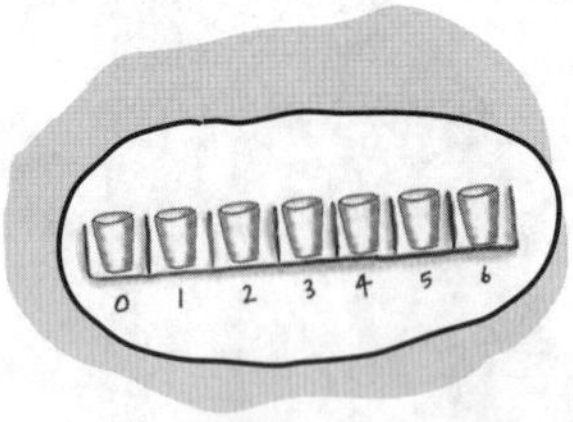
0 1 2 3 4 5 6

Bilder einsetzen. An Bilder kann man sich viel besser erinnern als an Worte allein und lernt so viel effektiver (bis zu 89% Verbesserung bei Abrufbarkeits- und Lerntransferstudien). Außerdem werden die Dinge dadurch verständlicher. **Text in oder neben die Grafiken setzen,** auf die sie sich beziehen, anstatt darunter oder auf eine andere Seite. Die Leser werden auf den Bildinhalt bezogene Probleme dann mit *doppelt* so hoher Wahrscheinlichkeit lösen können.

Verwenden Sie einen gesprächsorientierten Stil mit persönlicher Ansprache. Nach neueren Untersuchungen haben Studenten nach dem Lernen bei Tests bis zu 40% besser abgeschnitten, wenn der Inhalt den Leser direkt in der ersten Person und im lockeren Stil angesprochen hat statt in einem formalen Ton. Halten Sie keinen Vortrag, sondern erzählen Sie Geschichten. Benutzen Sie eine zwanglose Sprache. Nehmen Sie sich selbst nicht zu ernst. Würden *Sie* einer anregenden Unterhaltung beim Abendessen mehr Aufmerksamkeit schenken oder einem Vortrag?

Bringen Sie den Lernenden dazu, intensiver nachzudenken. Mit anderen Worten: Solange Sie nicht aktiv Ihre Neuronen strapazieren, passiert in Ihrem Gehirn nicht viel. Ein Leser muss motiviert, begeistert und neugierig sein und dazu angeregt werden, Probleme zu lösen, Schlüsse zu ziehen und sich neues Wissen anzueignen. Und dafür brauchen Sie Herausforderungen, Übungen, zum Nachdenken anregende Fragen und Tätigkeiten, die beide Seiten des Gehirns und mehrere Sinne einbeziehen.

Ziehen Sie die Aufmerksamkeit des Lesers auf sich – und behalten Sie sie. Wir alle haben schon Erfahrungen dieser Art gemacht: »Ich will das wirklich lernen, aber ich kann einfach nicht über Seite 1 hinaus wach bleiben.« Ihr Gehirn passt auf, wenn Dinge ungewöhnlich, interessant, merkwürdig, auffällig, unerwartet sind. Ein neues, schwieriges, technisches Thema zu lernen, muss nicht langweilig sein. Wenn es das nicht ist, lernt Ihr Gehirn viel schneller.

Sprechen Sie Gefühle an. Wir wissen, dass Ihre Fähigkeit, sich an etwas zu erinnern, wesentlich von dessen emotionalem Gehalt abhängt. Sie erinnern sich an das, was Sie *bewegt*. Sie erinnern sich, wenn Sie etwas *fühlen*. Nein, wir erzählen keine herzzerreißenden Geschichten über einen Jungen und seinen Hund. Was wir erzählen, ruft Überraschungs-, Neugier-, Spaß- und Was-soll-das?-Emotionen hervor und dieses Hochgefühl, das Sie beim Lösen eines Puzzles empfinden oder wenn Sie etwas lernen, das alle anderen schwierig finden. Oder wenn Sie merken, dass Sie etwas können, das dieser »Ich-bin-ein-besserer-Techniker-als-du«-Typ aus der Technikabteilung *nicht kann*.

Metakognition: Nachdenken übers Denken

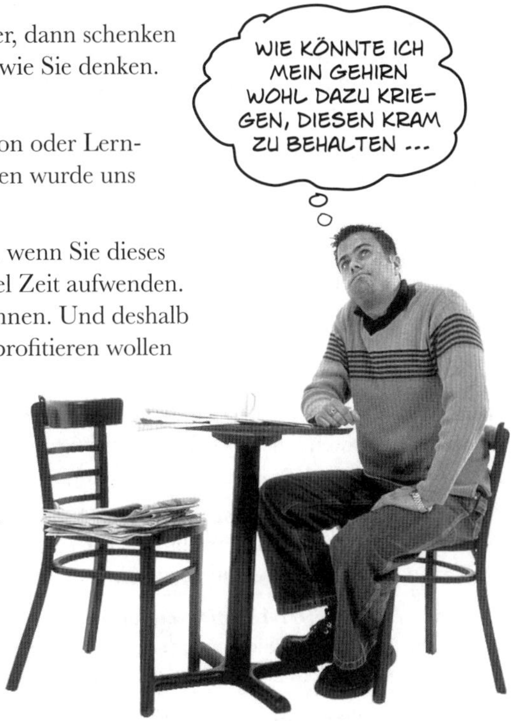
WIE KÖNNTE ICH MEIN GEHIRN WOHL DAZU KRIEGEN, DIESEN KRAM ZU BEHALTEN ...

Wenn Sie wirklich lernen möchten, und zwar schneller und nachhaltiger, dann schenken Sie Ihrer Aufmerksamkeit Aufmerksamkeit. Denken Sie darüber nach, wie Sie denken. Lernen Sie, wie Sie lernen.

Die meisten von uns haben in ihrer Jugend keine Kurse in Metakognition oder Lerntheorie gehabt. Es wurde von uns *erwartet*, dass wir lernen, aber nur selten wurde uns auch *beigebracht*, wie man lernt.

Wir nehmen aber an, dass Sie wirklich etwas über C# lernen möchten, wenn Sie dieses Buch in den Händen halten. Und wahrscheinlich möchten Sie nicht viel Zeit aufwenden. Und Sie wollen sich an das *erinnern*, was Sie lesen, und es anwenden können. Und deshalb müssen Sie es *verstehen*. Wenn Sie so viel wie möglich von diesem Buch profitieren wollen oder von irgendeinem anderen Buch oder einer anderen Lernerfahrung, übernehmen Sie Verantwortung für Ihr Gehirn. Ihr Gehirn im Zusammenhang mit diesem Lernstoff.

Der Trick besteht darin, Ihr Gehirn dazu zu bringen, neuen Lernstoff als etwas wirklich Wichtiges anzusehen. Als entscheidend für Ihr Wohlbefinden. So wichtig wie ein Tiger. Andernfalls stecken Sie in einem dauernden Kampf, in dem Ihr Gehirn sein Bestes gibt, um die neuen Inhalte davon abzuhalten, hängen zu bleiben.

Wie bringen Sie also Ihr Gehirn dazu, C# für so wichtig zu halten wie einen Tiger?

Da gibt es den langsamen, ermüdenden Weg oder den schnelleren, effektiveren Weg. Der langsame Weg geht über bloße Wiederholung. Natürlich ist Ihnen klar, dass Sie lernen und sich sogar an die langweiligsten Themen erinnern *können*, wenn Sie sich die gleiche Sache immer wieder einhämmern. Wenn Sie nur oft genug wiederholen, sagt Ihr Gehirn: »Er hat zwar nicht das *Gefühl*, dass das wichtig ist, aber er sieht sich dieselbe Sache *immer und immer wieder* an – dann muss sie wohl wichtig sein.«

Der schnellere Weg besteht darin, ***alles zu tun, was die Gehirnaktivität erhöht***, vor allem verschiedene *Arten* von Gehirnaktivität. Eine wichtige Rolle dabei spielen die auf der vorhergehenden Seite erwähnten Dinge – alles Dinge, die nachweislich helfen, dass Ihr Gehirn *für* Sie arbeitet. So hat sich z.B. in Untersuchungen gezeigt: Wenn Wörter *in* den Abbildungen stehen, die sie beschreiben (und nicht irgendwo anders auf der Seite, z.B. in einer Bildunterschrift oder im Text), versucht Ihr Gehirn, herauszufinden, wie die Wörter und das Bild zusammenhängen, und dadurch feuern mehr Neuronen. Und je mehr Neuronen feuern, umso größer ist die Chance, dass Ihr Gehirn mitbekommt: Bei dieser Sache *lohnt* es sich, aufzupassen, und vielleicht auch, sich daran zu erinnern.

Ein lockerer Sprachstil hilft, denn Menschen tendieren zu höherer Aufmerksamkeit, wenn ihnen bewusst ist, dass sie ein Gespräch führen – man erwartet dann ja von ihnen, dass sie dem Gespräch folgen und sich beteiligen. Das Erstaunliche daran ist: Es ist Ihrem Gehirn ziemlich *egal*, dass die »Unterhaltung« zwischen Ihnen und einem Buch stattfindet! Wenn der Schreibstil dagegen formal und trocken ist, hat Ihr Gehirn den gleichen Eindruck wie bei einem Vortrag, bei dem in einem Raum passive Zuhörer sitzen. Nicht nötig, wach zu bleiben.

Aber Abbildungen und ein lockerer Sprachstil sind erst der Anfang.

Das haben WIR getan:

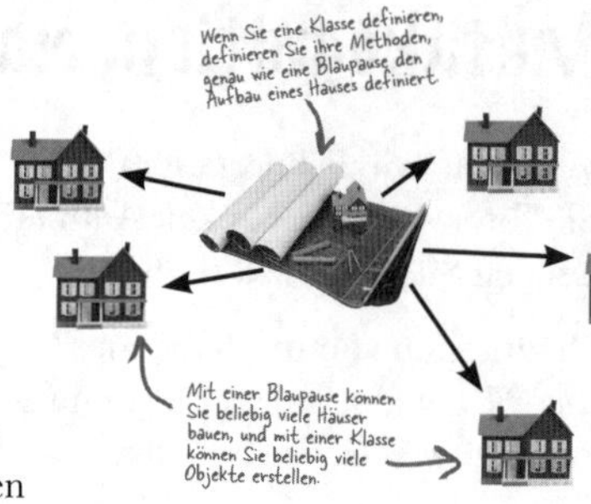
Wenn Sie eine Klasse definieren, definieren Sie ihre Methoden, genau wie eine Blaupause den Aufbau eines Hauses definiert.
Mit einer Blaupause können Sie beliebig viele Häuser bauen, und mit einer Klasse können Sie beliebig viele Objekte erstellen.

Wir haben ***Bilder*** verwendet, weil Ihr Gehirn auf visuelle Eindrücke eingestellt ist, nicht auf Text. Soweit es Ihr Gehirn betrifft, sagt ein Bild *wirklich* mehr als 1.024 Worte. Und dort, wo Text und Abbildungen zusammenwirken, haben wir den Text *in* die Bilder eingebettet, denn Ihr Gehirn arbeitet besser, wenn der Text *innerhalb* der Sache steht, auf die er sich bezieht, und nicht in einer Bildunterschrift oder irgendwo vergraben im Text.

Wir haben ***Redundanz*** eingesetzt, d.h. dasselbe auf *unterschiedliche* Art und mit verschiedenen Medientypen ausgedrückt, damit Sie es über *mehrere Sinne* aufnehmen. Das erhöht die Chance, dass die Inhalte an mehr als nur einer Stelle in Ihrem Gehirn verankert werden.

Wir haben Konzepte und Bilder in ***unerwarteter*** Weise eingesetzt, weil Ihr Gehirn auf Neuigkeiten programmiert ist. Und wir haben Bilder und Ideen mit zumindest *etwas* ***emotionalem*** *Charakter* verwendet, weil Ihr Gehirn darauf eingestellt ist, auf die Biochemie von Gefühlen zu achten. An alles, was ein *Gefühl* in Ihnen auslöst, können Sie sich mit höherer Wahrscheinlichkeit erinnern, selbst wenn dieses Gefühl nicht mehr ist als ein bisschen ***Belustigung, Überraschung*** oder ***Interesse.***

Wir haben einen ***umgangssprachlichen Stil*** mit direkter Anrede benutzt, denn Ihr Gehirn ist von Natur aus aufmerksamer, wenn es Sie in einer Unterhaltung wähnt als wenn es davon ausgeht, dass Sie passiv einer Präsentation zuhören – sogar dann, wenn Sie *lesen*.

Wir haben mehr als 80 ***Aktivitäten*** für Sie vorgesehen, denn Ihr Gehirn lernt und behält von Natur aus besser, wenn Sie Dinge ***tun,*** als wenn Sie nur darüber *lesen*. Und wir haben die Übungen zwar anspruchsvoll, aber doch lösbar gemacht, denn so ist es den meisten Lesern am liebsten.

Punkt für Punkt

Wir haben ***mehrere unterschiedliche Lernstile*** eingesetzt, denn vielleicht bevorzugen *Sie* ein Schritt-für-Schritt-Vorgehen, während jemand anders erst einmal den groben Zusammenhang verstehen und ein Dritter einfach nur ein Codebeispiel sehen möchte. Aber ganz abgesehen von den jeweiligen Lernvorlieben profitiert *jeder* davon, wenn er die gleichen Inhalte in unterschiedlicher Form präsentiert bekommt.

Kamingespräche

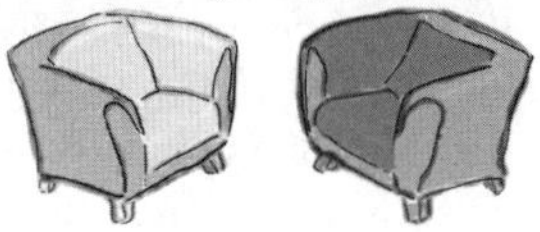

Wir liefern Inhalte für ***beide Seiten Ihres Gehirns,*** denn je mehr Sie von Ihrem Gehirn einsetzen, umso wahrscheinlicher werden Sie lernen und behalten und umso länger bleiben Sie konzentriert. Wenn Sie mit einer Seite des Gehirns arbeiten, bedeutet das häufig, dass sich die andere Seite des Gehirns ausruhen kann; so können Sie über einen längeren Zeitraum produktiver lernen.

Und wir haben ***Geschichten*** und Übungen aufgenommen, die ***mehr als einen Blickwinkel repräsentieren,*** denn Ihr Gehirn lernt von Natur aus intensiver, wenn es gezwungen ist, selbst zu analysieren und zu beurteilen.

Wir haben ***Herausforderungen*** eingefügt: in Form von Übungen und indem wir ***Fragen*** stellen, auf die es nicht immer eine eindeutige Antwort gibt, denn Ihr Gehirn ist darauf eingestellt, zu lernen und sich zu erinnern, wenn es an etwas *arbeiten* muss. Überlegen Sie: Ihren *Körper* bekommen Sie ja auch nicht in Form, wenn Sie nur die Leute auf dem Sportplatz *beobachten*. Aber wir haben unser Bestes getan, um dafür zu sorgen, dass Sie – wenn Sie schon hart arbeiten – an den *richtigen* Dingen arbeiten. Dass Sie ***nicht einen einzigen Dendriten darauf verschwenden,*** ein schwer verständliches Beispiel zu verarbeiten oder einen schwierigen, mit Fachbegriffen gespickten oder übermäßig gedrängten Text zu analysieren.

Wir haben ***Menschen*** eingesetzt. In Geschichten, Beispielen, Bildern usw. – denn *Sie sind* ein Mensch. Und Ihr Gehirn schenkt *Menschen* mehr Aufmerksamkeit als *Dingen*.

Und das können SIE tun, um sich Ihr Gehirn untertan zu machen

Schneiden Sie dies aus und heften Sie es an Ihren Kühlschrank.

So, wir haben unseren Teil der Arbeit geleistet. Der Rest liegt bei Ihnen. Diese Tipps sind ein Anfang; hören Sie auf Ihr Gehirn und finden Sie heraus, was bei Ihnen funktioniert und was nicht. Probieren Sie neue Wege aus.

1. **Immer langsam. Je mehr Sie verstehen, umso weniger müssen Sie auswendig lernen.**

   Lesen Sie nicht nur. Halten Sie inne und denken Sie nach. Wenn das Buch Sie etwas fragt, springen Sie nicht einfach zur Antwort. Stellen Sie sich vor, dass Sie das wirklich jemand *fragt*. Je gründlicher Sie Ihr Gehirn zum Nachdenken zwingen, umso größer ist die Chance, dass Sie lernen und behalten.

2. **Bearbeiten Sie die Übungen. Machen Sie selbst Notizen.**

   Wir haben sie entworfen, aber wenn wir sie auch für Sie lösen würden, wäre das, als würde jemand anderes Ihr Training für Sie absolvieren. Und *sehen* Sie sich die Übungen *nicht einfach nur an*. **Benutzen Sie einen Bleistift.** Es deutet vieles darauf hin, dass körperliche Aktivität *beim* Lernen den Lernerfolg erhöhen kann.

3. **Lesen Sie die Abschnitte »Es gibt keine Dummen Fragen«.**

   Und zwar alle. Das sind keine Zusatzanmerkungen – ***sie gehören zum Kerninhalt!*** Überspringen Sie sie nicht.

4. **Lesen Sie dies als Letztes vor dem Schlafengehen. Oder lesen Sie danach zumindest nichts *Anspruchsvolles* mehr.**

   Ein Teil des Lernprozesses (vor allem die Übertragung in das Langzeitgedächtnis) findet erst statt, *nachdem* Sie das Buch zur Seite gelegt haben. Ihr Gehirn braucht Zeit für sich, um weitere Verarbeitung zu leisten. Wenn Sie in dieser Zeit etwas Neues aufnehmen, geht ein Teil dessen, was Sie gerade gelernt haben, verloren.

5. **Trinken Sie Wasser. Viel.**

   Ihr Gehirn arbeitet am besten in einem schönen Flüssigkeitsbad. Austrocknung (zu der es schon kommen kann, bevor Sie überhaupt Durst verspüren) beeinträchtigt die kognitive Funktion.

6. **Reden Sie drüber. Laut.**

   Sprechen aktiviert einen anderen Teil des Gehirns. Wenn Sie etwas verstehen oder Ihre Chancen verbessern wollen, sich später daran zu erinnern, sagen Sie es laut. Noch besser: Versuchen Sie, es jemandem laut zu erklären. Sie lernen dann schneller und haben vielleicht Ideen, auf die Sie beim bloßen Lesen nie gekommen wären.

7. **Hören Sie auf Ihr Gehirn.**

   Achten Sie darauf, Ihr Gehirn nicht zu überladen. Wenn Sie merken, dass Sie etwas nur noch überfliegen oder dass Sie das gerade erst Gelesene vergessen haben, ist es Zeit für eine Pause. Ab einem bestimmten Punkt lernen Sie nicht mehr schneller, indem Sie mehr hineinzustopfen versuchen; das kann sogar den Lernprozess stören.

8. **Aber bitte mit *Gefühl!***

   Ihr Gehirn muss wissen, dass es *um etwas Wichtiges geht*. Lassen Sie sich in die Geschichten hineinziehen. Erfinden Sie eigene Bildunterschriften für die Fotos. Über einen schlechten Scherz zu stöhnen, ist *immer noch* besser, als gar nichts zu fühlen.

9. **Schreiben Sie Software, massenhaft!**

   Programmieren lernt man nur auf eine Weise: **indem man viel, viel Code schreibt**. Das werden Sie das ganze Buch hindurch machen. Programmieren ist ein Handwerk. Gut darin wird man nur durch Übung. Und die werden wir Ihnen verschaffen: Alle Kapitel bieten Übungen, die Ihnen ein Problem zur Lösung aufgeben. Überspringen Sie diese nicht einfach – ein Großteil des Lernprozesses tritt beim Lösen der Übungen ein. Wir geben zu allen Übungen Lösungen an – haben Sie keine Angst, **in die Lösung zu schauen**, wenn Sie hängen bleiben! (Man bleibt leicht mal an etwas ganz Kleinem hängen.) Aber probieren Sie, das Problem zu lösen, bevor Sie sich die Lösung ansehen.

Die Screenshots in diesem Buch zeigen die Visual Studio 2013 Express-Version, die jüngste kostenlos verfügbare Version als dieses Buch in den Druck ging. Wir werden spätere Versionen aktuell halten, aber Microsoft stellt üblicherweise auch ältere Versionen zum Download bereit.

Was Sie für dieses Buch brauchen

Wir haben für dieses Buch **Visual Studio Express 2013 für Windows** und **Visual Studio Express 2013 für Windows Desktop** verwendet. Alle Screenshots in diesem Buch basieren auf dieser Version, deswegen empfehlen wir Ihnen, ebenfalls damit zu arbeiten. Wenn Sie Visual Studio 2010 Professional, Premium, Ultimate oder die Professional-Testversion verwenden, werden Sie kleine Unterschiede bemerken, die wir, wo möglich, angemerkt haben (aber das ist nichts, was Ihnen bei den Übungen im Buch Probleme bereiten sollte).

Die VISUAL STUDIO 2013 EXPRESS-Versionen einrichten

- ★ Sie können **Visual Studio Express 2013 für Windows 8** *kostenlos* von Microsofts Website herunterladen. Es lässt sich neben anderen und auch früheren Versionen installieren: **http://www.microsoft.com/visualstudio/eng/downloads**

Klicken Sie auf den Link "Jetzt installieren", um den Webinstaller zu starten, der Visual Studio automatisch herunterlädt und installiert.

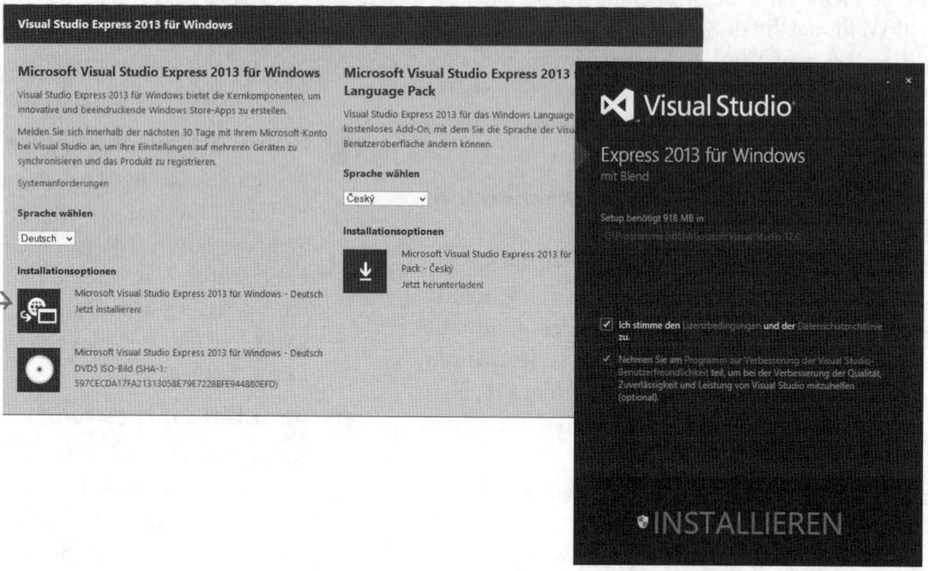

Visual Studio Express 2013 für Windows
Microsoft Visual Studio Express 2013 für Windows
Sprache wählen
Deutsch
Installationsoptionen
Microsoft Visual Studio Express 2013 für Windows - Deutsch
Jetzt installieren!
Microsoft Visual Studio Express 2013 Language Pack
Sprache wählen
Český
Installationsoptionen
Jetzt herunterladen!
Visual Studio
Express 2013 für Windows
mit Blend
Ich stimme den Lizenzbedingungen und der Datenschutzrichtlinie zu.
INSTALLIEREN

Außerdem benötigen Sie einen Produktschlüssel, der für die Express-Versionen kostenlos ist (Sie müssen dazu allerdingsein Microsoft-Konto anlegen).

- ★ Wenn Sie es installiert haben, müssen Sie das Gleiche für **Visual Studio Express 2013 für Windows Desktop** tun.

Was, wenn Sie kein Windows 8 haben und Visual Studio 2013 bei Ihnen nicht läuft

Viele der Übungen in diesem Buch erfordern Windows 8. Aber uns ist klar, dass viele unserer Leser es nicht haben – beispielsweise haben viele professionelle Programmierer Bürorechner, auf denen so antiquierte Systeme wie Windows 2003 laufen können oder auf denen nur Visual Studio 2010 installiert ist und nicht aktualisiert werden kann. **Sollten Sie einer dieser Leser sein: Keine Sorge.** Sie können trotzdem *fast* alle Übungen in diesem Buch machen und zwar so:

- ★ Die Übungen in den Kapiteln 3 bis 9 und die beiden ersten Workshops erfordern Windows 8 nicht. Sie können sie sogar mir Visual Studio 2010 (oder gar 2008), erstellen (dann können sich die Screenshots allerdings etwas von dem unterscheiden, was Sie sehen).

- ★ Für den Rest des Buches **müssen Sie Windows Presentation Foundation-Desktop-Apps (WPF)** statt Windows 8-Apps erstellen. Wir haben ein PDF zusammengestellt, das Sie von der Head First Labs-Website (*http://headfirstlabs.com/hfcsharp*) herunterladen können, das Sie dabei unterstützen wird. *Mehr erfahren Sie im Anhang unter Punkt 11.*

Lies mich

Dies ist ein Lehrbuch, keine Referenz. Wir haben mit Absicht alles weggelassen, was Ihnen dabei in die Quere kommen könnte, das zu lernen, was auch immer wir an einem bestimmten Punkt gerade behandeln. Und wenn Sie das Buch das erste Mal durchhaben, müssen Sie wieder am Anfang beginnen, weil das Buch Annahmen darüber macht, was Sie bereits gesehen und gelernt haben.

Die Aktivitäten sind NICHT optional.

Die Übungen und Aktivitäten sind keine Zusätze. Sie sind ein wesentlicher Bestandteil des Buchs. Einige sollen Ihr Gedächtnis unterstützen, andere Ihr Verständnis wecken, und wieder andere werden Ihnen helfen, das Gelernte anzuwenden. ***Überspringen Sie die Übungen nicht.*** Die Kreuzworträtsel sind das Einzige, was Sie nicht tun *müssen*, sind aber eine gute Möglichkeit, Ihrem Hirn eine Chance zu geben, über die Wörter und Begriffe, die Sie gelernt haben, in einem anderen Kontext nachzudenken.

Die Redundanz ist beabsichtigt und wichtig.

Eins der Dinge, das ein Von Kopf bis Fuß-Buch so anders macht, ist, dass wir möchten, dass Sie die Sache *wirklich* verstehen. Und wir möchten, dass Sie, wenn Sie das Buch durchgearbeitet haben, behalten, was Sie gelernt haben. Die meisten Referenzbücher zielen nicht auf Behalten und Erinnern ab, aber in diesem Buch geht es ums *Lernen*, deswegen werden Ihnen manche Konzepte auch mehrfach begegnen.

Machen Sie alle Übungen!

Als wir dieses Buch schrieben, sind wir von einer wichtigen Voraussetzung ausgegangen: dass Sie wirklich lernen möchten, wie man in C# programmiert. Wir wissen also, dass Sie sich die Hände von Anfang an beim Wühlen in Code schmutzig machen wollen. Wir bieten Ihnen eine Menge Möglichkeiten, Ihre Fähigkeiten zu schärfen, indem wir in jedes Kapitel Übungen einschließen. Einige haben wir mit »Tun Sie das!« beschriftet – wenn Sie darauf stoßen, bedeutet es, dass wir Sie durch alle Schritte zur Lösung eines bestimmten Problems leiten. Stoßen Sie aber auf das Übung-Logo mit den Turnschuhen, haben wir Ihnen die Lösung eines großen Happens des Problems überlassen und präsentieren Ihnen anschließend die Lösung, die wir gefunden haben. Haben Sie keine Angst, einen Blick auf die Lösung zu werfen – **das ist kein Mogeln!** Aber am meisten lernen Sie, wenn Sie versuchen, das Problem erst selbst zu lösen.

Außerdem haben wir den Quellcode für die Lösungen aller Übungen ins Web gestellt, damit Sie ihn herunterladen können. Sie finden ihn unter:
`http://examples.oreilly.de/german_examples/hfcsharpger/`

Zu den Kopfnuss-Übungen gibt es keine Lösungen.

Für manche dieser Übungen gibt es keine richtige Lösung, und bei anderen gehört es zum Lernprozess der Kopfnuss-Aktivitäten, dass Sie selbst überlegen, ob und wann Ihre Lösungen richtig sind. Bei einigen Kopfnuss-Übungen finden Sie Hinweise, die Sie in die richtige Richtung lenken.

Wir haben eine Menge Grafiken eingesetzt, um die schwereren Konzepte leichter verständlich zu machen.

ciaAgent
mi5Agent

Sie sollten ALLE »Spitzen Sie Ihren Bleistift«-Aktivitäten mitmachen.

Spitzen Sie Ihren Bleistift

Aktivitäten, die mit dem Übung-Logo (den Turnschuhen) versehen sind, sind wirklich wichtig! Überspringen Sie diese nicht, wenn Sie C# wirklich lernen möchten.

ÜBUNG

Die Aktivitäten mit dem Pool-Puzzle-Logo sind optional, und wenn Sie verzwickte Logikrätsel nicht mögen, dann mögen Sie diese auch nicht.

Die Fachgutachter

Chris Burrows

Lisa Kellner

Rebeca Dunn-Krahn

David Sterling

Johnny Halife

Nicht abgebildet (aber ebenso umwerfend) waren die Gutachter der ersten Auflage: Joe Albahari, Jay Hilyard, Aayam Singh, Theodore, Peter Ritchie, Bill Meitelski Andy Parker, Wayne Bradney, Dave Murdoch, Bridgette Julie Landers. Unser besonderer Dank gilt unserem Alan Ouellette und allen anderen Lesern, die uns auf Probleme hingewiesen haben, die der Qualitätskontrolle bei den ersten beiden Auflagen entgangen sind.

Als wir dieses Buch schrieben, wies es einen Haufen Fehler, Haken, Probleme, Tippfehler und schreckliche arithmetische Fehler auf. Na gut, ganz so schlimm war es nicht.Trotzdem sind wir dankbar für die Arbeit, die unsere Fachgutachter für dieses Buch geleistet haben. Ohne dieses ausgezeichnete Gutachterteam wäre das Buch mit Fehlern gedruckt worden (einschließlich ein bis zwei großer).

Zunächst wollen wir **Lisa Kellner** danken – das ist das neunte Buch, dass sie für uns begutachtet hat und ihre Arbeit hatte erhebliche Auswirkungen auf die Lesbarkeit des endgültigen Produkts. Danke, Lisa! Besonderen Dank auch an **Chris Burrows, Rebeca Dunn-Krahn** und **David Sterling** für dir überwältigenden technischen Ratschläge, an **Joe Albahari** und **Jon Skeet** für die sorgfältige und überlegte Durchsicht der ersten Auflage und an **Nick Paladino**, der das Gleiche für die zweite Auflage tat.

Chris Burrows ist Entwickler in Microsofts C#-Compiler-Team, wo er sich im Wesentlichen mit dem Entwurf und der Implementierung der C#-4.0-Sprachfunktionen, vor allem dynamic, befasst.

Rebeca Dunn-Krahn ist Mitgründerin von Semaphore Solutions, einem auf .NET-Anwendungen spezialisierten Unternehmen für Unternehmensanwendungen. Sie lebt mit ihrem Mann, ihren Kindern, Sophia und Sebastian, einer Katze und drei Hühnern in Victoria, Canada.

David Sterling arbeitet seit beinahe drei Jahren im Visual C#-Compiler-Team.

Johnny Halife ist Chef-Architekt und Mitgründer von Mural.ly (*http://murally.com*), einem Web-Startup für Online-Pinnwände, auf denen Nutzer beliebige Inhalte sammeln und auf flexible und organische Weise organisieren können. Johnny ist ein Spezialist für die Cloud und Anwendungen mit hohen Skaliersanforderungen. Außerdem ist er ein leidenschaftlicher Läufer und Sport-Fan.

Danksagungen

Unsere Lektorin:

Wir möchten unserer Lektorin **Courtney Nash** für ihre Arbeit an diesem Buch danken.

Courtney Nash

Es gibt so viele Menschen bei O'Reilly, denen wir danken wollen – hoffentlich vergessen wir niemanden. Besonderen Dank an unsere Herstellerin **Melanie Yarbrough**, **Ellen Troutman-Zaig**, die für den Index verantwortlich ist, **Rachel Monaghan** für die aufmerksame Sprachkorrektur, **Ron Bilodeau**, der seine Zeit und Preflighting-Expertise einbrachte und die letzte Qualitätssicherung durchführte – sie alle halfen, dieses Buch in Rekordzeit aus der Produktion in den Druck zu bringen. Und wie immer: Wir lieben **Mary Treseler** und können es nicht erwarten, wieder mit ihr zu arbeiten! Und ein großes Hallo an all unsere anderen Freunde und Lektoren, **Andy Oram Mike Hendrickson**, **Laurie Petryki**, **Tim O'Reilly** und **Sanders Kleinfeld**. Und wenn Sie dieses Buch jetzt lesen, können Sie dem besten Marketingteam der Branche danken: **Marsee Henon**, **Sara Peyton** und den anderen Leuten in Sebastopol.

1 Erste Schritte mit C#

Apps im Handumdrehen

ICH BIN BEREIT FÜR DEN *WILDEN RITT!*
WHIP

Sie wollen tolle Apps in Windeseile aufbauen?

Mit C# steht Ihnen eine **ausgezeichnete Programmiersprache** und ein **wertvolles Werkzeug** zur Verfügung. Dank der **Visual Studio IDE** werden Sie nie wieder Stunden damit verbringen müssen, obskuren Code zu schreiben, um einen simplen Button funktionsfähig zu machen. Noch besser ist, dass Sie **richtig coole Programme aufbauen können,** ohne dass Sie sich einprägen müssen, welche Teile Ihres Codes den *Namen* eines Buttons repräsentieren und welche für sein *Label* stehen. Klingt das interessant? Blättern Sie um und legen Sie los mit dem Programmieren!

Warum Sie C# lernen sollten

Mit C# und der Visual Studio IDE können Sie sich sofort an die Arbeit machen und Ihren Code zügig verfassen. Wenn Sie mit C# arbeiten, ist die IDE Ihre bester Freund und treuer Begleiter.

Die IDE – oder Visual Studio **Integrated Development Environment** – ist ein wichtiger Bestandteil der Arbeit mit C#. Sie ist ein Programm, das Sie bei der Bearbeitung Ihres Codes, der Verwaltung Ihrer Dateien und beim Vertrieb Ihrer Anwendung im Windows Store unterstützt.

Hier ist das, was die IDE automatisch für Sie erledigt ...

Jedes Mal, wenn Sie ein neues Programm beginnen oder einfach einen Button in eine vorhandene Seite einfügen, erfordert das eine ganze Menge repetitiven Code.

```
using System;
using System.Collections.Generic;
using System.Windows.Forms;
namespace A_New_Program
{
    static class Program
    {
        /// <summary>
        /// The main entry point for the application.
        /// </summary>
        [STAThread]
        static void Main()
        {
            Application.EnableVisualStyles();
            Application.SetCompatibleTextRenderingDefault(false);
            Application.Run(new Form1());
        }
    }
}
```

```
private void InitializeComponent()
{
  this.button1 = new System.Windows.Forms.Button();
  this.SuspendLayout();
  //
  // button1
  //
  this.button1.Location = new System.Drawing.Point(105, 56);
  this.button1.Name = "button1";
  this.button1.Size = new System.Drawing.Size(75, 23);
  this.button1.TabIndex = 0;
  this.button1.Text = "button1";
  this.button1.UseVisualStyleBackColor = true;
  this.button1.Click += new System.EventHandler(this.button1_Click);
  //
  // Form1
  //
  this.AutoScaleDimensions = new System.Drawing.SizeF(8F, 16F);
  this.AutoScaleMode = System.Windows.Forms.AutoScaleMode.Font;
  this.ClientSize = new System.Drawing.Size(292, 267);
  this.Controls.Add(this.button1);
  this.Name = "Form1";
  this.Text = "Form1";
  this.ResumeLayout(false);
}
```

Dieser ganze Code wird benötigt, um einen einzigen Button in ein Fenster zu zeichnen. Muss einer Seite ein ganzer Haufen visueller Elemente hinzugefügt werden, kann das zehnmal mehr Code erfordern.

Was Visual Studio und C# Ihnen bieten ...

Dank einer Sprache wie C#, die für die Windows-Programmierung gemacht ist, und der Visual Studio IDE können Sie sich sofort auf das konzentrieren, was Ihr Programm leisten **soll**:

Das Ergebnis: Eine Anwendung, die besser aussieht und in kürzerer Zeit geschrieben werden konnte.

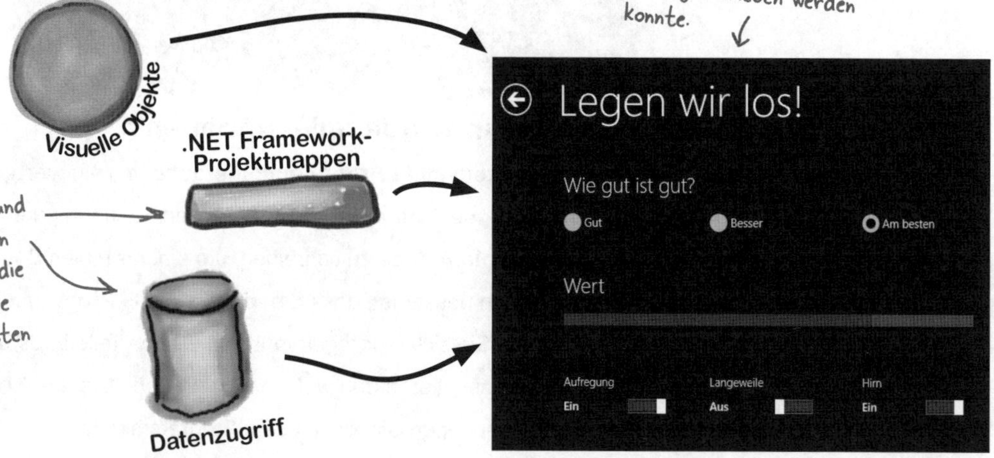
Visuelle Objekte
.NET Framework-Projektmappen
Datenzugriff
Legen wir los!
Wie gut ist gut?
Gut
Besser
Am besten
Wert
Aufregung
Ein
Langeweile
Aus
Hirn
Ein

C#, das .NET Framework und die Visual Studio IDE bieten vorgefertigte Strukturen, die sich um den mühseligen Code kümmern, der Teil der meisten Programmieraufgaben ist.

C# und die Visual Studio IDE erleichtern Ihnen eine Menge Dinge

Wenn Sie C# und Visual Studio einsetzen, erhalten Sie all diese wunderbaren Features, ohne dass Sie dafür zusätzlich arbeiten müssten. Beide zusammen ermöglichen Ihnen:

1. **Anwendungen SCHNELL aufzubauen.** Mit C# ist das Erstellen von Programmen ein Kinderspiel. Die Sprache ist mächtig und leicht zu erlernen, und die Visual Studio IDE erledigt eine Menge Arbeit automatisch für Sie. Die stupiden Programmieraufgaben können Sie der IDE überlassen und sich selbst auf das konzentrieren, was Ihr Code bewirken soll.

2. **Gut aussehende Benutzerschnittstellen zu gestalten.** Der Form-Designer in der Visual Studio IDE ist eins der am leichtesten zu benutzenden Designwerkzeuge, die es gibt. Er macht so viel für Sie, dass Sie die Entwicklung umwerfend aussehender Benutzerschnittstellen als einen der erfüllendsten Teile der Entwicklung von C#-Anwendungen empfinden werden. Sie werden voll ausgestattete professionelle Programme aufbauen, ohne Stunden damit zuzubringen, eine grafische Benutzerschnittstelle vollständig von null an aufzubauen.

3. **Visuell beeindruckende Programme aufzubauen.** Wenn Sie C# mit XAML, der Markup-Sprache für die visuelle Gestaltung von Benutzerschnittstellen, kombinieren, nutzen Sie eins der effektivsten Werkzeuge für das Erstellen von Programmen mit einer grafischen Benutzerschnittstelle ... und Sie setzen beides ein, um Software zu bauen, die so umwerfend funktioniert, wie sie aussieht.

4. **Sich darauf zu konzentrieren, Ihre TATSÄCHLICHEN Probleme zu lösen.** Die IDE macht eine Menge für Sie, aber ***Sie*** steuern immer noch, was Sie mit C# aufbauen. Die IDE sorgt dafür, dass Sie sich auf Ihr Programm, Ihre Arbeit (oder Ihr Vergnügen) und Ihre Kunden konzentrieren können, sie selbst erledigt dagegen die gesamte Kernarbeit wie:

   - die Verwaltung Ihrer Projekte,
   - dafür zu sorgen, dass es einfach ist, den Code für Ihr Projekt zu bearbeiten,
   - das Festhalten von Projektressourcen wie Grafiken, Audiodateien und Symbolen,
   - die Verwaltung und die Interaktion mit den Daten Ihres Programms.

   All das heißt, dass Sie die ganze Zeit, die Sie ansonsten mit diesen Routineaufgaben verbringen müssten, in die **Entwicklung und den Vertrieb von Killeranwendungen** stecken können.

In Kürze werden Sie sehen, was genau wir damit meinen.

Apps

Sollten Sie diese Option nicht sehen, könnte das daran liegen, dass Sie Visual Studio 2013 für Windows Desktop nutzen. Beenden Sie diese IDE und starten Sie Visual Studio Express 2013 für Windows.

Was Sie in Visual Studio tun ...

Starten Sie zunächst Visual Studio für Windows, wenn Sie das noch nicht getan haben. Überspringen Sie die Startseite und wählen Sie im Menü **Datei** den Eintrag Neues Projekt. Sie erhalten mehrere Projekttypen zur Auswahl. Expandieren Sie **Visual C#** und **Windows Store** und wählen Sie **Leere App (XAML)**. Die IDE erstellt in Ihrem *Dokumente*-Ordner einen *Visual Studio 2013*-Ordner und steckt Ihre Anwendungen in den darin enthaltenen *Projects*-Ordner (über das Ort-Feld können Sie das auch ändern).

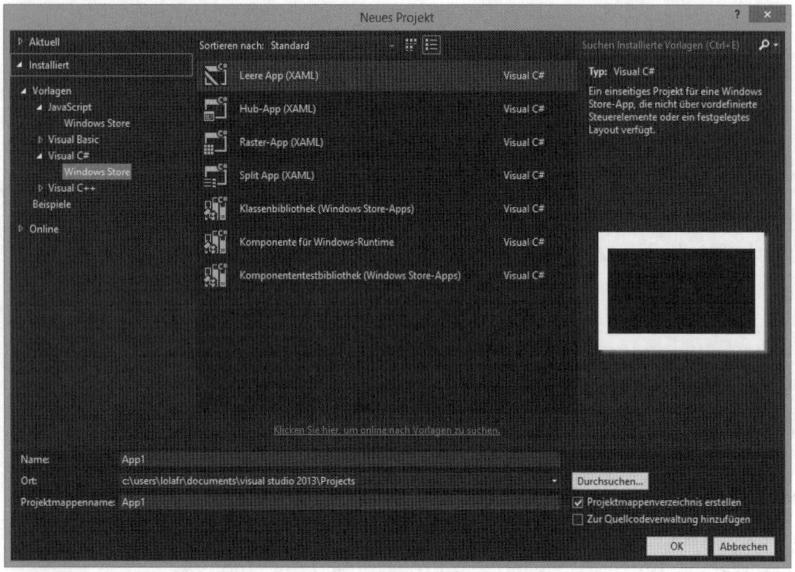
Neues Projekt
Aktuell
Installiert
Vorlagen
JavaScript
Windows Store
Visual Basic
Visual C#
Windows Store
Visual C++
Beispiele
Online
Sortieren nach: Standard
Leere App (XAML) Visual C#
Hub-App (XAML) Visual C#
Raster-App (XAML) Visual C#
Split App (XAML) Visual C#
Klassenbibliothek (Windows Store-Apps) Visual C#
Komponente für Windows-Runtime Visual C#
Komponententestbibliothek (Windows Store-Apps) Visual C#
Typ: Visual C#
Ein einseitiges Projekt für eine Windows Store-App, die nicht über vordefinierte Steuerelemente oder ein festgelegtes Layout verfügt.
Klicken Sie hier, um online nach Vorlagen zu suchen.
Name: App1
Ort: c:\users\lolafr\documents\visual studio 2013\Projects
Projektmappenname: App1
Durchsuchen...
Projektmappenverzeichnis erstellen
Zur Quellcodeverwaltung hinzufügen
OK
Abbrechen

WUMM!

Aufgepasst

In Ihrer IDE könnte das etwas anders aussehen.

*So sieht das Neues Projekt-Fenster in der **Visual Studio für Windows Express Edition** aus. Wenn Sie die Professional- oder Team Foundation-Versionen nutzen, könnte es sich etwas anders präsentieren. Aber es sollte trotzdem alles ganz genau so funktionieren.*

Was Visual Studio für Sie tut ...

Wenn Sie ein neu erstelltes Projekt speichern, erzeugt die IDE einen ganzen Berg von Dateien, unter anderem *MainPage.xaml*, *MainPage.Xaml.cs* und *App.xaml.cs*. Diese werden dem Projektmappen-Explorer-Fenster hinzugefügt und standardmäßig in den Ordner *Projects\App1\App1* gesteckt.

Achten Sie darauf, dass Sie Ihr Projekt unmittelbar nach der Erstellung speichern, indem Sie im Datei-Menü Alles speichern wählen – damit sichern Sie alle Dateien des Projekts im entsprechenden Ordner. Wenn Sie Speichern wählen, wird nur die Datei gespeichert, an der Sie gerade arbeiten.

Diese Datei enthält den XAML-Code, der die Benutzerschnittstelle der Hauptseite definiert.

Der C#-Code, der das Verhalten der Hauptseite steuert, befindet sich hier.

Diese Datei enthält den gesamten C#-Code, der ausgeführt wird, wenn die App gestartet oder wieder aufgenommen wird.

<page>
<grid>
...
</grid>
</page>
class Foo{
public...
}
class Foo{
public...
}

MainPage.xaml

MainPage.Xaml.cs

App.xaml.cs

Visual Studio erstellt diese drei Dateien automatisch. Außerdem erstellt es noch weitere Dateien! Auch diese können Sie im Projektmappen-Explorer-Fenster sehen.

Spitzen Sie Ihren Bleistift

Nur noch ein paar Schritte, und Ihr Bildschirm wird dem Bild unten entsprechen. Zunächst müssen Sie die Fenster mit dem Werkzeugkasten und der Fehlerliste öffnen, indem Sie diese **im Ansicht-Menü aktivieren**. Dann sollten Sie im Tools-Menü unter **Optionen das Hell-Farbschema auswählen**. Den Zweck vieler dieser Fenster und Dateien sollten Sie aus dem schließen können, was Sie bereits wissen. Versuchen Sie, die leeren Anmerkungen mit Beschreibungen dessen zu füllen, was dieser Teil der IDE leistet. Ein Beschreibung haben wir Ihnen schon abgenommen. Haben Sie eine Idee, was die anderen Elemente leisten?

Diese Werkzeugleiste enthält Buttons, die sich darauf beziehen, was Sie gerade in der IDE tun.

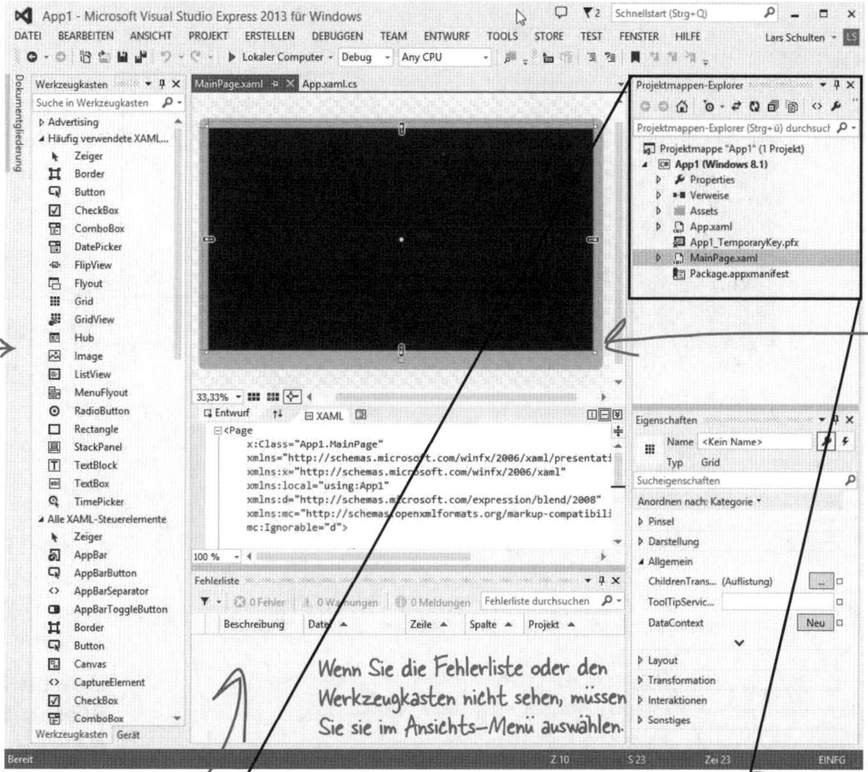

App1 - Microsoft Visual Studio Express 2013 für Windows
DATEI BEARBEITEN ANSICHT PROJEKT ERSTELLEN DEBUGGEN TEAM ENTWURF TOOLS STORE TEST FENSTER HILFE
Lokaler Computer
Debug
Any CPU
Werkzeugkasten
MainPage.xaml
App.xaml.cs
Projektmappen-Explorer
Eigenschaften
Fehlerliste
Bereit

Dieses Fenster haben wir vergrößert, damit Sie mehr Platz haben.

Im Designer können Sie die Benutzerschnittstelle bearbeiten, indem Sie Steuerelemente in ihn hineinziehen.

Wenn Sie die Fehlerliste oder den Werkzeugkasten nicht sehen, müssen Sie sie im Ansichts-Menü auswählen.

Der Screenshot auf Seite 4 verwendet das Dunkel-Farbschema.

Wir nutzen das Hell-Farbschema, weil helle Screenshots in einem Buch besser zu erkennen sind. Wählen Sie im Tools-Menü »Optionen…« aus, gehen Sie dann auf Umgebung und klicken Sie auf Allgemein, um das Farbschema zu ändern.

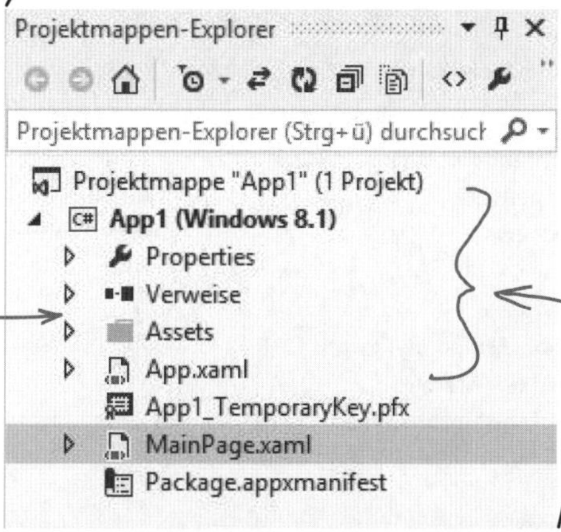

Projektmappen-Explorer
Projektmappen-Explorer (Strg+ü) durchsuct
Projektmappe "App1" (1 Projekt)
App1 (Windows 8.1)
Properties
Verweise
Assets
App.xaml
App1_TemporaryKey.pfx
MainPage.xaml
Package.appxmanifest

Spitzen Sie Ihren Bleistift
Lösung

Wir haben die Beschreibungen für die verschiedenen Abschnitte der Visual Studio C# IDE ergänzt. Sie haben vielleicht etwas andere Dinge notiert, sollten im Wesentlichen aber den Sinn und Zweck der einzelnen Fenster und Elemente herausgefunden haben.

Diese Werkzeugleiste enthält Buttons, die sich darauf beziehen, was Sie gerade in der IDE tun.

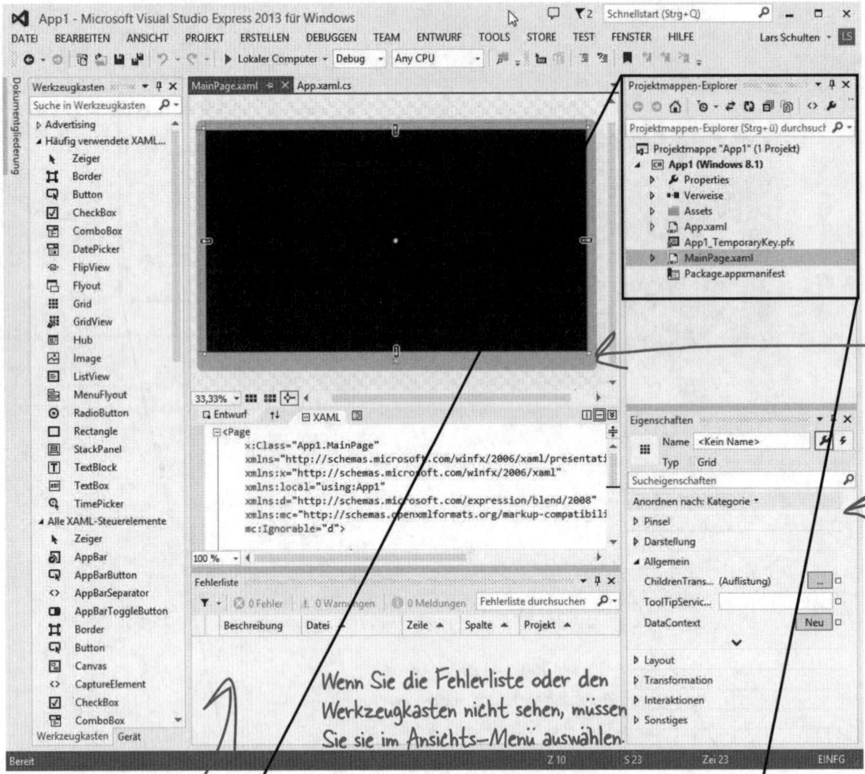
App1 - Microsoft Visual Studio Express 2013 für Windows
DATEI BEARBEITEN ANSICHT PROJEKT ERSTELLEN DEBUGGEN TEAM ENTWURF TOOLS STORE TEST FENSTER HILFE
Werkzeugkasten
MainPage.xaml
App.xaml.cs
Projektmappen-Explorer
Eigenschaften
Fehlerliste

Das ist der Werkzeugkasten. Er enthält eine Sammlung visueller Steuerelemente, die Sie auf eine Seite ziehen können.

Im Designer können Sie die Benutzerschnittstelle bearbeiten, indem Sie Steuerelemente in ihn hineinziehen.

Dieses Fenster zeigt die Eigenschaften des aktuell im Designer ausgewählten Elements an.

Wenn Sie die Fehlerliste oder den Werkzeugkasten nicht sehen, müssen Sie sie im Ansichts-Menü auswählen.

Das Fehlerliste-Fenster informiert Sie darüber, ob es in Ihrem Code Fehler gibt. Dieser Bereich zeigt Ihnen eine Menge Diagnoseinformationen zu Ihrer App an.

Sehen Sie dieses kleine Stecknadelsymbol? Wenn Sie darauf klicken, können Sie Automatisch im Hintergrund an- oder abschalten. Beim Werkzeugkasten-Fenster ist dies standardmäßig aktiviert.

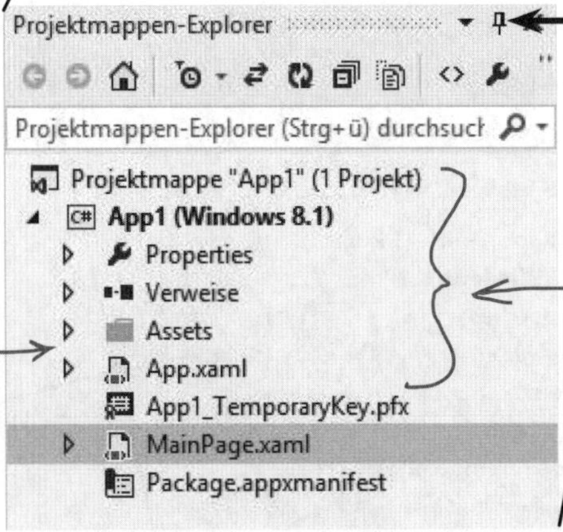
Projektmappen-Explorer
Projektmappen-Explorer (Strg+ü) durchsuch
Projektmappe "App1" (1 Projekt)
App1 (Windows 8.1)
Properties
Verweise
Assets
App.xaml
App1_TemporaryKey.pfx
MainPage.xaml
Package.appxmanifest

Die XAML- und C#-Dateien, die die IDE für Sie erstellt, wenn Sie ein neues Projekt beginnen, erscheinen neben den anderen Dateien Ihrer Projektmappe im Projektmappen-Explorer.

Sie können über den Projektmappen-Explorer in der IDE zwischen den Dateien wechseln.

Es gibt keine Dummen Fragen

F: Wenn die IDE diesen ganzen Code für mich schreibt, heißt C# lernen also zu lernen, wie man die IDE verwendet?

A: Nein. Die IDE ist sehr gut, wenn es darum geht, bestimmten Code für Sie zu generieren, aber ihre Reichweite ist beschränkt. Sie ist gut, wenn es darum geht, Ihnen ein solides Fundament zu bieten oder automatisch Eigenschaften der Steuerelemente in Ihrem Formular zu ändern. Aber die schweren Dinge beim Programmieren – herauszufinden, was Ihr Programm tun muss, und es dazu zu bringen, genau das auch zu tun –, das ist etwas, das Ihnen keine IDE abnehmen kann. Obgleich die Visual Studio IDE eine der fortschrittlichsten Entwicklungsumgebungen ist, kann sie nicht alles. ***Sie*** – nicht die IDE – schreiben den Code, der die eigentliche Arbeit erledigt.

F: Was ist, wenn die IDE Code erstellt, den ich in meinem Projekt nicht haben möchte?

A: Sie können ihn ändern. Die IDE ist so eingerichtet, dass sie Code auf Basis dessen erzeugt, wie das Element, das Sie gezogen oder hinzugefügt haben, am häufigsten verwendet wird. Aber es kann natürlich sein, dass das nicht die Art ist, die Sie sich vorgestellt haben. Alles, was die IDE für Sie macht – jede Zeile Code, die sie für Sie erstellt, jede Datei, die sie hinzufügt –, kann geändert werden – entweder manuell, indem Sie die Dateien direkt bearbeiten, oder über eine leicht zu verwendende Schnittstelle der IDE.

F: Ist es in Ordnung, dass ich Visual Studio Express heruntergeladen und installiert habe? Oder brauche ich für bestimmte Dinge in diesem Buch eine der kostenpflichtigen Versionen von Visual Studio?

A: In diesem Buch gibt es nichts, was Sie mit der kostenlosen Version von Visual Studio (die Sie von der Microsoft-Website herunterladen können) nicht machen können. Die Unterschiede zwischen der Express-Version und den anderen Versionen (Professional und Team Foundation) werden Sie beim Schreiben von C#-Code und dem Aufbau vollwertiger, funktionierender Anwendungen nicht beeinträchtigen.

F: Sie erwähnten, dass man C# und XAML kombiniert. Was ist XAML, und wie kombiniert man es mit C#?

A: XAML (das X wird wie ein Z ausgesprochen und reimt sich auf »Hammel«) ist eine **Markup-Sprache**, die Sie nutzen, um die Benutzerschnittstellen für ganzseitige Windows Store-Apps zu erstellen. XAML basiert auf XML (darüber werden Sie später in diesem Buch noch mehr erfahren). Wenn Sie schon einmal mit HTML gearbeitet haben, sind Sie hier also im Vorteil. Hier ist ein Beispiel für ein XAML-**Tag**, das eine graue Ellipse zeichnet:

```
<Ellipse Fill="Gray"
Height="100" Width="75" />
```

Dass das ein Tag ist, können Sie daran erkennen, dass es mit einem < beginnt, auf das ein Wort (»`Ellipse`«) folgt. Das macht es zu einem **Start-Tag**. Dieses spezielle `Ellipse`-Tag hat drei **Eigenschaften**: Eine setzt die Füllfarbe auf Grau, die beiden anderen bestimmen die Höhe und die Breite. Dieses Tag schließt mit `/>`, aber manche XAML-Tags enthalten weitere Tags. Wir können dieses Tag in ein **Container-Tag** umwandeln, indem wir das `/>` durch ein `>` ersetzen, weitere Tags ergänzen (die ebenfalls weitere Tags enthalten können) und das Element dann mit einem **End-Tag** folgender Form schließen: `</Ellipse>`. Über das ganze Buch hinweg werden Sie noch eine Menge mehr darüber erfahren, wie XAML funktioniert und welche XAML-Tags es gibt.

F: Meine IDE sieht aber überhaupt nicht wie Ihre aus! Es fehlen einige der Fenster, und andere befinden sich an der falschen Stelle. Warum das?

A: Wenn Sie im Fenster-Menü den Befehl »Fensterlayout zurücksetzen« auswählen, stellt die IDE das Standardlayout für Sie wieder her. Jetzt können Sie das Menü Ansicht → Weitere Fenster wählen, um Ihren Bildschirm in die Form zu bringen, die Sie hier sehen.

Visual Studio generiert Code, den Sie als Basis für Ihre Anwendungen nutzen können.

Dass die Anwendung leistet, was sie leisten soll, ist gänzlich Ihre Aufgabe.

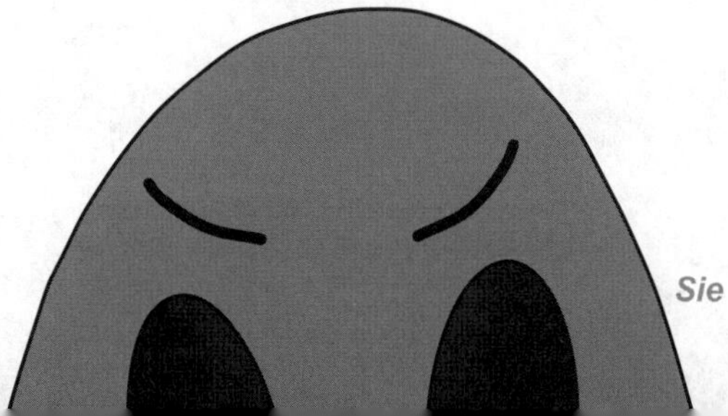

Angriff aus dem All!

Überraschung: Garstige Aliens haben einen Generalangriff auf den Planeten Erde gestartet und entführen Menschen, um sie ruchlosen und unsäglichen gastronomischen Experimenten zu unterziehen. Das hätte wohl keiner erwartet!

Mmm, leckere Menschen!
Himmel! Aliens beamen Menschen. Das ist übel!
?!

Nur Sie können die Erde retten

Die letzten Hoffnungen der Menschheit ruhen auf Ihren Schultern! Sie müssen für die Menschen auf dem Planeten Erde **eine umwerfende C#-App** entwickeln, mit deren Hilfe sie ihre Flucht vor der Alien-Bedrohung koordinieren können. Sind Sie dieser Herausforderung gewachsen?

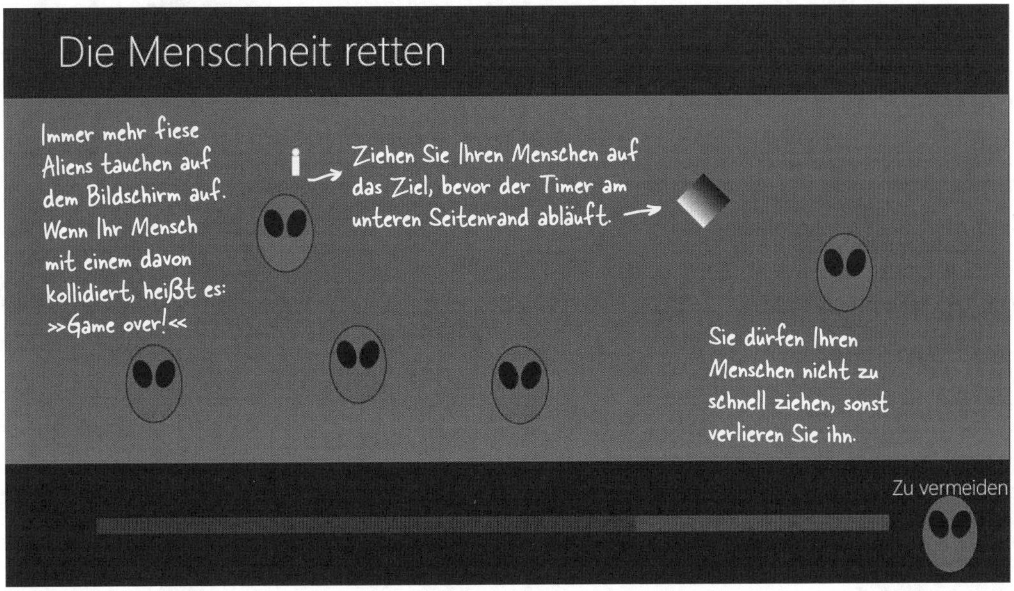
Die Menschheit retten
Immer mehr fiese Aliens tauchen auf dem Bildschirm auf. Wenn Ihr Mensch mit einem davon kollidiert, heißt es: >>Game over!<<
Ziehen Sie Ihren Menschen auf das Ziel, bevor der Timer am unteren Seitenrand abläuft.
Sie dürfen Ihren Menschen nicht zu schnell ziehen, sonst verlieren Sie ihn.
Zu vermeiden

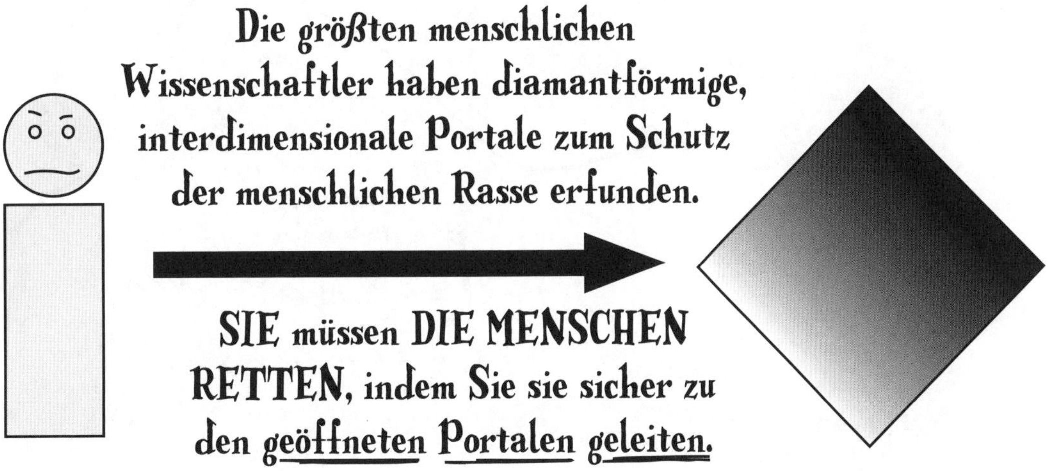
Die größten menschlichen Wissenschaftler haben diamantförmige, interdimensionale Portale zum Schutz der menschlichen Rasse erfunden.
SIE müssen DIE MENSCHEN RETTEN, indem Sie sie sicher zu den geöffneten Portalen geleiten.

Das werden Sie erstellen

Sie müssen eine Anwendung mit einer grafischen Benutzerschnittstelle erstellen, brauchen Objekte, die das Spiel funktionsfähig machen, und ein Programm, mit dem Sie es ausführen können. Das klingt nach einer Menge Arbeit, trotzdem werden wir all das im restlichen Kapitel aufbauen. Wenn wir mit diesem Kapitel fertig sind, werden Sie ein ordentliches Verständnis davon haben, wie man mit der IDE eine Seite gestaltet und mit C#-Code unterfüttert.

HOLEN SIE SICH EINEN KAFFEE UND NEHMEN SIE PLATZ! JETZT WERDEN SIE DER IDE RICHTIG ZUCKER GEBEN UND EIN COOLES PROJEKT ERSTELLEN.
Am Ende dieses Kapitels werden Sie sich in der IDE auskennen und eine gute Vorstellung davon haben, wie man mit ihr Code schreibt.

Hier ist die Struktur der App, die wir bauen werden:

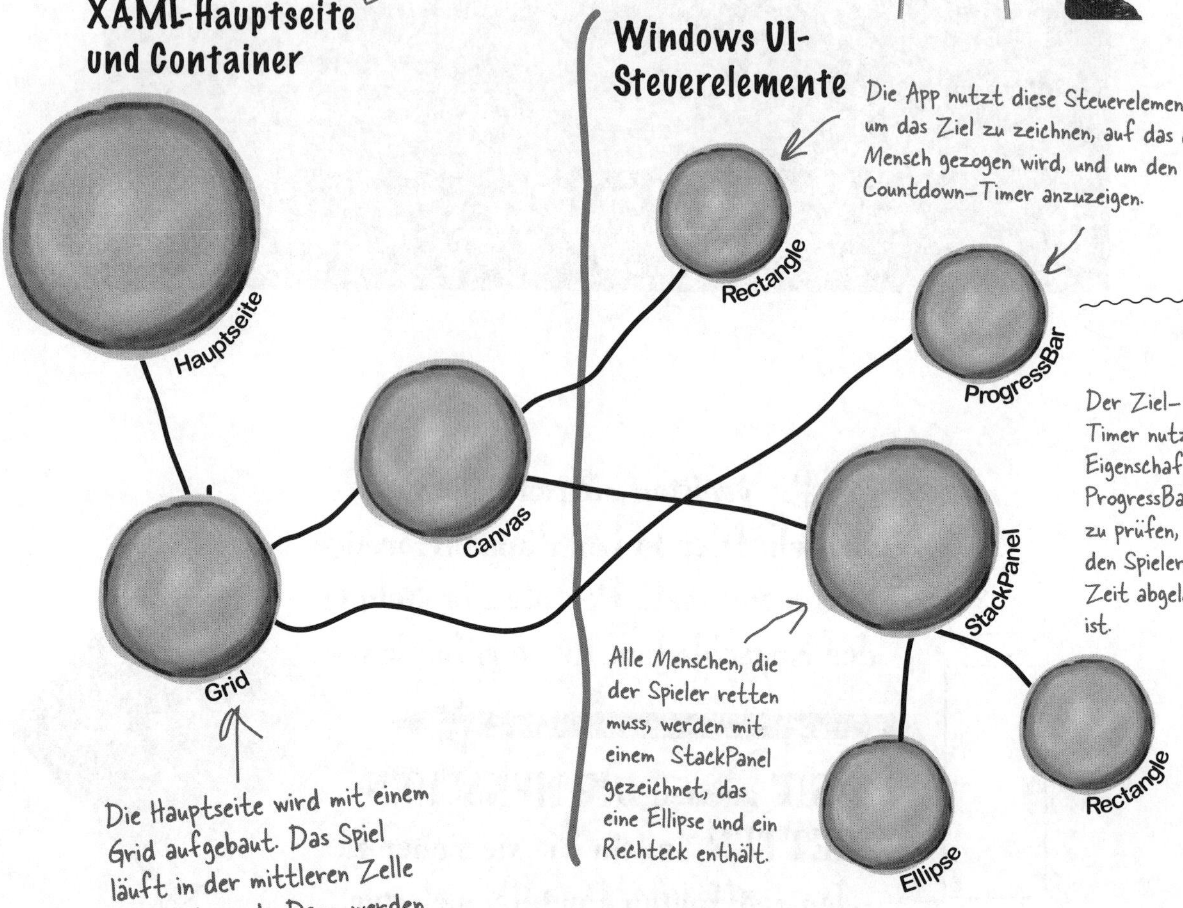
Sie werden eine App erstellen, die eine Hauptseite mit einem Haufen visueller Steuerelemente enthält.
Die App nutzt Steuerelemente, um dem Spieler die Spieleinrichtungen zur Verfügung zu stellen.
XAML-Hauptseite und Container
Windows UI-Steuerelemente
Die App nutzt diese Steuerelemente, um das Ziel zu zeichnen, auf das der Mensch gezogen wird, und um den Countdown-Timer anzuzeigen.
Hauptseite
Grid
Canvas
Rectangle
ProgressBar
StackPanel
Ellipse
Rectangle
Der Ziel-Timer nutzt die Eigenschaften der ProgressBar, um zu prüfen, ob für den Spieler die Zeit abgelaufen ist.
Alle Menschen, die der Spieler retten muss, werden mit einem StackPanel gezeichnet, das eine Ellipse und ein Rechteck enthält.
Die Hauptseite wird mit einem Grid aufgebaut. Das Spiel läuft in der mittleren Zelle des Rasters ab. Dazu werden wir ein Canvas nutzen.

Sie werden ein App mit zwei verschiedenen Arten von Code erstellen. Erst werden Sie mit XAML (Extensible Application Markup Language), einer wirklich flexiblen Entwurfssprache, die Benutzerschnittstelle entwerfen. Dann werden Sie den C#-Code ergänzen, der das Spiel tatsächlich funktionsfähig macht. In der zweiten Hälfte des Buchs werden Sie noch eine Menge mehr über XAML lernen.

Es ist nicht selten, dass Bürorechner Betriebssysteme haben, die wie Windows 2003 antiquiert sind. Dieses PDF hilft Ihnen, die Projekte in diesem Buch dennoch zu erstellen.

Entspannen Sie sich

Kein Windows 8? Kein Problem.

Die beiden ersten Kapitel und die zweite Hälfte dieses Buchs enthalten diverse Projekte, die mit *Visual Studio 2013 für Windows 8* erstellt wurden, aber viele Leser nutzen Windows 8 noch nicht. Glücklicherweise können die meisten Windows Store-Apps in diesem Buch auch mit der Windows Presentation Foundation (WPF) erstellt werden, die mit früheren Betriebssystemen kompatibel ist. Sie können ein kostenloses PDF herunterladen (*http://www.headfirstlabs.com/hfcsharp*), in dem Sie die entsprechenden Informationen finden. Weitere Informationen finden Sie unter **11. im Anhang »Was übrig bleibt«**.

Sie werden C#-Code schreiben, der die Steuerelemente manipuliert und das Spiel funktionsfähig macht.

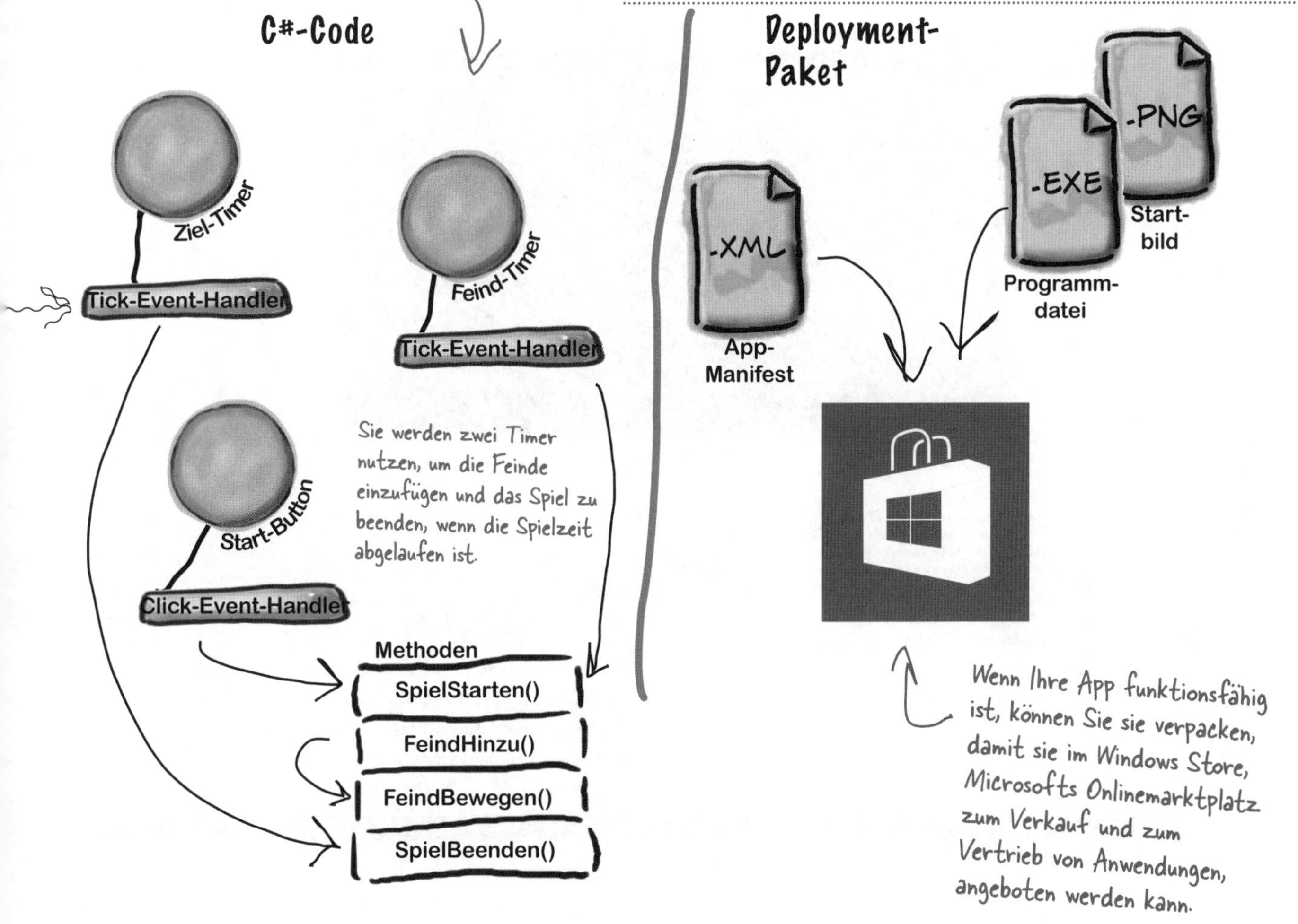
C#-Code
Ziel-Timer
Tick-Event-Handler
Feind-Timer
Tick-Event-Handler
Start-Button
Click-Event-Handler
Sie werden zwei Timer nutzen, um die Feinde einzufügen und das Spiel zu beenden, wenn die Spielzeit abgelaufen ist.
Methoden
SpielStarten()
FeindHinzu()
FeindBewegen()
SpielBeenden()
Deployment-Paket
-XML
App-Manifest
-EXE
Programm-datei
-PNG
Start-bild
Wenn Ihre App funktionsfähig ist, können Sie sie verpacken, damit sie im Windows Store, Microsofts Onlinemarktplatz zum Verkauf und zum Vertrieb von Anwendungen, angeboten werden kann.

Beginnen wir mit einer leeren Anwendung

Jede App beginnt mit einem neuen Projekt. Wählen Sie im Datei-Menü Neues Projekt. Achten Sie darauf, dass Sie Visual C# → Window Store ausgewählt haben, und nehmen Sie dann Leere App (XAML) als Projekttyp. Geben Sie **`Die Menschheit retten`** als Projektnamen ein.

Wenn die Namen Ihrer Codedateien nicht mit ».cs« enden, haben Sie eventuell versehentlich ein JavaScript-, Visual Basic- oder Visual C++-Programm erstellt. Das können Sie reparieren, indem Sie die Projektmappe schließen und das Ganze neu beginnen. Möchten Sie wieder den gleichen Projektnamen verwenden, müssen Sie das alte Projekt löschen.

① Ihr Ausgangspunkt ist das **Designer-Fenster**. Klicken Sie im Projektmappen-Explorer doppelt auf *MainPage.xaml*, um es zu öffnen. Suchen Sie in der unteren linken Ecke das Zoom-Drop-down des Designers und wählen Sie »Alle anpassen«, um es zu vergrößern.

Der Designer zeigt Ihnen eine Vorschau der Seite, an der Sie arbeiten.

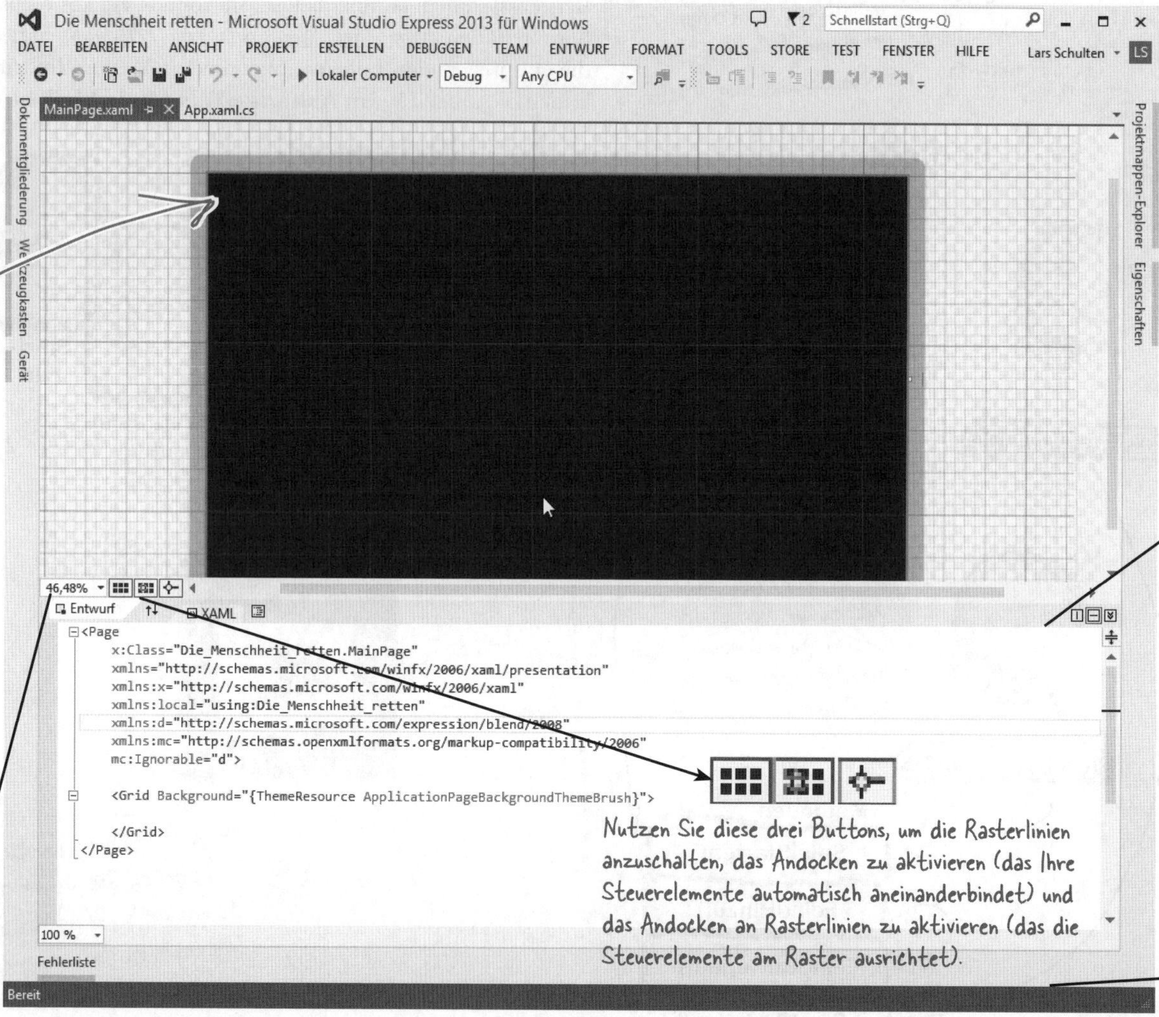
Die Menschheit retten - Microsoft Visual Studio Express 2013 für Windows
DATEI BEARBEITEN ANSICHT PROJEKT ERSTELLEN DEBUGGEN TEAM ENTWURF FORMAT TOOLS STORE TEST FENSTER HILFE
Lars Schulten
Lokaler Computer
Debug
Any CPU
Schnellstart (Strg+Q)
MainPage.xaml
App.xaml.cs
Dokumentgliederung
Werkzeugkasten
Gerät
Projektmappen-Explorer
Eigenschaften
46,48%
Entwurf
XAML
<Page
x:Class="Die_Menschheit_retten.MainPage"
xmlns="http://schemas.microsoft.com/winfx/2006/xaml/presentation"
xmlns:x="http://schemas.microsoft.com/winfx/2006/xaml"
xmlns:local="using:Die_Menschheit_retten"
xmlns:d="http://schemas.microsoft.com/expression/blend/2008"
xmlns:mc="http://schemas.openxmlformats.org/markup-compatibility/2006"
mc:Ignorable="d">
<Grid Background="{ThemeResource ApplicationPageBackgroundThemeBrush}">
</Grid>
</Page>
100 %
Fehlerliste
Bereit

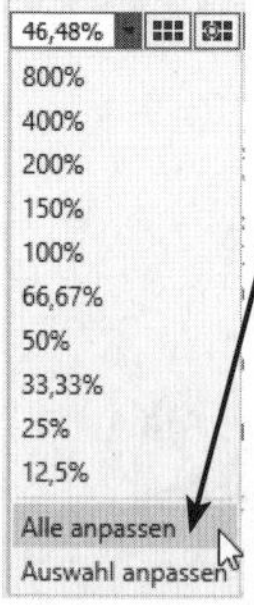
46,48%
800%
400%
200%
150%
100%
66,67%
50%
33,33%
25%
12,5%
Alle anpassen
Auswahl anpassen

Nutzen Sie diese drei Buttons, um die Rasterlinien anzuschalten, das Andocken zu aktivieren (das Ihre Steuerelemente automatisch aneinanderbindet) und das Andocken an Rasterlinien zu aktivieren (das die Steuerelemente am Raster ausrichtet).

Sie sind hier!

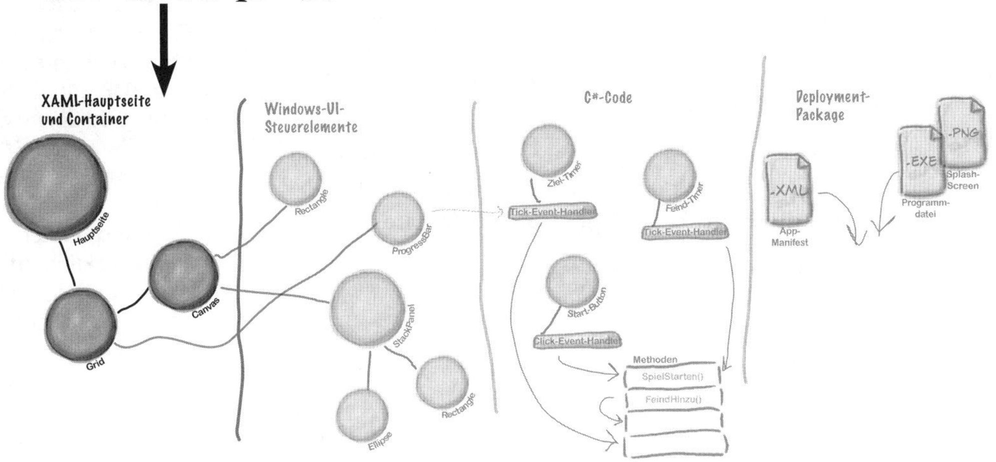
XAML-Hauptseite und Container
Windows-UI-Steuerelemente
C#-Code
Deployment-Package
Hauptseite
Grid
Canvas
Rectangle
ProgressBar
StackPanel
Rectangle
Ellipse
Ziel-Timer
Tick-Event-Handler
Feind-Timer
Tick-Event-Handler
Start-Button
Click-Event-Handler
Methoden
SpielStarten()
FeindHinzu()
.XML
App-Manifest
.EXE
Programmdatei
.PNG
Splash-Screen

Die untere Hälfte des Designer-Fensters zeigt Ihnen den XAML-Code. Es stellt sich heraus, dass Ihre »leere« Seite keineswegs leer ist – sie enthält ein **XAML-Grid** oder Raster. Dieses funktioniert auf ganz ähnliche Weise wie eine Tabelle in einer HTML-Seite oder einem Word-Dokument. Wir werden es nutzen, um unsere Seiten auf eine Weise zu strukturieren, die es ermöglicht, sie an unterschiedliche Bildschirmgrößen und Seitenverhältnisse anzupassen.

Sie können den XAML-Code für ein leeres Grid sehen, das die IDE für Sie erstellt hat. Behalten Sie es genau im Blick – wir werden ihm gleich Spalten und Zeilen hinzufügen.

46,48 %

Entwurf ⇅ XAML

```
<Page
    x:Class="Die_Menschheit_retten.MainPage"
    xmlns="http://schemas.microsoft.com/winfx/2006/xaml/presentation"
    xmlns:x="http://schemas.microsoft.com/winfx/2006/xaml"
    xmlns:local="using:Die_Menschheit_retten"
    xmlns:d="http://schemas.microsoft.com/expression/blend/2008"
    xmlns:mc="http://schemas.openxmlformats.org/markup-compatibility/2006"
    mc:Ignorable="d">

    <Grid Background="{ThemeResource ApplicationPageBackgroundThemeBrush}">

    </Grid>
</Page>
```

Das sind die öffnenden und schließenden Tags für ein Grid, das Steuerelemente enthält. Wenn Sie dem Grid Zeilen, Spalten und andere Steuerelemente hinzufügen, kommt der Code für diese zwischen diese öffnenden und schließenden Tags.

100 %

Dieser Teil des Projekts enthält die Schritte ① bis ⑤.

Blättern Sie um, um fortzufahren! →

SIE WOLLEN *WPF* LERNEN? SCHAUEN SIE HIER!

Die meisten der Windows Store-Apps in diesem Buch **können mit WPF erstellt werden**, das mit Windows 7 und früheren Windows-Versionen kompatibel ist. Laden Sie den kostenlosen WPF-Guide zu *C# von Kopf bis Fuß* als PDF von unserer Website herunter: *http://headfirstlabs.com/hfcsharp* (weitere Informationen unter 11. im »Was übrig bleibt«-Anhang).

> **Auf den folgenden Seiten werden wir uns unterschiedliche Einrichtungen der Visual Studio IDE ansehen, weil die IDE ein mächtiges Lehr- und Lernwerkzeug ist. Sie werden die IDE im gesamten Buch bei Ihrer Expedition ins C#-Land nutzen. Das ist eine wirklich effiziente Weise, sich so richtig mit ihr vertraut zu machen!**

② Ihre Seite benötigt einen Titel, oder? Und ansehnliche Seitenabstände ebenfalls. All das können Sie mit XAML von Hand erledigen. Es gibt allerdings eine leichtere Möglichkeit, Ihre App dazu zu bringen, dass sie wie eine echte Windows Store-App aussieht.

Begeben Sie sich in das Projektmappen-Explorer-Fenster und suchen Sie nach MainPage.xaml. Klicken Sie mit der rechten Maustaste darauf und wählen Sie Löschen, **um die Seite *MainPage.xaml* zu löschen**:

Wenn Sie den Projektmappen-Explorer nicht sehen, können Sie ihn über das Ansichts-Menü öffnen. Alternativ können Sie das Fensterlayout der IDE über das Fenster-Menü zurücksetzen.

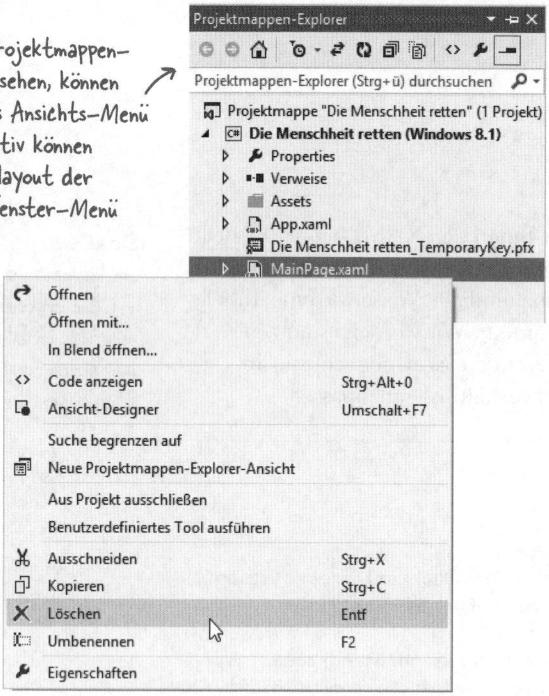

Projektmappen-Explorer
Projektmappen-Explorer (Strg+ü) durchsuchen
Projektmappe "Die Menschheit retten" (1 Projekt)
Die Menschheit retten (Windows 8.1)
Properties
Verweise
Assets
App.xaml
Die Menschheit retten_TemporaryKey.pfx
MainPage.xaml
Öffnen
Öffnen mit...
In Blend öffnen...
Code anzeigen Strg+Alt+0
Ansicht-Designer Umschalt+F7
Suche begrenzen auf
Neue Projektmappen-Explorer-Ansicht
Aus Projekt ausschließen
Benutzerdefiniertes Tool ausführen
Ausschneiden Strg+X
Kopieren Strg+C
Löschen Entf
Umbenennen F2
Eigenschaften

Wenn Sie eine Windows Store-App beginnen, ersetzen Sie die Hauptseite häufig mit einer der Vorlagen, die Visual Studio mitbringt.

Wenn Sie bei der Erstellung des Projekts einen anderen Namen gewählt haben, sehen Sie hier diesen anstelle von »Die Menschheit retten«.

③ Jetzt müssen Sie die Hauptseite ersetzen. Kehren Sie wieder zum Projektmappen-Explorer zurück und klicken Sie rechts auf Die Menschheit retten (Windows 8.1), um das Projekt auszuwählen (es sollte das zweite Element im Projektmappen-Explorer sein). Wählen Sie dann im Menü **Hinzufügen → Neues Element**:

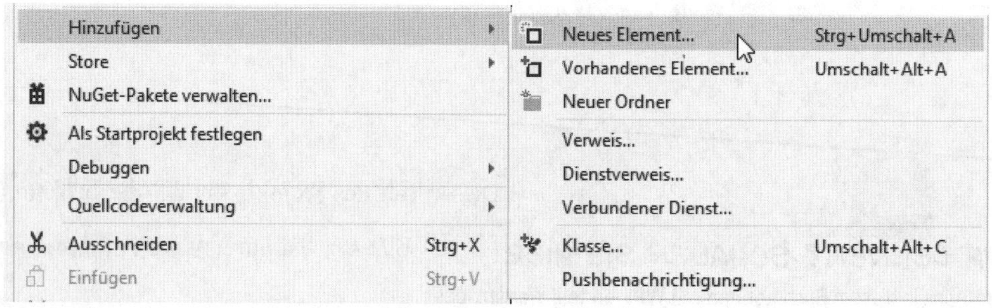

Hinzufügen
Store
NuGet-Pakete verwalten...
Als Startprojekt festlegen
Debuggen
Quellcodeverwaltung
Ausschneiden Strg+X
Einfügen Strg+V
Neues Element... Strg+Umschalt+A
Vorhandenes Element... Umschalt+Alt+A
Neuer Ordner
Verweis...
Dienstverweis...
Verbundener Dienst...
Klasse... Umschalt+Alt+C
Pushbenachrichtigung...

Die IDE öffnet daraufhin das Neues Element hinzufügen-Fenster für Ihr Projekt. Wählen Sie **Standardseite** aus und geben Sie dieser Seite den Namen **MainPage.xaml**. Klicken Sie dann auf den **Hinzufügen**-Button, um Ihrem Projekt die neue Seite hinzuzufügen.

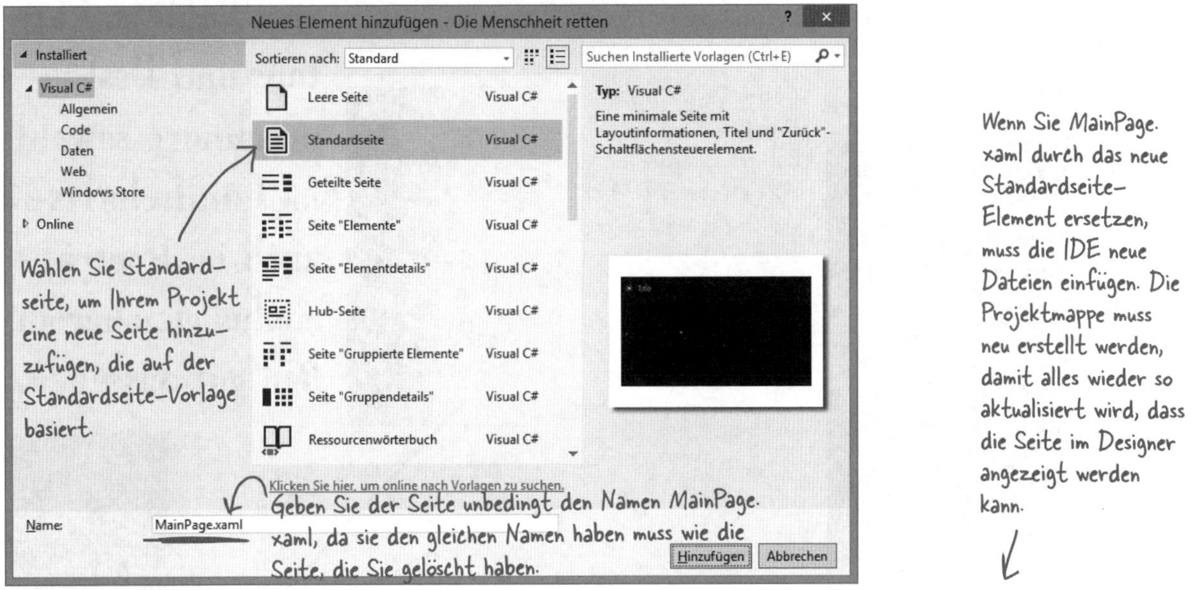
Neues Element hinzufügen - Die Menschheit retten
Installiert
Visual C#
Allgemein
Code
Daten
Web
Windows Store
Online
Sortieren nach: Standard
Suchen Installierte Vorlagen (Ctrl+E)
Leere Seite Visual C#
Standardseite Visual C#
Geteilte Seite Visual C#
Seite "Elemente" Visual C#
Seite "Elementdetails" Visual C#
Hub-Seite Visual C#
Seite "Gruppierte Elemente" Visual C#
Seite "Gruppendetails" Visual C#
Ressourcenwörterbuch Visual C#
Typ: Visual C#
Eine minimale Seite mit Layoutinformationen, Titel und "Zurück"-Schaltflächensteuerelement.
Klicken Sie hier, um online nach Vorlagen zu suchen.
Name: MainPage.xaml
Hinzufügen
Abbrechen
Wählen Sie Standardseite, um Ihrem Projekt eine neue Seite hinzuzufügen, die auf der Standardseite-Vorlage basiert.
Geben Sie der Seite unbedingt den Namen MainPage.xaml, da sie den gleichen Namen haben muss wie die Seite, die Sie gelöscht haben.
Wenn Sie MainPage.xaml durch das neue Standardseite-Element ersetzen, muss die IDE neue Dateien einfügen. Die Projektmappe muss neu erstellt werden, damit alles wieder so aktualisiert wird, dass die Seite im Designer angezeigt werden kann.

Die IDE wird Sie auffordern, fehlende Dateien zu ergänzen – **wählen Sie *Ja*, damit diese eingefügt werden**. Warten Sie, bis der Designer den Ladevorgang abgeschlossen hat. Sollte er Fehlermeldungen anzeigen, wählen Sie im Erstellen-Menü **Projektmappe neu erstellen**, um das Designer-Fenster der IDE wieder auf den neuesten Stand zu bringen. Jetzt können Sie loslegen!

Schauen wir uns die neu hinzugefügte Datei *MainPage.xaml* an. Scrollen Sie über den XAML-Bereich im Designer-Fenster, bis Sie auf den folgenden XAML-Code stoßen. Das ist das Grid, das Sie als Basis für Ihr Programm nutzen werden:

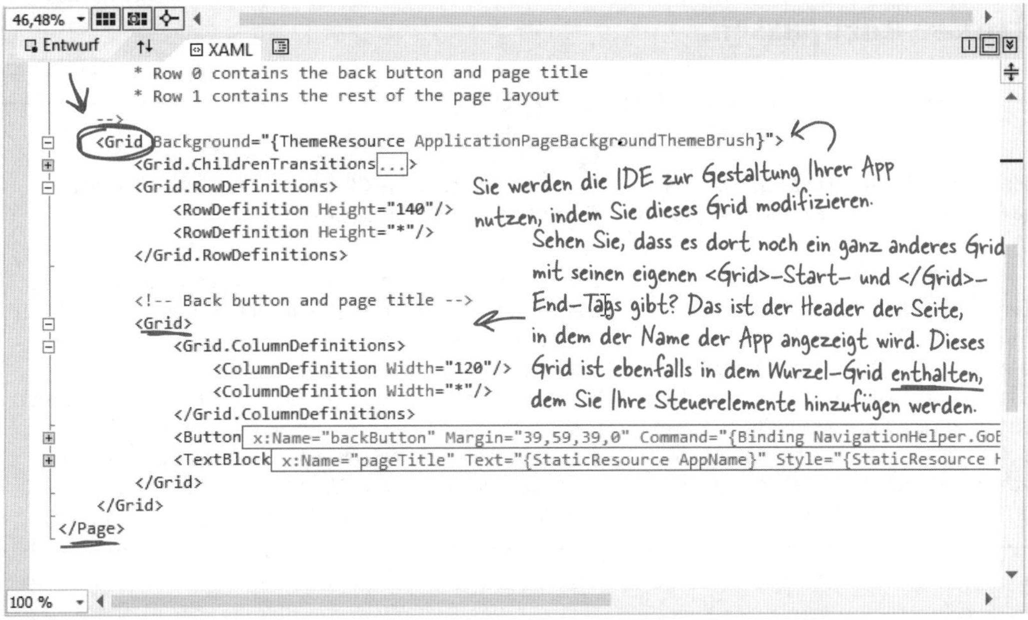
46,48%
Entwurf
XAML
* Row 0 contains the back button and page title
* Row 1 contains the rest of the page layout
-->
<Grid Background="{ThemeResource ApplicationPageBackgroundThemeBrush}">
<Grid.ChildrenTransitions...>
<Grid.RowDefinitions>
<RowDefinition Height="140"/>
<RowDefinition Height="*"/>
</Grid.RowDefinitions>
<!-- Back button and page title -->
<Grid>
<Grid.ColumnDefinitions>
<ColumnDefinition Width="120"/>
<ColumnDefinition Width="*"/>
</Grid.ColumnDefinitions>
<Button x:Name="backButton" Margin="39,59,39,0" Command="{Binding NavigationHelper.GoE
<TextBlock x:Name="pageTitle" Text="{StaticResource AppName}" Style="{StaticResource H
</Grid>
</Grid>
</Page>
100 %
Sie werden die IDE zur Gestaltung Ihrer App nutzen, indem Sie dieses Grid modifizieren.
Sehen Sie, dass es dort noch ein ganz anderes Grid mit seinen eigenen <Grid>-Start- und </Grid>-End-Tags gibt? Das ist der Header der Seite, in dem der Name der App angezeigt wird. Dieses Grid ist ebenfalls in dem Wurzel-Grid enthalten, dem Sie Ihre Steuerelemente hinzufügen werden.
Ihre Seite sollte nun im Designer dargestellt werden. Klicken Sie im Projektmappen-Explorer doppelt auf MainPage.xaml, wenn das nicht der Fall ist.

4. Ihre App wird ein Grid mit zwei Zeilen und drei Spalten sein (zusätzlich zu der Header-Zeile, die Teil der Vorlage für eine leere Seite war). In der Mitte wird sich eine große Zelle befinden, die die Spielfläche enthält. Definieren Sie zunächst die Zeilen, indem Sie die Maus über dem Rand schweben lassen, bis eine Linie und ein Dreieck erscheinen:

Wenn Sie die Zahlen 140 und 1* am Rand Ihrer Seite nicht sehen, müssen Sie außerhalb der Seite klicken.

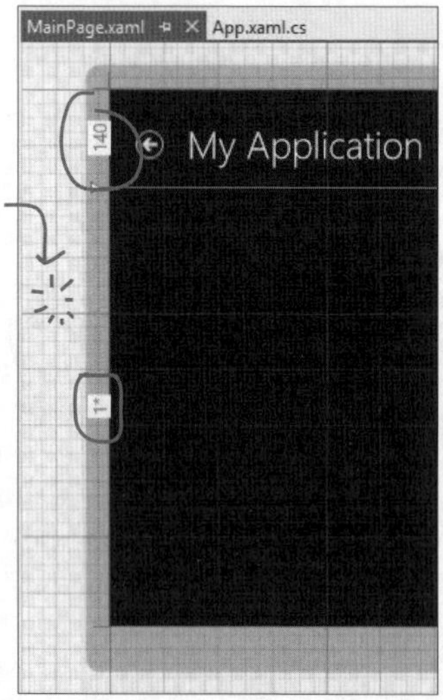
MainPage.xaml
App.xaml.cs
140
My Application
1*

Lassen Sie die Maus über dem Rand des Rasters schweben, bis ein orangefarbenes Dreieck und eine orangefarbene Linie erscheinen ...

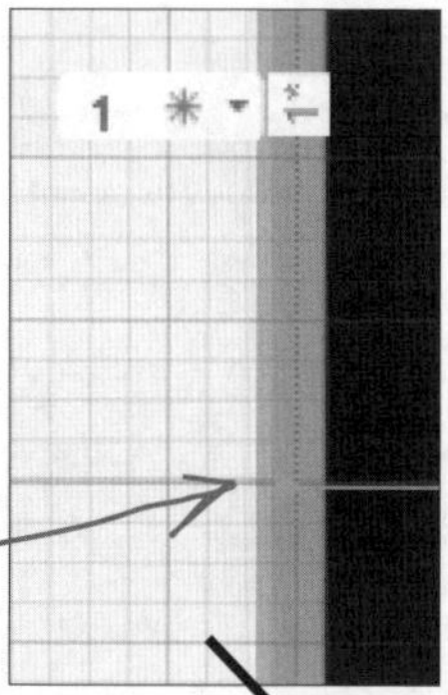
1 *
1*

... und klicken Sie dann, um eine untere Zeile im Raster zu erstellen.

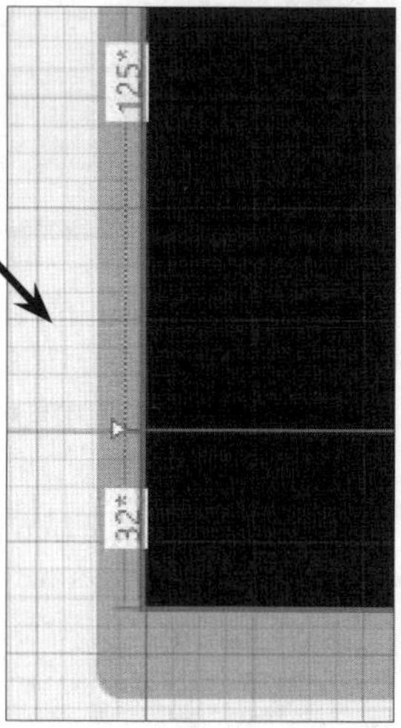
125*
32*

Sobald die Zeile hinzugefügt ist, ändert sich die Farbe der Linie in Blau, und Sie sehen im Rahmen die Höhe der Zeile. Die Höhe der mittleren Zeile wird sich von 1* in eine größere Zahl ändern, auf die ein Stern folgt.

Windows Store-Apps müssen auf den Bildschirmen von Tablets, Laptops und Desktoprechnern sowohl im Landschafts- als auch im Porträtmodus gleichermaßen gut aussehen.

Die Gestaltung der Seite mit den Zeilen und Spalten eines Rasters ermöglicht Ihrer App, sich automatisch an die Bildschirmverhältnisse anzupassen.

Es gibt keine Dummen Fragen

F: Aber es sieht doch so aus, als enthalte das Grid bereits eine Menge Zeilen und Spalten. Was sonst zeigen diese grauen Linien denn an?

A: Mit den grauen Linien bietet Ihnen Visual Studio nur ein Raster mit Führungslinien, die Ihnen helfen, Ihre Steuerelemente gleichmäßig auf der Seite zu verteilen. Diese können Sie mit dem ▦-Button an- und ausschalten. Keine der Linien, die Sie im Designer sehen, sind sichtbar, wenn Sie die App außerhalb von Visual Studio ausführen. Aber als Sie geklickt und eine neue Zeile erstellt haben, haben Sie tatsächlich das XAML modifiziert, und das ändert, wie sich die App verhält, wenn sie ausgeführt und kompiliert wird.

F: Moment. Ich wollte C# lernen, warum muss ich jetzt all diesen Kram über XAML lernen?

A: Weil mit C# erstellte Windows Store-Apps fast immer mit einer Benutzerschnittstelle beginnen, die in XAML entworfen wurde. Genau deswegen hat Visual Studio auch einen so ausgezeichneten XAML-Editor – um Ihnen die Werkzeuge zu verschaffen, mit denen Sie beeindruckende Benutzerschnittstellen gestalten können. In diesem Buch werden Sie auch erfahren, wie Sie mit C# zwei andere Arten von Programmen erstellen, Desktopanwendungen und Konsolenanwendungen, die beide kein XAML nutzen. Dass Sie alle drei Arten kennen, wird Ihnen ein besseres Verständnis von C# verschaffen.

5 Machen Sie das Gleiche am oberen Rand der Seite – erstellen Sie diesmal jedoch zwei Spalten, eine schmale auf der linken Seite und eine weitere schmale auf der rechten Seite. Machen Sie sich keine Gedanken über die Zeilenhöhe oder Spaltenbreite – diese werden davon abhängen, wohin Sie klicken. Das werden wir gleich beheben.

Machen Sie sich keine Gedanken, wenn Zeilenhöhe oder Spaltenbreite bei Ihnen anders aussehen. Das werden wir auf der nächsten Seite ändern.

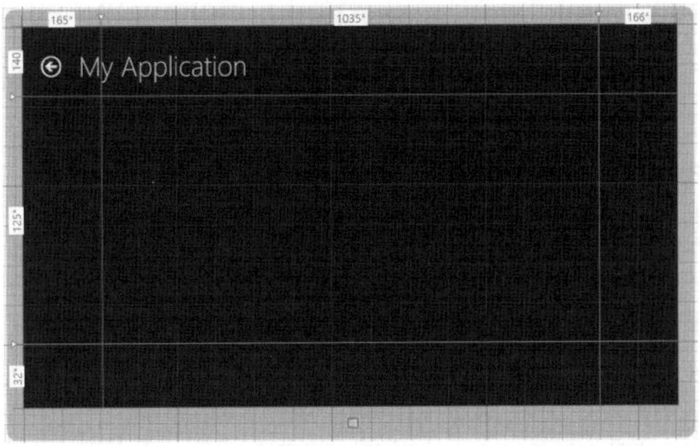
165*
1035*
166*
140
125*
32*
My Application

Werfen Sie, wenn Sie fertig sind, einen Blick in das XAML-Fenster und schauen Sie sich das Grid von der letzten Seite an. Die Spaltenbreiten und Zeilenhöhen entsprechen jetzt den Zahlen über und neben der Seite.

```
46,48%
Entwurf   XAML

<!--
    This grid acts as a root panel for the page that defines two rows:
    * Row 0 contains the back button and page title
    * Row 1 contains the rest of the page layout
-->
<Grid Background="{ThemeResource ApplicationPageBackgroundThemeBrush}">
    <Grid.ColumnDefinitions>
        <ColumnDefinition Width="165*"/>
        <ColumnDefinition Width="1035*"/>
        <ColumnDefinition Width="166*"/>
    </Grid.ColumnDefinitions>
    <Grid.ChildrenTransitions...>
    <Grid.RowDefinitions>
        <RowDefinition Height="140"/>
        <RowDefinition Height="125*"/>
        <RowDefinition Height="32*"/>
    </Grid.RowDefinitions>

    <!-- Back button and page title -->
100 %
```

Hier ist die Breite der linken Spalte, die Sie in Schritt 5 erstellt haben – die Breite entspricht der Breite, die Sie im Designer sahen. Das liegt daran, dass die IDE diesen XAML-Code für Sie erstellt hat.

Die Zeilen und Spalten Ihres Grids wurden jetzt eingefügt!

XAML-Grids sind **Containerelemente**, und das bedeutet, dass sie andere Steuerelemente enthalten. Grids bestehen aus Zeilen und Spalten, die Zellen definieren, die XAML-Steuerelemente enthalten, die Buttons, Text und Figuren anzeigen. Grids sind ein ausgezeichnetes Mittel, um Seiten zu gestalten, weil man seine Zeilen und Spalten so einstellen kann, dass sie ihre Größe der Bildschirmgröße entsprechend anpassen.

Die Menschheit wappnet sich. Das gefällt uns nicht.

Das Grid für Ihre Seite anpassen

Ihre App muss auf einer großen Bandbreite von Geräten funktionieren, und das lässt sich mit einem Grid ausgezeichnet erreichen. Sie können die Zeilen und Spalten eines Grids auf eine bestimmte Pixelhöhe setzen. Aber Sie können außerdem die **Stern**-Einstellung nutzen. Diese sorgt dafür, dass sie proportional die gleiche Größe beibehalten – in Bezug aufeinander wie auch in Bezug auf die Seite –, unabhängig davon, wie groß der Bildschirm ist und in welcher Ausrichtung er verwendet wird.

1. **DIE BREITE DER LINKEN SPALTE SETZEN.**
   Lassen Sie die Maus über der Zahl über der ersten Spalte schweben, bis ein Drop-down-Menü erscheint. Wählen Sie dort Pixel. Statt des Sterns erscheint ein Schloss. Klicken Sie dann auf die Zahl und ändern Sie sie in `160`. Die Zahl an Ihrer Spalte sollte nun so aussehen:

   160

2. **WIEDERHOLEN SIE DAS FÜR DIE RECHTE SPALTE UND DIE UNTERE ZEILE.**
   Machen Sie die rechte Spalte und die untere Zeile 160 Pixel breit bzw. hoch, indem Sie Pixel wählen und in das Feld 160 eingeben.

Wenn Sie diese Zahl ändern, verändern Sie das Grid und den entsprechenden XAML-Code.
435 *
435*
Star
Pixel
Auto
Spalte auswählen
Spalte hinzufügen vor
Spalte hinzufügen nach
Spalte löschen
Spalte verschieben vor
Spalte verschieben nach

Setzen Sie Ihre Spalten und Zeilen auf Pixel, um ihnen eine feste Breite und Höhe zu geben. Die Stern-Einstellung lässt eine Zeile und eine Spalte proportional zum Rest des Grids schrumpfen oder wachsen. Nutzen Sie diese Option des Designers, um die Width- oder Height-Eigenschaft im XAML anzupassen. Wenn Sie die Width- oder Height-Eigenschaft löschen, ist das, als würden Sie die entsprechende Eigenschaft auf 1* setzen.

Entspannen Sie sich

Es ist kein Problem, wenn Sie (noch) kein Designprofi sind.

Was beim Design einer guten App zu beachten ist, werden wir uns später noch viel ausführlicher ansehen. Im Augenblick führen wir Sie nur durch die Erstellung dieses Spiels. Wenn Sie das Ende dieses Buchs erreicht haben, werden Sie genau verstehen, was all diese Dinge bewirken!

3 GEBEN SIE DER MITTLEREN SPALTE UND DER MITTLEREN ZEILE DIE STANDARDGRÖßE 1* (WENN DAS NOCH NICHT DER FALL IST).

Klicken Sie auf die Zahl über der mittleren Spalte und geben Sie 1 ein. Nutzen Sie das Drop-down nicht (lassen Sie die Einstellung bei Stern). Es sollte aussehen wie im Bild unten. Werfen Sie dann einen Blick auf die anderen Spalten, um sich zu vergewissern, dass die IDE sie nicht angepasst hat. Sollte das passiert sein, ändern Sie den Wert einfach wieder in `160`.

XAML und C# berücksichtigen die Groß-/Kleinschreibung! Achten Sie darauf, dass Ihre Groß- und Kleinbuchstaben so aussehen, wie sie im Beispielcode erscheinen.

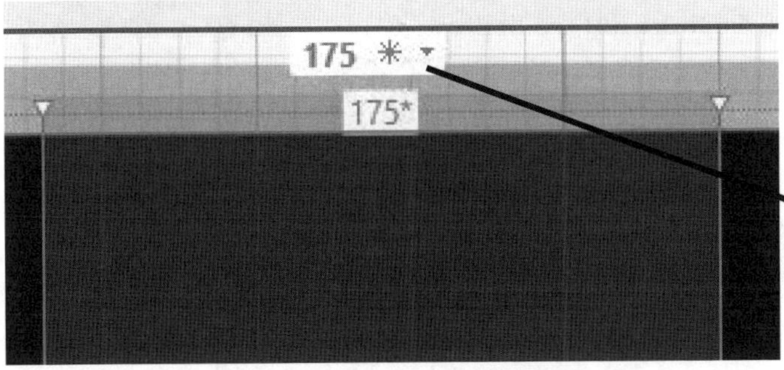
175 *
175*

Wenn Sie in das Feld 1* eingeben, setzt die IDE die Spalte auf ihre Standardbreite. Das könnte die anderen Spalten anpassen. Wenn sie das tut, setzen Sie den Wert einfach wieder auf 160 Pixel.

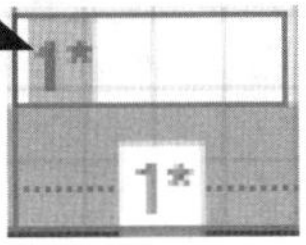
1*
1*

4 WERFEN WIR EINEN BLICK AUF UNSEREN XAML-CODE!

Klicken Sie auf das Grid, um sicherzugehen, dass es ausgewählt ist, und schauen Sie dann in das XAML-Fenster, um sich den Code anzuschauen, den Sie erstellt haben.

```
<!--
    This grid acts as a root panel for the page that defines two rows:
    * Row 0 contains the back button and page title
    * Row 1 contains the rest of the page layout
-->
<Grid Background="{ThemeResource ApplicationPageBackgroundThemeBrush}">
    <Grid.ColumnDefinitions>
        <ColumnDefinition Width="160"/>
        <ColumnDefinition/>
        <ColumnDefinition Width="160"/>
    </Grid.ColumnDefinitions>
    <Grid.ChildrenTransitions...>
    <Grid.RowDefinitions>
        <RowDefinition Height="140"/>
        <RowDefinition/>
        <RowDefinition Height="160"/>
    </Grid.RowDefinitions>
```

Die <Grid .. >-Zeile oben heißt, dass alles, was nun folgt, Teil des Grids ist.

So wird eine Spalte für ein XAML-Grid definiert. Sie haben drei Spalten und drei Zeilen eingefügt. Es gibt also drei ColumnDefinition-Tags und drei RowDefinition-Tags.

Die oberste Zeile mit einer Höhe von 140 Pixeln ist Teil der Standardseiten-Vorlage, die Sie genutzt haben.

Sie haben die Spalten- und Zeilen-Drop-downs genutzt, um die Eigenschaften Width und Height zu setzen.

Gleich werden Sie Ihrem Grid Steuerelemente hinzufügen, die dann hier hinter den Zeilen- und Spaltendefinitionen erscheinen.

Dem Grid Steuerelemente hinzufügen

Ist Ihnen schon aufgefallen, dass Apps vor Buttons, Text, Bildern, Fortschrittsanzeigen, Reglern, Drop-downs und Menüs geradezu überquellen? Diese bezeichnet man als **Controls** oder **Steuerelemente**. Und jetzt ist es an der Zeit, dass wir unserer App ein paar davon hinzufügen – sie *in* die Zellen einfügen, die von den Zeilen und Spalten unseres Grids definiert werden.

Wenn Sie den Werkzeugkasten in der IDE nicht sehen, können Sie ihn über das Ansichts-Menü öffnen. Nutzen Sie die Stecknadel, damit er nicht immer wieder eingeklappt wird.

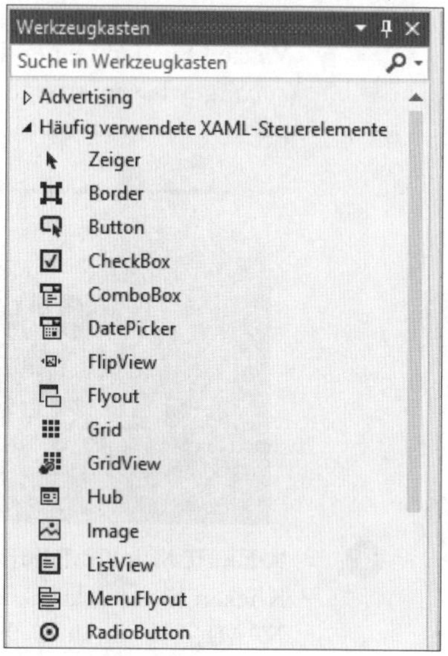

Werkzeugkasten
Suche in Werkzeugkasten
Advertising
Häufig verwendete XAML-Steuerelemente
Zeiger
Border
Button
CheckBox
ComboBox
DatePicker
FlipView
Flyout
Grid
GridView
Hub
Image
ListView
MenuFlyout
RadioButton

① Klappen Sie im Werkzeugkasten ▷ Häufig verwendete XAML-Steuerelemente aus und ziehen Sie einen Button in die **linke untere Zelle** des Grids.

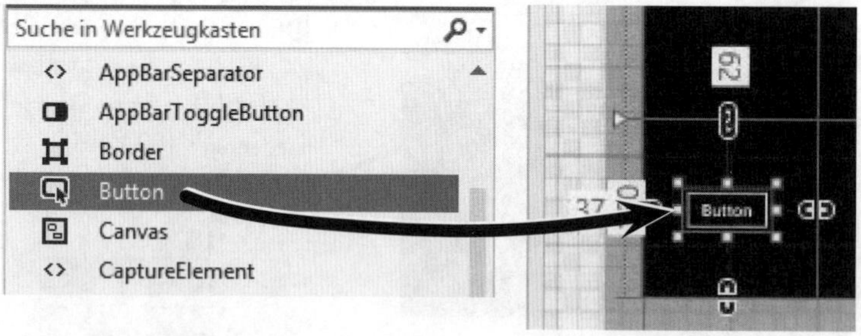

Suche in Werkzeugkasten
AppBarSeparator
AppBarToggleButton
Border
Button
Canvas
CaptureElement
Button

Schauen Sie sich unten im Designer-Fenster das **XAML-Tag** an, das die IDE für Sie generiert hat. Sie sehen etwas Ähnliches wie das hier – bei Ihnen können die Zahlen für Margin etwas anders aussehen (abhängig von dem Punkt der Zelle, an den Sie den Button gezogen haben), und die Abfolge der Eigenschaften kann anders sein.

Das XAML für den Button beginnt hier mit dem Start-Tag.

Das sind Eigenschaften. Eigenschaften haben einen Namen, auf den ein Gleichheitszeichen und dann ein Wert folgen.

```
<Button Content="Button" HorizontalAlignment="Left"
        Margin="60,72,0,0" Grid.Row="2" VerticalAlignment="Top"/>
```

② Ziehen Sie ein TextBlock in die **rechte untere Zelle** des Grids. Ihr XAML wird etwa folgendermaßen aussehen. Schauen Sie, ob Sie herausfinden können, wie es die Zeile und Spalte festlegt, in die das Steuerelement platziert wurde.

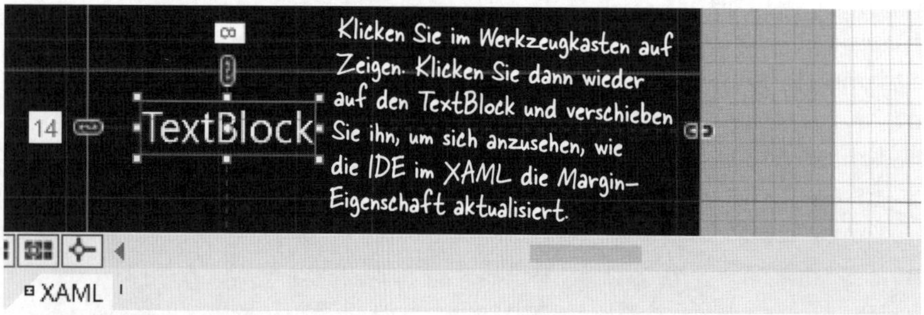

14
TextBlock
Klicken Sie im Werkzeugkasten auf Zeigen. Klicken Sie dann wieder auf den TextBlock und verschieben Sie ihn, um sich anzusehen, wie die IDE im XAML die Margin-Eigenschaft aktualisiert.
XAML


```
<TextBlock Grid.Column="2" HorizontalAlignment="Left"
           Margin="14,8,0,0" Grid.Row="2" TextWrapping="Wrap"
           Text="TextBlock" VerticalAlignment="Top"/>
```

Wenn Sie den Werkzeugkasten nicht sehen, klicken Sie auf das Wort »Werkzeugkasten«, das in der linken oberen Ecke der IDE steht. Ist es dort nicht zu finden, wählen Sie im Ansicht-Menü Werkzeugkasten, um ihn erscheinen zu lassen.

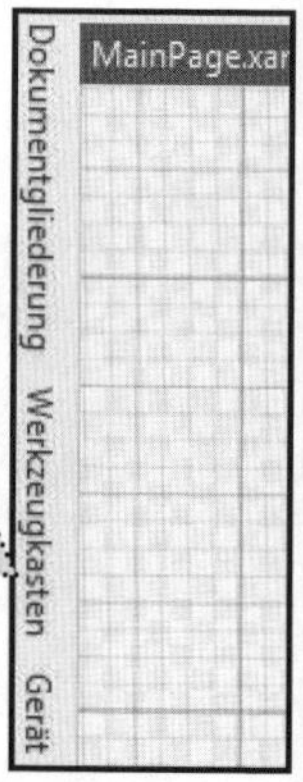

MainPage.xar
Dokumentgliederung
Werkzeugkasten
Gerät

Wir haben Zeilenumbrüche eingefügt, um das XAML besser lesbar zu machen. Das können Sie auch tun. Probieren Sie es einfach aus!

③ Klappen Sie dann den Alle XAML-Steuerelemente-Abschnitt des Werkzeugkastens aus. Ziehen Sie eine ProgressBar in die mittlere untere Zelle, ein ContentControl in die rechte untere Zelle (achten Sie darauf, dass es sich **unter** dem TextBlock befindet, den Sie bereits in die Zelle eingefügt haben) und ein Canvas in die mittlere Zelle. Ihre Seite sollte nun alle Steuerelemente enthalten (machen Sie sich keine Gedanken, wenn sie sich an anderer Stelle befinden als im Bild unten; das werden wir gleich reparieren):

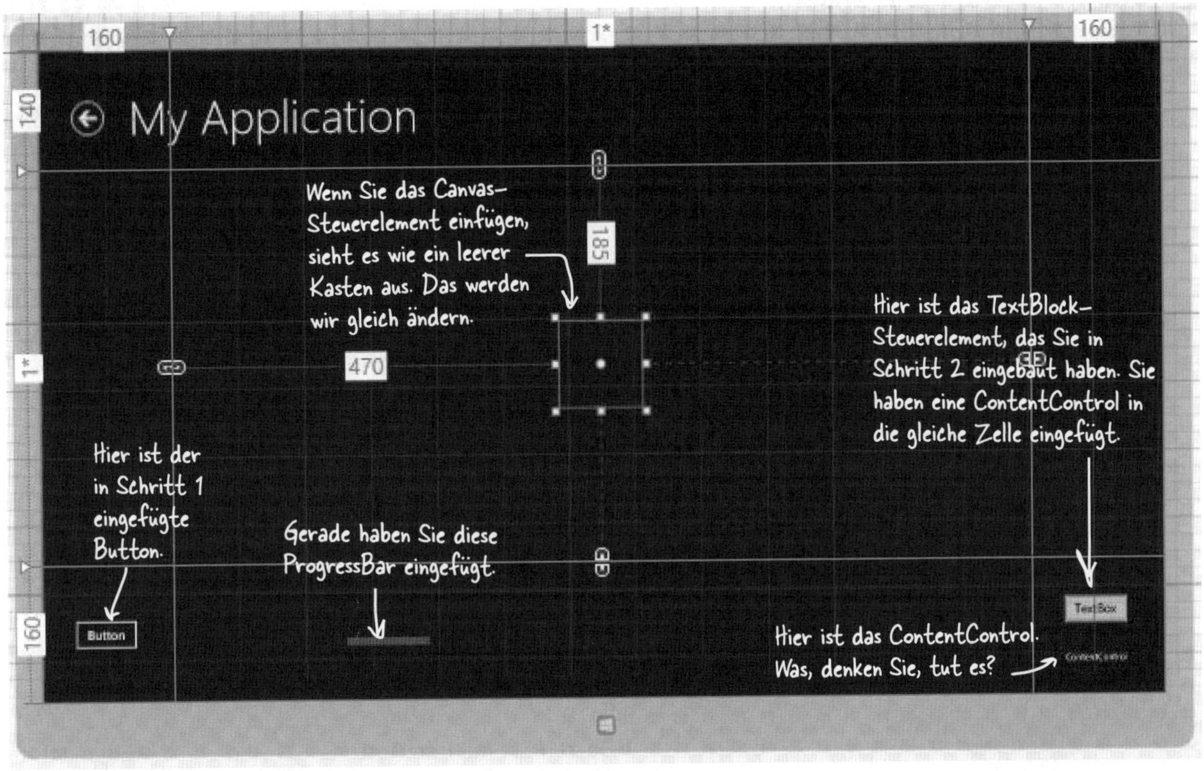
160
1*
160
140
My Application
185
470
1*
160
Button
TextBox
Wenn Sie das Canvas-Steuerelement einfügen, sieht es wie ein leerer Kasten aus. Das werden wir gleich ändern.
Hier ist das TextBlock-Steuerelement, das Sie in Schritt 2 eingebaut haben. Sie haben eine ContentControl in die gleiche Zelle eingefügt.
Hier ist der in Schritt 1 eingefügte Button.
Gerade haben Sie diese ProgressBar eingefügt.
Hier ist das ContentControl. Was, denken Sie, tut es?

④ Aktuell ist das Canvas-Steuerelement ausgewählt, da Sie dieses gerade hineingezogen haben. (Falls nicht, wählen Sie es mit der Maus aus.) Schauen Sie sich das XAML an:

```
<Canvas Grid.Column="1" Grid.Row="1" HorizontalAlignment="Left" Height="100"...
```

Das ist das XAML-Tag für das Canvas-Steuerelement. Es beginnt mit `<Canvas` und endet mit `/>`. Dazwischen stehen Eigenschaften wie `Grid.Column="1"` (die das Canvas in die mittlere Spalte bringt) und `Grid.Row="1"` (die es in die mittlere Zeile bringt). Versuchen Sie, *sowohl ins Raster als auch ins XAML-Fenster zu klicken*, um unterschiedliche Steuerelemente anzuwählen.

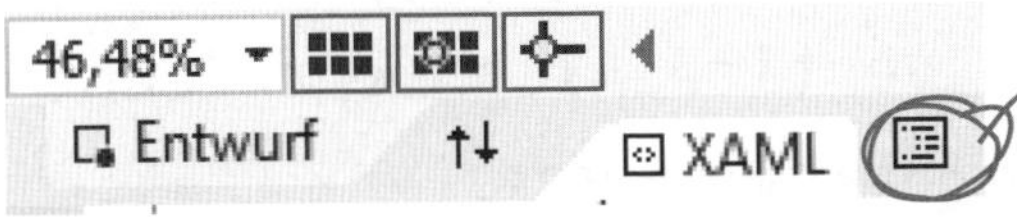
46,48%
Entwurf
XAML

Klicken Sie auf diesen Button. Das öffnet das Dokumentgliederung-Fenster. Verstehen Sie, wie Sie es verwenden? Mehr darüber erfahren Sie in einigen Seiten.

Wenn Sie ein Steuerelement auf die Seite ziehen, generiert die IDE automatisch das entsprechende XAML.

Das Aussehen über Eigenschaften ändern

Mit Visual Studio können Sie Ihre Steuerelemente anpassen. Im **Eigenschaften-Fenster** der IDE können Sie das Aussehen und das Verhalten der Steuerelemente anpassen.

Beenden Sie die Textbearbeitung mit der Esc-Taste. Das funktioniert auch bei anderen Dingen in der IDE.

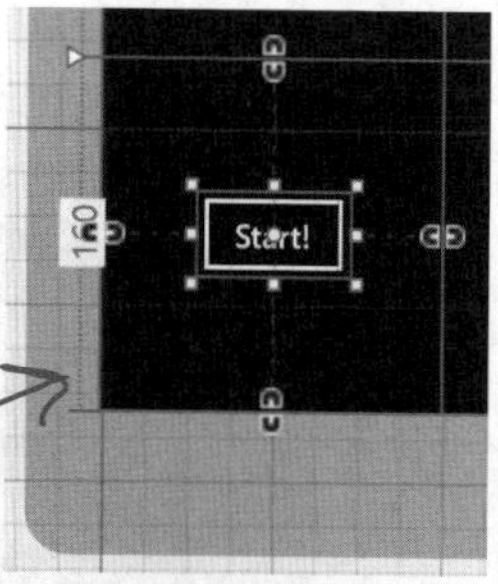
160
Start!

1 Den Text des Buttons ändern.

Klicken Sie mit rechts auf den Button, den Sie in das Grid gezogen haben, und wählen Sie im Menü **Text bearbeiten**. Ändern Sie den Text in `Start!` und schauen Sie, was mit dem XAML für den Button geschieht:

```
<Button Content="Start!" HorizontalAlignment="Left" VerticalAlignment="Top" ...
```

Wenn Sie den Text im Button ändern, aktualisiert die IDE die Content-Eigenschaft im XAML.

Nutzen Sie das Feld Name, um den Namen des Steuerelements in startButton zu ändern.

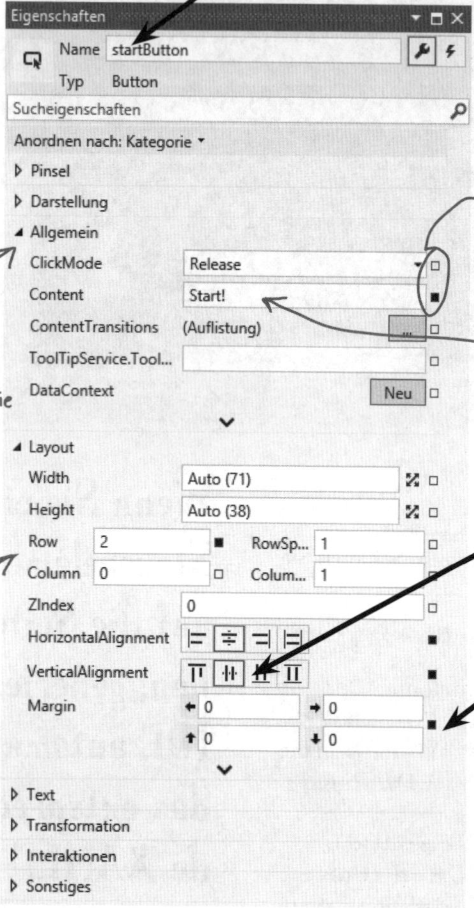
Eigenschaften
Name startButton
Typ Button
Sucheigenschaften
Anordnen nach: Kategorie
Pinsel
Darstellung
Allgemein
ClickMode Release
Content Start!
ContentTransitions (Auflistung)
ToolTipService.Tool...
DataContext Neu
Layout
Width Auto (71)
Height Auto (38)
Row 2
RowSp... 1
Column 0
Colum... 1
ZIndex 0
HorizontalAlignment
VerticalAlignment
Margin 0 0 0 0
Text
Transformation
Interaktionen
Sonstiges

Unter Umständen müssen Sie die Abschnitte Allgemein und Layout ausklappen.

2 Passen Sie den Button über das Eigenschaften-Fenster an.

Wählen Sie den Button in der IDE aus und wenden Sie sich dann dem Eigenschaften-Fenster rechts unten in der IDE zu. Ändern Sie darüber den Namen des Steuerelements in `startButton` und zentrieren Sie das Steuerelement in der Zelle. Wenn der Button so aussieht, wie Sie ihn haben wollen, **klicken Sie mit rechts darauf und wählen Quelle anzeigen**, um unmittelbar zum `<Button>`-Tag im XAML-Fenster zu springen

Diese kleinen Rechtecke sagen Ihnen, ob die Eigenschaft gesetzt wurde. Ein volles Rechteck heißt, dass sie gesetzt wurde, ein leeres Rechteck bedeutet, dass sie auf dem Standardwert belassen wurde.

Als Sie im Rechtsklick-Menü "Text bearbeiten" wählten, um den Text des Buttons zu ändern, aktualisierte die IDE die Eigenschaft Content.

Setzen Sie mit den Buttons [horizontal zentrieren] und [vertikal zentrieren] die Eigenschaften HorizontalAlignment und VerticalAlignment auf »Center« und zentrieren Sie den Button in der Zelle.

Als Sie den Button auf die Seite zogen, nutzte die IDE die Eigenschaft Margin, um ihn an einer bestimmten Position in der Zelle zu positionieren. Klicken Sie auf das Rechteck ■ und wählen Sie im Menü Reset, um die Abstände auf 0 zurückzusetzen.

```
<Button x:Name="startButton"
        Content="Start!"
        Grid.Row="2"
        HorizontalAlignment="Center"
        VerticalAlignment="Center"/>
```

Kehren Sie ins XAML-Fenster der IDE zurück und schauen Sie sich das von Ihnen aktualisierte XAML an!

Die Eigenschaften können in anderer Reihenfolge erscheinen. Das ist in Ordnung!

> **Sie können Bearbeiten → Rückgängig (oder Strg-Z) nutzen, um die letzte Änderung oder die letzten Änderungen rückgängig zu machen. Wenn Sie das Falsche ausgewählt haben, können Sie im Bearbeiten-Menü Auswahl aufheben wählen, um genau das zu machen. Die Auswahl eines Steuerelements können Sie durch Drücken der Esc-Taste aufheben. Wenn sich dieses beispielsweise in einem Container, einem StackPanel oder einem Grid befindet, wird dann der Container ausgewählt. Sie müssen Escape unter Umständen also mehrfach betätigen.**

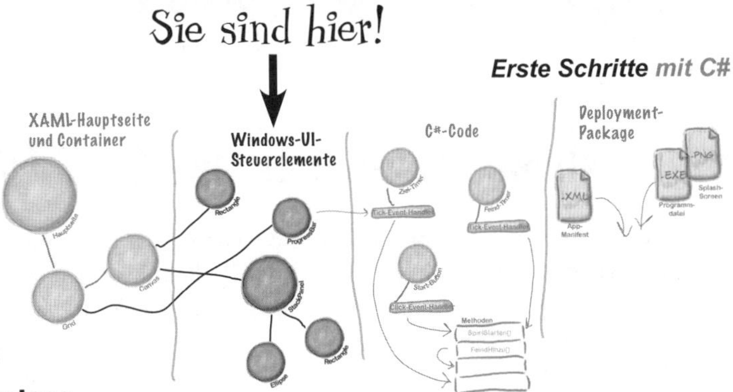
Sie sind hier!
XAML-Hauptseite und Container
Windows-UI-Steuerelemente
C#-Code
Deployment-Package

❸ Den Text für die Seitenüberschrift ändern.

Klicken Sie mit rechts auf die Seitenüberschrift (»My Application«) und wählen Sie Quelle anzeigen, um zum XAML für den Textblock zu springen. Scrollen Sie das XAML-Fenster, bis Sie die Eigenschaft `Text` finden:

```
Text="{StaticResource AppName}"
```

Moment! Der Text lautet nicht »My Application«! Was geschieht hier?

Die Standardseite-Vorlage nutzt eine **statische Ressource** namens `AppName` für den Namen, der oben in der Seite angezeigt wird. Scrollen Sie im XAML-Code, bis Sie auf den Abschnitt `<Page.Resources>` stoßen, der den folgenden XAML-Code enthält:

```
<x:String x:Key="AppName">My Application</x:String>
```

Ersetzen Sie "My Application" durch den Namen Ihrer Anwendung:

```
<x:String x:Key="AppName">Die Menschheit retten</x:String>
```

Jetzt sollten Sie oben in der Seite den richtigen Text sehen:

Die Menschheit retten

Machen Sie sich noch keine Gedanken über den Zurück-Button. Wie Sie diesen nutzen, erfahren Sie in Kapitel 14. Dort werden Sie auch mehr über statische Ressourcen erfahren.

Der TextBlock und das ContentControl sind in der rechten unteren Zelle des Grids.
Zu vermeiden
ContentControl
Gruppieren in
Gruppierung aufheben
Grid
StackPanel
Zu vermeiden
ContentControl
Wenn Sie die Maus darüber schweben lassen, erscheint ein Rahmen.
Layout
Alles zurücksetzen
Zu vermeiden
ContentControl
Klicken Sie rechts und setzen Sie das Layout von StackPanel, TextBlock und ContentControl zurück.

❹ Ändern Sie den Text und den Stil des TextBlock.

Nutzen Sie die Text bearbeiten-Option des Rechtsklick-Menüs um den Text des TextBlock in `Zu vermeiden` zu ändern (beenden Sie die Bearbeitung des Texts mit Escape). Klicken Sie dann mit rechts darauf und wählen Sie [Stil bearbeiten ▸], [Ressource anwenden ▸] und schließlich **`SubheaderTextBlockStyle`**, um den Text größer zu machen.

❺ Gruppieren Sie TextBlock und ContentControl mit einem StackPanel.

Sorgen Sie dafür, dass sich der TextBlock am oberen Rand der Zelle befindet und das ContentControl an ihrem unteren Rand. **Klicken und ziehen Sie, um TextBlock und ContentControl auszuwählen, und klicken Sie dann mit rechts**. Wählen Sie im Pop-up-Menü **Gruppieren in** und wählen Sie dann [StackPanel]. Das fügt Ihrem Formular ein neues Steuerelement hinzu: ein **StackPanel-Steuerelement**. Sie können das StackPanel auswählen, indem Sie zwischen die beiden Steuerelemente klicken.

StackPanel hat große Ähnlichkeit mit Grid und Canvas: Es hat die Aufgabe, andere Steuerelemente aufzunehmen (es ist ein »Container«) und ist auf der Seite nicht sichtbar. Aber da Sie den TextBlock über die Zelle und das ContentControl am unteren Rand gezogen haben, hat die IDE das StackPanel so erstellt, dass es den größten Teil der Zelle einnimmt. Klicken Sie in die Mitte des StackPanel, um es auszuwählen, klicken Sie dann mit rechts und wählen Sie Layout und Alles zurücksetzen, um seine Eigenschaften zurückzusetzen. Das setzt die vertikale und die horizontale Ausrichtung auf Stretch. Klicken Sie dann mit rechts auf die TextBox und das ContentControl, um auch ihre Layouts zurückzusetzen. Setzen Sie, während das ContentControl ausgewählt ist, die vertikale und die horizontale Ausrichtung auf Center.

Steuerelemente machen das Spiel funktionsfähig

Steuerelemente sind nicht nur für dekorative Dinge wie Titel und Überschriften geeignet, sie sind auch für die Funktionsweise des Spiels von grundlegender Bedeutung. Fügen wir die Steuerelemente ein, mit denen der Spieler interagieren wird, wenn er Ihr Spiel spielt. Das werden wir als Nächstes erstellen:

Sie erstellen eine Spielfläche mit einem Gradienten im Hintergrund …

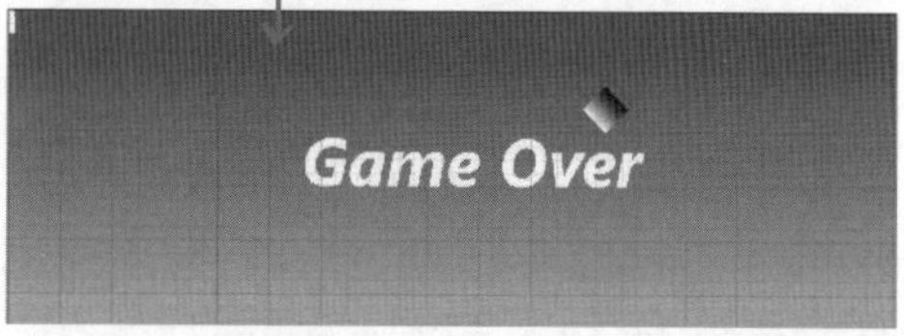
Game Over

… und Sie werden an der unteren Zeile arbeiten.

Sie werden die ProgressBar so breit wie die Spalte machen …

… und Sie werden eine Vorlage nutzen, um den Feinden dieses Aussehen hier zu geben.

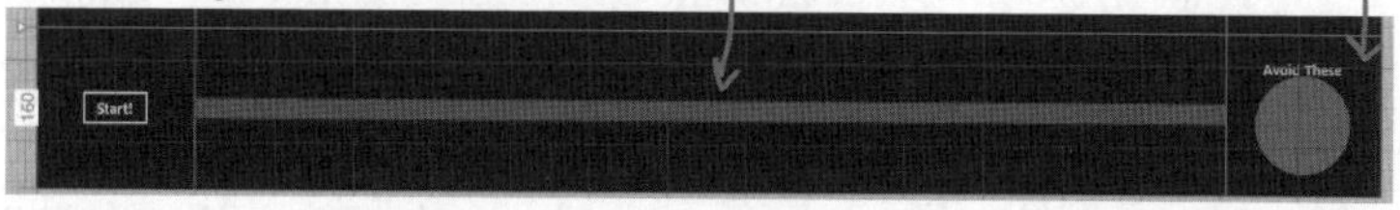
Start!
Avoid These

1. **Die ProgressBar aktualisieren.**
Klicken Sie mit rechts auf die ProgressBar in der mittleren unteren Zelle des Grids, wählen Sie die Menüoption **Layout** und dann **Alles zurücksetzen**, um alle Eigenschaften auf ihre Standardwerte zurückzusetzen. Nutzen Sie das Height-Feld im Layout-Abschnitt des Eigenschaften-Fensters, um `Height` auf `20` zu setzen. Die IDE entfernt alle layoutbezogenen Eigenschaften aus dem XAML und fügt dann eine neue `Height`-Eigenschaft ein:

```
<ProgressBar Grid.Column="1" Grid.Row="2" Height="20"/>
```

2. **Verwandeln Sie das Canvas in Ihre Spielfläche.**
Erinnern Sie sich an das Canvas-Steuerelement, das Sie in die mittlere Zelle gezogen haben? Im Augenblick kann man es schlecht erkennen, weil das Canvas-Steuerelement unsichtbar ist, wenn Sie es aus dem Werkzeugkasten ziehen können.
Aber man kann es leicht finden. Klicken Sie auf den sehr kleinen -Button über dem XAML-Fenster, um die **Dokumentgliederung** zu öffnen, und anschließend auf [Canvas], um das Canvas-Steuerelement auszuwählen.

Dokumentgliederung

Sie können die Dokumentgliederung auch öffnen, indem Sie auf den Tab an der Seite der IDE klicken.

Sie können die Dokumentgliederung auch über Ansicht → Weitere Fenster öffnen.

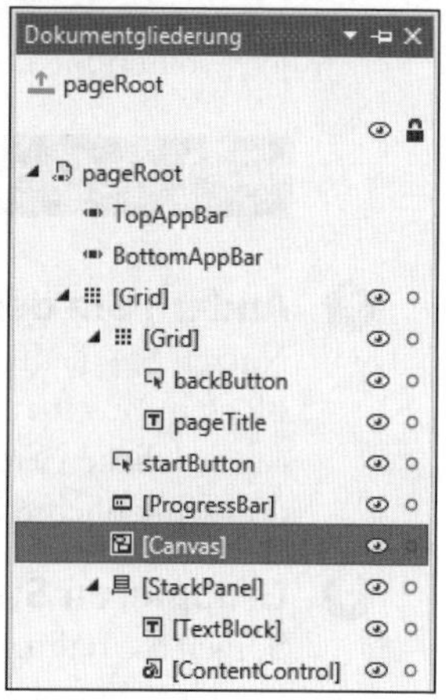
Dokumentgliederung
pageRoot
pageRoot
TopAppBar
BottomAppBar
[Grid]
[Grid]
backButton
pageTitle
startButton
[ProgressBar]
[Canvas]
[StackPanel]
[TextBlock]
[ContentControl]

Nutzen Sie das Name-Feld im Eigenschaften-Fenster, wenn das Canvas ausgewählt ist, um den Namen auf `spielfeld` zu setzen.

Wenn Sie den Namen ändern, erscheint es im Dokumentgliederung-Fenster als spielfeld statt [Canvas].

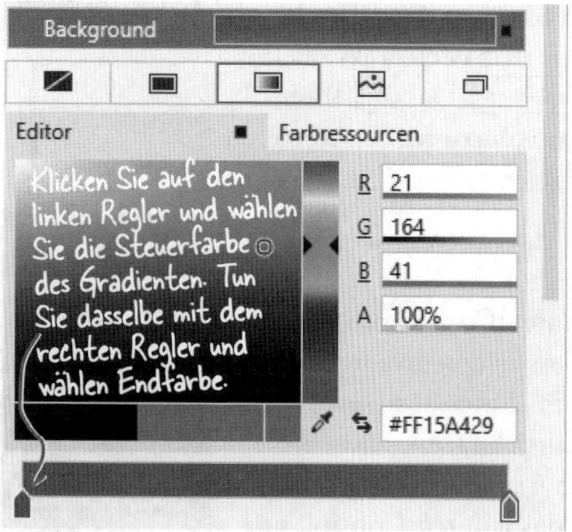
Background
Editor
Farbressourcen
R 21
G 164
B 41
A 100%
#FF15A429

Klicken Sie auf den linken Regler und wählen Sie die Steuerfarbe des Gradienten. Tun Sie dasselbe mit dem rechten Regler und wählen Endfarbe.

Haben Sie dem Canvas-Steuerelement einen Namen gegeben, können Sie das Dokumentgliederung-Fenster schließen. Dann nutzen Sie die - und -Buttons im Eigenschaften-Fenster, um die vertikale und horizontale Ausrichtung in Stretch zu ändern und die Ränder zurückzusetzen, und klicken Sie auf die beiden -Buttons, um `Width` und `Height` auf Auto zu setzen. Setzen Sie dann Column auf 0 und ColumnSpan (neben Column) auf 3.

Öffnen Sie schließlich den **Pinsel**-Abschnitt des Eigenschaften-Fensters und nutzen Sie den -Button, um ihm einen **Gradienten** zu spendieren. Wählen Sie die Ausgangs- und Zielfarbe für den Gradienten, indem Sie auf die beiden Regler unten im Farbeditor klicken und dann eine Farbe auswählen.

3 Die Vorlage für einen Feind erstellen.

Ihr Spiel enthält viele Feinde, die auf dem Bildschirm herumschwirren. Diese sollten alle gleich aussehen. Freundlicherweise bietet uns XAML **Vorlagen**, mit deren Hilfe man leicht einen Haufen gleich aussehender Steuerelemente erstellen kann.

Klicken Sie mit rechts auf das ContentControl im Dokumentgliederung-Fenster. Wählen Sie **Vorlage bearbeiten** und dann im Menü **Leere Vorlage erstellen.** Geben Sie der Vorlage den Namen `FeindVorlage`. Die IDE fügt die Vorlage dem XAML hinzu.

Die nächsten Schritte müssen Sie im Blindflug vollziehen – der Designer zeigt für Vorlagen erst etwas an, wenn Sie ein Control einfügen und seine Breite und Höhe so setzen, dass etwas angezeigt wird. Keine Sorge: Sie können alles wieder rückgängig machen, wenn etwas schiefläuft.

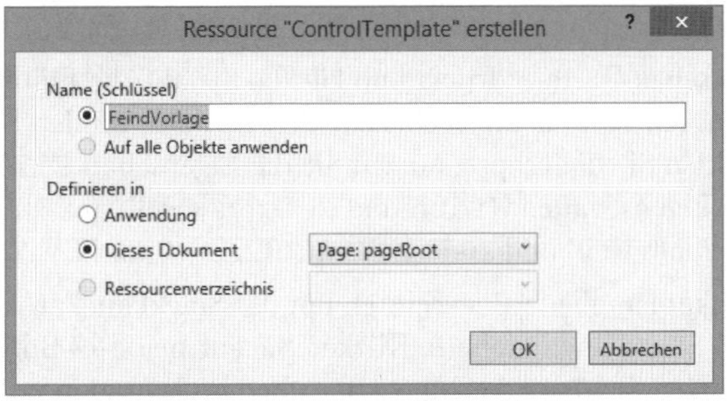
Ressource "ControlTemplate" erstellen
Name (Schlüssel)
FeindVorlage
Auf alle Objekte anwenden
Definieren in
Anwendung
Dieses Dokument
Page: pageRoot
Ressourcenverzeichnis
OK
Abbrechen

Sie können auch das Dokumentgliederung-Fenster nutzen, um das Grid auszuwählen, sollte es nicht mehr ausgewählt sein.

Die neu erstellte Vorlage ist aktuell in der IDE ausgewählt. Klappen Sie das Dokumentgliederung-Fenster ein, damit es den Werkzeugkasten nicht überlagert. *Ihre Vorlage ist* ***immer noch unsichtbar****, aber das werden Sie im nächsten Schritt ändern. Wenn Sie versehentlich außerhalb der Feind-Vorlage klicken,* ***können Sie jederzeit zu ihr zurückkehren,*** *indem Sie die Dokumentgliederung öffnen, rechts auf das ContentControl klicken und Vorlage bearbeiten → Aktuelle bearbeiten auswählen.*

4 Die Feind-Vorlage bearbeiten.

Achten Sie darauf, dass Sie nicht irgendwo in den Designer klicken, bevor Sie die Ellipse sehen. Dann bleibt die Vorlage ausgewählt.

Fügen Sie der Vorlage einen roten Kreis hinzu:

- ★ Klicken Sie im Werkzeugkasten doppelt auf [Ellipse], um eine Ellipse einzufügen.
- ★ Setzen Sie die `Height`- und `Width`-Eigenschaften auf `100`. Das bewirkt, dass die Ellipse in der Zelle angezeigt wird.
- ★ Setzen Sie die Eigenschaften `HorizontalAlignment`, `VerticalAlignment` und `Margin` zurück, indem Sie auf die Quadrate rechts klicken und Zurücksetzen wählen.
- ★ Erweitern Sie den Pinsel-Abschnitt des Eigenschaften-Fensters und klicken Sie auf ■, um einen einfarbigen Pinsel auszuwählen.
- ★ Färben Sie die Ellipse, indem Sie auf die Farbleiste klicken, den Zeiger nach oben ziehen, in den Farbbereich klicken und die Markierung in die rechte obere Ecke verschieben.

Fill
Stroke
Editor
Farbressourcen
R 255
G 0
B 0
A 100%
Klicken Sie in diesen Farbbereich und ziehen Sie die Markierung in die rechte obere Ecke.
#FFFF0000

Das XAML für das ContentControl hat nun folgende Gestalt:

```
<ContentControl Content="ContentControl" HorizontalAlignment="Center"
                VerticalAlignment="Center" Template="{StaticResource FeindVorlage}"/>
```

Scrollen Sie das XAML-Fenster, bis Sie die Stelle finden, an der FeindVorlage definiert wird. Diese sollte sich unmittelbar unter der AppName-Ressource befinden.

5 Nutzen Sie die Dokumentgliederung, um das StackPanel und den TextBlock zu modifizieren.

Kehren Sie zur Dokumentgliederung zurück (diese erreichen Sie über [FeindVorlage (ContentControl Template)] oben im Dokumentgliederung-Fenster; klicken Sie auf [↑], um zur Seitengliederung zurückzukehren). Wählen Sie das StackPanel-Steuerelement, sorgen Sie dafür, dass die vertikale und die horizontale Ausrichtung auf Center gesetzt sind, und setzen Sie die Ränder auf null. Machen Sie dann das Gleiche für den TextBlock.

Sie haben es fast geschafft! Blättern Sie für die letzten Schritte um … →

6 Fügen Sie dem Canvas die Menschen hinzu.

Sie haben zwei Möglichkeiten, den Menschen einzufügen. Die erste ist, die Schritte in den nächsten drei Absätzen nachzuvollziehen. Die zweite, schnellere Möglichkeit wäre, einfach die unten angeführten vier Zeilen XAML in die IDE einzufügen. Das dürfen Sie selbst entscheiden!

Wählen Sie das spielfeld-Steuerelement aus, öffnen Sie den **Alle XAML-Steuerelemente**-Abschnitt des Werkzeugkastens und klicken Sie doppelt auf Ellipse, um dem Canvas ein Ellipse-Steuerelement hinzuzufügen. Wählen Sie das Canvas-Steuerelement erneut aus und klicken Sie doppelt auf das Rectangle-Element darunter. Positionieren Sie es bei Bedarf unter der Ellipse.

Halten Sie die Umschalt-Taste gedrückt und klicken Sie auf die Ellipse, damit beide Steuerelemente ausgewählt werden. Klicken Sie mit rechts auf die Auswahl, wählen Sie **Gruppieren in** und dann **StackPanel**. Wählen Sie die Ellipse, nutzen Sie die Eigenschaft `Fill`, um die Farbe in Weiß zu ändern, und setzen Sie die Eigenschaften `Width` und `Height` jeweils auf 10. Wählen Sie dann das Rectangle. Machen Sie es ebenfalls weiß und ändern Sie `Width` in 10 und `Height` in 25.

Nutzen Sie das Dokumentgliederung-Fenster, um das StackPanel auszuwählen (oben im Eigenschaften-Fenster sollte »Typ StackPanel« stehen). Klicken Sie auf beide ⊠-Buttons, um `Width` und `Height` auf Auto zu setzen. Nutzen Sie dann die Name-Box oben im Fenster, um den Namen `mensch` zu vergeben. Hier ist das XAML, das Sie damit generiert haben:

```
<StackPanel x:Name="mensch" Orientation="Vertical">
    <Ellipse Fill="White" Height="10" Width="10"/>
    <Rectangle Fill="White" Height="25" Width="10"/>
</StackPanel>
```

Wenn Sie stattdessen diesen Text in das XAML-Fenster der IDE eingeben, müssen Sie darauf achten, es unmittelbar über dem </Canvas>-Tag einzugeben. So zeigen Sie an, dass der Mensch im Canvas enthalten ist.

Kehren Sie zum Dokumentgliederung-Fenster zurück, um sich die neuen Steuerelemente anzusehen:

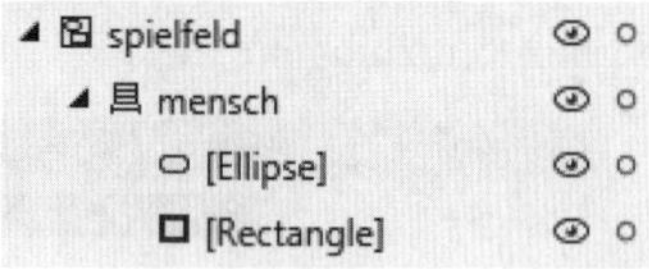
spielfeld
mensch
[Ellipse]
[Rectangle]

Ihr XAML kann auch eine Stroke-Eigenschaft für die Figuren setzen, die einer Gliederung hinzugefügt wurden. Sehen Sie, wie man diese hinzufügen oder entfernen könnte?

Wenn Sie ein Steuerelement auf einem Canvas verschieben, werden seine Left- und Top-Eigenschaften auf die jeweilige Position gesetzt. Ändern Sie die Eigenschaften Left und Top, verschieben Sie das Steuerelement.

7 Fügen Sie den Game Over-Text ein.

Wenn das Spiel des Spielers vorüber ist, muss es eine Game Over-Nachricht anzeigen. Fügen Sie hierzu einen TextBlock ein, legen Sie eine Schriftart fest und geben Sie dem Text einen Namen:

- ★ Wählen Sie das Canvas aus und ziehen Sie dann einen TextBlock aus dem Werkzeugkasten darauf.
- ★ Nutzen Sie das Name-Feld im Eigenschaften-Fenster, um den Namen des TextBlock in `gameOverText` zu ändern.
- ★ Nutzen Sie den Text-Abschnitt des Eigenschaften-Fensters, um die Schriftart in Arial Black zu ändern, die Größe auf 100 px zu setzen und den Text fett und kursiv zu machen.
- ★ Klicken Sie auf den TextBlock und ziehen Sie ihn in die Mitte des Canvas.
- ★ Bearbeiten Sie den Text so, dass er `Game Over` lautet.

8 Fügen Sie das Zielportal ein, zu dem der Spieler den Menschen ziehen wird.

Wir müssen dem Canvas noch ein weiteres Steuerelement hinzufügen: das Zielportal, zu dem der Spieler den Menschen ziehen wird. (Es spielt keine Rolle, an welche Stelle des Canvas Sie es ziehen.)

Wählen Sie das Canvas aus und ziehen Sie dann ein Rectangle-Steuerelement darauf. Nutzen Sie den -Button im Pinsel-Abschnitt des Eigenschaften-Fensters, um es mit einem Gradienten zu versehen. Setzen Sie die Eigenschaften `Height` und `Width` auf **`50`**.

Verwandeln Sie Ihr Rechteck in eine Raute, indem Sie es um 45 Grad drehen. Öffnen Sie dann den Transform-Abschnitt des Eigenschaften-Fensters, um das Rechteck um 45 Grad zu drehen, indem Sie auf klicken und den Winkel auf **`45`** setzen.

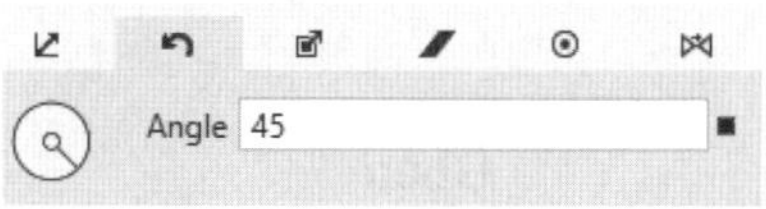
Angle
45

Nutzen Sie zum Abschluss das Name-Feld im Eigenschaften-Fenster, um ihm den Namen `ziel` zu geben.

Glückwunsch – die Hauptseite der Anwendung ist jetzt fertig!

Die Menschheit retten
Game Over
Zu vermeiden
Start!

WER MACHT WAS?

Jetzt, da Sie eine Benutzerschnittstelle aufgebaut haben, sollten Sie eine Vorstellung davon bekommen haben, was einige der Steuerelemente überhaupt machen – und Sie haben bereits einige Eigenschaften genutzt, um Steuerelemente anzupassen. Wissen Sie, was die verschiedenen Eigenschaften leisten und in welchem Bereich des Eigenschaften-Fenster der IDE Sie sie finden?

XAML-Eigenschaft

- `Content`
- `Height`
- `Rotation`
- `Fill`
- `x:Name`

Wo sie in der IDE zu finden ist

Oben

- ▷ Pinsel
- ▷ Darstellung
- ▷ Allgemein
- ▷ Layout
- ▷ Transformation

Was sie tut

- Legt fest, wie hoch das Steuerelement sein soll.
- Setzt den Winkel, mit dem das Steuerelement gedreht wird.
- Das nutzen Sie in Ihrem C#-Code, um ein bestimmtes Steuerelement anzupassen.
- Die Farbe des Steuerelements.
- Das nutzen Sie, wenn in einem Steuerelement Text angezeigt werden soll.

Lösung auf Seite 37 →

Ein Tipp: Sie können das Suchfeld des Eigenschaften-Fensters nutzen, um nach Eigenschaften zu suchen – aber einige dieser Eigenschaften gibt es nicht bei allen Steuerelementen.

Sie haben die Bühne für das Spiel vorbereitet

Ihre Seite ist jetzt für den Code bereit. Sie haben das Grid eingerichtet, das als Fundament Ihrer Seite dienen wird, und Sie haben die Steuerelemente hinzugefügt, die die Bestandteile des Spiels bilden werden.

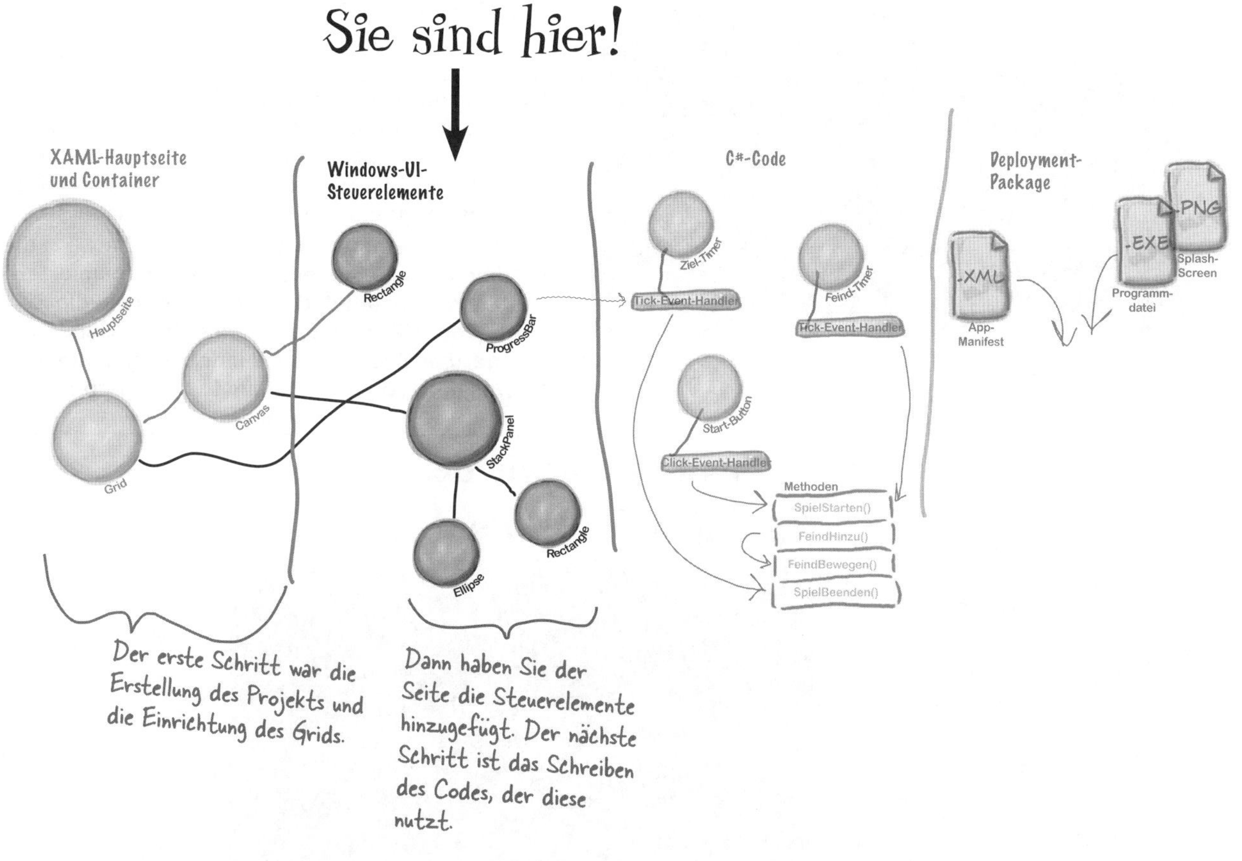

Sie sind hier!
XAML-Hauptseite und Container
Windows-UI-Steuerelemente
C#-Code
Deployment-Package
Hauptseite
Grid
Canvas
Rectangle
ProgressBar
StackPanel
Rectangle
Ellipse
Ziel-Timer
Tick-Event-Handler
Feind-Timer
Tick-Event-Handler
Start-Button
Click-Event-Handler
Methoden
SpielStarten()
FeindHinzu()
FeindBewegen()
SpielBeenden()
.XML
App-Manifest
.EXE
Programm-datei
.PNG
Splash-Screen
Der erste Schritt war die Erstellung des Projekts und die Einrichtung des Grids.
Dann haben Sie der Seite die Steuerelemente hinzugefügt. Der nächste Schritt ist das Schreiben des Codes, der diese nutzt.

Visual Studio gab Ihnen praktische Werkzeuge für den Aufbau Ihrer Seite, aber eigentlich unterstützt es Sie damit nur bei der Erstellung von XAML-Code. Sie sitzen am Ruder!

Was Sie als Nächstes tun werden

Jetzt kommt der interessante Teil: Sie müssen den Code hinzufügen, der Ihr Spiel funktionsfähig macht. Das tun Sie in drei Schritten: Zunächst animieren Sie die Feinde, dann ermöglichen Sie es dem Spieler, mit dem Spiel zu interagieren, und schließlich polieren Sie die Sache noch etwas, damit das Spiel besser aussieht.

Erst animieren Sie die Feinde ...

Zunächst werden Sie den C#-Code einbauen, der die Feinde dazu bringt, jedes Mal, wenn Sie auf den Start-Button klicken, über den Bildschirm zu schießen.

Viele Programmierer bauen ihren Code in kleinen Schritten auf und sorgen dafür, dass die jeweilige Codeeinheit funktioniert, bevor sie zum nächsten Teil weitergehen. So werden auch Sie den Rest dieses Programms aufbauen. Zunächst erstellen Sie eine Methode namens `FeindHinzu()`, die dem Canvas-Steuerelement einen animierten Feind hinzufügt. Dann verbinden Sie diese mit dem Start-Button, damit Sie die Seite mit herumschwirrenden Feinden füllen können. Das bildet das Fundament für den Aufbau des weiteren Spiels.

... dann bauen wir den Spielablauf selbst auf ...

Für den Spielablauf müssen Sie die Fortschrittsleiste dazu bringen, herunterzuzählen, den Menschen bewegbar machen und das Spiel beenden, wenn der Mensch getroffen wird oder die Zeit abgelaufen ist.

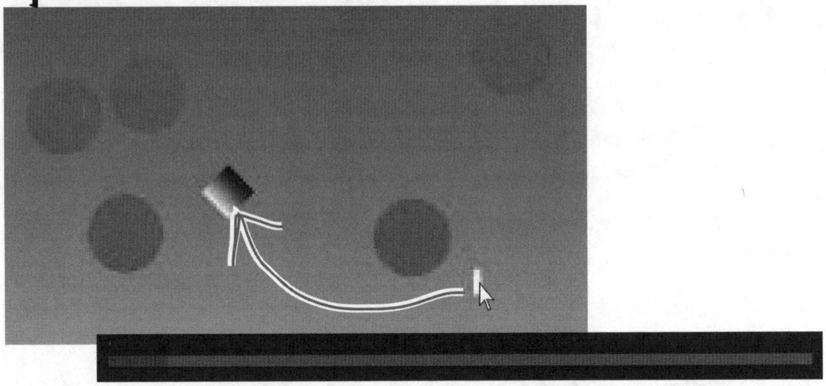

Sie haben eine Vorlage eingesetzt, die die Feinde zu roten Kreisen machte. Jetzt werden Sie diese Vorlage so verbessern, dass die Kreise wie die Köpfe garstiger Aliens aussehen.

... und schließlich geben Sie dem ganzen ein ansehnliches Aussehen.

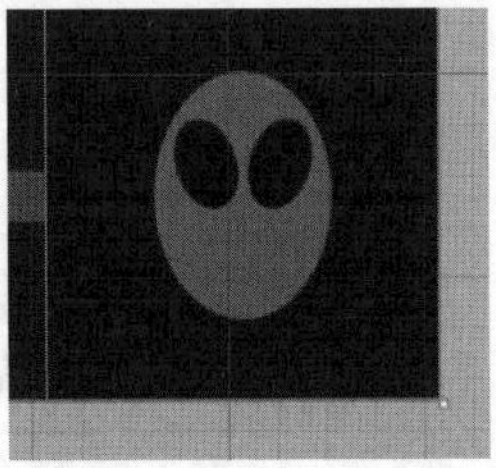

Eine Methode, die etwas macht

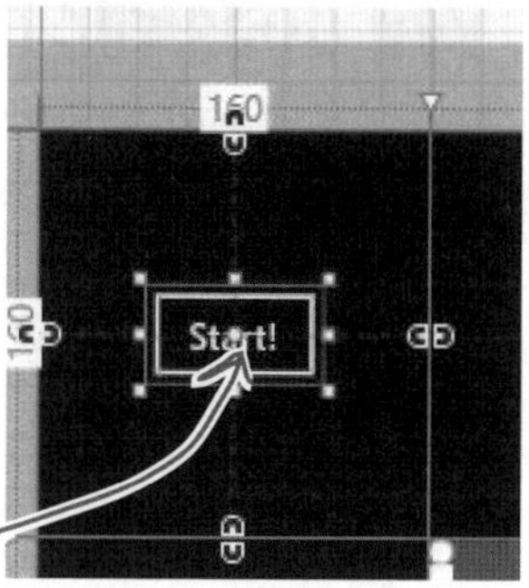
160
160
Start!

Jetzt wird es Zeit, dass wir tatsächlich etwas C#-Code schreiben. Zunächst müssen Sie dazu eine **Methode** einfügen. Dabei kann Ihnen die IDE helfen, indem sie Code generiert.

Wenn Sie in der IDE eine Seite bearbeiten, führt ein Doppelklick auf ein beliebiges Steuerelement auf der Seite dazu, dass die IDE Ihrem Projekt automatisch Code hinzufügt. Sorgen Sie dafür, dass in der IDE der Designer angezeigt wird, und klicken Sie dann doppelt auf den Start-Button. Die IDE fügt Ihrem Projekt nun Code hinzu, der immer dann ausgeführt wird, wenn der Benutzer auf den Button klickt. Es sollte etwas der folgenden Form angezeigt werden:

Als Sie doppelt auf den Button klickten, erzeugte die IDE diese Methode. Sie wird ausgeführt, wenn ein Benutzer in der laufenden App auf den Start-Button klickt.

```
private void startButton_Click(object sender, RoutedEventArgs e)
{

}
```

```
Click="startButton_Click"
```

Die IDE fügt außerdem dem XAML dieses hinzu. Schauen Sie, ob Sie das Element finden können. In Kapitel 2 werden Sie mehr darüber erfahren.

Nutzen Sie die IDE, um eigene Methoden zu erstellen

Klicken Sie zwischen die geschweiften Klammern{ } und geben Sie Folgendes einschließlich der Klammern und des Semikolons ein:

```
private void startButton_Click(object sender, RoutedEventArgs e)
{
    FeindHinzu();
}
```

Mit der roten Schlängellinie sagt Ihnen die IDE, dass es hier ein Problem gibt, und das blaue Kästchen zeigt Ihnen an, dass sie eine Lösung für dieses Problem haben könnte.

Ist Ihnen die rote Schlängellinie unter dem Text aufgefallen, den Sie gerade eingegeben haben? Damit sagt Ihnen die IDE, dass etwas nicht in Ordnung ist. Wenn Sie auf die Schlängellinie klicken, erscheint ein blaues Kästchen. Damit signalisiert die IDE Ihnen, dass sie Ihnen eventuell bei der Fehlerbehebung helfen kann.

Lassen Sie die Maus über dem blauen Kasten schweben und klicken Sie auf das -Symbol, das aufspringt. Sie werden einen Dialog sehen, der Sie fragt, ob ein Methoden-Stub generiert werden soll. Was, denken Sie, wird wohl passieren, wenn Sie darauf klicken? Na los, probieren Sie es aus!

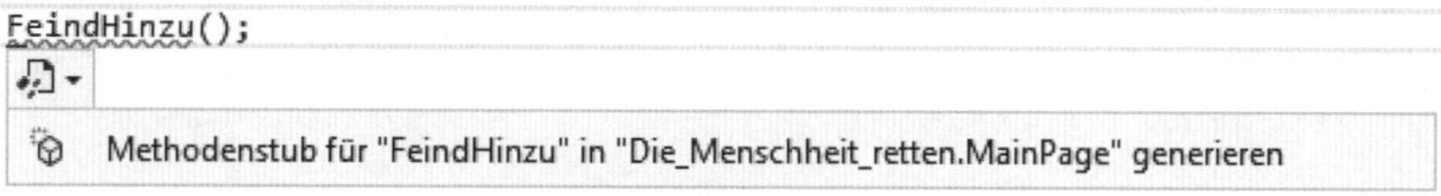
FeindHinzu();
Methodenstub für "FeindHinzu" in "Die_Menschheit_retten.MainPage" generieren

Es gibt keine Dummen Fragen

F: Was ist eine Methode?

A: Eine **Methode** ist einfach ein *benannter Codeblock*. Mit Methoden werden wir uns in Kapitel 2 ausführlicher befassen.

F: Und die IDE hat diese für mich generiert?

A: Zunächst, ja. Eine Methode ist ein elementarer Baustein eines Programms – Sie werden eine Menge davon schreiben – und viele davon von Hand.

Den Code für Ihre Methode einfügen

Jetzt müssen wir das Programm dazu bringen, dass ***es etwas tut***. Das Fundament dafür haben Sie bereits. Die IDE hat für Sie einen **Methoden-Stub** generiert: Das ist die Basis für eine Methode, die Sie ausfüllen können.

Aufgepasst

C#-Code muss so eingegeben werden, wie Sie ihn hier sehen.

Beim Programmieren macht man schnell Fehler. Wenn Sie Ihrem Programm C#-Code hinzufügen, muss die Groß-/Kleinschreibung genau stimmen. Achten Sie auch darauf, dass Klammern, Kommata und Semikola passen. Wenn Sie dabei einen Fehler machen, wird Ihr Programm nicht funktionieren!

1. Löschen Sie den Inhalt des Methoden-Stubs, den die IDE für Sie generiert hat.

```
private void FeindHinzu()
{
    throw new NotImplementedException();
}
```

Löschen Sie diesen Text. Mehr zu Ausnahmen erfahren Sie in Kapitel 12.

2. Geben Sie den Code ein. Geben Sie im Rumpf der Methode das Wort Content ein. Die IDE öffnet ein Fenster mit Vorschlägen, ein sogenanntes **IntelliSense-Fenster**. Wählen Sie in der Liste `ContentControl`.

```
private void FeindHinzu()
{
    Content
}
```

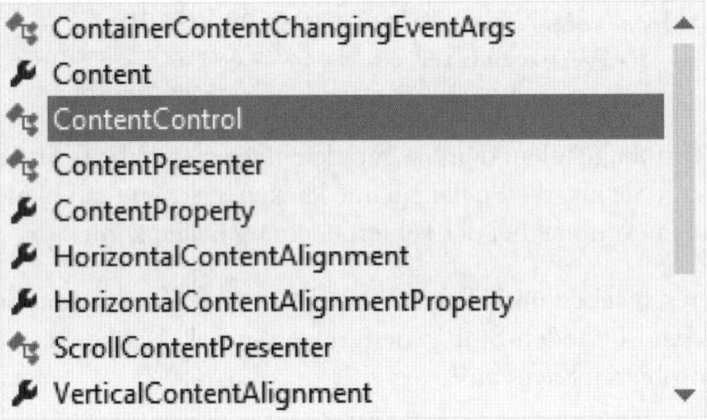

ContainerContentChangingEventArgs
Content
ContentControl
ContentPresenter
ContentProperty
HorizontalContentAlignment
HorizontalContentAlignmentProperty
ScrollContentPresenter
VerticalContentAlignment

3. Beenden Sie die erste Codezeile. Wenn Sie `new` eingegeben haben, wird ein weiteres IntelliSense-Fenster geöffnet.

```
private void FeindHinzu()
{
    ContentControl feind = new ContentControl();
}
```

Diese Zeile erstellt ein neues ContentControl-Objekt. Mehr über Objekte und das Schlüsselwort new erfahren Sie in Kapitel 3, mehr zu Referenzvariablen wie feind in Kapitel 4.

4 Bevor Sie die Methode `FeindHinzu()` füllen, müssen Sie zu Anfang der Datei eine Zeile einfügen. Suchen Sie die Zeile, die mit **`public sealed partial class MainPage`** beginnt, und fügen Sie hinter der geschweiften Klammer (**{**) folgende Zeile ein:

```
/// <summary>
/// Eine Standardseite mit Eigenschaften, die die meisten Anwendungen aufweisen.
/// </summary>
public sealed partial class MainPage : Page
{
    Random zufall = new Random();
```

Das nennt man ein Feld. Mehr dazu, wie das funktioniert, erfahren Sie in Kapitel 4.

5 Beenden wir die Methode. Sie werden weitere rote Unterschlängelungen sehen. Die unter `FeindBewegen()` verschwindet, wenn Sie den entsprechenden Methoden-Stub generieren.

Sehen Sie eine Schlängellinie unter spielfeld? Falls ja: Gehen Sie in den XAML-Editor zurück und setzen Sie den Namen des Canvas-Steuerelements auf spielfeld.

```
private void FeindHinzu()
{
    ContentControl feind = new ContentControl();
    feind.Template = Resources["FeindVorlage"] as ControlTemplate;
    FeindBewegen(feind, 0, spielfeld.ActualWidth -100, "(Canvas.Left)");
    FeindBewegen(feind, zufall.Next((int)spielfeld.ActualHeight - 100),
        zufall.Next((int)spielfeld.ActualHeight - 100), "(Canvas.Top)");
    spielfeld.Children.Add(feind);
}
```

Diese Zeile fügt das neue Steuerelement einer Collection namens Children hinzu. Mehr über Collections erfahren Sie in Kapitel 8.

Wenn Sie zwischen XAML und C#-Code wechseln wollen, können Sie dazu die Register oben im Fenster nutzen.

MainPage.xaml
MainPage.xaml.cs

6 Nutzen Sie den blauen Kasten und den -Button, um einen Methoden-Stub für `FeindBewegen()` hinzuzufügen, wie Sie es für `FeindHinzu()` gemacht haben. Diesmal werden vier **Parameter** namens `feind`, `p1`, `p2` und `p3` eingesetzt. Bearbeiten Sie die oberste Zeile der Methode, um die drei letzten Parameter zu ändern. Ändern Sie den Parameter `p1` in **`von`**, den Parameter `p2` in **`nach`** und den Parameter `p3` in **`animierteEigenschaft`**. Ändern Sie dann alle `int`-Typen in **`double`**.

```
private void FeindBewegen(ContentControl feind, int p1, double p2, string p3)
{
    throw new NotImplementedException();
}
```

Mehr zu Methoden und Parametern erfahren Sie in Kapitel 2.

```
private void FeindBewegen(ContentControl feind, double von, double nach, string animierteEigenschaft)
```

Es kann passieren, dass die IDE den Methoden-Stub, mit dem Typ »int« erstellt. Ändern Sie diesen Typ in »double«. Mehr zu Typen erfahren Sie in Kapitel 4.

Auf der nächsten Seite sehen Sie das Programm in Aktion!

Letzte Schritte und erste Ausführung

Ihr Programm ist fast zur Ausführung bereit! Sie müssen nur noch die Methode `FeindBewegen()` abschließen. Keine Panik, falls noch nicht alles funktioniert. Vielleicht haben Sie ein Komma oder eine Klammer übersehen – beim Programmieren muss man auf derartige Dinge genau achten!

> **Entspannen Sie sich**
>
> **Sehen Sie immer noch rot? Die IDE hilft Ihnen beim Aufspüren von Fehlern.**
>
> Keine Sorge, wenn es immer noch rote Schlängellinien gibt. Wahrscheinlich müssen Sie nur einen Tippfehler beheben. Wenn Sie weiterhin rote Linien sehen, bedeutet das, dass Sie etwas falsch eingegeben haben. Wir haben dieses Kapitel von vielen verschiedenen Menschen testen lassen, und wir haben nichts weggelassen. Der gesamte Code, den Sie benötigen, steht auf diesen Seiten.

1 Fügen Sie oben in die Datei eine using-Anweisung ein.

Scrollen Sie ganz an den Anfang der Datei. Dort hat die IDE eine Reihe von Zeilen generiert, die mit `using` beginnen. Fügen Sie am Ende der Liste eine weitere hinzu:

Anweisungen wie diese ermöglichen Ihnen, Code aus .NET-Bibliotheken zu nutzen, die mit C# ausgeliefert werden. Mehr dazu erfahren Sie in Kapitel 2.

```
using Die_Menschheit_retten.Common;
using System;
using System.Collections.Generic;
using System.IO;
using System.Linq;
using System.Runtime.InteropServices.WindowsRuntime;
using Windows.Foundation;
using Windows.Foundation.Collections;
using Windows.UI.Xaml;
using Windows.UI.Xaml.Controls;
using Windows.UI.Xaml.Controls.Primitives;
using Windows.UI.Xaml.Data;
using Windows.UI.Xaml.Input;
using Windows.UI.Xaml.Media;
using Windows.UI.Xaml.Navigation;

using Windows.UI.Xaml.Media.Animation;
```

Diese Zeile ist erforderlich, damit der Rest des Codes funktioniert. Sie können das IntelliSense-Fenster nutzen, um sich das zu vereinfachen – und vergessen Sie das Semikolon am Ende nicht.

Diese using-Anweisung ermöglicht Ihnen, in Ihrem Programm Animationscode aus dem .NET Framework zu nutzen, der die Feinde auf dem Bildschirm bewegt.

2 Den Code für die Animation der Feinde einfügen.

Auf der letzten Seite haben Sie den Methoden-Stub für die Methode `FeindBewegen()` generiert. Jetzt werden Sie den Code dafür einsetzen. Dieser sorgt dafür, dass die Feinde über den Bildschirm schwirren.

Mehr zu Objektinitialisierern wie diesem erfahren Sie in Kapitel 4.

```
private void FeindBewegen(ContentControl feind, double von, double nach, string animierteEigenschaft)
{
    Storyboard storyboard = new Storyboard() { AutoReverse = true,
        RepeatBehavior = RepeatBehavior.Forever };
    DoubleAnimation animation = new DoubleAnimation()
    {
        From = von,
        To = nach,
        Duration = new Duration(TimeSpan.FromSeconds(zufall.Next(4, 6)))
    };
    Storyboard.SetTarget(animation, feind);
    Storyboard.SetTargetProperty(animation, animierteEigenschaft);
    storyboard.Children.Add(animation);
    storyboard.Begin();
}
```

Mehr zu Animationen erfahren Sie in Kapitel 16.

Dieser Code bewirkt, dass sich der von Ihnen erstellte Feind über den Bildschirm bewegt. Wenn Sie 4 und 6 ändern, können Sie die Feinde dazu bringen, dass sie sich schneller oder langsamer bewegen.

3 Prüfen Sie Ihren Code.

Sie sollten keine Fehler sehen – Ihr Fehlerliste-Fenster müsste leer sein. Sollte das nicht der Fall sein, klicken Sie doppelt auf den Fehler im Fehlerliste-Fenster. Die IDE lässt Ihren Cursor unmittelbar an die richtige Stelle springen, an der Sie sich das Problem vorknöpfen können.

Sollten Sie das Fehlerliste-Fenster nicht sehen, wählen Sie Fehlerliste im Ansicht-Menü, um es anzuzeigen. Mehr zur Verwendung der Fehlerliste und zum Debugging von Code erfahren Sie in Kapitel 2.

Ein Tipp: Wenn Sie zu viele Fenster in Ihrer IDE verschoben haben, können Sie das rückgängig machen, indem Sie im Fenster-Menü Fenster zurücksetzen wählen.

❹ Starten Sie Ihr Programm.

Suchen Sie den ▶-Button oben in der IDE. Er setzt Ihr Programm in Gang.

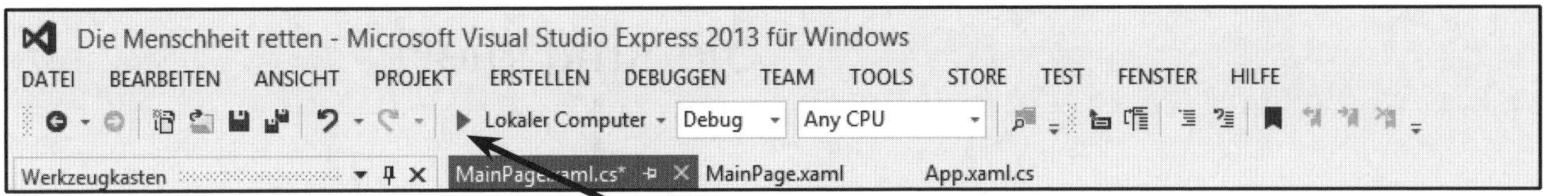
Die Menschheit retten - Microsoft Visual Studio Express 2013 für Windows
DATEI BEARBEITEN ANSICHT PROJEKT ERSTELLEN DEBUGGEN TEAM TOOLS STORE TEST FENSTER HILFE
Lokaler Computer
Debug
Any CPU
Werkzeugkasten
MainPage.xaml.cs*
MainPage.xaml
App.xaml.cs

Dieser Button startet das Programm.

❺ Jetzt läuft Ihr Programm!

Erst wird für einige Sekunden ein großes X auf dem Bildschirm angezeigt, dann Ihre Hauptseite. Klicken Sie einige Male auf den »Start!«-Button. Jedes Mal, wenn Sie darauf klicken, wird ein Kreis über das Canvas bewegt.

Sie haben etwas Tolles aufgebaut! Und wie wir versprochen haben, hat es nicht lange gedauert. Aber wir haben noch etwas zu tun, bis unser Programm fertig ist.

Dieses große X ist der Splash-Screen. Am Ende des Kapitels werden Sie einen eigenen Splash-Screen erstellen.

Die Menschheit retten
Game Over
Zu vermeiden
Start!

Sollten sich die Feinde nicht bewegen oder die Spielfläche verlassen, prüfen Sie erneut Ihren Code. Vielleicht fehlt nur eine Klammer oder ein Schlüsselwort.

❻ Das Programm anhalten.

Drücken Sie Alt-Tab, um wieder zur IDE zurückzukehren. Der ▶-Button in der Toolbar wurde durch ❚❚ ■ ↻ ersetzt, mit denen das Programm unterbrochen, angehalten und wieder aufgenommen werden kann. Klicken Sie auf das Quadrat, um das laufende Programm anzuhalten.

Das haben Sie bislang getan

Glückwunsch! Sie haben ein Programm aufgebaut, das tatsächlich etwas tut. Das Spiel ist zwar noch nicht spielbar, aber es ist definitiv ein Anfang. Blicken wir zurück und schauen wir uns an, was Sie aufgebaut haben.

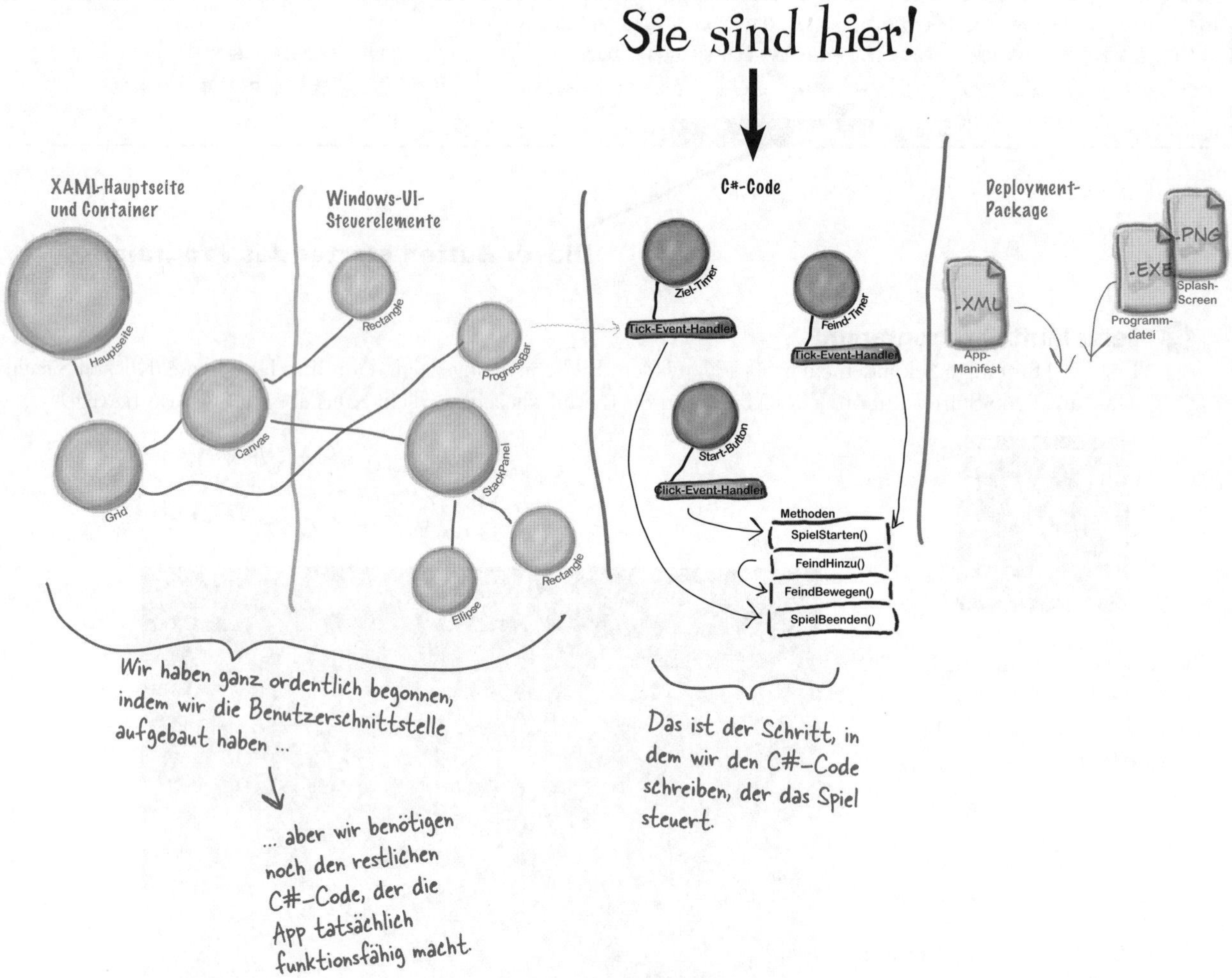
Sie sind hier!
XAML-Hauptseite und Container
Windows-UI-Steuerelemente
C#-Code
Deployment-Package
Hauptseite
Grid
Canvas
Rectangle
ProgressBar
StackPanel
Ellipse
Rectangle
Ziel-Timer
Tick-Event-Handler
Feind-Timer
Tick-Event-Handler
Start-Button
Click-Event-Handler
Methoden
SpielStarten()
FeindHinzu()
FeindBewegen()
SpielBeenden()
.XML
App-Manifest
.EXE
Programm-datei
.PNG
Splash-Screen
Wir haben ganz ordentlich begonnen, indem wir die Benutzerschnittstelle aufgebaut haben ...
... aber wir benötigen noch den restlichen C#-Code, der die App tatsächlich funktionsfähig macht.
Das ist der Schritt, in dem wir den C#-Code schreiben, der das Spiel steuert.

Visual Studio kann Code für Sie generieren, aber Sie müssen wissen, was Sie erstellen wollen, BEVOR Sie loslegen. Das kann die IDE Ihnen nicht abnehmen!

Hier ist die Lösung für die »Wer macht was«-Übung von Seite 28. Wir geben Ihnen stets die Lösungen zu derartigen Puzzles und Übungen, aber sie befinden sich nicht unbedingt auf der jeweils unmittelbar folgenden Seite.

WER MACHT WAS?

Lösung

Jetzt, da Sie ein Benutzerschnittstelle aufgebaut haben, sollten Sie eine Vorstellung davon bekommen haben, was einige der Steuerelemente überhaupt machen – und Sie haben bereits einige Eigenschaften genutzt, um Steuerelemente anzupassen. Wissen Sie, was die verschiedenen Eigenschaften leisten und in welchem Bereich des Eigenschaften-Fenster der IDE Sie sie finden?

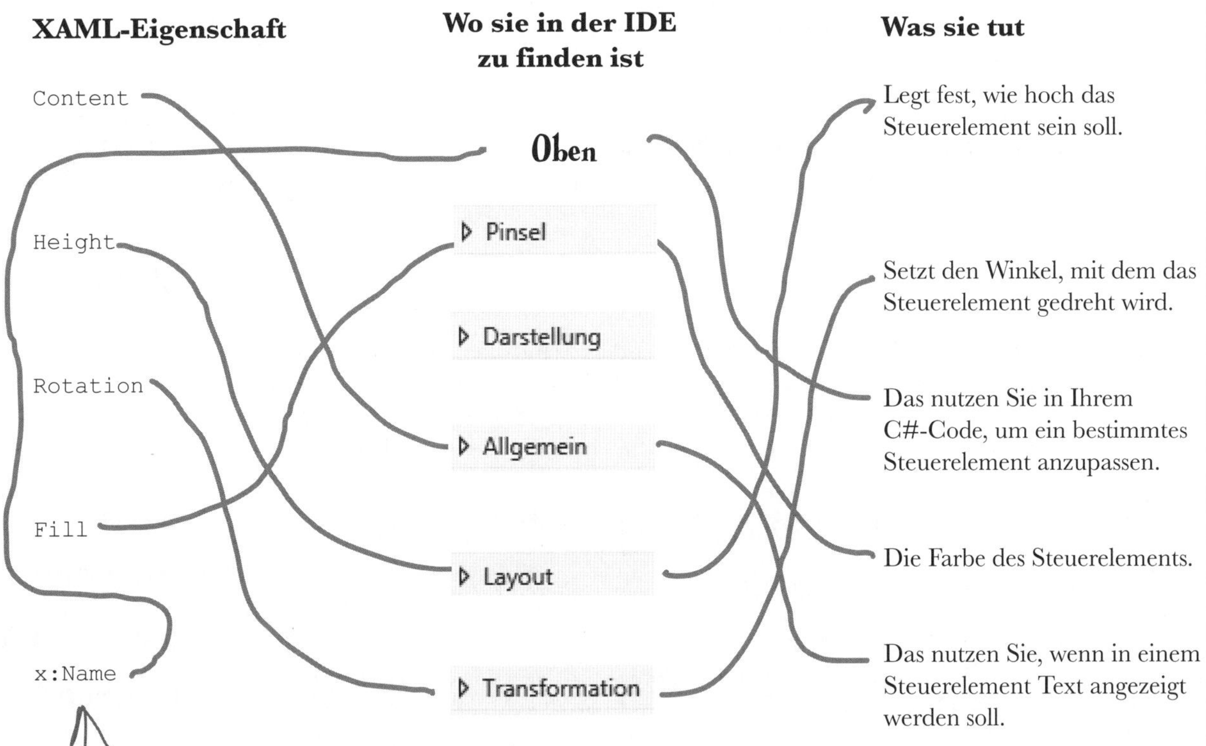
XAML-Eigenschaft
Wo sie in der IDE zu finden ist
Was sie tut
Content
Height
Rotation
Fill
x:Name
Oben
Pinsel
Darstellung
Allgemein
Layout
Transformation
Legt fest, wie hoch das Steuerelement sein soll.
Setzt den Winkel, mit dem das Steuerelement gedreht wird.
Das nutzen Sie in Ihrem C#-Code, um ein bestimmtes Steuerelement anzupassen.
Die Farbe des Steuerelements.
Das nutzen Sie, wenn in einem Steuerelement Text angezeigt werden soll.

Erinnern Sie sich, wie Sie den Namen das Canvas-Steuerelements auf »spielfeld« gesetzt haben? Die »x:Name«-Eigenschaft im XAML wird sich gleich als praktisch erweisen, wenn Sie den C#-Code für die Arbeit mit dem Canvas schreiben.

Den Spielablauf mit Timern steuern

Aufbauend auf unserem nun großartigen Fundament, gestalten wir jetzt die Elemente für den Spielablauf. Das Spiel fügt immer mehr Feinde hinzu, und die Fortschrittsleiste füllt sich langsam, während der Spieler den Menschen zum Ziel zieht. Sie werden **Timer** nutzen, um beides zu steuern.

1 WEITERE ZEILEN OBEN IN DEN CODE EINFÜGEN.

Die MainPage.Xaml.cs-Datei, die Sie bearbeitet haben, enthält den Code für eine Klasse namens MainPage. Mehr zu Klassen erfahren Sie in Kapitel 3.

Ergänzen Sie dort, wo Sie die Random-Zeile eingefügt haben, drei weitere Zeilen:

```
public sealed partial class MainPage : Page
{
    Random zufall = new Random();
    DispatcherTimer feindTimer = new DispatcherTimer();
    DispatcherTimer zielTimer = new DispatcherTimer();
    bool menschGefangen = false;
```

Fügen Sie diese drei Zeilen unter der bereits eingefügen ein. Das sind Felder, über die Sie in Kapitel 4 mehr erfahren werden.

2 EINE METHODE FÜR EINEN DER TIMER.

Suchen Sie den folgenden von der IDE generierten Code:

```
public MainPage()
{
    this.InitializeComponent();
}
```

Tick
Tack
Tick

Platzieren Sie Ihren Cursor unmittelbar hinter dem Semikolon, drücken Sie zwei Mal Enter und geben Sie `feindTimer.` (einschließlich des Punkts) ein. Dadurch öffnet sich das IntelliSense-Fenster. Wählen Sie `Tick` im IntelliSense-Fenster und geben Sie den folgenden Text ein. Wenn Sie += eingeben, öffnet die IDE einen Kasten:

```
feindTimer.Tick +=
                    feindTimer_Tick;   (Zum Einfügen TAB-Taste drücken)
```

Drücken Sie die Tab-Taste. Die IDE öffnet einen weiteren Kasten:

```
feindTimer.Tick +=feindTimer_Tick;
                    Zum Generieren des Handlers "feindTimer_Tick" in dieser Klasse die TAB-Taste drücken
```

Drücken Sie in weiteres Mal Tab. Hier ist der Code, den die IDE für Sie generiert hat:

```
public MainPage()
{
    this.InitializeComponent();

    feindTimer.Tick += feindTimer_Tick;
}

void feindTimer_Tick(object sender, object e)
{
    throw new NotImplementedException();
}
```

Die IDE hat für Sie einen sogenannten Event-Handler generiert. Mehr über Event-Handler erfahren Sie in Kapitel 15.

Timer »ticken« in jedem Zeitintervall, indem immer wieder Methoden aufgerufen werden.

Wenn man Methoden schreibt, gibt man üblicherweise Klammern an.

3 DIE *MAINPAGE()*-METHODE FERTIGSTELLEN.

Sie werden einen weiteren `Tick`-Event-Handler für den anderen Timer einfügen, und Sie werden zwei weitere Codezeilen ergänzen. So sehen Ihre fertige `MainPage()`-Methode und die beiden Methoden aus, die die IDE für Sie generiert hat:

```
public MainPage()
{
    this.InitializeComponent();

    feindTimer.Tick += feindTimer_Tick;
    feindTimer.Interval = TimeSpan.FromSeconds(2);

    zielTimer.Tick += zielTimer_Tick;
    zielTimer.Interval = TimeSpan.FromSeconds(.1);
}

void zielTimer_Tick(object sender, object e)
{
    throw new NotImplementedException();
}

void feindTimer_Tick(object sender, object e)
{
    throw new NotImplementedException();
}
```

Versuchen Sie, diese Zahlen zu ändern, wenn das Spiel fertig ist. Wie wirkt sich das auf den Spielablauf aus?

Diese Zeilen wurden von der IDE als Platzhalter generiert, als Sie Tab drückten, um die Tick-Event-Handler hinzuzufügen. Sie werden sie durch Code ersetzen, der jedes Mal ausgeführt wird, wenn der Timer tickt.

KOPF-NUSS

Aktuell fügt der Start-Button dem Spielbereich nur bewegte Feinde hinzu. Was müssen Sie wohl tun, um ihn stattdessen das Ziel starten zu lassen?

4 DIE METHODE *SPIELBEENDEN()* HINZUFÜGEN.

Kehren Sie nun zur Methode `zielTimer_Tick()` zurück, löschen Sie die von der IDE generierte Zeile und fügen Sie den folgenden Code ein. Das IntelliSense-Fenster könnte Fehler anzeigen:

```
void zielTimer_Tick(object sender, object e)
{
    fortschritt.Value += 1;
    if (fortschritt.Value >= fortschritt.Maximum)
        SpielBeenden();
}
```

Sollten Sie den Designer-Tab mit dem XAML-Code geschlossen haben, klicken Sie doppelt auf MainPage.xaml im Projektmappen-Explorer, um ihn wieder zu öffnen.

Sehen Sie, dass `fortschritt` als Fehler markiert ist? Das ist okay. Das haben wir mit Absicht gemacht (und es tut uns nicht einmal leid), um Ihnen zu zeigen, was passiert, wenn Sie versuchen, ein Steuerelement zu verwenden, das keinen Namen hat oder dessen Name einen Tippfehler enthält. Wenden Sie sich wieder Ihrem XAML-Code zu (der sich im anderen Tab der IDE befindet), suchen Sie das ProgressBar-Steuerelement, das Sie der unteren Zeile hinzugefügt haben, und ändern Sie seinen Namen in `fortschritt`.

Kehren Sie dann zum Codefenster zurück und generieren Sie einen Methoden-Stub für `SpielBeenden()`, genau so, wie Sie es ein paar Seiten zuvor für `FeindHinzu()` gemacht haben. Hier ist der Code für die neue Methode:

```
private void SpielBeenden()
{
    if (!spielfeld.Children.Contains(gameOverText))
    {
        feindTimer.Stop();
        zielTimer.Stop();
        menschGefangen = false;
        startButton.Visibility = Visibility.Visible;
        spielfeld.Children.Add(gameOverText);
    }
}
```

Wenn gameOverText als Fehler angezeigt wird, haben Sie den Namen des »Game Over«-TextBlock nicht gesetzt. Holen Sie das jetzt nach.

Diese Methode beendet das Spiel, indem die Timer angehalten, der Start-Button wieder sichtbar gemacht und im Spielbereich der GAME OVER-Text angezeigt wird.

Den Start-Button funktionsfähig machen

Erinnern Sie sich, wie Sie den Start-Button dazu brachten, Kreise auf das Canvas zu zeichnen? Jetzt werden Sie ihn tatsächlich das Spiel starten lassen.

Code-Fertiggericht

Wir werden Ihnen eine Menge Code präsentieren, den Sie eingeben müssen.

Wenn Sie das Ende des Buchs erreicht haben, werden Sie wissen, was die einzelnen Elemente dieses Codes tun – und werden eigenständig äquivalenten Code schreiben können.

Im Moment sollten Sie nur darauf achten, dass Sie alle Zeilen korrekt eingeben und den Anweisungen genau folgen. Es wird Sie damit vertraut machen, Code einzugeben, und wird Ihnen helfen, ein Gefühl für die Vor- und Nachteile der IDE zu entwickeln.

Wenn Sie hängen bleiben, können Sie funktionierende *MainPage.xaml*- und *MainPage.Xaml.cs*-Versionen herunterladen oder den C#- oder XAML-Code für die jeweilige Methode per Copy-and-paste einfügen: *examples.oreilly.de/german_examples/hfcsharp3ger/*

1 **Den Start-Button das Spiel beginnen lassen.**

Suchen Sie den Code, den Sie zuvor eingegeben haben, um den Start-Button einen Feind hinzufügen zu lassen. Geben Sie diesem die folgende Gestalt:

```
private void startButton_Click(object sender, RoutedEventArgs e)
{
    SpielStarten();
}
```

Wenn Sie diese Zeile ändern, startet der Start-Button das Spiel, anstatt dem spielfeld-Canvas einen Feind hinzuzufügen.

2 **Die Methode SpielStarten() hinzufügen.**

Generieren Sie einen Methoden-Stub für die Methode `SpielStarten()`. Hier ist der Code, den Sie in den von der IDE generierten Methoden-Stub hinzufügen müssen:

```
private void SpielStarten()
{
    mensch.IsHitTestVisible = true;
    menschGefangen = false;
    fortschritt.Value = 0;
    startButton.Visibility = Visibility.Collapsed;
    spielfeld.Children.Clear();
    spielfeld.Children.Add(ziel);
    spielfeld.Children.Add(mensch);
    feindTimer.Start();
    zielTimer.Start();
}
```

IsHitTestVisible werden Sie in Kapitel 15 kennenlernen.

Haben Sie vergessen, den Namen des ziel-Rectangle oder des mensch-StackPanel zu setzen? Blättern Sie ein paar Seiten zurück, um sicherzugehen, dass Sie die Namen aller Steuerelemente richtig eingegeben haben.

3 **Den Feind-Timer Feinde hinzufügen lassen.**

Suchen Sie die Methode `feindTimer_Tick()`, die die IDE für Sie generiert hat, und geben Sie ihr den folgenden Inhalt:

```
void feindTimer_Tick(object sender, object e)
{
    FeindHinzu();
}
```

Wenn Sie sich an die Arbeit mit Code gewöhnt haben, wird es Ihnen leichtfallen, fehlende Klammern, Semikola usw. aufzuspüren.

Sehen Sie scheinbar unsinnige Fehler im Fehlerliste-Fenster? Ein falsch platziertes Komma oder Semikolon kann zu mehreren Fehlern führen. Verschwenden Sie keine Zeit damit, allen Tippfehlern nachzujagen! Gehen Sie einfach zur Head First Labs-Website – dort könnten Sie sich den gesamten Code für dieses Programm auch herunterladen.

→ examples.oreilly.de/german_examples/hfcsharp3ger/

Führen Sie das Programm erneut aus

Ihr Spiel macht sich. Führen Sie es erneut aus, damit Sie sich die Fortschritte ansehen können.

Alarm! Unsere Spione berichten, dass die Menschheit Ihre Verteidigung verbessert!

Wenn Sie auf den »Start!«-Button klicken, verschwindet er. Die Feinde werden entfernt, und die Fortschrittsleiste beginnt, sich zu füllen.

Die Spielfläche füllt sich nun mit herumschwirrenden Feinden.

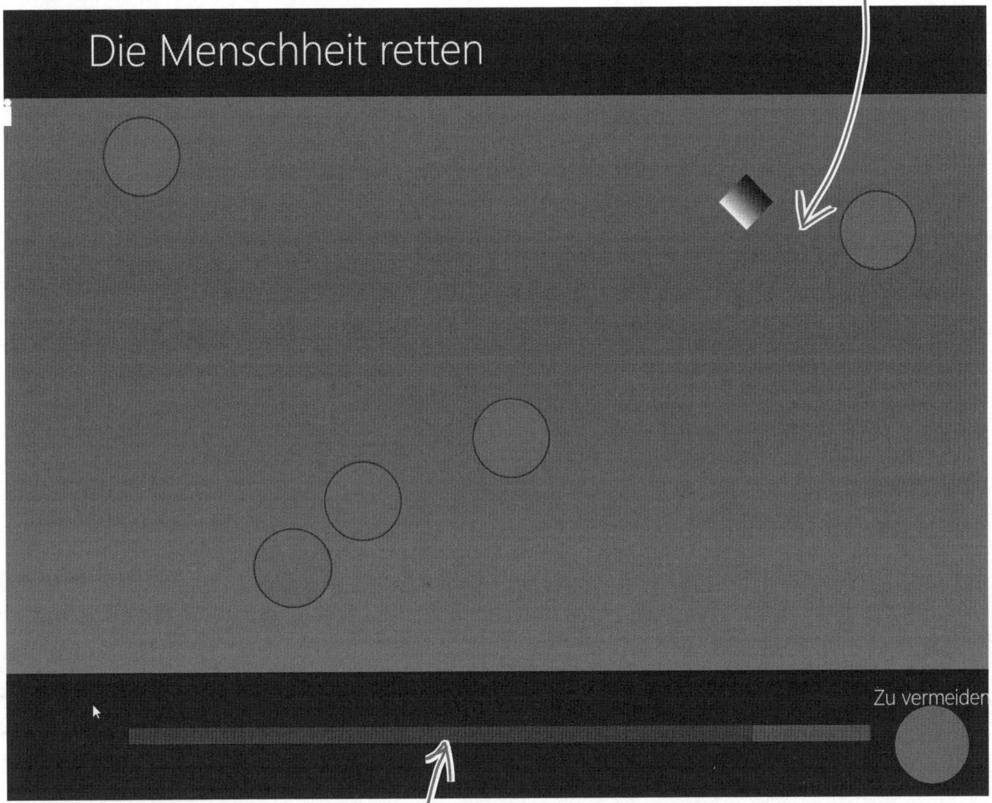
Die Menschheit retten
Zu vermeiden

Wenn die Fortschrittsleiste am unteren Rand gefüllt ist, endet das Spiel, und die Game Over-Meldung wird angezeigt.

Der Ziel-Timer sollte sich langsam füllen, und die Feinde sollten alle zwei Sekunden erscheinen. Stimmt das Timing nicht, müssen Sie prüfen, ob Sie der MainPage()-Methode alle Zeilen hinzugefügt haben.

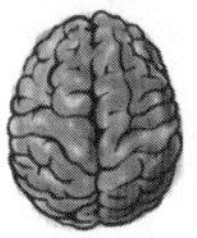

KOPF-NUSS

Was müssen Sie tun, um den Rest des Spiels funktionsfähig zu machen?

Blättern Sie um, um es herauszufinden! →

Fügen Sie Code ein, damit die Controls mit dem Spieler interagieren können

Denken Sie daran, zur IDE zurückzuwechseln und die App anzuhalten, bevor Sie die Änderungen am Code vornehmen.

Sie haben einen Menschen, den der Spieler zum Ziel ziehen muss, und ein Ziel, das erkennen können muss, dass ein Mensch darauf gezogen wurde. Jetzt müssen wir den Code hinzufügen, der diese Dinge funktionsfähig macht.

Mehr zu den Event-Handlern im Eigenschaften-Fenster erfahren Sie in Kapitel 4.

1. Öffnen Sie den XAML-Designer und nutzen Sie das Dokumentgliederung-Fenster, um `mensch` auszuwählen (erinnern Sie sich, dass das ein StackPanel ist, das eine Ellipse und ein Rectangle enthält). Gehen Sie dann zum Eigenschaften-Fenster und drücken Sie auf den ⚡-Button, damit die Event-Handler anzeigt werden. Suchen Sie die PointerPressed-Zeile und klicken Sie doppelt in das leere Feld.

Die Dokumentgliederung hat eventuell [Grid], spielfeld und andere Zeilen eingeklappt. Sollte das passiert sein, expandieren Sie sie wieder, damit Sie das Steuerelement finden können.

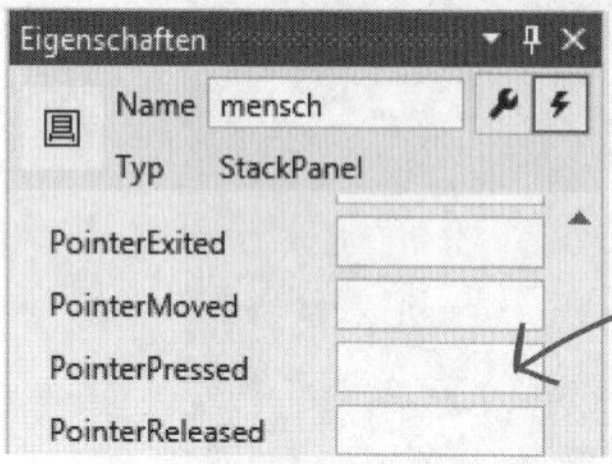
Eigenschaften
Name mensch
Typ StackPanel
PointerExited
PointerMoved
PointerPressed
PointerReleased

Klicken Sie doppelt in dieses Feld.

Kehren Sie nun zurück und schauen Sie sich an, was die IDE dem XAML für das StackPanel hinzugefügt hat:

```
<StackPanel x:Name="mensch" Orientation="Vertical" PointerPressed="mensch_PointerPressed">
```

Außerdem hat sie für Sie einen Methoden-Stub erstellt. Klicken Sie mit rechts im XAML auf `mensch_PointerPressed` und wählen Sie "Gehe zu Definition", um unmittelbar zum entsprechenden C#-Code zu springen:

```
private void mensch_PointerPressed(object sender, PointerRoutedEventArgs e)
```

2. Setzen Sie dort den folgenden C#-Code ein:

```
private void mensch_PointerPressed(object sender, PointerRoutedEventArgs e)
{
    if (feindTimer.IsEnabled)
    {
        menschGefangen = true;
        mensch.IsHitTestVisible = false;
    }
}
```

Über diese Buttons können Sie die Anzeige des Eigenschaften-Fensters zwischen Eigenschaften und Event-Handlern umschalten.

Wenn Sie zum Designer zurückkehren und wieder auf das StackPanel klicken, sehen Sie, dass die IDE den Namen der Event-Handler-Methode eingesetzt hat. Sie werden auf gleiche Weise weitere Event-Handler-Methoden hinzufügen.

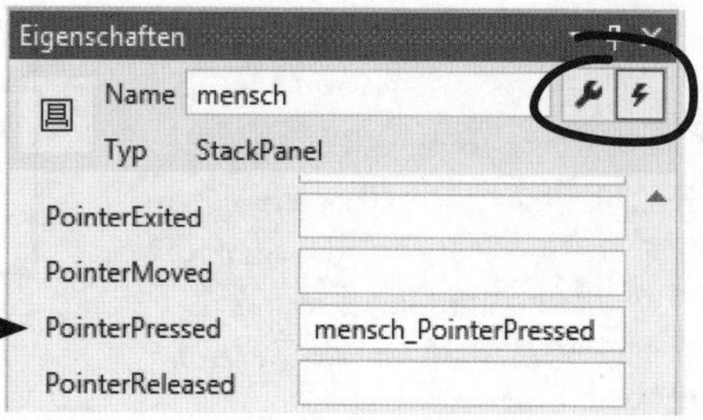
Eigenschaften
Name mensch
Typ StackPanel
PointerExited
PointerMoved
PointerPressed
mensch_PointerPressed
PointerReleased

Achten Sie darauf, dass Sie den richtigen Event-Handler nutzen! Sie haben mensch einen PointerPressed-Event-Handler gegeben – jetzt fügen Sie dem Ziel einen PointerEntered-Event-Handler hinzu.

Wenn das Eigenschaften-Fenster in dem Modus ist, in dem Event-Handler angezeigt werden, führt ein Doppelklick auf ein leeres Event-Handler-Feld dazu, dass die IDE einen Methoden-Stub dafür einfügt.

3. Nutzen Sie das Dokumentgliederung-Fenster, um das Rectangle namens `ziel` auszuwählen, und gehen Sie dann in die Event-Handler-Sicht des Eigenschaften-Fensters, um einen `PointerEntered`-Event-Handler hinzuzufügen. Hier ist der Code für die Methode:

```
private void ziel_PointerEntered(object sender, PointerRoutedEventArgs e)
{
    if (zielTimer.IsEnabled && menschGefangen)
    {
        fortschritt.Value = 0;
        Canvas.SetLeft(ziel, zufall.Next(100, (int)spielfeld.ActualWidth - 100));
        Canvas.SetTop(ziel, zufall.Next(100, (int)spielfeld.ActualHeight - 100));
        Canvas.SetLeft(mensch, zufall.Next(100, (int)spielfeld.ActualWidth - 100));
        Canvas.SetTop(mensch, zufall.Next(100, (int)spielfeld.ActualHeight - 100));
        menschGefangen = false;
        mensch.IsHitTestVisible = true;
    }
}
```

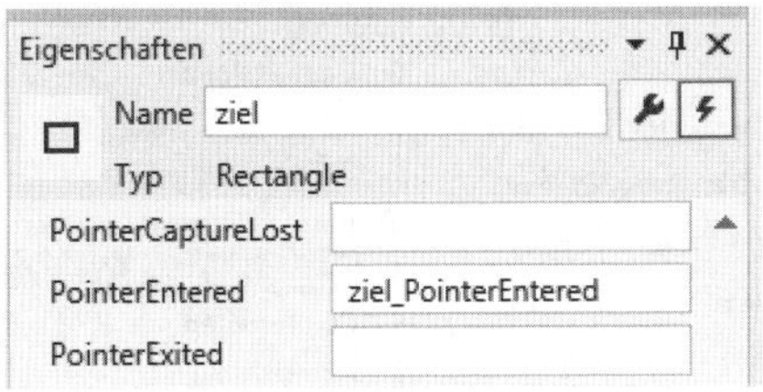

Eigenschaften
Name ziel
Typ Rectangle
PointerCaptureLost
PointerEntered ziel_PointerEntered
PointerExited

Sie müssen das Eigenschaften-Fenster wieder von der Event-Handler-Sicht auf die Eigenschaften umschalten.

4. Jetzt werden Sie zwei weitere Event-Handler hinzufügen, diesmal dem `spielfeld`-Canvas-Steuerelement. Sie müssen das richtige `[Grid]` in der Dokumentgliederung finden (davon gibt es zwei – nutzen Sie das Kind-Grid, das im Haupt-Grid für die Seite enthalten ist) und seinen Namen auf Grid setzen. Dann können Sie spielfeld die folgenden Event-Handler hinzufügen.

Das sind eine Menge Klammern! Achten Sie darauf, dass Sie das richtig machen.

Diese beiden senkrechten Striche stellen einen logischen Operator dar. Mehr dazu lernen Sie in Kapitel 2.

```
private void spielfeld_PointerMoved(object sender, PointerRoutedEventArgs e)
{
    if (menschGefangen)
    {
        Point mausposition = e.GetCurrentPoint(null).Position;
        Point relativePosition = grid.TransformToVisual(spielfeld).TransformPoint(mausposition);
        if ((Math.Abs(relativePosition.X - Canvas.GetLeft(mensch))> mensch.ActualWidth *3)
            || (Math.Abs(relativePosition.Y - Canvas.GetTop(mensch)) > mensch.ActualHeight * 3))
        {
            menschGefangen = false;
            mensch.IsHitTestVisible = true;
        }
        else
        {
            Canvas.SetLeft(mensch, relativePosition.X - mensch.ActualWidth / 2);
            Canvas.SetTop(mensch, relativePosition.Y - mensch.ActualHeight / 2);
        }
    }
}

private void spielfeld_PointerExited(object sender, PointerRoutedEventArgs e)
{
    if (menschGefangen)
        SpielBeenden();
}
```

Sie können das Spiel in jede Richtung sensibilisieren, indem Sie diese 3s in größere oder kleinere Zahlen ändern.

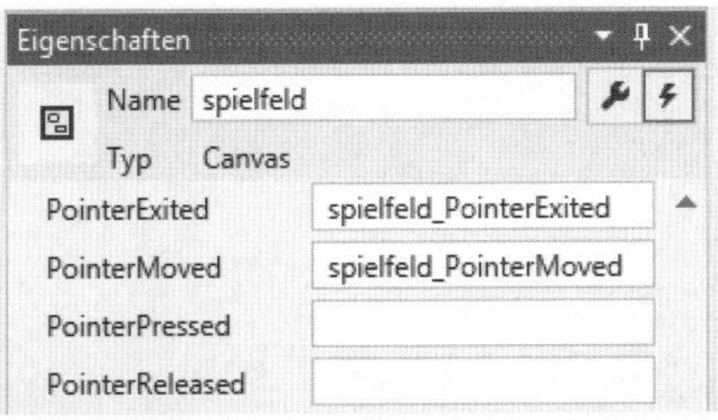

Eigenschaften
Name spielfeld
Typ Canvas
PointerExited spielfeld_PointerExited
PointerMoved spielfeld_PointerMoved
PointerPressed
PointerReleased

Achten Sie darauf, dass Sie den richtigen Code in den richtigen Event-Handler einsetzen! Vertauschen Sie sie nicht versehentlich.

Wenn Sie Menschen auf Feinde ziehen, endet das Spiel

Sobald ein Spieler den Menschen auf einen Feind zieht, sollte das Spiel enden. Fügen wir also den Code ein, der das leistet. Kehren Sie zur Methode `FeindHinzu()` zurück und fügen Sie am Ende eine weitere Codezeile ein. Nutzen Sie das IntelliSense-Fenster, um über die Liste `feind.PointerEntered` einzufügen:

```
private void FeindHinzu()
{
    ContentControl feind = new ContentControl();
    feind.Template = Resources["FeindVorlage"] as ControlTemplate;
    FeindBewegen(feind, 0, spielfeld.ActualWidth - 100, "(Canvas.Left)");
    FeindBewegen(feind, zufall.Next((int)spielfeld.ActualHeight - 100),
        zufall.Next((int)spielfeld.ActualHeight - 100), "(Canvas.Top)");
    spielfeld.Children.Add(feind);

    feind.Pointer
}
```

```
CapturePointer
PointerCanceled
PointerCaptureLost
PointerCaptures
PointerEntered
PointerExited
PointerMoved
PointerPressed
PointerReleased
```

PointerEventHandler UIElement.PointerEntered
Tritt ein, wenn ein Zeiger in den berührungsempfindlichen Bereich dieses Elements eintritt.

Hier ist die letzte Zeile Ihrer FeindHinzu()-Methode. Bringen Sie den Cursor ans Ende der Zeile und drücken Sie Enter, um die neue Codezeile zu erzeugen.

Beginnen Sie mit der Eingabe dieser Codezeile. Sobald Sie den Punkt eingeben, öffnet sich ein IntelliSense-Fenster. Geben Sie dann »Pointer« ein, um in der Liste zu den Einträgen zu springen, die mit »Pointer...« beginnen.

Wählen Sie in der Liste `PointerEntered` aus. (Wenn Sie sich vertun, keine Sorge – löschen Sie einfach rückwärts alles einschließlich des Punkts. Geben Sie dann erneut den Punkt ein, um das IntelliSense-Fenster wieder zu öffnen.)

Fügen Sie einen Event-Handler genau so ein, wie Sie es bereits gemacht haben. Geben Sie += ein und drücken Sie dann Tab:

```
feind.PointerEntered +=
```

feind_PointerEntered; (Zum Einfügen TAB-Taste drücken)

Mehr zur Funktionsweise dieser Event-Handler erfahren Sie in Kapitel 15.

Drücken Sie erneut Tab, um den Stub für Ihren Event-Handler zu generieren:

```
feind.PointerEntered +=feind_PointerEntered;
```

Zum Generieren des Handlers "feind_PointerEntered" in dieser Klasse die TAB-Taste drücken

Jetzt können Sie zu der neuen Methoden gehen, die die IDE für Sie generiert hat, um den Code einzufügen:

```
void feind_PointerEntered(object sender, PointerRoutedEventArgs e)
{
    if (menschGefangen)
        SpielBeenden();
}
```

Jetzt ist das Spiel einsatzbereit

Führen Sie Ihr Spiel aus – es ist fast fertig! Wenn Sie auf den Start-Button klicken, werden die Feinde aus dem Spielbereich entfernt. Nur der Mensch und das Ziel bleiben zurück. Sie müssen den Menschen zum Ziel geleiten, bevor die Fortschrittsleiste gefüllt wird. Zunächst ist das einfach, es wird aber schwerer, wenn sich der Bildschirm mit gefährlichen Feinden füllt!

Den Menschen in Sicherheit bringen!

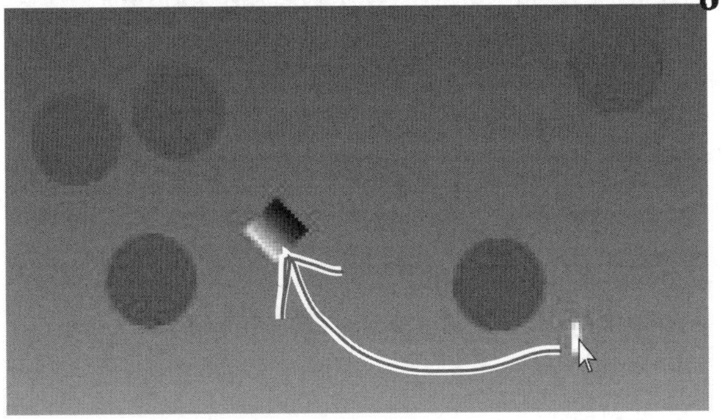

Die Aliens überwachen lediglich die Bewegungen von Menschen. Das Spiel endet also nur, wenn Sie den Menschen auf einen Feind ziehen. Lassen Sie den Menschen frei, ist er vorübergehend vor den Aliens sicher.

Schauen Sie sich den Code an und suchen Sie die Stelle, an der auf mensch die Eigenschaft IsHitTestVisible gesetzt wird. Ist sie gesetzt, fängt mensch das PointerEntered-Event ab, weil das StackPanel-Steuerelement von mensch sich zwischen dem Feind und dem Zeiger befindet.

Bringen Sie ihn zum Ziel, bevor die Zeit abgelaufen ist ...

... aber wenn Sie zu schnell ziehen, verlieren Sie Ihren Menschen!

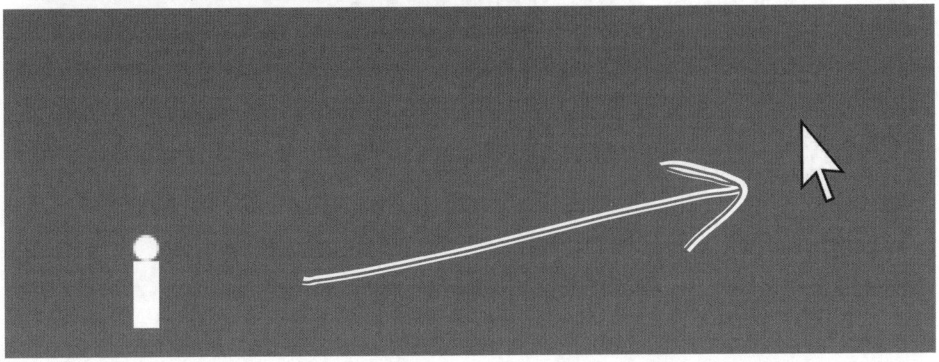

Die Feinde zu Aliens machen

Rote Kreise sind nicht sonderlich bedrohlich. Glücklicherweise haben Sie eine Vorlage genutzt. Das müssen Sie nur anpassen.

WUMM!
Aufgepasst

Sehen Sie Events statt Eigenschaften?

Sie können die Anzeige des Eigenschaften-Fensters zwischen den Eigenschaften und den Events für das ausgewählte Steuerelement umschalten, indem Sie das Schlüssel- oder das Blitzsymbole anklicken.

1. Kehren Sie zur Dokumentgliederung zurück und klicken Sie mit rechts auf ContentControl. Wählen Sie **Vorlage bearbeiten** und dann **Aktuelle bearbeiten** aus, um die Vorlage zu bearbeiten. Sie sehen die Vorlage im XAML-Fenster. Bearbeiten Sie den XAML-Code für die Ellipse und setzen Sie Width auf `75` und die Füllfarbe auf `Gray`. Fügen Sie dann `Stroke="Black"` ein, um einen schwarzen Rahmen hinzuzufügen und setzen Sie die vertikale und die horizontale Ausrichtung zurück. Das sollte folgendermaßen aussehen (Sie können alle zusätzlichen Eigenschaften löschen, die versehentlich hinzugefügt wurden, während Sie daran arbeiteten):

```
<Ellipse Fill="Gray" Height="100" Width="75" Stroke="Black" />
```

2. Ziehen Sie ein weiteres Ellipse-Steuerelement aus dem Werkzeugkasten auf die vorhandene Ellipse. Ändern Sie **Fill** in Black, Width in `25` und Height in `35`. Setzen Sie Ausrichtung und Ränder folgendermaßen:

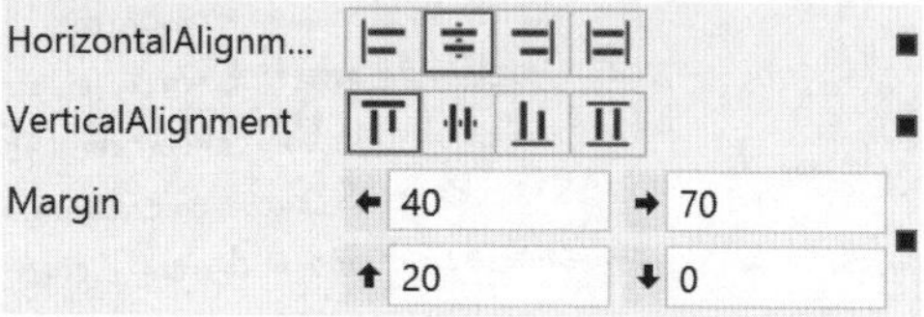
HorizontalAlignm...
VerticalAlignment
Margin
40
70
20
0

Sie können auch die Maus oder die Pfeiltasten verwenden, um die Ellipse an ihren Ort zu bringen. Nutzen Sie die Kopieren- und Ausschneiden-Funktionen des Bearbeiten-Menüs, um die Ellipse zu kopieren und darüber eine andere einzufügen.

3. Klicken Sie auf den ▰-Button im Transformation-Abschnitt des Eigenschaften-Fensters, um eine Skew-Transformation hinzuzufügen:

X 10
Y 0

4. Ziehen Sie eine weitere Ellipse aus dem Werkzeugkasten über die vorhandene Ellipse. Ändern Sie Fill in `Black`, Width in `25` und Height in `35`. Setzen Sie Ausrichtung und Ränder folgendermaßen:

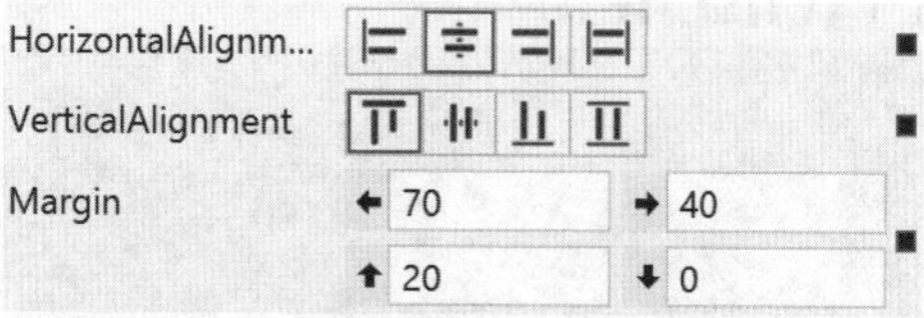
HorizontalAlignm...
VerticalAlignment
Margin
70
40
20
0

Und so stellen Sie eine Verzerrung ein:

X -10
Y 0

Jetzt sehen Ihre Feinde viel mehr wie Menschen fressende Aliens aus.

Zu vermeiden

Splashscreen und Kachel

Das große X, das erscheint, wenn Sie das Programm starten, ist ein Splashscreen. Und sobald Sie wieder zur Windows-Start-Seite zurückkehren, taucht es erneut in der Kachel auf. Ändern wir das.

Sie haben keine Lust, eigene Splashscreens oder Logos zu erstellen? Laden Sie einfach unsere herunter: examples.oreilly.de/german_examples/hfcsharp3ger/

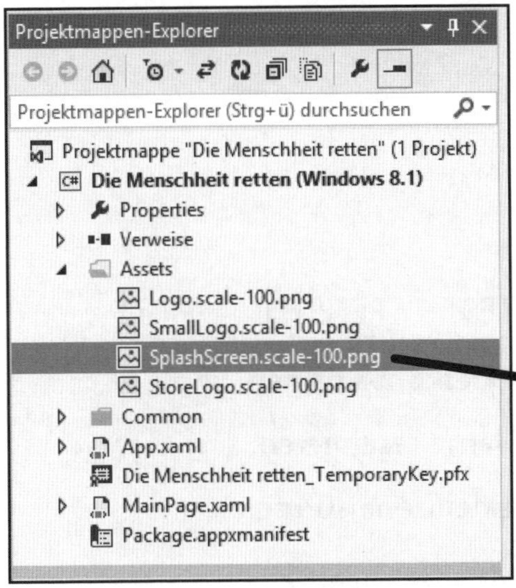
Projektmappen-Explorer
Projektmappen-Explorer (Strg+ü) durchsuchen
Projektmappe "Die Menschheit retten" (1 Projekt)
Die Menschheit retten (Windows 8.1)
Properties
Verweise
Assets
Logo.scale-100.png
SmallLogo.scale-100.png
SplashScreen.scale-100.png
StoreLogo.scale-100.png
Common
App.xaml
Die Menschheit retten_TemporaryKey.pfx
MainPage.xaml
Package.appxmanifest

Expandieren Sie den Assets-Ordner im Projektmappen-Explorer. Dort sehen Sie vier Dateien. Klicken Sie doppelt auf jede davon und bearbeiteten Sie sie in Paint. Bearbeiten Sie *SplashScreen.png*, um einen Splashscreen zu erstellen, der angezeigt wird, wenn das Spiel startet. *Logo.png* und *SmallLogo.png* werden auf dem Startbildschirm angezeigt. Und wenn Ihre App in den Suchergebnissen (oder im Windows Store) angezeigt wird, erscheint *StoreLogo.png*.

C# von Kopf bis Fuß
präsentiert
DIE MENSCH-HEIT RETTEN

Some editions of Visual Studio use their own graphics editors instead of MS Paint.

```
<ControlTemplate x:Key="FeindVorlage" TargetType="ContentControl">
    <Grid>
        <Ellipse Fill="Gray" Height="100" Stroke="Black" Width="75"/>
        <Ellipse Fill="Black" HorizontalAlignment="Center" Height="35" Stroke="Black"
                 VerticalAlignment="Top" Width="25" Margin="40,20,70,0"
                 RenderTransformOrigin="0.5,0.5">
            <Ellipse.RenderTransform>
                <CompositeTransform SkewX="10"/>
            </Ellipse.RenderTransform>
        </Ellipse>
        <Ellipse Fill="Black" HorizontalAlignment="Center" Height="35" Stroke="Black"
                 VerticalAlignment="Top" Width="25" Margin="71,20,40,0"
                 RenderTransformOrigin="0.5,0.5" >
            <Ellipse.RenderTransform>
                <CompositeTransform SkewX="-10"/>
            </Ellipse.RenderTransform>
        </Ellipse>
    </Grid>
</ControlTemplate>
```

Hier ist das aktualisierte XAML für die von Ihnen neu erstellte Feind-Vorlage.

JETZT MÜSSEN SIE NUR NOCH EINES TUN ...

SPIELEN SIE IHR SPIEL!

Wenn Sie wollen, werden Sie kreativ! Ändern Sie das Aussehen des Menschen, des Ziels, des Spielbereichs oder der Feinde.

Und vergessen Sie nicht, einen Schritt zurückzugehen und sich an dem zu erfreuen, was Sie aufgebaut haben. Gute Arbeit!

Die App veröffentlichen

Sie sind hier!

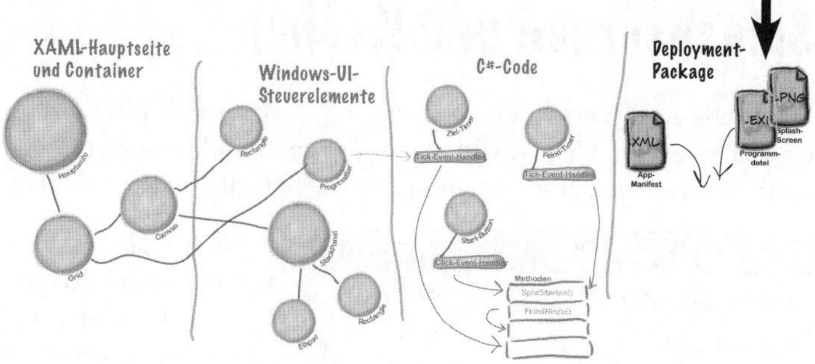
XAML-Hauptseite und Container
Windows-UI-Steuerelemente
C#-Code
Deployment-Package
XML
App-Manifest
.EXE
Programmdatei
.PNG
Splash-Screen

Sie sollten recht zufrieden mit Ihrer App sein! Jetzt ist es Zeit, sie zu vertreiben. Wenn Sie Ihre App im Windows Store veröffentlichen, machen Sie sie Millionen möglicher Nutzer zugänglich. Die IDE kann Sie bei den Schritten zur Veröffentlichung Ihrer App im Windows Store begleiten.

Das müssen Sie tun, um Ihre App auf den Markt zu bringen:

1. Verschaffen Sie sich ein Windows Store-Entwicklerkonto.

2. Wählen Sie den Namen Ihrer App, geben Sie eine Alterseinstufung an, schreiben Sie eine Beschreibung und wählen Sie ein Geschäftsmodell, um festzulegen, ob Ihre App kostenlos ist, durch Werbung unterstützt wird oder einen Preis hat.

3. Testen Sie Ihre App mit dem Windows App Certification Kit, um eventuelle Probleme zu identifizieren und zu beheben.

4. **Reichen Sie Ihre App im Store ein!** Wurde sie angenommen, können Millionen von Menschen auf der ganzen Welt sie finden und herunterladen.

STORE
TEST
FENSTER
HILFE
Entwicklerkonto öffnen ...
App-Name reservieren...
Entwicklerlizenz abrufen...
App-Manifest bearbeiten
App mit Store verknüpfen...
Screenshots erstellen...
App-Pakete erstellen...
App-Pakete hochladen...

Das Store-Menü in der IDE bietet alle Werkzeuge, die Sie zur Veröffentlichung Ihrer App benötigen.

In einigen Versionen von Visual Studio finden Sie die Windows Store-Optionen im Projekt-Menü und nicht in einem eigenständigen Top-Level-Store-Menü.

Im gesamten Buch werden wir Sie auf Informationen vom MSDN, dem Microsoft Developer Network, verweisen. Das ist eine wirklich wertvolle Informationsquelle, die Ihnen helfen wird, Ihr Wissen zu erweitern.

Mehr Informationen zur Veröffentlichung von Apps im Windows Store finden Sie hier:
http://msdn.microsoft.com/de-de/library/windows/apps/jj657972.aspx

Nutzen Sie den Remote Debugger, um Ihre App auf einem anderen Rechner zu installieren

Gelegentlich will man eine App auf einem anderen Rechner ausführen, ohne sie im Windows Store zu veröffentlichen. Die Installation einer App auf einem Rechner ohne den Umweg über den Windows Store nennt man **Sideloading**. Eine der einfachsten Möglichkeiten dafür stellt die Installation des **Visual Studio Remote Debugger** auf einem anderen Rechner dar.

Als dies geschrieben wurde, fanden Sie hier die »Remotetools für Visual Studio 2013«, wenn Sie das lesen, könnten Sie dort neuere Versionen finden.

So laden Sie Ihre App mit dem Remote Debugger:

- Stellen Sie sicher, dass der andere Rechner Windows 8 nutzt.
- Gehen Sie auf diesem Rechner zum Microsoft Download Center (*http://www.microsoft.com/de-de/download/default.aspx*) und suchen Sie nach »Remotetools für Visual Studio 2013«.
- Laden Sie den Installer für die Architektur Ihres Systems (x86, x64, ARM) herunter und führen Sie ihn aus, um die Remote-Werkzeuge zu installieren.
- Gehen Sie zur Startseite und starten Sie den Remote Debugger.

Remote
Debugger

- Wenn die Netzwerkkonfiguration Ihres Computers geändert werden muss, wird eventuell ein Assistent geöffnet, der Sie dabei unterstützt. Wenn er läuft, sehen Sie das Visual Studio Remote Debugging Monitor-Fenster:

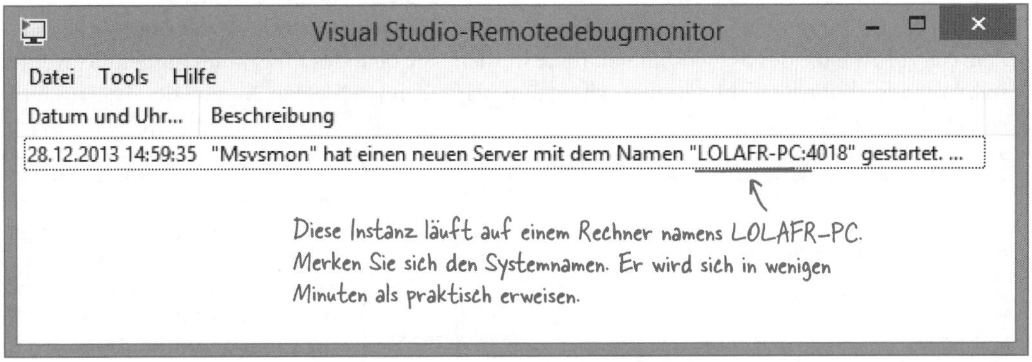
Visual Studio-Remotedebugmonitor
Datei Tools Hilfe
Datum und Uhr... Beschreibung
28.12.2013 14:59:35 "Msvsmon" hat einen neuen Server mit dem Namen "LOLAFR-PC:4018" gestartet. ...
Diese Instanz läuft auf einem Rechner namens LOLAFR-PC. Merken Sie sich den Systemnamen. Er wird sich in wenigen Minuten als praktisch erweisen.

- Ihr System führt jetzt den Visual Studio Remote Debugging Monitor aus und wartet auf eingehende Verbindungen aus dem Visual Studio, das auf Ihrem Entwicklungsrechner läuft.

Wenn Ihre Netzwerkkonfiguration seltsam ist, kann es zu Problemen bei der Ausführung des Remote-Debuggers kommen. Die folgende MDSN-Seite kann Ihnen dabei helfen, diese Probleme zu beheben: http://msdn.microsoft.com/de-de/library/vstudio/bt727f1t.aspx

Blättern Sie um und führen Sie Ihre App auf einem anderen System aus!

Das Remote-Debugging starten

Sobald Sie auf einem System den Remote Debugging Monitor ausgeführt haben, können Sie die App aus Visual Studio starten, um sie zu installieren und auszuführen. Ihre App wird dann automatisch per Sideloading auf dem anderen System installiert. Sie können sie dann jederzeit über das Startmenü ausführen.

1 **WÄHLEN SIE IM DEBUG-MENÜ "REMOTECOMPUTER".**

Sie können das Debug-Drop-down nutzen, um der IDE zu sagen, dass Ihr Programm auf einem anderen System ausgeführt werden soll. Werfen Sie einen genauen Blick auf den Lokaler Computer-Button, mit dessen Hilfe Sie Ihr Programm ausgeführt haben – Sie sehen, dass es ein Drop-down (▾) ist. Klicken Sie darauf, um das Drop-down-Menü zu entfalten, und wählen Sie Remotecomputer:

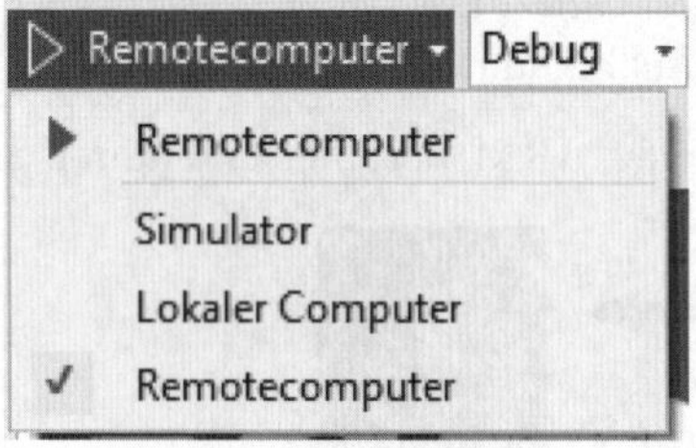
Remotecomputer
Debug
Remotecomputer
Simulator
Lokaler Computer
Remotecomputer

Vergessen Sie nicht, das wieder in Simulator zu ändern, wenn Sie bereit sind, mit dem nächsten Kapitel fortzufahren! Sie werden in diesem Buch einen Haufen Code schreiben, und Sie werden diesen Button benötigen, um ihn auszuführen.

2 **FÜHREN SIE IHR PROGRAMM AUF DEM ANDEREN SYSTEM AUS.**

Starten Sie Ihr Programm jetzt, indem Sie auf den ▶-Button klicken. Die IDE öffnet ein Fenster, in dem Sie zur Angabe des Systems aufgefordert werden, auf dem das Programm ausgeführt werden soll. Wenn Ihr Subnetz nicht automatisch erkannt wird, können Sie den Namen des Systems manuell eingeben:

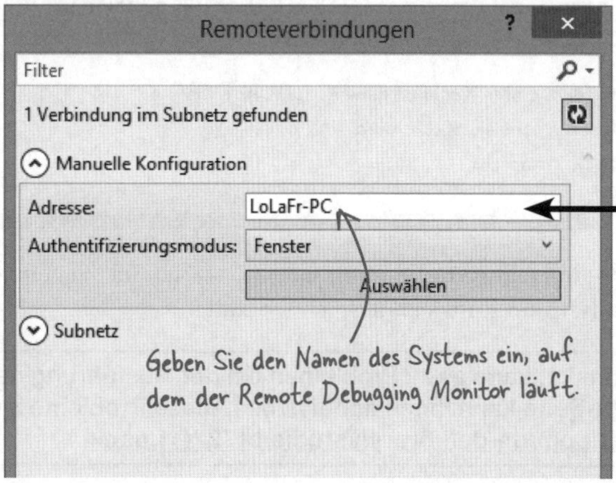
Remoteverbindungen
Filter
1 Verbindung im Subnetz gefunden
Manuelle Konfiguration
Adresse:
LoLaFr-PC
Authentifizierungsmodus:
Fenster
Auswählen
Subnetz
Geben Sie den Namen des Systems ein, auf dem der Remote Debugging Monitor läuft.

Wenn Sie das System später ändern müssen, können Sie das über die Projekteinstellungen erreichen. Klicken Sie im Projektmappen-Explorer mit rechts auf den Projektnamen und wählen Sie Eigenschaften. Begeben Sie sich dann zum Debuggen-Tab. Wenn Sie das Remotecomputer:-Feld leeren und den Remote Debugger neu starten, wird wieder das Remote Debugger Connections-Fenster geöffnet.

3 **GEBEN SIE IHRE BERECHTIGUNGEN EIN.**
Sie werden aufgefordert, den Benutzernamen und das Passwort für das andere System einzugeben. Sie können die Authentifizierung im Remote Debugging Monitor abschalten, wenn Sie das vermeiden wollen (aber das ist keine sonderlich gute Idee, weil dann jeder Remote-Programme auf Ihrem System ausführen kann!).

4 **HOLEN SIE IHRE ENTWICKLERLIZENZ.**
Sie haben bereits eine kostenlose Entwicklerlizenz erhalten, als Sie Visual Studio installierten. Diese Lizenz benötigen Sie zum Sideloading von Apps auf einem anderen System. Glücklicherweise öffnet der Remote Debugging Monitor einen Assistenten, um diese automatisch zu bekommen.

5 **JETZT KÖNNEN SIE EIN PAAR MENSCHEN RETTEN!**
Wenn Sie diese Schritte nachvollzogen haben, startet Ihr Programm auf dem anderen System. Da die App per Sideloading installiert wurde, können Sie sie jederzeit wieder von der Startseite aus starten. Glückwunsch: Sie haben Ihre erste Windows Store-App erstellt und auf einem anderen System installiert!

Invasionsarmee, Rückzug! Das ist ein Befehl! Diese Erdlinge sind keine Weicheier. Wir müssen uns neu formieren und unseren Angriff überdenken.
Glückwunsch! Sie haben eine Alieninvasion abgewehrt … für den Augenblick. Aber wir haben den Eindruck, dass wir nicht das letzte Mal von ihnen gehört haben.

2 Es ist alles bloß Code

Unter der Motorhaube

IRGENDWANN FINDE ICH SCHON NOCH HERAUS, WAS HIER DRINNEN VOR SICH GEHT ...

Sie sind Programmierer, nicht bloß IDE-Benutzer.

Mit der IDE können Sie eine Menge Dinge erledigen, aber dennoch kann sie Sie nur ein bestimmtes Stück Ihres Wegs begleiten. Sicher gibt es eine Menge **sich wiederholender Aufgaben**, die Sie erledigen müssen, wenn Sie eine Anwendung aufbauen. Diese Aufgaben kann Ihnen die IDE wunderbar abnehmen. Aber die Arbeit mit der IDE ist *erst der Anfang*. Sie können Ihre Programme dazu bringen, noch viel mehr zu machen – und das geht nur, indem Sie **C#-Code schreiben**. Haben Sie das Programmieren einmal im Griff, gibt es *nichts mehr*, was Ihre Programme nicht tun könnten.

Wenn Sie das tun ...

Die IDE ist ein mächtiges Werkzeug – aber das ist alles, was sie ist, ein *Werkzeug*, das Sie verwenden können. Jedes Mal, wenn Sie Ihr Projekt ändern oder etwas in die IDE ziehen, erstellt sie automatisch Code. Sie ist richtig gut, wenn es darum geht, **Codebausteine** oder Code zu schreiben, der ohne große Anpassung wiederverwendet werden kann.

Alle diese Aufgaben drehen sich um Standardaktionen und Codebausteine. Bei diesen Dingen kann Ihnen die IDE gut helfen.

Sehen wir uns an, was die IDE während der Entwicklung einer typischen Anwendung macht …

1. **WENN SIE EIN WINDOWS STORE-PROJEKT ERSTELLEN ...**

   Es gibt verschiedene Arten von Anwendungen, die Sie mit der IDE erstellen können. Wir werden uns zunächst auf Windows Store-Anwendungen konzentrieren – im nächsten Kapitel werden Sie mehr zu anderen Arten von Anwendungen erfahren.

In Kapitel 1 haben Sie ein leeres Windows Store-Projekt erstellt – das veranlasste die IDE, eine leere Seite zu erstellen und diese Ihrem Projekt hinzuzufügen.

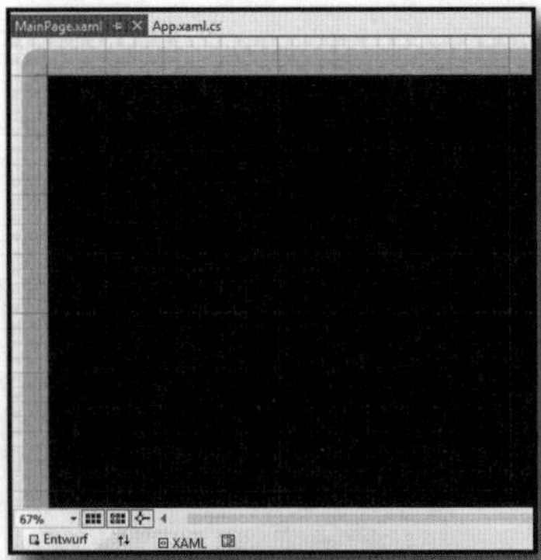

MainPage.xaml
App.xaml.cs
67%
Entwurf
XAML

2. **WENN SIE EIN STEUERELEMENT AUS DEM WERKZEUGKASTEN AUF DIE SEITE ZIEHEN UND DOPPELT DARAUF KLICKEN ...**

   Steuerelemente sind das, was Sie benötigen, damit in Ihrer Seite etwas passiert. In diesem Kapitel werden wir Button-Steuerelemente nutzen, um uns die verschiedenen Aspekte der Programmiersprache C# anzusehen.

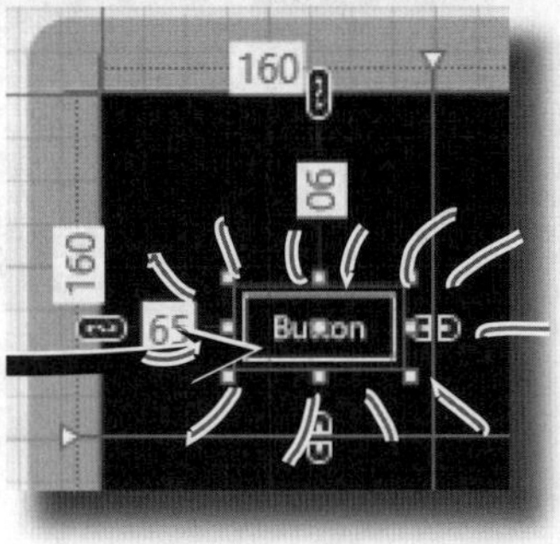

160
90
160
65

3. **WENN SIE EINE EIGENSCHAFT FÜR IHRE SEITE SETZEN ...**

   Das **Eigenschaften-Fenster** der IDE ist ein sehr mächtiges Werkzeug, das Sie einsetzen können, um die Attribute von fast allem in Ihrem Programm zu ändern: alle grafischen und funktionellen Eigenschaften der Steuerelemente Ihrer Seite, Attribute Ihrer Datenbanken und sogar Optionen Ihres Projekts selbst.

Das Eigenschaften-Fenster der IDE bietet sehr einfache Möglichkeiten, bestimmte Teile des XAML-Codes in MainPage.xaml automatisch zu bearbeiten, und kann Ihnen deswegen viel Zeit sparen. Nutzen Sie Alt-Enter, um das Eigenschaften-Fenster zu öffnen, wenn es geschlossen ist.

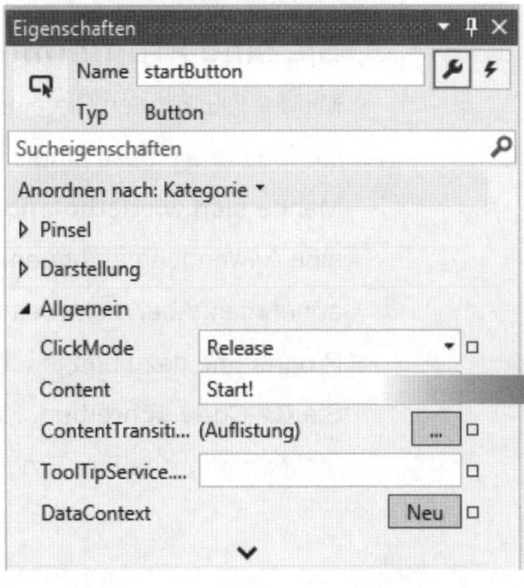

Eigenschaften
Name startButton
Typ Button
Sucheigenschaften
Anordnen nach: Kategorie
Pinsel
Darstellung
Allgemein
ClickMode Release
Content Start!
ContentTransiti... (Auflistung)
ToolTipService....
DataContext Neu

... macht die IDE das

Jedes Mal, wenn Sie in der IDE eine Änderung vornehmen, ändert diese den Code. Das bedeutet, dass sie die Dateien ändert, die den Code enthalten. Manchmal verändert sie ein paar Zeilen, manchmal fügt sie Ihrem Projekt aber auch ganze Dateien hinzu.

Diese Dateien werden auf Basis einer vordefinierten Schablone erstellt, die den grundlegenden Code für die Erstellung und Anzeige einer Seite enthält.

1 ... ERSTELLT DIE IDE DATEIEN UND ORDNER FÜR DAS PROJEKT.

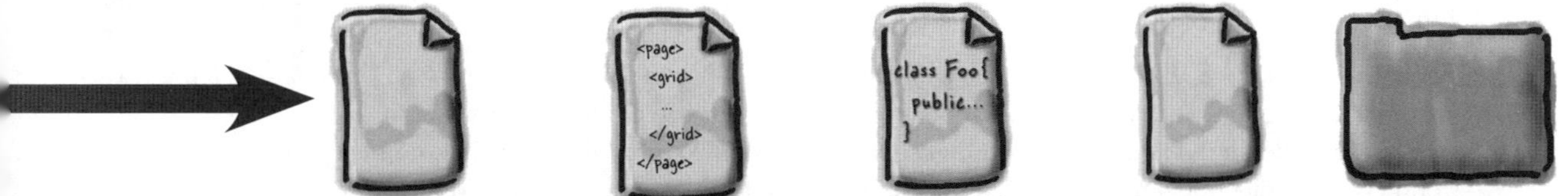
<page>
<grid>
...
</grid>
</page>
class Foo{
public...
}

Die Menschheit retten .csproj — MainPage.xaml — MainPage.xaml.cs — SplashScreen.png — Properties

2 ... FÜGT DIE IDE MAINPAGE.XAML CODE FÜR EINEN BUTTON UND MAINPAGE.XAML.CS EINE METHODE HINZU, DIE AUSGEFÜHRT WIRD, WENN DER BUTTON BETÄTIGT WIRD.

<page>
<grid>
...
</grid>
</page>

MainPage.xaml

```
private void startButton_Click(object sender, RoutedEventArgs e)
{

}
```

class Foo{
public...
}

MainPage.xaml.cs

Die IDE weiß, wie sie eine leere Methode für die Verarbeitung von Klicks auf den Button hinzufügt. Aber sie weiß nicht, was sie darin angeben soll – das müssen Sie bestimmen.

3 ... ÖFFNET DIE IDE DIE DATEI MAINPAGE.XAML UND AKTUALISIERT EINE ZEILE XAML-CODE.

Die IDE geht zu dieser Datei ...

```
<Button x:Name="startButton"
        Content="Start!"
        HorizontalAlignment="Center"
        VerticalAlignment="Center" Click="startButton_Click"/>
```

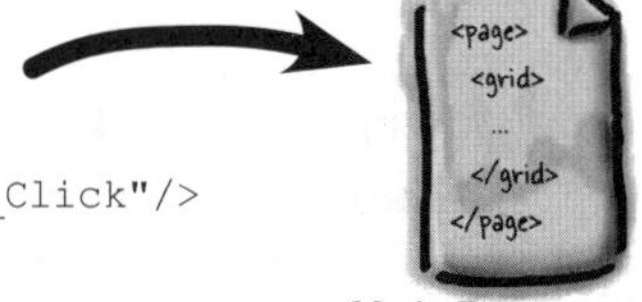
<page>
<grid>
...
</grid>
</page>

MainPage.xaml

... und aktualisiert diesen XAML-Code.

Wo Ihre Programme herkommen

Ein C#-Programm mag als diverse Anweisungen in einem Haufen von Dateien beginnen, endet aber als ein Programm, das auf Ihrem Rechner läuft. Hier erfahren Sie, wie es dorthin kommt.

Jedes Programm beginnt als Sammlung von Quellcodedateien.

class Foo{
public...
}

Sie haben bereits gesehen, wie man ein Programm bearbeitet und wie die IDE Ihr Programm in Dateien in einem Ordner speichert. Diese Dateien **sind** Ihr Programm – Sie können sie in einen neuen Ordner kopieren und von dort öffnen und werden alles darin finden: Formulare, Ressourcen, Code und alles andere, das Sie Ihrem Projekt hinzugefügt haben.

Sie können sich die IDE als eine Art ausgefallenen Dateieditor vorstellen. Sie kümmert sich für Sie automatisch um Einrückungen, ändert die Farben von Schlüsselwörtern, ergänzt schließende Klammern und schlägt sogar vor, welche Wörter als Nächstes kommen könnten. Aber eigentlich macht sie nichts anderes, als die Dateien zu bearbeiten, die Ihr Programm enthalten.

Sie können Ihr Programm auch im Editor erstellen, aber das würde erheblich mehr Zeit in Anspruch nehmen.

Die IDE bündelt alle Dateien für Ihr Programm zu einer **Projektmappe**, indem sie eine Projektmappendatei (`.sln`) und einen Order erstellt, der die anderen Dateien für das Programm enthält. Die Projektmappendatei enthält eine Liste der Projektdateien in der Projektmappe (die mit `.csproj` enden), und die Projektdateien enthalten eine Liste aller anderen Dateien, die mit dem Programm verknüpft sind. In diesem Buch werden Sie Projektmappen erstellen, die nur ein Projekt enthalten, aber Sie können einer Projektmappe über den Projektmappen-Explorer der IDE leicht weitere Projekte hinzufügen.

Erstellen Sie das Programm, um eine ausführbare Programmdatei zu erzeugen.

Wählen Sie im Erstellen-Menü »Projektmappe erstellen«, **kompiliert** die IDE Ihr Programm. Das macht sie, indem sie den **Compiler** aufruft. Dieser ist ein Werkzeug, das den Quellcode Ihres Programms liest und in eine **ausführbare Programmdatei** verwandelt. Die Programmdatei ist eine Datei auf Ihrer Festplatte, die mit `.exe` endet – das ist die tatsächliche Programmdatei, die Windows ausführt. Wenn Sie das Programm kompilieren, wird die Programmdatei im Ordner `bin` gespeichert, der sich im Projektordner befindet. Veröffentlichen Sie Ihre Projektmappe, wird die Programmdatei (gemeinsam mit allen anderen erforderlichen Dateien) in ein Paket kopiert, das in den Windows Store hochgeladen oder per Sideloading auf einem anderen System installiert werden kann.

Wählen Sie »Debuggen starten« im Debuggen-Menü, kompiliert die IDE Ihr Programm und führt die Programmdatei aus. Die IDE bietet noch fortgeschrittenere Werkzeuge für das **Debuggen** Ihres Programms. Diese ermöglichen Ihnen, das Programm auszuführen und es dabei anzuhalten (zu »unterbrechen«), damit Sie herausfinden können, was vor sich geht.

Das .NET Framework stellt Ihnen die richtigen Werkzeuge für den Job.

C# ist bloß eine Sprache – allein kann es rein gar nichts ***tun***. Das ist der Punkt, an dem das **.NET Framework** ins Spiel kommt. Die Steuerelemente, die Sie aus dem Werkzeugkasten gezogen haben? Diese gehören alle zu einer Bibliothek von Werkzeugen, Klassen, Methoden und anderen nützlichen Dingen. Sie bietet visuelle Werkzeuge wie die XAML-Steuerelemente des Werkzeugkastens und andere nützliche Dinge wie den DispatcherTimer, der Ihr *Die Menschheit retten*-Spiel funktionsfähig machte.

Alle Steuerelemente, die Sie genutzt haben, sind Teil von **.NET für Windows Store Apps**, das eine API mit Grids, Buttons, Seiten und anderen Hilfsmitteln für den Aufbau von Windows Store-Apps bietet. Trotzdem werden Sie ab Kapitel 3 erst mal ein paar Kapitel lang lernen, wie Sie Desktopanwendungen schreiben, die mit den Mitteln aus **.NET für Windows Desktop** (von einigen »WinForms« genannt) erstellt werden. Dies enthält die Mittel zur Erstellung von Windows-Desktopanwendungen, die Formulare mit Checkboxen, Buttons und Listen enthalten. Es kann Grafiken zeichnen, Dateien lesen und schreiben und Sammlungen von Dingen verwalten … das sind Dinge, die Programmierer täglich tun müssen. Das Interessante ist, dass auch Windows Store-Anwendungen diese Dinge tun müssen! Aber bevor Sie das Ende dieses Buchs erreichen, werden Sie auch lernen, dass Windows Store- und Windows Desktop-Apps so manches anders machen. Das sind Einsichten und Erkenntnisse der Art, die *gute* Programmierer zu *herausragenden* Programmierern machen.

Eine API, ein Application Programming Interface, ist eine Zusammenstellung von Codewerkzeugen, die zum Zugriff auf ein System oder zur Steuerung eines Systems verwendet werden. Viele Systeme haben APIs, aber bei Betriebssystemen wie Windows sind sie von besonderer Bedeutung.

Die Hilfsmittel in der Windows Runtime und im .NET Framework sind in **Namensräume** eingeteilt. Diese Namensräume sind Ihnen bereits begegnet, oben in Ihrem Code in den "using"-Zeilen. Ein Namensraum heißt `Windows.UI.Xaml.Controls` – in diesem befinden sich Buttons, Checkboxen und andere Steuerelemente. Wenn Sie ein neues Windows Store-Projekt erstellen, fügt die IDE Ihrem Projekt die Dateien hinzu, die dafür sorgen, dass Ihr Projekt eine Seite enthält, und oben in allen diesen Dateien steht die Zeile »`using Windows.UI.Xaml.Controls;`«.

Einen Überblick über .NET für Windows Store-Apps finden Sie hier:
http://msdn.microsoft.com/de-de/library/windows/apps/br230302.aspx

Ihr Programm läuft in der CLR.

Unter Windows 8 laufen alle Programme in einer Architektur, die als Windows Runtime bezeichnet wird. Aber es gibt eine zusätzliche »Schicht« zwischen der Windows Runtime und Ihrem Programm, die als **Common Language Runtime** oder CLR bezeichnet wird. Früher, und so lange ist das noch gar nicht her (aber bevor es C# gab), war das Programmieren schwerer, weil man sich mit Hardware- und anderen elementaren Rechnerfragen herumschlagen musste. Man wusste nie so genau, wie die Leute ihre Rechner konfiguriert hatten. Die CLR – die häufig als **virtuelle Maschine** bezeichnet wird – kümmert sich für Sie um all diese Dinge, indem sie eine Art »Übersetzung« zwischen Ihrem Programm und dem Computer vornimmt, auf dem es läuft.

Momentan müssen Sie sich über die CLR noch nicht so viele Gedanken machen. Es reicht, wenn Sie wissen, dass sie da ist und sich für Sie darum kümmert, Ihr Programm automatisch auszuführen. Während wir weitergehen, werden Sie noch viel mehr über die CLR lernen.

Sie werden all das kennenlernen, was die CLR für Sie macht. Beispielsweise bietet sie eine präzise Verwaltung des Speichers Ihres Computers, indem sie ermittelt, welche Daten Ihr Programm nicht mehr benötigt, und diese dann für Sie entfernt. Das gehört zu den Dingen, die Programmierer früher selbst erledigen mussten, mit denen Sie sich jetzt aber nicht mehr herumschlagen müssen. Sie werden es gar nicht immer mitbekommen, aber die CLR wird Ihnen das Erlernen von C# erheblich erleichtern.

Die IDE hilft Ihnen beim Programmieren

Sie haben bereits ein paar der Dinge gesehen, die die IDE tun kann. Schauen wir uns jetzt einige der Werkzeuge, die sie uns gibt, genauer an, damit wir tatsächlich alle Werkzeuge nutzen, die uns die IDE bietet.

DER PROJEKTMAPPEN-EXPLORER ZEIGT IHNEN ALLES IN IHREM PROJEKT.

Sie werden eine Menge Zeit damit verbringen, zwischen Klassen hin- und herzuwechseln. Am einfachsten geht das, indem Sie den Projektmappen-Explorer verwenden. So sieht der Projektmappen-Explorer aus, nachdem eine App mit dem Namen App1 erstellt wurde.

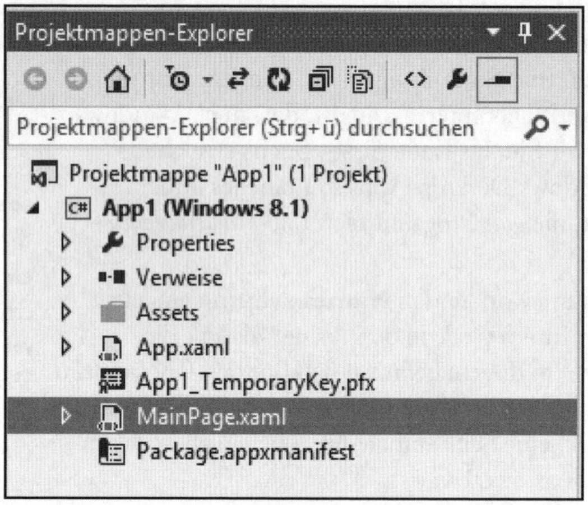
Projektmappen-Explorer
Projektmappen-Explorer (Strg+ü) durchsuchen
Projektmappe "App1" (1 Projekt)
App1 (Windows 8.1)
Properties
Verweise
Assets
App.xaml
App1_TemporaryKey.pfx
MainPage.xaml
Package.appxmanifest

Der Projektmappen-Explorer zeigt Ihnen die verschiedenen Dateien im Projektmappen-Ordner.

NUTZEN SIE DIE REGISTERKARTEN, UM ZWISCHEN OFFENEN DATEIEN ZU WECHSELN.

Da Ihr Programm auf mehrere Dateien verteilt ist, haben Sie meist mehrere Codedateien gleichzeitig geöffnet. Jede wird dann in einer eigenen Registerkarte des Codeeditors angezeigt. Die IDE zeigt neben dem Dateinamen einen Asterisk (*) an, wenn die Datei noch nicht gespeichert wurde.

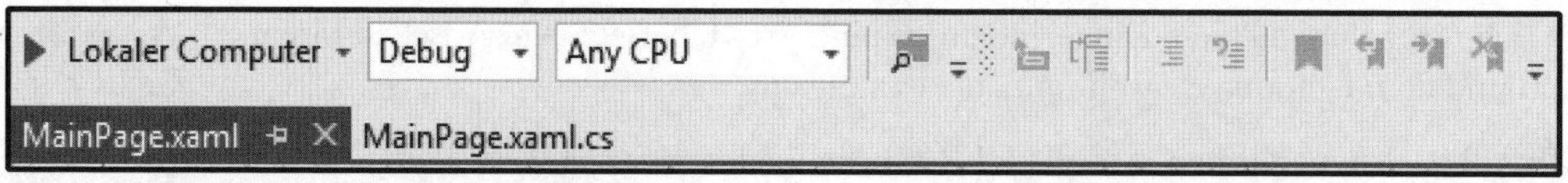
Lokaler Computer
Debug
Any CPU
MainPage.xaml
MainPage.xaml.cs

Beim Arbeiten an einem Programm sollten Sie gleichzeitig zwei Dateien dafür geöffnet haben – eine für den Entwurf und eine für den dazugehörigen Code. Mit der Tastenkombination Strg-Tab können Sie schnell zwischen den einzelnen Registerkarten wechseln.

Die IDE hilft Ihnen, Code zu schreiben.

Haben Sie das kleine Fenster bemerkt, das aufgesprungen ist, als Sie in der IDE Code eingegeben haben? Dieses Feature heißt IntelliSense, und es ist wirklich praktisch. Beispielsweise zeigt es Ihnen mögliche Vervollständigungen der aktuellen Codezeile. Geben Sie `zufall` und einen Punkt ein, weiß es, dass es mehrere zulässige Möglichkeiten gibt, diese Zeile zu vervollständigen:

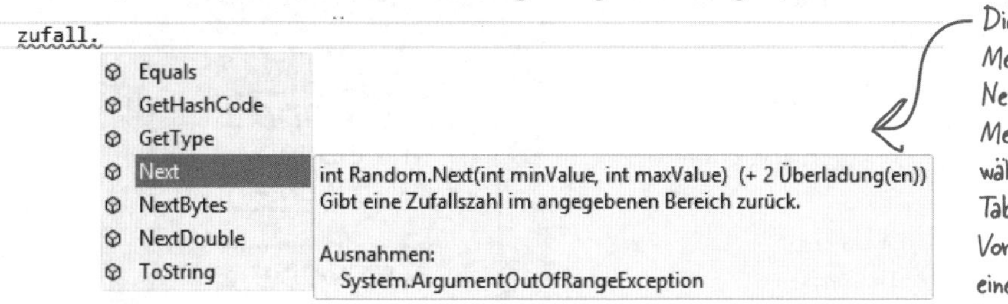
zufall.
Equals
GetHashCode
GetType
Next
NextBytes
NextDouble
ToString
int Random.Next(int minValue, int maxValue) (+ 2 Überladung(en))
Gibt eine Zufallszahl im angegebenen Bereich zurück.
Ausnahmen:
System.ArgumentOutOfRangeException

Die IDE weiß, dass zufall die Methoden Next, NextBytes, NextDouble und vier weitere Methoden hat. Wenn Sie N tippen, wählt sie Next aus. Nutzen Sie die Tabulator- oder Enter-Taste, um den Vorschlag anzunehmen. Das kann Ihnen eine Menge Zeit sparen, wenn Sie viele lange Methodennamen eingeben müssen.

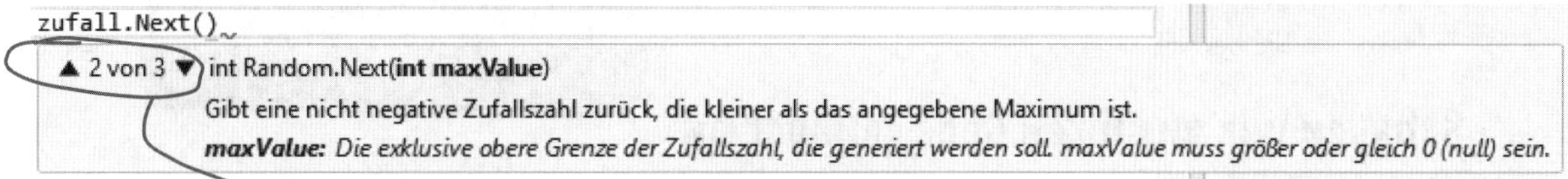
zufall.Next()
▲ 2 von 3 ▼ int Random.Next(int maxValue)
Gibt eine nicht negative Zufallszahl zurück, die kleiner als das angegebene Maximum ist.
maxValue: Die exklusive obere Grenze der Zufallszahl, die generiert werden soll. maxValue muss größer oder gleich 0 (null) sein.

Das heißt, dass es drei verschiedene Möglichkeiten gibt, die Methode Random.Next() aufzurufen.

Wenn Sie Next wählen und **(** eingeben, zeigt Ihnen die IntelliSense-Funktion der IDE Informationen dazu, wie Sie die Zeile vervollständigen können.

Starten Sie Ihr Programm in der IDE mit Debugging, kompiliert diese zunächst Ihr Programm. Ist das Kompilieren erfolgreich, wird Ihr Programm ausgeführt, ist es das nicht, werden Ihnen stattdessen die Fehler angezeigt.

Die Fehlerliste hilft Ihnen, Compilerfehler zu beheben.

Sollten Sie bisher nicht erlebt haben, wie leicht man sich in C# vertippt, werden Sie das sicher bald! Glücklicherweise stellt Ihnen die IDE ein gutes Mittel zur Verfügung, Fehler zu korrigieren. Wenn Sie Ihre Projektmappe erstellen, werden alle Fehler, die eine Kompilierung verhindern, im Fenster Fehlerliste unten in der IDE angezeigt:

Fehlende Semikola am Ende einer Anweisung gehören zu den Fehlern, die der erfolgreichen Erstellung Ihres Programms am häufigsten im Weg stehen!

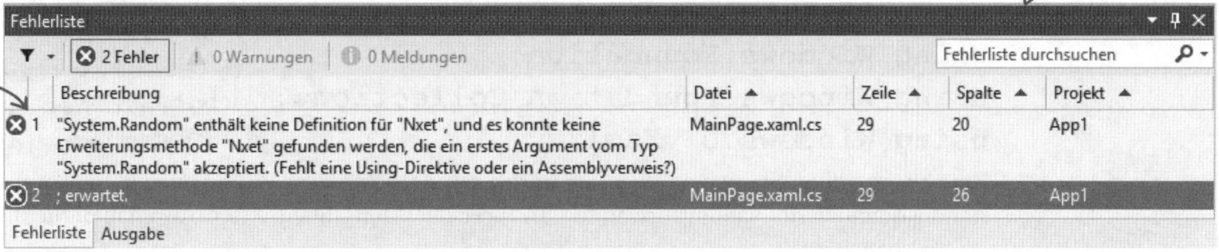
Fehlerliste
2 Fehler
0 Warnungen
0 Meldungen
Fehlerliste durchsuchen
Beschreibung
Datei
Zeile
Spalte
Projekt
1 "System.Random" enthält keine Definition für "Nxet", und es konnte keine Erweiterungsmethode "Nxet" gefunden werden, die ein erstes Argument vom Typ "System.Random" akzeptiert. (Fehlt eine Using-Direktive oder ein Assemblyverweis?)
MainPage.xaml.cs
29
20
App1
2 ; erwartet.
MainPage.xaml.cs
29
26
App1
Fehlerliste
Ausgabe

Klicken Sie doppelt auf einen Fehler, springt die IDE im Code zu dem Problem:

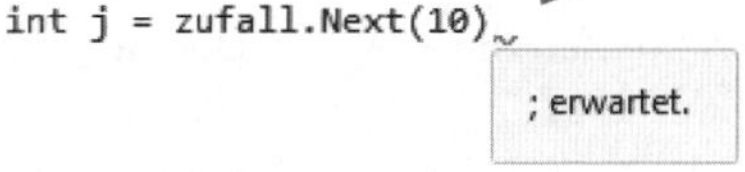
int j = zufall.Next(10)
; erwartet.

Die IDE zeigt eine Schlängellinie an, um Ihnen zu signalisieren, dass es hier einen Fehler gibt. Wenn Sie die Maus darüber schweben lassen, wird die gleiche Fehlermeldung eingeblendet wie in der Fehlerliste.

Jedes Mal, wenn Sie ein neues Programm erstellen, definieren Sie einen Namensraum dafür, damit sein Code von dem der Klassen des .NET Framework getrennt ist.

Anatomie eines Programms

Der Code aller C#-Programme ist auf genau die gleiche Weise strukturiert. Alle Programme nutzen **Namensräume**, **Klassen** und **Methoden**, um die Verwaltung des Codes zu vereinfachen.

Eine Klasse enthält einen Teil Ihres Programms (obwohl einige sehr kleine Programme auch nur eine Klasse enthalten).

Eine Klasse enthält eine oder mehrere Methoden. Ihre Methoden müssen immer innerhalb einer Klasse existieren. Und Methoden bestehen aus Anweisungen – wie denen, die Sie bereits gesehen haben.

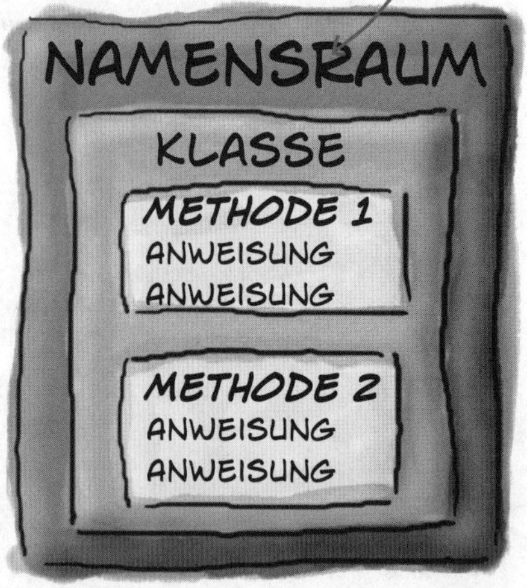
NAMENSRAUM
KLASSE
METHODE 1
ANWEISUNG
ANWEISUNG
METHODE 2
ANWEISUNG
ANWEISUNG

Die Reihenfolge der Methoden in der Klassendatei spielt keine Rolle – Methode 2 könnte ebenso gut vor Methode 1 stehen.

Schauen wir uns Ihren Code genauer an

Öffnen Sie den Code der `MainPage.xaml.cs`-Datei von Die Menschheit retten, damit wir ihn schrittweise durchgehen können.

1 ***DIE CODEDATEI BEGINNT MIT USING-ZEILEN FÜR DIE .NET FRAMEWORK-WERKZEUGE.***

Am Anfang jeder Datei finden Sie eine Gruppe von `using`-Zeilen. Sie sagen C#, welche Teile des .NET Framework verwendet werden sollen. Brauchen Sie andere Klassen, die sich in anderen Namensräumen befinden, fügen Sie auch für diese `using`-Zeilen ein. Da Apps häufig viele unterschiedliche Werkzeuge aus dem .NET Framework und der Windows Store API einsetzen, ergänzt die IDE automatisch einen Haufen von `using`-Zeilen, wenn sie eine Seite erzeugt (die nicht ganz so »leer« ist, wie sie erscheint) und Ihrem Projekt hinzufügt.

```
using System;
using System.Collections.Generic;
using System.IO;
using System.Linq;
using Windows.Foundation;
using Windows.Foundation.Collections;
using Windows.UI.Xaml;
```

Diese using-Zeilen stehen am Anfang jeder Codedatei. Sie sagen C#, dass es all diese Klassen des .NET Framework verwenden soll. Jede Zeile sagt dem Programm, dass die Klassen in dieser spezifischen .cs-Datei alle Klassen in einem bestimmten Namensraum des .NET Framework verwenden werden.

Eine Sache sollten Sie sich merken: Sie *müssen* keine `using`-Anweisung nutzen. Sie können jederzeit vollständig qualifizierte Namen verwenden. In Ihrer Die Menschheit retten-App haben Sie die folgende Zeile geschrieben:

```
using Windows.UI.Xaml.Media.Animation;
```

Versuchen Sie, diese Zeile auszukommentieren, indem Sie ihr `//` voranstellen. Schauen Sie sich dann die Fehler an, die in der Fehlerliste erscheinen. Einen davon können Sie zum Verschwinden bringen. Suchen Sie eine `Storyboard`-Referenz, die die IDE als Fehler meldet, und ändern Sie sie in `Windows.UI.Xaml.Media.Animation.Storyboard` (Sie sollten die Auskommentierung anschließend rückgängig machen, damit Ihr Programm wieder funktionsfähig ist).

2 C#-PROGRAMME SIND AUS KLASSEN AUFGEBAUT.

Jedes C#-Programm ist aus **Klassen** aufgebaut. Eine Klasse kann beliebige Dinge tun, aber die meisten Klassen tun etwas ganz Bestimmtes. Als Sie das neue Programm erstellten, hat die IDE eine Klasse namens `MainPage` eingefügt, die die Seite anzeigt.

Die IDE hat für das Programm mit dem Namen Die Menschheit retten den Namensraum Die_Menschheit_retten erstellt (Leerzeichen wurden in Unterstriche umgewandelt, weil Namensräume keine Leerzeichen enthalten dürfen). Alles zwischen den geschweiften Klammern, die auf das Schlüsselwort namespace folgen, ist Teil dieses Namensraums.

```
namespace Die_Menschheit_retten
{
  public sealed partial class MainPage : Page
  {
```

Das ist die Klasse MainPage. Sie enthält den Code, der die Seite funktionsfähig macht. Sie wurde von der IDE erstellt, als Sie das leere C# Windows Store-Projekt erzeugten.

Achten Sie auf Paare geschweifter Klammern. Jede { wird irgendwann von einer } geschlossen. Paare können in andere eingebettet sein.

3 KLASSEN ENTHALTEN METHODEN, DIE AKTIONEN DURCHFÜHREN.

Muss eine Klasse etwas tun, nutzt sie eine **Methode**. Eine Methode nimmt Eingaben an, führt eine Aktion aus und erzeugt manchmal eine Ausgabe. Eingaben übergeben Sie einer Methode mit **Parametern**. Je nach Eingabe können sich Methoden unterschiedlich verhalten. Einige Methoden erzeugen Ausgaben, die man als **Rückgabewert** bezeichnet. Sehen Sie vor einer Methode das Schlüsselwort `void`, bedeutet das, dass sie nichts zurückliefert.

```
void startButton_Click(object sender, object e)
{
    SpielStarten();
}
```

*Diese Methode hat zwei **Parameter** mit den Namen sender und e.*

*Diese Zeile **ruft** eine Methode namens StartGame() auf, bei deren Erstellung die IDE sie unterstützt, als Sie sie aufforderten, einen Methoden-Stub zu generieren.*

4 EINE ANWEISUNG FÜHRT EINE AKTION DURCH.

Als Sie die `SpielStarten()`-Methode gefüllt haben, haben Sie einen Haufen **Anweisungen** eingefügt. Jede Methode besteht aus Anweisungen. Ruft Ihr Programm eine Methode auf, führt es die erste Anweisung in der Methode aus, dann die zweite usw. Sind alle Anweisungen der Methode abgearbeitet oder stößt sie auf eine `return`-Anweisung, endet sie, und das Programm nimmt die Verarbeitung hinter der Anweisung wieder auf, von der die Methode ursprünglich aufgerufen wurde.

```
private void SpielStarten()
{
    mensch.IsHitTestVisible = true;
    menschGefangen = false;
    fortschritt.Value = 0;
    startButton.Visibility =
                 Visibility.Collapsed;
    spielfeld.Children.Clear();
    spielfeld.Children.Add(ziel);
    spielfeld.Children.Add(mensch);
    feindTimer.Start();
    zielTimer.Start();
}
  }
}
```

*Das ist die **Methode** SpielStarten(), die aufgerufen wird, wenn der Benutzer auf den Start-Button klickt.*

*SpielStarten() enthält neun **Anweisungen**. Alle Anweisungen enden mit einem Semikolon.*

Man kann zusätzliche Zeilenumbrüche einfügen, um Code lesbarer zu machen. Sie werden bei der Erstellung des Programms ignoriert.

Hier ist die schließende geschweifte Klammer am Ende der Datei MainPage.xaml.cs.

Es gibt keine Dummen Fragen

F: Was sollen all diese geschweiften Klammern?

A: C# nutzt geschweifte Klammern, um Anweisungen zu **Blöcken** zu gruppieren. Geschweifte Klammern treten stets paarweise auf. Eine schließende geschweifte Klammer folgt immer auf eine öffnende. Die IDE hilft Ihnen, geschweifte Klammern zuzuordnen – klicken Sie auf eine, wird ihr Gegenstück hervorgehoben, indem es dunkler schattiert wird.

F: Wie kommt es, dass ich die Fehler im Fenster Fehlerliste erhalte, wenn ich versuche, mein Programm auszuführen? Ich dachte, das passiert nur, wenn ich »Projektmappe erstellen« wähle.

A: Weil die IDE, wenn Sie im Menü »Debuggen starten« wählen oder den Symbolleisten-Button anklicken, als Erstes alle Dateien in der Projektmappe speichert und dann versucht, sie zu kompilieren. Und wenn Sie Ihren Code kompilieren – egal ob das passiert, wenn Sie ihn ausführen oder die Projektmappe erstellen –, zeigt die IDE eventuelle Fehler in der Fehlerliste an und führt das Programm nicht aus

Viele der Fehler, die erscheinen, wenn Sie versuchen, Ihr Programm auszuführen, werden auch im Fehlerlistenfenster angezeigt und in Ihrem Code mit roten Unterschlängelungen markiert.

DIE IDE KANN MICH ALSO WIRKLICH UNTERSTÜTZEN. SIE GENERIERT CODE UND HILFT MIR BEI DER FEHLERSUCHE.

Die IDE hilft Ihnen, Ihren Code richtig zu erstellen.

Lange Zeit mussten Programmierer einfache Texteditoren wie Notepad nutzen, um ihren Code zu bearbeiten. (Tatsächlich haben sie Notepad sogar um einige seiner Einrichtungen wie die Suchen-und-Ersetzen-Funktion oder ^G für »Gehe zu Zeile ...« beneidet.) Sie mussten eine Menge komplexer Kommandozeilenanwendungen einsetzen, um Anwendungen zu erstellen, auszuführen, zu debuggen und zu verteilen.

Über die Jahre hat Microsoft (und haben viele andere Unternehmen und einzelne Entwickler) sich viele praktische Werkzeuge wie die Fehlerhervorhebung, IntelliSense, die WYSIWYG-Seitenbearbeitung per Drag-and-drop, die automatische Codegenerierung und viele andere Dinge ausgedacht.

Nach Jahren der Evolution ist Visual Studio heute eins der fortgeschrittensten Werkzeuge zur Codebearbeitung, das je geschaffen wurde. Und praktischerweise ist es gleichzeitig auch ein ausgezeichnetes Werkzeug zum Erlernen und Erforschen von C# und der Entwicklung von Anwendungen.

Wer macht was?

Ordnen Sie jedem dieser von der IDE generierten Codefragmente die passende Beschreibung zu. (Es sind ein paar neue Dinge darunter – geben Sie einen Tipp ab und schauen Sie, ob Sie richtig lagen.)

```
dasGrid.Background =
    new SolidColorBrush(Colors.Violet);
```

```
// Diese Schleife wird 3 Mal ausgeführt.
```

```
public sealed partial class MainPage : Page
{
  private void InitializeComponent()
  {
  :
  }
}
```

```
halloLabel.Text = "Hallo";
halloLabel.FontSize = 24;
```

```
/// <summary>
/// Blendet ein Bild von Rover ein,
/// wenn der Button angeklickt wird.
/// </summary>
```

Setzt Eigenschaften für ein TextBlock-Steuerelement.

Nichts – das ist ein Kommentar, den der Entwickler eingefügt hat, um den Code für jemanden zu erläutern, der ihn liest.

Eine spezielle Art von Kommentar, die die IDE nutzt, um zu erklären, was ein ganzer Codeblock leistet.

Ändert die Hintergrundfarbe eines Grid-Steuerelements namens `dasGrid`.

Eine Methode, die jedes Mal ausgeführt wird, wenn ein Programm seine Hauptseite anzeigt.

WER MACHT WAS? LÖSUNG

Ordnen Sie jedem dieser von der IDE generierten Codefragmente die passende Beschreibung zu. (Es sind ein paar neue Dinge darunter – geben Sie einen Tipp ab und schauen Sie, ob Sie richtig lagen.)

```
dasGrid.Background =
    new SolidColorBrush(Colors.Violet);
```

Setzt Eigenschaften für ein TextBlock-Steuerelement.

```
// Diese Schleife wird 3 Mal ausgeführt.
```

Nichts – das ist ein Kommentar, den der Entwickler eingefügt hat, um den Code für jemanden zu erläutern, der ihn liest.

```
public sealed partial class MainPage : Page
{
  private void InitializeComponent()
  {
  :
  }
}
```

Eine spezielle Art von Kommentar, die die IDE nutzt, um zu erklären, was ein ganzer Codeblock leistet.

```
halloLabel.Text = "Hallo";
halloLabel.FontSize = 24;
```

Ändert die Hintergrundfarbe eines Grid-Steuerelements namens `dasGrid`.

```
/// <summary>
/// Blendet ein Bild von Rover ein,
/// wenn der Button angeklickt wird.
/// </summary>
```

Eine Methode, die jedes Mal ausgeführt wird, wenn ein Programm seine Hauptseite anzeigt.

Zwei Klassen können im gleichen Namensraum sein

Schauen Sie sich diese beiden Klassendateien aus einem Programm namens `Tiere2` an. Sie enthalten drei Klassen: eine Klasse `Hund`, eine Klasse `Katze` und eine Klasse `Fisch`. Da sie alle im selben Namensraum `Tiere2` sind, können Anweisungen in der Methode `Hund.Bellen()` die Methoden `Katze.Miauen()` und `Fisch.Schwimmen()` aufrufen. Es spielt keine Rolle, wie die verschiedenen Namensräume und Klassen in Dateien aufgeteilt sind. Wenn sie ausgeführt werden, agieren sie immer noch auf die gleiche Weise.

EinigeKlassen.cs

```
namespace Tiere2 {

  public class Hund {

     public void Bellen() {
       // Anweisungen
     }

  }

  public partial class Katze
 {

     public void Miauen() {
       // Anweisungen
     }

  }
}
```

Wenn eine Klasse »public« ist, bedeutet das, dass alle anderen Klassen im Programm auf sie zugreifen können.

MehrKlassen.cs

```
namespace Tiere2 {

  public class Fisch {

     public void Schwimmen() {
       // Anweisungen
     }

  }

  public partial class Katze {

     public void Schnurren() {
       // Anweisungen
     }

  }
}
```

Da diese beiden Klassen im selben Namensraum sind, können sie sich gegenseitig »sehen« – obwohl sie in unterschiedlichen Dateien sind. Eine Klasse kann auch mehrere Dateien umspannen, aber dann müssen Sie das spezielle Schlüsselwort »partial« verwenden, wenn Sie sie deklarieren.

Sie können eine Klasse nur auf mehrere Dateien aufteilen, wenn Sie das Schlüsselwort partial verwenden. Sie selbst werden das wahrscheinlich bei keinem Programm machen, das Sie in diesem Buch schreiben, aber die IDE nutzt es, um Ihr Formular in zwei Dateien aufzuteilen, Form1.cs und Form1.Designer.cs.

Das ist nicht alles zu Namensräumen und Klassendeklarationen, aber mehr brauchen Sie für das, was wir jetzt tun, nicht. Den Rest erfahren Sie unter Punkt 3 des Anhangs »Was übrig bleibt«.

Ihre Programme nutzen Variablen, um mit Daten zu arbeiten

Wenn man es ganz simpel betrachtet, ist jedes Programm eigentlich nur ein Datenfresser. Manchmal haben diese Daten die Form eines Dokuments, manchmal die eines Bilds in einem Computerspiel oder einer Chat-Nachricht. Aber dennoch sind es alles nur Daten. Und das ist der Punkt, an dem **Variablen** ins Spiel kommen. Variablen werden von Ihrem Programm genutzt, um diese Daten zu speichern.

Variablen deklarieren

Wenn Sie eine Variable **deklarieren**, teilen Sie Ihrem Programm den *Typ* und den *Namen* der Variablen mit. Kennt C# einmal den Typ Ihrer Variablen, verhindert es die Kompilierung Ihres Programms, wenn Sie einen Fehler gemacht haben und etwas zu tun versuchen, das sinnlos ist, beispielsweise »Fido« von 48353 abzuziehen.

Das sind die Variablentypen.

Das sind die Namen der Variablen.

```
int maxGewicht;
string meldung;
bool angekreuzt;
```

C# nutzt den Variablentyp, um die Daten einzuschränken, die diese Variablen aufnehmen können.

Diese Namen sind für SIE. Wie bei Methoden und Klassen sollten Sie Namen wählen, die sinnvoll sind und die Verwendung der Variablen beschreiben.

Aufgepasst

Sind Sie bereits mit anderen Programmiersprachen vertraut?

Falls ja, könnten Ihnen einige Dinge in diesem Kapitel bekannt vorkommen. Dennoch sollte es sich lohnen, zumindest die Übungen mitzumachen, weil sich C# in gewissen Punkten von den Sprachen unterscheiden könnte, die Sie bereits kennen.

Variablen variieren

Während Ihr Programm ausgeführt wird, entspricht eine Variable zu verschiedenen Zeiten unterschiedlichen Werten. Mit anderen Worten: Eine Variable ist ***variabel***. (Deswegen ist »Variable« ja auch ein so guter Name.) Das ist wirklich wichtig, weil dieser Grundgedanke der Kern jedes Programms ist, das Sie geschrieben haben und jemals schreiben werden. Nehmen wir an, Ihr Programm setzt die Variable `dieHöhe` auf 63:

```
int dieHöhe = 63;
```

In dem Fall ersetzt C# `dieHöhe` jedes Mal, wenn sie im Code erscheint, durch den Wert 63. Ändern Sie den Wert später mal in 12

```
dieHöhe = 12;
```

ersetzt C# `dieHöhe` durch 12 – die Variable heißt aber immer noch `dieHöhe`.

Immer wenn Ihr Programm Zahlen, Text, True/False-Werte oder irgendeine andere Art von Daten verwendet, nutzen Sie Variablen, um diese Daten festzuhalten.

Sie müssen Variablen Werte zuweisen, bevor Sie sie verwenden

Versuchen Sie, diese Anweisungen in ein C#-Programm einzufügen:

```
int z;
string message = "Die Antwort ist " + z;
```

Legen Sie los und probieren Sie es aus. Sie erhalten eine Fehlermeldung, und die IDE weigert sich, Ihren Code zu kompilieren. Das liegt daran, dass die IDE jede Variable daraufhin prüft, ob Sie ihr einen Wert zugewiesen haben, bevor Sie sie verwenden. Um sicherzustellen, dass Sie Ihren Variablen auch wirklich Werte zugewiesen haben, kombinieren Sie die Anweisung, die eine Variable deklariert, mit einer Anweisung, die ihr einen Wert zuweist:

```
int maxGewicht = 25000;
string meldung = "Hi!";
bool angekreuzt = true;
```

Diese Werte werden den Variablen zugewiesen.

Wie zuvor, gibt jede Deklaration einen Typ an.

Wenn Sie Code schreiben, der eine Variable nutzt, der kein Wert zugewiesen wurde, lässt sich Ihr Code nicht kompilieren. Diesen Fehler kann man leicht vermeiden, indem man die Variablendeklaration und die Wertzuweisungen zu einer Anweisung kombiniert.

Haben Sie Ihrer Variablen einmal einen Wert zugewiesen, kann sich dieser Wert ändern. Es gibt also keine Nachteile, wenn Sie einer Variablen bei der Deklaration einen Anfangswert zuweisen.

Ein paar nützliche Typen

Jede Variable hat einen Typ, der C# sagt, welche Arten von Daten sie speichern kann. In Kapitel 4 werden wir uns die verschiedenen Typen von C# noch genauer betrachten. Bis dahin beschränken wir uns auf die drei wichtigsten Typen. `int` speichert Integer (ganze Zahlen), `string` Text und `bool` Boolesche Wahr/Falsch-Werte.

va-ri-a-bel, Adjektiv.
veränderlich oder veränderbar
*Die **variable** Umdrehungszahl der Bohrmaschine ermöglicht Klaus, die Geschwindigkeit des Bohrers an den jeweiligen Werkstoff anzupassen.*

C# nutzt vertraute mathematische Symbole

Für Programmierer bezeichnet »String« eigentlich immer eine Zeichenfolge und »int« eine ganze Zahl.

Was Sie machen können, wenn Sie Daten in einer Variablen gespeichert haben? Na, wenn es eine Zahl ist, wollen Sie mit ihr sicher Additionen, Subtraktionen, Multiplikationen oder Divisionen durchführen. Das ist der Punkt, an dem **Operatoren** ins Spiel kommen. Die grundlegenden Operatoren kennen Sie bereits. Reden wir jetzt über ein paar weitere. Hier ist ein Codeblock, der Operatoren nutzt, um einfache mathematische Operationen durchzuführen.

```
int zahl = 15;
zahl = zahl + 10;
zahl = 36 * 15;
zahl = 12 - (42 / 7);
zahl += 10;
zahl *= 3;
zahl = 71 / 3;

int anzahl = 0;
anzahl ++;
anzahl --;

string ergebnis = "Hallo";
ergebnis += " noch mal " + ergebnis;
ausgabe.Text = ergebnis;
ergebnis = "Der Wert ist: " + anzahl;
ergebnis = "";

bool jaNein = false;
bool nocheinBool = true;
jaNein = !nocheinBool;
```

Wir deklarieren eine neue int-Variable namens zahl und setzen sie auf 15. Dann fügen wir ihr 10 hinzu. Nach der zweiten Anweisung ist zahl gleich 25.

Die dritte Anweisung ändert den Wert von zahl, indem sie ihn auf das Ergebnis von 36 mal 15, d. h. 540, setzt. Dann wird er auf das Ergebnis von 12 – (42 / 7) gesetzt, und das ist 6.

Dieser Operator ist etwas anders. += heißt: Nimm den Wert von zahl und füge ihm 10 hinzu. Da zahl aktuell gleich 6 ist, setzt das Hinzufügen von 10 den Wert auf 16.

Der *=-Operator ähnelt +=, multipliziert allerdings den aktuellen Wert von zahl mit 3, sodass der Wert nachher 48 ist.

71 geteilt durch 3 ist 23,666... Aber wenn Sie zwei int-Werte dividieren, erhalten Sie immer auch einen int als Ergebnis, 23,666... wird also zu 23 abgeschnitten.

int werden Sie häufig zum Zählen verwenden. Wenn Sie das tun, sind die Operatoren ++ und -- praktisch. ++ inkrementiert anzahl, indem dem Wert der Variablen eins hinzugefügt wird, und -- dekrementiert anzahl, indem vom Wert eins abgezogen wird. Am Ende ist der Wert also wieder null.

Setzt den Inhalt eines Textblocks namens ausgabe auf »Hallo noch mal Hallo«.

Nutzen Sie den Operator + auf einem String, fügt er die beiden Strings einfach zusammen. Zahlen wandelt er für Sie automatisch in Strings um.

Das "" ist der leere String. Er enthält keine Zeichen. (Er ist so etwas wie eine 0, der man Strings hinzufügen kann.)

Ein bool speichert true oder false. Der Operator ! heißt NICHT. Er macht true zu false und umgekehrt.

Entspannen Sie sich

Versuchen Sie nicht, sich diese Operatoren jetzt einzuprägen.

Sie werden sie schon lernen, weil Sie ständig auf sie stoßen.

Mit dem Debugger Variablen beobachten

Debugging-Zeit!

Der Debugger ist ein wunderbares Werkzeug zur Beobachtung der Funktionsweise Ihres Programms. Mit ihm können Sie sich ansehen, wie der Code auf der vorangegangenen Seite abläuft.

1 ***ERSTELLEN SIE EIN NEUES VISUAL C# WINDOWS STORE LEERE APP (XAML)-PROJEKT.***

Ziehen Sie einen TextBlock auf Ihre Seite und geben Sie diesem den Namen `ausgabe`. Fügen Sie dann einen Button ein und klicken Sie doppelt darauf, um eine Methode namens `Button_Click()` zu generieren. Die IDE öffnet diese Methode automatisch im Codeeditor. Geben Sie den gesamten Code von der letzten Seite in diese Methode ein.

2 ***SETZEN SIE EINEN HALTEPUNKT AUF DER ERSTEN CODEZEILE.***

Klicken Sie mit rechts in die ersten Codezeile (`int zahl = 15;`) und wählen Sie unter Haltepunkt die Option Haltepunkt einfügen. (Sie können auch auf die Zeile klicken und Debuggen → Haltepunkt umschalten wählen oder einfach F9 drücken.)

DebuggingZeit

MainPage.xaml.cs

DebuggingZeit.MainPage | Button_Click(object sender, RoutedEventArgs e)

```
/* Diese Methode wurde vom Designer generiert, als wir
 * im Designer doppelt auf den Button geklickt haben.
 */

private void Button_Click(object sender, RoutedEventArgs e)
{
    int zahl = 15;  //Auf dieser Zeile wurde ein Haltepunkt gesetzt
    zahl = zahl + 10;
    zahl = 36 * 15;
    zahl = 12 - (42 / 7);
    zahl += 10;
    zahl *= 3;
    zahl = 71 / 3;

    int anzahl = 0;
    anzahl++;
    anzahl--;

    string ergebnis = "Hallo";
    ergebnis += " noch mal " + ergebnis;
    ausgabe.Text = ergebnis;
    ergebnis = "Der Wert ist: " + anzahl;
    ergebnis = "";

    bool jaNein = false;
    bool nocheinBool = true;
    jaNein = !nocheinBool;
}
    }
}
```

100 %

Kommentare (die entweder mit zwei oder mehr Schrägstrichen beginnen oder von /*- und */-Markierungen umrahmt werden) werden in der IDE grün dargestellt. Zwischen diesen Markierungen können Sie beliebigen Text eingeben, da Kommentare vom Compiler immer ignoriert werden.

Wenn Sie auf einer Zeile Ihres Codes einen Haltepunkt setzen, wird die Zeile rot markiert und am Rand erscheint ein roter Punkt.

Wenn Sie Ihren Code debuggen, indem Sie ihn in der IDE ausführen, hält Ihr Programm an, sobald es auf einen Haltepunkt stößt. Dann können Sie die Werte aller Variablen einsehen und sogar verändern.

Wenn Sie ein Leere App erstellen, erstellt die IDE ein neues Projekt mit einer leeren Seite. Eventuell sollten Sie diese umbenennen, vielleicht in DebuggingZeit. Sie werden in diesem Buch eine Menge Programme erstellen und möchten sie später vielleicht leichter wieder identifizieren können.

→ Blättern Sie um und fahren Sie fort.

3 BEGINNEN SIE MIT DEM DEBUGGEN.

Führen Sie Ihr Programm im Debugger aus, indem Sie auf den Button Debugging starten klicken (oder F5 drücken oder im Menü »Debuggen → Debugging starten« wählen). Ihr Programm sollte wie gewohnt starten.

4 KLICKEN SIE AUF DEN BUTTON, UM DEN HALTEPUNKT AUSZULÖSEN.

In dem Moment, in dem die IDE die Codezeile mit dem Haltepunkt erreicht, blendet sie den Editor-Bereich ein und markiert die aktuelle Codezeile gelb.

```
int zahl = 15;  //Auf
zahl = zahl + 10;
zahl = 36 * 15;
zahl = 12 - (42 / 7);
zahl += 10;
zahl *= 3;
zahl = 71 / 3;
```

5 FÜGEN SIE EINE ÜBERWACHUNG FÜR DIE VARIABLE `zahl` EIN.

Klicken Sie mit rechts auf die Variable `zahl` (jedes beliebige Vorkommen!) und wählen Sie im Menü Überwachung hinzufügen. Dann sollte unten in der IDE der Bereich Überwachen erscheinen:

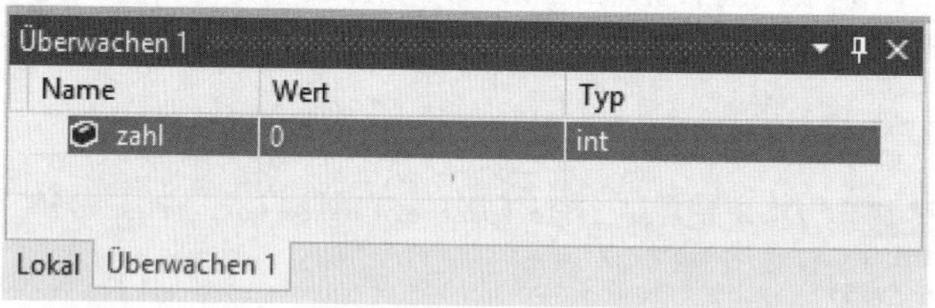

Überwachen 1
Name
Wert
Typ
zahl
0
int
Lokal
Überwachen 1

6 FÜHREN SIE IHREN CODE SCHRITTWEISE AUS.

Drücken Sie F10, um den Code schrittweise auszuführen. (Sie können auch im Menü »Debuggen –> Prozedurschritt« wählen oder auf den Prozedurschritt-Button in der Debuggen-Toolbar klicken.) Die aktuelle Codezeile wird ausgeführt und setzt den Wert von `zahl` auf 15. Dann wird die folgende Zeile gelb markiert und das Fenster Überwachen aktualisiert:

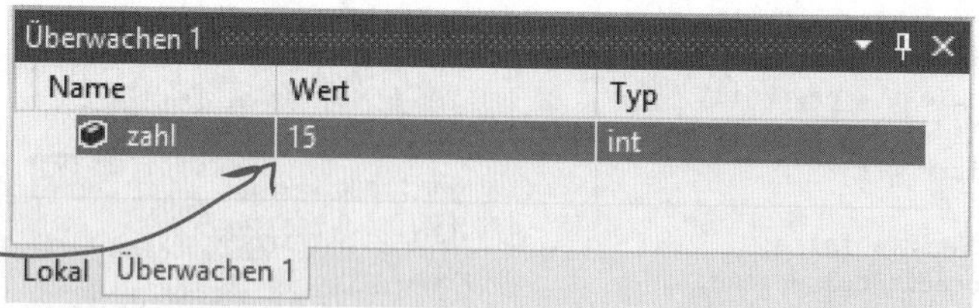

Überwachen 1
Name
Wert
Typ
zahl
15
int
Lokal
Überwachen 1

Erhält die Variable zahl einen neuen Wert (15), wird die Überwachungsanzeige aktualisiert.

7 SETZEN SIE DIE AUSFÜHRUNG DES PROGRAMMS FORT.

Wenn Sie weitergehen wollen, müssen Sie nur F5 drücken (oder »Debuggen –> Weiter« wählen). Das Programm wird dann ganz normal fortgesetzt.

> **IDE-Tipp: Windows-Logo+D**
>
> Wenn Sie eine Windows Store-App debuggen, können Sie zum Debugger zurückkehren, indem Sie die Windows-Logo-Taste+D drücken. Haben Sie einen Touch-Screen, wischen Sie vom linken Bildschirmrand zum rechten. Dann können Sie den Debugger anhalten oder abbrechen, indem Sie die Debug-Werkzeugleiste oder Menüelemente nutzen.

Mit Überwachungen können Sie die Werte der Variablen in Ihrem Programm im Blick behalten. Bei komplexeren Programmen wird sich das als sehr hilfreich erweisen.

Während des Debuggens können Sie Variablenwerte auch einsehen, indem Sie den Mauszeiger über der Variablen schweben lassen. Dann wird ein Tooltipp angezeigt, den Sie auch fixieren können, damit er offen bleibt!

Mit Schleifen Aktionen wiederholen

Etwas ist an den meisten größeren Programmen schon seltsam: Sie enthalten fast immer Aktionen, die immer wieder ausgeführt werden. Dazu sind **Schleifen** da – diese sagen Ihrem Programm, dass es eine Gruppe bestimmter Anweisungen so lange wiederholen soll, bis eine bestimmte Bedingung `true` (oder `false`!) ist.

Das ist einer der Gründe dafür, dass Boolesche Werte so wichtig sind. Eine Schleife nutzt einen Test, um herauszufinden, ob sie weiterlaufen soll.

```
while (x > 5)
{
    x = x - 3;
}
```

Bei einer while-Schleife werden alle Anweisungen innerhalb der geschweiften Klammern so lange ausgeführt, wie die Bedingung in der Klammer wahr ist.

Jede for-Schleife hat drei Anweisungen. Die erste richtet die Schleife ein. Die Schleife wird fortgesetzt, solange die zweite Anweisung wahr ist. Und die dritte Anweisung wird nach jedem Schleifendurchlauf ausgeführt.

```
for (int i = 0; i < 8; i = i + 2)
{
    // Inhalt wird viermal ausgeführt
}
```

IDE-Tipp: Klammern

Treten die geschweiften Klammern nicht ordentlich in Paaren auf, lässt sich Ihr Programm nicht erstellen – ein ziemlich frustrierender Fehler. Glücklicherweise kann Ihnen die IDE dabei helfen, den Überblick über Ihre Klammern zu bewahren. Setzen Sie den Cursor auf eine geschweifte Klammer, markiert die IDE ihr Gegenstück:

```
bool test = true;
while (test == true)
{
    // Schleifeninhalt
}
```

Nutzen Sie eine Codeschablone, um einfache for-Schleifen zu schreiben

Gleich werden Sie `for`-Schleifen schreiben, und die IDE kann Ihre Programmierarbeit etwas beschleunigen. Geben Sie das Schlüsselwort `for` ein und drücken dann zweimal die Tabulatortaste, fügt die IDE automatisch Code für Sie ein. Ändern Sie den Namen der Variablen, aktualisiert sie automatisch den Rest der Schablone. Drücken Sie die Tabulatortaste erneut, springt der Cursor zu »length«.

Drücken Sie die Tabulatortaste, damit der Cursor zu »length« springt. Die Anzahl der Schleifendurchläufe wird durch den Wert bestimmt, den Sie für length angeben. Sie können length in eine Zahl oder eine Variable ändern.

```
for (int i = 0; i < length; i++)
{

}
```

Ändern Sie den Namen der Variablen, ändert die Schablone automatisch die anderen beiden Vorkommen.

if/else-Anweisungen fällen Entscheidungen

Nutzen Sie **if/else-Anweisungen**, um Ihrem Programm mitzuteilen, dass es bestimmte Dinge nur tun soll, wenn die **Bedingungen**, die Sie aufgestellt haben, (nicht) wahr sind. Eine Menge if/else-Anweisungen prüfen, ob zwei Dinge gleich sind. Dann verwenden Sie den ==-Operator. Das ist ein anderer Operator als das einfache Gleichheitszeichen (der =-Operator), das Sie benutzen, um einen Wert zu setzen.

```
string meldung = "";

if (einWert == 24)
{
    meldung = "Der Wert war 24.";
}
```

Jede if-Anweisung beginnt mit einer Testbedingung.

Die Anweisung in den geschweiften Klammern wird nur ausgeführt, wenn der Test wahr ist.

Nutzen Sie immer zwei Gleichheitszeichen, um zu prüfen, ob zwei Dinge einander gleich sind.

```
if (einWert == 24)
{
    // Zwischen geschweiften Klammern können
    // beliebig viele Anweisungen stehen.
    meldung = "Der Wert war 24.";
} else {
    meldung = "Der Wert war nicht 24.";
}
```

if/else-Anweisungen sind ziemlich einfach. Wenn die Testbedingung wahr ist, werden die Anweisungen zwischen den ersten geschweiften Klammern ausgeführt, andernfalls die in den zweiten geschweiften Klammern.

Aufgepasst

Verwechseln Sie die Operatoren nicht mit den Gleichheitszeichen!

Ein Gleichheitszeichen (=) wird verwendet, um den Wert einer Variablen zu setzen. Zwei Gleichheitszeichen (==) dienen dazu, um zwei Werte zu vergleichen. Sie können sich nicht vorstellen, wie viele Programmfehler – selbst bei Programmen, die erfahrene Programmierer geschrieben haben – durch eine falsche Verwendung von = statt == verursacht werden. Sollte sich die IDE mit folgender Meldung beschweren: »Eine implizite Konvertierung vom Typ 'int' in 'bool' ist nicht möglich.«, ist das wahrscheinlich das Problem.

Achten Sie darauf, dass Sie einen vernünftigen Namen für dieses Projekt wählen, da wir später in diesem Buch wieder darauf verweisen werden.

Eine App von null an aufbauen

Wenn Sie diese Sneaker sehen, bedeutet es, dass Sie jetzt selbst zur Tat schreiten müssen.

Übung

Erstellen Sie diese Seite

Die wahre Arbeit aller Programme steckt in den Anweisungen. Sie haben bereits gesehen, wie Anweisungen in eine Seite eingesetzt werden. Machen wir uns nun daran, uns richtig mit dem Programm zu befassen, damit Sie alle Codezeilen verstehen. Erstellen Sie zunächst ein **neues Visual C# Windows Store Leere App-Projekt**. Diesmal werden wir die von der Vorlage erstellte Datei *MainPage.xaml* nicht löschen, sondern die IDE nutzen, um sie zu verändern, indem wir dem Grid drei Zeilen und zwei Spalten hinzufügen, bevor wir in diese Zellen vier Buttons und einen TextBlock packen.

Die Seite hat ein Grid mit drei Zeilen und zwei Spalten. Die Höhe wird in allen Zeilendefinitionen auf `1*` gesetzt. Die Zeilendefinition hat deshalb die Form `<RowDefinition/>` und enthält keine Eigenschaften. Die Spaltenhöhen funktionieren auf die gleiche Weise.

Die Seite hat vier Button-Elemente, jeweils in einer eigenen Zelle. Nutzen Sie die Eigenschaft `Content`, um den Text auf Meldung, If/else, Andere Bedingungen und Eine Schleife zu setzen.

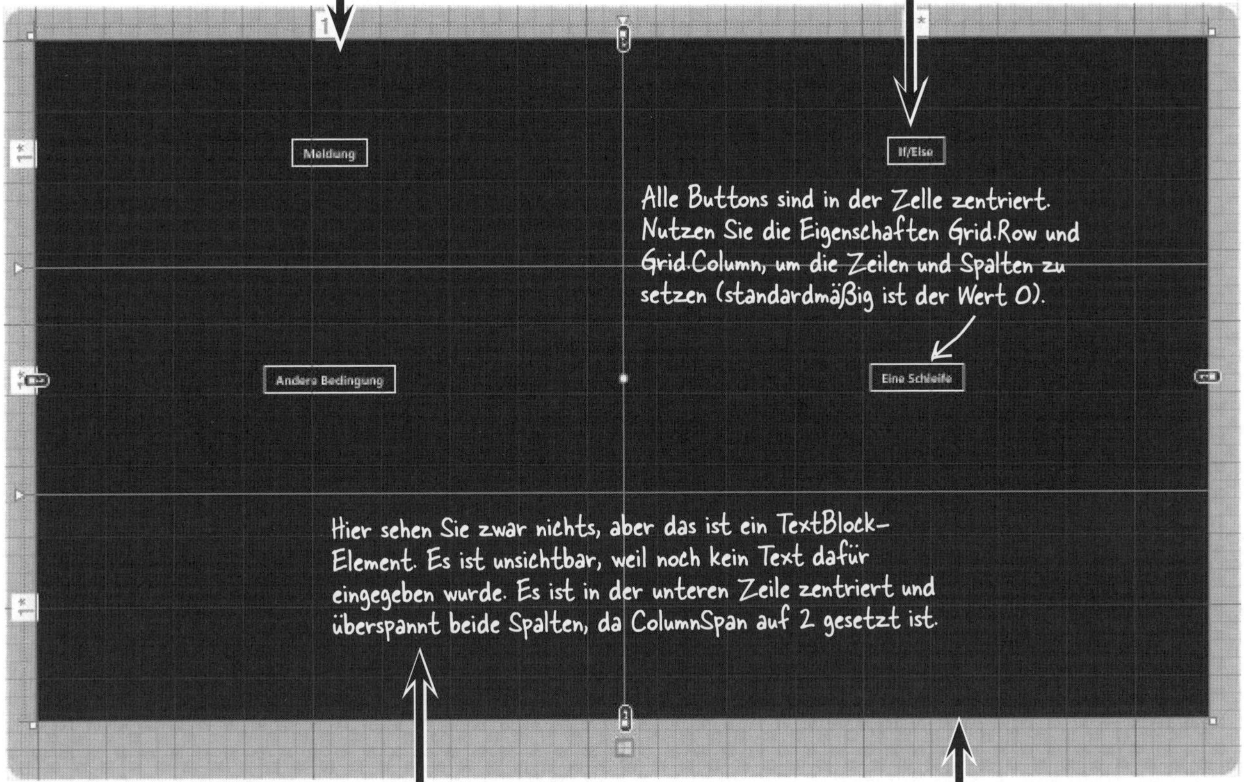

Meldung
If/Else
Andere Bedingung
Eine Schleife

Alle Buttons sind in der Zelle zentriert. Nutzen Sie die Eigenschaften Grid.Row und Grid.Column, um die Zeilen und Spalten zu setzen (standardmäßig ist der Wert 0).

Hier sehen Sie zwar nichts, aber das ist ein TextBlock-Element. Es ist unsichtbar, weil noch kein Text dafür eingegeben wurde. Es ist in der unteren Zeile zentriert und überspannt beide Spalten, da ColumnSpan auf 2 gesetzt ist.

Die unterste Zelle enthält ein TextBlock-Steuerelement namens `dasLabel`. Nutzen Sie die Eigenschaft `Style`, um als Schriftstil `BodyTextBlockStyle` zu bestimmen.

Wenn Sie Schwierigkeiten haben, mit rechts auf das Steuerelement zu klicken, um das Stil bearbeiten-Menü zu nutzen, können Sie mit rechts auf das TextBlock-Steuerelement in der Dokumentgliederung klicken und dort Stil bearbeiten wählen.

Nutzen Sie die Eigenschaft `x:Name`, um den Buttons die Namen `button1`, `button2`, `button3` und `button4` zu geben. Klicken Sie anschließend doppelt auf jeden einzelnen, um für jeden eine Event-Handler-Methode zu generieren.

LÖSUNG ZUR ÜBUNG

Hier ist unsere Lösung für diese Übung. Sieht Ihre ähnlich aus? Sind die Zeilenumbrüche anders? Oder haben die Eigenschaften eine andere Abfolge? Beides ist kein Problem!

Viele Programmierer erstellen ihren XAML-Code nicht mit der IDE – sie schreiben ihn von Hand. Wenn wir Sie auffordern würden, dieses XAML von Hand einzugeben und nicht mit der IDE zu erstellen, wären Sie dazu in der Lage?

```
<Page
    x:Class="AppAufbau.MainPage"
    xmlns="http://schemas.microsoft.com/winfx/2006/xaml/presentation"
    xmlns:x="http://schemas.microsoft.com/winfx/2006/xaml"
    xmlns:local="using:AppAufbau"
    xmlns:d="http://schemas.microsoft.com/expression/blend/2008"
    xmlns:mc="http://schemas.openxmlformats.org/markup-compatibility/2006"
    mc:Ignorable="d">

    <Grid Background="{ThemeResource ApplicationPageBackgroundThemeBrush}">
        <Grid.ColumnDefinitions>
            <ColumnDefinition />
            <ColumnDefinition />
        </Grid.ColumnDefinitions>
        <Grid.RowDefinitions>
            <RowDefinition />
            <RowDefinition />
            <RowDefinition />
        </Grid.RowDefinitions>

        <Button x:Name="button1" Content="Meldung"
                HorizontalAlignment="Center" Click="button1_Click" />

        <Button x:Name="button2" Content="If/Else"
                HorizontalAlignment="Center" Grid.Column="1" Click="button2_Click" />

        <Button x:Name="button3" Content="Andere Bedingung"
                HorizontalAlignment="Center" Grid.Row="1" Click="button3_Click" />

        <Button x:Name="button4" Content="Eine Schleife" HorizontalAlignment="Center"
                Grid.Column="1" Grid.Row="1" Click="button4_Click" />

        <TextBlock x:Name="dasLabel" Grid.Row="2" Grid.ColumnSpan="2" HorizontalAlignment="Center"
                VerticalAlignment="Center" Style="{StaticResource BodyTextBlockStyle}"/>

    </Grid>
</Page>
```

Hier sind die <Page>- und <Grid>-Tags, die die IDE für Sie generiert hat, als Sie die leere App erstellten.

Hier sind die Zeilen- und Spaltendefinitionen: drei Zeilen und zwei Spalten.

Als Sie doppelt auf die Buttons klickten, hat die IDE für jeden Button eine Methode mit dem Namen des Buttons plus _Click erstellt.

Der Button befindet sich in der zweiten Spalte der zweiten Zeile. Der Wert der Eigenschaften ist deswegen 1.

KOPFNUSS

Warum, glauben Sie, haben die linke Spalte und die oberste Zeile die Nummer 0 und nicht 1? Warum kann man die `Grid.Row`- und `Grid.Column`-Eigenschaften in der linken oberen Ecke weglassen?

Die Buttons etwas tun lassen

So wird unser Programm funktionieren. Wenn Sie einen der Buttons drücken, wird der TextBlock unten in der Seite (der den Namen `dasLabel` trägt) mit einer anderen Nachricht aktualisiert. Das werden Sie bewirken, indem Sie den vier Event-Handler-Methoden, die die IDE für Sie generiert hat, Code hinzufügen. Legen wir los!

Tun Sie das!

Wenn Sie »Tun Sie das!« sehen, öffnen Sie die IDE und vollziehen Sie die Anweisungen nach. Wir sagen Ihnen genau, was Sie tun müssen, und weisen Sie auf Dinge hin, auf die Sie achten müssen.

1 ***BUTTON1 AKTUALISIERT DAS LABEL.***

Füllen Sie den Code unten in den Code für die Methode `button1_Click()` ein. Das ist Ihre Chance, richtig zu verstehen, was die einzelnen Anweisungen tun und warum das Programm die entsprechende Ausgabe erzeugt:

Name ist Quentin
x ist 51
d ist 1,5707963267949

Hier ist der Code für den Button:

```
private void button1_Click(object sender, RoutedEventArgs e)
{
    // Das ist ein Kommentar
    string name = "Quentin";
    int x = 3;
    x = x * 17;
    double d = Math.PI / 2;
    dasLabel.Text = "Name ist " + name
        + "\nx ist " + x
        + "\nd ist " + d;
}
```

x ist eine Variable. Der »int«-Teil sagt C#, dass das ein Integer ist, und der Rest der Anweisung setzt ihren Wert auf 3.

Hier ist eine eingebaute Klasse namens Math, die ein Member namens PI hat. Math befindet sich im Namensraum System. Die Datei, die diesen Code enthält, muss zu Anfang also eine using System;-Zeile enthalten.

Diese Zeile erstellt die Ausgabe des Programms: der aktualisierte Text im TextBlock namens dasLabel.

Glücklicherweise hat die IDE diese using-Zeile für Sie erstellt.

Das \n ist eine Escape-Sequenz, die in den Text in einem TextBlock einen Zeilenumbruch einfügt.

Führen Sie Ihr Programm aus und stellen Sie sicher, dass die Ausgabe der im Screenshot auf dieser Seite entspricht.

Einige nützliche Tipps

- Vergessen Sie nicht, alle Anweisungen mit einem Semikolon abzuschließen:

```
name = "Tim";
```

- Sie können Ihrem Code Kommentare hinzufügen, indem Sie Zeilen zwei Schrägstriche voranstellen:

```
// Text wird ignoriert
```

- Variablen werden mit einem **Namen** und einem **Typ** deklariert (es gibt viele Typen, die Sie in Kapitel 4 kennenlernen):

```
int gewicht;
// gewicht ist ein int
```

- Der Code für eine Klasse und eine Methode steht zwischen geschweiften Klammern:

```
public void Los() {
  // Hier steht Ihr Code
}
```

- Meist ist zusätzlicher Leerraum kein Problem:

```
int j     =      1234  ;
```

ist das Gleiche wie:

```
int j = 1234;
```

Blättern Sie um, um das Programm abzuschließen!

Bedingungen aufstellen und prüfen

Nutzen Sie **if/else-Anweisungen**, um Ihrem Programm zu sagen, dass es bestimmte Dinge nur tun soll, wenn die von Ihnen aufgestellten **Bedingungen** (nicht) wahr sind.

Vergleichen Sie zwei Werte mit einem Vergleichsoperator, bezeichnet man das als Testbedingung.

1 Prüfen Sie Bedingungen mit logischen Operatoren.

Wir haben gerade den ==-Operator betrachtet, den man einsetzt, um zu prüfen, ob zwei Werte gleich sind. Es gibt noch ein paar weitere Operatoren. Versuchen Sie nicht, sich diese jetzt sofort einzuprägen – in den nächsten paar Kapiteln werden Sie sie noch gründlich kennenlernen:

- Der !=-Operator funktioniert ähnlich wie ==, ergibt aber wahr, wenn die verglichenen Dinge **nicht gleich** sind.
- Mit den Operatoren > und < können Zahlen verglichen werden, um zu prüfen, ob die eine größer oder kleiner als die andere ist.
- ==, !=, > und < werden als **Vergleichsoperatoren** bezeichnet. Nutzen Sie diese, um zwei Variablen oder Werte zu vergleichen, geben Sie eine **Testbedingung** an.
- Über den `&&`-Operator (der für UND steht) und den `||`-Operator (für ODER) können Sie Testbedingungen zu einem langen Test verknüpfen. Um zu prüfen, ob `i` gleich 3 oder `j` kleiner als 5 ist, schreiben Sie also `(i == 3) || (j < 5)`.

Denken Sie daran, Ihr Programm anzuhalten, bevor Sie das tun – die IDE lässt Sie den Code nicht bearbeiten, während das Programm läuft. Sie können das Programm beenden, indem Sie den Stopp-Button in der Symbolleiste anklicken oder im Menü Debuggen den Eintrag »Debugging beenden« wählen.

2 Eine Variable setzen und ihren Wert prüfen.

Hier ist der Code für den zweiten Button. Es ist eine `if/else`-Anweisung, die die int-**Variable** x darauf prüft, ob sie gleich 10 ist.

```
private void button2_Click(object sender, RoutedEventArgs e)
{
    int x = 5;
    if (x == 10)
    {
        dasLabel.Text = "x muss 10 sein";
    }
    else
    {
        dasLabel.Text = "x ist nicht 10";
    }
}
```

Erst richten wir eine Variable namens x ein und setzen sie auf 5. Dann prüfen wir, ob sie gleich 10 ist.

x ist nicht 10

Hier ist die Ausgabe. Schauen Sie, ob Sie eine Codezeile so ändern können, dass hier stattdessen »x muss 10 sein« steht.

3 EINE WEITERE BEDINGUNG EINFÜGEN.

Der dritte Button erzeugt die folgende Ausgabe. Ändern Sie ihn dann so, dass `einWert` auf 3 gesetzt wird statt auf 4. Der TextBlock wird zwei Mal aktualisiert, aber das geschieht so schnell, dass Sie es nicht sehen können. Setzen Sie auf der ersten Zeile einen Haltepunkt und lassen Sie die Methode schrittweise abarbeiten, indem Sie Alt-Tab nutzen, um wieder zur App zurückzuwechseln und zu prüfen, ob der TextBlock aktualisiert wird.

Diese Anweisung läuft immer.

Diese Zeile prüft, ob einWert gleich 3 und name gleich »Tim« ist.

```
private void button3_Click(object sender, EventArgs e)
{
    int einWert = 4;
    String name = "Richard";
    if ((einWert == 3) && (name.Equals("Tim")))
    {
        dasLabel.Text = "x ist 3 und der Name ist Tim.";
    }
    dasLabel.Text = "Diese Anweisung läuft immer.";
}
```

4 Fügen Sie Ihrem Programm Schleifen hinzu.

Hier ist der Code für den letzten Button. Er enthält zwei Schleifen. Die erste ist eine **`while`**-Schleife, die die Anweisungen innerhalb der geschweiften Klammern so lange wiederholt, wie die Bedingung wahr ist. Die zweite ist eine **`for`**-Schleife. Werfen Sie einen Blick darauf und sehen Sie sich an, wie sie funktioniert.

```
private void button4_Click(object sender, EventArgs e)
{
    int anzahl = 0;

    while (anzahl < 10)
    {
        anzahl = anzahl + 1;
    }

    for (int i = 0; i < 5; i++)
    {
        anzahl = anzahl - 1;
    }

    dasLabel.Text = "Die Antwort ist " + anzahl;
}
```

Diese Schleife wird wiederholt, solange die Variable anzahl kleiner als 10 ist.

Der zweite Teil der for-Anweisung ist der Test. Er bedeutet: »Schleife ausführen, solange i kleiner als fünf ist.« Der Text wird vor dem Codeblock ausgeführt, und der Block wird nur ausgeführt, wenn der Text wahr ist.

Das richtet die Schleife ein. Es setzt einfach die int-Variable, die in der Schleife verwendet wird, auf einen Wert.

Diese Anweisung wird am Ende jedes Schleifendurchlaufs ausgeführt. Hier wird i bei jedem Schleifendurchlauf eins hinzugefügt. Dieser Teil wird als Iterator bezeichnet und wird <u>unmittelbar nach</u> allen Anweisungen im Codeblock ausgeführt.

Lesen Sie den Code genau durch, bevor Sie auf den Button klicken, und versuchen Sie, herauszufinden, was angezeigt wird. Prüfen Sie dann, ob Sie richtig lagen.

Spitzen Sie Ihren Bleistift

Verschaffen wir uns etwas mehr Praxis mit Bedingungen und Schleifen. Werfen Sie einen Blick auf den Code unten. Kreisen Sie die Testbedingungen ein und füllen Sie die Lücken in den Kommentaren so aus, dass der ausgeführte Code genau beschrieben wird.

Die erste Aufgabe haben wir für Sie erledigt.

```
int ergebnis = 0; // Diese Variable enthält das Endergebnis.
int x = 6; // Deklariert die Variable x und setzt sie auf 6.
while (x > 3) {
  // Diese Anweisungen so lange ausführen, wie ..................

  ergebnis = ergebnis + x; // Addiere x ..................

  x = x - 1; // Subtrahiere ..................
}
for (int z = 1; z < 3; z = z + 1) {
  // Beginne eine Schleife, indem ..................
  // Durchlaufe die Schleife, solange ..................
  // .................. nach jedem Schleifendurchlauf ..................
  ergebnis = ergebnis + z; // ..................
}
// Die nächste Anweisung aktualisiert eine TextBox mit folgendem Text:
// ..................
dasLabel.Text = "Das Ergebnis ist " + ergebnis;
```

Mehr zu Testbedingungen

Sie können einfache Testbedingungen durchführen, indem Sie den Wert einer Variablen mit Vergleichsoperatoren prüfen. So können Sie die zwei Zahlen x und y vergleichen:

```
x < y (kleiner als)
x > y (größer als)
x == y (gleich – ja, mit zwei Gleichheitszeichen)
```

Diese Testbedingungen werden Sie am häufigsten verwenden.

MOMENT! GIBT'S DABEI NICHT EINEN HAKEN? WAS PASSIERT, WENN ICH EINE SCHLEIFE MIT EINEM TEST SCHREIBE, DER NIE FALSCH WIRD?

Dann läuft Ihre Schleife ewig!

Jedes Mal, wenn Ihr Programm eine Testbedingung überprüft, ist das Ergebnis entweder **`true`** oder **`false`**. Ist es **`true`**, durchläuft Ihr Programm die Schleife ein weiteres Mal. Jede Schleife sollte Code einschließen, der bewirkt, dass die Testbedingung **`false`** liefert, wenn er oft genug ausgeführt wurde. Tut sie das nicht, läuft die Schleife immer weiter, bis Sie das Programm abbrechen oder den Computer ausschalten!

Manchmal nennt man so etwas Endlosschleife. Und es gibt tatsächlich Situationen, in denen man sie in seinem Code braucht.

Spitzen Sie Ihren Bleistift – Lösung

Hier sind ein paar Schleifen. Schreiben Sie auf, ob die einzelnen Schleifen endlos laufen oder ob sie irgendwann enden. Wird eine beendet, schreiben Sie auf, wie oft die Schleife durchlaufen wird.

Schleife 1

```
int anzahl = 5;
while (anzahl > 0) {
   anzahl = anzahl * 3;
   anzahl = anzahl * -1;
}
```

Schleife 2

```
int i = 0;
while (i == 0) {
   anzahl = anzahl * 3;
   anzahl = anzahl * -1;
}
```

Schleife 3

```
int j = 2;
for (int i = 1; i < 100;
     i = i * 2)
{
   j = j - i;
   while (j < 25)
   {
      j = j + 5;
   }
}
```

Wie oft wird diese Anweisung ausgeführt? (→ `j = j - i;`)

Schleife 4

```
while (true) { int i = 1;}
```

Schleife 5

```
int p = 2;
for (int q = 2; q < 32;
     q = q * 2)
{
   while (p < q)
   {
      p = p * 2;
   }
   q = p - q;
}
```

Wie oft wird diese Anweisung ausgeführt? (→ `q = p - q;`)

*Tipp: Anfangs ist q 2. Überlegen Sie, wann der Iterator »q = q * 2« ausgeführt wird.*

Denken Sie daran: Die Testbedingung der Schleife wird vor Ausführung des Codeblocks ausgewertet, der Iterationsausdruck danach.

KOPFNUSS

Fällt Ihnen ein Grund ein, eine Schleife zu schreiben, die endlos läuft? (Tipp: In Kapitel 13 werden Sie eine einsetzen.)

Spitzen Sie Ihren Bleistift – Lösung

Verschaffen wir uns etwas mehr Praxis mit Bedingungen und Schleifen. Werfen Sie einen Blick auf den Code unten. Kreisen Sie die Testbedingungen ein und füllen Sie die Lücken in den Kommentaren so aus, dass der ausgeführte Code genau beschrieben wird.

```
int ergebnis = 0; // Diese Variable enthält das Endergebnis.
int x = 6; // Deklariert die Variable x und setzt sie auf 6
while (x > 3) {
  // Diese Anweisungen so lange ausführen, wie x größer als 3 ist
  ergebnis = ergebnis + x; // Addiere x der Variable ergebnis hinzu
  x = x - 1; // Subtrahiere 1 vom Wert von x
}
for (int z = 1; z < 3; z = z + 1) {
  // Beginne eine Schleife, indem eine Variable z deklariert und auf 1 gesetzt wird
  // Durchlaufe die Schleife, solange z kleiner als 3 ist
  // Addiere z nach jedem Schleifendurchlauf 1 hinzu.
  ergebnis = ergebnis + z; // Addiere ergebnis den Wert von z hinzu
}
// Die nächste Anweisung aktualisiert eine TextBox mit folgendem Text:
// Das Ergebnis ist 18
dasLabel.Text = "Das Ergebnis ist " + ergebnis;
```

Diese Schleife läuft zweimal – erst mit z gleich 1 und dann mit z gleich 2. Ist z gleich 3, wird die Schleife kein weiteres Mal durchlaufen.

Spitzen Sie Ihren Bleistift – Lösung

Hier sind ein paar Schleifen. Schreiben Sie auf, ob die einzelnen Schleifen endlos laufen oder ob sie irgendwann enden. Wird eine beendet, schreiben Sie auf, wie oft die Schleife durchlaufen wird.

Schleife 1
Wird einmal ausgeführt.

Schleife 2
Läuft endlos.

Schleife 3
Wird siebenmal ausgeführt.

Schleife 4
Noch eine Endlosschleife.

Schleife 5
Wird achtmal ausgeführt.

Das ist die perfekte Gelegenheit, den Debugger anzuschmeißen! Setzen Sie einen Haltepunkt auf die Anweisung q = p – q;, fügen Sie Überwachungen für die Variablen p und q ein und führen Sie die Schleife schrittweise aus.

Es gibt keine Dummen Fragen

F: Steckt der gesamte Code wirklich immer in einer Klasse?

A: Ja. Immer wenn ein C#-Programm etwas macht, liegt das daran, dass Anweisungen ausgeführt werden. Diese Anweisungen sind Bestandteile von Klassen, und diese Klassen sind Bestandteile von Namensräumen. Selbst wenn es scheint, als wäre etwas keine Anweisung in einer Klasse – beispielsweise wenn Sie mit dem Designer die Eigenschaft eines Objekts in einem Formular setzen –, werden Sie bei einem genauen Blick in Ihren Code feststellen, dass die IDE irgendwo in einer Klasse Anweisungen hinzugefügt oder geändert hat.

F: Gibt es Namensräume, die ich nicht verwenden darf? Gibt es welche, die ich verwenden *muss*?

A: . Haben Sie bemerkt, dass alle `using`-Zeilen am Anfang von C#-Klassendateien mit `System` beginnen? Das liegt daran, dass es einen Namensraum `System` gibt, der vom .NET Framework verwendet wird. In ihm finden Sie alle wichtigen Werkzeuge, die Ihren Programmen Macht verleihen – wie `System.Linq`, mit dem Sie Datensequenzen manipulieren können, und `System.IO`, mit dem Sie mit Dateien und Datenströmen arbeiten können. Aber meistens können Sie beliebige Namen für Namensräume wählen (solange diese nur Buchstaben, Zahlen und Unterstriche enthalten). Wenn Sie ein neues Programm erstellen, wählt die IDE auf Basis des Projektnamens automatisch einen Namensraum für Sie.

F: Das mit den partiellen Klassen verstehe ich noch nicht.

A: Mit partiellen Klassen können Sie den Code für eine Klasse auf mehrere Dateien aufteilen. Die IDE macht das, wenn sie ein Formular erzeugt – in einer Datei hält sie den Code, den Sie bearbeiten (wie *MainPage.xaml*), und in einer anderen den Code, den sie automatisch verändert (*MainPage.xaml.cs*). Mit einem Namensraum müssen Sie das allerdings nicht machen. Ein Namensraum kann zwei, drei oder auch zehn und mehr Dateien umspannen. Geben Sie einfach am Anfang der Datei eine Namensraumdeklaration an, und alles in den geschweiften Klammern hinter der Deklaration befindet sich im gleichen Namensraum. Eine Sache noch: In einer Datei können sich mehrere Klassen befinden und ebenso mehrere Namensräume. In den kommenden Kapiteln werden Sie noch viel mehr über Klassen lernen.

F: Nehmen wir an, ich ziehe etwas auf eine Seite und die IDE generiert automatisch einen Haufen Code. Was passiert, wenn ich dann »Rückgängig« anklicke?

A: Die Frage beantworten Sie am besten selbst, indem Sie es ausprobieren! Tun Sie etwas in der IDE, das diese Code für Sie generieren lässt. Ziehen Sie einen Button auf eine Seite, ändern Sie Eigenschaften. Versuchen Sie dann, es rückgängig zu machen. Was passiert? Sie sehen, dass die IDE clever genug ist, einfache Dinge selbstständig rückgängig zu machen. (Bei komplexeren Dingen wie der Arbeit mit Datenbanken könnten Sie gewarnt werden, dass Sie eine Änderung vornehmen wollen, die die IDE nicht rückgängig machen kann. Das wird Ihnen in diesem Buch aber nicht begegnen.)

F: Wie vorsichtig muss ich denn mit dem Code umgehen, den die IDE automatisch generiert hat?

A: In der Regel sollten Sie sehr vorsichtig sein. Es ist wirklich nützlich, wenn man weiß, was die IDE mit dem eigenen Code macht, und gelegentlich muss man wissen, was darin steckt, um ernsthafte Probleme zu beheben. Aber in den meisten Fällen können Sie alles, was Sie machen müssen, über die IDE tun.

Punkt für Punkt

- Mit Anweisungen weisen Sie das Programm an, Aktionen durchzuführen. Anweisungen stehen in Klassen und Klassen in Namensräumen.
- Anweisungen enden immer mit einem Semikolon (`;`).
- Die grafischen Werkzeuge in der Visual Studio IDE bewirken Codeänderungen in Ihrem Programm.
- Codeblöcke werden von geschweiften Klammern `{ }` eingeschlossen. Klassen, Schleifen und viele andere Anweisungen nutzen Blöcke.
- Eine Testbedingung ist entweder `true` oder `false`. Sie nutzen sie als Endbedingung einer Schleife oder in if/else-Anweisungen.
- Mit Variablen speichern Sie in Programmen Daten. Mit = weisen Sie Variablen einen Wert zu, mit == prüfen Sie, ob die Werte zweier Variablen gleich sind.
- Eine `while`-Schleife führt alles in ihrem Block aus, solange die *Testbedingung* `true` ist.
- Ist die Testbedingung `false`, läuft die Schleife nicht. Die Ausführung geht mit dem Code nach dem Schleifenblock weiter.

Code-Magneten

Die Teile eines C#-Programms sind vollkommen durcheinandergeraten. Können Sie die Codeschnipsel so anordnen, dass sie ein funktionierendes C#-Programm ergeben, das die Ausgabe in dem Screenshot unten hervorbringt? Einige der geschweiften Klammern sind zu Boden gefallen. Sie waren einfach zu klein, um sie aufzuheben. Fügen Sie also so viele davon hinzu, wie Sie benötigen! (Sie werden auf alle Fälle einige davon brauchen. Setzen Sie sie also ein.)

```
string ergebnis = "";
```

Dieser Magnet ist an seinem alten Platz geblieben.

Das "" ist der leere String – dies bedeutet, dass das Ergebnis noch keine Zeichen enthält.

```
ausgabe.Text = ergebnis;
```

```
if (x == 1) {
ergebnis = ergebnis + "d";
x = x - 1;
}
```

```
if (x == 2) {
ergebnis = ergebnis + "b c";
}
```

```
if (x > 2) {
ergebnis = ergebnis + "a";
}
```

```
int x = 3;
```

```
x = x - 1;
ergebnis = ergebnis + "-";
```

```
while (x > 0) {
```

Ausgabe:

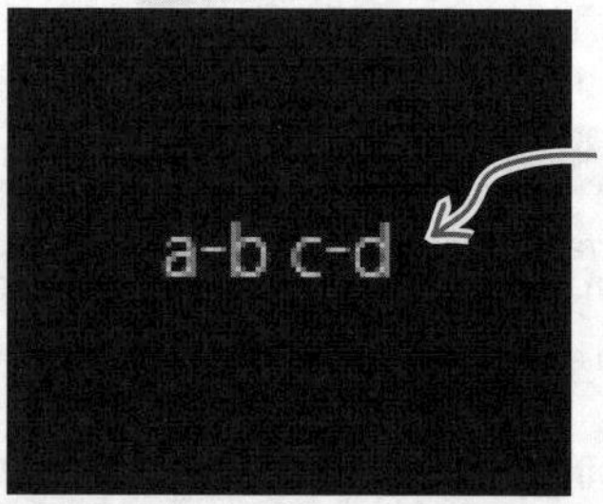
a-b c-d

Das ist ein TextBlock namens »ausgabe«, den das Programm aktualisiert, indem es seine Text-Eigenschaft setzt.

→ Antworten auf Seite 86.

Wir halsen Ihnen in diesem Buch eine Menge Übungen wie diese auf. Die Lösung werden wir Ihnen in ein paar Seiten geben. Sollten Sie hängen bleiben, dürfen Sie bloß nicht zögern, bei der Antwort ein wenig zu spinksen. Mit Mogeln hat das nichts zu tun!

Sie werden in diesem Buch eine Menge Anwendungen erstellen und sollten diesen jeweils unterschiedliche Namen geben. Verwenden Sie für diese beispielsweise den Namen »IfElseÜbung«. Es kann hilfreich sein, die Programme für ein Kapitel in das gleiche Verzeichnis zu stecken.

ÜBUNG

Zeit für eine Übung zur Verwendung von if/else-Anweisungen. Können Sie das folgende Programm erstellen?

Bauen Sie diese Seite.
Sie hat ein Grid mit zwei Zeilen und zwei Spalten.

Wenn Sie zwei Zeilen erstellen und die Zeilenhöhe der einen auf 1* setzen, scheint sie zu verschwinden, weil sie zu einer winzigen Größe zusammengefaltet wird. Aber setzen Sie die andere Zeile auch auf 1*, erscheint sie wieder.

Ein Button und eine CheckBox
Ziehen Sie eine Checkbox und einen Button auf Ihre Seite. Setzen Sie den Namen des Buttons auf `textÄndern` und den Namen der CheckBox auf `checkAktivieren`. Nutzen Sie die Text bearbeiten-Option des Kontextmenüs, um Text für beide Steuerelemente zu setzen (beenden Sie die Bearbeitung des Texts, indem Sie Escape drücken). Klicken Sie mit rechts auf beide Steuerelemente und wählen Sie Layout zurücksetzen → Alle. Prüfen Sie dann, ob für beide VerticalAlignment und HorizontalAlignment auf `Center` gesetzt ist.

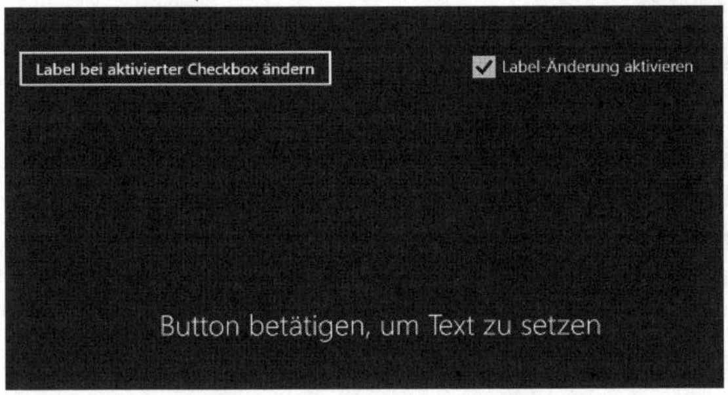
Label bei aktivierter Checkbox ändern
Label-Änderung aktivieren
Button betätigen, um Text zu setzen

Ein TextBlock.
Dieser TextBlock entspricht dem aus dem letzten Projekt fast vollkommen. Geben Sie diesem den Namen `labelText` und setzen Sie die Eigenschaft `Grid.Row` auf `"1"`.

Setzen Sie den TextBlock auf die folgende Nachricht, wenn der Button angeklickt ist, während die Checkbox NICHT ausgewählt ist.
Hier ist die Bedingung, die prüft, ob die Checkbox ausgewählt ist:

```
checkAktivieren.IsChecked == true
```

Textänderung deaktiviert

Ergibt dieser Ausdruck **NICHT** wahr, soll Ihr Programm zwei Anweisungen ausführen:

```
labelText.Text = "Textänderung deaktiviert";
labelText.HorizontalAlignment = HorizontalAlignment.Center;
```

Tipp: Dieser Code kommt in den else-Block.

Wird der Button bei AKTIVIERTER Checkbox angeklickt, wird der TextBlock so geändert, dass entweder auf der rechten Seite Links oder auf der linken Seite Rechts anzeigt wird.

Wenn die Text-Eigenschaft des Labels den Wert »`Rechts`« hat, soll der Text auf »`Links`« und `HorizontalAlignment` auf `HorizontalAlignment.Left` gesetzt werden. Andernfalls soll der Text auf »`Rechts`« und `HorizontalAlignment` auf `HorizontalAlignment.Right` gesetzt werden. Das sollte das Label hin- und herschalten, wenn der Button angeklickt wird – aber nur wenn die Checkbox aktiviert ist.

Pool-Puzzle

Sie haben die ***Aufgabe***, die leeren Zeilen im Code mit den Codeschnipseln aus dem Pool zu füllen. Jedes Schnipsel **darf** nur einmal verwendet werden, und Sie werden nicht alle Schnipsel benötigen. Das ***Ziel*** ist es, eine Klasse zu erstellen, die sich kompilieren lässt und die gezeigte Ausgabe erzeugt. Lassen Sie sich nicht täuschen – das ist schwerer, als es aussieht.

```
int x = 0;
string vers = "";

while ( ________ ) {

    ____________________
    if ( x < 1 ) {
      __________________
    }
    ____________________

    if ( ______ ) {

      __________________

      __________________
    }
    if ( x == 1 ) {

      __________________
    }
    if ( ______ ) {

      __________________
    }

    ____________________
}
____________________
```

Ausgabe:

da sagt dasitzend das kind
Ein weiterer TextBlock mit dem Namen ausgabe.

Auf diese »Pool-Puzzle«-Übungen werden Sie im gesamten Buch stoßen. Sie sollen Ihren kleinen grauen Zellen ein extrahartes Training verschaffen. Wenn Sie verzwickte Logikrätsel mögen, wird Ihnen das hier gefallen. Wenn nicht, probieren Sie es trotzdem – und haben Sie keine Angst, einen Blick auf die Lösung zu werfen, um zu sehen, was zu tun ist. Und sollten Sie bei einem Pool-Puzzle gar nicht weiterwissen, übergehen Sie es einfach!

Hinweis: Jeder Schnipsel darf nur einmal verwendet werden.

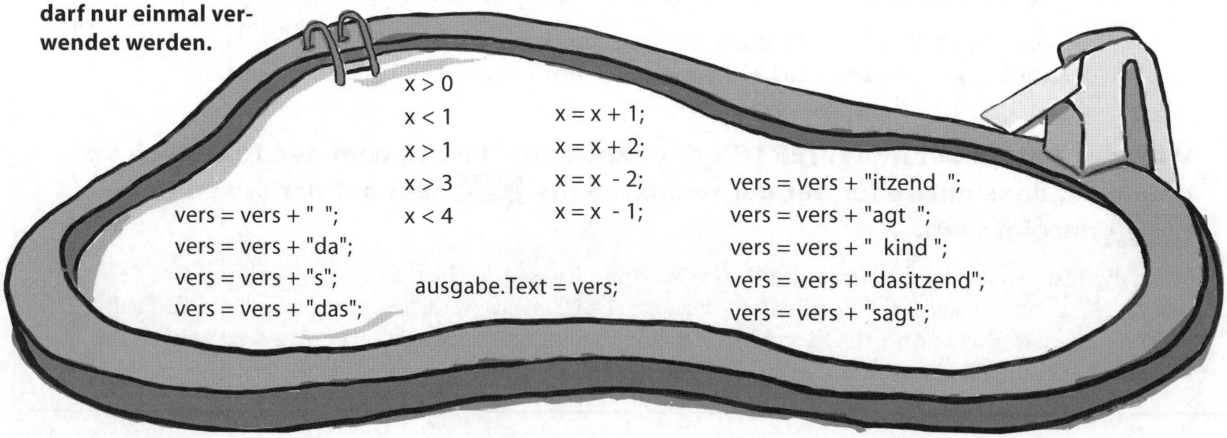
x > 0
x < 1
x > 1
x > 3
x < 4
x = x + 1;
x = x + 2;
x = x - 2;
x = x - 1;
vers = vers + " ";
vers = vers + "da";
vers = vers + "s";
vers = vers + "das";
ausgabe.Text = vers;
vers = vers + "itzend ";
vers = vers + "agt ";
vers = vers + " kind ";
vers = vers + "dasitzend";
vers = vers + "sagt";

LÖSUNG ZUR ÜBUNG

Zeit für eine Übung zur Verwendung von if/else-Anweisungen. Können Sie dieses Programm erstellen?

Wie üblich haben wir Zeilenumbrüche eingefügt, um den Code besser lesbar zu machen.

Hier ist der XAML-Code für das Grid:

```
<Grid Background="{StaticResource ApplicationPageBackgroundThemeBrush}">
    <Grid.RowDefinitions>
        <RowDefinition/>
        <RowDefinition/>
    </Grid.RowDefinitions>
    <Grid.ColumnDefinitions>
        <ColumnDefinition/>
        <ColumnDefinition/>
    </Grid.ColumnDefinitions>

    <Button x:Name="textÄndern" Content="Label bei aktivierter Checkbox ändern"
            HorizontalAlignment="Center" Click="textÄndern_Click"/>

    <CheckBox x:Name="checkAktivieren" Content="Labeländerung aktivieren"
              HorizontalAlignment="Center" IsChecked="true" Grid.Column="1"/>

    <TextBlock x:Name="labelText" Grid.Row="1" TextWrapping="Wrap"
               Text="Button betätigen, um Text zu setzen"
               HorizontalAlignment="Center" VerticalAlignment="Center"
               Grid.ColumnSpan="2"/>
</Grid>
```

Wenn Sie im Designer doppelt auf den Button geklickt haben, bevor Sie seinen Namen geändert haben, ist eventuell ein Click-Event-Handler mit dem Namen Button_Click_1() statt mit dem Namen textÄndern_Click() erstellt worden.

Und hier ist der C#-Code für den Event-Handler für den Button:

```
private void textÄndern_Click(object sender, RoutedEventArgs e)
{
    if (checkAktivieren.IsChecked == true)
    {
        if (labelText.Text == "Rechts")
        {
            labelText.Text = "Links";
            labelText.HorizontalAlignment = HorizontalAlignment.Left;
        }
        else
        {
            labelText.Text = "Rechts";
            labelText.HorizontalAlignment = HorizontalAlignment.Right;
        }
    }
    else
    {
    labelText.Text = "Textänderung deaktiviert";
    labelText.HorizontalAlignment = HorizontalAlignment.Center;
    }
}
```

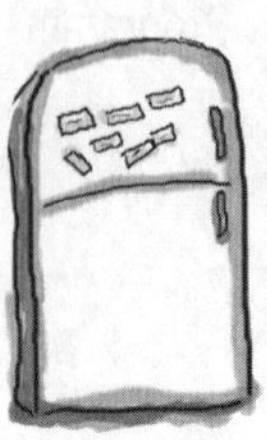

Code-Magneten, Lösung

```
string ergebnis = "";

int x = 3;

while (x > 0)

{

    if (x > 2) {
    ergebnis = ergebnis + "a";
    }

    x = x - 1;
    ergebnis = ergebnis + "-";

    if (x == 2) {
    ergebnis = ergebnis + "b c";
    }

    if (x == 1) {
    ergebnis = ergebnis + "d";
    x = x - 1;
    }

}

ausgabe.Text = ergebnis;
```

Dieser Magnet ist an seinem alten Platz geblieben.

Beim ersten Schleifendurchlauf ist x gleich 3. Diese Testbedingung liefert also wahr.

Beim ersten Schleifendurchlauf macht diese Anweisung x gleich 2 und beim zweiten gleich 1.

Pool-Puzzle, Lösung

```
int x = 0;
string vers = "";

while ( x < 4 ) {

  vers = vers + "da";
  if ( x < 1 ) {
    vers = vers + " ";
  }
  vers = vers + "s";

  if ( x > 1 ) {

    vers = vers + " kind";

    x = x + 2;
  }
  if ( x == 1 ) {

    vers = vers + "itzend ";
  }
  if ( x < 1 ) {

    vers = vers + "agt ";
  }

  x = x + 1;
}
ausgabe.Text = vers;
```

Haben Sie eine andere Lösung gefunden? Geben Sie sie in die IDE ein und schauen Sie, ob sie funktioniert! Es gibt mehrere richtige Lösungen für das Pool-Puzzle.

Wenn Sie eine richtige Herausforderung suchen, schauen Sie, ob Sie auf die andere Lösung kommen! Ein Tipp: Die andere Lösung behält die Wortfragmente in der richtigen Reihenfolge! Sollten Sie zuerst jene Lösung gefunden haben, schauen Sie sich an, wie die hier präsentierte Lösung funktioniert.

Windows Desktop-Apps lassen sich leicht erstellen

Windows 8 hat uns Windows Store-Apps gebracht, die allen eine ganz neue Möglichkeit boten, unter Windows Software zu verwenden. Aber es sind nicht die einzigen Arten von Programmen, die Sie mit Visual Studio erstellen können. Sie können Visual Studio für Windows Desktop nutzen, um **Windows Desktop-Anwendungen** zu bauen, die auf Ihrem Windows 8-Desktop laufen.

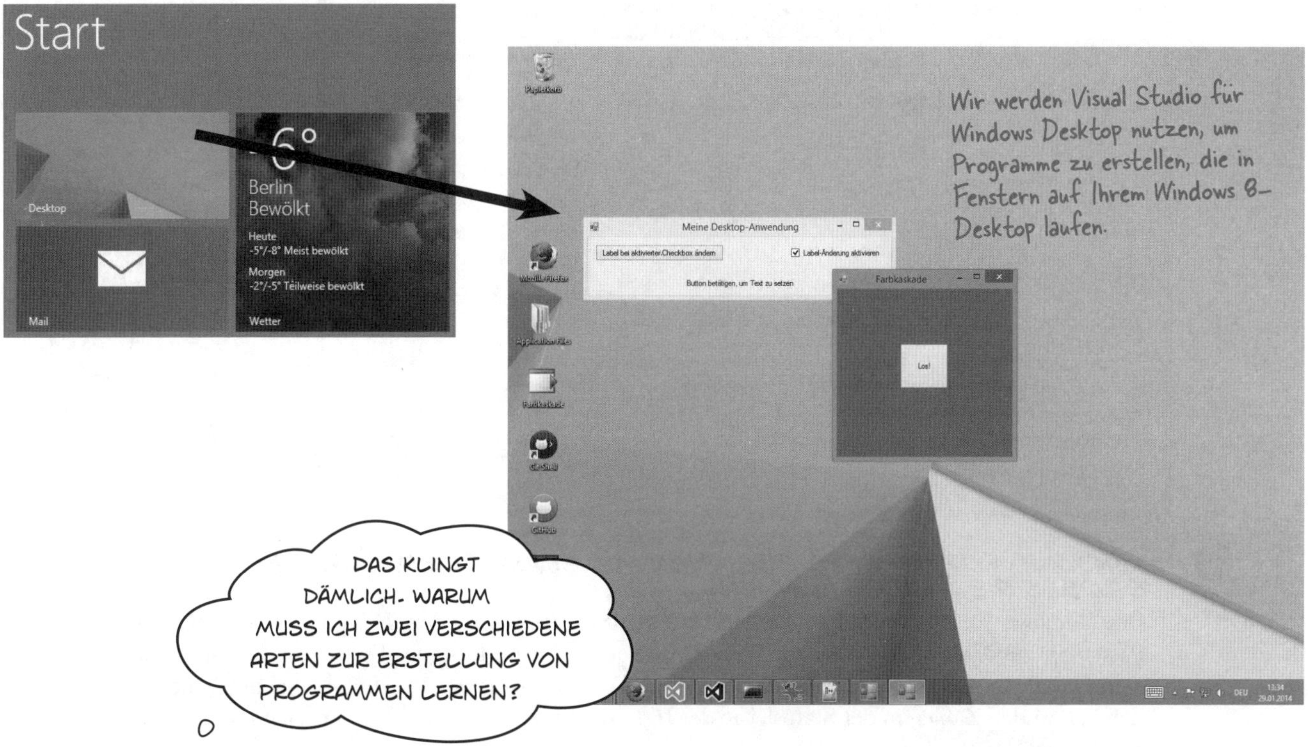
Start
Desktop
Berlin
Bewölkt
Heute
-5°/-8° Meist bewölkt
Morgen
-2°/-5° Teilweise bewölkt
Mail
Wetter
Meine Desktop-Anwendung
Farbkaskade
Los!
Wir werden Visual Studio für Windows Desktop nutzen, um Programme zu erstellen, die in Fenstern auf Ihrem Windows 8-Desktop laufen.
DAS KLINGT DÄMLICH. WARUM MUSS ICH ZWEI VERSCHIEDENE ARTEN ZUR ERSTELLUNG VON PROGRAMMEN LERNEN?

Windows Desktop-App sind ein effizientes Lernmittel

Wir werden die nächsten Kapitel damit verbringen, Programme mit Visual Studio für Windows Desktop zu erstellen, bevor wir wieder zu Windows Store-Apps zurückkehren werden. Der Grund dafür ist, dass Windows Desktop-Apps in vielerlei Hinsicht einfacher sind. Sie mögen vielleicht nicht ganz so schick aussehen. Auch sind sie, was noch wichtiger ist, nicht in Windows 8 integriert und bieten deswegen nicht die wunderbare und konsistente Benutzerschnittstelle, die Windows Store-Apps Ihnen bieten. Aber es gibt eine Menge wichtiger grundlegender Konzepte, die Sie beherrschen müssen, um Windows Store-Apps effektiv zu erstellen. Die Windows Desktop-Programmierung ist ein **ausgezeichnetes Mittel, diese grundlegenden Konzepte zu erforschen**. Der Programmierung von Windows Store-Apps werden wir uns wieder zuwenden, wenn wir diese Grundlage gelegt haben.

Ein weiterer guter Grund, die Windows Desktop-Programmierung zu erlernen, ist, dass Sie mehrere Möglichkeiten sehen, eine Aufgabe zu lösen. Das hilft dem Verständnis von Konzepten ungemein. Blättern Sie um, dann werden Sie sehen, wie wir das meinen ...

Die App für Windows Desktop neu erstellen

Starten Sie Visual Studio 2013 für Windows Desktop und erstellen Sie ein neues Projekt. Diesmal werden Sie andere Optionen sehen. Klicken Sie auf Visual C# und Windows und **erstellen Sie ein neues Windows Forms-Anwendung-Projekt.**

Tun Sie das!

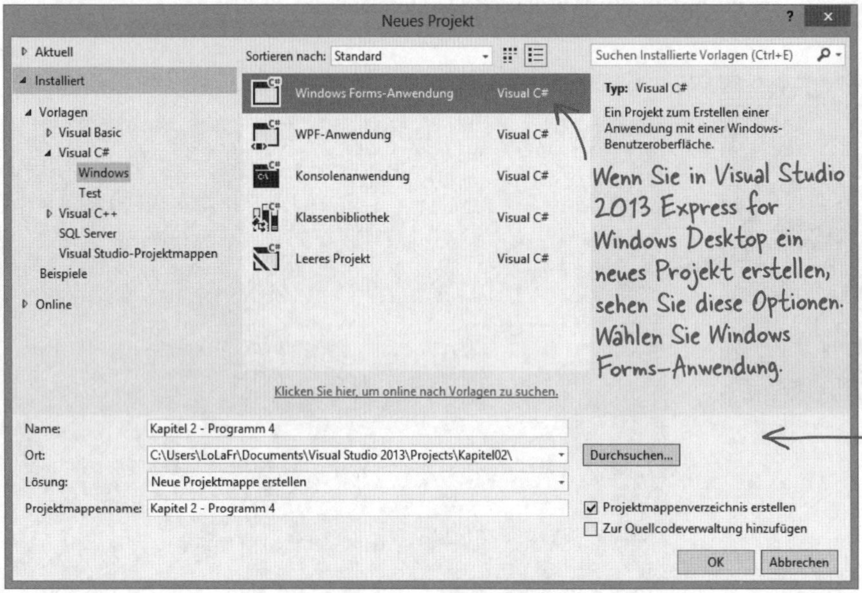

Neues Projekt
Aktuell
Installiert
Vorlagen
Visual Basic
Visual C#
Windows
Test
Visual C++
SQL Server
Visual Studio-Projektmappen
Beispiele
Online
Sortieren nach: Standard
Suchen Installierte Vorlagen (Ctrl+E)
Windows Forms-Anwendung Visual C#
WPF-Anwendung Visual C#
Konsolenanwendung Visual C#
Klassenbibliothek Visual C#
Leeres Projekt Visual C#
Typ: Visual C#
Ein Projekt zum Erstellen einer Anwendung mit einer Windows-Benutzeroberfläche.
Klicken Sie hier, um online nach Vorlagen zu suchen.
Name: Kapitel 2 - Programm 4
Ort: C:\Users\LoLaFr\Documents\Visual Studio 2013\Projects\Kapitel02\
Durchsuchen...
Lösung: Neue Projektmappe erstellen
Projektmappenname: Kapitel 2 - Programm 4
Projektmappenverzeichnis erstellen
Zur Quellcodeverwaltung hinzufügen
OK
Abbrechen

Wenn Sie in Visual Studio 2013 Express for Windows Desktop ein neues Projekt erstellen, sehen Sie diese Optionen. Wählen Sie Windows Forms-Anwendung.

Eigentlich sollten Sie einen besseren Namen als »Kapitel 2 – Programm 4« wählen. Wir nutzen hier mit Absicht einen Namen, der Leerzeichen und einen Bindestrich enthält, damit Sie sehen, welche Auswirkungen das auf den Namensraum hat.

1 ***WINDOWS FORMS-APPS BEGINNEN MIT EINEM FORMULAR, DESSEN GRÖSSE SIE ÄNDERN KÖNNEN.***

Ihre Windows Forms-Anwendung hat ein Hauptfenster, das Sie mit dem Designer in der IDE gestalten. Passen Sie zunächst seine Größe an: 500 × 130. Suchen Sie im Designer-Fenster am Formular nach dem Handle und ziehen Sie es, um die Größe des Fensters anzupassen. Achten Sie beim Ziehen auf die sich ändernden Zahlen in der Statusleiste der IDE, die Ihnen die neue Größe anzeigen. Ziehen Sie, bis Sie dort 500 x 130 sehen.

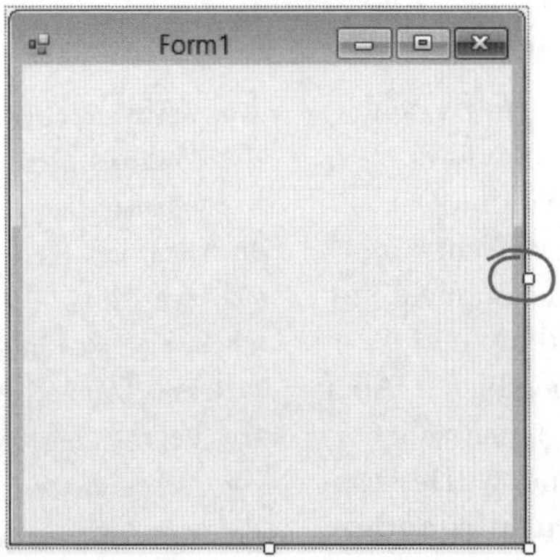

Form1

Ziehen Sie dieses Handle, bis Ihr Formular die richtige Größe hat.

So sollte Ihr Formular anschließend aussehen.

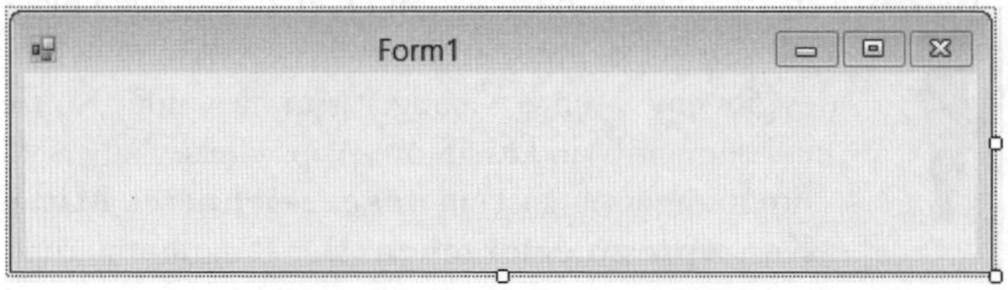

Form1

2 ÄNDERN SIE DEN TITEL IHRES FORMULARS.

Aktuell hat das Formular den Standardtitel »Form1«. Diesen können Sie modifizieren, indem Sie auf das Formular klicken, um es auszuwählen, und dann die Eigenschaft `Text` im Eigenschaften-Fenster ändern.

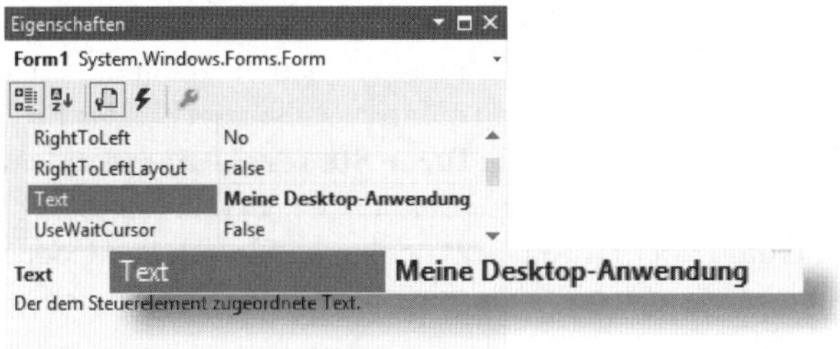
Eigenschaften
Form1 System.Windows.Forms.Form
RightToLeft No
RightToLeftLayout False
Text Meine Desktop-Anwendung
UseWaitCursor False
Text
Der dem Steuerelement zugeordnete Text.

3 BUTTON, CHECKBOX UND LABEL.

Öffnen Sie den Werkzeugkasten, ziehen Sie einen Button, eine CheckBox und ein Label auf Ihr Formular.

Aufgepasst

Achten Sie darauf, dass Sie die richtige Visual Studio-Version nutzen

*Wenn Sie die Express-Version von Visual Studio 2013 nutzen, müssen Sie zwei Versionen installieren. Sie haben Visual Studio 2013 für Windows 8 genutzt, um Windows Store-Apps zu erstellen. Jetzt benötigen Sie **Visual Studio 2013 für Windows Desktop**. Glücklicherweise bietet Microsoft beide Express-Versionen kostenlos an.*

Werkzeugkasten

Werkzeugkasten

Sie können den Werkzeugkasten ausklappen, indem Sie im Ansicht-Menü »Werkzeugkasten« wählen oder indem Sie auf den Werkzeugkasten-Tab an der Seite der IDE klicken. Dass er verschwindet, können Sie verhindern, indem Sie das Stecknadelsymbol (▭) im Werkzeugkasten-Fenster anklicken. Sie können auch den Fenstertitel ziehen, um den Werkzeugkasten über dem Fenster schweben zu lassen.

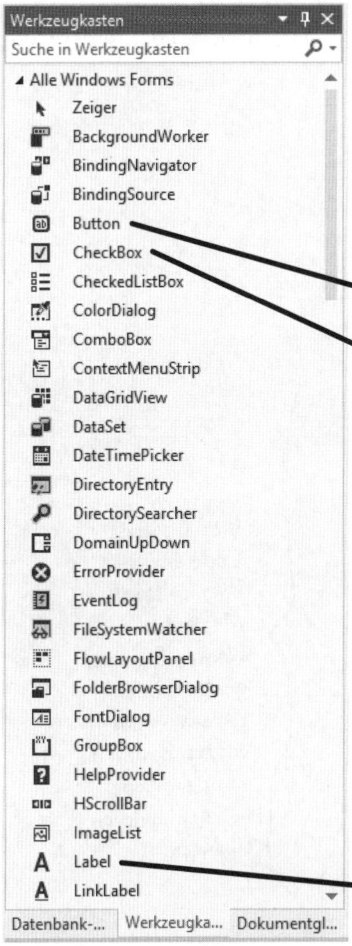
Werkzeugkasten
Suche in Werkzeugkasten
Alle Windows Forms
Zeiger
BackgroundWorker
BindingNavigator
BindingSource
Button
CheckBox
CheckedListBox
ColorDialog
ComboBox
ContextMenuStrip
DataGridView
DataSet
DateTimePicker
DirectoryEntry
DirectorySearcher
DomainUpDown
ErrorProvider
EventLog
FileSystemWatcher
FlowLayoutPanel
FolderBrowserDialog
FontDialog
GroupBox
HelpProvider
HScrollBar
ImageList
Label
LinkLabel
Datenbank-...
Werkzeugka...
Dokumentgl...

Diese Abstandlinien helfen Ihnen, Ihre Steuerelemente zu positionieren.

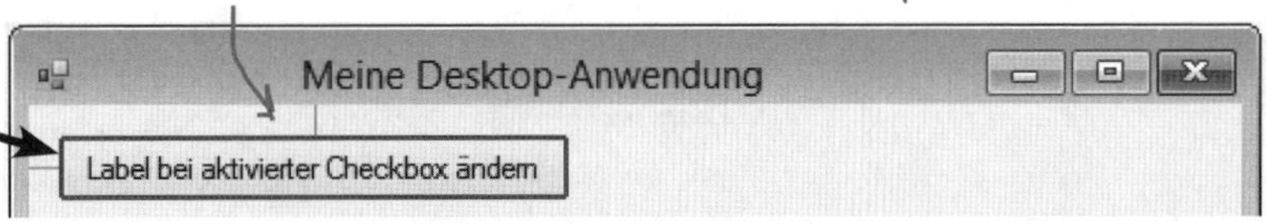
Meine Desktop-Anwendung
Label bei aktivierter Checkbox ändern

Auf der nächsten Seite werden Sie das Eigenschaften-Fenster nutzen, um den Text auf allen Steuerelementen zu ändern und den Status der CheckBox auf checked setzen. Probieren Sie das selbst erst mal, bevor Sie umblättern!

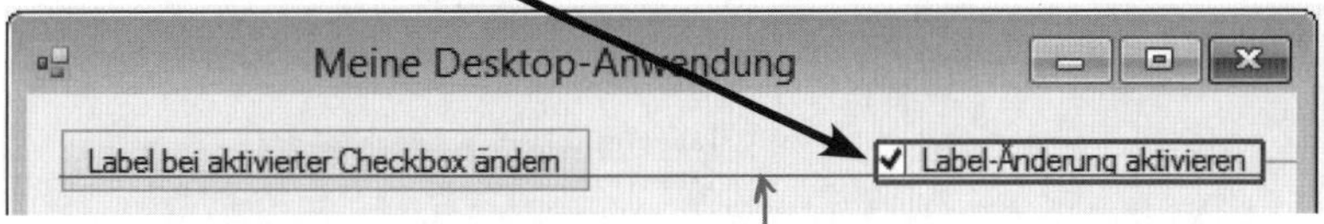
Meine Desktop-Anwendung
Label bei aktivierter Checkbox ändern
Label-Änderung aktivieren

Die IDE hilft Ihnen bei der Ausrichtung Ihrer Steuerelemente, indem sie Ausrichtungslinien anzeigt, während Sie sie im Formular verschieben.

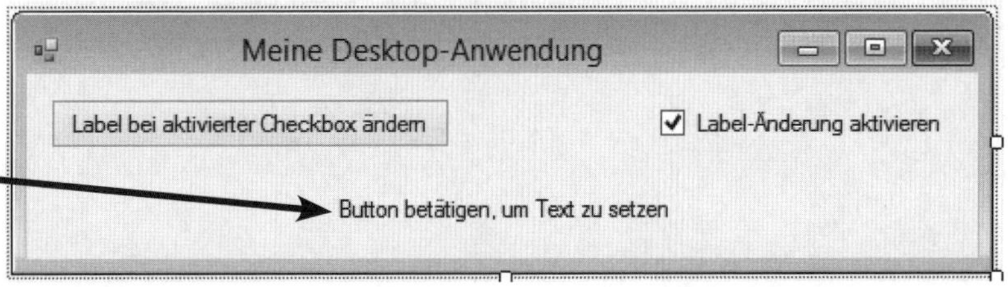
Meine Desktop-Anwendung
Label bei aktivierter Checkbox ändern
Label-Änderung aktivieren
Button betätigen, um Text zu setzen

Tipp: Sie müssen die Eigenschaft AutoSize nutzen, um dem Label das richtige Aussehen zu verleihen.

4 NUTZEN SIE DAS EIGENSCHAFTEN-FENSTER, UM STEUERELEMENTE EINZURICHTEN.

Wählen Sie das Button-Steuerelement aus. Setzen Sie dann im Eigenschaften-Fenster die Eigenschaft `Text`:

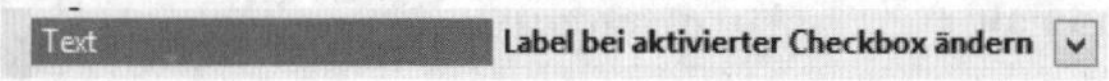
Text
Label bei aktivierter Checkbox ändern

Ändern Sie die `Text`-Eigenschaft für die Checkbox und das Label so, dass sie dem Screenshot auf der nächsten Seite entsprechen, und setzen die `Checked`-Eigenschaft der Checkbox auf `True`. Wählen Sie dann das Label und setzen Sie TextAlign auf `MiddleCenter`. Nutzen Sie das Eigenschaften-Fenster, um **die Namen Ihrer Steuerelemente zu setzen**. Nennen Sie den Button `textÄndern`, die CheckBox `checkAktivieren` und das Label `labelText`. Schauen Sie sich den Code unten genau an und schauen Sie, ob Sie erkennen, wie diese Namen dort verwendet werden.

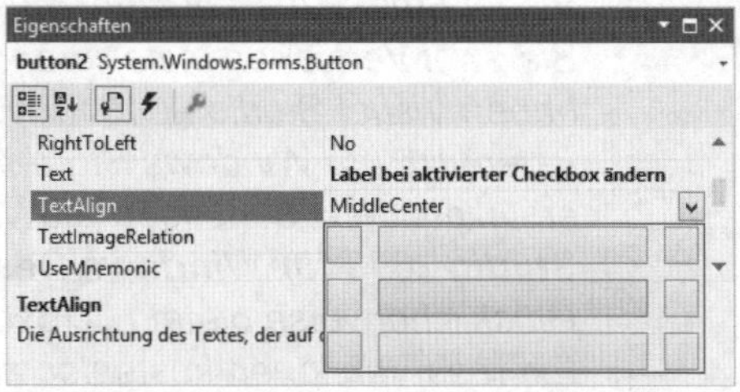
Eigenschaften
button2 System.Windows.Forms.Button
RightToLeft
No
Text
Label bei aktivierter Checkbox ändern
TextAlign
MiddleCenter
TextImageRelation
UseMnemonic
TextAlign
Die Ausrichtung des Textes, der auf

Ändern Sie die Eigenschaft `AutoSize` des Labels auf `False`. Labels passen ihre Größe normalerweise automatisch an ihren Inhalt an. Die Deaktivierung von `AutoSize` bewirkt, dass Handles zum Ziehen angezeigt werden. Nutzen Sie diese, **um dem Label die gesamte Breite des Fensters zu geben**.

5 FÜGEN SIE DIE EVENT-HANDLER-METHODE FÜR IHREN BUTTON EIN.

Klicken Sie doppelt auf den Button, damit die IDE eine Event-Handler-Methode generiert. Hier ist der Code:

Form1.cs
Kapitel_2___Programm_4.Form1 | textÄndern_Click(object sender, EventArgs e)

```
namespace Kapitel_2___Programm_4
{
    public partial class Form1 : Form
    {
        public Form1()
        {
            InitializeComponent();
        }

        private void textÄndern_Click(object sender, EventArgs e)
        {
            if (checkAktivieren.Checked == true)
            {
                if (labelText.Text == "Rechts")
                {
                    labelText.Text = "Links";
                    labelText.TextAlign = ContentAlignment.MiddleLeft;
                }
                else
                {
                    labelText.Text = "Rechts";
                    labelText.TextAlign = ContentAlignment.MiddleRight;
                }
            }
            else
            {
                labelText.Text = "Textänderung deaktiviert";
                labelText.TextAlign = ContentAlignment.MiddleCenter;
            }
        }
    }
}
```

100 %

Als Sie doppelt auf den Button klickten, hat die IDE diesen Event-Handler mit dem Namen textÄndern_Click() generiert, der dem Namen Ihres Buttons entspricht, textÄndern.

Hier ist der Code für die Event-Handler-Methode. Werfen Sie einen genauen Blick darauf – was unterscheidet ihn von dem Code aus den anderen Übungen?

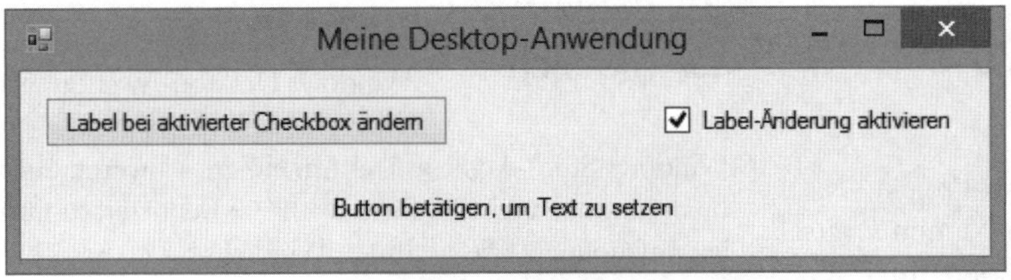
Meine Desktop-Anwendung
Label bei aktivierter Checkbox ändern
Label-Änderung aktivieren
Button betätigen, um Text zu setzen

Das Programm in der IDE debuggen.

Wenn Sie das tun, erstellt die IDE Ihr Programm und führt es aus. Dann wird das für Sie erstellte Hauptfenster geöffnet. Probieren Sie, den Button und die Checkbox zu bedienen.

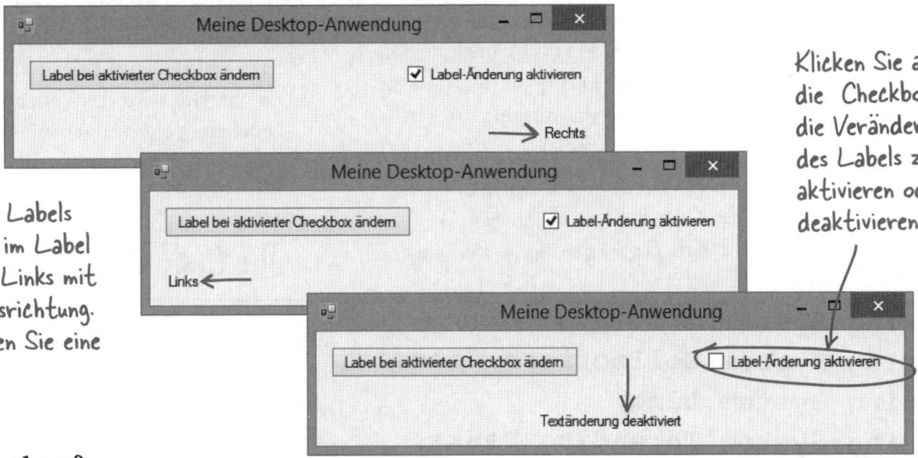
Meine Desktop-Anwendung
Label bei aktivierter Checkbox ändern
Label-Änderung aktivieren
Rechts
Meine Desktop-Anwendung
Label bei aktivierter Checkbox ändern
Label-Änderung aktivieren
Links
Meine Desktop-Anwendung
Label bei aktivierter Checkbox ändern
Label-Änderung aktivieren
Textänderung deaktiviert

Klicken Sie auf die Checkbox, um die Veränderung des Labels zu aktivieren oder zu deaktivieren.

Wenn die Änderung des Labels aktiviert ist, sehen Sie im Label entweder Rechts oder Links mit der entsprechenden Ausrichtung. Ist sie deaktiviert, sehen Sie eine zentrierte Nachricht.

Spitzen Sie Ihren Bleistift

Ergänzen Sie Anmerkungen, die die korrespondierenden Zeilen in dieser C#-Datei erläutern. Wir haben Ihnen die erste Anmerkung vorgegeben. Haben Sie eine **Idee**, was die letzte Anmerkung aussagen sollte?

```
using System;
using System.Linq;
using System.Text;
using System.Windows.Forms;

namespace NamensraumX

{

      class KlasseX {

            public static void MachWas() {

                  MessageBox.Show("Das ist eine Nachricht");

            }

      }

}
```

C#-Klassen haben diese »using«-Zeilen, die Methoden aus anderen Namensräumen einbinden.

Hier ist ein Hinweis. MessageBox ist Ihnen noch nicht begegnet, ist aber etwas, das viele Desktopanwendungen nutzen. Wie die meisten Klassen und Methoden hat sie einen vernünftigen Namen.

Lösung auf Seite 95

Ihre Desktop-App weiß, wo sie anfangen muss

Wenn Sie ein neues Windows Forms Application-Projekt erstellen, wird von der IDE eine Datei mit dem Namen *Program.cs* erzeugt. Nutzen Sie den Projektmappen-Explorer, um doppelt darauf zu klicken. Sie enthält eine Klasse names `Program`, die ihrerseits eine Methode namens `Main()` enthält. Diese Methode ist der **Einstiegspunkt**. Das bedeutet, dass sie das Allererste aus Ihrem Programm ist, das ausgeführt wird.

Entspannen Sie sich

Desktop-Apps sind anders, und das kann äußerst lehrreich sein.

Windows Desktop-Awendungen sind erheblich weniger glatt als Windows Store-Apps, weil es um einiges schwerer (aber nicht unmöglich) ist, so fortschrittliche Benutzerschnittstellen aufzubauen, wie sie Ihnen Windows Store-Apps bieten. Und das ist für den Augenblick auch gut so! Weil sie so einfach und geradlinig sind, sind Desktop-Apps ein ausgezeichnetes Mittel zum Erlernen der grundlegenden C#-Konzepte. Das wird das Verständnis von Windows Store-Apps erleichtern, wenn wir später zu ihnen zurückkehren.

Hier ist etwas Code, den die IDE im letzten Kapitel automatisch für Sie erstellt hat. Sie finden ihn in Program.cs.

Ihr Code unter der Lupe

```
using System;
using System.Collections.Generic;
using System.Linq;
using System.Threading.Tasks;
using System.Windows.Forms;

namespace Kapitel_2___Programm_4
{
    static class Program
    {
        /// <summary>
        /// The main entry point for the application.
        /// </summary>
        [STAThread]
        static void Main()
        {
            Application.EnableVisualStyles();
            Application.SetCompatibleTextRenderingDefault(false);
            Application.Run(new Form1());
        }
    }
}
```

Die IDE hat diesen Namensraum auf Basis des Projektnamens generiert. Wir haben unser Projekt »Kapitel 2 – Programm 4« genannt. Das wird also zum Namensraum, den die IDE für uns generiert. Wir haben einen Namen mit Leerzeichen und einem Bindestrich gewählt, um Ihnen zu zeigen, dass die IDE sie im Namensraum in Unterstriche umwandelt.

Zeilen, die mit zwei oder mehr Leerzeichen beginnen, sind Kommentare, von denen Sie beliebig viele einbauen können. Die Schrägstriche sagen C#, dass das nachfolgende ignoriert werden soll.

Jedes Mal, wenn Sie Ihr Programm starten, beginnt die Ausführung hier beim Einstiegspunkt.

Diese Anweisung erstellt das Formular und zeigt es an und beendet das Programm, wenn das Formular geschlossen wird.

Ich deklariere!

Die erste Zeile jeder Klasse oder Methode nennt man Deklaration.

Denken Sie daran, dass das nur der Punkt ist, an dem Sie beginnen, sich genauer mit dem Code zu befassen. Aber bevor Sie das tun, müssen Sie wissen, was Sie sich ansehen.

Hier finden Sie ein paar Grundlagen zu Desktopanwendungen. Auf den folgenden Seiten werden Sie einige davon zum Einsatz bringen, damit Sie sehen können, was im Hintergrund passiert. Aber bei der Erstellung von Desktopanwendungen werden Sie hauptsächlich damit beschäftigt sein, Steuerelemente aus dem Werkzeugkasten auf ein Formular zu ziehen und natürlich den C#-Code zu bearbeiten.

1 C# und .NET haben viele eingebaute Features.
Zeilen wie diese finden Sie zu Beginn fast jeder C#-Klassendatei. `System.Windows.Forms` ist ein **Namensraum**. Die Zeile `using System.Windows.Forms` macht Ihrem Programm alles verfügbar, das sich in diesem Namensraum befindet. Dieser spezielle Namensraum enthält viele grafische Elemente wie Buttons und Formulare.

Ihre Programme werden weitere Namensräume wie diesen nutzen, je mehr Sie in diesem Buch über C# und die anderen eingebauten Features von .NET lernen.

Hätten Sie die >>using<<-Zeile nicht eingefügt, müssten Sie jedes Mal explizit System.Windows.Forms angeben, wenn Sie etwas aus diesem Namensraum verwenden.

2 Die IDE wählt einen Namensraum für Ihren Code.
Hier ist der Namensraum, den die IDE für Sie auf Basis des Projektnamens erstellt hat. Der gesamte Code in Ihrem Programm existiert in diesem Namensraum.

Namensräume ermöglichen es Ihnen, den gleichen Namen in unterschiedlichen Programmen zu verwenden, solange sich diese Programme nicht auch in diesem Namensraum befinden.

3 Ihr Code wird in einer Klasse gespeichert.
Diese spezielle Klasse heißt `Program`. Die IDE hat sie erzeugt und ihr Code hinzugefügt, der das Programm startet und das Formular öffnet.

In einem Namensraum können Sie mehrere Klassen haben.

Eigentlich kann ein Programm auch mehrere Main()-Methoden haben, unter denen Sie C# dann den Einstiegspunkt angeben müssen ... aber das müssen Sie jetzt nicht wissen.

4 Dieser Code hat eine Methode, die drei Anweisungen enthält.
Ein Namensraum enthält Klassen, und Klassen enthalten Methoden. In jeder Methode gibt es einen Satz von Anweisungen. In diesem Programm kümmern sich die Anweisungen darum, das Kontakte-Formular zu öffnen. In Methoden werden Aktionen abgewickelt – jede Methode **macht** etwas.

5 Jedes Programm hat eine spezielle Methode, die als Einstiegspunkt bezeichnet wird.
Jedes C#-Programm **muss** genau eine Methode mit dem Namen `Main` haben. Obgleich Ihr Programm viele Methoden haben kann, kann nur eine die erste sein, die ausgeführt wird, und das ist die `Main`-Methode. C# prüft jede Klasse in Ihrem Code auf eine Methode, die als `static void Main()` deklariert ist. Wird das Programm ausgeführt, wird die erste Anweisung in dieser Methode ausgeführt und alles, was auf diese erste Anweisung folgt.

Jedes C#-Programm muss genau eine Methode namens Main haben. Diese Methode ist der Einstiegspunkt für Ihren Code.

Führen Sie Ihren Code aus, wird ZUERST der Code in Main() ausgeführt.

Sie können den Einstiegspunkt Ihres Programms ändern

Solange Ihr Programm einen Einstiegspunkt hat, spielt es keine Rolle, in welcher Klasse sich die Einstiegspunktmethode befindet oder was sie tut. An der Funktionsweise dieser Einstiegspunktmethode oder der Ausführung Ihrer Desktopanwendung ist nichts Magisches. Das können Sie sich selbst beweisen, indem Sie den Einstiegspunkt des Programms ändern.

Tun Sie das!

1. Kehren Sie zu `Program.cs` zurück und ändern Sie den Namen der `Main`-Methode in `NichtMain`. **Probieren Sie jetzt,** das Programm **zu erstellen und auszuführen**. Was passiert? Haben Sie eine Idee?

2. Erstellen Sie jetzt einen neuen Einstiegspunkt. **Fügen Sie eine neue Klasse hinzu** und geben Sie ihr den Namen `AndereKlasse.cs`. Das machen Sie, indem Sie im Projektmappen-Explorer mit rechts auf den Projektnamen klicken und »Hinzufügen → Klasse…« wählen. Nennen Sie die Klassendatei `AndereKlasse.cs`. Die IDE fügt Ihrem Programm die Klasse `AndereKlasse` hinzu. Dies ist die hinzugefügte Datei:

Klicken Sie mit rechts auf das Projekt in Eigenschaften und wählen Sie »Hinzufügen« und »Klasse«.

```
using System;
using System.Collections.Generic;
using System.Linq;
using System.Text;
using System.Threading.Tasks;

namespace Kapitel_2___Programm_4
{
    class AndereKlasse
    {
    }
}
```

Der Datei wurden diese fünf Standard-using-Zeilen hinzugefügt.

Auch diese Klasse befindet sich in dem Namensraum, den die IDE erzeugte, als Sie das Windows-Anwendung-Projekt erstellten.

Die IDE gab der Klasse auf Basis des Dateinamens automatisch diesen Namen.

3. Fügen Sie am Anfang der Datei eine neue `using`-Zeile ein: **`using System.Windows.Forms;`**. Vergessen Sie nicht, die Zeile mit einem Semikolon abzuschließen!

4. Fügen Sie der Klasse **`AndereKlasse`** zwischen den geschweiften Klammern diese Methode hinzu.

```
class AndereKlasse
{
    public static void Main()
    {
        MessageBox.Show("Buh!");
    }
}
```

MessageBox ist eine Klasse im Namensraum System.Windows.Forms. Deswegen mussten Sie in Schritt 3 die using-Zeile einfügen. Show() ist eine Methode, die Teil der Klasse MessageBox ist.

C# berücksichtigt Groß-/Kleinschreibung! Achten Sie darauf, dass die Groß-/Kleinschreibung in Ihrem Code der in unseren Beispielen entspricht.

Desktop-Apps nutzen MessageBox.Show(), um Fenster mit Meldungen und Warnungen anzuzeigen.

Starten Sie es jetzt!

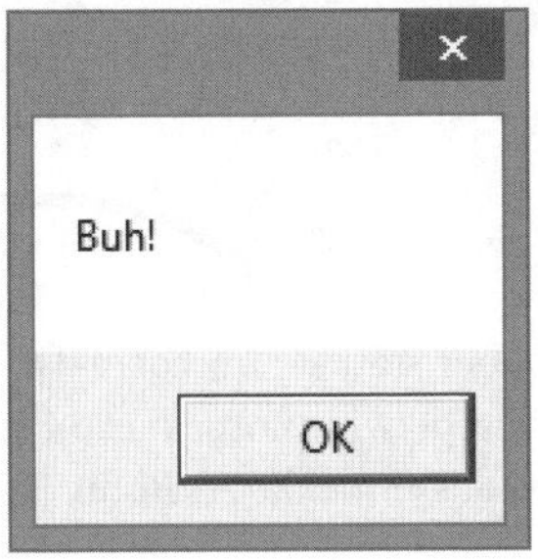

Buh!
OK

Und was ist passiert?

Statt die von Ihnen geschriebene App zu öffnen, zeigt Ihr Programm jetzt dieses Meldungsfenster an. Als Sie die neue `Main()`-Methode erstellten, gaben Sie Ihrem Programm einen neuen Einstiegspunkt. Jetzt führt das Programm als Erstes die Anweisung in dieser Methode aus – und das ist diese `MessageBox.Show()`-Anweisung. In der Methode gibt es sonst nichts. Klicken Sie auf den OK-Button, hat das Programm keine Anweisungen mehr auszuführen und endet.

5 Finden Sie heraus, wie Sie das Programm ändern müssen, damit es wieder Ihre Anwendung öffnet.

Hinweis: Sie müssen nur zwei Zeilen in zwei Dateien ändern.

Spitzen Sie Ihren Bleistift – Lösung

Sie sollten in dieser C#-Datei jeweils eine Beschreibung der Zeile ergänzen, auf die ein Pfeil zeigt. Die erste haben wir für Sie erledigt.

```
using System;
using System.Linq;
using System.Text;
using System.Windows.Forms;
```

C#-Klassen nutzen diese »using«-Zeilen, um Methoden aus anderen Namensräumen hinzuzufügen.

```
namespace NamensraumX

{
      class KlasseX {

            public static void MachWas() {

                  MessageBox.Show("Das ist eine Nachricht");

            }

      }

}
```

Code befindet sich immer in Klassen, deswegen braucht das Programm hier eine Klasse.

Diese Klasse hat eine Methode namens MachWas(), die, wenn sie aufgerufen wird, ein Dialogfenster einblendet.

Das ist eine Anweisung. Wird sie ausgeführt, wird ein kleines Fenster mit einer Meldung eingeblendet.

Wenn Sie Dinge in der IDE ändern, ändern Sie auch Ihren Code

Visuellen Code kann die IDE gut für Sie schreiben. Aber verlassen Sie sich nicht einfach auf unser Wort. Öffnen Sie Visual Studio, **erzeugen Sie ein neues Windows-Anwendung-Projekt** und sehen Sie selbst.

Tun Sie das!

1 ***ÖFFNEN SIE DEN DESIGNER-CODE.***

Öffnen Sie die Datei `Form1.Designer.cs` in der IDE. Aber statt sie im Form-Designer zu öffnen, öffnen Sie diesmal den Code, indem Sie im Projektmappen-Explorer darauf mit rechts klicken und »Code anzeigen« wählen. Suchen Sie nach der Klassendeklaration für `Form1`:

```
partial class Form1
```

Sehen Sie, dass es eine partielle Klasse ist? Damit werden wir uns gleich befassen.

2 ***ÖFFNEN SIE DEN FORM-DESIGNER UND FÜGEN SIE IHREM FORMULAR EINE PICTUREBOX HINZU.***

Gewöhnen Sie sich daran, mit mehreren Registerkarten zu arbeiten. Gehen Sie in den Projektmappen-Explorer und öffnen Sie den Formular-Designer, indem Sie auf `Form1.cs` doppelklicken. **Ziehen Sie eine neue PictureBox** auf das neue Formular. Eine PictureBox zeigt ein Bild an, das Sie aus einer Bilddatei importieren können.

Bild auswählen...

Sie können das Bild für die PictureBox bestimmen, indem Sie es auswählen und auf den »Bild wählen...«-Link im Eigenschaften-Fenster klicken, um einen Dialog zu öffnen, über den Sie das zu ladende Bild auswählen können. Suchen Sie sich ein beliebiges Bild auf Ihrem Rechner aus!

Wählen Sie »Lokale Ressource« und klicken Sie auf Importieren..., um einen Dialog zu öffnen, über den Sie das gewünschte Bild auswählen können.

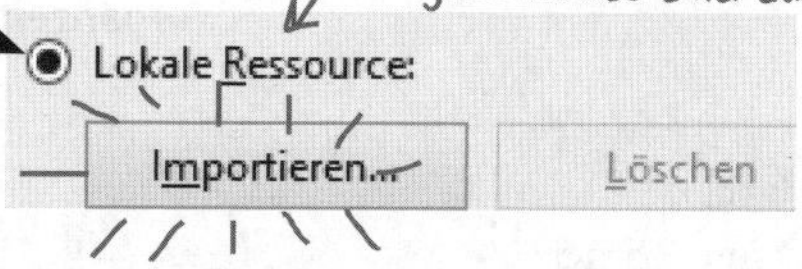
Lokale Ressource:
Importieren...
Löschen

3 ***EXPANDIEREN SIE DEN VOM DESIGNER GENERIERTEN CODE FÜR DIE PICTUREBOX.***

Kehren Sie dann in der IDE zur Registerkarte `Form1.Designer.cs` zurück. Scrollen Sie nach unten und suchen Sie nach dieser Codezeile:

Klicken Sie auf dieses Pluszeichen.

```
⊞        Vom Windows Form-Designer generierter Code
```

Klicken Sie links des Codes auf das +, um den Code zu expandieren. Scrollen Sie nach unten und suchen Sie nach diesen Zeilen:

```
//
// pictureBox1
//
this.pictureBox1.Image = ((System.Drawing.Image)(resources.GetObject("pictureBox1.Image")));
this.pictureBox1.Location = new System.Drawing.Point(416, 160);
this.pictureBox1.Name = "pictureBox1";
this.pictureBox1.Size = new System.Drawing.Size(141, 147);
this.pictureBox1.TabIndex = 0;
this.pictureBox1.TabStop = false;
```

Wenn Sie im Projektmappen-Explorer doppelt auf Form1.resx klicken, sehen Sie das importierte Bild. Die IDE hat unser Bild importiert und es »pictureBox1.Image« genannt – und hier ist der Code, den sie generiert hat, um das Bild in die PictureBox zu laden, damit es angezeigt wird.

Machen Sie sich keine Sorgen, wenn in Ihrem Code bei den Location- und Size-Zeilen etwas andere Werte stehen. Sie sind davon abhängig, wohin Sie Ihre PictureBox gezogen haben.

Halt, halt! Was soll das heißen?

Scrollen Sie kurz mal nach oben. Dort stehen im Abschnitt mit dem vom Windows Form-Designer generierten Code folgende Zeilen:

```
/// <summary>
/// Required method for Designer support - do not modify
/// the contents of this method with the code editor.
/// </summary>
```

Die meisten Kommentare beginnen mit nur zwei Schrägstrichen (//). Aber manchmal fügt die IDE diese Kommentare mit drei Schrägstrichen ein.

Das sind XML-Kommentare, die man nutzt, um Code zu dokumentieren. Blättern Sie zu **»Was übrig bleibt«, Abschnitt 2**, im Anhang dieses Buchs, wenn Sie mehr darüber erfahren wollen.

Es gibt nichts, was ein Kind so verführerisch findet wie ein großes Schild mit der Aufschrift »Nicht berühren!«. Na los, wir wissen doch, dass es Sie in den Fingern juckt … lassen Sie uns den Inhalt dieser Methode mit dem Codeeditor verändern! **Fügen Sie Ihrem Formular einen Button hinzu und machen Sie dann Folgendes:**

1. ***ÄNDERN SIE DEN CODE, DER DIE EIGENSCHAFT BUTTON1.TEXT SETZT. WAS, GLAUBEN SIE, PASSIERT JETZT MIT DEM EIGENSCHAFTEN-FENSTER DER IDE?***
   Probieren Sie es aus – schauen Sie sich an, was passiert! Kehren Sie jetzt in den Form-Designer zurück und prüfen Sie die Eigenschaft Text. Hat sie sich geändert?

2. ***BLEIBEN SIE IM DESIGNER UND NUTZEN SIE DAS EIGENSCHAFTEN-FENSTER, UM DIE NAME-EIGENSCHAFT ZU ÄNDERN.***
   Schauen Sie, ob Sie die IDE dazu bringen können, die Eigenschaft `Name` zu ändern. Sie finden sie ganz oben im Fenster Eigenschaften direkt unter »(Name)«. Was passiert mit dem Code? Was mit dem Kommentar im Code?

3. ***ÄNDERN SIE DEN CODE, DER DIE EIGENSCHAFT LOCATION AUF (0,0) SETZT. ÄNDERN SIE DIE EIGENSCHAFT SIZE, UM DEN BUTTON RICHTIG GROß ZU MACHEN.***
   Hat es funktioniert?

4. ***KEHREN SIE IN DEN DESIGNER ZURÜCK UND ÄNDERN SIE DIE BACKCOLOR-EIGENSCHAFT DES BUTTONS.***
   Sehen Sie sich den Code von `Form1.Designer.cs` genau an. Wurden Zeilen hinzugefügt?

Sie müssen das Formular weder speichern noch das Programm ausführen, um die Änderungen zu sehen. Nehmen Sie einfach die Änderungen im Codeeditor vor und klicken Sie dann auf die Designer-Registerkarte, um in den Form-Designer zu wechseln – die Änderungen sollten sofort sichtbar werden.

Es ist immer leichter, den vom Form-Designer generierten Code mit der IDE zu ändern. Aber wenn Sie das tun, führt jede Änderung in der IDE zu einer Änderung am Code Ihres Projekts.

Es gibt keine Dummen Fragen

F: Ich verstehe nicht ganz, was dieser Einstiegspunkt ist. Können Sie das noch einmal erläutern?

A: Ihr Programm enthält einen ganzen Haufen Anweisungen, aber sie werden nicht alle gleichzeitig ausgeführt. Das Programm beginnt mit der ersten Anweisung im Programm, führt diese aus und fährt dann mit der nächsten fort und so weiter. Diese Anweisungen sind üblicherweise zu Klassen zusammengefasst. Wenn Sie Ihr Programm ausführen, woher weiß es dann, mit welcher Anweisung es beginnen soll?

Dazu dient der Einstiegspunkt. Der Compiler verpackt Ihren Code nur, wenn es genau **eine Methode namens** `Main()` gibt. Diese bezeichnen wir als den Einstiegspunkt. Die Ausführung des Programms beginnt mit der ersten Anweisung in `Main()`.

ÜBUNG

Desktop-Apps lassen sich nicht im Entferntesten so einfach animieren wie Windows Store-Apps, aber es ist definitiv möglich! Bauen wir etwas **Prickelndes** auf, um das zu beweisen. Erstellen Sie zunächst eine neue **Windows Forms-Anwendung**.

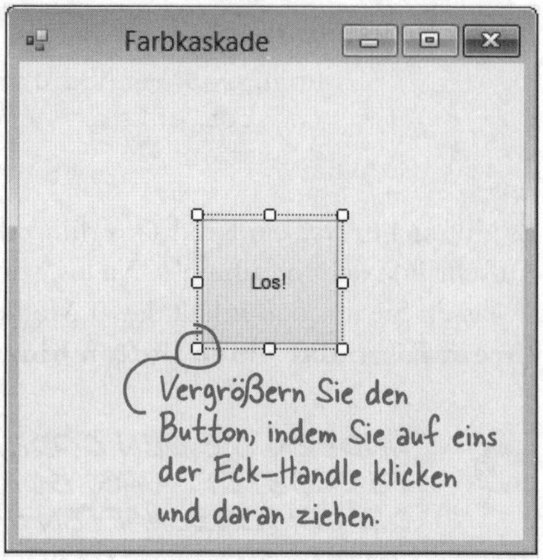

Farbkaskade
Los!
Vergrößern Sie den Button, indem Sie auf eins der Eck-Handle klicken und daran ziehen.

1 **HIER IST DAS ZU ERSTELLENDE FORMULAR.**

Tipp: Wenn Sie in einer for-Schleife eine Variable deklarieren – for (int c = 0; …) –, dann ist diese Variable nur innerhalb der geschweiften Klammern dieser for-Schleife gültig. Haben Sie zwei for-Schleifen, die beide die gleiche Variable verwenden, müssen Sie diese entweder in beiden Schleifen deklarieren oder eine Deklaration außerhalb der Schleifen angeben. Ist die Variable c bereits außerhalb der Schleifen deklariert, können Sie sie in keiner davon verwenden.

2 **SCHICKEN SIE IHREN HINTERGRUND AUF EINEN LSD-TRIPP!**

Sorgen Sie dafür, dass der Hintergrund des Formulars eine ganze Palette an Farben durchläuft, wenn auf den Button geklickt wird! Erzeugen Sie eine Schleife mit einer Variablen **c**, die von 0 bis 253 läuft. Hier ist der Codeblock, der in die geschweiften Klammern kommt:

```
this.BackColor = Color.FromArgb(c, 255 - c, c);

Application.DoEvents();
```

Diese Zeile weist das Programm an, die Schleife auszusetzen und andere Aufgaben zu erledigen, wie das Auffrischen des Formulars, die Überprüfung von Mausklicks usw. Sie können sich ja ansehen, was passiert, wenn Sie sie entfernen. Das Formular wird nicht neu gezeichnet, weil es wartet, bis die Schleife beendet wird, bevor es sich um diese Dinge kümmert.

Hier nutzen wir Application.DoEvents(), um abzusichern, dass die Anwendung weiter reagiert, obwohl sie in einer Schleife hängt. Trotzdem ist das bloß ein Hack. In ernsthaften Programmen sollten Sie ihn nicht nutzen. Später in diesem Buch werden Sie ein viel besseres Mittel kennenlernen, eine Anwendung mehrere Dinge gleichzeitig machen zu lassen!

Beeindruckende Farben!

.NET bietet einen Haufen an vordefinierten Farben wie Blue und Red, ermöglicht Ihnen über die Methode Color.FromArgb() aber auch, Ihre eigenen Farben zu definieren, indem Sie drei Zahlen angeben: einen Rot-, einen Grün- und einen Blauwert.

3 **EINEN GANG RAUSNEHMEN.**

Bremsen Sie die Farbkaskade ab, indem Sie hinter der `Application.DoEvents()`-Zeile diese Zeile setzen.

```
System.Threading.Thread.Sleep(3);
```

Diese Anweisung fügt eine Verzögerung von 3 Millisekunden in die Schleife ein. Sie ist ein Teil des .NET Framework und befindet sich im Namensraum System.Threading.

Denken Sie daran, dass Sie Visual Studio für Windows Desktop nutzen müssen, wenn Sie eine Windows Forms Application erstellen.

4 ***MACHEN SIE ES GLATTER.***

Sorgen Sie dafür, dass die Farben wieder zu der Farbe zurücklaufen, mit der angefangen wurde. Fügen Sie eine weitere Schleife ein, bei der `c` von 254 zurück zu 0 läuft. Setzen Sie den gleichen Codeblock zwischen die geschweiften Klammern.

5 ***HALTEN SIE ES IN GANG.***

Umgeben Sie die beiden Schleifen mit einer weiteren Schleife, die unablässig läuft und nicht endet, damit der Hintergrund durch einen Klick auf den Button beginnt, die Farbe zu ändern, und damit auch nicht mehr aufhört. (Tipp: Die Schleife `while (true)` läuft endlos!)

Befindet sich eine Schleife in einer anderen, nennt man diese eine »eingebettete« Schleife.

Mist! Das Programm hält nicht mehr an!

Führen Sie das Programm in der IDE aus. Lassen Sie es Schleifen drehen. Schließen Sie jetzt das Fenster. Warten Sie eine Minute – die IDE kehrt nicht in den Bearbeitungsmodus zurück! Sie tut, als würde das Programm noch immer laufen. Endgültig stoppen müssen Sie das Programm, indem Sie in der IDE auf den quadratischen Stopp-Button der IDE klicken (oder im Debug-Menü »Debuggen beenden« wählen).

6 ***HALTEN SIE ES AN.***

Sorgen Sie dafür, dass die Schleife, die Sie in Schritt 5 hinzugefügt haben, beendet wird, wenn das Programm geschlossen wird. Ändern Sie die äußere Schleife folgendermaßen:

```
while (Visible)
```

Führen Sie jetzt das Programm aus und klicken Sie auf das X-Kästchen in der Ecke. Das Fenster wird geschlossen, und das Programm endet! Aber es gibt eine Verzögerung von ein paar Sekunden, bevor die IDE wieder in den Bearbeitungsmodus wechselt.

Wenn man in einer if-Anweisung oder einer Schleife einen Booleschen Wert wie Visible prüft, ist man manchmal geneigt, auf (Visible == true) zu testen. Das »== true« können Sie sich sparen – es reicht, den Booleschen Wert einzuschließen.

Tipp: Der &&-Operator bedeutet »UND«. Mit ihm knüpfen Sie mehrere Testbedingungen zu einem großen Test zusammen, der nur wahr ist, wenn der erste Test UND der zweite UND der dritte usw. wahr sind. Er könnte bei der Lösung dieses Problems nützlich sein.

Bei der Arbeit mit einem Formular oder einem Steuerelement ist Visible so lange true, wie das Formular oder Steuerelement angezeigt wird. Setzen Sie es auf false, bewirkt dies, dass das Formular oder Steuerelement verschwindet.

Haben Sie eine Idee, was die Verzögerung verursacht haben könnte? Können Sie es reparieren, damit das Programm sofort endet, wenn Sie das Fenster schließen?

Lösung zur Übung

Als die IDE diese Methode hinzufügte, baute sie vor der geschweiften Klammer einen zusätzlichen Zeilenumbruch ein. Manchmal ziehen wir die Klammer in die vorangehende Zeile, um Platz zu sparen – C# ist der zusätzliche Leerraum gleichgültig, deswegen ist das kein Problem.

Manchmal zeigen wir Ihnen nicht den gesamten Code in der Projektmappe, sondern nur die Teile, die geändert wurden. Die gesamte Logik des Projekts Farbspiele steckt in der Methode button1_Click(), die die IDE eingefügt hat, als Sie doppelt auf den Button geklickt haben.

Konsistenz ist eigentlich ziemlich wichtig, damit Code gut lesbar ist. Hier zeigen wir Ihnen absichtlich unterschiedliche Verfahren, weil Sie sich daran gewöhnen müssen, Code von Menschen zu lesen, die unterschiedliche Programmierstile bevorzugen.

```
private void button1_Click(object sender, EventArgs e) {

    while (Visible) {

        for (int c = 0; c < 254 && Visible; c++) {

            this.BackColor = Color.FromArgb(c, 255 - c, c);

            Application.DoEvents();

            System.Threading.Thread.Sleep(3);

        }

        for (int c = 254; c >= 0 && Visible; c--) {

            this.BackColor = Color.FromArgb(c, 255 - c, c);

            Application.DoEvents();

            System.Threading.Thread.Sleep(3);

        }

    }

}
```

Die äußere Schleife läuft, solange das Formular sichtbar ist. Wird es geschlossen, wird Visible false, und das bewirkt, dass die while-Schleife beendet wird.

Die erste Schleife lässt die Farben in die eine Richtung laufen, und die zweite Schleife kehrt das um, damit es harmonischer aussieht.

Die zusätzliche Verzögerung haben wir behoben, indem wir mit dem &&-Operator in beiden for-Schleifen Visible prüfen. Dann endet die Schleife, sobald Visible falsch wird.

Haben Sie eine Idee, was die Verzögerung verursacht haben könnte? Können Sie es reparieren, damit das Programm sofort endet, wenn Sie das Fenster schließen?

Die Verzögerung tritt ein, weil die for-Schleife erst enden muss, bevor die while-Schleife prüfen kann, ob Visible immer noch wahr ist. Das können Sie beheben, indem Sie der Testbedingung der beiden Schleifen `&& Visible` hinzufügen.

Sieht Ihr Code etwas anders aus? Meist gibt es mehrere Wege, Programmierprobleme zu lösen – Sie hätten beispielsweise while- statt for-Schleifen verwenden können. Wenn Ihr Programm funktioniert, ist Ihre Lösung richtig.

3 Objekte: Orientieren Sie sich!

Aufgabenspezifischer Code

... ACH, DESWEGEN BE-
SITZT MEIN MANN KEINE
IMHAUSHALTHELFEN()- ODER
AUFEIGENENFÜẞENSTEHEN()-
METHODE.

Jedes Programm, das Sie schreiben, löst ein Problem.

Bevor Sie ein Programm erstellen, überlegen Sie sich am besten, welches *Problem* Ihr Programm lösen soll. Deswegen sind ***Objekte*** so ungemein hilfreich. Mit diesen können Sie Ihren Code auf Basis des Problems strukturieren, das er lösen soll. Und dann können Sie Ihre Zeit damit verbringen, *über das Problem nachzudenken*, an dem Sie arbeiten müssen, anstatt gleich beim Schreiben des Codes im Sumpf der Implementierungsanforderungen zu versinken. Wenn Sie Objekte richtig einsetzen, erhalten Sie Code, der *intuitiv* zu schreiben sowie leicht zu lesen und zu ändern ist.

Wie Mark über sein Problem nachdenkt

Mark ist Programmierer. Gleich muss er sich auf den Weg zu einem Vorstellungsgespräch machen. Er kann's kaum erwarten, seine C#-Fertigkeiten vorzuführen. Aber erst einmal muss er den Weg finden – und langsam wird die Zeit knapp.

1. **Mark überlegt, welchen Weg er zum Vorstellungsgespräch nehmen soll.**

ICH NEHME DIE TALBRÜCKE, FAHRE DEN MAUSPFAD HOCH UND PASSIERE DANN NEUSTADT.

Mark legt sein Ziel fest und überlegt sich dann den Weg.

2. **Zum Glück hatte er das Radio an. Es gibt einen fetten Stau, der ihn zu spät kommen ließe!**

Mark erhält neue Informationen zu einer Straße, die er umgehen muss.

HIER IST FRANK KREISCHER MIT DEN AKTUELLSTEN VERKEHRSMELDUNGEN: MAUSPFAD, ALTSTADT, RICHTUNG NEUSTADT, 2 KILOMETER STAU NACH VERKEHRSUNFALL.

3. **Mark überlegt sich einen neuen Weg, damit er pünktlich zu seinem Vorstellungsgespräch kommt.**

Jetzt muss er sich einen neuen Weg zum Vorstellungsgespräch überlegen.

KEIN PROBLEM. WENN ICH STATTDESSEN DIE B3 NEHME, BIN ICH IMMER NOCH PÜNKTLICH.

Wie Marks Navi über das Problem nachdenkt

Mark hat sich ein eigenes GPS-Navigationssystem gebastelt, das er einsetzt, um in der Stadt den Weg zu finden.

Hier ist das Diagramm einer Klasse in Marks Programm. Oben steht der Name, darunter stehen die Methoden.

Navigator
AktuellenOrtFestlegen()
ZielFestlegen()
StraßeAusschließen()
StraßeEinschließen()
RouteBerechnen()
FahrzeitBerechnen()
EntfernungBerechnen()

```
ZielFestlegen("Marktplatz");
string route;
route = RouteBerechnen();
```

Hier ist die Ausgabe der Methode RouteBerechnen() – es ist ein String mit den Richtungshinweisen, denen Mark folgen soll.

Das Navi nimmt ein Ziel an und gibt eine Route aus.

```
»Nimm die Talbrücke zum Mauspfad und folge ihm durch Neustadt.«
```

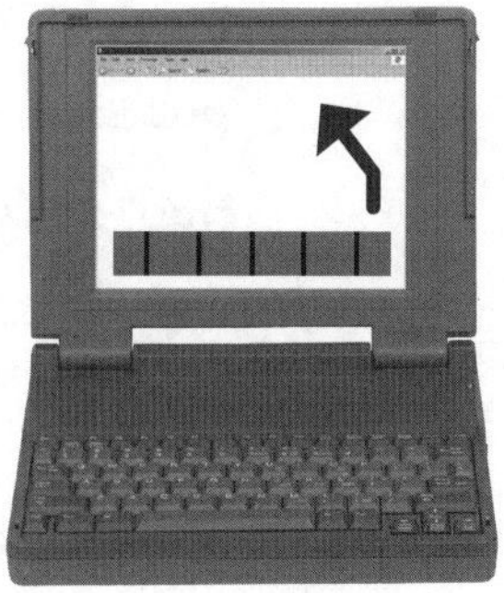

Das Navi erhält Informationen zu einem Weg, den es vermeiden soll.

```
StraßeAusschließen("Mauspfad");
```

Jetzt berechnet es eine neue Route zum Ziel.

```
string route;
route = RouteBerechnen();
```

```
»Nimm die B3 über die Parkbrücke zur Berliner Straße.«
```

RouteBerechnen() liefert eine neue Route, die die Straße umgeht, die Mark vermeiden will.

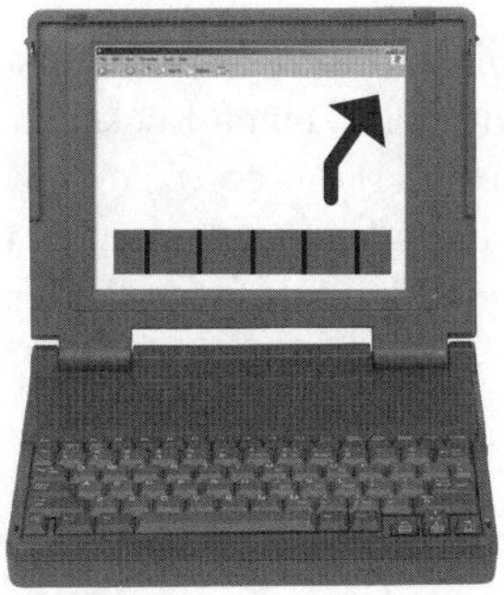

Marks Navigationssystem löst das Navigationsproblem auf gleiche Weise wie er.

Die Methoden von Marks Navigator-Klasse

Marks `Navigator`-Klasse besitzt Methoden, in denen die Aktionen abgewickelt werden. Aber im Unterschied zu den `button_Click()`-Methoden in den von Ihnen erstellten Formularen befassen diese sich alle mit einem einzigen Problem: der Suche nach einem Weg durch eine Stadt. Das ist der Grund dafür, dass Mark sie alle in eine Klasse gesteckt und dieser Klasse den Namen `Navigator` gegeben hat.

Mark hat seine `Navigator`-Klasse so entworfen, dass es leicht ist, Routen zu generieren und zu verändern. Um eine Wegbeschreibung zu erhalten, ruft Marks Programm die Methode `ZielFestlegen()` auf, um das Ziel anzugeben, und nutzt dann die Methode `RouteBerechnen()`, um die Wegbeschreibung in einen String zu packen. Wenn er die Route ändern muss, ruft sein Programm die Methode `StraßeAusschließen()` auf, um die Route so zu ändern, dass bestimmte Straßen umgangen werden. Anschließend wird die Methode `RouteBerechnen()` eingesetzt, um die neue Wegbeschreibung abzurufen.

```
class Navigator() {
    public void ZielFestlegen(string zielname) { ... };
    public void StraßeAusschließen(string straßenname) { ... };
    public string RouteBerechnen() { ... };
}
```

Mark wählte Methodennamen, die für jeden verständlich sind, der sich überlegt, wie man durch eine Stadt navigiert.

Das ist der Rückgabetyp der Methode. Er bedeutet, dass die Anweisung, die die Methode RouteBerechnen() aufruft, eingesetzt werden kann, um eine String-Variable zu setzen, die eine Wegbeschreibung enthält. Ist der Rückgabetyp void, heißt das, dass die Methode nichts zurückliefert.

```
string route;
route = RouteBerechnen();
```

Manche Methoden haben Rückgabewerte

Jede Methode besteht aus Anweisungen, die Dinge tun. Einige Methoden führen ihre Anweisungen aus und enden dann. Andere haben einen **Rückgabewert**, d. h. einen Wert, der in der Methode berechnet oder generiert und an die Methode zurückgeliefert wird, die die andere Methode aufrief. Der Typ des Rückgabewerts (wie `string` oder `int`) wird als **Rückgabetyp** bezeichnet.

Die **`return`**-Anweisung sagt der Methode, dass sie sofort enden soll. Hat Ihre Methode keinen Rückgabewert – d. h., deklariert sie den Rückgabetyp **`void`** –, erfordert die `return`-Anweisung keine Werte oder Variablen (`return;`). Ihre Methode muss dann nicht unbedingt eine `return`-Anweisung enthalten. Aber wenn eine Methode einen Rückgabetyp hat, muss sie die `return`-Anweisung verwenden:

Dies ist ein Beispiel für eine Methode mit einem Rückgabetyp – sie liefert einen int. Die Methode nutzt die beiden **Parameter**, um das Ergebnis zu berechnen.

```
public int ZahlenMultiplizieren(int ersteZahl, int zweiteZahl) {
    int ergebnis = ersteZahl * zweiteZahl;
    return ergebnis;
}
```

Die **return**-Anweisung liefert den Wert an die Anweisung zurück, von der die Methode aufgerufen wurde.

Hier ist eine Anweisung, die eine Methode zur Multiplikation zweier Zahlen aufruft:

```
int einErgebnis = ZahlenMultiplizieren(3, 5);
```

Methoden können Werte wie 3 und 5 annehmen. Sie können ihnen aber auch Variablen übergeben.

Punkt für Punkt

- Klassen haben Methoden, die Anweisungen enthalten, die Aktionen ausführen. Sie machen Ihre Klassen leichter verwendbar, indem Sie ihnen aussagekräftige Methodennamen geben.
- Einige Methoden haben einen **Rückgabetyp**. Diesen legen Sie in der Deklaration der Methode fest. Eine Methode, deren Deklaration mit »`public int`« beginnt, liefert einen int-Wert. So sieht eine Anweisung aus, die einen int-Wert zurückliefert: `return 37;`.
- Wenn eine Methode einen Rückgabetyp hat, **muss** sie eine `return`-Anweisung haben, die einen entsprechenden Typ liefert. Ist eine Methode als »`public string`« deklariert, brauchen Sie also eine `return`-Anweisung, die einen String liefert.
- Wird die `return`-Anweisung in einer Methode ausgeführt, springt die Ausführung zu der Anweisung zurück, die die Methode aufgerufen hatte.
- Nicht alle Methoden haben einen Rückgabewert. Eine Methode, deren Deklaration mit »`public void`« beginnt, liefert nichts zurück. Auch in einer solchen Methode können Sie eine `return`-Anweisung nutzen, um die Methode zu beenden: `if (vorzeitigAbschließen) { return; }`

Nutzen Sie das Gelernte, um eine einfache Anwendung zu erstellen

Verknüpfen wir ein Formular mit einer Klasse und lassen wir seinen Button eine Methode in dieser Klasse aufrufen:

Tun Sie das!

1. Erzeugen Sie in der IDE eine neue Windows Forms-Anwendung. Fügen Sie ihr eine Klassendatei namens `Redner.cs` hinzu, indem Sie im Projektmappen-Explorer rechts auf das Projekt klicken und im Menü Hinzufügen »Klasse...« wählen. Nennen Sie die Datei »Redner.cs«, gibt die IDE der Klasse darin automatisch den Namen Redner. Dann öffnet sie die neue Datei in einer neue Registerkarte.
2. Fügen Sie am Anfang der Datei `using System.Windows.Forms;` und am Ende diesen Code ein:

```
class Redner {
    public static int BlahBlahBlah(string aussage, int wieOft) {
        string ergebnisString = "";
        for (int zähler = 1; zähler <= wieOft; zähler++) {
            ergebnisString = ergebnisString + aussage + "\n";
        }
        MessageBox.Show(ergebnisString);
        return ergebnisString.Length;
    }
}
```

Diese Anweisung deklariert die Variable ergebnisString und setzt sie auf den leeren String.

Diese Zeile hängt den Inhalt der Variablen aussage und einen Zeilenumbruch (»\n«) ans Ende der Variablen ergebnisString an.

Der Rückgabewert der Methode BlahBlahBlah() ist ein int, der die Gesamtlänge der angezeigten Nachricht enthält. ».Length« können Sie an jeden String anhängen, um seine Länge zu bestimmen.

Das nennt man **Eigenschaft**. Alle Strings haben eine Eigenschaft namens Length. Bei der Berechnung der Länge eines Strings zählt ein Zeilenumbruch als ein Zeichen.

Auf der nächsten Seite geht es weiter!

Was wir damit erreicht haben

Deaktivieren Sie die Minimieren- und Maximieren-Buttons, indem Sie die MaximizeBox- und MinimizeBox-Eigenschaften auf False setzen.

Die neue Klasse hat eine Methode namens `BlahBlahBlah()`, die zwei Parameter erwartet. Der erste Parameter ist ein String, der die Aussage enthält, und der zweite ist eine Zahl, die angibt, wie oft die Aussage gemacht werden soll. Wird die Methode aufgerufen, springt eine `MessageBox` mit der entsprechenden Anzahl an Wiederholungen der Aussage auf. Der Rückgabewert ist die Länge des Strings. Den String für den Parameter `aussage` und die Zahl für den Parameter `wieOft` erhält die Methode aus einem Formular, in das der Benutzer über ein **`TextBox`**- und ein **`NumericUpDown`**-Steuerelement einen Text bzw. eine Zahl eingeben kann.

Fügen Sie Ihrem Projekt dieses Formular hinzu.

Setzen Sie den Standardtext der TextBox über die Eigenschaft Text auf »Hallo!«.

Redner-Tester
Sag das
so oft
0
Sprich mit mir

Das ist ein NumericUpDown-Steuerelement. Setzen Sie die Eigenschaft Minimum auf 1, die Eigenschaft Maximum auf 10 und die Eigenschaft Value auf 3.

3. Geben Sie dem Formular folgende Gestalt.

Doppelklicken Sie auf den Button und lassen Sie ihn diesen Code ausführen, der `BlahBlahBlah()` aufruft und den zurückgegebenen `int`-Wert der Variablen `länge` zuweist:

```
private void button1_Click(object sender, EventArgs e)
{
   int länge = Redner.BlahBlahBlah(textBox1.Text, (int) numericUpDown1.Value);
   MessageBox.Show("Die Länge der Nachricht ist " + länge);

}
```

4. Führen Sie das Programm dann aus! Klicken Sie auf den Button und beobachten Sie die beiden Dialogfenster. Die Klasse öffnet das erste, das Formular das zweite.

Die Länge ist 21 weil »Hallo!« 6 Zeichen hat. Das \n zählt als weiteres Zeichen: Wir haben also 7 x 3 = 21.

Dieses Fenster öffnet die Methode BlahBlahBlah() auf Basis der übergebenen Parameter.

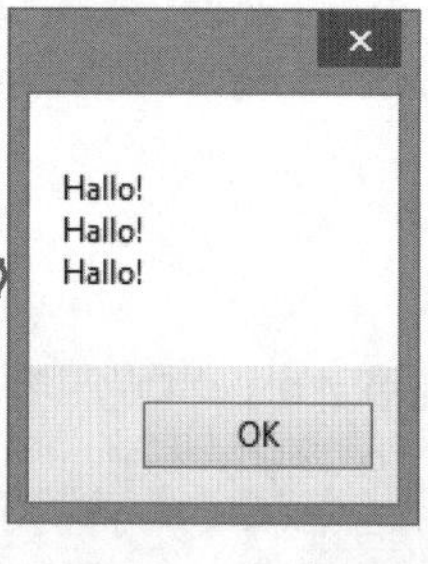
Hallo!
Hallo!
Hallo!
OK

Liefert die Methode einen Wert, zeigt das Formular dieses Fenster an.

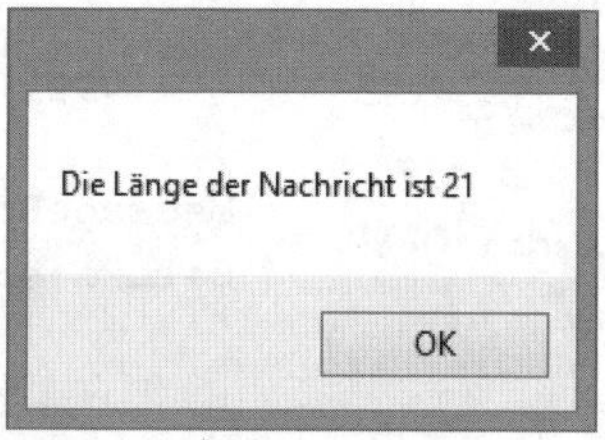
Die Länge der Nachricht ist 21
OK

Sie können Ihrem Projekt eine Klasse hinzufügen und ihre Methoden mit den anderen Klassen des Projekts teilen.

Mark hat eine Idee

Das Vorstellungsgespräch lief ganz nach Wunsch! Aber der Verkehrsstau heute morgen brachte Mark dazu, darüber nachzudenken, wie er sein Navi verbessern könnte.

WÄRE ES NICHT KLASSE, WENN ICH EIN PAAR ROUTEN VERGLEICHEN UND DANN DIE SCHNELLSTE AUSWÄHLEN KÖNNTE?

Er könnte drei verschiedene Navigator-Klassen erstellen ...

Mark könnte den Code der Klasse Navigator kopieren und ihn in zwei weitere Klassen einfügen. Dann könnte sein Programm drei Routen gleichzeitig speichern.

So einen Kasten nennt man **Klassendiagramm**. Es führt sämtliche Methoden in einer Klasse auf und ist ein einfaches Mittel, alles auf einen Blick zu sehen.

Navigator
AktuellenOrtFestlegen()
ZielFestlegen()
StraßeAusschließen()
StraßeEinschließen()
RouteBerechnen()
FahrzeitBerechnen()
EntfernungBerechnen()

Navigator2
AktuellenOrtFestlegen()
ZielFestlegen()
StraßeAusschließen()
StraßeEinschließen()
RouteBerechnen()
FahrzeitBerechnen()
EntfernungBerechnen()

Navigator3
AktuellenOrtFestlegen()
ZielFestlegen()
StraßeAusschließen()
StraßeEinschließen()
RouteBerechnen()
FahrzeitBerechnen()
EntfernungBerechnen()

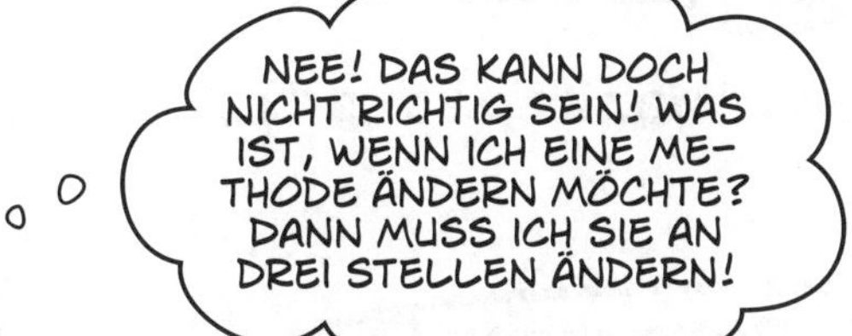
NEE! DAS KANN DOCH NICHT RICHTIG SEIN! WAS IST, WENN ICH EINE METHODE ÄNDERN MÖCHTE? DANN MUSS ICH SIE AN DREI STELLEN ÄNDERN!

Stimmt! Drei Kopien des gleichen Codes zu pflegen, ist wirklich umständlich. Bei vielen Problemen, die Sie lösen müssen, brauchen Sie eine Möglichkeit, ein ***Ding*** mehrfach darzustellen. Hier sind das mehrere Routen. Aber es könnten auch mehrere Turbinen, Hunde, Musikdateien oder sonst irgendwas sein. Alle diese Programme haben eine Sache gemeinsam: Sie brauchen ein Mittel, um eine Art von Ding immer auf die gleiche Weise zu behandeln, egal mit wie vielen dieser Dinger sie es zu tun haben.

Mark kann sein Problem mit Objekten lösen

Objekte sind das C#-Werkzeug Ihrer Wahl, wenn Sie mit einem Haufen gleicher Dinge arbeiten müssen. Mark kann Objekte verwenden, damit er seine `Navigator`-Klasse nur einmal programmieren muss, in einem Programm aber *so oft verwenden kann, wie er möchte.*

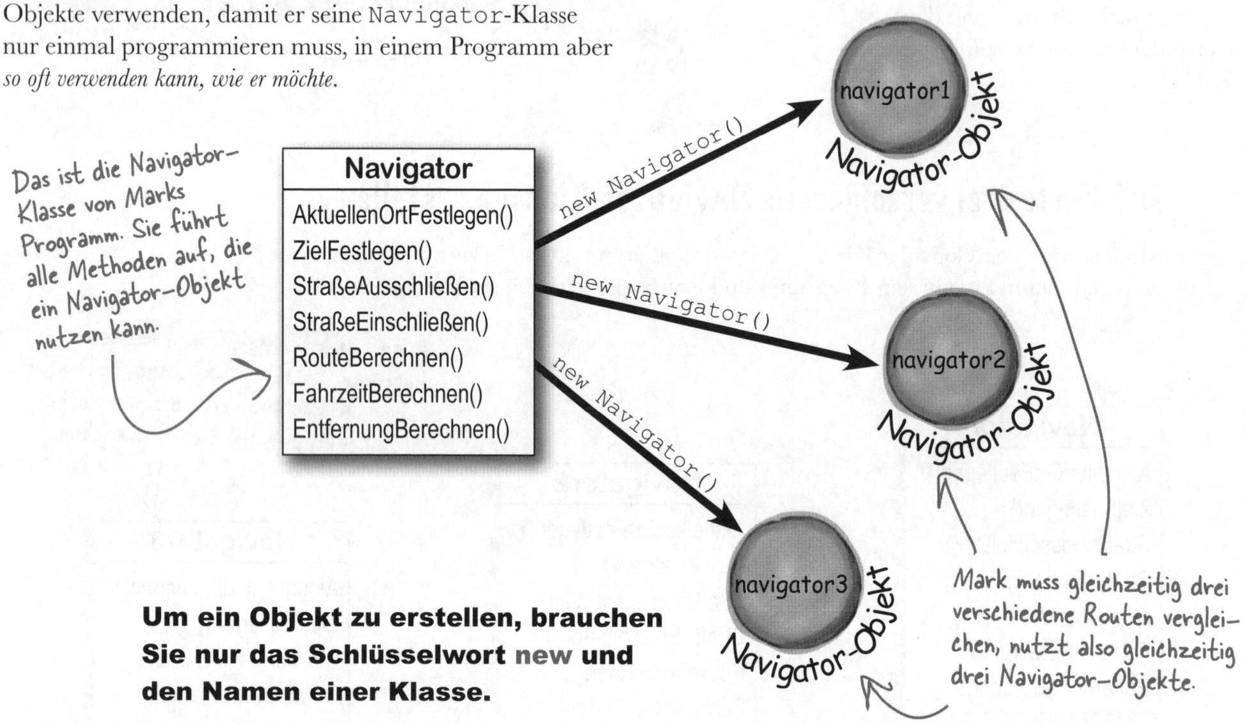
Das ist die Navigator-Klasse von Marks Programm. Sie führt alle Methoden auf, die ein Navigator-Objekt nutzen kann.
Navigator
AktuellenOrtFestlegen()
ZielFestlegen()
StraßeAusschließen()
StraßeEinschließen()
RouteBerechnen()
FahrzeitBerechnen()
EntfernungBerechnen()
new Navigator()
new Navigator()
new Navigator()
navigator1
Navigator-Objekt
navigator2
Navigator-Objekt
navigator3
Navigator-Objekt
Mark muss gleichzeitig drei verschiedene Routen vergleichen, nutzt also gleichzeitig drei Navigator-Objekte.

Um ein Objekt zu erstellen, brauchen Sie nur das Schlüsselwort new und den Namen einer Klasse.

```
Navigator navigator1 = new Navigator();
navigator1.ZielFestlegen("Marktplatz");
string route;
route = navigator1.RouteBerechnen();
```

Jetzt können Sie das Objekt verwenden! Wenn Sie ein Objekt einer Klasse erstellen, erhält es alle Methoden dieser Klasse.

Sie nutzen eine Klasse, um ein Objekt zu erstellen

Eine Klasse ist wie eine Blaupause für ein Objekt. Wenn Sie in einem Vorort fünf identische Häuser bauen lassen wollen, würden Sie Ihren Architekten natürlich nicht beauftragen, fünf identische Sätze von Bauplänen zu zeichnen, Sie würden einen einzigen Bauplan verwenden, um fünf Häuser zu bauen.

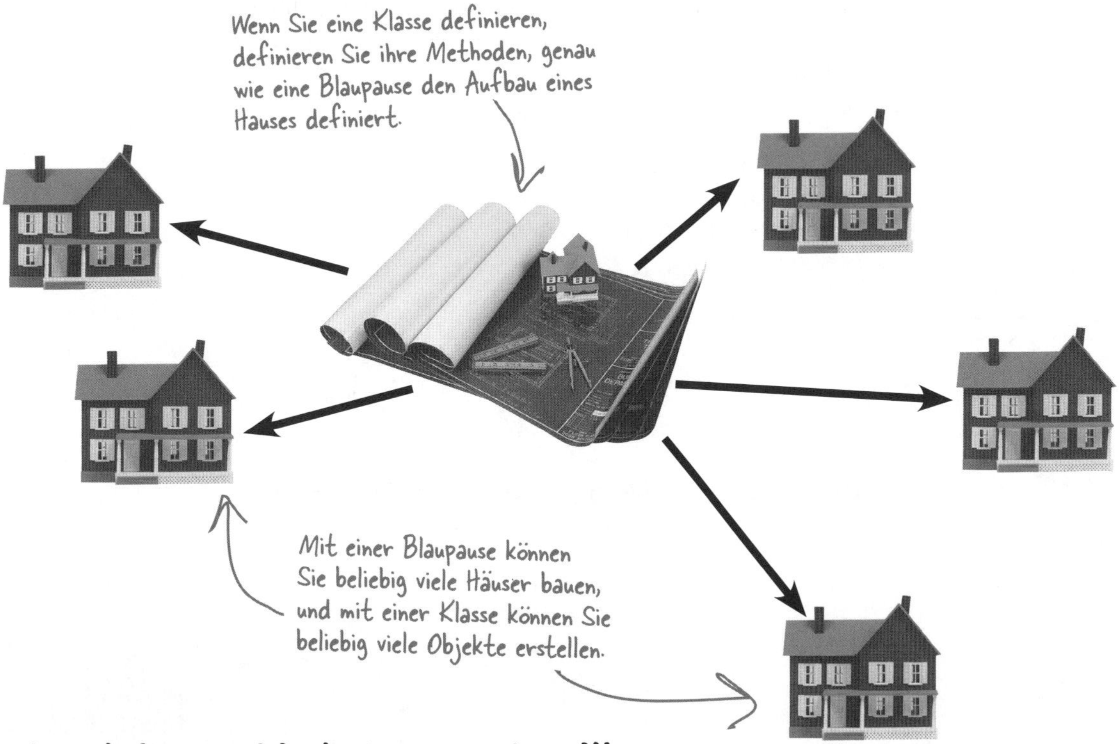
Wenn Sie eine Klasse definieren, definieren Sie ihre Methoden, genau wie eine Blaupause den Aufbau eines Hauses definiert.
Mit einer Blaupause können Sie beliebig viele Häuser bauen, und mit einer Klasse können Sie beliebig viele Objekte erstellen.

Ein Objekt erhält seine Methoden von seiner Klasse

Haben Sie eine Klasse erstellt, können Sie aus ihr so viele Objekte erstellen, wie Sie möchten, indem Sie die `new`-Anweisung verwenden. Dadurch wird jede als `public` deklarierte Methode Ihrer Klasse zu einem Teil des Objekts.

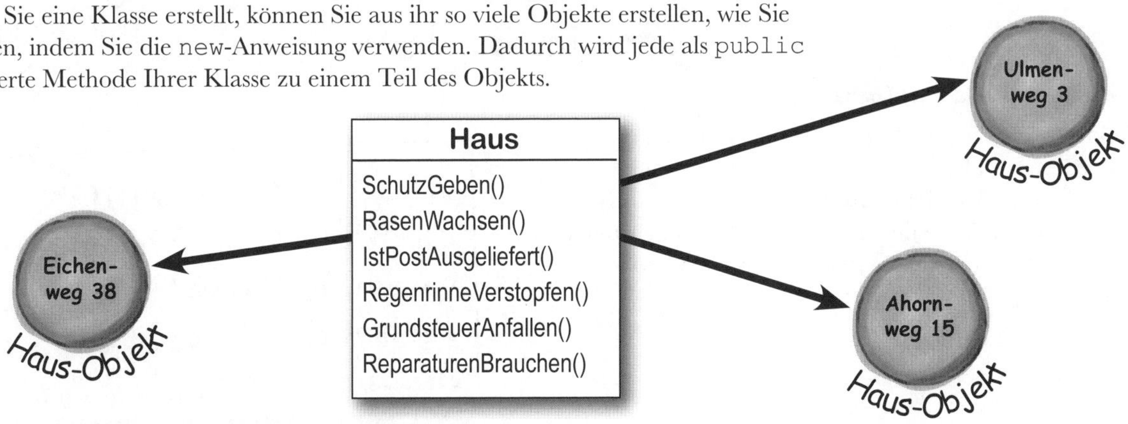
Haus
SchutzGeben()
RasenWachsen()
IstPostAusgeliefert()
RegenrinneVerstopfen()
GrundsteuerAnfallen()
ReparaturenBrauchen()
Ulmen-weg 3
Haus-Objekt
Eichen-weg 38
Haus-Objekt
Ahorn-weg 15
Haus-Objekt

Wenn Sie ein neues Objekt einer Klasse erstellen, bezeichnet man dieses als Instanz der Klasse

Soll ich Ihnen was sagen … den Kram wissen Sie schon! Alles im Werkzeugkasten ist eine Klasse: Es gibt eine Klasse `Button`, eine Klasse `TextBox`, eine Klasse `Label` usw. Wenn Sie einen Button aus dem Werkzeugkasten ziehen, erzeugt die IDE automatisch eine Instanz der Klasse `Button` und nennt sie `button1`. Ziehen Sie einen weiteren Button aus dem Werkzeugkasten, erzeugt sie eine weitere Instanz mit dem Namen `button2`. Jede Instanz von `Button` hat ihre eigenen Eigenschaften und Methoden. Aber jeder Button verhält sich auf genau die gleiche Weise, weil alle Instanzen der gleichen Klasse sind.

Vorher: Hier ist ein Bild des Speichers Ihres Computers, wenn Ihr Programm startet.

Ihr Programm führt eine neue Anweisung aus.

```
Haus ahornWeg15 = new Haus();
```

Nachher: Jetzt enthält der Speicher eine Instanz der Klasse Haus.

Ahorn-
weg 15
Haus-Objekt

Tun Sie das!

Probieren Sie es selbst!

Öffnen Sie ein beliebiges Projekt, das einen Button namens `button1` verwendet, und nutzen Sie die IDE, um im gesamten Projekt nach dem Text »**`button1 = new`**« zu suchen. Sie werden dann den Code finden, den die IDE dem Formularentwurf hinzugefügt hat, um die Instanz der Klasse `Button` zu erzeugen.

> In-s-tanz, Nomen.
> Ein Beispiel oder Vorkommen von etwas. *Die Suchen/Ersetzen-Funktion der IDE findet jede* ***Instanz*** *eines Worts und ändert sie.*

Eine bessere Lösung … dank Objekten!

Mark entwickelte ein neues Programm zum Vergleich von Routen, das Objekte nutzt, um die kürzeste von drei verschiedenen Routen zum selben Ziel zu finden. Folgendermaßen ist das Programm aufgebaut.

GUI steht für Graphical User Interface bzw. grafische Benutzerschnittstelle. Das ist das, was Sie aufbauen, wenn Sie im Windows Forms-Designer ein Formular entwerfen.

1. Mark richtete ein GUI mit einem Textfeld, `textBox1`, ein, das das **Ziel** für die drei Routen enthält. Dann fügte er eine `textBox2` hinzu, die eine Straße enthält, die eine der Routen **vermeiden** soll, sowie eine `textBox3`, die eine weitere Straße enthält, die die dritte Route **einschließen** soll.

2. Er erzeugte ein Navigator-Objekt und bestimmte sein Ziel.

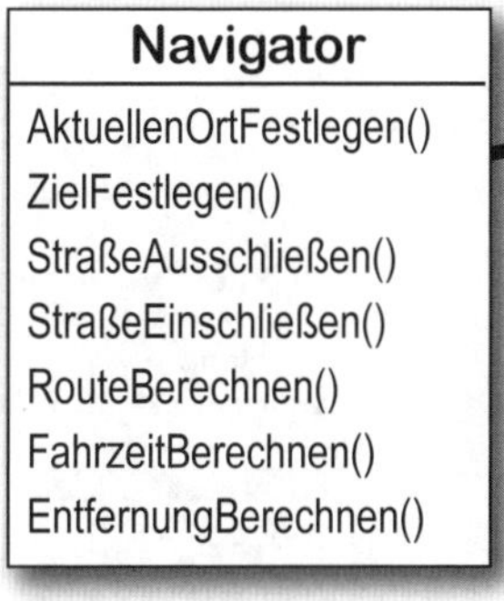
Navigator
AktuellenOrtFestlegen()
ZielFestlegen()
StraßeAusschließen()
StraßeEinschließen()
RouteBerechnen()
FahrzeitBerechnen()
EntfernungBerechnen()

navigator1
3,5 km
Navigator-Objekt

Das Objekt navigator1 ist eine Instanz der Klasse Navigator.

```
String ziel = textBox1.Text;
Navigator navigator1 = new Navigator();
navigator1.ZielFestlegen(ziel);
route = navigator1.RouteBerechnen();
```

3. Dann fügte er ein zweites Navigator-Objekt namens `navigator2` hinzu. Er rief seine `ZielFestlegen()`-Methode auf, um das Ziel festzulegen, und anschließend die Methode `StraßeAusschließen()`.

Die Methoden ZielFestlegen(), StraßeAusschließen() und StraßeEinschließen() erwarten alle einen String-Parameter.

4. Das dritte Navigator-Objekt heißt `navigator3`. Mark bestimmte sein Ziel und rief dann seine `StraßeEinschließen()`-Methode auf.

navigator1
3,5 km
Navigator-Objekt
navigator2
3,8 km
Navigator-Objekt
navigator3
4,2 km
Navigator-Objekt

5. Jetzt kann Mark die `EntfernungBerechnen()`-Methode der einzelnen Objekte aufrufen, um zu ermitteln, welche Route die kürzeste ist. Und er musste den Code nur einmal schreiben, nicht dreimal.

Jedes Mal, wenn Sie ein neues Objekt einer Klasse erstellen, erstellen Sie eine Instanz der Klasse.

EINEN AUGENBLICK! SIE HABEN MIR AUCH NICHT ANNÄHERND GENÜGEND INFORMATIONEN FÜR DEN AUFBAU DES NAVIGATOR-PROGRAMMS GEGEBEN.

Stimmt, haben wir nicht. Ein geografisches Navigationsprogramm ist nichts, was sich so leicht aufbauen lässt. Aber die komplizierten Dinge folgen den gleichen Mustern wie die einfachen. Marks Navigationsprogramm ist ein Beispiel dafür, wie man Objekte in ernsthaften Anwendungen einsetzt.

Theorie und Praxis

Da wir gerade von Mustern reden, hier ist eins, das Sie in diesem Buch immer wieder sehen werden. Wir stellen auf einigen Seiten eine Theorie oder ein Konzept (wie Objekte) und einige Zeilen Code vor, die das Konzept illustrieren. Das ist Ihre Gelegenheit, einen Schritt zurückzutreten und sich klarzumachen, was passiert, ohne dabei unbedingt ein Programm ans Laufen bringen zu müssen.

```
Haus hauptstraße1 = new Haus();
```

Wenn wir ein neues Konzept vorstellen (wie Objekte), sollten Sie auf Abbildungen und Codeausschnitte achten.

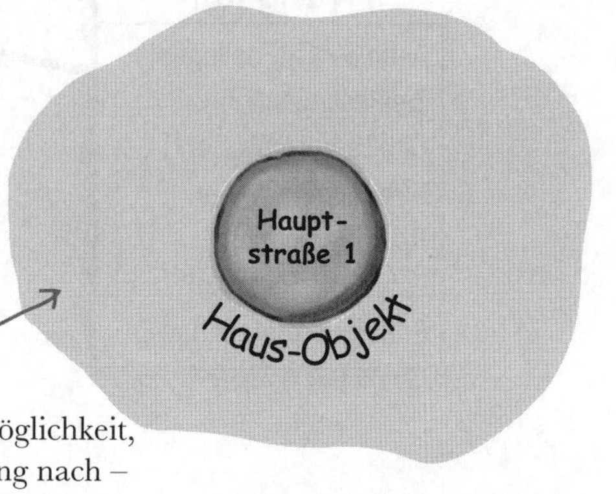
Haupt-
straße 1
Haus-Objekt

Nachdem wir Ihnen ein Konzept dargestellt haben, geben wir Ihnen die Möglichkeit, sich die Sache einzuprägen. Manchmal schieben wir der Theorie eine Übung nach – wie die *Spitzen Sie Ihren Bleistift*-Übung auf der nächsten Seite. Manchmal gehen wir sofort zum Code über. Diese Kombination aus Theorie und Praxis ist ein ausgezeichnetes Mittel, die Konzepte vom Papier in Ihr Gehirn zu bringen.

Wenn Sie Probleme mit einer Übung haben, sollten Sie keine Hemmungen haben, in die Lösung blicken. Den Code dazu finden Sie auf der Website zum Buch.

Ein kleiner Tipp für die Codeübungen

Wenn Sie sich folgende Dinge merken, wird das mit den Codeübungen glatter laufen:

- ★ Man kann sich sehr leicht Syntaxfehler einfangen, wie fehlende Klammern oder Anführungszeichen. Eine fehlende geschweifte Klammer kann viele Fehler im Aufbau nach sich ziehen.
- ★ Es ist ***viel besser***, einen Blick in die Lösung zu werfen, als sich von einem Problem frustrieren zu lassen. Frustriert lernt das Hirn nicht gern.
- ★ Der gesamte Code dieses Buchs wurde getestet und läuft in Visual Studio 2013! Aber man kann leicht etwas falsch schreiben (beispielsweise 1 tippen statt eines kleinen Ls).
- ★ Und wenn Ihre Lösung gar nicht funktioniert, sollten Sie sie von der Webseite zum Buch herunterladen: **examples.oreilly.de/german_examples/hfcsharp3ger/**

Spitzen Sie Ihren Bleistift

Führen Sie die gleichen Schritte durch wie Mark vor einigen Seiten, um die `Navigator`-Objekte zu erstellen und ihre Methoden aufzurufen.

```
String ziel = textBox1.Text;
String route2Ausschließen = textBox2.Text;
String route3Einschließen = textBox3.Text;
```

Wir haben Ihnen einen Ansatzpunkt gegeben. Hier ist der Code, den Mark schrieb, um die Ziel- und Straßennamen aus den Textfeldern abzurufen.

```
Navigator navigator1 = new Navigator();
navigator1.ZielFestlegen(ziel);
int distanz1 = navigator1.EntfernungBerechnen();
```

Und dies ist der Code, der das Navigator-Objekt erstellt, sein Ziel setzt und die Entfernung abruft.

1. Erzeugen Sie das **navigator2**-Objekt, setzen Sie sein Ziel, rufen Sie seine **StraßeAusschließen()**-Methode auf und nutzen Sie die Methode **EntfernungBerechnen()**, um eine int-Variable namens **distanz2** zu setzen.

```
Navigator navigator2 = ....................
navigator2. ....................
navigator2. ....................
int distanz2 = ....................
```

2. Erzeugen Sie das **navigator3**-Objekt, setzen Sie sein Ziel, rufen Sie seine **StraßeEinschließen()**-Methode auf und nutzen Sie die Methode **EntfernungBerechnen()**, um eine int-Variable namens **distanz3** zu setzen.

```
....................
....................
....................
....................
```

Die eingebaute .NET Framework-Methode Math.Min() vergleicht zwei Zahlen und liefert die kleinere zurück. Mit ihr hat Mark die kürzeste Distanz zum Ziel berechnet.

```
int kleinsteDistanz = Math.Min(distanz1, Math.Min(distanz2, distanz3));
```

Spitzen Sie Ihren Bleistift

Lösung

Führen Sie die gleichen Schritte durch wie Mark, um die `Navigator`-Objekte zu erstellen und ihre Methoden aufzurufen.

```
String ziel = textBox1.Text;
String route2Ausschließen = textBox2.Text;
String route3Einschließen = textBox3.Text;

Navigator navigator1 = new Navigator();
navigator1.ZielFestlegen(ziel);
int distanz1 = navigator1.EntfernungBerechnen();
```

Das haben wir Ihnen als Anhaltspunkt gegeben. Diesen Code schrieb Mark, um das Ziel und die Straßen aus den Textfeldern zu lesen.

Und hier ist der Code, der die Navigator-Objekte erstellt, ihr Ziel setzt und die Entfernung abruft.

1. Erzeugen Sie das **navigator2**-Objekt, setzen Sie sein Ziel, rufen Sie seine **StraßeAusschließen()**-Methode auf und nutzen Sie die Methode **EntfernungBerechnen()**, um eine int-Variable namens **distanz2** zu setzen.

```
Navigator navigator2 = new Navigator()
navigator2.ZielFestlegen(ziel);
navigator2.StraßeAusschließen(route2Ausschließen);
int distanz2 = navigator2.EntfernungBerechnen();
```

2. Erzeugen Sie das **navigator3**-Objekt, setzen Sie sein Ziel, rufen Sie seine **StraßeEinschließen()**-Methode auf und nutzen Sie die Methode **EntfernungBerechnen()**, um eine int-Variable namens **distanz3** zu setzen.

```
Navigator navigator3 = new Navigator()
navigator3.ZielFestlegen(ziel);
navigator3.StraßeEinschließen(route3Einschließen);
int distanz3 = navigator3.EntfernungBerechnen();
```

Die eingebaute C#-Methode Math.Min() vergleicht zwei Zahlen und liefert die kleinere zurück. Mit ihr hat Mark die kürzeste Distanz zum Ziel berechnet.

```
int kleinsteDistanz = Math.Min(distanz1, Math.Min(distanz2, distanz3));
```

BEI DEN KLASSEN, DIE WIR ZUVOR GESCHRIEBEN HABEN, MUSSTEN WIR DOCH AUCH NICHT »NEW« EINSETZEN, UM INSTANZEN ZU ERZEUGEN! HEIẞT DAS, DASS ICH METHODEN AUFRUFEN KANN, OHNE OBJEKTE ZU ERSTELLEN?

Ja! Deshalb haben Sie in Ihren Methoden das Schlüsselwort `static` verwendet.

Werfen Sie noch einmal einen Blick auf die Deklaration der Klasse `Redner`:

```
class Redner
{
  public static int BlahBlahBlah(String aussage, int wieOft)
  {
    string ergebnisString = "";
```

Vor dem Aufruf der Methode mussten Sie keine Instanz von `Redner` erstellen. Das ging einfach so:

```
Redner.BlahBlahBlah("Hallo Hallo Hallo", 5);
```

Auf diese Weise ruft man `static`-Methoden auf, und das haben Sie die ganze Zeit gemacht. Entfernen Sie aus der Deklaration der Methode `BlahBlahBlah()` das Schlüsselwort `static`, müssen Sie eine Instanz von `Redner` erstellen, um die Methode aufzurufen. Davon abgesehen sind statische Methoden vergleichbar mit Objektmethoden. Sie können ihnen Parameter übergeben, die Methoden können Werte zurückliefern und leben in Klassen.

Es gibt noch eine weitere Sache, die Sie mit dem Schlüsselwort `static` tun können. Sie können eine **vollständige Klasse** als `static` markieren. Dann **müssen** auch alle ihre Methoden `static` sein. Versuchen Sie, einer statischen Klasse eine nicht statische Methode hinzuzufügen, lässt sie sich nicht kompilieren.

Es gibt keine Dummen Fragen

F: Wenn ich mir etwas »Statisches« vorstelle, denke ich immer an Dinge, die sich nicht ändern. Bedeutet das, dass sich nicht statische Methoden ändern können, statische jedoch nicht? Verhalten sie sich unterschiedlich?

A: Nein, statische und nicht statische Methoden verhalten sich vollkommen gleich. Der einzige Unterschied ist, dass statische Methoden keine Instanz verlangen, nicht statische hingegen schon. Eine Menge Menschen haben Probleme, sich das zu merken, weil das Wort »static« nicht so intuitiv ist.

F: Ich kann meine Klasse also erst verwenden, wenn ich eine Instanz erstelle?

A: Sie können ihre statischen Methoden verwenden. Aber wenn Sie Methoden haben, die nicht statisch sind, brauchen Sie eine Instanz, bevor Sie sie nutzen können.

F: Was will ich denn dann mit einer Methode, die eine Instanz braucht? Warum mache ich nicht einfach alle meine Methoden statisch?

A: Na, wenn Sie Objekte haben, die Daten festhalten – wie Marks Instanzen der Klasse `Navigator`, die jeweils eine andere Route festhalten –, können Sie die jeweiligen Instanzmethoden nutzen, um mit diesen Daten zu arbeiten. Als Mark auf der `navigator2`-Instanz die Methode `StraßeAusschließen()` aufrief, war nur die Route in dieser speziellen Instanz betroffen. Die Objekte `navigator1` und `navigator3` wurden nicht beeinträchtigt. Auf diese Weise konnte er gleichzeitig mit drei verschiedenen Routen arbeiten – und sein Programm konnte sie alle festhalten.

F: Wie hält eine Instanz denn dann die Daten fest?

A: Blättern Sie um, wenn Sie das herausfinden wollen!

Eine Instanz nutzt Felder, um Dinge festzuhalten

Den Text auf einem Button ändern Sie, indem Sie in der IDE seine `Text`-Eigenschaft setzen. Wenn Sie das tun, fügt die IDE dem Designer Code wie den folgenden hinzu:

```
button1.Text = "Text für den Button";
```

Technisch gesehen, wird dabei eine Eigenschaft gesetzt. Eine Eigenschaft ist einem Feld sehr ähnlich – aber dazu werden wir etwas später noch kommen.

Sie wissen jetzt, dass `button1` eine Instanz der Klasse `Button` ist. Dieser Code modifiziert ein **Feld** für die Instanz `button1`. Sie können einem Klassendiagramm Felder hinzufügen – ziehen Sie einfach in seiner Mitte eine horizontale Linie. Felder kommen über diese Linie, Methoden darunter.

Hier stehen in einem Klassendiagramm die Felder. Jede Instanz einer Klasse nutzt diese, um ihren Zustand festzuhalten.

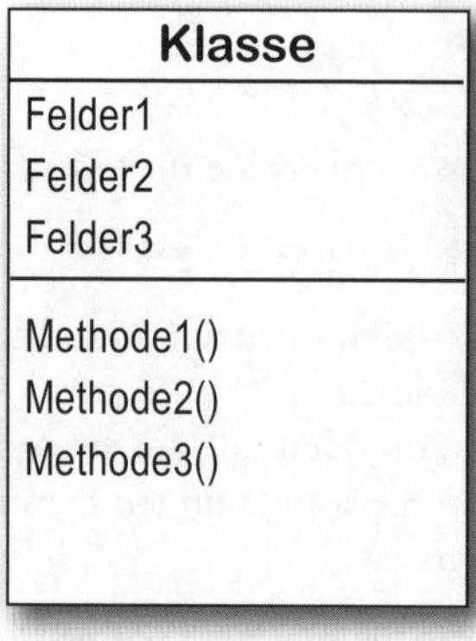

Klasse
Felder1
Felder2
Felder3
Methode1()
Methode2()
Methode3()

Fügen Sie diese Linie hinzu, um die Felder von den Methoden zu trennen.

Methoden sind das, was ein Objekt macht. Felder sind das, was das Objekt weiß.

Als Mark seine drei Instanzen der Klasse `Navigator` schrieb, erstellte sein Programm drei Objekte. Jedes dieser Objekte wurde genutzt, um eine andere Route festzuhalten. Als das Programm die Instanz `navigator2` erstellte und seine `ZielFestlegen()`-Methode aufrief, setzte es das Ziel für diese eine Instanz. Das hatte jedoch keine Auswirkungen auf die `navigator1`- oder die `navigator3`-Instanz.

Navigator
Ziel
Route
AktuellenOrtFestlegen()
ZielFestlegen()
StraßeAusschließen()
StraßeEinschließen()
RouteBerechnen()
FahrzeitBerechnen()
EntfernungBerechnen()

Jede Instanz von Navigator kennt ihr Ziel und ihre Route.

Ein Navigator-Objekt ermöglicht Ihnen, ein Ziel zu setzen, die Route zu modifizieren und Informationen zur Route abzurufen.

Das Verhalten eines Objekts wird von seinen Methoden definiert, seine Felder halten seinen Zustand fest.

Erstellen wir mal ein paar Instanzen!

Es ist leicht, Ihrer Klasse Felder hinzuzufügen. Deklarieren Sie einfach Variablen außerhalb ihrer Methoden. Jetzt erhält jede Instanz eine eigene Kopie dieser Variablen.

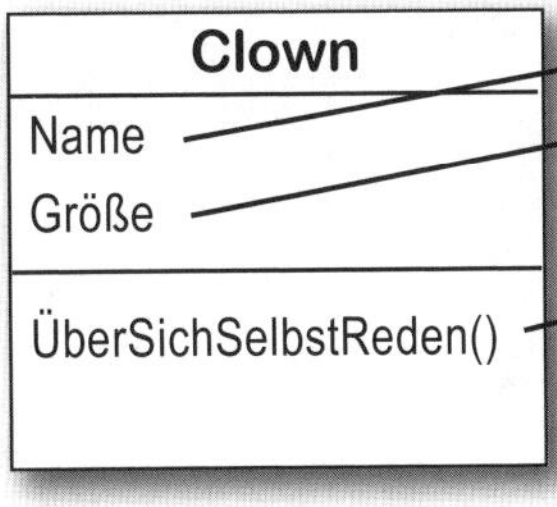

Clown
Name
Größe
ÜberSichSelbstReden()

Denken Sie daran: Das »void« vor der Methode bedeutet, dass sie keinen Wert zurückliefert.

```
class Clown {
  public String Name;
  public int Größe;

  public void ÜberSichSelbstReden() {
    MessageBox.Show("Ich heiße "
       + Name + " und bin "
       + Größe + " cm groß.");
  }
}
```

Wenn Sie Instanzen Ihrer Klasse erstellen wollen, dürfen Sie in der Klassen- und Methodendefinition das Schlüsselwort static **nicht verwenden**.

Bedenken Sie, dass der *=-Operator C# sagt, dass es den Wert links des Operators mit dem rechts des Operators multiplizieren soll.

Spitzen Sie Ihren Bleistift

Notieren Sie den Inhalt der Aussage, nachdem die Anweisung zu ihrer Linken ausgeführt wurde.

```
Clown einClown = new Clown();
einClown.Name = "Piff";
einClown.Größe = 30;
einClown.ÜberSichSelbstReden();
```

»Ich heiße _______ und bin ______ cm groß.«

```
Clown andererClown = new Clown();
andererClown.Name = "Paff";
andererClown.Größe = 40;
andererClown.ÜberSichSelbstReden();
```

»Ich heiße _______ und bin ______ cm groß.«

```
Clown clown3 = new Clown();
clown3.Name = andererClown.Name;
clown3.Größe = einClown.Größe - 8;
clown3.ÜberSichSelbstReden();
```

»Ich heiße _______ und bin ______ cm groß.«

```
andererClown.Größe *= 2;
andererClown.ÜberSichSelbstReden();
```

»Ich heiße _______ und bin ______ cm groß.«

Objekte auf dem Speicher

Wenn Ihr Programm ein Objekt erstellt, besteht dieses in einem Teil des Speichers des Computers, der als **Heap** (oder Halde) bezeichnet wird. Wenn Ihr Code mit der new-Anweisung ein Objekt erstellt, reserviert C# sofort Platz auf dem Heap, damit es die Daten für das Objekt speichern kann.

Hier ist ein Bild des Heaps, bevor das Projekt gestartet wurde. Beachten Sie, dass er leer ist.

Sehen wir uns genauer an, was hier passiert ist:

Spitzen Sie Ihren Bleistift – Lösung

Notieren Sie den Inhalt der Aussage, nachdem die Anweisung zu ihrer Linken ausgeführt wurde.

Jede dieser **new**-Anweisungen erstellt eine Instanz der Klasse Clown, indem sie für dieses Objekt einen Speicherhappen auf dem Heap reserviert und mit den Daten des Objekts füllt.

```
Clown einClown = new Clown();
einClown.Name = "Piff";
einClown.Größe = 30;
einClown.ÜberSichSelbstReden();
```

»Ich heiße Piff und bin 30 cm groß.«

```
Clown andererClown = new Clown();
andererClown.Name = "Paff";
andererClown.Größe = 40;
andererClown.ÜberSichSelbstReden();
```

»Ich heiße Paff und bin 40 cm groß.«

```
Clown clown3 = new Clown();
clown3.Name = andererClown.Name;
clown3.Größe = einClown.Größe - 8;
clown3.ÜberSichSelbstReden();
```

»Ich heiße Paff und bin 22 cm groß.«

```
andererClown.Größe *= 2;
andererClown.ÜberSichSelbstReden();
```

»Ich heiße Paff und bin 80 cm groß.«

Erstellt Ihr Programm ein neues Objekt, kommt dieses auf den Heap.

Was Ihr Programm im Kopf hat

Dieses Objekt ist eine Instanz der Klasse Clown.

"Piff"
30
Clown-Objekt 1

So erstellt Ihr Programm eine neue Instanz der Klasse `Clown`:

```
Clown meineInstanz = new Clown();
```

Eigentlich werden hier zwei Anweisungen zu einer kombiniert. Die erste Anweisung deklariert eine Variable des Typs Clown (`Clown meineInstanz;`). Die zweite erzeugt ein neues Objekt und weist es der Variablen zu, die gerade erstellt wurde (`meineInstanz= new Clown();`). So sieht der Heap nach den einzelnen Anweisungen aus:

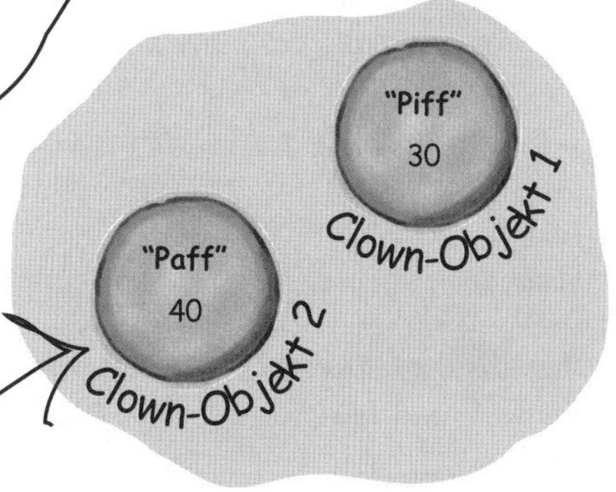
"Piff"
30
Clown-Objekt 1
"Paff"
40
Clown-Objekt 2

❶
```
Clown einClown = new Clown();
einClown.Name = "Piff";
einClown.Größe = 30;
einClown.ÜberSichSelbstReden();
```

Das erste Objekt wird erstellt, und seine Felder werden gesetzt.

❷
```
Clown andererClown = new Clown();
andererClown.Name = "Paff";
andererClown.Größe = 40;
andererClown.ÜberSichSelbstReden();
```

Diese Anweisungen erstellen das zweite Objekt und füllen es mit Daten.

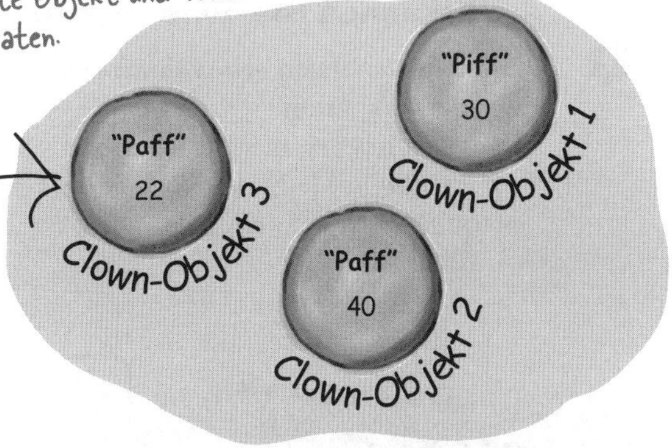
"Piff"
30
Clown-Objekt 1
"Paff"
22
Clown-Objekt 3
"Paff"
40
Clown-Objekt 2

❸
```
Clown clown3 = new Clown();
clown3.Name = andererClown.Name;
clown3.Größe = einClown.Größe - 8;
clown3.ÜberSichSelbstReden();
```

Das dritte Clown-Objekt wird erstellt und gefüllt.

❹
```
andererClown.Größe *= 2;
andererClown.ÜberSichSelbstReden();
```

Es gibt keinen new-Befehl. Das bedeutet, dass diese Anweisungen kein neues Objekt erzeugen. Sie verändern bloß eins, das bereits im Speicher ist.

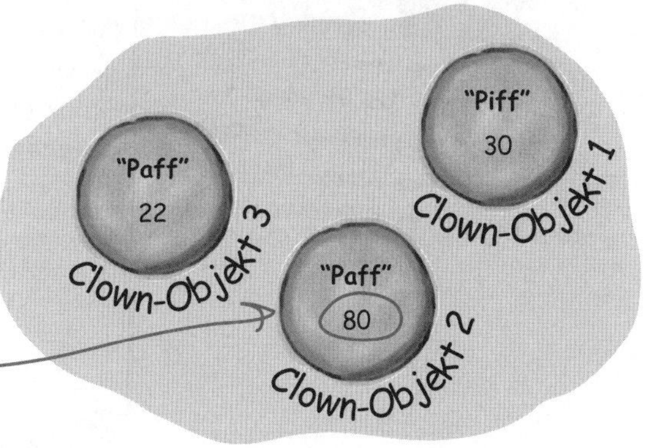
"Piff"
30
Clown-Objekt 1
"Paff"
22
Clown-Objekt 3
"Paff"
80
Clown-Objekt 2

Sie können Klassen- und Methodennamen verwenden, um Ihren Code intuitiv zu machen

Gute Entwickler schreiben leicht verständlichen Code. Kommentare sind eine Hilfe, aber nicht schlägt intuitive Namen für Methoden, Klassen, Variablen und Felder.

Wenn Sie Code in eine Methode stecken, treffen Sie eine Entscheidung über die Struktur Ihres Programms. Verwenden Sie nur eine Methode? Teilen Sie den Code auf mehrere auf? Brauchen Sie überhaupt eine Methode? Die Entscheidungen, die Sie zu Ihren Methoden treffen, können Ihren Code intuitiver machen – oder, wenn Sie nicht aufpassen, viel unübersichtlicher.

1 Hier ist ein netter, kompakter Happen Code. Er stammt aus einem Steuerungsprogramm, das auf einer Maschine läuft, die Schokoriegel herstellt:

```
int t = m.tmpPrf();
if (t > 160) {
    T tb = new T();
    tb.drklSchl(2);
    iks.Füllen();
    iks.Entlüften();
    m.luftsysPrf();
}
```

»tb«, »iks« und »m« sind schreckliche Namen! Wir haben keine Ahnung, wofür sie stehen. Und was wird diese Klasse T wohl sein?

Die Methode tmpPrf() liefert einen int ... aber was macht sie?

Die Methode drklSchl() hat einen Parameter, aber was das sein soll, wissen wir nicht.

Werfen Sie einen genaueren Blick auf den Code. Erkennen Sie, was er macht?

2 Diese Anweisungen geben Ihnen keinerlei Hinweise darauf, warum der Code macht, was er macht. Hier war der Programmierer mit den Ergebnissen zufrieden, weil er alles in eine Methode stecken konnte. Aber eigentlich ist es nicht sonderlich hilfreich, wenn man seinen Code so kompakt wie möglich macht! Zerlegen wir ihn also in Methoden, damit er besser lesbar wird, und kümmern wir uns darum, dass die Klassen aussagekräftigere Namen erhalten. Aber erst wollen wir herausfinden, was der Code überhaupt machen soll.

Wie findet man nun heraus, was der Code tun soll? Der Code wurde ja aus einem Grund geschrieben. Diesen Grund müssen Sie also suchen! Hier können wir auf der Seite des Bedienungshandbuchs die Spezifikation nachschlagen, der der Programmierer gefolgt ist.

Süß & Sauer Schokoriegel-Maschine B2B
Bedienungshandbuch

Die Schokoladentemperatur muss alle drei Minuten von einem automatisierten System geprüft werden. Übersteigt die Temperatur **160 °C**, ist die Schokolade zu heiß. Das System muss dann die **Schoko-Isolationskühlungssystem-Entlüftungsprozedur (S-IKS-EP)** einleiten:

- Drosselklappe an Turbine 2 schließen.
- Das Isolationskühlungssystem mit Wasser füllen.
- Das Wasser entlüften.
- Sicherstellen, dass im System keinerlei Luftspuren verbleiben.

3 Diese Handbuchseite hat es deutlich leichter gemacht, den Code zu verstehen. Außerdem hat sie uns ein paar gute Hinweise darauf gegeben, wie wir den Code verständlicher machen können. Wir wissen jetzt, warum die Testbedingung die Variable `t` mit 160 vergleicht – das Handbuch sagt, dass eine Temperatur über 160 °C bedeutet, dass die Schokolade zu heiß ist. Und es stellt sich heraus, dass `m` eine Klasse ist, die die Schokoriegel-Maschine steuert. Sie hat statische Methoden zur Prüfung der Schokoladentemperatur und des Lüftungssystems. Packen wir die Temperaturprüfung also in eine Methode und wählen wir für die Klasse und die Methoden Namen, die ihren Zweck klarer machen.

```
public boolean IstSchokoZuHeiß() {
  int temp = Maschine.SchokoTemperaturPrüfen();
  if (temp > 160) {
    return true;
  } else {
    return false;
  }
}
```

Der Rückgabetyp der Methode IstSchokoZuHeiß().

Der Code ist viel verständlicher, wenn wir der Klasse den Namen »Maschine« und der Methode den Namen »SchokoTemperaturPrüfen« geben.

Der Rückgabetyp der Methode ist boolean. Das bedeutet, sie liefert entweder true oder false.

4 Was soll man laut Spezifikation tun, wenn die Schokolade zu heiß ist? Sie sagt uns, dass wir die Schoko-Isolationskühlungssystem-Entlüftungsprozedur (oder S-IKS-EP) einleiten sollen. Schreiben wir also eine weitere Methode und wählen wir verständlichere Namen für die Klassen `T` (die offensichtlich die Turbine steuert) und `iks` (die das Isolationskühlungssystem steuert und zwei statische Methoden zum Füllen und Entlüften des Systems hat):

```
public void IKSEntlüftungsProzedurAusführen() {
  Turbine turbinensteuerung = new Turbine();
  turbinensteuerung.DrosselklappeSchließen(2);
  IsolationsKühlungsSystem.Füllen();
  IsolationsKühlungsSystem.Entlüften();
  Maschine.LuftSystemPrüfen();
}
```

Der Rückgabetyp void bedeutet, dass die Methode keinen Wert zurückliefert.

5 Jetzt ist der Code viel intuitiver! Selbst wenn Sie nicht wissen, dass die S-IKS-Entlüftungsprozedur eingeleitet werden muss, wenn die Schokolade zu heiß ist, **ist es jetzt viel offensichtlicher, was der Code macht.**

```
if (IstSchokoZuHeiß() == true) {
  IKSEntlüftungsProzedurAusführen();
}
```

Orientieren Sie sich an dem Problem, das Ihr Code lösen soll, können Sie ihn besser lesbar und schreibbar machen. Wenn Sie Methodennamen wählen, die für jemanden sinnvoll sind, der das Problem versteht, ist Ihr Code viel leichter zu entziffern ... und zu entwickeln!

Geben Sie Ihren Klassen eine natürliche Struktur

Nehmen Sie sich einen Augenblick Zeit und überlegen Sie, warum Sie Ihre Methoden intuitiver machen möchten: **weil jedes Programm ein Problem löst oder einen Zweck hat.** Es muss kein Geschäftsproblem sein – manchmal soll ein Programm einfach nur cool sein oder Spaß machen! Aber ganz egal, was Ihr Programm macht, je mehr Sie Ihren Code dem zu lösenden Problem angleichen, umso leichter lässt sich das Programm schreiben (und lesen, reparieren, warten …).

Planen Sie Ihre Klassen mit Klassendiagrammen

Ein Klassendiagramm ist ein einfaches Mittel, um Ihre Klassen auf Papier zu bringen. Es ist ein wirklich wertvolles Werkzeug zum Entwerfen Ihres Codes, BEVOR Sie damit beginnen, ihn zu schreiben.

Schreiben Sie oben in das Diagramm den Namen der Klasse. Schreiben Sie die Methoden in den Kasten darunter. Jetzt können Sie alle Teile auf einen Blick sehen!

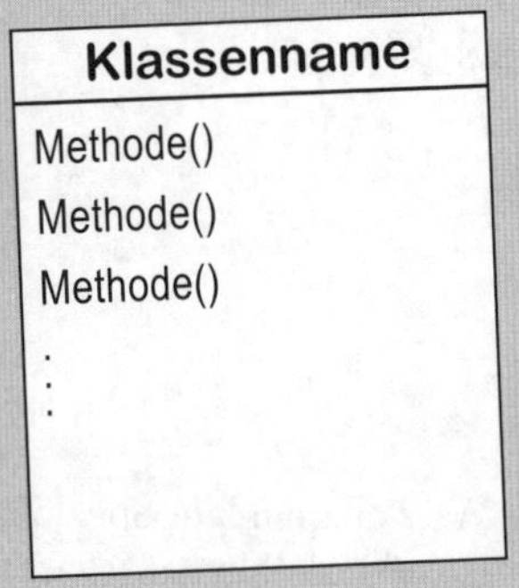
Klassenname
Methode()
Methode()
Methode()

Erstellen wir ein Klassendiagramm

Werfen wir einen weiteren Blick auf die `if`-Anweisung in Schritt 5 auf der letzten Seite. Sie wissen bereits, dass Anweisungen immer innerhalb von Methoden stehen, die immer in Klassen sind, stimmt's? Hier befand sich diese `if`-Anweisung in einer Methode namens `WartungsTestDurchführen()`, die Teil der Klasse `SchokoriegelSteuerung` ist. Werfen Sie jetzt einen Blick auf den Code und das Klassendiagramm. Sehen Sie, wie sich diese aufeinander beziehen?

```
class SchokoriegelSteuerung {

  public void WartungsTestDurchführen() {
    ...
    if (IstSchokoZuHeiß() == true) {
      IKSEntlüftungsProzedurAusführen();
    }
    ...
  }

  public void IKSEntlüftungsProzedurAusführen() ...

  public boolean IstSchokoZuHeiß() ...

}
```

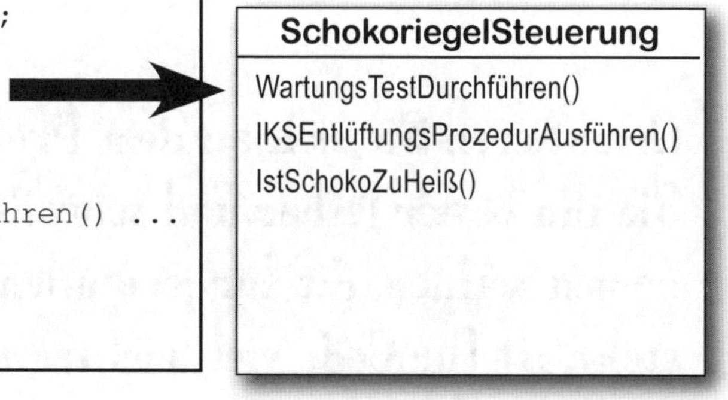
SchokoriegelSteuerung
WartungsTestDurchführen()
IKSEntlüftungsProzedurAusführen()
IstSchokoZuHeiß()

Spitzen Sie Ihren Bleistift

Der Code für das Schokoriegel-Steuerungssystem, das wir auf der vorangehenden Seite aufgebaut haben, ruft drei weitere Klassen auf. Blättern Sie zurück, sehen Sie sich den Code an und füllen Sie die entsprechenden Klassendiagramme aus.

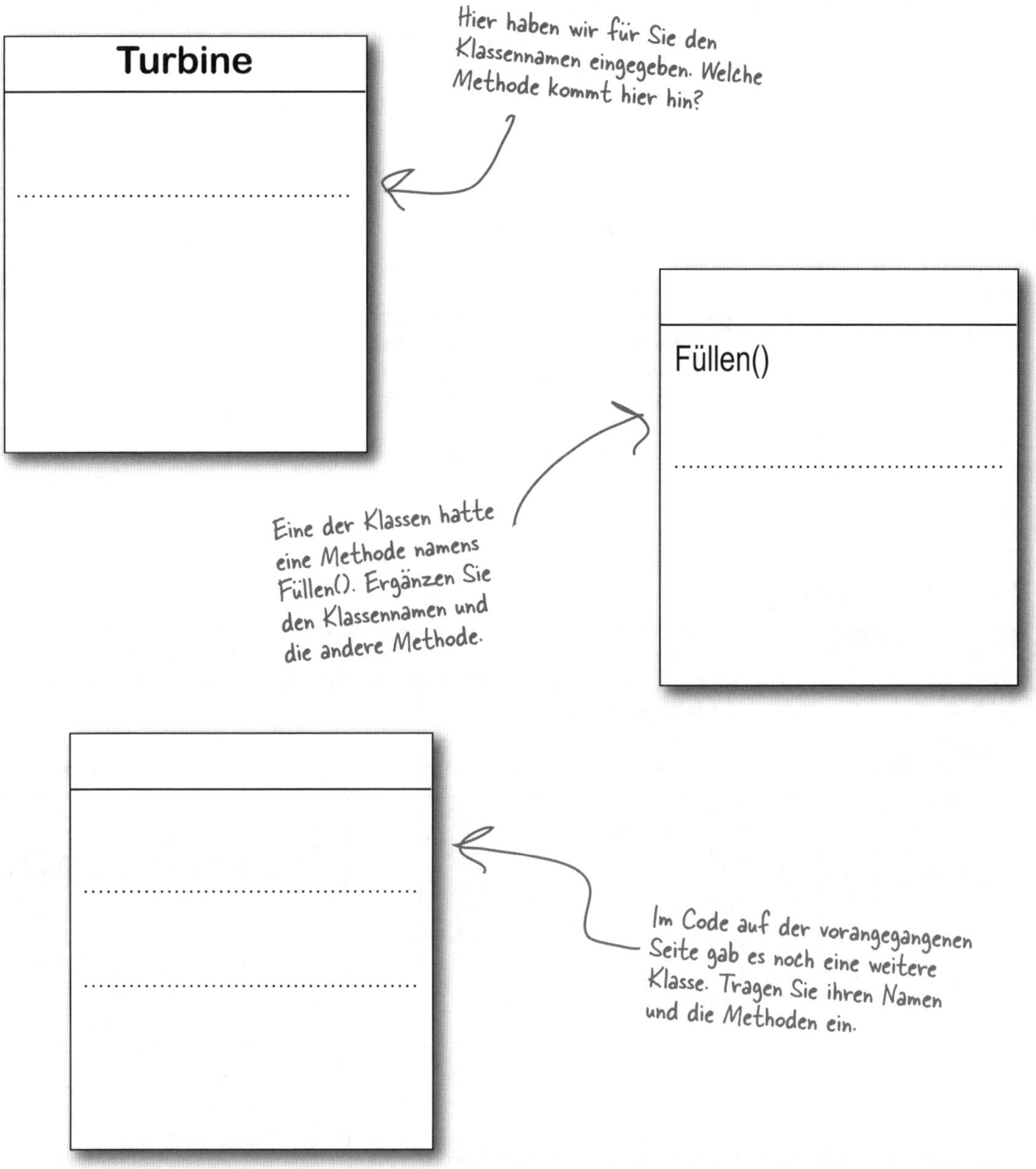
Turbine
Hier haben wir für Sie den Klassennamen eingegeben. Welche Methode kommt hier hin?
Füllen()
Eine der Klassen hatte eine Methode namens Füllen(). Ergänzen Sie den Klassennamen und die andere Methode.
Im Code auf der vorangegangenen Seite gab es noch eine weitere Klasse. Tragen Sie ihren Namen und die Methoden ein.

Klassendiagramme helfen Ihnen, Ihre Klassen auf sinnvolle Weise zu organisieren

Das Formulieren von Klassendiagrammen macht es erheblich einfacher, mögliche Probleme in Ihren Klassen zu entdecken, **bevor** Sie Code schreiben. Über Ihre Klassen von einem übergeordneten Standpunkt aus nachzudenken, bevor Sie an die Details gehen, kann Ihnen helfen, eine Klassenstruktur zu entwickeln, die sicherstellt, dass Ihr Code die Probleme löst, mit denen er sich befasst. So können Sie einen Schritt zurücktreten und sich vergewissern, dass Sie keine unnötigen oder schlecht strukturierten Klassen oder Methoden schreiben und dass die Klassen, die Sie schreiben, intuitiv und leicht verwendbar sind.

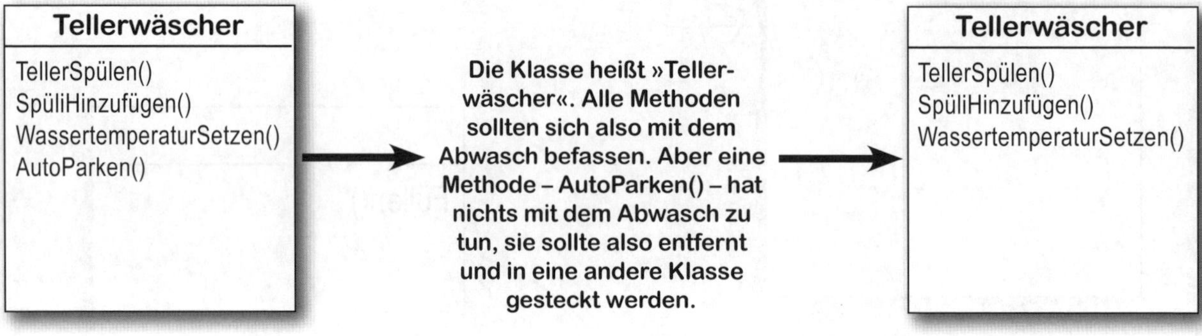
Tellerwäscher
TellerSpülen()
SpüliHinzufügen()
WassertemperaturSetzen()
AutoParken()
Die Klasse heißt »Tellerwäscher«. Alle Methoden sollten sich also mit dem Abwasch befassen. Aber eine Methode – AutoParken() – hat nichts mit dem Abwasch zu tun, sie sollte also entfernt und in eine andere Klasse gesteckt werden.
Tellerwäscher
TellerSpülen()
SpüliHinzufügen()
WassertemperaturSetzen()

Spitzen Sie Ihren Bleistift
Lösung

Der Code für das Schokoriegel-Steuerungssystem, das wir auf der vorangehenden Seite aufgebaut haben, ruft drei weitere Klassen auf. Blättern Sie zurück, sehen Sie sich den Code an und füllen Sie die entsprechenden Klassendiagramme aus.

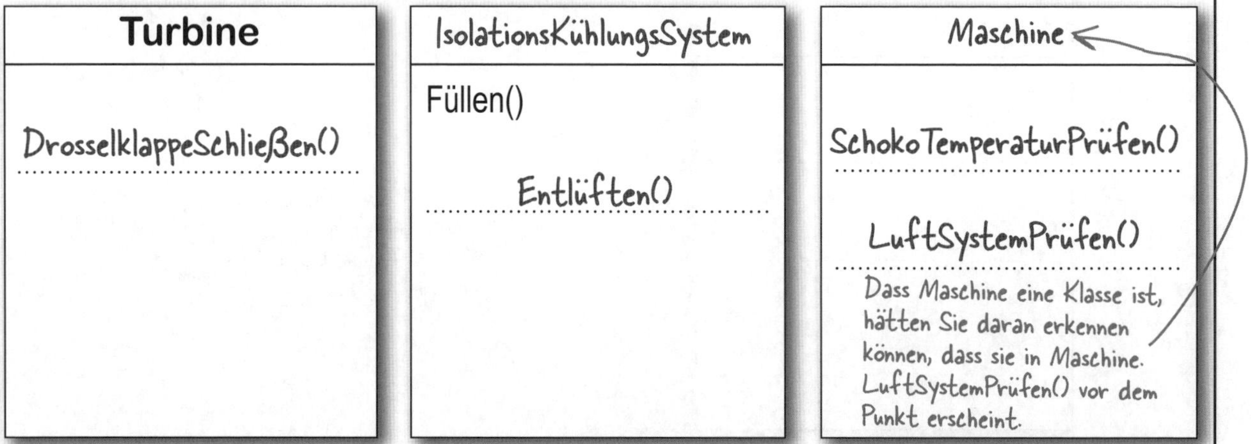
Turbine
DrosselklappeSchließen()
IsolationsKühlungsSystem
Füllen()
Entlüften()
Maschine
SchokoTemperaturPrüfen()
LuftSystemPrüfen()
Dass Maschine eine Klasse ist, hätten Sie daran erkennen können, dass sie in Maschine.LuftSystemPrüfen() vor dem Punkt erscheint.

Spitzen Sie Ihren Bleistift

Jede dieser Klassen weist einen ernsthaften Entwurfsfehler auf. Schreiben Sie auf, was Ihrer Meinung nach mit den Klassen nicht in Ordnung ist und wie Sie es reparieren würden.

Klasse23
SchokoriegelGewicht()
VerpackungDrucken()
BerichtErzeugen()
Los()

Diese Klasse ist Teil des Schokoriegel-Systems von oben.

PizzaBote
PizzaHinzufügen()
PizzaAusgeliefert()
BargeldGesamt()
RückkehrZeit()

PizzaBotin
PizzaHinzufügen()
PizzaAusgeliefert()
BargeldGesamt()
RückkehrZeit()

Diese beiden Klassen sind Teile eines Systems, das ein Pizzadienst einsetzt, um die Auslieferung von Bestellungen nachzuhalten.

Kassenbuch
VerkaufDurchführen()
KeinVerkauf()
Betanken()
BargeldWiederauffüllen()
GeldbestandInKasse()
TransaktionslisteAbrufen()
BargeldHinzufügen()
BargeldHerausnehmen()

Die Klasse `Kassenbuch` ist Teil eines Programms, das von dem automatisierten Kassensystem eines Kaufhauses verwendet wird.

Spitzen Sie Ihren Bleistift
Lösung

So haben wir diese Klassen korrigiert.
Das ist aber nur jeweils ein möglicher Weg, diese Probleme zu reparieren – es gibt viele andere, um diese Klassen auf Basis ihrer Verwendung zu entwerfen.

Diese Klasse ist Teil des Schokoriegel-Systems von oben.

Der Klassenname sagt nicht, was die Klasse macht. Ein Programmierer, der eine Codezeile sieht, die Klasse23.Los() aufruft, hat absolut keinen Schimmer, was diese Zeile macht. Wir sollten auch der Methode einen anschaulicheren Namen geben – wir haben SchokoriegelHerstellen() gewählt, er könnte aber auch anders lauten.

SchokoriegelMaschine
SchokoriegelGewicht() VerpackungDrucken() BerichtErzeugen() SchokoriegelHerstellen()

Diese beiden Klassen sind Teile eines Systems, das ein Pizzadienst einsetzt, um die Auslieferung von Bestellungen nachzuhalten.

Die Klassen PizzaBote und PizzaBotin scheinen das Gleiche zu tun – sie halten den Boten fest, der die Pizza ausliefert. Ein besserer Entwurf würde sie durch eine einzige Klasse ersetzen, die ein Feld für das Geschlecht enthält.

PizzaBote
Geschlecht
PizzaHinzufügen() PizzaAusgeliefert() BargeldGesamt() RückkehrZeit()

Wir haben das Feld Geschlecht hinzugefügt, weil wir davon ausgehen, dass es einen Grund gibt, weibliche und männliche Boten getrennt nachzuhalten, und es deswegen zwei Klassen für sie gab.

Die Klasse `Kassenbuch` ist Teil eines Programms, das von dem automatisierten Kassensystem eines Kaufhauses verwendet wird.

Alle Methoden in der Klasse tun Dinge, die mit der Kasse zu tun haben – einen Verkauf durchführen, eine Liste der Transaktionen abrufen, Bargeld hinzufügen ... nur eine nicht: Betanken(). Diese Methode sollte herausgezogen und in eine andere Klasse gesteckt werden.

Kassenbuch
VerkaufDurchführen() KeinVerkauf() BargeldWiederauffüllen() GeldbestandInKasse() TransaktionslisteAbrufen() BargeldHinzufügen() BargeldHerausnehmen()

```
public partial class Form1 : Form
{
  public Form1() {
    InitializeComponent();
  }
  private void button1_Click(object sender, EventArgs e)
  {
    String ergebnis = "";
    Echo e1 = new Echo();
    _________________________
    int x = 0;
    while ( ___________ ) {
      ergebnis = ergebnis + e1.hallo() + "\n";
      __________________________
      if ( ____________ ) {
        e2.zähler = e2.zähler + 1;
      }
      if ( ____________ ) {
        e2.zähler = e2.zähler + e1.zähler;
      }
      x = x + 1;
    }
    MessageBox.Show(ergebnis + "Zähler: " + e2.zähler);
  }

  public class ____________ {
    public int _________ = 0;
    public string ___________ {
      return "Halloooo...";
    }
  }
}
```

Pool-Puzzle

Sie haben die ***Aufgabe***, die leeren Zeilen im Code mit den Codeschnipseln aus dem Pool zu füllen. Einzelne Schnipsel **können** mehrfach verwendet werden, und Sie werden nicht alle Schnipsel benötigen. Das ***Ziel*** ist, eine Klasse zu erstellen, die sich kompilieren lässt und die gezeigte Ausgabe erzeugt. Lassen Sie sich nicht täuschen – das ist schwerer, als es scheint.

Ausgabe

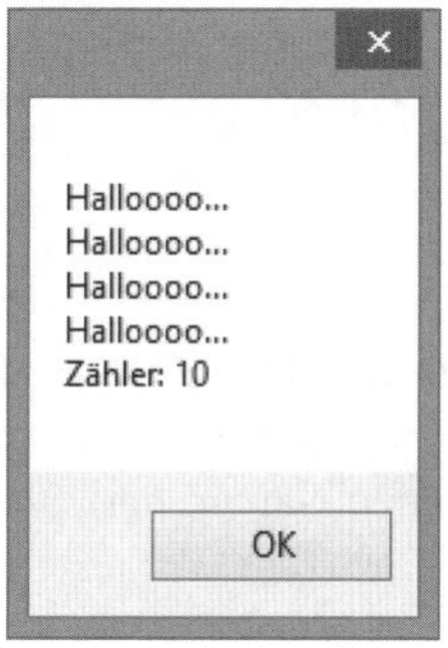
×
Halloooo...
Halloooo...
Halloooo...
Halloooo...
Zähler: 10
OK

Bonusfrage!

Wie würden Sie das Puzzle vervollständigen, wenn die letzte Zeile der Ausgabe **24** statt **10** wäre? Sie müssen dazu nur eine Anweisung ändern.

Hinweis: Jeder Schnipsel aus dem Pool kann mehrfach verwendet werden.

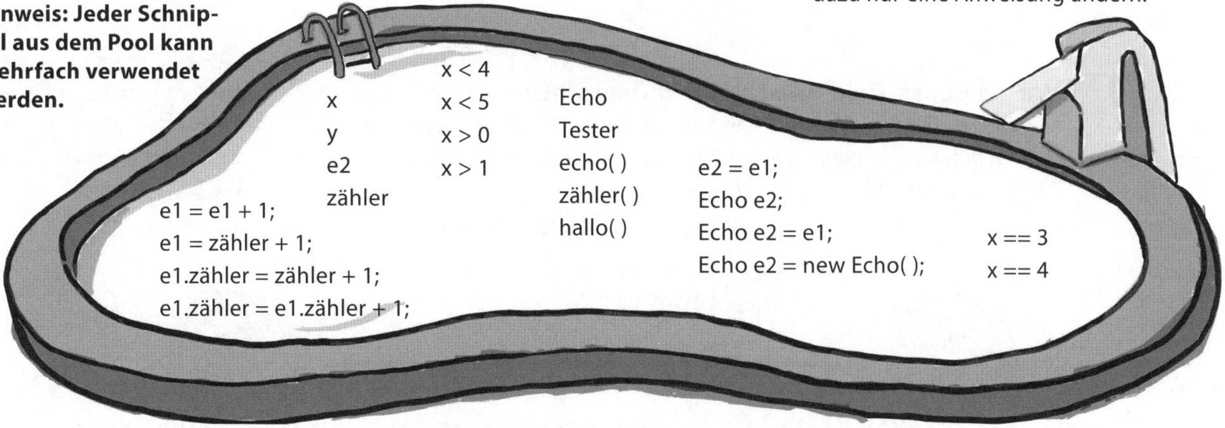
x
y
e2
zähler
x < 4
x < 5
x > 0
x > 1
Echo
Tester
echo( )
zähler( )
hallo( )
e1 = e1 + 1;
e1 = zähler + 1;
e1.zähler = zähler + 1;
e1.zähler = e1.zähler + 1;
e2 = e1;
Echo e2;
Echo e2 = e1;
Echo e2 = new Echo( );
x == 3
x == 4

→ Lösung auf Seite 138.

Es gibt zwei Lösungen für dieses Puzzle. Finden Sie beide?

Eine Klasse für die Arbeit mit ein paar Typen erstellen

Tim und Tom leihen einander ständig Geld. Bauen Sie also eine Klasse auf, um das nachzuhalten. Aber erst mal verschaffen wir uns einen Überblick darüber, was wir aufbauen werden.

Typ
Name
Geld
GeldVerleihen()
GeldEmpfangen()

Wir haben für die Methoden sinnvolle Namen gewählt. Sie rufen die GeldVerleihen()-Methode eines Typ-Objekts auf, um es anzuweisen, etwas von seinem Geld aufzugeben; seine GeldEmpfangen()-Methode rufen Sie auf, wenn es wieder Geld zurücknehmen soll. Wir hätten sie auch JemandemGeldGeben() und VonJemandemGeldEmpfangen() nennen können, aber diese Namen wären dann wirklich sehr lang geworden!

1 Wir erstellen die Klasse Typ und fügen einem Formular zwei Instanzen hinzu.
Das Formular hat zwei Felder, eins namens `tim` (um das erste Objekt nachzuhalten) und eins namens `tom` (um das zweite Objekt nachzuhalten).

Die new-Anweisungen, die die beiden Instanzen erstellen, stehen in Code, der ausgeführt wird, sobald das Formular erstellt wird. So sieht der Heap aus, nachdem das Formular geladen wurde.

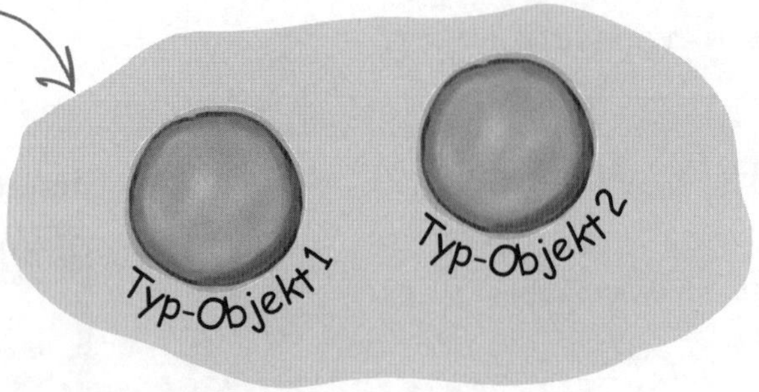
Typ-Objekt1
Typ-Objekt2

2 Wir setzen Geld und Name für beide Typ-Objekte.
Die beiden Objekte repräsentieren verschiedene Typen, jedes hat also einen eigenen Namen und auch einen anderen Betrag Bargeld in der Tasche.

Jeder Typ hat ein Name-Feld, das seinen Namen festhält, und ein Geld-Feld, das die Knete in seiner Börse festhält.

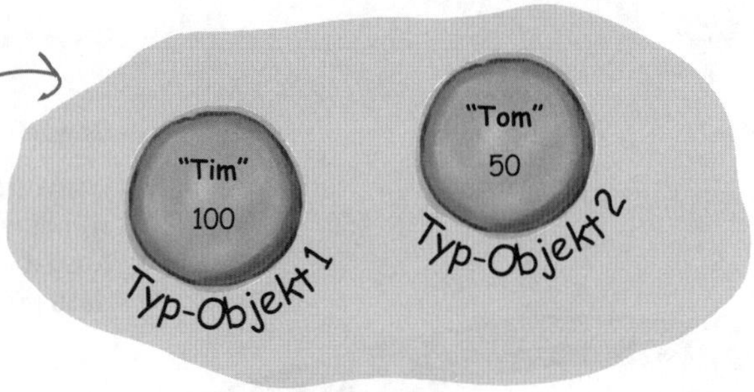
"Tim"
100
Typ-Objekt1
"Tom"
50
Typ-Objekt2

Wenn Sie eine Instanz von Typ nehmen und seine GeldEmpfangen()-Methode aufrufen, übergeben Sie den Geldbetrag als Parameter. Ein Aufruf von tim.GeldEmpfangen(25) nimmt also 25 Euro von Tim.

3 Wir tauschen Geld zwischen den Jungs aus.
Wir nutzen die `GeldVerleihen()`-Methode des einen Typs, um dem anderen Geld zu geben, und wir nutzen die `GeldEmpfangen()`-Methode, um Geld von ihm zurückzunehmen.

Das Formular ruft die GeldEmpfangen()-Methode des Objekts auf, die so heißt, weil es Geld erhält.

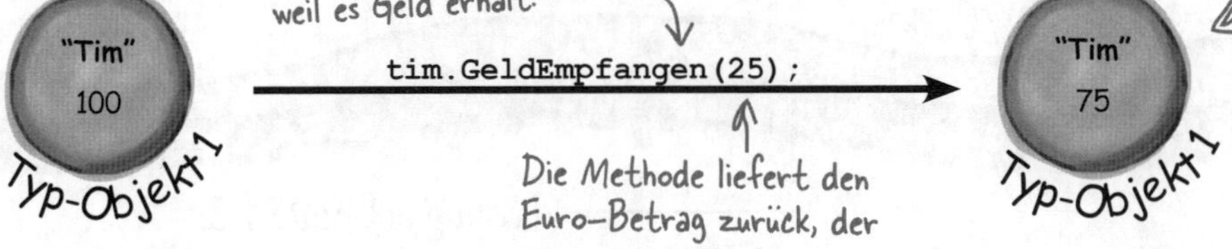
"Tim"
100
Typ-Objekt1
tim.GeldEmpfangen(25);
"Tim"
75
Typ-Objekt1

Die Methode liefert den Euro-Betrag zurück, der angenommen wurde.

Ein Projekt für die Jungs erstellen

Erzeugen Sie ein neues Windows Forms-Anwendung-Projekt (da wir ein Formular verwenden werden). Fügen Sie diesem dann über den Projektmappen-Explorer eine neue Klasse namens `Typ` hinzu. Achten Sie darauf, dass Sie am Anfang der Klassendatei für `Typ` »`using System.Windows.Forms;`« einfügen. Geben Sie dann die Klasse `Typ` ein. Hier ist der Code dafür:

Tun Sie das!

Die Klasse Typ hat zwei Felder. Das Feld Name ist ein String und enthält den Namen des Typs (»Tim«). Und das Feld Geld ist ein int und hält fest, wie viel er in der Tasche hat.

Die Methode GeldVerleihen() hat einen Parameter namens betrag, den Sie nutzen, um dem Typ zu sagen, wie viel Geld er Ihnen geben soll.

Mit einer if-Anweisung prüft er, ob er genug Geld hat – ist das der Fall, nimmt er es aus der Tasche und liefert es als Rückgabewert zurück.

Der Typ vergewissert sich, dass er um einen positiven Geldbetrag gebeten wird, da er seinem Geld sonst etwas hinzufügt, anstatt etwas davon wegzunehmen.

```
class Typ {
    public string Name;
    public int Geld;

    public int GeldVerleihen(int betrag) {
        if (betrag <= Geld && betrag > 0) {
            Geld -= betrag;
            return betrag;
        } else {
            MessageBox.Show(
             "Ich habe nicht genug, um dir " + betrag +
             " zu geben", Name + " sagt");
            return 0;
        }
    }

    public int GeldEmpfangen(int betrag) {
        if (betrag > 0) {
            Geld += betrag;
            return betrag;
        } else {
            MessageBox.Show(betrag + " ist kein Betrag, den ich" +
                 " akzeptiere.", Name + " sagt");
            return 0;
        }
    }
}
```

Hat der Typ nicht genug Geld, teilt er das über ein Dialogfenster mit und lässt GeldVerleihen() 0 zurückliefern.

Die Methode GeldEmpfangen() funktioniert genau so wie die Methode GeldVerleihen(). Ihr wird als Parameter ein Betrag übergeben, sie stellt sicher, dass dieser Betrag größer null ist, und fügt ihn dann dem eigenen Geld hinzu.

War betrag positiv, liefert die Methode GeldEmpfangen() den hinzugefügten Betrag zurück. War betrag null oder kleiner, wird ein Dialogfenster eingeblendet und dann 0 zurückgeliefert.

}

Geben Sie acht auf Ihre geschweiften Klammern. Es passiert schnell, dass ihre Anzahl nicht stimmt – prüfen Sie, ob es zu jeder öffnenden Klammer eine entsprechende schließende gibt. Sind die Klammern im Gleichgewicht, **rückt** die IDE sie **automatisch** für Sie ein, wenn Sie die letzte schließende Klammer eingeben.

Was passiert, wenn Sie den GeldEmpfangen()- und GeldVerleihen()-Methoden eines Typ-Objekts einen negativen Betrag übergeben?

Erstellen Sie ein Formular zur Interaktion mit den Jungs

Die Klasse Typ ist gut, aber sie ist erst der Anfang. Bauen Sie jetzt ein Formular auf, das zwei Instanzen der Klasse `Typ` nutzt. Es hat Labels, die Ihnen ihre Namen und den Geldbetrag anzeigen, den sie in der Tasche haben, sowie Buttons, mit denen von ihnen Geld angenommen bzw. ihnen Geld gegeben werden kann. Bevor die Typen einander Geld leihen können, müssen sie *irgendwoher* Geld erhalten. Wir brauchen also auch noch eine Bank.

Erstellen Sie das!

1 Fügen Sie Ihrem Formular zwei Buttons und drei Labels hinzu.
Die beiden oberen Labels zeigen, wie viel Geld die einzelnen Typen haben. Außerdem haben wir dem Formular eine Variable `bank` hinzugefügt – das dritte Label zeigt, wie viel Geld darin ist. Sie sollten einigen der Labels, die Sie auf das Formular ziehen, Namen geben. Das machen Sie, indem Sie **auf das Label klicken**, dessen Namen Sie ändern möchten, und im Eigenschaften-Fenster **die Zeile »(Name)« ändern**. Das verbessert die Lesbarkeit Ihres Codes, weil Sie nun mit »timsGeld« und »tomsGeld« statt mit »label1« und »label2« arbeiten können.

Geben Sie dem obersten Label den Namen timsGeld, dem Label darunter den Namen tomsGeld und dem untersten Label den Namen bankGeld. Die Text-Eigenschaften können Sie belassen. Diese werden wir über eine Methode setzen.

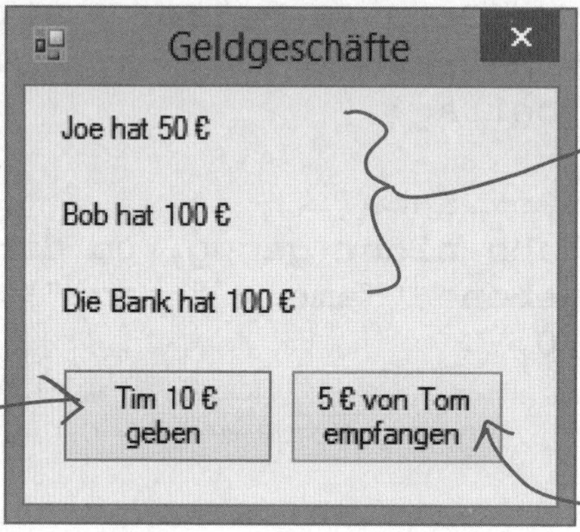

Geldgeschäfte
Joe hat 50 €
Bob hat 100 €
Die Bank hat 100 €
Tim 10 € geben
5 € von Tom empfangen

Dieser Button ruft die GeldEmpfangen()-Methode des Tim-Objekts auf und zieht das Geld, das Tim übergeben wird, vom bank-Feld des Formulars ab.

Dieser Button ruft die GeldVerleihen()-Methode des Tom-Objekts auf, übergibt ihr als Betrag 5 und addiert dem Feld bank das Geld hinzu, das von Tom empfangen wird.

2 Fügen Sie Ihrem Formular die Felder hinzu.
Ihr Formular muss die Jungs festhalten, Sie benötigen also ein Feld für jeden von beiden. Nennen Sie diese `tim` und `tom`. Fügen Sie dem Formular dann ein Feld namens `bank` hinzu, das festhält, wie viel Geld das Formular von Tom empfangen hat bzw. Tim geben musste.

```
namespace Ihr_Projektname {
   public partial class Form1 : Form {

      Typ tim;
      Typ tom;
      int bank = 100;

      public Form1() {
         InitializeComponent();
      }
```

Da wir Tim und Tom mit Typ-Objekten festhalten, deklarieren wir die entsprechenden Felder mit Typ.

Der Geldbetrag in der Bank steigt und sinkt, je nachdem, wie viel Geld das Formular den Typ-Objekten gegeben bzw. von ihnen empfangen hat.

3 **Fügen Sie dem Formular eine Methode zur Aktualisierung der Labels hinzu.**

Die Labels im Formular zeigen, wie viel Geld die Jungs haben und wie viel im Feld `bank` ist. Fügen Sie also die Methode `FormularAktualisieren()` hinzu, um sie aktuell zu halten – und **achten Sie darauf, dass der Rückgabetyp `void` ist**, damit C# weiß, dass die Methode keinen Wert zurückliefert. Geben Sie diese Methode direkt unterhalb der Stelle in das Formular ein, an der Sie die Variable `bank` eingefügt haben:

```
public void FormularAktualisieren() {
    timsGeld.Text = tim.Name + " hat " + tim.Geld + " €";
    tomsGeld.Text = tom.Name + " hat " + tom.Geld + " €";
    bankGeld.Text = "Die Bank hat " + bank + " €";
}
```

Beachten Sie, wie die Labels mit den Name- und Geld-Feldern der Typ-Objekte aktualisiert werden.

Die neue Methode muss von beiden Buttons aufgerufen werden, damit die Labels aktuell bleiben.

4 **Fügen Sie den Buttons den Code für die Interaktion mit den Objekten hinzu.**

Stellen Sie sicher, dass der linke Button `button1` heißt und der rechte `button2`. Klicken Sie doppelt auf beide Buttons – die IDE fügt dem Formular dann die Methoden `button1_Click()` und `button2_Click()` hinzu. Fügen Sie beiden diesen Code hinzu:

> **Sie wissen bereits, dass Sie Ihren Steuerelementen Namen geben können. `button1` und `button2` sind jedoch keine sonderlich guten Namen. Welche Namen würden *Sie* dafür wählen?**

```
private void button1_Click(object sender, EventArgs e) {
    if (bank >= 10) {
        bank -= tim.GeldEmpfangen(10);
        FormularAktualisieren();
    } else {
        MessageBox.Show("Die Bank ist pleite.");
    }
}
private void button2_Click(object sender, EventArgs e) {
    bank += tom.GeldVerleihen(5);
    FormularAktualisieren();
}
```

Klickt der Benutzer auf den Button »Tim 10 € geben«, wird die GeldEmpfangen()-Methode von Tims Objekt aufgerufen – aber nur, wenn die Bank genug Geld hat.

Die Bank braucht mindestens 10 €, damit sie Tim etwas geben kann. Ist nicht genug da, zeigt sie dieses Dialogfenster an.

Der Button »5 € von Tom empfangen« muss nicht prüfen, wie viel Geld die Bank hat, da sie nur hinzufügt, was Tom ihr gibt.

Hat Tom kein Geld mehr, liefert GeldVerleihen() null zurück.

5 **Geben Sie Tim zu Beginn 50 € und Tom 100 €.**

Wie die Geld- und Name-Felder für Tim und Tom am Anfang gesetzt werden, sollen Sie selbst herausfinden. Stecken Sie den entsprechenden Code direkt unter `InitializeComponent()` ins Formular. Das ist ein Teil einer besonderen Methode, die einmal ausgeführt wird, wenn das Formular initialisiert wird. Klicken Sie im Anschluss daran mehrfach auf beide Buttons – stellen Sie sicher, dass der eine Button 10 € aus der Bank nimmt und Tim gibt und der andere 5 € von Tom nimmt und der Bank gibt.

```
public Form() {
    InitializeComponent();
    // Initialisieren Sie hier tim und tom!
}
```

Fügen Sie hier die Codezeilen ein, die zwei Objekte erzeugen und ihre Name- und Geld-Felder setzen.

ÜBUNG

LÖSUNG
ZUR ÜBUNG

Wie die Geld- und Name-Felder für Tim und Tom am Anfang gesetzt werden, sollten Sie selbst herausfinden. Stecken Sie den entsprechenden Code direkt unter `InitializeComponent()` ins Formular.

```
public Form1() {
    InitializeComponent();

    tom = new Typ();
    tom.Name = "Tom";
    tom.Geld = 100;

    tim = new Typ();
    tim.Name = "Tim";
    tim.Geld = 50;

    FormularAktualisieren();
}
```

Hier richten wir die erste Instanz von Typ ein. Die erste Zeile erzeugt ein Objekt, und die nächsten beiden setzen seine Eigenschaften.

Dann machen wir das Gleiche für die zweite Instanz der Klasse Typ.

Achten Sie darauf, dass Sie FormularAktualisieren() aufrufen, damit die Labels schon richtig aussehen, wenn das Formular das erste Mal aufgerufen wird.

Speichern Sie das Projekt, wir kehren in ein paar Seiten zu ihm zurück.

Es gibt keine Dummen Fragen

F: Warum beginnt die Lösung nicht mit »`Typ tom = new Typ()`«? Warum haben Sie das erste »`Typ`« weggelassen?

A: Weil Sie das Feld `tom` bereits am Anfang des Formulars deklariert haben. Erinnern Sie sich, dass wir gesagt hatten, die Anweisung »`int i = 5;`« entspräche den zwei Anweisungen »`int i`« und »`i = 5;`«? Das hier ist das Gleiche. Sie könnten versuchen, das Feld `tom` in einer einzigen Zeile wie der folgenden zu deklarieren: »`Typ tom = new Typ();`«. Aber der erste Teil dieser Anweisung (»`Typ tom;`«) steht schon am Anfang des Formulars. Sie brauchen also nur die zweite Hälfte der Zeile, den Teil, der das Feld `tom` auf die neu erzeugte Instanz von `Typ` setzt.

F: Aber warum kann ich nicht einfach die »`Typ tom;`«-Zeile am Anfang des Formulars löschen?

A: Dann ist die Variable `tom` nur in der Methode »`public Form1()`« definiert. Wenn Sie eine Variable in einer Methode deklarieren, ist sie nur in dieser Methode gültig – in anderen Methoden können Sie nicht auf sie zugreifen. Deklarieren Sie sie hingegen außerhalb der Methode, aber in einem Formular oder einer Klasse, können Sie auf sie aus jeder Methode in diesem Formular zugreifen.

F: Was passiert, wenn ich das erste »`Typ`« nicht weglasse? Was ist, wenn es <u>`Typ`</u> `tom = new Typ()` statt `tom = new Typ()` ist?

A: Dann kriegen Sie Probleme – Ihr Formular funktioniert nicht, weil die Variable `tom` nie gesetzt wird. Steht am Anfang Ihres Formulars diese Zeile:

```
public partial class Form1 : Form {
    Typ tom;
```

und später in Ihrem Code in einer Methode Folgendes:

```
Typ tom = new Typ();
```

haben Sie zwei Variablen deklariert. Das ist etwas verwirrend, weil beide den gleichen Namen haben. Aber eine von ihnen ist im gesamten Formular gültig und die andere – die neu hinzugefügte – nur innerhalb dieser Methode. Die nächste Zeile (`tom.Name = "Tom";`) aktualisiert nur diese lokale Variable, ohne die im Formular anzurühren. Versuchen Sie dann, Ihren Code auszuführen, erhalten Sie daher eine gemeine Fehlermeldung (»NullReferenceException wurde nicht behandelt«), die einfach sagt, dass Sie versucht haben, ein Objekt zu verwenden, bevor Sie es mit `new` erstellt haben.

Die Objektinitialisierung kann noch einfacher sein

Fast jedes Objekt, das Sie erstellen, muss auf irgendeine Weise initialisiert werden. Das Typ-Objekt ist da keine Ausnahme – es ist vollkommen nutzlos, bis seine Name- und Geld-Felder gesetzt sind. Die Initialisierung von Feldern ist so häufig erforderlich, dass C# eine Kurzform dafür bietet, die als **Objektinitialisierer** bezeichnet wird. Und die IntelliSense-Funktion der IDE hilft Ihnen, diese zu nutzen.

Objektinitialisierer sparen Ihnen Zeit und machen Ihren Code kompakter und besser lesbar … und die IDE hilft Ihnen dabei, sie zu schreiben.

1. Hier ist der Code, den Sie zur Initialisierung von Tims Typ-Objekt geschrieben haben.

```
tim = new Typ();
tim.Name = "Tim";
tim.Geld = 50;
```

2. Löschen Sie die beiden letzten Zeilen und das Semikolon nach »`Typ()`« und geben Sie eine öffnende geschweifte Klammer ein.

```
tim = new Typ() {
```

3. Drücken Sie die Leertaste. Die IDE blendet dann ein IntelliSense-Fenster ein, in dem Sie alle Felder sehen, die Sie initialisieren können.

```
tim = new Typ() {
```

Geld
int Typ.Geld
Name

4. Drücken Sie die Tabulatortaste, um das Feld Geld hinzuzufügen, und setzen Sie es dann auf 50.

```
tim = new Typ() { Geld = 50
```

5. Geben Sie ein Komma ein. Dann wird sofort das andere Feld eingeblendet.

```
tim = new Typ() { Geld = 50,
```

Name
string Typ.Name

6. Schließen Sie den Objektinitialisierer. Damit haben Sie sich zwei Zeilen Code gespart!

```
tim = new Typ() { Geld = 50, Name = "Tim" };
```

Diese neue Deklaration macht das Gleiche wie die drei Codezeilen, die Sie ursprünglich geschrieben hatten. Sie ist nur kürzer und besser lesbar.

Sie haben im »Die Menschheit retten« einen Objektinitialisierer genutzt. Blättern Sie zurück und schauen Sie, ob Sie ihn erkennen!

Ein paar Ideen zum Entwurf intuitiver Klassen

★ **Sie erstellen Ihr Programm, um ein Problem zu lösen.**
Nehmen Sie sich die Zeit, über das Problem nachzudenken. Lässt es sich leicht in Einheiten zerlegen? Wie würden Sie es einem anderen erklären? Das sind Dinge, über die man nachdenken sollte, wenn man Klassen entwirft.

ES WÄRE KLASSE, WENN ICH EIN PAAR ROUTEN VERGLEICHEN KÖNNTE, UM DIE KÜRZESTE ZU FINDEN.

★ **Wer oder was wird Ihr Programm nutzen?**
Ein Programm, mit dem ein Tierpfleger die Fütterungszeiten seiner Tiere plant, könnte separate Klassen für unterschiedliche Nahrungs- und Tierarten haben.

ROAD CLOSED
CHEMIN FERMÉ

★ **Nutzen Sie aussagekräftige Namen für Klassen und Methoden.**
Was Ihre Klassen und Methoden tun, sollte jemand, der sie betrachtet, allein anhand ihrer Namen herausfinden können.

meineInst
obj-Objekt
besteRoute
Navigator-Objekt

★ **Achten Sie auf Ähnlichkeiten zwischen Klassen.**
Manchmal können zwei Klassen zu einer kombiniert werden, wenn sie wirklich ähnlich sind. Das Schokoriegel-System kann drei oder vier Turbinen haben, aber es gibt nur eine Methode zum Schließen der Drosselklappe, die die Nummer der Turbine als Parameter erwartet.

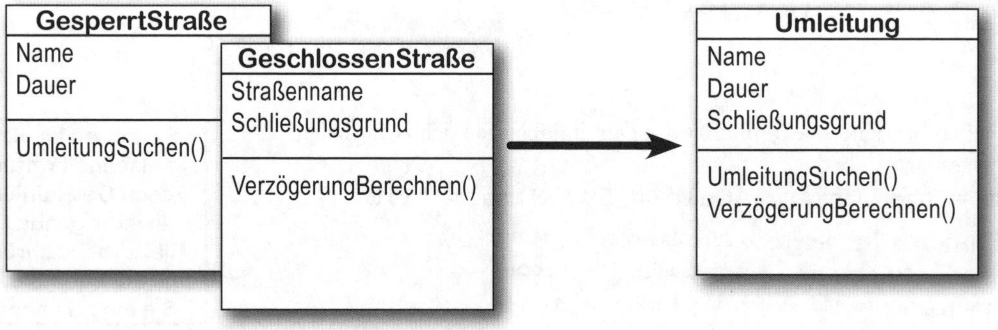
GesperrtStraße
Name
Dauer
UmleitungSuchen()
GeschlossenStraße
Straßenname
Schließungsgrund
VerzögerungBerechnen()
Umleitung
Name
Dauer
Schließungsgrund
UmleitungSuchen()
VerzögerungBerechnen()

Übung

Fügen Sie dem Programm »Spaß mit Tim und Tom« Buttons hinzu, damit die Jungs sich gegenseitig Geld geben können.

1 **Nutzen Sie einen Objektinitialisierer, um Toms Typ-Instanz zu initialisieren.**
Für Tim haben Sie das schon gemacht. Sorgen Sie jetzt dafür, dass auch Toms Instanz einen Objektinitialisierer verwendet.

Sollten Sie bereits auf den Button geklickt haben, löschen Sie ihn einfach, fügen ihn dem Formular erneut hinzu und nennen ihn dann um. Löschen Sie danach die alte button3_Click()-Methode, die die IDE zuvor hinzugefügt hat, und verwenden Sie die neue Methode, die sie jetzt hinzufügt.

2 **Fügen Sie dem Formular zwei Buttons hinzu.**
Der erste Button fordert Tim auf, Tom 10 € zu geben, und der zweite sagt Tom, Tim 5 € zu geben. Gehen Sie, **bevor Sie auf den Button doppelklicken**, zum Eigenschaften-Fenster und ändern Sie dort über die »(Name)«-Zeile die Namen beider Buttons – sie steht **ganz oben** in der Liste der Eigenschaften. Geben Sie dem ersten Button den Namen **`timGibtTom`** und dem zweiten den Namen **`tomGibtTim`**.

Dieser Button weist Tim an, Tom 10 € zu geben, deswegen sollten Sie ihm über die »(Name)«-Zeile im Eigenschaften-Fenster den Namen timGibtTom geben.

Geldgeschäfte
Tim hat 50 €
Tom hat 100 €
Die Bank hat 100 €
Tim 10 € geben
5 € von Tom empfangen
Tim gibt Tom 10 €
Tom gibt Tim 5 €

Dieser Button fordert Tom auf, Tim 5 € zu geben. Geben Sie ihm den Namen tomGibtTim.

3 **Machen Sie die beiden Buttons funktionstüchtig.**
Klicken Sie im Designer doppelt auf den Button `timGibtTom`. Die IDE fügt dem Formular dann die Methode `timGibtTom_Click()` hinzu, die ausgeführt wird, wenn auf den Button geklickt wird. Geben Sie in dieser Methode Code an, der Tim 10 € an Tom schicken lässt. Klicken Sie dann doppelt auf den anderen Button und schreiben Sie in der von der IDE erzeugten Methode `tomGibtTim_Click()` Code, der Tom 5 € Tim geben lässt. Achten Sie darauf, dass das Formular aktualisiert wird, nachdem das Geld die Hände gewechselt hat.

Hier ist ein Tipp für den Entwurf von Formularen. Sie können diese Buttons in der Werkzeugleiste der IDE nutzen, um Steuerelemente auszurichten, allen die gleiche Größe zu geben und nach vorn oder hinten zu verschieben.

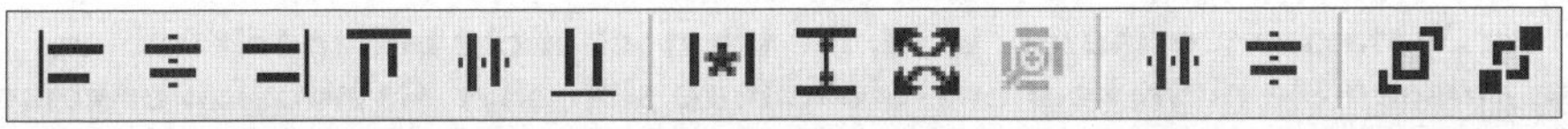

LÖSUNG
ZUR ÜBUNG

So fügen Sie dem Programm »Spaß mit Tim und Tom« Buttons hinzu, damit die Jungs sich gegenseitig Geld geben können.

```
public partial class Form1 : Form {
    Typ tim;
    Typ tom;
    int bank = 100;

    public Form1() {
        InitializeComponent();
        tom = new Typ() { Geld = 100, Name = "Tom" };
        tim = new Typ() { Geld = 50, Name = "Tim" };
        FormularAktualisieren();
    }

    public void FormularAktualisieren() {
        timsGeld.Text = tim.Name + " hat " + tim.Geld + " €";
        tomsGeld.Text = tom.Name + " hat " + tom.Geld + " €";
        bankGeld.Text = "Die Bank hat " + bank + " €";
    }

    private void button1_Click(object sender, EventArgs e) {
        if (bank >= 10) {
            bank -= tim.GeldEmpfangen(10);
            FormularAktualisieren();
        } else {
            MessageBox.Show("Die Bank ist pleite.");
        }
    }

    private void button2_Click(object sender, EventArgs e) {
        bank += tom.GeldVerleihen(5);
        FormularAktualisieren();
    }

    private void timGibtTom_Click(object sender, EventArgs e) {
        tom.GeldEmpfangen(tim.GeldVerleihen(10));
        FormularAktualisieren();
    }

    private void tomGibtTim_Click(object sender, EventArgs e) {
        tim.GeldEmpfangen(tom.GeldVerleihen(5));
        FormularAktualisieren();
    }

}
```

Hier sind die Objektinitialisierer für die beiden Instanzen der Klasse Typ. Tom wird mit 100 € und seinem Namen initialisiert.

Damit Tim Tom Geld gibt, rufen wir Tims GeldVerleihen()-Methode auf und senden ihr Ergebnis in Toms GeldEmpfangen()-Methode.

Sehen Sie sich genau an, wie die Methoden von Typ aufgerufen werden. Die von GeldVerleihen() gelieferten Ergebnisse werden als Parameter direkt in GeldEmpfangen() gepumpt.

Der Trick ist hier, dass man durchdenkt, wer Geld gibt und wer es empfängt.

Bevor Sie weitermachen, schauen Sie doch mal Punkt 2 in Anhang A an, wo eine Syntaxform erläutert wird, die wir noch nicht behandelt haben. Diese *müssen* Sie nicht kennen – sie *könnte* sich aber als nützlich erweisen.

Objekt-Kreuzworträtsel

Es wird Zeit, dass wir Ihrer linken Gehirnhälfte eine Pause gönnen und die rechte zum Arbeiten bringen: Alle Lösungswörter beziehen sich auf Objekte und stammen aus diesem Kapitel.

Waagerecht

5. Ein guter Methoden__________ macht deutlich, was eine Methode macht.
7. Bevor man mit dem Programmieren anfängt, sollte man auf Papier ein Klassen________ entwerfen.
8. Dieses Schlüsselwort sollten Sie in Ihrer Klassendeklaration vermeiden, wenn Sie Instanzen der Klasse erstellen können möchten.
12. Sie definieren, was eine Klasse macht.
14. Das nutzt ein Objekt, um nachzuhalten, was es weiß.
15. Über dieses Formularsteuerelement kann der Benutzer eine Zahl in einem von Ihnen festgelegten Bereich auswählen.
16. Wird verwendet, um ein Attribut auf einem Steuerelement oder einer anderen Klasse zu setzen.

Senkrecht

1. Ein Objekt ist eine ______________ einer Klasse.
2. Die Methoden eines Objekts definieren sein ________.
3. Das, was Sie verwenden, um Methoden Informationen zu übermitteln.
4. Ist der Rückgabetyp einer Methode _____, liefert sie gar nichts.
6. Die Felder eines Objekts definieren seinen ________.
9. Diese Anweisung nutzen Sie, um ein Objekt zu erstellen.
10. Das ist die Ausgangsbasis, auf der Sie ein Objekt erstellen.
11. Diese Anweisung sagt einer Methode, dass sie die Ausführung sofort beenden soll, und gibt einen Wert an, der an die Anweisung zurückgeliefert werden soll, die diese Methode aufrief.
13. Wo die Objekte leben.

Pool-Puzzle, Lösung

Sie hatten die ***Aufgabe***, die Lücken im Code mit den Codeschnipseln aus dem Pool zu füllen. Ihr ***Ziel*** war es, eine Klasse zu erstellen, die sich kompilieren und ausführen lässt.

```
public partial class Form1 : Form
{
  public Form1() {
    InitializeComponent();
  }
  private void button1_Click(object sender, EventArgs e)
  {
    String ergebnis = "";
    Echo e1 = new Echo();
    Echo e2 = new Echo( );
    int x = 0;
    while ( x < 4 ) {
      ergebnis = ergebnis + e1.hallo() + "\n";
      e1.zähler = e1.zähler + 1;
      if ( x == 3 ) {
        e2.zähler = e2.zähler + 1;
      }
      if ( x > 0 ) {
        e2.zähler = e2.zähler + e1.zähler;
      }
      x = x + 1;
    }
    MessageBox.Show(ergebnis + "Zähler: " + e2.zähler);
  }

  public class Echo {
    public int zähler = 0;
    public string hallo( ) {
      return "Hallooo...";
    }
  }
}
```

Das ist die richtige Antwort.
Die Bonusantwort ist:
Echo e2 = e1;

Die Alternativlösung enthält Folgendes im vierten Leerraum:
x == 4
Und das im fünften:
x < 4

Objekt-Kreuzworträtsel, Lösung

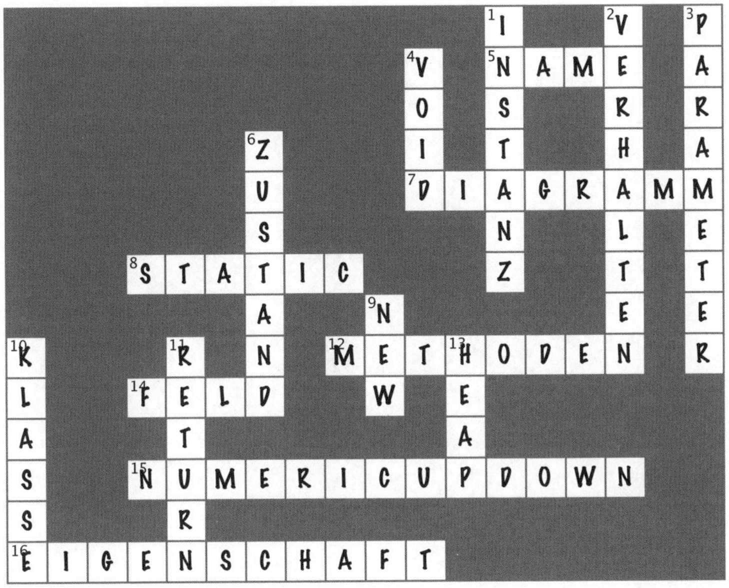
1 INSTANZ
2 VERHALTEN
3 PARAMETER
4 VOID
5 NAME
6 ZUSTAND
7 DIAGRAMM
8 STATIC
9 NEW
10 KLASSE
11 RETURN
12 METHODEN
13 HEAP
14 FELD
15 NUMERICUPDOWN
16 EIGENSCHAFT

4 Typen und Referenzen

Es ist 10:00. Wissen Sie, wo Ihre Daten sind?

DIESE DATEN HOLT GLEICH DIE MÜLLABFUHR!
PUBLIC TELEPHONE
THROW IT HERE

Datentyp, Datenbank, Lieutenant Commander Data …
all das ist wichtiges Zeug. Ohne Daten sind Ihre Programme nutzlos. Sie brauchen **Informationen** von Ihren Anwendern und nutzen diese, um andere Informationen nachzuschlagen oder neue Informationen zu produzieren, die Sie dann wieder an Ihre User zurückliefern. Eigentlich schließt fast alles, was Sie beim Programmieren tun, auf die eine oder andere Weise **Arbeit mit Daten** ein. In diesem Kapitel werden Sie alles über die **Datentypen** von C# lernen, erfahren, wie Sie in Ihrem Programm mit Daten arbeiten, und Sie werden sogar auf einige schmutzige Geheimnisse bei **Objekten** stoßen (*psst … auch Objekte sind Daten*).

Der Typ einer Variablen bestimmt, welche Art Daten sie speichern kann

Alle Projekte in diesem Kapitel sind Windows Forms-Anwendungen. Wenn wir Ihnen in diesem Kapitel sagen, dass Sie ein neues Projekt erstellen sollen, den Projekttyp aber nicht angeben, können Sie davon ausgehen, dass es sich um eine Windows Forms-Anwendung handelt, die mit Visual Studio für Windows Desktop erstellt wird.

In C# sind jede Menge **Typen** eingebaut, die jeweils Daten unterschiedlicher Art speichern. Einige der am weitesten verbreiteten haben Sie bereits gesehen, und Sie wissen, wie man sie verwendet. Aber es gibt noch ein paar, die Ihnen bisher nicht begegnet sind, die aber ebenfalls ziemlich praktisch sein können.

Typen, die Sie permanent verwenden

Es sollte Sie nicht überraschen, dass `int`, `string`, `bool` und `float` die gebräuchlichsten Typen sind.

- `int` kann **ganze** Zahlen von –2.147.483.648 bis 2.147.483.647 speichern.
- `string` kann Text beliebiger Länge (einschließlich des leeren Strings `""`) speichern.
- `bool` ist ein Boolescher Wert – er ist entweder `true` oder `false`.
- `double` kann eine **reelle** Zahl von $\pm 5{,}0 \times 10^{-324}$ bis $\pm 1{,}7 \times 10^{308}$ mit bis zu 16 signifikanten Stellen speichern. Dieser Bereich scheint seltsam und kompliziert, ist eigentlich aber ziemlich einfach. »Signifikante Stellen« bezieht sich auf die *Genauigkeit* der Zahl: 35.048.410.000.000, 1.743.059, 14,43857 und 0,00004374155 haben jeweils 7 signifikante Stellen. 10^{308} bedeutet, dass Sie Zahlen bis zu einer Größe von 10^{308} (oder 1 gefolgt von 308 Nullen) speichern können – solange sie 16 oder weniger signifikante Stellen haben. Auf der anderen Seite des Wertebereichs bedeutet 10^{-324}, dass Sie eine Zahl so klein wie 10^{-324} (oder einen Dezimaltrenner gefolgt von 324 Nullen gefolgt von 1) speichern können … aber nur, wie Sie sicher schon erraten haben, solange sie 16 oder weniger signifikante Stellen hat.

Eine ganze Zahl hat keinen Nachkommateil.

Derartige Zahlen bezeichnet man als »Gleitkommazahlen« … im Gegensatz zu »Festkommazahlen«, die immer die gleiche Anzahl von Nachkommastellen haben.

Weitere Typen für ganze Zahlen

Es gab einmal eine Zeit, in der Computerspeicher verdammt teuer und Computerprozessoren verdammt langsam waren. Und, glauben Sie es oder nicht, wenn man den falschen Datentyp verwendete, konnte das ein Programm ernstlich ausbremsen. Glücklicherweise haben die Zeiten sich geändert, und wenn man eine ganze Zahl speichern muss, kann man meist sorglos einen `int` verwenden. Manchmal aber brauchen Sie etwas Größeres … und gelegentlich auch mal etwas Kleineres. Deswegen gibt Ihnen C# weitere Optionen:

Diese Typen nutzen Sie oft, wenn Sie ein Problem lösen, bei dem das »Überschlagen«, das Ihnen in ein paar Minuten begegnen wird, wirklich nützlich ist.

- `byte` speichert **ganze** Zahlen zwischen 0 und 255.
- `sbyte` speichert **ganze** Zahlen von –128 bis 127.
- `short` speichert **ganze** Zahlen von –32.768 bis 32.767.
- `ushort` speichert **ganze** Zahlen von 0 bis 65.535.
- `uint` speichert **ganze** Zahlen von 0 bis 4.294.967.295.
- `long` kann jede **ganze** Zahl zwischen minus und plus 9 Milliarden Milliarden speichern.
- `ulong` kann jede **ganze** Zahl zwischen 0 und 18 Milliarden Milliarden speichern.

Das »s« in sbyte steht für »signed« (mit Vorzeichen), d. h., der Wert kann negativ sein (das Vorzeichen ist das Minuszeichen).

Das »u« steht für »unsigned« (vorzeichenlos).

Typen zum Speichern *echt* riesiger und *echt* winziger Zahlen

Manchmal sind 16 signifikante Stellen (und ein Wertebereich für astronomisch große oder subatomar kleine Zahlen) etwas übertrieben, und manchmal sind es einfach nicht genug. Deswegen stellt Ihnen C# weitere Typen zur Verfügung:

double wird erheblich häufiger genutzt als float. Viele XAML-Eigenschaften nutzen double-Werte.

- `float` speichert Zahlen von $\pm 1{,}5 \times 10^{-45}$ bis $\pm 3{,}4 \times 10^{38}$ mit 7 signifikanten Stellen.
- `double` speichert Zahlen von $\pm 5.0 \times 10^{-324}$ bis $\pm 1.7 \times 10^{308}$ mit 15 bis16 signifikanten Stellen.
- `decimal` speichert Zahlen von $\pm 1{,}0 \times 10^{-28}$ bis $\pm 7{,}9 \times 10^{28}$ mit 28 bis 29 signifikanten Stellen.

ei Wäh-ungsbeträgen ollten Sie n der Regel lecimal-Werte nutzen.

Als Sie die Value-Eigenschaft des NumericUpDown-Steuerelements verwendeten, haben Sie einen decimal eingesetzt.

Ein »Literal« ist einfach eine Zahl, die Sie in Ihren Code eingeben. Die 5 im Ausdruck »int i = 5;« ist ein Literal.

Auch Literale haben Typen

Geben Sie in ein C#-Programm direkt eine Zahl ein, nutzen Sie ein **Literal** … und jedem Literal wird automatisch ein Typ zugewiesen. Das können Sie selbst sehen – geben Sie einfach folgende Zeile ein, um einer **`int`**-Variablen den Wert `14.7` zuzuweisen:

```
int meinInt = 14.7;
```

Versuchen Sie, das Programm zu erstellen, erscheint dies:

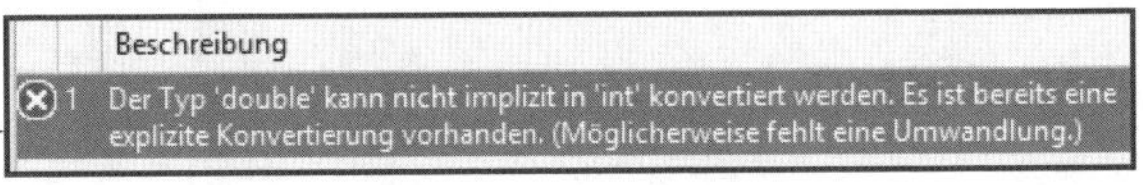
Beschreibung
1 Der Typ 'double' kann nicht implizit in 'int' konvertiert werden. Es ist bereits eine explizite Konvertierung vorhanden. (Möglicherweise fehlt eine Umwandlung.)

Den gleichen Fehler erhalten Sie, wenn Sie versuchen, eine `int`-Variable auf eine `double`-Variable zu setzen. Die IDE sagt Ihnen damit, dass das Literal `14.7` einen Typ hat – und der ist `double`. Sie können den Typ in `float` ändern, indem Sie ans Ende ein `F` anhängen (`14.7F`). Und `14.7M` ist ein decimal.

»M« steht für »money« (Geld) – kein Scherz!

Versuchen Sie, einer float- oder einer decimal-Variablen einfach so ein Literal zuzuweisen, liefert Ihnen die IDE eine hilfreiche Meldung, die Sie daran erinnert, das richtige Suffix hinzuzufügen. Cool!

Ein paar weitere nützliche eingebaute Typen

Gelegentlich muss man einzelne Zeichen wie `Q`, `7` oder `$` speichern. Dazu nutzt man den Typ `char`. Literale Werte für `char` stehen immer in einfachen Anführungszeichen (`'x'`, `'3'`). In die Anführungszeichen können Sie auch **Escape-Sequenzen** einschließen (`'\n'` ist ein Zeilenumbruch, `'\t'` ein Tabulator). Sie schreiben Escape-Sequenzen in Ihrem C#-Code mit mehreren Zeichen, aber Ihr Programm speichert jede Escape-Sequenz im Speicher als ein einziges Zeichen.

Abschließend gibt es noch einen wichtigen Typ: **`object`**. Sie haben bereits gesehen, dass man Objekte erstellt, indem man Instanzen von Klassen erstellt. Jedes so erstellte Objekt kann einer Variablen vom Typ `object` zugewiesen werden. Im Verlauf dieses Kapitels werden Sie alles über Objekte und Variablen lernen, die auf Objekte verweisen.

In Kapitel 9 lernen Sie mehr zum Verhältnis von char und byte.

KOPF-NUSS

Der Windows-Rechner bietet den nützlichen »Programmierermodus«, in dem Sie binäre und dezimale Werte nebeneinander sehen können!

Mit dem Windows-Rechner können Sie zwischen dezimalen Zahlen (zur Basis 10) und binären Zahlen (Zahlen zur Basis 2, die nur mit 0 und 1 geschrieben werden) wechseln – gehen Sie in den Wissenschaftlich-Modus, geben Sie eine Zahl ein und klicken Sie auf **Bin**, um die Zahl nach binär zu konvertieren. Klicken Sie dann auf **Dec**, um die Konvertierung rückgängig zu machen. Geben Sie jetzt einige der **Ober- und Untergrenzen für die ganzzahligen Typen** (wie –32.768 und 255) ein und wandeln Sie sie in binär um. Haben Sie eine Idee, ***warum*** C# gerade diese Grenzen wählt?

Eine Variable ist wie ein Daten-to-go-Becher

Alle Datentypen brauchen Speicherplatz. (Erinnern Sie sich an den Heap aus dem letzten Kapitel?) Ihre Aufgabe beinhaltet also, dass Sie sich darüber Gedanken machen, wie *viel* Speicherplatz Sie benötigen, wenn Sie in einem Programm einen String oder eine Zahl verwenden. Das ist einer der Gründe dafür, dass Sie Variablen verwenden. Über sie reservieren Sie so viel Platz im Speicher, wie Sie für Ihre Daten benötigen.

Es landen nicht alle Daten auf dem Heap. Werttypen werden üblicherweise in einem anderen Speicherbereich festgehalten, der als Stack bezeichnet wird. In Kapitel 14 werden Sie mehr über ihn erfahren.

Stellen Sie sich eine Variable wie einen Becher vor, in dem Sie Ihre Daten lagern. C# nutzt eine Menge unterschiedlicher Arten von Bechern, um unterschiedliche Arten von Daten festzuhalten. Und genau wie die verschiedenen Bechergrößen im Café haben auch Variablen unterschiedliche Größen.

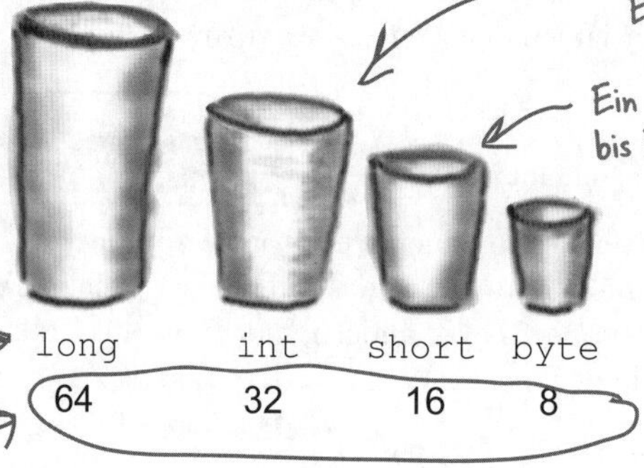
Für ganze Zahlen wird normalerweise int verwendet. Es speichert Zahlen bis 2.147.483.647.
Ein short speichert Zahlen bis 32.767.
long nutzen Sie für Zahlen, die echt groß werden können.
byte speichert Zahlen zwischen 0 und 255.
long
int
short
byte
64
32
16
8
Das ist die Anzahl der Bits, die für Ihre Variable im Speicher reserviert werden, wenn Sie sie deklarieren.

Zahlen mit Nachkommastellen werden anders gespeichert als ganze Zahlen. Die meisten Ihrer Zahlen mit Nachkommastellen können Sie mit `float` speichern, dem kleinsten Datentyp zur Speicherung von Dezimalzahlen. Wenn Sie eine höhere Genauigkeit brauchen, verwenden Sie `double`, und für das Schreiben von Finanzanwendungen, bei denen die Zahlen sehr genau sein müssen, sollten Sie den Typ `decimal` nutzen.

float
double
decimal
32
64
128
Das sind Typen für Zahlen mit Nachkommaanteil. Größere Typen speichern Werte mit mehr Nachkommastellen.

Es geht aber nicht immer um Zahlen. (Sie würden ja auch nicht erwarten, einen heißen Kaffee in einem Plastikbecher zu bekommen und einen kalten in einem Papierbecher.) Der C#-Compiler kann auch mit Zeichen und anderen nicht numerischen Typen umgehen. Der Typ `char` speichert ein Zeichen, und `string` wird für viele aneinandergehängte Zeichen verwendet. Für eine `string`-Variable muss keine Größe vorgegeben werden. Sie wird so erweitert, dass sie so viele Daten aufnehmen kann, wie Sie darin speichern müssen. Der Typ `bool` wird zur Speicherung von Wahr/Falsch-Werten verwendet, wie Sie sie in Ihren `if`-Anweisungen verwendet haben.

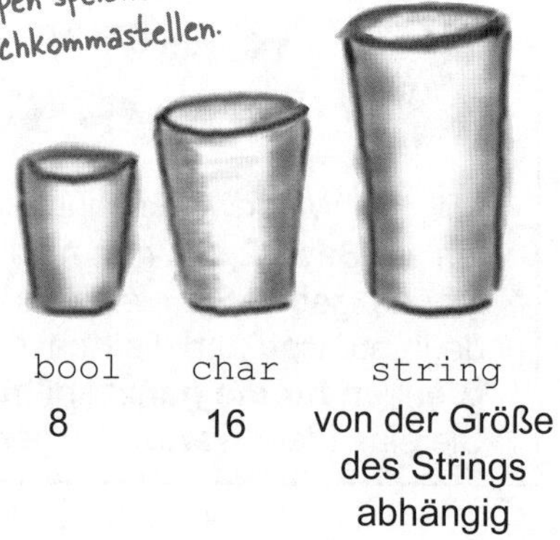
bool
char
string
8
16
von der Größe des Strings abhängig

10 Kilo Daten in einem 5-Kilo-Sack

Deklarieren Sie eine Variable eines bestimmten Typs, wird sie vom Compiler auch so betrachtet. Selbst wenn ein Wert nicht einmal in die Nähe der Obergrenze des Typs kommt, den Sie deklariert haben, blickt der Compiler nur auf den Becher, in dem er sich befindet, nicht auf den Wert darin. Folgendes funktioniert also nicht:

```
int meilenUnterDemMeer = 20000;

short wenigerMeilen = meilenUnterDemMeer;
```

20.000 würde in einen `short` passen. Kein Problem. Aber da `meilenUnterDemMeer` als `int` deklariert ist, berücksichtigt der Compiler nur die maximale Größe eines `int` und sieht, dass diese zu groß für einen `short`-Container ist. Diese Übersetzung führt der Compiler nicht im Vorübergehen für Sie aus. Sie müssen sicherstellen, dass Sie den richtigen Typ für die Daten verwenden, mit denen Sie arbeiten.

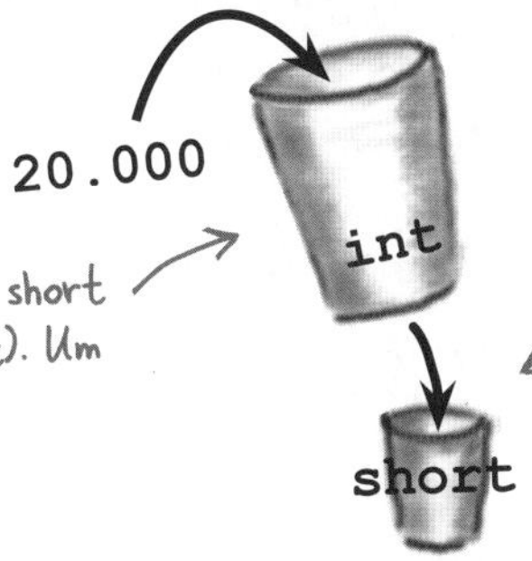
20.000
int
short
Der Compiler sieht nur, dass ein int in einen short gesteckt werden soll (was nicht funktioniert). Um den Wert im Becher kümmert er sich nicht.
Das ist vernünftig. Was wäre, wenn Sie später einen größeren Wert in den int-Becher steckten, der nicht mehr in den short-Becher passt? Der Compiler versucht nur, Sie zu schützen.

Spitzen Sie Ihren Bleistift

Drei dieser Anweisungen lassen sich nicht kompilieren, weil sie versuchen, zu große Daten oder Daten des falschen Typs in eine Variable zu stecken. Kreisen Sie sie ein.

```
int stunden = 24;                   string drohung = "Deine Mutter";

short y = 78000;                    byte tage = 365;

bool fertig = ja;                   long radius = 3;

short RPM = 33;                     char initial = 'S';

int kontostand = 345667 - 567;      string monate = "12";
```

Auch eine Zahl der richtigen Größe können Sie nicht einfach irgendeiner Variablen zuweisen

Schauen wir, was passiert, wenn Sie versuchen, einer **`int`**-Variablen einen `decimal`-Wert zuzuweisen.

Tun Sie das!

1. Erzeugen Sie ein neues Projekt und fügen Sie einen Button ein. Fügen Sie dann der **`Click()`**-Methode des Buttons folgende Zeilen hinzu:

```
decimal meinDezimalWert = 10;
int meinIntWert = meinDezimalWert;

MessageBox.Show("meinIntWert ist " + meinIntWert);
```

2. Versuchen Sie, das Programm zu erstellen. Oh, Sie erhalten diesen Fehler:

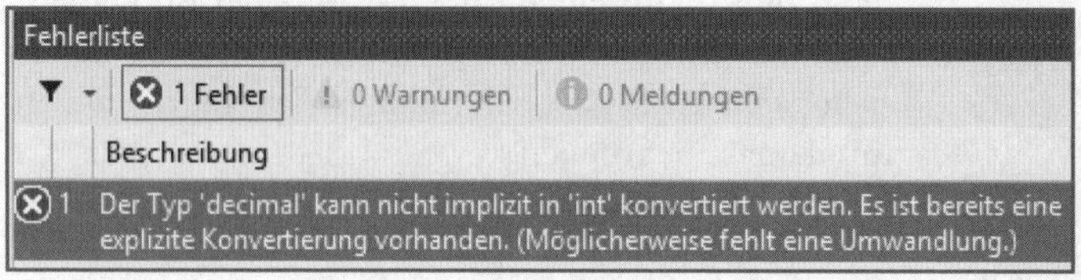

Fehlerliste
1 Fehler
0 Warnungen
0 Meldungen
Beschreibung
1 Der Typ 'decimal' kann nicht implizit in 'int' konvertiert werden. Es ist bereits eine explizite Konvertierung vorhanden. (Möglicherweise fehlt eine Umwandlung.)

Sehen Sie sich an, wie die IDE herausfand, dass Ihnen wahrscheinlich eine Umwandlung fehlt.

3. Lassen Sie den Fehler verschwinden, indem Sie einen **Cast** (auch Umwandlung genannt) einfügen, der den `decimal` zu einem `int` macht. Nachdem Sie die zweite Zeile in der nachfolgenden Weise geändert haben, lässt sich das Programm kompilieren und ausführen:

```
int meinIntWert = (int) meinDezimalWert;
```

Dies ist die Umwandlung von einem decimal-Wert in einen int.

Was ist passiert?

Der Compiler lässt Sie einer Variablen keine Werte des falschen Typs zuweisen – selbst wenn die Variable den Wert aufnehmen könnte –, weil das der Grund für eine Unzahl von Fehlern ist. **Der Compiler hilft Ihnen**, indem er Ihnen den richtigen Weg weist. Wenn Sie umwandeln, ist das, als würden Sie dem Compiler ein Versprechen geben: »Ich weiß, die Typen sind unterschiedlich, aber in diesem Fall wird trotzdem nichts schiefgehen!« C# versucht dann, die Daten in die neue Variable zu packen.

Spitzen Sie Ihren Bleistift – Lösung

Drei dieser Anweisungen lassen sich nicht kompilieren, weil sie versuchen, zu große Daten oder Daten des falschen Typs in eine Variable zu stecken. Sie sollten sie einkreisen.

```
short y = 78000;
```

Der Typ short speichert Zahlen von -32.767 bis 32.768. Die Zahl ist zu groß!

```
byte tage = 365;
```

In einen byte passen nur Werte bis 256. Für diese Zahl bräuchten Sie einen short.

```
bool fertig = ja;
```

Einem bool können Sie nur die Werte »true« oder »false« zuweisen.

Mehr zu Werttypen in C# erfahren Sie hier:
http://msdn.microsoft.com/de-de/library/s1ax56ch.aspx

Wandeln Sie einen zu großen Wert um, passt C# ihn automatisch an

Gerade haben Sie gesehen, dass ein `decimal` in einen `int` umgewandelt werden kann. Es ist sogar so, dass *jede* Zahl in *jede andere* Zahl umgewandelt werden kann. Aber das heißt nicht, dass der ***Wert*** bei der Umwandlung intakt bleibt. Wandeln Sie eine `int`-Variable, die auf 365 gesetzt ist, in einen `byte` um, ist 365 zu groß für den **`byte`**. Aber anstelle einer Fehlermeldung wird der Wert einfach **überschlagen**: Beispielsweise hat 256, in einen `byte` umgewandelt, den Wert 0, 257 den Wert 1, 258 den Wert 2 usw. bis 365, das zu **109** wird. Und sind Sie wieder bei 255 angekommen, »überschlägt« der umgewandelte Wert wieder zu null.

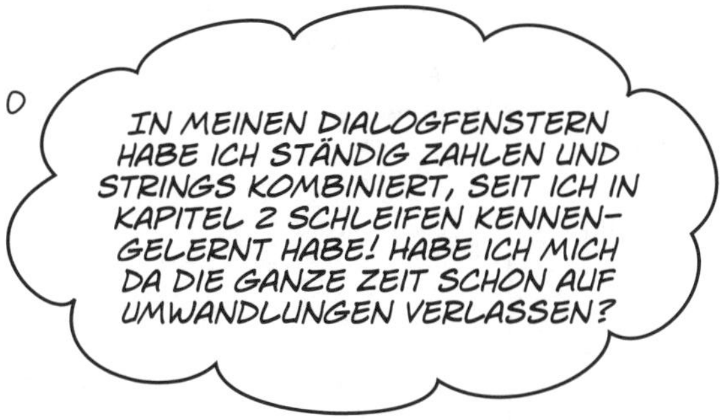
IN MEINEN DIALOGFENSTERN HABE ICH STÄNDIG ZAHLEN UND STRINGS KOMBINIERT, SEIT ICH IN KAPITEL 2 SCHLEIFEN KENNENGELERNT HABE! HABE ICH MICH DA DIE GANZE ZEIT SCHON AUF UMWANDLUNGEN VERLASSEN?

Ja! Der +-Operator wandelt um.

Dort haben Sie den +-Operator verwendet, der **automatisch eine Reihe von Umwandlungen für Sie durchführt** – aber er ist darin ziemlich gewandt. Wenn Sie mit + eine Zahl oder einen Booleschen Wert zu einem String hinzuaddieren, wandelt er den Wert automatisch in einen String um. Verwenden Sie + (oder *, / oder -) mit unterschiedlichen Typen, **wird der kleinere Typ automatisch in den größeren umgewandelt**. Hier ist ein Beispiel:

```
int meinInt = 36;
float meinFloat = 16.4F;
meinFloat = meinInt + meinFloat;
```

Weisen Sie einem float einen Zahlwert zu, müssen Sie ans Ende der Zahl F anhängen, um dem Compiler zu sagen, dass es ein float und kein double ist.

Da ein `int` in einen `float` passt, ein `float` aber nicht in einen `int`, wandelt der +-Operator `meinInt` in einen `float` um, bevor `meinFloat` hinzuaddiert wird.

Wandeln Sie selbst um!

Wie die Umwandlung Zahlen »überschlägt«, ist kein Geheimnis – das können Sie selbst. Starten Sie den Windows-Rechner, wechseln Sie in den Wissenschaftlich-Modus und berechnen Sie 365 Mod 256 (über den »Mod«-Button, der eine Modulo-Berechnung durchführt). Sie erhalten 109.

Spitzen Sie Ihren Bleistift

Typen können nicht immer in andere Typen umgewandelt werden.

Erzeugen Sie ein neues Projekt mit einem Button und stecken Sie in seine Methode diese Anweisungen. Beim Erstellen des Programms erhalten Sie Massen an Fehlern. Streichen Sie die Anweisungen durch, die zu Fehlern führen. So sehen Sie, welche Typen umgewandelt werden können und welche nicht!

```
int einInt = 10;
byte einByte = (byte)einInt;
double einDouble = (double)einByte;
bool einBool = (bool)einDouble;
string einString = "false";
einBool = (bool)einString;
einString = (string)einInt;
einString = einInt.ToString();
einBool = (bool)einByte;
einByte = (byte)einBool;
short einShort = (short)einInt;
char einChar = 'x';
einString = (string)einChar;
long einLong = (long)einInt;
decimal einDecimal = (decimal)einLong;
einString = einString + einInt +
einByte + einDouble + einChar;
```

Einige Umwandlungen macht C# automatisch

Es gibt zwei wichtige Konvertierungen, die keine explizite Umwandlung verlangen. Die erste wird immer automatisch durchgeführt, wenn Sie arithmetische Operatoren verwenden, wie in diesem Beispiel:

```
long l = 139401930;

short s = 516;

double d = l - s;

d = d / 123.456;

MessageBox.Show("Die Antwort ist " + d);
```

Der --Operator zieht den short von dem long ab, und der =-Operator wandelt das Ergebnis in einen double um.

Der +-Operator kann den double in einen string umwandeln.

Außerdem konvertiert C# Typen automatisch für Sie, wenn Sie den +-Operator einsetzen, um Strings **zu verketten** (was einfach nur heißt, einen String an das Ende eines anderen anzuhängen, wie Sie es bei den Dialogfenstern gemacht haben). Wenn Sie mit dem +-Operator einen String mit etwas verketten, das einen anderen Typ hat, wandelt er Zahlen automatisch in Strings um. Sehen Sie hier ein Beispiel dazu – die ersten beiden Zeilen sind in Ordnung, aber die dritte lässt sich nicht kompilieren:

```
long x = 139401930;

MessageBox.Show("Die Antwort ist " + x);

MessageBox.Show(x);
```

Der C#-Compiler spuckt einen Fehler aus, der irgendetwas von einem ungültigen Argument sagt (als **Argument** werden die Dinge bezeichnet, die Sie dem Parameter einer Methode übergeben). Das liegt daran, dass der Parameter für `MessageBox.Show()` ein `string` ist und dieser Code einen `long`, also den falschen Typ für diese Methode, übergibt. Aber Sie können ihn sehr leicht in einen String umwandeln, indem Sie seine `ToString()`-Methode aufrufen. Diese Methode ist ein Member jedes Werttyps und Objekts. (Alle Klassen, die Sie selbst erstellen, haben eine `ToString()`-Methode, die den Namen der Klasse liefert.) Auf diese Weise können Sie x in etwas konvertieren, das `MessageBox.Show()` verwenden kann:

```
MessageBox.Show(x.ToString());
```

Spitzen Sie Ihren Bleistift – Lösung

Typen können nicht immer in andere Typen umgewandelt werden. Erzeugen Sie ein neues Projekt mit einem Button und stecken Sie in seine Methode diese Anweisungen. Beim Erstellen des Programms erhalten Sie Massen an Fehlern. Haben Sie die Anweisungen durchgestrichen, die zu Fehlern führen? So sehen Sie, welche Typen umgewandelt werden können und welche nicht!

`int einInt = 10;`

`byte einByte = (byte)einInt;`

`double einDouble = (double)einByte;`

~~`bool einBool = (bool)einDouble;`~~

`string einString = "false";`

~~`einBool = (bool)einString;`~~

~~`einString = (string)einInt;`~~

`einString = einInt.ToString();`

~~`einBool = (bool)einByte;`~~

~~`einByte = (byte)einBool;`~~

`short einShort = (short)einInt;`

`char einChar = 'x';`

~~`einString = (string)einChar;`~~

`long einLong = (long)einInt;`

`decimal einDecimal = (decimal) einLong;`

`einString = einString + einInt + einByte + einDouble + einChar;`

Beim Aufruf einer Methode müssen die Variablen den Typen der Parameter entsprechen

Parameter sind das, was Sie in Methoden definieren, Argumente sind das, was Sie ihnen übergeben. Eine Methode kann einen int-Parameter haben und dennoch ein byte-Argument akzeptieren.

Versuchen Sie, `MessageBox.Show(123)` aufzurufen, übergeben Sie `MessageBox.Show()` ein Literal (123) statt eines Strings. Die IDE lässt Sie Ihr Programm nicht erstellen. Stattdessen meldet sie Ihnen einen Fehler: »1-Argument: kann nicht von ›int‹ in ›string‹ konvertiert werden.« Manchmal kann C# die Umwandlung automatisch durchführen – beispielsweise wenn eine Methode einen `int` erwartet, Sie ihr aber einen `short` übergeben –, aber bei `int`- und `string`-Werten kann es das nicht.

Aber `MessageBox.Show()` ist nicht die einzige Methode, die Ihnen Compiler-Fehler meldet, wenn Sie versuchen, ihr eine Variable zu übergeben, deren Typ dem Parameter nicht entspricht. Das tun *alle* Methoden, sogar die, die Sie selbst schreiben. Sie können das testen, indem Sie diese absolut zulässige Methode in eine Klasse eingeben:

```
public int MeineMethode(bool jaNein) {

    if (jaNein) {
        return 45;
    } else {
        return 61;
    }

}
```

Zur Erinnerung – der Code, der diese Methode aufruft, muss den Parameter nicht als Variable namens jaNein angeben. Er muss einfach nur einen Booleschen Wert oder eine beliebige Boolesche Variable angeben. jaNein heißt er lediglich innerhalb der Methode.

Sie funktioniert wunderbar, solange Sie ihr übergeben, was sie erwartet (einen `bool`) – rufen Sie `MeineMethode(true)` oder `MeineMethode(false)` auf, kompiliert das Programm problemlos.

Aber was ist, wenn Sie stattdessen einen `int` oder einen `string` übergeben? Die IDE liefert Ihnen einen ähnlichen Fehler wie den, den Sie erhalten haben, als Sie `MessageBox.Show()` 123 übergeben hatten. Übergeben Sie jetzt einen Booleschen Wert, aber versuchen Sie, den Rückgabewert einem `string` zuzuweisen oder an `MessageBox.Show()` zu übergeben. Auch das geht nicht – die Methode liefert einen `int`, nicht den `string`, den `MessageBox.Show()` erwartet.

Liefert Ihnen der Compiler einen »Ungültige Argumente«-Fehler, haben Sie versucht, eine Methode mit Werten aufzurufen, deren Typen den Methodenparametern nicht entsprechen.

Einer Variablen, einem Parameter oder einem Feld mit dem Typ **object** können Sie alles zuweisen.

Das haben Sie im »Die Menschheit retten«-Code gemacht. Nehmen Sie sich diesen noch einmal vor und schauen Sie, ob Sie die entsprechende Stelle finden.

`if`-Anweisungen prüfen immer auf Wahrheit

Ist Ihnen aufgefallen, dass wir die if-Anweisung folgendermaßen geschrieben haben:

```
if (jaNein) {
```

Wir mussten nicht explizit »if (jaNein == true)« sagen. Grund dafür ist, dass eine if-Anweisung immer prüft, ob etwas wahr ist. Wollen Sie prüfen, ob etwas falsch ist, nutzen Sie das ! (ein Ausrufezeichen bzw. den NICHT-Operator). »if (!jaNein)« ist das Gleiche wie »if (jaNein == false)«. In unseren Codebeispielen werden wir von jetzt an in der Regel »if (jaNein)« oder »if (!jaNein)« verwenden und nicht explizit prüfen, ob ein Boolescher Wert true oder false ist.

ÜBUNG

Eigentlich gibt Ihnen C# eine Möglichkeit, reservierte Schlüsselwörter als Variablennamen zu nutzen, indem Sie ihnen ein @ voranstellen. Das können Sie auch mit nicht reservierten Namen tun, wenn Sie wollen.

In C# gibt es ungefähr 77 **reservierte Wörter**. Diese Wörter werden durch den C#-Compiler reserviert und dürfen nicht als Variablennamen verwendet werden. Wenn Sie mit dem Buch durch sind, werden Sie sie alle gut kennen. Hier sind einige, die Sie schon benutzt haben. Schreiben Sie, was Ihrer Meinung nach diese Wörter in C# tun.

`namespace`	
`for`	
`class`	
`public`	
`else`	
`new`	
`using`	
`if`	
`while`	

Antworten auf Seite 182.

Übung

Erzeugen Sie einen Reisekostenerstattungsrechner für Geschäftsreisen. Der Benutzer sollte den Anfangs- und Endstand des Tachometers eingeben können. Auf Basis dieser beiden Zahlen wird der Rechner die angefallenen Kilometer berechnen und daraus ermitteln, wie hoch der Erstattungsbetrag ist, wenn für jeden angefallenen Kilometer 0,39 € gezahlt wird.

1 **BEGINNEN SIE MIT EINEM NEUEN WINDOWS-PROJEKT.**

Geben Sie dem Formular folgende Gestalt:

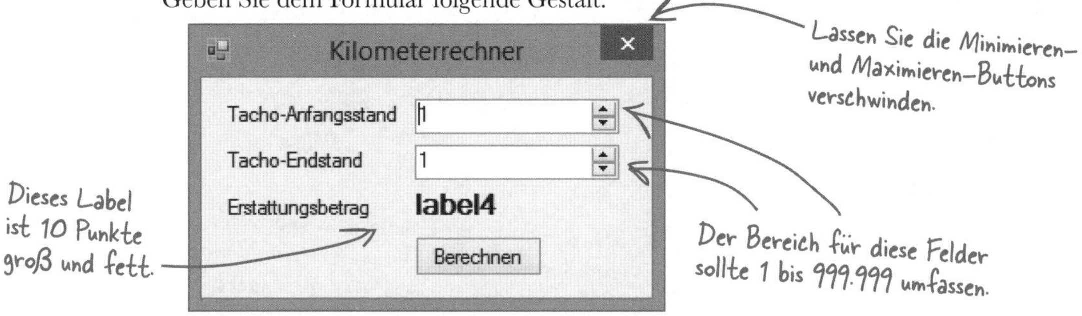
Kilometerrechner
Tacho-Anfangsstand
1
Tacho-Endstand
1
Erstattungsbetrag
label4
Berechnen
Lassen Sie die Minimieren- und Maximieren-Buttons verschwinden.
Dieses Label ist 10 Punkte groß und fett.
Der Bereich für diese Felder sollte 1 bis 999.999 umfassen.

Klicken Sie doppelt auf den Button, wenn Sie das Formular fertig haben, um dem Projekt etwas Code hinzuzufügen.

2 **ERZEUGEN SIE DIE FELDER, DIE SIE FÜR DEN RECHNER BENÖTIGEN.**

Stecken Sie die Felder in die Klassendefinition am Anfang von `Form1`. Sie brauchen zwei Felder für ganze Zahlen, die den Tachometer-Anfangsstand und -Endstand speichern. Nennen Sie diese `tachoAnfangsstand` und `tachoEndstand`. Außerdem brauchen Sie drei Zahlen, die Nachkommastellen aufnehmen können. Nehmen Sie jeweils den Typ `double` und nennen Sie sie `gefahreneKM`, `erstattungsSatz` und `erstattungsBetrag`. Setzen Sie den Wert für `erstattungsSatz` auf `0.39`.

3 **BRINGEN SIE DEN RECHNER ZUM FUNKTIONIEREN.**

Fügen Sie der Methode `button1_Click()` Code zu folgenden Zwecken hinzu:

- Stellen Sie sicher, dass die Zahl im Feld `tachoAnfangsstand` kleiner als die Zahl im Feld `tachoEndstand` ist. Lassen Sie andernfalls ein Dialogfenster mit der Meldung »Der Anfangsstand muss kleiner als der Endstand sein.« anzeigen. Geben Sie diesem Dialog den Titel »Keine Berechnung möglich«.
- Ziehen Sie mit folgenden Zeilen den Anfangsstand vom Endstand ab und multiplizieren Sie ihn dann mit dem Erstattungssatz:

```
gefahreneKM = tachoEndstand -= tachoAnfangsstand;

erstattungsBetrag = gefahreneKM *= erstattungsSatz;

label4.Text = erstattungsBetrag + "€";
```

4 **FÜHREN SIE DIE ANWENDUNG AUS.**

Prüfen Sie, ob der Rechner korrekte Werte liefert. Probieren Sie, den Anfangsstand größer als den Endstand zu machen, und schauen Sie, ob Ihr Dialogfenster angezeigt wird.

LÖSUNG ZUR ÜBUNG

Hier ist der Code für den ersten Teil der Übung.

```
public partial class Form1 : Form
{
   int tachoAnfangsstand;
   int tachoEndstand;
   double gefahreneKM;
   double erstattungsSatz = 0.39;
   double erstattungsBetrag;
   public Form1() {
       InitializeComponent();
   }
   private void button1_Click(object sender, EventArgs e){
     tachoAnfangsstand = (int)numericUpDown1.Value;
     tachoEndstand = (int)numericUpDown2.Value;
       if (tachoAnfangsstand <= tachoEndstand){
           gefahreneKM = tachoEndstand -= tachoAnfangsstand;
           erstattungsBetrag = gefahreneKM *= erstattungsSatz;
           label4.Text = erstattungsBetrag + "€";
       } else {
          MessageBox.Show(
             "Der Anfangsstand muss kleiner als der Endstand sein.",
             "Keine Berechnung möglich");
       }
   }
}
```

int funktioniert wunderbar für ganze Zahlen. Diese Zahl könnte bis 999.999 gehen. Ein short oder ein byte würde also nicht reichen.

Ja, der Punkt ist richtig. Das und nicht das Komma ist der Dezimaltrenner, den C# verwendet – genau wie jede andere Programmiersprache. Darauf müssen Sie achten, wenn Sie in Ihrem Code Gleitkommazahlen literal angeben.

Haben Sie daran gedacht, den decimal-Wert des NumericUpDown-Steuerelements in einen int umzuwandeln?

Dieser Block soll berechnen, wie viele Kilometer zurückgelegt wurden, und diese dann mit dem Erstattungssatz multiplizieren.

Wir haben hier eine alternative Form der Methode MessageBox.Show() verwendet. Wir haben ihr zwei Parameter gegeben, der erste ist die anzuzeigende Nachricht und der zweite der Text der Titelleiste.

Dieser Button scheint zu funktionieren, birgt eigentlich aber ein ziemlich großes Problem. Sehen Sie es?

Den Kilometerrechner debuggen

Tun Sie das

Irgendetwas mit dem Kilometerrechner stimmt nicht. Wenn Ihr Code nicht auf die erwartete Weise funktioniert, gibt es immer einen Grund dafür. Sie sind dafür verantwortlich, diesen Grund zu finden. Untersuchen wir, was schiefgelaufen ist, und schauen wir, ob wir es reparieren können.

1. **FÜGEN SIE DEM FORMULAR EINEN WEITEREN BUTTON HINZU.**
Gehen wir dem Problem auf den Grund, indem wir dem Formular einen Button hinzufügen, der den Wert des Felds `gefahreneKM` anzeigt (dazu könnten Sie auch den Debugger nutzen).

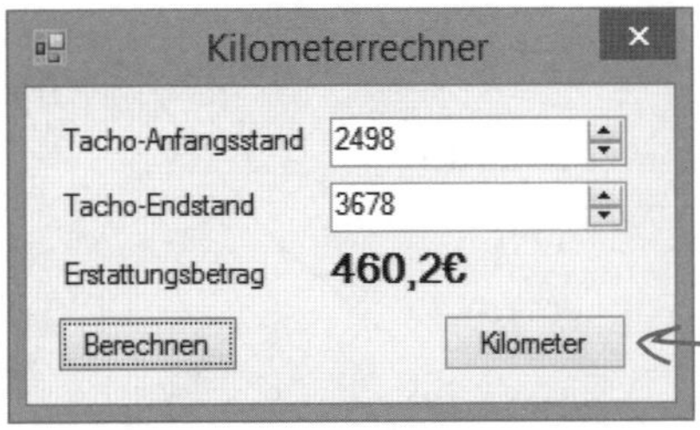
Kilometerrechner
Tacho-Anfangsstand
2498
Tacho-Endstand
3678
Erstattungsbetrag
460,2€
Berechnen
Kilometer

Nach einem Klick auf Berechnen soll dieser Button dazu verwendet werden können, in einem Dialogfenster die zurückgelegten Kilometer anzuzeigen.

Klicken Sie, wenn Sie das Formular fertig haben, doppelt auf den Button Kilometer anzeigen, um dem Projekt etwas Code hinzuzufügen.

2. **EINE ZEILE CODE SOLLTE REICHEN.**
Wir müssen das Formular im Prinzip nur dazu bringen, die Variable `gefahreneKM` anzuzeigen, oder? Das sollte sich eigentlich mit dieser Zeile erledigen lassen:

```
private void button2_Click(object sender, EventArgs e) {

       Messagebox.Show(gefahreneKM + " KM",

                      "Zurückgelegte Kilometer");

}
```

3. **FÜHREN SIE ES AUS.**
Geben Sie ein paar Werte ein und schauen Sie, was passiert. Geben Sie zunächst einen Anfangsstand und einen Endstand ein und klicken Sie auf den Berechnen-Button. Klicken Sie dann auf den Button »Kilometer anzeigen«, um zu sehen, was im Feld `gefahreneKM` gespeichert ist.

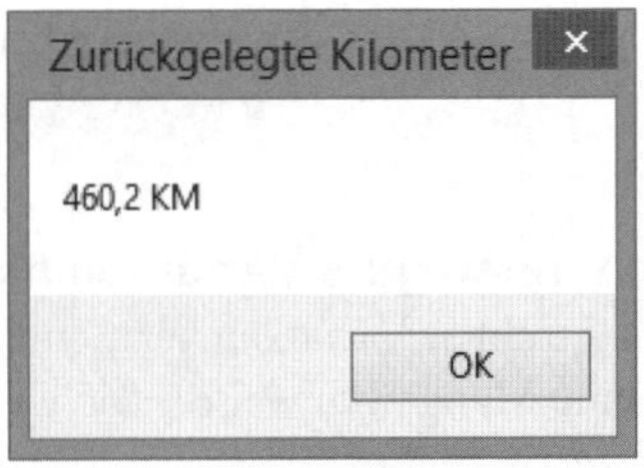
Zurückgelegte Kilometer
460,2 KM
OK

4. **HMM, DA STIMMT WAS NICHT ...**
Ganz gleich, was Sie tun, die Kilometeranzahl entspricht immer dem Erstattungsbetrag. Warum?

Einen Operator mit = kombinieren

Sehen Sie sich einmal genau den Operator an, den wir verwendet haben, um den Tachometer-Anfangsstand vom Tachometer-Endstand abzuziehen (–=). Das Problem ist, dass er nicht nur subtrahiert, sondern der Variablen links des Minuszeichens auch einen Wert zuweist. Das Gleiche passiert in der Zeile, in der wir die Anzahl der zurückgelegten Kilometer mit der Erstattungsrate multiplizieren. Wir müssen –= und *= lediglich durch – bzw. * ersetzen.

```
private void button1_Click(object sender, EventArgs e)
{
  tachoAnfangsstand = (int)numericUpDown1.Value;
  tachoEndstand = (int)numericUpDown2.Value;
    if (tachoAnfangsstand <= tachoEndstand){
      gefahreneKM = tachoEndstand -= tachoAnfangsstand;
      erstattungsBetrag = gefahreneKM *= erstattungsSatz;
      label4.Text = erstattungsBetrag + "€";
    } else {
       MessageBox.Show(
          "Der Anfangsstand muss kleiner als der Endstand sein.",
          "Keine Berechnung möglich");
    }
}
```

Das nennt man einen **zusammengesetzten Operator**. Er zieht tachoAnfangsstand von tachoEndstand ab, weist den neuen Wert aber auch gleichzeitig tachoEndstand und gefahreneKM zu.

Das ist besser – jetzt verändert der Code tachoEndstand und gefahreneKM nicht mehr.

```
gefahreneKM = tachoEndstand - tachoAnfangsstand;
erstattungsBetrag = gefahreneKM * erstattungsSatz;
```

Können Ihnen gute Variablen hier helfen? Unbedingt! Sehen Sie sich genau an, was die einzelnen Variablen vermeintlich tun. Der Name `gefahreneKM` gibt Ihnen bereits eine Menge Hinweise – Sie wissen, dass es diese Variable ist, die das Formular falsch anzeigt, und haben eine gute Vorstellung davon, wie dieser Wert berechnet werden sollte. Das können Sie also nutzen, wenn Sie Ihren Code durchsuchen, um den Fehler aufzuspüren. Es wäre viel schwerer, das Problem zu finden, sähen die fehlerhaften Zeilen stattdessen so aus:

```
mT = eM -= sM;
aO = mT *= rR;
```

Variablen mit Namen wie diese sind im Grunde nutzlos, wenn es darum geht, Ihnen etwas über ihren Zweck mitzuteilen.

Auch für Objekte braucht man Variablen

Bislang haben wir Objekte von den anderen Typen getrennt betrachtet. Aber Objekte sind einfach nur eine andere Art von Daten, die Ihr Code genau so behandelt wie Zahlen, Strings und Boolesche Werte. Er nutzt Variablen, um mit ihnen zu arbeiten.

Einen int verwenden

1. Schreiben Sie eine Anweisung, die einen int deklariert.

```
int einInt;
```

2. Weisen Sie der Variablen einen Wert zu.

```
einInt = 3761;
```

3. Nutzen Sie den Wert in Ihrem Code.

```
while (i < einInt) {
```

Ein Objekt verwenden

1. Schreiben Sie eine Anweisung, die ein Objekt deklariert.

```
Hund rex;
```

Haben Sie eine Klasse wie Hund, nutzen Sie diese in der Variablendeklaration als Typ.

2. Weisen Sie der Variablen ein Objekt zu.

```
rex = new Hund();
```

3. Prüfen Sie eins der Felder des Objekts.

```
while (rex.Zufrieden) {
```

ES SPIELT ALSO KEINE ROLLE, OB ICH MIT EINEM OBJEKT ODER EINEM NUMERISCHEN WERT ARBEITE. ICH VERWENDE IN BEIDEN FÄLLEN EINE VARIABLE, WENN ICH ETWAS ZUR SPÄTEREN VERWENDUNG SPEICHERN MUSS.

Ein Objekt ist einfach eine weitere Art von Variable, die Ihr Programm verwenden kann.

Muss Ihr Programm mit einer richtig großen ganzen Zahl arbeiten, verwenden Sie einen `long`, und muss es mit einer kleinen ganzen Zahl arbeiten, nehmen Sie einen `short`. Braucht es einen Ja/Nein-Wert, verwenden Sie einen `boolean`. Benötigt es jedoch etwas, das bellt und Sitz macht, verwenden Sie einen `Hund`. Ganz gleich, mit Daten welcher Art Ihr Programm arbeiten muss, es verwendet immer eine Variable.

Mit Referenzvariablen auf Objekte verweisen

Um ein neues Objekt zu erstellen, verwenden Sie Code wie **`new Typ`**. Aber das ist nicht genug. Obgleich dieser Code ein neues **`Typ`**-Objekt auf dem Heap erstellt, gibt er Ihnen noch keine Möglichkeit, auf dieses Objekt *zuzugreifen*. ***Sie benötigen eine Referenz auf dieses Objekt***. Sie erzeugen deswegen eine **Referenzvariable**: eine Variable des Typs **`Typ`** mit einem Namen wie **`tim`**. **`tim`** ist also eine Referenz auf das neue **`Typ`**-Objekt, das Sie erstellt haben. Jedes Mal, wenn Sie diesen bestimmten Typ verwenden möchten, können Sie ihn mit der Referenzvariablen namens **`tim`** referenzieren.

Das wird als **Instantiierung** des Objekts bezeichnet.

Wenn Sie eine Variable haben, die einen Objekttyp hat, ist es eine Referenzvariable: eine Referenz auf ein bestimmtes Objekt. Werfen Sie einen Blick darauf:

Hier ist der Heap vor der Ausführung Ihres Codes.

LABEL MAKER

```
public partial class Form1 : Form
{
    Typ tim;

    public Form1()
    {
        InitializeComponent();

        tim = new Typ();
    }
```

Diese Variable heißt tim, sie wird ein Objekt des Typs Typ referenzieren.

Das ist die Referenzvariable …

… und das ist das Objekt, auf das tim jetzt verweist.

Das Erstellen einer Referenz ist, als erstelle man ein Etikett mit einer **Etikettiermaschine** – statt es an Ihr Zeug zu kleben, nutzen Sie es, um ein Objekt zu etikettieren, damit Sie später darauf verweisen können.

Hier ist der Heap nach Ausführung Ihres Codes. Es gibt ein Objekt, auf das die Variable tim verweist.

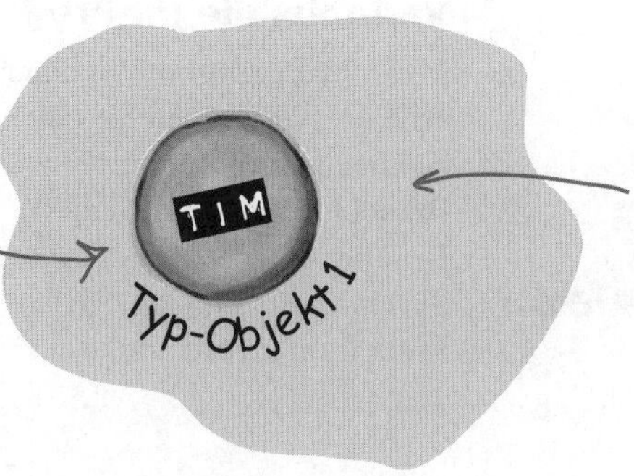
TIM
Typ-Objekt 1

Dieses Typ-Objekt kann NUR über die Referenzvariable tim referenziert werden.

Referenzen sind wie Etiketten für Ihr Objekt

In der Küche haben Sie wahrscheinlich eine Dose für Salz und eine für Zucker. Würden Sie die Etiketten darauf tauschen, könnte das dazu führen, dass Sie das eine oder andere Essen vergeigen – den selbst wenn die Etiketten vertauscht werden, bleibt der Inhalt gleich. ***Referenzen sind wie Etiketten.***
Sie können Etiketten herumreichen, an unterschiedliche Dinge heften, aber das **Objekt** stellt die Methoden und Daten, nicht die Referenz selbst.

Muss Ihr Code mit Objekten im Speicher arbeiten, nutzt er eine Referenz, d. h. eine Variable, deren Typ die Klasse des Objekts ist, auf das sie verweist. Eine Referenz ist wie ein Etikett, das Ihr Code nutzt, um mit einem bestimmten Objekt zu reden.

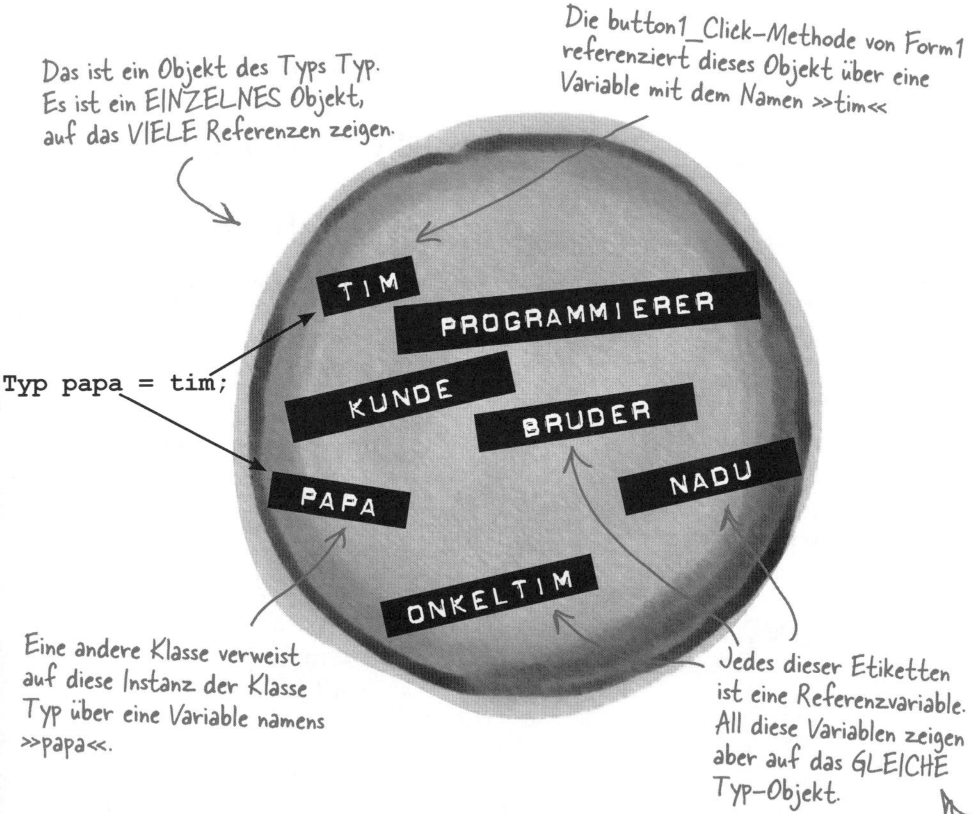
Die button1_Click-Methode von Form1 referenziert dieses Objekt über eine Variable mit dem Namen »tim«
Das ist ein Objekt des Typs Typ. Es ist ein EINZELNES Objekt, auf das VIELE Referenzen zeigen.
TIM
PROGRAMMIERER
Typ papa = tim;
KUNDE
BRUDER
NADU
PAPA
ONKELTIM
Eine andere Klasse verweist auf diese Instanz der Klasse Typ über eine Variable namens »papa«.
Jedes dieser Etiketten ist eine Referenzvariable. All diese Variablen zeigen aber auf das GLEICHE Typ-Objekt.

Auf ein Objekt verweist man nie direkt. Code wie **`Typ.GeldGeben()`** können Sie beispielsweise nicht schreiben, wenn **`Typ`** Ihr Objekttyp ist. Der C#-Compiler weiß nicht, von welchem **`Typ`** Sie hier reden, da es auf dem Heap mehrere Instanzen von **`Typ`** geben könnte. Sie brauchen also eine Referenzvariable **`tim`**, der Sie eine spezifische Instanz zuweisen können, z. B. **`Typ tim = new Typ()`**.

Jetzt können Sie (nicht statische) Methoden wie **`tim.GeldGeben()`** verwenden. **`tim`** verweist auf eine bestimmte Instanz der Klasse **`Typ`**, und der C#-Compiler weiß genau, welche Instanz er verwenden soll. Wie Sie oben gesehen haben, können ***mehrere Etiketten auf die gleiche Instanz zeigen***. Sie könnten also **`Typ papa = tim`** sagen und dann **`papa.GeldGeben()`** aufrufen. Auch das geht – Tims Sohn macht das jeden Tag!

Es gibt viele verschiedene Referenzen auf dieses Objekt, weil viele verschiedene Methoden es für unterschiedliche Dinge verwenden. Jede Referenz hat einen anderen Namen, der in ihrem jeweiligen Kontext sinnvoll ist.

Gibt es keine Referenzen mehr, holt die Müllabfuhr Ihr Objekt

Trägt ein Objekt kein einziges Etikett mehr, können Programme nicht mehr auf dieses Objekt zugreifen. Das heißt, dass C# dieses Objekt für die Müllabfuhr, die wir, wie in Programmiererkreisen üblich, **Garbage Collection** nennen werden, vormerkt. So bezeichnet man den Mechanismus, über den C# nicht referenzierte Objekte loswird und den Speicher freigibt, den diese Objekte für Ihr Programm belegt haben.

Ein Objekt bleibt nur so lange auf dem Heap, wie es Referenzen darauf gibt. Verschwindet die letzte Referenz, verschwindet auch das Objekt.

1 Hier ist etwas Code, der ein Objekt erzeugt.

```
Typ tim = new Typ()
  { Name = "Tim", Geld = 50 };
```

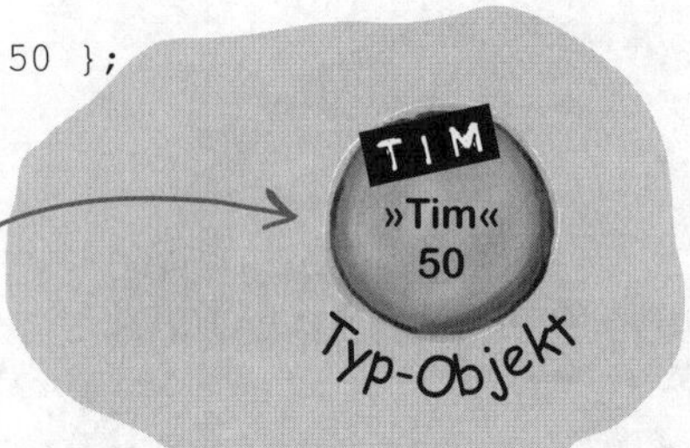
TIM
»Tim«
50
Typ-Objekt

Wenn Sie die >>new<<-Anweisung nutzen, weisen Sie C# an, ein Objekt zu erstellen. Nehmen Sie eine Referenzvariable wie tim und weisen ihr dieses Objekt zu, ist das, als würden Sie ein neues Label an das Objekt heften.

2 Erzeugen wir jetzt ein zweites Objekt.

```
Typ tom = new Typ()
  { Name = "Tom", Geld = 75 };
```

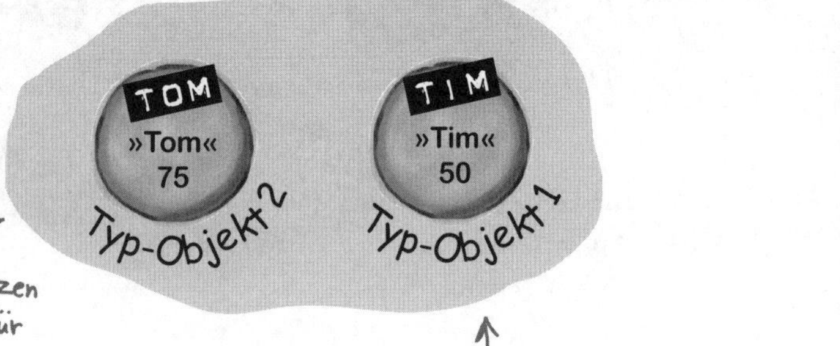
TOM
»Tom«
75
Typ-Objekt2
TIM
»Tim«
50
Typ-Objekt1

Jetzt haben wir zwei Typ-Instanzen und zwei Referenzvariablen: eine für jede Typ-Instanz.

Aber es gibt keine Referenz auf das erste Typ-Objekt mehr ...

3 Ändern wir die Referenz auf das erste Objekt und lassen wir sie auf das zweite zeigen.

```
tim = tom;
```

Jetzt zeigt tim auf das gleiche Objekt wie tom.

TIM
TOM
»Tom«
75
Typ-Objekt2
puff!

... C# merkt es deswegen für die Garbage Collection vor, die es irgendwann löscht. Und schwups, weg ist es!

Typ-Kreuzworträtsel

Machen Sie eine Pause, lehnen Sie sich zurück und geben Sie Ihrer rechten Gehirnhälfte etwas zu tun. Und zwar wieder mit dem Ihnen schon bekannten Kreuzworträtsel. Alle Lösungswörter stammen aus diesem Kapitel.

Wenn Sie fertig sind, können Sie umblättern, um sich dem Rest dieses Kapitels zu widmen.

Waagerecht

3. Der Typ, der die größten Zahlen speichern kann.
7. \n und \r sind ______-Sequenzen.
8. Wird das für eine Variable nicht gesetzt, lässt sich Ihr Programm nicht kompilieren.
10. Die Deklaration einer Variablen beginnt immer damit.
12. Der Typ, der nur ein einzelnes Zeichen speichert.
13. Jedes Objekt hat diese Methode, die es in einen String umwandelt.
14. Das tun Sie, wenn Sie mit dem +-Operator zwei Strings zusammenkleben.
15. Die Deklaration und die ______________ einer Variablen können zu einer Anweisung zusammengefasst werden.
16. Zeigen auf ein Objekt keine Referenzen mehr, wird es von der ______________-Collection aus dem Heap entfernt.

Senkrecht

1. »namespace«, »for«, »while«, »using« und »new« sind alles Beispiele für ______________ Wörter.
2. Das machen die arithmetischen Operatoren für Sie mit Typen automatisch.
4. Einer Variablen dieses Typs können Sie jeden Wert zuweisen.
5. Der zweite Teil einer Variablendeklaration.
6. Was Ihr Programm nutzt, um mit Daten zu arbeiten, die im Speicher sind.
9. Eine Variable, die auf ein Objekt zeigt.
11. Die vier Typen für ganze Zahlen, die nur positive Zahlen speichern.
12. Das, was (int) in folgender Codezeile macht:
x = (int) y;

→ Antworten auf Seite 183.

Mehrere Referenzen und ihre Nebenwirkungen

Wenn Sie damit beginnen, Ihre Referenzvariablen herumzureichen, müssen Sie aufpassen. Oft scheint es, als würden Sie eine Variable einfach auf ein anderes Objekt zeigen lassen. Aber das kann dazu führen, dass dabei alle Referenzen auf ein Objekt gelöscht werden. Das ist nicht notwendigerweise falsch, aber auch nicht immer das, was Sie eigentlich wollten. Werfen Sie einen Blick darauf:

1

```
Hund hasso = new Hund();
hasso.Rasse = "Windhund";
```

Objekte: 1

Referenzen: 1

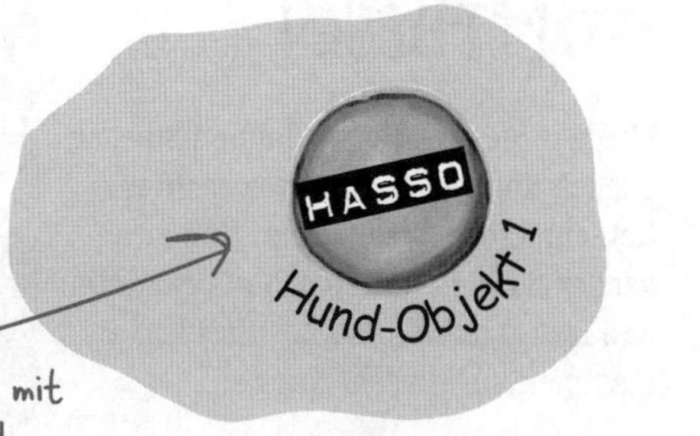
HASSO
Hund-Objekt 1

hasso ist ein Hund-Objekt mit dem Rasse-Wert Windhund.

2

```
Hund fido = new Hund();
fido.Rasse = "Beagle";
Hund rex = hasso;
```

Objekte: 2

Referenzen: 3

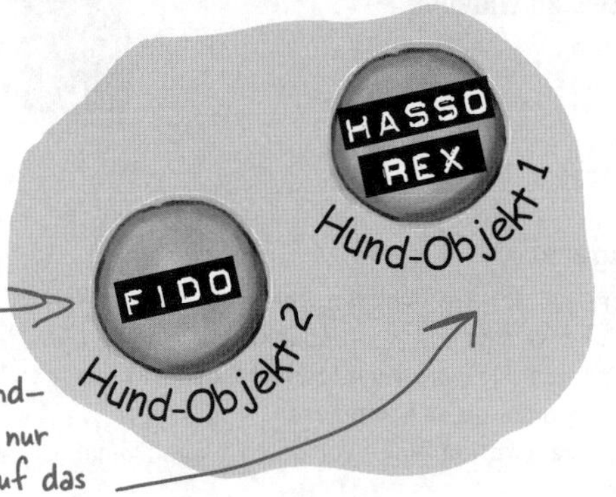
HASSO
REX
Hund-Objekt 1
FIDO
Hund-Objekt 2

fido ist ein weiteres Hund-Objekt. rex dagegen ist nur eine weitere Referenz auf das erste Objekt.

3

```
Hund lucky = new Hund();
lucky.Rasse = "Dackel";
fido = hasso;
```

Objekte: 2

Referenzen: 4

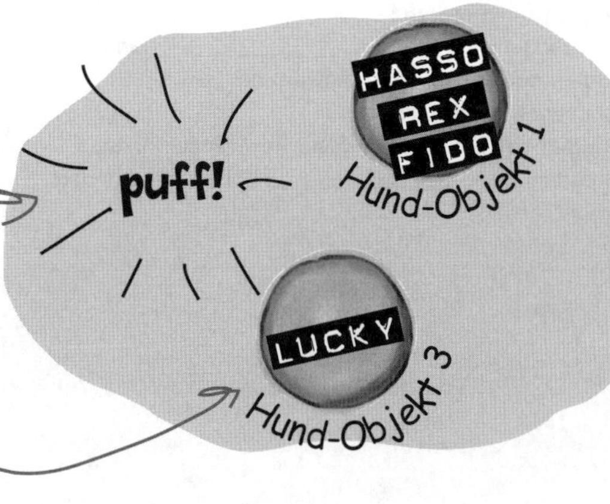
HASSO
REX
FIDO
Hund-Objekt 1
puff!
LUCKY
Hund-Objekt 3

lucky ist das dritte Objekt. Aber fido zeigt jetzt auf Objekt 1. Es gibt keine Referenzen auf Objekt 2 mehr. Für das Programm ist es erledigt.

Spitzen Sie Ihren Bleistift

Jetzt sind Sie an der Reihe. Hier ist ein langer Codeblock. Ermitteln Sie, wie viele Objekte und Referenzen es nach den einzelnen Phasen gibt. Zeichnen Sie auf der rechten Seite ein Bild mit den Objekten und Etiketten auf dem Heap.

❶

```
Hund hasso = new Hund();
hasso.Rasse = "Windhund";
Hund rantanplan = new Hund();
Hund fido = new Hund();
Hund quentin = fido;
```

Objekte:______

Referenzen:_____

❷

```
Hund rex = new Hund();
rex.Rasse = "Dackel";
rex = hasso;
```

Objekte:______

Referenzen:_____

❸

```
Hund lucky = new Hund();
lucky.Rasse = "Beagle";
Hund charlie = fido;
fido = hasso;
```

Objekte:______

Referenzen:_____

❹

```
rantanplan = lucky;
Hund otto = new Hund();
otto.Rasse = "Mops";
```

Objekte:______

Referenzen:_____

❺

```
charlie = otto;
lucky = rantanplan;
```

Objekte:______

Referenzen:_____

Spitzen Sie Ihren Bleistift – Lösung

Jetzt sind Sie an der Reihe. Hier ist ein langer Codeblock. Sie sollten ermitteln, wie viele Objekte und Referenzen es nach den einzelnen Phasen gibt, und auf der rechten Seite ein Bild mit den Objekten und Etiketten auf dem Heap zeichnen.

1

```
Hund hasso = new Hund();
hasso.Rasse = "Windhund";
Hund rantanplan = new Hund();
Hund fido = new Hund();
Hund quentin = fido;
```

Objekte: 3

Referenzen: 4

HASSO
Hund-Objekt 1
RANTANPLAN
Hund-Objekt 2
QUENTIN
FIDO
Hund-Objekt 3

Es wird ein neues Hund-Objekt erzeugt, aber rex ist die einzige Referenz darauf. Nach rex = hasso ist dieses Objekt wieder verschwunden.

2

```
Hund rex = new Hund();
rex.Rasse = "Dackel";
rex = hasso;
```

Objekte: 3

Referenzen: 5

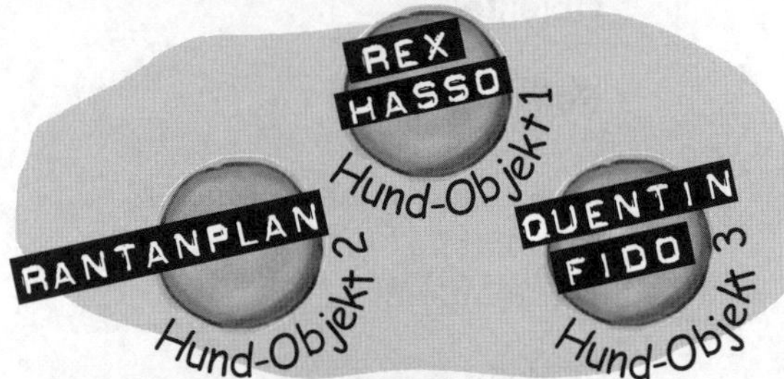

REX
HASSO
Hund-Objekt 1
RANTANPLAN
Hund-Objekt 2
QUENTIN
FIDO
Hund-Objekt 3

Hier wird ein neues Hund-Objekt erstellt, das erhalten bleibt, weil die Referenz darauf nicht überschrieben wird.

3

```
Hund lucky = new Hund();
lucky.Rasse = "Beagle";
Hund charlie = fido;
fido = hasso;
```

Objekte: 4

Referenzen: 7

charlie wurde gleich fido gesetzt, als fido noch auf Objekt 3 verwies. Nachdem fido gleich hasso gesetzt wurde, verweist fido auf Objekt 1, charlie hingegen weiter auf Objekt 3.

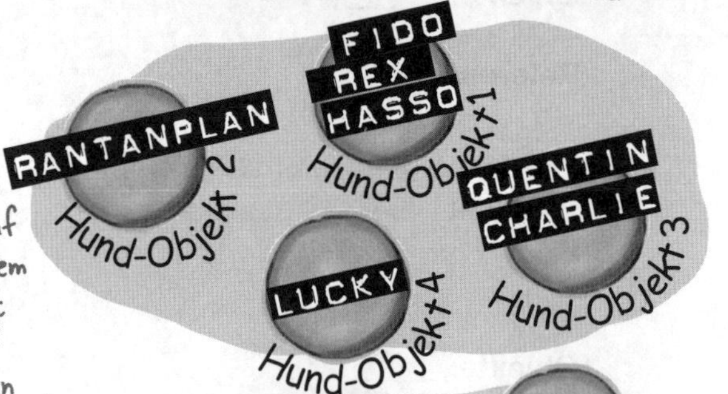

FIDO
REX
HASSO
Hund-Objekt 1
RANTANPLAN
Hund-Objekt 2
QUENTIN
CHARLIE
Hund-Objekt 3
LUCKY
Hund-Objekt 4

4

```
rantanplan = lucky;
Hund otto = new Hund();
otto.Rasse = "Mops";
```

Objekte: 4

Referenzen: 8

Objekt 2 verliert seine letzte Referenz und verschwindet.

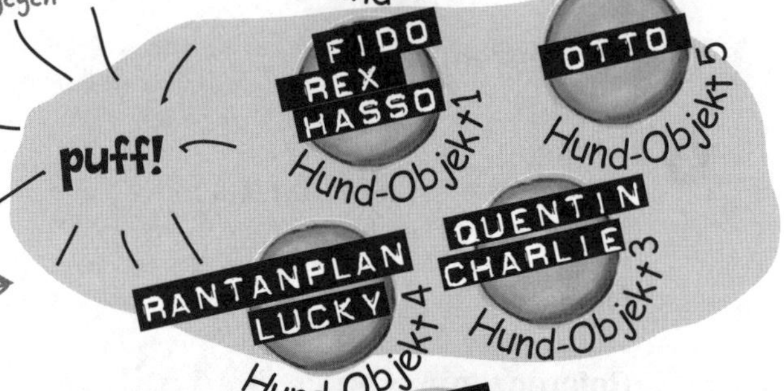

puff!
FIDO
REX
HASSO
Hund-Objekt 1
OTTO
Hund-Objekt 5
RANTANPLAN
LUCKY
Hund-Objekt 4
QUENTIN
CHARLIE
Hund-Objekt 3

Weil lucky jetzt auf das gleiche Objekt wie rantanplan verweist, gibt es keine Referenz auf das alte Objekt von rantanplan mehr.

5

```
charlie = otto;
lucky = rantanplan;
```

Objekte: 4

Referenzen: 8

FIDO
REX
HASSO
Hund-Objekt 1
OTTO
CHARLIE
Hund-Objekt 5
LUCKY
RANTANPLAN
Hund-Objekt 4
QUENTIN
Hund-Objekt 3

Hier werden nur Referenzen verschoben, aber keine neuen Objekte erzeugt. lucky gleich rantanplan zu setzen, änderte nichts, da beide Variablen bereits auf das gleiche Objekt zeigen.

ÜBUNG

Erstellen Sie ein Programm mit einer `Elefant`-Klasse. Erzeugen Sie zwei `Elefant`-Instanzen und tauschen Sie dann die Referenzvariablen, die auf sie zeigen, ***ohne*** dass eine der `Elefant`-Instanzen dabei ein Fall für die Müllabfuhr wird.

1 ***ERSTELLEN SIE EIN NEUES WINDOWS FORMS-ANWENDUNG-PROJEKT.***

Geben Sie dem Formular diese Gestalt:

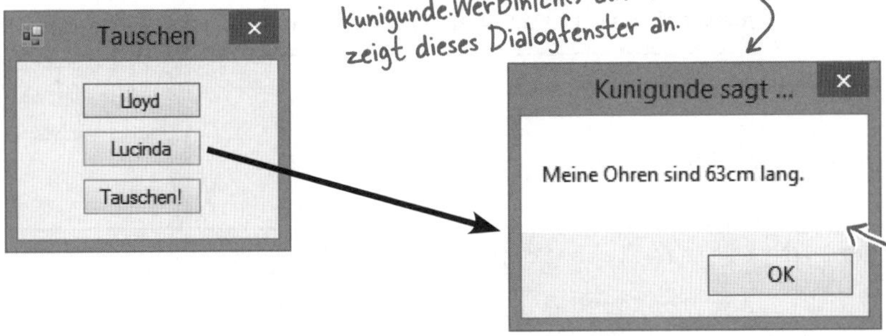
Ein Klick auf den Button »Kunigunde« ruft kunigunde.WerBinIch() auf. Diese Methode zeigt dieses Dialogfenster an.
Tauschen
Lloyd
Lucinda
Tauschen!
Kunigunde sagt ...
Meine Ohren sind 63cm lang.
OK
Die Methode WerBinIch() sollte diesen Dialog öffnen. Prüfen Sie, ob der Text die Ohrengröße enthält und in der Titelleiste der Name steht.

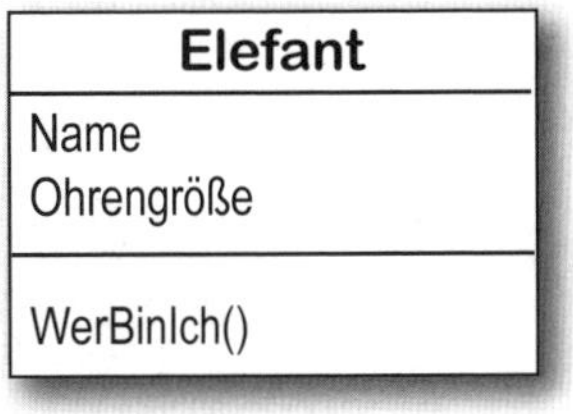
Hier ist das Klassendiagramm für die zu erstellende Klasse Elefant.
Elefant
Name
Ohrengröße
WerBinIch()

2 ***ERZEUGEN SIE DIE KLASSE ELEFANT.***

Fügen Sie dem Projekt die Klasse `Elefant` hinzu. Sehen Sie sich das Klassendiagramm für `Elefant` an – Sie brauchen ein `int`-Feld namens `Ohrengröße` und ein `string`-Feld namens `Name`. (Achten Sie darauf, dass beide `public` sind.) Fügen Sie dann die Methode `WerBinIch()` hinzu, die ein Dialogfenster anzeigt, das Ihnen den Namen und die Länge des Elefantenohrs sagt.

3 ***ERZEUGEN SIE ZWEI ELEFANT-INSTANZEN UND -REFERENZEN.***

Fügen Sie `Form1` (direkt unter der Klassendeklaration) zwei `Elefant`-Felder namens `kunibert` und `kunigunde` hinzu. Initialisieren Sie diese mit dem korrekten Namen und einer Ohrengröße. Hier sind die `Elefant`-Objektinitialisierer für Ihr Formular:

```
kunigunde = new Elefant() { Name = "Kunigunde", Ohrengröße = 63 };
kunibert = new Elefant() { Name = "Kunibert", Ohrengröße = 81 };
```

4 ***MACHEN SIE DIE BUTTONS »KUNIBERT« UND »KUNIGUNDE« FUNKTIONSFÄHIG.***

Lassen Sie den Kunibert-Button `kunibert.WerBinIch()` und den Kunigunde-Button `kunigunde.WerBinIch()` aufrufen.

5 ***RICHTEN SIE DEN TAUSCHEN-BUTTON EIN.***

Jetzt kommt der schwere Teil. Bringen Sie den Tauschen-Button dazu, die beiden Referenzen zu ***tauschen***, damit die Variablen `kunibert` und `kunigunde` durch einen Klick auf Tauschen die Objekte tauschen und eine »Objekte getauscht«-Meldung angezeigt wird. Testen Sie das Programm, indem Sie auf Tauschen und dann auf die beiden anderen Buttons klicken. Nach dem ersten Klick auf Tauschen sollte der Button Kunibert das Dialogfenster für Kunigunde anzeigen. Nach dem nächsten Klick auf Tauschen sollte alles wieder beim Alten sein.

C# löscht alle Objekte, auf die es keine Referenzen mehr gibt. Ein kleiner Hinweis: Wenn Sie ein Glas Bier in ein Glas schütten wollen, in dem im Moment Wasser ist, brauchen Sie ein drittes Glas ...

LÖSUNG ZUR ÜBUNG

Erstellen Sie ein Programm mit einer `Elefant`-Klasse. Sie erzeugen Sie zwei `Elefant`-Instanzen und tauschen dann die Referenzvariablen, die auf sie zeigen, ***ohne*** dass eine der `Elefant`-Instanzen dabei ein Fall für die Müllabfuhr wird.

Das ist der Code für die Klasse Elefant in der Datei Elefant.cs, die wir dem Projekt hinzugefügt haben. Vergessen Sie am Anfang des Formulars die »using System.Windows.Forms;«-Zeile nicht. Ohne funktioniert die MessageBox-Anweisung nicht.

```
using System.Windows.Forms;

class Elefant {

  public int Ohrengröße;
  public String Name;

  public void WerBinIch() {
     MessageBox.Show("Meine Ohren sind " + Ohrengröße + " cm lang.",
        Name + " sagt");
  }
}
```

Sie können diese `using`-Anweisung in die geschweiften Klammern des Namensraums stecken, wenn Sie wollen.

Hier ist der Code für die Klasse Form1 aus Form1.cs.

```
public partial class Form1 : Form {

    Elefant kunigunde;
    Elefant kunibert;

    public Form1()
    {
        InitializeComponent();
        kunigunde = new Elefant()
            { Name = "Kunigunde", Ohrengröße = 63 };
        kunibert = new Elefant()
            { Name = "Kunibert", Ohrengröße = 81 };
    }

    private void button1_Click(object sender, EventArgs e) {
        kunibert.WerBinIch();
    }

    private void button2_Click(object sender, EventArgs e) {
        kunigunde.WerBinIch();
    }

    private void button3_Click(object sender, EventArgs e) {
        Elefant halter;
        halter = kunibert;
        kunibert = kunigunde;
        kunigunde = halter;
        MessageBox.Show("Objekte getauscht");
    }
}
```

Lassen Sie einfach kunibert auf kunigunde zeigen, gibt es keine Referenz auf Kunibert mehr. Sein Objekt geht also verloren. Deswegen brauchen Sie die Referenzhalter, um das Kunibert-Objekt festzuhalten, wenn der Referenz kunibert das Objekt Kunigunde zugewiesen wird.

Für diese Referenz gibt es keine new-Anweisung, weil wir keine weitere Elefant-Instanz brauchen.

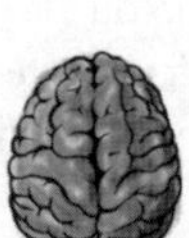

KOPF-NUSS

Warum haben wir die Methode Tauschen() nicht in die Klasse Elefant eingefügt?

Zwei Referenzen bedeuten ZWEI Möglichkeiten, die Daten eines Objekts zu ändern

Tun Sie das!

Sie können nicht nur alle Referenzen auf ein Objekt verlieren, wenn Sie mehrere Referenzen haben, Sie können ein Objekt auch unbeabsichtigt ändern. Anders gesagt: Eine Referenz auf ein Objekt kann das Objekt ***ändern***, während die andere Referenz auf das Objekt ***keine Ahnung*** hat, das sich etwas geändert hat. Aufgepasst:

Tauschen
Lloyd
Lucinda
Tauschen!
button4

1. Spendieren Sie dem Formular noch einen Button.

2. Das ist der Code für diesen Button. Können Sie sich denken, was passiert, wenn Sie darauf klicken?

```
private void button4_Click(object sender, EventArgs e)
{
    kunibert = kunigunde;
    kunibert.Ohrengröße = 4321;
    kunibert.WerBinIch();
}
```

Nachdem dieser Code ausgeführt wurde, zeigen kunibert und kunigunde auf das GLEICHE Objekt.

Diese Anweisung setzt die Ohrengröße des Objekts, auf das kunibert verweist, auf 4321.

Sie rufen die Methode WerBinIch() auf der Referenz kunibert auf.

Aber kunibert zeigt auf das gleiche Ding wie kunigunde.

KUNIBERT
KUNIGUNDE
Elefant-Objekt

3. Klicken Sie dann auf den neuen Button. Moment mal ... das ist doch die Meldung für Kunigunde! Haben wir nicht die WerBinIch()-Methode von Kunibert aufgerufen?

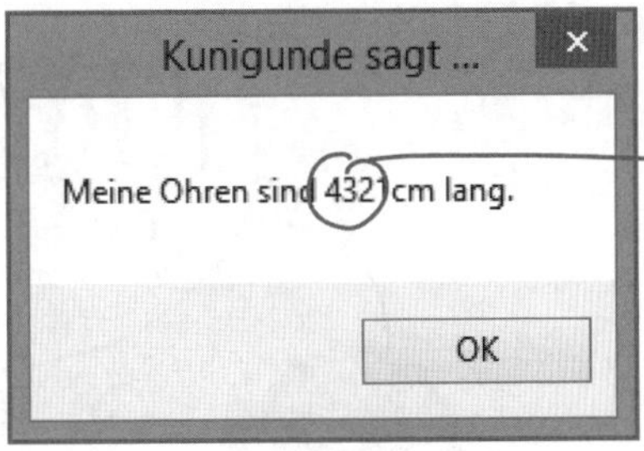

Kunigunde sagt ...
Meine Ohren sind 432 cm lang.
OK

Das ist die Meldung für Kunigunde.

Aber die Ohrengröße haben wir doch per Referenz kunibert gesetzt! Wieso das?

KUNIBERT
KUNIGUNDE
Elefant-Objekt

kunibert und kunigunde sind jetzt austauschbar. Änderungen an einer der Referenzen ändern das Objekt, auf das BEIDE zeigen ... es gibt keinen Unterschied zwischen kunibert und kunigunde mehr, da beide auf das GLEICHE Objekt zeigen.

Beachten Sie, dass die Daten NICHT überschrieben werden – es ändern sich nur die Referenzen.

Strings und Arrays unterscheiden sich von den anderen Datentypen, die Ihnen bisher begegnet sind. Sie sind die einzigen, deren Größe nicht festgelegt ist (denken Sie eine Weile darüber nach).

Ein Sonderfall: Arrays

Wenn Sie eine Menge Daten des gleichen Typs festhalten müssen, beispielsweise eine Liste mit Größen oder eine Rotte von Hunden, können Sie das mit einem Array machen. Ein Array zeichnet aus, dass es eine **Sammlung von Variablen** ist, die als ein Objekt behandelt wird. Über ein Array können Sie mehrere Datenteile speichern und ändern, ohne dass Sie die einzelnen Variablen separat nachhalten müssen. Um ein Array zu erzeugen, deklarieren Sie es genau wie jede andere Variable mit einem Namen und einem Typ:

```
bool[] einArray;
einArray = new bool[15];
einArray[4] = true;
```

Sie deklarieren ein Array über den Typ plus eckige Klammern.

Sie hätten die Deklaration der Variablen einArray mit der Initialisierung verbinden können – wie bei jeder anderen Variablen. Dann sähe das so aus: bool[] einArray = new bool[15];

Dieses Array enthält 15 Elemente.

Ein Array wird mit dem Schlüsselwort new erzeugt, weil es ein Objekt ist. Eine Array-Variable ist also ebenfalls eine Referenzvariable.

Diese Zeile setzt den Wert des fünften Elements von einArray auf true. Es ist das fünfte, weil das erste einArray[0] ist, das zweite einArray[1] usw.

Nutzen Sie die Elemente in einem Array, als wären es gewöhnliche Variablen

Wenn Sie ein Array nutzen, müssen Sie zunächst **eine Referenzvariable deklarieren**, die auf das Array zeigt. Dann müssen Sie mit `new` das **Array-Objekt erstellen** und dabei angeben, wie groß das Array sein soll. Erst dann können Sie die **Elemente im Array setzen**. Hier ist ein Codebeispiel, das ein Array deklariert und füllt – und daneben sehen Sie die Abbildung, die zeigt, was dabei auf dem Heap passiert. Das erste Element des Arrays hat den **Index** null.

```
int[] größe;
größe = new int[7];
größe[0] = 68;
größe[1] = 70;
größe[2] = 63;
größe[3] = 60;
größe[4] = 58;
größe[5] = 72;
größe[6] = 74;
```

Der Typ jedes Elements in diesem Array.

Name

Sie referenzieren die Elemente, aber jedes funktioniert im Prinzip wie eine gewöhnliche Variable.

Im Speicher wird das Array als ein Speicherhappen gespeichert, obwohl darin mehrere int-Variablen stecken.

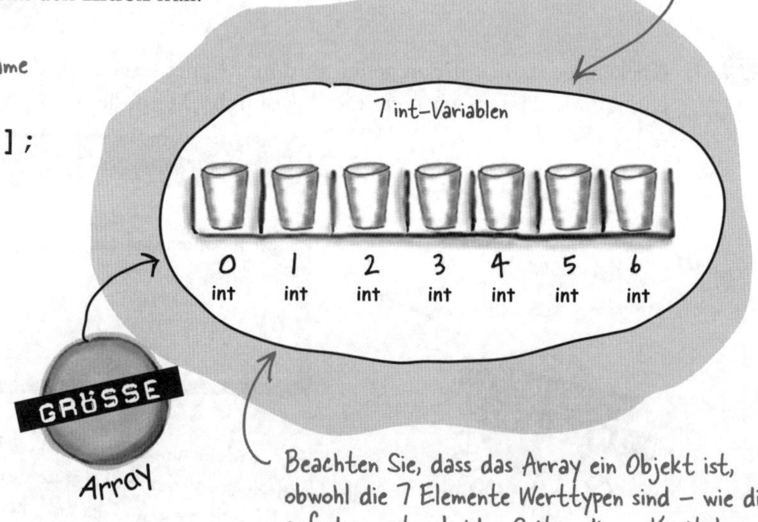

7 int-Variablen
0
1
2
3
4
5
6
int
int
int
int
int
int
int
GRÖSSE
Array

Beachten Sie, dass das Array ein Objekt ist, obwohl die 7 Elemente Werttypen sind – wie die auf den ersten beiden Seiten dieses Kapitels.

Arrays können auch einen Haufen Referenzvariablen speichern

Ein Array mit Objektreferenzen können Sie auf gleiche Weise erzeugen wie ein Array mit Zahlen oder Strings. Arrays kümmern sich nicht um den Typ der darin gespeicherten Variablen. Der bleibt Ihnen überlassen. Sie können also problemlos ein Array mit `ints` wie auch ein Array mit `Ente`-Objekten haben.

Hier ist Code, der ein Array mit 7 **Hund**-Variablen erzeugt. Die Zeile, die lediglich das Array initialisiert, erzeugt auch die Referenzvariablen. Da es nur zwei `new Hund()`-Zeilen gibt, werden auch nur zwei richtige Instanzen der Klasse **Hund** erstellt.

```
Hund[] hunde = new Hund[7];
hunde[5] = new Hund();
hunde[0] = new Hund();
```

Diese Zeile deklariert die Variable hunde, die ein Array mit Referenzen auf Hund-Objekte speichert, und erzeugt dann ein Array mit 7 Elementen.

Diese beiden Zeilen erzeugen neue Instanzen von Hund und stecken sie zu den Indizes 0 und 5.

Die beim Setzen oder Abrufen eines Array-Elements in den eckigen Klammern angegebene Zahl nennt man Index. Das erste Element im Array hat den Index null.

Die erste Zeile des Codes hat nur das Array erzeugt, nicht die Instanzen. Das Array ist eine Liste mit 7 Hund-Referenzvariablen.

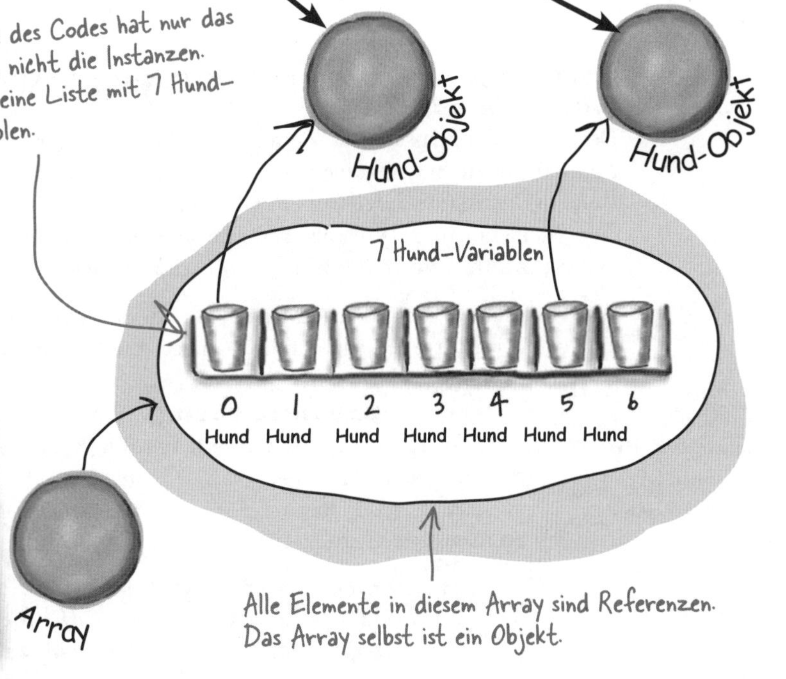

Hund-Objekt
Hund-Objekt
7 Hund-Variablen
0 1 2 3 4 5 6
Hund Hund Hund Hund Hund Hund Hund
Array
Alle Elemente in diesem Array sind Referenzen. Das Array selbst ist ein Objekt.

Die Länge von Arrays

Wie viele Elemente in einem Array stecken, können Sie über seine Length-Eigenschaft ermitteln. Haben Sie ein Array namens größe, können Sie größe.Length verwenden, um seine Länge zu ermitteln. Enthält es 7 Elemente, wird Ihnen 7 gemeldet – das bedeutet, dass die Elemente im Array die Indizes 0 bis 6 tragen.

Willkommen beim Sandwich-Discount vom Strammen Max

Der Stramme Max hat einen Haufen Fleisch, diverses Brot und mehr Soßen, als man aufzählen kann. Aber was er nicht hat, ist eine Speisekarte! Können Sie ein Programm erstellen, das ihm jeden Tag eine neue *zufällige* Speisekarte erstellt?

Tun Sie das!

MenüMacher
Zufallszahl Fleisch Soßen Brot
MenüEintragHolen()

1 **FÜGEN SIE EINEM NEUEN PROJEKT DIE KLASSE MENÜMACHER HINZU.**

Zur Herstellung einer Speisekarte benötigen Sie Zutaten. Arrays wären perfekt für diese Listen. Außerdem brauchen wir eine Möglichkeit, zufällig Zutaten auszuwählen, um diese zu einem Sandwich zu kombinieren. Das .NET Framework bietet die eingebaute Klasse **Random**, die Zufallszahlen generiert. Unsere Klasse hat also vier Felder: das Feld `Zufallszahl` mit einer Referenz auf ein `Random`-Objekt und drei `string`-Arrays für Fleisch, Soßen und Brot.

Das Feld namens Zufallszahl hält eine **Referenz** auf ein Random-Objekt. Ein Aufruf seiner Next()-Methode erzeugt Zufallszahlen.

Die Klasse hat drei Felder zur Speicherung der drei String-Arrays. Diese nutzt sie, um zufällige Speisekarteneinträge zu erzeugen.

```
class MenüMacher {
    public Random Zufallszahl;

    string[] Fleisch = { "Roastbeef", "Salami", "Pute", "Speck", "Braten" };
    string[] Soßen = { "Süßer Senf", "Scharfer Senf",
            "Ketchup", "Mayo", "Aioli", "Remoulade" };
    string[] Brot = { "Graubrot", "Weißbrot", "Toast", "Pumpernickel",
            "Ciabatta", "Brötchen" };
}
```

Sehen Sie, wie diese Arrays initialisiert werden? Das nennt man einen **Collection-Initialisierer**. Mehr dazu in Kapitel 8.

Denken Sie daran, beim Zugriff auf die Array-Elemente eckige Klammern zu verwenden. Der Wert von Brot[2] ist »Toast«.

2 **SCHREIBEN SIE EINE MENÜEINTRAGHOLEN()-METHODE, DIE EIN ZUFALLS-SANDWICH ERZEUGT.**

Der Zweck der Klasse ist die Zusammenstellung von Sandwiches. Fügen wir also eine entsprechende Methode hinzu. Sie nutzt die `Next()`-Methode des `Random`-Objekts, um zufällig Fleisch, Soßen und Brot aus den Arrays auszuwählen. Übergeben Sie `Next()` einen `int`-Parameter, liefert die Methode eine Zufallszahl, die kleiner als dieser Parameter ist. Heißt Ihr `Random`-Objekt `Zufallszahl`, liefert `Zufallszahl.Next(7)` also eine Zufallszahl zwischen 0 und 6.

Woher wissen wir nun, welchen Parameter wir der `Next()`-Methode übergeben müssen? Na, das ist einfach – wir übergeben einfach die `Length`-Eigenschaft der einzelnen Arrays. Diese liefert die Anzahl der Elemente im jeweiligen Array.

Die Methode MenüEintragHolen() liefert einen String, der ein Sandwich enthält, das aus Zufallselementen der drei Arrays gebildet wird.

```
public string MenüEintragHolen() {
    string zufallsFleisch = Fleisch[Zufallszahl.Next(Fleisch.Length)];
    string zufallsSoße = Soßen[Zufallszahl.Next(Soßen.Length)];
    string zufallsBrot = Brot[Zufallszahl.Next(Brot.Length)];
    return zufallsFleisch + " mit " + zufallsSoße + " auf " + zufallsBrot;
}
```

Die Methode steckt ein beliebiges Element aus dem Array Fleisch in die Variable zufallsFleisch, indem sie der Next()-Methode des Random-Objekts Fleisch.Length übergibt. Das Array Fleisch enthält 5 Elemente. Next(5) liefert also eine Zufallszahl zwischen 0 und 4.

ICH SPEISE IMMER BEIM STRAMMEN MAX!

Wie es funktioniert …

Die Methode Zufallszahl.Next(7) liefert eine Zufallszahl kleiner 7. Fleisch.Length gibt die Anzahl von Elementen in Fleisch zurück. Zufallszahl.Next(Fleisch.Length) liefert Ihnen also eine Zufallszahl, die größer gleich null, aber kleiner als die Anzahl von Elementen im Array Fleisch ist.

```
Fleisch[Zufallszahl.Next(Fleisch.Length)]
```

Fleisch ist ein Array mit Strings. Es enthält fünf Elemente mit den Indizes 0 bis 4. Fleisch[0] entspricht also »Roastbeef«, Fleisch[3] entspricht »Speck«.

3 ERSTELLEN SIE IHR FORMULAR.

Fügen Sie dem Formular sechs Labels, `label1` bis `label6`, hinzu. Ergänzen Sie dann Code, der die `Text`-Eigenschaft jedes Labels über ein `MenüMacher`-Objekt setzt. Sie müssen das Objekt mit einer neuen Instanz der Klasse `Random` initialisieren. Hier ist der Code:

```
public Form1() {
    InitializeComponent();

    MenüMacher menü = new MenüMacher() { Zufallszahl = new Random() };

    label1.Text = menü.MenüEintragHolen();
    label2.Text = menü.MenüEintragHolen();
    label3.Text = menü.MenüEintragHolen();
    label4.Text = menü.MenüEintragHolen();
    label5.Text = menü.MenüEintragHolen();
    label6.Text = menü.MenüEintragHolen();
}
```

Initialisieren Sie das Zufallszahl-Feld des MenüMacher-Objekts über einen Objektinitialisierer mit einer neuen Instanz der Klasse Random.

Eine kleine Denkaufgabe: Was geschieht, wenn Sie vergessen, das Feld Zufallszahl zu initialisieren? Wie könnte man das verhindern?

Jetzt ist alles eingerichtet, um über die Methode MenüEintragHolen() sechs verschiedene zufällige Sandwiches abzurufen.

Bei der Ausführung des Programms zeigen die sechs Labels sechs verschiedene zufällig zusammengestellte Sandwiches.

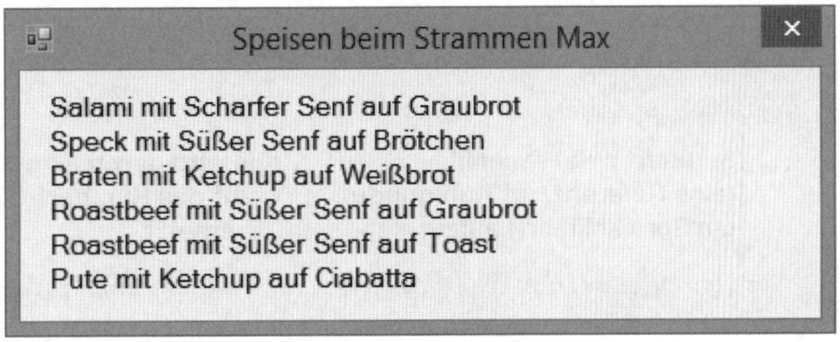
Speisen beim Strammen Max
Salami mit Scharfer Senf auf Graubrot
Speck mit Süßer Senf auf Brötchen
Braten mit Ketchup auf Weißbrot
Roastbeef mit Süßer Senf auf Graubrot
Roastbeef mit Süßer Senf auf Toast
Pute mit Ketchup auf Ciabatta

Objekte nutzen Referenzen, um zu kommunizieren

Elefant
Name
Ohrengröße
WerBinIch()
SprichMitMir()
SprichMit()

Bislang haben Sie gesehen, wie Formulare mit Objekten reden, indem Sie auf ihnen Methoden aufrufen oder ihre Eigenschaften abfragen. Über Referenzen können Objekte aber auch untereinander Methoden aufrufen. Eigentlich kann ein Formular nichts tun, was Objekte nicht auch tun können, weil **ein Formular nur ein anderes Objekt ist**. Wenn Objekte miteinander reden, ist das Schlüsselwort **`this`** nützlich. Jedes Mal, wenn ein Objekt das Schlüsselwort `this` verwendet, verweist es auf sich selbst – es ist eine Referenz, die auf das Objekt zeigt, die sie nutzt.

1 ***EINE METHODE, DIE EINEM ELEFANTEN DAS SPRECHEN BEIBRINGT.***

Fügen wir der Klasse `Elefant` eine Methode hinzu. Ihr erster Parameter ist eine Nachricht von einem Elefanten. Der zweite Parameter ist der Elefant, der hier spricht:

```
public void SprichMitMir(string nachricht, Elefant werHierSpricht) {
    MessageBox.Show(werHierSpricht.Name + " sagt: " + nachricht);
}
```

So sieht es aus, wenn die Methode aufgerufen wird:

```
Elefant kunibert = new Elefant() { Name = "Kunibert", Ohrengröße = 81 };
Elefant kunigunde = new Elefant() { Name = "Kunigunde", Ohrengröße = 63 };
kunibert.SprichMitMir("Hallo", kunigunde);
```

Wir haben Kuniberts `SprichMitMir()`-Methode aufgerufen und ihr zwei Parameter übergeben: »Hallo« und eine Referenz auf das Kunigunde-Objekt. Der Parameter `werHierSpricht` wird genutzt, um auf die `Name`-Eigenschaft des Elefanten zuzugreifen, der an `SprichMitMir()` übergeben wurde.

2 ***EINE METHODE, DIE EINE ANDERE METHODE AUFRUFT.***

Fügen wir der Klasse `Elefant` jetzt die Methode `SprichMit()` hinzu. Sie nutzt ein besonderes Schlüsselwort: **`this`**. Das ist eine Referenz, **über die ein Objekt über sich selbst reden kann**.

```
public void SprichMit(Elefant redeMit, string nachricht) {
    redeMit.SprichMitMir(nachricht, this);
}
```

Diese Methode von Elefant ruft die SprichtMit()-Methode eines anderen Elefanten auf. Über sie können Elefanten miteinander reden.

Schauen wir uns genauer an, wie das funktioniert.

```
kunibert.SprichMit(kunigunde, "Hallo");
```

Wird Kuniberts `SprichMit()`-Methode aufgerufen, nutzt sie den Parameter `redeMit` (der eine Referenz auf Kunigunde hat), um Kunigundes `SprichMitMir()`-Methode aufzurufen.

```
redeMit.SprichMitMir(nachricht, this);
```

Kunibert nutzt redeMit (eine Referenz auf Kunigunde), um SprichMitMir() aufzurufen.

this wird durch eine Referenz auf das Kunibert-Objekt ersetzt.

```
kunigunde.SprichMitMir(nachricht, [Referenz auf Kunibert]);
```

Kunibert sagt: Hallo
OK

Das ist, als wäre Kunigunde mit `("Hallo", kunibert)` aufgerufen worden:

Wohin noch kein Objekt gekommen ist

Es gibt ein weiteres wichtiges Schlüsselwort, das Sie im Zusammenhang mit Objekten verwenden werden. Wenn Sie eine neue Referenz erstellen und diese auf nichts setzen, hat sie dennoch einen Wert. Anfangs ist sie auf `null` gesetzt. Das heißt, dass sie auf nichts zeigt.

```
Hund fido;
Hund lucky = new Hund();
```

Noch gibt es nur ein Objekt. Die fido-Referenz ist auf null gesetzt.

LUCKY
Hund-Objekt 1

Jetzt zeigt fido auf ein Objekt und ist nicht länger null.

```
fido = new Hund();
```

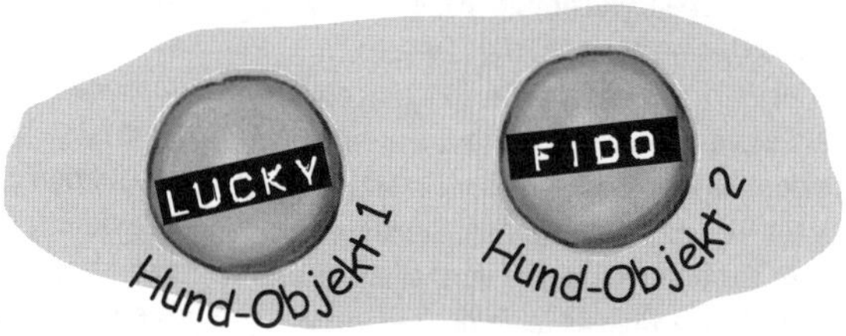
LUCKY
Hund-Objekt 1
FIDO
Hund-Objekt 2

Setzen wir lucky auf null, zeigt nichts mehr auf das Objekt, das dann Futter für den Garbage Collector wird.

```
lucky = null;
```

puff!
FIDO
Hund-Objekt 2

Es gibt keine Dummen Fragen

F: Noch mal, bitte – mein Formular ist ein Objekt?

A: Ja! Deswegen beginnt Ihr Code mit einer Klassendeklaration. Öffnen Sie den Code für Ihr Formular und schauen Sie ihn sich an. Öffnen Sie dann Program.cs und blicken Sie in die Methode Main() – dort werden Sie »`new Form1()`« finden.

F: Warum sollte ich null verwenden?

A: In gewöhnlichen Programmen wird null auf mehrere Weisen verwendet, am häufigsten für Tests:

```
if (kunibert == null)
```

Dieser Test liefert `true`, wenn die `kunibert`-Referenz auf null gesetzt ist.

Außerdem wird das Schlüsselwort `null` verwendet, wenn man erzwingen will, dass sich der Garbage Collector ein Objekt schnappt. Haben Sie eine Referenz auf ein Objekt, das Sie nicht mehr benötigen, können Sie die Referenz auf `null` setzen, um es für die Garbage Collection zu markieren (es sei denn, es gibt noch eine weitere Referenz darauf).

F: Sie reden ständig von der Garbage Collection. Wer sammelt denn da den Müll ein?

A: Erinnern Sie sich daran, dass wir Ende des ersten Kapitels von der **Common Language Runtime (oder CLR)** gesprochen haben? Das ist die virtuelle Maschine, die alle .NET-Programme ausführt. Eine *virtuelle Maschine* ist ein Mechanismus, über den man laufende Programme vom Rest des Systems isoliert. Unter anderem verwalten virtuelle Maschinen den Speicher, den sie nutzen. Das bedeutet, dass sie alle Ihre Objekte nachhalten, bemerken, wenn die letzte Referenz auf ein Objekt verschwindet, und den Speicher freigeben, den es eingenommen hat.

Es gibt keine Dummen Fragen

F: Mir ist immer noch nicht ganz klar, wie das mit den Referenzen funktioniert.

A: Über Referenzen nutzen Sie die Methoden und Felder eines Objekts. Erzeugen Sie eine Referenz auf ein `Hund`-Objekt, beispielsweise `rex`, können Sie diese Referenz nutzen, um auf Methoden zuzugreifen, die Sie für das `Hund`-Objekt erstellt haben. Haben Sie (nicht statische) Methoden namens `Hund.Bellen()` oder `Hund.Betteln()`, können Sie auf diese über die Referenz `rex` zugreifen, indem Sie `rex.Bellen()` oder `rex.Betteln()` verwenden. Sie könnten über die Referenz auch Informationen in den Feldern des Objekts ändern. Über `rex.Rasse` könnten Sie beispielsweise das Feld `Rasse` ändern.

F: Moment. Heißt das nicht, dass ich, wenn ich einen Wert über eine Referenz ändere, diesen auch für alle anderen Referenzen auf dieses Objekt ändere?

A: Ja. Ist `hasso` eine Referenz auf das gleiche Objekt wie `rex`, würde eine Änderung von `hasso.Rasse` in »Beagle« auch `rex.Rasse` in »Beagle« ändern.

F: Das mit den Typen, die Werte unterschiedlicher Größen aufnehmen, verstehe ich noch nicht. Was bringt das?

A: Gut. Die Sache ist, dass Variablen Ihren Zahlen eine Größe zuweisen, die von der tatsächlichen Zahl unabhängig ist. Geben Sie einer Variablen den Typ `long`, reserviert die CLR, auch wenn die Zahl sehr klein ist (5 beispielsweise), so viel Speicher, wie für den größten möglichen `long`-Wert erforderlich ist. Und das ist vernünftig, weil sich Variablen ändern und andere Werte annehmen können.

Die CLR geht davon aus, dass Sie wissen, was Sie tun, und einer Variablen keinen Typ geben, den sie nicht braucht. Selbst wenn die Zahl jetzt nicht groß ist, kann sie das nach einigen Berechnungen werden, und die CLR reserviert hinreichend Speicher, um damit klarzukommen.

F: Sagen Sie mir noch einmal, was dieses »this« macht?

A: `this` ist eine spezielle Variable, die Sie nur in einem Objekt verwenden können. In einer Klasse nutzen Sie `this`, um auf ein Feld oder eine Methode dieser speziellen Instanz zu verweisen. Das ist besonders nützlich, wenn Sie mit einer Klasse arbeiten, deren Methoden Methoden anderer Klassen aufrufen. Ein Objekt kann es nutzen, um eine **Referenz auf sich selbst** an ein anderes Objekt zu senden. Ruft `rex` eine von `hassos` Methoden mit `this` als Parameter auf, gibt er `hasso` eine Referenz auf `rex`.

Code in einer Klasse, von der Objekte instantiiert werden sollen, kann das Schlüsselwort this als Referenz auf die aktuelle Instanz verwenden.

Punkt für Punkt

Es gibt einen speziellen Fall, in dem Sie keinen Typ deklarieren müssen – mehr dazu erfahren Sie bei der Behandlung des Schlüsselworts »var« in Kapitel 14.

- Bei der Deklaration einer Variablen wird IMMER ein Typ angegeben. Die Deklaration kann mit der Initialisierung kombiniert werden.
- Es gibt **Werttypen** für Zahlen, die Zahlen unterschiedlicher Größe aufnehmen. Der größte Ganzzahltyp ist `long` und der kleinste `byte` (bis 255).
- Werttypen haben eine Größe. Werte größerer Typen können nicht in Variablen kleinerer Typen gesteckt werden, egal wie groß die Daten tatsächlich sind.
- Bei literalen Werten gibt das Suffix F einen float (15.6F) und das Suffix M einen decimal (36.12M) an.
- Einige Typen kann der Compiler automatisch umwandeln (z. B. `short` in `int`). Verhindert der Compiler, dass Sie eine Variable auf einen Wert eines anderen Typs setzen, müssen Sie einen Cast (eine Umwandlung) verwenden.
- Die Sprache reserviert einige Wörter, die Sie nicht für die Namen von Variablen nehmen dürfen. Das sind Wörter wie `for`, `while`, `using`, `new` und andere, die in der Sprache eine besondere Bedeutung haben.
- Referenzen sind wie Etiketten. An ein Objekt können Sie so viele heften, wie Sie möchten.
- Gibt es auf ein Objekt keine Referenz mehr, kommt der Garbage Collector.

Spitzen Sie Ihren Bleistift

Hier sind ein Array mit `Elefant`-Objekten und eine Schleife, die alle durchläuft und den mit den größten Ohren sucht. Geben Sie den Wert von `größteOhren.Ohrengröße` **nach** jedem Durchlauf der `for`-Schleife an.

```
private void button1_Click(object sender, EventArgs e)
{
  Elefant[] elefanten = new Elefant[7];
  elefanten[0] = new Elefant() { Name = "Kunibert", Ohrengröße = 81 };
  elefanten[1] = new Elefant() { Name = "Kunigunde", Ohrengröße = 63 };
  elefanten[2] = new Elefant() { Name = "Lukas", Ohrengröße = 84 };
  elefanten[3] = new Elefant() { Name = "Lucille", Ohrengröße = 61 };
  elefanten[4] = new Elefant() { Name = "Lothar", Ohrengröße = 88 };
  elefanten[5] = new Elefant() { Name = "Linda", Ohrengröße = 67 };
  elefanten[6] = new Elefant() { Name = "Hubert", Ohrengröße = 89 };

  Elefant größteOhren = elefanten[0];
  for (int i = 1; i < elefanten.Length; i++)
  {
    if (elefanten[i].Ohrengröße > größteOhren.Ohrengröße)
    {
      größteOhren = elefanten[i];
    }
  }
  MessageBox.Show(größteOhren.Ohrengröße.ToString());
}
```

Wir erzeugen ein Array mit 7 Elefant-Referenzen.

Jedes Array beginnt mit dem Index 0. Der erste Elefant im Array ist also elefanten[0].

Diese Zeile lässt die Referenz größteOhren auf den Elefanten zeigen, auf den elefanten[i] zeigt.

*Vorsicht – diese Schleife beginnt mit dem **zweiten Element** des Arrays (bei Index 1) und läuft sechs Mal, bis i gleich der Länge des Arrays ist.*

Durchlauf 1 größteOhren.Ohrengröße = ________

Durchlauf 2 größteOhren.Ohrengröße = ________

Durchlauf 3 größteOhren.Ohrengröße = ________

Durchlauf 4 größteOhren.Ohrengröße = ________

Durchlauf 5 größteOhren.Ohrengröße = ________

Durchlauf 6 größteOhren.Ohrengröße = ________

→ Lösung auf Seite 184.

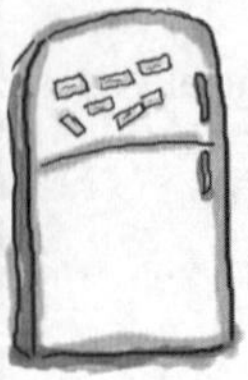

Code-Magneten

Der Code für einen Button ist völlig durcheinandergeraten. Können Sie die Schnipsel so zusammensetzen, dass sie eine funktionierende Methode ergeben, die die unten gezeigte Ausgabe erzeugt?

```
int y = 0;
```

```
refNum = index[y];
```

```
inseln[0] = "Bermuda";
inseln[1] = "Fidschi";
inseln[2] = "Azoren";
inseln[3] = "Kuba";
```

```
int refNum;
while (y < 4) {
```

```
ergebnis += inseln[refNum];
```

```
MessageBox.Show(ergebnis);
```

```
index[0] = 1;
index[1] = 3;
index[2] = 0;
index[3] = 2;
```

```
}
```

```
}
```

```
String[] inseln = new String[4];
```

```
ergebnis += "\nInsel = ";
```

```
int[] index = new int[4];
```

```
y = y + 1;
```

```
private void button1_Click (object sender, EventArgs e)
{
```

```
String ergebnis = "";
```

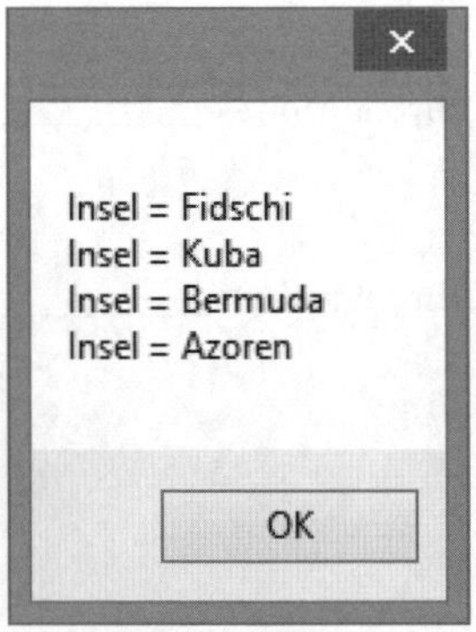
Insel = Fidschi
Insel = Kuba
Insel = Bermuda
Insel = Azoren
OK

Lösung auf Seite 185.

Pool-Puzzle

Sie haben die ***Aufgabe***, die leeren Zeilen im Code mit den Code-schnipseln aus dem Pool zu füllen. Einzelne Schnipsel **können** mehrfach verwendet werden, und Sie werden nicht alle Schnipsel benötigen. Das ***Ziel*** ist es, eine Klasse zu erstellen, die sich kompilieren lässt und die gezeigte Ausgabe erzeugt.

Ausgabe

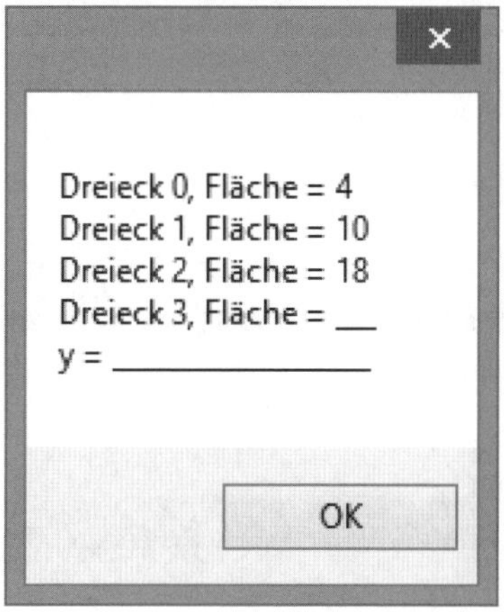

Dreieck 0, Fläche = 4
Dreieck 1, Fläche = 10
Dreieck 2, Fläche = 18
Dreieck 3, Fläche = ___
y = ____________
OK

Bonusfrage!

Zusatzpunkte gibt es, wenn es Ihnen gelingt, die beiden in der Ausgabe verbleibenden Lücken mit Schnipseln aus dem Pool zu füllen.

```
class Dreieck
{
    double Fläche;
    int Höhe;
    int Breite;
    public static void Main(String[] args)
    {
        string ergebnisse = "";
        __________
        ___________________________
        while ( ________ )
        {
            _________________________
            _____.Höhe = (x + 1) * 2;
            _____.Breite = x + 4;
            __________________
            ergebnisse += "Dreieck " + x + ", Fläche";
            ergebnisse += " = " + _____.Fläche + "\n";
            ___________
        }
        ___________
        x = 27;
        Dreieck d5 = dA[2];
        dA[2].Fläche = 343;
        ergebnisse += "y = " + y;
        MessageBox.Show(ergebnisse +
            ", d5 Fläche = " + d5.Fläche);
    }
    void FlächeSetzen()
    {
        ____________ = (Höhe * Breite) / 2;
    }
}
```

Hier ist der Einstiegspunkt für die Anwendung. Nehmen Sie an, sie steht in einer Datei mit den erforderlichen »using«-Zeilen.

Tipp: FlächeSetzen() ist NICHT statisch. Schauen Sie in Kapitel 3 nach, wenn Sie eine Auffrischung zum Schlüsselwort static brauchen.

Hinweis: Jeder Schnipsel aus dem Pool kann mehrfach verwendet werden.

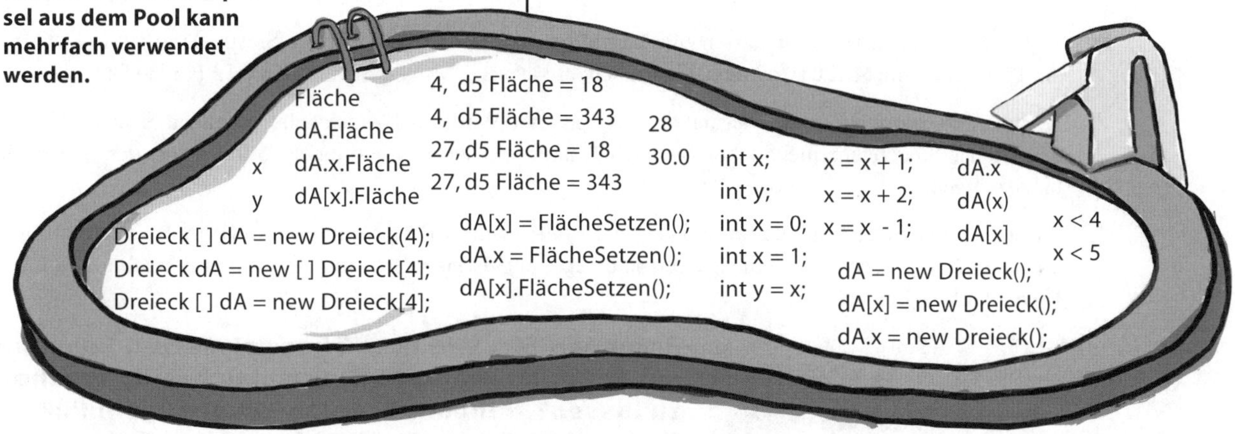

Fläche
dA.Fläche
x
dA.x.Fläche
y
dA[x].Fläche
4, d5 Fläche = 18
4, d5 Fläche = 343
27, d5 Fläche = 18
27, d5 Fläche = 343
28
30.0
Dreieck [ ] dA = new Dreieck(4);
Dreieck dA = new [ ] Dreieck[4];
Dreieck [ ] dA = new Dreieck[4];
dA[x] = FlächeSetzen();
dA.x = FlächeSetzen();
dA[x].FlächeSetzen();
int x;
int y;
int x = 0;
int x = 1;
int y = x;
x = x + 1;
x = x + 2;
x = x - 1;
dA.x
dA(x)
dA[x]
x < 4
x < 5
dA = new Dreieck();
dA[x] = new Dreieck();
dA.x = new Dreieck();

Lösung auf Seite 186.

Erstellen Sie ein Tippspiel

Sie haben einen entscheidenden Punkt erreicht ... und wissen jetzt genug, um ein Spiel aufzubauen! Und so soll es funktionieren. Das Formular zeigt zufällig Buchstaben an. Tippt der Spieler auf einen dieser Buchstaben, verschwindet der Buchstabe, und die Trefferquote steigt. Tippt der Spieler auf einen falschen Buchstaben, sinkt die Trefferquote. Mit der Zeit läuft das Spiel kontinuierlich schneller und wird mit jedem richtigen Buchstaben schwerer. Ist das ganze Formular mit Buchstaben gefüllt, endet das Spiel!

Tun Sie das!

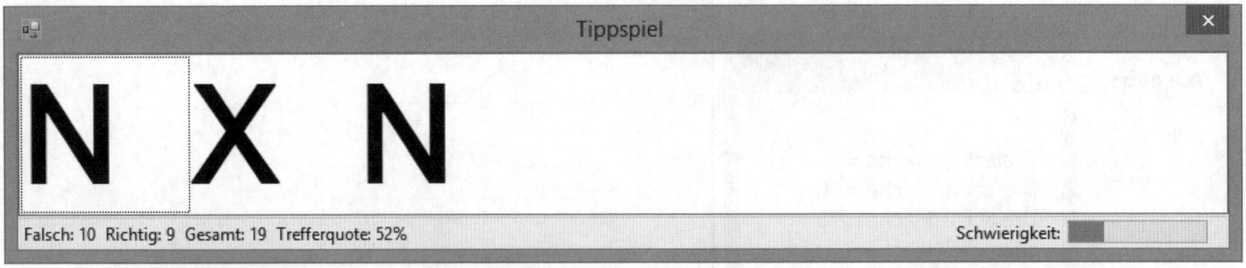
Tippspiel
N X N
Falsch: 10 Richtig: 9 Gesamt: 19 Trefferquote: 52%
Schwierigkeit:

1. **ERSTELLEN SIE DAS FORMULAR.**
   So soll das Formular im Formular-Designer aussehen:

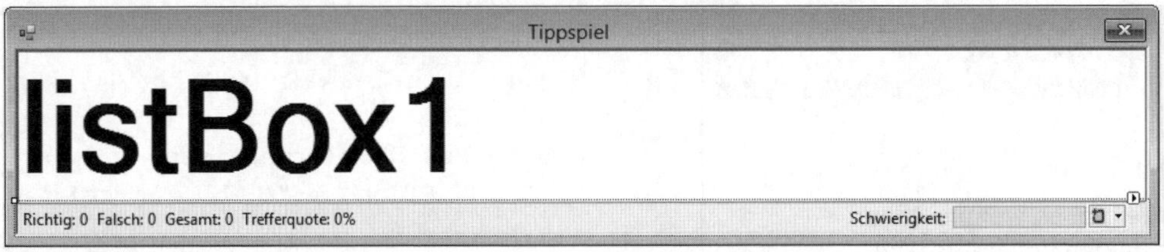
Tippspiel
listBox1
Richtig: 0 Falsch: 0 Gesamt: 0 Trefferquote: 0%
Schwierigkeit:

Dazu müssen Sie Folgendes tun:

- Schalten Sie die Minimieren- und Maximieren-Symbole ab. Setzen Sie dann die **`FormBorderStyle`**-Eigenschaft auf **`Fixed3D`**. Das verhindert, dass der Spieler das Formular versehentlich verschiebt oder verändert. Verändern Sie die Größe, sodass es erheblich breiter als hoch ist (unseres hat die Größe 876 x 174).
- Ziehen Sie aus dem Werkzeugkasten eine **`ListBox`** auf das Formular. Setzen Sie ihre **`Dock`**-Eigenschaft auf `Fill` und ihre **`MultiColumn`**-Eigenschaft auf `true`. Wählen Sie für **`Font`** 72 Punkte fett.
- Klappen Sie oben im Werkzeugkasten die Gruppe »Alle Windows Forms« auf. Jetzt haben Sie Zugriff auf eine Menge Steuerelemente. Suchen Sie nach **`Timer`** und klicken Sie doppelt darauf, um es dem Formular hinzuzufügen.
- Suchen Sie nach **`StatusStrip`** und klicken Sie auch darauf doppelt, um Ihrem Formular eine Statusleiste hinzuzufügen. Jetzt sollten Sie die **`StatusStrip`**- und **`Timer`**-Symbole im grauen Bereich unten im Formular-Designer sehen:

timer1
statusStrip1

Erkennen Sie, wie man Timer einsetzen kann, um ein Formular mehrere Dinge gleichzeitig machen zu lassen? Nehmen Sie sich einen Augenblick Zeit, gehen Sie zu Punkt 3 in Anhang A und machen Sie sich mit einem anderen Mittel vertraut, um das zu erreichen.

Entspannen Sie sich

Sie benötigen drei neue Steuerelemente, mit denen sich aber sehr leicht arbeiten lässt!

Obwohl Ihnen ListBox, StatusStrip und Timer noch nicht begegnet sind, wissen Sie bereits, wie man ihre Eigenschaften setzt und wie man mit ihnen im Code arbeitet. In den folgenden Kapiteln werden Sie noch einiges über sie lernen.

2 RICHTEN SIE DEN STATUSSTRIP EIN.

Schauen Sie sich die Statusleiste in der Abbildung genau an. Auf der einen Seite befinden sich einige Labels:

Falsch: 10 Richtig: 9 Gesamt: 19 Trefferquote: 52%

Auf der anderen sehen Sie ein Label und eine Fortschrittsleiste: Schwierigkeit:

Fügen Sie dem `StatusStrip` ein `StatusLabel` hinzu, indem Sie auf sein Menü klicken und `StatusLabel` wählen. Tun Sie dann Folgendes:

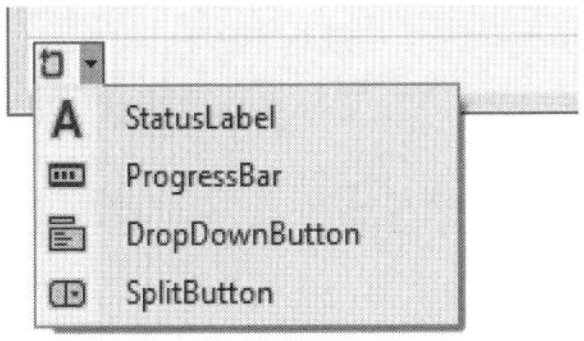
StatusLabel
ProgressBar
DropDownButton
SplitButton

- Nutzen Sie das Eigenschaften-Fenster, um `(Name)` auf `richtigLabel` und `Text` auf »Richtig: 0« zu setzen. Fügen Sie drei weitere `StatusLabel` hinzu: `falschLabel`, `gesamtLabel` und `trefferquoteLabel`. Setzen Sie ihre Text-Eigenschaft auf "Fehler: 0", "Gesamt: 0" bzw. "Trefferquote: 0".
- Fügen Sie noch ein weiteres `StatusLabel` ein und setzen Sie `Spring` auf `True`, `TextAlign` auf `MiddleRight` und `Text` auf »Schwierigkeit«. Fügen Sie abschließend eine `ProgressBar` hinzu, nennen Sie sie `schwierigkeitProgressBar` und setzen Sie `Maximum` auf 800.
- Setzen Sie die `SizingGrip`-Eigenschaft des `StatusStrip` auf False (drücken Sie auf Escape, wenn Sie ein StatusLabel oder eine ProgressBar ausgewählt haben, um den Fokus der IDE wieder auf den übergeordneten StatusStrip zurückzusetzen).

3 RICHTEN SIE DEN TIMER EIN.

Ist Ihnen aufgefallen, dass der Timer nicht in Ihrem Formular erscheint? Das liegt daran, dass er ein *unsichtbares Steuerelement* ist: Er hat keinen Einfluss auf das Aussehen des Formulars, sondern macht lediglich eine einzige Sache: Er **ruft immer wieder eine Methode auf**. Setzen Sie seine **`Interval`**-Eigenschaft auf 800, damit diese Methode alle 800 Millisekunden aufgerufen wird. Klicken Sie anschließend **doppelt auf das *timer1*-Symbol** im Designer. Die IDE macht dann, was sie immer tut, wenn Sie doppelt auf ein Steuerelement klicken: Sie fügt Ihrem Formular eine Methode hinzu. Diese erhält den Namen **`timer1_Tick`**, und hier ist der Code dafür:

```
private void timer1_Tick(object sender, EventArgs e)
{
    // Der ListBox zufällig ein Zeichen hinzufügen.
    listBox1.Items.Add((Keys)random.Next(65, 90));
    if (listBox1.Items.Count > 7)
    {
        listBox1.Items.Clear();
        listBox1.Items.Add("Game Over");
        timer1.Stop();
    }
}
```

Sie werden gleich ein Feld namens »random« hinzufügen. Haben Sie eine Idee, welchen Typ es haben wird?

Die Klasse Timer hat eine Start()-Methode, aber diese müssen Sie für dieses Projekt nicht aufrufen. Stattdessen setzen Sie die Eigenschaft Enabled auf True, die ihn automatisch startet.

4 SCHREIBEN SIE EINE KLASSE, DIE DIE SPIELSTATISTIK MODELLIERT.

Wenn das Formular anzeigen soll, wie viele Tasten der Spieler insgesamt drückte, wie viele er davon richtig hatte und wie viele falsch, sowie seine Trefferquote, müssen wir alle diese Daten nachhalten. Klingt nach einer Aufgabe für eine neue Klasse! Fügen Sie Ihrem Projekt eine Klasse namens `Statistik` mit vier `int`-Feldern namens `Gesamt`, `Falsch`, `Richtig` und `Trefferquote` sowie eine Methode namens `Aktualisieren` hinzu, die einen `bool`-Parameter erwartet (`true`, wenn ein richtiger Buchstabe getippt wurde, und andernfalls `false`).

Statistik
Gesamt
Falsch
Richtig
Trefferquote
Aktualisieren()

```
class Statistik
{
    public int Gesamt = 0;
    public int Falsch = 0;
    public int Richtig = 0;
    public int Trefferquote = 0;

    public void Aktualisieren(bool richtigeTaste)
    {
        Gesamt++;

        if (!richtigeTaste)
        {
            Falsch++;
        }
        else
        {
            Richtig++;
        }

        Trefferquote = 100 * Richtig / Gesamt;
    }
}
```

Immer wenn die Methode Aktualisieren() aufgerufen wird, wird die Trefferquote neu berechnet.

5 FÜGEN SIE IHREM FORMULAR FELDER FÜR EIN STATISTIK- UND EIN RANDOM-OBJEKT HINZU UND STARTEN SIE DEN TIMER.

Sie brauchen eine Instanz der neuen Klasse **`Statistik`**, um die Daten zu speichern. Fügen Sie also ein **`statistik`**-Feld hinzu. Und Sie haben bereits gesehen, dass Sie ein Feld namens **`random`** benötigen, das ein **`Random`**-Objekt festhält.

Fügen Sie oben im Formular die beiden Felder ein:

```
public partial class Form1 : Form
{
    Random random = new Random();
    Statistik statistik = new Statistik();
    ...
```

Bevor Sie fortfahren, müssen Sie drei Eigenschaften setzen: die `Enabled`-Eigenschaft des Timers auf `true`, die `Maximum`-Eigenschaft der ProgressBar auf `701` und die `KeyPreview`-Eigenschaft des Formulars auf `true`. Überlegen Sie einen Augenblick, warum Sie diese Eigenschaften benötigen. Was geschieht, wenn Sie sie nicht setzen?

6 DIE TASTENAKTIONEN MÜSSEN VERARBEITET WERDEN.

Um eine Sache müssen wir uns noch kümmern: Wenn der Spieler eine Taste drückt, muss geprüft werden, ob die Taste richtig ist (gegebenenfalls wird dann der Buchstabe aus der `ListBox` entfernt). Anschließend müssen die Daten im `StatusStrip` aktualisiert werden.

Aktivieren Sie im Formular-Designer die ListBox. Klicken Sie auf den Blitz im Fenster Eigenschaften. Gehen Sie zur Zeile **KeyDown** und **klicken Sie doppelt darauf**. Das weist die IDE an, eine Methode `listBox1_KeyDown()` zu erstellen, die aufgerufen wird, wenn eine Taste gedrückt wird. Hier ist der Code für die Methode:

Eigenschaften
Form1 System.Windows.Forms.Form
InputLanguageCha
KeyDown
Form1_KeyDown
KeyPress
KeyUp

Klicken Sie auf dieses Symbol, um die Ansicht zu ändern. Der Button links davon stellt die ursprüngliche Ansicht wieder her.

Was Sie dann sehen, sind Ereignisse. Über diese werden Sie bald einiges mehr erfahren.

```
private void listBox1_KeyDown(object sender, KeyEventArgs e)
{
    // Wurde eine richtige Taste gedrückt, wird das Zeichen entfernt
    // und das Spiel etwas schneller gemacht.
    if (listBox1.Items.Contains(e.KeyCode))
    {
        listBox1.Items.Remove(e.KeyCode);
        listBox1.Refresh();
        if (timer1.Interval > 400)
            timer1.Interval -= 10;
        if (timer1.Interval > 250)
            timer1.Interval -= 7;
        if (timer1.Interval > 100)
            timer1.Interval -= 2;
        schwierigkeitProgressBar.Value = 800 - timer1.Interval;

        // Richtige Taste gedrückt, also das Statistik-Objekt aktualisieren,
        // indem Aktualisieren() mit dem Argument true aufgerufen wird.
        statistik.Aktualisieren(true);
    }
    else
    {
        // Falsche Taste gedrückt, also das Statistik-Objekt aktualisieren,
        // indem Aktualisieren() mit dem Argument false aufgerufen wird.
        statistik.Aktualisieren(false);
    }

    // Die Labels im StatusStrip aktualisieren.
    richtigLabel.Text = "Richtig: " + statistik.Richtig;
    falschLabel.Text = "Falsch: " + statistik.Falsch;
    gesamtLabel.Text = "Gesamt: " + statistik.Gesamt;
    trefferquoteLabel.Text = "Trefferquote: " + statistik.Trefferquote + "%";
}
```

Diese if-Anweisung prüft, ob die ListBox das Zeichen enthält, das gedrückt wurde. Ist das der Fall, wird es aus der ListBox entfernt, und die Schwierigkeit des Spiels wird erhöht.

Dieser Teil erhöht die Schwierigkeit, wenn der Spieler mehr Tasten richtig drückte. Sie können das Spiel vereinfachen, indem Sie die Beträge reduzieren, die von timer1.Interval abgezogen werden, oder erschweren, indem Sie sie erhöhen.

Wird eine Taste gedrückt, ruft listBox1_KeyDown() die Aktualisieren()-Methode des Statistik-Objekts auf, um die Statistik zu aktualisieren, und zeigt sie dann im StatusStrip an.

Das Spiel läuft nur einmal. Wie können Sie es so ändern, dass der Spieler ein neues Spiel starten kann, wenn »Game Over« angezeigt wird?

7 STARTEN SIE IHR SPIEL.

Das Spiel ist fertig! Starten Sie es und schauen Sie, wie gut Sie Ihre Arbeit gemacht haben. Eventuell müssen Sie die Schriftgröße der `ListBox` ändern, damit sie genau 7 Zeichen aufnimmt. Außerdem können Sie die Schwierigkeit anpassen, indem Sie die Werte ändern, die in der Methode `listBox1_KeyDown()` von `timer1.Interval` abgezogen werden.

Steuerelemente sind ganz gewöhnliche Objekte

Tun Sie das!

Sie haben jede Menge Formulare aufgebaut, indem Sie Steuerelemente aus der Toolbox herausgezogen haben. Doch diese Steuerelemente sind eigentlich ganz gewöhnliche Objekte. Da es Objekte sind, können Sie Referenzen darauf erhalten und mit ihnen arbeiten wie mit den Instanzen einer Klasse, die Sie selbst geschrieben haben. Schauen wir uns ein Beispiel dafür an, indem wir ein Programm erstellen, das Label-Steuerelemente animiert und im Formular hin- und herspringen lässt.

① Erstellen Sie eine neue Windows Forms-Anwendung und **bauen Sie dieses Formular auf**.

Ziehen Sie drei Labels und drei Buttons auf das Formular. Klicken Sie doppelt auf jeden der Buttons, um einen Event-Handler für jeden davon einzufügen.

Ziehen Sie einen Timer auf das Formular und nutzen Sie das Eigenschaften-Fenster, um seine `Enabled`-Eigenschaft auf `True` und seine `Interval`-Eigenschaft auf 1 zu setzen. Klicken Sie dann doppelt darauf, um den `timer1_Tick()`-Event-Handler zu erzeugen.

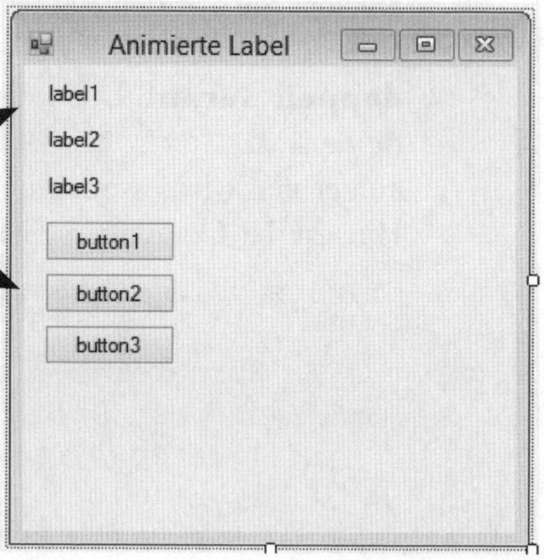

Animierte Label
label1
label2
label3
button1
button2
button3

② **Schreiben Sie eine Klasse** namens `LabelAnimator`. Hier ist der Code dafür:

```
using System.Windows.Forms;

class LabelAnimator {
    public Label DasLabel;

    public bool Vorwärts = true;

    public void Bewegen() {
        if (DasLabel != null) {
            if (Vorwärts == true) {
                DasLabel.Left += 5;
                if (DasLabel.Left >= DasLabel.Parent.Width - DasLabel.Width) {
                    Vorwärts = false;
                }
            }
            else
            {
                DasLabel.Left -= 5;
                if (DasLabel.Left <= 0) {
                    Vorwärts = true;
                }
            }
        }
    }
}
```

Sie brauchen diese »using«-Zeile, weil sich Label in diesem Namensraum befindet.

Diese Klasse hat ein Feld namens DasLabel, das den Typ Label hat, folglich also eine Referenz auf ein Label-Objekt festhält. Wie alle Referenzen ist das Feld zunächst null. Es wird auf eins der Labels auf dem Formular gesetzt.

Dieser Boolesche Wert wird permanent von wahr in falsch umgeschaltet, während sich das Label über das Formular bewegt.

Die Methode Bewegen() ermittelt, ob das Label den rechten Rand des Formulars erreicht hat, indem sie mit >= prüft, ob die Eigenschaft Left größer oder gleich der Breite des Formulars ist.

Warum ziehen wir die Breite des Labels von der Breite des Formulars ab?

Wenn Sie ein Steuerelement über ein Formular ziehen, setzt die IDE die Eigenschaften Top und Left. Ihre Programme können diese Eigenschaften nutzen, um Steuerelemente über das Formular zu bewegen.

Wenn Sie ein Label über das Formular bewegen wollen, müssen Sie eine neue Instanz der Klasse `LabelAnimator` erstellen, ihr `DasLabel`-Feld auf ein Label-Steuerelement auf dem Formular setzen und dann immer wieder seine `Bewegen()`-Methode aufrufen.

Bei jedem Aufruf von `Bewegen()` verschiebt `LabelAnimator` das Label, indem die Eigenschaft `Left` geändert wird. Wenn das Feld `Vorwärts` wahr ist, wird das Label nach rechts bewegt, indem der Eigenschaft 5 hinzugefügt wird, andernfalls wird es nach links bewegt, indem von ihr 5 abgezogen wird.

Jedes Steuerelement hat eine `Parent`-Eigenschaft, die eine Referenz auf das Formular enthält, **weil auch das Formular ein Objekt ist**!

③ **Hier ist der Code des Formulars**. Schauen Sie, ob Sie herausfinden können, was hier geschieht. Er nutzt ein Array mit `LabelAnimator`-Objekten, um die Label hin- und herzubewegen, und der Timer-`Tick`-Event-Handler ruft immer wieder ihre `Bewegen()`-Methode auf.

Das Formular speichert ein Array mit `LabelAnimator`-Referenzen in einem Feld namens `animatoren`. Wenn die `AnimationAnAus()`-Methode aufgerufen wird, nutzt sie den Parameter `index`, um ein Element des Arrays zu prüfen. Ist das Element null, erzeugt sie ein neues `LabelAnimator`-Objekt und speichert seine Referenz im Array. Andernfalls wird das Element gelöscht, indem die Referenz auf null gesetzt wird.

```
public partial class Form1 : Form {

    public Form1() {
        InitializeComponent();
    }

    LabelAnimator[] animatoren = new LabelAnimator[3];

    private void AnimationAnAus(int index, Label animator) {
        if (animatoren[index] == null) {
            animatoren[index] = new LabelAnimator();
            animatoren[index].DasLabel = animator;
        }
        else {
            animatoren[index] = null;
        }
    }

    private void button1_Click(object sender, EventArgs e) {
        AnimationAnAus(0, label1);
    }

    private void button2_Click(object sender, EventArgs e) {
        AnimationAnAus(1, label2);
    }

    private void button3_Click(object sender, EventArgs e) {
        AnimationAnAus(2, label3);
    }

    private void timer1_Tick(object sender, EventArgs e) {
        for (int i = 0; i < 3; i++) {
            if (animatoren[i] != null) {
                animatoren[i].Bewegen();
            }
        }
    }
}
```

Alle Buttons rufen die Methode AnimationAnAus() auf und übergeben einen Index eines Arrays und eine Referenz auf eins der Labels auf dem Formular.

Verstehen Sie, was mit den Button-Event-Handlern passiert? Sie müssen herausfinden, wie Sie die Bewegung der Labels an- und abschalten.

Da Steuerelemente Objekte sind, können Sie Referenzen darauf als Methodenparameter übergeben und in Arrays, Feldern und Variablen speichern.

Der Timer nutzt eine for-Schleife, um die Bewegen()-Methode der LabelAnimator-Objekte aufzurufen, wenn die Referenz nicht null ist. Wird das Element auf null gesetzt, wird die Bewegung auf dem Formular abgestellt.

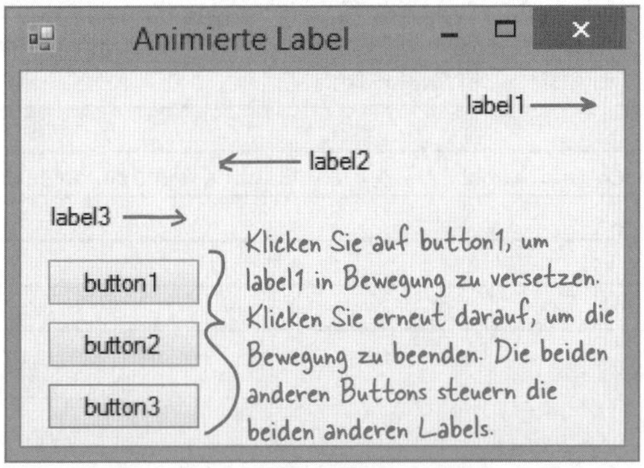
Animierte Label
label1
label2
label3
button1
button2
button3
Klicken Sie auf button1, um label1 in Bewegung zu versetzen. Klicken Sie erneut darauf, um die Bewegung zu beenden. Die beiden anderen Buttons steuern die beiden anderen Labels.

Die Labels bewegen sich zwischen den Rändern des Formulars hin und her – auch dann, wenn Sie es schmaler oder breiter machen.

LÖSUNG
ZUR ÜBUNG

In C# gibt es **ungefähr 77 reservierte Wörter**, die als Schlüsselwörter bezeichnet werden. Diese Wörter werden durch den C#-Compiler reserviert und dürfen nicht als Variablennamen verwendet werden. Wenn Sie mit dem Buch durch sind, werden Sie sie alle gut kennen. Hier sind einige, die Sie schon benutzt haben. Schreiben Sie, was Ihrer Meinung nach diese Wörter in C# tun.

`namespace`	Namensräume sichern, dass die Namen, die Sie in Ihren Programmen verwenden, nicht mit denen im .NET Framework oder anderen in Ihrem Programm verwendeten externen Klassen kollidieren. Alle Klassen und Methoden in einem Programm sind in einem Namensraum.
`for`	Eine Schleife auf Basis von drei Ausdrücken. Im ersten wird die verwendete Variable deklariert, die dann im zweiten anhand einer Testbedingung geprüft wird. Die dritte Anweisung macht etwas mit dem Wert.
`class`	In einer Klasse definieren Sie ein Objekt. Klassen haben Eigenschaften und Methoden. Eigenschaften sind das, was eine Klasse weiß, Methoden sind das, was eine Klasse tut.
`public`	Eine öffentliche Klasse kann von jeder anderen Klasse im Projekt verwendet werden. Öffentliche Methoden und Eigenschaften können außerhalb der Klasse genutzt werden, in der sie deklariert werden.
`else`	Code, der mit else beginnt, wird ausgeführt, wenn die dazugehörige if-Anweisung fehlschlägt.
`new`	Wird verwendet, um eine neue Instanz einer Klasse zu erstellen.
`using`	Damit werden alle Namensräume aufgeführt, die in einem Programm verwendet werden. using ermöglicht Ihnen, Code aus dem .NET Framework und anderen vordefinierten Klassen anderer Hersteller sowie aus Klassen zu verwenden, die Sie selbst geschrieben haben.
`if`	Eine Möglichkeit, in einem Programm eine Bedingungsanweisung einzurichten. Sie sagt, dass eine Gruppe von Anweisungen ausgeführt werden soll, wenn eine Testbedingung wahr ist, und eine andere, wenn sie nicht wahr ist.
`while`	while-Schleifen sind Schleifen, die ausgeführt werden, solange ihre Testbedingung wahr ist.

Typ-Kreuzworträtsel, Lösung

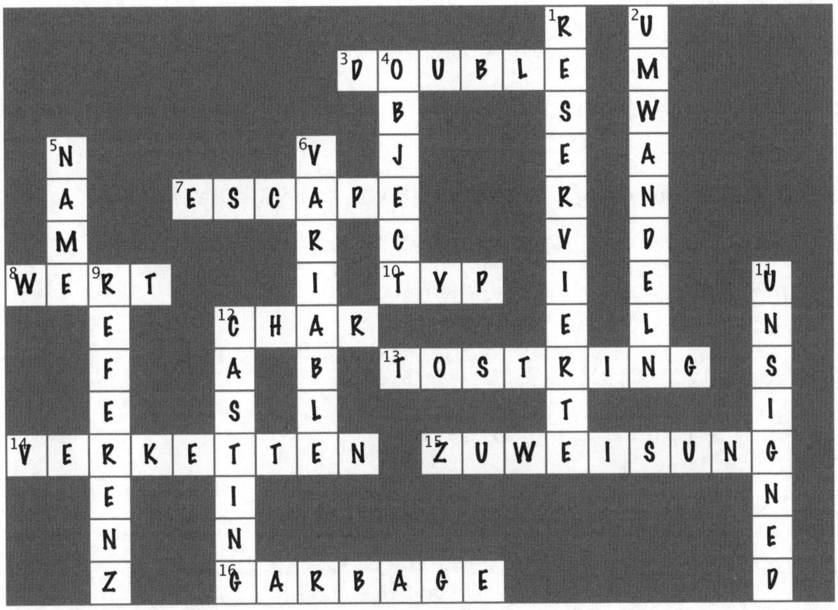
1 RESERVIERT
2 UMWANDELN
3 DOUBLE
4 OBJECT
5 NAME
6 VARIABLE
7 ESCAPE
8 WERT
9 REFERENZ
10 TYP
11 UNSIGNED
12 CHAR
12 CASTING
13 TOSTRING
14 VERKETTEN
15 ZUWEISUNG
16 GARBAGE

Spitzen Sie Ihren Bleistift Lösung

Hier sind ein Array mit `Elefant`-Objekten und eine Schleife, die alle durchläuft und den mit den größten Ohren sucht. Sie sollten den Wert von `größteOhren.Ohrengröße` **nach** jedem Durchlauf der `for`-Schleife angeben.

```
private void button1_Click(object sender, EventArgs e)
{
  Elefant[] elefanten = new Elefant[7];
  elefanten[0] = new Elefant() { Name = "Kunibert", Ohrengröße = 81 };
  elefanten[1] = new Elefant() { Name = "Kunigunde", Ohrengröße = 63 };
  elefanten[2] = new Elefant() { Name = "Lukas", Ohrengröße = 84 };
  elefanten[3] = new Elefant() { Name = "Lucille", Ohrengröße = 61 };
  elefanten[4] = new Elefant() { Name = "Lothar", Ohrengröße = 88 };
  elefanten[5] = new Elefant() { Name = "Linda", Ohrengröße = 67 };
  elefanten[6] = new Elefant() { Name = "Hubert", Ohrengröße = 89 };

  Elefant größteOhren = elefanten[0];
  for (int i = 1; i < elefanten.Length; i++)
  {
    if (elefanten[i].Ohrengröße > größteOhren.Ohrengröße)
    {
      größteOhren = elefanten[i];
    }
  }
  MessageBox.Show(größteOhren.Ohrengröße.ToString());
}
```

Haben Sie daran gedacht, dass die Schleife mit dem zweiten Element des Arrays beginnt? Warum ist das wohl so?

Durchlauf 1 größteOhren.Ohrengröße = 81

Durchlauf 2 größteOhren.Ohrengröße = 84

größteOhren hält das Element fest, das bei den bisherigen Schleifendurchläufen als das mit den größten Ohren erkannt wurde.

Durchlauf 3 größteOhren.Ohrengröße = 84

Prüfen Sie das mit dem Debugger! Setzen Sie hier den Unterbrechungspunkt und überwachen Sie größteOhren.Ohrengröße.

Durchlauf 4 größteOhren.Ohrengröße = 88

Die for-Schleife beginnt mit dem zweiten Elefanten und vergleicht ihn mit dem Elefanten, auf den größteOhren zeigt. Sind seine Ohren größer, lässt sie größteOhren stattdessen auf diesen Elefanten zeigen. Dann geht sie zum nächsten weiter und wieder zum nächsten ... am Ende der Schleife zeigt größteOhren auf den Elefanten mit den größten Ohren.

Durchlauf 5 größteOhren.Ohrengröße = 88

Durchlauf 6 größteOhren.Ohrengröße = 89

Code-Magneten, Lösung

Der Code für einen Button ist völlig durcheinandergeraten. Konnten Sie die Schnipsel so zusammensetzen, dass sie eine funktionierende Methode ergeben, die die unten gezeigte Ausgabe erzeugt?

```
private void button1_Click (object sender, EventArgs e)
{
    String ergebnis = "";

    int[] index = new int[4];

    index[0] = 1;

    index[1] = 3;

    index[2] = 0;

    index[3] = 2;

    String[] inseln = new String[4];

    inseln[0] = "Bermuda";

    inseln[1] = "Fidschi";

    inseln[2] = "Azoren";

    inseln[3] = "Kuba";

    int y = 0;

    int refNum;

    while (y < 4) {

        refNum = index[y];

        ergebnis += "\nInsel = ";

        ergebnis += inseln[refNum];

        y = y + 1;

    }

    MessageBox.Show(ergebnis);

}
```

Hier wird das Array index[] initialisiert.

Hier wird das Array inseln[] initialisiert.

Der String ergebnis wird aufgebaut, indem die Zeilen mit dem +=-Operator aneinandergehängt werden.

Diese while-Schleife zieht einen Wert aus dem Array index[] und nutzt ihn als Index im Array inseln[].

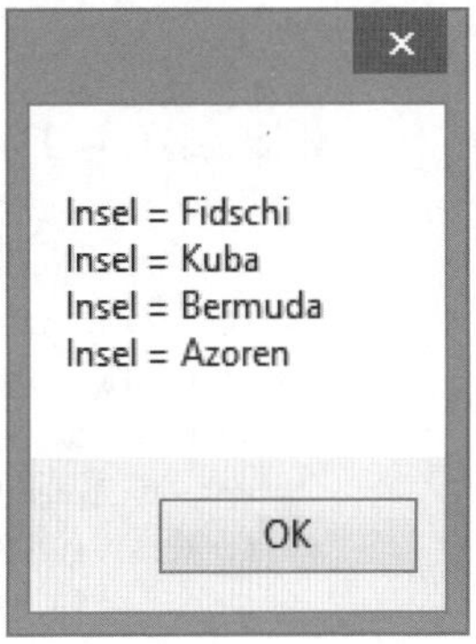
Insel = Fidschi
Insel = Kuba
Insel = Bermuda
Insel = Azoren
OK

Pool-Puzzle, Lösung

Sehen Sie, dass diese Klasse den Einstiegspunkt enthält, gleichzeitig aber eine Instanz von sich selbst erzeugt? Das ist in C# vollkommen legal.

```
class Dreieck
{
    double Fläche;
    int Höhe;
    int Breite;
    public static void Main(String[] args)
    {
        string ergebnisse = "";
        int x = 0;
        Dreieck[] dA = new Dreieck[4];
        while ( x < 4 )
        {
            dA[x] = new Dreieck();
            dA[x].Höhe = (x + 1) * 2;
            dA[x].Breite = x + 4;
            dA[x].FlächeSetzen();
            ergebnisse += "Dreieck " + x + ", Fläche";
            ergebnisse += " = " + dA[x].Fläche + "\n";
            x = x + 1;
        }
        int y = x;
        x = 27;
        Dreieck d5 = dA[2];
        dA[2].Fläche = 343;
        ergebnisse += "y = " + y;
        MessageBox.Show(ergebnisse +
            ", d5 Fläche = " + d5.Fläche);
    }
    void FlächeSetzen()
    {
        Fläche = (Höhe * Breite) / 2;
    }
}
```

Nach dieser Zeile haben wir ein Array mit vier Dreieck-Referenzen – aber es enthält noch keine Objekte.

Die while-Schleife erzeugt vier Instanzen von Dreieck, indem sie vier Mal new verwendet.

Bonusantwort

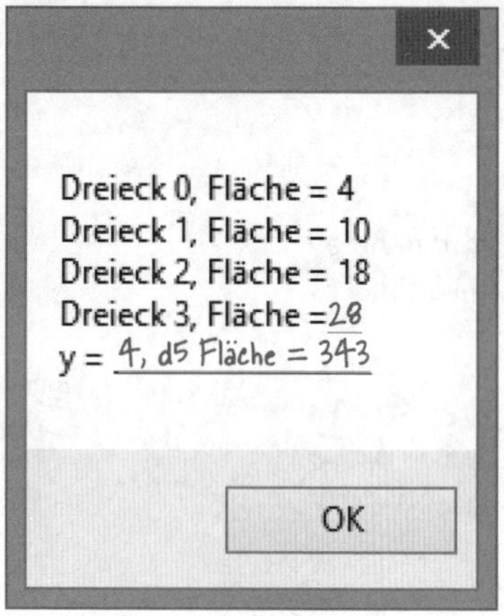
Dreieck 0, Fläche = 4
Dreieck 1, Fläche = 10
Dreieck 2, Fläche = 18
Dreieck 3, Fläche =28
y = 4, d5 Fläche = 343
OK

Die Methode FlächeSetzen() nutzt die Felder Höhe und Breite, um das Feld Fläche zu setzen. Da es keine statische Methode ist, kann sie nur auf einer Instanz von Dreieck aufgerufen werden.

Name: Datum:

C#-Workshop

Ein Tag beim Rennen

Dieser Workshop gibt Ihnen eine Spezifikation für ein Programm, das Sie erstellen sollen, um die Fertigkeiten zum Einsatz zu bringen, die Sie in den letzten Kapiteln erworben haben.

Dieses Projekt ist umfangreicher als alle, die Ihnen bisher begegnet sind. Lesen Sie sich also alles erst einmal durch, bevor Sie beginnen, und gönnen Sie sich etwas Zeit. Es macht nichts, wenn Sie hängen bleiben – hier passiert nichts Neues. Sie können also im Buch weiterlesen und später zu diesem Workshop zurückkehren.

Ein paar Entwurfsdetails haben wir bereits für Sie eingesetzt. Und wir haben sichergestellt, dass Sie alle Teile haben, die Sie benötigen ... und sonst nichts.

Ob Sie die Arbeit zu Ende führen, liegt bei Ihnen. Sie können die fertige Anwendung und die Grafikdateien, die wir in unserer Lösung verwendet haben, von der Webseite herunterladen ... aber wir werden Ihnen keinen Code für die Lösung präsentieren.

Andere Leser haben ihre Lösungen auf CodePlex, GitHub und anderen Quellcode-Hosting-Sites veröffentlicht – falls Sie einen Tipp benötigen!

Die Spezifikation: Erstellen Sie eine Rennbahn-Simulation

Tim, Tom und Jan verbringen ihre Zeit mit Vorliebe auf der Rennbahn, sind es allerdings leid, dabei ständig ihr gesamtes Geld zu verlieren. Sie sollen den Dreien einen Simulator aufbauen, der ihnen hilft, den Sieger zu bestimmen, *bevor* sie ihr Geld setzen. Und wenn Sie dabei gute Arbeit leisten, erhalten Sie einen Anteil an ihren Profiten.

Sie werden Folgendes für sie gestalten ...

Die Jungs

Tim, Tom und Jan wollen auf Hunderennen wetten. Tim beginnt mit 50 Euro, Tom mit 75 Euro und Jan mit 45 Euro. Vor jedem Rennen entscheiden sie, ob sie wetten wollen und wie viel sie einsetzen möchten. Ihren Einsatz können die Jungs bis unmittelbar vor dem Start eines Rennens ändern ... ist das Rennen aber gestartet, sind alle Einsätze endgültig.

Das Wettbüro

Das Wettbüro hält nach, wie viel Geld die Jungs jeweils haben und was für eine Wette platziert wurde. Der Mindestwetteinsatz beträgt 5 Euro. Das Wettbüro akzeptiert nur eine Wette pro Rennen und pro Person.

Das Wettbüro prüft, ob der Spieler genug Geld hat, um seinen Einsatz zu decken – damit kein Spieler eine Wette platzieren kann, zu deren Deckung nicht genügend Geld zur Verfügung steht.

Willkommen in Krausis Wettbüro
Mindestwetteinsatz: 5 €
Je Rennen eine Wette pro Person
Haben Sie genug Geld dabei?
Willkommen in Krausis Wettbüro
Mindestwetteinsatz: 5 €
Je Rennen eine Wette pro Person
Haben Sie genug Geld dabei?

Wetten

Bei jeder Wette heißt es: »doppelt oder nichts« – entweder verdoppelt der Gewinner seinen Einsatz, oder er verliert ihn. Der Mindestwetteinsatz beträgt 5 €, und jeder kann bis zu 15 € auf einen Hund setzen. Gewinnt der Hund, erhält der Wetter das Doppelte seines Einsatzes (nachdem das Rennen abgeschlossen ist). Verliert er, verschwindet das Geld von seinem Konto.

Angenommen, jemand wettet 10 €. Gewinnt sein Hund, wird sein Kontostand um 10 € erhöht (weil er die ursprünglich gesetzten 10 € behält und weitere 10 € für den Sieg dazukommen). Verliert er, vermindert sich sein Kontostand um 10 €.

Alle Wetten: »doppelt oder nichts«
Mindestwetteinsatz: 5 €
Bis zu 15 € pro Hund
Sieg: Einsatzverdoppelung
Niederlage: Einsatzverlust

Das Rennen

Vier Hunde laufen auf einer geraden Rennbahn. Sieger ist der Hund, der als Erster die Ziellinie überquert. Das Rennen ist vollkommen zufällig, es gibt keine Handicaps oder Wettquoten. Außerdem steigt die Wahrscheinlichkeit des Siegs bei einem Hund nicht, wenn er in der Vergangenheit erfolgreich war.

Möchten Sie ein Handicap-System einbauen, dürfen Sie das natürlich tun! Zum Vergnügen Code zu schreiben, ist eine gute Übung.

Klingt gut? Weitere Details folgen gleich ...

Sie brauchen drei Klassen und ein Formular

Sie müssen oben in den Klassen `Windhund` und `Typ` die Anweisung `using System.Windows.Forms;` einfügen. Außerdem müssen Sie allen Klassendefinitionen das Schlüsselwort `public` voranstellen.

Für dieses Projekt erstellen Sie drei Klassen sowie das GUI für den Simulator. Sie sollten ein Array mit drei `Spieler`-Objekten erstellen, das die drei Spieler und ihre Erträge nachhält, und ein Array mit vier `Windhund`-Objekten, die das eigentliche Rennen laufen. Jede Instanz von `Spieler` sollte zusätzlich ein eigenes `Wette`-Objekt haben, das seine Wette festhält und am Ende des Rennens das Geld auszahlt (oder abzieht).

Wir haben für Sie die Klassenbeschreibung und einige Codeschnipsel geschrieben, die Ihnen als Ausgangsbasis dienen sollen. Sie brauchen nur alles fertigzustellen.

Wir haben für Sie das Gerüst der Klasse geschrieben, die Sie erstellen müssen. Ihre Aufgabe ist es, die Methoden zu füllen.

Stellen Sie allen Klassendeklarationen public voran.

Windhund
Startposition
RennbahnLänge
Bild
Ort
Zufallszahl
Laufen()
StartpositionEinnehmen()

Sehen Sie, wie das Klassendiagramm dem Code entspricht?

```
public class Windhund {
  public int Startposition; // wo das Bild beginnt
  public int RennbahnLänge; // die Länge der Rennstrecke
  public PictureBox Bild = null; // das Bild
  public int Ort = 0; // der Ort auf der Rennstrecke
  public Random Zufallszahl; // eine Instanz von Random

  public bool Laufen() {
    // Rückt zufällig 1, 2, 3 oder 4 Kästchen vor.
    // Aktualisieren Sie die Position des Bilds im Formular so:
    //   Bild.Left = Startposition + Ort;
    // Liefert true, wenn das Rennen gewonnen wurde.
  }

  public void StartpositionEinnehmen() {
    // Setzt den Ort auf die Startposition zurück.
  }
```

Sie brauchen nur eine einzige Random-Instanz; alle Windhund-Objekte verweisen auf das gleiche Random-Objekt.

Unsere Kommentare sollen Ihnen sagen, was zu tun ist.

Machen Sie sich nicht zu viele Gedanken … manchmal reicht es, eine einzige Variable zu setzen.

Die Windhund- und Typ-Objekte initialisieren

Die Klasse `Windhund` hält ihre Position auf der Rennbahn während des Rennens fest und aktualisiert den Ort der `PictureBox`, die den Hund repräsentiert, der über die Bahn bewegt wird. Die Instanzen von `Windhund` nutzen ein Feld namens `Bild`, um die `PictureBox` auf dem Formular zu referenzieren, die das Bild des Hundes zeigt. Außerdem müssen sie die Startposition und die Länge der Rennbahn kennen. Die kann über die Länge der `PictureBox` für die Rennbahn ermittelt werden (die den Namen `rennbahnPictureBox` hat). Hier ist der Objektinitialisierer für eins der Windhund-Objekte im Array (das wir `WindhundArray` genannt haben:

Das funktioniert genau wie bei den animierten Labeln: Das Formular übergibt eine Referenz auf eine PictureBox an den Windhund, der die Eigenschaft Left nutzt, um diese zu bewegen.

```
WindhundArray[0] = new Windhund() {
    Bild = pictureBox1,
    Startposition = pictureBox1.Left,
    RennbahnLänge = rennbahnPictureBox.Width - pictureBox1.Width,
    Zufallszahl = DerZufall
};
```

Dieses Windhund-Objekt steuert pictureBox1.

Das müssen Sie für jedes Objekt im Array tun. Außerdem müssen Sie die drei Typ-Objekte initialisieren. Vergessen Sie nicht, die MeinRadioButton- und MeinLabel-Felder auf das passende Steuerelement zu setzen!

Spieler

- Name
- MeineWette
- Geld
- MeinRadioButton
- MeinLabel

- LabelAktualisieren()
- WetteAbgeben()
- WetteLöschen()
- Einkassieren()

```
public class Spieler {
   public string Name; // der Name des Spielers
   public Wette MeineWette; // eine Instanz von Wette
   public int Geld; // wie viel Geld der Spieler hat

   // die GUI-Steuerelemente für den Spieler auf dem Formular
   public RadioButton MeinRadioButton; // ein Radiobutton
   public Label MeinLabel; // ein Label

   public void LabelAktualisieren() {
     // Setzt das Label auf die Beschreibung der Wette und das
     // für den Radiobutton auf den Kontostand ("Tim hat 43 €").
   }

   public void WetteLöschen() { } // die Wette zurücksetzen

   public bool WetteAbgeben(int betrag, int hund) {
     // Setzt eine Wette und speichert sie in MeineWette.
     // Liefert true, wenn der Spieler genug Geld hat.
   }

   public void Einkassieren(int sieger) { } // auszahlen lassen
}
```

Das funktioniert genau wie das DasLabel-Feld in LabelAnimator in Kapitel 4.

Haben Sie MeinLabel auf eins der Labels im Formular gesetzt, können Sie den Text des Labels über MeinLabel.Text ändern. Gleiches gilt für MeinRadioButton!

Achten Sie bei der Initialisierung der Spieler-Objekte darauf, dass Sie das Feld MeineWette auf null setzen und die Methode LabelAktualisieren() aufrufen, sobald die Initialisierung abgeschlossen ist.

Fügen Sie hier Ihren Code ein.

Denken Sie daran, dass Wetten durch Instanzen von Wette repräsentiert werden.

Der Schlüssel ist hier der Rückgriff auf das Wette-Objekt – lassen Sie es die Arbeit verrichten.

Über diese Klasse werden die Spielerwetten repräsentiert.

Der Objektinitialisierer für Wette setzt einfach Betrag, Hund und Wetter.

Wette

- Betrag
- Hund
- Wetter

- BeschreibungAbrufen
- Auszahlen

```
public class Wette {
   public int Betrag; // der gesetzte Geldbetrag
   public int Hund; // die Nummer des gewetteten Hundes
   public Spieler Wetter; // der wettende Spieler

   public string BeschreibungAbrufen() {
     // Liefert einen String, der den Wetter, den gesetzten Betrag
     // und den gewetteten Hund angibt("Tim wettet 8 € auf
     // Hund 4"). Ist der Betrag null, wurde nicht gewettet
     // ("Tim hat nicht gewettet").
   }

   public int Auszahlen(int sieger) {
     // Der Parameter ist der Sieger des Rennens. Gewann der Hund,
     // wird der gewettete Betrag zurückgeliefert, andernfalls
     // die Negation des gewetteten Betrags.
   }
}
```

Das ist übliche Programmierpraxis: einen String oder eine Meldung aus mehreren Datenteilen zusammenbauen.

Tipp: Wette instantiieren Sie im Spieler-Code. Spieler nutzt das Schlüsselwort this, um eine Referenz auf sich selbst an den Initialisierer von Wette zu übergeben.

Aufgepasst: Das Formular hält die Hunde in einem Arrray, dessen Index bei 0 beginnt. Hund 1 hat den Index 0, Hund 2 den Index 1 usw. Sie müssen dem Array-Index also 1 hinzuzählen, um den Sieger zu ermitteln.

Hier ist die Architektur Ihrer Anwendung

Die Architektur sollten Sie sich genau ansehen. Zunächst wird sie ziemlich kompliziert scheinen. Aber eigentlich gibt es hier nichts, was Sie noch nicht kennen. Diese Architektur sollen Sie aufbauen. Beginnen Sie dabei mit den `Windhund`- und `Spieler`-Arrays in Ihrem Hauptformular.

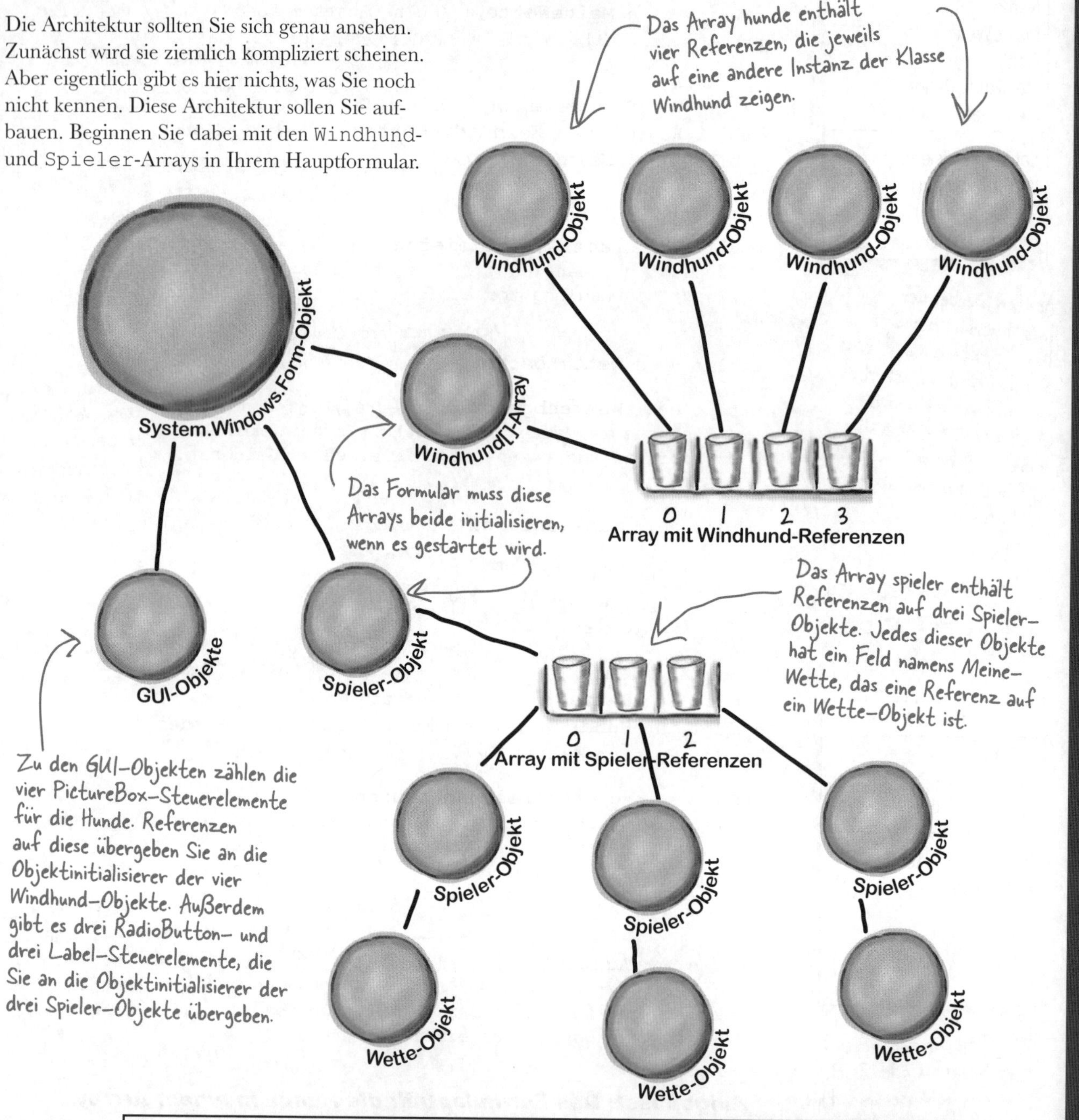
Das Array hunde enthält vier Referenzen, die jeweils auf eine andere Instanz der Klasse Windhund zeigen.
Windhund-Objekt
Windhund-Objekt
Windhund-Objekt
Windhund-Objekt
System.Windows.Form-Objekt
Windhund[]-Array
0 1 2 3
Array mit Windhund-Referenzen
Das Formular muss diese Arrays beide initialisieren, wenn es gestartet wird.
GUI-Objekte
Spieler-Objekt
Das Array spieler enthält Referenzen auf drei Spieler-Objekte. Jedes dieser Objekte hat ein Feld namens MeineWette, das eine Referenz auf ein Wette-Objekt ist.
0 1 2
Array mit Spieler-Referenzen
Zu den GUI-Objekten zählen die vier PictureBox-Steuerelemente für die Hunde. Referenzen auf diese übergeben Sie an die Objektinitialisierer der vier Windhund-Objekte. Außerdem gibt es drei RadioButton- und drei Label-Steuerelemente, die Sie an die Objektinitialisierer der drei Spieler-Objekte übergeben.
Spieler-Objekt
Spieler-Objekt
Spieler-Objekt
Wette-Objekt
Wette-Objekt
Wette-Objekt

Sollte sich Ihr Code aufgrund einer Fehlermeldung wegen einer »inkonsistenten Zugreifbarkeit« nicht erstellen lassen, prüfen Sie, ob Sie den drei Klassendeklarationen das Schlüsselwort `public` vorangestellt haben. (Mehr dazu erfahren Sie später im Buch.)

Gibt ein Spieler eine Wette ab, erzeugt er ein neues Wette-Objekt.

Erst lässt das Formular Spieler 2 eine Wette von 7 € auf Hund 3 abgeben …

```
Spieler[2].WetteAbgeben(7, 3)
```

… Spieler 2 erzeugt also eine neue Instanz von Wette und nutzt dabei das Schlüsselwort this, um dem Wette-Objekt den Spieler mitzuteilen …

```
MeineWette = new Wette() {Betrag = 7,
    Hund = 3, Wetter = this}
```

Sie werden keine Zahlen (1, 2, 3) nutzen, sondern die Argumente, die WetteAbgeben() übergeben wurden.

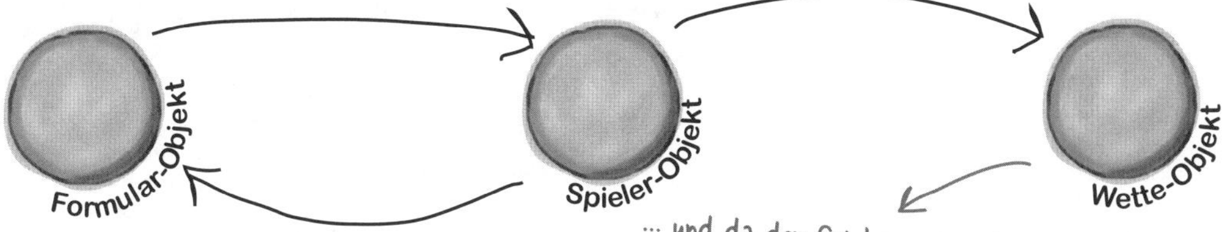

Formular-Objekt
Spieler-Objekt
Wette-Objekt


```
true
```

… und da der Spieler genug Geld hat, um die Wette abzugeben, aktualisiert WetteAbgeben() das Label für den Typ und liefert true. (Hat er nicht genug, wird stattdessen false geliefert.)

Das Formular sagt den Hunden, dass sie laufen sollen, bis es einen Sieger gibt.

Wenn der Benutzer dem Formular sagt, dass das Rennen beginnen soll, startet das Formular den Timer, der die Hunde den Timer, der die Hunde loslässt.

Die Enabled-Eigenschaft des Timers auf False setzen und das Rennen mit seinen Start()- und Stop()-Methoden starten und beenden.

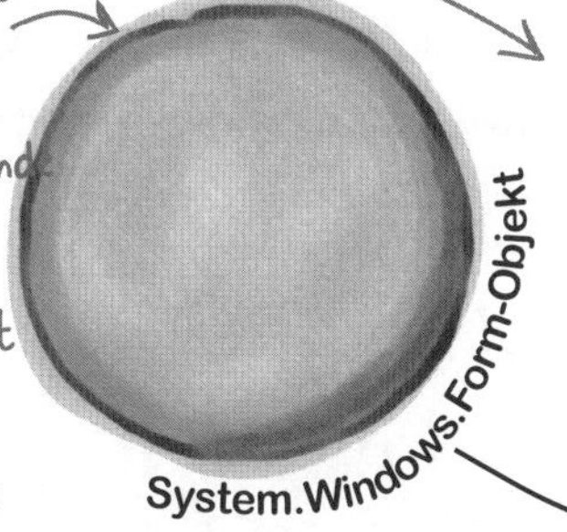

System.Windows.Form-Objekt

Die Laufen()-Methode der Hunde prüft, ob der Hund das Rennen gewonnen hat. Der Timer sollte unmittelbar anhalten, wenn die Methode True liefert.

```
private void timer1_Tick(...) {
  for ( Hunde durchlaufen ) {
    if ( Laufen()-Methode aufrufen ) {
      Wir haben einen Sieger!
      timer1.Stop() aufrufen, um die Hunde anzuhalten.
      Einblenden, wer gewonnen hat.
      Die Typen ihre Einnahmen nehmen lassen.
    }
  }
```

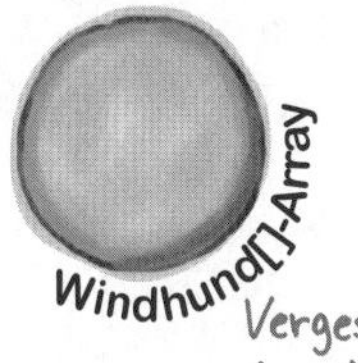

Windhund[]-Array

Das Wette-Objekt prüft, ob es auszahlen muss.

Das Wettbüro im Formular sagt den Spielern, welcher Hund gewonnen hat, damit diese eventuelle Gewinne auf seine Wette einstreichen können.

Vergessen Sie nicht, dem Array-Index für den Sieger 1 hinzuzufügen!

```
Spieler[2].Einkassieren(siegerHund)
```

```
MeineWette.Auszahlen(siegerHund)
```

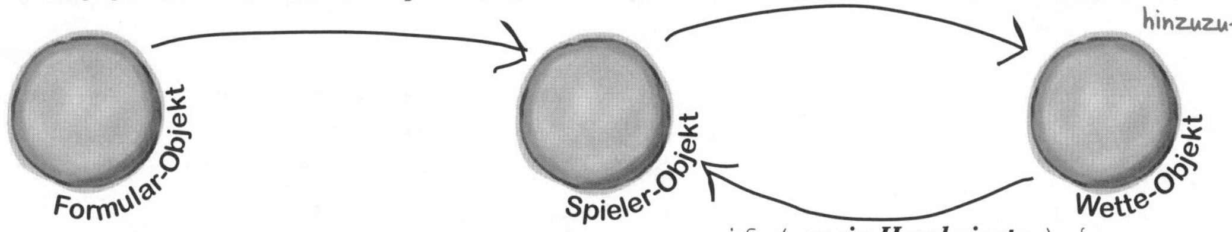

Formular-Objekt
Spieler-Objekt
Wette-Objekt

Der Spieler fügt seinem Geld das Ergebnis von Wette.Auszahlen() hinzu. Die gesamte Logik steckt in der Methode Auszahlen(). Gewann der Hund, muss diese Methode also Betrag liefern, andernfalls -Betrag.

```
if ( mein Hund siegte ) {
   return Betrag;
} else {
   return -Betrag;
}
```

So sollte Ihr GUI aussehen

Experimentieren Sie mit der Interval-Eigenschaft des Timers, um die Laufgeschwindigkeit zu ändern.

Das GUI für die Anwendung »Ein Tag beim Rennen« besteht aus einem zweigeteilten Formular. Die obere Hälfte nimmt die Rennstrecke ein: ein `PictureBox`-Steuerelement für die Rennstrecke und vier weitere für die Hunde. Die untere Hälfte des Formulars enthält das Wettbüro, in dem drei Spieler (Tim, Tom und Jan) auf den Ausgang des Rennens wetten können.

Die Länge der Strecke setzen Sie im Windhund-Objekt anhand der Width-Eigenschaft der reennbahn-PictureBox. Diese nutzt es, um zu prüfen, ob der Hund das Rennen gewonnen hat. Klicken Sie mit rechts darauf und wählen Sie >>Send to Back<<###, damit sie sich hinter den anderen PictureBox-Elementen befindet.

Jeder der vier Hunde hat ein eigenes PictureBox-Steuerelement. Bei der Initialisierung der vier Windhund-Objekte erhält das jeweilige Bild-Feld eine Referenz auf eins dieser Objekte. Diese Referenz übergeben Sie (mit der Länge der Rennstrecke und der Startposition) an den Objektinitialisierer für den Windhund.

Setzen Sie die Eigenschaften FormBorderStyle auf FixedSingle und MaximizeBox sowie MinimizeBox auf false.

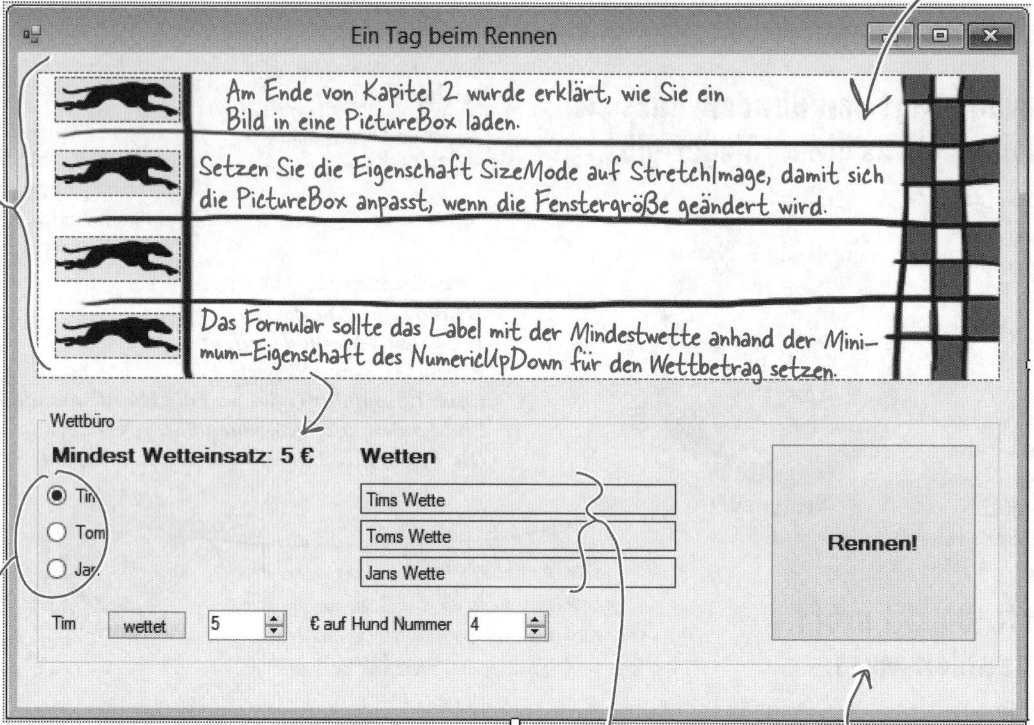

Ein Tag beim Rennen
Am Ende von Kapitel 2 wurde erklärt, wie Sie ein Bild in eine PictureBox laden.
Setzen Sie die Eigenschaft SizeMode auf StretchImage, damit sich die PictureBox anpasst, wenn die Fenstergröße geändert wird.
Das Formular sollte das Label mit der Mindestwette anhand der Minimum-Eigenschaft des NumericUpDown für den Wettbetrag setzen.
Wettbüro
Mindest Wetteinsatz: 5 €
Wetten
Tims Wette
Toms Wette
Jans Wette
Rennen!
Tim
wettet
5
€ auf Hund Nummer
4

Alle drei können wetten, aber es gibt nur einen Wettschalter. Diese Radiobuttons steuern, wer gerade am Wettschalter steht. Schalten Sie den für Tim an, indem Sie die Eigenschaft Checked auf true setzen. Klicken Sie doppelt auf alle, damit der Code generiert wird.

Gibt ein Spieler eine Wette ab, überschreibt er eventuell zuvor abgegebene Wetten. Die aktuelle Wette wird in diesen Label-Steuerelementen angezeigt. Für die Labels wurde AutoSize auf False und BorderStyle auf FixedSingle gesetzt.

Sind alle Wetten abgegeben, startet ein Klick auf diesen Button das Rennen.

Die Grafiken können Sie unter http://examples.oreilly.de/german_examples/hfcsharpger/ herunterladen.

Wetten abgeben

Nutzen Sie die Steuerelemente in der GroupBox Wettbüro, um für die Spieler zu wetten. Es gibt drei separate Phasen:

Sie brauchen eine Schleife, die die Typ-Objekte initialisiert, indem sie die WetteZurücksetzen()-Methode (die die Wette einfach auf null setzt) und dann die LabelAktualisieren()-Methode aufruft.

Gibt einer der Jungs eine Wette ab, aktualisiert sein Spieler-Objekt dieses Label über die Referenz MeinLabel. Über die Referenz MeinRadioButton aktualisiert er ebenfalls seinen Geldbetrag.

1 **Es wurden noch keine Wetten abgegeben.**
Beim Programmstart oder nach Beendigung eines Rennens wurden im Wettbüro noch keine Wetten abgegeben. Neben dem Namen der einzelnen Spieler sehen Sie, wie viel Geld sie jeweils haben.

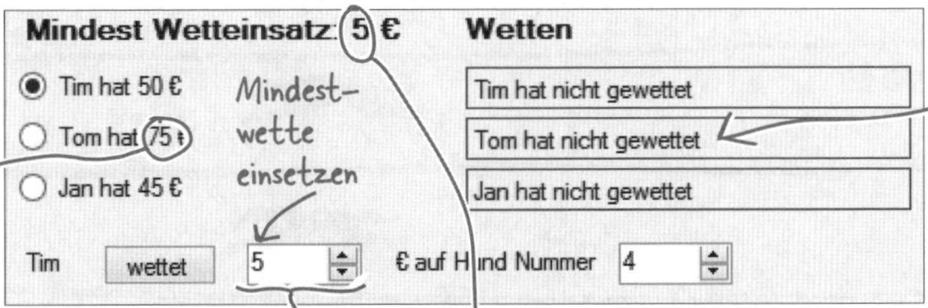
Mindest Wetteinsatz: 5 €
Wetten
Tim hat 50 €
Tom hat 75 €
Jan hat 45 €
Tim hat nicht gewettet
Tom hat nicht gewettet
Jan hat nicht gewettet
Tim
wettet
5
€ auf Hund Nummer
4

Hier wird das Geld der Spieler angezeigt.

Mindestwette einsetzen

Der minimale Wetteinsatz sollte dem minimalen Betrag im Wette-Steuerelement entsprechen.

2 **Jeder Spieler gibt seine Wette ab.**
Um eine Wette abzugeben, aktivieren Sie den Radiobutton des Spielers, geben dann einen Betrag und einen Hund an und klicken auf den Button »wettet«. Die `WetteAbgeben()`-Methode des Spielers aktualisiert Radiobutton und Label.

Nachdem Jan gewettet hat, aktualisiert sein Spieler-Objekt das Label und den Radiobutton.

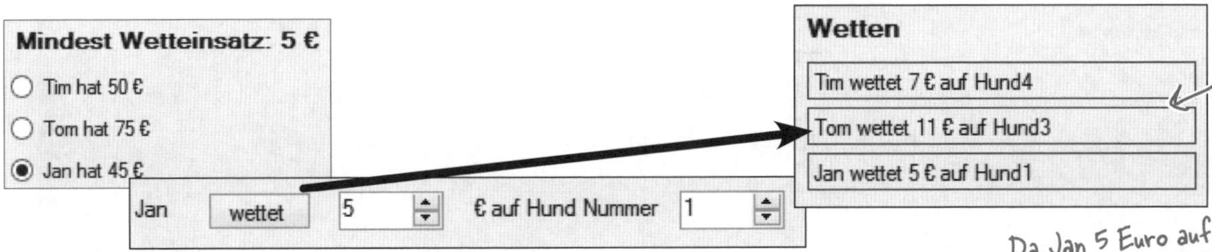
Mindest Wetteinsatz: 5 €
Tim hat 50 €
Tom hat 75 €
Jan hat 45 €
Jan
wettet
5
€ auf Hund Nummer
1
Wetten
Tim wettet 7 € auf Hund4
Tom wettet 11 € auf Hund3
Jan wettet 5 € auf Hund1

3 **Nach dem Rennen wird abgerechnet.**
Ist das Rennen beendet und gibt es einen Sieger, rufen alle `Spieler`-Objekte ihre `Einkassieren()`-Methode auf und fügen ihrem Konto ihren Wettgewinn hinzu oder ziehen von ihm ihren Wetteinsatz ab.

Da Jan 5 Euro auf den Siegerhund gesetzt hat, erhöht sich sein Kontostand um 5 €. Die beiden anderen Spieler verlieren ihre Einsätze.

Rennen!
Hund 1 hat gewonnen!
OK
Tim hat 43 €
Tom hat 64 €
Jan hat 50 €

Alle Windhunde sollten ein Random-Objekt teilen! Wenn jeder Hund eine eigene Instanz erstellt, könnte es zu einem Bug kommen, bei dem alle Hunde die gleiche Sequenz von Zufallszahlen generieren.

Das fertige Produkt

Die Anwendung »Ein Tag beim Rennen« ist fertig, wenn die Spieler ihre Wetten abgeben und das Hunderennen beobachten können.

Während des Rennens laufen die vier Hunde über die Rennstrecke, bis einer von ihnen das Rennen gewinnt.

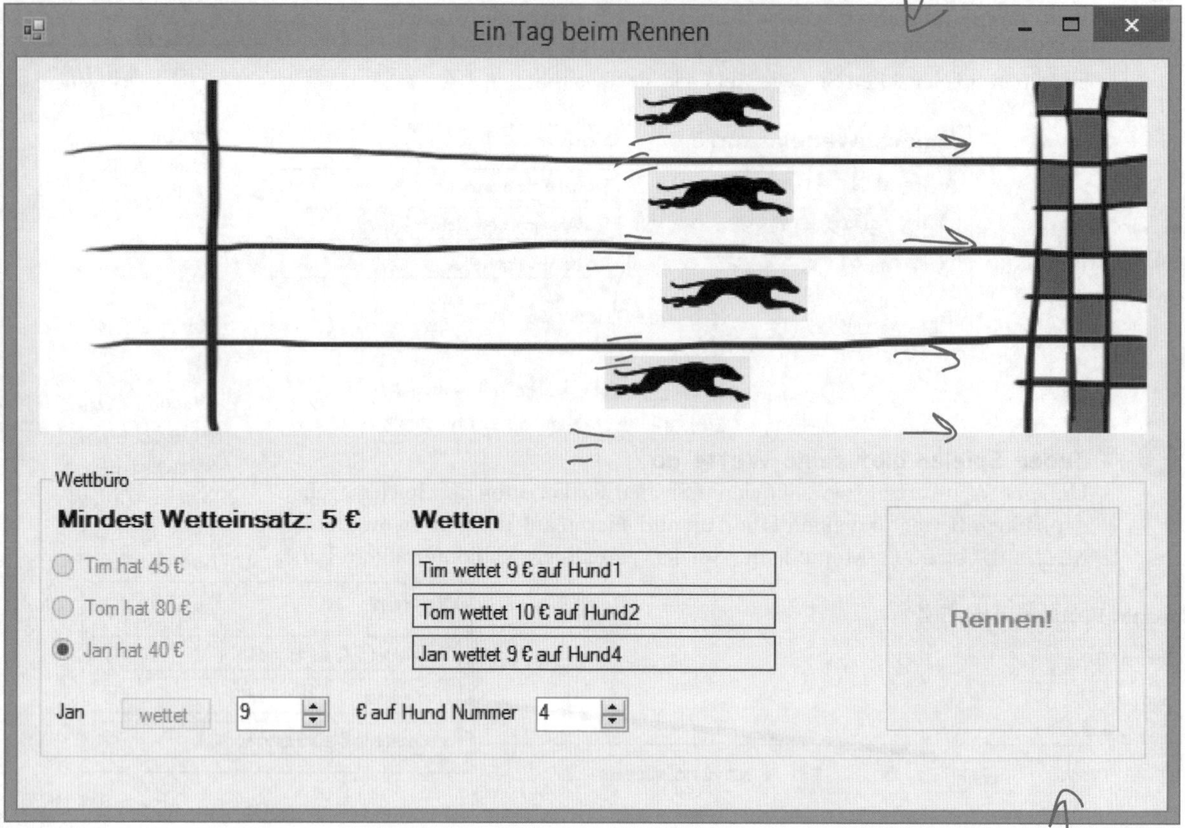
Ein Tag beim Rennen
Wettbüro
Mindest Wetteinsatz: 5 €
Wetten
Tim hat 45 €
Tom hat 80 €
Jan hat 40 €
Tim wettet 9 € auf Hund1
Tom wettet 10 € auf Hund2
Jan wettet 9 € auf Hund4
Rennen!
Jan
wettet
9
€ auf Hund Nummer
4

Während des Rennens können keine Wetten abgegeben werden ... und achten Sie auch darauf, dass kein neues Rennen gestartet werden kann, solange die Hunde laufen! Sie können die GroupBox aktivieren und deaktivieren, indem Sie ihre Enabled-Eigenschaft auf true oder false setzen.

Die fertige Programmdatei und die Grafiken für die vier Hunde und die Rennstrecke können Sie unter http://examples.oreilly.de/german_examples/hfcsharpger herunterladen.

Wir haben für diesen Workshop keine Lösung angegeben, da es bei komplexeren Programmen so viele Lösungsmöglichkeiten gibt, dass es keine »richtige« Lösung gibt. Aber wenn Sie Tipps benötigen, können Sie auf CodePlex und anderen Quellcode-Hosting-Sites von anderen Lesern veröffentlichte Lösungen finden.

5 Kapselung

Alles zu zeigen, ist nicht immer richtig

Nicht spinksen!

Denken Sie auch, dass man manches nicht gleich allen offenbaren muss?

Manchmal geht es Ihren Objekten ebenfalls so. Genau so, wie Sie nicht jeden Ihr Tagebuch oder Ihre Kontoauszüge lesen lassen, lassen gute Objekte ***andere*** Objekte nicht in ihre Felder blicken. In diesem Kapitel werden Sie die Macht der **Kapselung** kennenlernen. Sie **werden die Daten Ihrer Objekte privat machen** und Methoden hinzufügen, **die schützen, wie auf diese Daten zugegriffen wird.**

Kathrin ist Event-Managerin

Sie plant ein Abendessen für ihre Kunden und ist darin so richtig gut. In letzter Zeit hat sie allerdings einige Probleme, ihren Kunden schnell genug Kostenvoranschläge für ihre Dienste zukommen zu lassen.

Kathrin würde lieber mehr Zeit damit verbringen, ihre Abendveranstaltungen zu planen, anstatt sich mit Kostenvoranschlägen herumzuärgern.

Meldet sich ein neuer Kunde bei Kathrin, weil er ein Abendessen ausrichten lassen will, muss sie in Erfahrung bringen, wie viele Gäste kommen, was es zu trinken gibt und wie die Dekoration beschaffen sein soll. Dann nutzt sie eine recht komplizierte Kalkulation, die auf einem Flussdiagramm basiert, das sie seit Jahren einsetzt, um die absoluten Kosten zu ermitteln. Das Blöde ist, dass sie ziemlich lang braucht, um ihr Diagramm durchzuarbeiten, und ihre potenziellen Kunden die Wartezeit nutzen, um auch bei anderen Event-Managern anzufragen.

Sie haben die Aufgabe, für sie einen C#-basierten Kostenrechner zu erstellen und so ihr Geschäft zu retten. Denken Sie einfach an das Abendessen, das sie für Sie schmeißen wird, wenn Ihnen das gelingt.

Was der Kostenrechner macht

Kathrin zählt einige der grundlegenden Dinge des Systems auf, das sie nutzt, um die Kosten für ein Event zu ermitteln. Hier ist ein Auszug aus dem, was sie aufgeschrieben hat:

Kathrins Party-Planer – Kostenvoranschlag für ein Abendessen

- Pro Person auf der Gästeliste werden 25 € für das Essen veranschlagt.
- Bei Getränken haben die Kunden die Wahl. Zu den meisten Abendessen gibt es alkoholische Getränke. Das kostet 20 € pro Person. Sie bietet aber auch Abende ohne Alkohol an. Kathrin bezeichnet das mit »Trockener Abend«. Werden statt Alkohol Wasser und Saft serviert, kostet das nur 5 € pro Person. Da der Trockene Abend ihr weniger Arbeit bereitet, gibt sie den Kunden zusätzlich 5 % Rabatt auf das gesamte Abendessen.
- Es gibt zwei Dekorationsoptionen. Beschränkt sich der Kunde auf normale Dekoration, kostet das 7,50 € pro Person plus eine Dekorationspauschale von 30 €. Stattdessen kann der Kunde auch die umfangreicheren Dekorationen des »Exklusiven Abends« wählen – das kostet 15 € pro Person zuzüglich einer einmaligen Dekorationspauschale von 50 €.

Hier ist ein anderer Blick auf die gleiche Kostenaufstellung, die jetzt aber zu einem kleinen Flussdiagramm umgestellt wurde, damit Sie besser sehen, wie es funktioniert:

Einige dieser Optionen führen zu Änderungen bei den endgültigen Event-Kosten sowie bei den Kosten pro Person.

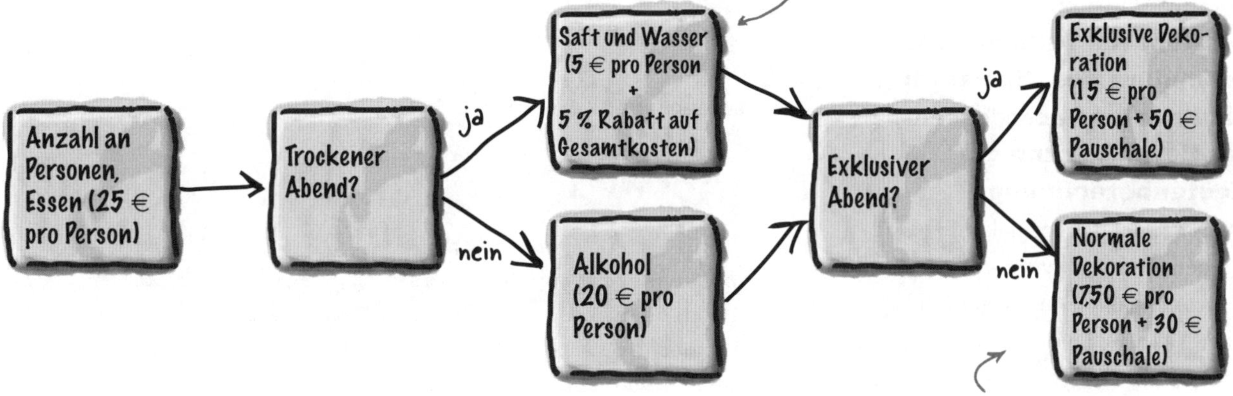
Anzahl an Personen, Essen (25 € pro Person)
Trockener Abend?
ja
nein
Saft und Wasser (5 € pro Person + 5 % Rabatt auf Gesamtkosten)
Alkohol (20 € pro Person)
Exklusiver Abend?
ja
nein
Exklusive Dekoration (15 € pro Person + 50 € Pauschale)
Normale Dekoration (7,50 € pro Person + 30 € Pauschale)

Auch wenn die meisten Optionen die Kosten pro Gast betreffen, müssen auch einmalige Pauschalen eingerechnet werden.

Sie werden ein Programm für Kathrin erstellen

Wenn Sie umblättern, werden Sie eine Übung finden, in der Sie einen Abendessen-Planer für Kathrin erstellen sollen. Hier ist eine kurze Vorschau auf das, was Sie dort aufbauen werden.

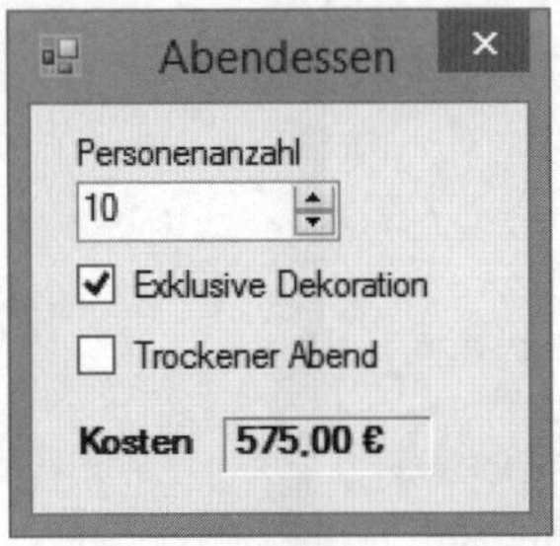
Abendessen
Personenanzahl
10
Exklusive Dekoration
Trockener Abend
Kosten
575,00 €

Sie werden dieses Formular erstellen, das Kathrin nutzen wird, um die Optionen für ihr Abendessen einzugeben. Sie legt die Anzahl von Gästen fest und kreuzt Optionen für ausgefallene Dekorationen oder den gesunden Abend an. Während Sie das tut, werden unten die Kosten auf Basis ihrer Entscheidungen aktualisiert.

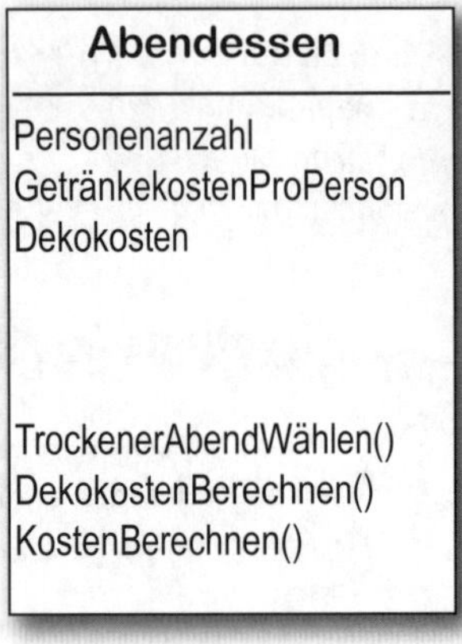
Abendessen
Personenanzahl
GetränkekostenProPerson
Dekokosten
TrockenerAbendWählen()
DekokostenBerechnen()
KostenBerechnen()

Die Logik für das Programm wird in eine Klasse namens Abendessen eingebaut. Das Formular erstellt ein Abendessen-Objekt, speichert eine Referenz darauf in einem Feld und nutzt seine Felder und Methoden, um die Berechnungen durchzuführen.

So sieht der Anfang des Formulars aus. Es hat ein Feld namens `abendessen` **zur Durchführung der Kostenberechnung.** Zunächst richtet das Formular dieses mit den Standardwerten ein und berechnet dann die Kosten mithilfe einer Methode namens `AbendessenKostenAnzeigen()`. Diese Methode ruft das Formular jedes Mal auf, wenn der Benutzer eine Option ändert.

```
public partial class Form1 : Form
{
    Abendessen abendessen;

    public Form1()
    {
        InitializeComponent();
        abendessen = new Abendessen() { Personenanzahl = 5 };
        abendessen.TrockenerAbendWählen(false);
        abendessen.DekokostenBerechnen(true);
        AbendessenKostenAnzeigen();
    }
    ...
```

Die Klasse `Abendessen` **arbeitet folgendermaßen: Der aktuelle Zustand des** `Abendessen`**-Objekts – die in seinen Feldern gespeicherten Werte – bestimmt, wie die Kostenberechnung durchgeführt wird.** Werden die Optionen Trockener Abend oder Exklusiver Abend gewählt oder Gäste hinzugefügt oder entfernt, ändert sich der Zustand des Objekts. Das führt dazu, dass die Methode `KostenBerechnen()` eine andere Zahl zurückliefert.

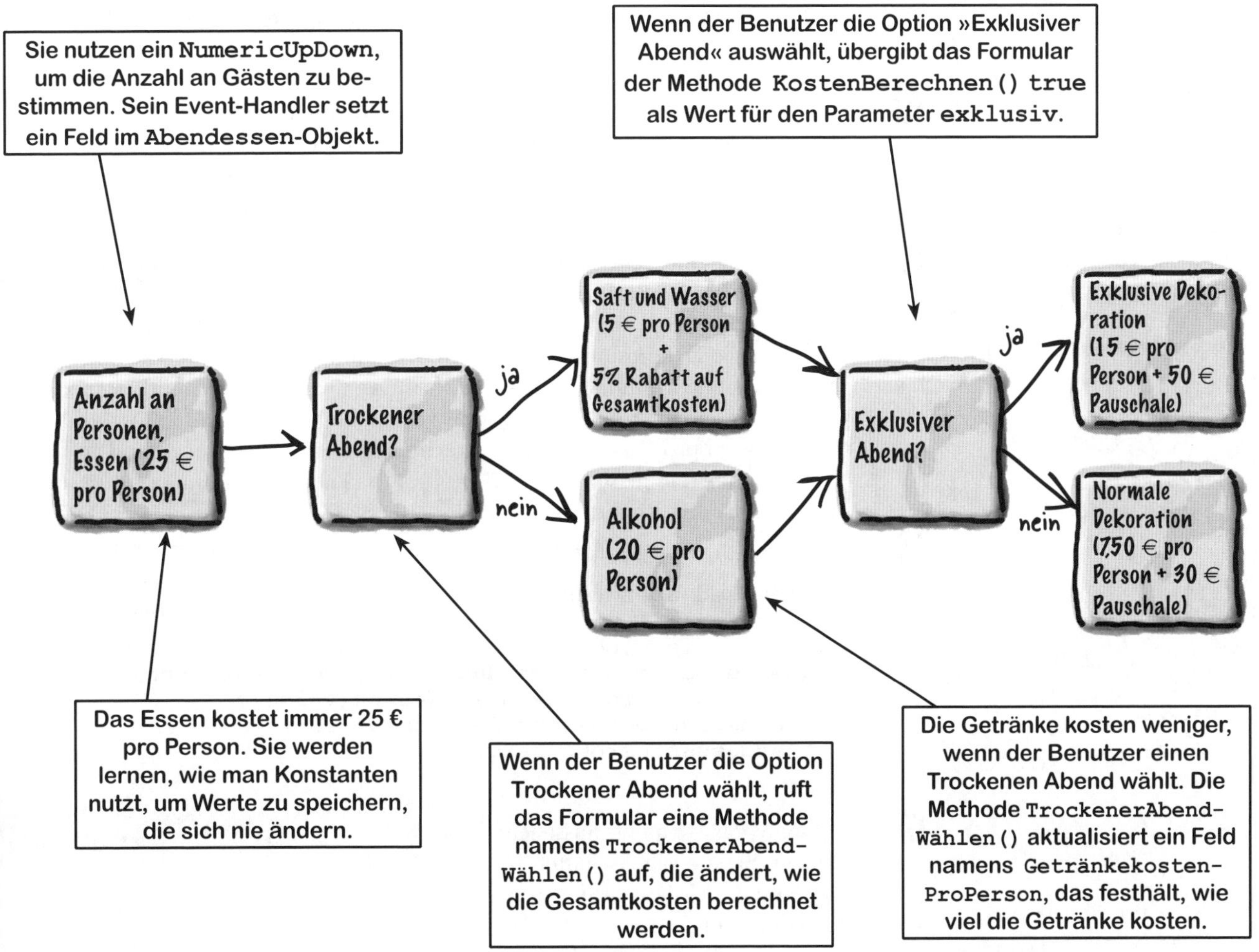

Sie nutzen ein NumericUpDown, um die Anzahl an Gästen zu bestimmen. Sein Event-Handler setzt ein Feld im Abendessen-Objekt.
Wenn der Benutzer die Option »Exklusiver Abend« auswählt, übergibt das Formular der Methode KostenBerechnen() true als Wert für den Parameter exklusiv.
Anzahl an Personen, Essen (25 € pro Person)
Trockener Abend?
ja
Saft und Wasser (5 € pro Person + 5% Rabatt auf Gesamtkosten)
nein
Alkohol (20 € pro Person)
Exklusiver Abend?
ja
Exklusive Dekoration (15 € pro Person + 50 € Pauschale)
nein
Normale Dekoration (7,50 € pro Person + 30 € Pauschale)
Das Essen kostet immer 25 € pro Person. Sie werden lernen, wie man Konstanten nutzt, um Werte zu speichern, die sich nie ändern.
Wenn der Benutzer die Option Trockener Abend wählt, ruft das Formular eine Methode namens TrockenerAbendWählen() auf, die ändert, wie die Gesamtkosten berechnet werden.
Die Getränke kosten weniger, wenn der Benutzer einen Trockenen Abend wählt. Die Methode TrockenerAbendWählen() aktualisiert ein Feld namens GetränkekostenProPerson, das festhält, wie viel die Getränke kosten.

Jedes Mal, wenn der Benutzer eine Option wählt oder die Personenanzahl ändert, nutzen die Event-Handler-Methoden die Felder und Methoden des `Abendessen`-Objekts, um seinen Zustand zu aktualisieren. Dann rufen sie die Methode `KostenBerechnen()` auf, um die Gesamtkosten für das Abendessen zu ermitteln und in einem Label anzuzeigen.

Verstanden? Machen wir uns an die Arbeit! →

ÜBUNG

Erstellen Sie ein Programm, das Kathrins Kostenvoranschlagsproblem löst.

1 Erzeugen Sie ein neues Windows Forms-Anwendung-Projekt. Fügen Sie ihm eine Klassendatei namens `Abendessen.cs` hinzu und erstellen Sie die Klasse `Abendessen` auf Basis des Klassendiagramms. Es enthält drei Methoden: `DekokostenBerechnen()`, `TrockenerAbendWählen()` und `KostenBerechnen()`. Nutzen Sie `decimal` für die beiden Kosten und `int` für die Personenanzahl. Denken Sie daran, **jedem Literal**, das Sie einer `decimal`-Variablen zuweisen, **ein M anzuhängen** (`10.0M`).

Abendessen
Personenanzahl GetränkekostenProPerson Dekokosten
TrockenerAbendWählen() DekokostenBerechnen() KostenBerechnen()

Hier ist das Klassendiagramm für die Abendessen-Klasse, die Sie erstellen müssen.

2 Da das Programm die Essenskosten nicht ändert, können wir diese als ***Konstante*** deklarieren. Konstanten ähneln Variablen, ihr Wert kann aber nicht geändert werden. Das ist die Deklaration, die Sie brauchen:

```
public const int EssenskostenProPerson = 25;
```

3 Blättern Sie eine Seite zurück, um zu prüfen, ob Sie die Berechnungen in den Methoden richtig ausführen. Nur eine liefert einen Wert (einen `decimal`) – die beiden anderen sind `void`. Die Methode `DekokostenBerechnen()` ermittelt die Dekorationskosten für die Anzahl der geladenen Personen. Nutzen Sie die Methode `KostenBerechnen()`, um die Gesamtkosten zu berechnen, indem Sie die Dekorationskosten, die Getränkekosten und die Essenskosten pro Person zusammenrechnen. Ist ein Trockener Abend gewünscht, müssen Sie in `KostenBerechnen()` nach Ermittlung der Gesamtkosten noch den Rabatt abziehen.

4 Fügen Sie Ihrem Formular diesen Code hinzu:

Das Feld abendessen deklarieren Sie im Formular. Dann fügen Sie unter InitializeComponent() die folgenden vier Zeilen ein.

```
Abendessen abendessen;
public Form1() {
  InitializeComponent();
  abendessen = new Abendessen() { Personenanzahl = 5 };
  abendessen.TrockenerAbendWählen(false);
  abendessen.DekokostenBerechnen(true);
  AbendessenKostenAnzeigen();
}
```

Die Methode TrockenerAbendWählen() nutzt einen bool-Parameter (trockenerAbend), um das Feld GetränkekostenProPerson zu aktualisieren, wenn der Kunde einen Trockenen Abend wünscht.

5 So sollte das Formular aussehen. Nutzen Sie die Eigenschaften des NumericUpDown-Steuerelements, um die maximale Personenanzahl auf 20, die minimale auf 1 und die standardmäßige auf 5 zu setzen. Entfernen Sie auch die Minimieren- und Maximieren-Buttons.

Der Klasse Abendessen müssen Sie »using System.Windows.Forms;« nicht hinzufügen, weil sie weder MessageBox.Show() noch irgendetwas anderes aus diesem Namensraum des .NET Framework nutzt.

Setzen Sie Value auf 5, Minimum auf 1 und Maximum auf 20.

Bei Exklusiver Abend sollte Checked auf true gesetzt sein.

Abendessen
Personenanzahl
5
Exklusive Dekoration
Trockener Abend
Kosten

Das ist ein Label namens kostenLabel. Seine Text-Eigenschaft ist leer, seine BorderStyle-Eigenschaft ist auf Fixed3D und seine AutoSize-Eigenschaft auf false gesetzt.

6 Dieses Formular nutzt keinen Button, sondern aktualisiert das Kosten-Label automatisch, sobald eine Checkbox oder das `NumericUpDown`-Steuerelement genutzt wird. Zunächst erstellen Sie im Formular eine Methode zur Anzeige der Kosten.

Diese Methode wird von allen anderen Methoden im Formular aufgerufen. Über sie aktualisieren Sie das Kosten-Label mit dem neuen Wert, wenn sich etwas ändert.

Fügen Sie `Form1()` diese Methode hinzu. Sie wird aufgerufen, wenn auf das `NumericUpDown`-Steuerelement geklickt wird:

Fügen Sie dem Formular diese Methode hinzu – sie berechnet die Essenskosten erneut und steckt sie ins Kosten-Label.

```
private void AbendessenKostenAnzeigen()
{
  decimal kosten = abendessen.KostenBerechnen(trockenBox.Checked);
  kostenLabel.Text = kosten.ToString("c");
}
```

Ändern Sie den Namen des Labels zur Anzeige der Kosten in kostenLabel.

Wird ToString »c« übergeben, sagt dies, dass der Wert als Währungsangabe formatiert werden soll.

Das ist true, wenn die Checkbox Trockener Abend ausgewählt ist.

7 Jetzt verknüpfen wir das `NumericUpDown`-Element mit dem Personenanzahl-Feld der Klasse Abendessen und zeigen im Formular die Kosten an. Klicken Sie doppelt auf das `NumericUpDown-Element` – die IDE fügt Ihrem Code dann einen ***Event-Handler*** hinzu. Das ist eine Methode, die jedes Mal ausgeführt wird, wenn sich das Steuerelement ändert. Nutzen Sie diese, um die Anzahl der Personen bei der Party zu setzen. Hier ist der Code:

Event-Handler nutzen Sie schon die ganze Zeit – immer wenn Sie in der IDE auf einen Button klicken, fügt sie einen Click-Event-Handler ein. Jetzt wissen Sie auch, wie man das bezeichnet.

```
private void numericUpDown1_ValueChanged(
                               object sender, EventArgs e)
{
   abendessen.Personenanzahl = (int) numericUpDown1.Value;
   AbendessenKostenAnzeigen();
}
```

Sie müssen numericUpDown.Value in einen int umwandeln, weil es eine decimal-Eigenschaft ist.

Oje – der Code birgt Probleme. Fällt Ihnen etwas auf? Machen Sie sich keine Gedanken, wenn nicht. Das schauen wir uns in ein paar Minuten an!

Der Wert, den Sie aus dem Formular an diese Methode senden, ist exklusivBox.Checked. Er wird der Methode in der Klasse als Parameter übergeben.

Das sind beides Zweizeiler. Die erste Zeile ruft die Methode aus der Klasse auf, um die Kosten zu berechnen, und die zweite zeigt die Gesamtkosten im Formular an.

8 Klicken Sie doppelt auf die Checkbox Exklusiver Abend und achten Sie darauf, dass zuerst `DekokostenBerechnen()` und dann `AbendessenKostenAnzeigen()` aufgerufen wird. Klicken Sie anschließend doppelt auf die Checkbox Trockener Abend und sorgen Sie dafür, dass zuerst die `TrockenerAbendWählen()`-Methode der Klasse `Abendessen` und dann die Methode `AbendessenKostenAnzeigen()` aufgerufen wird.

LÖSUNG ZUR ÜBUNG

Hier ist der Code für Abendessen.cs.

Indem wir für EssenskostenProPerson eine Konstante verwenden, sichern wir, dass der Wert nicht verändert werden kann. Es macht den Code besser lesbar – weil klar ist, dass sich dieser Wert nie ändert.

Bei der Erstellung des Formulars wird der Initialisierer genutzt, um Personenanzahl zu setzen. Dann werden TrockenerAbendWählen() und DekokostenBerechnen() aufgerufen, um die anderen Felder zu berechnen.

```
class Abendessen {
    const int EssenskostenProPerson = 25;
    public int Personenanzahl;
    public decimal GetränkekostenProPerson;
    public decimal Dekokosten = 0;

    public void TrockenerAbendWählen(bool trockenerAbend) {
        if (trockenerAbend) {
            GetränkekostenProPerson = 5.00M;
        } else {
            GetränkekostenProPerson = 20.00M;
        }
    }

    public void DekokostenBerechnen(bool exklusiv) {
        if (exklusiv)
        {
            Dekokosten = (Personenanzahl * 15.00M) + 50M;
        } else {
            Dekokosten = (Personenanzahl * 7.50M) + 30M;
        }
    }
    public decimal KostenBerechnen(bool trockenerAbend) {
        decimal gesamtkosten = Dekokosten +
                ((GetränkekostenProPerson + EssenskostenProPerson)
                    * Personenanzahl);

        if (trockenerAbend) {
            return gesamtkosten * .95M;
        } else {
            return gesamtkosten;
        }
    }
}
```

Wir haben »if (exklusiv)« statt »if (exklusiv == true)« verwendet, weil »exklusiv« bereits ein bool-Wert ist.

Wir mussten Klammern verwenden, damit die Berechnung korrekt ausgeführt wird.

Das wendet den 5-%-Rabatt auf die gesamten Abendessen-Kosten an, falls ein Trockener Abend gewählt wurde.

In der Klasse Abendessen müssen Sie »using System.Windows.Forms;« nicht nutzen, weil die Klasse weder MessageBox.Show() noch etwas anderes aus diesem .NET Framework-Namensraum nutzt.

Für die Preise mussten wir `decimal` nutzen, weil das der Datentyp ist, der für Geldbeträge gedacht ist. Achten Sie nur darauf, dass Sie nach jedem Literal »M« angeben – wenn Sie 35,26 speichern wollen, müssen Sie also `35.26M` schreiben. Denken Sie daran: »M« steht für »Money«.

```
public partial class Form1 : Form {
    Abendessen abendessen;
    public Form1() {
        InitializeComponent();
        abendessen = new Abendessen() { Personenanzahl = 5 };
        abendessen.DekokostenBerechnen(exklusivBox.Checked);
        abendessen.TrockenerAbendWählen(trockenBox.Checked);
        AbendessenKostenAnzeigen();
    }

    private void exklusivBox_CheckedChanged(object sender, EventArgs e) {
        abendessen.DekokostenBerechnen(exklusivBox.Checked);
        AbendessenKostenAnzeigen();
    }

    private void trockenBox_CheckedChanged(object sender, EventArgs e) {
        abendessen.TrockenerAbendWählen(trockenBox.Checked);
        AbendessenKostenAnzeigen();
    }

    private void numericUpDown1_ValueChanged(object sender, EventArgs e) {
        abendessen.Personenanzahl = (int)numericUpDown1.Value;
        AbendessenKostenAnzeigen();
    }

    private void AbendessenKostenAnzeigen() {
        decimal kosten = abendessen.KostenBerechnen(trockenBox.Checked);
        kostenLabel.Text = kosten.ToString("c");
    }
}
```

Wir rufen AbendessenKostenAnzeigen auf, um das Label, das die Kosten anzeigt, zu initialisieren, sobald das Formular geladen wird.

Änderungen an den Checkboxen setzen die bool-Parameter trockenerAbend und exklusiv für die Methoden TrockenerAbendWählen() bzw. DekokostenBerechnen() auf true oder false.

Wir haben unseren Checkboxen die Namen »trockenBox« und »exklusivBox« gegeben, damit Sie sehen können, was in den Event-Handler-Methoden passiert.

Die Abendessen-Kosten müssen neu berechnet und angezeigt werden, wenn sich die Anzahl oder der Status einer der Checkboxen ändert.

String-Formatierung

Sie haben bereits gesehen, wie Sie eine Variable mit ihrer ToString()-Methode in einen String umwandeln. Übergeben Sie ToString() »c«, liefert es die Ausgabe im lokalen Währungsformat. Sie können auch »f3« angeben, um sie als Dezimalzahl mit drei Nachkommastellen ausgeben zu lassen, »0« (eine Null), um ihn in eine ganze Zahl umzuwandeln, »0%« für einen Prozentwert und »n«, um eine Zahl mit Tausendertrenner zu erhalten. Nehmen Sie sich einen Augenblick Zeit und schauen Sie, wie das in Ihrem Programm jeweils aussieht.

Kathrins Testlauf

DAS IST KLASSE! DER KOSTENVORANSCHLAG IST VIEL LEICHTER GEWORDEN.

Tom ist einer von Kathrins Lieblingskunden. Letztes Jahr hat sie seine Hochzeitsfeier ausgerichtet, und jetzt soll sie für ihn ein weiteres großes Abendevent planen.

Tom (am Telefon): Hallo Kathrin. Wie laufen die Vorbereitungen für meine Veranstaltung?

Kathrin: Wunderbar. Heute Morgen haben wir ein paar Dekorationen ausgesucht. Ich bin sicher, dass dir meine Ideen für das Essen gefallen werden.

Tom: Das ist umwerfend. Pass mal auf. Die Tante meiner Frau hat gerade angerufen. Sie wird gemeinsam mit ihrem Ehemann während der nächsten paar Wochen unser Gast sein. Kannst du mir sagen, was finanziell auf mich zukommt, wenn die Anzahl der Gäste von 10 auf 12 steigt?

Kathrin: Klar! Warte, das haben wir in einer Minute.

Dieser Screenshot wurde unter deutschen Landeseinstellungen erstellt. Deswegen sehen Sie hier ein Euro-Zeichen. Das würden Sie auch bei anderen Ländern der Eurozone sehen, während Sie beispielsweise bei amerikanischen Landeseinstellungen ein Dollarzeichen erhielten. Das liegt daran, dass wir ToString("c") nutzen, um den decimal-Wert in einen String gemäß den aktuellen Landeseinstellungen umzuwandeln.

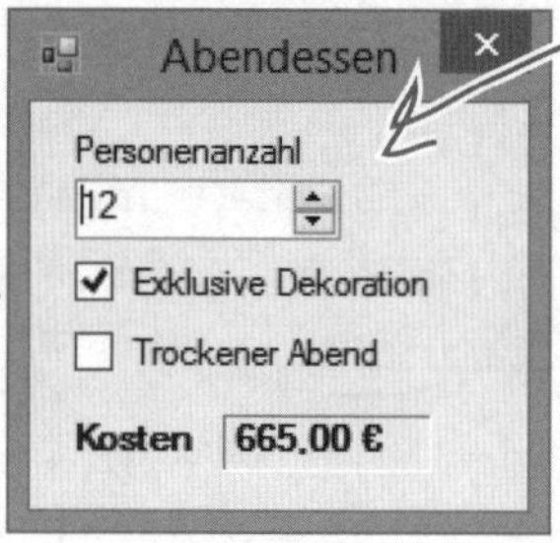
Abendessen
Personenanzahl
12
Exklusive Dekoration
Trockener Abend
Kosten
665,00 €

Wird die Anzahl der Personen von 10 in 12 geändert und dann Enter gedrückt, werden 665 € als Gesamtkosten ausgewiesen. Hmm, das scheint etwas wenig ...

Kathrin: Okay. Es scheint, als würden die Gesamtkosten für die Party von 575 € auf 665 € steigen.

Tom: 90 € Unterschied? Das ist ja doch eine ganze Menge! Was ist, wenn wir auf die exklusive Dekoration verzichteten? Was würde es dann kosten?

Wird die Checkbox Exklusiver Abend abgewählt, vermindert sich der Betrag nur um 5 €. Das kann nicht stimmen!

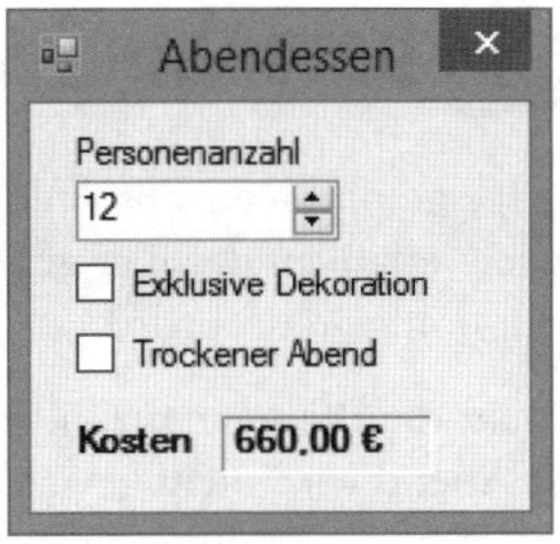
Abendessen
Personenanzahl
12
Exklusive Dekoration
Trockener Abend
Kosten
660,00 €

Kathrin: Ähm, es scheint ... 660 €.

Tom: 660 €? Ich dachte, die Dekoration würde 15 € pro Person betragen. Hast du deine Preise geändert? Wenn der Unterschied nur 5 € beträgt, können wir die exklusiven Dekorationen genauso gut lassen. Ich muss dir allerdings sagen, dass deine Preisgestaltung verwirrend ist.

Kathrin: Wir haben uns ein neues Programm für den Kostenvoranschlag schreiben lassen. Aber es scheint, als gäbe es da ein Problem. Einen Moment ... ich füge der Rechnung eben wieder die exklusive Dekoration hinzu.

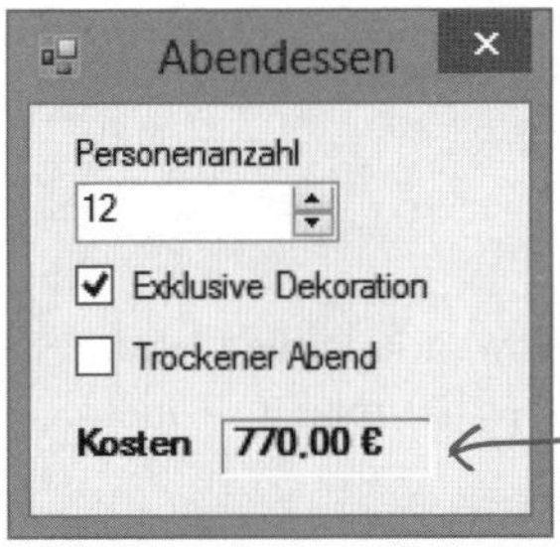
Abendessen
Personenanzahl
12
Exklusive Dekoration
Trockener Abend
Kosten
770,00 €

Schalten Sie die exklusive Dekoration wieder ein, springt der Preis auf 770 €. Diese Zahlen sind schlicht falsch.

Kathrin: Tom, tut mir leid, ich glaube, dass sich da ein Fehler eingeschlichen hat. Mit den exklusiven Dekorationen ist der Preis jetzt plötzlich auf 770 € gesprungen. Das macht einfach keinen Sinn. Irgendwie traue ich diesem Programm nicht mehr. Ich werde es zurückgeben und auf Fehler prüfen lassen. Deinen Kostenvoranschlag mache ich eben per Hand. Kann ich dich morgen zurückrufen?

Tom: Ich zahl jetzt nicht plötzlich 770 €, nur weil zwei Leute mehr zum Essen kommen. Der Preis, den du mir zuerst genannt hast, klang viel vernünftiger. Ich zahle dir die 665 €, die du mir zuerst genannt hast, aber höher kann ich einfach nicht gehen!

KOPF-NUSS

Warum erhält Kathrin Ihrer Meinung nach immer falsche Zahlen, wenn sie etwas ändert?

Jede Option sollte einzeln berechnet werden

Wir haben zwar darauf geachtet, alle Beträge gemäß Kathrins Anleitungen zu berechnen, aber wir haben uns keine Gedanken darüber gemacht, was passiert, wenn im Formular nur eine Option geändert wird.

Beim Start des Programms setzt das Formular die Personenanzahl auf 5 und Exklusiver Abend auf true. Trockener Abend wird nicht gewählt. Die berechneten Abendessen-Kosten betragen 350 €. So kommen die anfänglichen Kosten zustande:

Entspannen Sie sich

Keine Sorge! Das war nicht Ihr Fehler.

Wir haben einen hässlichen Fehler in den Code eingebaut, den wir Ihnen gegeben haben. Das sollte Ihnen zeigen, wie leicht man Probleme bekommt, wenn Objekte die Felder anderer Objekte nutzen ... und wie schwer diese aufzuspüren sind.

5 Personen:

20 € pro Person für Getränke → Gesamtgetränkekosten = 100 €

25 € pro Person für Essen → Gesamtessenskosten = 125 €

15 € pro Person für Dekorationen plus 50 € Pauschale → Gesamtdekokosten = 125 €

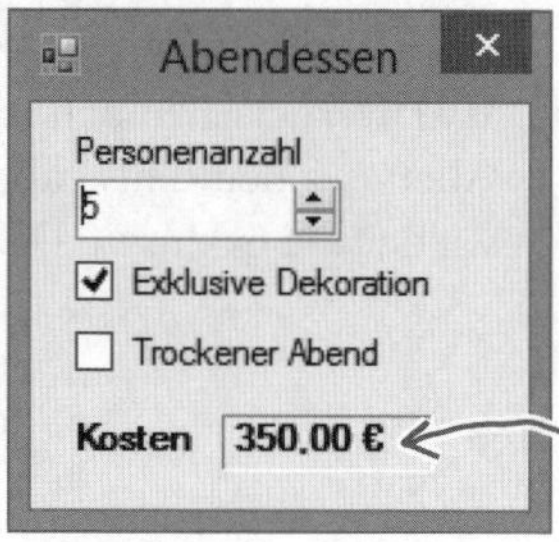

Abendessen
Personenanzahl
5
Exklusive Dekoration
Trockener Abend
Kosten
350,00 €

So weit, so gut!

100 + 125 + 125 = 350

Ändern Sie die Anzahl der Gäste, soll die Anwendung die Gesamtkosten auf gleiche Weise neu berechnen. Aber das macht sie nicht:

10 Personen:

20 € pro Person für Getränke → Gesamtgetränkekosten = 200 €

25 € pro Person für Essen → Gesamtessenskosten = 250 €

15 € pro Person für Dekorationen plus 50 € Pauschale → Gesamtdekokosten = 200 €

200 + 250 + 200 = 650

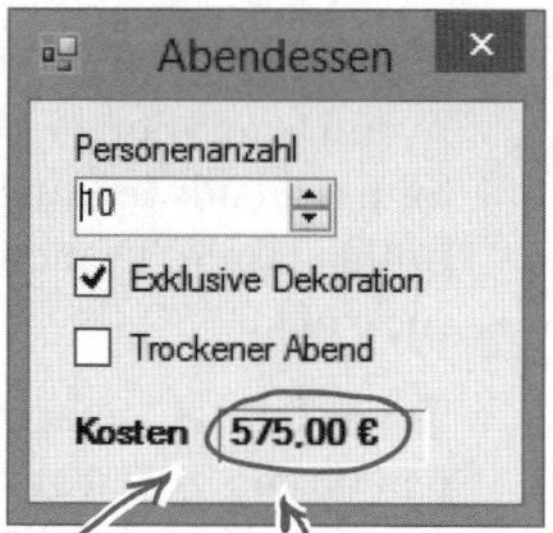

Abendessen
Personenanzahl
10
Exklusive Dekoration
Trockener Abend
Kosten
575,00 €

Das ist die Summe, die wir erhalten sollten. Aber wir erhalten sie nicht ...

Das Programm rechnet die alten Kosten für die Dekorationen mit den neuen Kosten für Essen und Getränke zusammen.

Es rechnet 200 + 250 + 125 = 575.

Neue Getränke- und Essenskosten. Alte Dekorationen.

Wählen Sie Exklusiver Abend erst ab und dann wieder an.

Das sorgt dafür, dass das `Dekokosten`-Feld des `Abendessen`-Objekts aktualisiert und der korrekte Preis von 650 Euro angezeigt wird.

Das Problem unter der Lupe

Werfen Sie einen Blick auf die Methode, die Wertänderungen im `numericUpDown`-Steuerelement verarbeitet. Sie setzt das Feld `Personenanzahl` auf den neuen Wert im Steuerelement und ruft die Methode `AbendessenKostenAnzeigen()` auf. Dann verlässt sie sich darauf, dass diese Methode sich darum kümmert, die einzelnen Kosten alle neu zu berechnen.

```
private void numericUpDown1_ValueChanged(
                           object sender, EventArgs e) {

   abendessen.Personenanzahl = (int)numericUpDown1.Value;

   AbendessenKostenAnzeigen();

}
```

Diese Zeile setzt den Wert von Personenanzahl für diese Instanz von Abendessen auf den Wert im Formular.

Diese Methode ruft die Methode KostenBerechnen() auf, aber nicht die Methode DekokostenBerechnen().

Diese Methode wird also nicht aufgerufen, wenn sich der Wert im Feld Personenanzahl ändert:

```
public void DekokostenBerechnen(bool exklusiv) {

    if (exklusiv) {

        Dekokosten = (Personenanzahl * 15.00M) + 50M;

    } else {

        Dekokosten = (Personenanzahl * 7.50M) + 30M;

    }
}
```

Diese Variable wird auf 125 € gesetzt, wenn das Formular gestartet wird. Da die Methode danach nie wieder aufgerufen wird, ändert sie sich nachher nicht mehr.

Deswegen korrigiert sich die Zahl von selbst, wenn »Exklusiver Abend« wieder angewählt wird. Der Klick auf die Checkbox führt dazu, dass DekokostenBerechnen() erneut ausgeführt wird.

Das ist nicht der einzige problematische Teil des Programms. Das Verhalten der beiden Checkboxen ist **inkonsistent**: Die eine ruft eine Methode auf, um den Zustand des Objekts zu setzen, die andere wird als Argument an eine Methode übergeben. Ein Programmierer, der herauszufinden versucht, wie dieses Programm funktioniert, wird das als ***völlig unintuitiv empfinden***!

Hatten Sie Schwierigkeiten, dieses Programm zu durchschauen? Dann sollten Sie nicht zu streng mit sich sein. Das könnte an diesen konzeptionellen Problemen gelegen haben. Gegen Ende dieses Kapitels werden Sie eine viel bessere, einfachere Version erstellen.

MOMENT! ICH DACHTE, KATHRIN WÜRDE DIE DREI OPTIONEN IMMER GLEICHZEITIG SETZEN!

Ihre Anwender nutzen Ihre Programme nicht immer so, wie Sie es erwarten würden ...

Glücklicherweise gibt C# Ihnen ein mächtiges Werkzeug, mit dem Sie sicherstellen können, dass Ihre Programme immer richtig funktionieren – selbst wenn Ihre Anwender Dinge machen, die Sie nie erwartet hätten. Es heißt **Kapselung** und ist eine richtig praktische Technik bei der Arbeit mit Objekten.

... und manchmal sind sogar Sie so ein Anwender und schreiben eine Klasse, die Sie selbst demnächst nutzen müssen.

Objekte werden leicht unabsichtlich missbraucht

Kathrin bekam Probleme, weil ihr Formular die bequeme `DekokostenBerechnen()`-Methode ignorierte, die Sie eingerichtet haben, und stattdessen direkt mit den Feldern in der Klasse `Abendessen` gearbeitet hat. Obwohl die Klasse `Abendessen` ordentlich funktioniert, wurde sie vom Formular falsch verwendet … und das hat zu Problemen geführt.

1 WIE DIE KLASSE ABENDESSEN AUFGERUFEN WERDEN MÖCHTE …
Die Klasse `Abendessen` gab dem Formular eine absolut vernünftige Methode zur Berechnung der Dekorationskosten. Das Formular hätte einfach nur die Personenanzahl setzen und dann `DekokostenBerechnen()` aufrufen müssen. Dann hätte `KostenBerechnen()` den richtigen Preis geliefert.

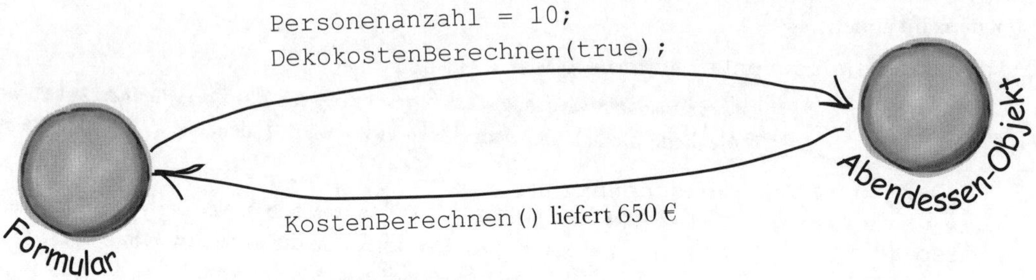
Personenanzahl = 10;
DekokostenBerechnen(true);
Abendessen-Objekt
KostenBerechnen() liefert 650 €
Formular

2 WIE DIE KLASSE ABENDESSEN TATSÄCHLICH AUFGERUFEN WURDE …
Das Formular setzte die Personenanzahl, rief dann aber einfach die Methode `KostenBerechnen()` auf, ohne zuvor die Dekorationskosten neu zu berechnen. Das warf die ganze Berechnung um und führte dazu, dass Kathrin Tom den falschen Preis nannte.

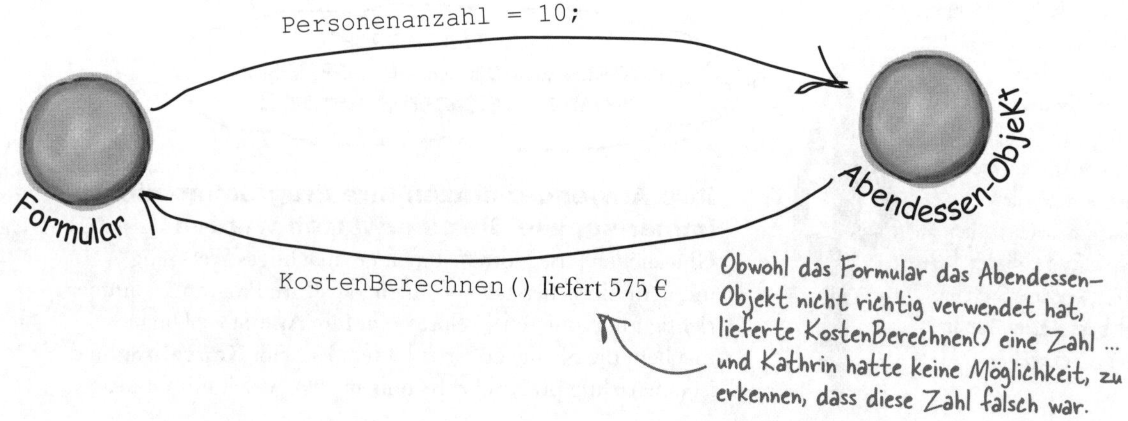
Personenanzahl = 10;
Abendessen-Objekt
Formular
KostenBerechnen() liefert 575 €
Obwohl das Formular das Abendessen-Objekt nicht richtig verwendet hat, lieferte KostenBerechnen() eine Zahl … und Kathrin hatte keine Möglichkeit, zu erkennen, dass diese Zahl falsch war.

Kapselung bedeutet, dass man einige Daten in einer Klasse privat hält

Nutzen Sie Ihre Faulheit zu Ihrem eigenen Vorteil – lassen Sie »private« bzw. »public« weg, geht C# davon aus, dass das Feld privat sein soll.

Derartige Probleme lassen sich recht leicht vermeiden: Stellen Sie sicher, dass es nur eine Möglichkeit gibt, Ihre Klasse zu verwenden. Glücklicherweise erreicht man das in C# ganz leicht, indem man einige seiner Felder als **private** deklariert. Bislang haben Sie nur öffentliche Felder gesehen. Haben Sie ein Objekt mit einem öffentlichen Feld, kann jedes andere Objekt dieses Feld lesen oder ändern. Aber wenn Sie ein Feld privat machen, **kann auf dieses Feld nur innerhalb dieses Objekts zugegriffen werden** (oder durch ein Objekt *der gleichen Klasse*).

```
class Abendessen {
   private int personenanzahl;
   ...
   public void AbendessenOptionSetzen(int personen, bool exklusiv) {
      personenanzahl = personen;
      DekokostenBerechnen(exklusiv);
   }
   public int PersonenanzahlAbrufen() {
      return personenanzahl;
   }
}
```

Möchten Sie ein Feld privat machen, müssen Sie bei seiner Deklaration das Schlüsselwort private angeben. Das sagt C#, dass das personenanzahl-Feld einer Abendessen-Instanz nur von dieser Instanz gelesen und geschrieben werden kann. Andere Objekte wissen nicht einmal, dass dieses Feld überhaupt existiert.

Andere Objekte brauchen immer noch eine Möglichkeit, die Personenanzahl für ein Abendessen zu setzen. Ein Weg, ihnen darauf Zugriff zu geben, ist, Methoden zum Setzen und Abrufen der Personenanzahl einzuführen. Auf diese Weise können Sie sicherstellen, dass die Methode DekokostenBerechnen() jedes Mal aufgerufen wird, wenn die Personenanzahl geändert wird. Damit wird sich um diesen nervenden Fehler gekümmert.

Da das Feld für die Anzahl der Partygäste jetzt *privat* ist, hat das Formular nur eine Möglichkeit, der Abendessen-Klasse zu sagen, wie viele Personen zur Party kommen – das stellt sicher, dass die Dekorationskosten ordentlich neu berechnet werden. Machen Sie Daten privat und schreiben dann Code zur Nutzung dieser Daten, nennt man das *Kapselung*.

Kap-se-lung, Nomen
Umschließender Schutzüberzug.
*Die vollständige **Kapselung** der Tauchanzüge ermöglichte den Tauchern, sich durch die Luftschleuse frei zwischen Innen- und Außenbereich zu bewegen.*

Nutzen Sie Kapselung, um den Zugriff auf die Methoden und Felder Ihrer Klassen zu steuern

Machen Sie Ihre Felder und Methoden öffentlich, kann jede andere Klasse auf sie zugreifen. Alles, was Ihre Klasse macht und weiß, ist ein offenes Buch für alle anderen Klassen in Ihrem Programm ... und gerade haben Sie gesehen, dass das dazu führen kann, dass sich Ihr Programm auf eine Weise verhält, die Sie nie erwartet hätten. Mit Kapselung können Sie steuern, was in Ihren Klassen Sie teilen und was Sie privat halten möchten. Schauen wir, wie das funktioniert.

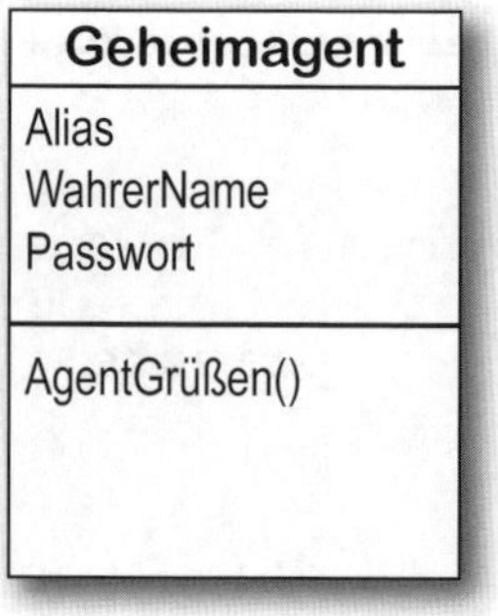
Geheimagent
Alias
WahrerName
Passwort
AgentGrüßen()

1 Der Superspion Ganz Geheim verteidigt Leben, Freiheit und das Streben nach Glück in geheimer Mission in Diktaturen. Sein ciaAgent-Objekt ist eine Instanz der Klasse Geheimagent.

ciaAgent

```
WahrerName: "Ganz Geheim"
Alias: "Agent Orange"
Passwort: "die Krähe fliegt um Mitternacht"
```

FeindAgent
Hamburger
Cola
KameradenRufen()
FreiheitVernichten()

2 Agent Geheim hat einen Plan, der ihm helfen soll, feindlichen Agenten zu entgehen. Er verwendet eine `AgentGrüßen()`-Methode, die als Parameter ein Passwort erwartet. Erhält sie das falsche Passwort, wird nur sein Alias, Agent Orange, angezeigt.

3 Das scheint ein narrensicherer Weg, die Identität des Agenten zu schützen, oder? Verfügt das aufrufende Agent-Objekt nicht über das richtige Passwort, ist der Name des Agenten sicher.

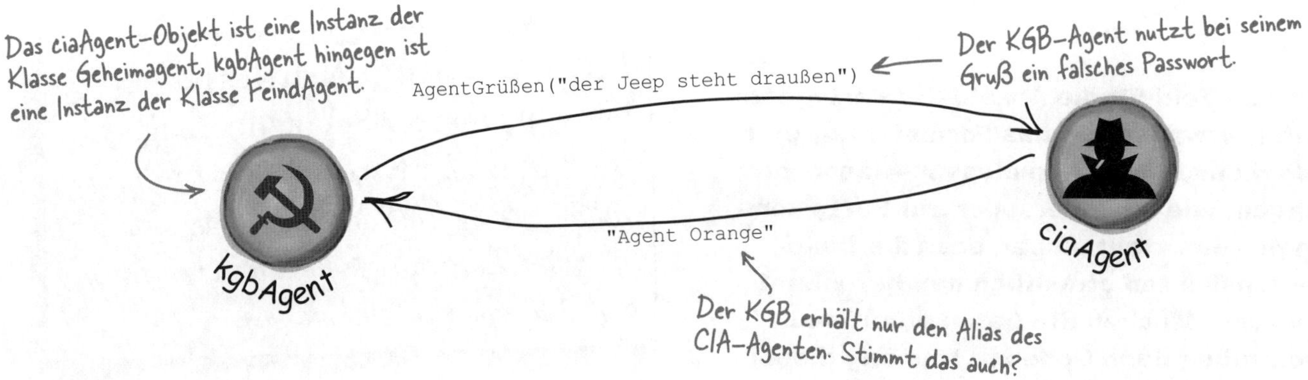
Das ciaAgent-Objekt ist eine Instanz der Klasse Geheimagent, kgbAgent hingegen ist eine Instanz der Klasse FeindAgent.
AgentGrüßen("der Jeep steht draußen")
Der KGB-Agent nutzt bei seinem Gruß ein falsches Passwort.
kgbAgent
ciaAgent
"Agent Orange"
Der KGB erhält nur den Alias des CIA-Agenten. Stimmt das auch?

Aber ist das Feld WahrerName WIRKLICH geschützt?

Solange der KGB keine Passwörter von CIA-Agenten kennt, sind die wahren Namen der CIA sicher. Oder? Aber was ist mit der Deklaration für das Feld `WahrerName`:

Machen Sie Ihre Variablen public, d. h. öffentlich, bedeutet das, dass auf sie von außerhalb der Klasse zugegriffen werden kann, sogar um sie zu verändern.

```
public string WahrerName;
```

Wenn die Variable öffentlich ist, kann auf sie einfach über die Instanz zugegriffen werden.

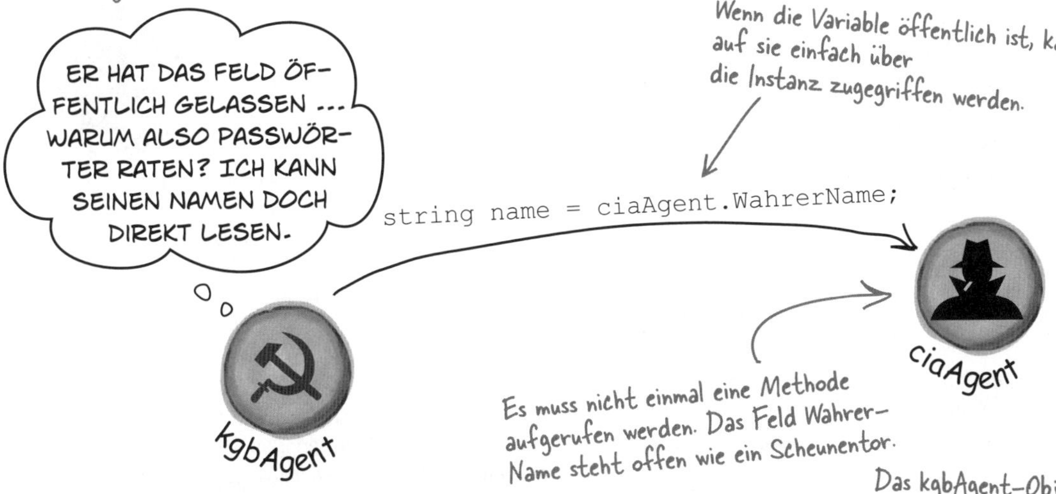
ER HAT DAS FELD ÖFFENTLICH GELASSEN ... WARUM ALSO PASSWÖRTER RATEN? ICH KANN SEINEN NAMEN DOCH DIREKT LESEN.
string name = ciaAgent.WahrerName;
kgbAgent
ciaAgent

Es muss nicht einmal eine Methode aufgerufen werden. Das Feld WahrerName steht offen wie ein Scheunentor.

Das kgbAgent-Objekt kann nicht auf die privaten Felder von ciaAgent zugreifen, weil es eine Instanz einer **anderen** Klasse ist.

Agent Geheim kann **`private`** deklarierte Felder nutzen, um seine Identität vor anderen Spion-Objekten verborgen zu halten. Wird das Feld `wahrerName` privat gemacht, kommt man nur noch daran, ***indem man Methoden aufruft, die Zugriff auf die privaten Teile der Klasse haben***. Die Bemühungen des KGB-Agenten werden vereitelt!

Halten Sie Ihre Felder und Methoden privat, sichert das, dass kein äußerer Code unerwartete Änderungen an den Werten vornehmen kann, die Sie verwenden.

Ersetzen Sie einfach public durch private, und schon sind Ihre Felder vor dem Rest der Welt verborgen.

```
private string wahrerName;
```

Sie müssen auch sicherstellen, dass das Feld, das das Passwort speichert, privat ist. Andernfalls kann der Feindagent darauf zugreifen.

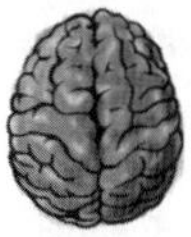

KOPF-NUSS

Warum haben wir für das öffentliche Feld ein großes *W* verwendet, für das private hingegen ein kleines *w*?

Auf private Felder und Methoden kann nur aus der Klasse selbst heraus zugegriffen werden

An Daten, die in privaten Feldern eines Objekts gespeichert sind, kommt ein anderes Objekt nur auf einem Weg heran: über öffentliche Felder und Methoden, die die Daten zurückliefern. Aber während KGB- und MI5-Agenten die Methode `AgentGrüßen()` verwenden müssen, können befreundete Spione alles sehen – jedes Objekt kann **die privaten Felder anderer Instanzen der gleichen Klasse sehen**.

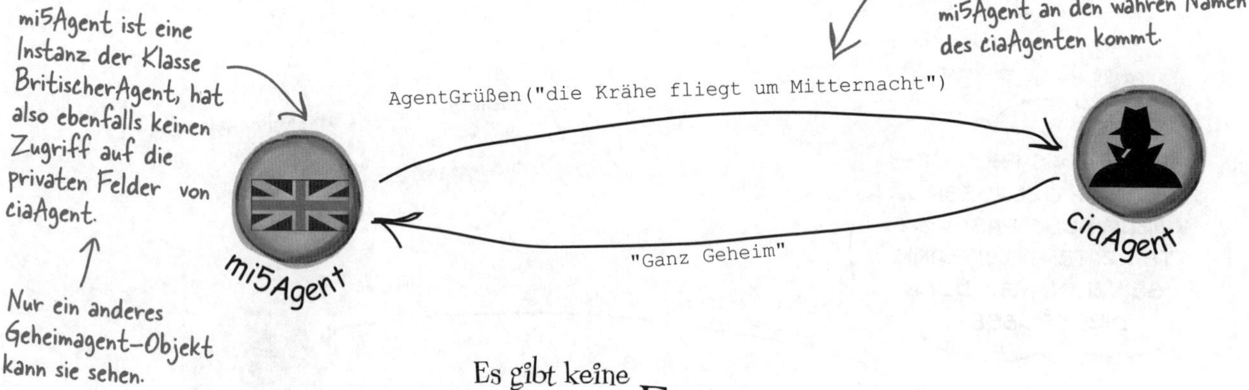
Da die Felder jetzt privat sind, ist das so ziemlich der einzige Weg, auf dem der mi5Agent an den wahren Namen des ciaAgenten kommt.
mi5Agent ist eine Instanz der Klasse BritischerAgent, hat also ebenfalls keinen Zugriff auf die privaten Felder von ciaAgent.
AgentGrüßen("die Krähe fliegt um Mitternacht")
"Ganz Geheim"
mi5Agent
ciaAgent
Nur ein anderes Geheimagent-Objekt kann sie sehen.

Es gibt keine Dummen Fragen

F: Auf private Daten muss ich also über öffentliche Methoden zugreifen. Und was ist, wenn mir eine Klasse mit privaten Feldern keinen Weg bietet, an Daten zu kommen, die mein Objekt benötigt?

A: Dann können Sie auf die Daten von außerhalb des Objekts nicht zugreifen. Beim Schreiben einer Klasse sollten Sie immer darauf achten, dass Sie anderen Objekten Mittel geben, an Daten heranzukommen, die diese benötigen. Private Felder sind ein wichtiger Teil der Kapselung, aber eben nur ein Teil der Geschichte. Gute Kapselung heißt auch, dass man anderen Objekten vernünftige und leicht zu verwendende Wege bietet, an die Daten heranzukommen, die sie benötigen, ohne ihnen dabei einen Zugriff zu gestatten, über den sie Daten kapern könnten, die Ihre Klasse benötigt.

F: Warum sollte man ein Feld so abschotten, dass andere Objekte darauf nicht zugreifen können?

A: Gelegentlich muss eine Klasse Informationen festhalten, die sie für ihre Operationen benötigt, die aber kein anderes Objekt sehen muss. Hier ist ein Beispiel: Wenn Computer Zufallszahlen generieren, nutzen sie besondere Werte, die als *Seed* (Saat) bezeichnet werden. Jede Instanz von `Random` enthält ein Array mit mehreren Dutzend Zahlen. Über diese stellt sie sicher, dass `Next()` immer eine Zufallszahl liefert. Erstellen Sie eine neue Instanz von `Random`, können Sie dieses Array nicht sehen. Das liegt daran, dass Sie es nicht benötigen – aber könnten Sie darauf zugreifen, könnten Sie eventuell Werte hineinstecken, die bewirken, dass die gelieferten Zahlen nicht mehr zufällig sind. Die Seed-Werte wurden also vollständig vor Ihnen gekapselt.

F: Mir ist gerade aufgefallen, dass alle Event-Handler, die ich genutzt habe, das Schlüsselwort private verwenden. Warum sind diese privat?

A: Weil C#-Formulare so eingerichtet sind, dass nur die Steuerelemente auf dem Formular Event-Handler anstoßen können. Geben Sie vor einer Methode das Schlüsselwort `private` an, kann auf diese nur innerhalb der Klasse zugegriffen werden. Fügt die IDE Ihrem Programm eine Event-Handler-Methode hinzu, deklariert sie diese als privat, damit andere Formulare oder Objekte nicht darauf zugreifen können. Aber es gibt keine Regel, die besagt, dass Event-Handler privat sein müssen. Das können Sie sogar selbst ausprobieren – klicken Sie nur mal doppelt auf einen Button und ändern Sie dann die Event-Handler-Deklaration in `public`. Der Code lässt sich weiterhin kompilieren und ausführen.

Spitzen Sie Ihren Bleistift

Hier ist eine Klasse mit ein paar privaten Feldern. Kreisen Sie unten die Anweisungen ein, die sich **nicht kompilieren lassen**, wenn sie von außerhalb der Klasse über **eine Instanz namens einSuperKoch** aufgerufen werden.

```
public class SuperKoch
{
      public string Keksrezept;
      private string geheimzutat;
      private const int bestellmengeFürGuteKunden = 60;
      public int Temperatur;
      private string zutatenlieferant;

      public string RezeptAbrufen (int bestellMenge)
      {
            if (bestellMenge >= bestellmengeFürGuteKunden)
            {
                  return Keksrezept + " " + geheimzutat;
            }
            else
            {
                  return Keksrezept;
            }
      }
}
```

1. `string ofenTemp = einSuperKoch.Temperatur;`

2. `string lieferant = einSuperKoch.zutatenlieferant;`

3. `int bestellmengeFürGuteKunden = 94;`

4. `einSuperKoch.geheimzutat = "Kardamom";`

5. `einSuperKoch.Keksrezept = "3 Eier, 2 1/2 Tassen Mehl, 1 Msp. Salz, 1 Msp. Vanille und 1 1/2 Tassen Zucker vermischen. Zehn Minuten bei 200°C backen. Lecker!";`

6. `string rezept = einSuperKoch.RezeptAbrufen(56);`

7. Wie sieht der Wert von `rezept` aus, nachdem alle vorangehenden Anweisungen ausgeführt wurden, die sich kompilieren lassen?

....

....

Spitzen Sie Ihren Bleistift – Lösung

Hier ist eine Klasse mit ein paar privaten Feldern. Sie sollten unten die Anweisungen einkreisen, die sich **nicht kompilieren lassen**, wenn sie von außerhalb der Klasse über **eine Instanz namens einSuperKoch** aufgerufen werden.

```
public class SuperKoch
{
      public string Keksrezept;
      private string geheimzutat;
      private const int bestellmengeFürGuteKunden = 60;
      public int Temperatur;
      private string zutatenlieferant;

      public string RezeptAbrufen (int bestellMenge)
      {
            if (bestellMenge >= bestellmengeFürGuteKunden)
            {
                  return Keksrezept + " " + geheimzutat;
            }
            else
            {
                  return Keksrezept;
            }
      }
}
```

An die geheimzutat kommt man nur, indem man massenweise Kekse bestellt. Externer Code kann auf das Feld nicht direkt zugreifen.

1. `string ofenTemp = einSuperKoch.Temperatur;` (eingekreist)
2. `string lieferant = einSuperKoch.zutatenlieferant;` (eingekreist)
3. `int bestellmengeFürGuteKunden = 94;`
4. `einSuperKoch.geheimzutat = "Kardamom";` (eingekreist)
5. `einSuperKoch.Keksrezept = "3 Eier, 2 1/2 Tassen Mehl, 1 Msp. Salz, 1 Msp. Vanille und 1 1/2 Tassen Zucker vermischen. Zehn Minuten bei 200°C backen. Lecker!";`
6. `string rezept = einSuperKoch.RezeptAbrufen(56);`
7. Wie sieht der Wert von `rezept` aus, nachdem alle vorangehenden Anweisungen ausgeführt wurden, die sich kompilieren lassen?

1 lässt sich nicht kompilieren, weil Sie einem String nicht einfach einen int zuweisen können.

2 und 4 lassen sich nicht kompilieren, weil zutatenlieferant und geheimzutat privat sind.

»3 Eier, 2 1/2 Tassen Mehl, 1 Msp. Salz, 1 Msp. Vanille und 1 1/2 Tassen Zucker vermischen. Zehn Minuten bei 200°C backen. Lecker!«

DAS IST DOCH ALBERN. ALS ICH DAS FELD PRIVAT MACHTE, LIEß SICH MEIN PROGRAMM NICHT MEHR KOMPILIEREN, WEIL EINE ANDERE KLASSE VERSUCHTE, DARAUF ZUZUGREIFEN. MACHE ICH AUS »PRIVATE« WIEDER »PUBLIC«, LÄUFT ALLES WIEDER! DAS »PRIVATE« HAT ALSO DIE FUNKTIONSFÄHIGKEIT MEINES PROGRAMMS ZERSTÖRT. WARUM SOLL ICH DA FELDER PRIVAT MACHEN?

Weil Sie gelegentlich wünschen, dass Ihre Klassen Informationen vor dem Rest der Programms verbergen.

Vielen scheint Kapselung, wenn sie das erste Mal damit konfrontiert werden, etwas seltsam, da es irgendwie unlogisch scheint, Felder, Eigenschaften oder Methoden einer Klasse vor anderen Klassen zu verbergen. Aber es gibt triftige Gründe dafür, sich genaue Gedanken darüber zu machen, welche Informationen in Ihren Klassen für den Rest eines Programms zugänglich sein sollen.

Kapselung macht Ihre Klassen ...

- **leichter verwendbar**
  Sie wissen bereits, dass Klassen Felder nutzen, um ihren Zustand festzuhalten. Und viele nutzen Methoden, um diese Felder aktuell zu halten – Methoden, die nie von anderen Klassen verwendet werden. Sehr häufig haben Klassen Felder, Methoden und Eigenschaften, die nie von anderen Klassen aufgerufen werden. Machen Sie diese Member privat, erscheinen sie nicht im IntelliSense-Fenster, wenn Sie diese Klassen später nutzen müssen.
- **leichter wartbar**
  Erinnern Sie sich an den Fehler in Kathrins Anwendung? Dieser trat auf, weil das Formular direkt auf ein Feld zugriff, anstatt es über eine Methode zu setzen. Wäre das Feld privat gewesen, hätte dieser Fehler nicht auftreten können.
- **flexibler**
  Häufig möchten Sie Programmen später neue Funktionen hinzufügen. Wenn Ihre Klassen ordentlich gekapselt sind, wissen Sie später genau, wie Sie sie verwenden müssen.

Kapselung heißt, dass eine Klasse Informationen vor anderen Klassen verbirgt. Sie ist ein wichtiges Mittel zur Vermeidung von Fehlern.

KOPF-NUSS

Wie könnte eine schlecht gekapselte Klasse die spätere Veränderung eines Programms erschweren?

Marks Anwendung mangelt es an Kapselung

Erinnern Sie sich noch an Marks Navigationsprogramm aus Kapitel 3? Mark hat sich einer Geocaching-Gruppe angeschlossen und hofft, sein Programm könne ihm dabei Vorteile verschaffen. Aber es ist schon eine Weile her, dass er daran gearbeitet hat – und jetzt steht er vor einem Problem. Das Programm hat eine Klasse `Route`, die eine Route zwischen zwei Punkten speichert. Aber er stößt ständig auf Fehler, weil er sich nicht mehr erinnern kann, wie die Klasse eingesetzt werden sollte! Folgendes geschah, als Mark versuchte, seinen Code anzupassen:

Geocaching ist ein Sport, bei dem man mit GPS-Geräten irgendwo auf der Welt verborgene Behälter aufspürt. Mark ist ein absoluter Fan von allem, was mit GPS zu tun hat. Bald verstehen Sie vielleicht, was ihm daran so gefällt.

- Mark setzt das Feld `Startpunkt` auf die GPS-Koordinaten seines Wohnorts und das Feld `Endpunkt` auf die Koordinaten seines Büros und prüft das Feld `Länge`. Das Feld liefert ihm eine Länge von 15,3. Aber wenn er die Methode `GetRoutenlänge()` aufruft, erhält er nur 0.
- Er nutzt die Zugriffsmethode `SetStartpunkt()`, um den Startpunkt auf die Koordinaten seines Wohnorts zu setzen, und die Zugriffsmethode `SetEndpunkt()`, um den Endpunkt auf die Koordinaten seines Büros zu setzen. Die Methode `GetRoutenlänge()` liefert 9,51, das Feld `Länge` liefert 5,91.
- Wenn er versucht, den Startpunkt über das Feld `Startpunkt` und den Endpunkt über die Methode `SetEndpunkt()` zu setzen, liefert `GetRoutenlänge()` immer 0 und das Feld `Länge` ebenfalls.
- Versucht er, den Startpunkt mit der Methode `SetStartpunkt()` und den Endpunkt über das Feld `Endpunkt` zu setzen, enthält das Feld `Länge` 0, während ein Aufruf der Methode `GetRoutenlänge()` zu einem Programmabbruch mit einer Fehlermeldung führt, die irgendetwas davon sagt, dass man durch 0 nicht teilen darf.

MIST, ICH KANN MICH NICHT ERINNERN, OB ICH DAS FELD STARTPUNKT ODER DIE METHODE SETSTARTPUNKT() NUTZEN MUSS. ABER ICH BIN MIR SICHER, DASS DAS VORHER ALLES FUNKTIONIERT HAT!

Spitzen Sie Ihren Bleistift

Hier ist die Route-Klasse aus Marks Programm. Welche Felder oder Methoden würden ***Sie*** **`private`** machen, um die Verwendung der Klasse zu vereinfachen?

Route
Startpunkt Endpunkt Länge
GetRoutenlänge() GetStartpunkt() GetEndpunkt() SetStartpunkt() SetEndpunkt() StartpunktÄndern() EndpunktÄndern()

....

....

....

....

....

....

Dieses Problem lässt sich auf verschiedene Weise lösen! Schreiben Sie die Lösung auf, die Ihnen am besten scheint.

Betrachten Sie Objekte als undurchsichtig

Gelegentlich werden Sie hören, dass Programmierer Objekte als »Black Box« bezeichnen. Das ist eine ziemlich angemessene Betrachtungsweise. Rufen Sie die Methode eines Objekts auf, interessiert Sie nicht, wie diese Methode funktioniert – zumindest im Augenblick nicht. Sie interessiert nur, dass sie nimmt, was Sie ihr geben, und dass sie alles richtig macht.

Wenn Sie sich Code zuwenden, an dem Sie lange nicht mehr gearbeitet haben, kann es leicht passieren, dass Sie nicht mehr wissen, wie er genutzt wird. Eine gute Kapselung kann Ihnen dann das Leben erheblich erleichtern!

ICH WEIß, DASS DIESE KLASSE FUNKTIONIERT! JETZT INTERESSIERT MICH NUR, WIE ICH SIE FÜR MEIN GEOCACHING-PROJEKT EINSETZEN KANN.

In Kapitel 3 überlegte Mark, wie er sein Navigationsprogramm aufbauen könnte. Damals interessierte er sich dafür, wie die Klasse Route arbeitet. Aber das ist schon eine Weile her.

Später funktionierte der Navigator und wurde lange Zeit problemlos eingesetzt. Mark ist sich sicher, dass er so gut funktioniert, dass er seinen Geocaching-Ambitionen nützen müsste. Jetzt möchte er die Klasse Route wiederverwenden.

Kapseln Sie Ihre Klassen heute gut, lassen sie sich morgen erheblich leichter verwenden.

Hätte er sich bloß Gedanken über Kapselung gemacht, als er die Klasse erstellte! Dann würde sie ihm heute keine Kopfschmerzen bereiten!

Jetzt möchte Mark Objekte der Klasse Route als Black Box betrachten können. Er möchte sie mit den Koordinaten füttern und von ihnen eine Länge erhalten. Wie diese Länge berechnet wird, interessiert ihn in diesem Augenblick in keiner Weise.

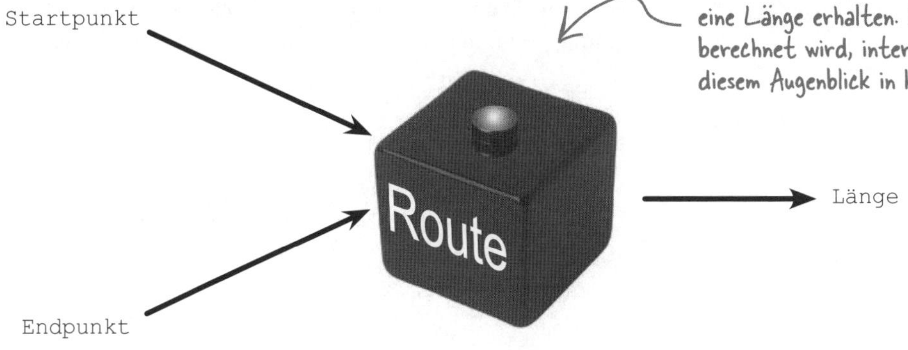
Startpunkt
Endpunkt
Route
Länge

EINE GUT GEKAPSELTE KLASSE MACHT ALSO GENAU DAS GLEICHE WIE EINE SCHLECHT GEKAPSELTE KLASSE!

Genau! Der Unterschied ist, dass eine gut gekapselte Klasse so gebaut ist, dass Fehler verhindert werden und die Klasse leichter zu verwenden ist.

Eine gut gekapselte Klasse lässt sich sehr leicht in eine schlecht gekapselte Klasse verwandeln: Ersetzen Sie einfach jedes Vorkommen von `private` mit `public`.

Das ist einer der interessanten Aspekte des Schlüsselworts `private`. Diese generelle Ersetzung können Sie mit jedem Programm vornehmen, und trotzdem wird es sich noch kompilieren lassen und auf gleiche Weise funktionieren – einer der Gründe dafür, dass Kapselung für manche Programmierer so schwer verständlich ist.

Bislang drehte sich alles, was Sie gelernt haben, darum, ein Programm **etwas tun zu lassen** – bestimmte Verhalten umzusetzen. Kapselung ist etwas anders. Sie ändert nicht, wie sich ihr Programm verhält. Bei ihr geht es mehr um die strategischen Aspekte der Programmierung: Indem Sie bei Entwurf und Aufbau einer Klasse entscheiden, welche Informationen sie verbergen soll, planen Sie, wie diese Klasse später verwendet wird. Je besser Ihr Plan ist, desto flexibler und wartbarer werden Ihre Programme sein, und desto erfolgreicher vermeiden Sie Fehler.

Und wie bei Strategiespielen üblich, gibt es eine fast unbegrenzte Anzahl möglicher Kapselungsstrategien!

Ein paar Gedanken zur Kapselung von Klassen

★ **Überlegen Sie, welche Felder missbraucht werden können.**
Was kann passieren, wenn sie nicht ordentlich gesetzt werden?

★ **Ist alles in Ihrer Klasse öffentlich?**
Hat Ihre Klasse nur öffentliche Felder und Methoden, müssen Sie wahrscheinlich noch etwas über die Kapselung nachdenken.

★ **Was passiert, wenn das Setzen bestimmter Felder zusätzliche Verarbeitungsschritte oder Berechnungen verlangt?**
Das sind die wichtigsten Kandidaten für eine Kapselung. Schreibt jemand später eine Methode, die den Wert in einem dieser Felder ändert, kann das Probleme bei der Arbeit bewirken, die das Programm erledigen soll.

ZUERST MÜSSEN DIE DEKORATIONSKOSTEN ERMITTELT WERDEN. KENNEN SIE DIESE, KÖNNEN SIE SIE EINFACH DEN ESSENS- UND GETRÄNKEKOSTEN HINZUADDIEREN, UM DIE GESAMTKOSTEN ZU ERHALTEN.

★ **Machen Sie Felder und Methoden nur dann öffentlich, wenn es erforderlich ist.**
Solange Sie keinen Grund haben, etwas als `public` zu deklarieren, tun Sie es auch nicht. Sie würden sich die Arbeit sicher erschweren, wenn Sie alle Felder in Ihrem Programm öffentlich machten – aber machen Sie sie auch nicht alle privat. Denken Sie zu Anfang ausgiebig darüber nach, welche Felder wirklich öffentlich sein müssen und welche nicht, kann Ihnen das später Zeit sparen.

Kapselung hält Ihre Daten rein

Manchmal ändert sich der Wert in einem Feld, während Ihr Programm seiner Arbeit nachgeht. Teilen Sie dem Programm nicht explizit mit, diesen Wert zurückzusetzen, kann es passieren, dass Sie Ihre Berechnungen mit veralteten Werten durchführen. In dem Fall sollten Sie Ihr Programm bestimmte Anweisungen ausführen lassen, wenn sich ein Feld ändert – beispielsweise Kathrins Programm die Kosten jeweils neu berechnen lassen, wenn sich die Personenanzahl ändert. Das Problem können wir umgehen, indem wir die Daten mit privaten Feldern kapseln. Wir bieten eine Methode an, um den Wert des Felds abzurufen, und eine weitere, um ihn zu setzen und dabei alle notwendigen Berechnungen durchzuführen.

Für die privaten Felder nutzen wir camelCase, für die öffentlichen PascalCase. Bei PascalCase wird der erste Buchstabe jedes Worts großgeschrieben, bei camelCase wird der erste Buchstabe des Namens kleingeschrieben. Die Großbuchstaben sehen dann wie die Höcker eines Kamels aus.

Wenn Sie bei den Namen Ihrer Felder, Eigenschaften, Variablen und Methoden Groß-/Kleinschreibung konsistent verwenden, ist Ihr Code lesbarer. Diesen Konventionen folgen viele Programmierer.

Ein kurzes Kapselungsbeispiel

Eine Bauer-Klasse nutzt ein Feld, um die Anzahl an Kühen zu speichern, und multipliziert diese mit einer Zahl, um zu berechnen, wie viele Säcke Viehfutter erforderlich sind, um die Kühe zu füttern:

```
class Bauer
{
      private int anzahlKühe;
}
```

Dieses Feld machen wir besser privat, damit es keiner ändern kann, ohne auch SäckeFutter zu ändern – sind diese beiden Werte nicht mehr synchron, kann das zu Fehlern führen!

Erstellen Sie ein Formular, in dem der Benutzer die Anzahl an Kühen in ein numerisches Feld eingeben kann, müssen Sie den Wert im Feld `anzahlKühe` ändern können. Dazu können Sie eine Methode erstellen, die den Wert dieses Felds an das Formular liefert.

```
public int AnzahlKüheAbrufen()
{
      return anzahlKühe;
}

public void AnzahlKüheSetzen(int neueAnzahlKühe)
{
      anzahlKühe = neueAnzahlKühe;
      SäckeFutter = anzahlKühe * FutterMultiplikator;
}
```

Wir fügen eine Methode hinzu, die anderen Klassen eine Möglichkeit gibt, die Anzahl an Kühen abzurufen.

Diese beiden Dinge bewirken dasselbe!

Und hier ist eine Methode, mit der die Anzahl von Kühen gesetzt werden kann, die gleichzeitig sicherstellt, dass das Feld SäckeFutter ebenfalls geändert wird. Jetzt bleiben diese beiden Felder immer synchron.

anzahlKühe ist ein privates Feld, deswegen haben wir für seinen Namen camelCase verwendet.

Eigenschaften vereinfachen die Kapselung

Sie können **Eigenschaften** verwenden, also Methoden, die für anderen Code wie gewöhnliche Felder aussehen. Eigenschaften können genutzt werden, um ein sogenanntes **Unterstützungsfeld** (ein Feld, das im Hintergrund von der Eigenschaft genutzt wird) abzurufen oder zu setzen.

Das private Feld anzahlKühe behalten wir bei. Es wird jetzt zum **Unterstützungsfeld** für die Eigenschaft AnzahlKühe.

Eigenschaften nutzen Sie, indem Sie sie mit einer gewöhnlichen Felddeklaration kombinieren. Hier ist die Deklaration für AnzahlKühe.

Dies ist ein **Getter** oder Get-Akzessor. Das ist eine Methode, die jedes Mal ausgeführt wird, wenn die Eigenschaft AnzahlKühe **gelesen** wird. Ihr Rückgabewert entspricht dem Typ der Variablen – in diesem Fall liefert es den Wert des privaten Felds anzahlKühe.

Das ist ein **Setter** oder Set-Akzessor, der jedes Mal aufgerufen wird, wenn die Eigenschaft AnzahlKühe **gesetzt** wird. Selbst wenn es scheint, als habe die Methode keinen Parameter, hat sie dennoch einen, der **value** heißt und den Wert enthält, auf den das Feld gesetzt wurde.

```
private int anzahlKühe;

public const int FutterMultiplikator = 30;

public int AnzahlKühe
{
    get
    {
        return anzahlKühe;
    }

    set
    {
        anzahlKühe = value;
        SäckeFutter = anzahlKühe * FutterMultiplikator;
    }
}
```

Nutzen können Sie Getter und Setter wie Felder. Hier ist der Code für einen Button, der die Anzahl an Kühen setzt und dann den Wert von SäckeFutter abruft:

```
private void button1_Click(object sender, EventArgs e) {
    Bauer einBauer = new Bauer();
    einBauer.AnzahlKühe = 10;

    int wieVieleSäcke = einBauer.SäckeFutter;

    einBauer.AnzahlKühe = 20;
    wieVieleSäcke = einBauer.SäckeFutter;
}
```

Setzt diese Zeile AnzahlKühe auf 10, setzt der Setter das private Feld anzahlKühe und aktualisiert dann das öffentliche Feld SäckeFutter.

Da der Setter für AnzahlKühe SäckeFutter aktualisiert hat, können Sie diesen Wert jetzt abrufen.

Obwohl der Code AnzahlKühe wie ein Feld behandelt, führt er den Setter aus und übergibt ihm 20. Fragt er das Feld SäckeFutter ab, führt er den Getter aus, der jetzt 600 liefert.

Tun Sie das!

Eine Anwendung zum Testen der Klasse Bauer erstellen

Erzeugen Sie eine neue Windows Forms-Anwendung, die wir nutzen können, um die Klasse Bauer zu testen und uns anzuschauen, wie Eigenschaften funktionieren. Wir werden die Methode **`Console.WriteLine()`** verwenden, um die Ergebnisse in das Ausgabefenster der IDE zu schreiben.

WUMM!
Aufgepasst

Konsolenausgaben werden im Ausgabefenster angezeigt.

Wenn eine Windows Forms-Anwendung die Methode `Console.WriteLine()` nutzt, wird die Ausgabe im Ausgabefenster der IDE angezeigt. Gewöhnlich nutzen WinForms-Anwendungen die Konsole nicht. Wir werden sie häufig als Lehrmittel nutzen.

1 Fügen Sie dem Projekt die Klasse Bauer hinzu:

```
class Bauer {
    public int SäckeFutter;
    public const int FutterMultiplikator = 30;

    private int anzahlKühe;
    public int AnzahlKühe {
         (Fügen Sie hier die
          Akzessoren von der letzten Seite ein.)
    }
}
```

2 Erstellen Sie dieses Formular:

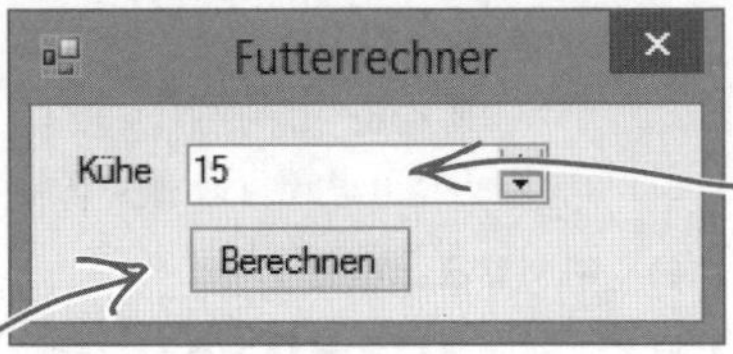
Futterrechner
Kühe
15
Berechnen

Geben Sie dem Button den Namen Berechnen – er nutzt die öffentlichen Bauer-Daten, um eine Zeile in die Ausgabe zu schreiben.

Setzen Sie für das NumericUpDown-Steuerelement Value auf 15, Minimum auf 5 und Maximum auf 300.

3 Hier ist der Code für das Formular. Er nutzt `Console.WriteLine()`, um seine Ausgabe an das **Ausgabefenster** zu senden (das Sie öffnen können, indem Sie im Menü Ansicht »Ausgabe« wählen). `WriteLine()` können Sie mehrere Parameter übergeben – der erste ist der zu schreibende String. Schließen Sie »`{0}`« in den String ein, ersetzt `WriteLine()` das mit dem zweiten Parameter. »`{1}`« ersetzt es mit dem dritten, »`{2}`« mit dem vierten usw.

```
public partial class Form1 : Form {
    Bauer bauer;
    public Form1() {
        InitializeComponent();
        bauer = new Bauer() { AnzahlKühe = 15 };
    }
    private void numericUpDown1_ValueChanged(object sender, EventArgs e) {
        bauer.AnzahlKühe = (int)numericUpDown1.Value;
    }
    private void berechnen_Click(object sender, EventArgs e) {
        Console.WriteLine("Ich brauche {0} Säcke Futter für die {1} Kühe",
            bauer.SäckeFutter, bauer.AnzahlKühe);
    }
}
```

Senden Sie mit der Methode Console.WriteLine() eine Textzeile an das Ausgabefenster der IDE.

WriteLine() ersetzt »{0}« mit dem Wert des zweiten Parameters und »{1}« mit dem des dritten Parameters.

Vergessen Sie nicht, dass Steuerelemente mit ihren Event-Handlern »verbunden werden« müssen! Klicken Sie in der IDE doppelt, auf Button und NumericUpDown, um diese die Event-Handler-Stubs erstellen zu lassen.

Automatische Eigenschaften

Es scheint, als würde der Viehfutterrechner richtig gut funktionieren. Probieren Sie ihn aus: Starten Sie das Programm und klicken Sie auf den Button. Ändern Sie dann die Kuhanzahl auf 30 und klicken Sie erneut auf den Button. Machen Sie das Gleiche für 5 Kühe und dann für 20 Kühe. Hier ist das Ausgabefenster:

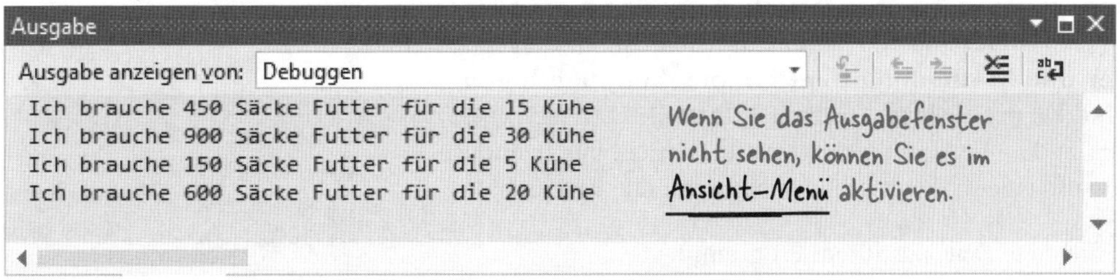
Ausgabe
Ausgabe anzeigen von: Debuggen
Ich brauche 450 Säcke Futter für die 15 Kühe
Ich brauche 900 Säcke Futter für die 30 Kühe
Ich brauche 150 Säcke Futter für die 5 Kühe
Ich brauche 600 Säcke Futter für die 20 Kühe
Wenn Sie das Ausgabefenster nicht sehen, können Sie es im Ansicht-Menü aktivieren.

Sehen Sie, wie Sie dabei versehentlich einen ziemlich verstörenden Fehler in Ihr Programm einbauen könnten?

Aber es gibt ein Problem. Fügen Sie einen Button hinzu, der diese Anweisung ausführt:

```
bauer.SäckeFutter = 5;
```

Führen Sie das Programm erneut aus. Es funktioniert korrekt, solange Sie nicht den neuen Button betätigen. Klicken Sie auf den neuen Button und dann erneut auf Berechnen. Die Ausgabe sagt jetzt, dass Sie 5 Säcke Futter brauchen – egal wie viele Kühe Sie haben! Sobald Sie das `NumericUpDown` geändert haben, sollte der Berechnen-Button wieder funktionieren.

Die Klasse Bauer vollständig kapseln

Das Problem ist, dass Ihre Klasse **nicht vollständig gekapselt ist**. AnzahlKühe haben Sie mit einer Eigenschaft gekapselt, aber SäckeFutter ist immer noch öffentlich. Dieses Problem gibt es oft. Es ist sogar so häufig, dass C# ein automatisiertes Mittel bietet, es zu beheben. Ändern Sie das öffentliche Feld SäckeFutter einfach in eine ***automatische Eigenschaft***. Diese können Sie mit der IDE sehr leicht erstellen:

Der Codeschnipsel prop-Tab-Tab fügt Ihrem Code eine automatische Eigenschaft hinzu.

1. Entfernen Sie aus der Klasse Bauer das Feld SäckeFutter. Gehen Sie mit dem Cursor an den Ort, an dem sich das Feld befand, tippen Sie **prop** ein und drücken Sie dann zweimal die Tabulatortaste. Die IDE fügt Ihrem Code dann diese Zeile hinzu:

```
public int MyProperty { get; set; }
```

2. Drücken Sie auf Tab, springt der Cursor zu `MyProperty`. Ändern Sie den Namen in `SäckeFutter`:

```
public int SäckeFutter { get; set; }
```

Jetzt haben Sie eine Eigenschaft statt eines Felds. Das funktioniert genau so, als hätten Sie ein Unterstützungsfeld verwendet (wie das private Feld `AnzahlKühe` hinter der öffentlichen Eigenschaft `AnzahlKühe`).

3. Das behebt das Problem noch nicht, aber die Reparatur ist einfach – machen Sie die **Eigenschaft schreibgeschützt**:

```
public int SäckeFutter { get; private set; }
```

Versuchen Sie, Ihren Code zu erstellen – Sie erhalten einen Fehler auf der Zeile, die `SäckeFutter` setzt. Dieser sagt Ihnen, dass der **Set-Akzessor nicht zugreifbar ist**. `SäckeFutter` kann nur in `Bauer` verändert werden – Sie müssen diese Zeile entfernen, damit Ihr Code wieder kompiliert werden kann. Entfernen Sie also **den Button und den Event-Handler** aus dem Formular. Jetzt ist `Bauer` besser gekapselt!

Was ist, wenn wir den FutterMultiplikator ändern möchten?

Wir haben den Viehfutterrechner so aufgebaut, dass er für den Futtermultiplikator einen `const`-Wert verwendet. Was aber ist, wenn wir die Klasse `Bauer` in anderen Programmen verwenden möchten, die andere Futtermultiplikatoren benötigen? Sie haben gesehen, dass eine schlechte Kapselung zu Problemen führen kann, wenn ein Feld für andere Klassen zugreifbar ist. Deswegen sollten Sie **nur die Felder und Methoden öffentlich machen, bei denen das notwendig ist**. Da der Viehfutterrechner `FutterMultiplikator` nie aktualisiert, darf anderen Klassen nicht gestattet werden, ihn zu ändern. Machen wir daraus also eine schreibgeschützte automatische Eigenschaft.

Tun Sie das!

1 Entfernen Sie diese Zeile aus Ihrem Programm:

```
public const int FutterMultiplikator = 30;
```

Nutzen Sie `prop-Tab-Tab`, um eine schreibgeschützte Eigenschaft einzufügen. Statt einer automatischen Eigenschaft nutzen Sie diesmal aber ein Unterstützungsfeld:

```
private int futterMultiplikator;
public int FutterMultiplikator { get { return futterMultiplikator; } }
```

Diese Eigenschaft verhält sich wie ein int-Feld, speichert den Wert aber nicht selbst, sondern liefert das Unterstützungsfeld futterMultiplikator. Da es kein Set gibt, ist die Eigenschaft schreibgeschützt. Get ist öffentlich, also können andere Klassen FutterMultiplikator lesen. Set ist privat, also können andere es nicht schreiben.

Da wir aus FutterMultiplikator ein privates int-Feld gemacht haben, haben wir den Namen geändert (kleines »f«). Das entspricht der standardmäßigen Namenskonvention, die Sie im gesamten Buch sehen werden.

2 Nehmen Sie diese Änderungen an Ihrem Code vor und führen Sie ihn dann aus. Oh, oh – irgendetwas stimmt nicht! `SäckeFutter` **liefert immer 0 Säcke**!

Moment. Eigentlich ist das doch klar. `FutterMultiplikator` wurde nie initialisiert. Es begann mit dem Default-Wert null und ändert sich nicht. Eine Multiplikation mit der Anzahl von Kühen liefert Ihnen immer noch null. Fügen wir also einen Objektinitialisierer hinzu:

```
public Form1() {
    InitializeComponent();
    bauer = new Bauer() { AnzahlKühe = 15, futterMultiplikator = 30 };
```

Hm ... jetzt lässt sich das Programm **nicht mehr kompilieren**! Sie sollten folgenden Fehler sehen:

In der Fehlerliste präsentiert Ihnen die IDE nützliche Warnungen, die Sie z. B. darüber informieren, dass Sie vergessen haben, eine Variable vor der Verwendung zu initialisieren.

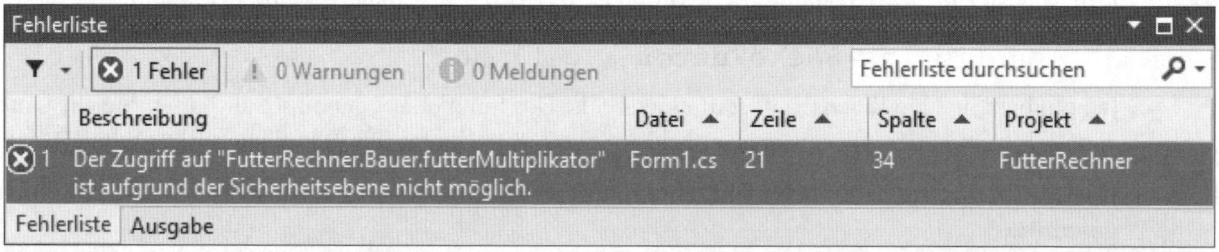
Fehlerliste
1 Fehler
0 Warnungen
0 Meldungen
Fehlerliste durchsuchen
Beschreibung
Datei
Zeile
Spalte
Projekt
1 Der Zugriff auf "FutterRechner.Bauer.futterMultiplikator" ist aufgrund der Sicherheitsebene nicht möglich.
Form1.cs
21
34
FutterRechner
Fehlerliste
Ausgabe

Nur öffentliche Felder und Eigenschaften können mit Objektinitialisierern initialisiert werden. Wie also können wir sicherstellen, dass unser Objekt ordentlich initialisiert wird, wenn einige der zu initialisierenden Felder privat sind?

Initialisieren Sie private Felder mit einem Konstruktor

Müssen Sie ein Objekt initialisieren, bei dem einige der zu initialisierenden Felder privat sind, reicht ein Objektinitialisierer nicht aus. Glücklicherweise gibt es eine spezielle Methode, die Sie Ihrer Klasse hinzufügen können. Diese wird als **Konstruktor** bezeichnet. Hat eine Klasse einen Konstruktor, ist dieser das, was **als Allererstes ausgeführt wird,** wenn mit dem Schlüsselwort `new` ein Objekt instantiiert wird. Sie können dem Konstruktor Parameter übergeben, um ihm die Werte zu liefern, die initialisiert werden müssen. Aber der Konstruktor **hat keinen Rückgabewert**, weil Sie ihn nicht direkt aufrufen. Sie übergeben ihn als Parameter an die Anweisung `new`. Und Sie wissen bereits, dass `new` das Objekt zurückliefert – ein Konstruktor hat also keine Möglichkeit, einen Wert zurückzuliefern.

Einer Klasse fügen Sie einen Konstruktor hinzu, indem Sie ihr eine Methode hinzufügen, die den gleichen Namen wie die Klasse hat, aber keinen Rückgabewert.

1. **FÜGEN SIE DER KLASSE BAUER EINEN KONSTRUKTOR HINZU.**
Dieser Konstruktor hat nur zwei Zeilen, aber in denen geschieht eine ganze Menge. Gehen wir es schrittweise durch. Wir wissen bereits, dass wir für die Klasse die Anzahl Kühe und einen Futtermultiplikator benötigen. Da wir `futterMultiplikator` in einen gewöhnlichen `int` verwandelt haben, brauchen wir eine Möglichkeit, ihn zu initialisieren. Fügen wir beide also dem Konstruktor als Parameter hinzu. Dann setzen wir die beiden Eigenschaften.

Beachten Sie, dass nach dem »public« kein »void« oder »int« und auch kein anderer Typ folgt, weil Konstruktoren keinen Rückgabewert haben.

```
public Bauer(int anzahlKühe, int futterMultiplikator) {
    this.futterMultiplikator = futterMultiplikator;
    AnzahlKühe = anzahlKühe;
}
```

Das Schlüsselwort »this« sagt C#, dass Sie das Feld meinen, nicht den gleichnamigen Parameter.

Zunächst setzen wir den Futtermultiplikator, weil er gesetzt sein muss, bevor wir den AnzahlKühe-Setter aufrufen.

Setzen wir einfach das private Feld anzahlKühe, wird der Setter für AnzahlKühe nie aufgerufen. Das Setzen von AnzahlKühe stellt sicher, dass er aufgerufen wird.

Diesen Fehler erhalten Sie, wenn Ihr Konstruktor Parameter erwartet, beim Aufruf aber keine angegeben werden.

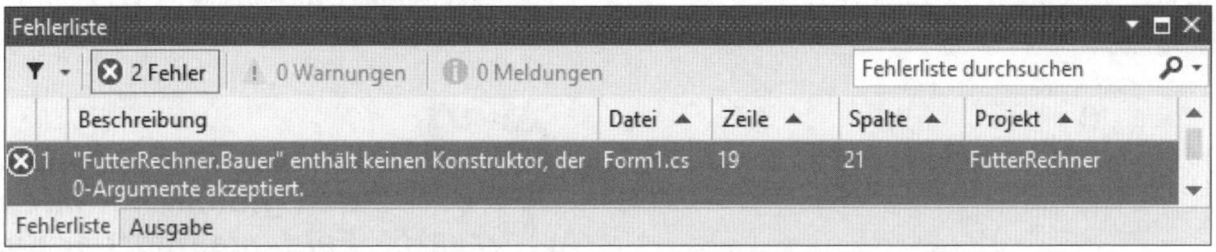

Fehlerliste
2 Fehler
0 Warnungen
0 Meldungen
Fehlerliste durchsuchen
Beschreibung
Datei
Zeile
Spalte
Projekt
1 "FutterRechner.Bauer" enthält keinen Konstruktor, der 0-Argumente akzeptiert.
Form1.cs
19
21
FutterRechner
Fehlerliste
Ausgabe

2. **ÄNDERN SIE DAS FORMULAR SO, DASS ES DEN KONSTRUKTOR NUTZT.**
Jetzt müssen Sie das Formular nur noch so ändern, dass die `new`-Anweisung, die das `Bauer`-Objekt erzeugt, statt des Objektinitialisierers den Konstruktor verwendet. Ersetzen Sie die `new`-Anweisung, verschwinden beide Fehler: Der Code funktioniert.

```
public Form1() {
    InitializeComponent();
    bauer = new Bauer(15, 30);
}
```

Sie wissen bereits, dass das Formular ein Objekt ist. Es hat also ebenfalls einen Konstruktor! Genau das ist diese Methode – beachten Sie, dass sie (genau wie die Klasse) Form1 heißt und keinen Rückgabewert hat.

Hier ruft die new-Anweisung den Konstruktor auf. Das sieht genau wie jede andere new-Anweisung aus, nur dass Parameter an die Konstruktormethode übergeben werden. Achten Sie bei der Eingabe auf das IntelliSense-Fenster – das sieht genau so aus wie bei jeder anderen Methode.

Konstruktoren unter dem Mikroskop

Werfen wir einen genaueren Blick auf den Bauer-Konstruktor, damit wir verstehen, was hier wirklich passiert.

Weil Konstruktoren nichts zurückliefern, gibt es keinen Rückgabetyp.

Dieser Konstruktor hat zwei Parameter, die genau wie gewöhnliche Parameter funktionieren. Der erste gibt die Anzahl Kühe an, der zweite den Futtermultiplikator.

```
public Bauer(int anzahlKühe, int futterMultiplikator) {
    this.futterMultiplikator = futterMultiplikator;
    AnzahlKühe = anzahlKühe;
}
```

Der Futtermultiplikator muss zuerst gesetzt werden, weil die zweite Anweisung, die den Setter von AnzahlKühe aufruft, für den FutterMultiplikator einen Wert haben muss, damit SäckeFutter gesetzt werden kann.

In Konstruktoren werden Sie dem Schlüsselwort this oft begegnen. Das Feld wird explizit über die Instanz referenziert, da Felder häufig von Parametern gleichen Namens verdeckt werden.

»this« ist immer eine Referenz auf das aktuelle Objekt. »this.futtermultiplikator« verweist auf das Feld. Lassen Sie »this« weg, verweist futtermultiplikator auf den Parameter. Die erste Zeile im Konstruktor setzt das private Feld futtermultiplikator auf den Wert des zweiten Konstruktorparameters.

Es gibt keine Dummen Fragen

F: Kann man auch einen Konstruktor ohne Parameter haben?

A: Ja. Es ist sogar recht verbreitet, dass Klassen Konstruktoren ohne Parameter haben. Und Sie haben dafür auch schon ein Beispiel gesehen – **den Konstruktor Ihres Formulars**. Werfen Sie einen Blick in ein neu erzeugtes Windows-Formular und suchen Sie seine Konstruktordeklaration:

```
public Form1() {
  InitializeComponent();
}
```

Das ist der Konstruktor für Ihr `Form`-Objekt. Er erwartet keine Parameter, muss aber eine Menge erledigen. Nehmen Sie sich eine Minute Zeit und öffnen Sie `Form1.Designer.cs`. Suchen Sie die Methode `InitializeComponent()`, indem Sie auf das Pluszeichen neben »Vom Windows Form-Designer generierter Code« klicken.

Diese Methode initialisiert alle Steuerelemente im Formular und setzt alle ihre Eigenschaften. Ziehen Sie ein neues Steuerelement auf Ihr Formular im Form-Designer der IDE und setzen im Eigenschaften-Fenster ein paar Eigenschaften, sehen Sie, dass sich diese Änderungen in der Methode `InitializeComponent()` widerspiegeln.

Die Methode `InitializeComponent()` wird im Konstruktor des Formulars aufgerufen, damit alle Steuerelemente initialisiert werden, sobald das `Form`-Objekt erzeugt wird. (Denken Sie daran, dass jedes Formular, das angezeigt wird, einfach nur ein Objekt ist, das Methoden nutzt, die das .NET Framework im System.Windows. Forms-Namensraum zur Anzeige von Fenstern, Buttons und anderen Steuerelementen anbietet.)

WUMM!

Aufgepasst

Hat ein Methodenparameter den gleichen Namen wie ein Feld, maskiert er das Feld.

Der `futterMultiplikator`-Parameter des Konstruktors verbirgt das Hintergrundfeld für die Eigenschaft `FutterMultiplikator`, weil beide den gleichen Namen haben. Innerhalb des Konstruktors hat der Parameter Vorrang. Möchten Sie im Konstruktor das Unterstützungsfeld nutzen, müssten Sie »`this.`« verwenden – `futterMultiplikator` verweist auf den Parameter, und über `this.futterMultiplikator` greifen Sie auf das private Feld zu.

Sie haben Schwierigkeiten, sich zu merken, was »this« macht? Es verweist auf »diese« Instanz

Es gibt keine Dummen Fragen

F: Wozu sollte man in Gettern oder Settern eine komplizierte Logik brauchen? Das ist doch nur ein Verfahren, ein Feld zu erstellen.

A: Weil Sie manchmal wissen, dass Sie jedes Mal, wenn ein Feld gesetzt wird, eine Berechnung oder eine Aktion ausführen müssen. Denken Sie an Kathrins Problem – sie bekam Ärger, weil das Formular die Methoden zur Neuberechnung der Dekorationskosten nicht ausführte, nachdem die Personenanzahl in der Klasse `Abendessen` neu gesetzt wurde. Würden wir das Feld durch einen Setter ersetzen, könnten wir sicherstellen, dass der Setter die Dekorationskosten neu berechnet. (Und genau das werden Sie bald tun!)

F: Moment – was ist denn dann der Unterschied zwischen einer Methode und einem Setter oder Getter?

A: Es gibt keinen! Getter und Setter sind besondere Arten von Methoden – für andere Objekte sehen sie wie Felder aus, und sie werden aufgerufen, wenn das Feld gesetzt oder gelesen wird. Der Wert, den Getter liefern, hat immer den gleichen Typ wie das Feld, und Setter erwarten immer genau einen Parameter namens `value`, der den gleichen Typ hat wie das Feld. Ach, und statt »Getter und Setter« können Sie einfach »Eigenschaft« sagen.

F: Können in einer Eigenschaft BELIEBIGE Arten von Anweisungen stehen?

A: Sicher. Alles, was Sie in einer Methode tun können, können Sie auch in einer Eigenschaft tun. Sie können andere Methoden aufrufen, auf andere Felder zugreifen, sogar Objekte und Instanzen erzeugen. Aber sie werden nur aufgerufen, wenn auf eine Eigenschaft zugegriffen wird. Es ergibt also keinen Sinn, in ihnen Anweisungen anzugeben, die nichts mit dem Abrufen oder Setzen der Eigenschaft zu tun haben.

F: Wenn ein Setter immer einen Parameter namens value erwartet, warum enthält seine Deklaration dann keine Klammer mit »int value«, wie man das bei jeder anderen Methode hätte, die einen Parameter namens value erwartet?

A: Weil C# so konzipiert wurde, dass Sie keine Informationen angeben müssen, die der Compiler nicht benötigt. Der Parameter wird deklariert, ohne dass Sie ihn explizit eintippen müssen. Das ist nicht viel, wenn Sie nur ein oder zwei Eigenschaften eintippen – aber wenn es ein paar Hundert werden, kann das wirklich Zeit sparen (und verhindert Fehler).

Jeder Setter hat ***immer*** genau einen Parameter namens `value`, und der Typ dieses Parameters entspricht **immer** dem Typ der Eigenschaft. C# hat alle erforderlichen Informationen zu Typ und Parameter, sobald Sie »`set {`« eintippen. Mehr müssen Sie nicht schreiben, und C# zwingt Sie nicht, mehr zu tippen, als unbedingt notwendig ist.

F: Einen Augenblick – muss ich meinem Konstruktor deswegen keinen Rückgabewert hinzufügen?

A: Genau! Ihr Konstruktor muss keinen Rückgabewert haben, weil ***jeder*** Konstruktor `void` ist. Es wäre redundant, würde man Sie zwingen, vor jedem Konstruktor »`void`« anzugeben, deswegen müssen Sie es nicht.

F: Kann ich Get ohne Set oder Set ohne Get haben?

A: Ja! Wenn Sie einen Getter, aber keinen Setter haben, erzeugen Sie eine schreibgeschützte Eigenschaft. Die Klasse `Geheimagent` könnte eine solche beispielsweise für den Namen verwenden:

```
string name =
       "Agent Orange";
public string Name {
   get { return name; }}
```

Und wenn Sie eine Eigenschaft mit Setter, aber ohne Getter erstellen, kann Ihr Unterstützungsfeld nur geschrieben, aber nicht gelesen werden. Die Klasse Geheimagent könnte das für eine Passwort-Eigenschaft verwenden, die andere Spione schreiben, aber nicht lesen können:

```
public string Passwort {
 set {
  if (value == geheimCode) {
    name = "Ganz Geheim";
  }
}
```

Beide Techniken sind praktisch, wenn Sie mit Kapselung arbeiten.

F: Obwohl wir schon eine Weile Objekte nutzen, habe ich noch keine Konstruktoren geschrieben. Heißt das, dass nicht alle Klassen einen brauchen?

A: Nein, es heißt, dass C# automatisch einen für Sie erstellt, wenn keiner definiert ist. Ist einer definiert, macht es das nicht. Das ist für die Kapselung gut, weil es heißt, dass Sie die Möglichkeit haben – aber nicht genötigt sind –, jeden, der Ihre Klasse instantiiert, zu zwingen, Ihren Konstruktor zu nutzen.

Eigenschaften (Getter und Setter) sind Methoden, die beim Zugriff auf Felder aufgerufen werden.

Ein Tipp: Die erste Zeile einer Methode, die Zugriffsmodifizierer, Rückgabewert, Name und Parameterliste enthält, bezeichnet man als Methodensignatur. Eigenschaften haben ebenfalls Signaturen.

Spitzen Sie Ihren Bleistift

Schauen Sie sich die Getter und Setter und die Sichtbarkeiten der Felder und Eigenschaften im Code der Klasse `DigitalRechnung` an. Schreiben Sie dann auf, was von den drei Codefragmenten unten auf der Seite ausgegeben wird.

```
class DigitalRechnung {
    private int mietgebühr;
    public DigitalRechnung(int mietgebühr) {
        this.mietgebühr = mietgebühr;
        rabatt = false;
    }

    private int payPerViewRabatt;
    private bool rabatt;
    public bool Rabatt {
        set {
            rabatt = value;
            if (rabatt)
                payPerViewRabatt = 2;
            else
                payPerViewRabatt = 0;
        }
    }

    public int BetragBerechnen(int bestellteFilme) {
        return (mietgebühr - payPerViewRabatt) * bestellteFilme;
    }
}
```

```
1. DigitalRechnung januar = new DigitalRechnung(4);
   MessageBox.Show(januar.BetragBerechnen(7).ToString());
```

Was wird ausgegeben?

```
2. DigitalRechnung februar = new DigitalRechnung(7);
   februar.payPerViewRabatt = 1;
   MessageBox.Show(februar.BetragBerechnen(3).ToString());
```

Was wird ausgegeben?

```
3. DigitalRechnung märz = new DigitalRechnung(9);
   märz.Rabatt = true;
   MessageBox.Show(märz.BetragBerechnen(6).ToString());
```

Was wird ausgegeben?

Es gibt keine Dummen Fragen

F: Mir ist aufgefallen, dass Sie für einige Felder Namen mit Großbuchstaben verwendet haben, für andere aber Namen mit Kleinbuchstaben. Ist das wichtig?

A: Ja – es ist wichtig für Sie. Aber für den Compiler ist es egal. C# kümmert sich nicht darum, welche Namen Sie Ihren Variablen geben. Aber wenn Sie seltsame Namen wählen, kann das die Lesbarkeit Ihres Codes verschlechtern. Manchmal kann es verwirrend sein, wenn sich Variablennamen nur in der Groß-/Kleinschreibung des ersten Buchstabens unterscheiden.

In C# ist die Groß-/Kleinschreibung relevant. In einer Methode können Sie zwei separate Variablen mit den Namen `Party` und `party` haben. Für das Auge mag das verwirrend sein, aber der Compiler hat keine Schwierigkeiten damit. Hier sind ein paar Tipps zu Variablennamen, die Sie auf Kurs halten. Das sind keine festgeschriebenen Regeln – dem Compiler ist es vollkommen gleich, ob Ihre Variable Groß- oder Kleinbuchstaben verwendet –, aber es sind praktische Richtlinien, die helfen, Ihren Code lesbarer zu machen.

1. Wenn Sie ein privates Feld deklarieren, sollten Sie camelCase verwenden (mit einem Kleinbuchstaben beginnen).

2. Öffentliche Eigenschaften und Methoden sollten PascalCase verwenden (mit einem Großbuchstaben beginnen).

3. Methodenparameter sollten camelCase verwenden.

4. Einige Methoden, insbesondere Konstruktoren, haben gelegentlich Parameter mit dem gleichen Namen wie Felder. Wenn das passiert, **maskiert** der Parameter das Feld. Das bedeutet, dass Anweisungen in der Methode, die diesen Namen verwenden, den Parameter referenzieren und nicht das Feld. Nutzen Sie das Schlüsselwort `this`, um dieses Problem zu beheben – fügen Sie es der Variablen hinzu, um dem Compiler zu sagen, dass Sie das Feld und nicht den Parameter meinen.

Spitzen Sie Ihren Bleistift

Dieser Code birgt Probleme. Schreiben Sie auf, was Ihrer Meinung nach falsch ist und wie Sie es ändern würden.

```
class KaugummiAutomat {
        private int kaugummis;

        private int preis;
        public int Preis
        {
          get
          {
                return preis;
          }
        }

        public KaugummiAutomat(int kaugummis, int preis)
        {
                kaugummis = this.kaugummis;
                preis = Preis;
        }

        public string KaugummiAusgeben(int preis, int eingefügteMünzen)
        {
                if (this.eingefügteMünzen >= preis) { // Feld prüfen
                        kaugummis -= 1;
                        return "Hier ist Ihr Kaugummi";
                } else {
                        return "Werfen Sie mehr Münzen ein";
                }
        }
}
```

ÜBUNG

Nutzen Sie das, was Sie über Eigenschaften und Konstruktoren gelernt haben, um Kathrins Party-Planner zu reparieren. Die neue Version wird viel einfacher und konsistenter als die alte sein.

1 WIE MAN DEN PARTY-PLANER REPARIERT ...

Wenn wir die `Abendessen`-Klasse reparieren möchten, müssen wir sicherstellen, dass die Methode `DekokostenBerechnen()` jedes Mal aufgerufen wird, wenn sich `Personenanzahl` ändert. Das erreichen wir, indem wir eine Eigenschaft namens `Kosten` einführen.

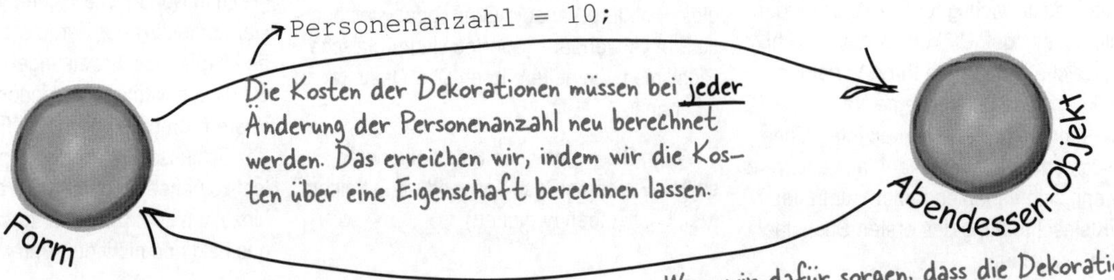

Personenanzahl = 10;
Die Kosten der Dekorationen müssen bei jeder Änderung der Personenanzahl neu berechnet werden. Das erreichen wir, indem wir die Kosten über eine Eigenschaft berechnen lassen.
Form
Abendessen-Objekt

`Kosten` liefert beim nächsten Zugriff 650.

Wenn wir dafür sorgen, dass die Dekorationskosten bei jedem Zugriff auf Kosten neu berechnet werden, müssen wir nur eine Option auf dem Abendessen-Objekt setzen und die Kosten abrufen.

2 NUTZEN SIE EIGENSCHAFTEN, UM DIE PERSONENANZAHL UND DIE OPTIONEN ZU SETZEN.

Wahrscheinlich sollten Sie ein neues Projekt erstellen, da wir die Klasse `Abendessen` umkrempeln werden. Erstellen Sie zunächst drei automatische Eigenschaften:

```
public int Personenanzahl { get; set; }

public bool ExklusiverAbend { get; set; }

public bool TrockenerAbend { get; set; }
```

Hier ist das Klassendiagramm für die neue Abendessen-Klasse.

Abendessen
Personenanzahl: int ExklusiverAbend: bool TrockenerAbend: bool Kosten: decimal
private Methoden: *DekokostenBerechnen()* *GetränkekostenProPerson Berechnen();*

Außerdem brauchen Sie einen **Konstruktor,** der diese Eigenschaften setzt:

```
public Abendessen(int personenanzahl, bool trockenerAbend,
                  bool exklusiverAbend)
```

3 ERSTELLEN SIE PRIVATE METHODEN ZUR BERECHNUNG DER KOSTEN FÜR DIE EINZELNEN POSTEN.

Hier sind die Signaturen für Methoden, die bei der Kostenberechnung hilfreich sein können. Ergänzen Sie die fehlende Logik:

```
private decimal DekokostenBerechnen() { ... }

private decimal GetränkekostenProPersonBerechnen() { ... }
```

Diese Methoden sollten denen, die wir zu Anfang des Kapitels geschrieben haben, recht ähnlich sein.

4 FÜGEN SIE EINE SCHREIBGESCHÜTZTE `Kosten`-EIGENSCHAFT ZUR BERECHNUNG DER KOSTEN EIN.

Fügen Sie eine Eigenschaft `Kosten` ein, die die Kosten eines Abendessens berechnet:

```
public decimal Kosten {
    get {
       // Ergänzen Sie den Code zur Berechnung der Kosten.
    }
}
```

*Ein Tipp: Nutzen Sie eine decimal-Variable namens kosten und dann die zusammengesetzten Operatoren += und *=, um ihren Wert zu verändern, bevor Sie die endgültigen Kosten zurückliefern.*

5 **AKTUALISIEREN SIE DAS FORMULAR SO, DASS ES DIE NEUEN EIGENSCHAFTEN NUTZT.**
Hier ist der vollständige Code für das Formular. Er nutzt den Konstruktor und die drei Eigenschaften (`Personenanzahl`, `ExklusiverAbend` und `TrockenerAbend`), um Informationen an das Objekt zu übergeben, sowie die Eigenschaft `Kosten`, um die Kosten zu berechnen.

```
public partial class Form1 : Form
{
    Abendessen abendessen;
    public Form1()
    {
        InitializeComponent();
        abendessen = new Abendessen((int)numericUpDown1.Value,
                              trockenBox.Checked, exklusivBox.Checked);
        KostenAnzeigen();
    }

    private void exklusivBox_CheckedChanged(object sender, EventArgs e)
    {
        abendessen.ExklusiverAbend = exklusivBox.Checked;
        KostenAnzeigen();
    }

    private void trockenBox_CheckedChanged(object sender, EventArgs e)
    {
        abendessen.TrockenerAbend = trockenBox.Checked;
        KostenAnzeigen();
    }

    private void numericUpDown1_ValueChanged(object sender, EventArgs e)
    {
        abendessen.Personenanzahl = (int)numericUpDown1.Value;
        KostenAnzeigen();
    }

    private void KostenAnzeigen()
    {
        decimal Kosten = abendessen.Kosten;
        kostenLabel.Text = Kosten.ToString("c");
    }
}
```

Das Formular speichert eine Instanz von Abendessen und aktualisiert ihre Eigenschaften, sobald sich die Personenanzahl oder eine der Optionen ändert.

Das Formular nutzt den Konstruktor des Abendessen-Objekts, um es mit den richtigen Werten zu initialisieren. Sie müssen Ihrer Abendessen-Klasse diesen Konstruktor geben.

Diese Methode aktualisiert die Abendessenkosten auf dem Formular, indem sie bei jeder Aktualisierung des Formulars auf die Eigenschaft Kosten zugreift.

Das Formular ist jetzt einfacher, weil es nicht mehr auf Methoden für die Berechnungen zugreifen muss. Diese Berechnungen werden nun alle von der Eigenschaft `Kosten` gekapselt.

Dieses Konzept bezeichnet man als »Separation of Concerns« oder »Trennung der Verantwortlichkeiten«. Es ist ein gutes Verfahren bei der Gestaltung von Programmen. Das Formular ist für die Benutzerschnittstelle verantwortlich, das Abendessen-Objekt für die Kostenberechnung.

LÖSUNG ZUR ÜBUNG

Haben Sie bemerkt, dass das neue Formular gar nicht mehr viel tun muss? Es muss nur noch Eigenschaften auf Objekten setzen, wenn es Eingaben erhält, und seine Ausgabe auf Basis dieser Eigenschaften ändern. Schauen Sie sich genau an, wie der Code für die Eingabe und Ausgabe von dem für die Berechnungen getrennt wird.

```
class Abendessen {
    public const int EssenskostenProPerson = 25;

    public int Personenanzahl { get; set; }

    public bool ExklusiverAbend { get; set; }

    public bool TrockenerAbend { get; set; }

    public Abendessen(int personenanzahl, bool trockenerAbend, bool exklusiverAbend) {
        Personenanzahl = personenanzahl;
        ExklusiverAbend = exklusiverAbend;
        TrockenerAbend = trockenerAbend;
    }

    private decimal DekokostenBerechnen() {
        decimal dekokosten;
        if (ExklusiverAbend)
        {
            dekokosten = (Personenanzahl * 15.00M) + 50M;
        }
        else
        {
            dekokosten = (Personenanzahl * 7.50M) + 30M;
        }
        return dekokosten;
    }

    private decimal GetränkekostenProPersonBerechnen() {
        decimal getränkekostenProPerson;
        if (TrockenerAbend)
        {
            getränkekostenProPerson = 5.00M;
        }
        else
        {
            getränkekostenProPerson = 20.00M;
        }
        return getränkekostenProPerson;
    }

    public decimal Kosten {
        get {
            decimal kosten = DekokostenBerechnen();
            kosten += ((GetränkekostenProPersonBerechnen()
                                  + EssenskostenProPerson) * Personenanzahl);
            if (TrockenerAbend)
            {
                kosten *= .95M;
            }
            return kosten;
        }
    }
}
```

Diese Eigenschaften werden im Konstruktor gesetzt und vom Formular aktualisiert. Sie werden bei der Berechnung der Kosten verwendet.

Hier ist der Abendessen-Konstruktor. Er setzt die drei Eigenschaften auf Basis der Eigenschaftswerte, die ihm vom Formular übergeben werden.

Wir machen diese Methode privat, damit man nur aus der Klasse heraus auf sie zugreifen kann. Das verhindert den Missbrauch.

Die privaten Methoden, die in der Kostenberechnung genutzt werden, greifen auf die Eigenschaften zu, um auf die letzten Daten aus dem Formular zuzugreifen.

Da die Berechnungen jetzt privat sind und von der Eigenschaft Kosten gekapselt werden, kann das Formular die Dekokosten nicht mehr neu berechnen, ohne die aktuellen Werte zu berücksichtigen. Das behebt den Fehler, der Kathrin höchstwahrscheinlich einen ihrer besten Kunden gekostet hat!

In der ersten Version des Programms hatten Sie eine Methode mit dem Namen `TrockenerAbendWählen()`. Diese wurde jetzt in eine Eigenschaft namens `TrockenerAbend` geändert.

Wenn Sie eine Methode haben, deren Name Formen des Verbs »setzen« enthält, die den Zustand des Objekts ändert, sollten Sie erwägen, statt dieser Methode eine Eigenschaft zu verwenden. Das könnte deutlicher machen, welchen Zweck die Methode hat.

Das ist einer der Wege, die Sie die Kapselung Ihrer Klassen leichter verstehen und verwenden lassen.

Spitzen Sie Ihren Bleistift – Lösung

Schreiben Sie auf, was die Codeauszüge ausgeben.

1.
```
DigitalRechnung januar = new DigitalRechnung(4);
MessageBox.Show(januar.BetragBerechnen(7).ToString());
```

Was wird ausgegeben? 28

2.
```
DigitalRechnung februar = new DigitalRechnung(7);
februar.payPerViewRabatt = 1;
MessageBox.Show(februar.BetragBerechnen(3).ToString());
```

Was wird ausgegeben? kompiliert nicht

3.
```
DigitalRechnung märz = new DigitalRechnung(9);
märz.Rabatt = true;
MessageBox.Show(märz.BetragBerechnen(6).ToString());
```

Was wird ausgegeben? 42

Spitzen Sie Ihren Bleistift – Lösung

Dieser Code birgt Probleme. Schreiben Sie auf, was Ihrer Meinung nach falsch ist und wie Sie es ändern würden.

Der preis in Kleinbuchstaben verweist auf den Konstruktorparameter, nicht auf das Feld. Diese Zeile setzt den PARAMETER auf den Wert, der vom Getter für Preis geliefert wird, aber Preis wurde überhaupt noch nicht gesetzt! Er macht also nichts Vernünftiges. Ändern Sie den Konstruktorparameter in Preis mit großem P, funktioniert die Zeile ordentlich.

Das Schlüsselwort »this« steht vor dem falschen »kaugummis«. this.kaugummis verweist auf die Eigenschaft, kaugummis auf den Parameter.

Der Parameter maskiert das private Feld preis, und der Kommentar sagt, dass die Anweisung den Wert des Unterstützungsfelds preis prüfen soll.

```
public KaugummiAutomat(int kaugummis, int preis)
{
    kaugummis = this.kaugummis;
    preis = Preis;
}
public string KaugummiAusgeben(int preis, int eingefügteMünzen)
{
    if (this.eingefügteMünzen >= preis) { // Feld prüfen
        kaugummis -= 1;
        return "Hier ist Ihr Kaugummi";
    } else {
        return "Werfen Sie mehr Münzen ein";
    }
}
```

Das Schlüsselwort »this« steht vor einem Parameter. Dort gehört es nicht hin. Es sollte vor preis stehen, weil dieses Feld von dem Parameter maskiert wird.

Nehmen Sie sich einen Augenblick Zeit, um diesen Code genau in Augenschein zu nehmen. Derartige Fehler macht man zu Anfang häufig, wenn man mit Objekten arbeitet. Wenn Sie diese zu vermeiden lernen, wird Ihnen das Schreiben von Code erheblich leichter fallen.

6 Vererbung

Der Stammbaum Ihres Objekts

ICH BRETTER ALSO MIT MEINEM FAHRRAD-OBJEKT AUFS MOTODROM ZU, UND DA GEHT MIR PLÖTZLICH EIN LICHT AUF: »WENN DU VON ZWEIRAD ERBST, MUSST DU DA NICHT AUCH DIE BREMSEN()-METHODE IMPLEMENTIEREN?« DEN REST SIEHST DU JA. ZWANZIG STICHE - UND MAMA MEINT, ICH LIEGE FÜR VIER WOCHEN FLACH.
C# Tricked Out Rides

Es gibt Momente, da *WILL* man wie die eigenen Eltern sein.

Ist Ihnen schon einmal ein Objekt über den Weg gelaufen, das ***fast*** genau das macht, was ***Ihr*** Objekt machen soll? Und haben Sie sich gewünscht, Sie ***bräuchten einfach nur ein paar Dinge zu ändern*** und das Objekt wäre perfekt? Genau das ist der Grund dafür, dass **Vererbung** eins der mächtigsten und wichtigsten Konzepte in C# ist. Bevor Sie mit diesem Kapitel durch sind, werden Sie gelernt haben, wie Sie von einer Klasse **ableiten**, um ihr Verhalten zu bekommen, dabei aber die **Flexibilität** bewahren, Änderungen an diesem Verhalten vorzunehmen. Sie **vermeiden doppelten Code**, **modellieren die wahre Welt** präziser nach und erhalten Code, der **leichter zu warten ist.**

Kathrin plant auch Geburtstagsfeiern

Seitdem Sie Kathrins Programm ans Laufen gebracht haben, arbeitet sie permanent damit. Aber sie nutzt es nicht nur für Abendveranstaltungen, sie plant auch Geburtstagsfeiern, die allerdings etwas anders veranschlagt werden. Sie müssen also das Programm für sie auf Geburtstage erweitern.

ICH HABE GERADE EINE ANFRAGE FÜR EINE GEBURTSTAGSFEIER MIT 10 GÄSTEN ERHALTEN. KANN IHR PROGRAMM DAS AUCH?

Diese beiden Beträge sind mit denen für Abendveranstaltungen identisch.

Kostenvoranschlag für eine Geburtstagsfeier

- 25 € pro Person.
- Es gibt zwei Dekorationsoptionen. Beschränkt sich der Kunde auf normale Dekoration, kostet das 7,50 € pro Person plus 30 € Dekorationspauschale. Stattdessen kann der Kunde auch die umfangreicheren Dekorationen des »Exklusiven Abends« wählen – das kostet 15 € pro Person zuzüglich einer einmaligen Dekorationspauschale von 50 €.
- Hat eine Party vier oder weniger Gäste, wird eine Torte mit 18 cm Durchmesser angeboten (40 €), andernfalls eine mit 26 cm (75 €).
- Der Text auf dem Kuchen kostet 0,25 € pro Buchstabe. Auf eine 18-cm-Torte passen bis zu 16 Buchstaben, auf eine 26-cm-Torte bis zu 40.

Die Anwendung sollte mit beiden Typen von Partys klarkommen. Nutzen Sie ein Tab-Steuerelement mit einer Registerkarte für jeden Typ.

Die meisten Änderungen drehen sich um Kuchen und die Schrift darauf.

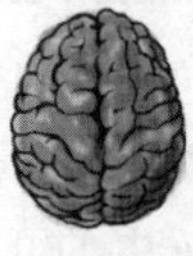

KOPF-NUSS

Bei Geburtstagsfeiern kann man keinen trockenen Abend wählen. Zu welchen Fehlern könnte das führen, wenn Sie einfach ein neues Projekt beginnen und den Code aus der `Abendessen`-Klasse aus dem letzten Kapitel per Copy-and-paste übernehmen?

Wir brauchen eine Geburtstagsfeier-Klasse

Das Programm so zu modifizieren, dass die Kosten von Kathrins Geburtstagsfeiern berechnet werden können, bedeutet, dass wir dem Programm eine neue Klasse hinzufügen und das Formular verändern müssen, damit wir beide Arten von Partys verarbeiten können.

All das werden wir in einer Minute tun – aber erst müssen wir einen Überblick darüber gewinnen, was diese Aufgabe alles beinhaltet.

Geburtstagsfeier
Personenanzahl Dekokosten Kuchengröße KuchenText Kosten

Das müssen wir tun:

1. **ERZEUGEN SIE DIE NEUE GEBURTSTAGSFEIER-KLASSE.**
   Unsere neue Klasse muss die Kosten berechnen, sich um die Dekoration kümmern und die Länge der Beschriftung für den Kuchen prüfen.

2. **FÜGEN SIE IHREM FORMULAR EIN TABCONTROL HINZU.**
   Die Registerkarten auf dem Formular haben Ähnlichkeit mit dem `GroupBox`-Steuerelement, das Sie verwendet haben, um in Workshop 1 zu zeigen, wer wie viel Geld im Wettbüro gesetzt hat. Klicken Sie einfach auf die Registerkarte, die Sie anzeigen möchten, und ziehen Sie Steuerelemente darauf.

3. **GEBEN SIE DER ERSTEN REGISTERKARTE EINEN NAMEN UND ZIEHEN SIE DIE ABENDESSEN-STEUERELEMENTE DARAUF.**
   Sie ziehen die Steuerelemente, die sich mit Abendessen befassen, auf eine neue Registerkarte. Sie funktionieren wie zuvor, werden aber nur angezeigt, wenn die Abendessen-Registerkarte ausgewählt wird.

4. **GEBEN SIE DER ZWEITEN REGISTERKARTE EINEN NAMEN UND FÜGEN SIE IHR DIE NEUEN GEBURTSTAGSFEIER-STEUERELEMENTE HINZU.**
   Die Schnittstelle für die Bearbeitung von Geburtstagsfeiern fügen Sie genau so hinzu wie sonst auch.

5. **VERKNÜPFEN SIE DIE KLASSE GEBURTSTAGSFEIER MIT DEN STEUERELEMENTEN.**
   Jetzt müssen Sie den Formularfeldern nur noch eine `Geburtstagsfeier`-Referenz hinzufügen und Ihren Steuerelementen den Code beigeben, der ihn die Methoden und Eigenschaften der Klasse nutzen lässt.

Es gibt keine Dummen Fragen

F: **Warum können wir nicht einfach eine neue Instanz von Abendessen erstellen, wie wir es bei Mark gemacht haben, als er in seinem Navi-Programm drei Routen vergleichen wollte?**

A: Weil Sie, wenn Sie eine weitere Instanz von `Abendessen` hinzufügen, nur zusätzliche Abendessen planen können. Zwei Instanzen der gleichen Klasse kümmern sich um zwei unterschiedliche Happen der gleichen Art von Daten. Aber wenn Sie **unterschiedliche Arten von Daten** speichern müssen, brauchen Sie dazu **unterschiedliche Klassen**.

F: **Woher weiß ich, was ich in die neuen Klassen packen muss?**

A: Bevor Sie damit beginnen können, eine neue Klasse aufzubauen, müssen Sie wissen, welche Aufgabe sie lösen soll. Deswegen mussten wir mit Kathrin reden – sie wird mit dem Programm arbeiten. Gut, dass Sie sich viele Notizen gemacht haben! Ihre Klassenmethoden, Felder und Eigenschaften entwerfen Sie, indem Sie über das Verhalten der Klasse (was sie ***tun muss***) und ihren Zustand (was sie ***wissen muss***) nachdenken.

Party-Planer 2.0

Achten Sie darauf, dass Sie für die Felder und Eigenschaften für Geldbeträge den Typ decimal verwenden.

Geburtstagsfeier
Personenanzahl: int ExklusiveDeko: bool Kosten: decimal KuchenText: string KuchenTextZuLang: bool *private TatslLänge: int*
private Methoden: *DekokostenBerechnen()* *Kuchengröße()* *MaxTextLänge()*

Legen Sie ein neues Projekt an – wir werden Kathrin eine neue Version des Programms erstellen, die mit Geburtstagen und Abendessen klarkommt. Dazu werden wir zunächst eine ordentlich gekapselte `Geburtstagsfeier`-Klasse erstellen, die sich um die eigentlichen Berechnungen kümmert.

Tun Sie das

1 **SCHREIBEN SIE EINE GEBURTSTAGSFEIER-KLASSE.**
Sie wissen bereits, was Sie mit der Eigenschaft `Personenanzahl` und der Eigenschaft `ExklusiveDeko` tun müssen – sie weisen keine Unterschiede zu ihren Gegenstücken in `Abendessen` auf. Erstellen wir zunächst die Klasse und fügen wir beides ein, anschließend können wir uns um den Rest kümmern.

- Fügen Sie eine Konstante namens `EssenskostenProPerson` und die Eigenschaften `Personenanzahl`, `ExklusiveDeko` und `KuchenText` hinzu. Schreiben Sie dann einen Konstruktor, der diese Eigenschaften setzt.

```
class Geburtstagsfeier
{
    public const int EssenskostenProPerson = 25;

    public int Personenanzahl { get; set; }

    public bool ExklusiveDeko { get; set; }

    public string KuchenText { get; set; }

    public Geburtstagsfeier(int personenanzahl,
                            bool exklusiveDeko, string kuchenText)
    {
        Personenanzahl = personenanzahl;
        ExklusiveDeko = exklusiveDeko;
        KuchenText = kuchenText;
    }
```

ExklusiveDeko entspricht der ExklusiverAbend-Eigenschaft von Abendessen.

Wird ein Geburtstagsfeier-Objekt initialisiert, muss es die Personenanzahl, die Art der Dekoration und die Kuchenbeschriftung kennen, damit der Preis stimmt, wenn auf die Eigenschaft Kosten zugegriffen wird.

Der Konstruktor setzt den Zustand des Objekts, indem er die Eigenschaften setzt, die später zur Kostenberechnung genutzt werden.

- Sie benötigen außerdem eine **private `int`-Eigenschaft** names `TatslLänge`. (Ja, Eigenschaften können auch privat sein!) Diese Eigenschaft hat nur einen Getter, der die Anzahl von Buchstaben liefert, die tatsächlich auf den Kuchen geschrieben werden.
- `TatslLänge` muss die Größe des Kuchens (die von der Personenanzahl abhängig ist) und die maximale Anzahl von Buchstaben kennen, die auf einen Kuchen (einer gegebenen Größe) passen. Sie benötigen zwei Methoden zur Durchführung dieser Berechnungen.

Wenn der Text zu lang für den Kuchen ist, berechnet die private Eigenschaft TatslLänge die Anzahl von Zeichen, die tatsächlich auf den Kuchen passen.

Eigenschaften können auch privat sein. Diese Eigenschaft hat nur einen Getter, der die tatsächliche Länge des Texts berechnet, die in den anderen Berechnungen benötigt wird.

```
private int TatslLänge
{
    get
    {
        if (KuchenText.Length > MaxTextLänge())
            return MaxTextLänge();
        else
            return KuchenText.Length;

    }
}

private int Kuchengröße() {
    if (Personenanzahl <= 4)
        return 8;
    else
        return 16;
}

private int MaxTextLänge()
{
    if (Kuchengröße() == 8)
        return 16;
    else
        return 40;
}
```

Dieser if/else-Block prüft die Länge des Texts und liefert entweder die Länge des Texts oder die Anzahl maximal auf den Kuchen passender Zeichen zurück.

Haben Sie bemerkt, dass wir uns einige der geschweiften Klammern gespart haben? Wenn ein Anweisungsblock nur eine Anweisung enthält, sind diese nicht erforderlich.

Geschweifte Klammern sind nicht immer erforderlich

Häufig enthalten die Codeblöcke Ihrer if-Anweisungen oder while-Schleifen nur eine einzige Anweisung. Das kann zu einem ziemlichen Übermaß an geschweiften Klammern in Ihrem Code führen – was nicht sonderlich ansehnlich ist! Sie können das vermeiden, indem Sie die geschweiften Klammern weglassen, wenn es nur eine einzige Anweisung gibt. Folgende Syntax ist also zulässig:

```
for (int i = 0; i < 10; i++)
        MachWas(i);
```

```
if (meinWert == 36)
        meinWert *= 5;
```

Weiter mit der Klasse `Geburtstagsfeier` ...

★ Schließen Sie die Klasse `Geburtstagsfeier` ab, indem Sie eine `Kosten`-Eigenschaft ergänzen. Aber statt der Dekorationskosten und der Kosten für die Getränke (wie in Abendessen) werden hier die Kosten für den Kuchen hinzugefügt.

Diese Eigenschaft liefert true, wenn der Text zu lang für den Kuchen ist. Wir werden sie nutzen, um Kathrin die »Zu lang«-Nachricht anzuzeigen.

```
public bool KuchenTextZuLang
{
    get
    {
        if (KuchenText.Length > MaxTextLänge())
            return true;
        else
            return false;
    }
}
```

Diese Eigenschaft hat nur einen Getter, da sie den Zustand des Objekts nicht verändert. Dieser nutzt die Felder und Methoden, um einen Booleschen Wert zu ermitteln.

```
private decimal DekokostenBerechnen()
{
    decimal dekokosten;
    if (ExklusiveDeko)
        dekokosten = (Personenanzahl * 15.00M) + 50M;
    else
        dekokosten = (Personenanzahl * 7.50M) + 30M;
    return dekokosten;
}
```

Die Methode entspricht der in der Klasse Abendessen.

Die Klasse Geburtstagsfeier hat genau wie Abendessen eine decimal-Eigenschaft namens Kosten. Aber diese führt eine andere Berechnung durch, die die Methode Kuchengröße() und die Eigenschaft TatslLänge nutzt.

```
public decimal Kosten
{
    get
    {
        decimal kosten = DekokostenBerechnen();
        kosten += EssenskostenProPerson * Personenanzahl;
        decimal kuchenkosten;
        if (Kuchengröße() == 8)
            kuchenkosten = 40M + TatslLänge * .25M;
        else
            kuchenkosten = 75M + TatslLänge * .25M;
        return kosten + kuchenkosten;
    }
}

}
```

Blättern Sie eine Seite zurück, wenn Sie sich noch einmal ansehen wollen, wie die tatsächliche Länge ermittelt wird. Wenn die Länge des Texts die maximale Textlänge erreicht, steigt der Preis nicht mehr.

❷ **FÜGEN SIE DEM FORMULAR MIT EINEM TABCONTROL TABS HINZU.**

Ziehen Sie `TabControl` aus dem Werkzeugkasten auf Ihr Formular und passen Sie seine Größe so an, dass es das gesamte Formular einnimmt. Ändern Sie den Text der einzelnen Tabs über die Eigenschaft `TabPages`: Im Eigenschaften-Fenster sehen Sie neben der Eigenschaft einen »…«-Button. Klicken Sie darauf, blendet die IDE ein Fenster ein, in dem Sie die Eigenschaften der einzelnen Tabs anpassen können. Setzen Sie die Eigenschaft `Text` auf »Abendessen« und »Geburtstagsfeier«.

Klicken Sie auf die Tabs, um zwischen ihnen wechseln. Nutzen Sie die Eigenschaft TabPages, um den Text für die einzelnen Tabs zu ändern. Klicken Sie auf den »…«-Button daneben und wählen Sie die Text-Eigenschaft der einzelnen Tabs.

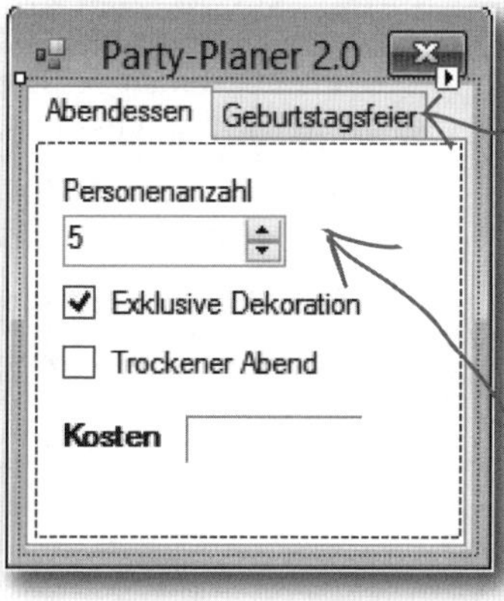

Party-Planer 2.0
Abendessen
Geburtstagsfeier
Personenanzahl
5
Exklusive Dekoration
Trockener Abend
Kosten

Haben Sie die Abendessen-Steuerelemente auf den Tab gezogen, sind sie nur sichtbar, wenn der Abendessen-Tab ausgewählt ist.

❸ **KOPIEREN SIE DIE STEUERELEMENTE FÜR ABENDESSEN AUF DEN ENTSPRECHENDEN TAB.**

Öffnen Sie den Party-Planer aus Kapitel 5 in einem anderen IDE-Fenster. Wählen Sie die Steuerelemente auf dem Formular aus, kopieren Sie sie und **fügen Sie sie in den neuen Abendessen-Tab ein**. Sie müssen in den Tab klicken, damit sie am richtigen Ort eingefügt werden (andernfalls erhalten Sie einen Fehler, der sagt, dass eine Komponente nicht in einen Container vom Typ `TabControl` eingefügt werden kann).

Eine Sache müssen Sie hier beachten: Wenn Sie ein Steuerelement in ein Formular kopieren, fügen Sie nur das Steuerelement ein, **nicht die Event-Handler für das Steuerelement**. Und Sie müssen bei jedem sicherstellen, dass (Name) im Eigenschaften-Fenster richtig gesetzt ist. Überprüfen Sie, ob alle den gleichen Namen haben wie im Projekt in Kapitel 5, und klicken Sie dann doppelt auf alle Steuerelemente, um einen leeren Event-Handler einzufügen.

❹ **ERSTELLEN SIE DIE GEBURTSTAGSFEIER-SCHNITTSTELLE.**

Die Geburtstagsfeier-Schnittstelle enthält ein `NumericUpDown`-Steuerelement für die Personenanzahl, ein `CheckBox`-Steuerelement für die exklusiven Dekorationen und ein `Label`-Steuerelement mit 3-D-Rahmen für die Kosten. Dann fügen Sie noch eine `TextBox` für den Text auf dem Kuchen hinzu.

Dieser Tab nutzt, genau wie der Abendessen-Tab, NumericUpDown-, CheckBox- und Label-Steuerelemente. Nennen Sie sie **anzahlGeburtstag**, **exklusivGeburtstag** und **kostenGeburtstag**.

Party-Planer 2.0
Abendessen
Geburtstagsfeier
Personenanzahl
5
Exklusive Dekoration
Kuchentext
ZU LANG
Happy Birthday
Kosten

Klicken Sie auf den Tab Geburtstagsfeier und fügen Sie die neuen Steuerelemente hinzu.

Fügen Sie eine TextBox namens **kuchenText** für die Schrift auf dem Kuchen und ein entsprechendes Label darüber hinzu. Nutzen Sie die Text-Eigenschaft, um ihr den Standardwert »Happy Birthday« zu geben. Außerdem brauchen Sie ein Label namens **zuLangLabel** mit dem Text ZU LANG und einem roten Hintergrund.

Weiter mit dem Code für das Formular ...

5 DIE TEILE ZUSAMMENFÜGEN.

Jetzt haben Sie alle Teile zur Hand – Sie müssen nur noch etwas Code schreiben, um die Steuerelemente funktionsfähig zu machen.

- Ihr Formular braucht Felder mit Referenzen auf ein `Geburtstagsfeier`- und ein `Abendessen`-Objekt, die im Konstruktor initialisiert werden müssen.
- Für die Event-Handler der Abendessen-Steuerelemente haben Sie den Code bereits – sie stecken im Projekt aus Kapitel 5. Wenn Sie noch keinen Doppelklick auf die `NumericUpDown`- und `CheckBox`-Steuerelemente im Abendessen-Tab ausgeführt haben, tun Sie das jetzt. Kopieren Sie dann den Inhalt der Event-Handler aus dem Code von Kapitel 5 und fügen Sie ihn an den richtigen Stellen ein. Hier ist der Code für das Formular:

```
public partial class Form1 : Form {
    Abendessen abendessen;
    Geburtstagsfeier geburtstagsfeier;
    public Form1() {
        InitializeComponent();
        abendessen = new Abendessen((int)numericUpDown1.Value,
                          trockenerBox.Checked, exklusivBox.Checked);
        AbendessenKostenAnzeigen();

        geburtstagsfeier = new Geburtstagsfeier((int)anzahlGeburtstag.Value,
                          exklusiverGeburtstag.Checked, kuchenText.Text);
        GeburtstagsfeierKostenAnzeigen();
    }

    // Die Event-Handler für exklusivBox, trockenBox und numericUpDown1
    // und die Methode AbendessenKostenAnzeigen() entsprechen denen
    // der Abendessen-Übung am Ende von Kapitel 5.
```

Die Geburtstagsfeier-Instanz wird im Konstruktor des Formulars initialisiert und ebenso die für Abendessen.

- Fügen Sie dem Event-Handler des `NumericUpDown`-Steuerelements Code hinzu, der die `Personenanzahl`-Eigenschaft setzt, und machen Sie die Checkbox »Exklusive Dekorationen« funktionsfähig.

```
    private void anzahlGeburtstag_ValueChanged(object sender, EventArgs e) {
        geburtagsfeier.Personenanzahl = (int)anzahlGeburtstag.Value;
        GeburtstagsfeierKostenAnzeigen();
    }

    private void exklusiverGeburtstag_CheckedChanged(object sender, EventArgs e) {
        geburtstagsfeier.ExklusiveDeko = exklusiverGeburtstag.Checked;
        GeburtstagsfeierKostenAnzeigen();
    }
```

Die Event-Handler für CheckBox und NumericUpDown entsprechen denen für Abendessen.

★ Nutzen Sie die Ereignisseite des Eigenschaften-Fensters, um einen `TextChanged`-Event-Handler für die TextBox `kuchenText` einzufügen. Klicken Sie auf den Blitz-Button im Eigenschaften-Fenster, um zur Seite Ereignisse zu wechseln. Wählen Sie dann die TextBox und scrollen Sie nach unten bis zum `TextChanged`-Event. Klicken Sie doppelt darauf, um einen neuen Event-Handler dafür einzufügen.

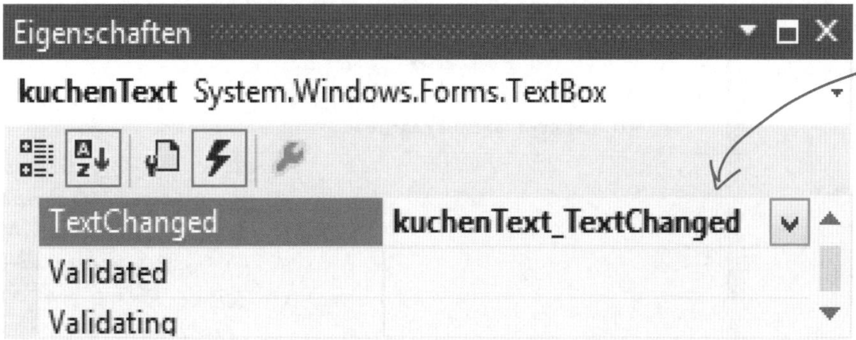
Eigenschaften
kuchenText System.Windows.Forms.TextBox
TextChanged
kuchenText_TextChanged
Validated
Validating

Wenn Sie die kuchenText-TextBox auswählen und auf der Ereignisseite des Fensters Eigenschaften doppelt auf die Zeile TextChanged klicken, fügt die IDE einen Event-Handler ein, der ausgelöst wird, wenn sich der Text im Textfeld ändert.

```
private void kuchenText_TextChanged(object sender, EventArgs e) {
    geburtstagsfeier.KuchenText = kuchenText.Text;
    GeburtstagsfeierKostenAnzeigen();
}
```

★ Schreiben Sie die Methode `GeburtstagsfeierKostenAnzeigen()` und fügen Sie sie allen Event-Handlern hinzu, damit das Kosten-Label bei jeder Änderung automatisch aktualisiert wird.

Steuerelemente haben eine Visible-Eigenschaft, die Sie erscheinen bzw. verschwinden lässt.

Die Klasse Geburtstagsfeier bietet diese Eigenschaft, damit das Formular eine Warnung anzeigen kann.

```
private void GeburtstagsfeierKostenAnzeigen() {
    zuLangLabel.Visible = geburtstagsfeier.KuchenTextZuLang;
    decimal kosten = geburtstagsfeier.Kosten;
    kostenGeburtstag.Text = kosten.ToString("c");
}
}
```

Die Art, wie das Formular mit der Schrift auf dem Kuchen umgeht, ist deshalb so einfach, weil die Klasse Geburtstagsfeier **sauber gekapselt** ist. Das Formular muss nur die Steuerelemente verwenden, die Eigenschaften des Objekts setzen, und das Objekt kümmert sich um den Rest.

Die gesamte Logik für den Text auf dem Kuchen, die Personenanzahl und die Kuchengröße sind in die Setter für Personenanzahl und KuchenText eingebaut. Das Formular muss sich nur noch um die Einrichtung und die Anzeige der Werte kümmern.

... und jetzt ist das Formular perfekt!

6 DAS PROGRAMM IST FERTIG – ZEIT, ES AUSZUFÜHREN.

Prüfen Sie, ob das Programm wie erwartet funktioniert. Schauen Sie, ob eine Meldung angezeigt wird, wenn der Text zu lang für den Kuchen ist, und stellen Sie sicher, dass die Kosten immer stimmen. Wenn alles richtig funktioniert, sind Sie fertig!

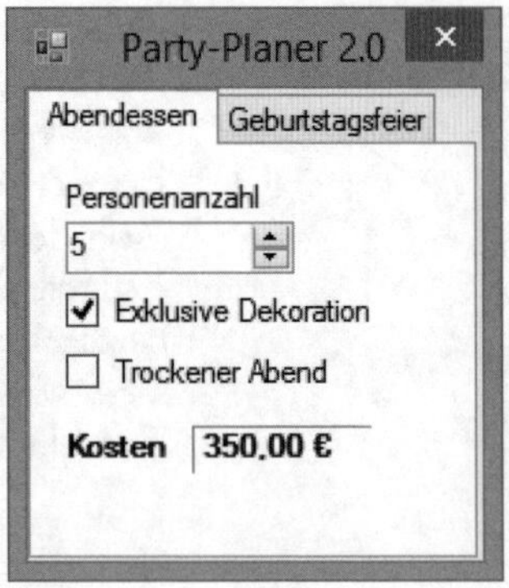
Party-Planer 2.0
Abendessen
Geburtstagsfeier
Personenanzahl
5
Exklusive Dekoration
Trockener Abend
Kosten
350,00 €

Starten Sie das Programm und gehen Sie zum Tab Abendessen. Prüfen Sie, ob er genau so funktioniert wie das alte Party-Planer-Programm.

Stimmen die Berechnungen? Hier haben wir 10 Personen bei 25 € pro Person (250 €), 75 € für einen 28-cm-Kuchen, 7,50 € pro Person (75 €) für einen gewöhnlichen Abend, 30 € Dekorationszulage und 0,25 € pro Buchstabe bei 22 Buchstaben auf dem Kuchen (5,50 €).

250 + 75 + 75 + 30 + 5,50 = 435,50. Es funktioniert!

Klicken Sie auf den Tab Geburtstagsfeier. Prüfen Sie, ob sich die Kosten ändern, wenn Sie die Personenanzahl ändern oder exklusive Dekorationen auswählen.

Party-Planer 2.0
Abendessen
Geburtstagsfeier
Personenanzahl
5
Exklusive Dekoration
Kuchentext
Happy Birthday
Kosten
328,50 €

Party-Planer 2.0
Abendessen
Geburtstagsfeier
Personenanzahl
4
Exklusive Dekoration
Kuchentext
ZU LANG
Herzlichen Glückwunsch
Kosten
254,00 €

Wenn Sie Text in das Textfeld für den Kuchentext eingeben, sollte der TextChanged-Event-Handler die Kosten aktualisieren, wenn Sie einen neuen Buchstaben eingeben oder einen Buchstaben löschen.

Ist der Text zu lang für den Kuchen, setzt die Klasse Geburtstagsfeier die Eigenschaft KuchenTextZuLang auf true und berechnet die Kosten mit der maximalen Länge. Das Formular selbst muss keinerlei Berechnungen anstellen.

Party-Planer 2.0
Abendessen
Geburtstagsfeier
Personenanzahl
10
Exklusive Dekoration
Kuchentext
Herzlichen Glückwunsch
Kosten
435,50 €

Eine Sache noch ... können Sie eine Gebühr von 100 € für Partys mit mehr als 12 Personen hinzufügen?

Seitdem Kathrin Ihr Programm einsetzt, hat sie so viel zu tun, dass sie es sich leisten kann, bei ihren größeren Kunden etwas mehr zu verlangen. Was müssten Sie tun, um Ihrem Programm eine zusätzliche Gebühr hinzuzufügen?

- Sie müssen `Abendessen.Kosten` so ändern, dass die `Personenanzahl` geprüft und dem Rückgabewert 100 hinzugefügt wird, wenn sie größer als 12 ist.
- Sie müssen genau das Gleiche für `Geburtstagsfeier.KostenBerechnen()` erledigen.

Nehmen Sie sich einen Moment Zeit und überlegen Sie, wie Sie den Klassen Abendessen und Geburtstagsfeier diese Gebühr hinzufügen. Was für Code würden Sie schreiben? Wo müssten Sie ihn hinstecken?

Kein Problem ... aber was ist, wenn es drei ähnliche Klassen gibt? Oder vier? Oder zwölf? Und was ist, wenn Sie diesen Code später warten und weitere Änderungen an ihm vornehmen wollten? Was ist, wenn Sie ***die gleiche Änderung*** an fünf, sechs ***eng verwandten*** Klassen vornehmen müssten?

WOW, ICH MÜSSTE STÄNDIG DEN GLEICHEN CODE SCHREIBEN. EINE EFFIZIENTE ARBEITSWEISE SIEHT WIRKLICH ANDERS AUS! ES MUSS EINE BESSERE LÖSUNG GEBEN.

Stimmt! Wiederholungen des gleichen Codes in unterschiedlichen Klassen ist ineffizient und fehleranfällig.

Zum Glück bietet C# uns eine bessere Möglichkeit, Klassen zu erstellen, die miteinander verwandt sind und Verhalten teilen: ***Vererbung***.

Nutzen Ihre Klassen Vererbung, müssen Sie Ihren Code nur einmal schreiben

Es ist kein Zufall, dass Ihre Klassen `Abendessen` und `Geburtstagsfeier` eine Menge Code gemeinsam haben. Wenn man C#-Programme schreibt, verwendet man oft Klassen, die Dinge aus der richtigen Welt repräsentieren – und diese Dinge sind in der Regel miteinander verwandt. Ihre Klassen haben **ähnlichen Code**, weil die Dinge aus der richtigen Welt, die sie repräsentieren – eine Geburtstagsfeier und ein Abendessen –, **ähnliche Verhalten** haben.

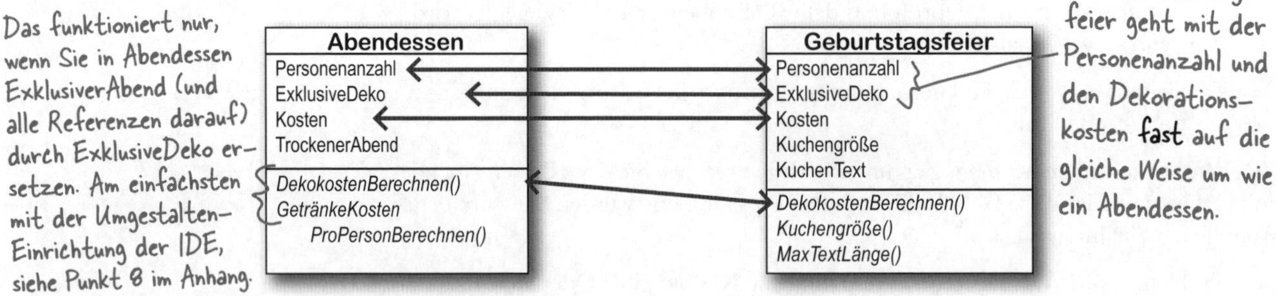
Das funktioniert nur, wenn Sie in Abendessen ExklusiverAbend (und alle Referenzen darauf) durch ExklusiveDeko ersetzen. Am einfachsten mit der Umgestalten-Einrichtung der IDE, siehe Punkt 8 im Anhang.
Abendessen
Personenanzahl
ExklusiveDeko
Kosten
TrockenerAbend
DekokostenBerechnen()
GetränkeKosten ProPersonBerechnen()
Geburtstagsfeier
Personenanzahl
ExklusiveDeko
Kosten
Kuchengröße
KuchenText
DekokostenBerechnen()
Kuchengröße()
MaxTextLänge()
Eine Geburtstagsfeier geht mit der Personenanzahl und den Dekorationskosten fast auf die gleiche Weise um wie ein Abendessen.

Abendessen und Geburtstagsfeiern sind beides Partys

Wenn Sie zwei Klassen haben, die spezifischere Fälle von etwas Allgemeinerem sind, können Sie es so einrichten, dass sie von der gleichen Klasse **erben**. Tun Sie das, sind beides **Unterklassen** der gleichen **Basisklasse**.

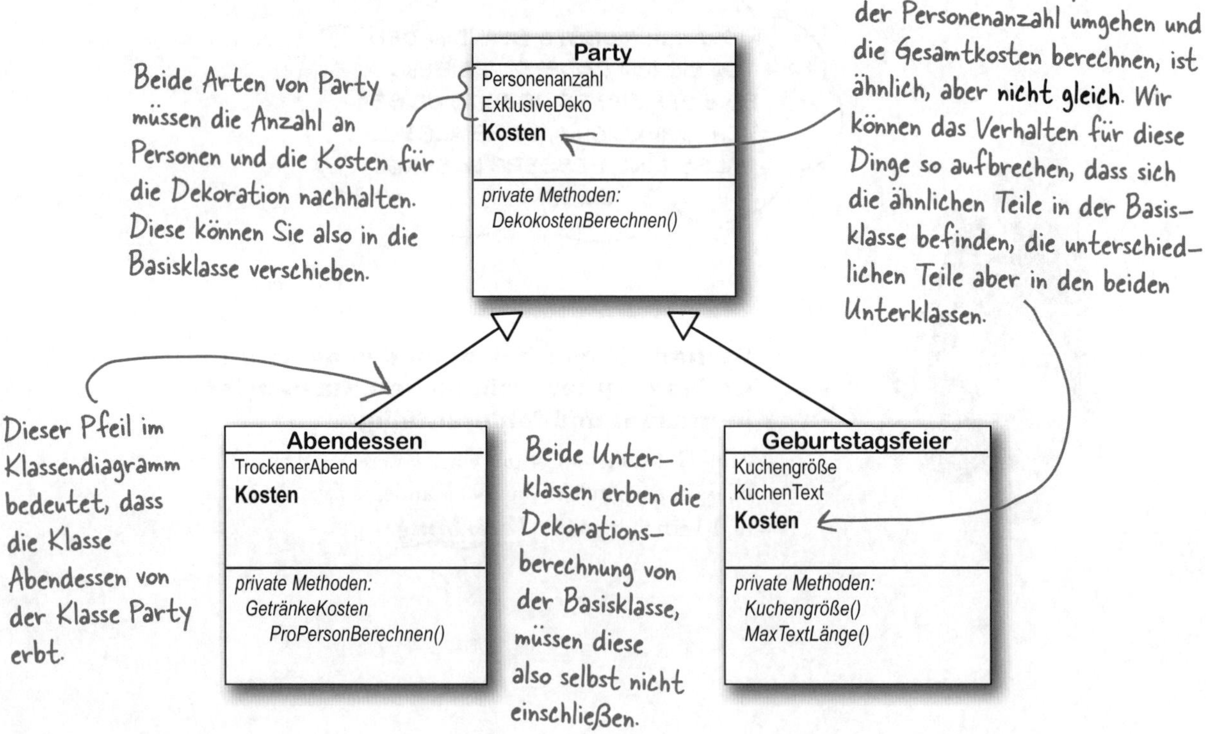
Wie die beiden Partys mit der Personenanzahl umgehen und die Gesamtkosten berechnen, ist ähnlich, aber nicht gleich. Wir können das Verhalten für diese Dinge so aufbrechen, dass sich die ähnlichen Teile in der Basisklasse befinden, die unterschiedlichen Teile aber in den beiden Unterklassen.
Beide Arten von Party müssen die Anzahl an Personen und die Kosten für die Dekoration nachhalten. Diese können Sie also in die Basisklasse verschieben.
Party
Personenanzahl
ExklusiveDeko
Kosten
private Methoden:
DekokostenBerechnen()
Dieser Pfeil im Klassendiagramm bedeutet, dass die Klasse Abendessen von der Klasse Party erbt.
Abendessen
TrockenerAbend
Kosten
private Methoden:
GetränkeKosten ProPersonBerechnen()
Beide Unterklassen erben die Dekorationsberechnung von der Basisklasse, müssen diese also selbst nicht einschließen.
Geburtstagsfeier
Kuchengröße
KuchenText
Kosten
private Methoden:
Kuchengröße()
MaxTextLänge()

Erstellen Sie Ihr Klassenmodell, indem Sie allgemein beginnen und immer spezifischer werden

C#-Programme nutzen Vererbung, weil sie die Beziehungen der von ihnen modellierten Dinge imitieren, die diese in der wirklichen Welt haben. Im wahren Leben stehen Dinge oft in einer **Hierarchie**, die vom Allgemeineren zum Spezifischeren geht. Ihre Klassen haben eine eigene **Klassenhierarchie**, die das Gleiche macht. In Ihrem Klassenmodell **erben** Klassen, die in der Hierarchie weiter unten stehen, von denen darüber.

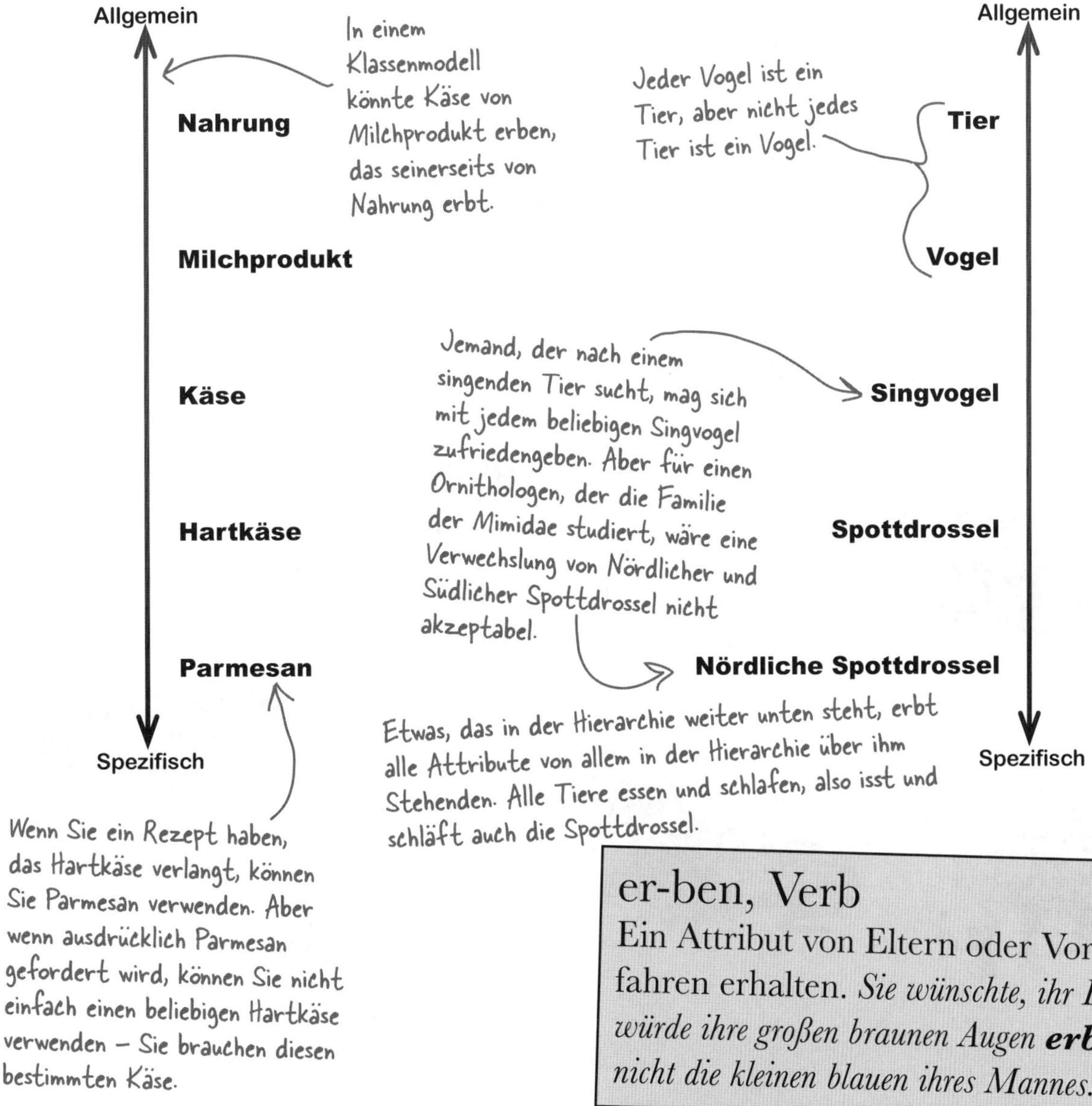

Allgemein
In einem Klassenmodell könnte Käse von Milchprodukt erben, das seinerseits von Nahrung erbt.
Nahrung
Milchprodukt
Käse
Hartkäse
Parmesan
Spezifisch
Wenn Sie ein Rezept haben, das Hartkäse verlangt, können Sie Parmesan verwenden. Aber wenn ausdrücklich Parmesan gefordert wird, können Sie nicht einfach einen beliebigen Hartkäse verwenden – Sie brauchen diesen bestimmten Käse.
Allgemein
Jeder Vogel ist ein Tier, aber nicht jedes Tier ist ein Vogel.
Tier
Vogel
Jemand, der nach einem singenden Tier sucht, mag sich mit jedem beliebigen Singvogel zufriedengeben. Aber für einen Ornithologen, der die Familie der Mimidae studiert, wäre eine Verwechslung von Nördlicher und Südlicher Spottdrossel nicht akzeptabel.
Singvogel
Spottdrossel
Nördliche Spottdrossel
Spezifisch
Etwas, das in der Hierarchie weiter unten steht, erbt alle Attribute von allem in der Hierarchie über ihm Stehenden. Alle Tiere essen und schlafen, also isst und schläft auch die Spottdrossel.

er-ben, Verb

Ein Attribut von Eltern oder Vorfahren erhalten. *Sie wünschte, ihr Baby würde ihre großen braunen Augen* ***erben****, nicht die kleinen blauen ihres Mannes.*

Wie würden Sie einen Zoo-Simulator entwerfen?

Löwen, Tiger und Bären ... meine Güte! Und dann gibt es ja auch noch Nilpferde, Wölfe und die eine oder andere Katze. Ihre Aufgabe ist es, ein Programm zu entwerfen, das einen Zoo simuliert. (Freuen Sie sich nicht zu früh – wir werden keinen Code schreiben, sondern nur die Klassen entwerfen, die die Tiere repräsentieren.)

Sie haben eine Liste mit einigen der Tiere erhalten, die im Programm repräsentiert werden sollen, aber nicht mit allen. Wir wissen, dass jedes Tier durch ein Objekt repräsentiert wird und dass sich die Objekte im Simulator herumbewegen und Dinge tun werden, für die diese spezifische Art Tier programmiert ist.

Noch wichtiger ist, dass das Programm für andere Entwickler leicht zu warten sein soll. Das bedeutet, dass diese dazu in der Lage sein müssen, später eigene Klassen hinzuzufügen, wenn sie den Simulator um weitere Tiere erweitern wollen.

Was also ist der erste Schritt? Na, bevor wir über **bestimmte** Tiere sprechen können, müssen wir herausfinden, welche **allgemeinen** Dinge sie gemeinsam haben, abstrakte Charakteristiken, die ***alle*** Tiere haben. Dann können wir diese Charakteristiken in eine Klasse einbauen, von der alle Tierklassen erben können.

Die Begriffe Eltern-, Super- und Basisklasse werden häufig synonym verwendet. Auch die Begriffe erweitern und ableiten bedeuten das Gleiche. Die Begriffe Kind- und Subklasse sind ebenfalls Synonyme.

Von manchen wird der Begriff »Basisklasse« verwendet, um explizit die Klasse an der Spitze der Vererbungshierarchie zu kennzeichnen ... allerdings nicht die OBERSTE Spitze, da alle Klassen von Objekt oder einer Unterklasse von Objekt erben.

1 SUCHEN SIE NACH DINGEN, DIE DIESE TIERE GEMEINSAM HABEN.
Schauen Sie sich diese sechs Tiere an. Was haben ein Löwe, ein Nilpferd, ein Tiger, eine Katze, ein Wolf und ein Dalmatiner gemeinsam? Wie sind sie miteinander verwandt? Sie müssen ihre Beziehungen herausfinden, damit Sie ein Klassenmodell entwickeln können, das alle einschließt.

Nutzen Sie Vererbung, um doppelten Code in Unterklassen zu vermeiden

Sie haben bereits eingesehen, dass doppelter Code schlecht ist. Er ist schwer zu warten und wird irgendwann zu Kopfschmerzen führen. Wählen wir also Felder und Methoden für eine Basisklasse Tier, **die Sie nur einmal schreiben müssen**, damit alle Tier-Unterklassen diese erben können. Beginnen wir mit den öffentlichen Feldern:

- `Bild`: Ein Bild, das Sie in eine PictureBox stecken können.
- `Nahrung`: Der Typ Nahrung, den dieses Tier zu sich nimmt. Im Augenblick gibt es nur zwei Werte: Fleisch und Gras.
- `Hunger`: Ein `int`, der den Grad des Hungers eines Tiers repräsentiert. Er ändert sich in Abhängigkeit davon, wann das Tier isst (und wie viel).
- `Grenzen`: Eine Referenz auf eine Klasse, die die Länge und Breite sowie den Ort des Geheges speichert, in dem sich das Tier bewegt.
- `Ort`: Die x- und y-Koordinate, an der sich das Tier befindet.

Und die Klasse Tier hat vier Methoden, die Tiere erben können:

- `GeräuschMachen()`: Eine Methode, die ein Tier ein Geräusch machen lässt.
- `Essen()`: Das Verhalten, das das Tier an den Tag legt, wenn es auf seine bevorzugte Nahrung trifft.
- `Schlafen()`: Eine Methode, die das Tier dazu bringt, sich niederzulegen und zu schlafen.
- `Bewegen()`: Die Tiere wandern gern in ihren Zoogehegen herum.

2 ERSTELLEN SIE EINE BASISKLASSE, UM DEN TIEREN ALLES ZU GEBEN, WAS SIE GEMEINSAM HABEN.

Die Felder, Eigenschaften und Methoden in der Basisklasse geben allen Tieren, die von ihr erben, einen gemeinsamen Zustand und ein gemeinsames Verhalten. Da es alles Tiere sind, ist es sinnvoll, der Basisklasse den Namen Tier zu geben.

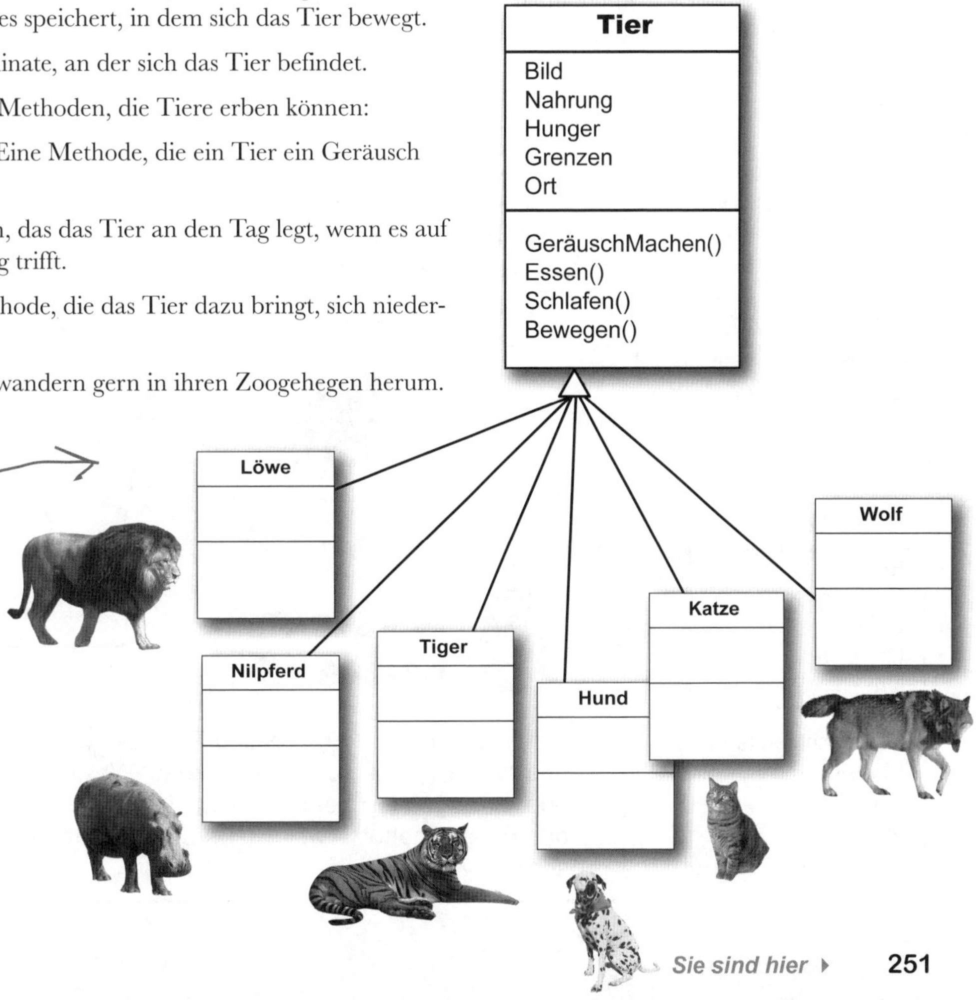

Tier
Bild
Nahrung
Hunger
Grenzen
Ort
GeräuschMachen()
Essen()
Schlafen()
Bewegen()
Löwe
Nilpferd
Tiger
Hund
Katze
Wolf

Bei der Wahl einer Basisklasse geht es darum, Entscheidungen zu treffen. Sie hätten sich auch entschließen können, eine Klasse ZooInsasse zu wählen, die die Futter- und Pflegekosten definiert, oder eine Klasse Attraktion mit Methoden dafür, wie die Tiere die Zoobesucher unterhalten. Aber wir denken, dass Tier hier am sinnvollsten ist. Stimmen Sie zu?

Unterschiedliche Tiere machen unterschiedliche Geräusche

Löwen brüllen, Hunde bellen – und *unseres* Wissens machen Nilpferde überhaupt keine Geräusche. Jede der Klassen, die von Tier erben, hat eine `GeräuschMachen()`-Methode, aber jede dieser Methoden arbeitet auf andere Weise und hat anderen Code. Wenn eine Unterklasse das Verhalten einer der Methoden ändert, die sie geerbt hat, sprechen wir davon, dass sie diese Methode **überschreibt**.

Überlegen Sie, was Sie überschreiben müssen

Alle Tiere müssen essen. Aber wahrscheinlich nimmt ein Hund nur kleine Bissen Fleisch zu sich, während ein Nilpferd gewaltige Mengen an Gras isst. Wie sähe also der Code für dieses Verhalten aus? Hund und Nilpferd würden beide die Methode `Essen()` überschreiben. Die Methode von Nilpferd würde bei jedem Aufruf beispielsweise 20 Pfund Heu verschlingen. Die `Essen()`-Methode von Hund würde hingegen den Nahrungsvorrat des Zoos um eine 400-Gramm-Dose Hundefutter verringern.

Wenn Sie eine Unterklasse haben, die von einer Basisklasse erbt, **muss** sie alle Verhalten dieser Basisklasse erben … aber Sie können sie in der Unterklasse so **modifizieren**, dass sie nicht auf gleiche Weise ausgeführt werden. Das ist das, worum es beim Überschreiben geht.

Nur weil sich eine Eigenschaft oder Methode in der Basisklasse Tier befindet, heißt das nicht, dass jede Unterklasse sie auf die gleiche Weise nutzen soll … oder überhaupt!

3 **FINDEN SIE HERAUS, WAS DIE EINZELNEN TIER-KLASSEN ANDERS MACHEN – ODER ÜBERHAUPT NICHT.**

Hat eine Tierart ein Verhalten, das keine der anderen Tierarten hat? Hunde essen Futter, die Essen()-Methode von Hund muss also die Methode `Tier.Essen()` überschreiben. Nilpferde schwimmen, also braucht Nilpferd eine `Schwimmen()`-Methode, die keine der anderen Tierklassen hat.

Gras ist lecker! Jetzt hätte ich Lust auf einen großen Happen Heu.

Da bin ich anderer Meinung.

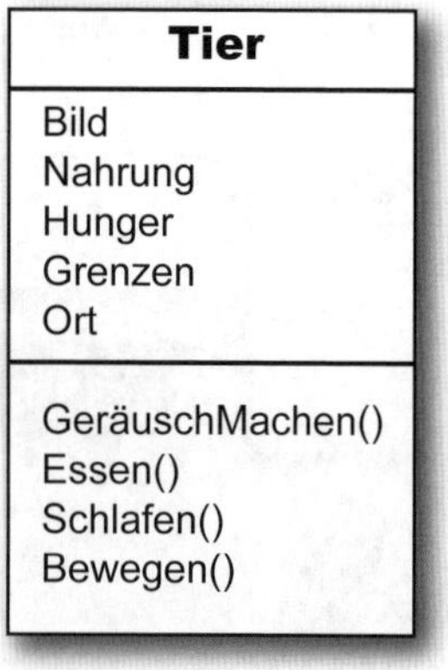
Tier
Bild
Nahrung
Hunger
Grenzen
Ort
GeräuschMachen()
Essen()
Schlafen()
Bewegen()

KOPFNUSS

Wir wissen bereits, dass einige Tiere die Methoden **`GeräuschMachen()`** und **`Essen()`** überschreiben werden. Welche Tiere werden **`Schlafen()`** oder **`Bewegen()`** überschreiben? Tun es überhaupt welche? Was ist mit den Eigenschaften – welche Tiere überschreiben möglicherweise Eigenschaften?

Denken Sie daran, wie die Tiere gruppiert sind

Parmesan ist eine Art Käse, Käse ein Milchprodukt und das wiederum eine Art Nahrung. Ein gutes Klassenmodell für Nahrung würde das widerspiegeln. Glücklicherweise stellt C# uns ein einfaches Mittel dafür zur Verfügung. Sie können eine Kette von Klassen erstellen, die voneinander erben, die mit der obersten Basisklasse beginnt und sich nach unten vorarbeitet. Sie könnten eine Klasse `Nahrung` mit einer Unterklasse `Milchprodukt` haben, wobei `Milchprodukt` als Basisklasse für die Klasse `Käse` dient, die eine Unterklasse namens `Hartkäse` hat, von der `Parmesan` erbt.

4 **SUCHEN SIE NACH KLASSEN, DIE VIELES GEMEINSAM HABEN.**

Sind Wölfe und Hunde nicht ziemlich ähnlich? Beides sind hundeartige Raubtiere, und wir können davon ausgehen, dass wir, wenn wir uns ihr Verhalten ansehen, einiges finden, was sie gemeinsam haben. Wahrscheinlich essen sie die gleiche Nahrung und schlafen auf gleiche Weise. Was ist mit Hauskatzen, Tigern und Löwen? Es stellt sich heraus, dass sich alle auf gleiche Weise durch ihre Gehege bewegen. Es ist davon auszugehen, dass Sie doppelten Code in diesen Klassen vermeiden können, indem Sie zwischen `Tier` und diese drei Klassen eine Klasse `Katzenartige` einschieben.

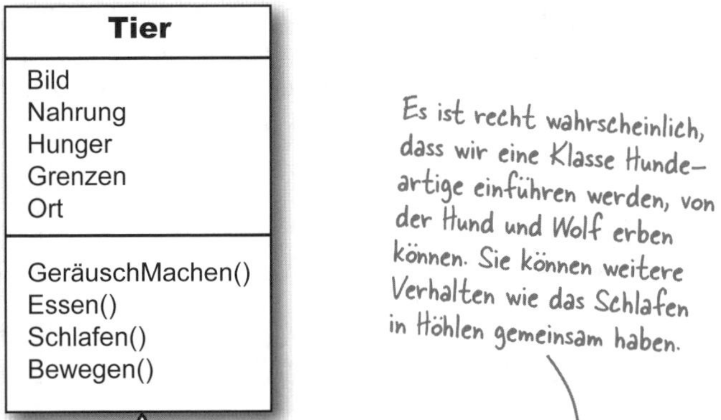
Tier
Bild
Nahrung
Hunger
Grenzen
Ort
GeräuschMachen()
Essen()
Schlafen()
Bewegen()
Es ist recht wahrscheinlich, dass wir eine Klasse Hundeartige einführen werden, von der Hund und Wolf erben können. Sie können weitere Verhalten wie das Schlafen in Höhlen gemeinsam haben.

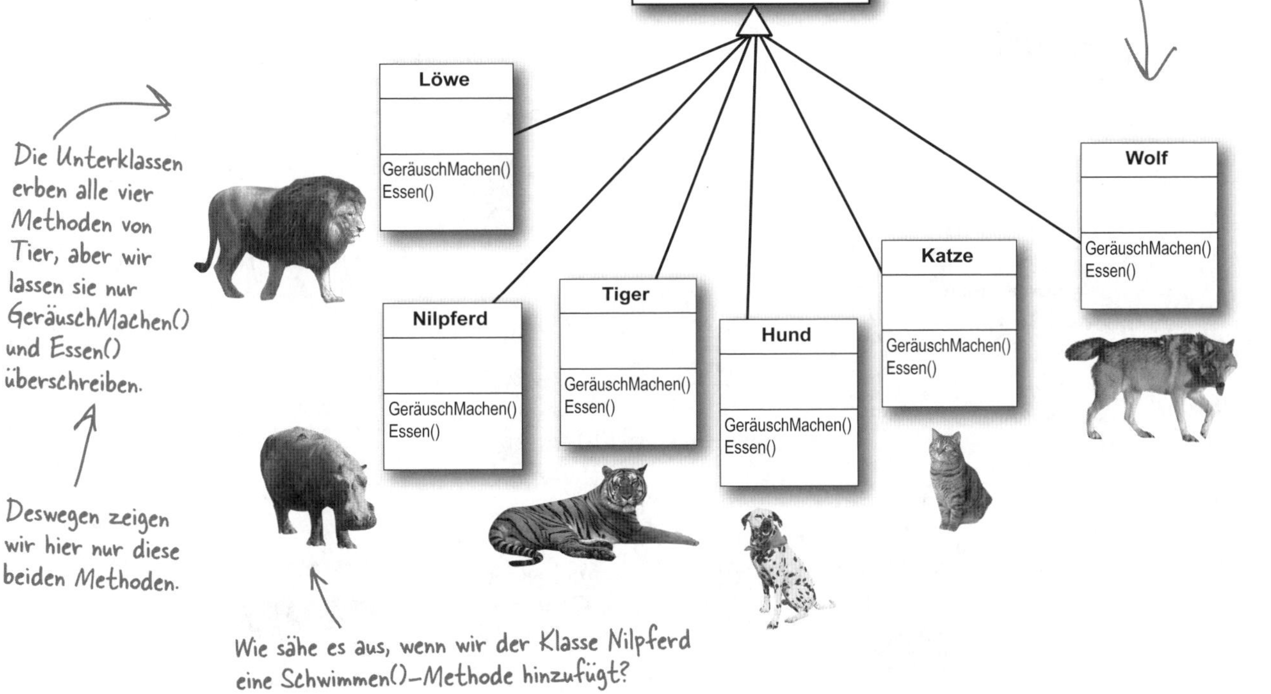
Löwe
GeräuschMachen()
Essen()
Nilpferd
GeräuschMachen()
Essen()
Tiger
GeräuschMachen()
Essen()
Hund
GeräuschMachen()
Essen()
Katze
GeräuschMachen()
Essen()
Wolf
GeräuschMachen()
Essen()
Die Unterklassen erben alle vier Methoden von Tier, aber wir lassen sie nur GeräuschMachen() und Essen() überschreiben.
Deswegen zeigen wir hier nur diese beiden Methoden.
Wie sähe es aus, wenn wir der Klasse Nilpferd eine Schwimmen()-Methode hinzufügt?

Die Klassenhierarchie erstellen

Wenn Sie Ihre Klassen so entwerfen, dass unterhalb der Basisklasse Unterklassen stehen, von denen ihrerseits weitere Unterklassen erben, haben Sie eine **Klassenhierarchie** geschaffen. Dabei geht es nicht nur darum, doppelten Code zu vermeiden, obgleich das sicher ein großer Vorteil einer sinnvollen Hierarchie ist. Aber der wesentliche Nutzen liegt darin, dass Ihr Code besser lesbar und leichter zu verstehen und zu warten wird. Betrachten Sie den Code für den Zoo-Simulator, wissen Sie, wenn Sie eine in der Klasse Katzenartige definierte Methode oder Eigenschaft sehen, *sofort*, dass Sie etwas vor sich haben, das alle Katzen teilen. Ihre Hierarchie wird zu einer Karte, die Ihnen dabei hilft, sich in Ihrem Programm zurechtzufinden.

Tier
Bild
Nahrung
Hunger
Grenzen
Ort
GeräuschMachen()
Essen()
Schlafen()
Bewegen()
Wolf- und Hund-Objekte haben das gleiche Fress- und Schlafverhalten, machen aber unterschiedliche Geräusche.

5 STELLEN SIE DIE KLASSENHIERARCHIE FERTIG.
Nachdem Sie wissen, wie Sie die Tiere anordnen werden, können Sie die Klassen Hundeartige und Katzenartige hinzufügen.

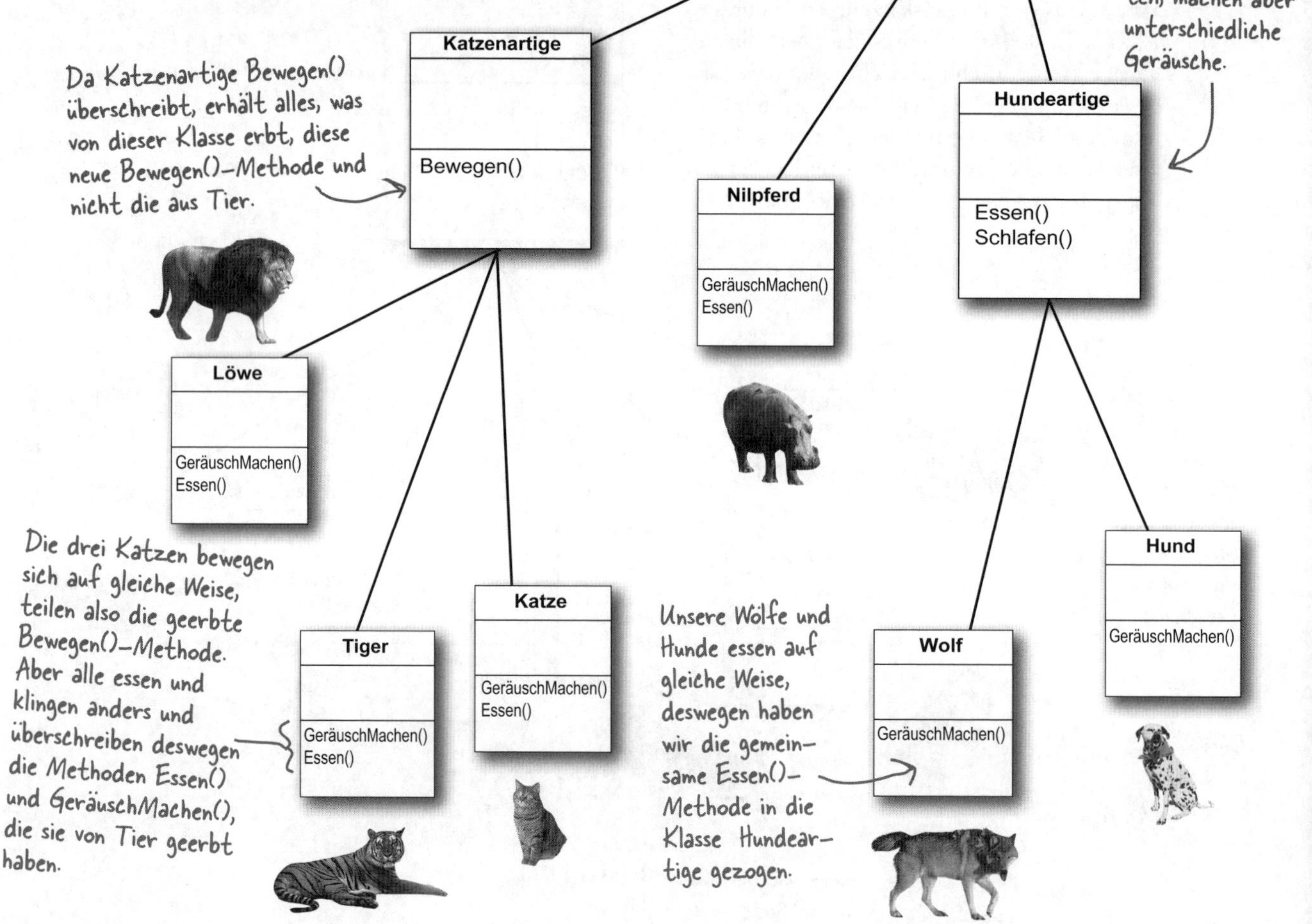
Katzenartige
Bewegen()
Da Katzenartige Bewegen() überschreibt, erhält alles, was von dieser Klasse erbt, diese neue Bewegen()-Methode und nicht die aus Tier.
Nilpferd
GeräuschMachen()
Essen()
Hundeartige
Essen()
Schlafen()
Löwe
GeräuschMachen()
Essen()
Die drei Katzen bewegen sich auf gleiche Weise, teilen also die geerbte Bewegen()-Methode. Aber alle essen und klingen anders und überschreiben deswegen die Methoden Essen() und GeräuschMachen(), die sie von Tier geerbt haben.
Tiger
GeräuschMachen()
Essen()
Katze
GeräuschMachen()
Essen()
Unsere Wölfe und Hunde essen auf gleiche Weise, deswegen haben wir die gemeinsame Essen()-Methode in die Klasse Hundeartige gezogen.
Wolf
GeräuschMachen()
Hund
GeräuschMachen()

Jede Unterklasse erweitert Ihre Basisklasse

Sie sind nicht auf die Methoden beschränkt, die eine Unterklasse von ihrer Basisklasse erbt ... aber das wissen Sie bereits! Schließlich haben Sie ja schon die ganze Zeit Ihre eigenen Klassen aufgebaut. Leiten Sie eine Klasse von einer anderen Klasse ab, ***erweitern*** Sie diese, indem Sie ihr weitere Felder, Eigenschaften und Methoden für speziellere Aufgaben hinzufügen. Möchten Sie der Klasse `Hund` eine `Apportieren()`-Methode hinzufügen, ist das ganz in Ordnung. Sie erbt oder überschreibt nichts – nur `Hund`-Objekte erhalten diese Methode, sie kommt nicht in `Wolf`, `Hundeartige`, `Tier`, `Nilpferd` oder irgendeine andere Klasse.

Hi-e-r-ar-chie, Nomen
Eine Anordnung oder Klassifikation, in der Gruppen oder Dinge unter- und übereinander angeordnet werden. *Der aktuelle Direktor des Unternehmens hatte sich von der Poststelle bis an die Spitze der Unternehmens**hierarchie** emporgearbeitet.*

macht ein neues Hund-Objekt	`Hund rex = new Hund();`
ruft die Version in Hund auf	`rex.GeräuschMachen();`
ruft die Version in Tier auf	`rex.Bewegen();`
ruft die Version in Hundeartige auf	`rex.Essen();`
ruft die Version in Hundeartige auf	`rex.Schlafen();`
ruf die Version in Hund auf	`rex.Apportieren();`

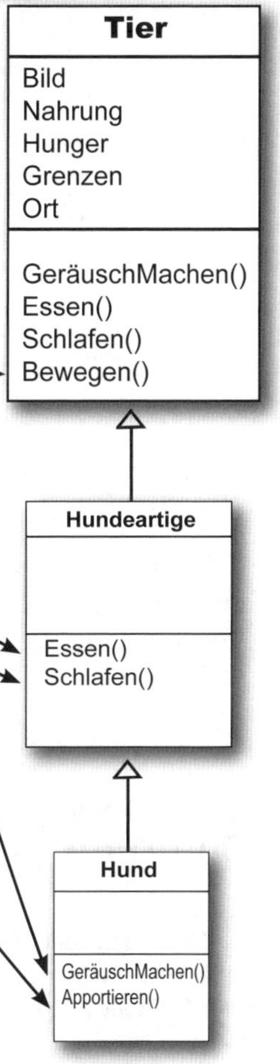
Tier
Bild
Nahrung
Hunger
Grenzen
Ort
GeräuschMachen()
Essen()
Schlafen()
Bewegen()
Hundeartige
Essen()
Schlafen()
Hund
GeräuschMachen()
Apportieren()

C# ruft immer die spezifischste Methode auf

Möchten Sie Ihrem Hund-Objekt sagen, dass es sich bewegen soll, gibt es nur eine Methode, die aufgerufen werden kann – die in der Klasse `Tier`. Aber was ist, wenn Sie es anweisen, Laut zu geben? Welche `GeräuschMachen()`-Methode wird aufgerufen?

Eigentlich ist es nicht so schwer, das herauszufinden. Eine Methode in der Klasse `Hund` zeigt Ihnen, wie ein Hund das macht. Ist die Methode in der Klasse `Hundeartige`, sagt Sie ihnen, wie es Hundeartige machen. Und ist sie in `Tier`, bedeutet dies, dass dieses Verhalten so allgemein ist, dass es auf alle Arten von Tieren zutrifft. Fordern Sie einen Hund auf, Laut zu geben, sucht C# zunächst in der Klasse `Hund` nach einem *spezifischen* Verhalten von Hunden. Besitzt `Hund` keins, sucht es in `Hundeartige` und anschließend in `Tier`.

Erweiterungen geben Sie mit einem Doppelpunkt an

Erbt eine Unterklasse von einer Basisklasse, erhält sie automatisch alle Felder, Eigenschaften und Methoden der Basisklasse.

Leiten Sie eine Klasse ab, nutzen Sie einen **Doppelpunkt (:)**, um sie von einer Basisklasse erben zu lassen. Das macht die neue Klasse zu einer Unterklasse und gibt ihr **alle Felder, Eigenschaften und Methoden** der Klasse, die sie erweitert.

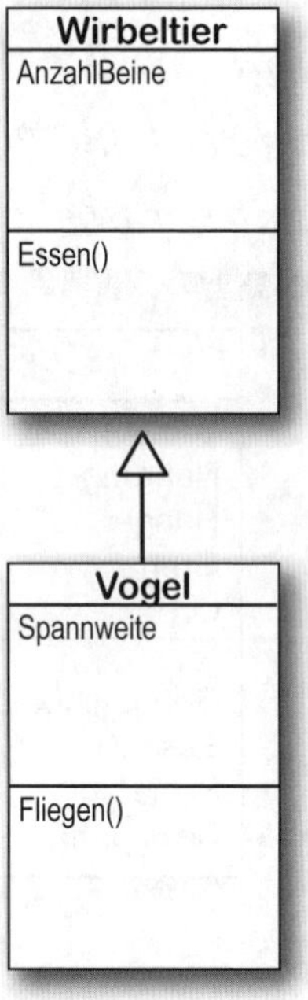

Wirbeltier
AnzahlBeine
Essen()
Vogel
Spannweite
Fliegen()


```
class Wirbeltier
{
    public int AnzahlBeine;
    public void Essen() {
        // Code, der es essen lässt.
    }
}
```

Die Klasse Vogel nutzt einen Doppelpunkt, um von der Klasse Wirbeltier abzuleiten. Das bedeutet, dass sie alle Felder, Eigenschaften und Methoden von Wirbeltier erbt.

```
class Vogel : Wirbeltier
{
    public double Spannweite;
    public void Fliegen() {
        // Code, der den Vogel fliegen lässt.
    }
}
```

Eine Klasse erweitern Sie, indem Sie ans Ende der Klassendeklaration einen Doppelpunkt setzen und dahinter den Namen der zu erweiternden Klasse angeben.

```
public button1_Click(object sender, EventArgs e) {
    Vogel tweety = new Vogel();
    tweety.Spannweite = 7.5;
    tweety.Fliegen();
    tweety.AnzahlBeine = 2;
    tweety.Essen();
}
```

tweety ist eine Instanz von Vogel, hat also die Vogel-Methoden und -Felder.

Da die Klasse Vogel von Wirbeltier erbt, hat jede Instanz von Vogel auch die Felder und Methoden, die in der Klasse Wirbeltier definiert werden.

Es gibt keine Dummen Fragen

F: Warum zeigt der Pfeil von der Unterklasse zur Basisklasse? Sähe das Diagramm nicht besser aus, wenn der Pfeil in die andere Richtung zeigen würde?

A: Das sähe vielleicht besser aus, wäre aber nicht so genau. Wenn Sie eine Klasse von einer anderen ableiten, bauen Sie dieses Verhalten in die Unterklasse ein – die Basisklasse bleibt unverändert. Und aus Perspektive der Basisklasse ist das auch sinnvoll. Fügen Sie eine Klasse ein, die eine andere erweitert, verändern Sie das Verhalten der Basisklasse nicht. Sie weiß noch nicht einmal, dass sie von dieser neuen Klasse erweitert wird. Ihre Methoden, Felder und Eigenschaften bleiben intakt. Aber die Unterklasse ändert ihr Verhalten. Jede Instanz der Unterklasse erhält automatisch alle Eigenschaften, Felder und Methoden der Basisklasse – und all das wird allein durch den Doppelpunkt bewirkt. Deswegen sollten Sie den Pfeil in Ihrem Diagramm so zeichnen, dass er ein Teil der Unterklasse ist und auf die Basisklasse zeigt, die er erweitert.

Spitzen Sie Ihren Bleistift

Werfen Sie einen Blick auf diese Klassenmodelle und -deklarationen und kreisen Sie dann die Anweisungen ein, die nicht funktionieren.

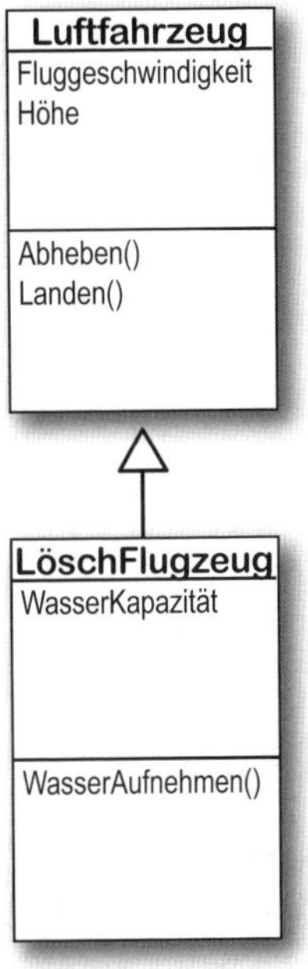
Luftfahrzeug
Fluggeschwindigkeit
Höhe
Abheben()
Landen()
LöschFlugzeug
WasserKapazität
WasserAufnehmen()

```
class Luftfahrzeug {
   public double Fluggeschwindigkeit;
   public double Höhe;
   public void Abheben() { ... };
   public void Landen() { ... };
}

class LöschFlugzeug : Luftfahrzeug {
   public double WasserKapazität;
   public void WasserAufnehmen() { ... };
}

public void LöschAuftrag() {
   LöschFlugzeug einLöschFlugzeug = new LöschFlugzeug();
   new LöschFlugzeug.WasserKapazität = 500;
   Luftfahrzeug.Höhe = 0;
   einLöschFlugzeug.Abheben();
   einLöschFlugzeug.Fluggeschwindigkeit = 192.5;
   einLöschFlugzeug.WasserAufnehmen();
   Luftfahrzeug.Landen();
}
```

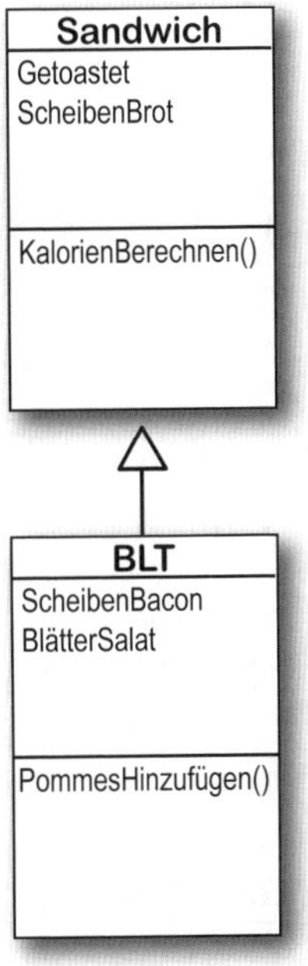
Sandwich
Getoastet
ScheibenBrot
KalorienBerechnen()
BLT
ScheibenBacon
BlätterSalat
PommesHinzufügen()

```
class Sandwich {
   public boolean Getoastet;
   public int ScheibenBrot;
   public int KalorienBerechnen() { ... }
}

class BLT : Sandwich {
   public int ScheibenBacon;
   public int BlätterSalat;
   public int PommesHinzufügen() { ... }
}

public BLT BLTBestellen() {
   BLT einSandwich = new BLT();
   BLT.Getoastet = true;
   Sandwich.ScheibenBrot = 3;
   einSandwich.PommesHinzufügen();
   einSandwich.ScheibenBacon += 5;
   MessageBox.Show("Mein Sandwich hat "
      + einSandwich.KalorienBerechnen + " Kalorien".);
   return einSandwich;
}
```

Spitzen Sie Ihren Bleistift
Lösung

Sie sollten einen Blick auf diese Klassenmodelle und -deklarationen werfen und dann die Anweisungen einkreisen, die nicht funktionieren.

Luftfahrzeug
Fluggeschwindigkeit
Höhe
Abheben()
Landen()
LöschFlugzeug
WasserKapazität
WasserAufnehmen()


```
class Luftfahrzeug {
    public double Fluggeschwindigkeit;
    public double Höhe;
    public void Abheben() { ... };
    public void Landen() { ... };
}

class LöschFlugzeug : Luftfahrzeug {
    public double WasserKapazität;
    public void WasserAufnehmen() { ... };
}

public void LöschAuftrag() {
    LöschFlugzeug einLöschFlugzeug = new LöschFlugzeug();
    new LöschFlugzeug.WasserKapazität = 500;
    Luftfahrzeug.Höhe = 0;
    einLöschFlugzeug.Abheben();
    einLöschFlugzeug.Fluggeschwindigkeit = 192.5;
    einLöschFlugzeug.WasserAufnehmen();
    Luftfahrzeug.Landen();
}
```

So wird das Schlüsselwort new nicht verwendet.

Diese Anweisungen nutzen den Klassennamen statt der Instanz einLöschFlugzeug.

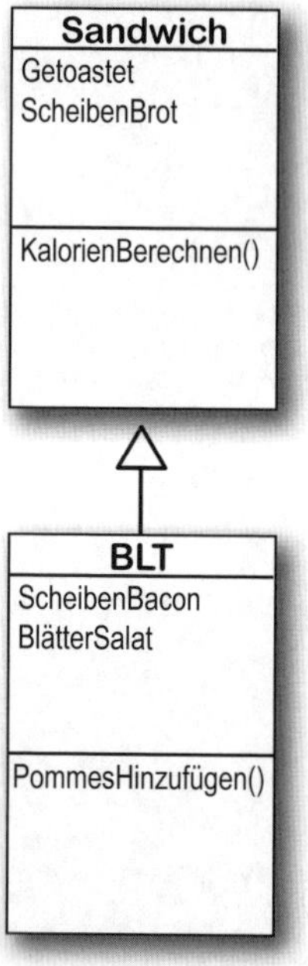

Sandwich
Getoastet
ScheibenBrot
KalorienBerechnen()
BLT
ScheibenBacon
BlätterSalat
PommesHinzufügen()


```
class Sandwich {
    public boolean Getoastet;
    public int ScheibenBrot;
    public int KalorienBerechnen() { ... }
}

class BLT : Sandwich {
    public int ScheibenBacon;
    public int BlätterSalat;
    public int PommesHinzufügen() { ... }
}

public BLT BLTBestellen() {
    BLT einSandwich = new BLT();
    BLT.Getoastet = true;
    Sandwich.ScheibenBrot = 3;
    einSandwich.PommesHinzufügen();
    einSandwich.ScheibenBacon += 5;
    MessageBox.Show("Mein Sandwich hat "
       + einSandwich.KalorienBerechnen + " Kalorien".);
    return einSandwich;
}
```

Diese Eigenschaften sind Teil der Instanz, aber die Anweisungen versuchen, sie fälschlich über den Klassennamen aufzurufen.

KalorienBerechnen() ist eine Methode, wird hier aber ohne die Klammern nach dem Methodennamen angegeben.

Wir wissen, dass Vererbung die Felder, Eigenschaften und Methoden der Basisklasse den Unterklassen hinzufügt ...

Vererbung ist einfach, wenn Ihre Unterklasse ***alle*** Felder, Eigenschaften und Methoden der Basisklasse benötigt.

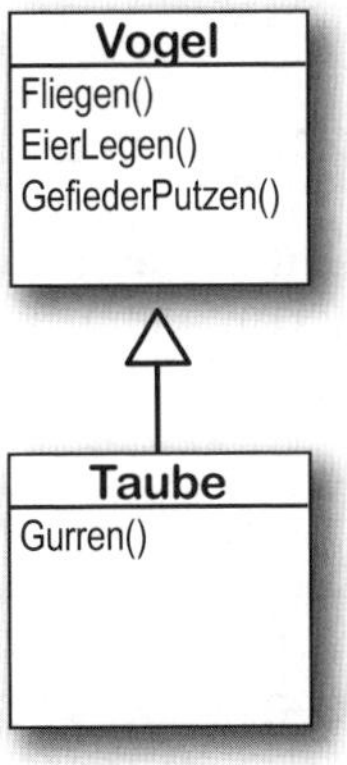
Vogel
Fliegen()
EierLegen()
GefiederPutzen()
Taube
Gurren()

Taube ist eine Unterklasse von Vogel, alle Felder und Methoden von Vogel sind also automatisch auch Teil von Taube.

```
class Vogel {
   public void Fliegen() {
    // Code, der den Vogel fliegen lässt.
   }

   public void EierLegen() { ... };

   public void GefiederPutzen() { ... };
}


class Taube : Vogel {
   public void Gurren() { ... }
}


class Pinguin : Vogel {
   public void Schwimmen() { ... }
}


public void VogelSimulator() {

      Taube hanne = new Taube();

      Pinguin klaus = new Pinguin();

      hanne.Fliegen();

      hanne.Gurren();

      klaus.Fliegen();

}
```

... aber manche Vögel fliegen nicht!

Was tun Sie, wenn Ihre Basisklasse eine Methode hat, die Ihre Unterklasse ***modifizieren*** muss?

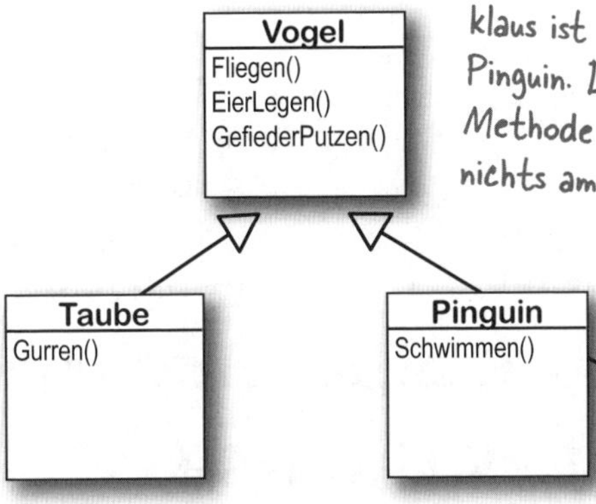
Vogel
Fliegen()
EierLegen()
GefiederPutzen()
Taube
Gurren()
Pinguin
Schwimmen()

klaus ist eine Instanz von Pinguin. Da er die Fliegen()-Methode erbt, hindert ihn nichts am Fliegen.

Taube und Pinguin erben beide von Vogel, erhalten also jeweils die Methoden Fliegen(), EierLegen(), und GefiederPutzen().

Pinguin-Objekte sollten nicht fliegen können! Aber die Klasse Pinguin erbt dieses Verhalten von Vogel, und Sie haben plötzlich fliegende Pinguine. Was sollen wir tun?

Tauben fliegen, legen Eier und putzen ihr Gefieder, es gibt also keine Probleme, wenn die Klasse Taube von Vogel erbt.

KOPF-NUSS

Wäre das Ihr Code für einen Vogel-Simulator, was würden Sie tun, um zu verhindern, dass Pinguine fliegen können?

Eine Unterklasse kann Methoden überschreiben, um geerbte Methoden zu ändern oder zu ersetzen

Manchmal haben Sie eine Klasse, die Sie gern die *meisten* Verhalten einer Basisklasse erben lassen möchten, aber *nicht alle*. Wenn Sie die Verhalten überschreiben möchten, die eine Klasse geerbt hat, können Sie die Methoden **überschreiben**.

1. **FÜGEN SIE DER BASISKLASSENMETHODEN DAS SCHLÜSSELWORT VIRTUAL HINZU.**

   Eine Unterklasse kann nur Methoden überschreiben, die mit dem Schlüsselwort **virtual** markiert sind. Dieses sagt C#, dass es Überschreibungen der Methode zulassen soll.

```
class Vogel {

    public virtual void Fliegen() {

        // Code, der den Vogel fliegen lässt.

    }

}
```

Fügen Sie der Methode Fliegen() das Schlüsselwort virtual hinzu, weiß C#, dass Unterklassen überschrieben werden dürfen.

2. **FÜGEN SIE DER ABGELEITETEN KLASSE EINE METHODE GLEICHEN NAMENS HINZU.**

   Sie müssen genau die gleiche Signatur verwenden – d. h. den gleichen Rückgabewert und die gleichen Parameter –, und Sie müssen in der Deklaration das Schlüsselwort **override** verwenden.

```
class Pinguin : Vogel {

    public override void Fliegen() {

        MessageBox.Show("Pinguine fliegen nicht!");

    }

}
```

Um Fliegen() zu überschreiben, müssen Sie der Unterklasse eine identische Methode hinzufügen und das Schlüsselwort override angeben.

Überschreiben Sie eine Methode, muss die neue Methode die gleiche Signatur haben wie die Methode in der Basisklasse, die sie überschreibt. Hier heißt das, dass sie Fliegen heißen und void zurückliefern muss und keine Parameter haben darf.

Nutzen Sie das Schlüsselwort override, um einer Unterklasse eine Methode hinzuzufügen, die eine geerbte Methode ersetzt. Damit das möglich ist, muss die Methode in der Basisklasse als virtual markiert sein.

Überall dort, wo Sie die Basisklasse verwenden können, können Sie stattdessen ein Unterklasse verwenden

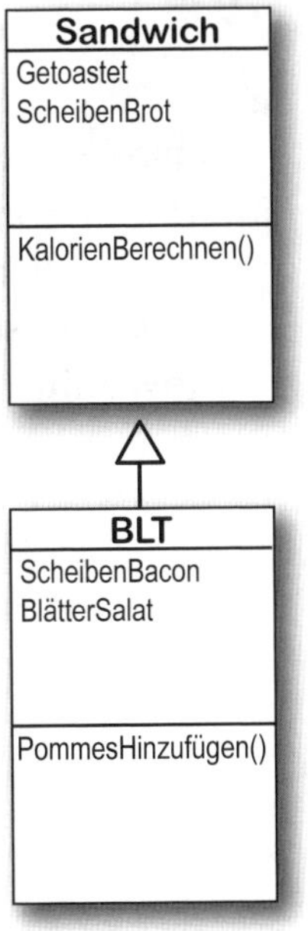
Sandwich
Getoastet
ScheibenBrot
KalorienBerechnen()
BLT
ScheibenBacon
BlätterSalat
PommesHinzufügen()

Zu den nützlichsten Dingen, die Sie mit Vererbung anstellen können, gehört es, dass Sie eine Unterklasse anstelle der Basisklasse verwenden können, von der sie erbt. Nimmt Ihre `Rezept()`-Methode ein `Käse`-Objekt, können Sie ihr stattdessen eine Instanz der Klasse `Parmesan` übergeben, die von `Käse` erbt. `Rezept()` hat allerdings nur Zugriff auf die Felder, Eigenschaften und Methoden, die Teil der Klasse `Käse` sind – die Methode hat keinen Zugriff auf Dinge, die `Parmesan`-spezifisch sind.

1 Nehmen wir an, wir haben eine Methode zur Analyse von `Sandwich`-Objekten:

```
public void SandwichAnalyse(Sandwich exemplar) {
    int kalorien = exemplar.KalorienBerechnen();
    DiätPlanAktualisieren(kalorien);
    BrotBerechnen(exemplar.ScheibenBrot, exemplar.Getoastet);
}
```

2 Sie könnten der Methode ein Sandwich übergeben – aber Sie könnten ihr auch ein BLT übergeben. Da BLT eine *Art* Sandwich ist, haben wir die Klasse so eingerichtet, dass sie von `Sandwich` erbt.

```
public button1_Click(object sender, EventArgs e) {
    BLT einBLT = new BLT();
    SandwichAnalyse(einBLT);
}
```

Das sehen wir uns im nächsten Kapitel ausführlicher an.

3 Sie können jederzeit im Klassendiagramm nach ***unten*** gehen – einer Referenzvariablen kann immer eine Instanz einer ihrer Subklassen zugewiesen werden. Aber Sie können im Klassendiagramm nie nach ***oben*** gehen.

```
public button2_Click(object sender, EventArgs e) {
    Sandwich einSandwich = new Sandwich();
    BLT einBLT = new BLT();
    Sandwich irgendeinSandwich = einBLT;
    BLT anderesBLT = einSandwich;      // <--- KOMPILIERT NICHT!!!
}
```

Sie können einBLT einer Sandwich-Variablen zuweisen, weil BLT eine Art Sandwich ist.

Aber einSandwich kann nicht einer BLT-Variablen zugewiesen werden, weil nicht jedes Sandwich ein BLT ist! Deswegen führt diese letzte Zeile zu einem Fehler.

ÜBUNG

Vermischte Nachrichten

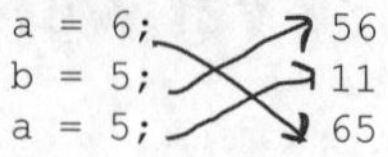
a = 6;
b = 5;
a = 5;
56
11
65

Unten ist ein kurzes C#-Programm abgedruckt. Ein Block des Programms fehlt! Ihre Herausforderung besteht darin, die Code-Kandidaten (auf der linken Seite) den Ausgaben zuzuordnen – was in den Fenstern steht, die das Programm einblendet –, die Sie sehen würden, wenn die Blöcke eingefügt würden. Nicht alle Ausgabezeilen werden verwendet, und einige können mehrfach genutzt werden. Ziehen Sie Linien, die die Kandidaten-Codeblöcke mit den jeweiligen Ausgaben verbinden.

Anweisungen:

1. **Füllen Sie die vier Lücken im Code aus.**
2. **Ordnen Sie den Code-Kandidaten die jeweilige Ausgabe zu.**

```
class A {
  public int ivar = 7;
  public ________ string m1() {
    return "m1 von A, ";
  }
  public string m2() {
    return "m2 von A, ";
  }
  public ________ string m3() {
    return "m3 von A, ";
  }
}

class B : A {
  public ________ string m1() {
    return "m1 von B, ";
  }
}
```

```
class C : B {
  public ________ string m3() {
    return "m3 von C, " + (ivar + 6);
  }
}

class Mixed5 {
  public static void Main(string[] args) {
    A a = new A();
    B b = new B();
    C c = new C();
    A a2 = new C();
    string q = "";
    [                    ]
    System.Windows.Forms.MessageBox.Show(q);
  }
}
```

Hier ist der Einstiegspunkt für das Programm – es zeigt kein Formular an, sondern blendet nur eine Meldung ein.

Hier kommen die Codeblöcke hin (drei Zeilen).

Code-Kandidaten:

```
q += b.m1();
q += c.m2();
q += a.m3();
```

```
q += c.m1();
q += c.m2();
q += c.m3();
```

```
q += a.m1();
q += b.m2();
q += c.m3();
```

```
q += a2.m1();
q += a2.m2();
q += a2.m3();
```

Ausgaben:

```
m1 von A, m2 von A, m3 von C, 6
m1 von B, m2 von A, m3 von A,
m1 von A, m2 von B, m3 von A,
m1 von B, m2 von A, m3 von C, 13
m1 von B, m2 von C, m3 von A,
m1 von B, m2 von A, m3 von C, 6
m1 von A, m2 von A, m3 von C, 13
```

(Geben Sie das nicht einfach in die IDE ein – Sie lernen erheblich mehr, wenn Sie es auf Papier ausarbeiten!)

Pool-Puzzle

Sie haben die ***Aufgabe***, die leeren Zeilen im Code mit den Codeschnipseln aus dem Pool zu füllen. Einzelne Schnipsel **können** mehrfach verwendet werden, und Sie werden nicht alle Schnipsel benötigen. Das ***Ziel*** ist es, eine Klasse zu erstellen, die sich kompilieren lässt und die gezeigte Ausgabe erzeugt. Lassen Sie sich nicht täuschen – das ist schwerer, als es scheint.

```
class Ruderboot ......................{
   public ............... BootRudern() {
      return "Pull weg";
   }
}
```

```
class ...............{
   private int............... ;
 ............ void....................(............ ) {
      länge = l;
   }
   public int LängeAbrufen() {
      ..................... ;
   }
   public ...................... Bewegen() {
      return  "................ ";
   }
}
```

```
class BooteTesten {
   ...................... Main(){
      ............ xyz = "";
      ............b1 = new Boot();
      Segelboot b2 = new................ ();
      Ruderboot ..........  = new Ruderboot();
      b2.LängeSetzen(32);
      xyz = b1. .......... ();
      xyz += b3. .......... ();
      xyz += .........Bewegen();
      System.Windows.Forms.MessageBox.Show(xyz);
   }
}
```

Tipp: Das ist der Einstiegspunkt für das Programm.

```
class ............... : Boot {
   public ........................... () {
      return " ................ ";
   }
}
```

Ausgabe:

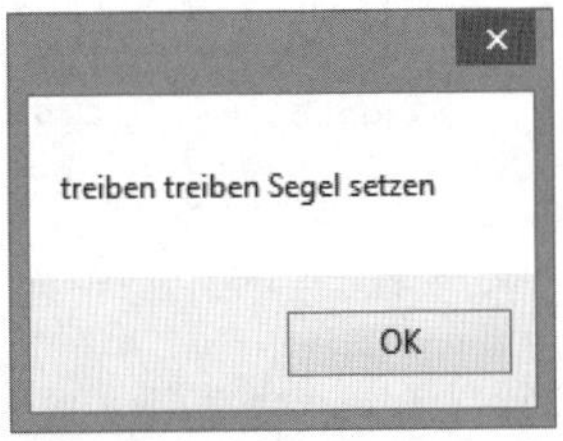
×
treiben treiben Segel setzen
OK

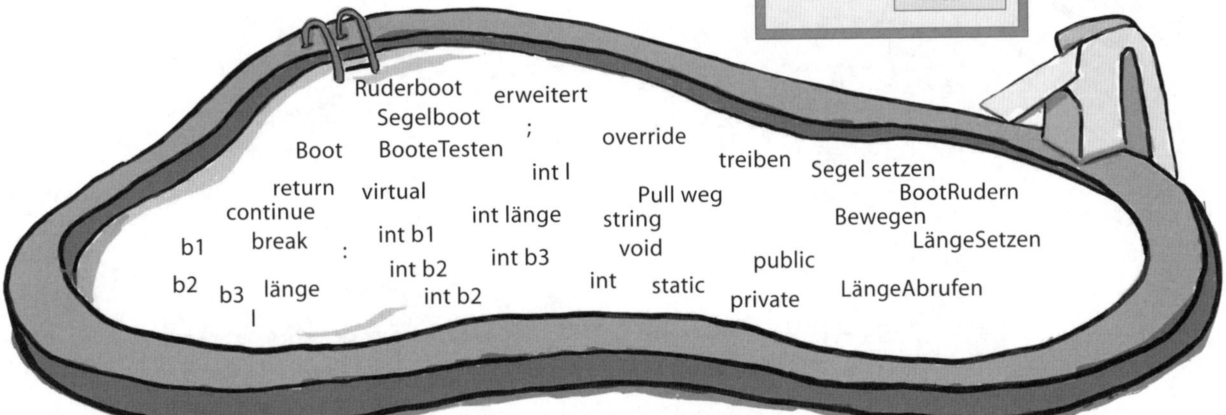
Ruderboot
erweitert
Segelboot
;
override
Boot
BooteTesten
treiben
Segel setzen
int l
return
virtual
Pull weg
BootRudern
continue
int länge
string
Bewegen
b1
break
:
int b1
void
LängeSetzen
int b3
public
int b2
b2
b3
länge
int
static
LängeAbrufen
int b2
private
l

LÖSUNG ZUR ÜBUNG

Vermischte Nachrichten

```
a = 6;   56
b = 5;   11
a = 5;   65
```

```
class A {
  public virtual string m1() {
...
  public virtual string m3() {
}
```

```
class B : A {
  public override string m1() {
...
class C : B {
  public override string m3() {
```

Sie können jederzeit anstelle einer Basisklassenreferenz eine Unterklassenreferenz einsetzen. Anders formuliert, Sie können etwas Allgemeines stets durch etwas Spezifischeres ersetzen. Wenn Code etwas `Hundeartiges` verlangt, können Sie stattdessen einen `Hund` liefern. Folgender Code

```
A a2 = new C();
```

heißt also, dass Sie ein `C`-Objekt instantiieren und dann eine `A`-Referenz `a2` erstellen, die auf dieses Objekt zeigt. Die folgenden Zeilen illustrieren das mit transparenteren Klassennamen:

```
Sandwich einSandwich = new BLT();

Käse zutat= new AlterCheddar();

Singvogel tweety = new Spottdrossel();
```

```
q += b.m1();
q += c.m2();
q += a.m3();
________
q += c.m1();
q += c.m2();
q += c.m3();
________
q += a.m1();
q += b.m2();
q += c.m3();
________
q += a2.m1();
q += a2.m2();
q += a2.m3();
```

```
m1 von A, m2 von A, m3 von C, 6
m1 von B, m2 von A, m3 von A,
m1 von A, m2 von B, m3 von C, 6
m1 von B, m2 von A, m3 von C, 1
m1 von B, m2 von C, m3 von A,
m1 von A, m2 von B, m3 von A,
m1 von B, m2 von A, m3 von C, 6
m1 von A, m2 von A, m3 von C, 1
```

Pool-Puzzle, Lösung

```
class Ruderboot : Boot {
  public string BootRudern() {
    return "Pull weg";
  }
}
class Boot {
  private int länge ;
  public void LängeSetzen (int l) {
    länge = l;
  }
  public int LängeAbrufen() {
    return länge ;
  }
  public virtual string Bewegen() {
    return "treiben";
  }
}
```

```
class BooteTesten {
  public static void Main(){
    string xyz = "";
    Boot b1 = new Boot();
    Segelboot b2 = new Segelboot();
    Ruderboot b3 = new Ruderboot();
    b2.LängeSetzen(32);
    xyz = b1.Bewegen();
    xyz += b3.Bewegen();
    xyz += b2.Bewegen();
    System.Windows.Forms.MessageBox.Show(xyz);
  }
}
class Segelboot : Boot {
  public override string Bewegen() {
    return "Segel setzen";
  }
}
```

Es gibt keine Dummen Fragen

F: Was ist mit dem Einstiegspunkt, den Sie im Pool-Puzzle hervorgehoben haben – bedeutet das, dass ich ein Programm ohne ein Form1-Formular haben kann?

A: Ja. Wenn Sie ein neues Windows Forms-Anwendung-Projekt erstellen, erzeugt die IDE für Sie alle Dateien für das Projekt. Dazu zählen die Dateien Program.cs (die eine statische Klasse mit einem Einstiegspunkt enthält) und Form1.cs (die ein leeres Formular namens Form1 enthält).

Probieren Sie Folgendes: Erstellen Sie statt eines Windows Forms-Anwendung-Projekts ein leeres Projekt, indem Sie »Leeres Projekt« statt »Windows Forms-Anwendung« wählen, wenn Sie in der IDE ein neues Projekt erstellen. Fügen Sie ihm dann im Projektmappen-Explorer eine Klasse hinzu und geben Sie alles aus der Pool-Puzzle-Übung ein. Da Ihr Programm eine MessageBox verwendet, müssen Sie einen **Verweis** hinzufügen, indem Sie im Projektmappen-Explorer auf »Verweise« klicken, »Verweis hinzufügen« auswählen und dann auf der Registerkarte .NET System.Windows.Forms suchen. (Das ist eine andere Sache, die die IDE automatisch für Sie erledigt, wenn Sie eine Windows Forms-Anwendung erstellen.) Wählen Sie dann im Projekt-Menü »Eigenschaften« und wählen Sie als Ausgabe »Windows-Anwendung«.

Führen Sie es aus ... Sie werden die Ergebnisse sehen! Glückwunsch, Sie haben gerade Ihr erstes C#-Programm aus dem Nichts geschaffen.

Wenn Sie eine kleine Auffrischung zur Main()-Methode und zum Einstiegspunkt brauchen, blättern Sie zurück zu Kapitel 2!

Sie können die Klassenansicht über das Ansicht-Menü einblenden. Sie ist ein weiteres nützliches Werkzeug in der IDE. Üblicherweise befindet sie sich im Projektmappen-Explorer-Bereich. Sie können darüber die Klassen in Ihrer Projektmappe untersuchen.

F: Kann ich von der Klasse erben, die den Einstiegspunkt enthält?

A: Ja. Der Einstiegspunkt ***muss*** eine statische Methode sein, aber diese Methode ***muss sich nicht*** in einer statischen Klasse befinden. (Erinnern Sie sich: Das Schlüsselwort `static` bedeutet, dass die Klasse nicht instantiiert werden kann, sondern ihre Methoden verfügbar sind, sobald das Programm startet. Im Pool-Puzzle-Programm können Sie `BooteTesten.Main()` also von jeder anderen Methode aus aufrufen, ohne eine Referenzvariable zu deklarieren oder mithilfe der `new`-Anweisung ein Objekt zu instantiieren.)

F: Ich verstehe immer noch nicht, warum man diese Methoden »virtuell« nennt – mir scheinen die doch ziemlich real!

A: Die Bezeichnung »virtuell« hat etwas damit zu tun, wie .NET hinter den Kulissen mit virtuellen Methoden umgeht. Es nutzt einen Mechanismus, der als virtuelle Methodentabelle (oder vtable) bezeichnet wird. Das ist eine Tabelle, über die .NET nachhält, welche Methoden geerbt und welche überschrieben werden. Machen Sie sich keine Gedanken – Sie müssen nicht wissen, wie das funktioniert, um mit virtuellen Methoden zu arbeiten!

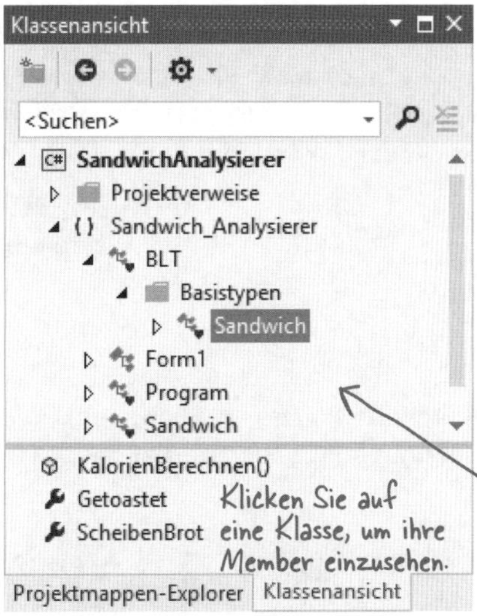
Klassenansicht
<Suchen>
SandwichAnalysierer
Projektverweise
Sandwich_Analysierer
BLT
Basistypen
Sandwich
Form1
Program
Sandwich
KalorienBerechnen()
Getoastet
ScheibenBrot
Klicken Sie auf eine Klasse, um ihre Member einzusehen.
Projektmappen-Explorer
Klassenansicht

F: Was meinen Sie damit, wenn Sie sagen, dass man im Klassendiagramm nur nach oben und nicht nach unten gehen kann?

A: Wenn Sie ein Diagramm haben, in dem eine Klasse über einer anderen steht, ist die Klasse, die weiter oben steht, *abstrakter* als die Klasse, die weiter unten steht. Spezifischere oder konkrete Klassen (wie `Hemd` oder `Auto`) erben von abstrakteren (wie `Kleidung` oder `Fahrzeug`). Betrachten Sie das auf diese Weise, werden Sie verstehen, dass ein Pkw, ein Minibus oder ein Motorrad in Ordnung ist, wenn Sie bloß irgendein Fahrzeug benötigen. Aber wenn Sie einen Pkw brauchen, bringt Ihnen ein Motorrad nichts.

Vererbung funktioniert ganz genau so. Haben Sie eine Methode mit einem Parameter des Typs `Fahrzeug` und eine `Motorrad`-Klasse, die von der Klasse `Fahrzeug` abgeleitet ist, können Sie der Methode eine Instanz von `Motorrad` übergeben. Aber nimmt die Methode ein `Motorrad` als Parameter, können Sie ihr kein `Fahrzeug`-Objekt übergeben, weil das auch eine `MiniBus`-Instanz sein könnte. Andernfalls weiß C# nicht, was es tun soll, wenn die Methode versucht, auf die Eigenschaft `Lenkergriffe` zuzugreifen!

Sie können einer Methode immer eine Instanz einer Unterklasse der Klasse übergeben, die sie als Parametertyp erwartet.

Nutzen Sie den Ordner Basistypen in der Klassenansicht, um sich die Vererbungshierarchie einer Klasse anzusehen.

ICH VERSTEHE EINFACH NICHT, WOZU ICH DIE SCHLÜSSELWÖRTER »VIRTUAL« UND »OVERRIDE« BENÖTIGE. VERWENDE ICH SIE NICHT, ERHALTE ICH EINE WARNUNG, DIE KEINERLEI KONSEQUENZEN HAT. DAS PROGRAMM LÄUFT DENNOCH! WENN DIESE SCHLÜSSELWÖRTER ERFORDERLICH WÄREN, WÜRDE ICH DAS JA VERSTEHEN. ABER SO MACHT DAS DOCH NUR UNNÖTIGE UMSTÄNDE.

Es gibt einen wichtigen Grund für virtual und override!

`virtual` und `override` sind nicht nur Dekoration. Sie verursachen einen erheblichen Unterschied bei der Funktionsweise Ihres Programms. Aber das müssen Sie uns nicht einfach so glauben – hier ist ein Beispiel, das zeigt, wie sie funktionieren.

Tun Sie das!

Statt einer Windows Forms-Anwendung erstellen Sie eine Konsolenanwendung! Das heißt, dass die Anwendung kein Formular beinhaltet.

1. **ERSTELLEN SIE EINE NEUE KONSOLENANWENDUNG UND FÜGEN SIE IHR KLASSEN HINZU.**
   Klicken Sie mit der rechten Maustaste auf das Projekt im Projektmappen-Explorer und fügen Sie wie üblich Klassen hinzu. Sie brauchen die folgenden fünf Klassen: `Juwelen`, `Safe`, `Besitzer`, `Schlosser` und `Dieb`.

2. **FÜGEN SIE DEN CODE FÜR DIE NEUEN KLASSEN HINZU.**
   Hier ist der Code für Ihre fünf neuen Klassen:

```
class Juwelen {
    public string Glitzern() {
        return "Blink, blink!";
    }
}
```

Ein Safe-Objekt hält eine Juwelen-Referenz über sein inhalt-Feld. Diese liefert es nur, wenn Öffnen() mit der richtigen Kombination aufgerufen wird.

```
class Safe {
    private Juwelen inhalt = new Juwelen();
    private string safeKombination = "12345";
    public Juwelen Öffnen(string kombination)
    {
        if (kombination == safeKombination)
            return inhalt;
        else
            return null;
    }
    public void SchlossKnacken(Schlosser knacker) {
        knacker.KombinationAufschreiben(safeKombination);
    }
}
```

Beachten Sie, dass private inhalt und kombination verbirgt.

Ein Schlosser kann das Schloss knacken und sich die Kombination beschaffen, indem er die Methode SchlossKnacken() mit einer Referenz auf sich selbst aufruft. Der Safe ruft auf dieser die Methode KombinationAufschreiben() mit der Kombination auf.

Konsolenanwendungen haben keine Formulare

Wenn Sie statt einer Windows Forms-Anwendung eine Konsolenanwendung anlegen, erstellt die IDE für Sie bloß eine Klasse namens Program mit einer leeren Main()-Methode. Führen Sie die Anwendung aus, wird ein Befehlsfenster zur Anzeige von Ausgaben geöffnet. Mehr über Konsolenanwendungen erfahren Sie in Anhang A.

```
class Besitzer {
    private Juwelen erhaltenerInhalt;
    public void InhaltEntnehmen(Juwelen safeInhalt) {
        erhaltenerInhalt = safeInhalt;
        Console.WriteLine("Vielen Dank für meine Steinchen! " + safeInhalt.Glitzern());
    }
}
```

3 **DIE KLASSE DIEB ERBT VON SCHLOSSER.**
Diebe sind Schlosser auf Abwegen! Sie können Schlösser knacken, geben die Juwelen aber nicht an den Besitzer zurück, sondern stehlen sie!

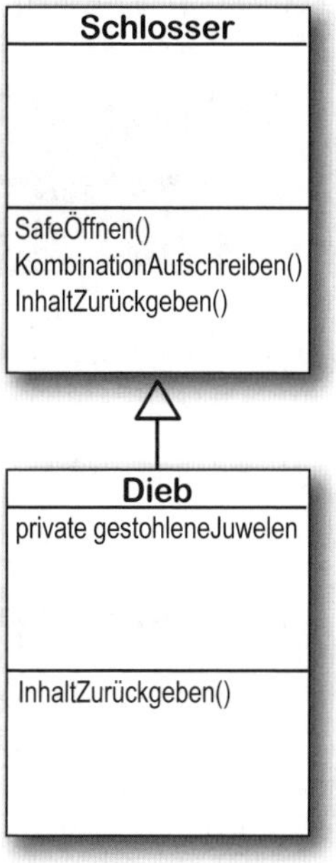

Schlosser
SafeÖffnen()
KombinationAufschreiben()
InhaltZurückgeben()
Dieb
private gestohleneJuwelen
InhaltZurückgeben()


```
class Schlosser {
    public void SafeÖffnen(Safe safe, Besitzer besitzer) {
        safe.SchlossKnacken(this);
        Juwelen safeInhalt = safe.Öffnen(notierteKombination);
        InhaltZurückgeben(safeInhalt, besitzer);
    }

    private string notierteKombination = null;
    public void KombinationAufschreiben(string kombination) {
        notierteKombination = kombination;
    }

    public void InhaltZurückgeben(Juwelen safeInhalt, Besitzer besitzer) {
        besitzer.InhaltEntnehmen(safeInhalt);
    }
}
```

Die SafeÖffnen()-Methode von Schlosser knackt das Schloss, öffnet den Safe und gibt den Inhalt dem Besitzer.

```
class Dieb : Schlosser {
    private Juwelen gestohleneJuwelen = null;
    public void InhaltZurückgeben(Juwelen safeInhalt, Besitzer besitzer) {
        gestohleneJuwelen = safeInhalt;
        Console.WriteLine("Ich klaue die Klunker! " + gestohleneJuwelen.Glitzern());
    }
}
```

Dieb erbt die Methoden SafeÖffnen() und KombinationAufschreiben(). Aber wenn SafeÖffnen() InhaltZurückgeben() aufruft, stiehlt der Dieb die Juwelen, statt sie dem Eigentümer auszuhändigen!

4 **HIER IST DIE MAIN()-METHODE FÜR DIE KLASSE PROGRAM.**
Aber ***führen Sie sie noch nicht aus!*** Versuchen Sie erst mal, auszuknobeln, was auf der Konsole ausgegeben wird.

```
class Program {
    static void Main(string[] args) {
        Besitzer besitzer = new Besitzer();
        Safe safe = new Safe();

        Dieb dieb = new Dieb();
        dieb.SafeÖffnen(safe, besitzer);

        Console.ReadKey();
    }
}
```

ReadKey() wartet, bis der Benutzer eine Taste drückt, und verhindert, dass das Programm vorher beendet wird.

Spitzen Sie Ihren Bleistift

Lesen Sie den Code für das Programm. Schreiben Sie auf, was Ihrer Meinung nach ausgegeben wird. (Tipp: Überlegen Sie, was `Dieb` von `Schlosser` erbt!)

Unterklassen können Oberklassenmethoden ausblenden

Führen Sie das Programm jetzt aus. Da es eine Konsolenanwendung ist, schreibt es seine Ausgaben nicht ins Ausgabefenster, sondern öffnet ein Befehlsfenster und gibt sie darin aus. Folgendes sollten Sie dort sehen:

file:///C:/Users/LoLaFr/Documents/Visual Studio 2013/Projects/Kapitel06/Juwel...
Vielen Dank für meine Steinchen! Blink, blink!

Hätten Sie eine andere Ausgabe erwartet? Vielleicht etwas dieser Art:

```
Ich klaue die Klunker! Blink, blink!
```

Es scheint, als hätte sich der Dieb genau so verhalten wie ein Schlosser! Was also ist passiert?

Methoden ausblenden vs. Methoden überschreiben

Der Grund dafür, dass sich das `Dieb`-Objekt wie ein `Schlosser`-Objekt verhielt, als seine `InhaltZurückgeben()`-Methode aufgerufen wurde, liegt in der Art, auf die die Klasse `Dieb` ihre `InhaltZurückgeben()`-Methode deklariert. Einen wichtigen Hinweis liefert Ihnen die Warnung, die Sie erhielten, als Sie Ihr Programm kompilierten:

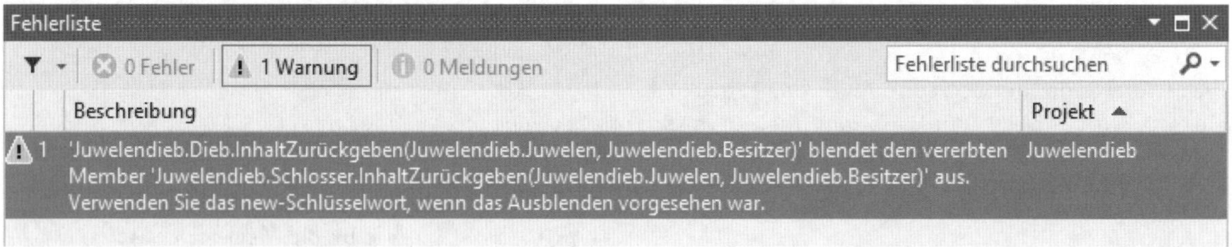
Fehlerliste
0 Fehler
1 Warnung
0 Meldungen
Fehlerliste durchsuchen
Beschreibung
Projekt
1 'Juwelendieb.Dieb.InhaltZurückgeben(Juwelendieb.Juwelen, Juwelendieb.Besitzer)' blendet den vererbten Member 'Juwelendieb.Schlosser.InhaltZurückgeben(Juwelendieb.Juwelen, Juwelendieb.Besitzer)' aus. Verwenden Sie das new-Schlüsselwort, wenn das Ausblenden vorgesehen war.
Juwelendieb

Da die Klasse `Dieb` von `Schlosser` erbt und die Methode `InhaltZurückgeben()` durch eine eigene Methode ersetzt, scheint es, als würde `Dieb` die Methode `InhaltZurückgeben()` von `Schlosser` überschreiben. Aber das ist nicht der Fall. `Dieb` überschreibt die Methode nicht, wie Sie vielleicht erwartet haben (darüber werden wir gleich sprechen), sondern blendet sie aus.

Dazwischen besteht ein großer Unterschied. Wenn eine Unterklasse eine Methode ausblendet, ersetzt sie eine Methode in der Basisklasse mit gleichem Namen (eigentlich deklariert sie sie neu). Unsere neue Unterklasse hat eigentlich also zwei unterschiedliche Methoden mit gleichem Namen: eine, die sie von der Oberklasse erbt, und eine andere, brandneue, die sie selbst definiert.

Wenn eine Unterklasse eine Methode mit dem gleichen Namen wie eine Methode in ihrer Oberklasse ergänzt, blendet sie die Methode der Oberklasse aus, anstatt sie zu überschreiben.

Nutzen Sie unterschiedliche Referenzen, um verborgene Methoden aufzurufen

Die Klasse `Dieb` blendet die Methode `InhaltZurückgeben()` aus (anstatt sie zu überschreiben), und das bewirkt, dass sich ihre Instanzen wie `Schlosser`-Objekte verhalten, wenn sie wie `Schlosser`-Objekte aufgerufen werden. `Dieb` erbt eine Version von `InhaltZurückgeben()` von `Schlosser` und definiert eine zweite Version. Die Klasse hat also zwei unterschiedliche Methoden gleichen Namens. Das bedeutet, dass die Klasse zwei verschiedene Wege braucht, um sie aufzurufen.

Und tatsächlich gibt es die. Wenn Sie eine `Dieb`-Instanz haben, können Sie eine `Dieb`-Referenzvariable nutzen, um `InhaltZurückgeben()` aufzurufen. Aber wird sie über eine `Schlosser`-Referenzvariable aufgerufen, wird die verborgene `InhaltZurückgeben()`-Methode von `Schlosser` aufgerufen.

```
// Dieb verbirgt eine Methode von Schlosser. Sie erhalten
// also unterschiedliche Verhalten vom gleichen Objekt,
// je nachdem, was für eine Referenz Sie dafür nutzen!

// Deklarieren Sie Ihre Dieb-Objekte als Schlosser-Referenzen, wird die
// InhaltZurückgeben()-Methode der Oberklasse aufgerufen.
Schlosser alsSchlosserAufgerufen = new Dieb();
alsSchlosserAufgerufen.InhaltZurückgeben(safeInhalt, besitzer);

// Deklarieren Sie Ihre Dieb-Objekte als Dieb-Referenzen, wird
// stattdessen die InhaltZurückgeben()-Methode von Dieb aufgerufen,
// da sie die Oberklassenmethode gleichen Namens verbirgt.
Dieb alsDiebAufgerufen = new Dieb();
alsDiebAufgerufen.InhaltZurückgeben(safeInhalt, besitzer);
```

Nutzen Sie das Schlüsselwort new, wenn Sie Methoden ausblenden

Schauen Sie sich die Warnmeldung genau an. Klar ignorieren wir sie normalerweise! Aber diesmal sollten Sie wirklich lesen, was dort steht: **Dieb.InhaltZurückgeben(Juwelen, Besitzer) blendet den vererbten Member Schlosser.InhaltZurückgeben(Juwelen, Besitzer) aus. Verwenden Sie das new-Schlüsselwort, wenn das Ausblenden vorgesehen war.**

Kehren Sie also zu Ihrem Programm zurück und ergänzen Sie das Schlüsselwort **new**.

```
new public void InhaltZurückgeben(Juwelen safeInhalt, Besitzer besitzer) {
```

Haben Sie der Deklaration von `InhaltZurückgeben()` in `Dieb` das Schlüsselwort `new` vorangestellt, verschwindet die Warnung. Aber Ihr Programm wird sich immer noch nicht wie erwartet verhalten! Es wird immer noch die `InhaltZurückgeben()`-Methode aus `Schlosser` aufgerufen. Warum? Weil die Methode ***aus einer Methode aufgerufen wird, die von der Klasse Schlosser definiert wird*** – genauer, von `Schlosser.SafeÖffnen()` –, obwohl das durch ein `Dieb`-Objekt angestoßen wird. Weil `Dieb` die Methode `InhaltZurückgeben()` nur **verbirgt**, wird die eigene Neudefinition nie aufgerufen.

Haben Sie eine Idee, wie man Dieb die Methode überschreiben statt verbergen lassen könnte? Probieren Sie es aus, bevor Sie umblättern!

Nutzen Sie override und virtual, um Verhalten zu ändern

Was wir wirklich von `Dieb` wollen, ist, dass er, egal über was für eine Referenz das Objekt gehalten wird, immer seine eigene `InhaltZurückgeben()`-Methode aufruft. Das ist das Verhalten, das wir bei Vererbung erwarten und das man als **Überschreiben** bezeichnet. Es ist ganz einfach, die eigenen Klassen dazu zu bringen. Zunächst müssen Sie das Schlüsselwort **`override`** einsetzen, wenn Sie die Methode `InhaltZurückgeben()` deklarieren:

```
class Dieb {
    ...
    override public void InhaltZurückgeben
             (Juwelen safeInhalt, Besitzer besitzer)
```

Aber das ist noch nicht alles. Wenn Sie nur `override` ergänzen und dann versuchen, Ihren Code zu kompilieren, erhalten Sie einen Fehler folgender Art:

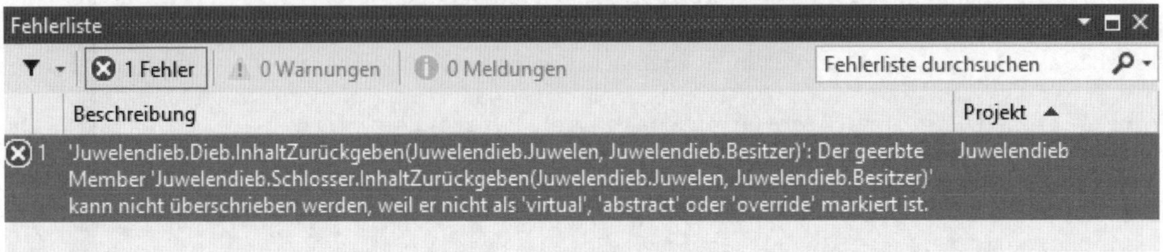
Fehlerliste
1 Fehler
0 Warnungen
0 Meldungen
Fehlerliste durchsuchen
Beschreibung
Projekt
1 'Juwelendieb.Dieb.InhaltZurückgeben(Juwelendieb.Juwelen, Juwelendieb.Besitzer)': Der geerbte Member 'Juwelendieb.Schlosser.InhaltZurückgeben(Juwelendieb.Juwelen, Juwelendieb.Besitzer)' kann nicht überschrieben werden, weil er nicht als 'virtual', 'abstract' oder 'override' markiert ist.
Juwelendieb

Schauen Sie sich auch diesen Fehler genau an. `Dieb` kann das geerbte Member `InhaltZurückgeben()` nicht überschreiben, da es in `Schlosser` nicht als `virtual`, `abstract` oder `override` markiert ist. Aber dieses Problem lässt sich leicht beheben! Markieren Sie einfach die `InhaltZurückgeben()`-Methode in `Schlosser` mit dem Schlüsselwort `virtual`:

```
class Schlosser {
    ...
    virtual public void InhaltZurückgeben
             (Juwelen safeInhalt, Besitzer besitzer)
```

Führen Sie das Programm jetzt erneut aus. Diesmal sollten Sie Folgendes sehen:

file:///C:/Users/LoLaFr/Documents/Visual Studio 2013/Projects/Kapitel06/Juwel...
Ich klaue die Klunker! Blink, blink!

Und *das ist* tatsächlich die Ausgabe, die wir haben wollten.

WENN ICH EINE KLASSENHIERARCHIE ENTWERFE, WILL ICH METHODEN IN DER REGEL ÜBERSCHREIBEN, NICHT VERBERGEN. ABER WENN ICH SIE AUSBLENDE, NUTZE ICH IMMER NEW, ODER?

Genau. Meist wollen Sie Methoden überschreiben, aber ausblenden ist eine Option.

Wenn Sie mit einer Unterklasse arbeiten, die eine Basisklasse erweitert, wollen Sie viel eher überschreiben als ausblenden. Warnt Sie der Compiler, dass Sie eine Methode ausblenden, sollten Sie sich die Sache also genau ansehen! Überlegen Sie, ob Sie die Methode wirklich ausblenden wollten und nicht einfach nur die Schlüsselwörter `virtual` und `override` vergessen hatten. Wenn Sie ordentlich mit `virtual`, `override` und `new` arbeiten, sollten Sie sich nie mit derartigen Problemen herumschlagen müssen!

Wollen Sie eine Methode einer Basisklasse überschreiben, müssen Sie sie in der Basisklasse mit dem Schlüsselwort virtual und in der Unterklasse mit dem Schlüsselwort override markieren. Tun Sie das nicht, verbergen Sie irgendwann Methoden noch aus Versehen.

Basisklassenzugriff über das Schlüsselwort base

Wenn Sie eine Methode oder Eigenschaft aus der Basisklasse überschreiben, möchten Sie gelegentlich dennoch darauf zugreifen. Glücklicherweise können wir **base** nutzen, um auf jede Methode in der Basisklasse zuzugreifen.

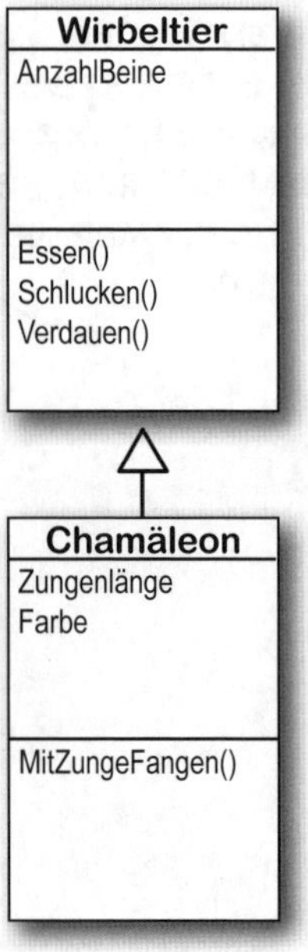
Wirbeltier
AnzahlBeine
Essen()
Schlucken()
Verdauen()
Chamäleon
Zungenlänge
Farbe
MitZungeFangen()

1. Alle Tiere essen, die Klasse `Wirbeltier` hat also eine `Essen()`-Methode, die ein `Nahrung`-Objekt als Parameter übernimmt.

```
class Wirbeltier {
    public virtual void Essen(Nahrung happen) {
        Schlucken(happen);
        Verdauen();
    }
}
```

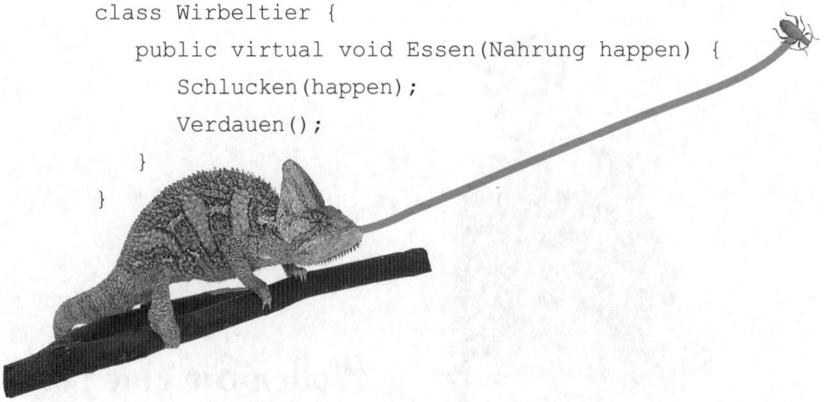

2. Chamäleons essen, indem sie Nahrung mit ihren Zungen fangen. Die Klasse `Chamäleon` erbt also von `Wirbeltier`, überschreibt aber `Essen()`.

```
class Chamäleon : Wirbeltier {
    public override void Essen(Nahrung happen) {
        MitZungeFangen(happen);
        Schlucken(happen);
        Verdauen();
    }
}
```

Wie jedes andere Tier muss das Chamäleon die Nahrung schlucken und verdauen. Müssen wir den Code deswegen wirklich doppelt haben?

3. Anstatt den Code zu verdoppeln, können wir das Schlüsselwort **base** einsetzen, um die Methode aufzurufen, die überschrieben wurde. Jetzt haben wir Zugriff auf die alte und die neue Version von `Essen()`.

```
class Chamäleon : Wirbeltier {
    public override void Essen(Nahrung happen) {
        MitZungeFangen(happen);
        base.Essen(happen);
    }
}
```

Diese Zeile ruft die Essen()-Methode in der Basisklasse auf, die Chamäleon erweitert.

Nachdem Ihnen jetzt einige der Konzepte hinter Vererbung klargeworden sind, können Sie sich vielleicht über folgende Sache Gedanken machen. Codewiederverwendung erspart Ihnen Tipperei, aber ein weiterer wichtiger Aspekt der Vererbung ist die vereinfachte Wartung. **Haben Sie eine Idee, warum?**

Hat die Basisklasse einen Konstruktor, braucht ihn die Unterklasse auch

Wenn Ihre Klasse Konstruktoren hat, die Parameter erwarten, muss jede Klasse, die sie erweitert, **einen dieser Konstruktoren aufrufen**. Der Unterklassenkonstruktor kann andere Parameter haben als der Basisklassenkonstruktor.

Hängen Sie diese zusätzliche Zeile an das Ende der Deklaration des Konstruktors Ihrer Unterklasse an, um C# zu sagen, dass der Basisklassenkonstruktor aufgerufen werden muss, wenn die Unterklasse instantiiert wird.

```
class Unterklasse : Basisklasse {
    public Unterklasse(Parameterliste)
       : base(Parameterliste der Basisklasse) {
      // Erst wird der Basisklassenkonstruktor aufgerufen,
      // dann alle hier folgenden Anweisungen.
    }
}
```

Hier ist der Konstruktor für die Unterklasse.

Der Basisklassenkonstruktor wird vor dem Unterklassenkonstruktor ausgeführt

Tun Sie das!

Aber verlassen Sie sich nicht einfach darauf – probieren Sie es aus!

Sie können die new-Anweisung nutzen, ohne das Ergebnis einer Variablen zuzuweisen, z. B.:
`new EineUnterklasse();`
Das Objekt wird schon bald von der Garbage Collection eingesammelt, weil es keine Referenz darauf gibt.

1. **ERSTELLEN SIE EINE BASISKLASSE, DEREN KONSTRUKTOR EINE MELDUNG ANZEIGT.**
Fügen Sie dann einem Formular einen Button hinzu, der diese ***Basisklasse*** instantiiert und eine Meldung anzeigt:

```
class EineBasisklasse {
    public EineBasisklasse(string basisParameter) {
        MessageBox.Show("Hier ist die Basisklasse: " + basisParameter);
    }
}
```

Das ist der Parameter, den der Basisklassenkonstruktor braucht.

2. **FÜGEN SIE EINE UNTERKLASSE HINZU, OHNE DEN KONSTRUKTOR AUFZURUFEN.**
Fügen Sie einem Formular dann einen Button hinzu, der diese ***Unterklasse*** instantiiert und eine Meldung anzeigt:

```
class EineUnterklasse : EineBasisklasse{
    public EineUnterklasse(string basisParameter, int andererWert) {
        MessageBox.Show("Hier ist die Unterklasse: " + basisParameter
             + " und " + andererWert);
    }
}
```

Wählen Sie in der IDE Erstellen/Projektmappe erstellen, liefert dieser Code einen Fehler.

⊗ 1 'BasisklassenKonstruktorAufrufen.EineBasisklasse' enthält keinen Konstruktor, der 0-Argumente akzeptiert.

Achten Sie auf diesen Fehler. Er sagt, dass Ihre Unterklasse den Basisklassenkonstruktor nicht aufruft.

3. **BEHEBEN SIE DEN FEHLER, INDEM SIE DEN BASISKLASSENKONSTRUKTOR AUFRUFEN.**
Instantiieren Sie die Unterklasse und ***schauen Sie, in welcher Reihenfolge*** die beiden Meldungen erscheinen!

```
class EineUnterklasse : EineBasisklasse{
    public EineUnterklasse(string basisParameter, int andererWert)
        : base(basisParameter)
    {
        // Der Rest bleibt gleich.
```

So senden wir der Basisklasse den Parameter, den ihr Konstruktor braucht.

Damit sagen Sie C#, dass der Basisklassenkonstruktor aufgerufen werden muss. Die Parameterliste enthält, was diesem Konstruktor übergeben werden muss. Dann verschwindet der Fehler!

Jetzt können Sie die Arbeit für Kathrin abschließen!

Als wir Kathrin verließen, hatten wir ihrem Programm gerade Geburtstagsfeiern hinzugefügt. Sie sollten für sie **eine zusätzliche Gebühr von 100 € für Partys mit mehr als 12 Personen** einführen. Es schien, als müssten Sie den gleichen Code für beide Klassen separat schreiben. Nachdem Sie wissen, wie man Vererbung nutzt, können Sie beide Klassen von der gleichen Basisklasse erben lassen, die den gesamten Code enthält, den sich beide teilen.

Wenn wir uns geschickt anstellen, sollten wir die Klassen ändern können, ohne dass wir das Formular ändern müssen!

ÜBUNG

Erfüllen Sie Kathrins Wunsch, indem Sie eine `Party`-Basisklasse erstellen, die alle gemeinsamen Verhalten von `Abendessen` und `Geburtstagsfeier` enthält.

Schauen Sie sich die beiden Klassen nebeneinander an. Welche Methoden und Eigenschaften haben sie gemeinsam?

1 **ÜBERLEGEN SIE SICH DAS NEUE KLASSENMODELL.**
Der erste Schritt beim Schreiben eines Programms sind **Überlegungen zum Design**. Wir haben immer noch die beiden unveränderten Klassen `Abendessen` und `Geburtstagsfeier`, die jetzt aber die Klasse `Party` erweitern. Sie sollen weiterhin genau die gleichen Eigenschaften haben, damit wir am Formular nichts ändern müssen.

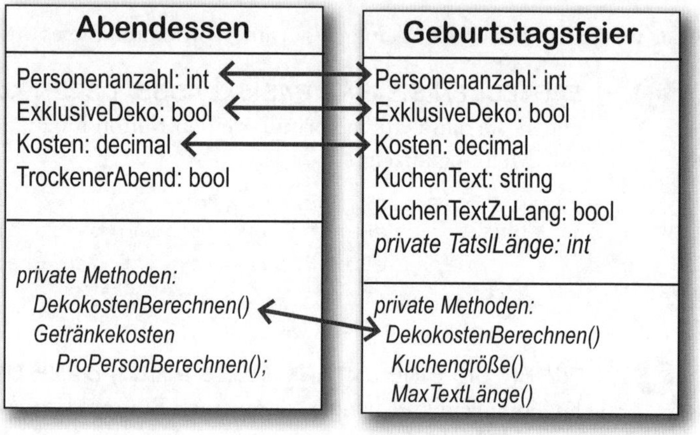
Abendessen
Personenanzahl: int
ExklusiveDeko: bool
Kosten: decimal
TrockenerAbend: bool
private Methoden:
DekokostenBerechnen()
Getränkekosten
ProPersonBerechnen();
Geburtstagsfeier
Personenanzahl: int
ExklusiveDeko: bool
Kosten: decimal
KuchenText: string
KuchenTextZuLang: bool
private TatsILänge: int
private Methoden:
DekokostenBerechnen()
Kuchengröße()
MaxTextLänge()

2 **FÜGEN SIE DIE BASISKLASSE PARTY EIN.**
Erstellen Sie ein **neue Windows Forms-Anwendung**. Fügen Sie ihr eine Klasse namens `Party` hinzu. Fügen Sie dann die Klassen `Abendessen` und `Geburtstagsfeier` aus dem Projekt vom Anfang dieses Kapitels ein und aktualisieren Sie diese so, dass `Abendessen` und `Geburtstagsfeier` `Party` erweitern.

Party

Zunächst erstellen Sie eine leere Party-Klasse und ändern Abendessen und Geburtstagsfeier so, dass sie diese erweitern. Das Programm lässt sich bereits erstellen, weil alles Mögliche eine leere Klasse erweitern kann.

3 **VERSCHIEBEN SIE GEMEINSAME VERHALTEN IN DIE OBERKLASSE PARTY.**

Kopieren Sie die Konstante `EssenskostenProPerson`, die Eigenschaften `Personenanzahl` und `ExklusiveDeko` und die Methode `DekokostenBerechnen()` aus `Abendessen` oder `Geburtstagsfeier` (die sind in beiden identisch) und fügen Sie sie in `Party` ein. Denken Sie daran, den entsprechenden Code in beiden Unterklassen zu löschen.

Erstellen Sie in `Party` eine `Kosten`-Eigenschaft und markieren Sie diese als `virtual`. Markieren Sie dann die `Kosten`-Eigenschaft in den beiden Unterklassen mit `override`.

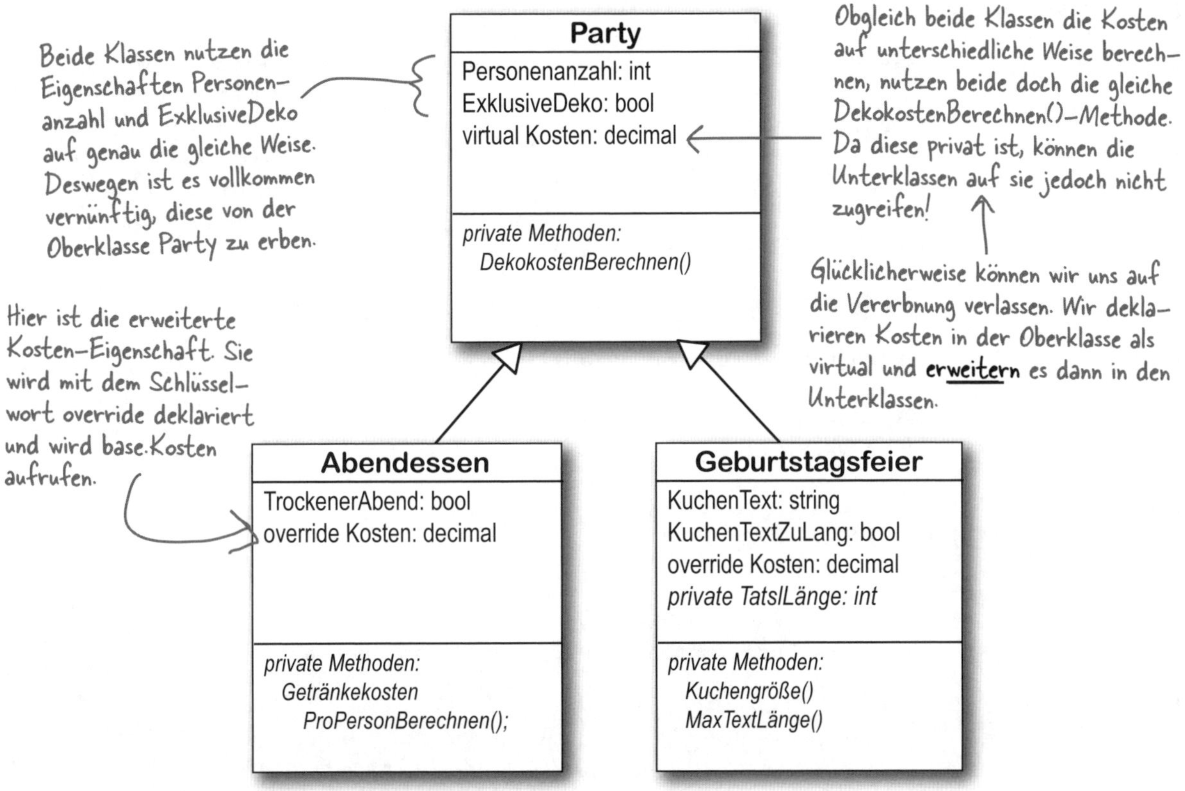

Beide Klassen nutzen die Eigenschaften Personenanzahl und ExklusiveDeko auf genau die gleiche Weise. Deswegen ist es vollkommen vernünftig, diese von der Oberklasse Party zu erben.
Party
Personenanzahl: int
ExklusiveDeko: bool
virtual Kosten: decimal
private Methoden:
DekokostenBerechnen()
Obgleich beide Klassen die Kosten auf unterschiedliche Weise berechnen, nutzen beide doch die gleiche DekokostenBerechnen()-Methode. Da diese privat ist, können die Unterklassen auf sie jedoch nicht zugreifen!
Glücklicherweise können wir uns auf die Vererbnung verlassen. Wir deklarieren Kosten in der Oberklasse als virtual und erweitern es dann in den Unterklassen.
Hier ist die erweiterte Kosten-Eigenschaft. Sie wird mit dem Schlüsselwort override deklariert und wird base.Kosten aufrufen.
Abendessen
TrockenerAbend: bool
override Kosten: decimal
private Methoden:
GetränkekostenProPersonBerechnen();
Geburtstagsfeier
KuchenText: string
KuchenTextZuLang: bool
override Kosten: decimal
private TatslLänge: int
private Methoden:
Kuchengröße()
MaxTextLänge()

4 Der komplizierteste Teil dieser Übung kommt nun: Sie müssen herausfinden, welche Teile der beiden `Kosten`-Eigenschaften aus den Unterklassen in die Basisklasse `Party` kopiert werden sollten. Dabei haben Sie eine Menge Möglichkeiten. Sie könnten in Party einfach eine automatische `Kosten`-Eigenschaft erstellen und die `Kosten`-Eigenschaften in den Unterklassen unverändert lassen. Aber in dieser Übung sollen Sie sich ansehen, was die `Kosten`-Eigenschaften in den beiden ursprünglichen Klassen gemeinsam haben, um dann so viele Zeilen wie möglich in die Basisklasse zu verschieben.

Ein Tipp: Die `Kosten`-Eigenschaften von `Abendessen` und `Geburtstagsfeier` sollten beide mit den folgenden Zeilen beginnen:

```
override public decimal Kosten {
    get {
        decimal kosten = base.Kosten;
```

Vergessen Sie nicht, in der Kosten-Eigenschaft von Party **die 100 € Gebühr für Feiern mit mehr als 12 Personen** hinzuzufügen.

LÖSUNG ZUR ÜBUNG

Werfen Sie nun einen Blick darauf! Sie sollten die Klassen `Abendessen` und `Geburtstagsfeier` so ändern, dass sie die gleiche Basisklasse erweitern, `Party`. Dann konnten Sie in die Kostenberechnung ganz problemlos die Gebühr von 100 € einbauen, ohne dass Sie das Formular ändern mussten. Hübsch!

```
class Party
{
    public const int EssenskostenProPerson = 25;

    public int Personenanzahl { get; set; }

    public bool ExklusiveDeko { get; set; }

    private decimal DekokostenBerechnen()
    {
        decimal dekokosten;
        if (ExklusiveDeko)
            dekokosten = (Personenanzahl * 15.00M) + 50M;
        else
            dekokosten = (Personenanzahl * 7.50M) + 30M;
        return dekokosten;
    }

    virtual public decimal Kosten
    {
        get {
            decimal kosten = DekokostenBerechnen();
            kosten += EssenskostenProPerson * Personenanzahl;

            if (Personenanzahl > 12)
                kosten += 100;

            return kosten;
        }
    }
}
```

Diese Eigenschaften und die Konstante waren in Abendessen und Geburtstagsfeier identisch. Sie wurden einfach aus den Unterklassen ausgeschnitten und in die Oberklasse eingefügt.

Diese Methode war ebenfalls in beiden Unterklassen identisch und wurde in die Basisklasse Party verschoben.

Vergessen Sie das virtual bei Kosten nicht!

Diese beiden Zeilen waren in Abendessen und Geburtstagsfeie identisch. Wir haben sie deswege in die Kosten-Eigenschaft der Basisklasse verschoben. Wir habe so viel Verhalten wie möglich in die Klasse Party verschoben.

Wenn die Klassen für die beiden Arten von Feiern eine Basisklasse erweitern, kann man ganz leicht die Gebühr für Feiern mit mehr als 12 Personen einbauen. Integrieren Sie diese einfach in die Basisklasse, damit die Unterklassen dieses Verhalten erben.

```
class Geburtstagsfeier : Party
{
    public Geburtstagsfeier(int personenanzahl,
                            bool exklusiveDeko, string kuchenText)
    {
        Personenanzahl = personenanzahl;
        ExklusiveDeko = exklusiveDeko;
        KuchenText = kuchenText;
    }
```

Geburtstagsfeier erweitert Party.

Der Geburtstagsfeier-Konstruktor bleibt gleich, obwohl die von ihm gesetzten Eigenschaften jetzt aus der Basisklasse kommen.

```
    public string KuchenText { get; set; }

    private int TatslLänge
    {
        get
        {
            if (KuchenText.Length > MaxTextLänge())
                return MaxTextLänge();
            else
                return KuchenText.Length;

        }
    }

    private int Kuchengröße() {
        if (Personenanzahl <= 4)
            return 8;
        else
            return 16;
    }

    private int MaxTextLänge() {
        if (Kuchengröße() == 8)
            return 16;
        else
            return 40;
    }


    public bool KuchenTextZuLang {
        get {
            if (KuchenText.Length > MaxTextLänge())
                return true;
            else
                return false;
        }
    }

    override public decimal Kosten {
        get {
            decimal kosten = base.Kosten;
            decimal kuchenkosten;
            if (Kuchengröße() == 8)
                kuchenkosten = 40M + TatslLänge * .25M;
            else
                kuchenkosten = 75M + TatslLänge * .25M;
            return kosten + kuchenkosten;
        }
    }
}
```

KuchenText und TatslLänge werden nur in Geburtstagsfeier genutzt, nicht in Party, und bleiben deswegen in dieser Klasse.

Die Eigenschaften KuchenText und TatslLänge sowie die Methoden, die diese nutzen, bleiben in Geburtstagsfeier, die Eigenschaft KuchenTextZuLang ebenfalls.

Wir haben die ersten beiden Anweisungen der Eigenschaft Kosten in die Basisklasse verschoben, weil diese in den beiden Unterklassen identisch waren. Deswegen ruft die Kosten-Eigenschaft von Geburtstagsfeier zuerst base.Kosten auf, um diese beiden Anweisungen auszuführen.

Fortsetzung auf Seite 278.

LÖSUNG ZUR ÜBUNG FORSETZUNG VON S. 278

Hier ist die letzte Klasse in Kathrins Programm. Der Formularcode muss gar nicht geändert werden!

Die Eigenschaft TrockenerAbend wird nur von Abendessen genutzt, nicht von Geburtstagsfeier, und bleibt deswegen in dieser Klasse.

```
class Abendessen : Party {
    public bool TrockenerAbend { get; set; }

    public Abendessen(int personenanzahl, bool trockenerAbend,
                      bool exklusiveDeko) {
        Personenanzahl = personenanzahl;
        ExklusiveDeko = exklusiveDeko;
        TrockenerAbend = trockenerAbend;
    }
    private decimal GetränkekostenProPersonBerechnen() {
        decimal getränkekostenProPerson;
        if (TrockenerAbend)
            getränkekostenProPerson = 5.00M;
        else
            getränkekostenProPerson = 20.00M;
        return getränkekostenProPerson;
    }
    override public decimal Kosten {
        get {
            decimal kosten = base.Kosten;
            kosten += GetränkekostenProPersonBerechnen() * Personenanzahl;
            if (TrockenerAbend)
                kosten *= .95M;
            return kosten;
        }
    }
}
```

Die Methode GetränkekostenProPersonBerechnen() und der Konstruktor bleiben in der Klasse Abendessen, weil sie von Geburtstagsfeier nicht genutzt werden.

Die Eigenschaft Kosten funktioniert genau so wie in der Klasse Geburtstagsfeier. Sie nutzt base.Kosten, um die Anweisungen in Party.Kosten auszuführen, und nutzt dann das Ergebniss als Ausgangspunkt für die restliche Kostenberechnung.

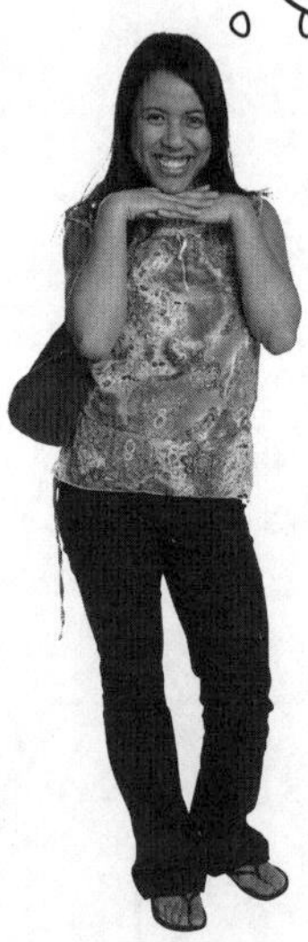
DAS PROGRAMM IST PERFEKT UND ERLEICHTERT MIR DIE ARBEIT UNGEMEIN - DANKE!

Ihre Klassen sollten sich so wenig wie möglich überschneiden. Das ist ein wichtiges Entwurfsprinzip, das den Namen Trennung der Verantwortlichkeiten trägt.

Wenn Sie Ihre Klassen gut entwerfen, lassen sie sich später leichter ändern. Es wäre viel Arbeit, die Zusatzgebühr einzeln den Klassen `Abendessen` und `Geburtstagsfeier` hinzuzufügen. Aber nachdem Sie das Programm unter Ausnutzung von Vererbung umgearbeitet haben, waren dazu nur noch zwei Zeilen Code erforderlich. Das war so einfach, weil Sie *die gemeinsamen Verhalten der Kosten-Eigenschaften in den Unterklassen* in eine gemeinsame Eigenschaft in der Basisklasse verschoben haben.

Dies ist ein Beispiel für die **Trennung der Verantwortlichkeiten**, weil jede Klasse nur Code enthält, der einen bestimmten Teil des Problems betrifft, das Ihr Programm löst. Code für Abendessen kommt in `Abendessen`, Code für Geburtstagsfeiern kommt in `Geburtstagsfeier`, und beiden Klassen gemeinsamer Code kommt in `Party`.

Über Folgendes sollten Sie nachdenken. Wir haben die Verantwortlichkeit für die Benutzerschnittstelle dem `Form`-Objekt überlassen. Es führt selbst keinerlei Kostenberechnungen durch – diese werden von den `Kosten`-Eigenschaften von `Abendessen` und `Geburtstagsfeier` gekapselt. Aber wir haben entschieden, dass die Umwandlung des decimal-Werts für die Kosten in einen String im passenden Format eine Sache des Formulars ist, also nichts, worum sich die Party-Klassen kümmern müssen. Haben wir diesen Aufruf richtig gemacht?

Denken Sie daran, dass ein Programm auf unterschiedliche Weise geschrieben werden kann und dass es in der Regel keine »richtige« Lösung gibt. Nicht einmal, wenn es in einem Buch steht!

Bauen Sie eine Bienenstockverwaltung

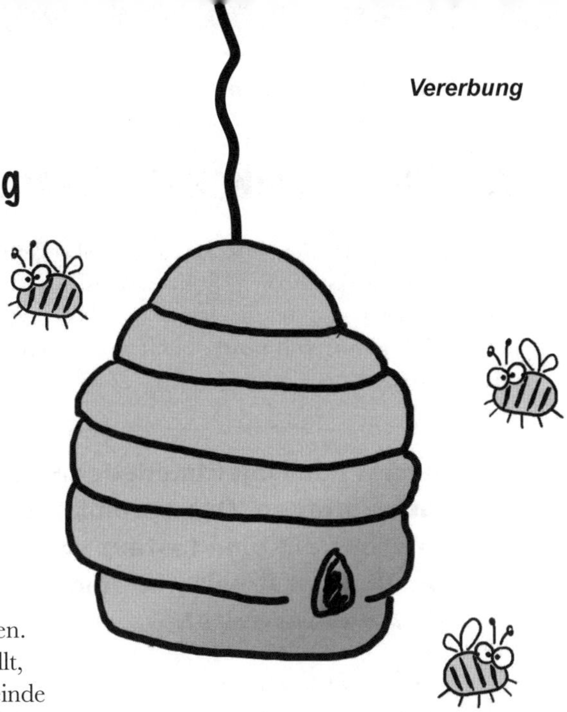

Eine Bienenkönigin braucht Ihre Hilfe! Ihr Bienenstock ist außer Kontrolle, und sie braucht ein Programm, das ihr hilft, ihn zu verwalten. Sie hat einen Bienenstock mit lauter Arbeitsbienen und einem Haufen Aufgaben, die für den Bienenstock erledigt werden müssen. Aber irgendwie hat sie den Überblick darüber verloren, welche Arbeiterin was macht und ob sie ausreichend Arbeitskräfte hat, um die anstehenden Aufgaben zu bewältigen.

Sie haben die Aufgabe, eine Bienenstockverwaltung zu erstellen, die ihr hilft, ihre Arbeitsbienen zu steuern. Diese soll folgendermaßen funktionieren:

1. **DIE KÖNIGIN WEIST DEN BIENEN AUFGABEN ZU.**
Es gibt sechs Aufgaben, die Arbeitsbienen erledigen müssen. Einige wissen, wie man Nektar sammelt und Honig herstellt, andere können den Bienenstock instand halten und auf Feinde achten. Ein paar Bienen können alle Aufgaben erfüllen, die im Bienenstock anfallen. Ihr Programm muss ihr also ein Mittel bieten, jeder Arbeiterin eine Aufgabe zuzuweisen, die sie bewältigen kann.

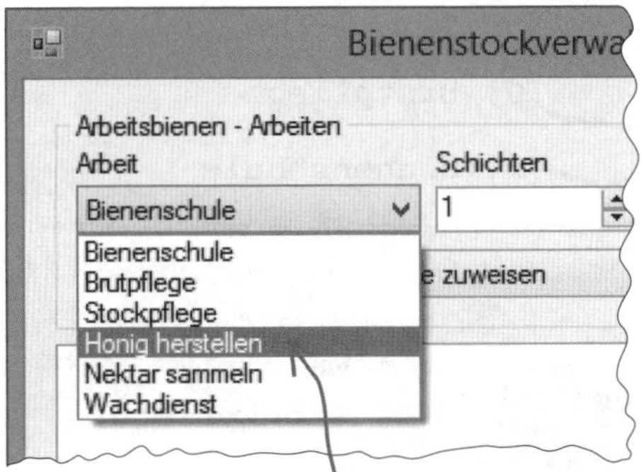

Bienenstockverwa
Arbeitsbienen - Arbeiten
Arbeit
Schichten
Bienenschule
1
Bienenschule
Brutpflege
Stockpflege
Honig herstellen
Nektar sammeln
Wachdienst
e zuweisen

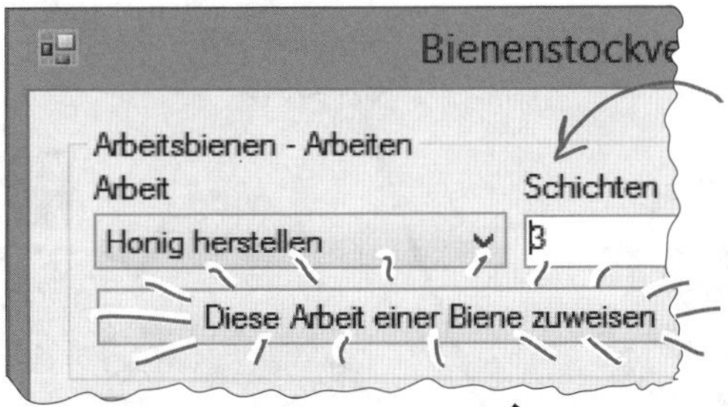

Bienenstockve
Arbeitsbienen - Arbeiten
Arbeit
Schichten
Honig herstellen
3
Diese Arbeit einer Biene zuweisen

Die Bienen arbeiten in Schichten, und für die meisten Aufgaben sind mehrere Schichten erforderlich. Die Königin gibt also die Anzahl von Schichten ein, die für eine Aufgabe erforderlich sind, und klickt auf den Button »Diese Aufgabe zuweisen«.

Diese Aufklappliste zeigt die sechs Aufgaben, die die Arbeiter erledigen können. Die Königin weiß, welche Jobs erledigt werden müssen, und kümmert sich eigentlich nicht darum, welche Arbeiterin diese erledigt. Sie wählt also einfach die Aufgabe aus, die erledigt werden muss – das Programm ermittelt dann, ob eine Arbeiterin frei ist, die die Aufgabe erledigen kann, und weist dieser die Aufgabe zu.

Ist eine Arbeiterin verfügbar, die die Aufgabe erfüllen kann, weist ihr das Programm die Aufgabe zu und teilt der Königin mit, dass sich darum gekümmert wird.

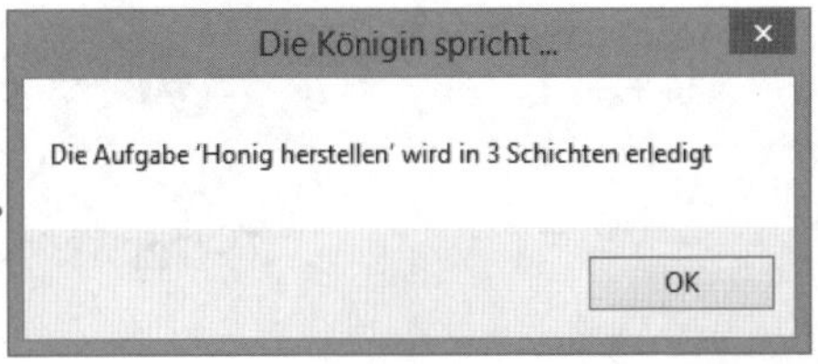

Die Königin spricht ...
Die Aufgabe 'Honig herstellen' wird in 3 Schichten erledigt
OK

2. **SIND ALLE AUFGABEN ZUGEWIESEN, IST ES ZEIT, AN DIE ARBEIT ZU GEHEN.**
Nachdem die Königin die Arbeitseinteilung erledigt hat, sagt sie den Bienen, dass sie die nächste Schicht abarbeiten sollen, indem sie auf den Button »Nächste Schicht arbeiten« klickt. Das Programm erstellt dann einen Schichtbericht, der ihr sagt, welche Arbeiterin in dieser Schicht gearbeitet hat, welche Aufgabe sie erledigt hat und wie viele weitere Schichten sie daran arbeiten wird.

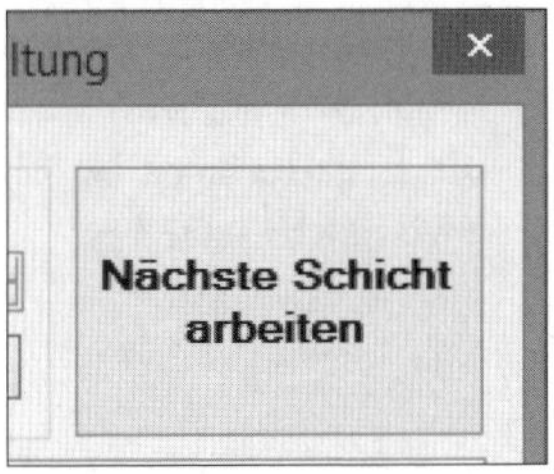

ltung
Nächste Schicht arbeiten


```
Bericht für Schicht 1
Arbeiterin 1 macht 'Honig herstellen' für 2 weitere Schichten
```

Wie Sie die Bienenstockverwaltung aufbauen werden

Dieses Projekt hat zwei Teile. Der erste Teil ist konzeptioneller Natur: In ihm werden Sie das Grundsystem zur Verwaltung des Stocks erstellen. Es hat zwei Klassen, `Königin` und `Arbeiterin`. Sie werden das Formular für das System erstellen und mit diesen beiden Klassen verbinden. Außerdem werden Sie dafür sorgen, dass **die Klassen ordentlich gekapselt sind,** damit sie Ihnen nicht in die Quere kommen, wenn Sie anschließend zum zweiten Teil übergehen.

Das ist das Objektmodell, das Sie aufbauen werden. Das Formular hat eine Referenz auf eine Instanz von Königin, die ihre Arbeiterin-Objekte über ein Array verwaltet.

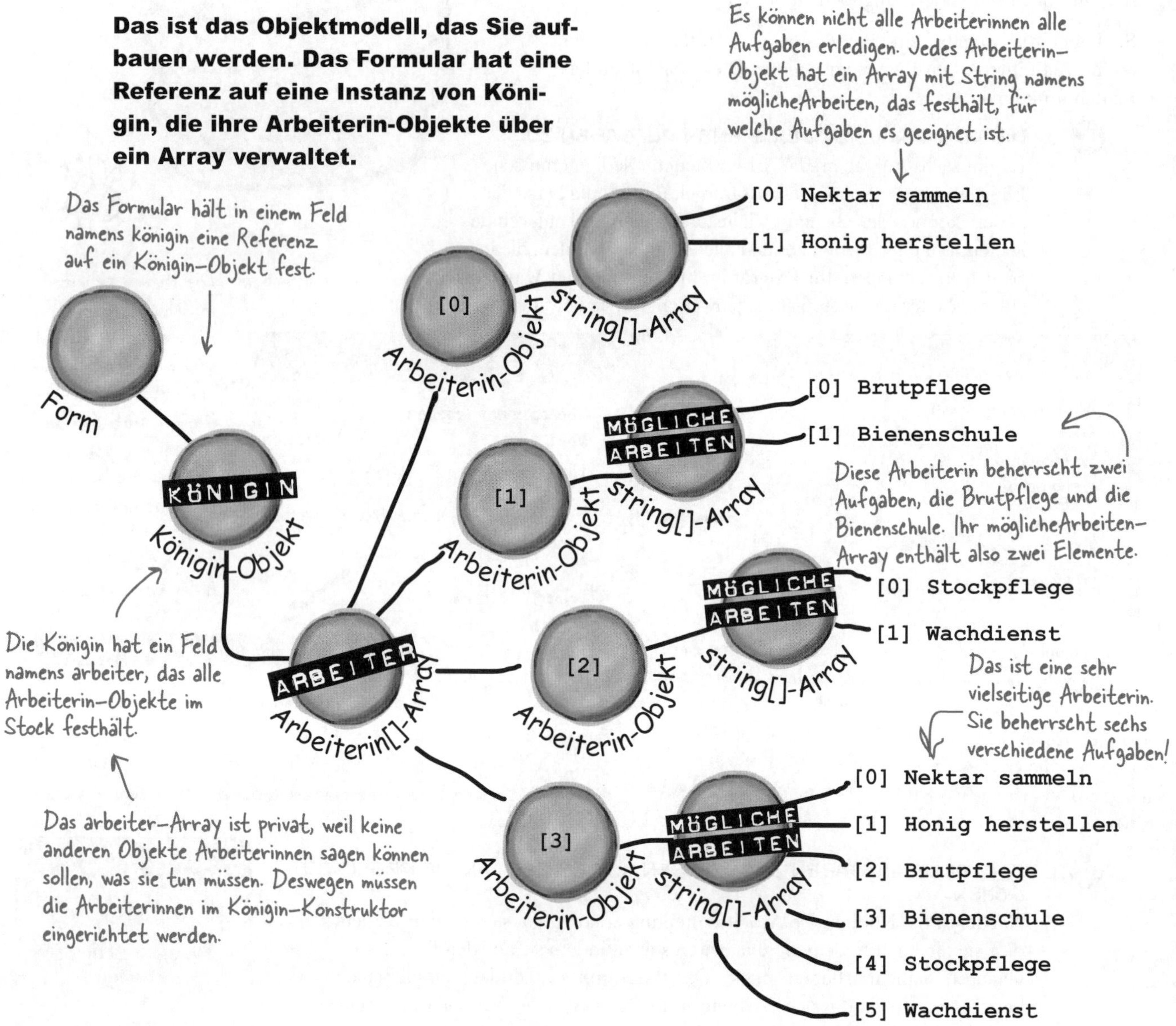

Es können nicht alle Arbeiterinnen alle Aufgaben erledigen. Jedes Arbeiterin-Objekt hat ein Array mit String namens möglicheArbeiten, das festhält, für welche Aufgaben es geeignet ist.
[0] Nektar sammeln
[1] Honig herstellen
Das Formular hält in einem Feld namens königin eine Referenz auf ein Königin-Objekt fest.
[0]
Arbeiterin-Objekt
string[]-Array
Form
KÖNIGIN
Königin-Objekt
MÖGLICHE ARBEITEN
[0] Brutpflege
[1] Bienenschule
[1]
Arbeiterin-Objekt
string[]-Array
Diese Arbeiterin beherrscht zwei Aufgaben, die Brutpflege und die Bienenschule. Ihr möglicheArbeiten-Array enthält also zwei Elemente.
MÖGLICHE ARBEITEN
[0] Stockpflege
[1] Wachdienst
Die Königin hat ein Feld namens arbeiter, das alle Arbeiterin-Objekte im Stock festhält.
ARBEITER
Arbeiterin[]-Array
[2]
Arbeiterin-Objekt
string[]-Array
Das ist eine sehr vielseitige Arbeiterin. Sie beherrscht sechs verschiedene Aufgaben!
Das arbeiter-Array ist privat, weil keine anderen Objekte Arbeiterinnen sagen können sollen, was sie tun müssen. Deswegen müssen die Arbeiterinnen im Königin-Konstruktor eingerichtet werden.
[3]
Arbeiterin-Objekt
MÖGLICHE ARBEITEN
string[]-Array
[0] Nektar sammeln
[1] Honig herstellen
[2] Brutpflege
[3] Bienenschule
[4] Stockpflege
[5] Wachdienst

Das Formular erstellt das Array mit den Arbeiterinnen. Dann erzeugt es die einzelnen Arbeiterinnen und fügt diese dem Array hinzu.

Der Konstruktor von Arbeiterin erwartet einen Parameter, ein String-Array mit den möglichen Aufgaben.

```
Arbeiterin[] arbeiter = new Arbeiterin[4];
arbeiter[0] = new Arbeiterin(new string[] { "Nektar sammeln", "Honig herstellen" });
arbeiter[1] = new Arbeiterin(new string[] { "Brutpflege", "Bienenschule" });
arbeiter[2] = new Arbeiterin(new string[] { "Stockpflege", "Wachdienst" });
arbeiter[3] = new Arbeiterin(new string[] { "Nektar sammeln", "Honig herstellen",
   "Brutpflege", "Bienenschule", "Stockpflege", "Wachdienst" });
königin = new Königin(arbeiter);
```

Das Formular hat ein Feld, das auf ein Königin-Objekt zeigt. Dieses wird initialisiert, indem dem Konstruktor das neu erstellte Array mit den Arbeiterin-Objekten übergeben wird.

Wenn auf den »Zuweisen«-Button geklickt wird, wird die ArbeitZuweisen-Methode aufgerufen, damit sie prüfen kann, ob Arbeiterinnen für diese Arbeit verfügbar sind.

Die Königen prüft, ob eine Arbeiterin für die Aufgabe verfügbar ist.

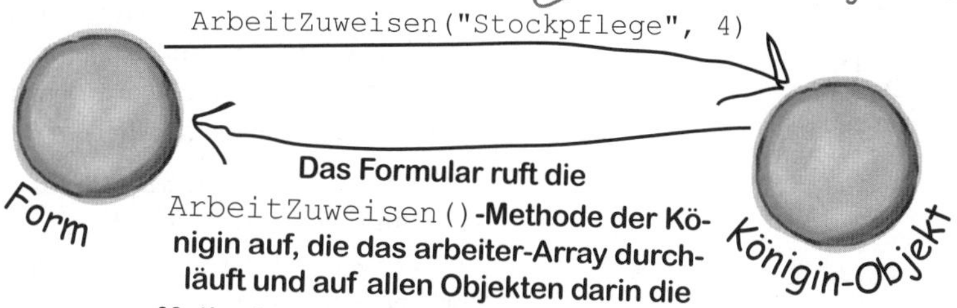

ArbeitZuweisen("Stockpflege", 4)
Form
Königin-Objekt

Das Formular ruft die `ArbeitZuweisen()`-Methode der Königin auf, die das arbeiter-Array durchläuft und auf allen Objekten darin die Methode `ArbeitAusführen()` aufruft, bis sie eine Arbeiterin findet, die die Arbeit erledigen kann. Kann keine Arbeiterin für die Arbeit gefunden werden, liefert `ArbeitZuweisen()` `false`.

Die ArbeitZuweisen()-Methode der Königin durchläuft das arbeiter-Array und ruft auf allen ArbeitAusführen() auf, bis eine gefunden wird, die die Aufgabe erledigen kann.

Die Königin fragt die Arbeiterin, ob sie sich für vier Schichten um die Stockpflege kümmern kann.

Die Königin kann der Arbeiterin die Arbeit zuweisen und sie dann anweisen, die nächste Schicht zu arbeiten.

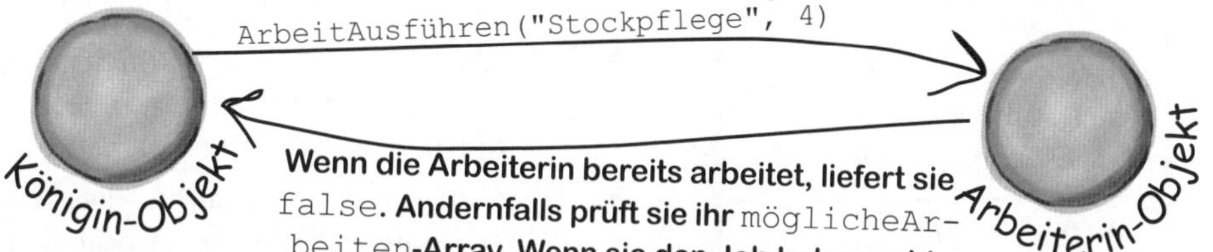

ArbeitAusführen("Stockpflege", 4)
Königin-Objekt
Arbeiterin-Objekt

Wenn die Arbeiterin bereits arbeitet, liefert sie `false`. Andernfalls prüft sie ihr `möglicheArbeiten`-Array. Wenn sie den Job beherrscht, liefert sie `true`, andernfalls `false`.

Die Königin weist alle Arbeiterinnen an, eine Schicht zu arbeiten, denn stellt sie die Ergebnisse zu einem Schichtbericht zusammen.

Die SchichtArbeiten()-Methode von Arbeiterin lässt sie die nächste Schicht arbeiten und liefert true, wenn sie die Arbeit abgeschlossen hat.

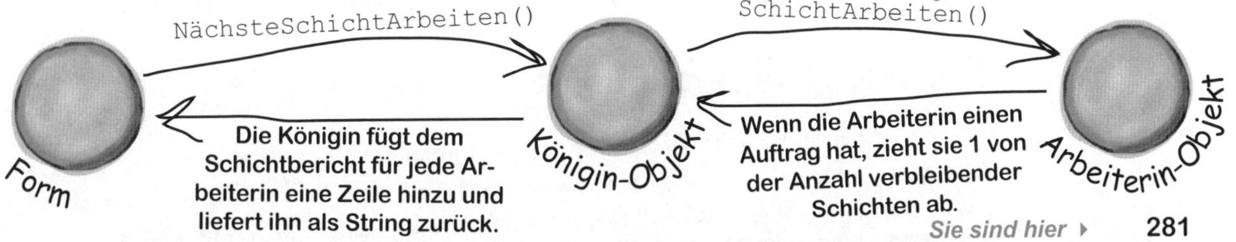

NächsteSchichtArbeiten()
SchichtArbeiten()
Form
Königin-Objekt
Arbeiterin-Objekt

Die Königin fügt dem Schichtbericht für jede Arbeiterin eine Zeile hinzu und liefert ihn als String zurück.

Wenn die Arbeiterin einen Auftrag hat, zieht sie 1 von der Anzahl verbleibender Schichten ab.

Eine Königin braucht Ihre Hilfe! Nutzen Sie das, was Sie über Klassen und Objekte gelernt haben, um eine Bienenstockverwaltung aufzubauen, die sie bei der Leitung ihrer Arbeitsbienen unterstützt. In diesem ersten Teil der Übung werden Sie das Formular entwerfen, die Klassen Königin und Arbeiterin schreiben und das Grundsystem funktionsfähig machen.

Klassendiagramme führen manchmal private Felder und Typen auf.

Königin

private arbeiter: Arbeiterin[]
private schichtNummer: int

ArbeitZuweisen()
NächsteSchichtArbeiten()

Das Programm hat ein `Königin`-Objekt, das die zu erledigenden Arbeiten verwaltet.

- ★ Die `Königin` nutzt ein Array mit `Arbeiterin`-Objekten, um die **Arbeitsbienen zu verwalten**, damit sie in Erfahrung bringen kann, ob ihnen Arbeiten zugewiesen wurden. Es wird in einem privaten `Arbeiterin[]`-Feld namens `arbeiter` gespeichert.
- ★ Das Formular ruft die `ArbeitZuweisen()`-Methode auf, übergibt einen String mit der zu erledigenden Arbeit und einen `int` für die Anzahl an Schichten. Sie liefert `true`, **wenn eine Arbeiterin für die Arbeit gefunden wird**; andernfalls liefert sie `false`.
- ★ Der »Nächste Schicht arbeiten«-Button ruft `NächsteSchichtArbeiten()` auf. **Die Arbeiterinnen werden zum Arbeiten aufgefordert, und es wird ein Schichtbericht geliefert**, der angezeigt wird. Alle `Arbeiterin`-Objekte werden angewiesen, eine Schicht zu arbeiten. Dann wird ihr Status geprüft, damit dem Schichtbericht eine Zeile hinzugefügt werden kann.
- ★ Schauen Sie sich den **Screenshot auf der gegenüberliegenden Seite** genau an, um sich vor Augen zu führen, was die Methode `NächsteSchichtArbeiten()` zurückliefert. Erst erstellt sie einen String (»Bericht für Schicht 13«). Dann nutzt sie eine Schleife, um zwei `if`-Anweisungen für jede `Arbeiterin` im Array `arbeiter[]` auszuführen. Die erste `if`-Anweisung prüft, ob die `Arbeiterin` mit der Arbeit fertig ist (»Arbeiterin 2 hat die Arbeit abgeschlossen«). Die zweite `if`-Anweisung prüft, ob die `Arbeiterin` aktuell eine Arbeit ausführt. Ist das der Fall, gibt sie aus, wie viele Schichten sie noch daran arbeiten wird.

AktuelleArbeit und OffeneSchichten sind schreibgeschützte Eigenschaften.

Arbeiterin

AktuelleArbeit: string
OffeneSchichten: int

private möglicheArbeiten: string[]
private schichtAnzahl: int
private erledigteSchichten: int

ArbeitAusführen()
SchichtArbeiten()

Die Königin nutzt das Array mit `Arbeiterin`-Objekten, um alle Arbeiterinnen und die von ihnen verrichteten Arbeiten nachzuhalten.

- ★ `AktuelleArbeit` ist eine schreibgeschützte Eigenschaft, die dem `Königin`-Objekt sagt, **was die Arbeiterin macht** (»Wachdienst«, »Stockpflege« usw.). Wenn die Arbeiterin aktuell nichts macht, wird ein leerer String geliefert.
- ★ Das `Königin`-Objekt versucht, seiner Arbeiterin über `ArbeitAusführen()` eine Arbeit zuzuweisen. Wenn die Arbeiterin noch nichts tut und diese Arbeit beherrscht, **übernimmt sie die Aufgabe,** und die Methode liefert `true`, andernfalls `false`.
- ★ Wenn `SchichtArbeiten()` aufgerufen wird, **arbeitet die Arbeiterin eine Schicht**. Das Objekt hält nach, wie viele Schichten der aktuellen Arbeit noch verbleiben. Wenn die Arbeit erledigt ist, wird die aktuelle Arbeit auf den leeren String gesetzt, damit eine neue Arbeit übernommen werden kann. Die Methode liefert `true`, wenn die Arbeiterin in dieser Schicht eine Arbeit abschließt.

String.IsNullOrEmpty()

Wenn eine Arbeiterin keine Arbeit hat, ist die Eigenschaft AktuelleArbeit leer. In C# können Sie das ganz einfach mit String.IsNullOrEmpty(AktuelleArbeit) prüfen. Dieser Ausdruck liefert true, wenn die String-Eigenschaft AktuelleArbeit leer oder null ist, andernfalls false.

ÜBUNG

1 **ERSTELLEN SIE DAS FORMULAR.**

Das Formular ist recht einfach – die gesamte Logik steckt in den Klassen `Königin` und `Arbeiterin`. Das Formular hat ein privates `Königin`-Feld, und zwei Buttons rufen ihre Methoden `ArbeitZuweisen()` und `NächsteSchichtArbeiten()` auf. Sie brauchen eine `ComboBox` für die Bienenaufgaben (seine Elemente finden Sie auf der vorangegangenen Seite), ein `NumericUpDown`, zwei Buttons und ein mehrzeiliges Textfeld für den Schichtbericht. Außerdem brauchen Sie den Formularkonstruktor unter der Abbildung.

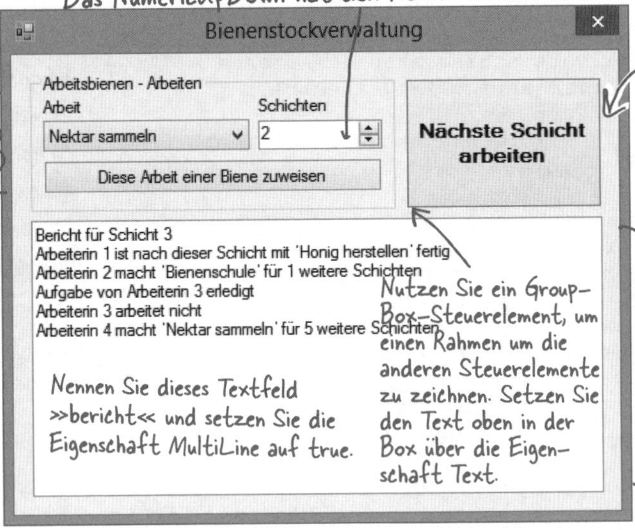
Das NumericUpDown hat den Namen schichten.
Das ist eine ComboBox namens bienenAufgabe. Die Liste setzen Sie über die Eigenschaft Items. Setzen Sie die Eigenschaft DropDownStyle auf »DropDownList«, damit nur Elemente aus der Liste ausgewählt werden können. Klicken Sie im Eigenschaften-Fenster auf Items, um dem Drop-down die sechs Arbeiten hinzuzufügen.
Bienenstockverwaltung
Arbeitsbienen - Arbeiten
Arbeit
Schichten
Nektar sammeln
2
Diese Arbeit einer Biene zuweisen
Nächste Schicht arbeiten
Bericht für Schicht 3
Arbeiterin 1 ist nach dieser Schicht mit 'Honig herstellen' fertig
Arbeiterin 2 macht 'Bienenschule' für 1 weitere Schichten
Aufgabe von Arbeiterin 3 erledigt
Arbeiterin 3 arbeitet nicht
Arbeiterin 4 macht 'Nektar sammeln' für 5 weitere Schichten
Nennen Sie dieses Textfeld »bericht« und setzen Sie die Eigenschaft MultiLine auf true.
Nutzen Sie ein GroupBox-Steuerelement, um einen Rahmen um die anderen Steuerelemente zu zeichnen. Setzen Sie den Text oben in der Box über die Eigenschaft Text.
Der Button nächsteSchicht ruft die NächsteSchichtArbeiten()-Methode der Königin auf, die einen String mit dem Bericht zurückliefert.
Der Bericht hat folgende Form: Er beginnt mit einer Schichtnummer und meldet dann, was die einzelnen Bienen machen. Nutzen Sie die Escape-Sequenz »\r\n«, um in einen String einen Zeilenumbruch einzufügen.

```
public Form1() {
    InitializeComponent();
    bienenAufgabe.SelectedIndex = 0;
    Arbeiterin[] arbeiter = new Arbeiterin[4];
    arbeiter[0] = new Arbeiterin(new string[] { "Nektar sammeln", "Honig herstellen" });
    arbeiter[1] = new Arbeiterin(new string[] { "Brutpflege", "Bienenschule" });
    arbeiter[2] = new Arbeiterin(new string[] { "Stockpflege", "Wachdienst" });
    arbeiter[3] = new Arbeiterin(new string[] { "Nektar sammeln", "Honig herstellen",
            "Brutpflege", "Bienenschule", "Stockpflege", "Wachdienst" });
    königin = new Königin(arbeiter);
}
```

Hier ist der vollständige Konstruktor für das Formular. Er enthält den Code von der vorletzten Seite. Außerdem enthält er diese zusätzliche Zeile, die dafür sorgt, dass die ComboBox ihr erstes Element anzeigt (also nicht leer ist, wenn das Formular geladen wird).

Ihr Formular braucht ein Königin-Feld namens königin. Sie übergeben dem Königin-Konstruktor ein Array mit Arbeiterin-Objektreferenzen.

2 **ERSTELLEN SIE DIE KLASSEN ARBEITERIN UND KÖNIGIN.**

Was Sie über die Klassen `Arbeiterin` und `Königin` wissen müssen, wissen Sie bereits. `Königin.ArbeitZuweisen()` durchläuft das `arbeiter`-Array und versucht, jeder Arbeiterin über die Methode `ArbeitAusführen()` eine Aufgabe zuzuweisen. Das `Arbeiterin`-Objekt prüft anhand des String-Arrays `möglicheArbeiten`, ob es die Aufgabe erledigen kann. Kann es das, setzt es `schichtAnzahl` auf die Arbeitsdauer, `AktuelleArbeit` auf die Aufgabe und `erledigteSchichten` auf null. Wurde eine Schicht gearbeitet, wird `erledigteSchichten` um eins erhöht. Die schreibgeschützte Eigenschaft `OffeneSchichten` liefert `schichtAnzahl - erledigteSchichten` – darüber prüft die Königin, wie viele Schichten noch anstehen.

LÖSUNG ZUR ÜBUNG

```
class Arbeiterin {
    public Arbeiterin(string[] möglicheArbeiten) {
        this.möglicheArbeiten = möglicheArbeiten;
    }

    public int OffeneSchichten {
        get {
            return schichtAnzahl - erledigteSchichten;
        }
    }

    private string aktuelleAufgabe = "";
    public string AktuelleArbeit {
        get {
            return aktuelleAufgabe;
        }
    }

    private string[] möglicheArbeiten;
    private int schichtAnzahl;
    private int erledigteSchichten;

    public bool ArbeitAusführen(string job, int schichten) {
        if (!String.IsNullOrEmpty(aktuelleAufgabe))
            return false;
        for (int i = 0; i < möglicheArbeiten.Length; i++)
            if (möglicheArbeiten[i] == job) {
                aktuelleAufgabe = job;
                this.schichtAnzahl = schichten;
                erledigteSchichten = 0;
                return true;
            }
        return false;
    }

    public bool SchichtArbeiten() {
        if (String.IsNullOrEmpty(aktuelleAufgabe))
            return false;
        erledigteSchichten++;
        if (erledigteSchichten > schichtAnzahl) {
            erledigteSchichten = 0;
            schichtAnzahl = 0;
            aktuelleAufgabe = "";
            return true;
        }
        else
            return false;
    }
}
```

Der Konstruktor setzt nur das String-Array möglicheArbeiten. Es ist privat, weil die Königin der Arbeiterin nur den Auftrag geben und nicht selbst nachsehen soll, ob diese die Aufgabe auch erledigen kann.

OffeneSchichten ist eine schreibgeschützte Eigenschaft, die berechnet, wie viele Schichten verbleiben.

AktuelleArbeit ist eine schreibgeschützte Eigenschaft, die der Königin sagt, welche Arbeit erledigt wird.

Die Königin nutzt die Methode ArbeitAusführen(), um Arbeiterinnen Aufgaben zuzuweisen – die Arbeiterin prüft möglicheArbeiten, um zu sehen, ob sie die Aufgabe erledigen kann.

Wir prüfen mit dem NICHT-Operator !, ob der String NICHT null oder leer ist. Das ist das Gleiche, als würden wir prüfen, ob etwas false ist.

Über SchichtArbeiten() weist die Königin die Arbeiterin an, die nächste Schicht zu übernehmen. Die Methode liefert true, wenn das die **letzte Schicht** für diese Aufgabe ist. So kann die Königin dem Bericht eine entsprechende Zeile hinzufügen.

Sehen Sie sich diese Logik genau an. Erst wird aktuelleAufgabe geprüft: Ist die Arbeiterin nicht beschäftigt, wird false geliefert und die Methode damit beendet. Ist sie es, wird erledigteSchichten erhöht und in einem Vergleich mit schichtAnzahl geprüft, ob die Aufgabe erfüllt ist. Ist das der Fall, liefert die Methode true, andernfalls false.

```
class Königin {
    public Königin(Arbeiterin[] arbeiter) {
        this.arbeiter = arbeiter;
    }

    private Arbeiterin[] arbeiter;
    private int schichtNummer = 0;

    public bool ArbeitZuweisen(string job, int schichten) {
        for (int i = 0; i < arbeiter.Length; i++)
            if (arbeiter[i].ArbeitAusführen(job, schichten))
                return true;
        return false;
    }

    public string NächsteSchichtArbeiten() {
        schichtNummer++;
        string bericht = "Bericht für Schicht " + schichtNummer + "\r\n";
        for (int i = 0; i < arbeiter.Length; i++)
        {
            if (arbeiter[i].SchichtArbeiten())
                bericht += "Aufgabe von Arbeiterin " + (i + 1) + " erledigt\r\n";
            if (String.IsNullOrEmpty(arbeiter[i].AktuelleArbeit))
                bericht += "Arbeiterin " + (i + 1) + " arbeitet nicht\r\n";
            else
                if (arbeiter[i].OffeneSchichten > 0)
                    bericht += "Arbeiterin " + (i + 1) + " macht '"
                        + arbeiter[i].AktuelleArbeit + "' für "
                        + arbeiter[i].OffeneSchichten + " weitere Schichten\r\n";
                else
                    bericht += "Arbeiterin " + (i + 1) + " ist nach dieser Schicht mit '"
                        + arbeiter[i].AktuelleArbeit + "' fertig\r\n";
        }
        return bericht;
    }
}
```

Das Array arbeiter ist privat, weil es, nachdem es einmal zugewiesen wurde, von keiner anderen Klasse geändert werden soll … oder auch nur gesehen werden soll, da nur die Königin Anweisungen gibt. Der Konstruktor setzt den Wert des Felds.

Bei der Zuweisung der Arbeit beginnt die Königin mit der ersten Arbeiterin, versucht, ihr Arbeit zuzuweisen, und geht zur nächsten weiter, wenn das nicht geht. Wird eine Biene für die Aufgabe gefunden, endet die Methode und liefert true.

Die Methode NächsteSchichtArbeiten() weist alle Arbeiterinnen an, eine Schicht zu arbeiten, und hängt an den Bericht eine Zeile für den Status jeder Arbeiterin an.

Hier ist der restliche Code für das Formular (den Konstruktor kennen Sie ja).

```
Königin königin;

private void aufgabeZuweisen_Click(object sender, EventArgs e) {
    if (königin.ArbeitZuweisen(bienenAufgabe.Text, (int)shifts.Value) == false)
        MessageBox.Show("Keine Arbeiterin für die Aufgabe '"
            + bienenAufgabe.Text + "' verfügbar", "Die Königin spricht ...");
    else
        MessageBox.Show("Die Aufgabe '" + bienenAufgabe.Text + "' wird in "
            + shifts.Value + " Schichten erledigt", "Die Königin spricht ...");
}

private void nächsteSchicht_Click(object sender, EventArgs e) {
    bericht.Text = königin.NächsteSchichtArbeiten();
}
```

Das Formular nutzt das Feld königin als Referenz auf das Königin-Objekt, das seinerseits ein Array mit Referenzen auf Arbeiterin-Objekte hat.

Der Button aufgabeZuweisen ruft ArbeitZuweisen() auf, um die Arbeit einer Arbeiterin zuzuweisen.

Der Button nächsteSchicht lässt die nächste Schicht arbeiten, den Bericht dafür generieren und im Textfeld anzeigen.

Vererbungs-Kreuzworträtsel

Gönnen Sie Ihrem Kopf eine kleine Pause, bevor Sie zum nächsten Teil dieser Übung weitergehen.

1
2
3
4
5
6
7
8
9
10
11
12

Waagerecht

3. Sollen Unterklassen eine Methode überschreiben können, müssen Sie diese in der Basisklasse hiermit markieren.
6. Klassen dieser Art können nicht instantiiert werden.
7. Eine Methode in einer Klasse, die ausgeführt wird, wenn Objekte der Klasse instantiiert werden.
10. Eine ______ kann Methoden der Basisklass überschreiben.
11. Der Konstruktor in einer Unterklasse muss nicht die gleichen ______ erwarten wie der in der Basisklasse.
12. Diese Methode liefert true, wenn Sie ihr den leeren String übergeben.

Senkrecht

1. Was eine Unterklasse macht, um eine Methode in der Basisklasse zu ersetzen.
2. Enthält Basisklassen und Unterklassen.
4. Ein Formularsteuerelement, mit dem Sie Tabs oder Registerkarten anlegen können.
5. Was Sie tun, wenn Sie in einer Klassendeklaration einen Doppelpunkt angeben.
8. Unterklassen nutzen dieses Schlüsselwort, um Member de Basisklasse aufzurufen.
9. Diese Methode ruft den Wert einer Eigenschaft ab.

Antworten auf Seite 292.

Erweitern Sie die Bienenverwaltung mit Vererbung

Nachdem Sie das Grundsystem eingerichtet haben, sollen Sie Vererbung nutzen, um nachzuhalten, wie viel Honig die einzelnen Bienen verbrauchen. Unterschiedliche Bienen verbrauchen unterschiedlich große Mengen Honig, und die Königin verbraucht am meisten von allen. Sie werden also das anwenden, was Sie zur Vererbung gelernt haben, um eine `Biene`-Klasse zu erzeugen, von der `Königin` und `Arbeiterin` erben.

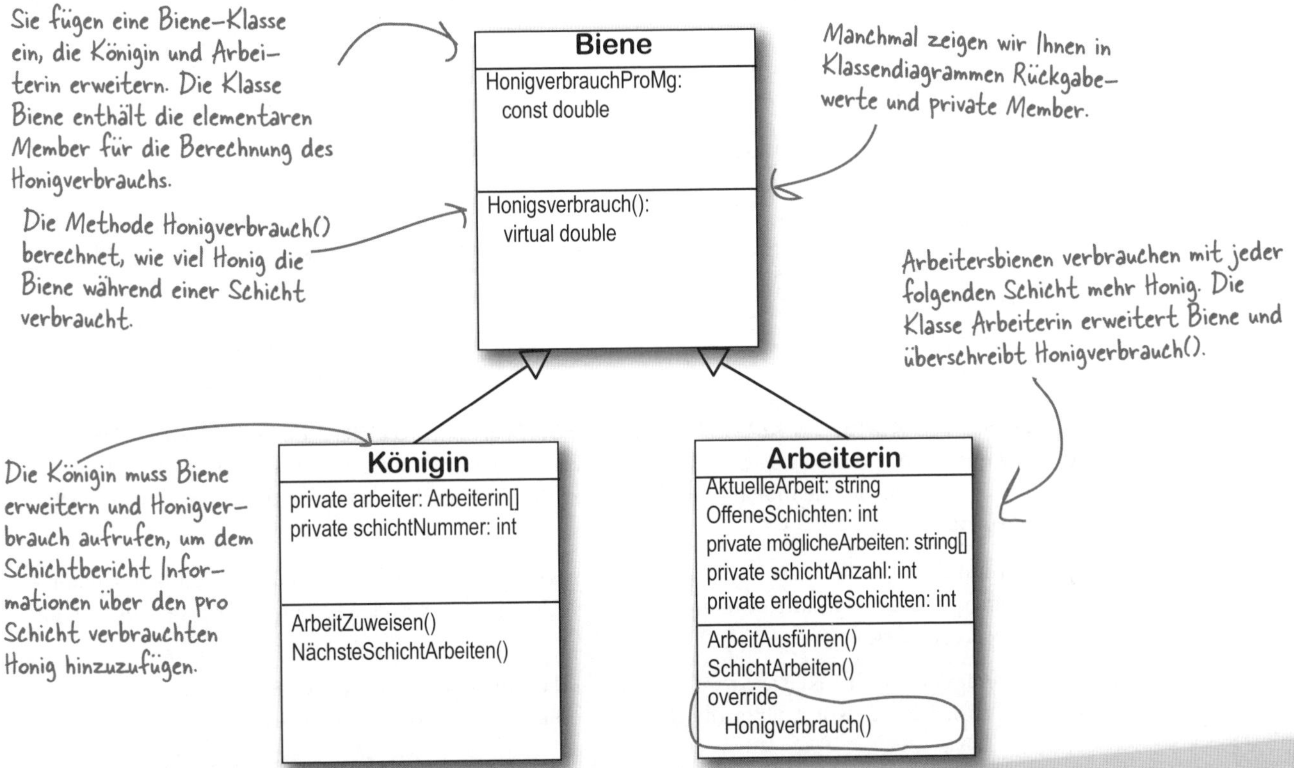
Sie fügen eine Biene-Klasse ein, die Königin und Arbeiterin erweitern. Die Klasse Biene enthält die elementaren Member für die Berechnung des Honigverbrauchs.
Die Methode Honigverbrauch() berechnet, wie viel Honig die Biene während einer Schicht verbraucht.
Biene
HonigverbrauchProMg: const double
Honigsverbrauch(): virtual double
Manchmal zeigen wir Ihnen in Klassendiagrammen Rückgabewerte und private Member.
Arbeitersbienen verbrauchen mit jeder folgenden Schicht mehr Honig. Die Klasse Arbeiterin erweitert Biene und überschreibt Honigverbrauch().
Die Königin muss Biene erweitern und Honigverbrauch aufrufen, um dem Schichtbericht Informationen über den pro Schicht verbrauchten Honig hinzuzufügen.
Königin
private arbeiter: Arbeiterin[]
private schichtNummer: int
ArbeitZuweisen()
NächsteSchichtArbeiten()
Arbeiterin
AktuelleArbeit: string
OffeneSchichten: int
private möglicheArbeiten: string[]
private schichtAnzahl: int
private erledigteSchichten: int
ArbeitAusführen()
SchichtArbeiten()
override Honigverbrauch()

Vorhandenes Element hinzufügen

Bei mehrteiligen Übungen ist es gut, wenn Sie für den zweiten Teil ein neues Projekt beginnen. Dann können Sie bei Bedarf jederzeit zur ersten Projektmappe zurückkehren. Recht einfach geht das, indem Sie in der IDE im Projektmappen-Explorer mit der rechten Maustaste auf den Projektnamen klicken, Hinzufügen -> Vorhandenes Element wählen und dann zum Ordner des alten Projekts navigieren und die gewünschten Dateien auswählen. Die IDE erstellt nun neue Kopien der Dateien und fügt sie dem neuen Projekt hinzu. Auf einige Dinge müssen Sie allerdings achten. Die IDE ändert den Namensraum nicht, diesen müssen Sie in den Dateien von Hand bearbeiten. Und wenn Sie ein Formular hinzufügen, müssen Sie die Designer-Datei (.Designer.cs) sowie die Ressourcen-Datei (.resx) hinzufügen und daran denken, auch darin den Namensraum zu ändern.

ÜBUNG

Wir sind noch nicht fertig! Die Königin ist von ihrem Buchhalter darauf aufmerksam gemacht worden, dass sie kontrollieren muss, wie viel Honig der Stock für seine Arbeiterinnen aufwenden muss. Das ist die perfekte Gelegenheit, Ihre Vererbungsfähigkeiten einzusetzen! Fügen Sie die neue Oberklasse `Biene` ein und nutzen Sie sie, um den Honigverbrauch für die einzelnen Schichten zu berechnen.

1 ERSTELLEN SIE DIE KLASSE BIENE UND LASSEN SIE SIE VON KÖNIGIN UND ARBEITERIN ERWEITERN.

Die Klasse Biene hat eine `Honigverbrauch()`-Methode, die berechnet, wie viel Honig die Biene pro Schicht verbraucht. Sie haben die Aufgabe, die Klassen `Arbeiterin` und `Königin` diese Klasse erweitern zu lassen.

```
class Biene {
    public const double HonigverbrauchProMg = .25;

    public double GewichtMg { get; private set; }

    public Biene(double gewichtMg) {
        GewichtMg = gewichtMg;
    }

    virtual public double Honigverbrauch() {
        return GewichtMg * HonigverbrauchProMg;
    }
}
```

Der Bienen-Konstruktor erwartet einen Parameter, das Gewicht der Biene in Milligramm, das bei der Berechnung des Honigverbrauchs verwendet wird.

2 LASSEN SIE DIE KLASSEN KÖNIGIN UND ARBEITERIN DIE KLASSE BIENE ERWEITERN.

Die Klassen `Königin` und `Arbeiterin` erben das elementare Honigverbrauchsverhalten von ihrer neuen Elternklasse Biene. Sie müssen ihre Konstruktoren so einrichten, dass sie den Konstruktor der Basisklasse aufrufen.

- ★ Verändern Sie die Klasse `Königin` so, dass sie `Biene` erweitert. Sie müssen dem Konstruktor einen `double`-Parameter namens `gewichtMg` hinzufügen, der an den Basisklassenkonstruktor weitergegeben wird.
- ★ Verändern Sie die Klasse `Arbeiterin`, sodass auch sie `Biene` erweitert – Sie müssen am `Arbeiterin`-Konstruktor die gleichen Veränderungen vornehmen wie an `Königin`.

Tipp: Sie können die »Enthält keinen Konstruktor«-Fehlermeldung, die Ihnen weiter vorn im Kapitel begegnet ist, zu Ihrem Vorteil nutzen! Lassen Sie die Klasse Arbeiterin von Biene erben und erstellen Sie dann Ihr Projekt. Wenn die IDE den Fehler anzeigt, klicken Sie doppelt darauf. Die IDE springt dann gleich automatisch zum Arbeiterin-Konstruktor. Wie praktisch!

3 VERÄNDERN SIE DAS FORMULAR SO, DASS ES DIE KÖNIGIN UND DIE ARBEITERINNEN MIT DEM RICHTIGEN GEWICHT INITIALISIERT.

Da Sie die Konstruktoren von `Königin` und `Arbeiterin` geändert haben, müssen Sie auch den **Konstruktor der Formulars ändern,** damit er bei der Erstellung neuer `Arbeiterin`- und `Königin`-Instanzen das Gewicht an den jeweiligen Konstruktor übergibt. Arbeiterin 1 wiegt 175 mg, Arbeiterin 2 114 mg, Arbeiterin 3 149 mg, Arbeiterin 4 155 mg und die Königin 275 mg.

(Jetzt sollte sich Ihr Code kompilieren lassen.)

4 **DIE HONIGVERBRAUCH()-METHODE VON ARBEITERIN ÜBERSCHREIBEN**

Die `Königin` verbraucht ebenso Honig wie die Basisklasse `Biene`. Und Arbeiterinnen verbrauchen ebenfalls Honig ... aber nur wenn sie untätig sind! Wenn sie eine Schicht arbeiten, verbrauchen sie 0,65 zusätzliche Einheiten für jede bislang gearbeitete Schicht.

Das bedeutet, dass `Königin` die `Honigverbrauch()`-Methode nutzt, die sie von der Oberklasse `Biene` erhält, während `Arbeiterin` diese Methode überschreiben muss, um die zusätzlichen 0,65 Einheiten pro geleisteter Schicht hinzuzurechnen. Sie können auch eine Konstante namens `honigverbrauchProSchicht` einführen, um ganz deutlich zu machen, was diese Methode leistet.

Für den Anfang können Sie die IDE nutzen. Gehen Sie zur Klasse `Arbeiterin` und geben Sie »public override« ein. Wenn Sie das Leerzeichen eingeben, führt die IDE automatisch alle Methoden auf, die Sie überschreiben können:

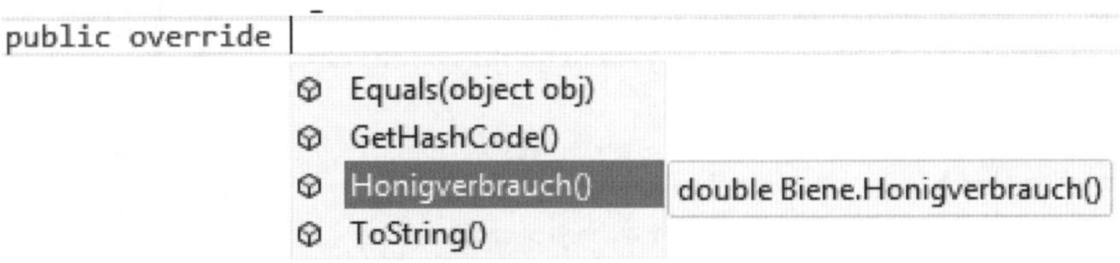
public override
Equals(object obj)
GetHashCode()
Honigverbrauch()
double Biene.Honigverbrauch()
ToString()

Wählen Sie im IntellisSense-Fenster die Methode `Honigverbrauch()` aus. Die IDE erstellt dann einen Methoden-Stub, der einfach die Basisklassenmethode aufruft. Ändern Sie die neue Methode so, dass sie von der Ausgabe von `base.Honigverbrauch()` ausgeht und dann die zusätzlichen .65 Einheiten pro Schicht hinzufügt.

5 **FÜGEN SIE DEM SCHICHTBERICHT DEN HONIGVERBRAUCH HINZU.**

Sie müssen die `NächsteSchichtArbeiten()`-Methode von `Königin` ändern, um den vom `Königin`-Objekt verbrauchten Honig nachzuhalten, die `Honigverbrauch()`-Methode aller Objekte aufzurufen und zusammenzurechnen. Dann sollten diese dem Schichtbericht die folgende Zeile hinzufügen (wobei `XXX` durch die Anzahl verbrauchter Honigeinheiten ersetzt werden soll):

```
In dieser Schicht verbrauchter Honig: XXX Einheiten
```

Das sollten Sie in NächsteSchicht-Arbeiten() mit nur drei zusätzlichen Zeilen erreichen können.

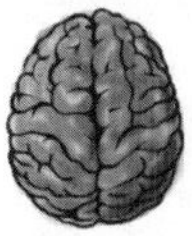

KOPF-NUSS

Da alle Bienen eine `Honigverbrauch()`-Methode haben und `Königin` sowie `Arbeiterin` Bienen sind, sollte es da nicht für jedes `Biene`-Objekt ein konsistentes Verfahren geben, diese Methode aufzurufen, unabhängig davon, um was für eine Art von `Biene` es sich handelt?

LÖSUNG ZUR ÜBUNG

Der Konstruktor erhält einen neuen Parameter, den er an den Basisklassenkonstruktor durchreicht. So kann das Formular das Objekt mit dem Gewicht der Biene initialisieren.

```
class Arbeiterin : Biene
{
    public Arbeiterin(string[] möglicheArbeiten, double gewichtMg)
        : base(gewichtMg)
    {
        this.möglicheArbeiten = möglicheArbeiten;
    }

    const double honigverbrauchProSchicht = .65;

    public override double Honigverbrauch()
    {
        double verbrauch = base.Honigverbrauch();
        verbrauch += erledigteSchichten * honigverbrauchProSchicht;
        return verbrauch;
    }

    // Der Rest der Klasse Arbeiterin bleibt gleich
    // ...

}
```

Arbeiterin überschreibt die Methode Honigverbrauch(), um den zusätzlichen Honigverbrauch von Bienen zu implementieren, die gerade eine Arbeit verrichten.

Die Vererbung sorgt dafür, dass Sie bei der Aktualisierung Ihres Codes und dem Integrieren des Honigverbrauchs in Königin und Arbeiterin weniger Arbeit hatten. Das wäre viel komplizierter, wenn Sie eine Menge Code doppelt hätten.

Nur der Konstruktor des Formulars ändert sich – der Rest bleibt vollkommen unverändert.

```
public Form1()
{
    InitializeComponent();
    bienenAufgabe.SelectedIndex = 0;
    Arbeiterin[] arbeiter = new Arbeiterin[4];
    arbeiter[0] = new Arbeiterin(new string[] { "Nektar sammeln", "Honig herstellen" }, 175);
    arbeiter[1] = new Arbeiterin(new string[] { "Brutpflege", "Bienenschule" }, 114);
    arbeiter[2] = new Arbeiterin(new string[] { "Stockpflege", "Wachdienst" }, 149);
    arbeiter[3] = new Arbeiterin(new string[] { "Nektar sammeln", "Honig herstellen",
        "Brutpflege", "Bienenschule", "Stockpflege", "Wachdienst" }, 155);
    königin = new Königin(arbeiter, 275);
}
```

Die einzige Änderung am Formular ist, dass den Konstruktoren von Königin und Arbeiterin das Gewicht hinzugefügt werden muss.

```
class Königin : Biene
{
    public Königin(Arbeiterin[] arbeiter, double gewichtMg)
        : base(gewichtMg)
    {
        this.arbeiter = arbeiter;
    }

    private Arbeiterin[] arbeiter;
    private int schichtNummer = 0;

    public bool ArbeitZuweisen(string job, int schichten)
    {
        for (int i = 0; i < arbeiter.Length; i++)
            if (arbeiter[i].ArbeitAusführen(job, schichten))
                return true;
        return false;
    }

    public string NächsteSchichtArbeiten()
    {
        double honigverbrauch = Honigverbrauch();

        schichtNummer++;
        string bericht = "Bericht für Schicht " + schichtNummer + "\r\n";
        for (int i = 0; i < arbeiter.Length; i++)
        {
            honigverbrauch += arbeiter[i].Honigverbrauch();

            if (arbeiter[i].SchichtArbeiten())
                bericht += "Arbeiterin " + (i + 1) + " beendet ihre Arbeit\r\n";
            if (String.IsNullOrEmpty(arbeiter[i].AktuelleArbeit))
                bericht += "Arbeiterin " + (i + 1) + " arbeitet nicht\r\n";
            else
                if (arbeiter[i].OffeneSchichten > 0)
                    bericht += "Arbeiterin " + (i + 1) + " verrichtet '"
                          + arbeiter[i].AktuelleArbeit + "' für "
                          + arbeiter[i].OffeneSchichten + " weitere Schichten\r\n";
                else
                    bericht += "Arbeiterin " + (i + 1) + " beendet '"
                        + arbeiter[i].AktuelleArbeit + "' nach dieser Schicht\r\n";
        }
        bericht += "Honigverbrauch für diese Schicht: " + honigverbrauch + " Einheiten\r\n";
        return bericht;
    }
}
```

Der Konstruktor von Königin muss auf die gleiche Weise verändert werden wie der von Arbeiterin.

Der Code bleibt unverändert.

Die Verbrauchsberechnung für die Schicht muss mit dem Honigverbrauch der Königin ansetzen.

Während die Methode die Arbeiter durchläuft, wird der Honigverbrauch der einzelnen Arbeiter zum Gesamtverbrauch addiert.

Auch dieser Code bleibt gleich.

Nachdem die Zeilen für die einzelnen Arbeiter dem Schichtbericht hinzugefügt wurden, muss die Königin nur noch eine Zeile mit dem Honigverbrauch ergänzen.

Vererbungs-Kreuzworträtsel, Lösung

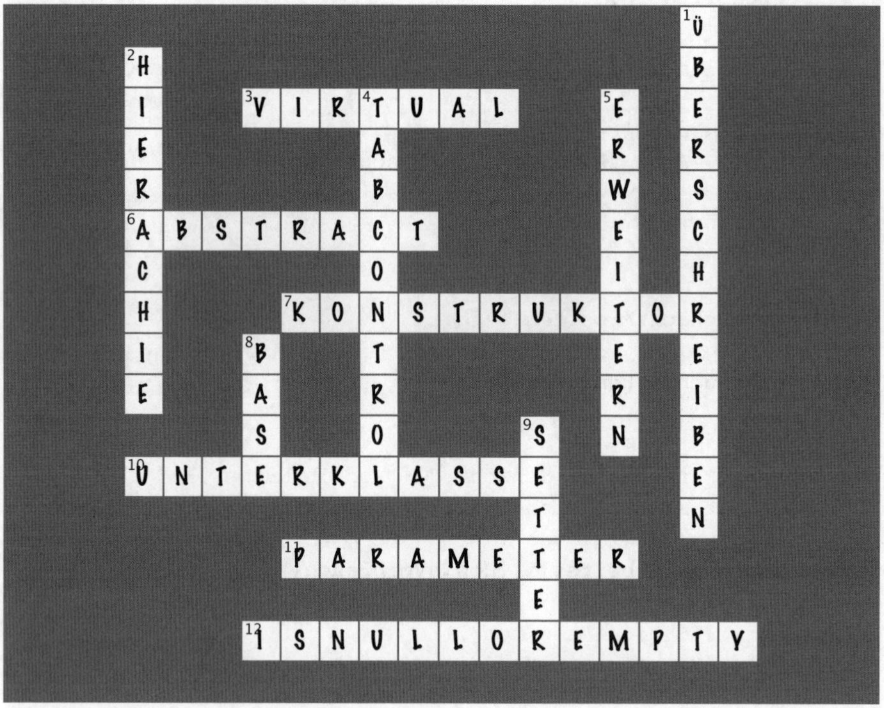
1 ÜBERSCHREIBEN
2 HIERARCHIE
3 VIRTUAL
4 TABACONTRO
5 ERWEITERN
6 ABSTRACT
7 KONSTRUKTOR
8 BASS
9 SETTER
10 UNTERKLASSE
11 PARAMETER
12 ISNULLOREMPTY

7 Schnittstellen und abstrakte Klassen

Klassen, die Versprechen halten

OKAY, OKAY, KLAR HABE ICH DIE SCHNITTSTELLE BUCHHALTERKUNDE IMPLEMENTIERT, ABER ICH KOMM ERST NÄCHSTE WOCHE DAZU, DIE METHODE GELDZAHLEN() ZU IMPLEMENTIEREN.
DU HAST DREI TAGE. DANN SCHICKE ICH EIN PAAR SCHLÄGER-OBJEKTE BEI DIR VORBEI, DIE DAFÜR SORGEN WERDEN, DASS DU DIE HUMPELN()-METHODE IMPLEMENTIERST.

Taten sagen mehr als Worte.

Gelegentlich müssen Sie Ihre Objekte auf Basis dessen gruppieren, **was sie tun können,** nicht auf Basis der Klassen, von denen sie erben. Dann kommen **Schnittstellen** ins Spiel – diese ermöglichen Ihnen, mit jeder Klasse zu arbeiten, die bestimmte Aufgaben erledigen kann. Aber mit **großer Macht geht eine große Verantwortung einher**: Jede Klasse, die eine Schnittstelle implementiert, muss versprechen, **all ihre Verpflichtungen zu erfüllen** ... oder der Compiler tritt Ihnen vors Schienbein, Verstanden()?

Kehren wir zu den Bienen zurück

Die Firma Bienomatic will die von Ihnen im letzten Kapitel erstellte Bienenstockverwaltung zu einem ausgewachsenen Bienenstocksimulator ausbauen. Hier ist ein Überblick über die Spezifikation für die neue Version des Programms:

Bienomatic Bienenstocksimulator

Zur besseren Darstellung des Bienenstocklebens müssen wir den Arbeitsbienen spezialisierte Fähigkeiten geben.

- Alle Bienen verbrauchen Honig und haben ein Gewicht.
- Königinnen weisen Arbeit zu, überwachen Schichtberichte und weisen Arbeiterinnen an, die nächste Schicht zu arbeiten.
- Alle Arbeitsbienen arbeiten in Schichten.
- Die Bienen vom Wachdienst müssen ihre Stachel schärfen, nach Feinden suchen und diese stechen können.
- Nektarsammler müssen Blumen suchen, Nektar sammeln und dann in den Stock zurückkehren.

Es sieht nicht so aus, als müssten sich die Klassen Biene und Arbeiterin so sehr ändern. Wir können die Klassen erweitern, die wir bereits haben, um diese Funktionen zu erfüllen.

Es scheint, als müssten wir für die Arbeitsbienen je nach Arbeitsauftrag unterschiedliche Daten speichern.

Viele Dinge bleiben gleich

Die Bienen im neuen Bienenstocksimulator verbrauchen auf gleiche Weise Honig wie zuvor. Die Königin muss den Arbeiterinnen immer noch Arbeit zuweisen können und Schichtberichte einsehen, die zeigen, wer was tut. Wie zuvor arbeiten die Arbeiterinnen in Schichten, die Aufgaben, die sie erfüllen, wurden allerdings etwas mehr ausgearbeitet.

Mit Vererbung können wir Klassen für die unterschiedlichen Arten von Bienen erstellen

Hier ist eine Klassenhierarchie mit `Arbeiterin`- und `Königin`-Klassen, die von `Biene` erben. `Arbeiterin` hat außerdem die Unterklassen `Nektarsammler` und `Wache`.

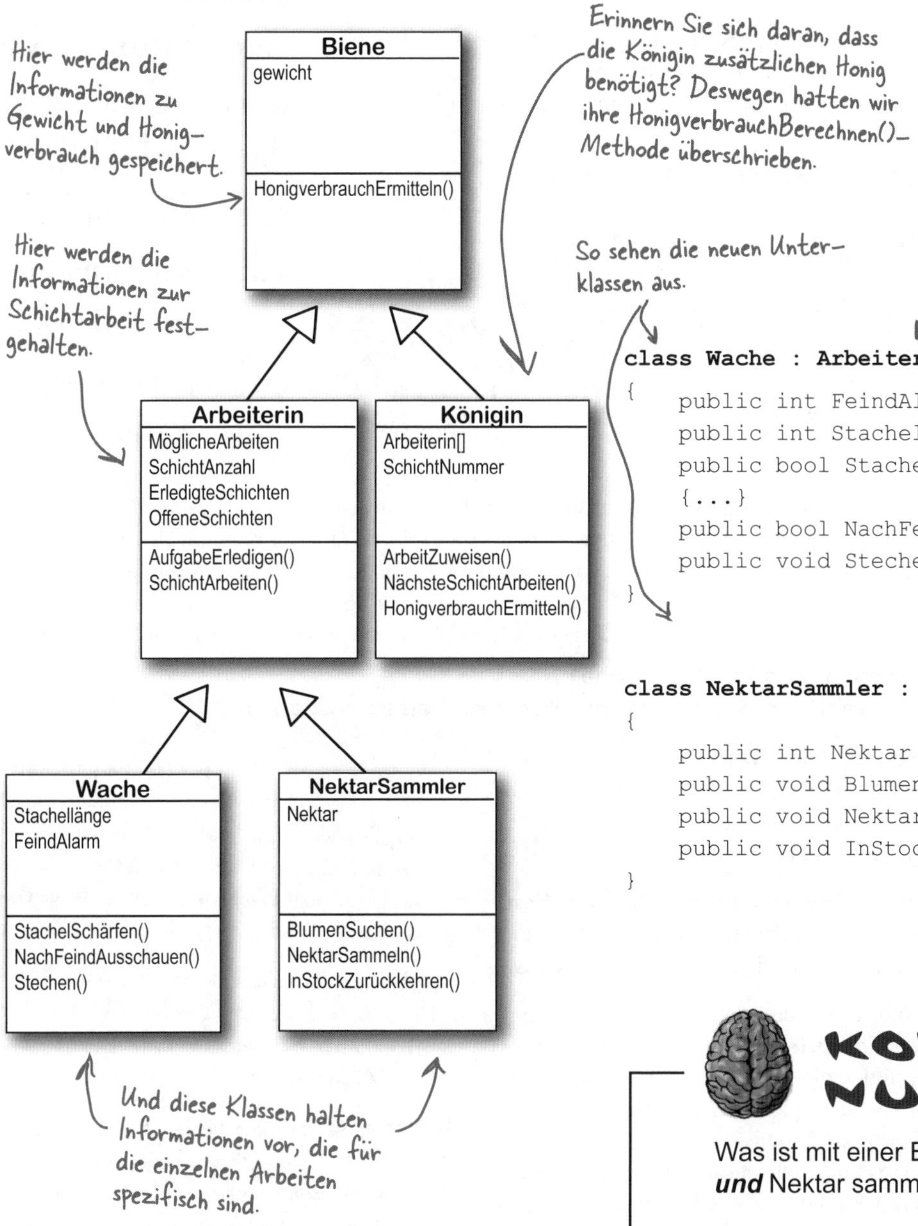
Hier werden die Informationen zu Gewicht und Honigverbrauch gespeichert.
Biene
gewicht
HonigverbrauchErmitteln()
Hier werden die Informationen zur Schichtarbeit festgehalten.
Arbeiterin
MöglicheArbeiten
SchichtAnzahl
ErledigteSchichten
OffeneSchichten
AufgabeErledigen()
SchichtArbeiten()
Königin
Arbeiterin[]
SchichtNummer
ArbeitZuweisen()
NächsteSchichtArbeiten()
HonigverbrauchErmitteln()
Wache
Stachellänge
FeindAlarm
StachelSchärfen()
NachFeindAusschauen()
Stechen()
NektarSammler
Nektar
BlumenSuchen()
NektarSammeln()
InStockZurückkehren()
Und diese Klassen halten Informationen vor, die für die einzelnen Arbeiten spezifisch sind.
Erinnern Sie sich daran, dass die Königin zusätzlichen Honig benötigt? Deswegen hatten wir ihre HonigverbrauchBerechnen()-Methode überschrieben.

So sehen die neuen Unterklassen aus.

Wache und NektarSammler erben von Arbeiterin.

```
class Wache : Arbeiterin
{
    public int FeindAlarm { get; private set; }
    public int Stachellänge { get; set; }
    public bool StachelSchärfen (int länge)
    {...}
    public bool NachFeindAusschauen(){...}
    public void Stechen(string Feind){...}
}

class NektarSammler : Arbeiterin
{
    public int Nektar { get; set; }
    public void BlumenSuchen (){...}
    public void NektarSammeln(){...}
    public void InStockZurückkehren(){...}
}
```

KOPF-NUSS

Was ist mit einer Biene, die stechen *und* Nektar sammeln können muss?

Eine Schnittstelle sagt einer Klasse, dass sie bestimmte Methoden und Eigenschaften implementieren muss

Eine Klasse kann nur von einer anderen Klasse erben. Es hilft uns also nicht, zwei separate Unterklassen für `Wache` und `NektarSammler` zu erstellen, wenn wir eine Biene haben, die **beide** Aufgaben erfüllen kann.

Die `StockVerteidigen()`-Methode der Königin kann nur `Wache`-Objekte anweisen, den Stock zu verteidigen. Gern würde sie auch andere Bienen trainieren, ihre Stachel einzusetzen, aber sie hat keine Möglichkeit, sie zum Angreifen zu bringen.

```
class Königin {
  private void StockVerteidigen(Wache wache) { ... }
}
```

Sie nutzen eine Schnittstelle, um von einer Klasse zu verlangen, dass sie alle darin aufgeführten Methoden und Eigenschaften implementiert – tut sie es nicht, meldet der Compiler einen Fehler.

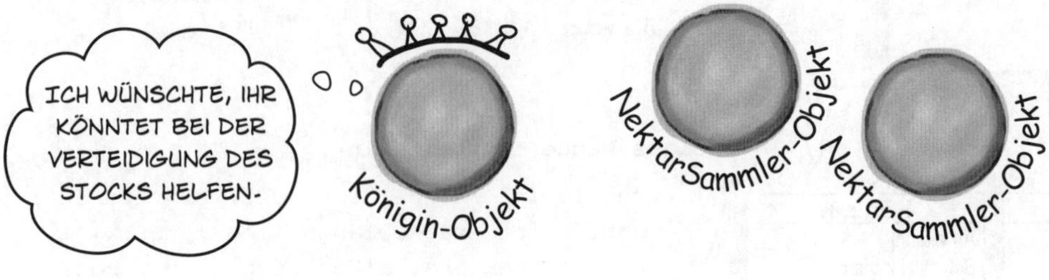
ICH WÜNSCHTE, IHR KÖNNTET BEI DER VERTEIDIGUNG DES STOCKS HELFEN.
Königin-Objekt
NektarSammler-Objekt
NektarSammler-Objekt

Es gibt `NektarSammler`-Objekte, die wissen, wie man in Blumen Nektar sammelt, und `Wache`-Objekte, die ihre Stachel schärfen und nach Feinden Ausschau halten können. Aber selbst wenn die Königin `NektarSammler`-Objekten beibringen könnte, wie man den Stock verteidigt, indem sie der Klassendefinition Methoden wie `StachelSchärfen()` und `NachFeindAusschauen()` hinzufügt, könnte sie diese immer noch nicht an die Methode `StockVerteidigen()` übergeben. Sie bräuchte zwei separate Methoden:

```
private void StockVerteidigen(Wache wache);
private void AlternativesStockVerteidigen(NektarSammler wache);
```

Selbst wenn NektarSammler die passenden Methoden erhält, können die entsprechenden Objekte nicht an StockVerteidigen() übergeben werden, da diese Methode Wache-Referenzen erwartet und Wache und NektarSammler nicht kompatibel sind.

Man könnte eine zusätzliche Methode nutzen, die mit NektarSammler-Objekten arbeitet, aber das wäre umständlich und bei der Arbeit hinderlich.

Außerdem wären diese beiden Methoden identisch, den Typ des Parameters ausgenommen. Sollen auch noch Stockpflege- und Brutpflege-Objekte bei der Verteidigung helfen können, müssten weitere Methoden hinzugefügt werden. Was für ein Chaos!

Das ist jedoch keine sonderlich gute Lösung. Beide Methoden wären identisch, weil sie das Gleiche mit den übergebenen Objekten machen würden. Der einzige Unterschied besteht im Typ des Parameters. Dass doppelter Code nicht gut ist, wissen wir aber bereits.

Glücklicherweise gibt uns C# für diese Situationen **Schnittstellen**. Schnittstellen (oder Interfaces) geben Ihnen eine Möglichkeit, eine Gruppe von Methoden zu definieren, die eine Klasse haben ***muss***.

Eine Schnittstelle ***verlangt***, dass eine Klasse bestimmte Methoden hat. Sie tut das, indem sie ***den Compiler Fehler melden lässt***, wenn er nicht alle Methoden findet, die von einer Schnittstelle von den Klassen verlangt werden, die sie implementieren. Diese Methoden können direkt in der Klasse geschrieben sein oder von einer Basisklasse geerbt werden. Die Schnittstelle kümmert es nicht, wie die Methoden oder Eigenschaften dahin kommen, solange sie vorhanden sind, wenn der Code kompiliert wird.

Schnittstellen definieren Sie mit dem Schlüsselwort interface

Schnittstellen fügen Sie Ihrem Programm ganz ähnlich hinzu wie Klassen, nur dass Sie nie Methoden schreiben. Sie definieren lediglich den Rückgabetyp und die Parameter der Methode, aber statt mit einem Anweisungsblock in geschweiften Klammern schließen Sie die Zeile mit einem Semikolon ab.

Schnittstellen speichern keine Daten, Sie können also **keine Felder hinzufügen**. Aber Sie *können* Definitionen für Eigenschaften angeben. Grund dafür ist, dass Getter und Setter nur andere Arten von Methoden sind und es bei Schnittstellen darum geht, Klassen dazu zu zwingen, dass sie bestimmte Methoden mit bestimmten Namen, Typen und Parametern haben. Haben Sie ein Problem, das sich eventuell lösen lässt, indem Sie einem Interface ein Feld hinzufügen, können Sie also **einfach eine Eigenschaft verwenden** – das bewirkt das Gleiche.

I steht für Interface

Wenn Sie Schnittstellen erstellen, sollten ihre Namen mit einem I (für Interface) beginnen. Es gibt keine Regel, die sagt, dass sie das müssen, aber es verbessert die Lesbarkeit Ihres Codes. Wie sehr es Ihnen das Leben erleichtert, können Sie sich selbst ansehen. Gehen Sie in der IDE auf eine leere Zeile und tippen Sie »I« ein. IntelliSense blendet dann einen Haufen eingebauter .NET-Schnittstellen ein.

Eine Schnittstelle deklarieren Sie so, deswegen verwenden auch wir oft das Wort Interface.

Schnittstellen speichern keine Daten. Sie haben also keine Felder … aber sie können Eigenschaften haben.

```
public interface IWache
{
    int AlarmStufe { get;}
    int Stachellänge { get; set;}
    bool NachFeindAusschauen();
    int StachelSchärfen(int länge);
}
```

Jede Klasse, die diese Schnittstelle implementiert, muss all diese Methoden und Eigenschaften haben, sonst lässt sich das Programm nicht kompilieren.

Jede Klasse, die diese Schnittstelle implementiert, muss eine StachelSchärfen()-Methode haben, die einen int-Parameter erwartet.

Sie schreiben keinen Code für die Methoden in der Schnittstelle. Sie geben nur die Namen an. Den Code schreiben Sie in der Klasse, die sie implementiert.

```
public interface INektarSammler
{
    void BlumenSuchen();
    void NektarSammeln();
    void InStockZurückkehren();
}
```

Wie das der Königin hilft? Sie braucht nur noch eine Methode zur StockVerteidigung:

```
private void StockVerteidigen(IWache wache)
```

Da hier eine IWache-Referenz erwartet wird, können Sie ALLES übergeben, was IWache implementiert.

Jetzt hat die Königin eine Methode, die mit beliebigen Bienen umgehen kann, die wissen, wie man den Stock verteidigt. Welchen Typ das übergebene Objekt hat, spielt keine Rolle, es muss nur die Schnittstelle `IWache` implementieren. Dann weiß `StockVerteidigen()`, dass das Objekt die erforderlichen Eigenschaften und Methoden hat.

DA AUCH IHR JETZT DEN STOCK VERTEIDIGEN KÖNNT, SIND WIR VIEL SICHERER.
Königin-Objekt

Alles in einer öffentlichen Schnittstelle ist automatisch öffentlich, weil damit die öffentlichen Methoden und Eigenschaften der Klassen definiert werden, die sie implementieren.

NektarWache macht beides

Wie bei der Vererbung nutzen Sie den **Doppelpunkt-Operator**, um eine Schnittstelle zu deklarieren. Das funktioniert so: Das Erste hinter dem Doppelpunkt ist die Klasse, die erweitert wird, darauf folgt eine Liste der Schnittstellen – es sei denn, es wird keine Klasse erweitert, dann folgen lediglich die Schnittstellen (in beliebiger Reihenfolge).

Eine Schnittstelle implementieren Sie, wie Sie eine Klasse erben: Mit dem Doppelpunkt-Operator.

Die Klasse erbt von Arbeiterin und implementiert INektarSammler und IWache.

```
class NektarWache : Arbeiterin, INektarSammler,
IWache {
    public int FeindAlarm
      { get; private set; }

    public int Stachellänge
      { get; set; }

    public int Nektar { get; set; }

    public bool NachFeindAusschauen() {...}
    public int StachelSchärfen(int length)
    {...}
    public void BlumenSuchen() {...}
    public void NektarSammeln() {...}
    public void InStockZurückkehren() {...}
}
```

Mehrere Schnittstellen können Sie durch Kommata trennen.

Die NektarWache setzt das Hintergrundfeld für die Eigenschaft AlarmStufe in der Methode NachFeindAusschauen().

Jeder Methode in der Schnittstelle entspricht einer Methode in der Klasse. Andernfalls ließe sie sich nicht kompilieren.

Erstellen Sie ein NektarWache-Objekt, beherrscht es sowohl die Aufgaben von NektarSammler-Objekten als auch die von Wache-Objekten.

Mit einer Klasse, die eine Schnittstelle implementiert, arbeiten Sie wie mit jeder anderen Klasse. Sie instantiieren sie mit `new` und nutzen ihre Methoden:

```
NektarWache bieneTom = new NektarWache();

bieneTom.NachFeindAusschauen();

bieneTom.BlumenSuchen();
```

Dies ist eins der schwerer verständlichen Konzepte. Sollte es noch nicht ganz klar sein, lesen Sie einfach weiter. Die folgenden Beispiele werden es Ihnen sicher verdeutlichen.

Es gibt keine Dummen Fragen

F: Ich verstehe immer noch nicht, wie diese Schnittstellen den Code verbessern. Auch `NektarWache` führt doch zu doppeltem Code, oder?

A: Bei Schnittstellen geht es nicht darum, doppelten Code zu vermeiden. Sie ermöglichen uns, Klassen in verschiedenen Situationen zu nutzen. Wir wollen eine Klasse für Arbeitsbienen schaffen, die zwei unterschiedliche Aufgaben erfüllen kann. Die Klassen brauchen wir immer noch – darum geht es nicht. Es geht darum, dass sie mehrere Aufgaben erfüllen können. Angenommen, wir hätten eine `StockBewachen()`-Methode, die ein `Wache`-Objekt erwartet, und eine `NektarSammeln()`-Methode, die ein `NektarSammler`-Objekt erwartet, aber `Wache` und `NektarSammler` sollen nicht voneinander erben. Wie, meinen Sie, könnte man eine Klasse schreiben, deren Instanzen an beide Methoden übergeben werden können?

Schnittstellen lösen dieses Problem. Jetzt können Sie eine `IWache`-Referenz erstellen und ihr ein beliebiges Objekt zuweisen, das `IWache` implementiert, ganz gleich, was die eigentliche Klasse ist. Die Referenz kann `Wache`- und `NektarWache`-Objekte festhalten oder beliebige andere Objekte. Haben Sie eine `IWache`-Referenz, wissen Sie, dass Sie alle Methoden und Eigenschaften nutzen können, die in der Schnittstelle `IWache` definiert sind, unabhängig davon, welchen Typ das Objekt tatsächlich hat.

Aber die Schnittstelle ist nur eine Seite der Lösung. Sie müssen immer noch eine neue Klasse erstellen, die sie implementiert, da sie selbst keinerlei Code enthält. Mit Schnittstellen vermeiden Sie nicht, zusätzliche Klassen und doppelten Code zu schreiben. Bei ihnen geht es darum, eine Klasse für mehrere Aufgaben geeignet zu machen, ohne sich dabei auf Vererbung zu stützen, da Vererbung eine Menge überflüssigen Ballast bedeutet – man erbt alles, was die Oberklasse definiert, nicht nur das, was man für eine bestimmte Aufgabe benötigt.

Haben Sie eine Idee, wie man auch bei Verwendung von Schnittstellen doppelten Code vermeiden könnte? Man könnte neue Klassen namens `Stachel` oder `Rüssel` erstellen, die Code enthalten, der für das Stechen oder Nektarsammeln spezifisch ist. `NektarWache` und `NektarSammler` könnten private Instanzen von `Rüssel` erstellen und beim Sammeln von Nektar darauf die passenden Methoden und Eigenschaften aufrufen.

Klassen, die Schnittstellen implementieren, müssen ALLE Methoden der Schnittstelle einschließen

Implementieren Sie eine Schnittstelle, heißt das, dass Sie in der Klasse jeweils eine Methode für alle Methoden und Eigenschaften haben müssen, die in der Schnittstelle deklariert werden – fehlt eine davon, lässt sie sich nicht kompilieren. Implementiert eine Klasse mehrere Schnittstellen, muss sie alle Methoden und Eigenschaften aller Schnittstellen anbieten, die sie implementiert.

Tun Sie das!

1. **ERSTELLEN SIE EINE NEUE KONSOLENANWENDUNG UND FÜGEN SIE IHR EINE DATEI NAMENS IWACHE.CS HINZU.**
Die IDE erstellt wie gewöhnlich eine Datei mit der Zeile `class IWache`. Ersetzen Sie diese Zeile durch **`interface IWache`** und geben Sie dann die **`IWache`**-Schnittstelle von vor zwei Seiten ein. Sie haben Ihrem Projekt nun *eine Schnittstelle hinzugefügt*! Ihr Programm sollte sich jetzt kompilieren lassen.

2. **FÜGEN SIE DEM PROJEKT EINE BIENE-KLASSE HINZU.**
Fügen Sie noch keine Eigenschaften oder Methoden hinzu. Lassen Sie sie bloß `IWache` implementieren:

```
public class Biene : IWache
{
}
```

3. **VERSUCHEN SIE, DAS PROGRAMM ZU KOMPILIEREN.**
Wählen Sie im Menü Erstellen »Projektmappe neu erstellen«.
Oh – der Compiler lässt das nicht zu:

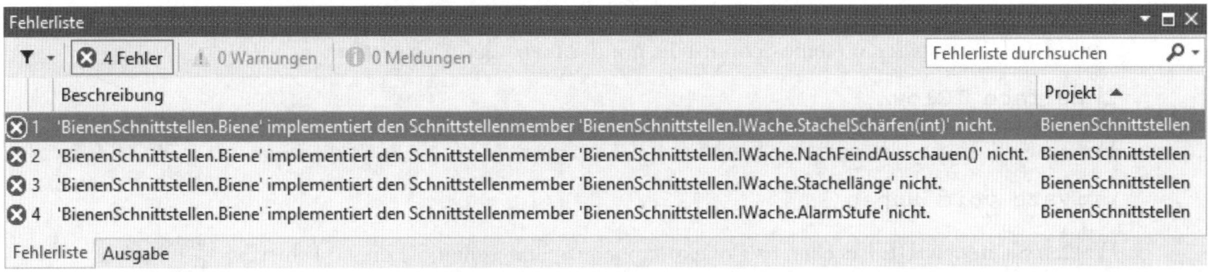
Fehlerliste
4 Fehler | 0 Warnungen | 0 Meldungen | Fehlerliste durchsuchen

	Beschreibung	Projekt
1	'BienenSchnittstellen.Biene' implementiert den Schnittstellenmember 'BienenSchnittstellen.IWache.StachelSchärfen(int)' nicht.	BienenSchnittstellen
2	'BienenSchnittstellen.Biene' implementiert den Schnittstellenmember 'BienenSchnittstellen.IWache.NachFeindAusschauen()' nicht.	BienenSchnittstellen
3	'BienenSchnittstellen.Biene' implementiert den Schnittstellenmember 'BienenSchnittstellen.IWache.Stachellänge' nicht.	BienenSchnittstellen
4	'BienenSchnittstellen.Biene' implementiert den Schnittstellenmember 'BienenSchnittstellen.IWache.AlarmStufe' nicht.	BienenSchnittstellen

Fehlerliste | Ausgabe

Sie werden einen dieser »implementiert nicht«-Fehler für jedes Schnittstellen-Member von IWache sehen, das in der Klasse nicht implementiert ist. Der Compiler **besteht darauf**, dass Sie alle Methoden in der Schnittstelle implementieren.

4. **FÜGEN SIE DER KLASSE BIENE DIE METHODEN UND EIGENSCHAFTEN HINZU.**
Fügen Sie die Methoden `NachFeindAusschauen()` und `StachelSchärfen()` hinzu. Achten Sie darauf, dass ihre Signaturen denen in der Schnittstelle entsprechen – `NachFeindAusschauen()` muss also einen `bool` liefern, und `StachelSchärfen()` erwartet einen `int`-Parameter (wählen Sie einen beliebigen Namen) und liefert einen `int`. Die Methoden müssen noch nichts tun; lassen Sie sie also einfach Testwerte liefern. Ergänzen Sie eine `int`-Eigenschaft namens `AlarmStufe` mit einem Getter (lassen Sie ihn eine beliebige Zahl liefern) und eine automatische `int`-Eigenschaft namens `Stachellänge` mit Getter und Setter.

Eins noch: Achten Sie darauf, dass alle `Biene`-Member als `public` markiert sind. Jetzt lässt sich das Programm kompilieren!

Sammeln Sie Erfahrung im Umgang mit Schnittstellen

Schnittstellen sind wirklich einfach zu verwenden, aber man versteht sie am leichtesten, wenn man ein wenig mit ihnen arbeitet. Erstellen Sie also eine neue **Konsolenanwendung** und legen Sie los.

Tun Sie das!

1. Hier ist die Klasse `GroßerTyp` und der Code für einen Button, der ihn über einen Objektinitialisierer erstellt und seine `ÜberSichSelbstReden()`-Methode aufruft, also alles nichts Neues:

```
class GroßerTyp {
    public string Name;
    public int Größe;

    public void ÜberSichSelbstReden() {
        Console.WriteLine("Ich heiße " + Name + " und bin "
           + Größe + " cm groß.");
    }
}

static void Main(string[] args) {
    GroßerTyp großer = new GroßerTyp() { Größe = 74, Name = "Klaus" };
    großer.ÜberSichSelbstReden();
}
```

2. Sie wissen bereits, dass alles in einer Schnittstelle öffentlich sein muss. Aber Sie müssen uns nicht blind vertrauen. Fügen Sie Ihrem Projekt eine `IClown`-Schnittstelle hinzu, genau so, wie Sie es bei einer Klasse machen würden: Klicken Sie mit rechts im Projektmappen-Explorer auf das Projekt, **wählen Sie Hinzufügen → Neues Element... und dann** Schnittstelle. Achten Sie darauf, dass die Datei `IClown.cs` heißt. Die IDE erstellt dann eine Schnittstelle mit der folgenden Deklaration:

```
interface IClown
```

Versuchen Sie jetzt, innerhalb der Schnittstelle eine private Methode zu deklarieren:

```
private void Hupen();
```

Wählen Sie in der IDE Erstellen → Projektmappe erstellen, sehen Sie diesen Fehler:

> ⊗ 1 Der 'private'-Modifizierer ist für dieses Element nicht gültig.

In einer Schnittstelle müssen Sie »public« nicht angeben, weil alle Eigenschaften und Methoden automatisch öffentlich sind.

Löschen Sie jetzt den Zugriffsmodifizierer `private` – der Fehler verschwindet, und Ihr Programm lässt sich problemlos kompilieren.

3. Bevor Sie zur nächsten Seite weitergehen, versuchen Sie erst einmal selbst, den Rest der Schnittstelle `IClown` zu erstellen und die Klasse `GroßerTyp` so anzupassen, dass sie diese Schnittstelle implementiert. Ihre neue `IClown`-Schnittstelle sollte eine `void`-Methode namens `Hupen()` besitzen, die keine Parameter erwartet, und eine schreibgeschützte `string`-Eigenschaft namens `MeinLustigesDing`, die einen Getter, aber keinen Setter hat.

4 Hier ist die Schnittstelle – haben Sie es hinbekommen?

```
interface IClown
{
    string MeinLustigesDing { get; }
    void Hupen();
}
```

Dies ist ein Beispiel für eine Eigenschaft, die einen Getter, aber keinen Setter hat. Denken Sie daran, dass Schnittstellen keine Felder enthalten können. Aber wenn Sie diese schreibgeschützte Eigenschaft in einer Klasse implementieren, sieht sie für andere Klassen wie ein Feld aus.

Modifizieren wir die Klasse `GroßerTyp` jetzt so, dass sie `IClown` implementiert. Denken Sie daran, dass auf den Doppelpunkt-Operator immer die Basisklasse folgt, von der geerbt wird (wenn es eine gibt), und dann eine Liste der zu implementierenden Schnittstellen, die jeweils durch Kommata getrennt werden. Da es keine Basisklasse und nur eine Schnittstelle gibt, sieht die Deklaration so aus:

GroßerTyp implementiert die Schnittstelle IClown.

```
class GroßerTyp : IClown
```

Stellen Sie dann sicher, dass der Rest der Klasse identisch ist, einschließlich der beiden Felder und der Methode. Wählen Sie im Menü Erstellen »Projektmappe erstellen«, um das Programm zu kompilieren. Sie sehen zwei Fehler, unter anderem diesen:

Die IDE sagt Ihnen, dass GroßerTyp angibt, IClown zu implementieren, und Sie damit versprochen haben, alle Eigenschaften und Methoden in dieser Schnittstelle zu implementieren … und dass Sie dieses Versprechen dann gebrochen haben!

```
1  'GroßerTyp.Program.GroßerTyp' implementiert den
   Schnittstellenmember 'GroßerTyp.IClown.Hupen()' nicht.
```

5 Diese Fehler verschwinden, sobald Sie alle Methoden und Eigenschaften hinzugefügt haben, die die Schnittstelle deklariert. Legen Sie also mit der Implementierung der Schnittstelle los. Fügen Sie eine schreibgeschützte String-Eigenschaft namens `MeinLustigesDing` mit einem Getter hinzu, der immer den String »`große Schuhe`« liefert. Fügen Sie dann eine `Hupen()`-Methode hinzu, die »Hup-hup!« in die Konsole schreibt.

Das sieht so aus:

```
public string MeinLustigesDing {
    get { return "große Schuhe"; }
}
```

Die Schnittstelle verlangt bloß, dass eine Klasse, die sie implementiert, eine Eigenschaft namens MeinLustigesDing mit einem Getter hat. Sie können einen beliebigen Getter verwenden, auch einen, der jedes Mal den gleichen String liefert. Die meisten Getter machen mehr, aber das ist vollkommen ausreichend, wenn es das ist, was Sie brauchen.

```
public void Hupen() {
    Console.WriteLine("Hup-hup!");
}
```

Die Schnittstelle sagt nur, dass Sie eine public void-Methode namens Hupen haben müssen. Sie sagt nicht, was diese Methode tun muss. Sie kann alles machen, egal was. Der Code lässt sich kompilieren, solange eine Methode mit der richtigen Signatur vorhanden ist.

6 Jetzt lässt sich Ihr Code kompilieren! Aktualisieren Sie die Main()-Methode so, dass die `Hupen()`-Methode des `GroßerTyp`-Objekts aufgerufen wird, damit der »Hup-hup!«-Text in der Konsole ausgegeben wird.

Eine Schnittstelle können Sie nicht instantiieren, aber Sie können sie referenzieren

Nehmen Sie an, Sie hätten ein Objekt, das die Methode `BlumenSuchen()` besitzt. Es könnte ein beliebiges Objekt sein, das die Schnittstelle `INektarSammler` implementiert. Es könnte ein `Arbeiterin`-Objekt oder ein `Roboter`-Objekt oder auch ein `Hund`-Objekt sein ... es muss nur die Schnittstelle `INektarSammler` implementieren.

An diesem Punkt kommen **Schnittstellenreferenzen** ins Spiel. Diese können Sie einsetzen, um ein Objekt zu referenzieren, das die Schnittstelle implementiert, die Sie benötigen. So können Sie sichergehen, dass das Objekt immer die richtigen Methoden hat – selbst wenn Sie sonst nicht viel darüber wissen.

Sie können ein Array mit IWache-Referenzen erstellen. Instantiieren können Sie eine Schnittstelle zwar nicht, aber Sie können diese Referenzen auf Instanzen von Klassen weisen lassen, die IWache implementieren. Damit haben Sie ein Array, das unterschiedliche Objekttypen festhalten kann!

Das funktioniert nicht ...

```
IWache dennis = new IWache();
```

Versuchen Sie, eine Schnittstelle zu implementieren, beschwert sich der Compiler.

> 2 Es konnte keine Instanz der abstrakten Klasse oder Schnittstelle "BienenSchnittstellen.IWache" erstellt werden.

Sie können das Schlüsselwort `new` sinnvollerweise nicht mit Schnittstellen verwenden – die Methoden und Eigenschaften haben keine Implementierung. Wie sollte sich ein Objekt verhalten, das auf Grundlage einer Schnittstelle erstellt wurde?

... aber das schon:

```
NektarWache fred = new NektarWache();
IWache willi = fred;
```

Erinnern Sie sich daran, dass Sie eine BLT-Referenz an eine Klasse übergeben konnten, die ein Sandwich erwartet, weil BLT von Sandwich erbt? Das hier ist das Gleiche – NektarWache-Objekte können Sie in jeder Methode und Anweisung verwenden, die ein IWache-Objekt erwartet.

Auch wenn dieses Objekt eigentlich mehr kann, haben Sie über eine Schnittstellenreferenz nur Zugriff auf die Methoden in der Schnittstelle.

Die erste Zeile ist eine gewöhnliche `new`-Anweisung, die ein `NektarWache`-Objekt erzeugt und es über eine Referenzvariable namens Fred zugänglich macht.

Ab der zweiten Zeile wird es interessant, weil diese Zeile eine **neue Referenzvariable vom Typ `IWache` deklariert**. Diese Zeile mag zunächst etwas seltsam aussehen. Aber sehen Sie sich erst das hier an:

```
NektarWache maja = fred;
```

Was diese dritte Anweisung macht, wissen Sie – sie deklariert eine `NektarWache`-Referenz namens `maja` und weist ihr das zu, worauf die Referenz `fred` zeigt. Die `willi`-Anweisung nutzt `IWache` auf gleiche Weise.

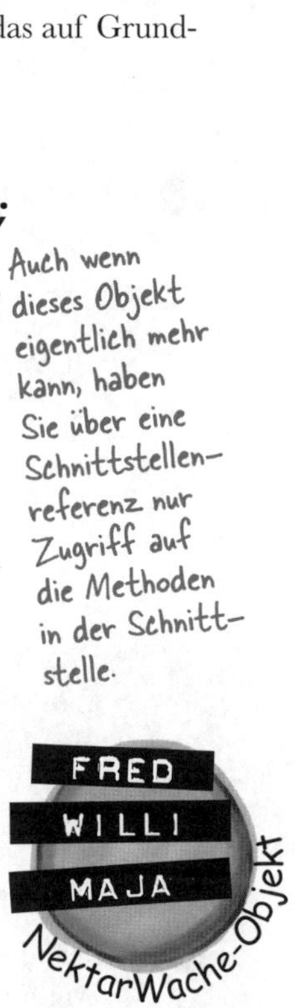
FRED
WILLI
MAJA
NektarWache-Objekt

Was also ist passiert?

Da es lediglich eine `new`-Anweisung gibt, wurde **nur ein Objekt** erstellt. Die zweite Anweisung deklariert eine Referenz namens `willi`, die auf eine Instanz **jeder Klasse zeigen kann, die `IWache` implementiert**.

Schnittstellenreferenzen funktionieren wie Objektreferenzen

Sie wissen bereits, dass Objektreferenzen auf dem Heap leben. Schnittstellenreferenzen sind nur eine andere Art, auf die gleichen Objekte zu verweisen, mit denen Sie bereits gearbeitet haben.

BIFF
BERTA
Wache
NektarSammler

1 **ERZEUGEN SIE WIE GEWÖHNLICH EINIGE OBJEKTE.**
Das ist mittlerweile ganz vertrauter Kram.

```
Wache biff = new Wache();
NektarSammler berta = new NektarSammler();
```

2 **DEKLARIEREN SIE IWACHE- UND INEKTARSAMMLER-REFERENZEN.**
Schnittstellenreferenzen können Sie genau so verwenden wie jede andere Art von Referenz.

```
IWache kasimir = biff;
INektarSammler bienchen = berta;
```

Diese beiden Anweisungen nutzen Schnittstellen, um Referenzen auf bestehende Objekte zu erstellen. Einer Schnittstellenreferenz können Sie eine Instanz einer Klasse zuweisen, die die entsprechende Schnittstelle implementiert.

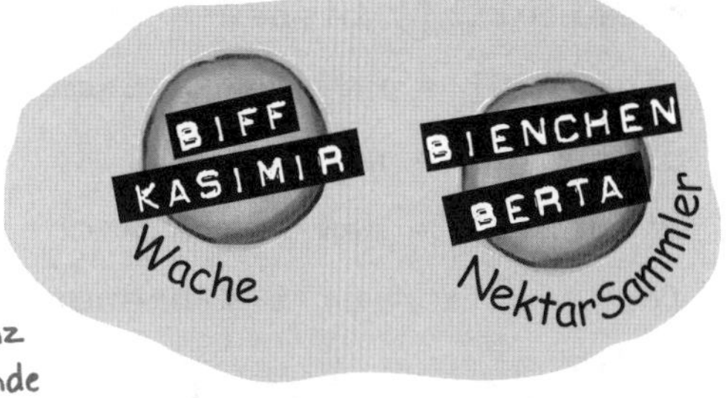
BIFF
KASIMIR
BIENCHEN
BERTA
Wache
NektarSammler

3 **EINE SCHNITTSTELLENREFERENZ HÄLT EIN OBJEKT AM LEBEN.**
Ein Objekt verschwindet, wenn darauf keine Referenzen mehr zeigen. Aber es gibt keine Regel, die besagt, dass diese Referenzen den gleichen Typ haben müssen! Eine Schnittstellenreferenz hält ein Objekt genauso sicher fest wie eine Objektreferenz.

```
biff = null;
```

Das Objekt verschwindet nicht, weil kasimir immer noch darauf zeigt.

KASIMIR
BIENCHEN
BERTA
Wache
NektarSammler

4 **WEISEN SIE EINER SCHNITTSTELLENREFERENZ EINE NEUE INSTANZ ZU.**
Eine Objektreferenz *benötigen* Sie eigentlich nicht – Sie können ein neues Objekt erstellen und es direkt einer Schnittstellenreferenz zuweisen.

```
INektarSammler sammler = new NektarWache();
```

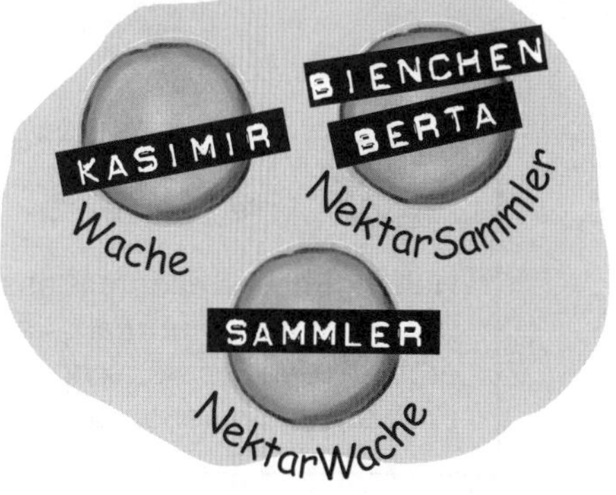
KASIMIR
BIENCHEN
BERTA
SAMMLER
Wache
NektarSammler
NektarWache

Mit »is« können Sie ermitteln, ob eine Klasse eine bestimmte Schnittstelle implementiert

Manchmal müssen Sie herausfinden, ob eine bestimmte Klasse eine Schnittstelle implementiert. Angenommen, wir würden unsere Arbeitsbienen alle in einem Array namens `bienen` speichern. Wir können das Array den Typ `Arbeiterin` speichern lassen, da der Typ aller Arbeitsbienen die Klasse `Arbeiterin` oder eine ihrer Unterklassen ist.

Aber welche der Bienen können Nektar sammeln? Anders gesagt: Wir wollen wissen, ob die Klasse die Schnittstelle `INektarSammler` implementiert. Das Schlüsselwort **is** können wir einsetzen, um genau das herauszufinden.

Alle Arbeiterinnen befinden sich in einem Arbeiterin-Array. Wir nutzen »is«, um herauszufinden, was für eine Art Arbeitsbiene die einzelnen Bienen sind.

```
Arbeiterin[] bienen = new Arbeiterin[3];
bienen[0] = new NektarSammler();
bienen[1] = new Wache();
bienen[2] = new NektarWache();
for (int i = 0; i < bienen.Length; i++)
{
    if (bienen[i] is INektarSammler)
    {
        bienen[i].AufgabeErledigen("Nektarsammeln", 3);
    }
}
```

Wir durchlaufen das Arbeiterin-Array und prüfen mit is, welche wir zum Nektarsammeln schicken können.

Mit is kann man Schnittstellen und andere Typen prüfen!

Das ist, als würden Sie sagen: Tu das, wenn du INektarSammler implementierst.

Da wir jetzt wissen, dass die Biene ein Nektarsammler ist, können wir ihr die Aufgabe zuweisen, Nektar zu sammeln.

Es gibt keine Dummen Fragen

F: Moment. Die in Schnittstellen definierten Eigenschaften sehen immer wie automatische Eigenschaften aus. Kann ich nur die in Schnittstellen nutzen?

A: Keineswegs. Eigenschaften in Schnittstellen sehen tatsächlich wie automatische Eigenschaften aus – wie `MöglicheArbeiten` und `OffeneSchichten` in der Schnittstelle `IArbeiterin` auf der nächsten Seite. Aber sie sind nicht zwingend automatisch. Sie könnten so implementiert werden:

```
public string MöglicheArbeiten { get; private set; }
```

`private set` benötigen Sie, weil automatische Eigenschaften `set` und `get` haben müssen. Aber sie könnten auch so implementiert werden:

```
public string MöglicheArbeiten { get { return "Buchhalter"; } }
```

Auch damit ist der Compiler zufrieden. Sie können ein `set` ergänzen – die Schnittstelle verlangt `get`, sagt aber nicht, dass man nicht auch ein `set` haben darf. (Nutzen Sie zur Implementierung automatische Eigenschaften, können Sie selbst entscheiden, ob set öffentlich oder privat sein soll.)

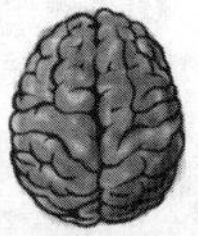

KOPF-NUSS

Haben Sie eine andere Klasse, die nicht von `Arbeiterin` erbt, aber die Schnittstelle `INektarSammler` ***implementiert***, kann auch sie die Aufgabe erfüllen! Aber da sie nicht von `Arbeiterin` erbt, kriegen Sie sie nicht in das Array mit den anderen Bienen. Fällt Ihnen ein Weg ein, dieses Problem zu umgehen und ein Array mit Bienen und dieser neuen Klasse zu erstellen?

Eine Schnittstelle kann von einer anderen erben

Erbt eine Klasse von einer anderen, erhält sie alle Methoden und Eigenschaften der Basisklasse. **Schnittstellenvererbung** ist sogar noch einfacher. Da es in Schnittstellen keinen richtigen Methodenrumpf gibt, müssen Sie sich keine Gedanken darüber machen, Basisklassenkonstruktoren oder -methoden aufzurufen. Erbende Schnittstellen bündeln einfach alle Methoden und Eigenschaften der Schnittstellen, von denen sie erben.

Zeichnen wir in einem Klassendiagramm eine Schnittstelle ein, zeigen wir Vererbung durch gestrichelte Linien.

```
interface IArbeiterin
{
  string MöglicheArbeiten { get; }
  int OffeneSchichten { get; }
  void AufgabeErledigen(string arbeit, int schichten);
  void SchichtArbeiten();
}
```

Wir haben eine neue Schnittstelle IArbeiterin erstellt, von der die anderen Schnittstellen erben.

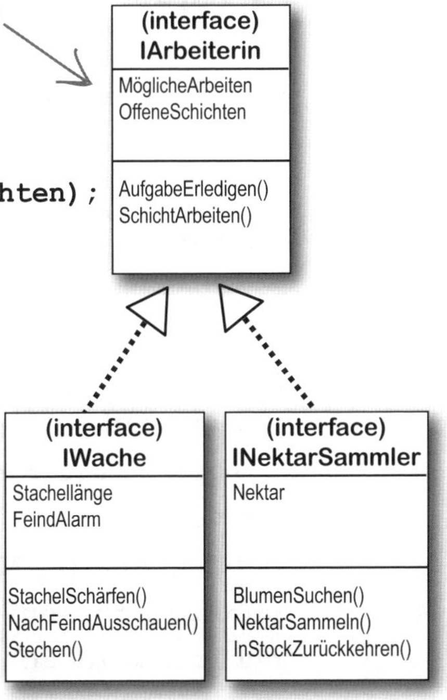

(interface)
IArbeiterin
MöglicheArbeiten
OffeneSchichten
AufgabeErledigen()
SchichtArbeiten()
(interface)
IWache
Stachellänge
FeindAlarm
StachelSchärfen()
NachFeindAusschauen()
Stechen()
(interface)
INektarSammler
Nektar
BlumenSuchen()
NektarSammeln()
InStockZurückkehren()

Klassen, die Schnittstellen implementieren, die von IArbeiterin erben, müssen die Methoden und Eigenschaften von IArbeiterin implementieren

Wenn eine Klasse eine Schnittstelle implementiert, muss sie alle Eigenschaften und Methoden in dieser Schnittstelle umfassen. Erbt diese Schnittstelle von einer anderen Schnittstelle, müssen auch *deren* Eigenschaften und Methoden implementiert werden.

```
interface IWache : IArbeiterin
{
    int AlarmStufe { get;}
    int Stachellänge { get; set;}
    bool NachFeindAusschauen();
    int StachelSchärfen(int länge);
}
```

Hier ist wieder die Schnittstelle IWache, aber jetzt erbt sie von der Schnittstelle IArbeiterin. Das sieht nach einer kleinen Änderung aus, bedeutet aber einen großen Unterschied bei allen Klassen, die IWache implementieren.

Eine Klasse, die IWache implementiert, muss jetzt nicht mehr nur diese Methoden implementieren …

… sondern auch die der Schnittstelle IArbeiterin, die diese Schnittstelle erbt.

(interface)
IArbeiterin
MöglicheArbeiten
OffeneSchichten
AufgabeErledigen()
SchichtArbeiten()

Eine RoboBiene kann die Arbeit von Arbeiterinnen erledigen und braucht keinen Honig

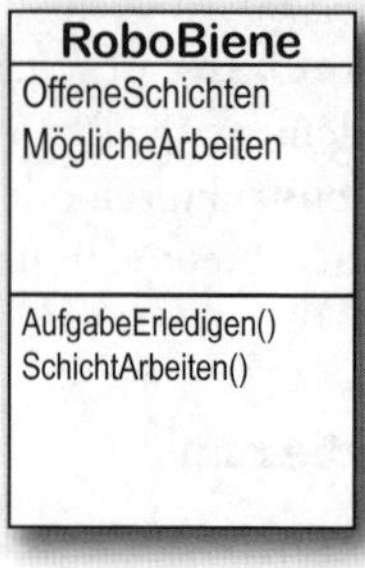
RoboBiene
OffeneSchichten
MöglicheArbeiten
AufgabeErledigen()
SchichtArbeiten()

Erstellen wir eine neue Biene, eine `RoboBiene`, die mit Rapsöl läuft. Wir können sie dennoch die Schnittstelle `IArbeiterin` implementieren lassen, damit sie alles machen kann, was eine normale Arbeitsbiene auch kann.

```
class Roboter
{
     public void RapsölVerbrennen() {...}
}

class RoboBiene : Roboter, IArbeiterin
{
     private int schichtAnzahl;
     private int erledigteSchichten;
     public int OffeneSchichten
       {get {return schichtAnzahl - erledigteSchichten;}}
     private string job;
     public string MöglicheArbeiten;{get{return job;}}
     public bool AufgabeErledigen(string arbeit, int schichten){...}
     public void SchichtArbeiten(){...}
}
```

Das ist unsere Basisklasse Roboter, damit Roboter mit Rapsöl laufen können.

RoboBiene erbt von Roboter und implementiert IArbeiterin. Das bedeutet, dass sie ein Roboter ist und die Arbeit einer Arbeiterin erledigen kann. Perfekt!

Die Klasse RoboBiene implementiert alle Methoden von IArbeiterin.

Wenn RoboBiene nicht alles in der Schnittstelle IArbeiterin implementiert, lässt sich der Code nicht kompilieren.

Denken Sie daran, dass es für andere Klassen in der Anwendung funktionell keinen Unterschied zwischen einer `RoboBiene` und einer normalen Arbeitsbiene gibt. Beide implementieren die Schnittstelle, verhalten sich also, sofern es das restliche Programm betrifft, wie Arbeitsbienen.

Aber mit `is` könnten Sie die beiden Typen unterscheiden:

```
if (arbeitsbiene is Roboter) {
  // arbeitsbiene ist also
  // ein Roboter-Objekt.
}
```

Mit »is« können wir herausfinden, von welcher Klasse eine Klasse abgeleitet ist bzw. welche Schnittstellen sie implementiert.

Klassen können <u>BELIEBIGE</u> Schnittstellen implementieren, sie müssen nur die Verpflichtungen einhalten, indem sie alle Eigenschaften und Methoden implementieren.

is sagt, welchen Typ Ihr Objekt hat, as sagt dem Compiler, wie er es behandeln soll

Manchmal müssen Sie auf einem Objekt eine Methode aus einer Schnittstelle aufrufen, die es implementiert. Aber was ist, wenn Sie nicht wissen, ob das Objekt den entsprechenden Typ hat? Dann nutzen Sie **is**, um das herauszufinden. Ist das der Fall, können Sie **as** nutzen, um das Objekt – von dem Sie jetzt wissen, dass es den richtigen Typ hat – zu behandeln, als hätte es die Methode, die Sie aufrufen müssen.

```
IArbeiterin[] bienen = new IArbeiterin[3];
    bienen[0] = new NektarWache();
    bienen[1] = new RoboBiene();
    bienen[2] = new Arbeiterin();
```

Diese Bienen implementieren alle IArbeiterin, aber wir wissen nicht, welche die anderen Schnittstellen wie INektarSammler implementieren.

Wir durchlaufen die Bienen ...

INektarSammler-Methoden können wir nicht auf Biene-Referenzen aufrufen. Sie haben nur den Typ IArbeiterin und wissen nichts über INektarSammler-Methoden.

```
for (int i = 0; i < bienen.Length; i++) {
    if (bienen[i] is INektarSammler) {
        INektarSammler sammler;
        sammler = bienen[i] as INektarSammler;
        sammler.NektarSammeln();
    }
}
```

... und prüfen, ob e INektarSammler nplementieren.

Wir nutzen >>as<<, um zu sagen, dass dieses Objekt WIE eine INektarSammler-Implementierung behandelt werden soll.

JETZT können wir INektarSammler-Methoden aufrufen.

Spitzen Sie Ihren Bleistift

Werfen Sie einen Blick auf das Array auf der linken Seite. Schreiben Sie für all diese Anweisungen auf, welcher Wert für `i` dazu führte, dass der `is`-Ausdruck mit `true` ausgewertet werden würde. Streichen Sie außerdem die Anweisungen durch, die sich nicht kompilieren lassen.

```
IArbeiterin[] bienen = new IArbeiterin[8];
bienen[0] = new NektarWache();
bienen[1] = new RoboBiene();
bienen[2] = new Arbeiterin();
bienen[3] = bienen[0] as IArbeiterin;
bienen[4] = IWache;
bienen[5] = null;
bienen[6] = bienen[0];
bienen[7] = new NektarSammler();
```

1. (bienen[i] is INektarSammler)

....

2. (bienen[i] is IWache)

....

3. (bienen[i] is IArbeiterin)

....

Eine KaffeeMaschine ist auch ein Gerät

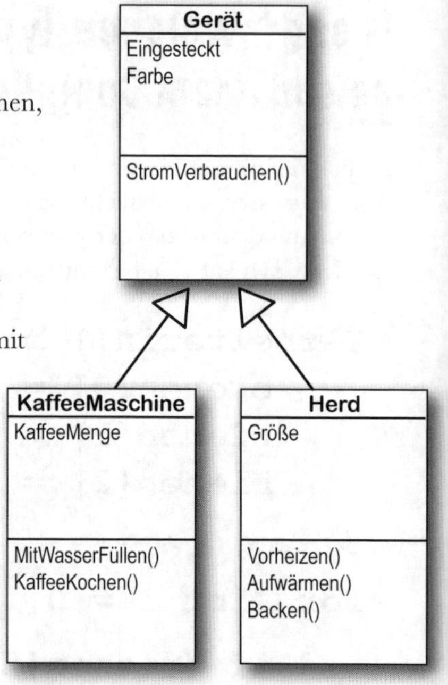
Gerät
Eingesteckt
Farbe
StromVerbrauchen()
KaffeeMaschine
KaffeeMenge
MitWasserFüllen()
KaffeeKochen()
Herd
Größe
Vorheizen()
Aufwärmen()
Backen()

Wenn Sie ermitteln möchten, wie Sie Ihre monatlichen Stromkosten reduzieren können, interessieren Sie sich nicht dafür, was Ihre Geräte machen. Sie interessieren sich nur dafür, dass sie Strom verbrauchen. Würden Sie ein Programm schreiben, das Ihren Stromverbrauch überwacht, würden Sie also wahrscheinlich nur eine Klasse `Gerät` schreiben. Aber wenn Sie eine Kaffeemaschine und einen Herd auseinanderhalten können müssen, erstellen Sie eine Klassenhierarchie. Sie würden also Methoden und Eigenschaften, die für eine Kaffeemaschine oder einen Herd spezifisch sind, Klassen wie `KaffeeMaschine` und `Herd` hinzufügen und diese von einer Klasse `Gerät` mit allgemeinen Methoden und Eigenschaften ableiten.

```
public void VerbrauchMessen(Gerät gerät) {
    // Code, der die Daten einer Datenbank
    // für den Stromverbrauch hinzufügt.
}
```

Diese Methode überwacht den Stromverbrauch in einem Haus.

Später im Programm erscheint Code zur Überwachung des Stromverbrauchs der Kaffeemaschine.

```
KaffeeMaschine kalterKaffee = new KaffeeMaschine();
VerbrauchMessen(kalterKaffee);
```

Obwohl VerbrauchMessen() eine Gerät-Referenz erwartet, können Sie die kalterKaffee-Referenz übergeben, weil KaffeeMaschine eine Unterklasse von Gerät ist.

Das haben Sie schon im letzten Kapitel gesehen, als wir eine BLT-Referenz an eine Methode übergeben haben, die ein Sandwich erwartet.

Spitzen Sie Ihren Bleistift – Lösung

Sie sollten einen Blick zurück auf das Array auf der linken Seite werfen und für all diese Anweisungen aufschreiben, welcher Wert für `i` dazu führte, dass der `is`-Ausdruck mit `true` ausgewertet werden würde. Streichen Sie außerdem die Anweisungen durch, die sich nicht kompilieren lassen.

```
IArbeiterin[] bienen = new IArbeiterin[8];
bienen[0] = new NektarWache();
bienen[1] = new RoboBiene();
bienen[2] = new Arbeiterin();
bienen[3] = bienen[0] as IArbeiterin;
bienen[4] = IWache;
bienen[5] = null;
bienen[6] = bienen[0];
bienen[7] = new INektarSammler();
```

(Durchgestrichen: `bienen[4] = IWache;` und `bienen[7] = new INektarSammler();`)

NektarWache() implementiert IWache.

1. `(bienen[i] is INektarSammler)`

   0, 3 und 6

2. `(bienen[i] is IWache)`

   0, 3 und 6

3. `(bienen[i] is IArbeiterin)`

   0, 1, 2, 3 und 6

Umwandeln funktioniert mit Objekten und Schnittstellen

Setzen Sie eine Unterklasse anstelle der Basisklasse ein – beispielsweise eine Kaffeemaschine für ein Gerät oder ein BLT für ein Sandwich –, bezeichnet man das als **Upcasting** (hochwandeln). Das ist ein sehr mächtiges Werkzeug beim Aufbau von Klassenhierarchien. Der einzige Nachteil beim Upcasting ist, dass Sie nur die Eigenschaften und Methoden der Basisklasse verwenden können. Anders gesagt: Behandeln Sie eine Kaffeemaschine wie ein Gerät, können Sie ihm nicht sagen, dass es sich mit Wasser füllen oder Kaffee kochen soll. Aber Sie *können* sagen, ob es eingesteckt ist oder nicht, da das etwas ist, was Sie mit jedem Gerät machen können (deswegen ist die Eigenschaft `Eingesteckt` Teil der Klasse `Gerät`).

1 **ERZEUGEN WIR EIN PAAR OBJEKTE.**

Wir können eine `KaffeeMaschine` und einen `Herd` erzeugen:

```
KaffeeMaschine kalterKaffee = new KaffeeMaschine();

Herd alteRöhre = new Herd();
```

Wir beginnen damit, dass wir ganz normal ein Herd- und ein KaffeeMaschine-Objekt erzeugen.

2 **WAS IST, WENN WIR EIN ARRAY MIT GERÄTEN ERSTELLEN MÖCHTEN?**

Eine `KaffeeMaschine` können Sie nicht in ein `Herd[]`-Array stecken, einen `Herd` nicht in ein `KaffeeMaschine[]`-Array. Aber beide können Sie in ein `Gerät[]`-Array stecken:

```
Gerät[] küchenGeräte = new Gerät[2];

küchenGeräte[0] = kalterKaffee;

küchenGeräte[1] = alteRöhre;
```

Mit Upcasting können Sie ein Gerät-Array erzeugen, das Kaffeemaschinen und Herde aufnehmen kann.

3 **ABER SIE KÖNNEN EIN GERÄT NICHT WIE EINEN HERD BEHANDELN.**

Über eine `Gerät`-Referenz können Sie **nur** auf die Methoden und Eigenschaften zugreifen, die mit Geräten zu tun haben. Sie **können keine** Kaffeemaschinenmethoden und -eigenschaften verwenden, ***selbst wenn Sie wissen, dass es eigentlich eine Kaffeemaschine ist***. Diese Anweisungen funktionieren also, weil sie ein `KaffeeMaschine`-Objekt wie ein `Gerät` behandeln:

```
Gerät stromverbraucher = new KaffeeMaschine();

stromverbraucher.StromVerbrauchen();
```

stromverbraucher ist eine Gerät-Referenz auf ein KaffeeMaschine-Objekt.

Aber versuchen Sie, sie wie eine Kaffeemaschine zu nutzen:

```
stromverbraucher.KaffeeKochen();
```

Diese Zeile lässt sich nicht kompilieren, weil stromverbraucher eine Gerät-Referenz ist und nur für Gerät-Aufgaben verwendet werden kann.

lässt sich der Code nicht mehr kompilieren, und die IDE meldet einen Fehler:

> ⊗ 4 "Geräte.Gerät" enthält keine Definition für "KaffeeKochen", und es konnte keine Erweiterungsmethode "KaffeeKochen" gefunden werden, die ein erstes Argument vom Typ "Geräte.Gerät" akzeptiert. (Fehlt eine Using-Direktive oder ein Assemblyverweis?)

STROM-VERBRAUCHER
KaffeeMaschine-Objekt

Das liegt daran, dass Sie nach einem Upcast von einer Unterklasse auf eine Basisklasse nur noch auf Member zugreifen können, **die vom Typ der Referenz definiert werden**, über die Sie das Objekt verwenden.

Mit Downcasting können Sie Ihr Gerät wieder zu einer Kaffeemaschine machen

Upcasting ist ein wertvolles Werkzeug, weil es Ihnen ermöglicht, eine Kaffeemaschine oder einen Herd dort zu verwenden, wo Sie nur ein Gerät brauchen. Aber es hat einen großen Nachteil – nutzen Sie eine `Gerät`-Referenz, die auf ein `KaffeeMaschine`-Objekt zeigt, können Sie nur die Methoden und Eigenschaften nutzen, die zu `Gerät` gehören. Und das ist der Punkt, an dem **Downcasting** die Bühne betritt: Mit ihm nehmen Sie Ihre **zuvor per Upcasting** verallgemeinerte Referenz und ändern diese wieder zurück. Ob Ihr Gerät wirklich eine Kaffeemaschine ist, können Sie mit dem Schlüsselwort **is** ermitteln. Haben Sie sich dessen versichert, können Sie das Gerät mit dem Schlüsselwort **as** wieder in eine Kaffeemaschine zurückverwandeln.

Das ist die Gerät-Referenz von der letzten Seite, die auf ein KaffeeMaschine-Objekt zeigt.

STROM-VERBRAUCHER
KaffeeMaschine-Objekt

1. **WIR BEGINNEN MIT DER BEREITS UMGEWANDELTEN KAFFEEMASCHINE.**
Hier ist der Code, den wir verwendet hatten:

```
Gerät stromverbraucher = new KaffeeMaschine();
stromverbraucher.StromVerbrauchen();
```

2. **ABER WAS IST, WENN WIR UNSERE KAFFEEMASCHINE ZURÜCKWOLLEN?**
Der erste Schritt beim Downcasting ist, mit `is` zu prüfen, ob das wirklich möglich ist.

```
if (stromverbraucher is KaffeeMaschine)
    // Downcasten ist also möglich!
```

3. **WIR WISSEN, ES IST EINE KAFFEEMASCHINE - NUTZEN WIR SIE ALSO AUCH SO!**
Das Schlüsselwort `is` ist der erste Schritt. Wissen Sie, dass Ihre `Gerät`-Referenz auf ein `KaffeeMaschine`-Objekt zeigt, können Sie sie mit `as` downcasten. Und dann können Sie die Methoden und Eigenschaften von `KaffeeMaschine` wieder verwenden, aber weiterhin auch die von `Gerät`, da `KaffeeMaschine` von `Gerät` erbt.

```
if (stromverbraucher is KaffeeMaschine) {
    KaffeeMaschine kaffee = stromverbraucher as KaffeeMaschine;
    kaffee.KaffeeKochen();
}
```

Die Referenz kaffee zeigt auf das gleiche KaffeeMaschine-Objekt wie stromverbraucher, kann als KaffeeMaschine-Referenz aber auf den KaffeeKochen()-Aufruf antworten.

STROM-VERBRAUCHER
KAFFEE
KaffeeMaschine-Objekt

Scheitert das Downcasting, liefert as null

Aber was passiert, wenn Sie versuchen, ein `Herd`-Objekt in eine `KaffeeMaschine` umzuwandeln? Sie erhalten null – und wenn Sie versuchen, die Referenz zu verwenden, bricht Ihr Programm mit einer Fehlermeldung ab.

```
if (stromverbraucher is KaffeeMaschine) {
    Herd bratenröhre = stromverbraucher as Herd;
    bratenröhre.Vorheizen();
}
```

Die beiden passen nicht zusammen.

stromverbraucher ist KEIN Herd-Objekt. Beim Versuch, mit »as« ein Downcasting durchzuführen, wird die Referenz bratenröhre auf null gesetzt. Wenn Sie das Programm ausführen, erhalten Sie dann diesen Fehler.

> Ein Ausnahmefehler des Typs "System.NullReferenceException" ist in Geräte.exe aufgetreten.

Upcasting und Downcasting funktionieren auch mit Schnittstellen

Sie wissen bereits, dass `is` und `as` auch mit Schnittstellen funktionieren – ebenso alle Upcasting- und Downcasting-Geschichten. Fügen wir eine `ISpeisenGaren`-Schnittstelle für Klassen hinzu, die Speisen erwärmen können. Und ergänzen wir auch eine `Mikrowelle`-Klasse – `Mikrowelle` und `Herd` implementieren beide die Schnittstelle `ISpeisenGaren`. Jetzt gibt es drei verschiedene Wege, auf ein `Herd`-Objekt zuzugreifen. Und die IntelliSense-Funktionalität der IDE hilft Ihnen, genau herauszufinden, was Sie tun können und was nicht.

Jede Klasse, die ISpeisenGaren implementiert, ist ein Gerät, das Speisen erhitzen kann.

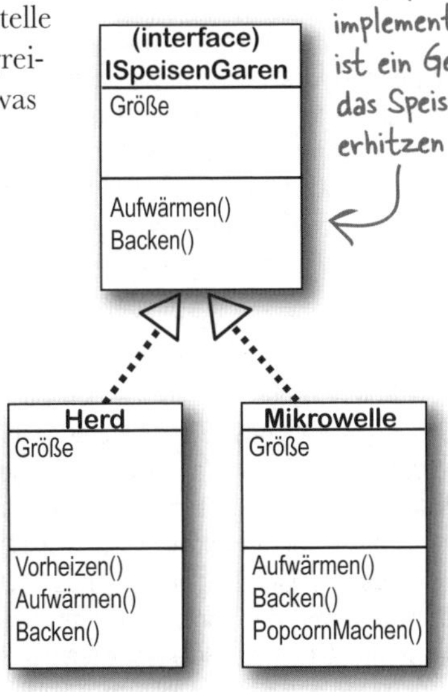

(interface)
ISpeisenGaren
Größe
Aufwärmen()
Backen()
Herd
Größe
Vorheizen()
Aufwärmen()
Backen()
Mikrowelle
Größe
Aufwärmen()
Backen()
PopcornMachen()


```
Herd bratenröhre = new Herd();
bratenröhre.
```

Sobald Sie den Punkt eingeben, öffnet sich ein IntelliSense-Fenster mit einer Liste aller Member, die Sie verwenden können.

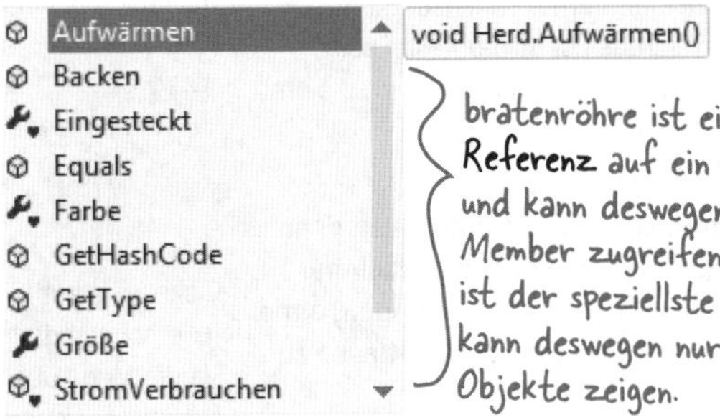

Aufwärmen
Backen
Eingesteckt
Equals
Farbe
GetHashCode
GetType
Größe
StromVerbrauchen
void Herd.Aufwärmen()

bratenröhre ist eine **Herd-Referenz** auf ein Herd-Objekt und kann deswegen auf alle Member zugreifen ... aber es ist der speziellste Typ und kann deswegen nur auf Herd-Objekte zeigen.

```
ISpeisenGaren kocher;
if (bratenröhre is ISpeisenGaren)
    kocher = bratenröhre as ISpeisenGaren;
    kocher.
```

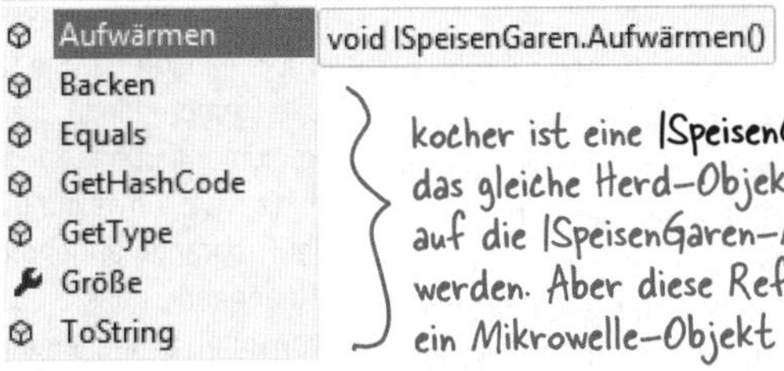

Aufwärmen
Backen
Equals
GetHashCode
GetType
Größe
ToString
void ISpeisenGaren.Aufwärmen()

kocher ist eine **ISpeisenGaren-Referenz** auf das gleiche Herd-Objekt. Über sie kann nur auf die ISpeisenGaren-Member zugegriffen werden. Aber diese Referenz kann auch auf ein Mikrowelle-Objekt zeigen.

```
Gerät stromverbraucher;
if (bratenröhre is Gerät)
    stromverbraucher = bratenröhre;
    stromverbraucher.
```

stromverbraucher ist eine **Gerät-Referenz** Sie können darüber nur auf die öffentlichen Member von Gerät zugreifen. Aber Sie können sie auch auf ein KaffeeMaschine-Objekt zeigen lassen.

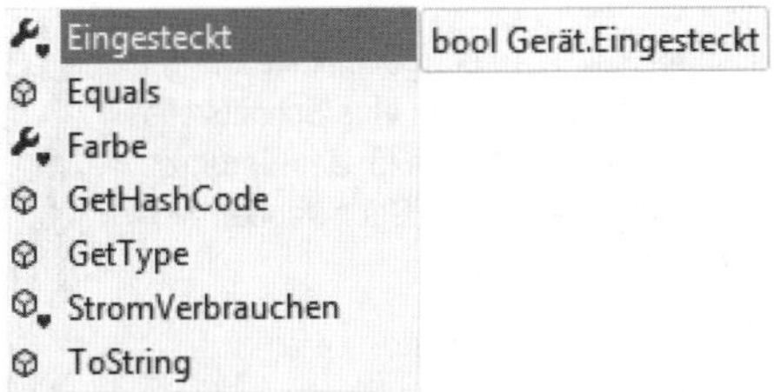

Eingesteckt
Equals
Farbe
GetHashCode
GetType
StromVerbrauchen
ToString
bool Gerät.Eingesteckt

Drei verschiedene Referenzen auf das gleiche Objekt können je nach Typ der Referenz auf unterschiedliche Methoden und Eigenschaften zugreifen.

Es gibt keine Dummen Fragen

F: Etwas langsamer, bitte – Sie sagten, dass ich immer upcasten, aber nicht immer downcasten kann. Warum?

A: Weil der Compiler Sie warnen kann, wenn Ihr Upcasting falsch ist. Upcasting schlägt nur fehl, wenn Sie ein Objekt über eine Referenz eines Typs behandeln wollen, den es nicht erbt oder implementiert. Das kann der Compiler sofort herausfinden und Ihnen einen entsprechenden Fehler melden.

Der Compiler weiß aber nicht, wie er prüfen soll, dass Sie *von* einer gültigen Referenz *auf* eine Referenz downcasten, die nicht gültig ist. Das liegt daran, dass Sie auf der rechten Seite des Schlüsselworts `as` jeden beliebigen Klassen- oder Schnittstellennamen angeben können. Ist das Downcasting nicht zulässig, liefert der `as`-Operator einfach `null`. Und es ist gut, dass der Compiler Sie daran nicht hindert, weil es viele Gelegenheiten gibt, bei denen man das machen möchte.

F: Jemand hat mir gesagt, dass eine Schnittstelle mit einem Vertrag vergleichbar ist. Das verstehe ich nicht. Was bedeutet das?

A: Ja, das haben wir auch schon gehört – viele Leute sagen gern, dass eine Schnittstelle wie ein Vertrag ist. (Und es ist auch eine beliebte Frage in Vorstellungsgesprächen.) In gewisser Hinsicht ist es sogar wahr. Lassen Sie eine Klasse eine Schnittstelle implementieren, sagen Sie damit dem Compiler, dass Sie versprechen, die Klasse mit bestimmten Methoden auszustatten. Der Compiler nimmt Sie damit beim Wort.

Wie Schnittstellen funktionieren, kann man sich unserer Meinung nach besser merken, wenn man sie als eine Art Checkliste betrachtet. Der Compiler geht die Checkliste durch, um sicherzustellen, dass Sie Ihre Klasse mit allen Methoden aus der Schnittstelle ausgestattet haben. Tun Sie das nicht, schreit er auf und kompiliert Ihre Klasse nicht.

F: Was ist, wenn ich in meiner Schnittstelle einen Methodenrumpf angeben möchte? Geht das?

A: Nein. Das erlaubt Ihnen der Compiler nicht. Eine Schnittstelle darf keinerlei Anweisungen enthalten. Obgleich Sie Schnittstellen über den Doppelpunkt-Operator implementieren, ist das etwas anderes als das Erben von einer Klasse. Schnittstellen fügen Ihren Klassen keinerlei Verhalten hinzu. Sie sagen dem Compiler, dass er sicherstellen soll, dass Ihre Klasse alle Member besitzt, die die Schnittstelle vorgibt.

F: Warum soll man Schnittstellen dann verwenden? Mir scheint das einfach nur Beschränkungen mit sich zu bringen, ohne dabei eine Änderung an meiner Klasse zu bewirken.

A: Weil Sie Schnittstellenreferenzen auf Instanzen beliebiger Klassen zeigen lassen können, die die Schnittstelle implementieren. Und das ist wirklich nützlich – Sie können über eine Referenz eines Typs mit Instanzen der unterschiedlichsten Klassen arbeiten.

Hier ist ein kurzes Beispiel. Pferde, Ochsen, Esel und Stiere können alle Wagen ziehen. Aber in unserem Zoo-Simulator würden sie jeweils durch eine andere Klasse repräsentiert. Nehmen wir an, Sie würden in Ihrem Zoo Kutschfahrten anbieten und möchten ein Array mit allen Tieren erstellen, die Wagen ziehen können. Aber Sie können nicht einfach ein Array erzeugen, das all diese unterschiedlichen Typen speichert. Würden sie alle von der gleichen Basisklasse erben, könnten Sie ein Array mit ihnen erstellen. Aber das ist nicht so. Was also sollen Sie tun?

Das ist der Punkt, an dem Schnittstellen praktisch sind. Sie können eine Schnittstelle `IZieher` mit Methoden für das Herumziehen von Wagen erstellen. Dann können Sie Ihr Array so deklarieren:

```
IZieher[] zieherArray;
```

Jetzt können Sie in das Array eine Referenz auf jedes Tier einschließen, das die Schnittstelle `IZieher` implementiert.

F: Gibt es einen einfacheren Weg, Schnittstellen zu implementieren? Das ist eine Menge Tipparbeit!

A: Klar doch. Die gibt es! Die IDE bietet Ihnen eine mächtige Abkürzung, die Schnittstellen automatisch für Sie implementiert. Beginnen Sie einfach, Ihre Klasse einzugeben:

```
public class
   Mikrowelle :
         ISpeisenGaren
   { }
```

Klicken Sie auf ISpeisenGaren – unter dem »I« erscheint dann ein kleiner Balken. Lassen Sie die Maus über ihm schweben, sehen Sie darunter ein kleines Symbol:

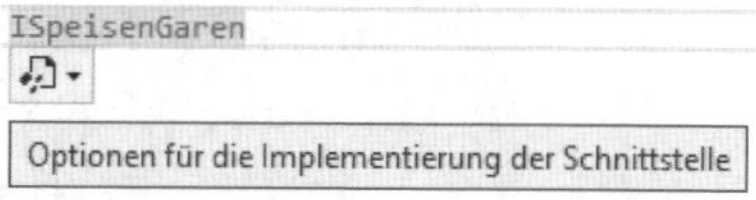
ISpeisenGaren
Optionen für die Implementierung der Schnittstelle

Klicken Sie auf das Symbol und wählen Sie im Menü »'ISpeisenGaren'-Schnittstelle implementieren«. Sie fügt dann automatisch alle Member hinzu, die Sie noch nicht implementiert haben. Jede enthält nur eine `throws`-Anweisung – diese bewirken, dass Ihr Programm angehalten wird, um Sie daran zu erinnern, dass Sie vergessen haben, eine von ihnen zu implementieren (mehr zu `throws` lernen Sie in Kapitel 10).

Eine Schnittstelle ist wie eine Checkliste, die der Compiler durchgeht, um zu prüfen, ob Ihre Klasse einen bestimmten Satz Methoden implementiert.

ÜBUNG

Erweitern Sie die Schnittstelle IClown und nutzen Sie Klassen, die sie implementieren.

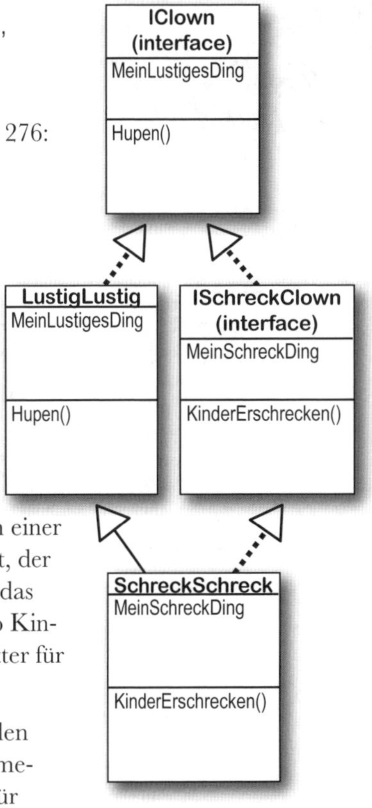
IClown
(interface)
MeinLustigesDing
Hupen()
LustigLustig
MeinLustigesDing
Hupen()
ISchreckClown
(interface)
MeinSchreckDing
KinderErschrecken()
SchreckSchreck
MeinSchreckDing
KinderErschrecken()

1 Nehmen Sie die Schnittstelle `IClown` aus dem »Tun Sie das!« von Seite 276:

```
interface IClown {
    string MeinLustigesDing { get; }
    void Hupen();
}
```

2 Eweitern Sie `IClown`, indem Sie die Schnittstelle `ISchreckClown` erstellen, die von `IClown` erbt. Sie sollten eine weitere `string`-Eigenschaft namens `MeinSchreckDing` mit Getter, aber ohne Setter, und die `void`-Methode `KinderErschrecken()` erstellen.

3 Erzeugen Sie diese Klassen:

★ Eine Klasse namens `LustigLustig`, die ein lustiges Ding in einer privaten String-Variablen speichert und einen Konstruktor hat, der einen Parameter namens `lustigesDing` erwartet, auf den das private Feld gesetzt wird. Die Methode `Hupen()` sollte »Hallo Kinder! Ich habe « gefolgt von dem lustigen Ding sagen. Der Getter für `MeinLustigesDing` sollte das gleiche Ding liefern.

★ Eine Klasse `SchreckSchreck`, die in einer privaten Variablen einen `int` speichert, der an ihren Konstruktor über den Parameter `anzahlSchreckDinge` übergeben wurde. Der Getter für `MeinSchreckDing` sollte einen String liefern, der aus der an den Konstruktor übergebenen Zahl und dem String » Spinnen« besteht. Die Methode `KinderErschrecken()` zeigt einen Dialog, der »Buh! Hab dich!« sagt.

4 Hier ist der neue Code für die `Main()`-Methode – die allerdings nicht funktioniert. Haben Sie eine Idee, wie man sie reparieren könnte?

```
static void Main(string[] args) {
    SchreckSchreck maxeDerClown = new SchreckSchreck("Große Schuhe", 14);
    LustigLustig lustigerClown = maxeDerClown;
    ISchreckClown schreckClown = lustigerClown;
    schreckClown.KinderErschrecken();
    Console.ReadKey();
}
```

MACH'S LIEBER RICHTIG, SONST ...
Maxe ist ein schrecklicher SchreckSchreck.

LÖSUNG ZUR ÜBUNG

Erweitern Sie die Schnittstelle IClown und nutzen Sie Klassen, die sie implementieren.

```
interface IClown {
    string MeinLustigesDing { get; }
    void Hupen();
}

interface ISchreckClown : IClown {
    string MeinSchreckDing { get; }
    void KinderErschrecken();
}

class LustigLustig : IClown {
    public LustigLustig(string lustigesDing) {
        this.lustigesDing = lustigesDing;
    }
    private string lustigesDing;
    public string MeinLustigesDing {
        get { return "Hallo Kinder! Ich habe " + lustigesDing; }
    }

    public void Hupen() {
        Console.WriteLine(this.MeinLustigesDing);
    }
}

class SchreckSchreck : LustigLustig, ISchreckClown {
    public SchreckSchreck(string lustigesDing, int anzahlSchreckDinge)
        : base(lustigesDing) {
        this.anzahlSchreckDinge = anzahlSchreckDinge;
    }

    private int anzahlSchreckDinge;
    public string MeinSchreckDing {
        get { return "Ich habe " + anzahlSchreckDinge + " Spinnen"; }
    }

    public void KinderErschrecken() {
        Console.WriteLine("Buh! Hab dich!");
    }
}

static void Main(string [] args) {
    SchreckSchreck maxeDerClown = new SchreckSchreck("Große Schuhe", 14);
    LustigLustig lustigerClown = maxeDerClown;
    ISchreckClown schreckClown = lustigerClown as SchreckSchreck;
    schreckClown.Hupen();
    Console.ReadKey();
}
```

Die Methode Hupen() nutzt diesen Getter, um die Meldung anzuzeigen – sie muss im Code also nicht zweimal auftauchen.

Sie hätten die IClown-Member erneut implementieren können, aber warum sollen diese nicht einfach von LustigLustig erben?

Da SchreckSchreck eine Unterklasse von LustigLustig ist und LustigLustig IClown implementiert, tut SchreckSchreck das auch.

Sie können die LustigLustig-Referenz auf das SchreckSchreck-Objekt zeigen lassen, da SchreckSchreck von LustigLustig erbt. Aber eine ISchreckClown-Referenz können Sie nicht auf beliebige Clowns setzen, weil Sie nicht wissen, ob diese ein Schreck-Clown ist. Deswegen müssen Sie dieses Schlüsselwort nutzen.

Über schreckClown können Sie auch KinderErschrecken() aufrufen, über lustigerClown nicht.

Es gibt nicht nur public und private

Sie wissen bereits, wie wichtig das Schlüsselwort `private` ist, wie Sie es verwenden und wie es sich von `public` unterscheidet. C# hat einen Namen für sie: Sie werden als **Zugriffsmodifizierer bezeichnet**. Der Name ist sinnvoll, weil man mit einer Änderung des Zugriffsmodifizierers einer Eigenschaft, eines Felds oder einer Methode einer Klasse (ihren **Membern**) oder des Zugriffsmodifizierers der ganzen Klasse ändert, wie andere Klassen darauf zugreifen können. Es gibt ein paar weitere, die Sie verwenden werden, aber wir werden mit denen beginnen, die Sie kennen.

Die Methoden, Felder und Eigenschaften einer Klasse bezeichnen wir als ihre **Member (Mitglieder)**. Jedes Member kann mit den Zugriffsmodifizierern public oder private markiert werden.

(vorausgesetzt, sie können auf die entsprechende Klasse zugreifen)

- `public` **BEDEUTET, DASS JEDER DARAUF ZUGREIFEN KANN.** Markieren Sie eine Klasse oder ein Klassenmember als `public`, sagen Sie C#, dass jede Instanz anderer Klassen darauf zugreifen kann. Das ist der am wenigsten einschränkende Zugriffsmodifizierer. Und Sie haben bereits gesehen, wie er Sie in Bedrängnis bringen kann – markieren Sie Klassenmember nur dann als `public`, wenn Sie einen guten Grund dafür haben. So stellen Sie sicher, dass Ihre Klassen gut gekapselt sind.

- `private` **BEDEUTET, DASS NUR ANDERE MEMBER DARAUF ZUGREIFEN KÖNNEN.** Markieren Sie ein Klassenmember als `private`, können darauf nur andere Member dieser Klasse oder **andere Instanzen dieser Klasse zugreifen**. Eine Klasse können Sie nur als `private` markieren, wenn sie in eine andere Klasse eingebettet und deswegen nur für Instanzen der Containerklasse zugreifbar ist. Dann ist sie standardmäßig privat und muss als `public` markiert werden, soll sie öffentlich sein.

Geben Sie bei der Deklaration von Klassenmembern keinen Modifizierer an, wird private verwendet.

- `protected` **BEDEUTET PUBLIC FÜR UNTERKLASSEN UND PRIVATE FÜR ALLE ANDEREN.** Sie haben bereits gesehen, dass eine Unterklasse auf die privaten Felder ihrer Basisklasse zugreifen kann – sie muss das Schlüsselwort `base` verwenden, um an die öffentlichen Member des Basisobjekts heranzukommen. Wäre es nicht praktischer, wenn die Unterklasse auch auf die privaten Felder zugreifen könnte? Zu diesem Zweck gibt es den Zugriffsmodifizierer `protected`. Auf ein Klassenmember, das mit `protected` markiert ist, können alle Member dieser Klasse und alle Member ihrer Unterklassen zugreifen.

- `internal` **BEDEUTET PUBLIC NUR FÜR DIE KLASSEN IN EINER ASSEMBLY.** Die eingebauten Klassen des .NET Framework und der Code in Ihren Projekten stecken in **Assemblies** – Klassenbibliotheken, die Sie in der Verweisliste Ihres Projekts angeben können. Eine Liste von Assemblies können Sie sich anzeigen lassen, indem Sie mit der rechten Maustaste auf »Verweise« klicken und »Verweis hinzufügen ...« wählen – erstellen Sie eine neue Windows Forms-Anwendung, schließt die IDE automatisch die Referenzen ein, die erforderlich sind, um eine Windows Forms-Anwendung zu erzeugen. Wenn Sie eine Assembly erstellen, erreichen Sie mit dem Schlüsselwort `internal`, dass die so markierten Klassen für die Assembly privat sind. Sie müssen also nur die Klassen veröffentlichen, die Sie möchten. `internal` kann mit `protected` kombiniert werden – alles, was so markiert ist, ist innerhalb einer Assembly **oder** aus einer Unterklasse zugreifbar.

Geben Sie bei einer Klassen- oder Schnittstellendeklaration keinen Modifizierer an, wird internal verwendet. Für die meisten Klassen ist das ausreichend, da dann alle Klassen in der gleichen Assembly auf sie zugreifen können. Nur wenn Sie mit mehreren Assemblies arbeiten, wird der Unterschied zwischen public und internal sichtbar.

- `sealed` **SAGT, DASS VON DIESER KLASSE KEINE UNTERKLASSEN ERBEN KÖNNEN.** Es gibt einige Klassen, von denen man nicht erben kann. Das gilt für viele Klassen des .NET Framework – probieren Sie beispielsweise, eine Klasse zu erstellen, die von `String` erbt (das ist die Klasse, deren `IsEmptyOrNull()`-Methode Sie im letzten Kapitel verwendet haben). Was passiert? Der Compiler lässt Sie Ihren Code nicht erstellen – er meldet Ihnen den Fehler »Vom versiegelten Typ 'string' kann nicht abgeleitet werden«. Das können Sie auch mit Ihren eigenen Klassen machen – fügen Sie nach dem Zugriffsmodifizierer einfach `sealed` hinzu.

sealed ist ein Modifizierer, aber kein Zugriffsmodifizierer. Er wirkt sich nur auf die Vererbung aus, nicht auf die Sichtbarkeit der Klasse.

Mehr dazu finden Sie in Anhang A.

Zugriffsmodifizierer ändern die Sichtbarkeit

Werfen wir einen genaueren Blick auf Zugriffsmodifizierer und die Auswirkungen, die sie auf den **Geltungsbereich** der verschiedenen Klassenmember haben. Wir haben zwei kleine Änderungen vorgenommen: Das Hintergrundfeld `lustigesDing` ist jetzt `protected`, und wir haben die Methode `KinderErschrecken()` so geändert, dass sie das Feld `lustigesDing` nutzt.

Nehmen Sie diese beiden Änderungen an Ihrer eigenen Übungslösung vor. Ändern Sie dann den Zugriffsmodifizierer protected wieder in private und schauen Sie, welche Fehler Sie erhalten.

1. Hier sind zwei Schnittstellen. `IClown` definiert einen Clown, der seine Hupe drückt und ein lustiges Ding hat. `ISchreckClown` erweitert `IClown`. Ein böser Clown macht das Gleiche wie ein gewöhnlicher Clown, hat zusätzlich aber ein furchterregendes Ding und erschreckt kleine Kinder. (Das hat sich gegenüber der alten Version nicht geändert.)

```
interface IClown {
    string MeinLustigesDing { get; }
    void Hupen();
}

interface ISchreckClown : IClown {
    string MeinSchreckDing { get; }
    void KinderErschrecken();
}
```

Das Schlüsselwort »this« ändert ebenfalls den Geltungsbereich einer Variablen. Es sagt C#: »Betrachte die aktuelle Instanz der Klasse, um herauszufinden, womit ich verbunden bin – selbst wenn der Name dem eines Parameters oder einer lokalen Variablen entspricht«.

Das ist eine ziemlich häufige Verwendungsweise von »this«, da der Parameter und das Hintergrundfeld den gleichen Namen haben. lustigesDing verweist auf den Parameter, this.lustigesDing auf das Hintergrundfeld.

2. Die Klasse `LustigLustig` implementiert die Schnittstelle `IClown`. Wir machen das Feld `lustigesDing` `protected`, damit darauf aus jeder Unterklasse von `LustigLustig` zugegriffen werden kann.

```
class LustigLustig : IClown {
    public LustigLustig(string lustigesDing) {
        this.lustigesDing = lustigesDing;
    }
    protected string lustigesDing;
    public string MeinLustigesDing {
        get { return "Hallo Kinder! Ich habe " + lustigesDing; }
    }

    public void Hupen() {
        Console.WriteLine(this.MeinLustigesDing);
    }
}
```

Mit »this« sagen wir C#, dass wir das Hintergrundfeld meinen, nicht den Parameter gleichen Namens.

Das haben wir in protected geändert. Schauen Sie, welche Auswirkungen das auf die Methode SchreckSchreck.KinderErschrecken() hat.

Nutzen Sie »this« mit einer Eigenschaft, sagen Sie C#, dass es den Getter oder Setter ausführen soll.

Zugriffsmodifizierer unter der Lupe

3 Die Klasse `SchreckSchreck` implementiert die Schnittstelle `ISchreckClown`, erweitert `LustigLustig` und implementiert damit auch `IClown`. Beachten Sie, wie die Methode `KinderErschrecken()` auf das Unterstützungsfeld `lustigesDing` zugreift. Das ist möglich, weil wir den Zugriffsmodifizierer `protected` genutzt haben. Hätten wir es `private` gemacht, ließe sich dieser Code nicht kompilieren.

```
class SchreckSchreck : LustigLustig, ISchreckClown {
    public SchreckSchreck(string lustigesDing,
                          int anzahlSchreckDinge)
        : base(lustigesDing) {
        this.anzahlSchreckDinge = anzahlSchreckDinge;
    }

    private int anzahlSchreckDinge;
    public string MeinSchreckDing {
        get { return "Ich habe " + anzahlSchreckDinge + " Spinnen"; }
    }

    public void KinderErschrecken() {
        MessageBox.Show("Du kriegst mein "
                          + base.lustigesDing + " nicht");
    }
}
```

anzahlSchreckDinge ist private. Das ist bei einem Unterstützungsfeld üblich. Dann können nur andere Instanzen von SchreckSchreck darauf zugreifen.

Das Schlüsselwort protected sagt C#, dass es etwas für alle privat machen soll **außer** für Instanzen von Unterklassen.

Das Schlüsselwort »base« sagt C#, dass es den Wert aus der Basisklasse verwenden soll. Aber wir hätten hier auch this nutzen können. Sehen Sie, warum?

Hätten wir lustigesDing privat gelassen, hätte Ihnen der Compiler einen Fehler gemeldet. Aber durch die Änderung in protected haben wir das Feld für alle Unterklassen von LustigLustig sichtbar gemacht.

4 Hier ist Code, der `LustigLustig` und `SchreckSchreck` instantiiert. Beachten Sie, wie `as` eingesetzt wird, um `lustigerClown` auf eine `ISchreckClown`-Referenz zu casten.

```
static void Main(string[] args) {
    SchreckSchreck maxeDerClown = new SchreckSchreck("Große Schuhe", 14);
    LustigLustig lustigerClown = maxeDerClown;
    ISchreckClown schreckClown = lustigerClown as SchreckSchreck;
    schreckClown.Hupen();
    Console.ReadKey();
}
```

Wir haben einige zusätzliche Schritte eingefügt, um Ihnen zu zeigen, dass man SchreckSchreck in LustigLustig und dann in einen ISchreckClown umwandeln kann. Diese drei Zeilen könnten zu einer zusammengefasst werden.

Da die Main()-Methode nicht Teil von LustigLustig und SchreckSchreck ist, kann sie auf das geschützte Feld lustigesDing nicht zugreifen.

Sie befindet sich außerhalb der beiden Klassen. Die Anweisungen darin haben also nur Zugriff auf die öffentlichen Member von LustigLustig- oder SchreckSchreck-Objekten.

Es gibt keine Dummen Fragen

F: Warum sollte ich eine Schnittstelle verwenden und nicht einfach alle benötigten Methoden gleich in meine Klassen schreiben?

A: Das könnte Ihnen eine Menge unterschiedlicher Klassen eintragen, wenn Ihre Programme langsam komplexer werden. Mit Schnittstellen können Sie diese Klassen anhand der Arbeit gruppieren, die diese erledigen. Sie helfen Ihnen, sicherzustellen, dass alle Klassen, die eine bestimmte Art von Aufgabe erfüllen, dazu die gleichen Methoden verwenden. Die Klasse kann die Arbeit machen, die sie erledigen muss, und Sie müssen sich wegen der Schnittstelle keine Gedanken darüber machen, wie diese ihre Arbeit macht.

Hier ist ein Beispiel: Sie können eine `Bus`- und eine `Segelboot`-Klasse haben, die `IPassagiereTragen` implementieren. Nehmen wir an, die Schnittstelle `IPassagiereTragen` fordert, dass jede Klasse, die sie implementiert, die Methode `EnergieVerbrauchen()` hat. Ihr Programm könnte beide einsetzen, um Passagiere zu transportieren, obwohl die `EnergieVerbrauchen()`-Methode von `Segelboot` Windkraft nutzt und die von `Bus` Dieseltreibstoff.

Stellen Sie sich vor, Sie hätten die Schnittstelle `IPassagiereTragen` nicht. Dann wäre es schwerer, Ihrem Programm zu sagen, welche Fahrzeuge Personen transportieren können und welche nicht. Sie müssten in jede Klasse blicken, die Ihr Programm verwenden könnte, und herausfinden, ob sie eine Methode zum Transport von Passagieren bietet oder nicht. Dann müssten Sie alle Fahrzeuge, die Ihr Programm nutzt, mit der jeweils definierten Klasse für den Personentransport verwenden. Und da es keine Standardschnittstelle gibt, könnten diese alle möglichen Namen haben oder in anderen Methoden verborgen sein. Das kann schnell verwirrend werden.

F: Warum muss ich eine Eigenschaft verwenden? Kann ich nicht einfach ein Feld einschließen?

A: Gute Frage. Eine Schnittstelle definiert nur einen Weg, auf dem eine Klasse eine bestimmte Aufgabe erledigen soll. Es ist kein Klasse, die Sie initialisieren können, und kann deswegen keine Informationen speichern. Würden Sie ein Feld hinzufügen, wäre das wie eine Variablendeklaration, und C# müsste diese Daten dann irgendwo speichern – Schnittstellen können keine Daten speichern. Eine Eigenschaft lässt etwas nach außen hin als Feld erscheinen, speichert aber keine Daten, da sie eigentlich eine Methode ist.

F: Was ist der Unterschied zwischen einer richtigen Objektreferenz und einer Schnittstellenreferenz?

A: Sie wissen bereits, wie eine gewöhnliche Objektreferenz funktioniert. Erstellen Sie eine Instanz von `Skateboard` namens `vertBoard` und dann eine neue Referenz darauf, die `halfPipeBoard` heißt, dann zeigen diese auf das gleiche Ding. Aber wenn `Skateboard` die Schnittstelle `IStreetTricks` implementiert, können Sie eine Schnittstellenreferenz auf ein `Skateboard`-Objekt zeigen lassen, die nur die Methoden der Klasse `Skateboard` kennt, die sich auch in der Schnittstelle `IStreetTricks` befinden.

Alle drei Referenzen zeigen eigentlich auf das gleiche Objekt. Rufen Sie das Objekt über die Referenz `halfPipeBoard` oder `vertBoard` auf, können Sie auf alle Klassenmember zugreifen. Rufen Sie es über die `IStreetBoard`-Referenz auf, haben Sie nur Zugriff auf die Schnittstellenmember.

F: Warum sollte ich dann überhaupt Schnittstellenreferenzen verwenden, wenn diese einschränken, was ich mit dem Objekt machen kann?

A: Schnittstellenreferenzen geben Ihnen eine Möglichkeit, mit Objekten unterschiedlicher Klassen zu arbeiten, die das Gleiche tun. Sie können ein Array mit dem Typ der Schnittstelle erstellen, über das Sie Informationen mit `IPassagiereTragen`-Objekten austauschen können, ganz gleich, ob das jeweilige Objekt ein `Bus`-, `Pferd`-, `Einrad`- oder `Auto`-Objekt ist. Diese Objekte erledigen diese Aufgabe wahrscheinlich alle etwas anders. Aber die Schnittstellenreferenz sichert, dass sie alle die gleichen Methoden mit den gleichen Parametern und Rückgabewerten besitzen. Sie können sie also alle auf die gleiche Weise aufrufen, um Informationen mit ihnen auszutauschen.

F: Warum muss ich besser etwas protected statt private oder public machen?

A: Weil Ihnen das hilft, Ihre Klassen besser zu kapseln. Häufig muss eine Unterklasse auf einen internen Teil seiner Basisklasse zugreifen. Beim Überschreiben von Eigenschaften kommt es beispielsweise recht häufig vor, dass man im Getter das Unterstützungsfeld in der Basisklasse verwendet und eine verarbeitete Version davon liefert. Aber wenn Sie Klassen erstellen, sollten Sie Dinge nur dann öffentlich machen, wenn Sie einen guten Grund dazu haben. Mit dem Zugriffsmodifizierer `protected` können Sie etwas nur für die Unterklassen veröffentlichen, die es brauchen, und es für alle anderen privat halten.

Schnittstellenreferenzen kennen nur die in der Schnittstelle definierten Member.

Manche Klassen sollten nicht instantiiert werden

Erinnern Sie sich an die Klassenhierarchie unseres Zoo-Simulators? Ganz sicher instantiieren Sie irgendwann Nilpferde, Hunde oder Löwen. Aber was ist mit den Klassen `Hundeartig` und `Katzenartig`? Und was ist mit der Klasse `Tier`? Es scheint, als gäbe es Klassen, die nicht instantiiert werden müssen ... deren Instantiierung eigentlich sogar überhaupt keinen Sinn ergibt. Hier ist ein Beispiel.

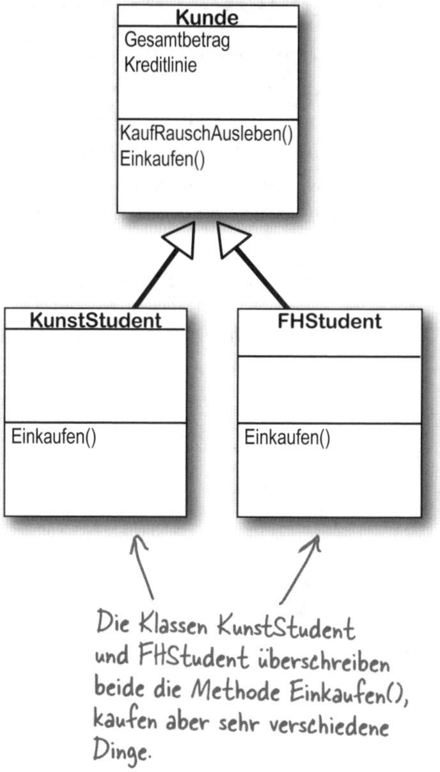
Kunde
Gesamtbetrag
Kreditlinie
KaufRauschAusleben()
Einkaufen()
KunstStudent
Einkaufen()
FHStudent
Einkaufen()
Die Klassen KunstStudent und FHStudent überschreiben beide die Methode Einkaufen(), kaufen aber sehr verschiedene Dinge.

Beginnen wir mit einer Klasse für einen Studenten, der in der Universitätsbuchhandlung einkauft.

```
class Kunde {
    public void KaufRauschAusleben()
        while (Gesamtbetrag < Kreditlinie)
            Einkaufen();
    }
    public virtual void Einkaufen () {
        // Keine Implementierung - wir wissen nicht,
        // was der Student kaufen will!
    }
}
```

Hier ist die Klasse `KunstStudent` – eine Unterklasse von `Kunde`:

```
class KunstStudent : Kunde {
    public override void Einkaufen () {
        FarbenKaufen();
        SchwarzerRolliKaufen();
        DepressiveMusikKaufen();
    }
}
```

Auch die Klasse `FHStudent` erbt von `Kunde`:

```
class FHStudent : Kunde {
    public override void Einkaufen () {
        BleistifteKaufen();
        TaschenrechnerKaufen();
        ComputerspielKaufen();
    }
}
```

Was passiert, wenn Sie Kunde instantiieren? Kann das sinnvoll sein?

Eine abstrakte Klasse ist vergleichbar mit einer Kreuzung aus normaler Klasse und Schnittstelle

Angenommen, Sie brauchen so etwas wie eine Schnittstelle, das von Klassen verlangt, dass sie bestimmte Methoden und Eigenschaften implementieren. Aber Sie müssen in diese Schnittstelle etwas Code einschließen, damit bestimmte Methoden nicht in jeder Unterklasse separat implementiert werden müssen. Dann brauchen Sie eine **abstrakte Klasse**. Sie erhalten die Funktionalität einer Schnittstelle, können aber Code schreiben wie in einer gewöhnlichen Klasse.

Eine Methode, die eine Deklaration enthält, aber keinen Methodenrumpf, wird als abstrakte Methode bezeichnet. Unterklassen müssen alle abstrakten Methoden implementieren, so als würden sie eine Schnittstelle implementieren.

- **EIN ABSTRAKTE KLASSE IST WIE EINE GEWÖHNLICHE KLASSE.**
  Abstrakte Klassen definieren Sie wie normale Klassen. Sie haben Felder und Methoden und können, auch genau wie normale Klassen, von anderen Klassen erben. Sie müssen fast nichts Neues lernen, weil Sie bereits alles wissen, was eine abstrakte Klasse ausmacht.

Nur abstrakte Klassen können abstrakte Methoden haben. Stecken Sie in eine Klasse eine abstrakte Methode, müssen Sie die Klasse als abstract markieren, sonst lässt sie sich nicht kompilieren. Wie das geht, erklären wir Ihnen in Kürze.

- **EINE ABSTRAKTE KLASSE IST WIE EINE SCHNITTSTELLE.**
  Wenn Sie eine Klasse implementieren, sagen Sie zu, dass Sie alle Member implementieren, die die Schnittstelle definiert. Eine abstrakte Klasse funktioniert genau so – sie kann Deklarationen für Eigenschaften und Methoden enthalten, die von Unterklassen implementiert werden müssen.

Das Gegenteil von abstrakt ist konkret. Eine konkrete Methode ist eine Methode mit Rumpf, und alle Klassen, mit denen Sie bisher gearbeitet haben, waren konkrete Klassen.

- **ABER EINE ABSTRAKTE KLASSE KANN NICHT INSTANTIIERT WERDEN.**
  Der größte Unterschied zwischen einer **abstrakten** Klasse und einer **konkreten** Klasse ist, dass Sie eine abstrakte Klasse nicht mit `new` instantiieren können. Tun Sie das, meldet Ihnen C# einen Fehler, wenn Sie versuchen, Ihren Code zu kompilieren.

```
Es konnte keine Instanz der abstrakten Klasse
oder Schnittstelle 'EineKlasse' erstellt werden.
```

Diesen Fehler erhalten Sie, weil Sie abstrakte Methoden ohne Code haben! Klassen, denen Code fehlt, oder Schnittstellen lässt der Compiler Sie nicht instantiieren.

MOMENT ... EINE KLASSE, DIE ICH NICHT INSTANTIIEREN KANN? WOZU BRAUCHT MAN SO WAS?

Weil Sie etwas Code anbieten möchten, die Unterklassen den restlichen Code aber immer noch selbst füllen sollen.

Gelegentlich ***passieren schlimme Dinge***, wenn Sie Objekte erstellen, die nicht erstellt werden sollten. Die Klasse an der Spitze Ihres Klassendiagramms hat in der Regel Felder, die von Unterklassen gesetzt werden sollten. Ein Klasse `Tier` könnte eine Berechnung verwenden, die von einem `bool`-Feld namens `HatSchwanz` oder `Wirbeltier` abhängt, das sie selbst nicht setzen kann.

Hier ist ein Beispiel ...

Diese Klasse nutzen die Objekthausener Sternfahrer, um Raketen zu verschiedenen Planeten zu schicken.

```
class PlanetMission {
  public long TreibstoffProKM;
  public long Geschwindigkeit;
  public long Entfernung;

  public long TreibstoffBedarf() {
    return Entfernung * TreibstoffProKM;
  }

  public long ZeitBedarf() {
    return Entfernung / Geschwindigkeit;
  }

  public string MissionBerechnen() {
    return "Sie benötigen "
      + Entfernung * TreibstoffProKM
      + " Treibstoffeinheiten.\r\nDie Reise wird "
      + ZeitBedarf() + " Stunden dauern.";
  }
}
```

Es ist sinnlos, diese Felder in der Basisklasse zu setzen, weil wir nicht wissen, welcher Planet bzw. welche Rakete verwendet wird.

Die Sternfahrer haben zwei Missionen – eine zum Mars, eine zur Venus.

```
class Venus : PlanetMission {
    public Venus() {
        Entfernung = 40000000;
        TreibstoffProKM = 100000;
        Geschwindigkeit = 25000;
    }
}

class Mars : PlanetMission {
    public Mars() {
        Entfernung = 75000000;
        TreibstoffProKM = 100000;
        Geschwindigkeit = 25000;
    }
}
```

Die Konstruktoren für die Unterklassen Mars und Venus setzen die drei von PlanetMission geerbten Felder. Aber diese Felder <u>würden nicht gesetzt</u>, würden Sie PlanetMission direkt instantiieren. Was also passiert, wenn MissionBerechnen() versucht, sie zu verwenden?

```
private void button1_Click(object s, EventArgs e) {
  Mars mars = new Mars();
  MessageBox.Show(mars.MissionBerechnen());
}
```

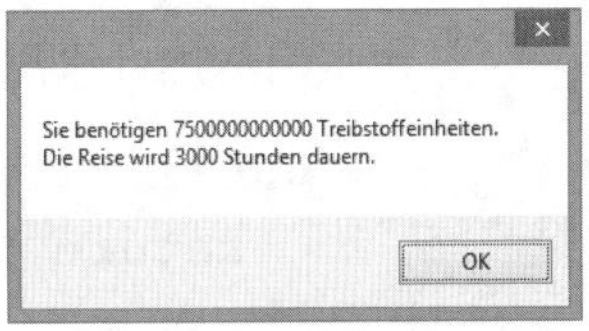
Sie benötigen 7500000000000 Treibstoffeinheiten.
Die Reise wird 3000 Stunden dauern.
OK

```
private void button2_Click(object s, EventArgs e) {
  Venus venus = new Venus();
  MessageBox.Show(venus.MissionBerechnen());
}
```

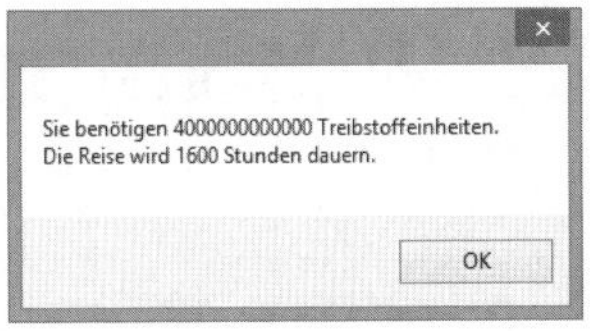
Sie benötigen 4000000000000 Treibstoffeinheiten.
Die Reise wird 1600 Stunden dauern.
OK

```
private void button3_Click(object s, EventArgs e) {
  PlanetMission planet = new PlanetMission();
  MessageBox.Show(planet.MissionBerechnen());
}
```

Versuchen Sie, bevor Sie umblättern, herauszufinden, was passiert, wenn der Benutzer auf den Button klickt.

Manche Klassen sollten nicht instantiiert werden

Das Problem beginnt, wenn Sie eine Instanz der Klasse `PlanetMission` erstellen. Ihre `MissionBerechnen()`-Methode erwartet, dass die Felder von der Unterklasse gesetzt werden. Passiert das nicht, erhalten sie ihren Standardwert – null. Und wenn C# versucht, durch null zu teilen …

```
private void button3_Click(object s, EventArgs e) {
  PlanetMission planet = new PlanetMission();
  MessageBox.Show(planet.MissionBerechnen());
}
```

Es war nicht geplant, dass die Klasse PlanetMission instantiiert wird. Stattdessen sollte sie nur geerbt werden. Aber wir haben es gemacht, und damit beginnen die Probleme.

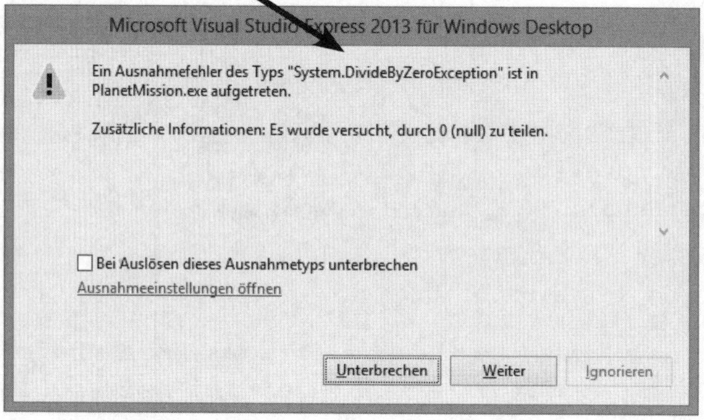
Microsoft Visual Studio Express 2013 für Windows Desktop
Ein Ausnahmefehler des Typs "System.DivideByZeroException" ist in PlanetMission.exe aufgetreten.
Zusätzliche Informationen: Es wurde versucht, durch 0 (null) zu teilen.
Bei Auslösen dieses Ausnahmetyps unterbrechen
Ausnahmeeinstellungen öffnen
Unterbrechen
Weiter
Ignorieren

Als die Methode MissionBerechnen() versuchte, durch die Geschwindigkeit zu teilen, war diese null. Und das passiert, wenn Sie durch null teilen.

Lösung: Nutzen Sie eine abstrakte Klasse!

Markieren Sie eine Klasse als `abstract`, lässt C# Sie keinen Code schreiben, der diese instantiiert. Sie hat dann große Ähnlichkeit mit einer Schnittstelle – sie dient als Schablone für die Klassen, die von ihr erben.

Das Schlüsselwort abstract in der Klassendeklaration sagt C#, dass diese Klasse abstrakt ist und nicht instantiiert werden darf.

```
abstract class PlanetMission {
  public long TreibstoffProKM;
  public long Geschwindigkeit;
  public int Entfernung;

  public long TreibstoffBedarf() {
    return Entfernung * TreibstoffProKM;
  }

  // Hier folgt der Rest der Klasse ...
}
```

Jetzt weigert sich C#, unser Programm zu kompilieren, bis wir die Zeile entfernt haben, die eine Instanz von PlanetMission erstellt.

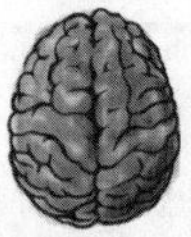

KOPF-NUSS

Blättern Sie zurück auf die Seiten 254 bis 256 zu Kathrins Party-Planer im vorangehenden Kapitel und schauen Sie sich die Kapselungsprobleme an, die der Code noch hat. Wie könnten Sie diese mithilfe einer abstrakten Klasse lösen?

Eine abstrakte Methode hat keinen Rumpf

Alle Methoden in Schnittstellen sind automatisch abstrakt. Sie müssen das Schlüsselwort abstract in Schnittstellen also nicht angeben. In abstrakten Klassen dagegen schon, da diese abstrakte und konkrete Methoden enthalten können.

Sie wissen, dass eine Schnittstelle Deklarationen für Methoden und Eigenschaften, aber keine Implementierungen für diese enthält. Das liegt daran, dass jede Methode in einer Schnittstelle eine **abstrakte Methode** ist. Auch in abstrakten Klassen können Sie abstrakte Methoden haben – müssen diese aber explizit mit dem Schlüsselwort `abstract` markieren, weil abstrakte Klassen auch ganz gewöhnliche Methoden enthalten können.

```
abstract class PlanetMission {

    public abstract void MissionEinrichten(
        long Entfernung, long TreibstoffProKM,
        long Geschwindigkeit);

    // Der Rest der Klasse ...
```

Diese abstrakte Methode ist wie die in einer Schnittstelle – sie hat keinen Rumpf und muss von jeder Klasse implementiert werden, die von PlanetMission erbt. Sonst lässt das Programm sich nicht kompilieren.

ABSTRAKT SEIN IST FURCHTBAR. MAN HAT KEINEN RUMPF.

Fügen wir diese Methode ein und versuchen wir, das Programm zu kompilieren, liefert uns die IDE einen Fehler.

> ⊗ 1 'PlanetMission.Venus' implementiert den geerbten abstrakten Member 'PlanetMission.PlanetMission.MissionEinrichten(long, long, long)' nicht.

Implementieren wir also die Methode! Haben wir das getan, verschwindet der Fehler.

```
class Venus : PlanetMission {

    public Venus() {
        MissionEinrichten(40000000, 100000, 25000);
    }

    public override void MissionEinrichten(long entfernung,
                                 long treibstoffProKM, long geschwindigkeit) {
        this.Entfernung = entfernung;
        this.TreibstoffProKM = treibstoffProKM;
        this.Geschwindigkeit = geschwindigkeit;
    }
}
```

Die Klasse Mars sieht genau so aus wie Venus; nur die Zahlen lauten anders. Was halten Sie von dieser Klassenhierarchie?
Ist es wirklich sinnvoll, `MissionEinrichten()` abstrakt zu machen?
Sollte das nicht eine konkrete Methode in der Klasse `PlanetMission` sein?

Spitzen Sie Ihren Bleistift

Hier können Sie Ihre künstlerischen Fähigkeiten demonstrieren. Auf der linken Seite finden Sie Sätze von Klassen- und Schnittstellendeklarationen. Ihre Aufgabe ist es, auf der rechten Seite die entsprechenden Klassendiagramme zu zeichnen. Das erste haben wir für Sie erstellt. Vergessen Sie nicht, für Schnittstellenimplementierungen gestrichelte Linien zu verwenden und durchgezogene für das Erben von Klassen.

Code:

Wie sieht das Bild aus?

1)

```
interface Foo { }
class Bar : Foo { }
```

1)

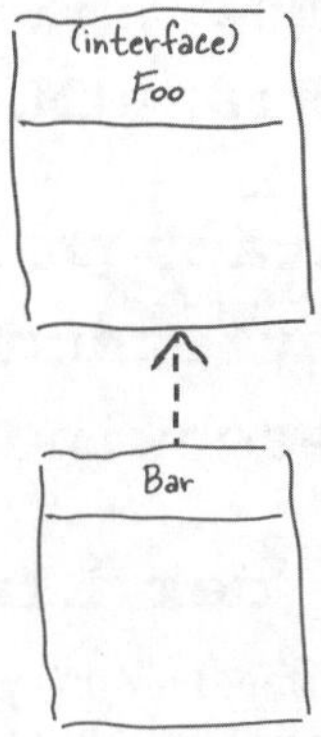
(interface)
Foo
Bar

2)

```
interface Vinn { }
abstract class Vout : Vinn { }
```

2)

3)

```
abstract class Muffie : Whuffie { }
class Fluffie : Muffie { }
interface Whuffie { }
```

3)

4)

```
class Zoop { }
class Boop : Zoop { }
class Goop : Boop { }
```

4)

5)

```
class Gamma : Delta, Epsilon { }
interface Epsilon { }
interface Beta { }
class Alpha : Gamma,Beta { }
class Delta { }
```

5)

Auf der linken Seite sehen Sie Klassendiagramme. Sie haben die Aufgabe, diese in gültige C#-Deklarationen zu verwandeln. Nummer 1 haben wir bereits erledigt.

Diagramme:

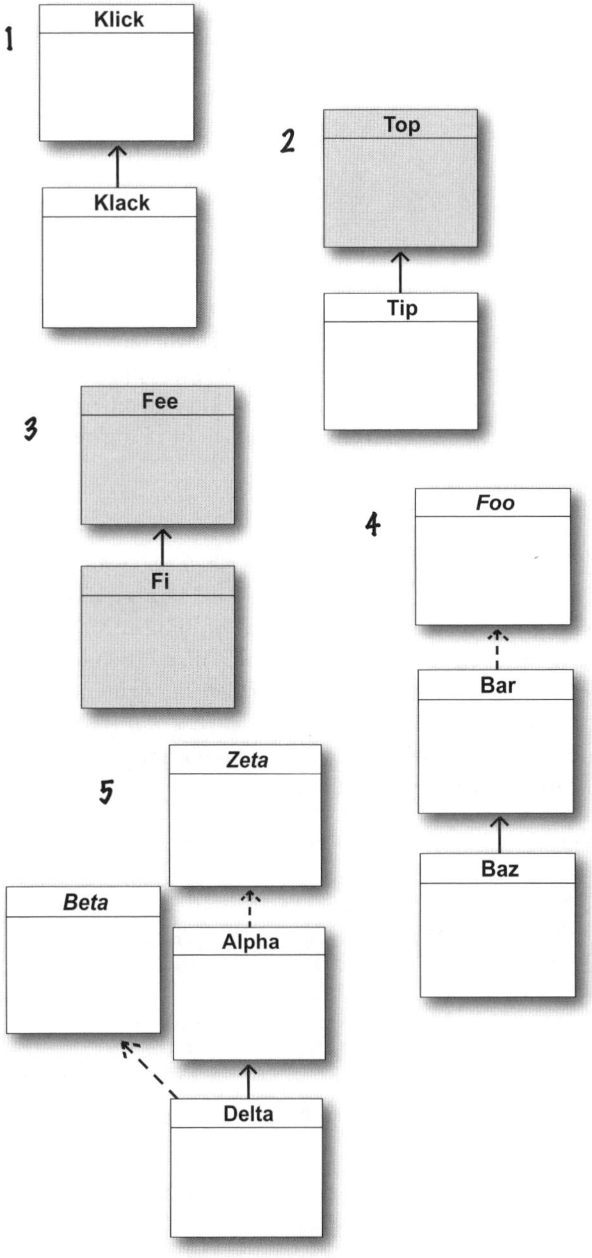
1
Klick
Klack
2
Top
Tip
3
Fee
Fi
4
Foo
Bar
Baz
5
Zeta
Beta
Alpha
Delta

Wie sieht die Deklaration aus?

1) class Klick { }

class Klack : Klick { }

2)

3)

4)

5)

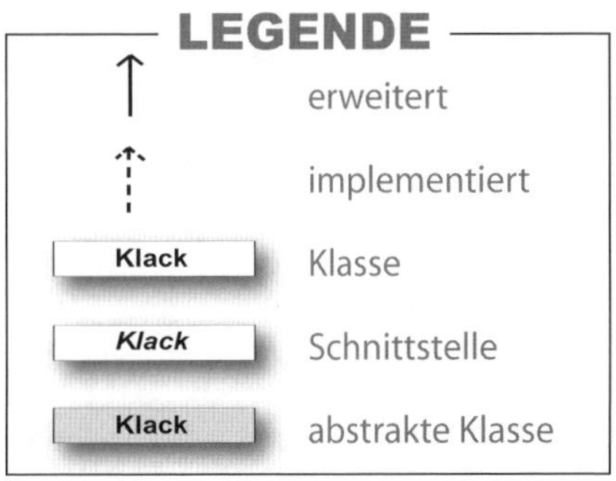
LEGENDE
erweitert
implementiert
Klack
Klasse
Klack
Schnittstelle
Klack
abstrakte Klasse

Kamingespräche

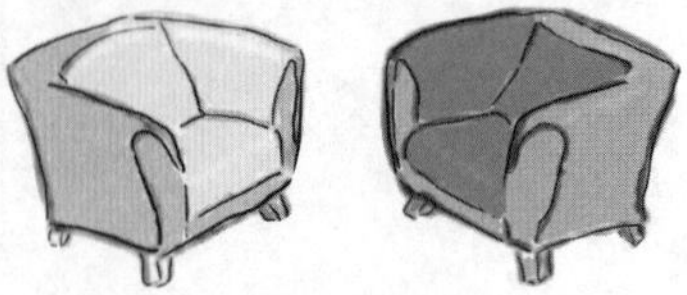

Heute Abend: **Eine abstrakte Klasse und eine Schnittstelle kriegen sich über die drängende Frage »Wer ist wichtiger?« in die Haare.**

Abstrakte Klasse:

Meiner Meinung nach ist klar, wer von uns beiden wichtiger ist. Programmierer müssen ihre Arbeit erledigen. Machen wir uns doch nichts vor. In der Hinsicht bringst du doch fast nichts.

Schnittstelle:

Nett. Scheint ja fast, als könnte das interessant werden.

Abstrakte Klasse:

Du kannst doch nicht wirklich denken, dass du wichtiger bist als ich. Was du machst, ist ja nicht mal richtige Vererbung. Was wirst du noch mal – implementiert?

Schnittstelle:

Das schon wieder. Schnittstellen sind nicht einmal richtige Vererbung. Schnittstellen werden nur implementiert. Das ist doch vollkommen ignorant. Implementierung ist genauso gut wie Vererbung, eigentlich ist es sogar besser!

Abstrakte Klasse:

Besser? Du spinnst doch. Ich bin viel flexibler als du. Ich kann konkrete Methoden haben oder auch abstrakte. Und wenn ich möchte, kann ich sogar virtuelle Methoden haben. Gut, ich kann nicht instantiiert werden ... aber du ja schließlich auch nicht. Und ich kann so gut wie alles machen, was eine gewöhnliche Klasse kann.

Schnittstelle:

Ja? Und was ist, wenn eine Klasse gleichzeitig von dir ***und*** einem deiner Kumpel erben will? **Von zwei Klassen gleichzeitig kann man nicht erben.** Man muss sich entscheiden, von welcher Klasse man erben will. Das ist absolut rücksichtslos! Schnittstellen kann eine Klasse so viele implementieren, wie sie will. Wie war das noch mal – flexibel? Mit mir kann ein Programmierer seine Klassen dazu bringen, alles zu tun.

Spitzen Sie Ihren Bleistift – Lösung

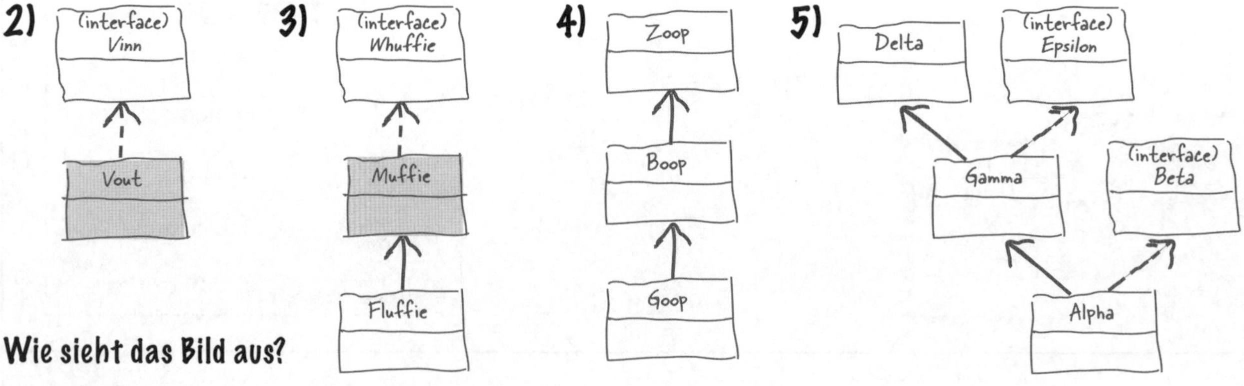
2)
(interface) Vinn
Vout
3)
(interface) Whuffie
Muffie
Fluffie
4)
Zoop
Boop
Goop
5)
Delta
(interface) Epsilon
Gamma
(interface) Beta
Alpha

Wie sieht das Bild aus?

Abstrakte Klasse:

Übertreibst du da nicht etwas?

Schnittstelle:

Du meinst wohl auch, nur weil du Code enthalten kannst, wärst du die größte Erfindung, seit Brot geschnitten werden kann. Aber du kannst es nicht ändern, Freund – eine Klasse kann immer nur von einer einzigen Klasse erben. Ich würde das beschränkt nennen. Gut, ich kann keinen Code beinhalten. Aber Mensch, Code wird einfach etwas überschätzt.

Abstrakte Klasse:

Das ist genau das Geschwafel, das ich von einer Schnittstelle erwartet habe. Code ist ungemein wichtig! Das ist das, was Programme zum Laufen bringt.

Schnittstelle:

In neun von zehn Fällen geht es Programmierern darum, sicherzugehen, dass ein Objekt bestimmte Eigenschaften und Methoden hat. Wie die implementiert sind, interessiert ihn überhaupt nicht.

Abstrakte Klasse:

Meinst du? Das würde ich bezweifeln – Programmierer wollen immer wissen, was in ihren Eigenschaften und Methoden steckt.

Schnittstelle:

Klar. Irgendwann. Aber überleg mal, wie oft dir Programmierer untergekommen sind, die Methoden schreiben, die ein Objekt erwarten, die nur eine bestimmte Methode haben müssen, und denen es in dem Augenblick vollkommen egal ist, wie die Methode aufgebaut ist. Sie ist einfach nur da. Bumm! Der Programmierer schreibt eine Schnittstelle und ... das Problem ist gelöst!

Abstrakte Klasse:

Klar doch. Als ob Programmierer programmieren könnten.

Schnittstelle:

Oh nee ... ***ich geb's auf***!

---

2)
```
abstract class Top { }
class Tip : Top { }
```

3)
```
abstract class Fee { }
abstract class Fi : Fee { }
```

4)
```
interface Foo { }
class Bar : Foo { }
class Baz : Bar { }
```

5)
```
interface Zeta { }
class Alpha : Zeta { }
interface Beta { }
class Delta : Alpha, Beta { }
```

Delta erbt von Alpha und implementiert Beta.

Wie sieht die Deklaration aus?

ICH VERSTEHE NICHT SO GANZ, WARUM ICH NICHT VON ZWEI KLASSEN ERBEN KANN. WENN ICH VON MEHREREN KLASSEN ERBEN MUSS, KANN ICH ALSO NUR SCHNITTSTELLEN VERWENDEN. DAS IST DOCH EINE ZIEMLICH GROẞE BESCHRÄNKUNG VON C#, ODER?

Es ist keine Beschränkung, es ist ein Schutz.

Würde C# Ihnen gestatten, von mehreren Klassen zu erben, würde das eine Menge Probleme mit sich bringen. Erlaubt eine Sprache Klassen, von mehreren Basisklassen zu erben, nennt man das **Mehrfachvererbung**. Und indem C# Ihnen stattdessen Schnittstellen gibt, schützt es Sie vor einem riesigen Unglück, das wir gerne so bezeichnen:

Der Deadly Diamond of Death!

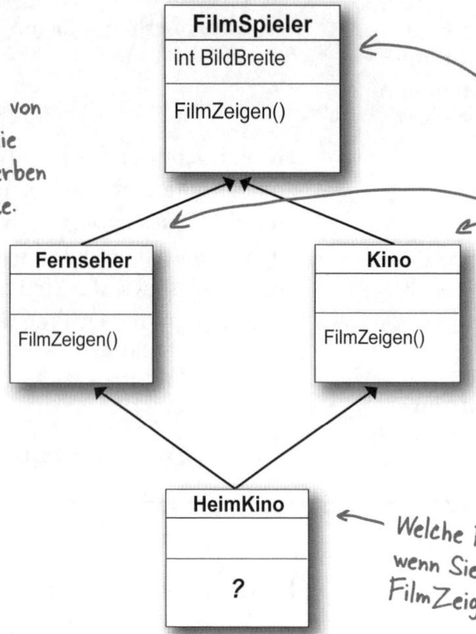
FilmSpieler
int BildBreite
FilmZeigen()
Fernseher
FilmZeigen()
Kino
FilmZeigen()
HeimKino
?
Fernseher und Kino erben beide von FilmSpieler und überschreiben die Methode FilmZeigen(). Beide erben auch die Eigenschaft BildBreite.
Stellen Sie sich vor, dass die Eigenschaft BildBreite von Fernseher und Kino jeweils mit unterschiedlichen Werten verwendet wird. Was passiert, wenn HeimKino beide Werte für BildBreite verwenden muss – beispielsweise um Fernsehspiele und Kinofilme zu zeigen?
Welche FilmZeigen()-Methode läuft, wenn Sie auf einem HeimKino-Objekt FilmZeigen() aufrufen?

Mehrdeutigkeiten vermeiden!

Eine Sprache, die den Deadly Diamond of Death zulässt, kann zu einigen ziemlich hässlichen Situationen führen, weil man besondere Regeln braucht, um mit derartig mehrdeutigen Situationen klarzukommen ... und das bedeutet zusätzliche Arbeit für Sie, während Sie Ihr Programm schreiben! C# schützt Sie davor, sich damit herumschlagen zu müssen, indem es Ihnen Schnittstellen gibt. Sind `Fernseher` und `Kino` Schnittstellen statt Klassen, kann die gleiche `FilmZeigen()`-Methode beide zufriedenstellen. Die Schnittstelle kümmert sich nur darum, ob es eine Methode namens `FilmZeigen()` gibt.

Pool-Puzzle

Sie haben die ***Aufgabe***, die leeren Zeilen im Code mit den Codeschnipseln aus dem Pool zu füllen. Einzelne Schnipsel **dürfen** mehrfach verwendet werden, und Sie werden nicht alle Schnipsel benötigen. Das ***Ziel*** ist es, eine Klasse zu erstellen, die sich kompilieren lässt und die gezeigte Ausgabe erzeugt.

```
...................... Nase {
   .................... ;
    string Gesicht { get; }
}

abstract class ..............:...............{
    public virtual int Ohr()
    {
        return 7;
    }
    public Picasso(string gesicht)
    {
     ....................     = gesicht;
    }
    public virtual string Gesicht {
     .........{ ........................   ; }
    }
    string gesicht;
}

class ............:..............{
    public Clowns() : base("Clowns") { }
}
```

```
class ............:..................{
    public Akte() : base("Akte") { }
    public override ..................{
        return 5;
    }
}

class ...........:............ {
    public override string Gesicht {
       get { return "Von76"; }
    }
    public static void Main(string[] args) {
        string ergebnis = "";
        Nase[] i = new Nase[3];
        i[0] = new Akte();
        i[1] = new Clowns();
        i[2] = new Von76();
        for (int x = 0; x < 3; x++) {
            ergebnis += (..................  + " "
                   + ................. ) + "\n";
        }
        Console.WriteLine(ergebnis);
        Console.ReadKey();
    }
}
```

Hier ist der Einstiegspunkt – das ist ein vollständiges C#-Programm.

file:///c:/use
5 Akte
7 Clowns
7 Von76

Ausgabe

Hinweis: Die Schnipsel aus dem Pool können mehrfach verwendet werden.

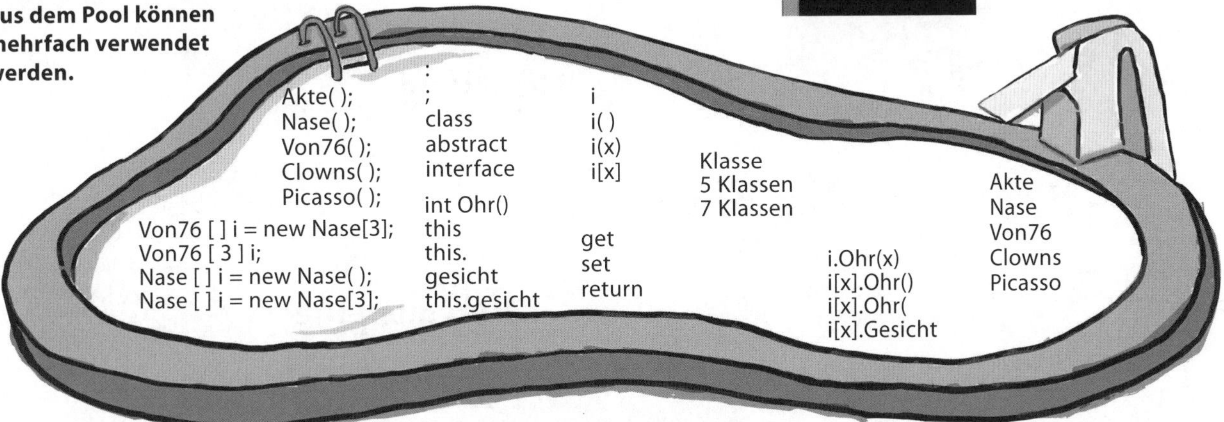
Akte( );
Nase( );
Von76( );
Clowns( );
Picasso( );
Von76 [ ] i = new Nase[3];
Von76 [3] i;
Nase [ ] i = new Nase( );
Nase [ ] i = new Nase[3];
:
;
class
abstract
interface
int Ohr()
this
this.
gesicht
this.gesicht
i
i( )
i(x)
i[x]
get
set
return
Klasse
5 Klassen
7 Klassen
i.Ohr(x)
i[x].Ohr()
i[x].Ohr(
i[x].Gesicht
Akte
Nase
Von76
Clowns
Picasso

Antworten auf Seite 348

OKAY, ICH GLAUBE, MIT OBJEKTEN KOMME ICH JETZT GANZ GUT ZURECHT.

Der Gedanke, Daten und Code zu Klassen zu kombinieren, war revolutionär, als er eingeführt wurde – aber Sie haben Ihre C#-Programme bis hierhin bereits so aufgebaut und können das für sich als normales Programmieren betrachten.

Sie sind ein objektorientierter Programmierer.

Es gibt einen Namen für das, was Sie die ganze Zeit gemacht haben. Man nennt es **objektorientierte Programmierung** oder OOP. Bevor Programmiersprachen wie C# entworfen wurden, verwendete man beim Programmieren keine Objekte und Methoden. Man verwendete einfach Funktionen (so nennt man Methoden in einem Nicht-OOP-Programm), die sich alle an einem Ort befanden – als wäre jedes Programm eine einzige riesige statische Klasse, die nur statische Methoden besitzt. Damals war es viel schwerer, Programme zu erstellen, die die Probleme modellierten, die wir bislang gelöst haben. Glücklicherweise werden Sie nie mehr Programme ohne OOP schreiben müssen, da es ein Kernkonzept von C# ist.

Die vier Prinzipien der objektorientierten Programmierung

Wenn Programmierer von OOP reden, meinen sie vier wichtige Prinzipien. Diese sollten Ihnen mittlerweile vertraut sein, weil Sie mit jedem von ihnen bereits gearbeitet haben. Die ersten drei werden Sie schon aufgrund ihrer Namen wiedererkennen: **Vererbung**, **Abstraktion** und **Kapselung**. Das letzte wird als **Polymorphie** bezeichnet. Das klingt etwas seltsam, aber es wird sich herausstellen, dass Sie auch dieses bereits kennen.

Kapselung bedeutet, dass man ein Objekt erstellt, das seine internen Zustände in privaten Feldern nachhält und öffentliche Eigenschaften und Methoden nutzt, damit andere Klassen mit den Teilen dieser internen Daten arbeiten können, die sie benötigen.

Das bedeutet einfach, dass Sie eine Klasse oder eine Schnittstelle haben, die von einer anderen erbt.

Vererbung

Kapselung

Das Wort »Polymorphie« bedeutet »viele Formen«. Fällt Ihnen eine Gelegenheit ein, bei der ein Objekt in unserem Code viele Formen angenommen hat?

Abstraktion

Abstraktion nutzen Sie, wenn Sie ein Klassenmodell erstellen, das mit einer allgemeineren – oder abstrakteren – Klasse beginnt, von der dann spezifischere Klassen erben.

Polymorphie

Polymorphie bedeutet, dass ein Objekt viele verschiedene Formen annehmen kann

Jedes Mal, wenn Sie eine Spottdrossel anstelle eines Tiers nutzen oder in einem Rezept, das nur irgendeinen Käse verlangt, einen Parmesan verwenden, nutzen Sie **Polymorphie**, beispielsweise jedes Mal beim Up- oder Downcasting. Es bedeutet, dass Sie ein Objekt in einer Methode oder Anweisung nutzen, die eigentlich etwas anderes erwartet.

Polymorphie nutzen Sie, wenn Sie eine Instanz einer Klasse in einer Anweisung oder Methode verwenden, die einen anderen Typ erwartet, beispielsweise eine Elternklasse oder eine Schnittstelle, die sie implementiert.

Achten Sie in der nächsten Übung auf Polymorphie!

Gleich werden Sie sich an eine richtig große Übung machen – die größte, an der Sie bislang gearbeitet haben –, und in ihr werden Sie Polymorphie extensiv nutzen. Halten Sie also die Augen offen. Schauen Sie sich die unten stehende Liste mit den vier typischen Arten an, auf die Sie Polymorphie einsetzen werden. Zu jedem Punkt gibt es ein Beispiel (in der Übung werden Sie allerdings nicht genau diese Zeilen sehen). Sobald Sie ähnlichen Code in dem Code sehen, den Sie für die Übung schreiben, **haken Sie den Punkt auf der Liste ab**.

- [ ] Eine Referenzvariable eines bestimmten Typs nehmen und ihr ein Objekt eines anderen Typs zuweisen.

```
NektarWache berta = new NektarWache();
INektarSammler sammler = berta;
```

- [ ] Upcasting – in einer Anweisung oder Methode, die eine Instanz einer bestimmten Klasse erwartet, eine Instanz einer Unterklasse verwenden.

```
rex = new Hund();
zoowärter.TierFüttern(rex);
```

Erwartet TierFüttern() ein Tier-Objekt und erbt Hund von Tier, können Sie TierFüttern() eine Hund-Referenz übergeben.

- [ ] Eine Referenzvariable erstellen, deren Typ eine Schnittstelle ist, und ihr ein Objekt eines Typs zuweisen, der diese Schnittstelle implementiert.

```
IWache kasimir = new Wache();
```

Auch das ist Upcasting!

- [ ] Downcasting mit dem Schlüsselwort as.

```
void StockPflegen(IArbeiterin arbeiter) {
    if (arbeiter is Stockpflege) {
        Stockpflege pfleger = arbeiter as Stockpflege;
        ...
```

Die Methode StockPflegen() erwartet einen IArbeiterin-Parameter. Sie nutzt as, um die Arbeiterin einer Stockpflege-Referenz zuzuweisen.

Lange Übung

Bauen wir ein Haus! Erstellen Sie das Modell eines Hauses, in dem Ort und Zimmer über Klassen repräsentiert werden und jeder Ort, der eine Tür hat, über eine Schnittstelle.

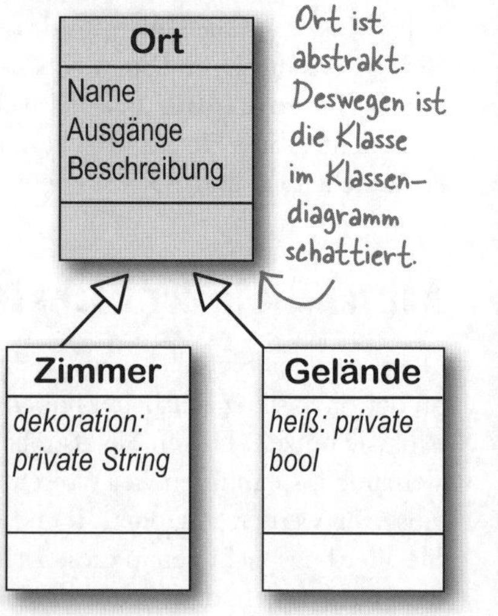
Ort
Name
Ausgänge
Beschreibung
Zimmer
dekoration: private String
Gelände
heiß: private bool
Ort ist abstrakt. Deswegen ist die Klasse im Klassendiagramm schattiert.
Innenräume haben jeweils eine Art von Dekoration in einem privaten Feld.
Geländeorte können heiß sein. Deswegen hat die Klasse Gelände ein privates bool-Feld namens heiß.

1 **BEGINNEN SIE MIT DIESEM KLASSENMODELL.**
Jedes Zimmer bzw. jeder Ort in Ihrem Haus wird durch ein eigenes Objekt repräsentiert. Die Innenräume erben alle von `Zimmer`, und Bereiche des Außengeländes erben von `Gelände`. Beides sind Unterklassen der Basisklasse `Ort`. Die Eigenschaft `Name` ist der Name des Orts (»Küche«). Das Feld `Ausgänge` ist ein Array mit Ort-Objekten, mit denen der aktuelle Ort verbunden ist. `wohnzimmer.Name` entspräche also `"Esszimmer"` und `wohnzimmer.Ausgänge` dem Array `{ wohnzimmer, küche }`.

➔ **Erzeugen Sie ein Windows Forms-Anwendung-Projekt und fügen Sie ihm die Klassen Ort, Zimmer und Gelände hinzu.**

2 **SIE BRAUCHEN DEN BAUPLAN FÜR DAS HAUS.**
Dieses Haus hat drei Zimmer, einen Vorgarten, eine Terrasse und einen Garten. Es gibt zwei Türen: die Vordertür, die Wohnzimmer und Vorgarten verbindet, und die Hintertür, die Küche und Terrasse verbindet.

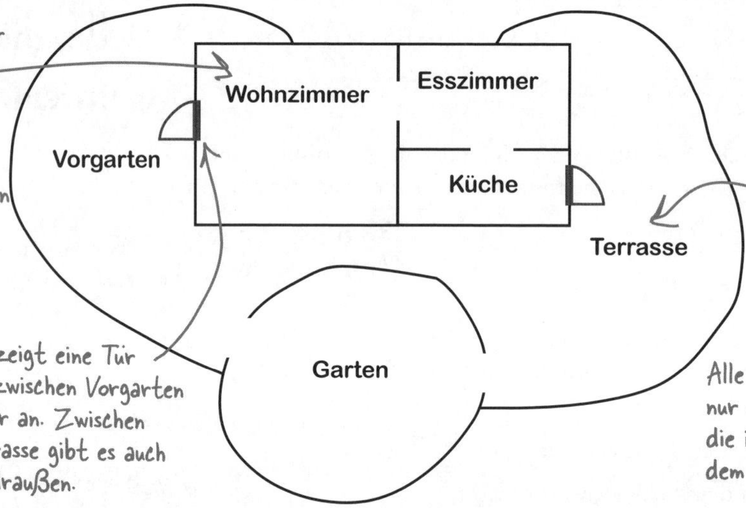
Das Wohnzimmer ist mit dem Esszimmer verbunden, das auch mit der Küche verbunden ist.
Wohnzimmer
Esszimmer
Vorgarten
Küche
Terrasse
Garten
Sie können vom Vorgarten auf die Terrasse gehen, und beide sind mit dem Garten verbunden.
Dieses Symbol zeigt eine Tür nach draußen zwischen Vorgarten und Wohnzimmer an. Zwischen Küche und Terrasse gibt es auch eine Tür nach draußen.
Alle Zimmer haben Türen, aber nur ein paar haben eine Außentür, die in das Haus hinein oder aus dem Haus herausführt.

3 **NUTZEN SIE DIE SCHNITTSTELLE IHATAUßENTÜR FÜR ZIMMER MIT AUßENTÜR.**
Das Haus hat zwei Außentüren, die Vorder- und die Hintertür. Jeder Ort, der eine hat (Vorgarten, Terrasse, Wohnzimmer, Küche), sollte `IHatAußentür` implementieren. Die schreibgeschützte Eigenschaft `TürBeschreibung` enthält eine Beschreibung der Tür (die Vordertür ist eine »Eichentür mit Messinggriff«, die Hintertür eine »Glastür«). Die Eigenschaft `TürOrt` enthält eine Referenz auf den Ort, zu dem die Tür führt (`küche`).

IHatAußentür
TürBeschreibung
TürOrt

4 HIER IST DIE KLASSE ORT.

Als Ausgangspunkt können Sie die Klasse Ort verwenden:

```
abstract class Ort {
    public Ort(string name) {
        Name = name;
    }
    public Ort[] Ausgänge;
    public string Name {get; private set; }
    public virtual string Beschreibung {
        get {
            string beschreibung = "Sie stehen im " + Name
                + ". Es gibt Türen zu folgenden Orten: ";
            for (int i = 0; i < Ausgänge.Length; i++) {
                beschreibung += " " + Ausgänge[i].Name;
                if (i != Ausgänge.Length - 1)
                    beschreibung += ",";
            }
            beschreibung += ".";
            return beschreibung;
        }
    }
}
```

Der Konstruktor setzt die Eigenschaft Name, deren Setter privat ist.

Das öffentliche Feld Ausgänge ist ein Array mit Ort-Referenzen, das alle anderen Orte nachhält, mit denen dieser Ort verbunden ist.

Beschreibung ist eine virtuelle Eigenschaft, die Sie überschreiben müssen.

Die Beschreibung-Eigenschaft der Oberklasse liefert einen String mit einer Beschreibung des Zimmers, die den Namen und die verbundenen Orte einschließt (die aus dem Feld Ausgänge[] kommen). Unterklassen müssen diese überschreiben, um sie zu ändern.

Die Klasse Zimmer überschreibt und erweitert Beschreibung, um die Dekoration hinzuzufügen, und Gelände fügt die Temperatur hinzu.

Denken Sie daran, dass Ort eine abstrakte Klasse ist – Sie können von ihr erben oder Referenzen des Typs deklarieren, aber Sie können sie nicht instantiieren.

5 ERSTELLEN SIE DIE KLASSEN.

Erzeugen Sie die Klassen `Zimmer` und `Gelände` auf Basis des Klassenmodells. Erzeugen Sie dann zwei weitere Klassen: `AußenMitTür`, die von `Gelände` erbt und `IHatAußentür` implementiert, und `ZimmerMitTür`, die von `Zimmer` erbt und `IHatAußentür` implementiert.

Die folgenden Klassendeklarationen können Ihnen auf die Sprünge helfen:

Beginnen Sie jetzt mit den Klassen – auf der nächsten Seite geben wir Ihnen mehr Informationen zu ihnen.

```
class AußenMitTür : Gelände, IHatAußentür
{
    // Hier kommt die Eigenschaft TürOrt hin.
    // Hier kommt die Eigenschaft TürBeschreibung hin.
}

class ZimmerMitTür : Zimmer, IHatAußentür
{
    // Hier kommt die Eigenschaft TürOrt hin.
    // Hier kommt die Eigenschaft TürBeschreibung hin.
}
```

Das wird eine ziemlich umfangreiche Übung werden ... aber wir versprechen, dass sie Spaß machen wird! Und wenn wir damit durch sind, beherrschen Sie diesen Kram ganz sicher.

Wir sind noch nicht fertig - blättern Sie um!

Lange Übung (Fortsetzung)

Jetzt haben Sie das Klassenmodell und können die Objekte für alle Teile des Hauses erzeugen sowie ein Formular erstellen, um es zu untersuchen.

6 **WIE IHRE HAUSOBJEKTE FUNKTIONIEREN.**

Hier ist die Architektur für zwei unserer Objekte, `vorgarten` und `wohnzimmer`. Da beide eine Tür haben, müssen es Instanzen einer Klasse sein, die `IHatAußentür` implementiert. Die Eigenschaft `TürOrt` hält eine Referenz auf den Ort auf der anderen Seite der Tür.

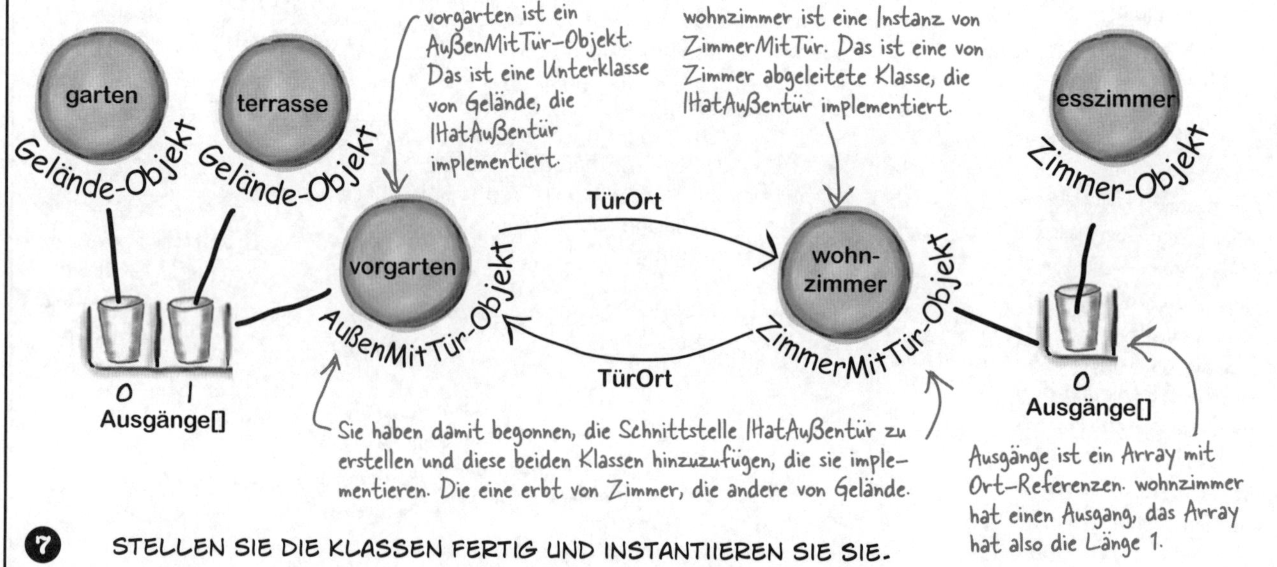

vorgarten ist ein AußenMitTür-Objekt. Das ist eine Unterklasse von Gelände, die IHatAußentür implementiert.
wohnzimmer ist eine Instanz von ZimmerMitTür. Das ist eine von Zimmer abgeleitete Klasse, die IHatAußentür implementiert.
garten
Gelände-Objekt
terrasse
Gelände-Objekt
esszimmer
Zimmer-Objekt
TürOrt
vorgarten
AußenMitTür-Objekt
wohn-zimmer
ZimmerMitTür-Objekt
TürOrt
0 1
Ausgänge[]
0
Ausgänge[]
Sie haben damit begonnen, die Schnittstelle IHatAußentür zu erstellen und diese beiden Klassen hinzuzufügen, die sie implementieren. Die eine erbt von Zimmer, die andere von Gelände.
Ausgänge ist ein Array mit Ort-Referenzen. wohnzimmer hat einen Ausgang, das Array hat also die Länge 1.

7 **STELLEN SIE DIE KLASSEN FERTIG UND INSTANTIIEREN SIE SIE.**

Jetzt haben Sie alle Klassen, können sie fertigstellen und von ihnen Objekte instantiieren.

★ Sie müssen sicherstellen, dass der Konstruktor für die Klasse `Gelände` die schreibgeschützte Eigenschaft `Heiß` setzt und die Eigenschaft `Beschreibung` mit dem Text »Hier ist es heiß.« überschreibt, wenn `Heiß` true ist. Auf der Terrasse ist es heiß, in Garten und Vorgarten nicht.

★ Der Konstruktor für Zimmer muss die Dekoration setzen und sollte die Eigenschaft `Beschreibung` mit »Hier sehen Sie *(die Dekoration)*.« überschreiben. Im Wohnzimmer liegt ein Perserteppich, im Esszimmer hängt ein Kristallleuchter, und in der Küche gibt es Edelstahlgeräte und eine Glastür, die auf die Terrasse führt.

★ Ihr Formular muss diese Objekte erstellen und Referenzen darauf speichern. Fügen Sie ihm dazu eine Methode namens `ObjekteErstellen()` hinzu, die Sie aus dem Formularkonstruktor aufrufen.

★ Instantiieren Sie die Objekte für die fünf Orte im Haus. So geht das für das Wohnzimmer:

```
ZimmerMitTür wohnzimmer = new ZimmerMitTür("Wohnzimmer",
     "einen Perserteppich" , "eine Eichentür mit Messinggriff");
```

Das Formular hat ein Feld für jeden Ort.

★ Die Methode `ObjekteErstellen()` muss die `Ausgänge[]`-Felder aller Objekte füllen:

```
vorgarten.Ausgänge = new Ort[] { terrasse, garten };
```

Ausgänge ist ein Array mitOrt-Referenzen. Diese Zeile erzeugt eins und fügt ihm zwei Referenzen hinzu.

Das sind geschweifte Klammern, alles andere führt zu einem Fehler.

8 **ERSTELLEN SIE EIN FORMULAR, UM DAS HAUS ZU ERFORSCHEN.**

Erzeugen Sie ein einfaches Formular, über das Sie das Haus erforschen können. Es hat ein mehrzeiliges Textfeld namens `beschreibung`, das die Beschreibung des aktuellen Zimmers anzeigt. Eine `ComboBox` namens `ausgänge` führt alle Ausgänge des aktuellen Zimmers auf. Es hat zwei Buttons: `geheZu` geht in den in der `ComboBox` ausgewählten Raum, und `geheRaus` ist nur sichtbar, wenn es eine Außentür gibt.

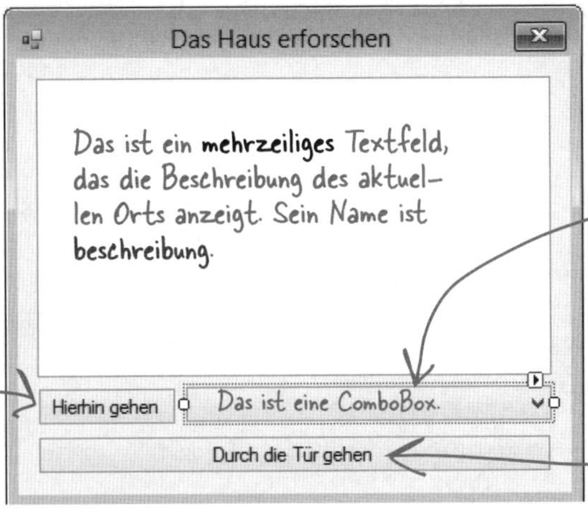
Das Haus erforschen
Das ist ein mehrzeiliges Textfeld, das die Beschreibung des aktuellen Orts anzeigt. Sein Name ist beschreibung.
Hierhin gehen
Das ist eine ComboBox.
Durch die Tür gehen
Klicken Sie auf den Button Hierhin gehen, um das Zimmer zu wechseln.
Hier richten Sie die Werte ein, die in die ComboBox kommen.
Die ComboBox enthält eine Liste aller Ausgänge. Geben Sie ihr den Namen ausgänge. Achten Sie darauf, dass der DropDownStyle auf DropDownList gesetzt ist.
Dieser Button ist nur sichtbar, wenn Sie in einem Zimmer mit Außentür sind. Die Sichtbarkeit können Sie umschalten, indem Sie die Eigenschaft Visible auf true oder false setzen. Der Button heißt durchTürGehen.

9 **JETZT MÜSSEN SIE DAS FORMULAR NOCH FUNKTIONSFÄHIG MACHEN!**

Nun haben Sie alle Teile und müssen diese nur noch zusammenfügen.

- ★ Ihr Formular braucht ein Feld namens `aktuellerOrt`, das den aktuellen Ort nachhält.
- ★ Fügen Sie dann eine `ZuOrtGehen()`-Methode hinzu, die als Parameter einen `Ort` hat. Als Erstes sollte diese Methode `aktuellerOrt` auf den neuen Ort setzen. Dann leert sie die `ComboBox` mit der Methode `Items.Clear()` und fügt ihr die Namen aller Orte im Array `Ausgänge[]` hinzu, indem sie die `Items.Add()`-Methode der `ComboBox` verwendet. Setzen Sie zum Schluss die `ComboBox`-Eigenschaft `SelectedIndex` auf null, damit das erste Element in der Liste angezeigt wird.
- ★ Setzen Sie das Textfeld so, dass es die Beschreibung des aktuellen Orts enthält.
- ★ Prüfen Sie mit dem Schlüsselwort **`is`**, ob der aktuelle Ort eine Tür hat. Hat er eine, machen Sie den »Durch die Tür gehen«-Button über seine `Visible`-Eigenschaft sichtbar, andernfalls unsichtbar.
- ★ Gehen Sie zum in der `ComboBox` gewählten Ort, wenn auf den Button »Hierhin gehen:« geklickt wird.
- ★ Gehen Sie an den Ort, mit dem der aktuelle Ort verbunden ist, wenn auf den Button »Durch die Tür gehen« geklickt wird.

Noch ein Tipp: Das aktuellerOrt-Feld des Formulars ist eine Ort-Referenz. Auch wenn sie auf ein Objekt zeigt, das IHatAußentür implementiert, können Sie nicht einfach »aktuellerOrt.TürOrt« verwenden, weil TürOrt kein Feld in Ort ist. Sie müssen downcasten, wenn Sie den Türort aus dem Objekt abfragen möchten.

Tipp: Wenn Sie in der ComboBox ein Element wählen, entspricht der Index des gewählten Elements dem Index des entsprechenden Elements im Array Ausgänge[].

Lange Übung Lösung

Hier ist der Code für die Modellierung des Hauses. Für die Darstellung der Zimmer und Orte haben wir Klassen verwendet, für die Orte mit Tür eine Schnittstelle.

```
interface IHatAußentür {
    string TürBeschreibung { get; }
    Ort TürOrt { get; set; }
}

class Zimmer : Ort {
    private string dekoration;

    public Zimmer(string name, string dekoration)
        : base(name) {
        this.dekoration = dekoration;
    }

    public override string Beschreibung {
        get {
            return base.Beschreibung + " Sie sehen " + dekoration + ".";
        }
    }
}

class ZimmerMitTür : Zimmer, IHatAußentür {
    public ZimmerMitTür(string name, string dekoration, string türBeschreibung)
        : base(name, dekoration)
    {
        TürBeschreibung = TürBeschreibung;
    }

    public string TürBeschreibung { get; private set; }

    public Ort TürOrt { get; set; }
}
```

Hier ist die Schnittstelle IHatAußentür.

Die Klasse Zimmer erbt von Ort und fügt ein Unterstützungsfeld für die schreibgeschützte Eigenschaft Dekoration ein. Ihr Konstruktor setzt das Feld.

Die Klasse ZimmerMitTür erbt von Zimmer und implementiert IHatAußentür. Sie macht alles, was die Klasse Zimmer macht, fügt dem Konstruktor aber noch eine Beschreibung der Außentür hinzu. Außerdem enthält sie zusätzlich TürOrt, eine Referenz auf den Ort, zu dem die Tür führt. TürBeschreibung und TürOrt werden von IHatAußentür verlangt.

Haben Sie statt automatischer Eigenschaften Hintergrundfelder genutzt? Auch das ist eine vollkommen passende Lösung.

```
class Gelände : Ort {
    private bool heiß;

    public Gelände(string name, bool heiß)
        : base(name)
    {
        this.heiß = heiß;
    }

    public override string Beschreibung {
        get {
            string neueBeschreibung = base.Beschreibung;
            if (heiß)
                neueBeschreibung += " Es ist sehr heiß.";
            return neueBeschreibung;
        }
    }
}
```

Gelände hat große Ähnlichkeit mit Zimmer – die Klasse erbt von Ort, besitzt aber zusätzlich ein privates heiß-Feld, das in der Beschreibung-Eigenschaft verwendet wird, die sie überschreibt.

```
class AußenMitTür : Gelände, IHatAußentür {
    public AußenMitTür(string name, bool heiß, string türBeschreibung)
        : base(name, heiß)
    {
        this.TürBeschreibung = türBeschreibung;
    }

    public string TürBeschreibung { get; private set; }

    public Ort TürOrt { get; set; }

    public override string Beschreibung {
        get {
            return base.Beschreibung + " Sie sehen " + TürBeschreibung + ".";
        }
    }
}
```

AußenMitTür erbt von Gelände, implementiert IHatAußentür und hat große Ähnlichkeit mit ZimmerMitTür.

Die Beschreibung-Eigenschaft der Basisklasse wird unabhängig davon gefüllt, ob ein Ort heiß ist oder nicht. Sie lässt sich die Beschreibung von der Elternklasse liefern und hängt daran die Beschreibung der Tür an.

Wir sind noch nicht fertig – blättern Sie um!

Lange Übung Lösung (Fortsetzung)

Hier ist der Code für das Formular. Es steckt alles in der Form1-Deklaration in Form1.cs.

```
public partial class Form1 : Form
{
    Ort aktuellerOrt;

    ZimmerMitTür wohnzimmer;
    Zimmer esszimmer;
    ZimmerMitTür küche;

    AußenMitTür vorgarten;
    AußenMitTür terrasse;
    Gelände garten;

    public Form1() {
       InitializeComponent();
       ObjekteErstellen();
       ZuOrtGehen(wohnzimmer);
    }

    private void ObjekteErstellen() {
       wohnzimmer = new ZimmerMitTür("Wohnzimmer", "einen Perserteppich",
               "eine Eichentür mit Messinggriff");
       esszimmer = new Zimmer("Esszimmer", "einen Kristallleuchter");
       küche = new ZimmerMitTür("Küche", "Edelstahlgeräte", "eine Glastür");

       vorgarten = new AußenMitTür("Vorgarten", false, "eine Eichentür mit Messinggriff");
       terrasse = new AußenMitTür("Terrasse", true, "eine Glastür");
       garten = new Gelände("Garten", false);

       esszimmer.Ausgänge = new Ort[] { wohnzimmer, küche };
       wohnzimmer.Ausgänge = new Ort[] { esszimmer };
       küche.Ausgänge = new Ort[] { esszimmer };
       vorgarten.Ausgänge = new Ort[] { terrasse, garten };
       terrasse.Ausgänge = new Ort[] { vorgarten, garten };
       garten.Ausgänge = new Ort[] { terrasse, vorgarten };

       wohnzimmer.TürOrt = vorgarten;
       vorgarten.TürOrt = wohnzimmer;

       küche.TürOrt = terrasse;
       terrasse.TürOrt = küche;
    }
```

So hält das Formular nach, welcher Raum gerade angezeigt wird.

Mit diesen Referenzvariablen hält das Formular die einzelnen Räume des Hauses nach.

Ausgänge ist ein öffentliches String-Array-Feld der Klasse Ort. Das ist kein gutes Beispiel für Kapselung! Das Array Ausgänge könnte leicht durch andere Objekte verändert werden. Im nächsten Kapitel werden Sie eine bessere Möglichkeit kennenlernen, eine Sammlung von Strings oder anderen Objekten öffentlich bereitzustellen.

Der Konstruktor des Formulars erzeugt die Objekte und ruft dann die Methode ZuOrtGehen() auf.

Bei der Erstellung der Objekte müssen zuerst die Klassen instantiiert und dabei die richtigen Parameter übergeben werden.

Hier übergeben wir dem AußenMitTür-Konstruktor die Türbeschreibung.

Hier werden die Ausgänge[]-Arrays für die einzelnen Instanzen gefüllt. Wir mussten damit warten, bis alle Instanzen erstellt wurden, da wir sonst nichts hätten, was wir in die Arrays hätten stecken können.

Bei den IHatAußentür-Objekten müssen wir den Türort setzen.

```
private void ZuOrtGehen(Ort neuerOrt) {
    aktuellerOrt = neuerOrt;

    ausgänge.Items.Clear();
    for (int i = 0; i < aktuellerOrt.Ausgänge.Length; i++)
        ausgänge.Items.Add(aktuellerOrt.Ausgänge[i].Name);
    ausgänge.SelectedIndex = 0;

    beschreibung.Text = aktuellerOrt.Beschreibung;

    if (aktuellerOrt is IHatAußentür)
        durchTürGehen.Visible = true;
    else
        durchTürGehen.Visible = false;
}
 private void hierhinGehen_Click(object sender, EventArgs e) {
    ZuOrtGehen(aktuellerOrt.Ausgänge[ausgänge.SelectedIndex]);
 }

 private void durchTürGehen_Click(object sender, EventArgs e) {
    IHatAußentür mitTür = aktuellerOrt as IHatAußentür;
    ZuOrtGehen(mitTür.TürOrt);
 }
}
```

Die Methode ZuOrtGehen() zeigt im Formular einen neuen Ort an.

Erst müssen wir die ComboBox leeren, dann können wir ihr die Ausgänge des neuen Orts hinzufügen. Abschließend setzen wir den ausgewählten Index (die markierte Zeile) auf null, damit das erste Element in der Liste angezeigt wird. Vergessen Sie nicht, die DropDownStyle-Eigenschaft des DropDown auf »DropDownList« zu setzen – dann kann der Benutzer nichts in die ComboBox eintippen.

Das macht den »Durch die Tür gehen«-Button unsichtbar, wenn der aktuelle Ort IHatAußentür nicht implementiert.

Klickt der Benutzer auf den Button »Hierin gehen:«, wird zu dem Ort gewechselt, der in der ComboBox ausgewählt ist.

Wir mussten das Schlüsselwort **as** verwenden, um aktuellerOrt in IHatAußentür umzuwandeln, damit wir Zugriff auf das Feld TürOrt erhalten.

Aber wir sind noch nicht fertig!

Ein Hausmodell zu erstellen, ist ja ganz nett, aber wäre es nicht noch besser, wenn wir daraus ein Spiel machen könnten? Na los! Sie spielen Verstecken mit dem Computer. Wir müssen eine `Gegner`-Klasse erstellen, die jemanden repräsentiert, der sich in einem der Zimmer versteckt hat. Und wir müssen das Haus viel größer machen. Und natürlich brauchen wir noch Orte, an denen man sich verbergen kann! Wir ergänzen die Schnittstelle so, dass einige Zimmer Verstecke enthalten können. Schließlich müssen wir das Formular aktualisieren, damit Sie in den Verstecken suchen können und festgehalten wird, wie viele Züge Sie benötigten, um Ihren Gegner zu finden. Klingt interessant? Klar!

Fangen wir an!

Das ist die komplizierteste Aufgabe, die wir Ihnen bislang gestellt haben. Lesen Sie die Anweisungen sorgfältig! Ein Blick auf die Lösung zu werfen, ***gilt nicht als Schummeln****.*

ÜBUNG

Zeit, sich zu verbergen! Erweitern Sie Ihr ursprüngliches Haus-Programm, indem Sie ihm weitere Räume, Verstecke und einen Gegner hinzufügen, der sich vor Ihnen versteckt.

Erstellen Sie ein neues Projekt und nutzen Sie die Funktion »Vorhandenes Element hinzufügen«, um die Klassen aus dem ersten Teil der Übung darin einzufügen.

Wir bieten Ihnen kein Klassendiagramm an. Diesmal können Sie es selbst erstellen. Das wird Ihnen helfen, das zu erstellende Programm besser zu verstehen.

1 FÜGEN SIE DIE SCHNITTSTELLE IVERSTECK HINZU.

Hier brauchen wir nichts Ausgefallenes. Jede `Ort`-Unterklasse, die `IVersteck` implementiert, bietet dem Gegner einen Ort, an dem er sich verbergen kann. Sie braucht nur ein String, um den Namen des Verstecks zu speichern (»im Wandschrank«, »unter dem Bett« usw.). Geben Sie der Eigenschaft einen Getter, aber keinen Setter – wir setzen das Feld im Konstruktor, da sich das Versteck nach der Erstellung des Orts nicht mehr ändert.

2 FÜGEN SIE KLASSEN HINZU, DIE IVERSTECK IMPLEMENTIEREN.

Sie benötigen zwei weitere Klassen: `GeländeMitVersteck` (die von `Gelände` erbt) und `ZimmerMitVersteck` (die von `Zimmer` erbt). Lassen wir außerdem alle Räume, die eine Tür haben, auch ein Versteck haben. Sie erben also von `ZimmerMitVersteck` statt von `Zimmer`.

Jeder Raum mit einer Außentür hat also auch ein Versteck.

3 FÜGEN SIE EINE KLASSE FÜR IHREN GEGNER HINZU.

Das Gegner-Objekt sucht sich zufällig ein Versteck im Haus, und Sie sollen es finden.

- ★ Der Gegner braucht ein privates `Ort`-Feld (`ort`), damit er festhalten kann, wo er sich befindet, und ein privates Random-Feld (`zufall`), das er verwendet, um zufällig ein Versteck auszuwählen.
- ★ Der Konstruktor erwartet einen Ausgangspunkt und setzt `ort` darauf sowie `zufall` auf eine neue `Random`-Instanz. Er beginnt im Vorgarten (das wird vom Formular übergeben) und geht zufällig von Versteck zu Versteck. Zu Spielbeginn macht er zehn Züge. Trifft er auf eine Außentür, wirft er eine Münze, um zu entscheiden, ob er durch sie geht oder nicht.
- ★ Fügen Sie eine `Bewegen()`-Methode hinzu, die Ihren Gegner von seinem aktuellen Ort zu einem neuen gehen lässt. Ist er in einem Raum mit einer Tür, wirft er eine Münze, um zu entscheiden, ob er durch sie geht. Ist `zufall.Next(2)` gleich 1, geht er durch die Tür. Dann wählt er zufällig einen der Ausgänge seines aktuellen Orts und benutzt ihn. Bietet dieser Ort kein Versteck, wird der Vorgang wiederholt – er wählt zufällig Ausgänge, bis er ein Versteck gefunden hat.
- ★ Fügen Sie eine `Prüfen()`-Methode hinzu, die als Parameter einen Ort erwartet und true liefert, wenn dieser dem Versteck entspricht, andernfalls false.

4 FÜGEN SIE DEM HAUS WEITERE ZIMMER HINZU.

Erweitern Sie die Methode `ObjekteErstellen()`, um dem Haus weitere Räume zu geben:

- ★ Fügen Sie eine **Treppe** mit einem Handlauf aus Holz hinzu, die das Wohnzimmer mit dem **Korridor im 1. Stock** verbindet, der ein Bild mit einem Hund und einen Wandschrank zum Verstecken enthält.
- ★ Der obere Korridor verbindet drei Räume: ein **Schlafzimmer** mit einem großen Bett, ein **Kinderzimmer** mit einem kleinen Bett und ein **Bad** mit einem Waschbecken und einer Dusche. Unter dem Bett und in der Dusche könnte man sich verstecken.
- ★ Vorgarten und Terrasse sind mit der **Auffahrt** verbunden, in der man sich in der Garage verstecken könnte. Die Laube im **Garten** bietet ein weiteres Versteck.

5 **AKTUALISIEREN SIE DANN DAS FORMULAR.**

Sie müssen dem Formular ein paar Buttons hinzufügen. Das werden wir etwas ausgefeilter machen, indem wir diese in Abhängigkeit vom Spielzustand sichtbar oder unsichtbar machen.

Den oberen Button und die ComboBox nutzen Sie genau so wie zuvor. Sie sind allerdings nur sichtbar, wenn das Spiel läuft.

Beginnt das Spiel, wird nur der Verstecken-Button angezeigt. Klicken Sie darauf, zählt das Formular im Textfeld bis zehn und ruft zehnmal die Bewegen()-Methode des Gegners auf. Dann macht es den Button unsichtbar.

Verstecken
Hierhin
Durch die Tür gehen
Suchen
Verstecken!

Der mittlere Button heißt suchen.

Das ist der Button, über den Sie das Versteck in einem Ort überprüfen. Er ist nur sichtbar, wenn Sie sich in einem Raum mit Versteck befinden. Wird er angezeigt, wird die Text-Eigenschaft von »button3« in »[Name des Verstecks] suchen« geändert – bei einem Raum mit einem Versteck unter dem Bett steht darauf also »unter dem Bett suchen«.

6 **MACHEN SIE DIE BUTTONS FUNKTIONSFÄHIG.**

Dem Formular müssen zwei neue Buttons hinzugefügt werden.

Gehen Sie zu Kapitel 2 zurück, wenn Sie eine Auffrischung zu DoEvents() und Sleep() brauchen.

- ★ Der mittlere Button prüft das Versteck im aktuellen Zimmer und ist nur in Räumen mit Versteck sichtbar. Dazu nutzt er die `Prüfen()`-Methode des Gegners. Haben Sie den Gegner gefunden, wird das Spiel zurückgesetzt.
- ★ Über den unteren Button starten Sie das Spiel. Er zählt bis zehn, indem er im Textfeld »1...« anzeigt, 200 Millisekunden wartet, »2...« anzeigt, wieder wartet und so weiter. Nach jeder Zahl ruft er die `Bewegen()`-Methode des Gegners auf. Dann zeigt er eine halbe Sekunde »Ich komme!« an, und das Spiel beginnt.

7 **FÜGEN SIE METHODEN ZUM NEUZEICHNEN DES FORMULARS UND RÜCKSETZEN DES SPIELS HINZU.**

Fügen Sie eine `FormularNeuZeichnen()`-Methode hinzu, die im Textfeld beschreibung den erforderlichen Text anzeigt, die Buttons sichtbar und unsichtbar macht und auf dem mittleren Button den richtigen Text anzeigt. Ergänzen Sie dann eine `SpielZurücksetzen()`-Methode, die ausgeführt wird, wenn Sie den Gegner finden. Sie setzt das Gegner-Objekt zurück, damit es wieder im Vorgarten beginnt und sich neu versteckt, wenn der Benutzer auf den Button »Verstecken!« klickt. Im Formular sollte nur noch das Textfeld und der Button »Verstecken!« sichtbar sein. Das Textfeld sollte anzeigen, wo Sie den Gegner fanden und wie viele Züge Sie benötigten.

Verstecken
Verstecken!

8 **HALTEN SIE FEST, WIE VIELE VERSUCHE DER SPIELER MACHT.**

Achten Sie darauf, dass das Textfeld anzeigt, wie oft der Spieler Verstecke geprüft oder den Raum gewechselt hat. Wird der Gegner gefunden, sollte ein Fenster mit der Meldung »Sie benötigten X Züge!« angezeigt werden.

9 **DAS PROGRAMM SOLL GLEICH BEIM START RICHTIG AUSSEHEN.**

Wird das Programm gestartet, sollten Sie nur ein leeres Textfeld und den »Verstecken!«-Button sehen. Ein Klick auf den Button startet das Spiel.

Lösung zur Übung

Erweitern Sie Ihr ursprüngliches Haus-Programm, indem Sie ihm weitere Räume, Verstecke und einen Gegner hinzufügen, der sich vor Ihnen versteckt.

Hier ist die neue Schnittstelle IVersteck. Sie hat nur eine String-Eigenschaft mit einem Getter, der den Namen des Verstecks liefert.

```
interface IVersteck {
    string VersteckName { get; }
}

class ZimmerMitVersteck : Zimmer, IVersteck {
    public ZimmerMitVersteck(string name, string dekoration, string versteckName)
        : base(name, dekoration)
    {
        VersteckName = versteckName;
    }

    public string VersteckName { get; private set; }

    public override string Beschreibung {
        get {
            return base.Beschreibung + " Es gibt ein Versteck " + VersteckName + ".";
        }
    }
}
```

Die Klasse ZimmerMitVersteck erbt von Zimmer und implementiert IVersteck, bietet also eine Implementierung für die Eigenschaft VersteckName. Der Konstruktor setzt ihren Wert.

```
class ZimmerMitTür : ZimmerMitVersteck, IHatAußentür {
    public ZimmerMitTür(string name, string dekoration,
                        string versteckName, string türBeschreibung)
        : base(name, dekoration, versteckName)
    {
        this.TürBeschreibung = türBeschreibung;
    }

    public string TürBeschreibung { get; private set; }

    public Ort TürOrt { get; set; }
}
```

Da wir festgelegt haben, dass jedes Zimmer mit Tür auch ein Versteck bieten muss, lassen wir ZimmerMitTür von ZimmerMitVersteck erben. Die einzige Änderung daran ist, dass der Konstruktor den Namen eines Verstecks erwartet und an diesen den Konstruktor von ZimmerMitVersteck übergibt.

Außerdem benötigen Sie die Klasse AußenMitTür, die mit der Version aus der ersten Fassung des Programms identisch ist.

```
class GeländeMitVersteck: Gelände, IVersteck {
    public GeländeMitVersteck(string name, bool heiß, string versteckName)
        : base(name, heiß)
    {
       VersteckName = versteckName;
    }

    public string VersteckName { get; private set; }

    public override string Beschreibung {
        get {
            return base.Beschreibung + " Es gibt ein Versteck " + VersteckName + ".";
        }
    }
}


class Gegner {
    private Random zufall;
    private Ort ort;
    public Gegner(Ort startpunkt) {
        ort = startpunkt;
        zufall = new Random();
    }
    public void Bewegen() {
       bool versteckt = false;
        while (!versteckt) {
            if (ort is IHatAußentür) {
                IHatAußentür ortMitTür =
                                ort as IHatAußentür;
                if (zufall.Next(2) == 1)
                    ort = ortMitTür.TürOrt;
            }
            int zufallszahl = zufall.Next(ort.Ausgänge.Length);
            ort = ort.Ausgänge[zufallszahl];
            if (ort is IVersteck)
                versteckt = true;
        }
    }
    public bool Prüfen(Ort zuPrüfenderOrt) {
        if (zuPrüfenderOrt != ort)
            return false;
        else
            return true;
    }
}
```

Die Klasse GeländeMitVersteck erbt von Gelände und implementiert genau wie ZimmerMitVersteck IVersteck.

Der Konstruktor der Klasse Gegner erwartet einen Startpunkt. Er erzeugt eine neue Random-Instanz, die er nutzt, um zufällig durch die Räume zu wandern.

Erst prüft die Methode Bewegen() mit dem Schlüsselwort **is**, ob der aktuelle Raum eine Tür besitzt. Ist das der Fall, geht der Gegner mit einer Wahrscheinlichkeit von 50 % durch diese hindurch. Dann geht er an einen zufälligen Ort und bewegt sich so lange weiter, bis er ein Versteck gefunden hat.

Der Kern der Methode Bewegen() ist diese while-Schleife. Sie läuft so lange, bis die Variable versteckt true wird – und setzt sie auf true, wenn sie ein Zimmer mit einem Versteck findet.

Die Methode Prüfen() vergleicht lediglich den Ort des Gegners mit dem Ort, der ihr über eine Ort-Referenz übergeben wurde. Zeigen beide Referenzen auf dasselbe Objekt, wurde der Gegner gefunden!

Wir sind noch nicht fertig – blättern Sie um!

Lösung zur Übung (Fortsetzung)

Hier ist der Code für das Formular. Nur hierhinGehen_Click() und durchTürGehen_Click() bleiben gleich.

Hier sind alle Felder der Klasse Form1. Sie nutzt diese, um die Orte, den Gegner und die Anzahl der Züge festzuhalten, die der Spieler gemacht hat.

```
int Züge;

Ort aktuellerOrt;

ZimmerMitTür wohnzimmer;
ZimmerMitVersteck esszimmer;
ZimmerMitTür küche;
Zimmer treppe;
ZimmerMitVersteck korridor;
ZimmerMitVersteck bad;
ZimmerMitVersteck schlafzimmer;
ZimmerMitVersteck kinderzimmer;

AußenMitTür vorgarten;
AußenMitTür terrasse;
GeländeMitVersteck garten;
GeländeMitVersteck auffahrt;

Gegner gegner;
```

Der Form1-Konstruktor erzeugt die Objekte, richtet den Gegner ein und setzt dann das Spiel zurück. Wir haben SpielZurücksetzen() einen bool-Parameter gegeben, damit nur dann eine Meldung angezeigt wird, wenn Sie gewonnen haben, und nicht, wenn das Programm gestartet wird.

```
public Form1() {
    InitializeComponent();
    ObjekteErstellen();
    gegner = new Gegner(vorgarten);
    SpielZurücksetzen(false);
}

private void ZuOrtGehen(Ort neuerOrt) {
    Züge++;
    aktuellerOrt = neuerOrt;
    FormularNeuZeichnen();
}
```

Die Methode ZuOrtGehen() setzt den neuen Ort und zeichnet dann das Formular neu.

```
private void FormularNeuZeichnen() {
    ausgänge.Items.Clear();
    for (int i = 0; i < aktuellerOrt.Ausgänge.Length; i++)
        ausgänge.Items.Add(aktuellerOrt.Ausgänge[i].Name);
    ausgänge.SelectedIndex = 0;
    beschreibung.Text = aktuellerOrt.Beschreibung + "\r\n(Zug " + Züge + ")";
    if (aktuellerOrt is IVersteck) {
        IVersteck versteck = aktuellerOrt as IVersteck;
        suchen.Text = versteck.VersteckName + " suchen";
        suchen.Visible = true;
    }
    else
        suchen.Visible = false;
    if (aktuellerOrt is IHatAußentür)
        durchTürGehen.Visible = true;
    else
        durchTürGehen.Visible = false;
}
```

Wir brauchen einen Versteckname, haben aber nur die Ort-Referenz aktuellerOrt, die keine VersteckName-Eigenschaft hat. Deswegen müssen wir **as** nutzen, um die Referenz auf IVersteck downzucasten.

FormularNeuZeichnen() füllt die ComboBox-Liste, setzt den Text (fügt die Anzahl an Zügen hinzu) und macht dann die Buttons sichtbar oder unsichtbar, je nachdem, ob der Raum eine Tür oder ein Versteck hat.

Klasse – mit nur ein paar Zeilen konnten wir dem Haus ein ganzes Stockwerk hinzufügen! Deswegen sind sauber gekapselte Klassen so praktisch.

```
private void ObjekteErstellen() {
    wohnzimmer = new ZimmerMitTür("Wohnzimmer", "einen Perserteppich",
              "im hohen Schrank", "eine Eichentür mit Messinggriff");
    esszimmer = new ZimmerMitVersteck("Esszimmer", "einen Kristallleuchter",
               "unter dem Tisch");
    küche = new ZimmerMitTür("Küche", "Edelstahlgeräte",
              "in der Speisekammer", "eine Glastür");
    treppe = new Zimmer("Treppe", "einen Handlauf aus Holz");
    korridor = new ZimmerMitVersteck("Korridor", "ein Bild mit einem Hund",
              "im Wandschrank");
    bad = new ZimmerMitVersteck("Bad", "ein Waschbecken und eine Dusche",
              "in der Dusche");
    schlafzimmer = new ZimmerMitVersteck("Schlafzimmer", "ein Doppelbett",
              "unter dem Bett");
    kinderzimmer = new ZimmerMitVersteck("Kinderzimmer", "ein Kinderbett",
              "unter dem Bett");

    vorgarten = new AußenMitTür("Vorgarten", false, "eine schwere Eichentür");
    terrasse = new AußenMitTür("Terrasse", true, "eine Glastür");
    garten = new GeländeMitVersteck("Garten", false, "in der Laube");
    auffahrt = new GeländeMitVersteck("Auffahrt", true, "in der Garage");

    esszimmer.Ausgänge = new Ort[] { wohnzimmer, küche };
    wohnzimmer.Ausgänge = new Ort[] { esszimmer, treppe };
    küche.Ausgänge = new Ort[] { esszimmer };
    treppe.Ausgänge = new Ort[] { wohnzimmer, korridor };
    korridor.Ausgänge = new Ort[] { treppe, bad, schlafzimmer, kinderzimmer };
    bad.Ausgänge = new Ort[] { korridor };
    schlafzimmer.Ausgänge = new Ort[] { korridor };
    kinderzimmer.Ausgänge = new Ort[] { korridor };
    vorgarten.Ausgänge = new Ort[] { terrasse, garten, auffahrt };
    terrasse.Ausgänge = new Ort[] { vorgarten, garten, auffahrt };
    garten.Ausgänge = new Ort[] { terrasse, vorgarten };
    auffahrt.Ausgänge = new Ort[] { terrasse, vorgarten };

    wohnzimmer.TürOrt = vorgarten;
    vorgarten.TürOrt = wohnzimmer;

    küche.TürOrt = terrasse;
    terrasse.TürOrt = küche;
}
```

Die neue ObjekteErstellen()-Methode erzeugt alle Objekte für den Aufbau des Hauses. Sie ist der alten sehr ähnlich, bietet aber viel mehr Orte, die man aufsuchen kann.

Wir sind noch nicht fertig – blättern Sie um!

LÖSUNG ZUR ÜBUNG (FORTSETZUNG)

Hier ist der restliche Code für das Formular. Die Event-Handler für die Buttons hierhinGehen und durchTürGehen sind mit denen aus dem ersten Teil der Übung identisch. Blättern Sie also ein paar Seiten zurück, um sie zu sehen.

```
private void SpielZurücksetzen(bool nachrichtAnzeigen) {
    if (nachrichtAnzeigen) {
        MessageBox.Show("Sie benötigten " + Züge + " Züge!");
        IVersteck fundort = aktuellerOrt as IVersteck;
        beschreibung.Text = "Sie haben Ihren Gegner in " + Züge
              + " Zügen gefunden! Er verbarg sich " + fundort.VersteckName + ".";
    }
    Züge = 0;
    verstecken.Visible = true;
    hierhinGehen.Visible = false;
    suchen.Visible = false;
    durchTürGehen.Visible = false;
    ausgänge.Visible = false;
}

private void suchen_Click(object sender, EventArgs e) {
    Züge++;
    if (gegner.Prüfen(aktuellerOrt))
        SpielZurücksetzen(true);
    else
        FormularNeuZeichnen();
}

private void verstecken_Click(object sender, EventArgs e) {
    verstecken.Visible = false;

    for (int i = 1; i <= 10; i++) {
        gegner.Bewegen();
        beschreibung.Text = i + "... ";
        Application.DoEvents();
        System.Threading.Thread.Sleep(200);
    }

    beschreibung.Text = "Ich komme!";
    Application.DoEvents();
    System.Threading.Thread.Sleep(500);

    hierhinGehen.Visible = true;
    ausgänge.Visible = true;
    ZuOrtGehen(wohnzimmer);
}
```

Die Methode SpielZurücksetzen() setzt das Spiel zurück. Sie zeigt die abschließende Meldung an und verbirgt dann alle Buttons außer dem »Verstecken!«-Button.

Wir möchten den Namen des Verstecks anzeigen, aber aktuellerOrt ist eine Ort-Referenz, die uns keinen Zugriff auf das Feld VersteckName bietet. Glücklicherweise können wir das Schlüsselwort **as** verwenden, um es auf eine IVersteck-Referenz downzucasten, die auf das gleiche Objekt zeigt.

Mit einem Klick auf den Button **suchen** wird geprüft, ob sich der Gegner im aktuellen Raum befindet. Ist das der Fall, wird das Spiel zurückgesetzt. Wenn nicht, wird das Formular neu gezeichnet (um die Anzahl an Zügen zu aktualisieren).

Erinnern Sie sich an das DoEvents()? Wir haben es bereits in Kapitel 2 eingesetzt. Fehlt es, wird das Textfeld nicht aktualisiert, und das Programm scheint nicht mehr zu reagieren.

Über den Button **verstecken** wird das Spiel gestartet. Als Erstes macht er sich selbst unsichtbar. Dann zählt er bis 10 und sagt dem Gegner, dass er sich bewegen soll. Schließlich macht er den ersten Button und die ComboBox sichtbar und lässt den Spieler im Wohnzimmer mit der Suche beginnen. Die Methode ZuOrtGehen() ruft FormularNeuZeichnen() auf.

Objekt-Kreuzworträtsel

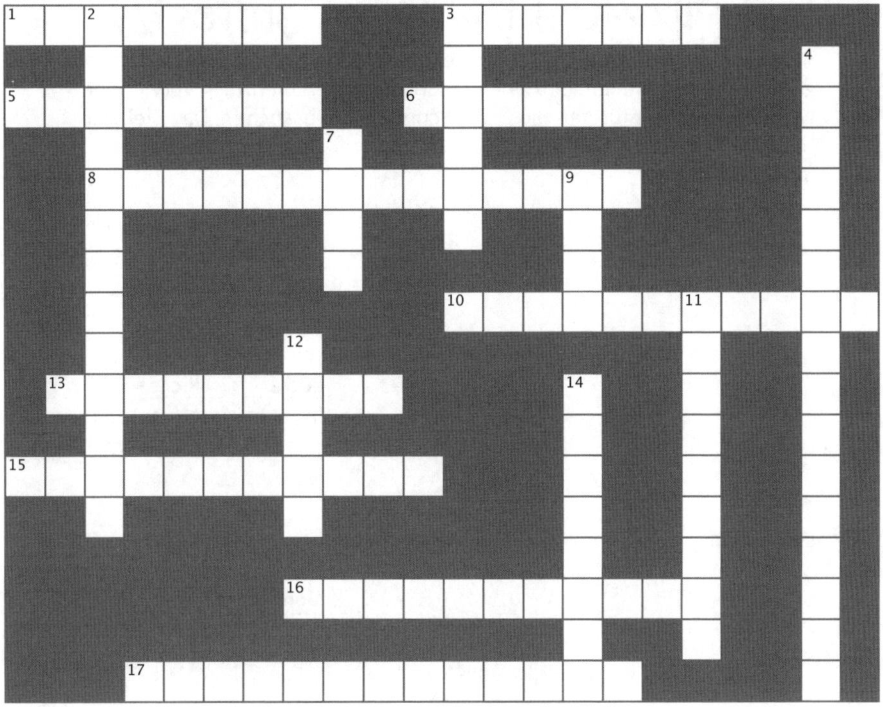
1
2
3
4
5
6
7
8
9
10
11
12
13
14
15
16
17

Waagerecht

1. Alle Methoden in einer Schnittstelle sind automatisch __________.

3. Ein Zugriffsmodifizierer, der für nichts innerhalb einer Schnittstelle zulässig ist.

5. C# erlaubt keine ____________-Vererbung.

6. Das Schlüsselwort is liefert true, wenn ein __________ die angegebene Schnittstelle implementiert.

8. Das können Sie mit einer Schnittstelle machen.

10. Verschieben Sie gemeinsame Methoden aus spezifischeren Klassen in eine allgemeinere Klasse, von der die anderen erben, nutzen Sie dieses OOP-Prinzip.

13. Eins der vier OOP-Prinzipien, das Sie mit dem Doppelpunkt-Operator implementieren.

15. Übergeben Sie eine Unterklasse an eine Methode, die eigentlich die Basisklasse erwartet, nutzen Sie dieses OOP-Prinzip.

16. Implementiert eine Klasse, die eine Schnittstelle implementiert, nicht alle Methoden, Getter und Setter, die darin definiert werden, lässt sich das Projekt nicht __________.

17. Eine abstrakte Klasse können Sie nicht ____________ .

Senkrecht

2. Eine Klasse, die sie implementiert, muss alle Methoden, Getter und Setter einschließen, die sie definiert.

3. Alles in einer Schnittstelle ist automatisch __________.

4. Eine Programmierung, die darauf basiert, dass Verhalten und Zustände zu Klassen und Objekten zusammengefasst werden, nennt man __________.

7. Eigentlich können Schnittstellen kein __________ einschließen, aber sie können Getter und Setter definieren, die von außen wie eins aussehen.

9. Implementiert Ihre Klasse eine Schnittstelle, die von einer anderen Schnittstelle __________, muss sie auch alle Member dieser zweiten Schnittstelle implementieren.

11. Das OOP-Prinzip, bei dem es darum geht, private Daten zu verbergen und nur Methoden und Felder zu veröffentlichen, auf die andere Klassen zugreifen müssen.

12. Das, was einer abstrakten Methode fehlt.

14. Eine abstrakte Klasse kann abstrakte und ____________ Methoden einschließen.

Pool-Puzzle, Lösung zu Seite 329

Sie hatten die **Aufgabe**, die leeren Zeilen im Code mit den Codeschnipseln aus dem Pool zu füllen. Einzelne Schnipsel durften mehrfach verwendet werden, und Sie mussten nicht alle Schnipsel verbrauchen. Das **Ziel** war es, eine Klasse zu erstellen, die sich kompilieren lässt und die gezeigte Ausgabe erzeugt.

```
interface Nase {
    int Ohr() ;
    string Gesicht { get; }
}

abstract class Picasso : Nase {
    public virtual int Ohr()
    {
        return 7;
    }
    public Picasso(string gesicht)
    {
        this.gesicht = gesicht;
    }
    public virtual string Gesicht {
        get { return gesicht ; }
    }
    string gesicht;
}

class Clowns : Picasso {
    public Clowns() : base("Clowns") { }
}
```

Eigenschaften können in der Klasse an beliebiger Stelle stehen! Der Code ist aber leichter lesbar, wenn sie am Anfang stehen. Es ist jedoch trotzdem zulässig, das Feld gesicht am Ende der Klasse Picasso zu deklarieren.

file:///c:/use
5 Akte
7 Clowns
7 Von76

Ausgabe

Hier ruft die Klasse Akte den Konstruktor von Picasso auf, da das die Klasse ist, von der sie erbt. Sie übergibt ihm »Akte«, und das wird im Feld gesicht gespeichert.

```
class Akte : Picasso {
    public Akte() : base("Akte") { }
    public override int Ohr() {
        return 5;
    }
}

class Von76 : Clowns {
    public override string Gesicht {
      get { return "Von76"; }
    }
    public static void Main(string[] args) {
        string ergebnis = "";
        Nase[] i = new Nase[3];
        i[0] = new Akte();
        i[1] = new Clowns();
        i[2] = new Von76();
        for (int x = 0; x < 3; x++) {
            ergebnis += ( i[x].Ohr() + " "
                    + i[x].Gesicht ) + "\n";
        }
        Console.WriteLine(ergebnis);
        Console.ReadKey();
    }
}
```

Gesicht ist ein Getter, der den Wert des Felds gesicht liefert. Beide werden in Picasso definiert, aber auf das Feld können Unterklassen nur über den öffentlichen Getter zugreifen.

Objekt-Kreuzworträtsel, Lösung

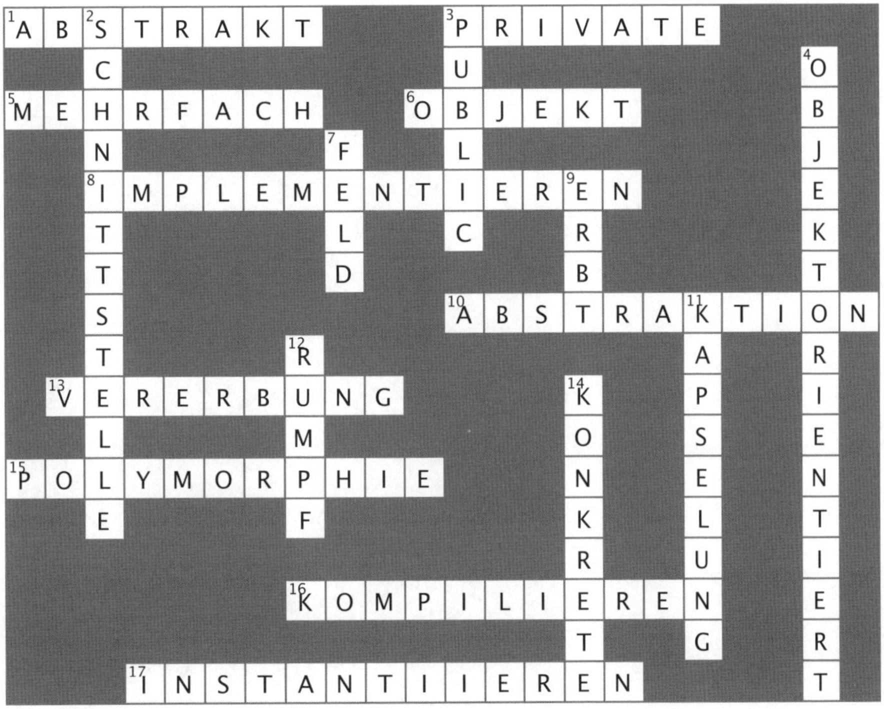
1 ABSTRAKT
2 SCHNITTSTELLE
3 PRIVATE
3 PUBLIC
4 OBJEKTORIENTIERT
5 MEHRFACH
6 OBJEKT
7 FELD
8 IMPLEMENTIEREN
9 ERBEN
10 ABSTRAKTION
11 KAPSELUNG
12 RUMPF
13 VERERBUNG
14 KONKRET
15 POLYMORPHIE
16 KOMPILIEREN
17 INSTANTIIEREN

8 Enums und Auflistungen

Daten in Massen speichern

ENDLICH HABE ICH EIN MITTEL, UM MEINE MÄNNER ZU ORGANISIEREN.

Eigentlich tritt alles immer in Massen auf.

Im wahren Leben wird man mit Daten nie in kleinen Fragmenten konfrontiert. Nein, sie begegnen Ihnen immer in **Massen, Bergen und Haufen**. Und Sie brauchen ziemlich leistungsfähige Werkzeuge, um sie zu organisieren. Genau das sind **Auflistungen**. Mit diesen können Sie alle Daten **speichern, sortieren und verwalten**, die Ihr Programm durchforsten muss. Sie können sich darauf konzentrieren, wie Ihr Programm mit den Daten arbeitet, und es den Auflistungen überlassen, sich für Sie um die Daten selbst zu kümmern.

Gelegentlich sind Strings nicht gut genug, wenn es darum geht, Kategorien von Daten zu speichern

Angenommen, Sie haben mehrere Arbeitsbienen, die alle durch `Arbeiterin` repräsentiert werden. Wie würden Sie dann einen Konstruktor schreiben, der die Aufgabe als Parameter übernimmt? Wenn Sie für die Aufgabenbeschreibung einen String verwenden, könnte das zu Code wie diesem führen:

Unsere Bienenstockverwaltung hält die Aufgaben der einzelnen Arbeiterinnen mit einem String wie »Wachdienst« oder »Nektarsammler« fest.

Bei unserem Code wäre es möglich, dem Konstruktor diese Werte zu übergeben, obwohl das Programm nur Wachdienst, Nektarsammler und ähnliche Bienenaufgaben unterstützt.

```
Arbeiterin willi = new Arbeiterin("Staatsanwalt");
Arbeiterin lilli = new Arbeiterin("Hundesitter");
Arbeiterin livia = new Arbeiterin("TV-Moderator");
```

Dieser Code lässt sich problemlos kompilieren. Aber für eine Biene sind diese Aufgaben wenig sinnvoll. Die Klasse Arbeiterin sollte Werte dieser Art nicht als Daten zulassen.

Sicher, Sie könnten dem `Arbeiterin`-Konstruktor Code hinzufügen, der jeden String darauf prüft, ob er eine zulässige Bienenaufgabe beschreibt. Fügen Sie neue Aufgaben hinzu, die Bienen erledigen können, müssen Sie diesen Code allerdings ändern und die Klasse Arbeiterin neu kompilieren. Und diese Lösung ist auch aus weiteren Gründen recht kurzsichtig. Was ist, wenn Sie andere Klassen haben, die mit den Aufgaben arbeiten müssen, die Arbeitsbienen erledigen können? Doppelter Code lässt sich dann nicht mehr vermeiden ... und wohin dieser Weg führt, wissen Sie bereits.

Wir benötigen also ein Mittel, das uns zu sagen erlaubt: »Hey, hier sind nur ganz bestimmte Werte erlaubt.« Wir müssen die Werte **aufzählen** können, die an bestimmten Stellen verwendet werden dürfen.

Mit Enumerationen können Sie erlaubte Werte aufzählen

Eine Enumeration oder kurz ein **Enum** ist ein Datentyp, der für bestimmte Datenteile nur bestimmte Werte erlaubt. Wir könnten beispielsweise eine Enumeration namens `Aufgaben` definieren und darin die erlaubten Aufgaben angeben:

Das Zeug in den geschweiften Klammern wird als Aufzählungsliste bezeichnet, die einzelnen Begriffe als Aufzählungselemente und das Ganze als Aufzählung.

Aber die meisten Leute sagen einfach **Enum**.

Das ist der Name des Enums.

```
enum Aufgabe {
    NektarSammler,
    Wachdienst,
    Stockpflege,
    Bienenschule,
    Brutpflege,
    HonigProduktion,
}
```

All das sind gültige Aufgaben. Jeder Eintrag kann als Aufgabenwert verwendet werden.

Auf das letzte Element der Aufzählungsliste muss kein Komma folgen. Aber wird eins angegeben, erleichtert das das Umordnen per Cut-and-paste.

Trennen Sie die einzelnen Werte mit Kommata und beenden Sie die Aufzählung mit einer geschweiften Klammer.

Diese Elemente können Sie jetzt so mit Typen referenzieren:

Das ist der Name des Enums.

Schließlich der Wert aus dem Enum, den Sie verwenden möchten.

```
Arbeiterin nanny = new Arbeiterin(Aufgabe.Brutpflege);
```

Wir haben den Arbeiterin-Konstruktor so geändert, dass er Aufgaben als Parametertyp erwartet.

Sie können sich nicht einfach einen neuen Wert für das Enum ausdenken. Tun Sie das, lässt sich das Programm nicht mehr kompilieren.

```
private void button1_Click(object sender EventArgs e)
{
    Arbeiterin willi = new Arbeiterin(Aufgaben.Staatsanwalt);
}
```

Hier ist der Fehler, den der Compiler meldet.

```
'Aufgaben' enthält keine Definition für
'Staatsanwalt'.
```

Mit Enums können Zahlen über Namen repräsentiert werden

Manchmal kann man mit Zahlen leichter arbeiten, wenn man Namen für sie hat. In einem Enum können Sie den Werten Zahlen zuweisen und die Namen dann verwenden, um auf die Zahlen zu verweisen. So können Sie vermeiden, dass in Ihrem Code ein Haufen unerklärlicher Zahlen herumgeistert. Hier ist ein Enum, das die Punktwerte für die Kunststücke bei einem Hundedressurwettbewerb festhält.

Ein int kann in ein Enum umgewandelt werden, ein (int-basiertes) Enum in einen int.

```
enum Bewertungen {
    Sitz = 7,
    Männchen = 25,
    Rolle = 50,
    Apportieren = 10,
    BeiFuß = 5,
    Aus = 20,
}
```

Die Werte müssen nicht in einer bestimmten Reihenfolge stehen, und einem Wert können mehrere Namen gegeben werden.

Geben Sie nach einem Namen »=« und dann die Zahl an, die dieser Name repräsentieren soll.

Enums können auch andere Typen wie byte oder long nutzen – wie geschehen unten auf dieser Seite. Diese können Sie in den entsprechenden Typ umwandeln.

Hier ist ein Auszug aus einer Methode, die das Enum `Bewertungen` nutzt.

Der (int)Cast sagt dem Compiler, dass er das Aufzählungselement in die Zahl umwandeln soll, die es repräsentiert. Da Bewertungen.Aus den Wert 20 hat, liefert (int)Bewertungen.Aus also den int-Wert 20.

```
int wert = (int)Bewertungen.Apportieren * 2;
MessageBox.Show(wert.ToString());
Bewertungen wertung = (Bewertungen)wert;
MessageBox.Show(wertung.ToString())
```

Da Apportieren den Wert 10 hat, liefert diese Anweisung 20.

Ein int kann auf Bewertungen gecastet werden. Da der int-Wert 20 ist, liefert diese Anweisung den entsprechenden Bewertungen-Wert aus.

Sie können das Enum in eine Zahl umwandeln und damit Berechnungen durchführen, oder Sie können die Methode `ToString()` verwenden, um den Namen als String zu behandeln. Weisen Sie einem Namen keine Zahl zu, werden die Elemente in der Liste automatisch nummeriert. Das erste Element erhält den Wert 0, das zweite 1 usw.

Was ist jedoch, wenn Sie bei einem Aufzählungselement eine richtig große Zahl verwenden möchten? Standardmäßig haben die Zahlen in einem Enum den Typ `int`. Aber der verwendete Typ kann über den `:`-Operator angegeben werden:

```
enum Bewertungen : long {
      Sitz = 7,
      Männchen = 2500000000025

}
```

Das sagt dem Compiler, dass die Werte im Enum Bewertungen long-Werte sind und keine int-Werte.

Versuchen Sie, diesen Code zu kompilieren, ohne dabei long als Typ anzugeben, erhalten Sie folgende Fehlermeldung:
`»Der Typ 'long' kann nicht implizit in 'int' konvertiert werden.«`

ÜBUNG

Setzen Sie Ihre neuen Enum-Kenntnisse ein, um eine Klasse zu erstellen, die eine Spielkarte festhält.

Karte
Farbe
Wert
Name

1 ERSTELLEN SIE EIN PROJEKT UND FÜGEN SIE IHM DIE KLASSE KARTE HINZU.
Sie benötigen zwei öffentliche Eigenschaften: `Farbe` (`Karo`, `Herz`, `Pik` oder `Kreuz`) und `Wert` (`Ass`, `Zwei`, `Drei` ... `Zehn`, `Bauer`, `Dame`, `König`). Und Sie brauchen eine schreibgeschützte Eigenschaft für den Namen (»Pik-Ass«, »Herz-Dame«).

2 NEHMEN SIE ZWEI ENUMS, UM DIE FARBEN UND WERTE ZU DEFINIEREN.
Nutzen Sie Hinzufügen → Klasse, um sie hinzuzufügen, aber ersetzen Sie dabei das Wort `class` durch `enum`. Sorgen Sie dafür, dass `(int)Farben.Karo` gleich 0, `Herz` gleich 1, `Pik` gleich 2 und `Kreuz` gleich 3 ist. Verwenden Sie für Werte diese Kartenwerte: `(int)Werte.Ass` sollte 1 sein, `Zwei` 2, `Drei` 3 usw. `Bauer` sollte gleich 11, `Dame` gleich 12 und `König` gleich 13 sein.

3 FÜGEN SIE EINE EIGENSCHAFT FÜR DEN NAMEN DER KARTE HINZU.
`Name` sollte eine schreibgeschützte Eigenschaft sein. Der Getter soll einen String liefern, der die Karte beschreibt. Dieser Code läuft in einem Formular, das die `Name`-Eigenschaft der `Karte` abruft und anzeigt:

```
Karte karte = new Karte(Farben.Karo, Werte.Ass);
string kartenname = karte.Name;
```

Damit das funktioniert, muss die Klasse Karte einen Konstruktor haben, der zwei Werte annimmt.

Der Wert von Kartenname sollte »Karo-Ass« sein.

4 LASSEN SIE VON EINEM BUTTON DEN NAMEN EINER ZUFÄLLIGEN KARTE ANZEIGEN.
Sie können Ihr Programm eine Karte mit einem zufälligen Wert und einer zufälligen Farbe erstellen lassen, indem Sie eine Zufallszahl zwischen 0 und 3 auf `Farben` und eine andere Zufallszahl zwischen 1 und 13 auf `Werte` casten. Dazu können Sie eine Funktionalität der eingebauten Klasse `Random` nutzen, die Ihnen drei Möglichkeiten bietet, `Next()` aufzurufen:

Mehrere Möglichkeiten, eine Methode aufzurufen, bezeichnet man als Überladungen. Dazu später mehr ...

```
Random zufall = new Random();
int zahlZwischen0und3 = zufall.Next(4);
int zahlZwischen1und13 = zufall.Next(1, 14);
int beliebigeZufallszahl = zufall.Next();
```

Das fordert Random auf, einen Wert größer gleich 1 und kleiner als 14 zu liefern.

Kreuz-Sechs
OK

Es gibt keine Dummen Fragen

F: Moment. Als ich den Code eingab, öffnete sich ein IntelliSense-Fenster, das irgendetwas von »3 von 3« laberte, als ich die Random.Next()-Methode verwendete. Was soll das?

A: Sie haben gesehen, dass die Methode **überladen** ist. Hat eine Klasse eine Methode, die Sie auf mehrere Weisen aufrufen können, bezeichnet man das als Überladen. Verwenden Sie eine Klasse mit einer überladenen Methode, zeigt Ihnen die IDE alle zur Verfügung stehenden Optionen. In diesem Fall sind das die drei `Next()`-Methoden, die `Random` bietet. Sobald Sie »zufall.Next(« eingeben, öffnet die IDE ein IntelliSense-Fenster, das die Parameter für die verschiedenen Überladungen anzeigt. Über die Hoch- und Runter-Pfeile neben »3 von 3« können Sie zwischen diesen wechseln. Das ist nützlich, wenn Sie es mit Methoden zu tun haben, die Dutzende Überladungen bieten. Achten Sie also darauf, dass Sie die richtige Überladung der `Next()`-Methode auswählen! Aber zerbrechen Sie sich noch nicht den Kopf darüber – später in diesem Kapitel werden wir ausführlich über das Überladen sprechen.

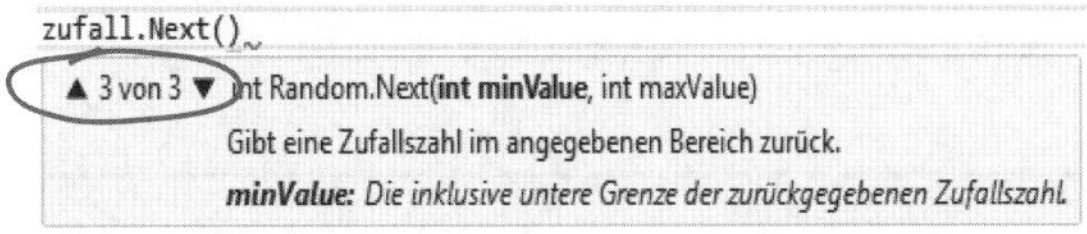
zufall.Next()
▲ 3 von 3 ▼ int Random.Next(int minValue, int maxValue)
Gibt eine Zufallszahl im angegebenen Bereich zurück.
minValue: Die inklusive untere Grenze der zurückgegebenen Zufallszahl.

Lösung zur Übung

Ein Kartenspiel ist ein gutes Beispiel dafür, wie wichtig das Einschränken von Werten sein kann. Niemand möchte seine Karten umdrehen und plötzlich einen Herz-Joker oder eine Pik-13 vor sich haben. Wir haben die Klasse Karte so geschrieben:

```
enum Farben {
    Karo,
    Herz,
    Pik,
    Kreuz
}
```

Geben Sie keine Werte an, erhält das erste Element die Zahl 0, das zweite die Zahl 1 und so weiter.

```
enum Werte {
    Ass = 1,
    Zwei = 2,
    Drei = 3,
    Vier = 4,
    Fünf = 5,
    Sechs = 6,
    Sieben = 7,
    Acht = 8,
    Neun = 9,
    Zehn = 10,
    Bauer = 11,
    Dame = 12,
    König = 13
}
```

Hier setzen wir den Wert von Karte.Werte.Ass auf 1.

Wir haben für die Enums die Namen `Farben` und `Werte` gewählt, die Eigenschaften in der Klasse `Karte`, die diese Enums als Typen nutzen, heißen dagegen `Farbe` und `Wert`. Was halten Sie von diesen Namen? Schauen Sie sich die Namen der anderen Enums an, die Ihnen in diesem Buch begegnen. Wären `Farbe` und `Wert` nicht bessere Namen für diese Enums?

Die Klasse Karte hat eine Farbe-Eigenschaft des Typs Farben und eine Wert-Eigenschaft des Typs Werte.

```
class Karte {
    public Farben Farbe { get; set; }
    public Werte Wert { get; set; }

    public Karte(Farben farbe, Werte wert) {
        this.Farbe = farbe;
        this.Wert = wert;
    }

    public string Name {
        get { return Farbe.ToString() + "-" + Wert.ToString(); }
    }
}
```

Der Getter für die Eigenschaft Name kann die ToString()-Methode von Enums nutzen, um den Namen in einen String umzuwandeln.

Hier ist der Code für den Button, der den Namen einer Zufallskarte anzeigt.

```
private void button1_Click(object sender, EventArgs e) {
    Random zufall = new Random();
    Karte karte = new Karte((Farben)zufall.Next(4),
                            (Werte)zufall.Next(1, 14));
    MessageBox.Show(karte.Name);
}
```

Wir haben hier die überladene Random.Next()-Methode verwendet, um eine Zufallszahl zu generieren, die wir auf das Enum casten.

Wir <u>könnten</u> einen Kartenstapel über ein Array repräsentieren

Was wäre, wenn Sie eine Klasse erstellen wollten, die einen Kartenstapel darstellen soll? Sie müsste jede Karte im Stapel festhalten können und dabei wissen, in welcher Reihenfolge sie stehen. Das ging mit einem `Karte`-Array – die oberste Karte im Stapel befände sich bei Index 0, die nächste bei Index 1 usw. Hier ist ein Anfangspunkt – der Stapel beginnt mit einem vollständigen Satz von 52 Karten.

```
class Kartenstapel {
    private Karte[] karten =  {
        new Karte(Farben.Karo, Werte.Ass),
        new Karte(Farben.Karo, Werte.Zwei),
        new Karte(Farben.Karo, Werte.Drei),
        // ...
        new Karte(Farben.Kreuz, Werte.Dame),
        new Karte(Farben.Kreuz, Werte.König),
    };

    public void KartenAusgeben() {
        for (int i = 0; i < karten.Length; i++)
            Console.WriteLine(karten[i].Name());
    }
}
```

Diese Array-Deklaration würde für den ganzen Stapel weitergehen. Das haben wir aus Platzgründen abgekürzt.

... aber was ist, wenn Sie mehr machen möchten?

Überlegen Sie sich, was man mit einem Kartenstapel machen könnte. Spielt man ein Kartenspiel, ändert man normalerweise die Reihenfolge der Karten, nimmt Karten aus dem Stapel heraus oder fügt ihm welche hinzu. Das lässt sich mit Arrays nicht so leicht bewerkstelligen.

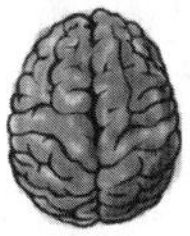

KOPF-NUSS

Wie würden Sie der Klasse Kartenstapel eine `Mischen()`-Methode hinzufügen, die die Karten zufällig umordnet? Was ist mit einer Methode, die die oberste Karte vom Stapel ausgibt? Wie würden Sie dem Stapel eine Karte hinzufügen?

Die Arbeit mit Arrays ist nicht immer einfach

Arrays sind gut, wenn es darum geht, feste Listen von Werten oder Referenzen zu speichern. Aber sobald man Array-Elemente verschieben oder mehr Elemente hinzufügen muss, als das Array aufnehmen kann, wird die Sache komplizierter.

1. Ein Array hat eine festgelegte Länge, die Sie kennen müssen, um mit ihm zu arbeiten. Um einige Array-Elemente leer zu lassen, könnten Sie null-Referenzen verwenden:

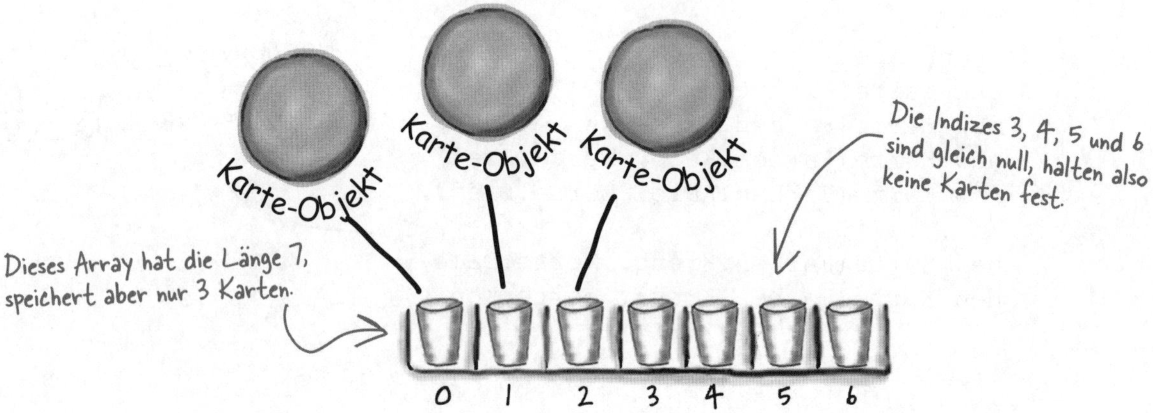
Karte-Objekt
Karte-Objekt
Karte-Objekt
Die Indizes 3, 4, 5 und 6 sind gleich null, halten also keine Karten fest.
Dieses Array hat die Länge 7, speichert aber nur 3 Karten.
0 1 2 3 4 5 6

2. Sie müssten herausfinden können, wie viele Karten festgehalten werden. Dazu bräuchten Sie beispielsweise ein int-Feld, das man `obersteKarte` nennen könnte, das den Index der letzten Karte im Array festhält. Für unser 3-Karten-Array wäre `Length` also gleich 7, aber `obersteKarte` würden wir auf 3 setzen.

Wir führen das Feld obersteKarte ein, um festzuhalten, wie viele Karten das Array speichert. Bei allen Indizes größer als obersteKarte ist die Karte-Referenz null.
0 1 2 3 4 5 6

Das .NET Framework bietet dazu sogar die eingebaute Methode Array.Resize().

3. Aber jetzt wird es kompliziert. Eine `Aufdecken()`-Methode, die einfach eine Referenz auf die oberste Karte liefert, ließe sich recht leicht hinzufügen – damit Sie sich die oberste Karte auf dem Stapel ansehen können. Aber was ist, wenn Sie eine Karte hinzufügen möchten? Ist `obersteKarte` kleiner als die Array-Länge, können Sie die Karte einfach an diesem Index in das Array einfügen und `obersteKarte` um eins erhöhen. Aber wenn das Array voll ist, müssen Sie ein neues, größeres Array erstellen und die vorhandenen Karten hineinkopieren. Eine Karte zu entfernen, ist recht leicht – aber nachdem Sie eins von `obersteKarte` abgezogen haben, müssen Sie auch daran denken, die entsprechende Referenz auf null zu setzen. Und was ist, wenn Sie eine Karte **aus der Mitte der Liste entfernen** müssen? Entfernen Sie die vierte Karte, müssen Sie die fünfte Karte an ihre Stelle verschieben und dann die sechste an die Stelle der fünften und dann die siebte ... was ein Chaos!

Listen erleichtern das Speichern von Sammlungen ... jeder Art

Das .NET Framework bietet einen Haufen von **Collection**-Klassen (Auflistungsklassen), die sich um all die hässlichen Probleme kümmern, die aufkommen, wenn Sie einem Array Elemente hinzufügen oder Elemente aus einem Array entfernen müssen. Die am häufigsten verwendete Auflistungsklasse ist `List<T>`. Nachdem Sie ein `List<T>`-Objekt erstellt haben, ist es ganz leicht, Elemente hinzuzufügen oder zu entfernen oder ein Element zu betrachten ... und auch das Verschieben von Elementen innerhalb der Liste ist kein Problem mehr. Listen funktionieren folgendermaßen:

1 ERST ERSTELLEN SIE EINE NEUE INSTANZ VON LIST<T>.

Jedes Array hat einen Typ – man hat nicht einfach ein Array, man hat immer ein `int`-Array, ein `Karte`-Array und so weiter. Listen sind genau so. Sie müssen den Typ der Objekte oder Werte angeben, die die Liste speichern soll. Diesen geben Sie in spitzen Klammern <> an, wenn Sie mit `new` die neue Instanz erstellen.

```
List<Karte> karten = new List<Karte>();
```

List<Karte>-Objekt

Da wir <Karte> angaben, als wir die Liste erstellten, speichert diese Liste also nur Referenzen auf Karte-Objekte.

Gelegentlich sparen wir uns das <T>, weil es der Lesbarkeit hier im Buch abträglich ist. Denken Sie List<T>, wenn Sie List sehen!

> **Entspannen Sie sich**
>
> **Das T in List<T> steht für *Typ*.**
>
> Das T wird durch einen Typ ersetzt – eine `List<int>` ist also eine `List` mit `int`s. Man bezeichnet es als generischen Typparameter und das ganze Konstrukt als generische Liste.

2 JETZT KÖNNEN SIE IHRER LISTE ELEMENTE HINZUFÜGEN.

Haben Sie ein `List<T>`-Objekt, können Sie ihm so viele Elemente hinzufügen, wie Sie möchten (solange sie mit dem Typ **kompatibel** sind, den Sie bei Erstellung der Liste angaben).

Das heißt, dass man sie dem Typ zuweisen kann: Schnittstellen, abstrakten Klassen, Basisklassen usw.

```
karten.Add(new Karte(Farben.Pik, Werte.König));
karten.Add(new Karte(Farben.Herz, Werte.Drei));
karten.Add(new Karte(Farben.Kreuz, Werte.Ass));
```

Wie ein Array hält auch ein List<T>-Objekt seine Elemente geordnet. Erst kommt der Pik-König, dann die Herz-Drei und schließlich das Kreuz-Ass.

Sie können der Liste so viele Karten hinzufügen, wie Sie wollen – rufen Sie einfach die Methode Add() auf. Sie stellt sicher, dass genug »Plätze« für die Elemente vorhanden sind. Gehen diese aus, vergrößert sie sich automatisch von selbst.

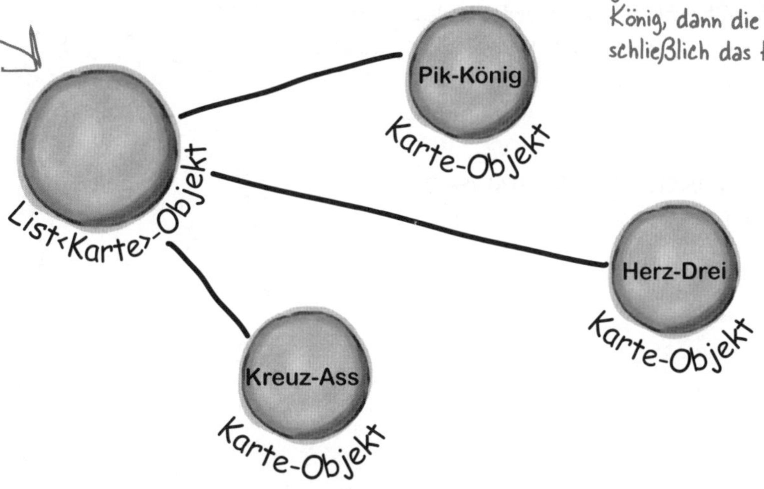
List<Karte>-Objekt
Pik-König
Karte-Objekt
Herz-Drei
Karte-Objekt
Kreuz-Ass
Karte-Objekt

Listen sind flexibler als Arrays

Über die in das .NET Framework eingebaute Klasse List können Sie mit Objekten eine ganze Menge Dinge anstellen, die mit einem braven Array nicht möglich sind. Schauen Sie sich einige der Dinge an, die mit einer List möglich sind.

1. **SIE KÖNNEN EINE LISTE ERSTELLEN.**

```
List<Ei> eierkarton = new List<Ei>();
```

Auf dem Heap wird ein neues List-Objekt erstellt, das zu Anfang leer ist.

2. **SIE KÖNNEN IHR ETWAS HINZUFÜGEN.**

```
Ei x = new Ei();
eierkarton.Add(x);
```

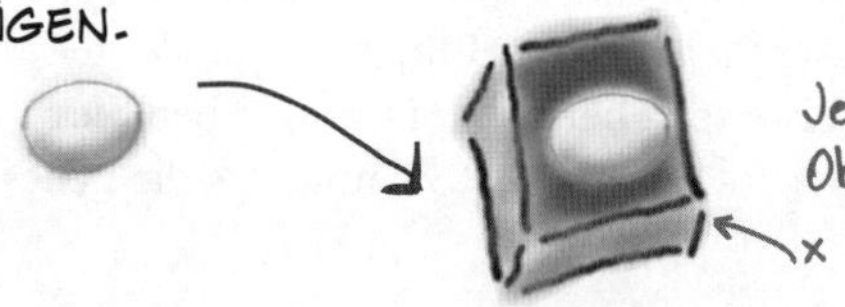
x
Jetzt vergrößert sich das List-Objekt, um ein Ei aufzunehmen …

3. **SIE KÖNNEN IHR NOCH ETWAS HINZUFÜGEN.**

```
Ei y = new Ei();

eierkarton.Add(y);
```

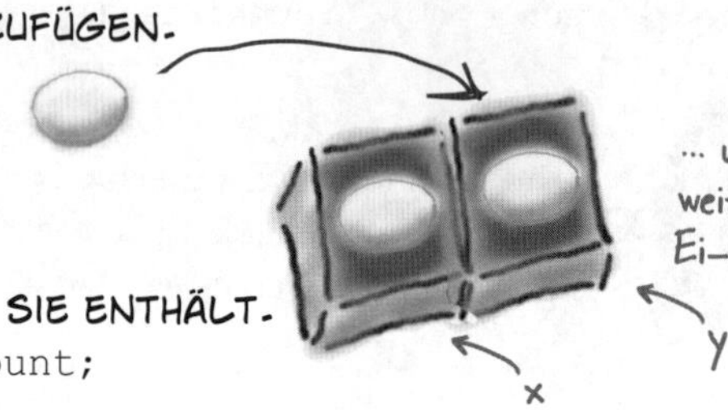
x
y
… und vergrößert sich weiter, um ein zweites Ei-Objekt aufzunehmen.

4. **SIE KÖNNEN ERMITTELN, WIE VIEL SIE ENTHÄLT.**

```
int größe = eierkarton.Count;
```

5. **SIE KÖNNEN PRÜFEN, OB SIE ETWAS BESTIMMTES ENTHÄLT.**

```
bool stecktDrin = eierkarton.Contains(x);
```

Jetzt können Sie darin nach einem der Eier suchen. Hier erhalten Sie auf alle Fälle true.

6. **SIE KÖNNEN HERAUSFINDEN, WO ETWAS STECKT.**

```
int idx = eierkarton.IndexOf(y);
```

Der Index für x wäre 0, der für y 1.

7. **SIE KÖNNEN ETWAS HERAUSNEHMEN.**

```
eierkarton.Remove(y);
```

puff!
x
Als wir y entfernten, blieb nur noch x im List-Objekt zurück, also schrumpfte es!

Spitzen Sie Ihren Bleistift

Füllen Sie den Rest der Tabelle aus, indem Sie sich den `List`-Code auf der linken Seite ansehen und auf der rechten Seite eintragen, wie der Code aussehen müsste, wenn wir stattdessen ein gewöhnliches Array verwendeten. Wir erwarten nicht, dass Sie das alles gleich richtig machen ... versuchen Sie sich einfach mal daran.

Hier sind einige Zeilen aus einem Programm. Gehen Sie davon aus, dass diese Anweisungen nacheinander ausgeführt werden und dass die Variablen zuvor deklariert wurden.

Ein paar haben wir für Sie gemacht ...

List	Array
`List<String> dieListe = new List <String>();`	`String [] dieListe = new String[2];`
`String a = "Ja!";`	`String a = "Ja!";`
`dieListe.Add(a);`	
`String b = "Brummer";`	`String b = "Brummer";`
`dieListe.Add(b);`	
`int größe = dieListe.Count;`	
`object o = dieListe[1];`	
`bool stecktDrin = dieListe.Contains(b);` Tipp: Hier benötigen Sie mehrere Codezeilen. →	

Spitzen Sie Ihren Bleistift Lösung

Sie sollten die Lücken in der Tabelle mit dem Code füllen, den wir schreiben müssten, wenn wir mit einem gewöhnlichen Array das Gleiche erreichen wollten wie mit dem List-Code auf der linken Seite.

List	Array
List<String> dieListe = new List <String>();	String[] dieListe = new String[2];
String a = "Ja!"	String a = "Ja!";
dieListe.Add(a);	dieListe[0] = a;
String b = "Brummer";	String b = "Brummer";
dieListe.Add(b);	dieListe[1] = b;
int größe = dieListe.Count;	int größe = dieListe.Length;
object o = dieListe[1];	object o = dieListe[1];

bool stecktDrin = dieListe.Contains(b);	bool stecktDrin = false;
	for (int i = 0; i < dieListe.Length; i++) {
	if (b == dieListe[i]) {
	stecktDrin = true;
	}
	}

Listen sind Objekte und nutzen Methoden wie alle Objekte, mit denen Sie bisher gearbeitet haben. Die Methoden, die für List-Objekte verfügbar sind, können Sie sehen, wenn Sie hinter dem Namen der List-Referenz einen . eingeben. Diesen Methoden übergeben Sie Parameter genau wie denen, die Sie in Ihren eigenen Klassen erstellt haben.

Bei Arrays sind Sie viel eingeschränkter. Die Größe des Arrays muss festgelegt werden, wenn Sie es erstellen. Die Logik für alle Aufgaben, die Sie ausführen wollen, müssen Sie selbst schreiben.

Das .NET Framework bietet eine Array-Klasse, die einige dieser Dinge etwas vereinfacht ... aber wir befassen uns hier mit List-Objekten, weil diese viel einfacher zu handhaben sind.

Listen schrumpfen und wachsen dynamisch

Tun Sie das!

Das Wunderbare an einer `List` ist, dass Sie bei ihrer Erstellung nicht wissen müssen, wie groß sie sein muss. Eine `List` wächst und schrumpft automatisch, um sich an ihren Inhalt anzupassen. Hier ist ein Beispiel mit einigen Methoden, die die Arbeit mit Listen erheblich einfacher machen als mit Arrays. **Erstellen Sie eine neue Konsolenanwendung** und fügen Sie der `Main()`-Methode folgenden Code hinzu. Er gibt nichts aus – durchlaufen Sie ihn **mit dem Debugger** und schauen Sie sich an, was passiert.

```
List<Schuh> schuhschrank = new List<Schuh>();

schuhschrank.Add(new Schuh()
    { Art = Art.Sneakers, Farbe = "Schwarz" });
schuhschrank.Add(new Schuh()
    { Art = Art.Clogs, Farbe = "Braun" });
schuhschrank.Add(new Schuh()
    { Art = Art.Lackschuhe, Farbe = "Schwarz" });
schuhschrank.Add(new Schuh()
    { Art = Art.Slipper, Farbe = "Weiß" });
schuhschrank.Add(new Schuh()
    { Art = Art.Slipper, Farbe = "Rot" });
schuhschrank.Add(new Schuh()
    { Art = Art.Sneakers, Farbe = "Grün" });

int anzahlSchuhe = schuhschrank.Count;
foreach (Schuh schuh in schuhschrank) {
    schuh.Art = Art.Flipflops;
    schuh.Farbe = "Orange";
}

schuhschrank.RemoveAt(4);

Schuh schuhDrei = schuhschrank[3];
Schuh schuhFünf = schuhschrank[5];
schuhschrank.Clear();

schuhschrank.Add(schuhDrei);
if (schuhschrank.Contains(schuhFünf))
    Console.WriteLine("Überraschung.");
```

Wir deklarieren eine List mit Schuh-Objekten namens Schuhschrank.

Die new-Anweisung kann auch in der Methode List.Add() verwendet werden.

`foreach` ist eine besondere Art von Schleife für Listen. Sie führt ihren Anweisungsblock für jedes Objekt in der Liste aus. Diese Schleife erzeugt einen Bezeichner namens `schuh`. Während die Schleife die Liste durchläuft, setzt sie `schuh` der Reihe nach auf die einzelnen Listenelemente.

Das ist die Anzahl von Schuh-Objekten in der Liste.

foreach-Schleifen funktionieren auch mit Arrays! Sie funktionieren mit jeder Art Auflistung.

Diese foreach-Schleife durchläuft alle Schuhe im Schrank.

Die Methode Remove() entfernt Objekte über die Referenz, die Methode RemoveAt() über den Index.

Die Methode Clear() löscht alle Objekte aus der Liste.

Bevor wir die Liste geleert haben, haben wir Referenzen auf zwei Schuhe gespeichert. Einen haben wir wieder eingefügt, der andere fehlt noch.

Diese Zeile wird nie ausgeführt, da Contains() false liefert. Wir haben nur schuhDrei in die leere Liste eingefügt, nicht schuhFünf.

Das ist die Schuh-Klasse, die wir einsetzen …

```
class Schuh {
    public Art Art;
    public string Farbe;
}

enum Art {
    Sneakers,
    Slipper,
    Sandalen,
    Flipflops,
    Lackschuhe,
    Clogs,
}
```

Generische Auflistungen können beliebige Typen speichern

Sie haben bereits gesehen, dass ein `List`-Objekt Strings oder Schuhe speichern kann. Sie könnten auch eine Liste mit `int`-Werten oder beliebigen anderen Objekten erstellen. Das macht List zu einer **generischen Auflistung**. Erstellen Sie ein neues `List`-Objekt und binden Sie es an einen bestimmten Typ: Sie können Listen mit `int`-Werten, mit Strings oder mit `Schuh`-Objekten haben. Das vereinfacht die Arbeit mit Listen – haben Sie eine Liste erstellt, kennen Sie immer den Typ der Daten, die sich darin befinden.

Das heißt nicht, dass Sie hier den Buchstaben T angeben. Es ist nur eine Notation, die Sie sehen, wenn eine Klasse oder Schnittstelle mit allen Typen arbeitet. Der <T>-Teil heißt, dass Sie hier einen beliebigen Typ wie List<Schuh> angeben und damit den Typ der Elemente einschränken können.

```
List<T> name = new List<T>();
```

Listen können entweder sehr flexibel sein (jeden Typ zulassen) oder sehr restriktiv. Sie tun also, was Arrays tun, und noch einiges mehr.

Das .NET Framework bietet einige generische Schnittstellen, die es den von Ihnen erstellten Auflistungen ermöglichen, mit jedem Typ zu arbeiten. `List` implementiert diese Schnittstellen. Deswegen kann man eine Liste mit `int`-Werten erstellen und mit ihr auf ziemlich die gleiche Weise arbeiten wie mit einer Liste mit Schuh-Objekten.

Testen Sie das selbst. Geben Sie in der IDE das Wort **`List`** ein, klicken Sie mit der rechten Maustaste darauf und wählen Sie »Gehe zu Definition«. Das führt Sie zur Deklaration für die Klasse `List<T>`. Sie implementiert ein paar Schnittstellen:

Hier kommen RemoveAt(), IndexOf() und Insert() her.

```
public class List<T> : IList<T>,
ICollection<T>, IEnumerable<T>, IList,
ICollection, IEnumerable
```

Hier kommen Add(), Clear(), CopyTo() und Remove() her. Das ist die Basis aller generischen Auflistungen.

Das ermöglicht Ihnen unter anderem die Verwendung von foreach.

Punkt für Punkt

- **`List`** ist eine Klasse des .NET Framework.
- Eine Liste **passt ihre Größe dynamisch** an die Anforderungen an. Sie hat eine bestimmte Kapazität, die wächst, während Sie der Liste weitere Elemente hinzufügen.
- Mit **`Add()`** stecken Sie etwas in eine Liste, mit **`Remove()`** entfernen Sie etwas daraus.
- Mit **`RemoveAt()`** können Sie Objekte über ihren **Index** entfernen.
- Den Typ der Liste deklarieren Sie über ein **Typargument**, den Typname in spitzen Klammern. Beispiel: Eine `List<Frosch>` kann nur `Frosch`-Objekte speichern.
- Mit **`IndexOf()`** können Sie ermitteln, an welcher Stelle (und ob) etwas in der Liste steckt.
- Die Anzahl der Elemente der Liste erhalten Sie mit der Eigenschaft **`Count`**.
- Mit **`Contains()`** können Sie prüfen, ob die Liste ein bestimmtes Objekt enthält.
- **`foreach`** ist ein spezieller Schleifentyp, der alle Elemente in einer Liste durchläuft und Code dafür ausführt. Die Syntax für eine `foreach`-Schleife ist **`foreach (string s in StringList)`**. Der `foreach`-Schleife müssen Sie nicht sagen, dass sie inkrementieren muss. Sie durchläuft automatisch alle Elemente in der Liste.

Aufgepasst

Sie können ein Auflistung nicht verändern, während Sie sie mit `foreach` durchlaufen!

Der Versuch führt zu einem Fehler. Das können Sie umgehen, indem Sie eine Kopie erstellen, die Sie dann durchlaufen. Dazu nutzen Sie die `ToList()`-Methode von `IEnumerable`.

Code-Magneten

Können Sie die Codeschnipsel so zusammenpuzzeln, dass sie ein funktionierendes Formular ergeben, das die MessageBox unten anzeigt, wenn auf einen Button geklickt wird?

```
private void button1_Click(object sender,
EventArgs e){
```

```
a.RemoveAt(2);
```

```
List<string> a = new List<string>();
```

```
public void drucken (List<string> a){
```

```
if (a.Contains("zwei")) {
    a.Add(zweiMalZwei);
}
```

```
a.Add(zilch);
a.Add(erstes);
a.Add(zweites);
a.Add(drittes);
```

```
}
```

```
string erg = "";
```

```
if (a.Contains("drei")){
    a.Add("vier");
}
```

```
foreach (string element in a)
{
    erg += "\n" + element;
}
```

```
MessageBox.Show(erg);
```

```
}
```

```
if (a.IndexOf("vier") != 4) {
    a.Add(viertes);
}
```

```
}
```

```
drucken(a);
```

```
string zilch = "null";
string erstes = "eins";
string zweites = "zwei";
string drittes = "drei";
string viertes = "4.2";
string zweiMalZwei = "2.2";
```

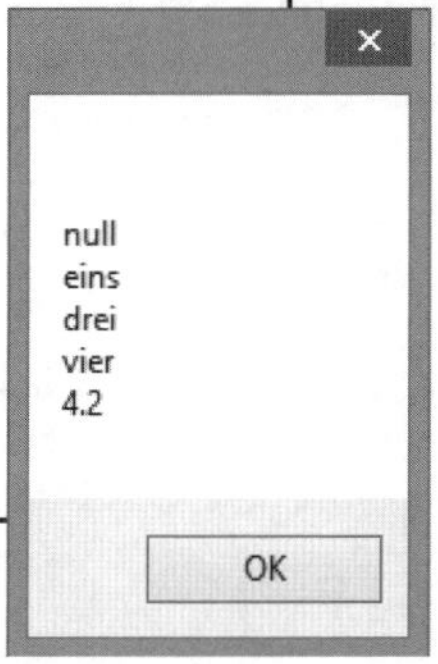
null
eins
drei
vier
4.2
OK

Code-Magneten, Lösung

Erinnern Sie sich noch daran, dass wir in Kapitel 3 davon sprachen, intuitive Namen zu verwenden? Diese Übung wäre dadurch aber vielleicht etwas zu leicht geworden!

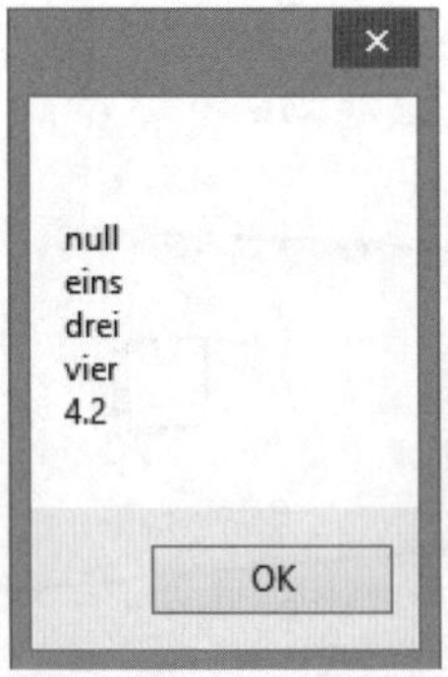

null
eins
drei
vier
4.2
OK


```
private void button1_Click(object sender, EventArgs e)
{
    List<string> a = new List<string>();
    string zilch = "null";
    string erstes =  "eins";
    string zweites = "zwei";
    string drittes = "drei";
    string viertes = "4.2";
    string zweiMalZwei = "2.2";
    a.Add(zilch);
    a.Add(erstes);
    a.Add(zweites);
    a.Add(drittes);
    if (a.Contains("drei")){
        a.Add("vier");
    }
    a.RemoveAt(2);
    if (a.IndexOf("vier") != 4) {
        a.Add(viertes);
    }
    if (a.Contains("zwei")) {
        a.Add(zweiMalZwei);
    }
    drucken(a);
}
public void drucken (List<string> a){
    string erg = "";
    foreach (string element in a)
    {
        erg += "\n" + element;
    }
    MessageBox.Show(erg);
}
}
```

Sehen Sie, warum »2.2« der Liste nicht hinzugefügt wird, obwohl es hier deklariert wird?

RemoveAt() entfernt das Element an Index 2 – das ist das dritte Element in der Liste.

Die Methode drucken() nutzt eine foreach-Schleife dazu, eine String-Liste zu durchlaufen, um erst alle Elemente an den String erg anzuhängen und diesen dann auszugeben.

Die foreach-Schleife durchläuft alle Elemente in der Liste und baut aus ihnen einen langen String auf.

Es gibt keine Dummen Fragen

F: **Warum sollte ich Enums verwenden, wo es doch Listen gibt? Kann ich mit Listen nicht das gleiche Problem lösen?**

A: Enums sind etwas anders als Listen. Der wichtigste Punkt ist, dass Enums **Typen** sind, Listen aber **Objekte**. Enums können Sie sich als praktisches Mittel zur Speicherung von ***Listen mit Konstanten*** vorstellen, das es Ihnen ermöglicht, über einen Namen auf sie zuzugreifen. Sie machen Ihren Code besser lesbar und stellen sicher, dass Sie immer die richtigen Namen verwenden, um auf häufig verwendete Werte zuzugreifen.

Eine Liste kann so ziemlich alles speichern. Da es eine Liste von ***Objekten*** ist, kann jedes Element in einer Liste eigene Methoden und Eigenschaften haben. Enums hingegen muss einer der **Werttypen** von C# zugewiesen werden (wie die, die Sie auf den ersten Seiten von Kapitel 4 verwendet haben). Sie können in ihnen also keine Referenztypen speichern.

Enums können ihre Größe auch nicht dynamisch ändern. Sie können keine Schnittstellen implementieren oder Methoden haben, und Sie müssen sie auf einen anderen Typ casten, um einen Wert aus einem Enum in einer anderen Variablen zu speichern. Zählen Sie das zusammen, gibt es ziemlich große Unterschiede zwischen diesen beiden Möglichkeiten, Daten zu speichern. Beide sind auf ihre jeweilige Weise aber sehr nützlich.

F: **Gut, das klingt, als wären Listen ziemlich mächtig. Warum sollte ich dann noch Arrays verwenden?**

Arrays sind auch sparsamer, was Rechenzeit und Speicherplatz betrifft. Merkliche Leistungsverbesserungen durch einen Wechsel zu Arrays werden Sie bei Ihren Programmen allerdings nur sehen, wenn Sie die gleiche Operation astronomisch oft vornehmen müssen.

A: Wenn Sie wissen, dass Sie mit einer ganz bestimmten Anzahl von Elementen arbeiten müssen, oder wenn Sie eine ganz bestimmte Folge von Werten benötigen, ist ein Array perfekt. Glücklicherweise können Sie eine Liste mit der Methode `ToArray()` leicht in ein Array umwandeln ... und mit einer der Überladungen des `List<T>`-Konstruktors können Sie Arrays ebenso leicht in Listen umwandeln.

F: **Dieses »generisch« verstehe ich nicht. Wieso sind Listen generische Auflistungen? Warum sind Arrays keine?**

A: Eine generische Auflistung ist ein Auflistungsobjekt (oder ein eingebautes Objekt, mit dem Sie Massen von Objekten speichern und verwalten können), das so eingerichtet wurde, dass es nur einen Datentyp speichern kann (oder, wie Sie gleich sehen werden, mehrere Datentypen).

F: **Gut. Das erklärt den »Auflistung«-Teil. Aber was macht sie »generisch«?**

A: Früher führten Supermärkte allgemeine Waren, die in großen weißen Paketen mit schwarzer Schrift verpackt waren, die nur sagte, was drin war (»Chips«, »Cola«, »Seife« usw.). Die allgemeine Marke bezog sich nur auf das, was im Paket war, nicht darauf, wie es angezeigt wurde.

Das Gleiche passiert mit generischen Datentypen. Ihre `List<>` funktioniert immer gleich, egal was darin steckt. Eine Liste mit `Schuh`-Objekten, `Karte`-Objekten, `int`-Werten, `long`-Werten oder selbst mit anderen Listen verhält sich auf Container-Ebene immer gleich. Egal was in der Liste selbst drinsteckt, Sie können immer hinzufügen, entfernen, löschen usw.

Der Begriff »generisch« bezieht sich darauf, dass die Klasse List selbst mit beliebigen Typen arbeiten kann, obwohl spezifische List-Instanzen immer nur mit einem Typ arbeiten.

Genau das macht das <T>-Zeug. Es bindet eine List-Instanz an einen bestimmten Typ. Aber die Klasse List selbst ist allgemein und kann mit JEDEM Typ arbeiten. Das unterscheidet generische Auflistungen von allem, was Sie bisher gesehen haben.

F: **Kann man auch Listen ohne Typ haben?**

A: Nein. Jede Liste – genauer, jede generische Auflistung (mehr zu den anderen generischen Auflistungen werden Sie gleich erfahren) – muss mit einem Typ verknüpft sein. C# bietet einen nicht generischen Listentyp namens `ArrayList`, der jede Art von Objekt speichern kann. Wenn Sie eine ArrayList verwenden möchten, müssen Sie in Ihren Code eine »`using System.Collections;`«-Zeile einschließen. Aber dazu sollten Sie selten gezwungen sein, da eine `List<object>` für die Aufgabe sicher auch geeignet ist.

Beim Erstellen eines List-Objekts geben Sie immer den Typ an, den darin gespeicherte Daten haben werden. Listen können Werttypen und Referenztypen speichern.

Auflistungsinitialisierer funktionieren wie Objektinitialisierer

C# bietet Ihnen eine nette Kurznotation, die die Tipparbeit beim Erstellen und Füllen von Listen verringert. Bei der Erstellung eines neuen `List`-Objekts können Sie einen **Auflistungsinitialisierer** einsetzen, um ihm eine Ausgangselementliste zuzuweisen. Die Elemente werden hinzugefügt, sobald die Liste erzeugt wird.

Diesen Code haben Sie vor ein paar Seiten gesehen – er erzeugt eine neue List<Schuh> und füllt sie mit neuen Schuh-Objekten.

```
List<Schuh> schuhschrank = new List<Schuh>();
schuhschrank.Add(new Schuh() { Art = Art.Sneakers, Farbe = "Schwarz" });
schuhschrank.Add(new Schuh() { Art = Art.Clogs, Farbe = "Braun" });
schuhschrank.Add(new Schuh() { Art = Art.Lackschuhe, Farbe = "Schwarz" });
schuhschrank.Add(new Schuh() { Art = Art.Slipper, Farbe = "Weiß" });
schuhschrank.Add(new Schuh() { Art = Art.Slipper, Farbe = "Rot" });
schuhschrank.Add(new Schuh() { Art = Art.Sneakers, Farbe = "Grün" });
```

Der gleiche Code mit einem Auflistungsinitialisierer

Sehen Sie, wie die einzelnen Schuh-Objekte mit eigenen Objektinitialisierern initialisiert werden? Sie können sie einfach so in den Auflistungsinitialisierer einbetten.

Einen Auflistungsinitialisierer erstellen Sie, indem Sie im Initialisiererblock einfach nur die Add()-Parameter angeben.

```
List<Schuh> schuhschrank = new List<Schuh>() {
    new Schuh() { Art = Art.Sneakers, Farbe = "Schwarz" },
    new Schuh() { Art = Art.Clogs, Farbe = "Braun" },
    new Schuh() { Art = Art.Lackschuhe, Farbe = "Schwarz" },
    new Schuh() { Art = Art.Slipper, Farbe = "Weiß" },
    new Schuh() { Art = Art.Slipper, Farbe = "Rot" },
    new Schuh() { Art = Art.Sneakers, Farbe = "Grün" },
};
```

Auf die Anweisung, die die Liste erstellt, folgen geschweifte Klammern, in denen die Elemente durch Kommata getrennt angegeben werden.

Hier sind die Elemente new-Anweisungen, aber es können beliebige Ausdrücke sein.

Auflistungsinitialisierer machen Ihren Code kompakter, da sie Listenerstellung und -initialisierung kombinieren.

Erstellen wir eine Liste mit Enten

Tun Sie das

Hier ist eine Klasse `Ente` zur Verwaltung Ihrer Entensammlung. (Sie *sammeln* doch sicher Enten, oder?) **Erstellen Sie eine neue Konsolenanwendung** und fügen Sie die Klasse `Ente` und das Enum `EntenArt` hinzu.

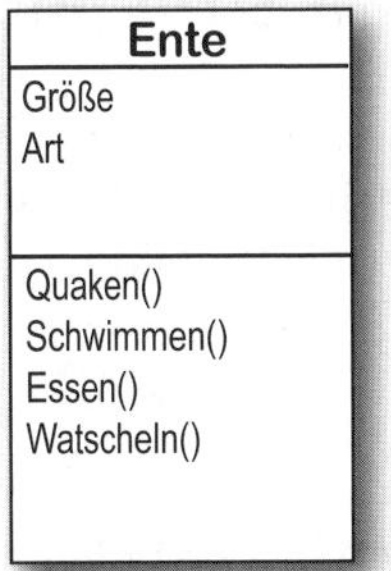

Ente
Größe
Art
Quaken()
Schwimmen()
Essen()
Watscheln()

Jede Ente hat eine Größe – diese ist 40 cm lang.
Einige Enten sind Stockenten.
Und Sie haben ein paar hölzerne Lockenten.
Andere sind Moschusenten.


```
class Ente {
    public int Größe;
    public EntenArt Art;
}

enum EntenArt {
    Stockente,
    Moschusente,
    Lockente
}
```

Die Klasse hat zwei öffentliche Felder. Außerdem hat sie einige Methoden, die wir hier nicht zeigen.

Wir werden ein Enum namens EntenArt verwenden, um die Arten der Enten in Ihrer Sammlung nachzuhalten.

Fügen Sie Ihrem Projekt Ente und EntenArt hinzu.

Hier ist der Initialisierer

Wir haben sechs Enten und werden eine `List<Ente>` mit einem Initialisierer mit sechs Anweisungen erstellen. Die Anweisungen im Initialisierer erstellen eine neue Ente und nutzen einen Objektinitialisierer, um die `Größe`- und `Art`-Felder der Enten zu setzen. **Fügen Sie diesen Code** der `Main()`-Methode in `Program.cs` hinzu:

```
List<Ente> enten = new List<Ente>() {
    new Ente() { Art = EntenArt.Stockente, Größe = 40 },
    new Ente() { Art = EntenArt.Moschusente, Größe = 42 },
    new Ente() { Art = EntenArt.Lockente, Größe = 35 },
    new Ente() { Art = EntenArt.Moschusente, Größe = 28 },
    new Ente() { Art = EntenArt.Stockente, Größe = 37 },
    new Ente() { Art = EntenArt.Lockente, Größe = 36 },
};
// Das verhindert, dass das Fenster zu schnell geschlossen wird.
Console.ReadKey();
```

Sie fügen Main() Code hinzu, der die Konsolenausgabe erzeugt. Ergänzen Sie deswegen diese Zeile, damit das Fenster geöffnet bleibt, bis Sie eine Taste drücken.

Listen sind leicht, aber SORTIEREN kann verzwickt sein

Möglichkeiten, Zahlen oder Buchstaben zu sortieren, fallen einem schnell ein. Aber was ist, wenn man zwei Objekte sortieren soll, insbesondere wenn diese mehrere Felder haben? In einigen Fällen möchte man Objekte über den Wert im Namensfeld sortieren, in anderen könnte es sinnvoller sein, Objekte über ihre Größe oder ihr Geburtsdatum zu sortieren. Es gibt viele Möglichkeiten, sie zu ordnen, und Listen unterstützen alle.

Sie könnten Ente über die Größe sortieren ...

Von klein nach groß sortiert.

... oder über den Typ:

Nach Entenart sortiert.

Listen wissen, wie sie sich sortieren müssen

Jede Liste besitzt eine `Sort()`-Methode, die all ihre Elemente umarrangiert und in eine Ordnung bringt. Listen wissen bereits, wie die meisten eingebauten Typen zu sortieren sind, und man kann ihnen leicht beibringen, wie andere Klassen sortiert werden sollen.

Eigentlich ist es nicht die List<T>, die weiß, wie sie zu sortieren ist. Das hängt von einem IComparer<T>-Objekt ab, und darüber werden Sie gleich mehr erfahren.

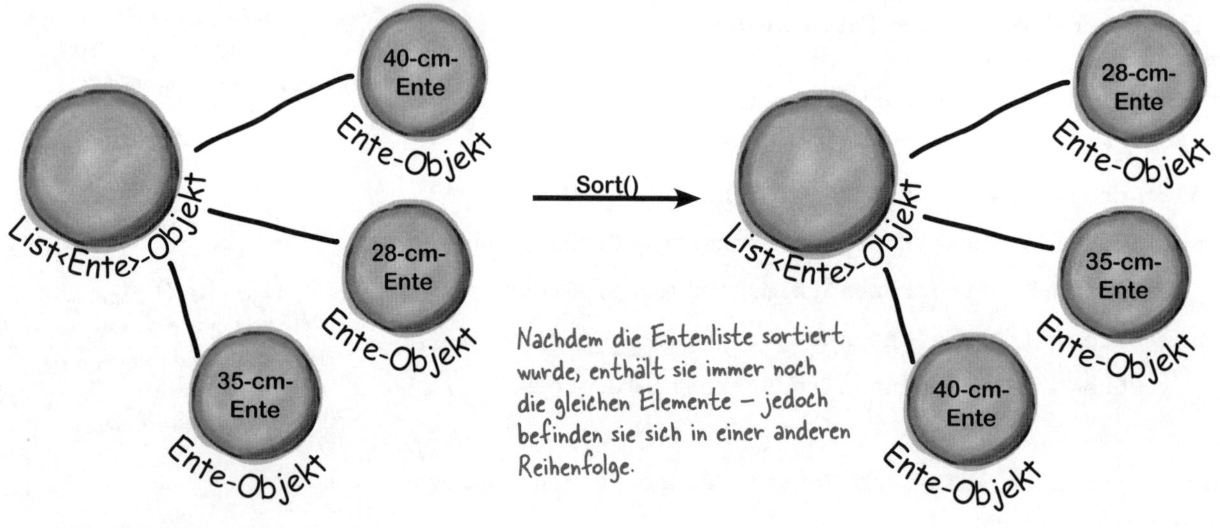

40-cm-Ente
Ente-Objekt
List<Ente>-Objekt
28-cm-Ente
Ente-Objekt
35-cm-Ente
Ente-Objekt
Sort()
28-cm-Ente
Ente-Objekt
List<Ente>-Objekt
35-cm-Ente
Ente-Objekt
40-cm-Ente
Ente-Objekt
Nachdem die Entenliste sortiert wurde, enthält sie immer noch die gleichen Elemente – jedoch befinden sie sich in einer anderen Reihenfolge.

Enten sortieren mit IComparable<Ente>

Die Methode `List.Sort()` weiß, wie ein Typ oder eine Klasse sortiert werden muss, wenn dieser bzw. diese **die Schnittstelle `IComparable` implementiert**. Diese Schnittstelle hat nur ein Member – eine Methode namens `CompareTo()`. `Sort()` nutzt die `CompareTo()`-Methode eines Objekts, um es mit anderen Objekten zu vergleichen, und nutzt ihren Rückgabewert (einen `int`), um zu bestimmen, welches Objekt zuerst kommt.

Aber manchmal muss man eine Liste von Objekten sortieren, die `IComparable` nicht implementieren. .NET bietet eine weitere Schnittstelle, die in diesem Fall helfen kann. Sie können `Sort()` eine Instanz einer Klasse übergeben, die `IComparer` implementiert. Auch diese Schnittstelle hat nur eine Methode. Über die `Compare()`-Methode des Comparer-Objekts vergleicht die `Sort()`-Methode der Liste Paare von Objekten, um herauszufinden, welches in der sortierten Liste zuerst kommen muss.

Jede Klasse, die IComparable<T> implementiert und eine CompareTo()-Methode anbietet, arbeitet mit der in Listen eingebauten Sort()-Methode.

CompareTo() vergleicht das Objekts mit einem anderen

Man kann unser `List`-Objekt sortierbar machen, indem man die Klasse `Ente` so modifiziert, dass sie `IComparable<Ente>` implementiert. Dazu fügen wir ihr eine `CompareTo()`-Methode hinzu, die eine Ente-Referenz als Parameter nimmt. Sollte die zu vergleichende Ente in der sortierten Liste nach der aktuellen Ente kommen, liefert `CompareTo()` eine positive Zahl. Aktualisieren Sie die `Ente`-Klasse, indem Sie IComparable<Ente> so implementieren, dass Enten auf Basis ihrer Größe sortiert werden:

```
class Ente : IComparable<Ente> {
    public int Größe;
    public EntenArt Art;

    public int CompareTo(Ente vergleichsEnte) {
        if (this.Größe > vergleichsEnte.Größe)
            return 1;
        else if (this.Größe < vergleichsEnte.Größe)
            return -1;
        else
            return 0;
    }
}
```

Wenn Sie IComparable<T> implementieren, geben Sie den zu vergleichenden Typ an, wenn Sie die Implementierung deklarieren.

Die meisten CompareTo()-Methoden sehen ganz ähnlich aus wie diese hier. Erst vergleicht die Methode das Feld Größe mit dem Größe-Feld der anderen Ente. Ist die aktuelle Ente größer, liefert die Methode 1, andernfalls -1. Sind sie gleich, wird 0 geliefert.

Möchten Sie Ihre Liste von groß nach klein sortieren lassen, müssen Sie CompareTo() eine positive Zahl liefern lassen, wenn die zu vergleichende Ente kleiner als die aktuelle Ente ist, und eine negative, wenn die zu vergleichende Ente größer ist.

Fügen Sie diesen Code vor `Console.ReadKey()` in `Main()` ein, damit Ihre Entenliste sortiert wird. Schauen Sie sich die Sache mit dem Debugger an, indem Sie in `CompareTo()` **einen Unterbrechungspunkt setzen**.

```
enten.Sort();
```

Mit IComparer sagen Sie Ihren Listen, wie sie sortieren sollen

Für Listen ist in das .NET Framework eine besondere Schnittstelle eingebaut, mit der Sie eine eigene Sortierlogik aufbauen können. Indem Sie **die Schnittstelle `IComparer<T>` implementieren**, können Sie Ihrer `List<T>` genau sagen, wie Ihre Objekte sortiert werden sollen. Das tun Sie, indem Sie die `Compare()`-Methode der `IComparer`-Schnittstelle implementieren. Sie erwartet zwei Objektparameter, x und y, und liefert einen `int`. Ist x kleiner als y, sollte ein negativer Wert geliefert werden. Sind beide gleich, sollte null, und ist x größer als y, sollte ein positiver Wert geliefert werden.

Wie Ihre Liste sortiert wird, ist von Ihrer Implementierung von IComparer abhängig.

Hier ist ein Beispiel dafür, wie Sie eine `Comparer`-Klasse implementieren, die `Ente`-Objekte anhand der Größe vergleicht:

Diese Klasse implementiert IComparer und gibt den Objekttyp an, den sie sortieren kann: Ente-Objekte.

```
class EnteComparerNachGröße : IComparer<Ente>
{
    public int Compare(Ente x, Ente y)
    {
        if (x.Größe < y.Größe)
            return -1;
        if (x.Größe > y.Größe)
            return 1;
        return 0;
    }
}
```

Die beiden Parameter haben immer den gleichen Typ.

Compare() liefert einen int und hat zwei Parameter des Typs, den Sie sortieren.

In dieser Methode können Sie Vergleiche beliebigen Typs einsetzen.

–1 bedeutet, dass Objekt x vor Objekt y kommen soll. x ist »kleiner als« y.

Eine 1 bedeutet, dass Objekt x nach Objekt y kommen soll. x ist »größer als« y.

0 bedeutet, dass diese beiden Objekte als gleich betrachtet werden sollen (gleich in Bezug auf diese Vergleichsberechnung).

Eine Methode, die die Enten in einer List<Ente> ausgibt.

Fügen Sie die Methode EntenAusgeben der Program-Klasse Ihres Projekts hinzu, damit Sie alle Enten in einer Liste ausgeben können.

Aktualisieren Sie Main() so, dass sie vor und nach der Sortierung der Liste aufgerufen wird, damit Sie sich die Auswirkungen ansehen können!

```
public static void EntenAusgeben(List<Ente> enten)
{
    foreach (Ente ente in enten)
        Console.WriteLine(ente.Größe.ToString() +
                          "-cm " + ente.Art.ToString());
    Console.WriteLine("Enten-Ende!");
}
```

Erstellen Sie eine Instanz Ihrer Comparer-Klasse

Möchten Sie mithilfe von `IComparer<T>` sortieren, müssen Sie eine Instanz der Klasse erstellen, die die Schnittstelle implementiert. Dieses Objekt hat nur einen einzigen Zweck – sie soll `List.Sort()` helfen, die Liste zu sortieren. Aber wie bei jeder (nicht statischen) Klasse müssen Sie eine Instanz erzeugen, damit Sie die Logik nutzen können.

Den Initialisierungscode für die Liste haben wir weggelassen. Den haben Sie vor ein paar Seiten schon gesehen. Denken Sie daran, die Listen zu initialisieren, sonst erhalten Sie eine NullPointerException, wenn Sie sie nutzen.

```
EnteComparerNachGröße ecGröße = new EnteComparerNachGröße();

enten.Sort(ecGröße);

EntenAusgeben(enten);
```

Als Parameter übergeben Sie Sort() eine Referenz auf die EnteComparer NachGröße-Instanz

Fügen Sie das der Main()-Methode hinzu, damit Sie sehen, wie die Enten sortiert werden.

Von klein nach groß sortiert ...

Mehrere IComparer-Implementierungen bedeuten mehrere Wege, Ihre Objekte zu sortieren

Sie können mehrere `IComparer<Ente>`-Klassen erstellen, die jeweils eine eigene Logik haben, die eine andere Aufgabe erfüllen. Dann können Sie den gewünschten Comparer verwenden, wenn Sie auf bestimmte Weise sortieren müssen. Hier ist eine weitere Ente-Comparer-Implementierung.

Dieser Comparer sortiert nach Entenart. Denken Sie daran, dass Sie beim Vergleich der Art die **Index**-Werte vergleichen.

```
class EnteComparerNachArt : IComparer<Ente> {
   public int Compare(Ente x, Ente y) {
      if (x.Art < y.Art)
         return -1;
      if (x.Art > y.Art)
         return 1;
      else
         return 0;
      }
}
```

Stockente kommt also vor Moschusente und diese vor Lockente.

Wir vergleichen die Art-Eigenschaften der Enten, damit die Enten auf Basis des Werts der Eigenschaft Art sortiert werden, deren Typ EntenArt ist.

Beachten Sie, dass »größer als« und »kleiner als« hier eine andere Bedeutung haben. Ein Typ ist »größer als« ein anderer, damit wir eine Ordnung haben, die wir verwenden können.

Dies ist ein Beispiel dafür, wie Enums und Listen zusammenarbeiten. Enums stehen für Zahlen und werden in der Sortierung der Liste verwendet.

```
EnteComparerNachArt ecArt = new EnteComparerNachArt();
enten.Sort(ecArt);
EntenAusgeben(enten);
```

Noch etwas Entencode für Main().

Nach Entenart sortiert ...

Komplexe IComparer

Geben Sie Sort() kein IComparer<T>-Objekt, wird ein Standardobjekt genutzt, das Werttypen und Referenzen vergleichen kann. Mehr dazu unter Punkt 6 des Anhangs.

Erstellen Sie eine separate Klasse für das Sortieren Ihrer Enten, hat das den Vorteil, dass Sie in diese Klasse eine komplexere Logik einbauen können – und Member ergänzen können, die dabei helfen, die Sortierkriterien für die Liste festzulegen.

```
enum Sortierung {
    GrößeDannArt,
    ArtDannGröße,
}

class EnteComparer : IComparer<Ente> {
    public Sortierung SortierenNach = Sortierung.GrößeDannArt;

    public int Compare(Ente x, Ente y) {
        if (SortierenNach == Sortierung.GrößeDannArt)
            if (x.Größe > y.Größe)
                return 1;
            else if (x.Größe < y.Größe)
                return -1;
            else
                if (x.Art > y.Art)
                    return 1;
                else if (x.Art < y.Art)
                    return -1;
                else
                    return 0;
        else
            if (x.Art > y.Art)
                return 1;
            else if (x.Art < y.Art)
                return -1;
            else
                if (x.Größe > y.Größe)
                    return 1;
                else if (x.Größe < y.Größe)
                    return -1;
                else
                    return 0;
    }
}

EnteComparer ec = new EnteComparer();

ec.SortierenNach = Sortierung.ArtDannGröße;
enten.Sort(ec);
EntenAusgeben(enten);

ec.SortierenNach = Sortierung.GrößeDannArt;
enten.Sort(ec);
EntenAusgeben(enten);
```

Dieses Enum sagt dem Objekt, wie die Enten sortiert werden sollen.

Hier ist eine komplexere Klasse für den Vergleich von Enten. Ihre Compare()-Methode erwartet die gleichen Parameter, schaut aber auf das öffentliche Feld SortierenNach, um festzustellen, wie die Enten sortiert werden sollen.

Diese if-Anweisung prüft das Feld SortierenNach. Ist es auf GrößeDannArt gesetzt, wird zunächst über die Größe der Enten, dann innerhalb jeder Größe über die Art sortiert.

Statt einfach 0 zu liefern, wenn zwei Enten die gleiche Größe haben, prüft der Comparer ihre Art und liefert nur 0, wenn zwei Enten die gleiche Größe und die gleiche Art haben.

Ist SortierenNach nicht auf GrößeDannArt gesetzt, sortiert der Comparer die Enten erst über die Entenart. Haben zwei Enten die gleiche Art, wird ihre Größe verglichen.

So verwenden wir dieses Comparer-Objekt. Erst instantiieren wir es. Dann können wir das SortierenNach-Feld des Objekts setzen, bevor wir enten.Sort() aufrufen. Wie die Liste die Enten sortiert, können Sie jetzt ganz einfach anpassen, indem Sie das Feld ändern. Fügen Sie diesen Code Main() hinzu, wird die Liste nacheinander auf unterschiedliche Weise sortiert.

ÜBUNG

Erzeugen Sie fünf Zufallskarten und sortieren Sie diese dann.

1 ERSTELLEN SIE CODE, DER EINEN GEMISCHTEN KARTENSTAPEL ERZEUGT.

Erstellen Sie eine neue Konsolenanwendung und fügen Sie der `Main()`-Methode Code hinzu, der fünf zufällige `Karte`-Objekte erzeugt. Nutzen Sie nach der Erstellung der einzelnen Objekte die eingebaute Methode `Console.WriteLine()`, um ihren Namen in die Ausgabe zu schreiben. Nutzen Sie am Ende Ihres Codes `Console.ReadKey()`, damit das Fenster geöffnet bleibt, bis Sie eine Taste drücken, und sich nicht allein unmittelbar nach Beendigung des Programms schließt.

2 ERZEUGEN SIE ZUR SORTIERUNG EINE KLASSE, DIE ICOMPARER<KARTE> IMPLEMENTIERT.

Das ist ein guter Punkt, um auf IDE-Hilfe zur Implementierung von Schnittstellen zurückzugreifen:

```
class KarteComparerNachWert : IComparer<Karte>
```

Klicken Sie dann auf `IComparer<Karte>` und lassen Sie den Mauszeiger über dem I schweben. Darunter erscheint dann ein Kästchen. Klicken Sie darauf, öffnet die IDE ein Fenster:

*Falls Sie das Fenster auf diese Weise nicht geöffnet kriegen, können Sie stattdessen einfach **Strg-Punkt** drücken.*

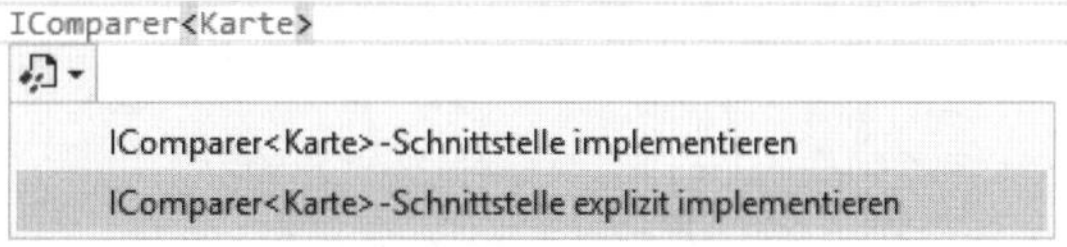

IComparer<Karte>
IComparer<Karte>-Schnittstelle implementieren
IComparer<Karte>-Schnittstelle explizit implementieren

Klicken Sie auf »IComparer<Karte>-Schnittstelle implementieren«, fügt die IDE automatisch die Eigenschaften und Methoden ein, die Sie implementieren müssen. In diesem Fall wird eine leere `Compare()`-Methode für den Vergleich zweier Karten, `x` und `y`, erzeugt. Schreiben Sie die Methode so, dass sie 1 liefert, wenn `x` größer als `y` ist, –1, wenn es kleiner ist, und 0, wenn beide gleich sind. Sorgen Sie hier dafür, dass Könige nach Bauern, Bauern nach Vieren und Vieren nach Assen kommen.

3 STELLEN SIE SICHER, DASS DIE AUSGABE RICHTIG AUSSIEHT.

So sollte das Ausgabefenster aussehen, wenn Sie auf den Button klicken.

Nutzen Sie die eingebaute Methode Console.WriteLine(), wird eine Zeile in die Ausgabe geschrieben. Nutzen Sie Console.ReadKey, damit ein Tastendruck abgewartet wird, bevor sich das Fenster schließt.

file:///C:/Users/LoLa...
Fünf zufällige Karten:
Pik-Sechs
Herz-Bauer
Karo-Zwei
Herz-Zwei
Pik-Bauer
Die gleichen Karten sortiert:
Karo-Zwei
Herz-Zwei
Pik-Sechs
Herz-Bauer
Pik-Bauer

Ihr IComparer-Objekt muss die Karten nach dem Wert sortieren. Die Karte mit dem kleinsten Wert steht also am Anfang der Liste.

LÖSUNG ZUR ÜBUNG

Erzeugen Sie fünf Zufallskarten und sortieren Sie diese dann.

Das ist das Herz der Kartensortierung, das von der eingebauten Methode List.Sort() verwendet wird. Sort() nimmt ein IComparer-Objekt, das eine Methode hat: Compare(). Diese Implementierung vergleicht zwei Karten erst anhand des Werts, dann anhand der Farbe.

```
class KarteComparerNachWert : IComparer<Karte> {
    public int Compare(Karte x, Karte y) {
        if (x.Wert < y.Wert) {
            return -1;
        }
        if (x.Wert > y.Wert) {
            return 1;
        }
        if (x.Farbe < y.Farbe) {
            return -1;
        }
        if (x.Farbe > y.Farbe) {
            return 1;
        }
        return 0;
    }
}
```

Hat x einen höheren Wert, wird 1 geliefert. Hat x einen kleineren Wert, wird -1 geliefert. Denken Sie daran, dass die Return-Anweisungen die Methode sofort beenden.

Diese Anweisungen werden nur ausgeführt, wenn x und y den gleichen Wert haben – also keine der vorangehenden return-Anweisungen ausgeführt wurde.

Wurde keine der anderen vier return-Anweisungen ausgeführt, müssen die Karten gleich sein – also wird 0 geliefert.

```
static void Main(string)[] args)
{
    Random zufall = new Random()
    Console.WriteLine("Fünf zufällige Karten:");
    List<Karte> karten = new List<Karte>();
    for (int i = 0; i < 5; i++)
    {
        karten.Add(new Karte((Farben)zufall.Next(4),
                             (Werte)zufall.Next(1, 14)));
        Console.WriteLine(karten[i].Name);
    }

    Console.WriteLine("Die gleichen Karten, sortiert:");
    karten.Sort(new KarteComparerNachWert());
    foreach (Karte karte in karten)
    {
        Console.WriteLine(karte.Name);
    }
    Console.ReadKey();
}
```

Hier ist eine List mit Karte-Objekten, in der die Karten gespeichert werden. Befinden diese sich einmal in der Liste, ist das Sortieren ein Klacks.

Während des Aufbaus von Anwendungen ist `Console.ReadKey()` hilfreich, damit die Konsole nach Programmende nicht geschlossen wird. Bei echten Kommandozeilenanwendungen ist das weniger praktisch. Drücken Sie Strg-F5, um Ihr Programm zu starten, führt die IDE es ohne Debugging aus und wartet nach Programmende von allein auf einen Tastendruck. Allerdings debuggt es Ihr Programm dann nicht, und Ihre Haltepunkte und Überwachungen funktionieren nicht.

Die ToString()-Methode von Objekten überschreiben

Jedes .NET-Objekt hat eine **Methode namens `ToString()`, die es in einen String umwandelt**. Standardmäßig liefert diese den Namen der Klasse (`MeinProjekt.Ente`). Die Methode wird von `Object` geerbt (Sie erinnern sich, dass das die Basisklasse aller Objekte ist). Es ist eine äußerst nützliche Methode, die häufig verwendet wird. Beispielsweise ruft der +-Operator zur String-Verkettung **automatisch `ToString()` auf einem Objekt auf**, auch `Console.WriteLine()` oder `String.Format()` tun das für die übergebenen Objekte.

Kehren Sie zum Sortieren der Enten zurück. Setzen Sie in `Main()` einen Haltepunkt nach der Listeninitialisierung und debuggen Sie das Programm. Lassen Sie den Mauszeiger **über der Variablen `enten` schweben**, damit ihr Wert in einem Fenster angezeigt wird. Untersuchen Sie im Debugger eine Variable, die eine Referenz auf eine Liste hält, können Sie den Listeninhalt einsehen, indem Sie auf den +-Button klicken:

Sie müssen also keinen String an diese Methoden übergeben. Auf dem übergebenen Objekt wird automatisch ToString() aufgerufen. Das funktioniert auch mit Werttypen wie ints und Enums!

enten Count = 6

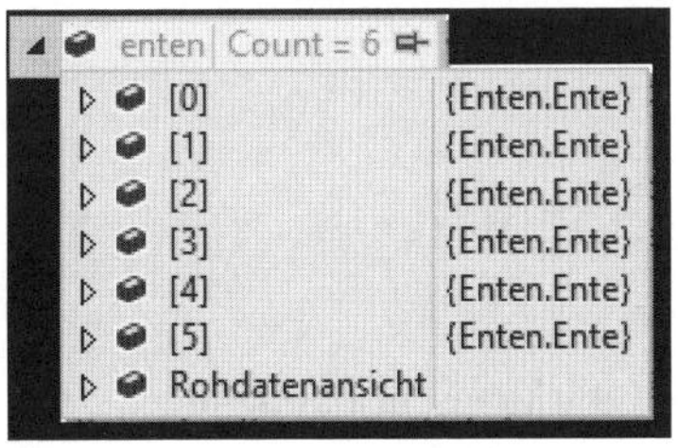
enten Count = 6
[0] {Enten.Ente}
[1] {Enten.Ente}
[2] {Enten.Ente}
[3] {Enten.Ente}
[4] {Enten.Ente}
[5] {Enten.Ente}
Rohdatenansicht

Die IDE ruft ToString() auf, wenn ein Objekt im Überwachen-Fenster angezeigt wird. Aber die von Object geerbte ToString()-Methode liefert nur den Klassennamen. Es wäre schon hilfreich, wenn ToString() informativer wäre.

Das hat nicht so viel gebracht, wie wir hofften. Die Liste enthält sechs `Ente`-Objekte (»MeinProjekt« ist der verwendete Namensraum). Klicken Sie auf den +-Button neben einer Ente, sehen Sie die `Art`- und `Größe`-Werte, aber leider nicht alle auf einmal.

`ToString()` ist eine `virtual`-Methode von `Object`, der Basisklasse aller Objekte. Sie müssen also nur **`ToString()` überschreiben** – das Ergebnis werden Sie unmittelbar im Überwachen-Fenster der IDE sehen! Öffnen Sie die Klasse `Ente` und geben Sie **`override`** ein. Sobald Sie die Leertaste drücken, zeigt die IDE Ihnen alle Methoden an, die Sie überschreiben können:

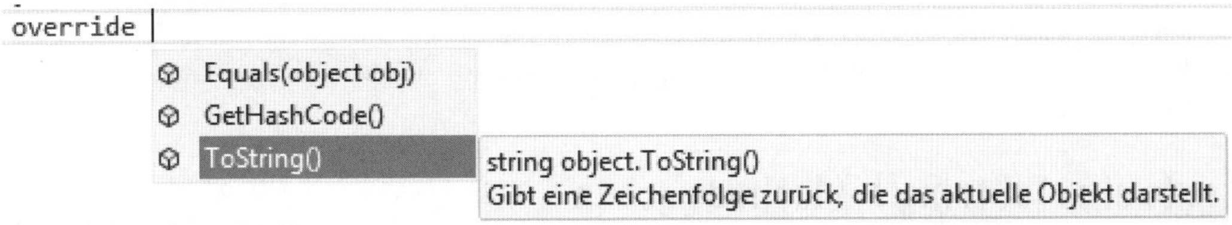
override
Equals(object obj)
GetHashCode()
ToString()
string object.ToString()
Gibt eine Zeichenfolge zurück, die das aktuelle Objekt darstellt.

Klicken Sie auf `ToString()` und ersetzen Sie den Inhalt so, dass die eingefügte Methode folgendermaßen aussieht:

```
public override string ToString()
{
    return Größe + "-cm " + Art.ToString();
}
```

Führen Sie das Programm erneut aus und schauen Sie sich die Liste an. Sie sehen den Inhalt Ihrer `Ente`-Objekte!

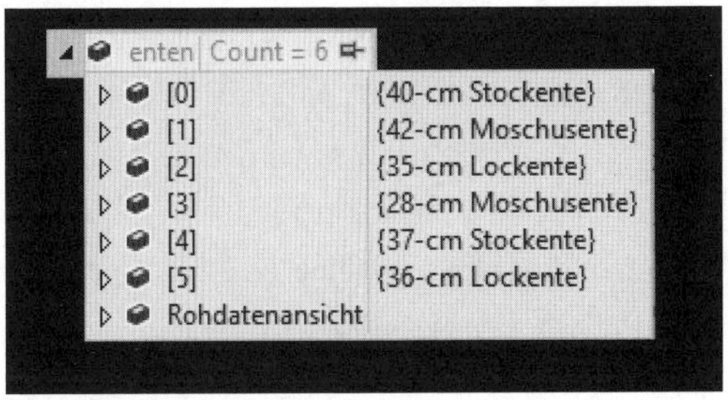
enten Count = 6
[0] {40-cm Stockente}
[1] {42-cm Moschusente}
[2] {35-cm Lockente}
[3] {28-cm Moschusente}
[4] {37-cm Stockente}
[5] {36-cm Lockente}
Rohdatenansicht

Zeigt der Debugger Ihnen ein Objekt an, wird die ToString()-Methode des Objekts aufgerufen, um Ihnen die Objektdarstellung zu zeigen.

foreach aktualisieren, damit sich Enten und Karten selbst darstellen

Ihnen sind zwei verschiedene Beispiele für das Durchlaufen von Listen und den Aufruf von `Console.WriteLine()` zur Ausgabe von Informationen zu allen Listenelementen begegnet – wie diese `foreach`-Schleife, die jede Karte in einer `List<Karte>` ausgibt:

```
foreach (Karte karte in karten)
{
    Console.WriteLine(karte.Name);
}
```

Die Methode `EntenAusgeben()` tat etwas Ähnliches für die `Enten`-Objekte in einer `List`:

```
foreach (Ente ente in enten)
{
    Console.WriteLine(ente.Größe.ToString() + "-cm " + ente.Art.ToString());
}
```

Den ToString()-Aufruf hätten Sie sich auch sparen können, da der +-Operator diese Methode dann automatisch aufruft.

Das ist etwas, das man mit Objekten sehr häufig macht. Da `Ente` jetzt eine `ToString()`-Methode hat, sollten wir diese in `EntenAusgeben()` nutzen:

```
public static void EntenAusgeben(List<Ente> enten) {
    foreach (Ente ente in enten) {
        Console.WriteLine(ente);
    }
    Console.WriteLine("Enten-Ende!");
}
```

Übergeben Sie Console.WriteLine() eine Referenz auf ein Objekt, wird automatisch die ToString()-Methode des Objekts aufgerufen.

Fügen Sie das Ihrem Programm hinzu und führen Sie es erneut aus. Die Ausgabe ist gleich. Wollen Sie Ihren `Ente`-Objekten jetzt beispielsweise auch eine `Geschlecht`-Eigenschaft geben, müssen Sie nur noch `ToString()` aktualisieren, und die Änderung wird von allem gespiegelt, was sich auf diese Methode stützt (einschließlich `EntenAusgeben()`).

Der Klasse Karte eine ToString()-Methode geben

`Karte` hat bereits eine Eigenschaft `Name`, die den Namen der Karte liefert:

```
public string Name
{
    get { return Farbe.ToString() + "-" + Wert.ToString(); }
}
```

In solchen Fällen können Sie ToString() angeben, auch wenn das hier aufgrund des durch das String-Literal erzwungenen String-Kontexts automatisch erfolgt.

Genau das sollte auch eine `ToString()`-Methode tun. Deswegen kann sich `ToString()` darauf stützen:

```
public override string ToString()
{
    return Name;
}
```

Jetzt sind Programme, die `Karte`-Objekte nutzen, leichter zu debuggen.

ToString() ist nicht nur hilfreich, um die Objekte in der IDE leichter erkennen zu können. In den nachfolgenden Kapiteln werden Sie einige Beispiele dafür finden, wie nützlich es ist, wenn sich Objekte selbst in einen String umwandeln können. Deswegen haben alle Objekte eine ToString()-Methode.

foreach nutzt ein IEnumerable<T>

Foreach-Schleifen unter der Lupe

Auflistungsinitialisierer funktionieren mit JEDEM IEnumerable<T>-Objekt – vorausgesetzt, es bietet eine Add()-Methode!

Schauen Sie sich in der IDE mit IntelliSense eine `List<Ente>` Variable an, sehen Sie eine `GetEnumerator()`-Methode. Wenn Sie ».GetEnumerator« eingeben, sehen Sie dies:

```
enten.GetEmumerator
  GetEnumerator     List<Ente>.Enumerator List<Ente>.GetEnumerator()
                    Gibt einen Enumerator zurück, der die System.Collections.Generic.List<T> durchläuft.
```

Ergänzen Sie eine Zeile, die ein neues Array mit `Ente`-Objekten erstellt:

```
Ente[] entenArray = new Ente[6];
```

Geben Sie dann `enteArray.GetEnumerator` ein – auch das Array hat eine `GetEnumerator()`-Methode. Das liegt daran, dass alle `List`-Klassen und Arrays eine Schnittstelle namens **`IEnumerable<T>`** implementieren, die eine Methode enthält. Diese Methode, `GetEnumerator()`, liefert ein **Enumerator-Objekt**.

Dieses `Enumerator`-Objekt bietet all das, was das Durchlaufen einer Liste in einer Schleife ermöglicht. Hier ist eine `foreach`-Schleife, die eine `List<Ente>` mit einer Variablen namens `ente` durchläuft:

```
foreach (Ente ente in enten) {
    Console.WriteLine(ente);
}
```

Und das ist, was diese Schleife im Hintergrund wirklich macht:

```
IEnumerator<Ente> enumerator = enten.GetEnumerator();
while (enumerator.MoveNext()) {
    Ente ente = enumerator.Current;
    Console.WriteLine(enten);
}
IDisposable disposable = enumerator as IDisposable;
if (disposable != null) disposable.Dispose();
```

Eigentlich passiert hier noch mehr, aber so haben Sie schon mal einen Eindruck …

Implementiert eine Auflistung IEnumerable<T>, können Sie sie in einer Schleife der Reihe nach durchlaufen.

(Machen Sie sich über die beiden letzten Zeilen keine Gedanken, zu `IDisposable` werden Sie in Kapitel 9 noch einiges erfahren.)

Diese beiden Schleifen geben die gleichen Enten aus. Dessen können Sie sich durch einfaches Ausprobieren versichern; die Ausgaben sind identisch.

Folgendes passiert dabei: Wenn Sie eine Liste oder ein Array (oder eine andere Auflistung) durchlaufen, liefert `MoveNext()` `true`, wenn es ein weiteres Element in der Liste gibt, und `false`, wenn der Enumerator das Ende der Liste erreicht hat. Die Eigenschaft `Current` liefert immer eine Referenz auf das aktuelle Element. Setzen Sie diese Bausteine zusammen, erhalten Sie eine `foreach`-Schleife!

Probieren Sie das aus, indem Sie ToString() die Eigenschaft Größe ändern lassen. Debuggen Sie das Programm und lassen Sie sich durch Schweben mehrfach eine Ente anzeigen. Denken Sie daran, dass die IDE dabei jedes Mal ToString() auf dem Objekt aufruft.

Was, denken Sie, würde in einer foreach-Schleife passieren, wenn ToString() eins der Felder des Objekts ändert?

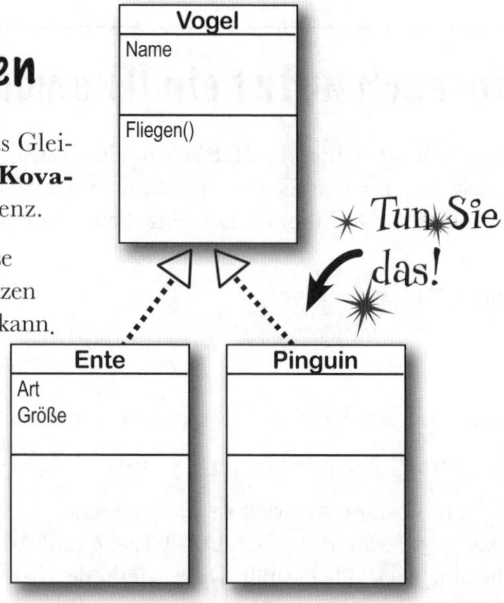
Vogel
Name
Fliegen()
Tun Sie das!
Ente
Art
Größe
Pinguin

Über IEnumerable ganze Listen upcasten

Sie wissen, dass Sie Objekte auf Superklassen upcasten können. Das Gleiche geht auch mit ganzen `Lists`. Man bezeichnet diese Sache als **Kovarianz**, und Sie brauchen dazu nur eine `IEnumerable<T>`-Referenz.

Erstellen Sie eine Konsolenanwendung und schreiben Sie eine Basisklasse `Vogel` (die `Ente` erweitern kann) und eine Klasse `Pinguin`. Wir nutzen `ToString()`, damit man die entsprechenden Objekte leicht einsehen kann.

```
class Vogel {
    public string Name { get; set; }
    public void Fliegen() {
        Console.WriteLine("Flatter");
    }
    public override string ToString() {
        return "Ein Vogel namens " + Name;
    }
}
```

```
class Pinguin : Vogel
{
    public void Fliegen() {
       Console.WriteLine("Kann nicht fliegen!");
    }
    public override string ToString() {
        return "Ein Pinguin namens " + base.Name;
    }
}
```

Hier sind eine Vogel-Klasse und eine Pinguin-Klasse, die sie erweitert. Fügen Sie diese einer neuen Konsolenanwendung hinzu und kopieren Sie die alte Klasse Ente dort hinen. Ändern Sie die Deklaration jetzt so, dass die Klasse Vogel erweitert wird.

```
class Ente : Vogel, IComparable<Ente> {
    // Rest der Klasse bleibt gleich.
}
```

Hier sind die ersten Zeilen einer `Main()`-Methode, die eine Liste initialisieren **und dann upcasten**.

```
List<Ente> enten = new List<Ente>() { // Ganz gewöhnlich Initialisierung }
IEnumerable<Vogel> upcastEnten = enten;
```

Nutzen Sie hier den alten Listeninitialisierer.

Schauen Sie sich die letzte Codezeile genauer an. Sie nehmen eine `List<Ente>`-Referenz und weisen diese einer `IEnumerable<Vogel>`-Variablen zu. Debuggen Sie Ihr Projekt, sehen Sie, dass diese auf das gleiche Objekt zeigt.

Vögel zu einer einzigen Liste kombinieren

Kovarianz ist sehr nützlich, wenn Sie verschiedene Auflistungen zu einer allgemeineren kombinieren wollen. Haben Sie beispielsweise eine Liste mit `Vogel`-Objekten, können Sie ihr ganz einfach die `Ente`-Liste hinzufügen. Folgendes Beispiel nutzt die Methode `List.AddRange()`, mit der Sie einer Liste den Inhalt einer anderen hinzufügen können.

```
List<Vogel> vögel = new List<Vogel>();

vögel.Add(new Vogel() { Name = "Schwipp" });
vögel.AddRange(upcastEnten);
vögel.Add(new Pinguin() { Name = "Schwapp" });

foreach (Vogel vogel in vögel) {
    Console.WriteLine(vogel);
}
```

Nach der Umwandlung in ein IEnumerable<Vogel> können die Enten einer List mit Vogel-Objekten hinzugefügt werden.

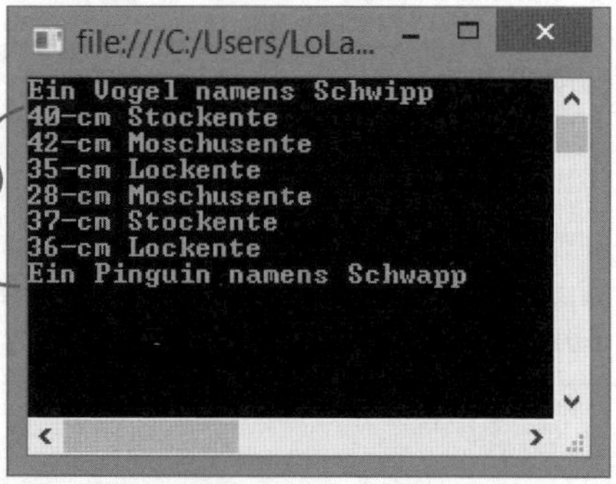
file:///C:/Users/LoLa...
Ein Vogel namens Schwipp
40-cm Stockente
42-cm Moschusente
35-cm Lockente
28-cm Moschusente
37-cm Stockente
36-cm Lockente
Ein Pinguin namens Schwapp

Auch Sie können Methoden überladen

Sie können auch eine using-Anweisung nutzen, anstatt den Namensraum zu ändern. Mehr zu Namensräumen erfahren Sie unter Punkt 3 des Anhangs.

Bislang haben Sie **überladene Methoden** und sogar überladene Konstruktoren genutzt, die Teil der eingebauten .NET Framework-Klassen sind. Sie wissen also bereits, wie nützlich sie sein können. Wäre es nicht cool, wenn Sie in Ihre eigenen Klassen überladene Methoden einbauen könnten? Ja, auch Sie können das – und es ist nicht einmal schwer! Schreiben Sie einfach eine oder zwei weitere Methoden mit dem gleichen Namen, aber einer anderen Parameterliste.

Tun Sie das!

1. **ERZEUGEN SIE EIN NEUES PROJEKT UND FÜGEN SIE IHM DIE KLASSE KARTE HINZU.**
Dazu klicken Sie im Projektmappen-Explorer wieder mit der rechten Maustaste auf das Projekt und wählen im Menü Hinzufügen »Vorhandenes Element«. Die IDE erstellt eine Kopie der Klasse und fügt sie dem Projekt hinzu. Da die Datei **noch den Namensraum aus dem alten Projekt hat**, müssen Sie oben in der Datei *Karte.cs* die `namespace`-Zeile so ändern, dass sie dem neuen Projekt entspricht. Machen Sie dann das Gleiche mit den Enums `Werte` und `Farben`:

Tun Sie das nicht, müssen Sie den alten Namensraum angeben, um auf Karte zuzugreifen (alterNamensraum.Karte).

2. **FÜGEN SIE KARTE NEUE ÜBERLADENE METHODEN HINZU.**
Erzeugen Sie zwei `static EntsprichtKarte()`-Methoden. Die erste soll die Farbe einer Karte prüfen, die zweite ihren Wert. Beide liefern nur true, wenn die Karte passt.

```
public static bool EntsprichtKarte(Karte karte, Farben farbe) {
   if (karte.Farbe == farbe) {
      return true;
   } else {
      return false;
   }
}
```

Überladene Methoden müssen nicht statisch sein. Aber nutzen Sie das einfach, um das Schreiben statischer Methoden ein wenig üben.

```
public static bool EntsprichtKarte(Karte karte, Werte wert) {
   if (karte.Wert == wert) {
      return true;
   } else {
      return false;
   }
}
```

3. **FÜGEN SIE `Main()` CODE ZUM TESTEN DER NEUEN METHODE HINZU.**
Fügen Sie diesen Code der `Main()`-Methode in *Program.cs* hinzu:

```
Karte karte = new Karte(Farben.Herz, Werte.Drei);
bool kartePasst = Karte.EntsprichtKarte(karte, Farben.Kreuz);
Console.WriteLine(kartePasst);
```

Tippen Sie »`EntsprichtKarte(`« ein, zeigt Ihnen die IDE, dass Sie tatsächlich eine Methode überladen haben:

```
Karte.EntsprichtKarte()
▲ 1 von 2 ▼ bool Karte.EntsprichtKarte(Karte karte, Farben farbe)
```

Spielen Sie etwas mit den beiden Methoden herum, um sich mit dem Überladen vertraut zu machen.

ÜBUNG

❶ Erstellen Sie ein Formular, um Karten zwischen zwei Stapeln zu tauschen.

Die Klasse `Karte` haben wir bereits erstellt. Jetzt wollen wir eine Klasse erstellen, die beliebig viele Karten aufnehmen kann. Wir werden sie `Kartenstapel` nennen. Ein richtiges Kartenspiel hat 52 Karten, aber die Klasse `Kartenstapel` kann beliebig viele Karten speichern – auch keine.

Erstellen Sie dann ein Formular, das Ihnen den Inhalt von zwei `Kartenstapel`-Objekten zeigt. Beim Start des Programms hat Stapel 1 bis zu zehn zufällige Karten und Stapel 2 einen vollständigen Kartensatz mit 52 Karten. Beide Stapel sind nach Farbe und Wert sortiert – und beide können über Buttons zurück in ihren Ausgangszustand versetzt werden. Außerdem hat das Formular zwei Buttons (<< und >>), um Karten zwischen den Stapeln zu verschieben.

Diese Buttons heißen nachStapel2 (oben) und nachStapel1 (unten). Sie verschieben Karten von einem Stapel zum anderen.

Mit der Name-Eigenschaft können Sie Buttons einen Namen geben, der Ihren Code besser lesbar macht. Klicken Sie dann doppelt auf den Button, erhält sein Event-Handler einen entsprechenden Namen.

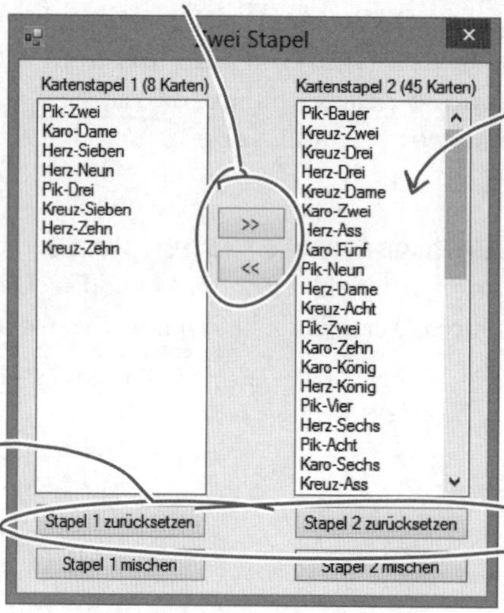

Zwei Stapel
Kartenstapel 1 (8 Karten)
Pik-Zwei
Karo-Dame
Herz-Sieben
Herz-Neun
Pik-Drei
Kreuz-Sieben
Herz-Zehn
Kreuz-Zehn
Kartenstapel 2 (45 Karten)
Pik-Bauer
Kreuz-Zwei
Kreuz-Drei
Herz-Drei
Kreuz-Dame
Karo-Zwei
Herz-Ass
Karo-Fünf
Pik-Neun
Herz-Dame
Kreuz-Acht
Pik-Zwei
Karo-Zehn
Karo-König
Herz-König
Pik-Vier
Herz-Sechs
Pik-Acht
Karo-Sechs
Kreuz-Ass
>>
<<
Stapel 1 zurücksetzen
Stapel 2 zurücksetzen
Stapel 1 mischen
Stapel 2 mischen

Verwenden Sie für die Stapel zwei ListBox-Steuerelemente. Ein Klick auf den Button nachStapel1 verschiebt die ausgewählte Karte von Stapel 1 nach Stapel 2.

Diese Buttons heißen mischen1 und mischen2. Sie rufen die entsprechende Kartenstapel.Mischen()-Methode auf und zeichnen dann den Stapel neu.

Die Buttons rücksetzen1 und rücksetzen2 rufen erst StapelRücksetzen() und dann StapelNeuZeichnen() auf.

Neben den Event-Handlern für die sechs Buttons braucht das Formular noch zwei Methoden. Erstellen Sie zunächst eine `StapelRücksetzen()`-Methode, die den Stapel wieder in seinen Ausgangszustand versetzt. Sie nimmt einen `int` als Parameter: Ist dessen Wert 1, wird der erste Kartenstapel zurückgesetzt, indem er neu auf einen Stapel mit bis zu zehn zufälligen Karten initialisiert wird, ist der Wert 2, erhält der zweite Kartenstapel wieder einen vollständigen Satz von 52 Karten. Fügen Sie dann diese Methode hinzu:

```
private void StapelNeuZeichnen(int DeckNumber) {
    if (DeckNumber == 1) {
        listBox1.Items.Clear();
        foreach (string kartenname in stapel1.KartenNamenAbrufen())
            listBox1.Items.Add(kartenname);
        label1.Text = "Kartenstapel 1 (" + stapel1.Anzahl + " Karten)";
    } else {
        listBox2.Items.Clear();
        foreach (string kartenname in stapel2.KartenNamenAbrufen())
            listBox2.Items.Add(kartenname);
        label2.Text = "Kartenstapel 2 (" + stapel2.Anzahl + " Karten)";
    }
}
```

StapelNeuZeichnen() aktualisiert die beiden ListBox-Objekte, damit sie den aktuellen Zustand der Kartenstapel-Objekte spiegeln.

Sehen Sie sich an, wie wir foreach verwenden, um die Karten im Stapel der jeweiligen ListBox hinzuzufügen.

2 Erstellen Sie die Klasse Kartenstapel.

Eine Klassendeklaration ohne Implementierung nennt man »Gerüst«.

Hier ist das Gerüst für die Klasse `Kartenstapel`. Ein paar Methoden haben wir für Sie gefüllt. Die Methoden `Mischen()` und `KartenNamenAbrufen()` müssen Sie füllen und die Methode `Sortieren()` funktionsfähig machen. Außerdem haben wir zwei nützliche **überladene Konstruktoren** eingefügt: Einer erstellt einen vollständigen Kartensatz, der andere lädt ein Array mit Karte-Objekten in den Stapel.

Kartenstapel
Anzahl

Hinzufügen()
Ausgeben()
KartenNamenAbrufen()
Mischen()
Sortieren()

Der Kartenstapel speichert die Karten in einer privaten Liste, damit sie gut gekapselt sind.

Erhält der Konstruktor keinen Parameter, erstellt er einen vollständigen Kartensatz.

IEnumerable<Karte> ermöglicht Ihnen, eine beliebige Auflistung, nicht nur eine List<T> oder ein Array, zu übergeben.

Der überladene Konstruktor nimmt einen Parameter – ein Array mit Karten, das zum Anfangsstapel wird.

```
class Kartenstapel {
    private List<Karte> karten;
    private Random zufall = new Random();

    public Kartenstapel() {
        karten = new List<Karte>();
        for (int farbe = 0; farbe <= 3; farbe++)
            for (int value = 1; value <= 13; value++)
                karten.Add(new Karte((Farben)farbe, (Werte)value));
    }

    public Kartenstapel(IEnumerable<Karte> anfangsKarten) {
        karten = new List<Karte>(anfangsKarten);
    }

    public int Anzahl { get { return karten.Count; } }

    public void Hinzufügen(Karte neueKarte) {
        karten.Add(neueKarte);
    }

    public Karte Ausgeben(int index) {
        Karte ausgabeKarte = karten[index];
        karten.RemoveAt(index);
        return ausgabeKarte;
    }

    public void Mischen() {
        // Mischt die Karten, indem sie zufällig sortiert werden.
    }

    public IEnumerable<string> KartenNamenAbrufen() {
        // Liefert ein String-Array mit den Namen aller Karten.
    }

    public void Sortieren() {
        karten.Sort(new KarteComparerNachFarbe());
    }
}
```

Tipp: Die SelectedIndex-Eigenschaft der ListBox entspricht immer dem Index der Karte in der Liste. Sie können sie direkt an Ausgeben() übergeben. Ist keine Karte ausgewählt, ist der Wert der Eigenschaft 0. Dann sollte Ausgeben() nichts tun.

Ausgeben() gibt eine Karte aus – es wird eine Karte aus dem Stapel entfernt und eine Referenz darauf geliefert. Die Karte wird am übergebenen Index ausgegeben. Die oberste Karte erhalten Sie mit 0.

Auch wenn wir ein Array liefern, zeigen wir ein entsprechendes IEnumerable an.

Sie müssen die Methoden Mischen() und KartenNamenAbrufen() füllen und eine Klasse schreiben, die IComparer implementiert, damit Sortieren() funktioniert. Und Sie müssen die bereits geschriebene Klasse Karte hinzufügen. Machen Sie das über »Vorhandenes Element hinzufügen«. Vergessen Sie nicht, den Namensraum zu ändern.

***Noch ein Tipp:** Mischen() können Sie leicht über das Formular testen. Klicken Sie so lange auf »Stapel 1 zurücksetzen«, bis Sie einen Stapel mit drei Karten erhalten. So sehen Sie leicht, ob Ihr Mischen()-Code funktioniert.*

LÖSUNG ZUR ÜBUNG

Erstellen Sie eine Klasse zur Speicherung eines Kartenstapels und ein Formular, das diese nutzt.

```
class Kartenstapel {
    private List<Karte> karten;
    private Random zufall = new Random();

    public Kartenstapel() {
        karten = new List<Karte>();
        for (int farbe = 0; farbe <= 3; farbe++)
            for (int wert = 1; wert <= 13; wert++)
                karten.Add(new Karte((Farben)farbe, (Werte)wert));
    }

    public Kartenstapel(IEnumerable<Karte> anfangsKarten) {
        karten = new List<Karte>(anfangsKarten);
    }

    public int Anzahl { get { return karten.Count; } }

    public void Hinzufügen(Karte neueKarte) {
        karten.Add(neueKarte);
    }

    public Karte Ausgeben(int index) {
        Karte ausgabeKarte = karten[index];
        karten.RemoveAt(index);
        return ausgabeKarte;
    }

    public void Mischen() {
        List<Karte> neueKarten = new List<Karte>();
        while (karten.Count > 0) {
            int karte = zufall.Next(karten.Count);
            neueKarten.Add(karten[karte]);
            karten.RemoveAt(karte);
        }
        karten = neueKarten;
    }

    public IEnumerable<string>  KartenNamenAbrufen() {
        string[] kartennamen = new string[karten.Count];
        for (int i = 0; i < karten.Count; i++)
            kartennamen[i] = karten[i].Name;
        return kartennamen;
    }

    public void Sortieren() {
        karten.Sort(new KarteComparerNachFarbe());
    }
}
```

Hier ist der Konstruktor, der den vollständigen Kartensatz mit 52 Karten erstellt. Er nutzt eine geschachtelte Schleife. Die äußere durchläuft zuerst die vier Farben. Das bedeutet, dass die innere, die die 13 Werte durchläuft, vier Mal ausgeführt wird, einmal für jede Farbe.

Das ist der zweite Konstruktor – diese Klasse hat zwei überladene Konstruktoren, die jeweils unterschiedliche Parameter erwarten.

Die Methoden Hinzufügen und Ausgeben sind einfach – sie nutzen Methoden der Liste karten. Die Methode Ausgeben entfernt eine Karte aus der Liste, und die Methode Hinzufügen fügt der Liste eine Karte hinzu.

Mischen() erzeugt eine neue List<Karten> namens neueKarten. Dann zieht sie zufällig Karten aus dem Feld karten und steckt sie in neueKarten, bis karten leer ist. Ist sie damit durch, setzt sie karten auf neueKarten. Auf die alte Instanz zeigt dann keine Referenz mehr. Sie kann also vom Garbage Collector eingesammelt werden.

Die Methode KartenNamenAbrufen() muss ein Array erzeugen, das alle Kartennamen aufnehmen kann. Sie nutzt eine for-Schleife, Sie könnten aber auch eine foreach-Schleife verwenden.

```
class KarteComparerNachFarbe : IComparer<Karte>
{
    public int Compare(Karte x, Karte y)
    {
        if (x.Farbe > y.Farbe)
            return 1;
        if (x.Farbe < y.Farbe)
            return -1;
        if (x.Wert > y.Wert)
            return 1;
        if (x.Wert < y.Wert)
            return -1;
        return 0;
    }
}
```

Nach Farbe zu sortieren, geht ganz ähnlich wie das Sortieren nach Wert. Der einzige Unterschied ist, dass hier erst die Farben verglichen werden und die Werte nur, wenn die Farben gleich sind.

Statt if/else if haben wir eine Folge von if-Anweisungen verwendet. Das funktioniert, weil die einzelnen Anweisungen nur ausgeführt werden, wenn die vorangehenden nicht ausgeführt wurden – andernfalls hätten die vorangehenden bereits einen Wert zurückgeliefert.

```
    Kartenstapel stapel1;
    Kartenstapel stapel2;
    Random zufall = new Random();

    public Form1() {
        InitializeComponent();
        StapelRücksetzen(1);
        StapelRücksetzen(2);
        StapelNeuZeichnen(1);
        StapelNeuZeichnen(2);
    }

    private void StapelRücksetzen(int stapelNr) {
        if (stapelNr == 1) {
            int kartenanzahl = zufall.Next(1, 11);
            stapel1 = new Kartenstapel(new Karte[] { });
            for (int i = 0; i < kartenanzahl; i++)
                stapel1.Hinzufügen(new Karte((Farben)zufall.Next(4),
                                        (Werte)zufall.Next(1, 14)));
            stapel1.Sortieren();
        } else
            stapel2 = new Kartenstapel();
    }
```

Der Konstruktor des Formulars muss die beiden Stapel zurücksetzen. Dann zeichnet er sie.

Um den ersten Stapel zurückzusetzen, ruft diese Methode zunächst zufall.Next() auf, um zu bestimmen, wie viele Karten der Stapel haben soll, und erstellt dann einen neuen leeren Stapel. Danach nutzt sie eine for-Schleife, um diesem Stapel entsprechend viele zufällige Karten hinzuzufügen. Der zweite Stapel wird einfach zurückgesetzt, indem eine neue Instanz von Kartenstapel erzeugt wird.

Die Methode StapelNeuZeichnen() steht bereits in den Anleitungen zu dieser Übung.

Wir sind noch nicht fertig – blättern Sie um!

Lösung zur Übung (Fortsetzung)

Geben Sie Ihren Steuerelementen Namen, macht das Ihren Code besser lesbar. Hießen diese Buttons button1_Click, button2_Click usw., wüssten Sie nicht, den Code welches Buttons Sie vor sich haben.

Hier ist der Rest des Codes für das Formular.

```
    private void rücksetzen1_Click(object sender, EventArgs e) {
        StapelRücksetzen(1);
        StapelNeuZeichnen(1);
    }

    private void rücksetzen2_Click(object sender, EventArgs e) {
        StapelRücksetzen(2);
        StapelNeuZeichnen(2);
    }

    private void mischen1_Click(object sender, EventArgs e) {
        stapel1.Mischen();
        StapelNeuZeichnen(1);
    }

    private void mischen2_Click(object sender, EventArgs e) {
        stapel2.Mischen();
        StapelNeuZeichnen(2);
    }

    private void nachStapel1_Click(object sender, EventArgs e) {
        if (listBox2.SelectedIndex >= 0)
            if (stapel2.Anzahl > 0) {
                stapel1.Hinzufügen(stapel2.Ausgeben(listBox2.SelectedIndex));
            }
        StapelNeuZeichnen(1);
        StapelNeuZeichnen(2);
    }

    private void nachStapel2_Click(object sender, EventArgs e) {
        if (listBox1.SelectedIndex >= 0)
            if (stapel1.Anzahl > 0)
                stapel2.Hinzufügen(stapel1.Ausgeben(listBox1.SelectedIndex));
        StapelNeuZeichnen(1);
        StapelNeuZeichnen(2);
    }
}
```

Diese Buttons sind ziemlich einfach – erst mischen sie den Stapel oder setzen ihn zurück, dann zeichnen sie ihn neu.

Über die SelectedIndex-Eigenschaft der ListBox können Sie herausfinden, welche Karte der Benutzer ausgewählt hat. Diese verschieben Sie dann vom einen Stapel in den anderen. (Ist der Wert der Eigenschaft kleiner 0, ist keine Karte ausgewählt. Der Button macht dann nichts.) Wurde die Karte verschoben, müssen beide Stapel neu gezeichnet werden.

Schlüssel und Werte speichern Sie in Wörterbüchern

Eine Liste ist wie eine lange Seite voll mit Namen. Aber was ist, wenn Sie zu jedem Namen gern auch eine Adresse hätten? Oder für jeden Wagen in der Liste Garage ein Kfz-Kennzeichen? Dann brauchen Sie ein **Dictionary** oder Wörterbuch. In einem Dictionary können Sie einen besonderen Wert – den **Schlüssel** – mit anderen Daten – dem **Wert** – verknüpfen. Eine Sache noch: In einem Dictionary kann ein bestimmter Schlüssel **nur einmal erscheinen.**

Das ist der Schlüssel, über den Sie eine Definition in einem Wörterbuch nachschlagen.

Wör·ter·buch

Ein Buch, das die Wörter einer Sprache in alphabetischer Reihenfolge aufführt und ihre Bedeutung angibt.

Das ist der Wert, nämlich die Daten, die mit einem bestimmten Schlüssel verknüpft sind.

So deklarieren Sie in C# ein `Dictionary`:

```
Dictionary <TKey, TValue> kv = new Dictionary <TKey, TValue>();
```

Das ist wie bei List<T>. Das <T> bedeutet, dass hier ein Typ hinkommt. Sie können also einen Typ für den Schlüssel (TKey) und einen für den Wert (TValue) deklarieren.

Das erste Element in spitzen Klammern ist immer der Schlüssel, das zweite der Wert.

Und hier ist das `Dictionary` im Einsatz:

```
private void button1_Click(object sender, EventArgs e)
{
    Dictionary<string, string> wortDefinition =
        new Dictionary<string, string>();

    wortDefinition.Add ("Wörterbuch", "Ein Buch, das die Wörter einer Sprache in "
                    + "alphabetischer Reihenfolge aufführt und ihre Bedeutung angibt");
    wortDefinition.Add ("Schlüssel", "Ein Ding, das ein Mittel für den Zugriff auf "
                    + "unser Verständnis von etwas gibt.");
    wortDefinition.Add ("Wert", "Eine Größe, Menge oder Zahl.");

    if (wortDefinition.ContainsKey("Schlüssel")){
        MessageBox.Show(wortDefinition["Schlüssel"]);
    }

}
```

Dieses Wörterbuch hat Strings als Schlüssel und Werte, also vergleichbar mit einem echten Wörterbuch: Begriff und Definition.

Mit der Methode Add() fügen Sie Schlüssel und Werte hinzu.

Add() nimmt einen Schlüssel und einen Wert.

ContainsKey() sagt Ihnen, ob das Dictionary einen Schlüssel enthält. Praktisch, oder?

So erhalten Sie den Wert für einen Schlüssel. Das sieht wie ein Array-Index aus: Rufe den Wert für den Schlüssel an diesem Index ab.

Die Dictionary-Funktionalität im Überblick

Wörterbücher haben große Ähnlichkeit mit Listen. Beide Typen sind flexibel, lassen Sie mit einer Menge Datentypen arbeiten und besitzen zusätzlich viele eingebaute Funktionen. Hier sind die wichtigsten Dictionary-Methoden:

★ **Ein Element hinzufügen.**
Einem Wörterbuch fügen Sie ein Element hinzu, indem Sie seiner Add()-Methode einen Schlüssel und einen Wert übergeben.

```
Dictionary<string, string> dasWörterbuch = new Dictionary<string, string>();

    dasWörterbuch.Add("der Schlüssel", "der Wert");
```

★ **Über den Schlüssel einen Wert nachschlagen.**
Die wichtigste Anwendung von Wörterbüchern ist das Nachschlagen von Werten – das ist auch nur vernünftig, da Sie diese Werte in einem Wörterbuch gespeichert haben, damit Sie sie über einen eindeutigen Schlüssel nachschlagen können. Bei diesem Dictionary<string, string> suchen Sie anhand eines String-Schlüssels und erhalten ein String-Ergebnis.

```
string wertSuchen = dasWörterbuch["der Schlüssel"];
```

★ **Ein Element entfernen.**
Wie bei Listen entfernen Sie Elemente aus einem Wörterbuch mit der Methode Remove(). Remove() müssen Sie nur den Schlüssel übergeben, um Schlüssel und Wert zu entfernen.

```
dasWörterbuch.Remove("der Schlüssel");
```

Die Schlüssel in einem Wörterbuch sind eindeutig. Jeder erscheint nur ein einziges Mal. So weiß das Dictionary-Objekt, welches Element gemeint ist, wenn Sie einen Schlüssel nachschlagen.

★ **Eine Liste der Schlüssel abrufen.**
Eine Liste aller Schlüssel im Wörterbuch können Sie über die Eigenschaft Keys abrufen, die Sie in einer foreach-Schleife durchlaufen können. Das sähe so aus:

```
foreach (string schlüssel in dasWörterbuch.Keys) { ... };
```

Keys ist eine Eigenschaft eines Dictionary-Objekts. Die Schlüssel in diesem Dictionary sind Strings, Keys ist also eine Auflistung mit Strings.

★ **Die Paare zählen.**
Die Eigenschaft Count liefert die Anzahl an Schlüssel/Wert-Paaren im Wörterbuch:

```
int wieViele = dasWörterbuch.Count;
```

Schlüssel und Wert können unterschiedliche Typen haben

Wörterbücher sind sehr vielseitig und können so ziemlich alles aufnehmen. Hier ist ein Beispiel, das einen int als Schlüssel und ein Ente-Objekt als Wert hat.

ints werden häufig als ID-Werte für Objekte genutzt.

```
Dictionary<int, ente> entenBuch = new Dictionary<int, Ente>();
entenBuch.Add(376, new Ente() { Art = Art.Mallard, Größe = 15 });
```

Ein Programm mit einem Wörterbuch erstellen

Tun Sie das!

Hier ist ein Programm, das jedem New Yorker Baseballfan gefallen müsste. Wenn ein wichtiger Spieler seine Karriere beendet, wird seine Trikotnummer nicht mehr vergeben. Erstellen wir ein Programm, das nachschlägt, wer die Nummer trug und seit wann sie nicht mehr vergeben wurde. Hier ist eine Klasse, die Trikotnummern nachhält:

```
class Trikotnummer {
    public string Spieler { get; private set; }
    public int Karriereende { get; private set; }

    public Trikotnummer(string spieler, int jahr) {
        Spieler = spieler;
        Karriereende = jahr;
    }
}
```

Dies ist das Formular:

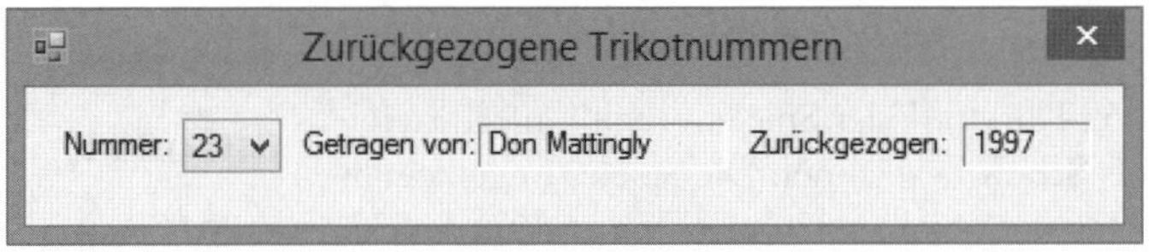
Zurückgezogene Trikotnummern
Nummer:
23
Getragen von:
Don Mattingly
Zurückgezogen:
1997

Yogi Berra und Cal Ripken, Jr. trugen die gleiche Rückennummer in unterschiedlichen Mannschaften. Da die Schlüssel in einem Wörterbuch eindeutig sein müssen, verwenden wir hier nur die Zahlen für eine Mannschaft. Haben Sie eine Idee, wie man Nummern für mehrere Mannschaften speichern könnte?

Und hier ist der Code für das Formular:

```
public partial class Form1 : Form {
   Dictionary<int, Trikotnummer> heiligeNummern = new Dictionary<int, Trikotnummer>() {
        {3, new Trikotnummer("Babe Ruth", 1948)},
        {4, new Trikotnummer("Lou Gehrig", 1939)},
        {5, new Trikotnummer("Joe DiMaggio", 1952)},
        {7, new Trikotnummer("Mickey Mantle", 1969)},
        {8, new Trikotnummer("Yogi Berra", 1972)},
        {10, new Trikotnummer("Phil Rizzuto", 1985)},
        {23, new Trikotnummer("Don Mattingly", 1997)},
        {42, new Trikotnummer("Jackie Robinson", 1993)},
        {44, new Trikotnummer("Reggie Jackson", 1993)},
  };

   public Form1() {
        InitializeComponent();

        foreach (int hlNummer in heiligeNummern.Keys) {
            nummer.Items.Add(hlNummer);
        }
   }

   private void nummer_SelectedIndexChanged(object sender, EventArgs e) {
        Trikotnummer trikotnummer = heiligeNummern[(int)nummer.SelectedItem] as Trikotnummer;
        nameLabel.Text = trikotnummer.Spieler;
        jahrLabel.Text = trikotnummer.Karriereende.ToString();
   }
}
```

Das Wörterbuch mit den Trikotnummern wird mit einem Auflistungsinitialisierer initialisiert.

Alle Schlüssel aus dem Wörterbuch wurden der Items-Auflistung der ComboBox hinzufügt.

SelectedItem ist ein Objekt. Da der Schlüssel ein int ist, ist ein Cast erforderlich, bevor wir im Wörterbuch suchen können.

Das SelectedIndexChanged-Event der ComboBox wird genutzt, um die beiden Labels im Formular mit den Werten des Trikotnummer-Objekts zu füllen.

Lange Übung

Erstellen Sie ein **Go Fish!**-Spiel, das Sie gegen den Computer spielen können.

DIES IST EINE ETWAS ANDERE ÜBUNG ...

Es ist recht wahrscheinlich, dass Sie C# lernen, weil Sie eine Anstellung als professioneller Entwickler suchen. Deswegen haben wir diese Übung wie eine übliche Arbeitsanweisung aufgebaut. Wenn Sie als Programmierer in einem Team arbeiten, bauen Sie meist kein vollständiges Programm auf. Stattdessen erstellen Sie nur einen *Teil* eines größeren Programms. Wir werden Ihnen also ein Puzzle geben, in das einige Teile bereits eingesetzt wurden. Der Code für das Formular steht vollständig auf der nächsten Seite unter Schritt 3. Sie müssen ihn nur eingeben – vielleicht scheint Ihnen das ja ein Vorteil zu sein, aber es bedeutet, dass Ihre Klassen ***mit diesem Code arbeiten müssen***. Und das kann zu einer Herausforderung werden!

1 BEGINNEN SIE MIT DER SPEZIFIKATION.

Jedes professionelle Softwareprojekt beginnt mit einer Spezifikation, und dieses ist keine Ausnahme. Sie werden ein Spiel für die Quartettvariante ***Go Fish!*** erstellen. Es gibt viele Regelvarianten für dieses Spiel, deswegen gibt es hier zunächst eine Zusammenfassung der Regeln, die wir verwenden werden:

- ★ Das Spiel beginnt mit einem Satz aus 52 Karten. Jeder Spieler erhält fünf Karten. Der verbleibende Kartenstapel wird als **Stock** bezeichnet. Die Spieler fragen einander abwechselnd nach einem Wert (»Hat einer Siebener?«). Hat ein anderer Spieler Karten mit diesem Wert, muss er sie abtreten. Hat kein anderer Spieler eine Karte mit diesem Wert, muss der Spieler »Fischen gehen«, indem er eine Karte aus dem Stapel nimmt.
- ★ Das Ziel des Spiel ist es, Quartette zu sammeln. Ein Quartett ist ein vollständiger Satz aller vier Karten mit dem gleichen Wert. Der Spieler, der am Ende des Spiels die meisten Quartette hat, ist der Gewinner. Sobald ein Spieler ein Quartett zusammen hat, legt er es offen auf den Tisch, damit jeder sehen kann, wer welche Quartette hat.
- ★ Deckt ein Spieler ein Quartett auf, kann das dazu führen, dass er keine Karten mehr hat. Passiert das, muss er fünf neue Karten aus dem Stock ziehen. Verbleiben im Stock weniger als sechs Karten, nimmt er alle. Das Spiel ist beendet, sobald der Stock leer ist. Der Sieger wird bestimmt, indem gezählt wird, wer die meisten Quartette hat.
- ★ Bei dieser Computerversion von Go Fish! gibt es zwei Computerspieler und einen normalen Spieler. Jede Runde beginnt damit, dass der Spieler unter seinen angezeigten Handkarten eine aussucht. Das macht er, indem er eine der Karten auswählt und anzeigt, dass er danach fragen wird. Dann fragen die beiden Computerspieler nach ihren Karten. Das Ergebnis der einzelnen Runden wird angezeigt. Dies wird wiederholt, bis es einen Sieger gibt.
- ★ Das Spiel kümmert sich automatisch um den Austausch der Karten und das Ablegen der Quartette. Gibt es einen Sieger, ist das Spiel vorüber. Dann zeigt das Spiel den Namen des Siegers an (oder der Sieger, falls es unentschieden ausgeht). Es kann nichts mehr gemacht werden – der Spieler muss das Programm neu starten, um ein neues Spiel zu beginnen.

Wenn man nicht weiß, was man aufbaut, weiß man auch nicht, wie man anfangen soll. Deshalb beginnen richtige Softwareprojekte meist mit einer Spezifikation, die Ihnen sagt, was Sie aufbauen müssen.

2 **ERSTELLEN SIE DAS FORMULAR.**

Erstellen Sie das Formular für das Spiel. Es sollte eine `ListBox` für die Karten des Spielers und zwei `TextBox`-Steuerelemente für den Fortschritt des Spiels haben sowie einen Button, über den der Spieler nach Karten fragen kann. Um einen Zug zu machen, wählt der Benutzer eine der Karten auf seiner Hand aus und klickt auf den Button, um die Computerspieler zu fragen, ob sie diese Karte haben.

Die Name-Eigenschaft des TextBox-Steuerelements sollte auf textName gesetzt sein. In diesem Screenshot ist es deaktiviert, sollte aber aktiviert werden, wenn das Programm gestartet wird.

Setzen Sie die Name-Eigenschaft dieses Buttons auf buttonStart. Er ist in diesem Screenshot deaktiviert, beginnt im Spiel aber aktiviert. Er wird deaktiviert, nachdem ein Spiel gestartet wurde.

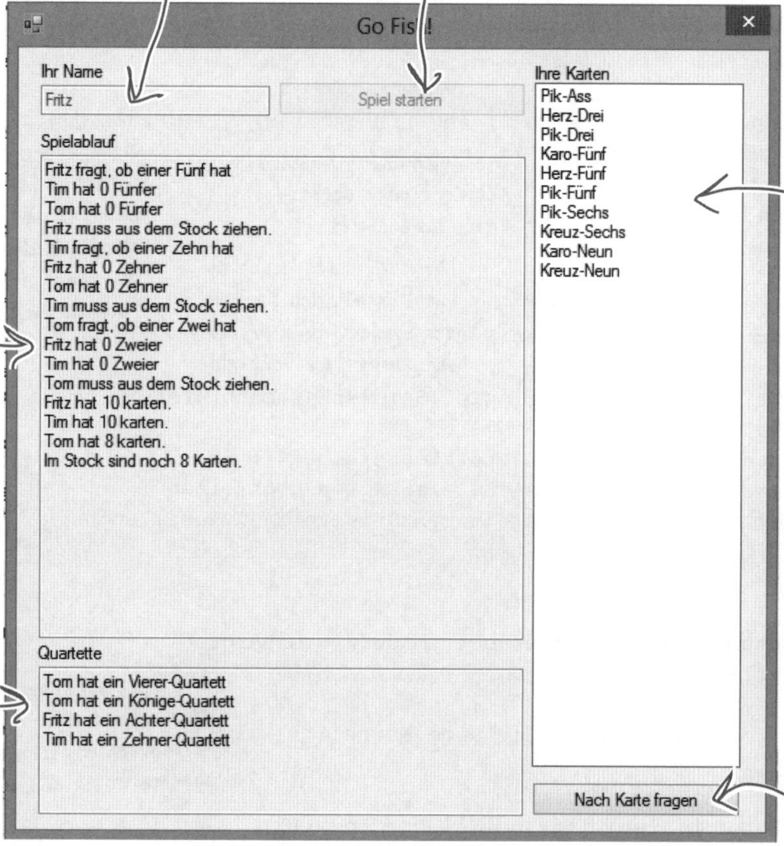
Go Fish!
Ihr Name
Fritz
Spiel starten
Spielablauf
Fritz fragt, ob einer Fünf hat
Tim hat 0 Fünfer
Tom hat 0 Fünfer
Fritz muss aus dem Stock ziehen.
Tim fragt, ob einer Zehn hat
Fritz hat 0 Zehner
Tom hat 0 Zehner
Tim muss aus dem Stock ziehen.
Tom fragt, ob einer Zwei hat
Fritz hat 0 Zweier
Tim hat 0 Zweier
Tom muss aus dem Stock ziehen.
Fritz hat 10 karten.
Tim hat 10 karten.
Tom hat 8 karten.
Im Stock sind noch 8 Karten.
Quartette
Tom hat ein Vierer-Quartett
Tom hat ein Könige-Quartett
Fritz hat ein Achter-Quartett
Tim hat ein Zehner-Quartett
Ihre Karten
Pik-Ass
Herz-Drei
Pik-Drei
Karo-Fünf
Herz-Fünf
Pik-Fünf
Pik-Sechs
Kreuz-Sechs
Karo-Neun
Kreuz-Neun
Nach Karte fragen

Die aktuellen Karten des Spielers werden in der ListBox namens listHand angezeigt. Diesen Namen können Sie über die Eigenschaft Name ändern.

Das sind die TextBox-Steuerelemente namens textSpielverlauf und textQuartette.

Setzen Sie die ReadOnly-Eigenschaft der zwei TextBox-Steuerelemente auf True – das macht sie zu schreibgeschützten Textfeldern. Und setzen Sie MultiLine ebenfalls auf true.

Setzen Sie die Name-Eigenschaft dieses Buttons auf buttonFragen und seine Enabled-Eigenschaft auf False. Das deaktiviert ihn, d. h., er kann nicht angeklickt werden. Das Formular aktiviert ihn, sobald das Spiel beginnt.

→ **Wir sind noch nicht fertig – blättern Sie um!**

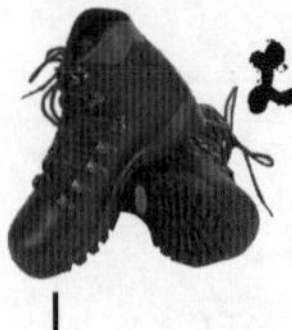

Lange Übung (Fortsetzung)

3. **HIER IST DER CODE FÜR DAS FORMULAR.**
Geben Sie ihn genau so ein, wie Sie ihn hier sehen. Der Code, den Sie selbst schreiben müssen, muss mit diesem Code arbeiten.

```
public partial class Form1 : Form {
    public Form1() {
        InitializeComponent();
    }

    private Spiel spiel;

    private void buttonStart_Click(object sender, EventArgs e) {
        if (String.IsNullOrEmpty(textName.Text)){
            MessageBox.Show("Geben Sie Ihren Namen ein", "Kann Spiel noch nicht starten");
            return;
        }
        spiel = new Spiel(textName.Text, new List<string> {"Tim","Tom"}, textSpielverlauf);
        buttonStart.Enabled = false;
        textName.Enabled = false;
        buttonFragen.Enabled = true;
        FormularAktualisieren();
    }

    private void FormularAktualisieren() {
        listHand.Items.Clear();
        foreach (String kartenname in spiel.SpielerKartenAbrufen())
            listHand.Items.Add(kartenname);
        textQuartette.Text = spiel.QuartettBeschreiben();
        textSpielverlauf.Text += spiel.SpielerKartenBeschreiben();
        textSpielverlauf.SelectionStart = textSpielverlauf.Text.Length;
        textSpielverlauf.ScrollToCaret();
    }

    private void buttonFragen_Click(object sender, EventArgs e) {
        textSpielverlauf.Text = "";
        if (listHand.SelectedIndex < 0) {
            MessageBox.Show("Wählen Sie eine Karte");
            return;
        }
        if (spiel.RundeSpielen(listHand.SelectedIndex)) {
            textSpielverlauf.Text += "Der Sieger ist ... " + spiel.SiegerNameAbrufen();
            textQuartette.Text = spiel.QuartettBeschreiben();
            buttonFragen.Enabled = false;
        } else
            FormularAktualisieren();
    }
}
```

Das ist die einzige Klasse, mit der das Formular interagiert. Sie wickelt das gesamte Spiel ab.

Die Eigenschaft Enabled aktiviert oder deaktiviert das Element.

Beim Start eines neuen Spiels wird eine Instanz der Klasse Spiel erstellt, der Button »Fragen« aktiviert, der Button »Spiel starten« deaktiviert und das Formular neu gezeichnet.

Diese Methode löscht die ListBox mit den Karten des Spielers, füllt sie neu und aktualisiert die Textfelder.

SelectionStart und ScrollToCaret() scrollen ans Ende der TextBox. Muss mehr Text angezeigt werden, als in das Textfeld passt, wird also an ihr Ende gescrollt.

Die SelectionStart-Zeile schiebt den blinkenden Cursor ans Ende. Sobald er verschoben ist, scrollt ScrollToCaret() die Textbox zum Cursor.

Der Spieler wählt eine der Karten und klickt auf den Button »Fragen«, um zu schauen, ob die anderen Spieler eine Karte mit dem gleichen Wert haben. Eine Spielrunde wickelt die Klasse Spiel über die Methode RundeSpielen() ab.

4 **AUCH DIESEN CODE BRAUCHEN SIE.**

Sie benötigen den Code, den Sie zuvor für die Klassen `Karte`, `Kartenstapel` und `KarteComparerNachWert` sowie die Enums `Farben` und `Werte` geschrieben haben. Der Klasse Kartenstapel müssen Sie allerdings noch einige Methoden hinzufügen ... und Sie müssen verstehen, wie sie funktionieren, damit Sie sie verwenden können.

```
public Karte Gucken(int kartenNr) {
    return karten[kartenNr];
}
```

Mit der Methode Gucken() können Sie eine der Karten einsehen, ohne sie herauszunehmen.

```
public Karte Ausgeben() {
    return Ausgeben(0);
}
```

Eine Überladung von Ausgeben(), die den Code übersichtlicher macht. Wird kein Parameter übergeben, wird die oberste Karte vom Stapel genommen.

```
public bool EnthältWert(Werte wert) {
    foreach (Karte karte in karten)
        if (karte.Wert == wert)
            return true;
    return false;
}
```

Die Methode EnthältWert() sucht im gesamten Stapel nach Karten eines bestimmten Werts und liefert true, wenn welche gefunden werden. Haben Sie eine Idee, wie Sie diese im Go Fish!-Spiel einsetzen werden?

```
public Kartenstapel WerteEntnehmen(Werte wert) {
    Kartenstapel rückgabeStapel = new Kartenstapel(new Karte[] { });
    for (int i = karten.Count - 1; i >= 0; i--)
        if (karten[i].Wert == wert)
            rückgabeStapel.Hinzufügen(Ausgeben(i));
    return rückgabeStapel;
}
```

Die Methode WerteEntnehmen() nutzen Sie, wenn Sie den Code erstellen, der ein Quartett aus dem Stapel entnimmt. Er sucht nach Karten mit einem bestimmten Wert, zieht sie aus dem Stapel heraus und liefert einen neuen Stapel mit diesen Karten.

```
public bool QuartettGesammelt(Werte wert) {
    int anzahlKarten = 0;
    foreach (Karte karte in karten)
        if (karte.Wert == wert)
            anzahlKarten++;
    if (anzahlKarten == 4)
        return true;
    else
        return false;
}
```

Die Methode QuartettGesammelt() prüft einen Stapel darauf, ob er ein Quartett mit vier Karten des Werts enthält, der als Parameter übergeben wurde. Sie liefert true, wenn der Stapel ein Quartett enthält, andernfalls false.

```
public void NachWertSortieren() {
    karten.Sort(new KarteComparerNachWert());
}
```

Die Methode NachWertSortieren() sortiert den Stapel mithilfe der Klasse KarteComparerNachWert.

→ Immer noch nicht fertig – blättern Sie um!

Lange Übung (Fortsetzung)

5 **JETZT KOMMT DER SCHWERE TEIL: ERSTELLEN SIE DIE KLASSE SPIELER.**
Für jeden der drei Spieler im Spiel gibt es eine Instanz der Klasse Spieler. Sie werden vom `buttonStart`-Event-Handler erzeugt.

Lesen Sie die Kommentare genau – sie sagen Ihnen, was die Methoden machen sollen. Sie haben die Aufgabe, diese Methoden zu füllen.

```
class Spieler
{
    private string name;
    public string Name { get { return name; } }
    private Random zufall;
    private Kartenstapel karten;
    private TextBox formTB;
    public Spieler(String name, Random zufall, TextBox formTB) {
       // Der Spieler-Konstruktor initialisiert vier private Felder und fügt dann in das
       // Textfeld des Formulars eine Zeile ein, die sagt: "Tim ist dem Spiel beigetreten."
       // Verwenden Sie den Namen in dem privaten Feld und hängen Sie an jede Zeile,
       // die Sie in das Textfeld einfügen, einen Zeilenumbruch("\r\n") an.
    }
    public IEnumerable<Werte> QuartetteEntnehmen() {  } // Siehe die folgende Seite.
    publicWerte ZufallswertAbrufen() {
       // Diese Methode ruft einen zufälligen Wert ab, der sich im Stapel befinden muss.
    }
    public Kartenstapel HatEinerKarten(Werte wert) {
       // So fragt ein Gegner, ob der aktuelle Spieler Karten eines bestimmten Werts hat.
       // Diesen ermitteln Sie per Kartenstapel.WerteEntnehmen(). Fügen Sie dem Textfeld
       // die Zeile "Tim hat 3 Sechser" hinzu - nutzen Sie dazu Karte.Plural().
    }
    public void NachKarteFragen(List<Spieler> spieler, int index, Kartenstapel stapel) {
       // Eine überladene Version von NachKarteFragen() - sie wählt mit ZufallswertAbrufen()
       // einen Wert aus dem Stapel und fragt mit NachKarteFragen() danach.
    }
```

Es kann passieren, dass die letzte Karte eines Spielers von einem anderen Spieler genommen wurde, er also keine Karten mehr hat, wenn NachKarteFragen() aufgerufen wird. Wie könnten Sie das angehen?

```
    public void NachKarteFragen(List<Spieler> spieler, int index,
                               Kartenstapel stapel, Werte wert) {
       // Fragt nach einem Wert. Fügt dem Textfeld eine Zeile hinzu: "Tim fragt, ob jemand
       // eine Dame hat." Durchläuft dann die übergebende Spielerliste und fragt die Spieler
       // mit HatEinerKarten(), ob sie eine Karte dieses Werts haben. Er übergibt einen Stapel
       // Karten, der zu den Handkarten hinzugefügt wird. Halten Sie fest, wie viele Karten
       // hinzugefügt wurden. Wurden keine geliefert, wird eine aus dem übergebenen Stock
       // entnommen und dem Textfeld die Zeile "Tim musste aus Stock ziehen" hinzugefügt".
    }
    // Hier sind Eigenschaften und Methoden, die bereits für Sie geschrieben wurden.
    public int Kartenanzahl { get { return karten.Anzahl; } }
    public void KarteNehmen(Karte karte) { karten.Hinzufügen(karte); }
    public IEnumerable<string> KartenNamenAbrufen() { return karten.KartenNamenAbrufen(); }
    public Karte Gucken(int kartenNr) { return karten.Gucken(kartenNr); }
    public void HandkartenSortieren() { karten.NachWertSortieren(); }
}
```

6 **DIE FOLGENDE METHODE MÜSSEN SIE DER KLASSE SPIELER HINZUFÜGEN.**
Hier ist die `QuartetteEntnehmen()`-Methode der Klasse `Spieler`. Sie durchläuft alle 13 Kartenwerte und zählt, wie oft dieser Wert im `karten`-Feld des Spielers vorkommt. Wenn der Spieler alle vier Karten mit diesem Wert hat, besitzt er ein vollständiges Quartett. Der Wert wird der Variablen Quartette hinzugefügt, die später zurückgeliefert wird, und das Quartett wird den Karten des Spielers entnommen.

Noch ein paar Dinge, über die Sie nachdenken sollten.

```
public IEnumerable<Werte> QuartetteEntnehmen() {
    List<Werte> Quartette = new List<Werte>();
    for (int i = 1; i <= 13; i++) {
        Werte wert = (Werte)i;
        int wieViele = 0;
        for (int karte = 0; karte < karten.Anzahl; karte++)
            if (karten.Gucken(karte).Wert == wert)
                wieViele++;
        if (wieViele == 4) {
            Quartette.Add(wert);
            karten.WerteEntnehmen(wert);
        }
    }
    return Quartette;
}
```

Die Gucken()-Methode, die wir der Klasse Kartenstapel hinzugefügt haben, wird sich als praktisch erweisen. Mit ihr kann das Programm über den Index nach einer der Karten im Stapel suchen. Im Unterschied zu Ausgeben() entfernt sie diese Karte aber nicht.

Sie müssen ZWEI überladene Versionen von NachKarteFragen() erstellen. Die erste wird vom Gegner verwendet, wenn er nach Karten fragt – sie sucht auf seiner Hand nach einer Karte, nach der er fragen kann. Die zweite wird verwendet, wenn der Spieler nach der Karte fragt. Beide fragen ALLE anderen Spieler (beide Computerspieler und den menschlichen Spieler) nach Karten mit passendem Wert.

7 **DER KLASSE KARTE MÜSSEN SIE DIESE METHODE HINZUFÜGEN.**
Es ist eine statische Methode, die einen Wert nimmt und ihren Plural liefert – für die Zehn »Zehner« und für Ausnahmen wie Ass »Asse« (mit »e« am Ende). Da die Methode statisch ist, rufen Sie sie über die Klasse – `Karte.Plural()` – und nicht über eine Instanz ab.

```
partial class Karte {
    public static string Plural(Werte wert) {
        if (wert == Werte.Ass || wert == Werte.König)
            return wert.ToString() + "e";
        else if (wert == Werte.Dame || wert == Werte.Bauer)
            return wert.ToString() + "n";
        else
            return wert.ToString() + "er";
    }
}
```

Wir haben eine partielle Klasse genutzt, um diese statische Methode zu Karte hinzuzufügen, damit Sie leichter den Überblick bewahren können. Das müssen Sie nicht tun. Sie können die Methode auch einfach in den bestehenden Code einfügen.

Wenn Sie den Event-Handler für den »Nach Karte fragen«-Button schreiben, können Sie gleichzeitig das Doppelklick-Ereignis der ListBox mit ihm verbinden. Dann kann man auch per Doppelklick nach einer Karte fragen.

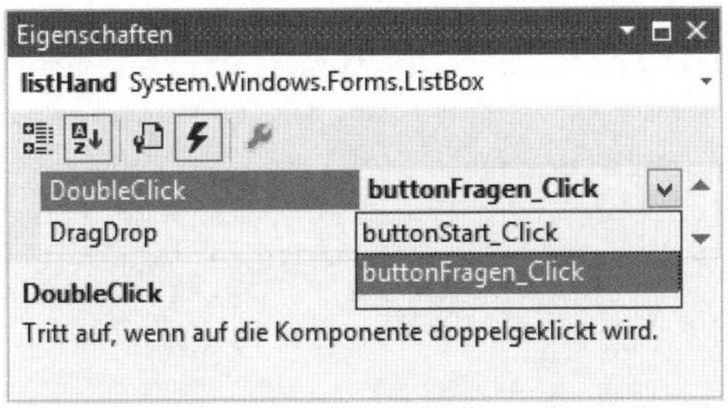

Eigenschaften
listHand System.Windows.Forms.ListBox
DoubleClick
buttonFragen_Click
DragDrop
buttonStart_Click
buttonFragen_Click
DoubleClick
Tritt auf, wenn auf die Komponente doppelgeklickt wird.

Fast fertig – noch einmal blättern!

Lange Übung (Fortsetzung)

8 **DER REST DER AUFGABE: ERSTELLEN SIE DIE KLASSE SPIEL.**

Das Formular hält eine Instanz von Spiel. Diese verwaltet den Spielablauf. Achten Sie genau darauf, wie sie im Formular verwendet wird

Spieler und Spiel nutzen beide eine Referenz auf das mehrzeilige Textfeld, um Nachrichten auszugeben. Vergessen Sie oben in den entsprechenden Dateien >>using System.Windows.Forms;<< nicht.

```
class Spiel {
    private List<Spieler> spieler;
    private Dictionary<Werte, Spieler> quartette;
    private Kartenstapel stapel;
    private TextBox formTB;
    public Spiel(string spielerName, IEnumerable<string> gegnerNamen, TextBox formTB) {
        Random zufall = new Random();
        this.formTB = formTB;
        spieler = new List<Spieler>();
        spieler.Add(new Spieler(spielerName, zufall, formTB));
        foreach (string einSpieler in gegnerNamen)
            spieler.Add(new Spieler(einSpieler, zufall, formTB));
        quartette = new Dictionary<Werte, Spieler>();
        stapel = new Kartenstapel();
        Ausgeben();
        spieler[0].HandkartenSortieren();
    }
    private void Ausgeben() {
       // Hier beginnt das Spiel - diese Methode wird nur zu Anfang des Spiels aufgerufen.
       // Der Stapel wird gemischt, und an jeden Spieler werden fünf Karten ausgegeben.
       // Rufen Sie dann die QuartetteEntnehmen()-Methode aller Spieler auf.
    }
    public bool RundeSpielen(int gewählteKarte) {
       // Spielt eine Runde. Der Parameter ist die vom Spieler gewählte Karte - fragen Sie
       // ihren Wert ab. Gehen Sie alle Spieler durch und rufen Sie ihre NachKarteFragen()-
       // Methode auf - achten Sie darauf, dass nach dem Wert der gewählten Karte gefragt
       // wird. Rufen Sie dann QuartetteEntnehmen() auf - liefert die Methode true, hat
       // der Spieler keine Karten mehr und muss neue ziehen. Sortieren Sie anschließend
       // die Karten des Spielers (damit das im Formular gut aussieht). Prüfen Sie dann,
       // ob der Stock noch Karten enthält. Ist er leer, setzen Sie die TextBox im
       // Formular auf "Der Stock ist leer. Das Spiel ist beendet!" und liefern true.
       // Andernfalls ist das Spiel noch nicht vorüber. Liefern Sie dann false.
    }
    public bool QuartetteEntnehmen(Spieler einSpieler) {
       // Entnimmt die Quartette der Spieler. Liefert true, wenn der Spieler dann keine
       // Karte mehr hat, andernfalls false. Die Quartette werden dem Wörterbuch Quartette
       // hinzugefügt. Hat ein Spieler alle seine Karten für Quartette genutzt, gewinnt er.
    }
    public string QuartettBeschreiben() {
       // Liefert eine Beschreibung der Quartette im Wörterbuch Quartette: "Tim hat
       // ein Quartett mit Sechsern. (Zeilenumbruch) Max hat ein Quartett mit Assen."
    }
```

IEnumerable<T> bei öffentlichen Klassenmembern macht Klassen flexibler. Das sollte man bedenken, wenn Code wiederverwendet werden muss. Jetzt kann man bei der Instantiierung von Spiel string[], List<string> oder etwas anderes nutzen.

Das verbessert auch die Kapselung, da man nicht versehentlich Code schreiben kann, der die Liste verändert.

Hier ist ein Tipp für die Methode SiegerNameAbrufen(): Mit dem sieger-Wörterbuch, das Sie zu Anfang der Methode erstellen, können Sie die Namen der einzelnen Spieler nutzen, um die Anzahl der erzielten Quartette nachzuschlagen. Zunächst verwenden Sie eine foreach-Schleife, um die Quartette eines Spielers zu ermitteln und das Wörterbuch aufzubauen. Dann nutzen Sie eine weitere foreach-Schleife, um die höchste Zahl von Quartetten für einen Spieler zu ermitteln. Aber es könnte passieren, dass es zwei Spieler mit dieser Zahl von Quartetten gibt! Deswegen benötigen Sie eine weitere foreach-Schleife, um in sieger alle Spieler zu ermitteln, die die gleiche Anzahl von Quartette haben, und einen String mit der entsprechenden Meldung aufzubauen.

```
public string SiegerNameAbrufen() {
       // Diese Methode wird zum Spielende aufgerufen. Sie nutzt ein eigenes Spieler-
       // Wörterbuch (Dictionary<string, int> sieger), in dem sie die Anzahl an
       // Quartetten der Spieler im Wörterbuch quartette speichert. Sie nutzt eine
       // Schleife auf quartette.Keys -- foreach (Werte wert in quartette.Keys) --,
       // um das Wörterbuch sieger mit der entsprechenden Zahl an Quartetten zu füllen.
       // Dann durchläuft sie das Wörterbuch, um den Spieler mit den meisten Quartetten
       // zu finden. Danach geht sie es ein letztes Mal durch, um einen String mit einer
       // Siegerliste aufzubauen ("Tim und Max"). Gibt es einen Sieger, hat der die Form
       // "Max mit 3 Quartetten", andernfalls lautet er "Unentschieden zwischen Tim und
       // Tom mit 2 Quartetten".
}

// Hier sind ein paar kurze Methoden, die wir bereits für Sie geschrieben haben:

public IEnumerable<string> SpielerKartenAbrufen() {
    return spieler[0].KartenNamenAbrufen();
}

public string SpielerKartenBeschreiben() {
    string beschreibung = "";
    for (int i = 0; i < spieler.Count; i++) {
        beschreibung += spieler[i].Name + " hat " + spieler[i].Kartenanzahl;
        if (spieler[i].Kartenanzahl == 1)
            beschreibung += " karte." + Environment.NewLine;
        else
            beschreibung += " karten." + Environment.NewLine;
    }
    beschreibung += "Im Stock sind noch " + stapel.Anzahl+ " Karten.";
    return beschreibung;
}
```

Geben Sie im Überwachungsfenster (int)'\r' ein, um das Zeichen \r auf eine Zahl zu casten. Es liefert 13. Für '\n' wird 10 geliefert. Das sind die eindeutigen Unicode-Werte für die Zeichen.

Nutzen Sie Environment.NewLine für Zeilenumbrüche

Bislang haben Sie Zeilenumbrüche mit \n eingefügt. .NET bietet Ihnen allerdings eine praktische Konstante zum Einfügen von Zeilenumbrüchen: Environment.NewLine. Diese enthält immer die Zeichenfolge für den Zeilenumbruch auf der entsprechenden Plattform. Unter Windows ist das »\r\n«. Das sind die Zeichen, die Sie am Ende jeder für Windows formatierten Textdatei sehen. Bei anderen Systemen (Unix-artigen Systemen) wird dazu nur »\n« verwendet. Environment.NewLine sorgt also dafür, dass Ihr Text immer richtig formatiert wird, ganz gleich, auf welcher Plattform er läuft. Environment.NewLine kommt z. B. auch zum Einsatz, wenn Sie Console.WriteLine() nutzen.

Lange Übung Lösung

Hier sind die zusätzlichen Methoden für die Klasse Spiel.

Ausgeben() wird aufgerufen, wenn das Spiel beginnt – der Stapel wird gemischt, und dann erhält jeder Spieler fünf Karten. Anschließend werden alle Quartette entnommen, die einer der Spieler erhalten hat.

```
class Spiel {
    private void Ausgeben() {
        stapel.Mischen();
        for (int i = 0; i < 5; i++)
            foreach (Spieler einSpieler in spieler)
                einSpieler.KarteNehmen(stapel.Ausgeben());
        foreach (Spieler einSpieler in spieler)
            QuartetteEntnehmen(einSpieler);
    }

    public bool RundeSpielen(int gewählteKarte) {
        Werte frageKarte = spieler[0].Gucken(gewählteKarte).Wert;
        for (int i = 0; i < spieler.Count; i++) {
            if (i == 0)
                spieler[0].NachKarteFragen(spieler, 0, stapel, frageKarte);
            else
                spieler[i].NachKarteFragen(spieler, i, stapel);
            if (QuartetteEntnehmen(spieler[i])) {
                formTB.Text += spieler[i].Name + " zog neue Karten" + Environment.NewLine;
                int karte = 1;
                while (karte <= 5 && stapel.Anzahl > 0) {
                    spieler[i].KarteNehmen(stapel.Ausgeben());
                    karte++;
                }
            }
            spieler[0].HandkartenSortieren();
            if (stapel.Anzahl == 0) {
                formTB.Text = "Der Stock ist leer. Das Spiel ist beendet!" +
                              Environment.NewLine;
                return true;
            }
        }
        return false;
    }

    public bool QuartetteEntnehmen(Spieler einSpieler)
    {
        IEnumerable<Werte> entnommeQuartette = einSpieler.QuartetteEntnehmen();
        foreach (Werte wert in entnommeQuartette)
            quartette.Add(wert, einSpieler);
        if (einSpieler.Kartenanzahl == 0)
            return true;
        return false;
    }
```

Hat der Spieler oder einer der Gegner nach einer Karte gefragt, entnimmt das Spiel alle erzielten Quartette. Hat ein Spieler keine Karten mehr, zieht er eine neue Hand, indem er bis zu fünf Karten aus dem Stock nimmt.

Sobald ein Spieler auf den Button »Nach Karte fragen« klickt, ruft das Spiel NachKarteFragen() mit dieser Karte auf. Dann ruft es NachKarteFragen() für jeden Gegner auf.

Ist die Runde gespielt, sortiert das Spiel die Hand des Spielers, damit die Karten im Formular geordnet angezeigt werden. Dann prüft es, ob das Spiel vorüber ist. Ist das der Fall, liefert RundeSpielen() true.

QuartetteEntnehmen() prüft in den Karten des Spielers, ob er vier Karten mit dem gleichen Wert hat. Wenn ja, wird das Quartett dem Wörterbuch quartette hinzugefügt. Hat er anschließend keine Karten mehr, liefert die Methode true.

Das Formular muss eine Liste der Quartette anzeigen und nutzt QuartettBeschreiben(), um das quartette-Wörterbuch des Spielers in Wörter zu überführen.

```
    public string QuartettBeschreiben() {
        string spielerQuartette = "";
        foreach (Werte wert in quartette.Keys)
            spielerQuartette += quartette[wert].Name + " hat ein "
                + Karte.Plural(wert) + "-Quartett" + Environment.NewLine;
        return spielerQuartette;
    }

    public string SiegerNameAbrufen() {
        Dictionary<string, int> sieger = new Dictionary<string, int>();
        foreach (Werte wert in quartette.Keys) {
            string name = quartette[wert].Name;
            if (sieger.ContainsKey(name))
                sieger[name]++;
            else
                sieger.Add(name, 1);
        }
        int höchsteQuartettAnzahl = 0;
        foreach (string name in sieger.Keys)
            if (sieger[name] > höchsteQuartettAnzahl)
                höchsteQuartettAnzahl = sieger[name];
        bool remis = false;
        string siegerListe = "";
        foreach (string name in sieger.Keys)
            if (sieger[name] == höchsteQuartettAnzahl)
            {
                if (!String.IsNullOrEmpty(siegerListe))
                {
                    siegerListe += " und ";
                    remis = true;
                }
                siegerListe += name;
            }
        siegerListe += " mit " + höchsteQuartettAnzahl
                              + " quartette";
        if (remis)
            return "Unentschieden zwischen " + siegerListe;
        else
            return siegerListe;
    }
}
```

Wurde die letzte Karte aufgenommen, wird der Sieger ermittelt. Das macht SiegerNameAbrufen(). Dazu wird ein Wörterbuch namens sieger eingesetzt. Die Namen der Spieler sind die Schlüssel, die Werte die jeweilige Anzahl an Quartetten.

Dann wird über das Wörterbuch ermittelt, welche die höchste Anzahl an Quartetten ist, die ein Spieler erzielt hat. Dieser Wert kommt in die Variable höchsteQuartettAnzahl.

Nachdem wir wissen, welche Spieler die meisten Quartette haben, kann die Methode einen String mit der Siegerliste aufbauen.

Wir sind noch nicht fertig – blättern Sie um!

Lange Übung Lösung (Fortsetzung)

Hier sind die zusätzlichen Methoden für die Klasse Spieler.

```
public Spieler(String name, Random zufall, TextBox formTB) {
    this.name = name;
    this.zufall = zufall;
    this.formTB = formTB;
    this.karten = new Kartenstapel( new Karte[] {} );
    formTB.Text += name + " ist dem Spiel beigetreten" + Environment.NewLine;
}
```

Dies ist der Konstruktor für die Klasse Spieler. Er setzt die privaten Felder und fügt dem Fortschrittstextfeld eine Zeile hinzu, die sagt, wer der neue Mitspieler ist.

```
public Werte ZufallswertAbrufen() {
    Karte  zufallskarte = karten.Gucken(zufall.Next(karten.Anzahl));
    return  zufallskarte.Wert;
}
```

Die Methode ZufallswertAbrufen() nutzt Gucken(), um zufällig eine Karte auf der Hand eines Spielers zu suchen.

```
public Kartenstapel HatEinerKarten(Werte wert) {
    Kartenstapel handkarten = karten.WerteEntnehmen(wert);
    formTB.Text += Name + " hat " + handkarten.Anzahl + " "
           + Karte.Plural(wert) + Environment.NewLine;
    return handkarten;
}
```

HatEinerKarten() nutzt WerteEntnehmen(), um alle Karten mit diesem Wert zu entnehmen und zurückzuliefern.

```
public void NachKarteFragen(List<Spieler> spieler, int index, Kartenstapel stapel) {
    if (stapel.Anzahl > 0) {
        if (karten.Anzahl == 0)
            karten.Hinzufügen(stapel.Ausgeben());
        Werte zufall = ZufallswertAbrufen();
        NachKarteFragen(spieler, index, stapel, zufall);
    }
}
```

Es gibt zwei Überladungen von NachKarteFragen(). Die erste verwenden die Gegner – sie wählt zufällig eine Karte aus und ruft die andere NachKarteFragen()-Überladung auf.

```
public void NachKarteFragen(List<Spieler> spieler, int index,
      Kartenstapel stapel, Werte wert) {
    formTB.Text += Name + " fragt, ob einer " + wert + " hat" + Environment.NewLine;
    int anzahlGegebeneKarten = 0;
    for (int i = 0; i < spieler.Count; i++) {
        if (i != index) {
            Spieler einSpieler = spieler[i];
            Kartenstapel gegebeneKarten = einSpieler.HatEinerKarten(wert);
            anzahlGegebeneKarten += gegebeneKarten.Anzahl;
            while (gegebeneKarten.Anzahl > 0)
                karten.Hinzufügen(gegebeneKarten.Ausgeben());
        }
    }
    if (anzahlGegebeneKarten == 0) {
        formTB.Text += Name + " muss aus dem Stock ziehen." + Environment.NewLine;
        karten.Hinzufügen(stapel.Ausgeben());
    }
}
```

Diese NachKarteFragen()-Überladung durchsucht die Karten der Spieler (den fragenden ausgenommen), ruft HatEinerKarten() auf und fügt übergebene Karten den eigenen Karten hinzu.

Wurden keine Karten übergeben, muss der Spieler über die Methode Ausgeben() eine Karte aus dem Stock ziehen.

Mini-Bonus-Übung: Haben Sie eine Idee, wie man Kapselung und Entwurf von Spieler verbessern könnte, indem man diese `List<Spieler>` in `NachKarteFragen()` durch ein `IEnumerable<T>` ersetzt, ohne die Funktionsweise des Programms zu ändern? Punkt 7 in Anhang A zeigt Ihnen ein praktisches Werkzeug, das Sie dazu nutzen können.

Noch MEHR Auflistungstypen ...

`List` und `Dictionary` sind zwei der **eingebauten generischen Auflistungsklassen**, die Teil des .NET Framework sind. Listen und Wörterbücher sind sehr flexibel – auf die Daten darin können Sie in beliebiger Reihenfolge zugreifen. Aber gelegentlich müssen Sie einschränken, wie Ihr Programm mit Daten arbeitet, weil das *Ding*, das diese in Ihrem Programm repräsentieren, wie im wahren Leben funktioniert. In solchen Situationen nutzen Sie eine **`Queue`** oder einen **`Stack`**. Das sind zwei weitere generische Auflistungen, die Listen ähneln, aber besonders gut sind, wenn man sicherstellen will, in welcher Reihenfolge Daten verarbeitet werden.

Es gibt noch weitere Arten von Auflistungen, aber das sind die, mit denen Sie am ehesten in Berührung kommen werden.

Eine Queue nutzen Sie, wenn das Objekt, das Sie als Erstes speichern, auch das erste ist, das Sie verwenden werden:

- Wagen, die eine Einbahnstraße hinunterfahren.
- Menschen, die in einer Schlange stehen.
- Kunden in der Warteschlange eines Kundendiensts.
- Alles, was auf der Basis »Wer zuerst kommt, mahlt zuerst« verarbeitet wird.

Eine Queue (Schlange) ist eine First-in-First-out-Struktur (Als-Erstes-drin-Als-Erstes-raus). Das bedeutet, dass das erste Objekt, das Sie in die Queue stecken, auch das erste ist, das Sie zur Verwendung herausziehen.

Einen Stack nutzen Sie, wenn Sie immer das Objekt verwenden möchten, das als Letztes gespeichert wurde:

- Möbel in einem Umzugswagen.
- Ein Stapel Quartette, aus dem Sie das zuletzt hinzugefügte als Erstes herausziehen möchten.
- Personen, die in ein Flugzeug steigen oder aus einem aussteigen. Eine Cheerleader-Pyramide, von der die obersten zuerst absteigen müssen ... stellen Sie sich das Chaos vor, wenn die unten zuerst gingen!

Ein Stack (Stapel) ist eine First-in-Last-out-Struktur (Als-Erstes-drin-Als-Letztes-raus). Das zuerst in einen Stapel gesteckte Objekt ist das, was als Letztes wieder aus ihm herauskommt.

Generische Auflistungen sind ein wichtiger Teil des .NET Framework

Sie sind wirklich sehr nützlich – so nützlich, dass die IDE jeder Klasse in Ihrem Projekt automatisch folgende Zeile voranstellt:

```
using System.Collections.Generic;
```

Fast jedes größere Projekt, an dem Sie arbeiten, schließt irgendwelche generischen Auflistungen ein, weil Programme ohne gespeicherte Daten nicht sein können. Und wenn Sie es mit Gruppen ähnlicher Dinge aus dem wirklichen Leben zu tun haben, fallen diese beinahe automatisch in eine Kategorie, die recht gut einer dieser Arten von Auflistung entspricht.

Sie können allerdings foreach verwenden, um einen Stack oder eine Queue zu durchlaufen, weil beide IEnumerable implementieren!

Eine Queue ist wie eine Liste, bei der Sie am einen Ende Dinge hineinstecken und am anderen wieder hinausnehmen. Aus einem Stack nehmen Sie die Dinge auf der Seite heraus, auf der Sie sie auch hineingesteckt haben.

Eine Queue ist FIFO – First-in-First-out

Eine **Queue** ist einer Liste recht ähnlich. Allerdings können Sie Elemente nicht einfach an einem beliebigen Index hinzufügen oder dort entnehmen. Einer Queue fügen Sie ein Objekt hinzu, indem Sie es mit **Enqueue**() einreihen. Das hängt das Objekt ans Ende der Schlange an. Mit **Dequeue**() nehmen Sie das erste Element am Anfang der Liste heraus. Wenn Sie das tun, wird das Objekt aus der Schlange entfernt, und die restlichen Objekte rücken darin eine Position auf.

Eine neue Queue mit Strings wurde erstellt.

```
Queue<string> dieQueue = new Queue<string>();
dieQueue.Enqueue("Erster");
dieQueue.Enqueue("Zweiter");
dieQueue.Enqueue("Dritter");
dieQueue.Enqueue("Letzter");
string einblicken = dieQueue.Peek(); ①
string erster = dieQueue.Dequeue(); ②
string nächster = dieQueue.Dequeue(); ③
int wieViele = dieQueue.Count; ④
dieQueue.Clear();
MessageBox.Show("Peek() lieferte: " + einblicken + "\n"
    + "Das erste Dequeue() lieferte: " + erster + "\n"
    + "Das zweite Dequeue() lieferte: " + nächster + "\n"
    + "Count vor Clear() war " + wieViele + "\n"
    + "Count nach Clear() ist " + dieQueue.Count); ⑤
```

Hier werden der Queue vier Elemente hinzugefügt. Ziehen wir sie aus der Queue heraus, erhalten wir sie genau in dieser Reihenfolge.

Mit Peek() können Sie sich das erste Element in der Queue ansehen, ohne es zu entnehmen.

Das erste Dequeue() zieht das erste Element aus der Queue. Das zweite Element rückt an die erste Stelle und wird vom nächsten Dequeue() abgerufen.

Clear() entfernt alle Objekte aus der Queue.

Die Count-Eigenschaft der Queue liefert die Anzahl an Elementen in der Queue.

Objekte in einer Queue müssen warten, bis sie an der Reihe sind. Der Erste in der Schlange kommt auch als Erster raus.

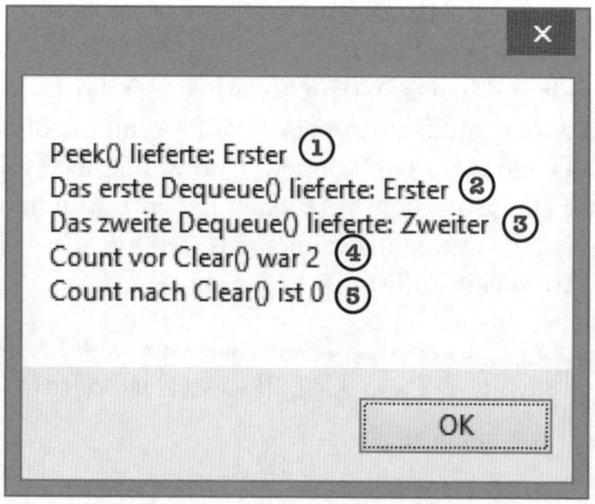
Peek() lieferte: Erster ①
Das erste Dequeue() lieferte: Erster ②
Das zweite Dequeue() lieferte: Zweiter ③
Count vor Clear() war 2 ④
Count nach Clear() ist 0 ⑤
OK

Ein Stack ist LIFO – Last-in-First-out

Ein **Stack** ist einer Queue sehr ähnlich – es gibt aber einen großen Unterschied. Sie schieben Elemente mit **Push**() auf einen Stack, und wenn Sie eins davon herunternehmen möchten, ziehen Sie es mit **Pop**() herunter. Ziehen Sie ein Element von einem Stapel herunter, erhalten Sie das Element, das Sie als Letztes auf ihn geschoben haben. Das ist vergleichbar mit einem Stapel mit Tellern, Zeitschriften oder irgendetwas anderem – Sie legen etwas auf den Stapel und müssen es wieder herunternehmen, damit Sie an die Dinge darunter herankommen.

Einen Stack erzeugen Sie genau wie alle anderen generischen Auflistungen.

Schieben Sie ein Element auf einen Stack, werden die anderen Elemente nach unten geschoben.

```
Stack<string> derStack = new Stack<string>();
derStack.Push("Erster");
derStack.Push("Zweiter");
derStack.Push("Dritter");
derStack.Push("Letzter");
(1) string einblicken = derStack.Peek();
(2) string erster = derStack.Pop();
(3) string nächster = derStack.Pop();
(4) int wieViele = derStack.Count;
derStack.Clear();
MessageBox.Show(
    "Peek() lieferte: " + einblicken + "\n"
    + "Das erste Pop() lieferte: " + erster + "\n"
    + "Das zweite Pop() lieferte: " + nächster + "\n"
    + "Count vor Clear() war " + wieViele + "\n"
    + "Count nach Clear() ist " + derStack.Count); (5)
```

Ziehen Sie ein Element vom Stack herunter, erhalten Sie das Element, das Sie als Letztes draufgepackt haben.

Stattdessen können Sie auch Environment.NewLine nutzen. Hier hätte das die Seite gesprengt.

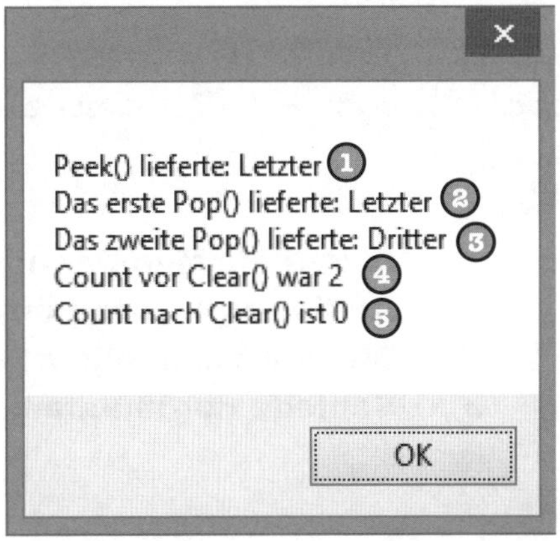
Peek() lieferte: Letzter (1)
Das erste Pop() lieferte: Letzter (2)
Das zweite Pop() lieferte: Dritter (3)
Count vor Clear() war 2 (4)
Count nach Clear() ist 0 (5)
OK

Das letzte Objekt, das Sie auf den Stapel geschoben haben, ist das erste, das Sie wieder herunterziehen.

MOMENT. ICH BIN NOCH NICHT ZUFRIEDEN.
SIE HABEN MIR NICHTS DAVON ERZÄHLT, WAS ICH MIT EINEM STACK ODER EINER QUEUE MACHEN KANN, MIT EINER LIST DAGEGEN NICHT. DIE SPAREN MIR DOCH BLOß EIN PAAR ZEILEN CODE. UND DANN KOMME ICH NICHT EINMAL AN DIE ELEMENTE IN DER MITTE EINES STACKS ODER EINER QUEUE HERAN. BEI EINER LISTE IST DAS KEIN PROBLEM! WARUM SOLLTE ICH DAS *FÜR EIN PAAR ANNEHMLICHKEITEN AUFGEBEN?*

Sie geben nichts auf, wenn Sie einen Stack oder eine Queue verwenden.

Ein `Queue`-Objekt kann man problemlos in ein `List`-Objekt umwandeln. Und genauso leicht macht man aus einer `List` eine `Queue`, einer `Queue` einen `Stack` … in der Tat können Sie eine `List`, eine `Queue` oder einen `Stack` aus jedem Objekt erstellen, das die Schnittstelle **`IEnumerable`** implementiert. Dazu müssen Sie nur einen überladenen Konstruktor verwenden, über den Sie als Parameter ein Auflistungsobjekt übergeben können, das Sie kopieren möchten. Das heißt, dass Sie die Flexibilität und den Komfort haben, Ihre Daten mit dem Auflistungstyp darzustellen, der für Ihre Verwendungszwecke am angemessensten ist. (Denken Sie allerdings daran, dass Sie eine Kopie machen und damit ein neues Objekt auf dem Heap erstellen.)

Richten wir einen Stack mit vier Elementen ein – hier ist das ein Stack mit Strings.

```
Stack<string> derStack = new Stack<string>();
derStack.Push("Erster");
derStack.Push("Zweiter");
derStack.Push("Dritter");
derStack.Push("Letzter");

Queue<string> dieQueue = new Queue<string>(derStack);
List<string> dieListe = new List<string>(dieQueue);
Stack<string> andererStack = new Stack<string>(dieListe);
MessageBox.Show("dieQueue hat " + dieQueue.Count + " Elemente\n"
    + "dieListe hat " + dieListe.Count + " Elemente\n"
    + "andererStack hat " + andererStack.Count + " Elemente\n");
```

Einen Stack kann man leicht in eine Queue verwandeln, aus der man leicht eine List machen kann, die man leicht in einen weiteren Stack verwandeln kann.

Alle vier Elemente wurden in die neuen Auflistungen kopiert.

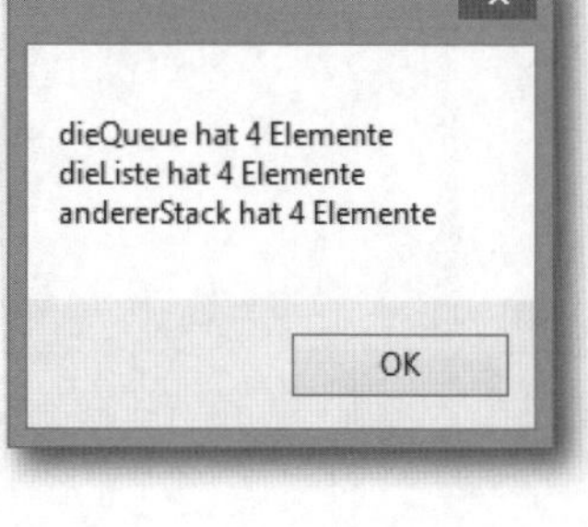
dieQueue hat 4 Elemente
dieListe hat 4 Elemente
andererStack hat 4 Elemente
OK

… und die Member aller Auflistungstypen können Sie einfach in einer foreach-Schleife durchlaufen.

ÜBUNG

Schreiben Sie ein Programm, das in einem Restaurant Holzfällern zu Pfannkuchen verhilft. Beginnen Sie mit der Klasse Holzfäller. Entwerfen Sie dann das Formular und fügen Sie den Buttons Event-Handler hinzu.

1 Hier ist die Klasse Holzfäller. Ergänzen Sie den `PfannkuchenZahl`-Getter und die Methoden `PfannkuchenNehmen` und `PfannkuchenEssen`.

```
class Holzfäller {
    private string name;
    public string Name { get { return name; } }
    private Stack<Pfannkuchen> mahlzeit;
    public Holzfäller(string name) {
        this.name = name;
        mahlzeit = new Stack<Pfannkuchen>();
    }
    public int PfannkuchenAnzahl { get { // Anzahl liefern } }
    public void PfannkuchenNehmen(Pfannkuchen gang, int anzahl) {
       // Dem Stapel Pfannkuchen ein paar hinzufügen.
    }
    public void PfannkuchenEssen() {
       // Diese Ausgabe in die Konsole schreiben.
    }
}
```

```
enum
Pfannkuchen {
    Zucker,
    Nutella,
    Zitrone,
    Banane
}
```

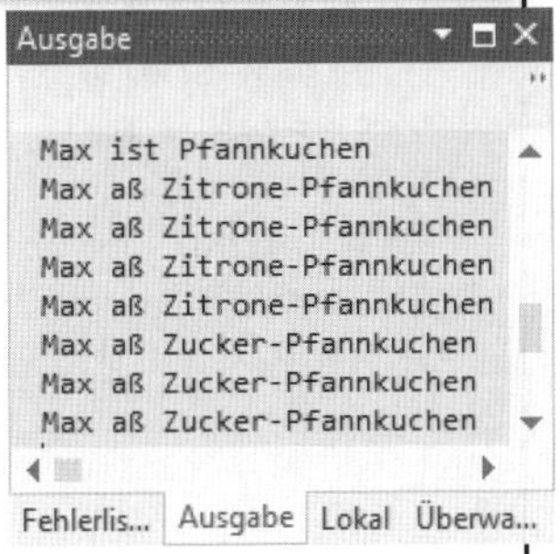

Ausgabe
Max ist Pfannkuchen
Max aß Zitrone-Pfannkuchen
Max aß Zitrone-Pfannkuchen
Max aß Zitrone-Pfannkuchen
Max aß Zitrone-Pfannkuchen
Max aß Zucker-Pfannkuchen
Max aß Zucker-Pfannkuchen
Max aß Zucker-Pfannkuchen
Fehlerlis...
Ausgabe
Lokal
Überwa...

2 Erstellen Sie dieses Formular. Darin geben Sie in einem Textfeld die Namen der Holzfäller an, um sie in die Frühstücksschlange zu stellen. Mit dem Button »Nächster Holzfäller« geben Sie dem ersten Holzfäller einen Teller Pfannkuchen und sagen ihm, dass er sie essen soll. Den Event-Handler für diesen Button sehen Sie unten. Halten Sie die Holzfäller in einer Queue namens **essensschlange** fest.

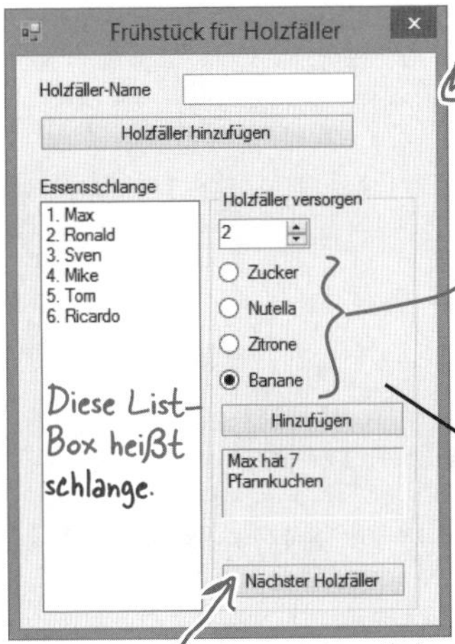

Frühstück für Holzfäller
Holzfäller-Name
Holzfäller hinzufügen
Essensschlange
1. Max
2. Ronald
3. Sven
4. Mike
5. Tom
6. Ricardo
Holzfäller versorgen
2
Zucker
Nutella
Zitrone
Banane
Hinzufügen
Max hat 7 Pfannkuchen
Nächster Holzfäller

Klickt der Benutzer auf »Holzfäller hinzufügen«, wird der Name im Textfeld **name** in die Queue essensschlange übernommen.

Ziehen Sie diese RadioButtons in die GroupBox, verknüpft die IDE sie automatisch. Der Benutzer darf dann immer nur einen von ihnen auswählen. In der Methode pfannkuchenHinzufügen können Sie sehen, welche Namen sie haben sollten.

Diese ListBox heißt schlange.

```
private void pfannkuchenHinzufügen_Click(...) {
    Pfannkuchen essen;
    if (zucker.Checked == true)
        essen = Pfannkuchen.Zucker;
    else if (nutella.Checked == true)
        essen = Pfannkuchen.Nutella;
    else if (zitrone.Checked == true)
        essen = Pfannkuchen.Zitrone;
    else
        essen = Pfannkuchen.Banane;

    Holzfäller aktuellerHolzfäller = essensschlange.Peek();
    aktuellerHolzfäller.PfannkuchenNehmen(essen,
                            (int)wieViele.Value);
    ListeNeuZeichnen();
}
```

Beachten Sie die »else if«-Syntax.

Peek() liefert eine Referenz auf den ersten Holzfäller in der Schlange.

Dieser Button soll den ersten Holzfäller aus der Schlange nehmen, seine PfannkuchenEssen()-Methode aufrufen und dann die ListBox neu zeichnen.

Die hinzuzufügende ListeNeuZeichnen()-Methode muss die ListBox mit dem Inhalt der Queue neu zeichnen. Alle Buttons müssen sie aufrufen.

Das NumericUpDown heißt wieViele und das Label nächsterKunde.

Dieses Programm nutzt die Konsole. Sie müssen das Ausgabefenster der IDE nutzen, wenn Sie die Ausgabe sehen wollen.

LÖSUNG ZUR ÜBUNG

```
private Queue<Holzfäller> essensschlange = new Queue<Holzfäller>();
private void holzfällerHinzufügen_Click(object sender, EventArgs e) {
    essensschlange.Enqueue(new Holzfäller(name.Text));
    name.Text = "";
    ListeNeuZeichnen();
}
private void ListeNeuZeichnen() {
    int anzahl = 1;
    schlange.Items.Clear();
    foreach (Holzfäller holzfäller in essensschlange) {
        schlange.Items.Add(anzahl + ". " + holzfäller.Name);
        anzahl++;
    }
    if (essensschlange.Count == 0) {
        groupBox1.Enabled = false;
        nächsterKunde.Text = "";
    } else {
        groupBox1.Enabled = true;
        Holzfäller aktuellerHolzfäller = essensschlange.Peek();
        nächsterKunde.Text = aktuellerHolzfäller.Name + " hat "
            + aktuellerHolzfäller.PfannkuchenAnzahl + " Pfannkuchen";
} }
private void nächsterHolzfäller_Click(object sender, EventArgs e) {
    Holzfäller nächsterInSchlange = essensschlange.Dequeue();
    nächsterInSchlange.PfannkuchenEssen();
    nächsterKunde.Text = "";
    ListeNeuZeichnen();
}

class Holzfäller {
    private string name;
    public string Name { get { return name; } }
    private Stack<Pfannkuchen> mahlzeit;

    public Holzfäller(string name) {
        this.name = name;
        mahlzeit = new Stack<Pfannkuchen>();
    }

    public int PfannkuchenAnzahl { get { return mahlzeit.Count; } }

    public void PfannkuchenNehmen(Pfannkuchen essen, int wieViele) {
        for (int i = 0; i < wieViele; i++) {
            mahlzeit.Push(essen);
    } }

    public void PfannkuchenEssen() {
      Console.WriteLine(name + " ist Pfannkuchen");
      while (mahlzeit.Count > 0) {
          Console.WriteLine(name + " aß "
              + mahlzeit.Pop().ToString() + "-Pfannkuchen");
} } }
```

Die ListBox heißt »schlange«, das Label zwischen den Buttons »nächsterKunde«.

Die Methode ListeNeuZeichnen() nutzt eine foreach-Schleife, um die Holzfäller aus der Queue zu ziehen und der ListBox hinzuzufügen.

Diese if-Anweisung aktualisiert das Label mit den Informationen zum ersten Holzfäller in der Schlange.

Die Methode PfannkuchenNehmen aktualisiert den Stack mahlzeit.

Die PfannkuchenEssen-Methode nutzt eine Schleife, um die Mahlzeit des Holzfällers auszugeben.

Auflistungskreuzworträtsel

Waagerecht

5. Ein einfaches Mittel, Kategorien festzuhalten.
7. Damit beginnen die meisten professionellen Projekte.
9. Bei dieser Auflistung gilt, wer zuerst kommt, geht als Letzter.
11. Ein Objekt, das wie ein Array ist, nur flexibler.
14. Eine Methode, mit der Sie ermitteln, wie viele Dinge sich in einer Auflistung befinden.
15. So entfernen Sie etwas von einem Stack.
17. Bei dieser Auflistung heißt es, wer zuerst kommt, geht zuerst.
18. Damit fügen Sie einer Queue etwas hinzu.
19. Über diese eingebaute Klasse kann Ihr Programm Text in die Ausgabe schreiben.
20. Eine Methode, mit der Sie ermitteln können, ob sich ein bestimmtes Objekt in einer Auflistung befindet.
21. Eine Klasse, die diese Schnittstelle implementiert, hilft Ihrer Liste, ihren Inhalt zu sortieren.

Senkrecht

1. Eine Instanz einer ______en Auflistung funktioniert nur mit einem bestimmten Typ.
2. Diese Methode liefert das nächste Objekt, das aus einem Stack oder einer Queue geliefert wird.
3. Alle generischen Auflistungen implementieren diese Schnittstelle.
4. Die einzige Methode in der Schnittstelle IComparable.
6. Zwei Methoden in einer Klasse mit dem gleichen Namen, aber anderen Parametern sind _______.
8. Der Name der Methode, die Sie verwenden, um einen String an die Ausgabe zu senden.
10. Mit dieser generischen Auflistung können Sie Schlüsseln Werte zuordnen.
12. Damit entfernen Sie etwas aus einer Queue.
13. Eine besondere Art von Schleife, die auf einem IEnumerable<T> operiert.
16. Damit fügen Sie einem Stack etwas hinzu.

Auflistungskreuzworträtsel, Lösung

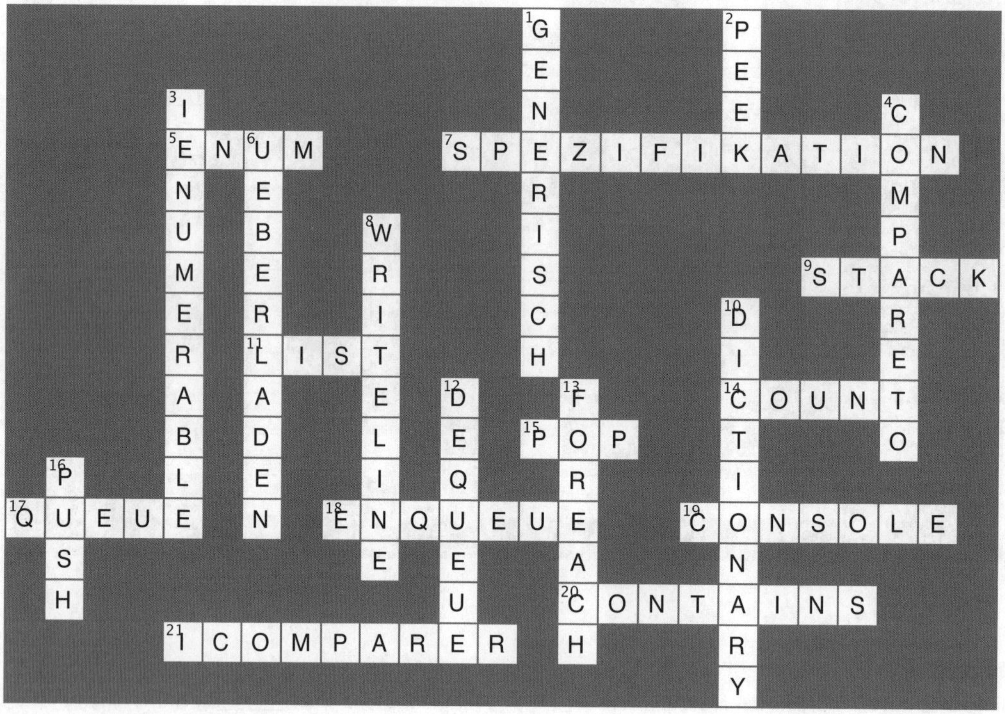
1 GENERISCH
2 PEEK
3 IENUMERABLE
4 COMPARETO
5 ENUM
6 UEBERLADEN
7 SPEZIFIKATION
8 WRITELINE
9 STACK
10 DICTIONARY
11 LIST
12 DEQUEUE
13 FOREACH
14 COUNT
15 POP
16 PUSH
17 QUEUE
18 ENQUEUE
19 CONSOLE
20 CONTAINS
21 ICOMPARER

9 Dateien lesen und schreiben

Speichere das Array, rette die Welt

WAS SOLL ICH EINKAUFEN? HÄHNCHENSCHENKEL ... TEQUILA ... TRAUBENSAFT ... PFLASTER ... JA, LIEBES, ICH SCHREIBE MIT.

Gelegentlich zahlt es sich aus, wenn man Dinge festhält.

Bisher hatten alle Ihre Programme nur ein Kurzzeitgedächtnis. Sie starten, laufen ein Weile und enden dann. Manchmal reicht das nicht aus, insbesondere wenn Sie mit wichtigen Daten arbeiten. Sie müssen **Ihre Arbeit speichern** können. In diesem Kapitel werden wir uns ansehen, **wie man Daten in einer Datei speichert** und diese **Informationen dann wieder** aus einer Datei **einliest**. Sie werden etwas über die .NET-**Stream-Klassen** lernen und sich mit den Mysterien **Hexadezimal** und **Binär** auseinandersetzen.

C# nutzt Streams, um Daten zu lesen und zu schreiben

Über **Streams** (Ströme) bringen Sie im .NET Framework Daten in Ihr Programm hinein oder aus Ihrem Programm heraus. Jedes Mal, wenn Ihr C#-Programm eine Datei liest oder schreibt, sich über ein Netzwerk mit einem anderen Computer verbindet oder überhaupt irgendetwas macht, bei dem **Bytes empfangen oder versendet** werden, nutzen Sie Streams.

Wenn Sie Daten aus einer Datei lesen oder in eine Datei schreiben, nutzen Sie ein Stream-Objekt.

Nehmen wir an, Sie haben ein einfaches Programm – ein Formular mit einem Event-Handler, der Daten aus einer Datei lesen muss.

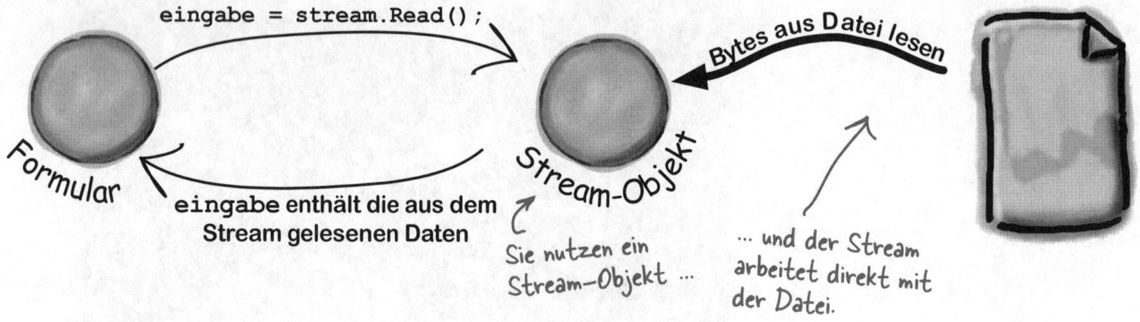
eingabe = stream.Read();
Bytes aus Datei lesen
Formular
Stream-Objekt
eingabe enthält die aus dem Stream gelesenen Daten
Sie nutzen ein Stream-Objekt …
… und der Stream arbeitet direkt mit der Datei.

Und wenn Ihr Programm Daten in die Datei schreiben muss, kann es ein weiteres Stream-Objekt verwenden.

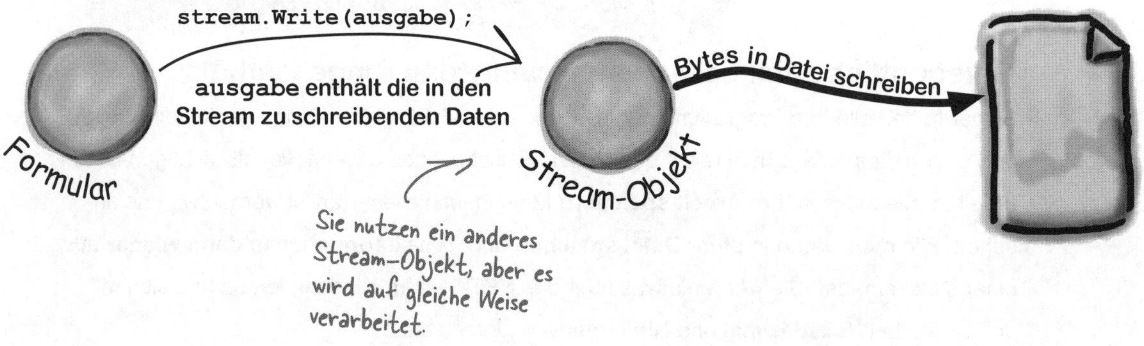
stream.Write(ausgabe);
ausgabe enthält die in den Stream zu schreibenden Daten
Bytes in Datei schreiben
Formular
Stream-Objekt
Sie nutzen ein anderes Stream-Objekt, aber es wird auf gleiche Weise verarbeitet.

Verschiedene Streams lesen und schreiben verschiedene Dinge

Jeder Stream ist eine Unterklasse der abstrakten Klasse **`Stream`** (daher der Name), und es gibt eine Menge eingebauter Stream-Klassen für die verschiedensten Aufgaben. Wir werden uns vorwiegend mit dem Lesen und Schreiben von gewöhnlichen Dateien beschäftigen, aber alles in diesem Kapitel lässt sich genauso gut auf komprimierte oder verschlüsselte Dateien anwenden oder auf Netzwerk-Streams, die überhaupt keine Dateien verwenden.

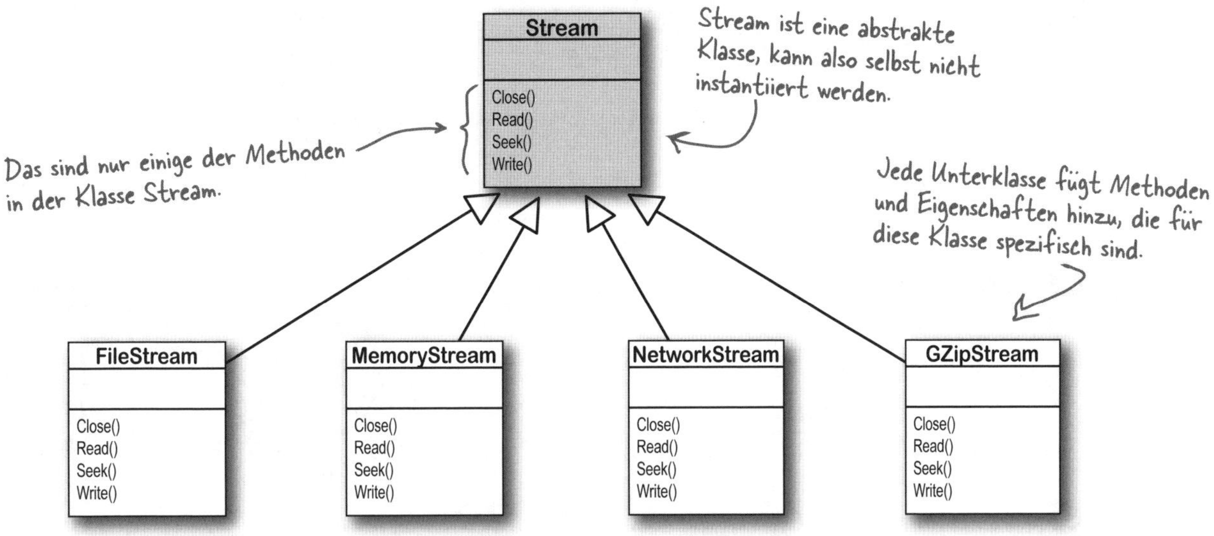
Stream
Close()
Read()
Seek()
Write()
Stream ist eine abstrakte Klasse, kann also selbst nicht instantiiert werden.
Das sind nur einige der Methoden in der Klasse Stream.
Jede Unterklasse fügt Methoden und Eigenschaften hinzu, die für diese Klasse spezifisch sind.
FileStream
MemoryStream
NetworkStream
GZipStream
Close()
Read()
Seek()
Write()

Mit `FileStream` können Sie aus Dateien lesen und in Dateien schreiben.

Mit `MemoryStream` können Sie Daten aus dem Speicher lesen und in ihn schreiben.

Mit `NetworkStream` können Sie Daten an andere Computer bzw. Geräte in einem Netzwerk senden und Daten von ihnen empfangen.

Mit `GZipStream` können Sie Daten komprimieren, damit sie weniger Platz benötigen und leichter gespeichert und heruntergeladen werden können.

Was Sie mit einem Stream machen können:

1. **IN DEN STREAM SCHREIBEN.**
   Sie können Ihre Daten in einen Stream schreiben und verwenden dazu die `Write()`-Methode des Streams.

2. **AUS DEM STREAM LESEN.**
   Mit der Methode `Read()` können Sie über einen Stream Daten aus einer Datei, einem Netzwerk, dem Speicher oder irgendetwas anderem lesen. Sie können sogar Daten aus Dateien lesen, die so ***riesig*** sind, dass sie nicht mehr in den Speicher passen.

3. **DIE POSITION IM STREAM ÄNDERN.**
   Die meisten Streams unterstützen eine `Seek()`-Methode, mit der Sie eine Position im Stream finden können, damit Sie Daten an einem bestimmten Punkt einfügen oder lesen können.

Mit Streams können Sie Daten lesen und schreiben. Nutzen Sie die richtige Art von Stream für Ihre Daten.

Ein FileStream schreibt Bytes in eine Datei

Muss Ihr Programm ein paar Zeilen Text in eine Datei schreiben, müssen diverse Dinge passieren:

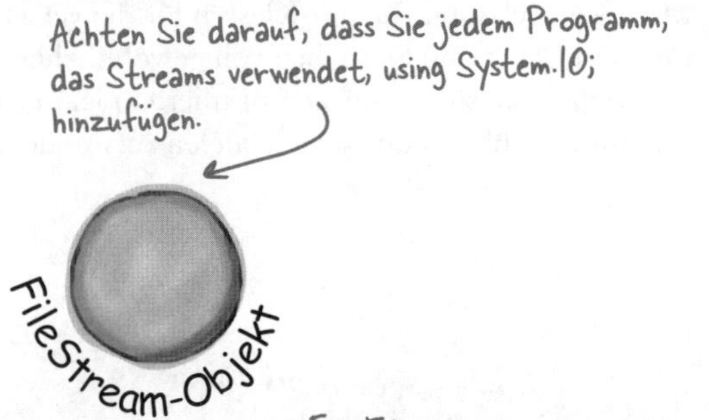
Achten Sie darauf, dass Sie jedem Programm, das Streams verwendet, using System.IO; hinzufügen.
FileStream-Objekt

1. Erstellen Sie ein `FileStream`-Objekt und sagen Sie ihm, dass es in die Datei schreiben soll.

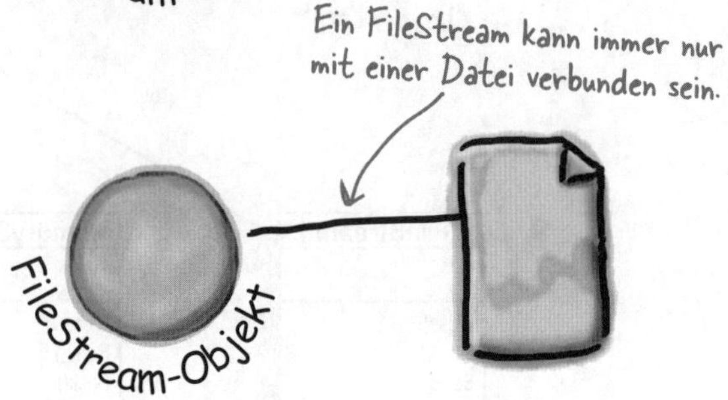
Ein FileStream kann immer nur mit einer Datei verbunden sein.
FileStream-Objekt

2. Der `FileStream` verknüpft sich mit einer Datei.

3. Streams schreiben Bytes in Dateien. Sie müssen den String, den Sie in die Datei schreiben möchten, also in ein `byte`-Array umwandeln.

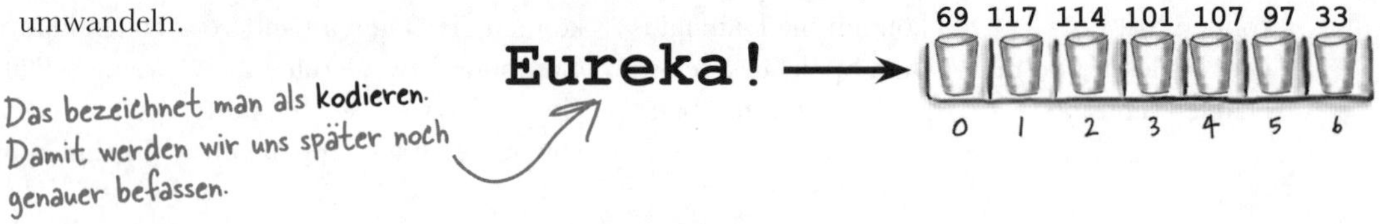
Eureka!
69 117 114 101 107 97 33
0 1 2 3 4 5 6
Das bezeichnet man als kodieren. Damit werden wir uns später noch genauer befassen.

4. Rufen Sie die `Write()`-Methode des Streams auf und übergeben Sie ihr das `byte`-Array.

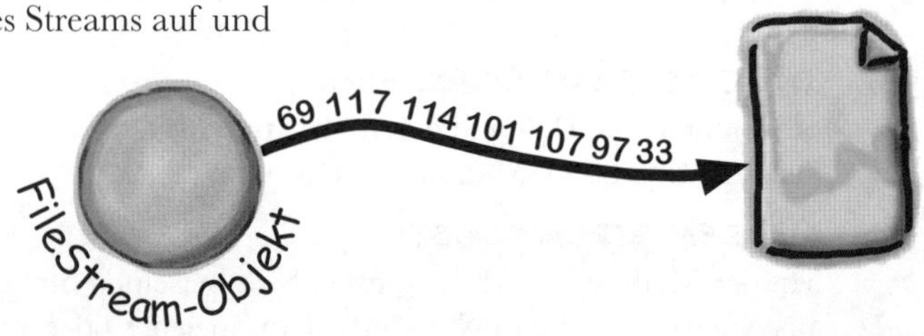
69 117 114 101 107 97 33
FileStream-Objekt

5. Schließen Sie die Datei, damit andere Programme darauf zugreifen können.

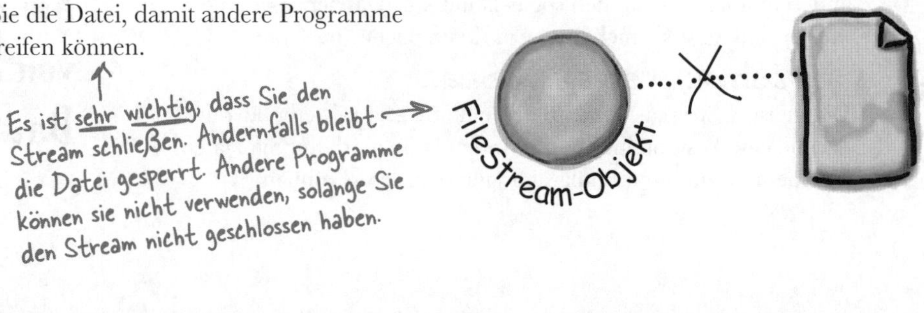
Es ist sehr wichtig, dass Sie den Stream schließen. Andernfalls bleibt die Datei gesperrt. Andere Programme können sie nicht verwenden, solange Sie den Stream nicht geschlossen haben.
FileStream-Objekt

Wie man Daten in eine Textdatei schreibt

C# bietet die praktische Klasse **StreamWriter**, die alle notwendigen Dinge in einem einzelnen Schritt erledigt. Sie müssen nur ein `StreamWriter`-Objekt erstellen und ihm einen Dateinamen geben. Es erzeugt dann **automatisch** einen `FileStream` und verknüpft ihn mit der Datei. Dann können Sie die `Write()`- und `WriteLine()`-Methoden des `StreamWriter` verwenden, um die gewünschten Daten in die Datei zu schreiben.

StreamWriter erzeugt und verwaltet automatisch ein FileStream-Objekt für Sie.

1. **ERSTELLEN ODER ÖFFNEN SIE EINE DATEI MIT DEM STREAMWRITER-KONSTRUKTOR.**
Sie können dem `StreamWriter`-Konstruktor einen Dateinamen übergeben. Der `StreamWriter` öffnet dann automatisch die Datei. Bei einer Überladung von `StreamWriter()` können Sie den *Modus* angeben: Wenn Sie `true` übergeben, werden die Daten am Ende einer bestehenden Datei eingefügt (an die Daten angehängt), übergeben Sie `false`, wird die vorhandene Datei gelöscht und eine neue Datei gleichen Namens erstellt.

```
StreamWriter writer = new StreamWriter(@"C:\NeueDateien\Pizza backen.txt", true);
```

Stellen Sie einem String @ voran, sagt das C#, dass in ihm keine Escape-Zeichen wie \t für einen Tabulator oder \n für einen Zeilenumbruch berücksichtigt werden sollen.

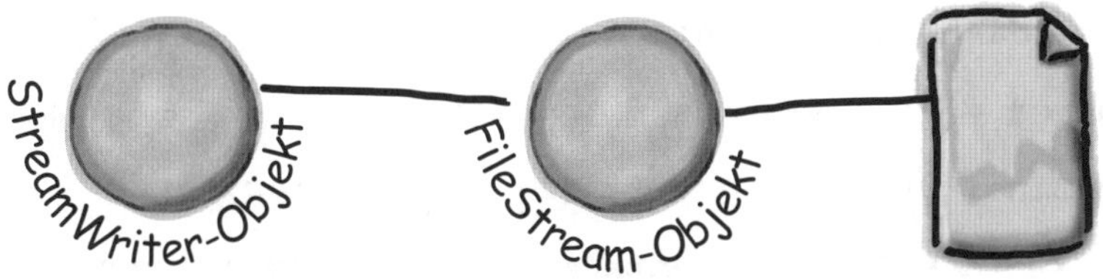
StreamWriter-Objekt
FileStream-Objekt

2. **DIE METHODEN WRITE() UND WRITELINE() SCHREIBEN IN DIE DATEI.**
Diese Methoden funktionieren genau so wie die in der Klasse `Console`: `Write()` schreibt Text, `WriteLine()` schreibt Text und hängt ans Ende einen Zeilenumbruch an. Schließen Sie in den String »{0}«, »{1}«, »{2}« usw. ein, setzt die Methode weitere übergebene Parameter in den String ein: »{0}« wird durch den ersten Parameter nach dem String, »{1}« durch den zweiten ersetzt usw.

```
writer.WriteLine("Den {0} auf {1} Grad vorheizen.", gerät, temp.ToString());
```

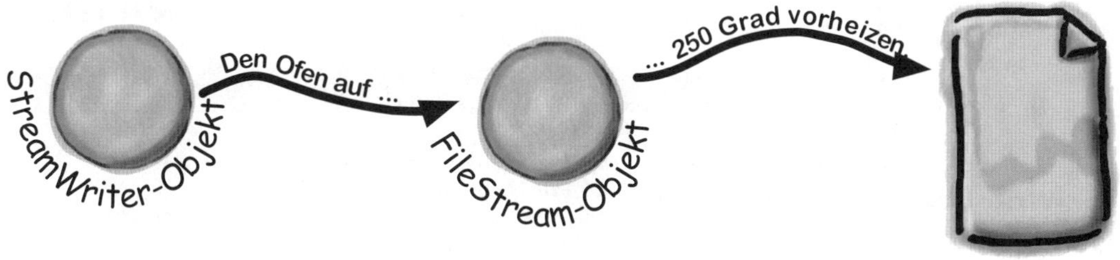
StreamWriter-Objekt
Den Ofen auf ...
FileStream-Objekt
... 250 Grad vorheizen.

3. **RUFEN SIE DANN DIE METHODE CLOSE() AUF, UM DIE DATEI FREIZUGEBEN.**
Lassen Sie den Stream offen und mit der Datei verbunden, hält er die Datei gesperrt. Kein anderes Programm kann sie dann verwenden. Achten Sie also darauf, dass Sie Ihre Dateien immer schließen!

```
writer.Close();
```

Der teuflische Plan des Fieslings

Die Bürger von Objekthausen leben seit Langem in Angst vor dem Fiesling. Jetzt setzt er einen `StreamWriter` ein, um einen weiteren bösen Plan umzusetzen. Schauen wir uns an, was da abläuft. Erstellen Sie eine neue Konsolenanwendung und fügen Sie folgenden Code in `Main()` ein:

Eigentlich ist es nicht empfehlenswert, in das Wurzelverzeichnis des Systems zu schreiben, und es kann auch sein, dass Ihr System Ihnen das erst gar nicht erlaubt. Wählen Sie also ein anderes Verzeichnis.

Der Pfad-String beginnt mit einem @-Zeichen, damit das »\« nicht als eine Escape-Sequenz interpretiert wird.

Diese Zeile erzeugt ein StreamWriter-Objekt und sagt ihm, wo die Datei ist.

```
StreamWriter sw = new StreamWriter(@"c:\geheim_plan.txt");
sw.WriteLine("Wie ich Captain Amazing vernichten werde");
sw.WriteLine("Der nächste geniale Fiesling-Plan");
sw.Write("Ich werde eine Klonarmee aufbauen und auf ");
sw.WriteLine("die Bürger von Objekthausen loslassen.");
string ort = "das Einkaufszentrum";
for (int nummer = 0; nummer <= 6; nummer++){
    sw.WriteLine("Klon {0} greift {1} an", nummer, ort);
    if (ort == "das Einkaufszentrum") { ort = "die Innenstadt"; }
    else { ort = "das Einkaufszentrum"; }
}
sw.Close();
```

WriteLine() hängt an den Text einen Zeilenumbruch an. Write() sendet einfach nur den Text ohne einen Zeilenumbruch.

Sehen Sie, was in diesem Code mit der Variablen ort passiert?

Sie können im Text {} verwenden, um Variablen in den zu schreibenden Text zu interpolieren. {0} wird durch den ersten Parameter nach dem String ersetzt, {1} durch den zweiten und so weiter.

Close() gibt alle Verbindungen zu der Datei und den Ressourcen für den StreamWriter frei. Der Text wird nicht geschrieben, wenn Sie den Stream nicht schließen.

Was der Code oben erzeugt.

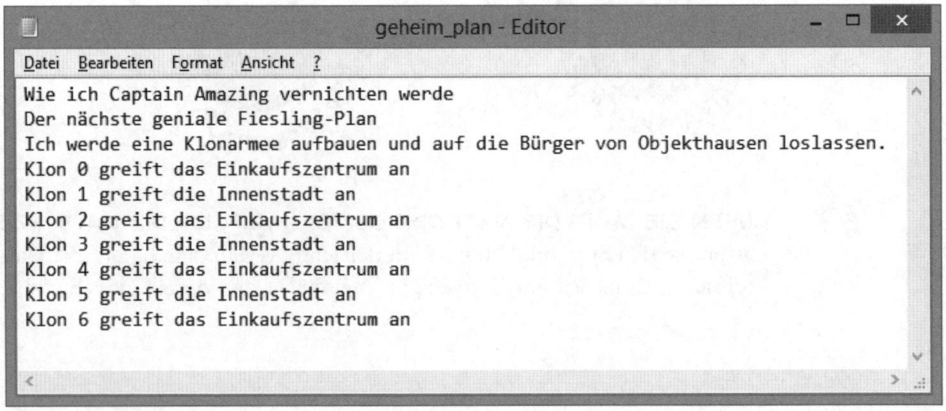
geheim_plan - Editor

Datei Bearbeiten Format Ansicht ?

Wie ich Captain Amazing vernichten werde
Der nächste geniale Fiesling-Plan
Ich werde eine Klonarmee aufbauen und auf die Bürger von Objekthausen loslassen.
Klon 0 greift das Einkaufszentrum an
Klon 1 greift die Innenstadt an
Klon 2 greift das Einkaufszentrum an
Klon 3 greift die Innenstadt an
Klon 4 greift das Einkaufszentrum an
Klon 5 greift die Innenstadt an
Klon 6 greift das Einkaufszentrum an

StreamWriter befindet sich im Namensraum System.IO. Denken Sie also an das »using System.IO;«.

StreamWriter-Magneten

Unten sehen Sie den Code für eine Main()-Methode. Bauen Sie mit den Magneten den von ihm benötigten Code für die Klasse `Flobbo` auf, der bewirkt, dass die Ausführung des Programms die unten gezeigte Ausgabe erzeugt. Viel Glück!

```
static void Main(string[] args) {
    Flobbo f = new Flobbo("blau gelb");
    StreamWriter sw = f.Snobbo();
    f.Blobbo(f.Blobbo(f.Blobbo(sw), sw), sw);
}
```

```
sw.WriteLine(Zap);
Zap = "rot orange";
return true;
```

```
}
```

```
sw.WriteLine(Zap);
sw.Close();
return false;
```

```
public bool Blobbo
    (bool fertig, StreamWriter sw) {
```

```
public bool Blobbo(StreamWriter sw) {
```

```
sw.WriteLine(Zap);
Zap = "grün pink";
return false;
```

```
}
```

```
return new
   StreamWriter("macaw.txt");
```

```
}
```

```
}
```

```
}
```

```
private string Zap;

public Flobbo(string Zap) {
    this.Zap = Zap;
}
```

```
class Flobbo {
```

```
if (fertig) {
```

```
} else {
```

```
public StreamWriter Snobbo() {
```

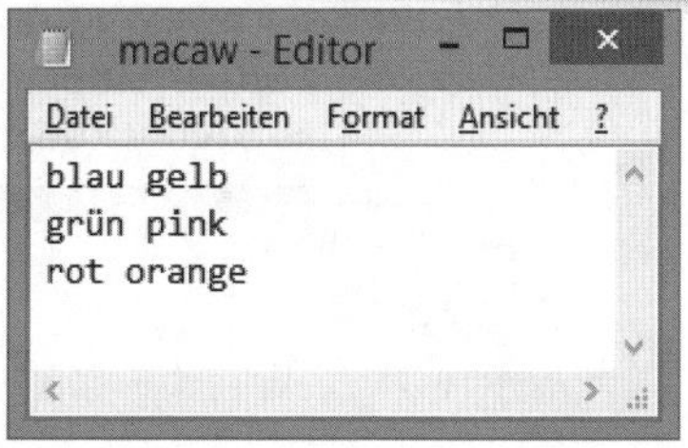
macaw - Editor
Datei Bearbeiten Format Ansicht ?
blau gelb
grün pink
rot orange

Gehen Sie davon aus, dass alle Codedateien `using System.IO;` angeben.

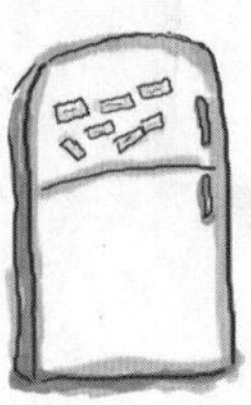

StreamWriter-Magneten, Lösung

Sie sollten aus den Magneten die Klasse `Flobbo` erstellen, um die gewünschte Ausgabe zu erzeugen.

Wenn Sie das in die IDE eingeben, wird *macaw.txt* in den *bin\Debug*-Ordner in Ihrem Projektverzeichnis geschrieben, da das Programm aus diesem Ordner heraus ausgeführt wird.

```
private void button1_Click(object sender, EventArgs e) {
    Flobbo f = new Flobbo("blau gelb");
    StreamWriter sw = f.Snobbo();
    f.Blobbo(f.Blobbo(f.Blobbo(sw), sw), sw);
}
```

```
class Flobbo {
    private string Zap;

    public Flobbo(string Zap) {
        this.Zap = Zap;
    }

    public StreamWriter Snobbo() {
        return new
           StreamWriter("macaw.txt");
    }

    public bool Blobbo(StreamWriter sw) {
        sw.WriteLine(Zap);
        Zap = "grün pink";
        return false;
    }

    public bool Blobbo
       (bool fertig, StreamWriter sw) {
        if (fertig) {
            sw.WriteLine(Zap);
            sw.Close();
            return false;
        } else {
            sw.WriteLine(Zap);
            Zap = "rot orange";
            return true;
        }
    }
}
```

Nur zur Erinnerung: Die abstrusen Variablen- und Methodennamen sind Absicht. Hätten wir klare Namen gewählt, wäre das Puzzle zu einfach! In Ihrem Code sollten Sie derartige Namen nie verwenden.

Gehen Sie davon aus, dass alle Codedateien `using System.IO;` angeben.

Die Methode Blobbo() ist überladen – sie hat zwei Deklarationen mit verschiedenen Parametern.

Denken Sie unbedingt daran, die Datei zu schließen, wenn Sie fertig sind.

Ausgabe:

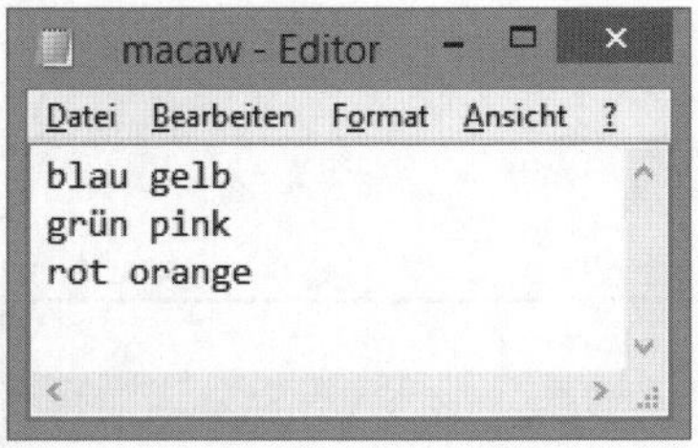
macaw - Editor
Datei Bearbeiten Format Ansicht ?
blau gelb
grün pink
rot orange

Lesen und Schreiben mit zwei Objekten

Lesen wir den Plan des Fieslings mit einem anderen Stream, einem `StreamReader`. `StreamReader` funktioniert genau wie ein `StreamWriter`, aber statt in eine Datei zu schreiben, übergeben Sie dem Reader im Konstruktor den Namen einer zu lesenden Datei. Die Methode `ReadLine()` liefert einen String, der die nächste Zeile aus der Datei enthält. Sie können eine Schleife schreiben, die Zeilen aus der Datei liest, bis die Eigenschaft `EndOfStream` `true` ist – dann gibt es keine Zeilen mehr zu lesen.

Mit dem Begriff Stream gehen manche sehr locker um. Ein `StreamReader` (der `TextReader` erweitert) ist eine Klasse, die Zeichen aus einem Stream liest, kein Stream. Übergeben Sie dem Konstruktor einen Dateinamen, erstellt diese Klasse einen Stream und schließt ihn, wenn auf ihr `Close()` aufgerufen wird. Die Klasse bietet auch einen überladenen Konstruktor, der einen `Stream` erwartet.

```
string ordner =
    Environment.GetFolderPath(Environment.SpecialFolder.MyDocuments);
StreamReader reader =
    new StreamReader(ordner + @"\geheim_plan.txt");
StreamWriter writer =
    new StreamWriter(ordner + @"\emailAnCaptainAmazing.txt");
writer.WriteLine("To: CaptainAmazing@objekthausen.net");
writer.WriteLine("From: Inspektor@objekthausen.net");
writer.WriteLine("Subject: Können Sie noch einmal die Welt retten?");
writer.WriteLine();
writer.WriteLine("Wir haben den neue Fiesling-Plan aufgedeckt:");
while (!reader.EndOfStream) {
  string zeileAusPlan = reader.ReadLine();
  writer.WriteLine("Der Plan -> " + zeileAusPlan);
}
writer.WriteLine();
writer.WriteLine("Können Sie uns helfen?");
writer.Close();
reader.Close();
```

Das liefert den Pfad zum Dokumente-Ordner des Nutzers. Im SpecialFolder-Enum können Sie sehen, welche Ordner Sie außerdem suchen können.

Übergeben Sie dem StreamReader-Konstruktor den Namen der zu lesenden Datei.

Dieses Programm nutzt einen StreamReader, um den Plan des Fieslings zu lesen, und einen StreamWriter, um eine Datei zu schreiben, die an Captain Amazing gemailt wird.

Ein leerer WriteLine()-Aufruf schreibt eine leere Zeile.

EndOfStream ist die Eigenschaft, die Ihnen sagt, ob es noch ungelesene Daten gibt.

Diese Zeile liest jeweils eine Schleife aus dem Reader und schreibt sie in den Writer.

Achten Sie darauf, dass Sie jeden Stream schließen, den Sie öffnen.

StreamReader und StreamWriter öffnen Streams, wenn sie instantiiert werden. Ein Aufruf Ihrer Close()-Methoden weist sie an, diese Streams zu schließen.

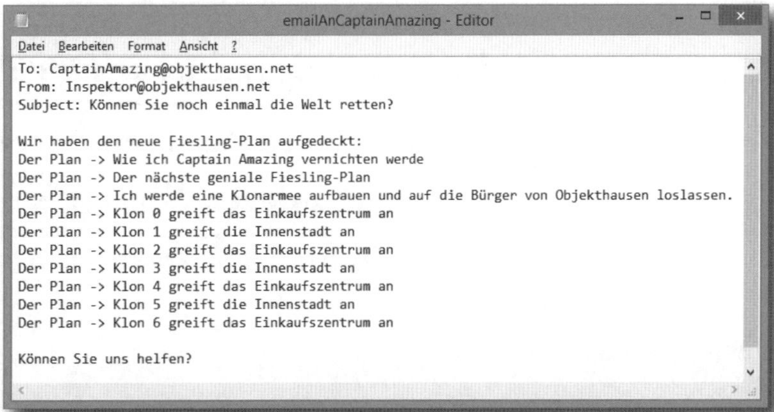
emailAnCaptainAmazing - Editor
Datei Bearbeiten Format Ansicht ?
To: CaptainAmazing@objekthausen.net
From: Inspektor@objekthausen.net
Subject: Können Sie noch einmal die Welt retten?

Wir haben den neue Fiesling-Plan aufgedeckt:
Der Plan -> Wie ich Captain Amazing vernichten werde
Der Plan -> Der nächste geniale Fiesling-Plan
Der Plan -> Ich werde eine Klonarmee aufbauen und auf die Bürger von Objekthausen loslassen.
Der Plan -> Klon 0 greift das Einkaufszentrum an
Der Plan -> Klon 1 greift die Innenstadt an
Der Plan -> Klon 2 greift das Einkaufszentrum an
Der Plan -> Klon 3 greift die Innenstadt an
Der Plan -> Klon 4 greift das Einkaufszentrum an
Der Plan -> Klon 5 greift die Innenstadt an
Der Plan -> Klon 6 greift das Einkaufszentrum an

Können Sie uns helfen?

Daten können durch mehrere Streams laufen

Ein großer Vorteil der Arbeit mit Streams in .NET ist, dass Ihre Daten auf dem Weg zum endgültigen Ziel mehrere Streams durchlaufen können. Einer der vielen Typen, die .NET mitbringt, ist die Klasse `CryptoStream`. Mit ihr können Sie Ihre Daten verschlüsseln, bevor Sie damit etwas anderes machen:

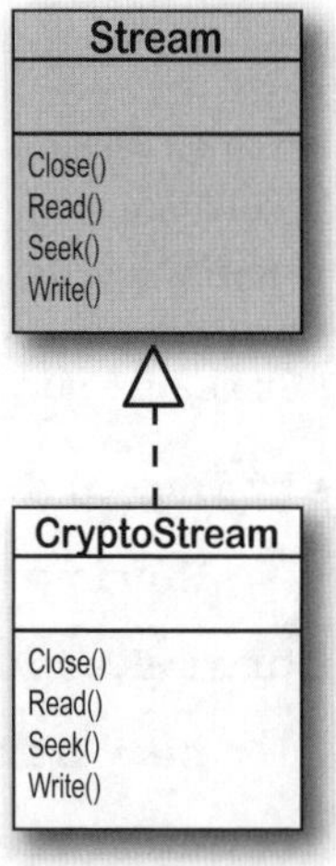
Stream
Close()
Read()
Seek()
Write()
CryptoStream
Close()
Read()
Seek()
Write()

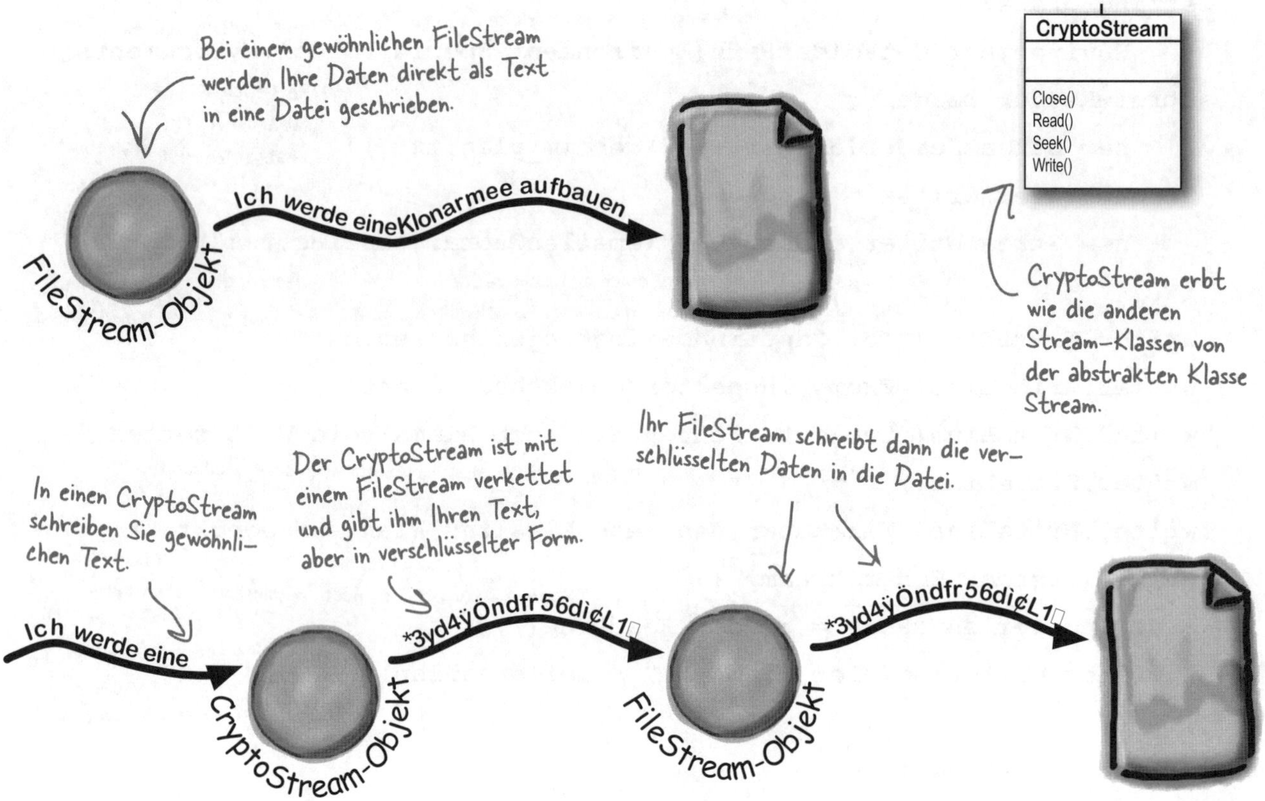
Bei einem gewöhnlichen FileStream werden Ihre Daten direkt als Text in eine Datei geschrieben.
Ich werde eineKlonarmee aufbauen
FileStream-Objekt
CryptoStream erbt wie die anderen Stream-Klassen von der abstrakten Klasse Stream.
In einen CryptoStream schreiben Sie gewöhnlichen Text.
Der CryptoStream ist mit einem FileStream verkettet und gibt ihm Ihren Text, aber in verschlüsselter Form.
Ihr FileStream schreibt dann die verschlüsselten Daten in die Datei.
Ich werde eine
CryptoStream-Objekt
*3yd4ÿÖndfr56diøL1
FileStream-Objekt
*3yd4ÿÖndfr56diøL1

Streams können VERKETTET werden. Ein Stream kann in einen anderen Stream schreiben, der wieder in einen anderen Stream schreibt ... das endet irgendwann in einem Netzwerk oder einer Datei.

Pool-Puzzle

Sie haben die ***Aufgabe***, die leeren Zeilen im Code mit den Codeschnipseln aus dem Pool zu füllen. Einzelne Schnipsel können mehrfach verwendet werden, und Sie werden nicht alle Schnipsel benötigen. Das ***Ziel*** ist es, eine Klasse zu erstellen, die sich kompilieren lässt und die gezeigte Ausgabe erzeugt.

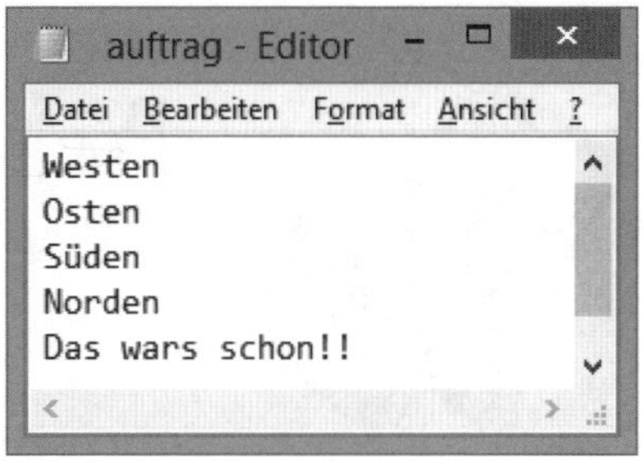
auftrag - Editor
Datei Bearbeiten Format Ansicht ?
Westen
Osten
Süden
Norden
Das wars schon!!

```
class Ananas {
  const ______ l = "lieferung.txt";
  public ______ _______
      { Norden, Süden, Osten, Westen, Flamingo }
  public static void Main() {
    __________ a = new ____________("auftrag.txt");
    Pizza pz = new Pizza(new ___________(l, true));
    pz.________(Fargo.Flamingo);
    for (______ w = 3; w >= 0; w--) {
      Pizza i = new Pizza
             (new ____________(l, false));
      i.Idaho((Fargo)w);
      Party p = new Party(new ___________(l));
      p.____________(a);
    }
    a.____________("Das wars schon!!");
    a.___________();
  }
}
```

```
class Pizza {
  private _____________ ________;
  public Pizza(___________ ________) {
    ______.Writer = Writer;
  }
  public void ______(_______.Fargo f) {
    Writer.__________(f);
    Writer.__________();
  }
}

class Party {
  private _____________ Reader;
  public Party(_____________ Reader) {
    ___________.Reader = Reader;
  }
  public void WieViel(___________ m) {
    m.__________(Reader.__________());
    Reader.__________();
  }
}
```

Tipp: Jeder Schnipsel aus dem Pool kann mehrfach verwendet werden.

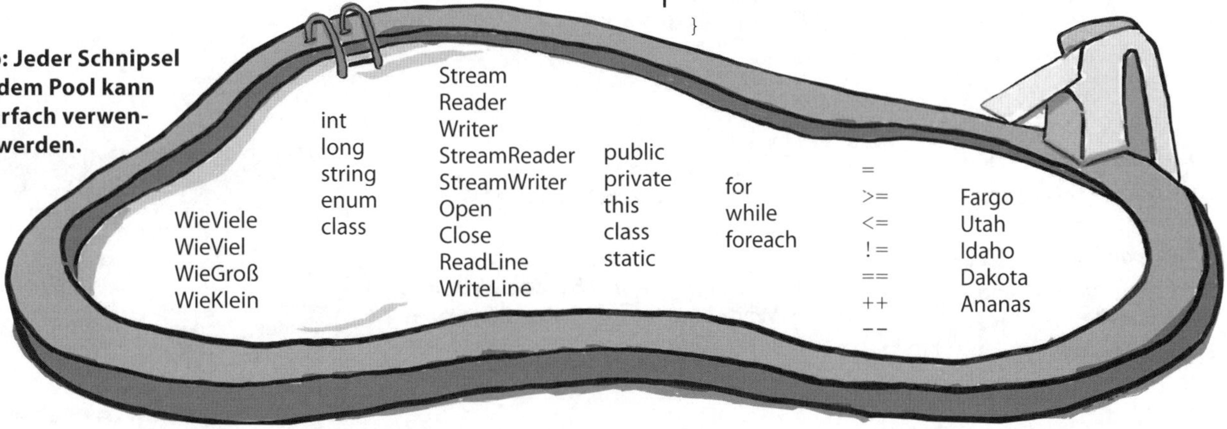
WieViele
WieViel
WieGroß
WieKlein
int
long
string
enum
class
Stream
Reader
Writer
StreamReader
StreamWriter
Open
Close
ReadLine
WriteLine
public
private
this
class
static
for
while
foreach
=
>=
<=
!=
==
++
--
Fargo
Utah
Idaho
Dakota
Ananas

Pool-Puzzle, Lösung

Dieses Enum wird mit seiner ToString()-Methode verwendet, um einen Großteil der Ausgabe zu erzeugen.

```
class Ananas {
    const string l = "lieferung.txt";
    public enum Fargo { Norden, Süden, Osten, Westen, Flamingo }
    public static void Main() {
        StreamWriter a = new StreamWriter("auftrag.txt");
        Pizza pz = new Pizza(new StreamWriter(l, true));
        pz.Idaho(Fargo.Flamingo);
        for (int w = 3; w >= 0; w--) {
            Pizza i = new Pizza(new StreamWriter(l, false));
            i.Idaho((Fargo)w);
            Party p = new Party(new StreamReader(l));
            p.WieViel(a);
        }
        a.WriteLine("Das wars schon!!");
        a.Close();
    }
}
```

Hier ist der Einstiegspunkt für das gesamte Programm. Es wird ein StreamWriter erzeugt, der an die Klasse Party übergeben wird. Dann werden die Fargo-Member durchlaufen und zur Ausgabe an die Methode Pizza.Idaho() übergeben.

```
class Pizza {
    private StreamWriter Writer;
    public Pizza(StreamWriter Writer) {
        this.Writer = Writer;
    }
    public void Idaho(Ananas.Fargo f) {
        Writer.WriteLine(f);
        Writer.Close();
    }
}
```

Die Klasse Pizza hält einen StreamWriter als ein privates Feld, und ihre Idaho()-Methode schreibt über die Methode ToString() Fargo-Werte in die Datei.

```
class Party {
    private StreamReader Reader;
    public Party(StreamReader Reader) {
        this.Reader = Reader;
    }
    public void WieViel(StreamWriter m) {
        m.WriteLine(Reader.ReadLine());
        Reader.Close();
    }
}
```

Die Klasse Party hat ein StreamReader-Feld, und ihre WieViel()-Methode liest eine Zeile aus dem StreamReader und schreibt sie in einen StreamWriter.

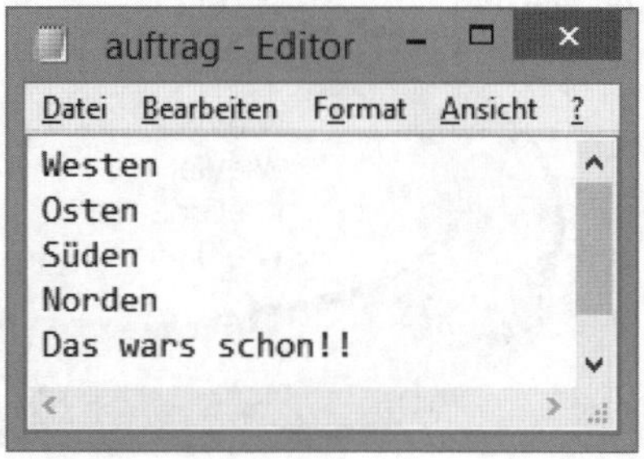
auftrag - Editor
Datei Bearbeiten Format Ansicht ?
Westen
Osten
Süden
Norden
Das wars schon!!

Öffnen Sie mit eingebauten Objekten Standarddialoge

Wenn Sie an einem Programm arbeiten, das Dateien liest und schreibt, müssen Sie eventuell irgendwann einen Dialog einblenden, über den der Benutzer einen Dateinamen eingeben kann. Deswegen bietet .NET Objekte, die Standard-Windows-Dateidialoge anzeigen.

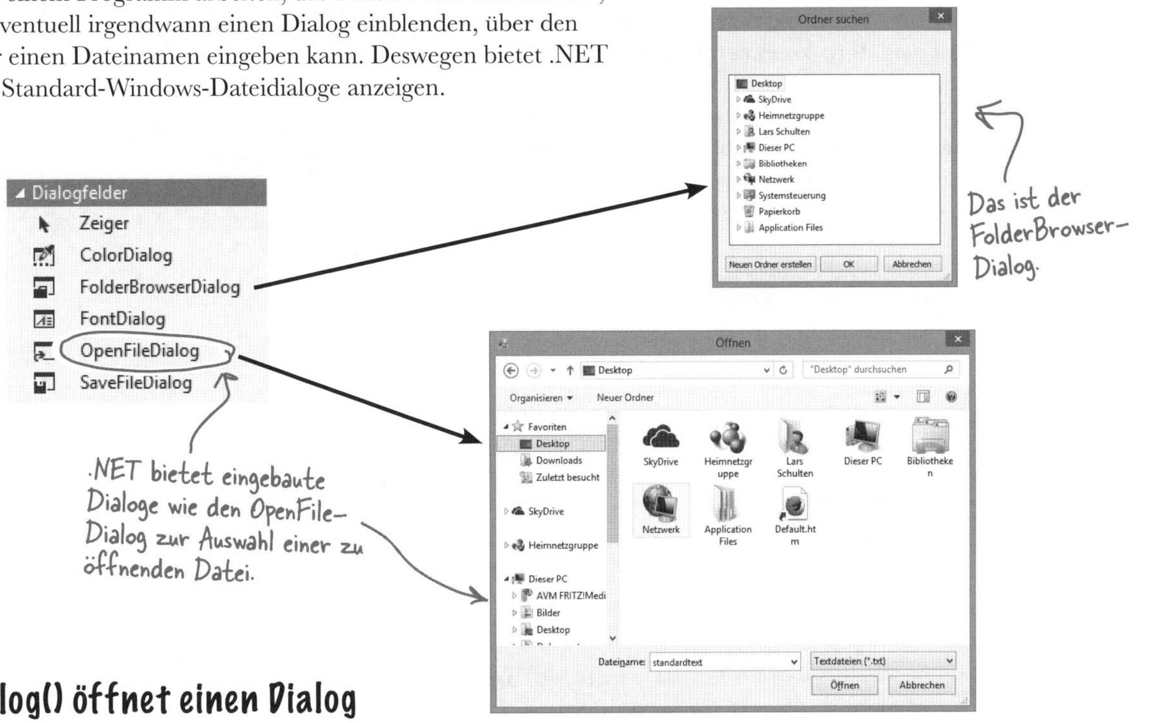
Dialogfelder
Zeiger
ColorDialog
FolderBrowserDialog
FontDialog
OpenFileDialog
SaveFileDialog
Ordner suchen
Desktop
SkyDrive
Heimnetzgruppe
Lars Schulten
Dieser PC
Bibliotheken
Netzwerk
Systemsteuerung
Papierkorb
Application Files
Neuen Ordner erstellen
OK
Abbrechen
Das ist der FolderBrowser-Dialog.
Öffnen
Desktop
"Desktop" durchsuchen
Organisieren
Neuer Ordner
Favoriten
Downloads
Zuletzt besucht
Dateiname:
standardtext
Textdateien (*.txt)
Öffnen
Abbrechen
.NET bietet eingebaute Dialoge wie den OpenFile-Dialog zur Auswahl einer zu öffnenden Datei.

ShowDialog() öffnet einen Dialog

Diese Dialoge kann man leicht anzeigen lassen. Das ist alles, was Sie tun müssen:

Diese Schritte gehen wir in einer Minute durch.

1. Erzeugen Sie eine Instanz der Dialog-Klasse. Das können Sie mit `new` machen oder indem Sie das Element aus dem Werkzeugkasten ins Formular ziehen.

2. Setzen Sie die Eigenschaften des Dialog-Objekts. Zu den nützlichen Eigenschaften zählen `Title` (setzt den Text in der Titelleiste), `InitialDirectory` (gibt das Ausgangsverzeichnis an) und `FileName` (bei Dialogen zum Öffnen und Schließen von Dateien).

3. Rufen Sie die `ShowDialog()`-Methode des Objekts auf. Diese blendet den Dialog ein und kehrt erst zurück, nachdem der Benutzer auf den OK- oder den Abbrechen-Button geklickt oder das Fenster geschlossen hat.

4. Die Methode `ShowDialog()` liefert ein `DialogResult`. Das ist ein Enum. Einige ihrer Member sind `OK` (d. h., der Benutzer hat auf OK geklickt), `Cancel`, `Yes` und `No` (für Ja/Nein-Dialoge).

Dialoge sind einfach ein weiteres .NET-Steuerelement

»Nicht-visuell« bedeutet einfach, dass der Dialog nicht im Formular erscheint, wenn Sie ihn darauf ziehen.

Sie können die standardmäßigen Windows-Dateidialoge Ihrem Programm auch hinzufügen, indem Sie sie einfach auf Ihr Formular bewegen – **ziehen Sie dazu ein OpenFileDialog-Steuerelement aus dem Werkzeugkasten** und lassen Sie es auf Ihr Formular fallen. Es wird jedoch nicht angezeigt wie ein sichtbares Steuerelement, sondern es erscheint in dem Raum unterhalb Ihres Formulars. Das liegt daran, dass der Dialog eine **Komponente** ist, das sind **nicht-visuelle Steuerelemente**, die im Formular nicht direkt erscheinen, darin aber genau so verwendet werden können wie gewöhnliche Steuerelemente.

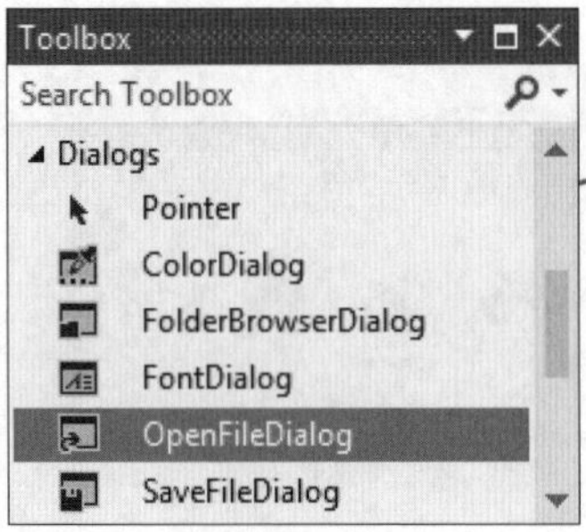
Toolbox
Search Toolbox
Dialogs
Pointer
ColorDialog
FolderBrowserDialog
FontDialog
OpenFileDialog
SaveFileDialog

Ziehen Sie eine Komponente aus dem Werkzeugkasten auf Ihr Formular, zeigt die IDE sie im Bereich unterhalb des Form-Designers an.

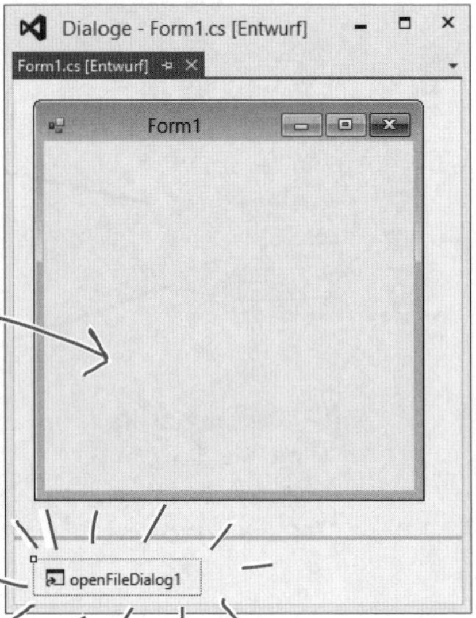
Dialoge - Form1.cs [Entwurf]
Form1.cs [Entwurf]
Form1
openFileDialog1

Die Eigenschaft InitialDirectory ändert das Verzeichnis, das unmittelbar angezeigt wird, wenn der Dialog geöffnet wird.

Über die Eigenschaft Filter können Sie die Filter ändern, die unten im Dialog angezeigt werden, und die anzuzeigenden Dateitypen festlegen.

```
openFileDialog1.InitialDirectory = @"c:\MeinOrdner\Default\";
openFileDialog1.Filter = "Textdateien (*.txt)|*.txt|"
  + "CSV-Dateien (*.csv)|*.csv|Alle Dateien(*.*)|*.*";
openFileDialog1.FileName = "standardtext.txt";
openFileDialog1.CheckFileExists = true;
openFileDialog1.CheckPathExists = false;
DialogResult ergebnis = openFileDialog1.ShowDialog();
if (ergebnis == DialogResult.OK){
    DateiÖffnen(openFileDialog1.FileName);
}
```

Diese Eigenschaften sagen dem Dialog, dass eine Fehlermeldung angezeigt werden soll, wenn der Benutzer versucht, eine nicht vorhandene Datei oder einen nicht vorhandenen Pfad zu öffnen.

Sie zeigen den Dialog mit der Methode ShowDialog() an, die ein DialogResult-Objekt zurückliefert. Das ist ein Enum, über das Sie prüfen können, ob der Benutzer auf den OK-Button geklickt hat. Es wird auf DialogResult.OK gesetzt, wenn der Benutzer auf OK geklickt hat, und auf DialogResult.Cancel, wenn er auf Abbrechen geklickt hat.

Dialoge sind auch Objekte

Ein **`OpenFileDialog`** zeigt den üblichen Windows-»Öffnen«-Dialog an und ein **`SaveFileDialog`** den »Speichern«-Dialog. Sie können sie anzeigen, indem Sie Instanzen erstellen, auf denen Sie Eigenschaften setzen und die Methode `ShowDialog()` aufrufen. Die Methode `ShowDialog()` liefert einen `DialogResult`-Wert (das ist ein Enum, das verwendet wird, weil einige Dialoge mehr als zwei Buttons oder Ergebnisse haben und ein einfacher `bool`-Wert nicht ausreichen würde).

```
saveFileDialog1 = new SaveFileDialog();
saveFileDialog1.InitialDirectory = @"c:\MeinOrdner\Default\";
saveFileDialog1.Filter = "Textdateien (*.txt)|*.txt|"
  + "CVS-Dateien (*.csv)|*.csv|Alle Dateien (*.*)|*.*";
DialogResult ergebnis = saveFileDialog1.ShowDialog();
if (ergebnis == DialogResult.OK){
    DateiSpeichern(saveFileDialog1.FileName);
}
```

Ziehen Sie das Objekt für einen Speichern-Dialog aus dem Werkzeugkasten auf das Formular, fügt die IDE einfach eine solche Zeile in die InitializeComponent()-Methode Ihres Formulars ein.

Wie die Eigenschaft Filter funktioniert, ist leicht zu erkennen. Vergleichen Sie einfach das zwischen den |-Zeichen mit dem, was im Fenster erscheint.

Die Eigenschaften ShowDialog() und FileName arbeiten exakt so wie in einem OpenFileDialog.

Das setzt voraus, dass der Code eine Methode namens DateiSpeichern() enthält, die einen Dateinamen als Parameter erwartet.

Ein SaveFileDialog öffnet den üblichen Windows->>Speichern als...<<-Dialog.

Mit der Eigenschaft Title können Sie diesen Text ändern.

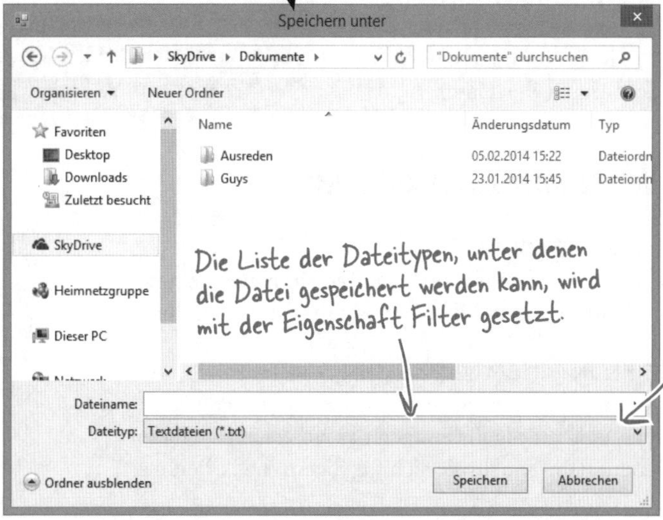
Speichern unter
SkyDrive › Dokumente ›
"Dokumente" durchsuchen
Organisieren
Neuer Ordner
Favoriten
Desktop
Downloads
Zuletzt besucht
SkyDrive
Heimnetzgruppe
Dieser PC
Name
Änderungsdatum
Typ
Ausreden 05.02.2014 15:22
Guys 23.01.2014 15:45
Dateiname:
Dateityp: Textdateien (*.txt)
Ordner ausblenden
Speichern
Abbrechen

Die Liste der Dateitypen, unter denen die Datei gespeichert werden kann, wird mit der Eigenschaft Filter gesetzt.

Die Methode ShowDialog() blendet den Dialog ein und öffnet den Ordner, der mit der Eigenschaft InitialDirectory angegeben wurde.

Wählt der Benutzer eine Datei, wird der vollständige Pfad in der Eigenschaft FileName gespeichert.

Über das DialogResult, das die Methode ShowDialog() zurückliefert, können Sie ermitteln, auf welchen Button der Benutzer geklickt hat.

Mit den eingebauten Klassen File und Directory können Sie mit Dateien und Verzeichnissen arbeiten

Wie `StreamWriter` erzeugt die Klasse `File` für Sie einen Stream, über den Sie mit Dateien arbeiten können. Mit ihren Methoden können Sie die wichtigsten Operationen durchführen, ohne dass Sie erst einen `FileStream` erzeugen müssen. Mit `Directory`-Objekten können Sie mit ganzen Verzeichnissen inklusive Dateien arbeiten.

Dinge, die Sie mit einem File-Objekt tun können:

1. **PRÜFEN, OB SIE EXISTIERT**
   Mit der Methode `Exists()` können Sie prüfen, ob eine Datei existiert. Sie liefert true, wenn die Datei existiert, und andernfalls false.

2. **AUS EINER DATEI LESEN UND IN SIE SCHREIBEN**
   Mit der Methode `OpenRead()` können Sie Daten aus einer Datei abrufen, mit den Methoden `Create()` und `OpenWrite()` können Sie in eine Datei schreiben.

3. **TEXT AN DIE DATEI ANHÄNGEN**
   Mit der Methode `AppendAllText()` können Sie Text an eine bereits erstellte Datei anhängen. Die Datei wird erstellt, sofern sie noch nicht besteht, wenn die Methode aufgerufen wird.

4. **INFORMATIONEN ZUR DATEI ABRUFEN**
   Die Methoden `GetLastAccessTime()` und `GetLastWriteTime()` liefern den letzten Zugriffs- oder Veränderungszeitpunkt der Datei.

FileInfo ist wie File

Müssen Sie mit einer Datei viele Sachen machen, sollten Sie eine Instanz der Klasse FileInfo verwenden, statt mit den statischen Methoden von File zu arbeiten.

Die Klasse FileInfo macht so ungefähr alles, was auch die Klasse File macht, Sie müssen sie aber instantiieren, damit Sie sie verwenden können. Sie können Instanzen von FileInfo erstellen und ihre Exists()-Methode oder ihre OpenRead()-Methode auf genau die gleiche Weise nutzen.

Der Hauptunterschied besteht darin, dass die Klasse File bei einer kleineren Anzahl von Operationen schneller ist und die Klasse FileInfo für umfangreichere Aufgaben besser geeignet ist.

File ist eine statische Klasse, d. h. eine Sammlung von Methoden, über die Sie mit Dateien arbeiten können. FileInfo ist eine Klasse, die Sie instantiieren, bietet aber die gleichen Methoden wie File.

Dinge, die Sie mit einem Verzeichnis tun können:

1. **EIN NEUES VERZEICHNIS ERSTELLEN**
   Mit der Methode `CreateDirectory()` erstellen Sie ein neues Verzeichnis. Dazu müssen Sie nur den Pfad angeben. Die Methode macht für Sie den Rest.

2. **EINE LISTE DER DATEIEN IN EINEM VERZEICHNIS ABRUFEN**
   Mit der Methode `GetFiles()` können Sie ein Array mit den Dateien in einem Verzeichnis abrufen. Nennen Sie ihr einfach das Verzeichnis, zu dem Sie Informationen wünschen, dann macht sie sich für Sie an die Arbeit.

3. **EIN VERZEICHNIS LÖSCHEN**
   Verzeichnisse zu löschen, ist ebenfalls recht einfach. Nutzen Sie die Methode `Delete()`.

Es gibt keine Dummen Fragen

F: Das mit den {0}- und {1}-Klamotten bei dem StreamWriter verstehe ich noch nicht.

A: Geben Sie Strings in eine Datei aus, müssen Sie oft den Inhalt mehrerer Variablen ausgeben, zum Beispiel:

```
writer.Write("Mein Name ist" + name +
    " und ich bin " + alter + " Jahre");
```

Das Kombinieren von Strings mit + ist lästig und fehleranfällig. Leichter ist es, wenn man {0} und {1} nutzt:

```
writer.Write(
  "Mein Name ist {0} und ich bin {1} Jahre",
   name, alter);
```

Insbesondere bei mehreren Variablen ist das besser lesbar.

F: Warum haben Sie dem String mit dem Dateinamen das @ vorangestellt?

A: Escape-Sequenzen wie `\n` und `\t` in String-Literalen werden vom Compiler in die entsprechenden Zeichen umgewandelt. Bei der Eingabe von Dateinamen führt das zu Schwierigkeiten, weil sie häufig viele Backslash-Zeichen enthalten. Stellen Sie einem String `@` voran, sagt das C#, dass Escape-Sequenzen nicht interpretiert werden sollen. Sie können in Strings dann sogar Zeilenumbrüche eingeben, die in die Ausgabe übernommen werden:

```
string zweiZeilen = @"Das ist ein
zweizeiliger String.";
```

F: Und was heißen \n oder \t?

A: Das sind Escape-Sequenzen. `\n` ist ein Newline-Zeichen und `\t` ein Tabulator. `\r` ist ein Zeilenumbruchzeichen, die Hälfte eines Zeilenumbruchs unter Windows – in Windows-Textdateien enden Zeilen mit `\r\n` (wie wir bei der Einführung von `Environment.NewLine` in Kapitel 8 erläuterten). Wenn Sie in Ihrem String *tatsächlich* einen Backslash verwenden wollen, der von C# nicht als Anfang einer Escape-Sequenz interpretiert wird, müssen Sie den Backslash ***verdoppeln***: `\\`.

F: Am Anfang des Kapitels haben Sie von der Umwandlung eines Strings in ein Byte-Array gesprochen. Wie kann denn das funktionieren?

A: Wahrscheinlich haben Sie schon tausendmal gehört, dass Dateien auf der Festplatte durch Bits und Bytes dargestellt werden. Das bedeutet, dass das Betriebssystem eine Datei, die Sie auf die Festplatte schreiben, als eine lange Folge von Bytes betrachtet. `StreamReader` und `StreamWriter` wandeln Bytes in Zeichen um – das bezeichnet man als Kodieren und Dekodieren. Erinnern Sie sich noch, dass wir in Kapitel 4 gelernt haben, dass eine `byte`-Variable eine Zahl zwischen 0 und 255 speichern kann? Jede Datei auf Ihrer Festplatte ist eine lange Folge von Zahlen zwischen 0 und 255. Die Programme, die diese Dateien lesen und schreiben, müssen diese Bytes wieder zu Daten mit einer Bedeutung machen. Öffnen Sie eine Datei im Editor, wandelt er alle Bytes in Zeichen um – aus 69 wird beispielsweise `E`, aus 97 `a` (das ist von der Kodierung abhängig – mehr dazu gibt es gleich). Geben Sie im Editor Text ein, wandelt er diese Zeichen beim Speichern in Bytes um. Wenn Sie einen String in einen Stream schreiben, müssen Sie das Gleiche tun.

F: Wenn ich einfach mit einem StreamWriter in eine Datei schreiben kann, was interessiert es mich dann, dass der für mich einen FileStream erstellt?

A: Wenn Sie nichts anderes machen, als sequenziell in eine Datei zu schreiben oder aus einer zu lesen, brauchen Sie nur einen `StreamReader` oder `StreamWriter`. Aber sobald Sie komplexere Dinge machen wollen, müssen Sie mit anderen Streams arbeiten. Wenn Sie irgendwann einmal Daten wie Zahlen, Arrays, Collections oder Objekte in eine Datei schreiben müssen, reicht ein `StreamWriter` nicht mehr. Was genau Sie dann tun müssen, werden wir uns in wenigen Augenblicken ansehen.

F: Was ist, wenn ich eigene Dialoge erstellen möchte?

A: Das können Sie natürlich machen. Sie können Ihrem Projekt ein neues Formular hinzufügen und ihm das gewünschte Aussehen verleihen. Dann instantiieren Sie es mit `new` (genau so, wie Sie das `OpenFileDialog`-Objekt erstellt haben). Nun müssen Sie ihm nur noch eine öffentliche `ShowDialog()`-Methode geben, und es funktioniert wie ein gewöhnlicher Dialog.

F: Warum muss ich mich darum kümmern, dass Streams geschlossen werden, wenn ich sie nicht mehr brauche?

A: Hat Ihnen schon einmal ein Programm gesagt, dass es eine Datei nicht öffnen könne, weil sie »beschäftigt« sei? Windows sperrt Dateien, wenn sie von einem Programm verwendet werden, damit andere Programme sie nicht verwenden können. Rufen Sie `Close()` nicht auf, kann es passieren, dass Ihr Programm eine Datei offen hält, bis es selbst beendet wird.

Spitzen Sie Ihren Bleistift

.NET bietet zwei eingebaute Klassen mit einem Haufen statischer Methoden zur Arbeit mit Dateien und Ordnern. Die Klasse **`File`** enthält Methoden zur Arbeit mit Dateien. Die Klasse **`Directory`** lässt Sie mit Verzeichnissen arbeiten. Schreiben Sie auf, was die folgenden Codezeilen machen.

Code	Was der Code macht

`if (!Directory.Exists(@"c:\SYP")) {`
`    Directory.CreateDirectory(@"c:\SYP");`
`}`	

`if (Directory.Exists(@"c:\SYP\Bonk")) {`
`    Directory.Delete(@"c:\SYP\Bonk");`
`}`	

`Directory.CreateDirectory(@"c:\SYP\Bonk");`	
`Directory.SetCreationTime(@"c:\SYP\Bonk",` `        new DateTime(1976, 09, 25));`	

`string[] dateien =`
`        Directory.GetFiles(@"c:\Windows\",`
`        "*.log", SearchOption.AllDirectories);`	

`File.WriteAllText(@"c:\SYP\Bonk\komisch.txt",`
`        @"Das ist die erste Zeile`
`und das ist die zweite Zeile`
`und das ist die letzte Zeile");`	

`File.Encrypt(@"c:\SYP\Bonk\komisch.txt");` Versuchen Sie, zu erraten, was diese Zeile macht – das ist Ihnen noch nicht begegnet.	
`File.Copy(@"c:\SYP\Bonk\komisch.txt",` `        @"c:\SYP\kopie.txt");`	
`DateTime dieZeit =` `     Directory.GetCreationTime(@"c:\SYP\Bonk");`	
`File.SetLastWriteTime(@"c:\SYP\kopie.txt",` `        dieZeit);`	
`File.Delete(@"c:\SYP\Bonk\komisch.txt");`	

Dateien mit vorgefertigten Dialogen öffnen und speichern

Sie können ein Programm erstellen, das eine Textdatei öffnet. Mit nur wenigen Zeilen Code und standardmäßigen .NET-Steuerelementen ermöglicht es Ihnen, Änderungen an der Datei vorzunehmen. Das geht so:

Tun Sie das!

So lassen Sie eine `TextBox` ein Formular ausfüllen. Ziehen Sie ein `TableLayoutPanel` auf das Formular, setzen Sie `Dock` auf `Fill` und geben Sie ihm mit `Rows` und `Columns` zwei Zeilen und eine Spalte. Ziehen Sie die `TextBox` in die obere Zelle. Ziehen Sie dann ein `FlowLayoutPanel` in die untere Zelle, setzen Sie `Dock` auf `Fill` und `FlowDirection` auf `RightToLeft` und ziehen Sie die beiden Buttons darauf. Setzen Sie die Größe der oberen Zelle auf 100 % und machen Sie die untere Zelle so groß, dass die beiden Buttons passen!

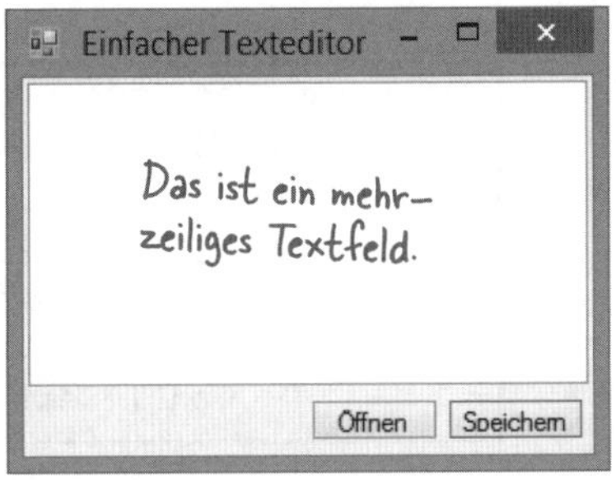
Einfacher Texteditor
Das ist ein mehrzeiliges Textfeld.
Öffnen
Speichern

1. **ERSTELLEN SIE EIN EINFACHES FORMULAR.**
Sie brauchen nur eine TextBox und zwei Buttons. Ziehen Sie auch jeweils ein `OpenFileDialog`- und ein `SaveFileDialog`-Steuerelement auf das Formular. Klicken Sie doppelt auf die Buttons, um ihre Event-Handler zu erzeugen, und **fügen Sie dem Formular ein privates String-Feld namens `name` hinzu**. Vergessen Sie nicht, am Anfang der Datei die `using`-Anweisung für `System.IO` hinzuzufügen.

2. **VERBINDEN SIE DEN ÖFFNEN-BUTTON MIT DEM OPENFILEDIALOG.**
Der Öffnen-Button zeigt einen `OpenFileDialog` an und nutzt `File.ReadAllText()`, um den Inhalt der Datei in das Textfeld einzulesen:

```
private void öffnen_Click(object sender, EventArgs e) {
  if (openFileDialog1.ShowDialog() == DialogResult.OK) {
    name = openFileDialog1.FileName;
    textBox1.Clear();
    textBox1.Text = File.ReadAllText(name);
  }
}
```

Ein Klick auf Öffnen zeigt das OpenFile-Dialog-Steuerelement an.

3. **RICHTEN SIE JETZT DEN SPEICHERN-BUTTON EIN.**
Der Speichern-Button speichert die Datei mit der Methode `File.WriteAllText()`:

```
private void speichern_Click(object sender, EventArgs e) {
  if (saveFileDialog1.ShowDialog() == DialogResult.OK) {
    name = saveFileDialog1.FileName;
    File.WriteAllText(name, textBox1.Text);
  }
}
```

Die Methoden ReadAllText() und WriteAllText() sind Teile der Klasse File. Diese ist Ihnen bereits begegnet und wird auf den folgenden Seiten noch ausführlicher betrachtet.

4. **SPIELEN SIE MIT DEN ANDEREN EIGENSCHAFTEN DER DIALOGE.**
   - ★ Nutzen Sie die `Title`-Eigenschaft des `SaveFileDialog`, um den Text in der Titelleiste zu ändern.
   - ★ Setzen Sie die `InitialFolder`-Eigenschaft so, dass der `OpenFileDialog` in einem bestimmten Verzeichnis beginnt.
   - ★ Filtern Sie den `OpenFileDialog` mit der Eigenschaft `Filter` so, dass er nur Textdateien anzeigt.

Fügen Sie keinen Filter hinzu, bleibt die Aufklappliste unten in den Öffnen- und Speichern-Dialogen leer. Probieren Sie es mit diesem Filter: »Textdateien (*.txt)|*.txt«.

Spitzen Sie Ihren Bleistift

Lösung

.NET bietet zwei eingebaute Klassen mit einem Haufen statischer Methoden zur Arbeit mit Dateien und Ordnern. Die Klasse **`File`** enthält Methoden zur Arbeit mit Dateien. Die Klasse **`Directory`** lässt Sie mit Verzeichnissen arbeiten. Sie sollten aufschreiben, was die einzelnen Codezeilen bewirken.

Code	Was der Code macht

`if (!Directory.Exists(@"c:\SYP")) {`
`    Directory.CreateDirectory(@"c:\SYP");`
`}`
	Prüft, ob der Ordner C:\SYP existiert, und erstellt ihn, falls nicht.

`if (Directory.Exists(@"c:\SYP\Bonk")) {`
`    Directory.Delete(@"c:\SYP\Bonk");`
`}`
	Prüft, ob der Ordner C:\SYP\Bonk existiert, und löscht ihn gegebenenfalls.

`Directory.CreateDirectory(@"c:\SYP\Bonk");`	Erzeugt das Verzeichnis C:\SYP\Bonk.
`Directory.SetCreationTime(@"c:\SYP\Bonk",` `        new DateTime(1976, 09, 25));`	Setzt die Erstellungszeit des Ordners C:\SYP\Bonk auf den 25. September 1976.

`string[] dateien =`
`        Directory.GetFiles(@"c:\Windows\",`
`        "*.log", SearchOption.AllDirectories);`
	Ruft eine Liste aller Dateien in C:\Windows einschließlich aller Unterverzeichnisse ab, die dem Muster *.log entsprechen.

`File.WriteAllText(@"c:\SYP\Bonk\komisch.txt",`
`        @"Das ist die erste Zeile`
`und das ist die zweite Zeile`
`und das ist die letzte Zeile");`
	Erzeugt die Datei »komisch.txt« (falls sie noch nicht existiert) im Ordner C:\SYP\Bonk und schreibt drei Zeilen Text hinein.

`File.Encrypt(@"c:\SYP\Bonk\komisch.txt");` Das ist eine Alternative zu einem CryptoStream.	Nutzt die eingebaute Windows-Verschlüsselung, um die Datei »komisch.txt« zu verschlüsseln.
`File.Copy(@"c:\SYP\Bonk\komisch.txt",` `        @"c:\SYP\kopie.txt");`	Kopiert die Datei C:\SYP\Bonk\komisch.txt in die Datei C:\SYP\kopie.txt.
`DateTime dieZeit =` `        Directory.GetCreationTime(@"c:\SYP\Bonk");`	Deklariert die Variable dieZeit und setzt sie auf die Erstellungszeit des Ordners C:\SYP\Bonk.
`File.SetLastWriteTime(@"c:\SYP\kopie.txt",` `        dieZeit);`	Ändert die letzte Schreibzeit von kopie.txt in C:\SYP\ so, dass sie der in der Variablen dieZeit gespeicherten Zeit entspricht.
`File.Delete(@"c:\SYP\Bonk\komisch.txt");`	Löscht die Datei C:\SYP\Bonk\komisch.txt.

IDisposable sorgt dafür, dass Ihre Objekte entsorgt werden

Viele .NET-Klassen implementieren eine besonders nützliche Schnittstelle namens `IDisposable`. Sie **hat nur ein Member**: eine Methode namens **`Dispose()`**. Implementiert eine Klasse `IDisposable`, sagt Ihnen dies, dass es wichtige Aufgaben gibt, die erledigt werden müssen, wenn ein Objekt dieser Klasse gelöscht wird. In der Regel bedeutet das, dass sie **Ressourcen reserviert hat**, die sie erst zurückgibt, wenn das ausdrücklich verlangt wird. Mit der Methode `Dispose()` sagen Sie dem Objekt, wie diese Ressourcen freigegeben werden sollen.

Mit »Gehe zu Definition« (über die Sie später mehr erfahren) können Sie sich in der IDE die offizielle C#-Definition von `IDisposable` ansehen. Gehen Sie in Ihr Projekt und geben Sie irgendwo in einer Klasse `IDisposable` ein. Klicken Sie dann mit der rechten Maustaste darauf und wählen Sie im Menü »Gehe zu Definition« . Es wird eine neue Registerkarte mit Code geöffnet. Expandieren Sie diesen Code, sehen Sie Folgendes:

Deklarieren Sie ein Objekt in einem using-Block, wird die Dispose()-Methode dieses Objekts automatisch aufgerufen.

```
namespace System
{
    // Zusammenfassung:
    //     Definiert eine Methode zur Freigabe von
    //     reservierten, nicht verwalteten Ressourcen.
    public interface IDisposable
    {
        // Zusammenfassung:
        //     Führt anwendungsspezifische Aufgaben durch,
        //     die mit der Freigabe, der Zurückgabe
        //     oder dem Zurücksetzen von nicht verwalteten
        //     Ressourcen zusammenhängen.
        void Dispose();
    }
}
```

Viele Klassen reservieren wichtige Ressourcen wie Speicher, Dateien und andere Objekte. Sie übernehmen diese und geben sie erst wieder frei, wenn Sie ihnen sagen, dass diese Ressourcen nicht mehr benötigt werden.

Jede Klasse, die IDisposable implementiert, gibt sofort alle reservierten Ressourcen frei, wenn ihre Dispose()-Methode aufgerufen wird. Das ist fast immer das Letzte, was Sie tun, wenn Sie ein Objekt nicht mehr benötigen.

Gehe zu Definition

Das ist ein praktisches Feature der IDE , über das Sie automatisch zur Definition einer Variablen, eines Objekts oder einer Methode springen können. Klicken Sie mit der rechten Maustaste auf das Element und wählen >>Gehe zu Definition<<, springt sie automatisch zu dem Ort, an dem es definiert wird. Sie können auch einfach F12 drücken, statt über das Menü zu gehen.

re-ser-vie-ren, Verb
Ressourcen für einen bestimmten Zweck anfordern. *Die Programmierer waren genervt, weil ihr Projektleiter alle Konferenzräume für ein sinnloses Seminar* ***reserviert*** *hatte.*

Vermeiden Sie Dateisystemfehler mit <u>using</u>-Anweisungen

Wir bestehen bereits das ganze Kapitel darauf, dass Sie Ihre **Streams schließen müssen**. Das liegt daran, dass einige der häufigsten Fehler, über die Programmierer bei der Arbeit mit Dateien stolpern, durch Streams verursacht werden, die nicht ordentlich geschlossen wurden. Aber C# gibt Ihnen ein wundervolles Mittel, mit dem Sie sicherstellen, dass das überhaupt nicht passiert: `IDisposable` und die Methode `Dispose()`. Wenn Sie **Ihren Stream-Code in eine using-Anweisung einhüllen**, schließt er automatisch alle Streams für Sie. Dazu müssen Sie **Ihre Stream-Referenz** einfach in einer `using`-Anweisung deklarieren, auf die ein Block Code (in geschweiften Klammern) folgt, der diese Referenz nutzt. Tun Sie das, ruft die `using`-Anweisung **automatisch die `Dispose()`-Methode des Streams auf**, wenn Sie mit der Ausführung des Codeblocks fertig ist. Das funktioniert so:

Diese »using«-Anweisungen sind anders als die, die Sie am Anfang Ihrer Dateien angeben.

Eine using-Anweisung enthält immer eine Objektdeklaration …

… auf die ein Codeblock in geschweiften Klammern folgt.

```
using (StreamWriter sw = new StreamWriter("geheim_plan.txt")) {
    sw.WriteLine("Wie ich Captain Amazing vernichten werde");
    sw.WriteLine("Der nächste geniale Fiesling-Plan");
    sw.WriteLine("Ich werde eine Klonarmee");
}
```

Diese Anweisungen können das mit der using-Anweisung erzeugte Objekt verwenden wie jedes andere Objekt.

Endet die using-Anweisung, wird die Dispose()-Methode des verwendeten Objekts aufgerufen.

Hier ist das verwendete Objekt, der von sw referenzierte Log-Stream, der in der using-Anweisung deklariert wurde. Es wird also die Dispose()-Methode der Klasse Stream ausgeführt … diese schließt den Stream.

Jeder Stream hat eine Dispose()-Methode, die den Stream schließt. Deklarieren Sie einen Stream in einer using-Anweisung, schließt er sich immer selbst!

Mehrere Objekte brauchen mehrere using-Anweisungen

Sie können using-Anweisungen aufeinanderstapeln – Sie brauchen keine weiteren geschweiften Klammern oder Einrückungen.

```
using (StreamReader reader = new StreamReader("geheim_plan.txt"))
using (StreamWriter writer = new StreamWriter("email.txt"))
{
    // Anweisungen, die reader und writer verwenden.
}
```

Jetzt müssen Sie auf den Streams nicht mehr Close() aufrufen, weil die using-Anweisung sie automatisch schließt.

Da alle Streams IDisposable implementieren, sollten Sie sie <u>IMMER</u> in einer using-Anweisung deklarieren. Das sichert, dass sie geschlossen werden.

Ärger im Büro

Kennen Sie Brian schon? Er mag seinen Job als C#-Programmierer, und noch *mehr* mag er es, sich gelegentlich einen Tag freizunehmen. Aber sein Chef **hasst** es, wenn seine Leute Urlaub machen. Brian braucht also eine gute Ausrede.

HEUTE MUSS ICH LEIDER ETWAS FRÜHER GEHEN. MEINE KATZE HAT EINEN WICHTIGEN TIERARZT-TERMIN.
DAS IST DER NEUNTE TIER-ARZTTERMIN SEIT MÄRZ. SOLLTE ICH HERAUSFINDEN, DASS SIE MICH ANLÜGEN, WERDEN SIE SICH BALD EINE NEUE ARBEIT SUCHEN MÜSSEN.

Können Sie Brian mit einem Programm helfen, das für ihn seine Ausreden verwaltet?

Nutzen Sie, was Sie über das Lesen und Schreiben von Dateien wissen, um eine Ausredeverwaltung aufzubauen, mit der Brian nachhalten kann, welche Ausreden er zuletzt verwendet hat und wie gut diese bei seinem Chef angekommen sind.

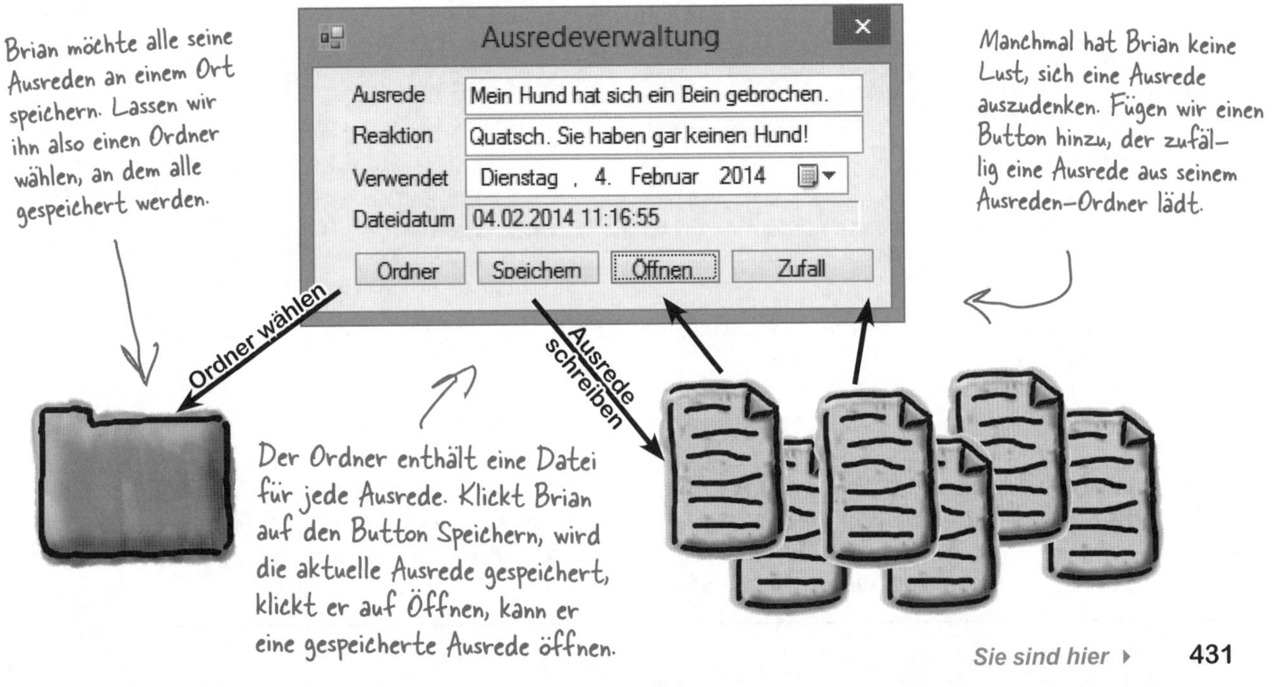
Brian möchte alle seine Ausreden an einem Ort speichern. Lassen wir ihn also einen Ordner wählen, an dem alle gespeichert werden.
Ausredeverwaltung
Ausrede
Mein Hund hat sich ein Bein gebrochen.
Reaktion
Quatsch. Sie haben gar keinen Hund!
Verwendet
Dienstag , 4. Februar 2014
Dateidatum
04.02.2014 11:16:55
Ordner
Speichern
Öffnen...
Zufall
Manchmal hat Brian keine Lust, sich eine Ausrede auszudenken. Fügen wir einen Button hinzu, der zufällig eine Ausrede aus seinem Ausreden-Ordner lädt.
Ordner wählen
Ausrede schreiben
Der Ordner enthält eine Datei für jede Ausrede. Klickt Brian auf den Button Speichern, wird die aktuelle Ausrede gespeichert, klickt er auf Öffnen, kann er eine gespeicherte Ausrede öffnen.

ÜBUNG

Erstellen Sie die Ausredeverwaltung, damit Brian die Ausreden für die Arbeit verwalten kann.

Ausrede
Beschreibung: string Reaktion: string LetzteVerwendung: DateTime Dateipfad: string
DateiÖffnen(string) Speichern(string)

1 ERSTELLEN SIE DAS FORMULAR.

Dieses Formular hat ein paar spezielle Eigenschaften:

- ★ Beim Start **ist nur der Ordner-Button aktiviert** – deaktivieren Sie die anderen drei Buttons, bis der Benutzer einen Ordner wählt.
- ★ Wird eine Ausrede geöffnet oder gespeichert, wird das Datum in einem Label mit `AutoSize` gleich `False` und `BorderStyle` gleich `Fixed3D` angezeigt.
- ★ Nach dem Speichern wird ein Dialog mit der Meldung »Ausrede gespeichert« angezeigt.
- ★ Der Ordner-Button öffnet einen Ordner-Dialog. Wählt der Benutzer einen Ordner, werden die anderen drei Buttons aktiviert.
- ★ Das Formular weiß, ob es ungespeicherte Änderungen gibt. Hat der Benutzer eins der drei Felder geändert, wird an den Titelleistentext »Ausredeverwaltung« ein Asterisk (*) angehängt, der verschwindet, wenn die Daten gespeichert werden oder eine neue Ausrede geöffnet wird.
- ★ Das Formular muss den aktuellen Ordner festhalten und wissen, ob die aktuelle Ausrede gespeichert wurde oder nicht. Ob die Ausrede ungespeicherte Änderungen enthält, können Sie mit den **Changed-Event-Handlern** für die Eingabeelemente festhalten.

Klicken Sie doppelt auf ein Textfeld, um einen Changed-Event-Handler dafür zu erstellen.

2 SCHREIBEN SIE AUSREDE UND SPEICHERN SIE EINE INSTANZ IM FORMULAR.

Im Feld dieAusrede wird die aktuelle Ausrede gespeichert. Sie brauchen **drei überladene Konstruktoren**: einen für das Laden des Formulars, einen für das Öffnen einer Datei und einen für eine zufällige Ausrede. Fügen Sie die Methoden `DateiÖffnen()`, mit der die Konstruktoren eine Ausrede öffnen können, und `Speichern()` hinzu. Fügen Sie dann diese `FormularAktualisieren()`-Methode hinzu, um die Steuerelemente zu aktualisieren (sie gibt Ihnen einige **Hinweise** zu der Klasse):

```
private void FormularAktualisieren(bool geändert) {
  if (!geändert)  {
     this.beschreibung.Text = dieAusrede.Beschreibung;
     this.reaktion.Text = dieAusrede.Reaktion;
     this.letzteVerwendung.Value = dieAusrede.LetzteVerwendung;
     if (!String.IsNullOrEmpty(dieAusrede.Dateipfad))
       datum.Text = File.GetLastWriteTime(dieAusrede.Dateipfad).ToString();
       this.Text = "Ausredeverwaltung";
   }
   else
       this.Text = "Ausredeverwaltung*";
   this.formGeändert = geändert;
}
```

Dieser Parameter, den Sie über ein Feld im Formular nachhalten, zeigt ob sich das Formular geändert hat.

Das ! heißt NICHT und lässt prüfen, ob der Pfad null ist.

Nach einem Doppelklick auf die Textfelder erzeugt die IDE die Changed-Event-Handler. Diese ändern zunächst die Ausrede-Instanz und rufen dann FormularAktualisieren(true) auf – Sie müssen noch für die Änderungen am Formular sorgen.

Und denken Sie daran, `LetzteVerwendung` im Konstruktor des Formulars zu initialisieren:

```
public Form1() {
    InitializeComponent();
    dieAusrede.LetzteVerwendung = letzteVerwendung.Value;
}
```

3 LASSEN SIE DEN BUTTON ORDNER EINEN ORDNER-DIALOG ÖFFNEN.

Klickt der Benutzer auf den Button Ordner, sollte das Formular einen »Ordner suchen«-Dialog öffnen. Das Formular speichert den Ordner in einem Feld, das die anderen Dialoge verwenden können. Die anderen Buttons werden aus dem Ordner-Button **aktiviert**, nachdem ein Ordner gewählt wurde.

4 LASSEN SIE DEN SPEICHERN-BUTTON DIE AUSREDE IN EINER DATEI SPEICHERN.

Ein Klick auf den Speichern-Button sollte einen Speichern unter-Dialog öffnen.

★ Jede Ausrede wird in einer separaten Datei gespeichert. Die erste Zeile der Datei ist die Ausrede, die zweite das Ergebnis, die dritte die letzte Verwendungszeit (nutzen Sie die `ToString()`-Methode eines DateTimePicker-Objekts). Die Klasse `Ausrede` sollte eine `Speichern()`-Methode haben, die eine Ausrede in einer Datei speichert.

★ Wird der Speichern unter-Dialog geöffnet, soll der Ordner geöffnet sein, der über den Button Ordner gewählt wurde, und der Dateiname soll sich aus dem Text der Ausrede plus der Erweiterung ».txt« zusammensetzen.

★ Der Dialog sollte zwei Filter haben: Textdateien (*.txt) und Alle Dateien (*.*). Versucht der Benutzer, eine Ausrede zu speichern, bei der Beschreibung oder Reaktion fehlen, wird das Formular einen Warndialog anzeigen:

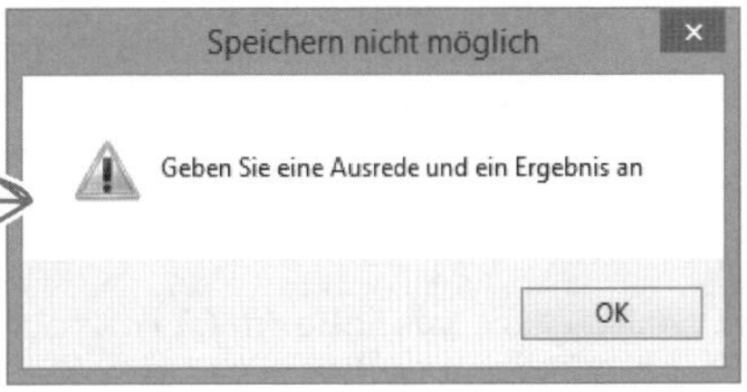
Speichern nicht möglich
Geben Sie eine Ausrede und ein Ergebnis an
OK

Dieses Symbol lassen Sie anzeigen, indem Sie eine Überladung von MessageBox.Show() verwenden, mit der Sie einen MessageBoxIcon-Parameter übergeben können.

5 LASSEN SIE DEN ÖFFNEN-BUTTON EINE AUSREDE ÖFFNEN.

Ein Klick auf den Button ruft den Öffnen-Dialog auf.

★ Beim Öffnen des Dialogs sollte der zuvor gewählte Ordner ausgewählt sein.

★ Fügen Sie der Klasse Ausrede eine `Öffnen()`-Methode hinzu, die eine Ausrede aus einer Datei öffnet.

★ Nutzen Sie `Convert.ToDateTime()`, um das gespeicherte Datum in das DateTimePicker-Steuerelement zu laden.

★ Versucht der Benutzer, ein Ausrede zu öffnen, obwohl die aktuelle nicht gespeichert wurde, soll dieser Dialog angezeigt werden:

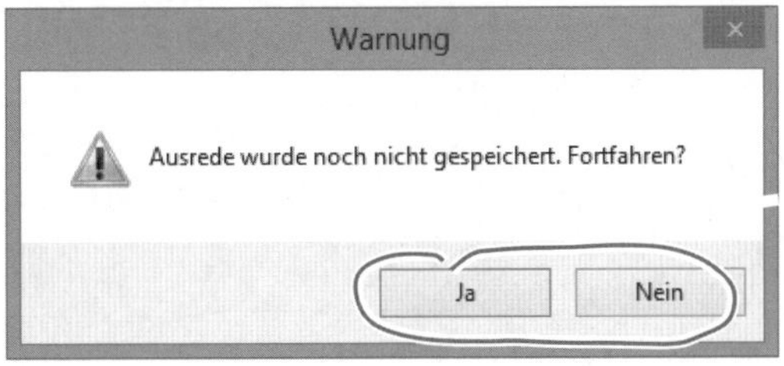
Warnung
Ausrede wurde noch nicht gespeichert. Fortfahren?
Ja
Nein

Einen Ja/Nein-Dialog zeigen Sie mit einer Überladung von MessageBox.Show() an, der Sie den Parameter MessageBoxButtons.YesNo übergeben können. Klickt der Benutzer auf »Nein«, liefert Show() DialogResult.No.

6 LASSEN SIE DEN BUTTON SCHNELLE AUSREDE EINE ZUFÄLLIGE AUSREDE LADEN.

Klickt der Benutzer auf den Button Schnelle Ausrede, wird zufällig eine Ausrede im aktuellen Ausredeordner gewählt und geöffnet.

★ Das Formular muss eine `Random`-Instanz festhalten und sie an einen der überladenen Konstruktoren von `Ausrede` übergeben.

★ Wurde die aktuelle Ausrede noch nicht gespeichert, sollte die gleiche Warnung angezeigt werden wie beim Öffnen-Button.

LÖSUNG ZUR ÜBUNG

Erstellen Sie die Ausredeverwaltung, damit Brian die Ausreden für die Arbeit verwalten kann.

```
private Ausrede dieAusrede = new Ausrede();
private string gewählterOrdner = "";
private bool formGeändert = false;
Random zufall = new Random();
```

Diese Felder halten die aktuelle Ausrede, den gewählten Ordner, den Bearbeitungsstatus der aktuellen Ausrede und ein Random-Objekt für die schnelle Ausrede fest.

```
private void ordner_Click(object sender, EventArgs e) {
    folderBrowserDialog1.SelectedPath = gewählterOrdner;
    DialogResult ergebnis = folderBrowserDialog1.ShowDialog();
    if (ergebnis == DialogResult.OK) {
        gewählterOrdner = folderBrowserDialog1.SelectedPath;
        speichern.Enabled = true;
        öffnen.Enabled = true;
        schnelleAusrede.Enabled = true;
    }
}
```

Nachdem der Benutzer einen Ordner gewählt hat, wird dieser gespeichert, und die drei anderen Buttons werden aktiviert.

Die beiden senkrechten Striche heißen ODER – der Ausdruck ist true, wenn beschreibung leer ODER reaktion leer ist.

```
private void speichern_Click(object sender, EventArgs e) {
    if (String.IsNullOrEmpty(beschreibung.Text) || String.IsNullOrEmpty(reaktion.Text)) {
        MessageBox.Show("Geben Sie eine Ausrede und ein Ergebnis an",
            "Speichern nicht möglich", MessageBoxButtons.OK, MessageBoxIcon.Exclamation);
        return;
    }
    saveFileDialog1.InitialDirectory = gewählterOrdner;
    saveFileDialog1.Filter = "Textdateien (*.txt)|*.txt|Alle Dateien (*.*)|*.*";
    saveFileDialog1.FileName = beschreibung.Text + ".txt";
    DialogResult ergebnis = saveFileDialog1.ShowDialog();
    if (ergebnis == DialogResult.OK) {
        dieAusrede.Speichern(saveFileDialog1.FileName);
        FormularAktualisieren(false);
        MessageBox.Show("Ausrede gespeichert");
    }
}
```

Hier werden die Filter für den Speichern-Dialog gesetzt.

Das sorgt dafür, dass im Aufklappmenü »Dateityp« zwei Zeilen auftauchen: eine für Textdateien (*.txt) und eine für Alle Dateien (*.*).

```
private void öffnen_Click(object sender, EventArgs e) {
    if (GeändertPrüfen()) {
        openFileDialog1.InitialDirectory = gewählterOrdner;
        openFileDialog1.Filter = "Textdateien (*.txt)|*.txt|Alle Dateien (*.*)|*.*";
        openFileDialog1.FileName = beschreibung.Text + ".txt";
        DialogResult ergebnis = openFileDialog1.ShowDialog();
        if (ergebnis == DialogResult.OK) {
            dieAusrede = new Ausrede(openFileDialog1.FileName);
            FormularAktualisieren(false);
        }
    }
}
```

Über den DialogResult-Wert, den die Öffnen- und Speichern-Dialoge liefern, prüfen Sie, ob der Benutzer »OK« oder »Abbrechen« anklickte.

```
private void schnelleAusrede_Click(object sender, EventArgs e) {
    if (GeändertPrüfen()) {
        dieAusrede = new Ausrede(zufall, gewählterOrdner);
        FormularAktualisieren(false);
    }
}
```

```
private bool GeändertPrüfen() {
    if (formGeändert) {
        DialogResult ergebnis = MessageBox.Show(
              "Ausrede wurde noch nicht gespeichert. Fortfahren?",
               "Warnung", MessageBoxButtons.YesNo, MessageBoxIcon.Warning);
        if (ergebnis == DialogResult.No)
            return false;
    }
    return true;
}

private void beschreibung_TextChanged(object sender, EventArgs e) {
    dieAusrede.Beschreibung = beschreibung.Text;
    FormularAktualisieren(true);
}

private void reaktion_TextChanged(object sender, EventArgs e) {
    dieAusrede.Reaktion = reaktion.Text;
    FormularAktualisieren(true);
}

private void letzteVerwendung_ValueChanged(object sender, EventArgs e) {
    dieAusrede.LetzteVerwendung = letzteVerwendung.Value;
    FormularAktualisieren(true);
}

class Ausrede {
    public string Beschreibung {get; set;}
    public string Reaktion {get; set;}
    public DateTime LetzteVerwendung {get; set;}
    public string Dateipfad {get; set;}
    public Ausrede() {
        Dateipfad = "";
    }
    public Ausrede(string dateipfad) {
        DateiÖffnen(dateipfad);
    }
    public Ausrede(Random zufall, string ordner) {
        string[] dateinamen = Directory.GetFiles(ordner, "*.txt");
        DateiÖffnen(dateinamen[zufall.Next(dateinamen.Length)]);
    }
    private void DateiÖffnen(string dateipfad) {
        this.Dateipfad = dateipfad;
        using (StreamReader reader = new StreamReader(dateipfad)) {
            Beschreibung = reader.ReadLine();
            Reaktion = reader.ReadLine();
            LetzteVerwendung = Convert.ToDateTime(reader.ReadLine());
        }
    }
    public void Speichern(string dateipfad) {
        using (StreamWriter writer = new StreamWriter(dateipfad))
        {
            writer.WriteLine(Beschreibung);
            writer.WriteLine(Reaktion);
            writer.WriteLine(LetzteVerwendung);
        }
    }
}
```

MessageBox.Show() liefert ebenfalls einen DialogResult-Wert, den wir prüfen können.

Hier sind die drei Changed-Event-Handler für die Eingabefelder. Wird einer von ihnen ausgelöst, wurde die Ausrede geändert. Dann wird die erste Ausrede-Instanz aktualisiert und anschließend FormularAktualisieren() aufgerufen, um an den Text in der Titelleiste den Asterisk anzuhängen und Geändert auf true zu setzen.

Wird FormularAktualisieren() true übergeben, wird das Formular nur als geändert markiert, ohne die Eingabeelemente zu aktualisieren.

Der Button Schnelle Ausrede nutzt Directory.GetFiles(), um alle Textdateien im gewählten Ordner in ein Array zu lesen, und wählt dann zufällig ein Element des Arrays aus.

Wir haben sichergestellt, dass überall eine using-Anweisung verwendet wird, wenn wir einen Stream öffnen. Das sichert, dass die Dateien immer auch wieder geschlossen werden.

Hier wirkt sich die using-Anweisung aus. Wir deklarieren den StreamWriter in einer using-Anweisung, damit Close() automatisch für uns aufgerufen wird.

Haben Sie LetzteVerwendung.ToString() genutzt? Denken Sie daran: WriteLine() macht das automatisch!

Beim Schreiben von Dateien muss man in der Regel viele Entscheidungen treffen

Sie werden eine Menge Programme schreiben, die nur eine einzige Eingabe benötigen, die eventuell aus einer Datei stammt, und auf Basis dieser Eingabe entscheiden, was Sie tun müssen. Hier ist Code, der eine lange `if`-Anweisung verwendet – das ist ziemlich typisch. Er prüft die Variable `teil` und schreibt auf Basis des verwendeten Enum-Werts Zeilen in die Datei. Es gibt viele Optionen, also auch viele `else if`:

```
enum Körperteil {
   Kopf,
   Schultern,
   Knie,
   Zehen
}
```

Hier ist ein Enum – wir möchten eine Variable mit allen vier Membern vergleichen und davon abhängig eine andere Zeile in den StreamWriter schreiben. Und passt keiner von ihnen, schreiben wir wiederum einen ganz anderen Text.

```
private void TeileSchreiben(Körperteil teil, StreamWriter writer)
{
  if (teil == Körperteil.Kopf)
    writer.WriteLine("der Kopf ist haarig");
  else if (teil == Körperteil.Schultern)
    writer.WriteLine("die Schultern sind breit");
  else if (teil == Körperteil.Knie)
    writer.WriteLine("die Knie sind knubbelig");
  else if (teil == Körperteil.Zehen)
    writer.WriteLine("die Zehen sind winzig");
  else
    writer.WriteLine("ein Teil ist unbekannt");
  }
}
```

Schreiben wir eine Folge von if/else-Anweisungen, müssen wir diesen »if (teil ==[option])« immer wieder wiederholen.

Das abschließende else darf ran, wenn wir keinen Treffer finden.

KOPF-NUSS

Was kann schiefgehen, wenn Sie Code wie diesen mit so vielen if/else-Anweisungen schreiben? Denken Sie beispielsweise an Tippfehler, falsche Klammern, einfache Anführungszeichen usw.

Wählen Sie Ihre Optionen mit einer switch-Anweisung

Die switch-Anweisung ist nicht speziell für Dateien gedacht. Sie ist ein nützliches C#-Werkzeug, das wir hier verwenden können.

Dass man eine Variable mit einer Menge verschiedener Werte vergleichen muss, ist ein Muster, auf das Sie immer wieder stoßen werden. Beim Lesen und Schreiben von Dateien tritt es besonders häufig auf. Es ist sogar so häufig, dass C# eine besondere Anweisung bietet, die genau für solche Fälle gedacht ist.

Mit einer **switch-Anweisung** können Sie eine Variable auf kompakte und lesbare Weise mit mehreren Werten vergleichen. Hier ist eine switch-Anweisung, die genau das Gleiche macht wie die Folge von `if/else`-Anweisungen auf der letzten Seite.

Eine switch-Anweisung vergleicht EINE Variable mit MEHREREN möglichen Werten.

```
private void TeileSchreiben(Körperteil teil, StreamWriter writer) {
    switch (teil) {
        case Körperteil.Kopf:
            writer.WriteLine("der Kopf ist haarig");
            break;
        case Körperteil.Schultern:
            writer.WriteLine("die Schultern sind breit");
            break;
        case Körperteil.Knie:
            writer.WriteLine("die Knie sind knubbelig");
            break;
        case Körperteil.Zehen:
            writer.WriteLine("die Zehen sind winzig");
            break;
        default:
            writer.WriteLine("ein Teil ist unbekannt");
            break;
    }
}
```

Sie beginnen mit dem Schlüsselwort switch. Auf dieses folgt die Variable, die mit mehreren möglichen Werten verglichen werden soll.

Den Inhalt der switch-Anweisung bildet eine Folge von case-Anweisungen (Fällen), die den switch-Testausdruck mit einem bestimmten Wert vergleichen.

Jeder Fall muss mit »break;« enden, damit klar ist, wo der Block endet.

Sie können auch mit return schließen. Es darf nur nicht passieren, dass das Programm von einem Fall in den nächsten »fällt«.

Jeder dieser Fälle besteht aus dem Schlüsselwort case und einem Testausdruck, auf den ein Doppelpunkt folgt. Darauf folgen beliebig viele Anweisungen, die mit einer »break;«-Anweisung abgeschlossen werden. Diese Anweisungen werden ausgeführt, wenn der case-Ausdruck dem switch-Ausdruck entspricht.

switch-Anweisungen können mit einem default:-Block enden, der ausgeführt wird, wenn keiner der anderen Fälle passt.

Schreiben und lesen Sie mit switch Ihre Spielkarten in eine bzw. aus einer Datei

Das Ausgeben einer Karte ist leicht – schreiben Sie einfach eine Schleife, die die Namen aller Karten in eine Datei schreibt. Folgende Methode macht genau das. Fügen Sie sie einfach der Klasse Kartenstapel hinzu:

```
public void KartenSchreiben(string dateiname) {
    using (StreamWriter writer = new StreamWriter(dateiname)) {
        for (int i = 0; i < karten.Count; i++) {
            writer.WriteLine(karten[i].Name);
        }
    }
}
```

Aber wie sieht es mit dem Wiedereinlesen der Datei aus? Das ist nicht ganz so einfach. Dabei erweist sich die switch-Anweisung als praktisch.

Mit der switch-Anweisung können Sie einen Wert mit vielen anderen Werten vergleichen und in Abhängigkeit vom passenden Wert unterschiedliche Anweisungen ausführen lassen.

```
Farben farbe;
switch (farbeString) (
    case "Karo":
        farbe = Farben.Karo;
        break;
    case "Herz":
        farbe = Farben.Herz;
        break;
    case "Pik":
        farbe = Farben.Pik;
        break;
    case "Kreuz":
        farbe = Farben.Kreuz;
        break;
    default:
        MessageBox.Show(farbeString + " ist ungültig!");
}
```

Die switch-Anweisung beginnt mit einem **Wert**, mit dem verglichen wird. Diese switch-Anweisung wird dann von einer Methode aufgerufen, die die Kartenfarbe als String gespeichert hat.

Jede dieser **case**-Zeilen vergleicht einen Wert mit dem Wert in der switch-Zeile. Sind die beiden Werte gleich, werden alle nachfolgenden Zeilen bis zum nächsten **break** ausgeführt.

Die **default**-Zeile folgt am Ende. Passt keine der case-Zeilen, werden stattdessen die Anweisungen nach default ausgeführt.

Ein überladener Kartenstapel()-Konstruktor, der einen Kartenstapel aus einer Datei einliest

Mit einer switch-Anweisung können Sie einen neuen Konstruktor für die Klasse Kartenstapel erstellen, die Sie im letzten Kapitel geschrieben haben. Dieser Konstruktor liest eine Datei ein und prüft jede Zeile auf eine Karte. Jede gültige Karte wird dem Stapel hinzugefügt.

Es gibt eine Methode der Klasse String, die sich als praktisch erweisen wird: `Split()`. Mit ihr können Sie einen String in ein Array von Teilstrings zerlegen, indem Sie ein `char[]` mit Trennzeichen übergeben, das verwendet wird, um den String aufzuspalten.

```
public Kartenstapel(string dateiname) {
    karten = new List<Karte>();
    using (StreamReader reader = new StreamReader(dateiname)) {
      while (!reader.EndOfStream) {
        bool ungültigeKarte = false;
        string karte = reader.ReadLine();
        string[] kartenteile = karte.Split(new char[] { '-' });
        Werte wert = Werte.Ass;
        switch (kartenteile[1]) {
            case "Ass": wert = Werte.Ass; break;
            case "Zwei": wert = Werte.Zwei; break;
            case "Drei": wert = Werte.Drei; break;
            case "Vier": wert = Werte.Vier; break;
            case "Fünf": wert = Werte.Fünf; break;
            case "Sechs": wert = Werte.Sechs; break;
            case "Sieben": wert = Werte.Sieben; break;
            case "Acht": wert = Werte.Acht; break;
            case "Neun": wert = Werte.Neun; break;
            case "Zehn": wert = Werte.Zehn; break;
            case "Bauer": wert = Werte.Bauer; break;
            case "Dame": wert = Werte.Dame; break;
            case "König": wert = Werte.König; break;
            default: ungültigeKarte = true; break;
        }
        Farben farbe = Farben.Herz;
        switch (kartenteile[0]) {
            case "Karo": farbe = Farben.Karo; break;
            case "Herz": farbe = Farben.Herz; break;
            case "Pik": farbe = Farben.Pik; break;
            case "Kreuz": farbe = Farben.Kreuz; break;
            default: ungültigeKarte = true; break;
        }
        if (!ungültigeKarte) {
            karten.Add(new Karte(farbe, wert));
        }
      }
    }
}
```

Diese Zeile sagt C#, dass es den String nächsteKarte an einem Bindestrich aufspalten soll. Das teilt den String "Kreuz-Sechs" in das Array {"Kreuz", "Sechs"} auf.

Diese switch-Anweisung vergleicht das zweite Wort in der Zeile mit den Kartenwerten. Findet sie einen passenden Wert, wird er der Variablen wert zugewiesen.

Das Gleiche tun wir für das erste Wort in der Zeile, nur wandeln wir das in eine Farbe um.

SO VIEL CODE, UM EINE EINFACHE KARTE EINZULESEN? DAS IST DOCH VIEL ZU VIEL ARBEIT! WAS IST, WENN MEIN OBJEKT NOCH MEHR FELDER HAT? MUSS ICH DANN ETWA EINE SWITCH-ANWEISUNG FÜR JEDES VON IHNEN SCHREIBEN?

Es gibt einen einfacheren Weg, Objekte in Dateien zu speichern. Er heißt Serialisierung.

Statt mühsam zeilenweise alle Felder und Werte in eine Datei zu schreiben, können Sie Ihre Objekte auch einfacher speichern, indem Sie sie über einen Stream serialisieren. Ein Objekt zu ***serialisieren*** ist, als würden Sie **die Luft rauslassen**, damit Sie es in eine Datei schieben können. Und anschließend können Sie es ***deserialisieren*** – also wieder **aufblasen**.

Okay, irgendwann müssen wir es ja zugeben: Es gibt auch eine Methode mit dem Namen Enum.Parse() – die werden Sie in Kapitel 14 kennenlernen –, die den String »Pik« in den Enum-Wert Farben.Pik umwandelt. Trotzdem bleibt Serialisierung an dieser Stelle viel vernünftiger. Warum, werden Sie gleich erfahren …

Was bei der Serialisierung eines Objekts passiert

Es scheint, als müssten mit einem Objekt einige ziemlich geheimnisvolle Dinge passieren, damit Sie es aus dem Heap nehmen und in eine Datei stecken können. Aber eigentlich ist das ein ziemlich einfache Geschichte.

1 Objekt auf dem Heap

Erstellen Sie eine Instanz einer Klasse, besitzt diese einen **Zustand**. Das, was ein Objekt »weiß«, ist das, was eine Instanz einer Klasse von einer anderen Instanz der gleichen Klasse unterscheidet.

2 Objekt serialisiert

Serialisiert C# ein Objekt, **speichert es den gesamten Zustand des Objekts**, damit eine identische Instanz später wieder auf dem Heap zum Leben erweckt werden kann.

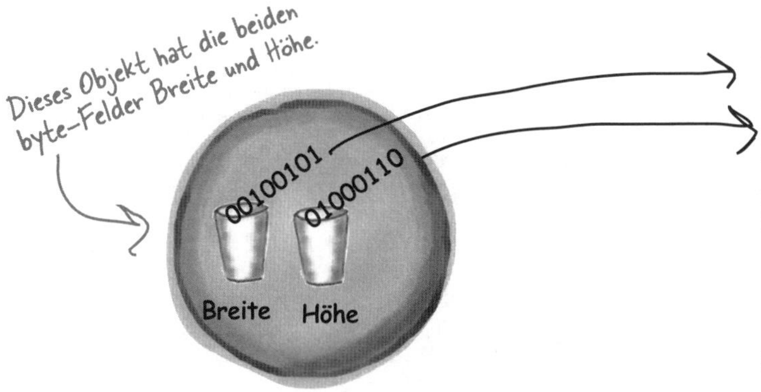

Dieses Objekt hat die beiden byte-Felder Breite und Höhe.
00100101
01000110
Breite
Höhe

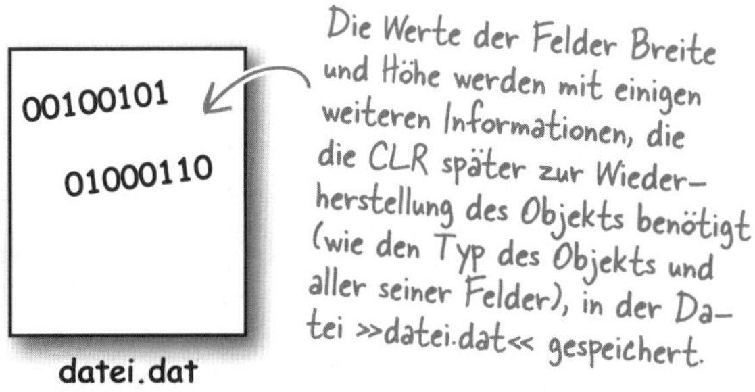

00100101
01000110
datei.dat
Die Werte der Felder Breite und Höhe werden mit einigen weiteren Informationen, die die CLR später zur Wiederherstellung des Objekts benötigt (wie den Typ des Objekts und aller seiner Felder), in der Datei »datei.dat« gespeichert.

Objekt wieder auf dem Heap

3 Und später ...

Später – vielleicht Tage später und in einem anderen Programm – können Sie sich die Datei nehmen und das Objekt darin **deserialisieren**. Das zieht das ursprüngliche Objekt aus der Datei und stellt es **genau so wieder her, wie es war**, mit allen intakten Feldern und Werten.

Aber was genau IST der Zustand eines Objekts? Was muss gespeichert werden?

Wir wissen bereits, dass **ein Objekt seinen Zustand in Feldern speichert**. Wird ein Objekt serialisiert, muss jedes dieser Felder in der Datei gespeichert werden.

Serialisierung beginnt, interessant zu werden, wenn Sie komplexere Objekte haben. `chars`, `ints`, `doubles` und andere Werttypen haben Bytes, die einfach in eine Datei geschrieben werden können. Aber was ist, wenn ein Objekt eine Instanzvariable hat, die selbst eine *Objektreferenz* ist? Was ist mit einem Objekt, das fünf Instanzvariablen hat, die Objektreferenzen sind? Was ist, wenn auch diese Objekte selbst wieder Instanzvariablen haben?

Denken Sie einen Augenblick darüber nach. Welche Teile eines Objekts sind möglicherweise einzigartig? Überlegen Sie, was wiederhergestellt werden muss, um ein Objekt zu erhalten, das mit dem identisch ist, das gespeichert wurde. Irgendwie muss alles auf dem Heap in die Datei geschrieben werden.

KRAFT-TRAINING

Was muss mit diesem **`Auto`**-Objekt geschehen, damit es so gespeichert wird, dass es später in seinem ursprünglichen Zustand wiederhergestellt werden kann? Nehmen wir an, das Auto hat drei Insassen, eine 3-Liter-Maschine und Allwetterreifen ... sind diese Dinge Teile eines **`Auto`**-Objekts? Was sollte mit ihnen passieren?

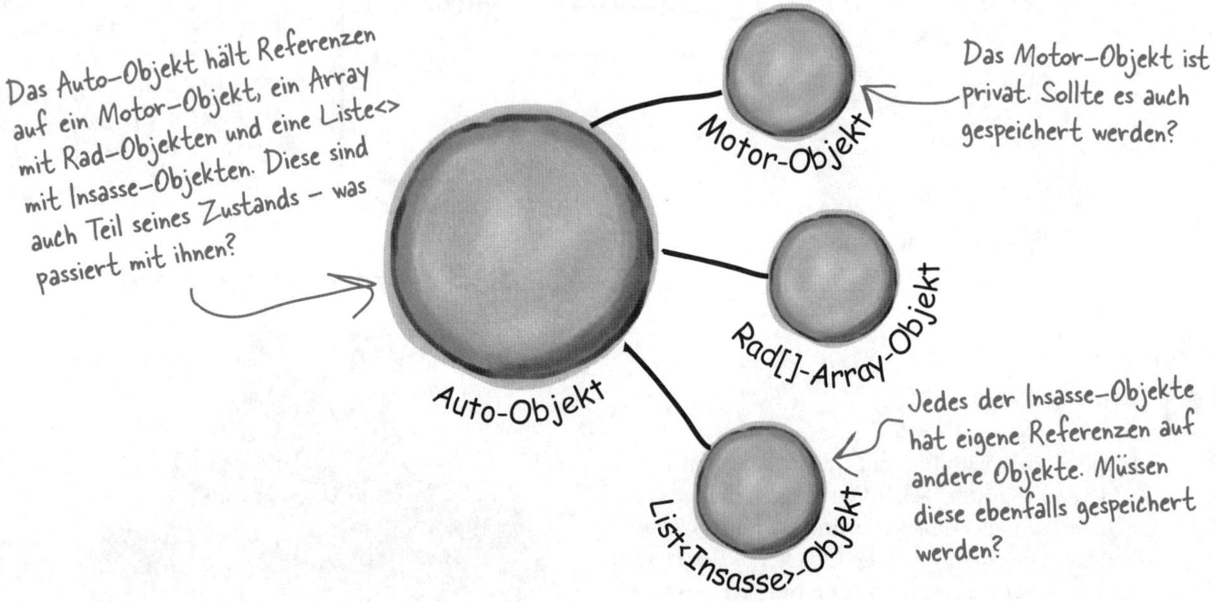
Das Auto-Objekt hält Referenzen auf ein Motor-Objekt, ein Array mit Rad-Objekten und eine Liste<> mit Insasse-Objekten. Diese sind auch Teil seines Zustands – was passiert mit ihnen?
Motor-Objekt
Das Motor-Objekt ist privat. Sollte es auch gespeichert werden?
Rad[]-Array-Objekt
Auto-Objekt
Jedes der Insasse-Objekte hat eigene Referenzen auf andere Objekte. Müssen diese ebenfalls gespeichert werden?
List<Insasse>-Objekt

Wird ein Objekt serialisiert, werden die Objekte, die es referenziert, ebenfalls serialisiert ...

... und alle Objekte, auf die *diese* verweisen, und alle Objekte, auf *die diese anderen Objekte* verweisen und so weiter. Aber machen Sie sich keine Gedanken – es klingt zwar kompliziert, passiert aber alles automatisch. C# beginnt mit dem Objekt, das Sie serialisieren möchten, und sucht in seinen Feldern nach anderen Objekten. Dann macht es das Gleiche mit jedem davon. Jedes Objekt wird in die Datei geschrieben – mit allen Informationen, die C# benötigt, wenn das Objekt wieder deserialisiert wird.

Manche Leute bezeichnen eine solche Gruppe verknüpfter Objekte als »Graphen«.

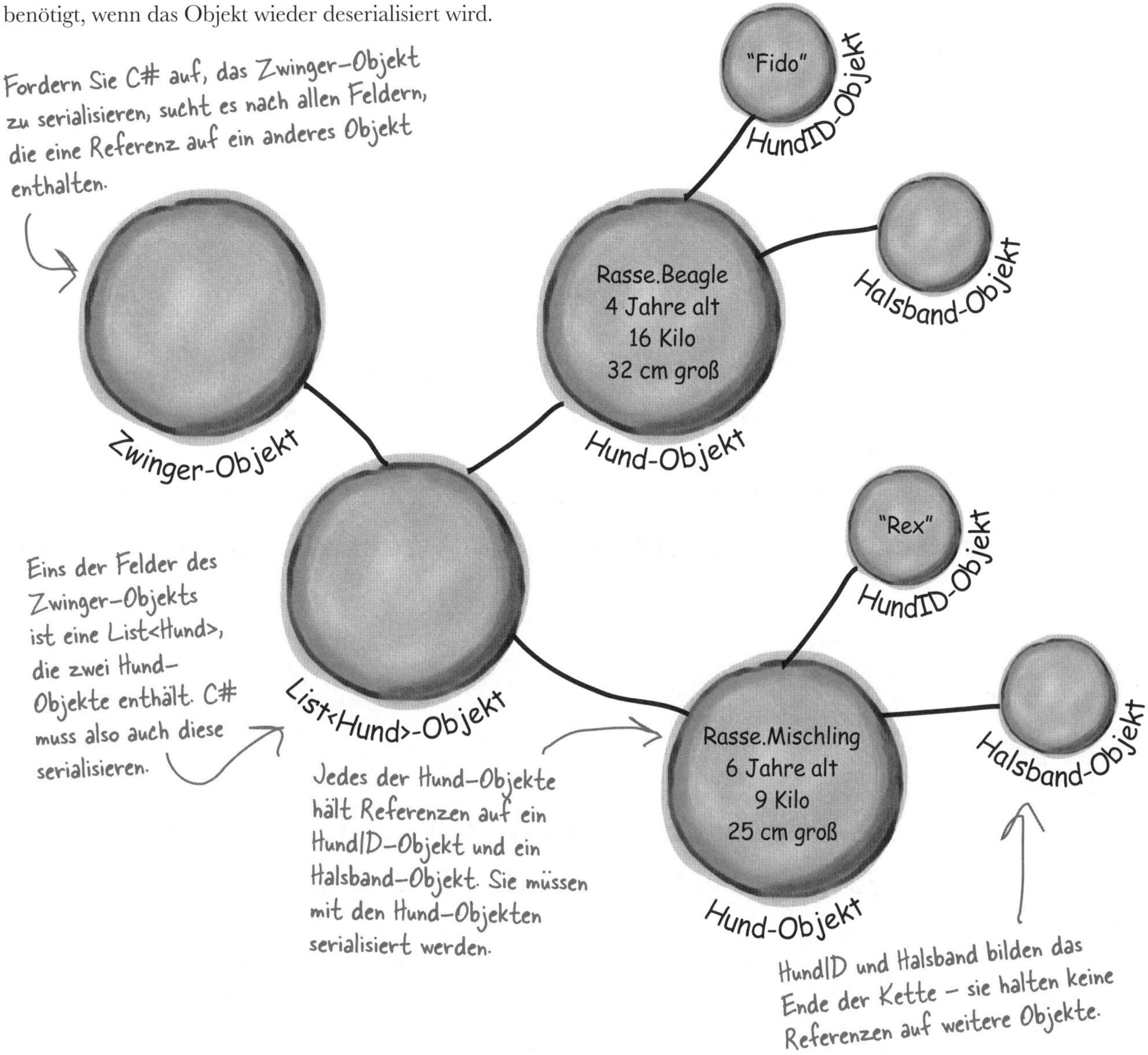
Fordern Sie C# auf, das Zwinger-Objekt zu serialisieren, sucht es nach allen Feldern, die eine Referenz auf ein anderes Objekt enthalten.
Zwinger-Objekt
"Fido"
HundID-Objekt
Rasse.Beagle
4 Jahre alt
16 Kilo
32 cm groß
Hund-Objekt
Halsband-Objekt
List<Hund>-Objekt
Eins der Felder des Zwinger-Objekts ist eine List<Hund>, die zwei Hund-Objekte enthält. C# muss also auch diese serialisieren.
"Rex"
HundID-Objekt
Rasse.Mischling
6 Jahre alt
9 Kilo
25 cm groß
Hund-Objekt
Halsband-Objekt
Jedes der Hund-Objekte hält Referenzen auf ein HundID-Objekt und ein Halsband-Objekt. Sie müssen mit den Hund-Objekten serialisiert werden.
HundID und Halsband bilden das Ende der Kette – sie halten keine Referenzen auf weitere Objekte.

Mit Serialisierung können Sie ein ganzes Objekt auf einmal lesen oder schreiben

Sie sind nicht darauf beschränkt, Text zeilenweise in Dateien zu schreiben oder aus ihnen zu lesen. Mit **Serialisierung** können Ihre Programme ganze Objekte in Dateien schreiben und wieder daraus lesen ... und all das mit nur ein paar Zeilen Code! Sie müssen lediglich ein paar Vorarbeiten leisten – setzen Sie an den Anfang der Klasse, die serialisiert werden soll, eine `[Serializable]`-Zeile. Aber dann können Sie auch wirklich direkt loslegen.

Ein Objekt kann man leicht in eine Datei kopieren oder aus einer lesen. Sie können es serialisieren oder deserialisieren.

Sie brauchen ein BinaryFormatter-Objekt

Möchten Sie einen Objektgraphen serialisieren – *egal was für ein* Objekt –, müssen Sie zuerst immer eine `BinaryFormatter`-Instanz erstellen. Das ist einfach – und kann mit einer einzigen Zeile Code gemacht werden (und einer zusätzlichen `using`-Zeile am Anfang der Klassendatei).

```
using System.Runtime.Serialization.Formatters.Binary;
...
BinaryFormatter formatter = new BinaryFormatter();
```

Erstellen Sie jetzt einen Stream zum Schreiben und Lesen

Nutzen Sie die **`Serialize()`**-Methode des BinaryFormatter-Objekts, um ein Objekt in einen Stream zu schreiben.

Die Methode File.Create() erzeugt eine neue Datei. Eine bestehende können Sie mit File.OpenWrite() öffnen.

```
using (Stream ausgabe = File.Create(dateiname)) {
   formatter.Serialize(ausgabe, serialisierungsobjekt);
}
```

Die Methode Serialize() nimmt ein Objekt und schreibt es in einen Stream. Das ist viel einfacher, als eine eigene Methode zu schreiben, um es auszugeben.

Haben Sie ein Objekt in eine Datei serialisiert, nutzen Sie die `Deserialize()`-Methode des `BinaryFormatter`-Objekts, um es wieder einzulesen. Die Methode liefert eine `object`-Referenz. Sie müssen die Ausgabe also auf den Typ casten, den die Referenzvariable hat, der Sie sie zuweisen.

```
using (Stream eingabe = File.OpenRead(dateiname)) {
   TypXY obj = (TypXY)formatter.Deserialize(eingabe);
}
```

Nutzen Sie Deserialize(), um ein Objekt aus einem Stream zu lesen, dürfen Sie nicht vergessen, den Rückgabewert auf den passenden Typ zu casten.

Mit Attributen können Sie einer Klassen- oder Memberdeklaration Informationen hinzufügen. Das Attribut `[Serializable]` ist im Namensraum `System`.

Soll eine Klasse serialisierbar sein, müssen Sie sie mit dem Attribut [Serializable] markieren

Attribute sind besondere Tags, die Sie in C#-Klassen einfügen können. Über sie speichert C# **Metadaten** zu Ihrem Code oder Informationen dazu, wie der Code genutzt oder behandelt werden soll. **Stellen Sie unmittelbar vor die Deklaration einer Klasse das Attribut `[Serializable]`**, sagen Sie C#, dass Ihre Klasse für die Serialisierung geeignet ist. Es kann nur mit Klassen verwendet werden, deren Felder Werttypen sind (wie `int`, `string` oder `enum`) oder andere serialisierbare Klassen. Vergessen Sie das Attribut bei einer Klasse, die Sie serialisieren möchten, oder schließen Sie ein Feld mit einem Typ ein, der nicht serialisierbar ist, liefert Ihr Programm einen Fehler, wenn Sie versuchen, es auszuführen. ***Sehen Sie selbst ...***

Tun Sie das!

1 ERZEUGEN SIE EINE KLASSE UND SERIALISIEREN SIE SIE.

Erinnern Sie sich an die Klasse Typ aus Kapitel 3? Serialisieren wir Tim, damit wir in einer Datei speichern können, wie viel Geld er in der Tasche hat, auch nachdem das Programm geschlossen wurde.

```
[Serializable]
class Typ
```

Dieses Attribut müssen Sie vor jeder Klasse angeben, die serialisierbar sein soll.

Hier ist der Code, der das Objekt in einer Datei mit dem Namen »TypDatei.dat« speichert – fügen Sie dem Formular einen »Tim speichern«- und einen »Tim laden«-Button hinzu:

```
using System.IO;
using System.Runtime.Serialization.Formatters.Binary;
...

private void timSpeichern_Click(object sender, EventArgs e)
{
  using (Stream ausgabe = File.Create("TypDatei.dat")) {
    BinaryFormatter formatter = new BinaryFormatter();
    formatter.Serialize(ausgabe, tim);
  }
}
private void timLaden_Click(object sender, EventArgs e)
{
  using (Stream eingabe = File.OpenRead("TypDatei.dat")) {
    BinaryFormatter formatter = new BinaryFormatter();
    tim = (Typ)formatter.Deserialize(eingabe);
  }
  FormularAktualisieren();
}
```

Diese beiden using-Zeilen brauchen Sie. Die erste ist für die Datei- und Stream-Klassen, die zweite für die Serialisierung.

Geldgeschäfte
Tim hat 50 €
Tom hat 100 €
Die Bank hat 100 €
Tim 10 € geben
5 € von Tom empfangen
Tim gibt Tom 10 €
Tom gibt Tim 5 €
Tim speichern
Tim laden

2 FÜHREN SIE DAS PROGRAMM AUS UND SPIELEN SIE DAMIT.

Hätte Tim in seinen Transaktionen mit Tom während der Laufzeit des Programms 200 € angesammelt, wäre es ziemlich ärgerlich, diese zu verlieren, nur weil das Programm beendet wird. Jetzt kann Ihr Programm Tim in eine Datei speichern und jederzeit wiederherstellen.

Was geschieht, wenn Sie TypDatei.dat aus dem Ordner bin/Debug löschen und dann Tim laden anklicken?

Serialisieren und deserialisieren wir einen Kartenstapel

Nehmen Sie einen Kartenstapel und schreiben Sie ihn in eine Datei. C# macht das Serialisieren von Objekten zu einem Klacks. Sie brauchen nur einen Stream, und schon können Sie Ihre Objekte speichern.

Tun Sie das!

1 ERSTELLEN SIE EIN PROJEKT UND FÜGEN SIE DIESEM DIE KLASSEN KARTENSTAPEL UND KARTE HINZU.

Klicken Sie im Projektmappen-Explorer rechts auf das Projekt, wählen Sie »Hinzufügen/Vorhandenes Element« und fügen Sie die Klassen `Karte` und `Kartenstapel` aus der Go Fish!-Übung in Kapitel 8 hinzu. Außerdem benötigen Sie die beiden Enums `Werte` und `Farben` und die Comparer-Klassen für Karten, da `Kartenstapel` diese nutzt. Die IDE kopiert diese Dateien in Ihr Projekt – denken Sie daran, die `namespace`-Zeilen am Anfang der Klassendateien so zu ändern, dass sie dem Namen des neuen Projekts entsprechen.

2 MARKIEREN SIE DIE KLASSEN ALS SERIALISIERBAR.

Markieren Sie alle Klassen, die Sie dem Projekt hinzugefügt haben, mit dem Attribut `[Serializable]`.

Tun Sie das nicht, lässt C# Sie die Klassen nicht in eine Datei serialisieren.

3 FÜGEN SIE DEM FORMULAR EIN PAAR NÜTZLICHE METHODEN HINZU.

Die Klasse `ZufallsStapel` erzeugt einen Stapel mit zufälligen Karten, und die Methode `KartenAusgeben()` gibt die Karten aus und zeigt sie auf der Konsole an.

```
Random zufall = new Random();
private Kartenstapel ZufallsStapel(int anzahl) {
    Kartenstapel derStapel = new Kartenstapel(new Karte[] { });
    for (int i = 0; i < anzahl; i++)
    {
        derStapel.Hinzufügen(new Karte(
            (Farben)zufall.Next(4),
            (Werte)zufall.Next(1, 14)));
    }
    return derStapel;
}
```

Das erzeugt einen leeren Stapel, dem dann wahllos Karten hinzugefügt werden. Dazu wird die Klasse Karte aus dem letzten Kapitel verwendet.

```
private void KartenAusgeben(Kartenstapel ausgabeStapel, string Title) {
    Console.WriteLine(Title);
    while (ausgabeStapel.Anzahl > 0)
    {
        Karte karte = ausgabeStapel.Ausgeben(0);
        Console.WriteLine(karte.Name);
    }
    Console.WriteLine("------------------");
}
```

Die Methode KartenAusgeben() gibt alle Karten im Stapel aus und zeigt sie auf der Konsole an.

Vergessen Sie nicht, das Ausgabefenster der IDE zu öffnen, damit Sie die Konsolenausgabe des WinForms-Programms sehen können.

4 **DIE VORBEREITUNGEN SIND GEMACHT ... SERIALISIEREN WIR JETZT DEN STAPEL.**

Fügen Sie zunächst Buttons hinzu, um einen Zufallsstapel in eine Datei zu serialisieren und wieder aus ihr zu lesen. Prüfen Sie die Ausgabe in der Konsole, um sicherzustellen, dass der geschriebene Stapel dem entspricht, den Sie wieder einlesen.

Blättern Sie eine Seite zurück, um sich die using-Anweisungen anzusehen, die Sie dem Formular hinzufügen müssen.

```
private void button1_Click(object sender, EventArgs e) {
    Kartenstapel stapel = ZufallsStapel(5);
    using (Stream ausgabe = File.Create("Stapel1.dat")) {
      BinaryFormatter bf = new BinaryFormatter();
      bf.Serialize(ausgabe, stapel);
    }
    KartenAusgeben(stapel, "In die Datei geschrieben");
}
private void button2_Click(object sender, EventArgs e) {
    Kartenstapel stapel;
    using (Stream eingabe = File.OpenRead("Stapel1.dat")) {
      BinaryFormatter bf = new BinaryFormatter();
      stapel = (Kartenstapel)bf.Deserialize(eingabe);
    }
    KartenAusgeben(stapel, "Aus der Datei gelesen");
}
```

Der BinaryFormatter nimmt ein beliebiges mit dem Attribut Serializable markiertes Objekt und schreibt es mit der Methode Serialize() in einen Stream.

Die Deserialize()-Methode liefert einen Wert des Typs object. Das ist der allgemeine Typ, von dem alle C#-Objekte erben. Dieses müssen wir auf den Typ Kartenstapel casten.

5 **SERIALISIEREN SIE JETZT MEHRERE STAPEL AUS DER GLEICHEN DATEI.**

Ist ein Stream einmal geöffnet, können Sie so viel hineinschreiben, wie Sie wollen. In eine Datei können Sie so viele Objekte serialisieren, wie Sie müssen. Fügen Sie jetzt zwei weitere Buttons hinzu, um eine zufällige Zahl von Stapeln in die Datei zu serialisieren. Prüfen Sie anhand der Ausgabe, ob alles in Ordnung ist.

```
private void button3_Click(object sender, EventArgs e) {
    using (Stream ausgabe = File.Create("Stapel1.dat")) {
      BinaryFormatter bf = new BinaryFormatter();
      for (int i = 1; i <= 5; i++) {
        Kartenstapel stapel = ZufallsStapel(zufall.Next(1,10));
        bf.Serialize(ausgabe, stapel);
        KartenAusgeben(stapel, "Kartenstapel " + i + " geschrieben");
      }
    }
}
private void button4_Click(object sender, EventArgs e) {
    using (Stream eingabe = File.OpenRead("Stapel1.dat")) {
      BinaryFormatter bf = new BinaryFormatter();
      for (int i = 1; i <= 5; i++) {
        Kartenstapel stapel = (Kartenstapel)bf.Deserialize(eingabe);
        KartenAusgeben(stapel, "Kartenstapel " + i + " gelesen");
      }
    }
}
```

Sie können nacheinander mehrere Objekte in einen Stream serialisieren.

Beachten Sie, wie die Zeile einen Stapel liest und mit (Kartenstapel) die Ausgabe von Deserialize() auf Kartenstapel castet. Das liegt daran, dass Deserialize() ein Objekt des Typs object liefert.

Die Anzahl der Objekte, die Sie in einen Stream serialisieren, ist nicht beschränkt. Sie müssen nur dafür sorgen, dass die eingelesenen Objekte auf den richtigen Typ gecastet werden.

6 **SEHEN SIE SICH DIE GESCHRIEBENE DATEI AN.**

Öffnen Sie Stapel1.dat (aus dem `bin\Debug`-Ordner des Projektverzeichnisses) im Editor. Das ist vielleicht nicht unbedingt die ideale Urlaubslektüre, aber es enthält alle Informationen, die erforderlich sind, um Ihren Kartenstapel wiederherzustellen.

MOMENT. NEIN, MIR GEFÄLLT ES NICHT, MEINE OBJEKTE IN EINE SELTSAME DATEI ZU STECKEN, DIE WIE MÜLL AUSSIEHT, WENN ICH SIE ÖFFNE. ALS ICH DEN STAPEL ALS STRING SPEICHERTE, KONNTE ICH MIR DIE AUSGABE IM EDITOR ANSEHEN UND ALLES DARIN LESEN. SOLLTE MIR C# DIESE DINGE NICHT ETWAS LESBARER LIEFERN?

Serialisierte Objekte werden in einem binären Format gespeichert.

Aber das bedeutet nicht, dass es nicht entziffert werden kann – es ist bloß kompakt. Deswegen können Sie in Dateien mit serialisierten Objekten die Strings erkennen: Das ist die kompakteste Art, Strings in eine Datei zu schreiben – als Strings. Aber eine Zahl lesbar zu schreiben, wäre Platzverschwendung. Ein `int` kann in 4 Bytes gespeichert werden. Würde man die Zahl 49.369.144 in lesbarer Form als String schreiben, würde man dazu 8 Zeichen benötigen (10, schließt man die Punkte ein), ein binär formatierter `int` hingegen benötigt nur 4 Zeichen!

Später werden Sie ein weniger kompaktes, lesbareres (und bearbeitbares) Serialisierungsformat kennenlernen.

Hinter den Kulissen

.NET nutzt **Unicode** für die Kodierung von Zeichen in Bytes. Glücklicherweise bietet Windows ein nettes kleines Werkzeug, mit dem wir uns ansehen können, wie Unicode funktioniert. Öffnen Sie die Zeichenpalette (Sie finden sie im Startmenü unter Zubehör oder über Start/Ausführen und »charmap.exe«).

Sehen Sie sich die Zeichen und Symbole an, die in den Sprachen der Welt verwendet werden, erkennen Sie, wie viele unterschiedliche *Dinge* in eine Datei geschrieben werden müssen, um Text zu speichern. Deswegen **kodiert** .NET alle Zeichen mit Unicode. Kodieren bedeutet, dass die symbolischen Daten (wie der Buchstabe H) in Bytes (die Zahl 72) umgewandelt werden. Das muss es, weil alle Buchstaben, Zahlen, Enums und andere Daten auf der Festplatte oder im Speicher in Bytes festgehalten werden. Und mit der Zeichenpalette können Sie sehen, wie Buchstaben in Zahlen verwandelt werden.

Wählen Sie die Schrift Segoe UI und scrollen Sie nach unten, bis Sie zu den hebräischen Buchstaben kommen.

Klicken Sie auf den Buchstaben, wird in der Statusleiste seine Unicode-Nummer angezeigt. Der Buchstabe Shin hat die Nummer 05E9. Das ist eine Hexadezimalzahl – oder kurz »Hex-Zahl«.

Diese können Sie mit dem Windows-Rechner umwandeln: Öffnen Sie ihn, wechseln Sie in den Wissenschaftlich-Modus, klicken Sie auf den Radiobutton »Hex«, geben Sie »05E9« ein und klicken Sie dann auf »Dec« – es ist 1.513.

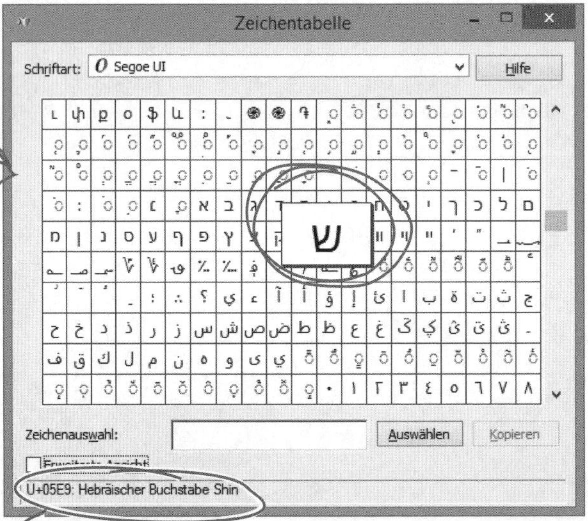
Zeichentabelle
Schriftart: Segoe UI
Hilfe
ש
Zeichenauswahl:
Auswählen
Kopieren
U+05E9: Hebräischer Buchstabe Shin

Unicode ist ein Industriestandard, der vom Unicode Consortium entwickelt wird und programm- sowie plattformübergreifend funktioniert. Nehmen Sie sich einen Augenblick Zeit und gehen Sie zu **http://www.unicode.org/**.

.NET speichert Text in Unicode

Die beiden C#-Werttypen für die Speicherung von Text – `string` und `char` – halten ihre Daten als Unicode im Speicher. Wenn diese Daten als Bytes geschrieben werden, werden die jeweiligen Unicode-Codenummern in die Datei geschrieben. Starten Sie ein neues Projekt mit einem Formular und drei Buttons und nutzen Sie `File.WriteAllBytes()` und `ReadAllBytes()`, um ein Gefühl dafür zu entwickeln, wie Unicode-Daten in eine Datei geschrieben werden.

Tun Sie das!

1 **SCHREIBEN SIE EINEN STRING IN EINE DATEI UND LESEN SIE IHN WIEDER EIN.**

Nutzen Sie die Methode `WriteAllText()`, die Sie im Texteditor verwendet haben, um den ersten Button den String »Eureka!« in die Datei »eureka.txt« schreiben zu lassen. Erzeugen Sie dann ein `byte`-Array namens `eurekaBytes`, lesen Sie die Datei darin ein und geben Sie dann die gelesenen Bytes aus:

```
File.WriteAllText("eureka.txt", "Eureka!");
byte[] eurekaBytes = File.ReadAllBytes("eureka.txt");
foreach (byte b in eurekaBytes)
    Console.Write("{0} ", b);
Console.WriteLine();
```

ReadAllBytes() liefert eine Referenz auf ein Byte-Array, das alle Bytes enthält, die aus der Datei gelesen wurden.

In der Ausgabe sehen Sie diese Bytes: `69 117 114 101 107 97 33`. **Öffnen Sie jetzt die Datei im Einfachen Texteditor**, den Sie eben geschrieben haben. Dort steht »Eureka!«.

2 **LASSEN SIE DEN ZWEITEN BUTTON DIE BYTES ALS HEX-ZAHLEN ANZEIGEN.**

Nicht nur die Zeichentabelle zeigt Hex-Zahlen. Fast alle Sachen, die Sie über die Kodierung von Daten lesen, zeigen Daten hexadezimal. Es ist also nützlich, wenn Sie wissen, wie man damit arbeitet. Geben Sie dem zweiten Button im Formular den gleichen Code wie **dem ersten**, ändern Sie nur folgendermaßen die Zeile `Console.Write()`:

```
Console.Write("{0:x2} ", b);
```

Hexadezimalzahlen nutzen die Zahlen 0 bis 9 und die Buchstaben A bis F, um Zahlen zur Basis 16 darzustellen, 6B entspricht also 107.

`Write()` gibt den Parameter 0 (der erste nach dem String) dann als Hex-Code mit zwei Zeichen aus. Es werden also die gleichen sieben Zahlen hexadezimal statt dezimal geschrieben: `45 75 72 65 6b 61 21`

3 **LASSEN SIE DEN DRITTEN BUTTON HEBRÄISCHE BUCHSTABEN SCHREIBEN.**

Gehen Sie zur Zeichentabelle, klicken Sie doppelt auf das Zeichen Shin (oder wählen Sie den Button Auswählen). Es wird dann dem Feld »Zeichenauswahl« hinzugefügt. Machen Sie das Gleiche für die anderen fünf Buchstaben in »Shalom«: Lamed (U+05DC), Vav (U+05D5) und Mem (U+05DD). Der Code für den dritten Button sieht genau so aus wie der für den zweiten. Ändern Sie den auszugebenden Text, indem Sie in der Zeichentabelle auf »Kopieren« klicken, die Zeichen dann über »Eureka!« kopieren und den Parameter `Encoding.Unicode` hinzufügen:

```
File.WriteAllText("eureka.txt", "שלום", Encoding.Unicode);
```

Haben Sie gesehen, dass die IDE die Buchstaben **rückwärts** eingefügt hat? Sie weiß, dass man Hebräisch von rechts nach links schreibt, zeigt hebräische Zeichen entsprechend an und lässt sie auch so bearbeiten – die Links- und Rechts-Tasten sind vertauscht! Führen Sie jetzt den Code aus und sehen Sie sich die Ausgabe genau an: `ff fe e9 05 dc 05 d5 05 dd 05`. Die ersten beiden Zeichen sind »FF FE«. Das ist die sogenannte Byte Order Mark (BOM), die der Textverarbeitung sagt, in welcher Reihenfolge die beiden Bytes für das Zeichen stehen. Die restlichen Bytes sind die hebräischen Buchstaben – deren Bytes hier in umgekehrter Reihenfolge erscheinen. U+05E9 erscheint also als **`e9 05`**. Im Texteditor sieht wieder alles richtig aus!

Mit byte-Arrays können Daten verschoben werden

Da all Ihre Daten in **Bytes** kodiert werden, ist es sinnvoll, wenn Sie sich eine Datei als ein **großes byte-Array** vorstellen. Wie man `byte`-Arrays schreibt und liest, wissen Sie aber bereits.

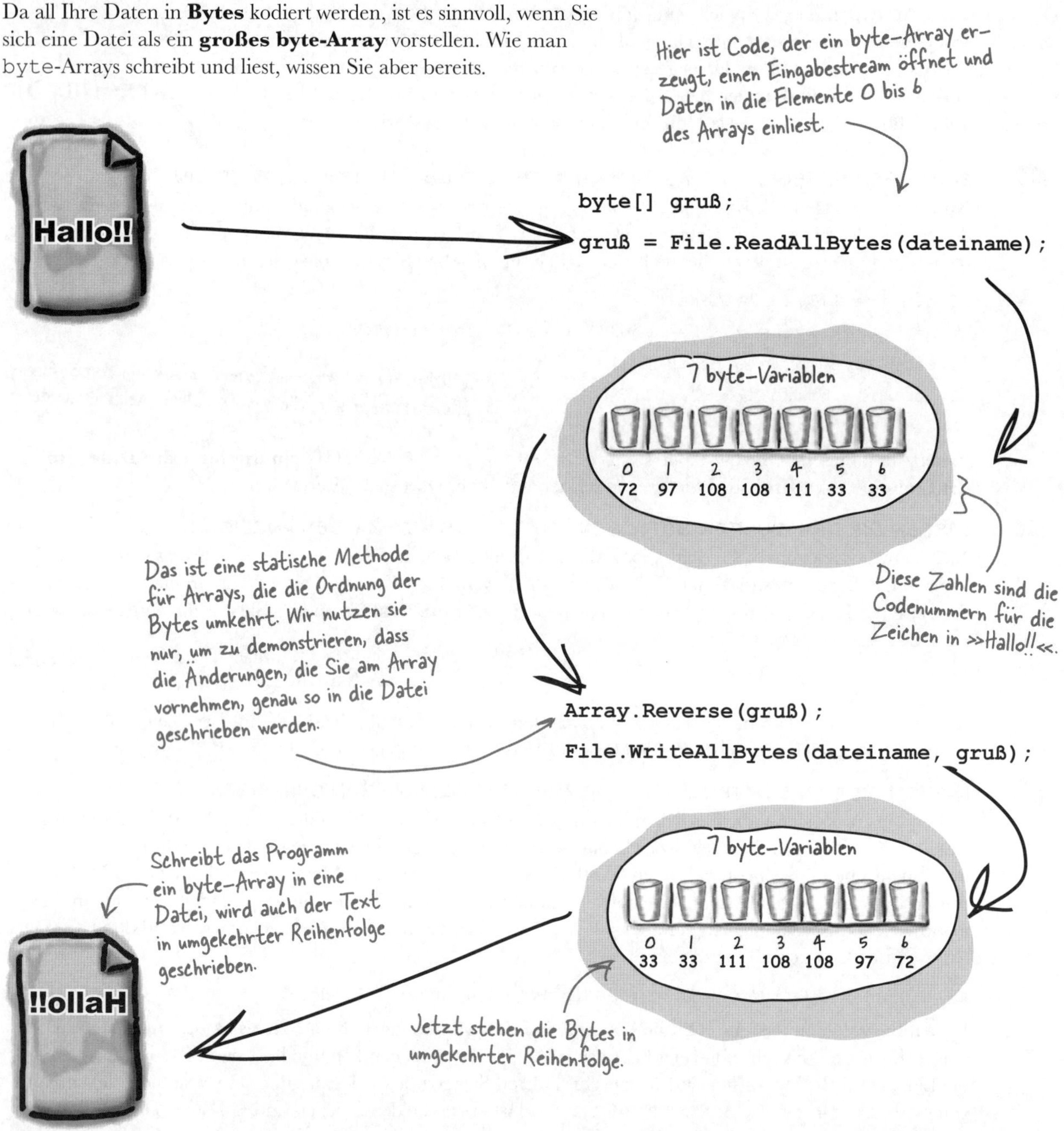
Hier ist Code, der ein byte-Array erzeugt, einen Eingabestream öffnet und Daten in die Elemente 0 bis 6 des Arrays einliest.
Hallo!!
byte[] gruß;
gruß = File.ReadAllBytes(dateiname);
7 byte-Variablen
0 1 2 3 4 5 6
72 97 108 108 111 33 33
Diese Zahlen sind die Codenummern für die Zeichen in »Hallo!!«.
Das ist eine statische Methode für Arrays, die die Ordnung der Bytes umkehrt. Wir nutzen sie nur, um zu demonstrieren, dass die Änderungen, die Sie am Array vornehmen, genau so in die Datei geschrieben werden.
Array.Reverse(gruß);
File.WriteAllBytes(dateiname, gruß);
7 byte-Variablen
0 1 2 3 4 5 6
33 33 111 108 108 97 72
Schreibt das Programm ein byte-Array in eine Datei, wird auch der Text in umgekehrter Reihenfolge geschrieben.
!!ollaH
Jetzt stehen die Bytes in umgekehrter Reihenfolge.

Das Umkehren der Bytes in »Hallo!!« funktioniert nur, weil diese Zeichen jeweils nur von einem Byte gebildet werden. Haben Sie eine Idee, warum das bei שלום nicht funktionieren würde?

Binäre Daten schreiben Sie mit einem BinaryWriter

StreamWriter kodiert Ihre Daten ebenfalls, ist aber auf Text und Textkodierungen spezialisiert.

Sie ***könnten*** alle Ihre Strings, Zeichen und Zahlen in `byte`-Arrays umwandeln, bevor Sie sie in eine Datei schreiben, aber das wäre ziemlich umständlich. Deswegen gibt Ihnen .NET die nützliche Klasse **`BinaryWriter`**, die **Ihre Daten automatisch kodiert** und in eine Datei schreibt. Sie müssen nur einen `FileStream` erzeugen und ihn an den Konstruktor von `BinaryWriter` übergeben. Dann rufen Sie seine Methoden auf, um Ihre Daten zu speichern. Erstellen wir ein neues Konsolenprogramm, das einen `BinaryWriter()` einsetzt, um Binärdaten in eine Datei zu schreiben.

Tun Sie das!

1. Richten Sie zunächst die zu schreibenden Daten ein.

```
int intWert = 48769414;
string stringWert = "Hallo!";
byte[] byteArray = { 47, 129, 0, 116 };
float floatWert = 491.695F;
char charWert = 'E';
```

File.Create() erstellt eine neue Datei – besteht bereits eine mit diesem Namen, wird sie pulverisiert und stattdessen eine neue geschrieben. File.OpenWrite() öffnet eine bestehende Datei und überschreibt die Daten ausgehend vom Anfang.

2. Um den `BinaryWriter` zu nutzen, müssen Sie erst mit `File.Create()` einen neuen Stream öffnen:

```
using (FileStream ausgabe = File.Create("binärdaten.dat"))
using (BinaryWriter writer = new BinaryWriter(ausgabe)) {
```

3. Rufen Sie dann einfach die Methode `Write()` auf. Bei jedem Aufruf werden neue Bytes ans Ende der Datei angehängt, die eine kodierte Version der Daten erhält, die Sie als Parameter übergeben.

```
    writer.Write(intWert);
    writer.Write(stringWert);
    writer.Write(byteArray);
    writer.Write(floatWert);
    writer.Write(charWert);
}
```

Jede Write()-Anweisung kodiert einen Wert in Bytes und sendet diese Bytes dann an das FileStream-Objekt. Sie können ihr einen beliebigen Werttyp übergeben. Sie kann alle automatisch kodieren.

Der FileStream hängt die Bytes ans Ende der Datei an.

Spitzen Sie Ihren Bleistift

4. Nutzen Sie jetzt den gleichen Code wie zuvor, um die gerade geschriebenen Daten wieder in die Datei einzulesen.

```
byte[] geschriebeneDaten = File.ReadAllBytes("binärdaten.dat");
foreach (byte b in geschriebeneDaten)
    Console.Write("{0:x2} ", b);
Console.WriteLine(" - {0} Bytes", geschriebeneDaten.Length);

Console.ReadKey();
```

Ein Tipp: Strings können unterschiedlich lang sein. Der String muss also mit einer Zahl beginnen, die .NET sagt, wie lang er ist. Und die Unicode-Werte für die Zeichen können Sie in der Zeichentabelle nachschlagen.

Schreiben Sie die Ausgabe unten auf. **Erkennen Sie, welche Bytes** welcher der fünf `Write()`-Anweisungen entsprechen? Markieren Sie die Gruppen mit dem Namen der Variablen.

__ - ___ Bytes

Spitzen Sie Ihren Bleistift
Lösung

Die float- und int-Werte brauchen vier Bytes, wenn Sie sie in eine Datei schreiben. long oder double würden sogar jeweils acht Bytes beanspruchen.

86 29 e8 02 06 48 61 bc bc 6f 21 2f 81 00 74 f6 d8 f5 43 45 - 20 Bytes

intWert | stringWert | byteArray | floatWert | charWert

Das erste Byte für den String ist 6 – das ist die Länge des Strings. Mit der Zeichentabelle können Sie die einzelnen Zeichen in »Hallo!« nachschlagen – diese beginnen mit U+0048 und enden mit U+0021.

Mit dem Windows-Rechner können Sie diese Bytes aus dem Hexadezimalformat ins Dezimalformat umwandeln. Sie sehen dann, dass dies die Zahlen im byteArray sind.

char enthält ein Unicode-Zeichen, und »E« braucht nur ein Byte – es wird als U+0045 kodiert.

Lesen Sie die Daten mit BinaryReader wieder ein

Die Klasse `BinaryReader` funktioniert genau wie `BinaryWriter`. Sie erzeugen einen Stream, knüpfen das `BinaryReader`-Objekt daran und rufen seine Methoden auf. Aber der Reader **weiß nicht, was für Daten sich in der Datei befinden**! Und er kann es auch nicht in Erfahrung bringen. Ihr Float-Wert `491.695F` wurde als `d8 f5 43 45` kodiert. Aber genau diese Bytes können auch den vollkommen gültigen `int` 1.140.185.334 darstellen. Sie müssen dem `BinaryReader` also sagen, welche Typen er aus der Datei lesen soll. Fügen Sie Ihrem Programm den folgenden Code hinzu und lassen Sie es die Daten einlesen, die es gerade geschrieben haben.

Vertrauen Sie uns nicht blind. Ersetzen Sie die Zeile, die den float einliest, durch einen Aufruf von ReadInt32(). (Sie müssen den Typ von floatGelesen in int ändern.) Dann können Sie selbst sehen, was aus der Datei gelesen wird.

1. Richten Sie zunächst die `FileStream`- und `BinaryReader`-Objekte ein:

```
using (FileStream eingabe = File.OpenRead("binärdaten.dat"))
using (BinaryReader reader = new BinaryReader(eingabe)) {
```

2. Welche Daten der `BinaryReader` lesen soll, sagen Sie ihm mithilfe seiner unterschiedlichen Methoden.

```
    int intGelesen = reader.ReadInt32();
    string stringGelesen = reader.ReadString();
    byte[] byteArrayGelesen = reader.ReadBytes(4);
    float floatGelesen = reader.ReadSingle();
    char charGelesen = reader.ReadChar();
```

BinaryReader() hat eine eigene Methode für jeden Werttyp, der die Daten des richtigen Typs liefert. Die meisten benötigen keine Parameter, aber ReadBytes() nimmt einen, der sagt, wie viele Bytes gelesen werden sollen.

3. Geben Sie dann die gelesenen Daten auf der Konsole aus:

```
    Console.Write("int: {0}  String: {1}  Bytes: ", intGelesen, stringGelesen);
    foreach (byte b in byteArrayGelesen)
        Console.Write("{0} ", b);
    Console.Write(" float: {0}  char: {1} ", floatGelesen, charGelesen);
}
Console.ReadKey();
```

Wenn Sie diesen Code ans Ende des Programms auf der letzten Seite anhängen, vergessen Sie das andere ReadKey() nicht, das auf eine Tastenbetätigung wartet.

So sieht die Ausgabe aus, die auf der Konsole ausgegeben wird:

```
int: 48769414  String: Hallo!  Bytes: 47 129 0 116  float: 491.695  char: E
```

Sie können serialisierte Dateien auch manuell lesen und schreiben

Im Editor geöffnet, sehen serialisierte Dateien nicht so schön aus. Alle Dateien, die Sie schreiben, finden Sie im »bin/Debug«-Ordner Ihres Projekts – nehmen Sie sich eine Minute und machen Sie sich ein wenig mehr mit der Funktionsweise der Serialisierung vertraut.

Tun Sie das!

1 **SERIALISIEREN SIE ZWEI KARTE-OBJEKTE IN VERSCHIEDENE DATEIEN.**
Nutzen Sie den bereits geschriebenen Serialisierungscode, um die **Herz-Drei** in `karte1.dat` und die **Pik-Sechs** in `karte2.dat` zu schreiben. Prüfen Sie, ob beide Dateien geschrieben wurden und sich jetzt im angegebenen Ordner befinden und ob beide die gleiche Dateigröße haben. Öffnen Sie sie dann im Editor:

In der Datei sind einige Wörter lesbar, aber das meiste ist unlesbar.

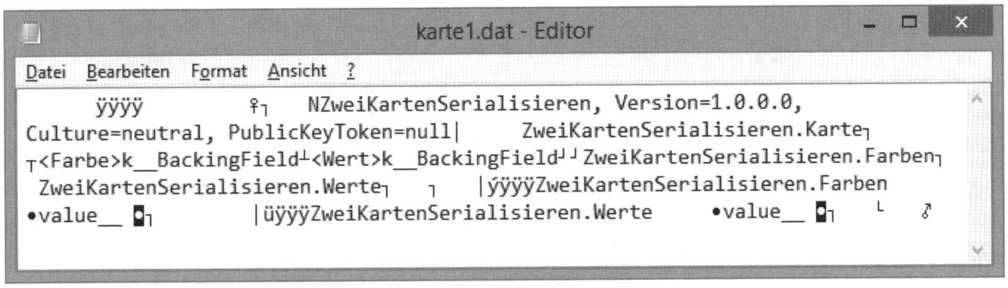
```
karte1.dat - Editor
Datei  Bearbeiten  Format  Ansicht  ?
     ÿÿÿÿ        ♀┐   NZweiKartenSerialisieren, Version=1.0.0.0,
Culture=neutral, PublicKeyToken=null|     ZweiKartenSerialisieren.Karte┐
┬<Farbe>k__BackingField┴<Wert>k__BackingField┘┘ZweiKartenSerialisieren.Farben┐
 ZweiKartenSerialisieren.Werte┐    ┐    |ýÿÿÿZweiKartenSerialisieren.Farben
•value__ ◘┐        |üÿÿÿZweiKartenSerialisieren.Werte     •value__ ◘┐   └   ♂
```

Vergessen Sie die beiden using-Anweisungen nicht!

2 **SCHREIBEN SIE EINE SCHLEIFE, DIE DIE BEIDEN DATEIEN VERGLEICHT.**
Wir haben `ReadByte()` verwendet, um das nächste Byte aus dem Stream zu lesen – es wird ein `int` geliefert, der den Wert des Bytes enthält. Außerdem haben wir das `Length`-Feld des Streams verwendet, um sicherzustellen, dass wir die gesamte Datei lesen.

```
byte[] ersteDatei = File.ReadAllBytes("karte1.dat");
byte[] zweiteDatei = File.ReadAllBytes("karte2.dat");
for (int i = 0; i < ersteDatei.Length; i++)
    if (ersteDatei[i] != zweiteDatei[i])
        Console.WriteLine("Byte {0}: {1} versus {2}",
            i, ersteDatei[i], zweiteDatei[i]);
```

Diese Schleife vergleicht nacheinander die entsprechenden Bytes der beiden Dateien. Findet sie einen Unterschied, gibt sie eine Zeile auf der Konsole aus.

Die beiden Dateien werden in verschiedene Byte-Arrays eingelesen, damit sie Byte-weise verglichen werden können. Da Objekte der gleichen Klasse in zwei verschiedene Dateien serialisiert wurden, sollten die Arrays fast identisch sein … aber schauen wir uns einfach mal an, WIE identisch sie sind.

WUMM!

Aufgepasst

Wenn Sie eine Datei schreiben, beginnen Sie nicht immer bei null!

Passen Sie auf, wenn Sie File.OpenWrite() verwenden. Es löscht die Datei nicht – sondern beginnt nur, die Daten vom Anfang ausgehend zu überschreiben. Deswegen nutzen wir File.Create() – es erstellt eine neue Datei.

Wir sind noch nicht fertig – blättern Sie um!

Die Dateien an den Punkten ändern, an denen sie sich unterscheiden

Die Schleife, die Sie gerade geschrieben haben, hebt genau die Punkte hervor, an denen sich die Dateien mit den serialisierten Karten unterscheiden. Da die einzigen Unterschiede zwischen den beiden Objekten die Felder `Farbe` und `Wert` sind, sollte das auch der einzige Unterschied zwischen den Dateien sein. Wenn wir die Bytes finden, die die Werte für Farbe und Wert enthalten, sollten wir diese **ändern können, um eine neue Karte** mit beliebigen Werten für Farbe und Wert zu erzeugen.

3 **SCHAUEN SIE IN DER KONSOLE NACH, WORIN SICH DIE BEIDEN DATEIEN UNTERSCHEIDEN.**
Die Konsole sollte zeigen, dass zwei Bytes unterschiedlich sind:

```
Byte 314: 1 versus 2
Byte 371: 3 versus 6
```

Und das scheint sinnvoll zu sein! Gehen Sie zum `Farben`-Enum aus dem letzten Kapitel, werden Sie sehen, dass der Wert für Herz 1 ist und der für Pik 3. Das ist also der erste Unterschied. Und der zweite Unterschied – 3 versus 6 – ist offensichtlich der Wert der Karten. Sie sehen vielleicht andere Byte-Werte, aber das ist nicht überraschend: Vielleicht verwenden Sie ja einen anderen Namensraum, der die Länge der Datei verändert.

Auch der Namensraum ist Teil der serialisierten Datei. Wenn Sie einen anderen Namensraum verwenden, haben Sie hier andere Byte-Nummern.

Hmm, repräsentiert Byte 327 in der serialisierten Datei die Farbe, sollten wir die Farbe ändern können, indem wir die Datei einlesen, dieses Byte ändern und die Datei wieder speichern. (Denken Sie daran, dass Ihre eigene serialisierte Datei die Farbe eventuell an einem anderen Ort speichert.)

4 **SCHREIBEN SIE CODE, DER MANUELL EINE DATEI MIT EINEM KARO-KÖNIG ERZEUGT.**
Wir nehmen eins der Arrays, die wir eingelesen haben, ändern es so, dass es eine neue Karte enthält, und speichern es wieder in einer Datei.

```
ersteDatei[314] = (byte)Farben.Karo;
ersteDatei[371] = (byte)Werte.König;
File.Delete("karte3.dat");
File.WriteAllBytes("karte3.dat", ersteDatei);
```

Wenn Sie in Schritt 3 andere Nummern ermittelt haben, müssen Sie diese auch hier verwenden.

Deserialisieren Sie die Karte aus `karte3.dat` und prüfen Sie, ob es der Karo-König ist.

Da Sie jetzt wissen, welche Bytes die Farbe und den Wert enthalten, können Sie nur diese Bytes im Array ändern, bevor es in karte3.dat gespeichert wird.

Die Arbeit mit Binärdateien kann kompliziert sein

Was machen Sie, wenn Sie eine Datei vor sich haben und nicht sicher sind, was sich darin befindet? Sie wissen nicht, von welcher Anwendung sie erstellt wurde, und wissen auch sonst nichts über sie – aber wenn Sie sie im Editor öffnen, sieht es nach einem Haufen Müll aus. Was ist, wenn Sie alle anderen Möglichkeiten ausgeschöpft haben, sich die Datei aber unbedingt ansehen müssen? Es ist ziemlich offensichtlich, dass der Editor nicht das richtige Werkzeug ist.

Hier ist die serialisierte Karte im Editor. Das ist völlig unbrauchbar.

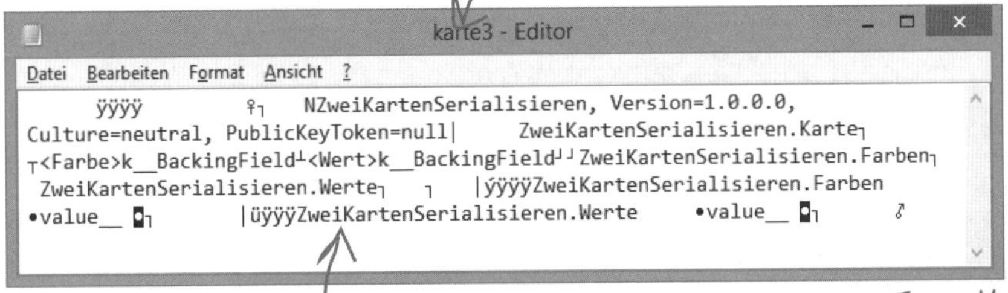
karte3 - Editor
Datei Bearbeiten Format Ansicht ?
ÿÿÿÿ NZweiKartenSerialisieren, Version=1.0.0.0,
Culture=neutral, PublicKeyToken=null| ZweiKartenSerialisieren.Karte
<Farbe>k__BackingField <Wert>k__BackingField ZweiKartenSerialisieren.Farben
ZweiKartenSerialisieren.Werte |ÿÿÿÿZweiKartenSerialisieren.Farben
•value__ |üÿÿÿZweiKartenSerialisieren.Werte •value__

Ein paar Dinge können Sie erkennen – die Enum-Namen (»Farbe« und »Wert«) und den Namen des Namensraums (»ZweiKartenSerialisieren«). Aber das ist nicht sonderlich hilfreich. Was können Sie sonst noch in dem erkennen, was der BinaryFormatter generiert hat?

Es gibt eine weitere Möglichkeit – es ist ein Format, das als »Hex-Dump« bezeichnet wird und ein Standardverfahren für einen Blick auf binäre Daten bietet. Es ist entschieden informativer, als die Datei im Editor zu betrachten. Hexadezimal kann man bequem die Bytes in einer Datei einsehen. Jedes Byte wird hexadezimal mit zwei Zeichen dargestellt, Sie können also eine Menge Daten auf sehr kleinem Raum in einem Format betrachten, in dem man leicht Muster erkennen kann. Außerdem ist es nützlich, binäre Daten in Zeilen anzuzeigen, die 8, 16 oder 32 Bytes lang sind, weil die meisten binären Daten in Happen von 4, 8, 16 oder 32 Bytes aufgeteilt werden … wie alle Typen in C#. Ein `int` benötigt beispielsweise 4 Bytes und ist, auf die Festplatte serialisiert, 4 Bytes lang. So sieht die gleiche Datei als Hex-Dump aus, der mit jedem der verfügbaren freien Hex-Dump-Programme für Windows erzeugt werden kann.

Sie können sofort die numerischen Werte der einzelnen Bytes erkennen.

Die Zahl am Anfang der einzelnen Zeilen ist der Offset (oder Abstand vom Dateianfang) des ersten Bytes in der Zeile.

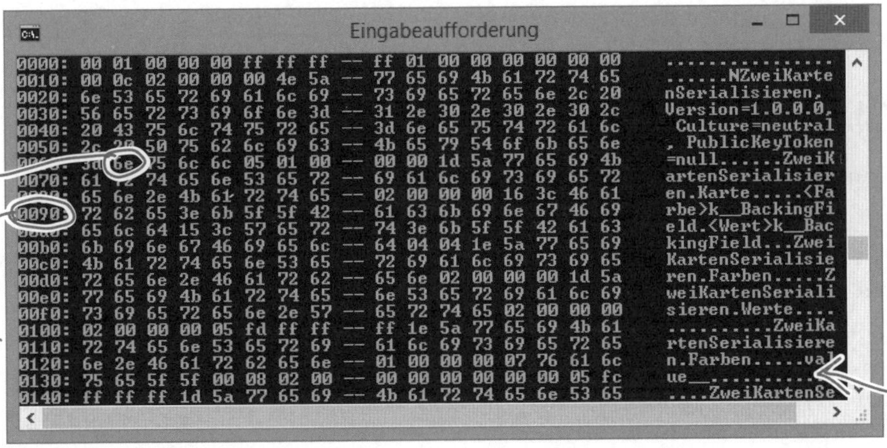
Eingabeaufforderung
0000: 00 01 00 00 00 ff ff ff -- ff 01 00 00 00 00 00 00 ....
0010: 00 0c 02 00 00 00 4e 5a -- 77 65 69 4b 61 72 74 65 ......NZweiKarte
0020: 6e 53 65 72 69 61 6c 69 -- 73 69 65 72 65 6e 2c 20 nSerialisieren,
0030: 56 65 72 73 69 6f 6e 3d -- 31 2e 30 2e 30 2e 30 2c Version=1.0.0.0,
0040: 20 43 75 6c 74 75 72 65 -- 3d 6e 65 75 74 72 61 6c Culture=neutral
0050: 2c 20 50 75 62 6c 69 63 -- 4b 65 79 54 6f 6b 65 6e , PublicKeyToken
3d 6e 75 6c 6c 05 01 00 -- 00 00 1d 5a 77 65 69 4b =null......ZweiK
0070: 61 74 65 6e 53 65 72 -- 69 61 6c 69 73 69 65 72 artenSerialisier
65 6e 2e 4b 61 72 74 65 -- 02 00 00 00 16 3c 46 61 en.Karte.....<Fa
0090: 72 62 65 3e 6b 5f 5f 42 -- 61 63 6b 69 6e 67 46 69 rbe>k__BackingFi
65 6c 64 15 3c 57 65 72 -- 74 3e 6b 5f 5f 42 61 63 eld.<Wert>k__Bac
00b0: 6b 69 6e 67 46 69 65 6c -- 64 04 04 1e 5a 77 65 69 kingField...Zwei
00c0: 4b 61 72 74 65 6e 53 65 -- 72 69 61 6c 69 73 69 65 KartenSerialisie
00d0: 72 65 6e 2e 46 61 72 62 -- 65 6e 02 00 00 00 1d 5a ren.Farben.....Z
00e0: 77 65 69 4b 61 72 74 65 -- 6e 53 65 72 69 61 6c 69 weiKartenSeriali
00f0: 73 69 65 72 65 6e 2e 57 -- 65 72 74 65 02 00 00 00 sieren.Werte....
0100: 02 00 00 00 05 fd ff ff -- ff 1e 5a 77 65 69 4b 61 ....ZweiKa
0110: 72 74 65 6e 53 65 72 69 -- 61 6c 69 73 69 65 72 65 rtenSerialisiere
0120: 6e 2e 46 61 72 62 65 6e -- 01 00 00 00 07 76 61 6c n.Farben.....val
0130: 75 65 5f 5f 00 08 02 00 -- 00 00 00 00 00 00 05 fc ue__..........
0140: ff ff ff 1d 5a 77 65 69 -- 4b 61 72 74 65 6e 53 65 ....ZweiKartenSe

Sie sehen den ursprünglichen Text immer noch, aber die ganzen Müllzeichen wurden entfernt.

Mit Datei-Streams ein Hex-Dump-Programm erstellen

Ein **Hex-Dump** ist eine *hexadezimale* Darstellung des Inhalts einer Datei. Das ist ein gebräuchliches Mittel, mit dem sich Programmierer Einblick in die internen Strukturen einer Datei verschaffen. Die meisten Betriebssysteme werden mit einem entsprechenden Programm ausgeliefert. Windows unglücklicherweise nicht. Erstellen wir also unser eigenes!

Wie man einen Hex-Dump erstellt

Beginnen wir mit einem wohlbekannten Text:

```
Die Würde des Menschen ist unantastbar. Sie zu achten und zu schützen ist ...
```

Ein Hex-Dump dieses Texts würde so aussehen:

Wieder sehen Sie unmittelbar die numerischen Werte der einzelnen Bytes.

```
0000: 44 69 65 20 57 fd 72 64 -- 65 20 64 65 73 20 4d 65    Die W.rde des Me
0010: 6e 73 63 68 65 6e 20 69 -- 73 74 20 75 6e 61 6e 74    nschen ist unant
0020: 61 73 74 62 61 72 2e 20 -- 53 69 65 20 7a 75 20 61    astbar. Sie zu a
0030: 63 68 74 65 6e 20 75 6e -- 64 20 7a 75 20 73 63 68    chten und zu sch
0040: fd 74 7a 65 6e 20 69 73 -- 74 20 2e 2e 2e             .tzen ist ...
```

Wir haben jeder Zeile den Offset des ersten Bytes in der Datei vorangestellt.

Und wir müssen den Müll durch Punkte ersetzen.

Jede dieser Zahlen – 57, 65, 6F – ist der Wert eines Bytes in der Datei. Einige dieser Zeichenfolgen enthalten Buchstaben, weil es *hexadezimale* Werte (oder Hex-Werte) sind. Das ist eine andere Notation für Zahlen. Anstelle von zehn Ziffern von 0 bis 9 werden 16 Ziffern von 0 bis 9 zuzüglich der Buchstaben A bis F verwendet.

Jede Zeile in unserem Hex-Dump repräsentiert 16 Zeichen aus der Eingabe, aus der sie generiert wurde. Die ersten vier Zeichen in unserem Hex-Dump sind die Verschiebung in der Datei – die erste Zeile beginnt beim Zeichen 0, die nächste beim Zeichen 16 (oder Hex 10), dann folgt Zeichen 32 (Hex 20) usw. (Andere Hex-Dumps sehen etwas anders aus, aber das ist für uns ausreichend.)

Mit Hex-Zahlen arbeiten

Hex-Zahlen können Sie direkt in Ihrem Programm angeben – stellen Sie der Zahl einfach nur die Zeichenfolge `0x` voran:

```
int j = 0x20;
MessageBox.Show("Der Wert ist " + j);
```

Hängen Sie mit dem +-Operator eine Zahl an einen String an, wird dieser in eine Dezimalzahl umgewandelt. Mit der statischen Methode `String.Format()` können Sie Ihre Zahl stattdessen in einen hexadezimal formatierten String verwandeln:

```
string h = String.Format("{0:x2}", j);
```

String.Format() nutzt Parameter wie Console.WriteLine(). Sie müssen also nichts Neues lernen, um damit zu arbeiten.

StreamReader und StreamWriter reichen vollkommen aus

Unser Hex-Dump-Programm schreibt in eine Datei, und da es nur Text schreibt, ist ein `StreamWriter` vollkommen in Ordnung. Aber wir können zusätzlich die **`ReadBlock()`**-Methode von `StreamReader` nutzen. Diese liest einen Block von Zeichen in ein `char`-Array ein – Sie geben die Anzahl von Zeichen an, die Sie lesen möchten, und sie liest entweder so viele Zeichen oder, falls in der Datei nicht mehr so viele vorhanden sind, den gesamten Rest der Datei. Da wir auf jeder Zeile 16 Zeichen anzeigen, werden wir Blöcke mit 16 Zeichen einlesen.

Die Methode heißt ReadBlock(), weil sie blockiert (d. h. ausgeführt wird und nicht zurückgibt), bis entweder so viele Zeichen wie angefordert gelesen wurden oder es keine zu lesenden Daten mehr gibt.

Fügen Sie Ihrem Programm also einen weiteren Button hinzu – und knüpfen Sie an ihn dieses Hex-Dump-Programm. Ändern Sie die ersten beiden Zeilen so, dass sie auf echte Dateien auf Ihrer Festplatte zeigen. Beginnen Sie mit einer serialisierten Karte-Datei. Schauen Sie dann, ob Sie den Code so ändern können, dass Speichern- und Öffnen-Dialoge angezeigt werden.

```
using (StreamReader reader = new StreamReader(@"C:\Ordner\EingabeDatei.txt"))
using (StreamWriter writer = new StreamWriter(@"C:\Ordner\AusgabeDatei.txt", false))
{
  int position = 0;

  while (!reader.EndOfStream) {
     char[] puffer = new char[16];
     int geleseneZeichen = reader.ReadBlock(puffer, 0, 16);
     writer.Write("{0}: ", String.Format("{0:x4}", position));
     position += geleseneZeichen;

     for (int i = 0; i < 16; i++) {
         if (i < geleseneZeichen) {
             string hex = String.Format("{0:x2}", (byte)puffer[i]);
             writer.Write(hex + " ");
         }
         else
             writer.Write("   ");
         if (i == 7) { writer.Write("-- "); }
         if (puffer[i] < 32 || puffer[i] > 250) { puffer[i] = '.'; }
     }
     string pufferInhalt = new string(puffer);
     writer.WriteLine("   " + pufferInhalt.Substring(0, geleseneZeichen));
  }
}
```

Das EndOfStream-Feld des StreamReader liefert false, wenn in der Datei keine zu lesenden Zeichen verbleiben.

Dieser ReadBlock()-Aufruf liest bis zu 16 Zeichen in ein char-Array ein.

Die statische Methode String.Format wandelt Zahlen in Strings um. "{0:x4}" sagt Format(), dass der zweite Parameter – hier position – als 4-Zeichen-Hex-Zahl geschrieben werden soll.

Diese Schleife durchläuft die Zeichen und gibt sie in einer Zeile der Ausgabe aus.

Einige der Zeichen mit einem Zeichenwert kleiner 32 sind nicht druckbar, deswegen ersetzen wir sie mit einem Punkt.

Ein char[]-Array können Sie in einen String umwandeln, indem Sie es dem überladenen Konstruktor für string übergeben.

Strings bieten die Methode Substring, die einen Teil des Strings liefert. Hier liefert sie die ersten geleseneZeichen-Zeichen des Strings, beginnend mit Position 0, dem Anfang des Strings. (Gehen Sie noch einmal nach oben an die Stelle, an der geleseneZeichen gesetzt wird – die Methode ReadBlock() liefert die Anzahl der Zeichen, die in das Array eingelesen werden.)

Mit Stream.Read() Bytes aus einem Stream lesen

Tun Sie das

Bei Textdateien funktioniert der Hex-Dumper ausgezeichnet. Aber es gibt ein Problem. Versuchen Sie mal, mit `File.WriteAllBytes()` ein Array mit Bytes, die alle größer als 127 sind, in eine Datei zu schreiben und diese dann mit dem Dumper ausgeben zu lassen. Alle Bytes werden als »fd« eingelesen! Grund dafür ist, dass **`StreamReader` zur Verarbeitung von Textdaten gedacht ist,** diese aber nur Bytes mit Werten unter 128 enthalten können. Lassen Sie uns das beheben – indem wir die Bytes mit der Methode **`Stream.Read()`** direkt aus dem Stream lesen. Und als Schmankerl werden wir die Sache gleich so ausführen wie in einem echten Hex-Dump-Programm: Wir lassen es einen Dateinamen als **Befehlszeilenargument** entgegennehmen.

Erstellen Sie eine Konsolenanwendung und **geben Sie ihr den Namen `hexdumper`**. Den Code für das Programm sehen Sie auf der gegenüberliegenden Seite. So sieht es aus, wenn Sie das Programm ausführen:

Geben Sie kein Argument an, liefert das Programm eine Fehlermeldung und bricht die Ausführung ab.

Auch wenn Sie einen Dateinamen angeben, den es nicht gibt, bricht das Programm mit einem Fehler ab.

Eingabeaufforderung

```
C:\Users\LoLaFr\Documents\Visual Studio 2013\Projects\Kapitel09\hexdumper\hex
per\bin\Debug>hexdumper.exe
Verwendung: hexdumper Datei

C:\Users\LoLaFr\Documents\Visual Studio 2013\Projects\Kapitel09\hexdumper\hex
per\bin\Debug>hexdumper.exe gibtesnicht.dat
Keine derartige Datei: gibtesnicht.dat

C:\Users\LoLaFr\Documents\Visual Studio 2013\Projects\Kapitel09\hexdumper\hex
per\bin\Debug>hexdumper.exe karte3.dat
0000: 00 01 00 00 00 ff ff ff -- ff 01 00 00 00 00 00 00    ................
0010: 00 0c 02 00 00 00 4e 5a -- 77 65 69 4b 61 72 74 65    ......NZweiKarte
0020: 6e 53 65 72 69 61 6c 69 -- 73 69 65 72 65 6e 2c 20    nSerialisieren,
0030: 56 65 72 73 69 6f 6e 3d -- 31 2e 30 2e 30 2e 30 2c    Version=1.0.0.0,
0040: 20 43 75 6c 74 75 72 65 -- 3d 6e 65 75 74 72 61 6c     Culture=neutral
0050: 2c 20 50 75 62 6c 69 63 -- 4b 65 79 54 6f 6b 65 6e    , PublicKeyToken
0060: 3d 6e 75 6c 6c 05 01 00 -- 00 00 1d 5a 77 65 69 4b    =null......ZweiK
0070: 61 72 74 65 6e 53 65 72 -- 69 61 6c 69 73 69 65 72    artenSerialisier
0080: 65 6e 2e 4b 61 72 74 65 -- 02 00 00 00 16 3c 46 61    en.Karte.....<Fa
0090: 72 62 65 3e 6b 5f 5f 42 -- 61 63 6b 69 6e 67 46 69    rbe>k__BackingFi
00a0: 65 6c 64 15 3c 57 65 72 -- 74 3e 6b 5f 5f 42 61 63    eld.<Wert>k__Bac
00b0: 6b 69 6e 67 46 69 65 6c -- 64 04 04 1e 5a 77 65 69    kingField...Zwei
00c0: 4b 61 72 74 65 6e 53 65 -- 72 69 61 6c 69 73 69 65    KartenSerialisie
00d0: 72 65 6e 2e 46 61 72 62 -- 65 6e 02 00 00 00 1d 5a    ren.Farben.....Z
00e0: 77 65 69 4b 61 72 74 65 -- 6e 53 65 72 69 61 6c 69    weiKartenSeriali
00f0: 73 69 65 72 65 6e 2e 57 -- 65 72 74 65 02 00 00 00    sieren.Werte....
0100: 02 00 00 00 05 fd ff ff -- ff 1e 5a 77 65 69 4b 61    ..........ZweiKa
0110: 72 74 65 6e 53 65 72 69 -- 61 6c 69 73 69 65 72 65    rtenSerialisiere
0120: 6e 2e 46 61 72 62 65 6e -- 01 00 00 00 07 76 61 6c    n.Farben.....val
0130: 75 65 5f 5f 00 08 02 00 -- 00 00 00 00 00 00 05 fc    ue__............
0140: ff ff ff 1d 5a 77 65 69 -- 4b 61 72 74 65 6e 53 65    ....ZweiKartenSe
0150: 72 69 61 6c 69 73 69 65 -- 72 65 6e 2e 57 65 72 74    rialisieren.Wert
0160: 65 01 00 00 00 07 76 61 -- 6c 75 65 5f 5f 00 08 02    e.....value__...
0170: 00 00 00 0d 00 00 00 0b --                            ........lue__...

C:\Use                   Studio 2013\Projects\Kapitel09\hexdumper\hex
per\bi
```

Übergeben Sie einen gültigen Dateinamen, wird ein Hex-Dump des Inhalts auf der Konsole ausgegeben.

Gewöhnlich schreiben wir mit Console.WriteLine() auf die Konsole. Aber zur Ausgabe von Fehlern nutzen Sie besser **Error.WriteLine(), damit Fehlermeldungen nicht umgeleitet werden,** wenn wir die Ausgabe mit > oder >> umleiten.

Befehlszeilenargumente

Wenn Sie eine Konsolenanwendung anlegen, erstellt Visual Studio eine Klasse Program mit einem Einstiegspunkt mit folgender Deklaration: **static void Main(string[] args)**. Führen Sie Ihr Programm mit Befehlszeilenargumenten aus, enthält der Parameter **args** diese Argumente. Das gilt nicht nur für Konsolenanwendungen, sondern auch für Windows Forms-Anwendungen.

Sie können dem Programm auch beim Debugging Kommandozeilenargumente übergeben. Wählen Sie dazu, wenn Sie das Programm in der IDE im Debugger ausführen, im Projekt-Menü »Eigenschaften...« und geben Sie die Befehlszeilenargumente dann im Tab Debugging an.

Über diesen Parameter werden Kommandozeilenargumente übergeben.

Wenn args.Length nicht gleich 1 ist, wurde entweder null oder mehr als ein Argument angegeben.

Exit() beendet das Programm. Übergeben Sie beim Aufruf einen int, wird dieser als Fehlercode geliefert (was bei Befehlsskripten und Batch-Dateien hilfreich ist).

Beachten Sie die Verwendung von Console.Error.WriteLine().

Prüft, ob eine gültige Datei übergeben wurde. Gibt es die Datei nicht, wird eine andere Meldung ausgegeben und mit einem anderen Code die Programmausführung abgebrochen.

Einen StreamReader brauchen wir nicht, weil wir direkt aus dem Stream lesen.

Nutzen Sie Stream.Read(), um Bytes direkt in einen Puffer zu lesen. Diesmal ist dieser Puffer ein byte-Array. Was sinnvoll ist, da wir jetzt Bytes lesen und keine Zeichen aus einer Textdatei.

```
static void Main(string[] args)
{
    if (args.Length != 1)
    {
        Console.Error.WriteLine("Verwendung: hexdumper Datei");
        System.Environment.Exit(1);
    }
    if (!File.Exists(args[0]))
    {
        Console.Error.WriteLine("Keine derartige Datei: {0}", args[0]);
        System.Environment.Exit(2);
    }
    using (Stream eingabe = File.OpenRead(args[0]))
    {
        int position = 0;
        byte[] puffer = new byte[16];
        while (position < eingabe.Length)
        {
            int geleseneZeichen = eingabe.Read(puffer, 0, puffer.Length);
            if (geleseneZeichen > 0)
            {
                Console.Write("{0}: ", String.Format("{0:x4}", position));
                position += geleseneZeichen;

                for (int i = 0; i < 16; i++)
                {
                    if (i < geleseneZeichen)
                    {
                        string hex = String.Format("{0:x2}", (byte)puffer[i]);
                        Console.Write(hex + " ");
                    }
                    else
                        Console.Write("   ");

                    if (i == 7)
                        Console.Write("-- ");

                    if (puffer[i] < 32 || puffer[i] > 250) { puffer[i] = (byte)'.'; }
                }
                string pufferInhalt = Encoding.UTF8.GetString(puffer);
                Console.WriteLine("   " + pufferInhalt);
            }
        }
    }
}
```

Dieser Teil des Programms ist identisch, nur enthält der Puffer Bytes, keine Zeichen (aber String.Format() macht in beiden Fällen das Richtige).

Auf diese Weise kann man ein Byte-Array in einen String umwandeln. Es ist Teil von Encoding.UTF8 (oder einer anderen Kodierung), da unterschiedliche Kodierungen die gleichen Byte-Folgen auf unterschiedliche Zeichenfolgen abbilden können.

Wenn Sie im Debuggen-Menü Starten ohne Debugging (Strg-F5) wählen, um eine Konsolenanwendung zu starten, werden Sie nach Beendigung des Programms aufgefordert, eine Taste zu drücken.

Es gibt keine Dummen Fragen

F: Warum musste ich die Datei nicht mit Close() schließen, nachdem ich File. ReadAllText() und File.WriteAllText() verwendet habe?

A: Die Klasse `File` bietet mehrere praktische statische Methoden, die automatisch eine Datei öffnen, Daten lesen oder schreiben und die Datei anschließend automatisch schließen. Neben `ReadAllText()` und `WriteAllText()` gibt es noch `ReadAllBytes()` und `WriteAllBytes()`, die mit Byte-Arrays arbeiten, sowie `ReadAllLines()` und `WriteAllLines()`, die String-Arrays lesen und schreiben, in denen jeder String eine Zeile aus der Datei ist. All diese Methoden öffnen und schließen die Streams automatisch. Sie können die gesamten Dateioperationen also in einer einzigen Anweisung abwickeln.

F: Wenn FileStream Methoden zum Lesen und Schreiben bietet, warum muss ich dann überhaupt StreamReader oder StreamWriter verwenden?

A: Die Klasse `FileStream` ist wirklich praktisch, wenn es ums Schreiben oder Lesen von Bytes in Binärdateien geht. Ihre Methoden zum Schreiben und Lesen arbeiten mit Bytes und Byte-Arrays. Aber viele Programme arbeiten ausschließlich mit Textdateien, wie die erste Version des Ausredengenerators, die Strings in Dateien schrieb. Dann sind `StreamReader` und `StreamWriter` praktisch. Beide bieten Methoden, die speziell für das Lesen und Schreiben von Text gedacht sind. Möchten Sie eine Zeile aus einer Textdatei lesen, müssten Sie ohne sie erst ein Byte-Array einlesen und dann eine Schleife aufbauen, die in diesem Array nach einem Zeilenumbruch sucht – Sie sehen also, dass sie uns das Leben leichter machen.

F: Wann sollte ich File nutzen und wann FileInfo?

A: Der Hauptunterschied zwischen `File` und `FileInfo` ist, dass die Methoden in `File` statisch sind, Sie müssen also keine Klasseninstanz erstellen. `FileInfo` andererseits verlangt, dass Sie es mit einem Dateinamen initialisieren. In einigen Fällen wäre das mühevoller, beispielsweise wenn Sie nur eine Dateioperation durchführen müssen (z. B. eine Datei löschen oder verschieben). Müssen Sie auf einer Datei viele Operationen durchführen, ist `FileInfo` effizienter, weil Sie den Dateinamen nur einmal übergeben müssen. Was Sie verwenden, sollten Sie anhand der jeweiligen Situation entscheiden. Genauer gesagt: Nutzen Sie `File`, wenn Sie eine Dateioperation durchführen müssen, und `FileInfo`, wenn Sie hintereinander viele durchführen müssen.

F: Augenblick. Wieso wurde »Eureka!« mit nur einem Byte pro Zeichen geschrieben, während die hebräischen Buchstaben jeweils zwei Bytes pro Zeichen in Anspruch nahmen? Und was war dieses »FF FE«-Ding vor den Bytes?

A: Wir haben einen kleinen Trick verwendet, um Ihnen den Unterschied zwischen zwei **eng verwandten** Unicode-Kodierungen zu zeigen. Für den hebräischen Text haben wir mit dem dritten Parameter für `WriteAllText()` (`Encoding.Unicode`) explizit die Unicode-Kodierung angefordert. Der technische Name für diese spezielle Kodierung für den Unicode-Zeichensatz ist UTF16. In ihr werden alle 65.536 Zeichen jeweils mit zwei Bytes dargestellt, die den Zeichennummern im Unicode-Zeichensatz entsprechen. Sie wird deswegen auch einfach als Unicode-Kodierung bezeichnet. Die dem Text voranstehende Byte-Folge FF FE ist die sogenannte Byte-Ordnung-Markierung, BOM. Sie gibt an, in welcher Reihenfolge die beiden Bytes für ein Zeichen stehen.

Bei Texten, die mit einer geringen Anzahl von Zeichen geschrieben werden, kann diese 2-Byte-Kodierung Platzverschwendung sein. Das Unicode-Konsortium hat deswegen die Kodierung UTF8 entwickelt, die die Zeichen des Unicode-Zeichensatzes mit ein bis vier Bytes kodiert. UTF8 kodiert die ersten 127 Zeichen des Unicode-Zeichensatzes mit einem Byte, die Zeichen 128 bis 2.047 mit zwei Bytes und alle weiteren Zeichen mit vier Bytes. Die 24 Buchstaben des lateinischen Alphabets, Zahlen, gebräuchliche Interpunktionszeichen und einige Standardzeichen (wie geschweifte Klammern und andere Dinge, die Sie auf Ihrer Tastatur sehen), die eine niedrige Unicode-Nummer zwischen 0 und 127 haben, werden mit einem Byte dargestellt. (Da diese den Nummern im alten ASCII-Zeichensatz entsprechen, hat das den Vorteil, dass alte ASCII-kodierte Texte weiterverwendet werden können.) Zeichen wie deutsche Umlaute oder die von uns verwendeten hebräischen Buchstaben werden mit zwei Bytes dargestellt, chinesische Schriftzeichen usw. mit vier Bytes. UTF8 ist die wichtigste und gebräuchlichste Unicode-Kodierung. Es ist die Kodierung, die das .NET Framework standardmäßig verwendet.

F: Warum heißt das Ding Byte-Ordnung-Markierung?

A: Erinnern Sie sich, dass die Bytes für unsere Werte in umgekehrter Reihenfolge standen? Der Unicode-Wert für Shin ist U+05E9 und wurde als E9 05 in der Datei gespeichert. Das nennt man »Little Endian«. Kehren Sie zu dem Code zurück, der diese Bytes geschrieben hat, und ändern Sie den dritten Parameter für `WriteAllText()` in `Encoding.BigEndianUnicode`. Das sagt, dass die Daten in »Big Endian« geschrieben werden sollen. Die Bytes werden dann umgekehrt. Diesmal werden die Bytes in der Folge »05 E9« geschrieben. Außerdem sehen Sie eine andere BOM: »FE FF«. Und Ihr Einfacher Texteditor ist so schlau, dass er beides lesen kann!

ÜBUNG

Ändern Sie Brians Ausredeverwaltung so, dass sie binäre Dateien mit serialisierten `Ausrede`-Objekten anstelle von Textdateien verwendet.

1. **MACHEN SIE DIE KLASSE AUSREDE SERIALISIERBAR.**
Markieren Sie die Klasse `Ausrede` mit dem Attribut `[Serializable]`, um sie serialisierbar zu machen. Außerdem müssen Sie diese using-Zeile hinzufügen:
`using System.Runtime.Serialization.Formatters.Binary;`

2. **LASSEN SIE DIE METHODE AUSREDE.SPEICHERN() DIE AUSREDE SERIALISIEREN.**
Schreibt die Methode `Speichern()` eine Datei in den Ordner, sollte sie keinen `StreamWriter` verwenden, sondern eine Datei öffnen und sich selbst in diese serialisieren. Sie müssen herausfinden, wie sich die aktuelle Klasse deserialisieren kann.

Tipp: Welches Schlüsselwort können Sie in einer Klasse verwenden, um die Klasse selbst zu referenzieren?

3. **LASSEN SIE DIE METHODE AUSREDE.DATEIÖFFNEN() EINE AUSREDE DESERIALISIEREN.**
Sie müssen ein temporäres `Ausrede`-Objekt erstellen, um aus einer Datei zu deserialisieren, und die Felder dann in die aktuelle Klasse kopieren.

4. **ÄNDERN SIE DAS FORMULAR SO, DASS ES EINE NEUE DATEIERWEITERUNG VERWENDET.**
Am Formular müssen Sie nur eine kleine Änderung vornehmen. Da wir nicht mehr mit Textdateien arbeiten, sollten wir die Erweiterung `.txt` nicht mehr verwenden. Ändern Sie die Dialoge, die Standarddateinamen und den Code zur Suche von Verzeichnissen, damit diese mit `*.ausrede`-Dateien arbeiten.

WOW, DAS WAR ECHT LEICHT! DER GESAMTE CODE ZUM SPEICHERN UND ÖFFNEN VON AUSREDEN STECKT IN DER KLASSE AUSREDE. ICH MUSSTE NUR DIE KLASSE ÄNDERN – DAS FORMULAR MUSSTE ICH SO GUT WIE NICHT ANRÜHREN. DAS IST FAST SO, ALS WÜRDE SICH DAS FORMULAR ÜBERHAUPT NICHT DAFÜR INTERESSIEREN, WIE DIE KLASSE IHRE DATEN SPEICHERT. ES ÜBERGIBT NUR DEN DATEINAMEN UND WEIß, DASS ALLES ORDENTLICH GESPEICHERT WIRD.

Das stimmt! Ihr Code ließ sich leicht ändern, weil die Klasse gut gekapselt ist.

Wenn Ihre Klasse ihre internen Operationen vor dem Rest des Programms verbirgt und nur Verhalten veröffentlicht, die veröffentlicht werden müssen, nennt man sie **gut gekapselt**. In der Ausredeverwaltung braucht das Formular keine Informationen dazu, wie Ausreden in einer Datei gespeichert werden. Es übergibt der Klasse Ausrede bloß den Dateinamen, und die Klasse kümmert sich um den Rest. Das macht es sehr leicht, große Änderungen daran vorzunehmen, wie Ihre Klasse mit Dateien arbeitet. Je besser Ihre Klassen gekapselt sind, umso leichter lassen sie sich später ändern.

Erinnern Sie sich daran, dass Kapselung eins der vier Kernprinzipien von OOP ist? Hier ist ein Beispiel dafür, wie diese Prinzipien Ihre Programme verbessern.

LÖSUNG ZUR ÜBUNG

Ändern Sie Brians Ausredesgenerator so, dass er binäre Dateien mit serialisierten Ausrede-Objekten anstelle von Textdateien verwendet.

Im Formular müssen Sie nur drei Zeilen ändern: zwei Zeilen im Click-Event des Speichern-Buttons und eine in dem des Öffnen-Buttons – sie sorgen nur dafür, dass die Dialoge die Erweiterung ausrede verwenden, und legen einen Standardnamen für das Speichern fest.

```
private void speichern_Click(object sender, EventArgs e) {
  // vorhandener Code
  saveFileDialog1.Filter =
    "Ausrede-Dateien (*.ausrede)|*.ausrede|Alle Dateien(*.*)|*.*";
  saveFileDialog1.FileName = beschreibung.Text + ".ausrede";
  // vorhandener Code
}
private void öffnen_Click(object sender, EventArgs e) {
  // vorhandener Code
  openFileDialog1.Filter =
    "Ausrede-Dateien (*.ausrede)|*.ausrede|Alle Dateien(*.*)|*.*";
  // vorhandener Code
}
```

Hier reichen gewöhnliche Speichern- und Öffnen-Dialoge.

Im Formular muss nur die Dateinamenserweiterung geändert werden, die an die Klasse Ausrede übergeben wird.

```
[Serializable]
public class Ausrede {
    public string Beschreibung;
    public string Reaktion;
    public DateTime LetzteVerwendung;
    public string Dateipfad;
    public Ausrede() {
        Dateipfad = "";
    }
    public Ausrede(string dateipfad) {
        DateiÖffnen(dateipfad);
    }
    public Ausrede(Random zufall, string ordner) {
        string[] dateinamen = Directory.GetFiles(ordner, "*.ausrede");
        DateiÖffnen(dateinamen[zufall.Next(dateinamen.Length)]);
    }
    private void DateiÖffnen(string dateipfad) {
        this.Dateipfad = dateipfad;
        BinaryFormatter formatter = new BinaryFormatter();
        Ausrede tempAusrede;
        using (Stream eingabe = File.OpenRead(dateipfad)) {
            tempAusrede = (Ausrede)formatter.Deserialize(eingabe);
        }
        Beschreibung = tempAusrede.Beschreibung;
        Reaktion = tempAusrede.Reaktion;
        LetzteVerwendung = tempAusrede.LetzteVerwendung;
    }
    public void Speichern(string dateipfad) {
        BinaryFormatter formatter = new BinaryFormatter();
        using (Stream ausgabe = File.OpenWrite(dateipfad)) {
            formatter.Serialize(ausgabe, this);
        }
    }
}
```

In der Klasse Ausrede müssen Sie `using System.IO;` **und** `using System.Runtime.Serialization.Formatters.Binary;` **angeben.**

Der Konstruktor für das Laden einer zufälligen Ausrede muss nach der Erweiterung »*.ausrede« anstelle der Erweiterung »*.txt« suchen.

Wir übergeben »this«, weil dieses Objekt serialisiert werden soll.

Datei-Kreuzworträtsel

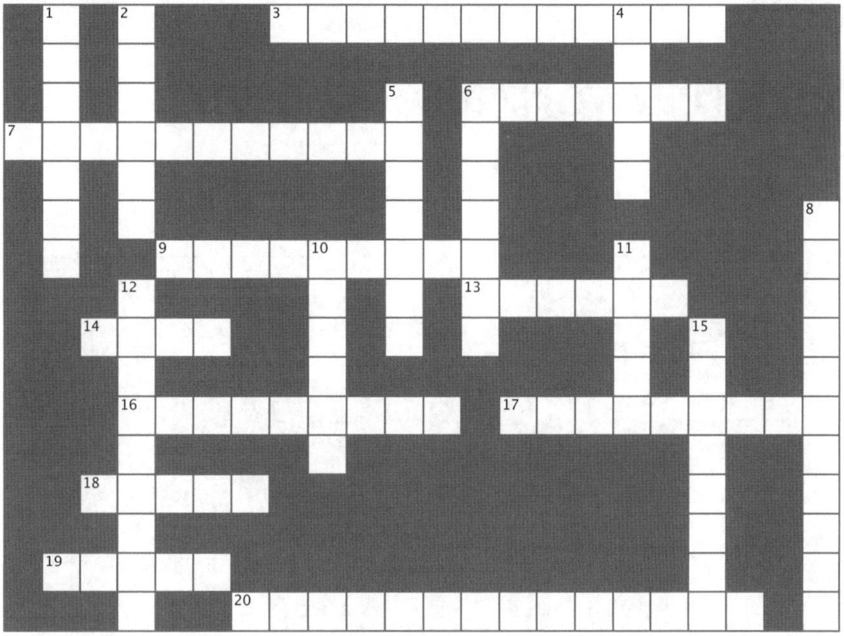

Waagerecht

3. Geben Sie dieses Attribut nicht an, um anzuzeigen, dass eine Klasse in einen Stream geschrieben werden kann, meldet BinaryFormatter einen Fehler.
6. Diese Klasse hat viele statische Methoden wie ToDateTime(), über die Sie Daten von einem Typ in den anderen umwandeln können.
7. Diese BinaryFormatter-Methode liest ein Objekt aus einem Stream.
9. Dieses OOP-Prinzip vereinfacht die Wartung Ihres Codes.
13. \n und \r sind Beispiele für derartige Sequenzen.
14. Die Stream-Methode, mit der Sie zu einem beliebigen Punkt im Stream springen können.
16. Diese Klasse bietet viele statische Methoden zur Arbeit mit Verzeichnissen.
17. Diese Methode sendet Text und einen Zeilenumbruch an einen Stream.
18. Rufen Sie diese Methode nicht auf, kann es passieren, dass ein Stream gesperrt bleibt und von anderen Programmen nicht geöffnet werden kann.
19. Ein Kodierungssystem, das nur 256 Zeichen referenzieren kann.
20. Ein nicht sichtbares Steuerelement, über das Sie einen standardmäßigen »Speichern unter«-Dialog einblenden können.

Senkrecht

1. Diese statische Methode der Klasse Array liefert das Array rückwärts.
2. Die akstrakte Klasse, von der FileStream erbt.
4. Diese Anweisung zeigt das Ende eines Falls in einer switch-Anweisung an.
5. Mit diesem Schlüsselwort geben Sie in einer switch-Anweisung die Anweisungen an, die ausgeführt werden sollen, wenn keiner der anderen Fälle passt.
6. Dieses Event wird abgesetzt, wenn Daten in einem Eingabesteuerelement verändert werden.
8. Zahlen zur Basis 16.
10. Eine Methode in der Klasse File, die prüft, ob sich eine bestimmte Datei auf dem Laufwerk befindet.
11. Über diese Methode, die jeder String hat, können Sie ihn anhand von Trennzeichen in ein Array aufspalten.
12. Die StreamReader-Methode, die Daten in ein char[]-Array einliest.
15. Mit dieser Klasse können Sie alle Operationen in der Klasse File auf einer bestimmten Datei durchführen.

Datei-Kreuzworträtsel, Lösung

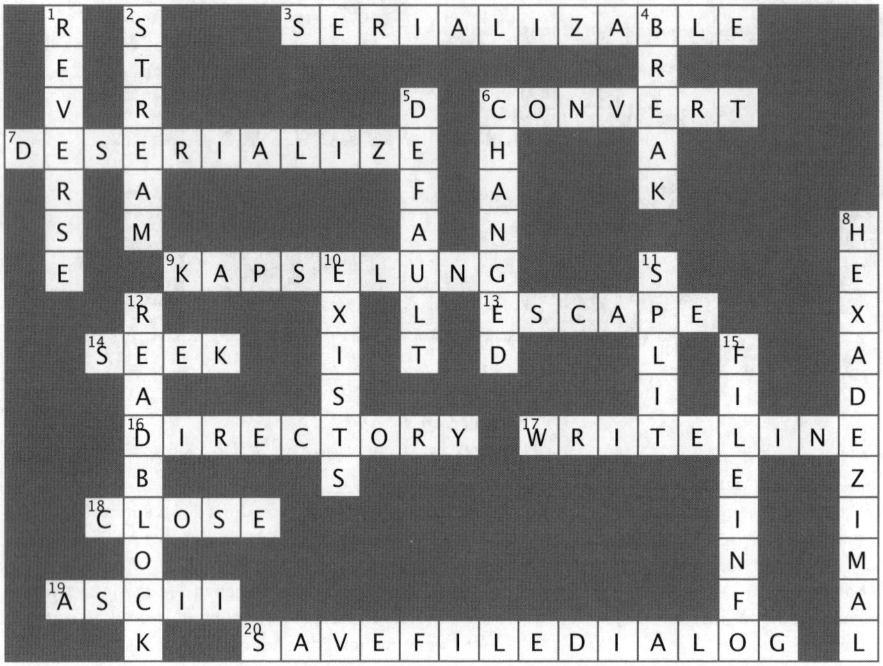
1 REVERSE
2 STREAM
3 SERIALIZABLE
4 BREAK
5 DEFAULT
6 CONVERT
6 CHANGED
7 DESERIALIZE
8 HEXADEZIMAL
9 KAPSELUNG
10 EXISTS
11 SPLIT
12 READBLOCK
13 ESCAPE
14 SEEK
15 FILEINFO
16 DIRECTORY
17 WRITELINE
18 CLOSE
19 ASCII
20 SAVEFILEDIALOG

Name: Datum:

C#-Workshop

Die Suche

Dieser Workshop gibt Ihnen eine Spezifikation für ein Programm, das Sie erstellen sollen, um die Fertigkeiten zum Einsatz zu bringen, die Sie in den letzten Kapiteln erworben haben.

Dieses Projekt ist umfangreicher als alle, die Ihnen bisher begegnet sind. Lesen Sie sich also alles erst einmal durch, bevor Sie beginnen, und gönnen Sie sich etwas Zeit. Es macht nichts, wenn Sie hängen bleiben – es passiert hier nichts Neues. Sie können also im Buch weiterlesen und später zu diesem Workshop zurückkehren.

Ein paar Entwurfsdetails haben wir bereits für Sie eingesetzt. Und wir haben sichergestellt, dass Sie alle Teile haben, die Sie benötigen ... und sonst nichts.

Sie müssen die Arbeit zu Ende führen. Es gibt zu viele Möglichkeiten, diese Anwendung zu erstellen, als dass wir Ihnen eine »richtige« Lösung präsentieren könnten. Aber wenn Sie Tipps benötigen, können Sie sich bei den Lösungen bedienen, die andere Leser auf CodePlex, GitHub oder anderen Quellcode-Hosting-Sites veröffentlicht haben.

Die Spezifikation: Erstellen Sie ein Adventure-Spiel

Man kann Desktop-Programme erstellen, die sich automatisch an die Bildschirmgröße anpassen, aber das geht über den Horizont dieses Buchs hinaus. (Wie Sie das mit XAML tun, lernen Sie im nächsten Kapitel, aber das hilft Ihnen bei WinForms natürlich nicht.) Das kann dazu führen, dass Inventar, PictureBoxen, GroupBoxen und TableLayoutPanels im Designer gut aussehen, bei der Ausführung des Programms aber trotzdem an seltsamen Stellen landen. Verschieben Sie sie einfach so lange, bis Sie bei der Ausführung auf Ihrem Bildschirm richtig aussehen.

Sie haben die Aufgabe, ein Adventure zu erstellen, in dem ein mächtiger Abenteurer von Level zu Level die tödlichsten Feinde besiegt. Sie werden ein **rundenbasiertes Spiel** erstellen. Das bedeutet, dass erst der Spieler und dann die Gegner ihren Zug machen. Der Spieler kann sich bewegen ***oder*** angreifen, und dann erhält jeder Gegner die Möglichkeit, sich zu bewegen ***und*** anzugreifen. Das Spiel geht so lange, bis der Spieler auf allen sieben Leveln seine Gegner besiegt hat oder stirbt.

Das Spielfenster präsentiert Ihnen aus der Vogelperspektive das Verlies, in dem der Spieler seine Gegner bekämpft.

Der Spieler und die Gegner bewegen sich durch das Verlies.

Die Gegner haben einen kleinen Vorteil – sie können in jeder Runde gehen, und nach der Bewegung greifen sie den Spieler an, wenn er in Reichweite ist.

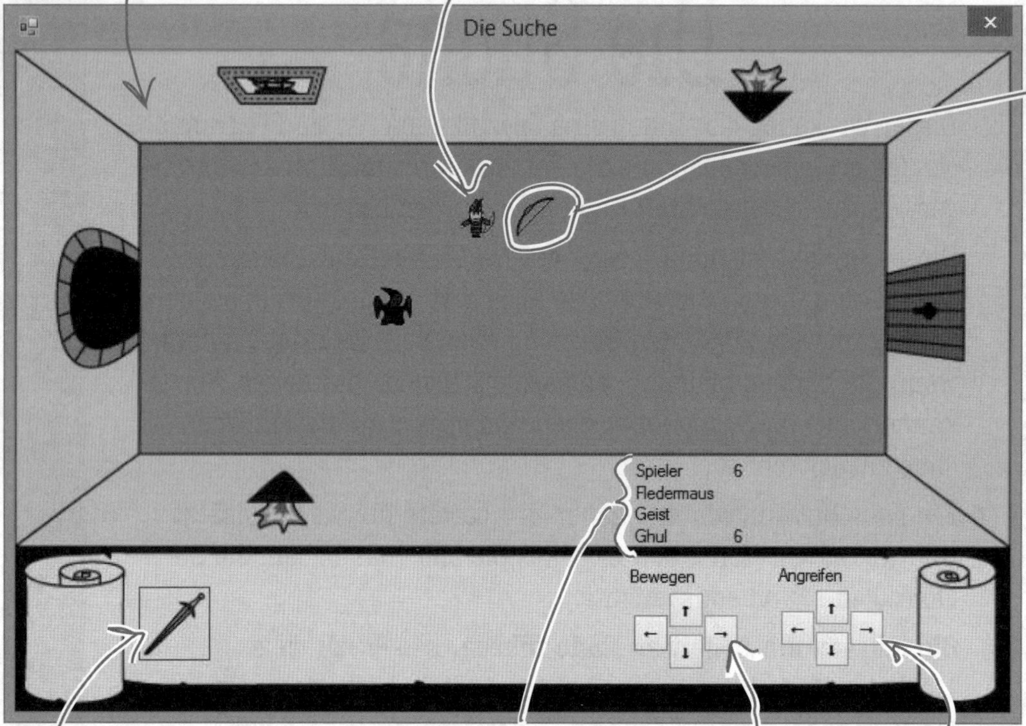

Die Suche
Spieler 6
Fledermaus
Geist
Ghul 6
Bewegen
Angreifen

Unterwegs kann der Spieler Waffen und Zaubertränke einsammeln.

Dies sind die Gegenstände des Spielers. Hier werden die Dinge angezeigt, die der Spieler aufgehoben hat. Der Gegenstand, den er aktuell verwendet, wird eingerahmt. Ein Gegenstand wird durch einen Klick darauf ausgewählt und mit einem der Angreifen-Buttons eingesetzt.

Das Spiel zeigt Ihnen die Anzahl an **Trefferpunkten** für den Spieler und die Gegner. Greift der Spieler einen Gegner an, verringern sich die Trefferpunkte des Gegners. Sind die Trefferpunkte null, stirbt der Spieler oder der Gegner.

Diese vier Buttons nutzt der Spieler zur Bewegung.

Diese vier Buttons werden eingesetzt, um anzugreifen oder Zaubertränke zu sich zu nehmen (für Zaubertränke kann jeder der Buttons verwendet werden).

Der Spieler nimmt Waffen auf …

Im Verlies sind Waffen und Tränke verstreut, die der Spieler aufheben und einsetzen kann, um seine Gegner zu besiegen. Dazu muss er sich nur auf eine Waffe bewegen. Sie verschwindet dann vom Boden und erscheint im Bestand.

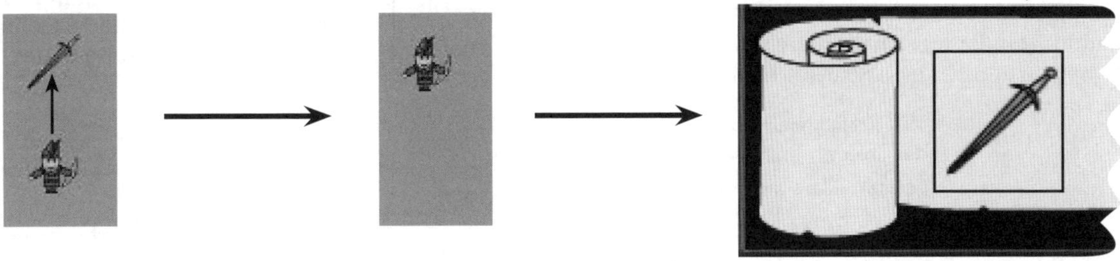
Ein schwarzer Rand um eine Waffe bedeutet, dass er diese gerade **einsetzt**. Waffen funktionieren unterschiedlich – sie haben verschiedene Angriffsbereiche, einige können nur in einer Richtung angreifen, andere haben eine größere Reichweite, und sie bewirken unterschiedliche Schäden, wenn ein Gegner von ihnen getroffen wird.

… und greift damit Gegner an

In jedem Level gibt es eine Waffe, die der Spieler aufheben und einsetzen kann, um seine Gegner zu besiegen. Wurde eine Waffe aufgesammelt, sollte sie vom Boden verschwunden sein.

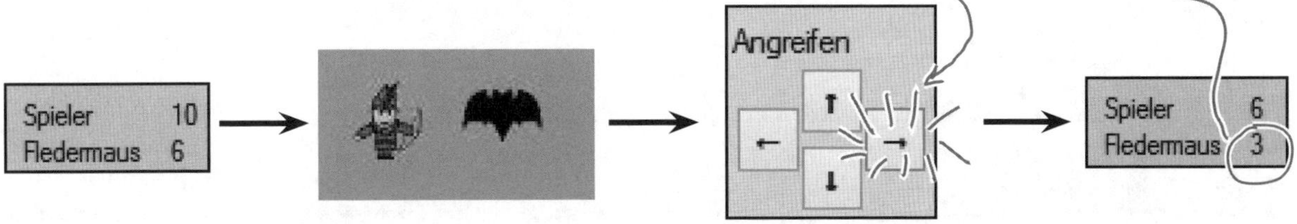
Die Fledermaus befindet sich rechts vom Spieler, er muss also auf den Angreifen-Button Rechts klicken.
Der Angriff bewirkt hier, dass die Trefferpunkte der Fledermaus von 6 auf 3 sinken.
Spieler 10
Fledermaus 6
Angreifen
Spieler 6
Fledermaus 3

Auf höheren Leveln gibt es mehr Feinde

Es gibt drei verschiedene Arten von Feinden: eine Fledermaus, einen Geist und einen Ghul. Im ersten Level gibt es nur eine Fledermaus. Im siebten und letzten Level tauchen alle drei Feinde auf.

Ein Ghul bewegt sich schnell auf den Gegner zu und bewirkt großen Schaden, wenn er angreift.
Die Fledermaus fliegt etwas zufällig herum. Kommt sie in die Nähe des Spielers, richtet sie nur kleinen Schaden an.
Der Geist bewegt sich langsam auf den Gegner zu. Sobald er in der Nähe des Spielers ist, greift er an und verursacht mittleren Schaden.

Das Design: Erstellen Sie das Formular

Das Formular verleiht dem Spiel seine unverkennbare Gestalt. Nutzen Sie die `BackgroundImage`-Eigenschaft, um das Verlies und das Inventar anzuzeigen, und eine Reihe von `PictureBox`-Steuerelementen, um im Verlies den Spieler, die Waffen und die Feinde anzuzeigen. Um die Trefferpunkte für den Spieler, die Fledermaus, den Geist und den Ghul sowie die Buttons zum Bewegen und Angreifen zu setzen, nutzen Sie das `TableLayoutPanel`-Steuerelement.

Nutzen Sie die `BackgroundImage`-Eigenschaft des Formulars, um das Hintergrundbild auf das Verliesbild zu setzen. Wenn Sie das tun, wird das Verlies unter den Steuerelementen sichtbar, wenn Sie Ihre Hintergrundfarbe auf transparent setzen. Setzen Sie `BackgroundImageLayout` auf `Stretch` und `FormBorderStyle` auf `FixedSingle`. Machen Sie das Formular dann so groß, dass es genug Platz für die Steuerelemente für die Spielsteuerung bietet.

Das Verlies selbst ist ein statisches Bild, das über die BackgroundImage-Eigenschaft des Formulars angezeigt wird.

Setzen Sie die BackgroundColor-Eigenschaft der GroupBox- und TableLayoutPanel-Steuerelemente auf transparent, damit der Hintergrund hinter ihnen sichtbar ist.

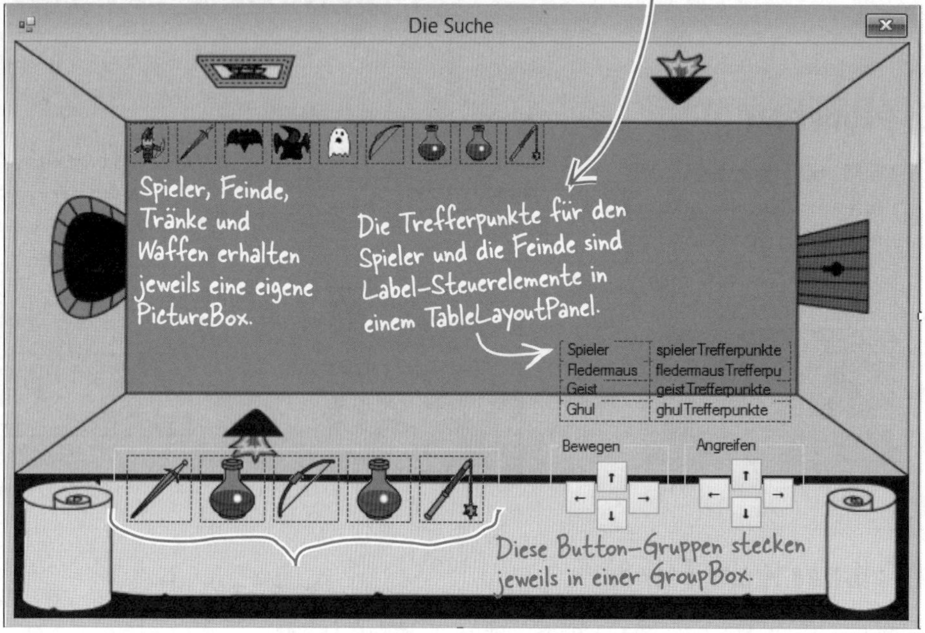

Die Suche
Spieler, Feinde, Tränke und Waffen erhalten jeweils eine eigene PictureBox.
Die Trefferpunkte für den Spieler und die Feinde sind Label-Steuerelemente in einem TableLayoutPanel.
Spieler
spielerTrefferpunkte
Fledermaus
fledermausTrefferpu
Geist
geistTrefferpunkte
Ghul
ghulTrefferpunkte
Bewegen
Angreifen
↑
←
→
↓
Diese Button-Gruppen stecken jeweils in einer GroupBox.

Haben Sie bemerkt, dass sich die PictureBox-Elemente für das Inventar, das TableLayoutPanel mit den Trefferpunkten sowie die Angriffs- und Bewegungs-Buttons an seltsamen Stellen befinden? An diese Positionen musste ich sie ziehen, damit das Spiel auf meinem Bildschirm richtig aussah.

Jedes dieser Symbole steckt in einer PictureBox.

Die Pfeilzeichen können Sie sich über den Zeichenkatalog (U+2190 to U+2193) verschaffen. Kopieren Sie sie dort und fügen Sie sie in die Text-Eigenschaft des entsprechenden Buttons ein.

Das Hintergrundbild sowie die Grafiken für die Waffen, die Gegner und den Spieler können Sie von der O'Reilly-Website herunterladen: http://examples.oreilly.de/german-examples/hfcsharpger

Alles im Verlies steckt in einer PictureBox

Der Spieler sowie die Waffen und Feinde werden durch Symbole repräsentiert. Fügen Sie neun `PictureBox`-Elemente hinzu und setzen Sie ihre `Visible`-Eigenschaften auf `False`. Das Spiel kann diese dann bewegen und ihre Visible-Eigenschaften nach Bedarf umschalten.

Sie können die BackColor-Eigenschaft einer PictureBox auf Color.Transparent setzen, damit Hintergrundbild oder -farbe des Formulars durch transparente Pixel im Bild durchscheinen.

Die Suche

Fügen Sie dem Verlies neun PictureBox-Elemente hinzu. Nutzen Sie die Eigenschaft Size, um jedes 30 x 30 groß zu machen. Wohin Sie sie stecken, ist egal – sie werden vom Formular bewegt. Nutzen Sie den kleinen schwarzen Pfeil, der per Klick auf einer PictureBox erscheint, um jede auf eine der Grafiken von der Von Kopf bis Fuß-Website zu setzen.

Nachdem Sie die PictureBox-Elemente hinzugefügt haben, klicken Sie mit der rechten Maustaste auf das Symbol für den Spieler und wählen »In den Vordergrund«. Senden Sie dann auf gleiche Weise die drei Waffen in den Hintergrund. Das gewährleistet, dass das Spieler-Symbol »über« den Gegenständen bleibt, die aufgehoben werden.

Steuerelemente können einander in der IDE überschneiden. Das Formular muss deswegen wissen, welche oben und welche unten sind. Das machen die Designer-Befehle »In den Vordergrund« und »In den Hintergrund«.

Auch das Inventar enthält PictureBox-Elemente

Das Inventar des Spielers stellen Sie über fünf 50-x-50-`PictureBox`-Elemente dar. Setzen Sie ihre `BackColor`-Eigenschaft jeweils auf **`Color.Transparent`** (wenn Sie das Eigenschaften-Fenster nutzen, geben Sie das einfach in die Zeile `BackColor` ein). Da die Grafikdateien einen transparenten Hintergrund haben, sehen Sie dahinter die Schriftrolle und das Verlies.

Sie benötigen fünf weitere 50-x-50-PictureBoxen für den Bestand.

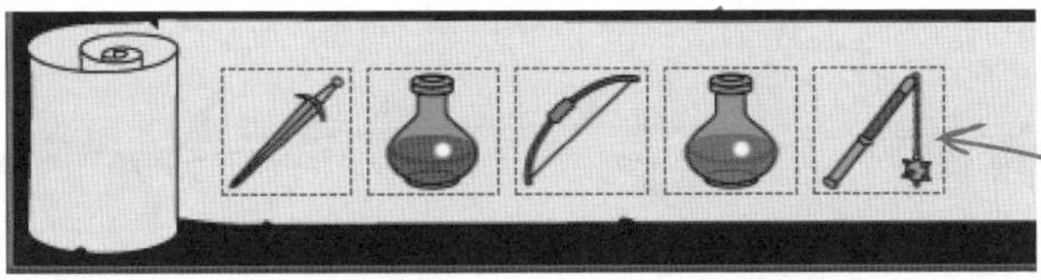

Stattet sich der Spieler mit einer der Waffen aus, sollte das Formular die BorderStyle-Eigenschaft für das Symbol dieser Waffe auf FixedSingle und die der restlichen Symbole auf None setzen.

Erstellen Sie das Fenster für die Spieldaten

Die Trefferpunkte werden in einem `TableLayoutPanel` dargestellt. Erzeugen Sie im Panel für die Trefferpunkte zwei Spalten und ziehen Sie die Mittellinie dazwischen etwas nach links. Fügen Sie vier Zeilen hinzu, die jeweils 25 % der Höhe einnehmen, und fügen Sie in jede der Zellen ein `Label` ein.

2 Spalten, 4 Zeilen … 8 Zellen für Ihre Trefferpunkt-Daten.

Spieler
spielerTrefferpunkt
Fledermaus
fledermausTrefferp
Geist
geistTrefferpunkte
Ghul
ghulTrefferpunkte

Jede Zelle enthält ein Label. Die Werte darin können Sie während des Spiels aktualisieren.

Die Architektur: die Objekte verwenden

Im Spiel brauchen Sie mehrere Arten von Objekten: ein `Spieler`-Objekt, mehrere Untertypen eines `Feind`-Objekts und mehrere Untertypen eines `Waffe`-Objekts. Und außerdem benötigen Sie ein `Spiel`-Objekt, das alles zusammenhält:

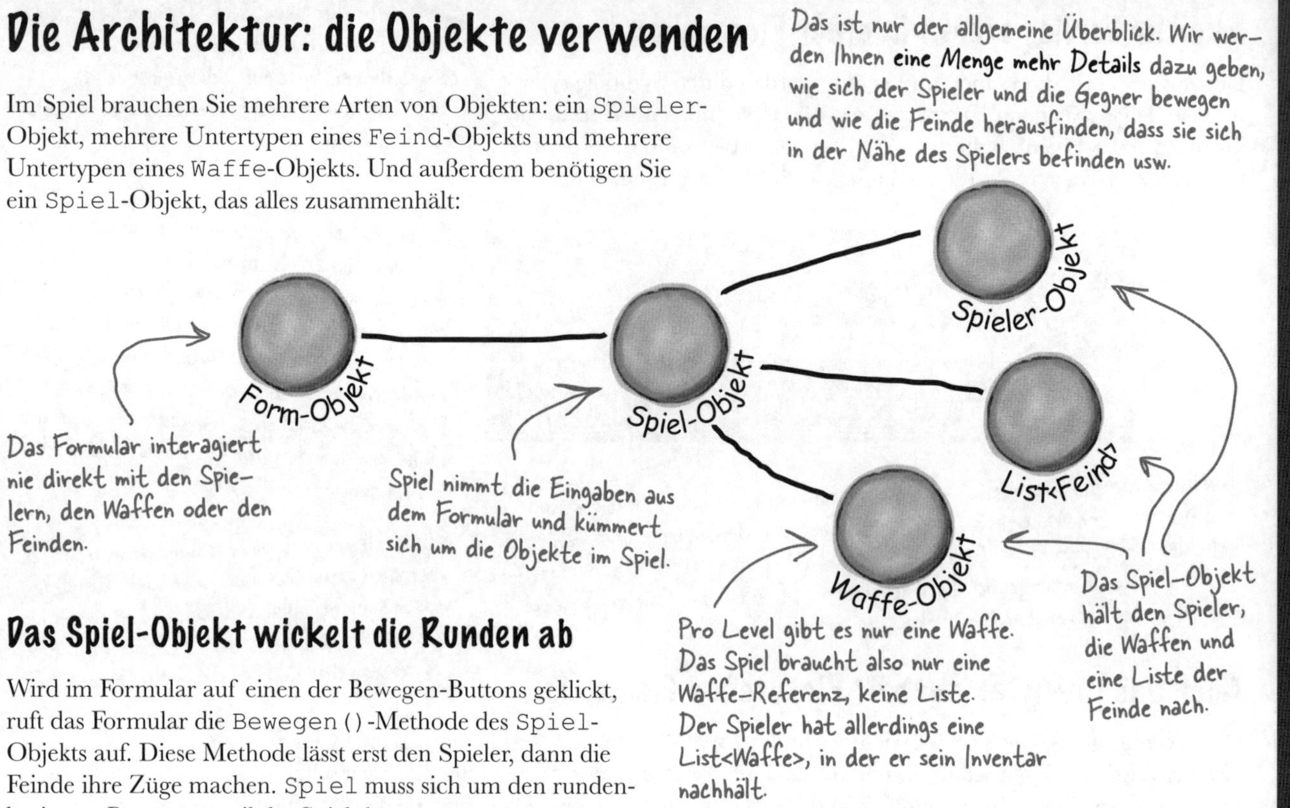
Das ist nur der allgemeine Überblick. Wir werden Ihnen eine Menge mehr Details dazu geben, wie sich der Spieler und die Gegner bewegen und wie die Feinde herausfinden, dass sie sich in der Nähe des Spielers befinden usw.
Form-Objekt
Spiel-Objekt
Spieler-Objekt
List<Feind>
Waffe-Objekt
Das Formular interagiert nie direkt mit den Spielern, den Waffen oder den Feinden.
Spiel nimmt die Eingaben aus dem Formular und kümmert sich um die Objekte im Spiel.
Pro Level gibt es nur eine Waffe. Das Spiel braucht also nur eine Waffe-Referenz, keine Liste. Der Spieler hat allerdings eine List<Waffe>, in der er sein Inventar nachhält.
Das Spiel-Objekt hält den Spieler, die Waffen und eine Liste der Feinde nach.

Das Spiel-Objekt wickelt die Runden ab

Wird im Formular auf einen der Bewegen-Buttons geklickt, ruft das Formular die `Bewegen()`-Methode des `Spiel`-Objekts auf. Diese Methode lässt erst den Spieler, dann die Feinde ihre Züge machen. `Spiel` muss sich um den rundenbasierten Bewegungsteil des Spiels kümmern.

So funktionieren beispielsweise die Bewegen-Buttons:

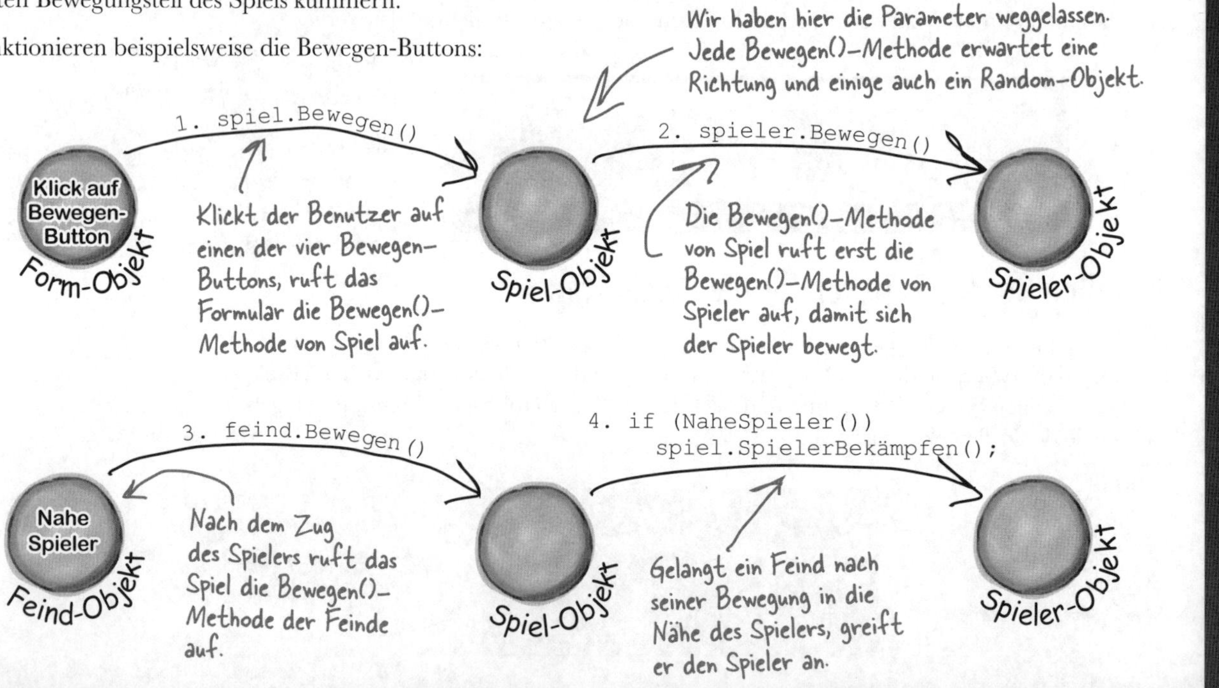
Wir haben hier die Parameter weggelassen. Jede Bewegen()-Methode erwartet eine Richtung und einige auch ein Random-Objekt.
1. spiel.Bewegen()
2. spieler.Bewegen()
Klick auf Bewegen-Button
Form-Objekt
Spiel-Objekt
Spieler-Objekt
Klickt der Benutzer auf einen der vier Bewegen-Buttons, ruft das Formular die Bewegen()-Methode von Spiel auf.
Die Bewegen()-Methode von Spiel ruft erst die Bewegen()-Methode von Spieler auf, damit sich der Spieler bewegt.
3. feind.Bewegen()
4. if (NaheSpieler())
spiel.SpielerBekämpfen();
Nahe Spieler
Feind-Objekt
Spiel-Objekt
Spieler-Objekt
Nach dem Zug des Spielers ruft das Spiel die Bewegen()-Methode der Feinde auf.
Gelangt ein Feind nach seiner Bewegung in die Nähe des Spielers, greift er den Spieler an.

Das Formular delegiert Aktivitäten an das Spiel-Objekt

Bewegung, Angriff und Inventar gehen jeweils vom Formular aus. Ein Klick auf einen Bewegen- oder Angreifen-Button löst also Code in Ihrem Formular aus. Aber das `Spiel`-Objekt steuert die Objekte im Spiel. Das Formular muss also alles, was passiert, an das `Spiel`-Objekt weitergeben, das dann übernimmt:

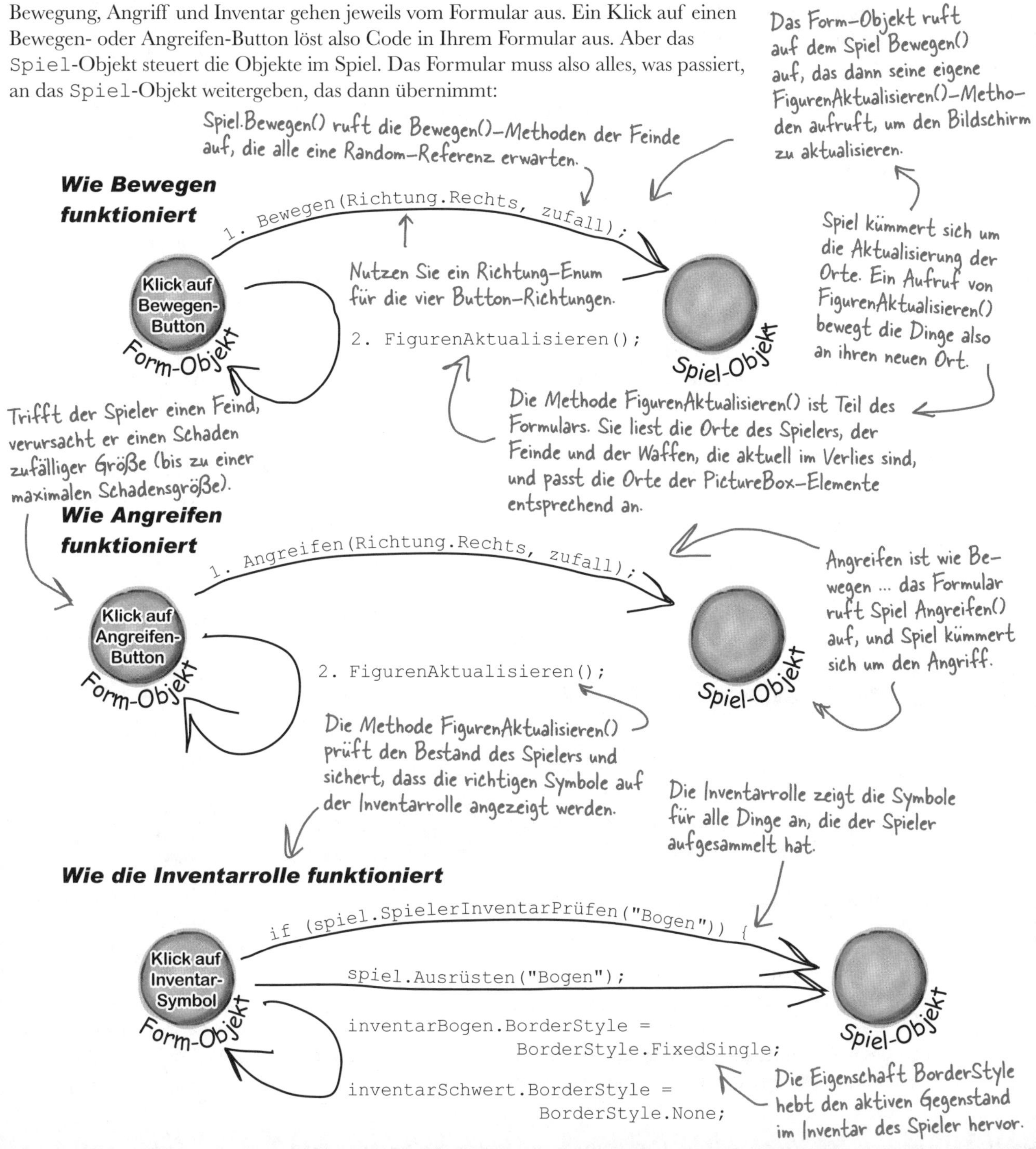
Das Form-Objekt ruft auf dem Spiel Bewegen() auf, das dann seine eigene FigurenAktualisieren()-Methoden aufruft, um den Bildschirm zu aktualisieren.
Spiel.Bewegen() ruft die Bewegen()-Methoden der Feinde auf, die alle eine Random-Referenz erwarten.
Wie Bewegen funktioniert
1. Bewegen(Richtung.Rechts, zufall);
Klick auf Bewegen-Button
Form-Objekt
Nutzen Sie ein Richtung-Enum für die vier Button-Richtungen.
2. FigurenAktualisieren();
Spiel-Objekt
Spiel kümmert sich um die Aktualisierung der Orte. Ein Aufruf von FigurenAktualisieren() bewegt die Dinge also an ihren neuen Ort.
Die Methode FigurenAktualisieren() ist Teil des Formulars. Sie liest die Orte des Spielers, der Feinde und der Waffen, die aktuell im Verlies sind, und passt die Orte der PictureBox-Elemente entsprechend an.
Trifft der Spieler einen Feind, verursacht er einen Schaden zufälliger Größe (bis zu einer maximalen Schadensgröße).
Wie Angreifen funktioniert
1. Angreifen(Richtung.Rechts, zufall);
Klick auf Angreifen-Button
Form-Objekt
2. FigurenAktualisieren();
Spiel-Objekt
Angreifen ist wie Bewegen ... das Formular ruft Spiel Angreifen() auf, und Spiel kümmert sich um den Angriff.
Die Methode FigurenAktualisieren() prüft den Bestand des Spielers und sichert, dass die richtigen Symbole auf der Inventarrolle angezeigt werden.
Die Inventarrolle zeigt die Symbole für alle Dinge an, die der Spieler aufgesammelt hat.
Wie die Inventarrolle funktioniert
if (spiel.SpielerInventarPrüfen("Bogen")) {
Klick auf Inventar-Symbol
Form-Objekt
spiel.Ausrüsten("Bogen");
Spiel-Objekt
inventarBogen.BorderStyle = BorderStyle.FixedSingle;
inventarSchwert.BorderStyle = BorderStyle.None;
Die Eigenschaft BorderStyle hebt den aktiven Gegenstand im Inventar des Spieler hervor.

Die Klasse Spiel erstellen

Den Code für die Klasse `Spiel` geben wir Ihnen unten vor. Sie müssen eine Menge tun – lesen Sie den Code also sorgfältig, bringen Sie ihn in die IDE und machen Sie sich an die Arbeit.

```
using System.Drawing;

class Spiel {
  public IEnumerable<Feind> Feinde { get; private set; }
  public Waffe WaffeInRaum { get; private set; }


  private Spieler spieler;
  public Point SpielerOrt { get { return spieler.Ort; } }
  public int SpielerTrefferpunkt { get { return spieler.Trefferpunkte; } }
  public IEnumerable<string> SpielerWaffen { get { return spieler.Waffen; } }

  private int level = 0;
  public int Level { get { return level; } }

  private Rectangle grenzen;
  public Rectangle Grenzen { get { return grenzen; } }

  public Spiel(Rectangle grenzen) {
    this.grenzen = grenzen;
    spieler = new Spieler(this,
      new Point(grenzen.Left + 10, grenzen.Top + 70));

  }
  public void Bewegen(Richtung richtung, Random zufall) {
    spieler.Bewegen(richtung);
    foreach (Feind feind in Feinde)
      feind.Bewegen(zufall);
  }
  public void Ausrüsten(string waffenname) {
    spieler.Ausrüsten(waffenname);
  }
  public bool SpielerInventarPrüfen(string waffenname) {
    return spieler.Waffen.Contains(waffenname);
  }
  public void SpielerBekämpfen(int maxSchaden, Random zufall) {
    spieler.Bekämpfen(maxSchaden, zufall);
  }
```

Sie brauchen die Klassen Rectangle und Point aus System.Drawing. Fügen Sie Ihrer Klasse also diese Zeile hinzu.

Sind Feind und Waffe ordentlich gekapselt, können diese Eigenschaften problemlos öffentlich sein … achten Sie also darauf, dass das Formular damit nichts Falsches anstellen kann.

Spiel hält ein privates Spieler-Objekt, mit dem das Formular nur über die Methoden in Spiel interagiert, nicht direkt.

Das Rectangle-Objekt hat die Felder Top, Bottom, Left und Right und ist als Spielfeld gut geeignet.

Spiel beginnt mit einer Grenze für das Verlies und erzeugt darin ein neues Spieler-Objekt.

Bewegung ist einfach: Der Spieler wird in die Richtung bewegt, die das Formular übergibt, und die Feinde werden in eine zufällige Richtung bewegt.

All das sind Beispiele für Kapselung … Spiel weiß nicht, wie Spieler diese Aktionen verarbeitet. Spiel übergibt einfach die erforderlichen Informationen und überlässt Spieler den Rest.

```
    public void SpielerGesundheitErhöhen(int gesundheit, Random zufall) {
      spieler.GesundheitErhöhen(gesundheit, zufall);
    }

    public void Angreifen(Richtung richtung, Random zufall) {
      spieler.Angreifen(richtung, zufall);
      foreach (Feind feind in Feinde)
        feind.Bewegen(zufall);
    }

    private Point ZufallsortGenerieren(Random zufall) {
      return new Point(grenzen.Left +
        zufall.Next(grenzen.Right / 10 - grenzen.Left / 10) * 10,
            grenzen.Top +
        zufall.Next(grenzen.Bottom / 10 - grenzen.Top / 10) * 10);
    }

    public void NeuesLevel(Random zufall) {
      level++;
      switch (level) {
        case 1:
          Feind = new List<Feind>(){
              new Fledermaus(this, ZufallsortGenerieren(zufall)) };
          WaffeInRaum = new Schwert(this, ZufallsortGenerieren(zufall));
          break;
      }
    }
  }
```

Angreifen() ist fast das Gleiche wie Bewegen(). Der Spieler greift an, und dann sind die Gegner am Zug.

ZufallsortGenerieren() wird in der Methode NeuesLevel() hilfreich sein. Dort wird sie verwendet, um einen Ort für Feinde und Waffen zu bestimmen.

Das ist etwas mathematische Spielerei zur Ermittlung eines zufälligen Orts innerhalb des Rechtecks, das das Verlies repräsentiert.

Wir haben nur Level 1 hinzugefügt, die anderen Levels sind Ihre Aufgabe.

Im Bestand haben wir nur Platz für jeweils einen blauen und einen roten Trank. Hat der Spieler bereits einen roten Trank, sollte das Spiel diesem Level keinen roten Trank mehr hinzufügen. (Gleiches gilt für den blauen Trank.)

Den Rest der Levels fertigstellen

Sie sollten die Methode NeuesLevel() fertigstellen. Hier ist der Überblick über die einzelnen Levels:

Level	Feinde	Waffen
2	Geist	Blauer Trank
3	Ghul	Bogen
4	Fledermaus, Geist	Bogen, falls in 3 nicht gesammelt, sonst blauer Trank
5	Fledermaus, Ghul	Roter Trank
6	Geist, Ghul	Keule
7	Fledermaus, Geist, Ghul	Keule, falls in 6 nicht gesammelt, sonst roter Trank
8	N/A	N/A – Spiel endet mit Application.Exit()

Ist der blaue Trank aus Level 2 noch im Bestand des Spielers, erscheint in diesem Level nichts.

Der Trank erscheint nur, wenn der rote aus Level 5 bereits aufgebraucht wurde.

Gemeinsame Verhalten finden: Bewegung

Sie wissen bereits, dass doppelter Code von Übel ist. Doppelter Code tritt üblicherweise auf, wenn mehrere Objekte das gleiche Verhalten teilen. Hier haben Sie einen Spieler, der sich bewegt, und Feinde, die sich bewegen, müssen irgendwie also vermeiden, dass in beiden Klassen der gleiche Bewegungscode erscheint.

Erstellen Sie eine abstrakte `Beweger`-Klasse, damit Sie dieses gemeinsame Verhalten an einem einzigen Ort bündeln können. `Spieler` und `Feind` erben von `Beweger`. Und obgleich sich Waffen nicht sonderlich viel bewegen, haben sie doch einen Ort und müssen in einem Verlies platziert werden. Auch sie erben deswegen von `Beweger`. `Beweger` hat eine `Bewegen()`-Methode zur Bewegung im Verließ und eine schreibgeschützte `Ort`-Eigenschaft, die das Formular nutzen kann, um eine Instanz einer `Beweger`-Unterklasse in Position zu bringen.

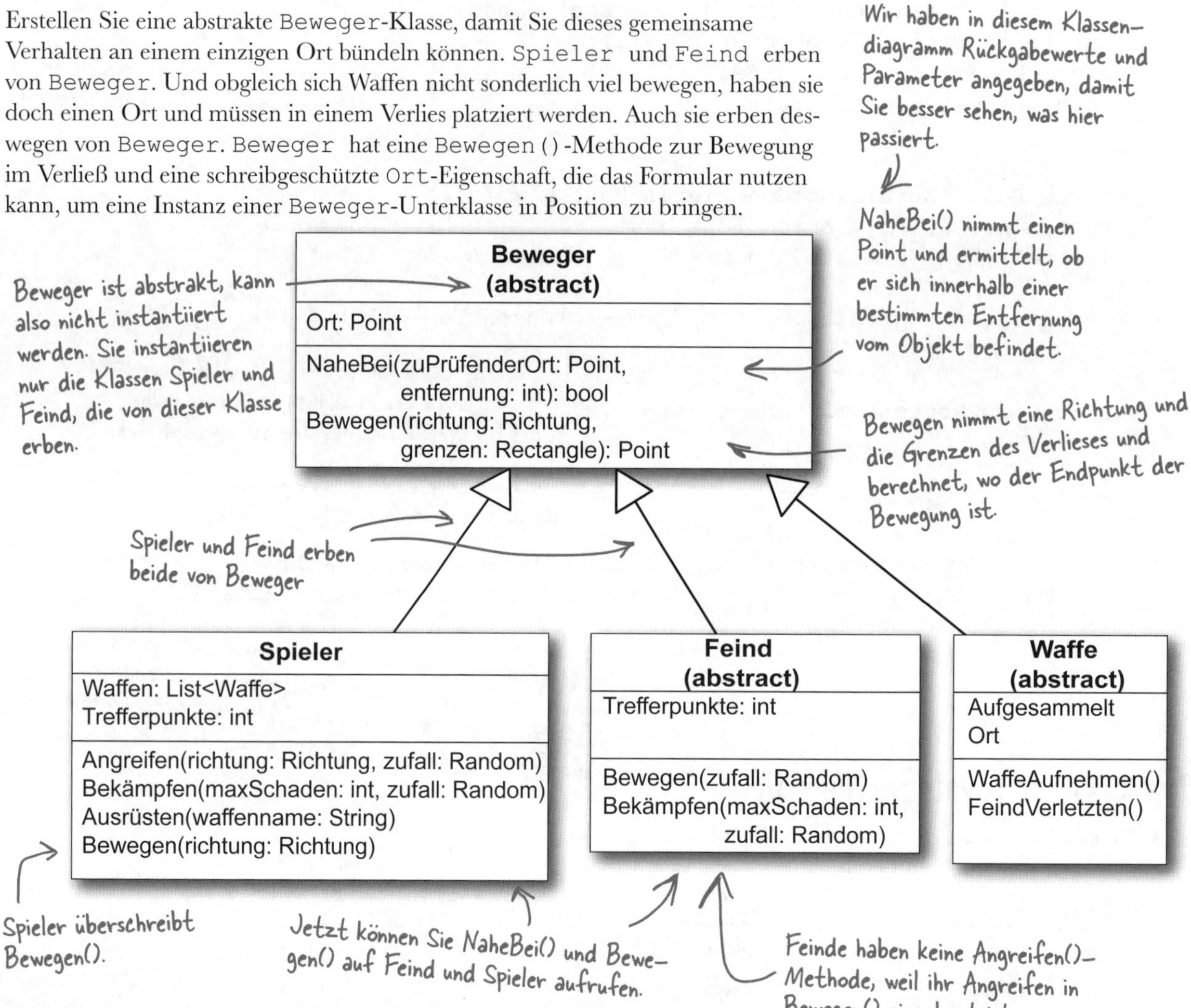
Wir haben in diesem Klassendiagramm Rückgabewerte und Parameter angegeben, damit Sie besser sehen, was hier passiert.
Beweger (abstract)
Ort: Point
NaheBei(zuPrüfenderOrt: Point, entfernung: int): bool
Bewegen(richtung: Richtung, grenzen: Rectangle): Point
Beweger ist abstrakt, kann also nicht instantiiert werden. Sie instantiieren nur die Klassen Spieler und Feind, die von dieser Klasse erben.
NaheBei() nimmt einen Point und ermittelt, ob er sich innerhalb einer bestimmten Entfernung vom Objekt befindet.
Bewegen nimmt eine Richtung und die Grenzen des Verlieses und berechnet, wo der Endpunkt der Bewegung ist.
Spieler und Feind erben beide von Beweger
Spieler
Waffen: List<Waffe>
Trefferpunkte: int
Angreifen(richtung: Richtung, zufall: Random)
Bekämpfen(maxSchaden: int, zufall: Random)
Ausrüsten(waffenname: String)
Bewegen(richtung: Richtung)
Feind (abstract)
Trefferpunkte: int
Bewegen(zufall: Random)
Bekämpfen(maxSchaden: int, zufall: Random)
Waffe (abstract)
Aufgesammelt
Ort
WaffeAufnehmen()
FeindVerletzten()
Spieler überschreibt Bewegen().
Jetzt können Sie NaheBei() und Bewegen() auf Feind und Spieler aufrufen.
Feinde haben keine Angreifen()-Methode, weil ihr Angreifen in Bewegen() eingebaut ist.

Schreiben Sie ein Richtung-Enum

Die Klasse `Beweger` sowie einige andere Klassen brauchen ein `Richtung`-Enum. Erzeugen Sie dieses Enum und geben Sie ihm vier enumerierte Werte: `Hoch`, `Runter`, `Links` und `Rechts`.

Der Code für Beweger

Hier ist der Code für Beweger:

Sie können SchrittGröße ändern, wenn sich Spieler und Feinde mit größeren oder kleineren Schritten bewegen sollen.

```
abstract class Beweger {
  private const int SchrittGröße = 10;
  protected Point ort;
  public Point Ort { get { return ort; } }
  protected Spiel spiel;

  public Beweger(Spiel spiel, Point ort) {
    this.spiel = spiel;
    this.ort = ort;
  }

  public bool NaheBei(Point zuPrüfenderOrt, int entfernung) {
    if (Math.Abs(ort.X - zuPrüfenderOrt.X) < entfernung &&
       (Math.Abs(ort.Y - zuPrüfenderOrt.Y) < entfernung)) {
      return true;
    } else {
      return false;
    }
  }
  public Point Bewegen(Richtung richtung, Rectangle grenzen) {
    Point neuerOrt = ort;
    switch (richtung) {
      case Richtung.Hoch:
        if (neuerOrt.Y - SchrittGröße >= grenzen.Top)
          neuerOrt.Y -= SchrittGröße;
        break;
      case Richtung.Runter:
        if (neuerOrt.Y + SchrittGröße <= grenzen.Bottom)
          neuerOrt.Y += SchrittGröße;
        break;
      case Richtung.Links:
        if (neuerOrt.X - SchrittGröße >= grenzen.Left)
          neuerOrt.X -= SchrittGröße;
        break;
      case Richtung.Rechts:
        if (neuerOrt.X + SchrittGröße <= grenzen.Right)
          neuerOrt.X += SchrittGröße;
        break;
      default: break;
    }
    return neuerOrt;
  }
}
```

Da geschützte Eigenschaften nur für Unterklassen verfügbar sind, kann das Formular ort nicht setzen … es kann ihn nur über den öffentlichen Getter lesen.

Instanzen von Beweger nehmen das Spiel-Objekt und einen aktuellen Ort an.

Die Methode NaheBei vergleicht einen Point mit dem aktuellen Ort des Objekts. Sie liefert true, wenn sie weniger als entfernung weit voneinander entfernt sind, andernfalls false.

Die Methode Bewegen() versucht, einen Schritt in eine Richtung zu gehen. Kann sie das, liefert sie ein neues Point-Objekt. Trifft sie auf eine Grenze, liefert sie das ursprüngliche Point-Objekt.

Liegt der Endort außerhalb der Grenzen, bleiben Endort und Anfangsort gleich.

Schließlich wird der neue Ort geliefert (der aber immer noch der gleiche Ort sein kann wie der Startort!).

Die Klasse Spieler hält den Spieler nach

Die Spieler- und Feind-Objekte müssen innerhalb des Verlieses bleiben, müssen also dessen Grenzen kennen. Nutzen Sie die Contains()-Methode des grenzen-Rectangle, um zu sichern, dass sie das Spielfeld nicht verlassen.

Hier ist ein Anfang für die Klasse Spieler. Beginnen Sie in der IDE mit diesem Code und ergänzen Sie ihn dann.

```
class Spieler : Beweger {
  private Waffe verwendeteWaffe;

  public int Trefferpunkte { get; private set; }

  private List<Waffe> inventar= new List<Waffe>();
  public IEnumerable<string> Waffen {
    get {
      List<string> namen = new List<string>();
      foreach (Waffe waffe in inventar)
        namen.Add(waffe.Name);
      return namen;
    }
  }

  public Spieler(Spiel spiel, Point ort)
        : base(spiel, ort) {
    Trefferpunkte = 10;
  }

  public void Bekämpfen(int maxSchaden, Random zufall) {
    Trefferpunkte -= zufall.Next(1, maxSchaden);
  }

  public void GesundheitErhöhen(int gesundheit, Random zufall) {
    Trefferpunkte += zufall.Next(1, gesundheit);
  }

  public void Ausrüsten(string waffenname) {
    foreach (Waffe waffe in inventar) {
      if (waffe.Name == waffenname)
        verwendeteWaffe = waffe;
    }
  }
}
```

Die Eigenschaft Waffen liefert eine Sammlung von Strings, die Waffennamen repräsentieren.

Spieler erbt von Beweger. Der Konstruktor übergibt also spiel und ort an diese Basisklasse.

Der Spieler-Konstruktor setzt trefferpunkte auf 10 und ruft dann den Basisklassen-konstruktor auf.

Bekämpft ein Feind den Spieler, verursacht er einen Schaden zufälliger Stärke. Stärkt ein Trank die Gesundheit des Spielers, erhöht er sie um einen zufälligen Betrag.

Die Methode Ausrüsten() sagt dem Spieler, dass er eine seiner Waffen verwenden soll. Das Spiel-Objekt ruft diese Methode auf, wenn auf das Inventar-Symbol geklickt wird.

Ein Spieler-Objekt kann immer nur ein Waffe-Objekt verwenden.

Obwohl Tränke dem Spieler helfen, statt dem Feind zu schaden, werden sie vom Spiel **als Waffen betrachtet**. So kann das Inventar eine List<Waffe> sein, und das Spiel kann auf eine mit seiner WaffeInRaum-Referenz zeigen.

Schreiben Sie die Bewegen()-Methode für Spieler

Spiel ruft die Bewegen()-Methode von Spieler auf, um einem Spieler zu sagen, dass er sich in eine bestimmte Richtung bewegen soll. Bewegen() nimmt die Bewegungsrichtung als Argument (nutzen Sie das Enum Richtung, das Sie bereits geschrieben haben sollten). Hier ist der Anfang dieser Methode:

Das passiert, wenn im Formular auf einen Bewegen-Button geklickt wird.

```
public void Bewegen(Richtung richtung) {
  base.ort = Bewegen(richtung, spiel.Grenzen);
  if (!spiel.WaffeInRaum.Aufgesammelt) {
    // Prüfen, ob eine Waffe in der Nähe ist, und diese
    // gegebenenfalls aufsammeln.
  }
}
```

Bewegen kommt aus der Basisklasse Beweger.

Hebt der Spieler eine Waffe auf, muss diese aus dem Verlies verschwinden und im Inventar erscheinen.

Sie müssen den Rest dieser Methode ergänzen. Prüfen Sie, ob sich die Waffe in der Nähe des Spielers befindet (nicht weiter als eine Einheit entfernt). Heben Sie die Waffe auf und fügen Sie sie dem Inventar des Spielers hinzu, wenn das der Fall ist.

Waffe und Formular kümmern sich darum, dass die PictureBox der Waffe unsichtbar wird, wenn der Spieler sie aufsammelt ... das ist nicht Aufgabe der Klasse Spieler.

Ist die Waffe die einzige Waffe, die der Spieler hat, sollte er sie sofort nehmen. Dann kann er sie im nächsten Zug direkt benutzen.

Auch Angreifen() brauchen Sie

Die Waffen haben alle eine Angreifen()-Methode, die einen Richtung-Wert und ein Random-Objekt erwartet. Die Angreifen()-Methode des Spielers ermittelt, mit welcher Waffe er ausgerüstet ist, und ruft ihre Angreifen()-Methode auf.

Jetzt kommt die Methode Angreifen(). Diese wird per Klick auf einen der Angreifen-Buttons aufgerufen und erhält eine Richtung (wieder aus dem Enum Richtung). Hier ist die Signatur der Methode:

```
public void Angreifen(Richtung richtung, Random zufall) {
  // Hier kommt Ihr Code hin.
}
```

Ist die Waffe ein Trank, entfernt Angreifen() ihn aus dem Inventar, nachdem der Spieler ihn getrunken hat.

Ist der Spieler noch nicht mit einer Waffe ausgestattet, macht diese Methode nichts. Trägt der Spieler eine Waffe, sollte sie die Angreifen()-Methode der Waffe aufrufen.

Tränke sind ein Sonderfall. Wird ein Trank verwendet, muss er aus dem Inventar des Spielers entfernt werden, da er nicht mehr verfügbar ist.

Tränke implementieren die Schnittstelle ITrank (mehr dazu in einer Minute). Sie können also das Schlüsselwort >>is<< verwenden, um zu prüfen, ob eine Waffe eine Implementierung von ITrank ist.

Fledermäuse, Geister und Ghule erben von Feind

Wir geben Ihnen eine weitere nützliche abstrakte Klasse: `Feind`. Für jede Art von Feind gibt es eine Klasse, die von `Feind` erbt. Die unterschiedlichen Feindarten bewegen sich auf unterschiedliche Weise. Die abstrakte Klasse `Feind` lässt die `Bewegen`-Methode also abstrakt – die drei Feind-Klassen müssen sie in Abhängigkeit von ihrem jeweiligen Bewegungsverhalten implementieren.

Feind (abstract)
Trefferpunkte: int
Bewegen(zufall: Random) Bekämpfen(maxSchaden: int, zufall: Random)

```
abstract class Feind : Beweger {
  private const int SpielerNahdistanz = 25;

  public int Trefferpunkte { get; private set; }
  public bool Tod { get {
      if (Trefferpunkte <= 0) return true;
      else return false;
    }
  }

  public Feind(Spiel spiel, Point ort, int trefferpunkte)
       : base(spiel, ort) { Trefferpunkte = trefferpunkte; }

  public abstract void Bewegen(Random zufall);

  public void Bekämpfen(int maxSchaden, Random zufall) {
     Trefferpunkte -= zufall.Next(1, maxSchaden);
  }

  protected bool NaheSpieler() {
    return (NaheBei(spiel.SpielerOrt,
                    SpielerNahdistanz));
  }
  protected Richtung SpielerrichtungSuchen(Point spielerOrt) {
    Richtung bewegungsrichtung;
    if (spielerOrt.X > ort.X + 10)
          bewegungsrichtung = Richtung.Rechts;
    else if (spielerOrt.X < ort.X - 10)
          bewegungsrichtung = Richtung.Links;
    else if (spielerOrt.Y < ort.Y - 10)
          bewegungsrichtung = Richtung.Hoch;
    else
          bewegungsrichtung = Richtung.Runter;
     return bewegungsrichtung;
  }
}
```

Über diese schreibgeschützte Eigenschaft kann das Formular sehen, ob der Feind im Spielverlies sichtbar sein soll.

Diese Methode wird von den Feind-Unterklassen implementiert.

Greift der Spieler einen Feind an, ruft er die Bekämpfen()-Methode von Feind auf, die eine Zufallszahl von den Trefferpunkten abzieht.

Die Methode NaheSpieler() nutzt die statische Methode Beweger.NaheBei(), um zu ermitteln, ob der Feind in der Nähe des Spielers ist.

Übergeben Sie den Ort des Spielers an SpielerrichtungSuchen(), wird das Basisklassenfeld ort eingesetzt, um zu ermitteln, wo sich der Spieler in Bezug auf den Feind befindet. Es wird dann ein Richtung-Wert geliefert, der sagt, in welche Richtung der Feind gehen muss, um sich in Richtung des Spielers zu bewegen.

Schreiben Sie die Feind-Unterklassen

Die drei Feind-Unterklassen sind ziemlich einfach. Die Feinde haben jeweils eine andere anfängliche Anzahl von Trefferpunkten, bewegen sich anders und verursachen einen Schaden unterschiedlicher Größe. Für jede Unterklasse muss dem Konstruktor der Basisklasse Feind ein anderer Wert für den Parameter trefferpunkte übergeben und eine andere Bewegen()-Methode geschrieben werden.

Hier ist ein Beispiel dafür, wie eine der Klassen aussehen könnte:

```
class Fledermaus : Feind {
    public Fledermaus(Spiel spiel, Point ort)
        : base(spiel, ort, 6)
    { }

    public override void Bewegen(Random zufall) {
        // Hier kommt Ihr Code hin.
    }
}
```

Eine Fledermaus beginnt mit sechs Trefferpunkten, übergibt also diesen Wert an den Basisklassenkonstruktor.

Die Unterklassenkonstruktoren brauchen keine Implementierung, da sich die Basisklasse um alles kümmert.

Alles sind Unterklassen der Klasse Feind, die ihrerseits eine Unterklasse von Beweger ist.

Die Fledermaus fliegt recht wahllos herum, nutzt also einen Random-Wert, um die Hälfte der Zeit in eine zufällige Richtung zu fliegen.

Hat ein Feind keine Trefferpunkte mehr, wird er im Formular nicht mehr angezeigt. Aber er verbleibt in der Feind-Liste des Spiels, bis der Spieler das Level abschließt.

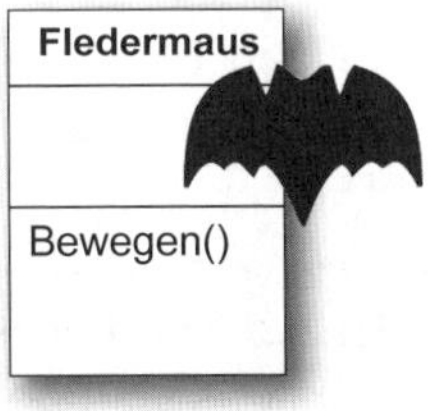
Fledermaus
Bewegen()

Die Fledermaus beginnt mit sechs Trefferpunkten. Sie bewegt sich auf den Spieler zu und greift an, **solange er noch Trefferpunkte hat.** Sie bewegt sich mit 50%iger Wahrscheinlichkeit auf den Spieler zu und mit 50%iger Wahrscheinlichkeit in eine zufällige Richtung. Nachdem sich die Fledermaus bewegt hat, prüft sie, ob sie in der Nähe des Spielers ist – ist sie es, greift sie den Spieler an und verursacht bis zu zwei Trefferpunkte Schaden.

Wir müssen sicherstellen, dass das Formular erkennt, ob ein Feind in einer Runde sichtbar sein soll.

Geist
Bewegen()

Der Geist ist schwerer zu besiegen als die Fledermaus. Bewegung und Angriff erfolgen nur, wenn er mehr als null Trefferpunkte hat. Er beginnt mit acht Trefferpunkten. In seiner Bewegungsphase bewegt er sich in einem von drei Fällen auf den Spieler zu. In zwei von drei Fällen verharrt er an dem Ort, an dem er sich befindet. Befindet er sich in der Nähe eines Spielers, greift er an und verursacht bis zu drei Trefferpunkte Schaden.

Der Geist und der Ghul nutzen Random, damit sie sich langsamer bewegen als der Spieler.

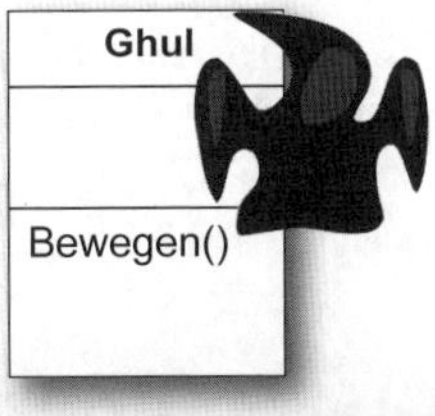
Ghul
Bewegen()

Der Ghul ist der härteste Gegner. Er beginnt mit zehn Trefferpunkten. Angriff und Bewegung erfolgen nur, wenn er mehr als null Trefferpunkte hat. Er bewegt sich in zwei von drei Fällen auf den Spieler zu und bleibt in einem von drei Fällen stehen. Ist er in der Nähe des Spielers, greift er mit bis zu vier Trefferpunkten an.

Waffe erbt von Beweger und jede einzelne Waffe von Waffe

Genau so, wie wir eine `Feind`-Klasse haben, brauchen wir eine `Waffe`-Klasse. Jede Waffe hat einen Ort und eine Eigenschaft, die anzeigt, ob sie eingesammelt wurde oder nicht. Hier ist die Klasse `Waffe`:

Waffe (abstract)
Aufgesammelt Ort
WaffeAufnehmen() FeindVerletzen()

Waffe erbt von Beweger, weil sie in FeindVerletzen() die Methoden NaheBei() und Bewegen() verwendet.

```
abstract class Waffe : Beweger {

  public bool Aufgesammelt { get ; private set; }

  public Waffe(Spiel spiel, Point ort)
    : base(spiel, ort)
  {
    Aufgesammelt = false;
  }

  public void WaffeAufnehmen() { Aufgesammelt = true; }

  public abstract string Name { get; }

  public abstract void Angreifen(Richtung richtung, Random zufall);

  protected bool FeindVerletzen(Richtung richtung, int radius,
                                int schaden, Random zufall) {
    Point ziel = spiel.SpielerOrt;
    for (int entfernung = 0; entfernung < radius; entfernung++) {
      foreach (Feind feind in spiel.Feinde) {
        if (NaheBei(feind.Ort, radius)) {
          feind.Bekämpfen(schaden, zufall);
          return true;
        }
      }
      ziel = Bewegen(richtung, spiel.Grenzen);
    }
    return false;
  }
}
```

Eine aufgesammelte Waffe sollte nicht mehr angezeigt werden ... das Formular kann diesen Getter verwenden, um das herauszufinden.

Der Konstruktor ruft den Konstruktor der Basisklasse Beweger auf (die die Felder spiel und ort setzt) und setzt dann Aufgesammelt auf false (weil die Waffe noch nicht aufgesammelt wurde).

Jede Waffe-Klasse muss die Eigenschaft Name und die Methode Angreifen() implementieren, die bestimmt, wie diese Waffe angreift.

Die Name-Eigenschaft der Waffe liefert ihren Namen (»Schwert«, »Keule«, »Bogen«).

Waffen haben unterschiedliche Reichweiten und bewirken Schäden unterschiedlicher Größe, deswegen implementieren die Waffen die Methode Angreifen() unterschiedlich.

Die Methode FeindVerletzen() wird von Angreifen() aufgerufen. Sie versucht, einen Feind in einer bestimmten Richtung und in einem bestimmten Umkreis zu finden. Tut sie das, ruft sie die Bekämpfen()-Methode des Feinds auf und liefert true. Ist kein Feind erreichbar, liefert sie false.

Die `NaheBei()`-Methode von `Beweger` hat zwei Parameter, einen `Point` und einen `int`. Sie vergleicht den `Point` mit dem aktuellen Ort und liefert `true`, wenn sich der `Point` in der Nähe des Orts befindet. Für `FeindVerletzen` müssen Sie Nahebei() so überschreiben, dass zwei Punkte verglichen werden und `true` geliefert wird, wenn sie sich im festgelegten Abstand voneinander befinden. Außerdem müssen Sie `Bewegen` überladen, um einen `Point` in eine Richtung zu verschieben und einen neuen zu liefern. Versuchen Sie, herauszufinden, wie Sie das auf Basis der angegebenen `Nahebei()`- und `Bewegen()`-Methoden erreichen, ohne dabei Code zu verdoppeln.

Waffen greifen unterschiedlich an

Jede `Waffe`-Unterklasse hat einen eigenen Namen und eine andere Angriffslogik. Sie sollen diese Klassen implementieren. Hier ist das Grundgerüst für eine `Waffe`-Unterklasse:

```
class Schwert : Waffe {

  public Schwert(Spiel spiel, Point ort)
      : base(spiel, ort) { }

  public override string Name { get { return "Schwert"; } }

  public override void Angreifen(Richtung richtung, Random zufall) {
    // Hier kommt Ihr Code hin.
  }
}
```

Jede Unterklasse repräsentiert eine der Waffen Schwert, Bogen oder Keule.

Die Unterklassen verlassen sich darauf, dass die Basisklasse die Initialisierung erledigt.

Jede Waffe kennt ihren Namen.

Das Spiel-Objekt übergibt die Richtung, in die angegriffen wird.

Der Spieler kann die Waffen immer wieder verwenden – sie gehen nicht verloren und nutzen sich auch nicht ab.

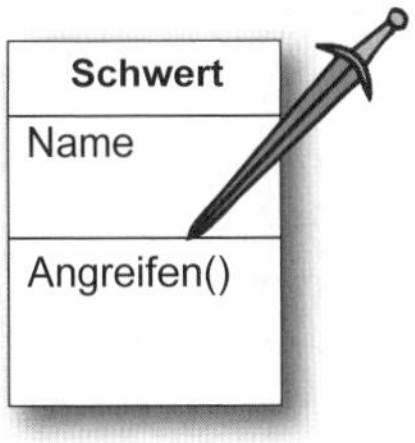
Schwert
Name
Angreifen()

Das Schwert ist die erste Waffe, die der Spieler aufhebt. Es hat einen ausgedehnten Angriffsbereich: Greift es an, versucht es erst, einen Feind in dieser Richtung zu treffen – befindet sich dort kein Feind, geht es im Uhrzeigersinn eine Richtung weiter und sucht dort nach einem Feind. Findet es auch dort nichts, geht es auch entgegen dem Uhrzeigersinn eine Richtung über die ursprüngliche Richtung hinaus und sucht weiter nach einem Feind. Es hat eine Reichweite von 10 und verursacht 3 Schadenspunkte.

Denken Sie darüber genau nach ... was ist rechts der Richtung Links oder was links der Richtung Hoch?

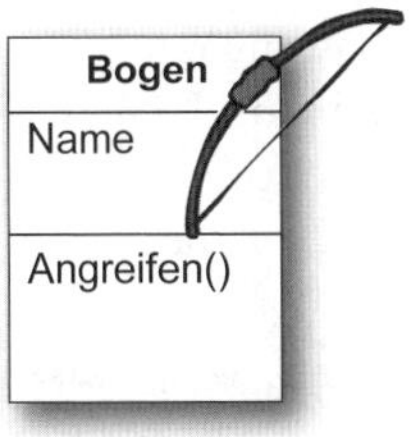
Bogen
Name
Angreifen()

Der Bogen hat einen kleinen Angriffsbereich, aber eine große Reichweite – er hat eine Reichweite von 30, verursacht aber nur einen Schadenspunkt. Anders als das Schwert, das in drei Richtungen angreift (weil der Spieler es in einem weiten Bogen schwingt), schießt der Bogen nur in die Richtung, in die der Spieler angreift.

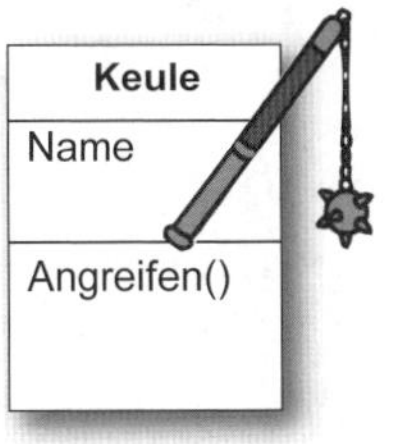
Keule
Name
Angreifen()

Die Keule ist die mächtigste Waffe im Verlies. Es spielt keine Rolle, in welche Richtung der Spieler angreift – da er sie immer einmal im Kreis schwingt. Sie greift jeden Feind in einem Umkreis von 20 Punkten an und verursacht sechs Schadenspunkte.

Die einzelnen Waffen rufen FeindVerletzen() auf unterschiedliche Weise auf. Die Keule greift in alle Richtungen an. Greift der Spieler nach rechts an, ruft sie also FeindVerletzen(Richtung.Rechts, 20, 6, zufall) auf. Trifft das keinen Feind, probiert sie es erst nach oben, dann nach links und unten – so schwingt sie einen vollständigen Kreis.

Tränke implementieren die Schnittstelle ITrank

Es gibt zwei Tränke, einen blauen und einen roten, die die Gesundheit des Spielers verbessern. Sie funktionieren genau so wie Waffen – der Spieler sammelt sie im Verlies auf, rüstet sich mit ihnen aus, indem er im Inventar darauf klickt, und **nutzt sie, indem er auf einen der Angreifen-Buttons klickt**. Es ist also recht vernünftig, auch sie von der abstrakten Klasse `Waffe` abzuleiten.

Aber Tränke verhalten sich auch etwas anders. Sie benötigen also eine Schnittstelle `ITrank`, um ihnen ein weiteres Verhalten zu geben: die Gesundheit des Spielers zu erhöhen. Die Schnittstelle `ITrank` ist sehr einfach. Tränke müssen nur eine schreibgeschützte Eigenschaft namens `Aufgebraucht` hinzufügen, die `false` liefert, wenn der Spieler den Trank noch nicht verwendet hat, und `true`, wenn er ihn verwendet hat. Diese nutzt das Formular, um zu ermitteln, ob der Trank im Formular angezeigt werden soll.

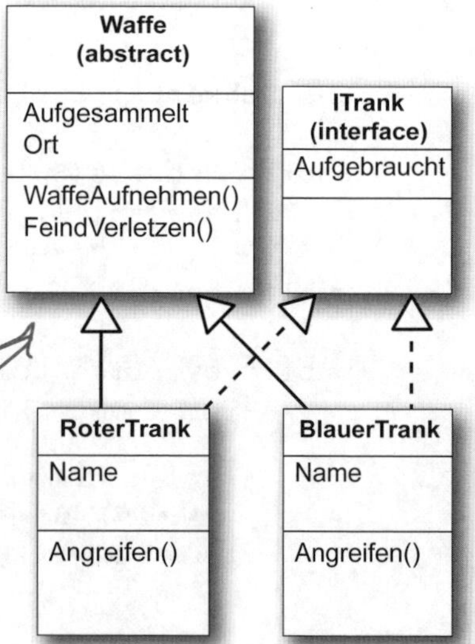
Waffe
(abstract)
Aufgesammelt
Ort
WaffeAufnehmen()
FeindVerletzen()
ITrank
(interface)
Aufgebraucht
RoterTrank
Name
Angreifen()
BlauerTrank
Name
Angreifen()

```
interface ITrank {
  bool Aufgebraucht { get; }
}
```

ITrank sorgt dafür, dass Tränke nur einmal verwendet werden können. Außerdem kann auf Basis dieser Schnittstelle mit »if (waffe is ITrank)« herausgefunden werden, ob eine Waffe ein Trank ist.

Tränke erben von Waffe, weil sie wie Waffen genutzt werden – der Spieler klickt im Inventar auf einen Trank, um sich mit ihm auszurüsten, und klickt dann auf einen der Angreifen-Buttons, um ihn zu verwenden.

Diese Klassen sollten mithilfe des Klassendiagramms und der Informationen hier unten geschrieben werden können.

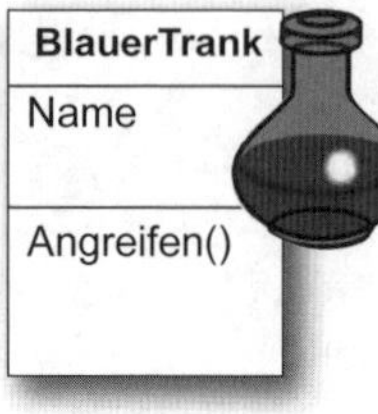
BlauerTrank
Name
Angreifen()

Die `Name`-Eigenschaft der Klasse `BlauerTrank` soll den String »Blauer Trank« liefern. Ihre `Angreifen()`-Methode wird aufgerufen, wenn der Spieler den Trank nutzt – er soll die Gesundheit des Spielers um fünf Trefferpunkte erhöhen, indem die Methode `SpielerGesundheitErhöhen()` aufgerufen wird. Nachdem der Spieler den Trank verwendet hat, soll die `Aufgebraucht`-Eigenschaft des Tranks `true` liefern.

Wenn der Spieler in Level 2 einen blauen Trank einsammelt, diesen nutzt und in Level 4 einen weiteren einsammelt, erstellt das Spiel zwei separate Instanzen von BlauerTrank.

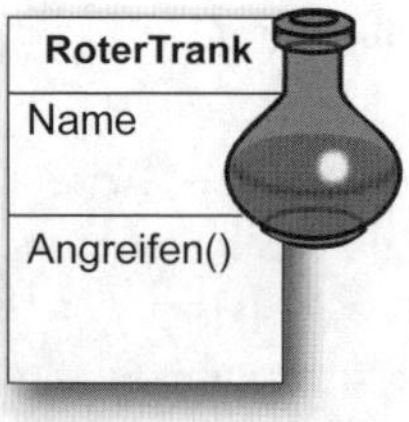
RoterTrank
Name
Angreifen()

Die Klasse `RoterTrank` ist `BlauerTrank` sehr ähnlich. Die einzigen Unterschiede liegen darin, dass die Eigenschaft `Name` den String »Roter Trank« liefert und die Methode `Angreifen()` die Gesundheit des Spielers um bis zu zehn Trefferpunkte erhöht.

Das Formular bringt alles zusammen

Ein Rectangle nutzen

Bei der Arbeit mit Formularen werden Sie oft auf Rectangle-Objekte stoßen. Sie erstellen diese, indem Sie Werte für X, Y, Width und Height übergeben oder zwei Point-Objekte (für gegenüberliegende Ecken). Die Grenzen eines Rechtecks können Sie über Left, Right, Top und Bottom abrufen.

Es gibt eine Instanz der Klasse `Spiel`, die in einem privaten Feld des Formulars festgehalten wird. Sie wird im `Load`-Event des Formulars erstellt, und die Event-Handler für das Formular nutzen die Felder und Methoden dieser `Spiel`-Instanz, um das Spiel zu steuern.

Alles beginnt im `Load`-Event-Handler des Formulars, der `Spiel` ein `Rectangle`-Objekt übergibt, das die Grenzen des Spielbereichs definiert. Hier ist etwas Formularcode für den Anfang:

```
private Spiel spiel;
private Random zufall = new Random();
private void Form1_Load(object sender,
                        EventArgs e) {
    spiel = new Spiel(new Rectangle(78, 57, 420, 155));
    spiel.NeuesLevel(zufall);
    FigurenAktualisieren();
}
```

Das sind die Grenzen des Verlieses im Hintergrundbild, das Sie herunterladen und dem Formular hinzufügen werden. Eventuell müssen Sie **experimentieren**, um die Werte herauszufinden, die für Ihre Bildschirmgröße angemessen sind.

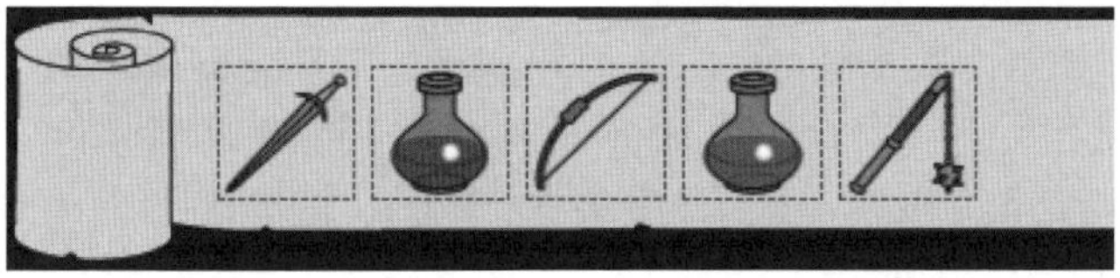

Klicken Sie auf **jedes** der PictureBox-Elemente, damit die IDE für jedes einen Event-Handler hinzufügt.

Das Formular hat separate Event-Handler für die Click-Events der `PictureBox`-Elemente. Klickt der Spieler auf ein Schwert, prüft dieser mit der `SpielerInventarPrüfen()`-Methode von `Spiel` zunächst, ob sich das Schwert im Inventar des Spielers befindet. Ist das der Fall, ruft das Formular `spiel.Ausrüsten()` auf, um den Spieler mit dem Schwert auszurüsten. Dann setzt es die `BorderStyle`-Eigenschaften, um das Schwert einzurahmen und einen eventuellen Rahmen von anderen Waffen zu entfernen.

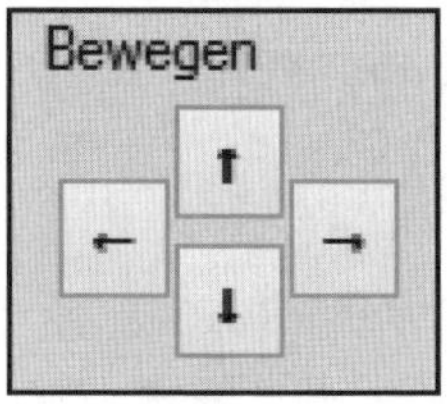
Bewegen

Es gibt je einen Event-Handler für jeden der Bewegen-Buttons. Sie sind ziemlich einfach. Erst ruft der Button `spiel.Bewegen()` mit dem erforderlichen `Richtung`-Wert auf und dann die `FigurenAktualisieren()`-Methode des Formulars.

Achten Sie darauf, dass Sie die Buttons wieder zurücksetzen, wenn sich der Spieler mit Schwert, Bogen oder Keule ausrüstet.

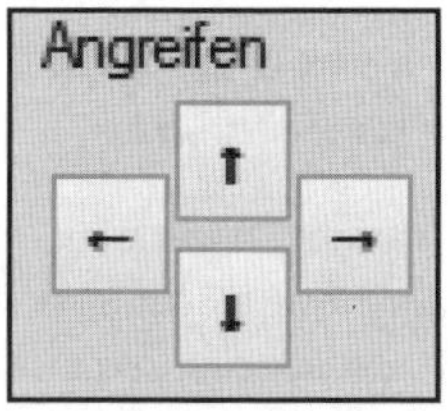
Angreifen

Auch die Event-Handler für die vier Angreifen-Buttons sind leicht. Jeder Button ruft erst `spiel.Angreifen()` auf und dann die Methode `FigurenAktualisieren()`. Ist der Spieler mit einem Trank ausgerüstet, werden sie auf gleiche Weise verwendet – indem `spiel.Angreifen()` aufgerufen wird –, aber Tränke haben keine Richtung. Machen Sie also die Buttons Links, Rechts und Runter unsichtbar, wenn der Spieler mit einem Trank ausgerüstet ist, und ändern Sie den Text auf dem Button Hoch in »Trinken«.

Die FigurenAktualisieren()-Methode des Formulars bringt PictureBoxen in Position

Das letzte Puzzleteil ist die `FigurenAktualisieren()`-Methode des Formulars. Nachdem sich die Objekte bewegt und aufeinander eingewirkt haben, aktualisiert das Formular alles ... damit die `Visible`-Eigenschaften der `PictureBox`-Elemente für Waffen, die eingesammelt wurden, auf false gesetzt werden, Feinde und Spieler an ihrem neuen Ort gezeichnet (und Tote unsichtbar gemacht) werden und das Inventar aktualisiert wird.

Hier sehen Sie, was Sie tun müssen:

1 **AKTUALISIEREN SIE DIE POSITION UND DIE DATEN DES SPIELERS.**
Erst müssen Sie die `PictureBox` für den Spieler und das Label mit den Trefferpunkten aktualisieren. Dann benötigen Sie ein paar Variablen, um zu prüfen, ob Sie die verschiedenen Feinde angezeigt haben.

```
public void FigurenAktualisieren() {
  spieler.Location = spiel.SpielerOrt;
  spielerTrefferpunkte.Text =
    spiel.SpielerTrefferpunkt.ToString();

  bool fledermausZeigen = false;
  bool geistZeigen = false;
  bool ghulZeigen = false;
  int gezeigteFeinde = 0;
  // Hier muss noch mehr Code hin ...
```

Die Variable fledermausZeigen wird auf true gesetzt, wenn wir die PictureBox der Fledermaus sichtbar machen. Das Gleiche gilt für geistZeigen und ghulZeigen.

2 **AKTUALISIEREN SIE DEN ORT UND DIE TREFFERPUNKTE DER FEINDE.**
Jeder Feind könnte sich an einem anderen Ort befinden oder eine andere Anzahl Trefferpunkte haben. Die Feinde müssen Sie aktualisieren, nachdem Sie den Spieler aktualisiert haben:

```
foreach (Feind feind in spiel.Feinde) {
  if (feind is Fledermaus) {
    fledermaus.Location = feind.Ort;
    fledermausTrefferpunkte.Text = feind.Trefferpunkte.ToString();
    if (feind.Trefferpunkte > 0) {
      fledermausZeigen = true;
      gezeigteFeinde++;
    }
  }
  // usw.
```

Das kommt unmittelbar nach dem Code oben.

Das hat keinen unerheblichen Einfluss auf die Sichtbarkeit der PictureBox für den Feind.

In Ihrer foreach-Schleife brauchen Sie zwei weitere if-Anweisungen wie diese – eine für den Geist, eine für den Ghul.

Nachdem Sie alle Feinde in diesem Level durchlaufen haben, prüfen Sie die Variable. Wurde die Fledermaus getötet, ist `fledermausZeigen` weiterhin `false`. Machen Sie dann die `PictureBox` unsichtbar und leeren Sie das Label für die Trefferpunkte. Tun Sie dann das Gleiche mit `geistZeigen` und `ghulZeigen`.

3 **AKTUALISIEREN SIE DIE PICTUREBOX-ELEMENTE FÜR DIE WAFFEN.**
Deklarieren Sie die Variable `waffenSteuerung` und nutzen Sie eine große `switch`-Anweisung, um sie auf die PictureBox zu setzen, die der Waffe im Raum entspricht.

```
schwert.Visible = false;
bogen.Visible = false;
roterTrank.Visible = false;
blauerTrank.Visible = false;
keule.Visible = false;
Control waffenSteuerung = null;
switch (spiel.WaffeInRaum.Name) {
   case "Schwert":
      waffenSteuerung = schwert; break;
```

Achten Sie darauf, dass die Namen Ihrer Steuerelemente diesen Namen entsprechen. Tun sie das nicht, kann das zu Fehlern führen, die schwer aufzuspüren sind.

Sie brauchen weitere Fälle für die anderen Waffen.

Die weiteren Fälle sollten die Variable `waffenSteuerung` auf das erforderliche Steuerelement für das Formular setzen. Nach der `switch`-Anweisung setzen Sie `waffenSteuerung.Visible` auf `true`, um die entsprechende Waffe anzuzeigen.

4 **SETZEN SIE DIE VISIBLE-EIGENSCHAFT DER INVENTAR-PICTUREBOXEN.**
Prüfen Sie die `SpielerInventarPrüfen()`-Methode von `Spiel`, um herauszufinden, welche der verschiedenen Inventar-Symbole angezeigt werden müssen.

5 **HIER IST DER REST DER METHODE.**
Der Rest der Methode macht Folgendes: Erst wird geprüft, ob der Spieler bereits die Waffe aufgehoben hat, die sich im Raum befindet, um diese dann gegebenenfalls unsichtbar zu machen. Dann wird geprüft, ob der Spieler gestorben ist. Als Letztes wird geprüft, ob der Spieler alle Feinde besiegt hat, er es also ins nächste Level geschafft hat.

```
waffenSteuerung.Location = spiel.WaffeInRaum.Ort;
if (spiel.WaffeInRaum.Aufgesammelt) {
  waffenSteuerung.Visible = false;
} else {
  waffenSteuerung.Visible = true;
}
if (spiel.SpielerTrefferpunkt <= 0) {
  MessageBox.Show("Sie sind tot");
  Application.Exit();
}
if (gezeigteFeinde < 1) {
  MessageBox.Show("Sie haben alle Feinde in diesem Level besiegt");
  spiel.NeuesLevel(zufall);
  FigurenAktualisieren();
}
```

In jedem Level kann eine Waffe aufgehoben werden. Wurde sie aufgehoben, müssen Sie das Symbol unsichtbar machen.

Application.Exit() beendet das Programm sofort. Es ist Teil von System.Windows.Forms. Sie müssen also die erforderliche using-Anweisung angeben, möchten Sie die Methoden außerhalb eines Formulars nutzen.

Gibt es auf diesem Level keine Feinde mehr, hat der Spieler alle besiegt und kann zum nächsten Level weitergehen.

Der Spaß fängt gerade erst an!

Sieben Level, drei Feinde ... noch ist das ein recht bescheidenes Spiel. Aber Sie können es verbessern. Hier sind ein paar Anregungen ...

Machen Sie die Feinde schlauer!
Haben Sie eine Idee, wie man die Bewegen()-Methoden der Feinde so ändern könnte, dass sie schwerer zu besiegen sind? Schauen Sie, ob Sie ihre Konstanten in Eigenschaften umwandeln und Mittel hinzufügen können, sie während des Spiels zu ändern.

Fügen Sie mehr Levels hinzu!
Das Spiel muss nicht nach sieben Levels enden. Versuchen Sie, weitere hinzuzufügen ... haben Sie eine Idee, wie man das Spiel endlos weitergehen lassen könnte? Schreiben Sie eine coole Animation mit tanzenden Geistern und Fledermäusen, die angezeigt wird, wenn der Spieler gewinnt! Das Spiel endet ziemlich abrupt, wenn der Spieler stirbt. Fällt Ihnen ein benutzerfreundlicheres Ende ein? Vielleicht könnte man den Benutzer das Spiel neu starten oder das letzte Level neu versuchen lassen.

Fügen Sie weitere Feindarten hinzu!
Sie müssen die Gefahren nicht auf Ghule, Geister und Fledermäuse beschränken. Schauen Sie, ob Sie dem Spiel weitere Feinde hinzufügen können.

Fügen Sie weitere Waffen hinzu!
Der Spieler braucht unbedingt weitere Hilfe, um seine neuen Feinde zu besiegen. Denken Sie sich weitere Wege aus, über die Waffen angreifen oder Tränke wirken können. Nutzen Sie, dass Waffe eine Unterklasse von Beweger ist – schaffen Sie weitere Waffen, denen der Spieler hinterherjagen muss!

Fügen Sie mehr Grafiken hinzu!
Unter www.headfirstlabs.com/books/hfcsharp/ finden Sie Grafiken für weitere Feinde, Waffen und andere Grafiken, die Ihrer Fantasie auf die Sprünge helfen sollen.

Machen Sie ein Actionspiel daraus!
Hier ist eine interessante Herausforderung. Haben Sie eine Idee, wie Sie das KeyDown-Event und den Timer, die Sie im Tippspiel in Kapitel 4 genutzt haben, einsetzen könnten, um dieses rundenbasierte Spiel in ein Actionspiel zu verwandeln?

Hier können Sie sich beweisen! Haben Sie eine coole neue Version des Spiels erstellt? Posten Sie sie auf CodePlex oder einer anderen Code-Hosting-Site. Kommen Sie ins Head First C#-Forum und stellen Sie sie vor: www.headfirstlabs.com/books/hfcsharp/

10 Windows Store-Apps mit XAML

Ihre Apps auf die nächste Stufe bringen

HOFFENTLICH HABE ICH NICHT VERGESSEN, MEIN <ARSCH>-STEUERELEMENT AN DIE SATTEL-EIGENSCHAFT ZU BINDEN!

Sie sind für ein neues Kapitel der App-Entwicklung bereit.

Mit WinForms und dem Aufbau von Windows Desktop-Programmen kann man wichtige C#-Konzepte leicht erlernen, aber *Ihre Programme könnten noch sehr viel mehr leisten*. In diesem Kapitel werden Sie **XAML** nutzen, um Windows Store-Apps zu gestalten. Sie werden lernen, wie man **Seiten so aufbaut, dass sie auf alle Geräte passen**, wie man mit **Datenbindungen** Daten in Seiten **einbindet** und wie man sich mit Visual Studio einen Weg zu den innersten Geheimnissen von XAML-Seiten bahnt, indem man die Objekte untersucht, die von Ihrem XAML-Code erstellt werden.

Brian nutzt Windows 8

Zu schade, dass Brians altmodische Desktop-App so veraltet wirkt! Er hat keinen Bock mehr, mit dem Mauszeiger in winzigen Checkboxen herumzustochern. Brian möchte seinen Ausredengenerator in eine App verwandeln. Können wir ihm dabei helfen?

Brians Ausredeverwaltung funktioniert, aber die Verwendung eines veralteten Windows-Programms auf dem Desktop ist einfach kein Ersatz für eine wahre, ehrliche und zu 100 % reine Windows Store-App.

WAS SOLL DAS SEIN? 2003? MENSCH LEUTE, ES GEHT DOCH WOHL ETWAS ZEITGEMÄßER!

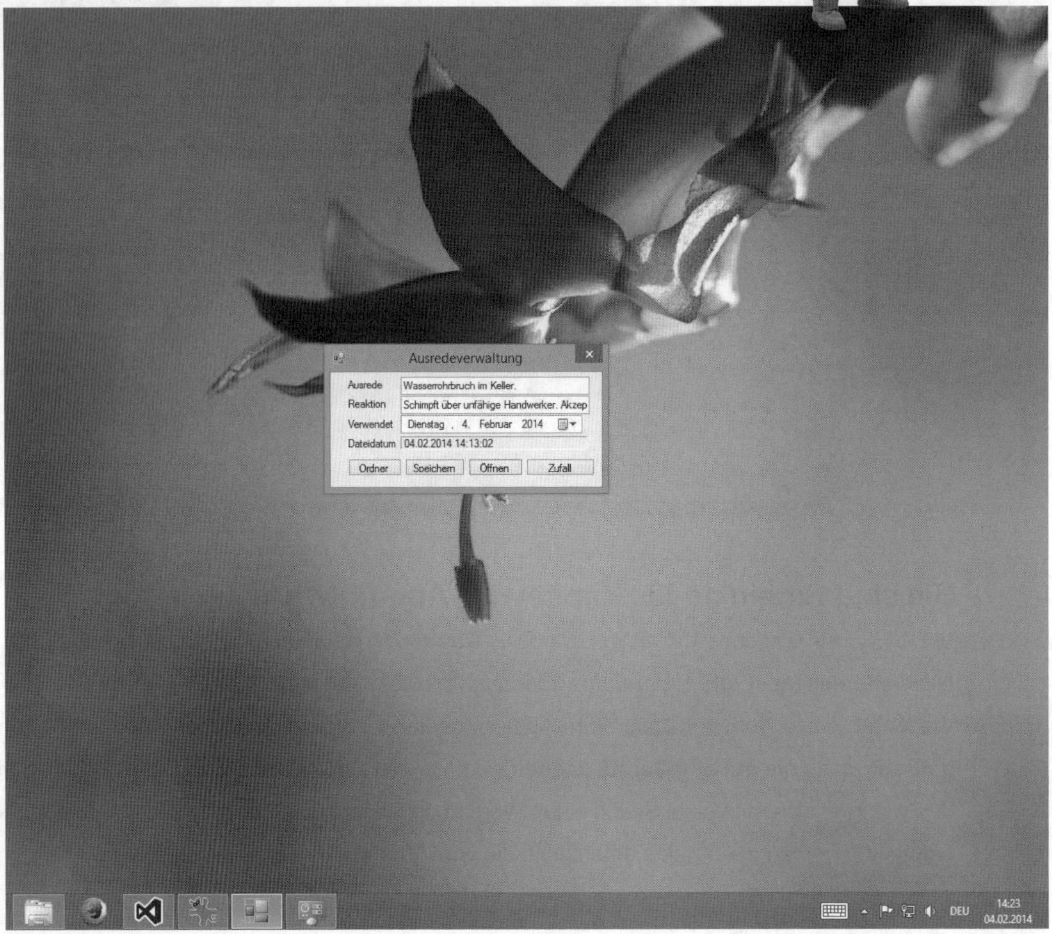
Ausredeverwaltung
Ausrede
Wasserrohrbruch im Keller.
Reaktion
Schimpft über unfähige Handwerker. Akzep
Verwendet
Dienstag , 4. Februar 2014
Dateidatum
04.02.2014 14:13:02
Ordner
Speichern
Öffnen
Zufall
DEU
14:23
04.02.2014

Tun Sie das!

Sie wollen das schnell kapieren? Dann sollten Sie Folgendes tun, bevor Sie mit diesem Kapitel lostegen!

Hinter den Kulissen

Windows Store-Apps sind komplexer als WinForms-Programme. Deswegen war WinForms so gut, als wir C#-Konzepte lernten. Aber es ist nicht annähernd so effektiv wenn es darum geht, gute Apps zu erstellen. Daher wollen wir uns wieder XAML und Windows Store-Apps zuwenden. Dazu werden wir uns zunächst ansehen, was im Hintergrund bei beiden Technologien geschieht, um die Benutzerschnittstelle aufzubauen.

Sie haben sich ein gesundes Grundlagenwissen über C#, Objekte, Auflistungen und andere .NET-Werkzeuge angeeignet. Jetzt werden wir uns wieder der Erstellung von Windows Store-Apps mit XAML widmen. Auf den folgenden Seiten werden wir die IDE nutzen, um die Objekte zu erforschen, die WinForms-Programme erstellen und verwalten. Versuchen Sie, darauf zu achten, was anders – und ebenso wichtig – was gleich ist, wenn wir die IDE anschließend nutzen, um uns die Objekte anzusehen, die eine mit XAML erstellte Windows Store-App bilden.

Bevor Sie mit diesem Kapitel fortfahren, sollten Sie die folgenden Dinge tun:

Wir haben Kapitel 1 und große Teile von Kapitel 2 damit verbracht, Ihnen den Aufbau von Windows Store-Apps mit XAML und dem .NET Framework für Windows Store vorzustellen. Wir werden auf dem Wissen aus diesen Kapiteln aufbauen. Manche Leute haben absolut keine Probleme, zwischen WinForms und XAML zu wechseln, aber andere empfinden es als irritierend. Wenn Sie sich das Lernen leicht machen wollen, sollten Sie erst mal ein paar Dinge tun. **Das wird Ihnen dabei helfen, sich alles schneller anzueignen!**

- **Kehren Sie zu Kapitel 1 zurück** und bauen Sie das Spiel *Die Menschheit retten* noch einmal von vorn auf. Aber geben Sie diesmal den gesamten Code von Hand ein.
- Und ***lesen Sie den Code***! Es gibt darin immer noch so einiges, was wir bisher nicht behandelt haben, aber mittlerweile sollten Sie doch so viel davon wiedererkennen, dass Sie den Code tatsächlich verstehen können.
- Versuchen Sie, herauszufinden, wie das Spiel funktioniert. Sie sollten sich damit aber nicht quälen. Wie gesagt, es gibt immer noch etliches, das wir noch nicht behandelt haben.
- Achten Sie besonders darauf, was Sie mit der Standardseite-Vorlage tun und wie Sie die Standard-*MainPage.xaml*-Datei durch sie ersetzen, denn das werden wir in diesem Kapitel mehrfach machen.
- **Machen** Sie auch die XAML-Projekte in Kapitel 2 **ein zweites Mal**. Ja, auch die Übungen! So, jetzt sind Sie bereit!

Eins noch!

Wir haben noch nicht alles behandelt, was WinForms-Apps leisten können. WinForms hat ein Grafik-Subsystem namens GDI+, mit dem man erstaunlich gut Grafiken erstellen, drucken oder Benutzerinteraktionen abwickeln kann. (Damit ist jedoch erheblich mehr Arbeitsaufwand verbunden als bei XAML.) Elementare Elemente der Programmierung kann man sich mit am besten aneignen, indem man sich mehrere Möglichkeiten anschaut, ein Problem zu lösen.

Schnitzeljagd!

Sie haben diverse wichtige C#-Konzepte erlernt, seit Sie in Kapitel 1 *Die Menschheit retten* erstellten, und haben eine Menge Erfahrung bei ihrer Verwendung gesammelt. Jetzt wird es Zeit, dass Sie den Schlapphut aufsetzen und Ihre Spürnase testen. Suchen Sie die folgenden C#-Elemente im *Die Menschheit retten*-Code. Eine der Antworten haben wir Ihnen schon abgenommen. Finden Sie den Rest?

(Für einige Fragen gibt es mehrere richtige Lösungen.)

☐ **Mit einem String-Schlüssel ein Objekt in einem `Dictionary` suchen.**

☐ **Einen Objektinitialisierer verwenden.**

☐ **Einer Auflistung Objekte unterschiedlichen Typs hinzufügen.**

☐ **Eine statische Methode aufrufen.**

☐ **Eine Event-Handler-Methode verwenden.**

....

....

....

☐ **Mit as ein Objekt downcasten.**

....

....

....

☐ **Eine Objektreferenz an eine Methode übergeben.**

....

....

....

☑ **Ein Objekt instantiieren und eine seiner Methoden aufrufen.**

In FeindBewegen() wird ein StoryBoard-Objekt instantiiert, und seine Begin()-Methode wird aufgerufen.

☐ **Ein Enum zur Zuweisung eines Werts verwenden.**

....

....

....

Schnitzeljagd!

Lösung

Sie haben diverse wichtige C#-Konzepte erlernt, seit Sie in Kapitel 1 *Die Menschheit retten* erstellt haben, und haben eine Menge Erfahrung bei ihrer Verwendung gesammelt. Jetzt wird es Zeit, dass Sie den Schlapphut aufsetzen und Ihre Spürnase testen. Sie sollten, die folgenden C#-Elemente im *Die Menschheit retten*-Code suchen. Eine der Antworten hatten wir Ihnen schon abgenommen. Finden Sie den Rest?

(Für einige Fragen gibt es mehrere richtige Lösungen.) ← Das haben wir gefunden. Sie haben eventuell andere Lösungen gefunden!

☐ **Mit einem String-Schlüssel ein Objekt in einem `Dictionary` suchen.**

In der zweiten Zeile von FeindHinzu() wird der String »FeindVorlage« verwendet, um ein ControlTemplate-Objekt im Resources-Dictionary nachzuschlagen.

☐ **Einen Objektinitialisierer verwenden.**

Die From-, To- und Duration-Eigenschaften des DoubleAnimation-Objekts werden in FeindHinzu() mit einem Objektinitialisierer initialisiert.

☐ **Einer Auflistung Objekte unterschiedlichen Typs hinzufügen.**

Ein StackPanel-Objekt (mensch) und ein Rectangle-Objekt (ziel) werden in SpielStarten() der spielfeld.Children-Auflistung hinzugefügt.

☐ **Eine statische Methode aufrufen.**

Im Event-Handler ziel_PointerEntered() werden auf der Klasse Canvas die statischen Methoden SetLeft() und SetTop() aufgerufen.

☐ **Eine Event-Handler-Methode verwenden.**

Das Eigenschaften-Fenster der IDE wird eingesetzt, um eine Event-Handler-Methode für das PointerPressed-Event des "mensch"-StackPanel zu erstellen.

☐ **Mit as ein Objekt downcasten.**

Das Resources-Dictionary hat den Typ <object, object>. Der Rückgabewert von Resources["FeindVorlage"] wird deswegen auf den spezifischen Typ ControlTemplate gecastet.

☐ **Eine Objektreferenz an eine Methode übergeben.**

FeindBewegen() wird als erster Parameter eine Referenz auf ein ContentControl-Objekt übergeben.

☑ **Ein Objekt instantiieren und eine seiner Methoden aufrufen.**

In FeindBewegen() wird ein StoryBoard-Objekt instantiiert, und seine Begin()-Methode wird aufgerufen.

☐ **Ein Enum zur Zuweisung eines Werts verwenden.**

In SpielBeenden() wird das Visibility-Enum genutzt, um startButton.Visibility auf den Wert Visibility.Collapsed zu setzen.

Windows Forms nutzen einen Objektgraphen

Wenn Sie ein Windows Desktop-Programm erstellen, richtet die IDE Ihr Formular ein und generiert eine Menge Code in der Datei *Form1.Designer.cs*. Aber was enthält diese Datei tatsächlich? Das ist kein Geheimnis. Sie wissen bereits, dass jedes Steuerelement auf Ihrem Formular ein Objekt ist, und Sie wissen auch, dass Sie Objektreferenzen in Feldern speichern können. Irgendwo im generierten Code befindet sich also eine Felddeklaration für jedes Objekt, Code, der es instantiiert, und Code, der es auf dem Formular anzeigt. Suchen wir nun diese Zeilen, damit wir uns genau ansehen können, was bei unseren Formularen geschieht.

1. Öffnen Sie das in Kapitel 9 erstellte Texteditor-Projekt und öffnen Sie außerdem *Form1.Designer.cs*. Scrollen Sie ans Ende zu den Felddeklarationen. Es sollte eine für jedes Steuerelement geben:

```
+  Windows Form Designer generated code

   private System.Windows.Forms.TableLayoutPanel tableLayoutPanel1;
   private System.Windows.Forms.FlowLayoutPanel flowLayoutPanel1;
   private System.Windows.Forms.Button speichern;
   private System.Windows.Forms.Button öffnen;
   private System.Windows.Forms.TextBox textBox1;
   private System.Windows.Forms.OpenFileDialog openFileDialog1;
   private System.Windows.Forms.SaveFileDialog saveFileDialog1;
```

2. Erweitern Sie den Abschnitt mit dem vom Windows Form Designer generierten Code und suchen Sie nach dem Code, der die Steuerelemente instantiiert:

```
private void InitializeComponent()
{
    this.tableLayoutPanel1 = new System.Windows.Forms.TableLayoutPanel();
    this.flowLayoutPanel1 = new System.Windows.Forms.FlowLayoutPanel();
    this.speichern = new System.Windows.Forms.Button();
    this.öffnen = new System.Windows.Forms.Button();
    this.textBox1 = new System.Windows.Forms.TextBox();
    this.openFileDialog1 = new System.Windows.Forms.OpenFileDialog();
    this.saveFileDialog1 = new System.Windows.Forms.SaveFileDialog();
```

Eventuell hat die IDE diese Zeilen in einer anderen Reihenfolge instantiiert, aber es sollte eine Zeile für alle Steuerelemente im Formular geben.

3. Steuerelemente wie TableLayoutPanel und FlowLayoutPanel, die andere Steuerelemente enthalten, haben eine öffentliche Eigenschaft namens **Controls**. Das ist ein ControlCollection-Objekt, das auf vielerlei Weise Ähnlichkeiten mit einem List<Control>-Objekt aufweist. Alle Steuerelemente auf Ihrem Formular sind Unterklassen von Control. Werden sie der Controls-Auflistung eines Panels hinzugefügt, bewirkt das, dass sie innerhalb des Panels gezeichnet werden. Weiter unten sehen Sie, wie die Öffnen- und Speichern-Buttons dem FlowLayoutPanel hinzugefügt werden:

```
this.flowLayoutPanel1.Controls.Add(this.speichern)
this.flowLayoutPanel1.Controls.Add(this.öffnen);
```

Das FlowLayoutPanel ist in einer Zelle des TableLayoutPanel. Hier werden Panel und Textbox eingefügt:

```
this.tableLayoutPanel1.Controls.Add(this.flowLayoutPanel1, 0, 1);
this.tableLayoutPanel1.Controls.Add(this.textBox1, 0, 0);
```

Das Form-Objekt ist selbst ein Container und enthält das TableLayoutPanel:

```
this.Controls.Add(this.tableLayoutPanel1);
```

Sie müssen die Datei Form1.Designer.cs in dem Code öffnen, den Sie für den Texteditor in Kapitel 9 erstellt haben.

Spitzen Sie Ihren Bleistift

Schauen Sie sich alle `new`- und `Controls.Add()`-Anweisungen an, die die IDE für das Texteditor-Formular erstellt hat, und zeichnen Sie den Objektgraphen, der bei ihrer Ausführung aufgebaut wurde.

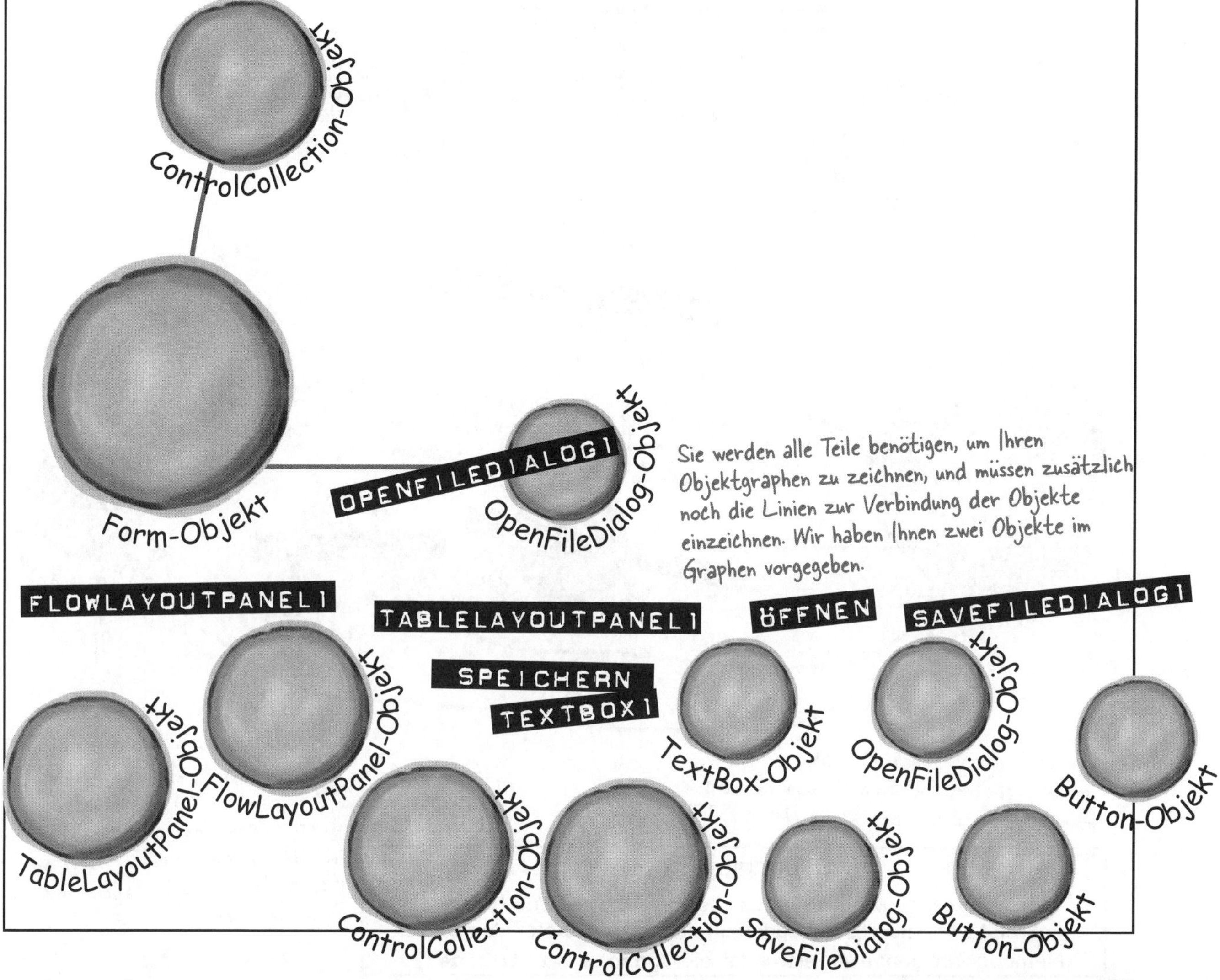
ControlCollection-Objekt
Form-Objekt
OPENFILEDIALOG1
OpenFileDialog-Objekt
Sie werden alle Teile benötigen, um Ihren Objektgraphen zu zeichnen, und müssen zusätzlich noch die Linien zur Verbindung der Objekte einzeichnen. Wir haben Ihnen zwei Objekte im Graphen vorgegeben.
FLOWLAYOUTPANEL1
TABLELAYOUTPANEL1
ÖFFNEN
SAVEFILEDIALOG1
SPEICHERN
TEXTBOX1
TableLayoutPanel-Objekt
FlowLayoutPanel-Objekt
ControlCollection-Objekt
ControlCollection-Objekt
TextBox-Objekt
SaveFileDialog-Objekt
OpenFileDialog-Objekt
Button-Objekt
Button-Objekt

Spitzen Sie Ihren Bleistift
Lösung

Schauen Sie sich alle `new`- und `Controls.Add()`-Anweisungen an, die die IDE für das Texteditor-Formular erstellt hat, und zeichnen Sie den Objektgraphen, der bei ihrer Ausführung aufgebaut wurde.

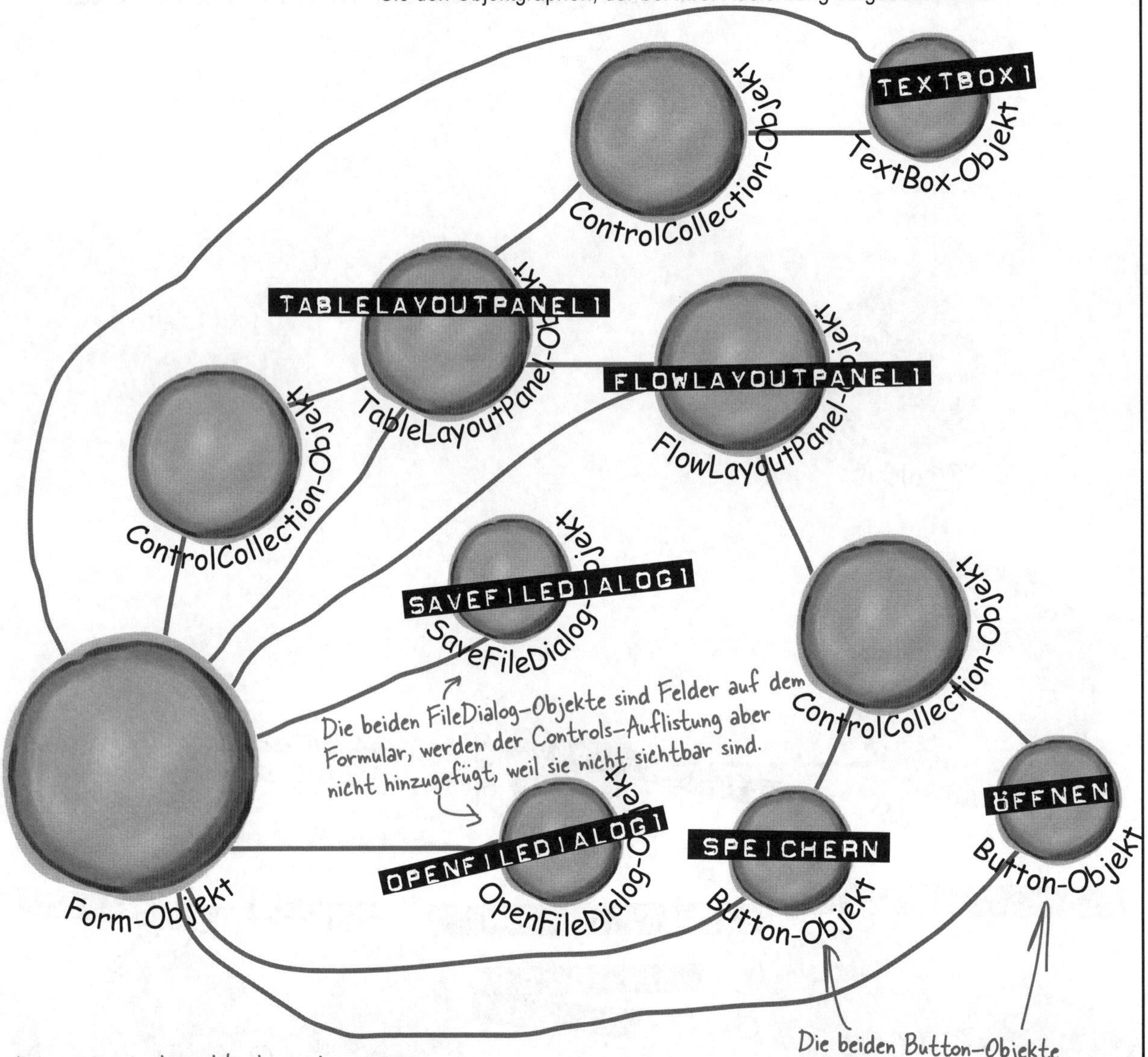
TEXTBOX1
TextBox-Objekt
ControlCollection-Objekt
TABLELAYOUTPANEL1
TableLayoutPanel-Objekt
FLOWLAYOUTPANEL1
FlowLayoutPanel-Objekt
ControlCollection-Objekt
SAVEFILEDIALOG1
SaveFileDialog-Objekt
ControlCollection-Objekt
Die beiden FileDialog-Objekte sind Felder auf dem Formular, werden der Controls-Auflistung aber nicht hinzugefügt, weil sie nicht sichtbar sind.
OPENFILEDIALOG1
OpenFileDialog-Objekt
Form-Objekt
SPEICHERN
Button-Objekt
ÖFFNEN
Button-Objekt

Die beiden Button-Objekte wurden der Controls-Auflistung des FlowLayoutPanel hinzugefügt, damit es eine Referenz darauf hat. Das Formular hält außerdem Referenzen auf die Öffnen- und Schließen-Felder.

Das wird sich als praktisch erweisen, wenn Sie Übungen lösen. Schauen Sie sich auch die anderen Methoden in der Klasse Debug an.

Tools

Debugging-Tipp

`System.Diagnostics.Debug.WriteLine()` **schreibt während des Debuggings Text ins Ausgabefenster. Diese Methode wird genau so verwendet wie `Console.WriteLine()`.**

Den Objektgraphen mit der IDE erforschen

Tun Sie das!

Kehren Sie zum Texteditor-Projekt zurück und setzen Sie einen Haltepunkt auf dem `InitializeComponent()`-Aufruf im Konstruktor des Formulars. Wenn der Haltepunkt ausgelöst wird, drücken Sie F10, um einen Prozedurschritt auszuführen. **Geben Sie dann im Überwachen-Fenster this ein**, um sich den Objektgraphen anzusehen.

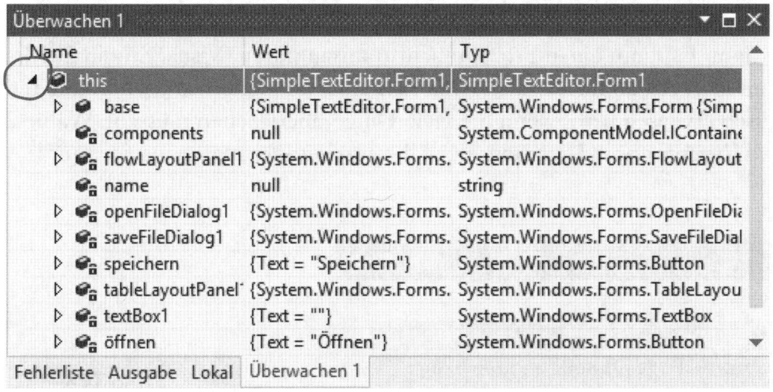
Überwachen 1
Name | Wert | Typ
this | {SimpleTextEditor.Form1, | SimpleTextEditor.Form1
base | {SimpleTextEditor.Form1, | System.Windows.Forms.Form {Simp
components | null | System.ComponentModel.IContain
flowLayoutPanel1 | {System.Windows.Forms. | System.Windows.Forms.FlowLayout
name | null | string
openFileDialog1 | {System.Windows.Forms. | System.Windows.Forms.OpenFileDi
saveFileDialog1 | {System.Windows.Forms. | System.Windows.Forms.SaveFileDial
speichern | {Text = "Speichern"} | System.Windows.Forms.Button
tableLayoutPanel | {System.Windows.Forms. | System.Windows.Forms.TableLayou
textBox1 | {Text = ""} | System.Windows.Forms.TextBox
öffnen | {Text = "Öffnen"} | System.Windows.Forms.Button
Fehlerliste Ausgabe Lokal Überwachen 1

Klicken Sie auf das + neben »this«, damit Sie alle Felder sehen können, die die IDE für die Referenzen auf die Formularsteuerelemente erstellt hat.

Erstellen Sie eine Überwachung für `tableLayoutPanel1.Controls` und expandieren Sie Ergebnisansicht, damit Sie sich die Objekte ansehen können, die die Auflistung enthält:

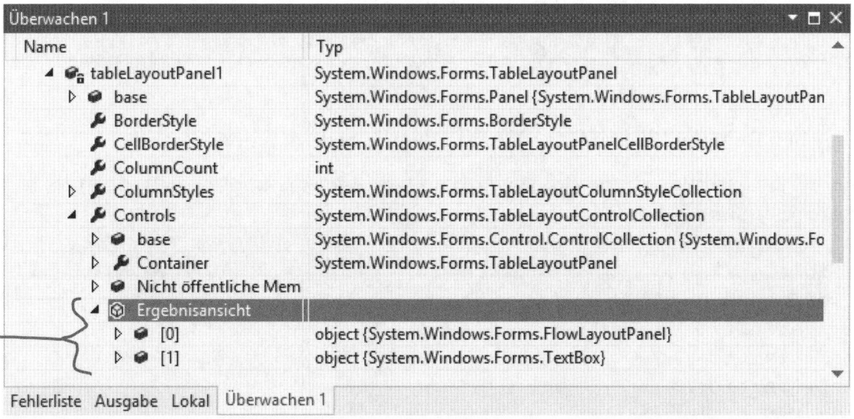
Überwachen 1
Name | Typ
tableLayoutPanel1 | System.Windows.Forms.TableLayoutPanel
base | System.Windows.Forms.Panel {System.Windows.Forms.TableLayoutPan
BorderStyle | System.Windows.Forms.BorderStyle
CellBorderStyle | System.Windows.Forms.TableLayoutPanelCellBorderStyle
ColumnCount | int
ColumnStyles | System.Windows.Forms.TableLayoutColumnStyleCollection
Controls | System.Windows.Forms.TableLayoutControlCollection
base | System.Windows.Forms.Control.ControlCollection {System.Windows.Fo
Container | System.Windows.Forms.TableLayoutPanel
Nicht öffentliche Mem
Ergebnisansicht
[0] | object {System.Windows.Forms.FlowLayoutPanel}
[1] | object {System.Windows.Forms.TextBox}
Fehlerliste Ausgabe Lokal Überwachen 1

Die Controls-Auflistung enthält zwei Steuerelemente im TableLayoutPanel, die TextBox und das FlowLayoutPanel, mit den Öffnen- und Schließen-Buttons.

Die Klasse `System.Windows.Form` hat eigentlich keine `Controls`-Eigenschaft. Sie erbt diese Eigenschaft von der Superklasse `ContainerControl`, die sie von `ScrollableControl` erbt, die sie von `Control` erbt. Erweitern Sie ⊞ base im Überwachen-Fenster, um sich in der Vererbungshierarchie zu `System.Windows.Forms.Control` zu bewegen. (Daher erbt `Form` seine Controls-Auflistung.) Expandieren Sie in der **Ergebnisansicht** die `Controls`-Auflistung. Sie sehen ein Objekt für jedes Steuerelement auf dem Formular!

Expandieren Sie »base«, um sich die Eigenschaften anzusehen, die ein Objekt von seiner Basisklasse erbt:

Wir haben die Wert-Spalte für diesen Screenshot verkleinert.

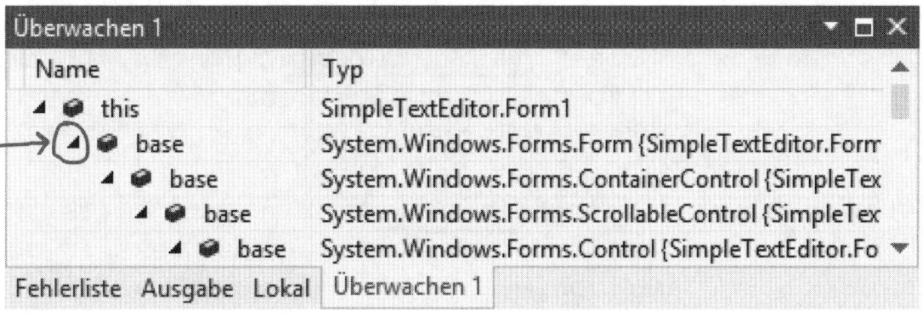
Überwachen 1
Name | Typ
this | SimpleTextEditor.Form1
base | System.Windows.Forms.Form {SimpleTextEditor.Form
base | System.Windows.Forms.ContainerControl {SimpleTex
base | System.Windows.Forms.ScrollableControl {SimpleTex
base | System.Windows.Forms.Control {SimpleTextEditor.Fo
Fehlerliste Ausgabe Lokal Überwachen 1

Das wird für einige Kapitel unser letzter Blick auf WinForms sein! Wir werden aber noch ein paarmal darauf zurückkommen, weil es gut zum Lernen und zur Erforschung von C# geeignet ist.

Windows Store-Apps erstellen UI-Objekte mit XAML

Tun Sie das!

Wenn Sie mit XAML die Benutzerschnittstelle für eine Windows Store-App aufbauen, dann bauen Sie einen Objektgraphen auf. Und wie bei WinForms können Sie ihn mit dem Überwachen-Fenster der IDE erforschen. **Öffnen Sie das »IfElseÜbung«-Programm aus Kapitel 2**. Öffnen Sie dann *MainPage.xaml.cs*, setzen Sie im Konstruktor einen Haltepunkt auf dem `InitializeComponent()`-Aufruf und **nutzen Sie die IDE, um die UI-Objekte der App zu erforschen**.

1. Starten Sie das Debugging und drücken Sie dann F10, um einen Prozedurschritt auszuführen. Visual Studio 2013 für Windows 8 hat ein etwas anderes Fensterlayout als VS2013 für Desktop, weil es mehr Funktionen hat, unter anderem mehrere Überwachen-Fenster (was sich als praktisch erweisen wird, wenn Sie viele Dinge überwachen müssen). Wählen Sie **Debuggen → Fenster → Überwachen → Überwachen 1**, um eins der Überwachen-Fenster anzuzeigen und Folgendes zu überwachen:

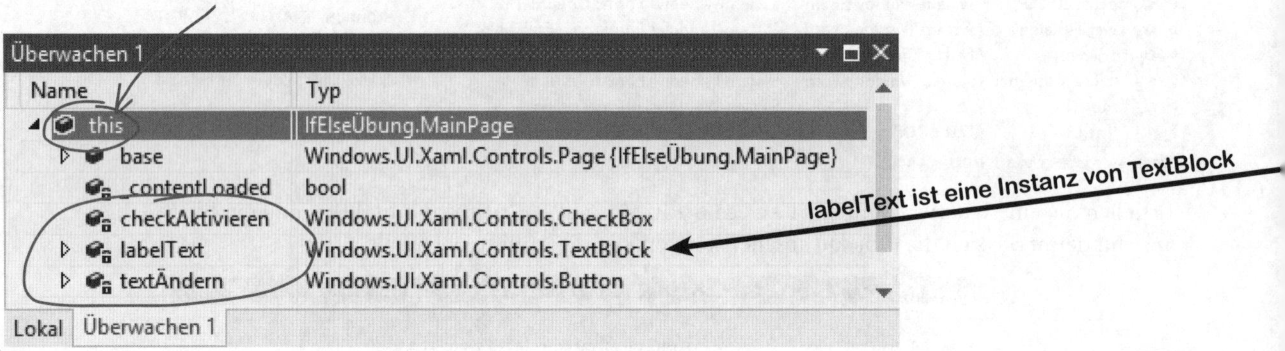
Überwachen 1
Name
Typ
this
IfElseÜbung.MainPage
base
Windows.UI.Xaml.Controls.Page {IfElseÜbung.MainPage}
_contentLoaded
bool
checkAktivieren
Windows.UI.Xaml.Controls.CheckBox
labelText
Windows.UI.Xaml.Controls.TextBlock
textÄndern
Windows.UI.Xaml.Controls.Button
Lokal
Überwachen 1
labelText ist eine Instanz von TextBlock

2. Werfen Sie nun einen weiteren Blick auf das XAML, das die Seite definiert:

```
<Grid Background="{StaticResource ApplicationPageBackgroundThemeBrush}">
    <Grid.RowDefinitions>
        <RowDefinition/>
        <RowDefinition/>
    </Grid.RowDefinitions>
    <Grid.ColumnDefinitions>
        <ColumnDefinition/>
        <ColumnDefinition/>
    </Grid.ColumnDefinitions>

    <Button x:Name="textÄndern"
            Content="Label bei aktivierter Checkbox ändern"
            HorizontalAlignment="Center" Click="textÄndern_Click"/>

    <CheckBox x:Name="checkAktivieren" Content="Label-Änderung aktivieren"
              HorizontalAlignment="Center"
              IsChecked="true" Grid.Column="1"/>

    <TextBlock x:Name="labelText" Grid.Row="1" TextWrapping="Wrap"
               Text="Button betätigen, um Text zu setzen"
               HorizontalAlignment="Center" VerticalAlignment="Center"
               Grid.ColumnSpan="2"/>
</Grid>
```

Das XAML, das die Steuerelemente auf einer Seite definiert, wird in ein Page-Objekt mit Feldern und Eigenschaften umgewandelt, die Referenzen auf UI-Objekte enthalten.

3 Fügen Sie dem Überwachen-Fenster einige der `labelText`-Eigenschaften hinzu:

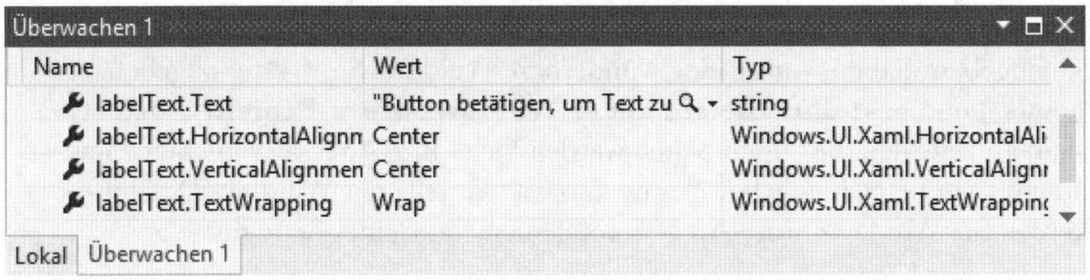

Überwachen 1

Name	Wert	Typ
labelText.Text	"Button betätigen, um Text zu	string
labelText.HorizontalAlignn	Center	Windows.UI.Xaml.HorizontalAli
labelText.VerticalAlignmen	Center	Windows.UI.Xaml.VerticalAlignı
labelText.TextWrapping	Wrap	Windows.UI.Xaml.TextWrappin(

Lokal | Überwachen 1

Die App setzt die Eigenschaften automatisch auf Basis Ihres XAML:

```
<TextBlock x:Name="labelText" Grid.Row="1" TextWrapping="Wrap"
           Text="Button betätigen, um Text zu setzen"
           HorizontalAlignment="Center" VerticalAlignment="Center"
           Grid.ColumnSpan="2"/>
```

Aber was ist, wenn Sie `labelText.Grid` oder `labelText.ColumnSpan` ins Überwachen-Fenster einfügen wollen? Das Steuerelement ist ein `Windows.UI.Controls.TextBlock`-Objekt, und dieses Objekt hat diese Eigenschaften nicht. Eine Idee, was mit diesen XAML-Eigenschaften los ist?

4 Halten Sie Ihr Programm an, öffnen Sie *MainPage.xaml.cs* und suchen Sie die Klassendeklaration für `MainPage`. Sehen Sie sich die Deklaration an – es ist eine Unterklasse von `Page`. Wenn die Maus über `Page` schwebt, zeigt die IDE Ihnen den vollständigen Klassennamen an:

Lassen Sie die Maus über Page schweben, um die Klasse einzusehen.

```
public sealed partial class MainPage : Page
{
    public MainPage()
    {
        this.InitializeComponent();
    }
```

class Windows.UI.Xaml.Controls.Page
Stellt Inhalt dar, zum dem ein Frame-Steuerelement navigieren kann.

Starten Sie das Programm erneut und drücken Sie F10, um den Aufruf von `InitializeComponent()` ausführen zu lassen. Kehren Sie zum Überwachen-Fenster zurück und expandieren Sie `this` >> `base` >> `base`, um in der Vererbungshierarchie aufzusteigen.

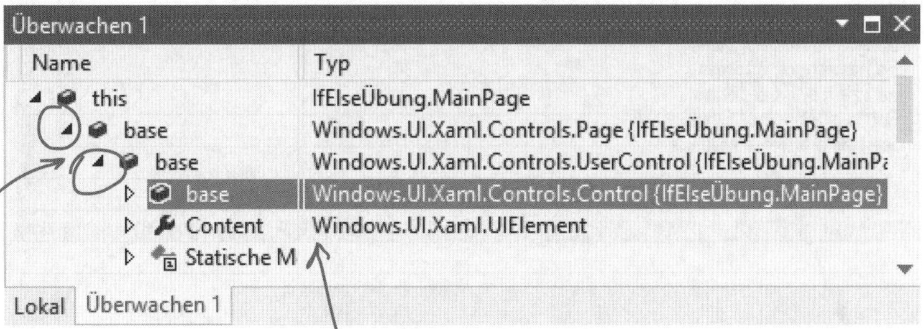

Überwachen 1

Name	Typ
this	IfElseÜbung.MainPage
base	Windows.UI.Xaml.Controls.Page {IfElseÜbung.MainPage}
base	Windows.UI.Xaml.Controls.UserControl {IfElseÜbung.MainPa
base	Windows.UI.Xaml.Controls.Control {IfElseÜbung.MainPage}
Content	Windows.UI.Xaml.UIElement
Statische M	

Lokal | Überwachen 1

Expandieren Sie das, um die Superklassen einzusehen.

Expandieren Sie Content und sehen Sie sich das [Windows.UI.Xaml.Controls.Grid] an.

Schauen Sie sich die Objekte, die Ihr XAML generiert hat, genau an. Mit einigen davon werden wir uns später im Buch ausführlicher befassen. Im Augenblick sollen Sie sich nur damit vertraut machen, wie viele Objekte so eine App tragen.

Verwandeln Sie Go Fish! in eine Windows Store-App

Das Go Fish!-Spiel, das Sie in Kapitel 8 aufgebaut haben, würde eine wunderbare Windows Store-App abgeben. Öffnen Sie Visual Studio 2013 für Windows 8 und **erstellen Sie ein neues Windows Store-Projekt** (genau wie Sie es mit *Die Menschheit retten* gemacht haben). Auf den folgenden Seiten werden Sie es in XAML als eine Seite neu gestalten, die sich an die Größe der Bildschirme unterschiedlicher Geräte anpasst. Anstelle der Windows Desktop-Steuerelemente auf einem Formular werden Sie Windows Store-App-Steuerelemente auf einer Seite nutzen.

Tun Sie das!

Das wird ein <Button/>

Wir nutzen ein horizontales StackPanel, um die TextBox- und Button-Steuerelemente zu gruppieren, damit wir sie in die gleiche Zelle im Grid stecken können.

Das wird eine <TextBox/>

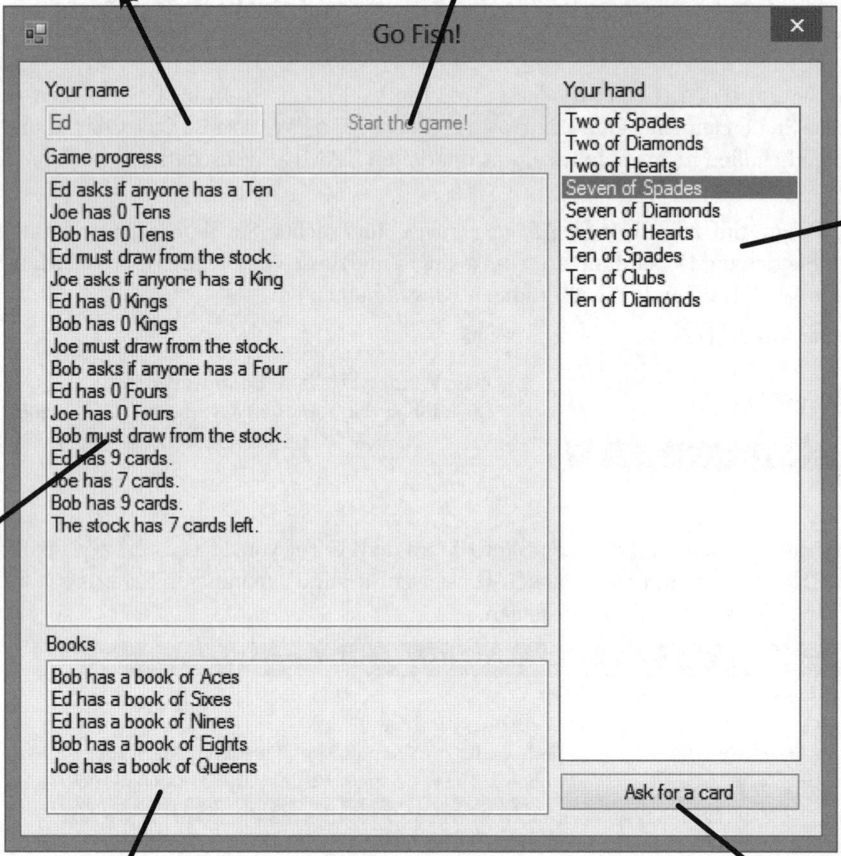
Go Fish!
Your name
Ed
Start the game!
Game progress
Ed asks if anyone has a Ten
Joe has 0 Tens
Bob has 0 Tens
Ed must draw from the stock.
Joe asks if anyone has a King
Ed has 0 Kings
Bob has 0 Kings
Joe must draw from the stock.
Bob asks if anyone has a Four
Ed has 0 Fours
Joe has 0 Fours
Bob must draw from the stock.
Ed has 9 cards.
Joe has 7 cards.
Bob has 9 cards.
The stock has 7 cards left.
Books
Bob has a book of Aces
Ed has a book of Sixes
Ed has a book of Nines
Bob has a book of Eights
Joe has a book of Queens
Your hand
Two of Spades
Two of Diamonds
Two of Hearts
Seven of Spades
Seven of Diamonds
Seven of Hearts
Ten of Spades
Ten of Clubs
Ten of Diamonds
Ask for a card

Das wird eine <ListBox/>

Das wird ein <ScrollViewer/>

Das wird ein <ScrollViewer/>

Das ist ein weiteres Steuerelement im Werkzeugkasten. Es zeigt einen Text an und ergänzt horizontale und/oder vertikale Scrollleisten, wenn der Text nicht mehr in das Fenster passt.

Das wird ein <Button/>

So werden diese Steuerelemente auf der Hauptseite der App aussehen:

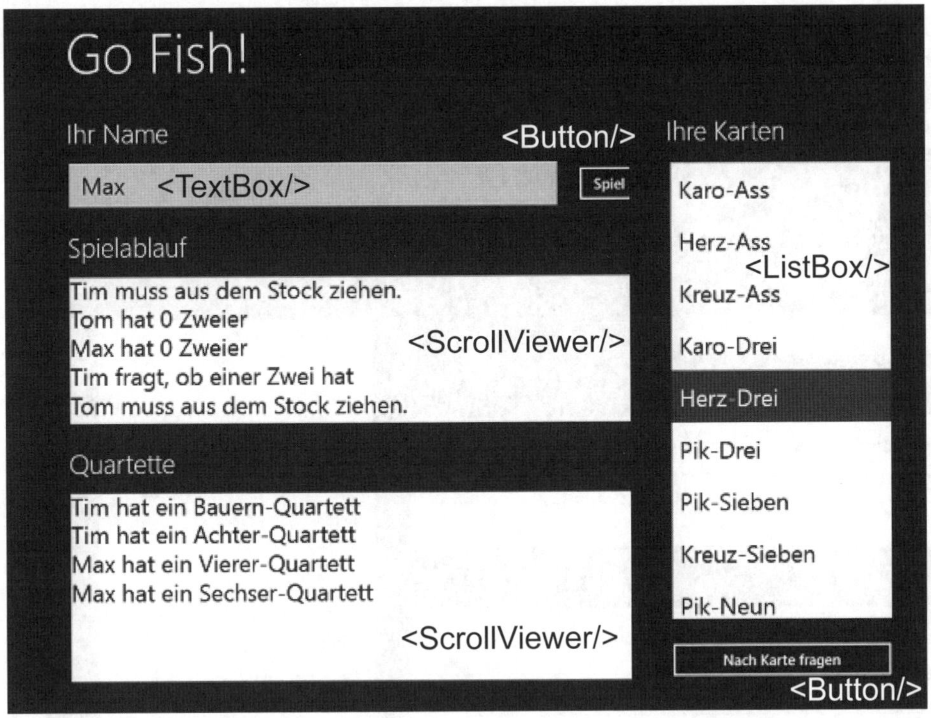
Go Fish!
Ihr Name
<Button/>
Ihre Karten
Max
<TextBox/>
Spiel
Karo-Ass
Herz-Ass
<ListBox/>
Kreuz-Ass
Karo-Drei
Herz-Drei
Pik-Drei
Pik-Sieben
Kreuz-Sieben
Pik-Neun
Spielablauf
Tim muss aus dem Stock ziehen.
Tom hat 0 Zweier
Max hat 0 Zweier
Tim fragt, ob einer Zwei hat
Tom muss aus dem Stock ziehen.
<ScrollViewer/>
Quartette
Tim hat ein Bauern-Quartett
Tim hat ein Achter-Quartett
Max hat ein Vierer-Quartett
Max hat ein Sechser-Quartett
<ScrollViewer/>
Nach Karte fragen
<Button/>

Ein Großteil des Codes zur Verwaltung des Spielablaufs wird unverändert bleiben, aber der UI-Code wird sich ändern.

Die Steuerelemente sind in einem Grid enthalten, dessen Zeilen und Spalten sich je nach Bildschirmgröße zusammenziehen oder ausdehnen. So kann sich die Größe des Spiels an den Bildschirm anpassen. Sie können das **Gerät-Fenster** in der IDE nutzen, um unterschiedliche Bildschirmkonfigurationen zu testen.

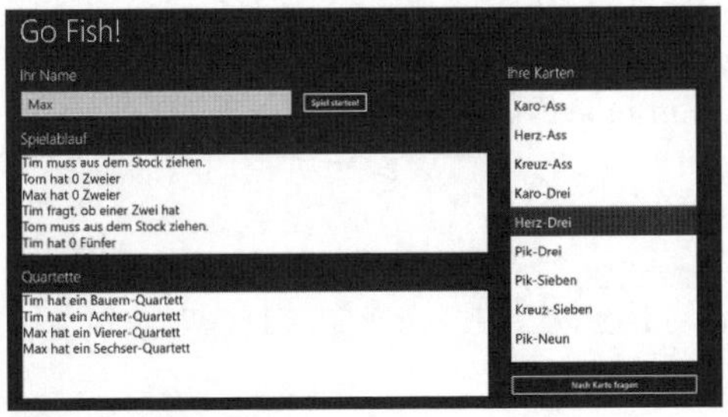

Das Spiel ist stets spielbar, unabhängig von der Bildschirmgröße.

Gerät
Gerät
Anzeige
10.6"
1366 x 768
148dpi @ 100% Skalier
Ausrichtung
Windows-Betriebssystem
App
Entwurfszeit
Chrom anzeig...
Auf Bildschirm...

Die verschiedenen Display-Optionen zeigen Ihre Seiten in unterschiedlichen Auflösungen und Seitenverhältnissen.

Über den View-Button können Sie Ihre Seiten im Querformat oder Hochformat anzeigen.

Deaktivieren Sie die »Chrome anzeigen«-Box, um das Bild des Rahmens des Surface abzuschalten.

Das Seitenlayout setzt auf den Steuerelementen auf

XAML und WinForms haben eins gemeinsam: Beide basieren sie darauf, dass Sie Steuerelemente auf der Seite platzieren. Die Go Fish!-Seite hat zwei Buttons, eine ListBox, die die Karten anzeigt, eine TextBox für den Benutzernamen und vier TextBlock-Labels. Sie hat außerdem zwei ScrollViewer-Steuerelemente mit einem weißen Hintergrund für die Anzeige des Spielablaufs und der Quartette.

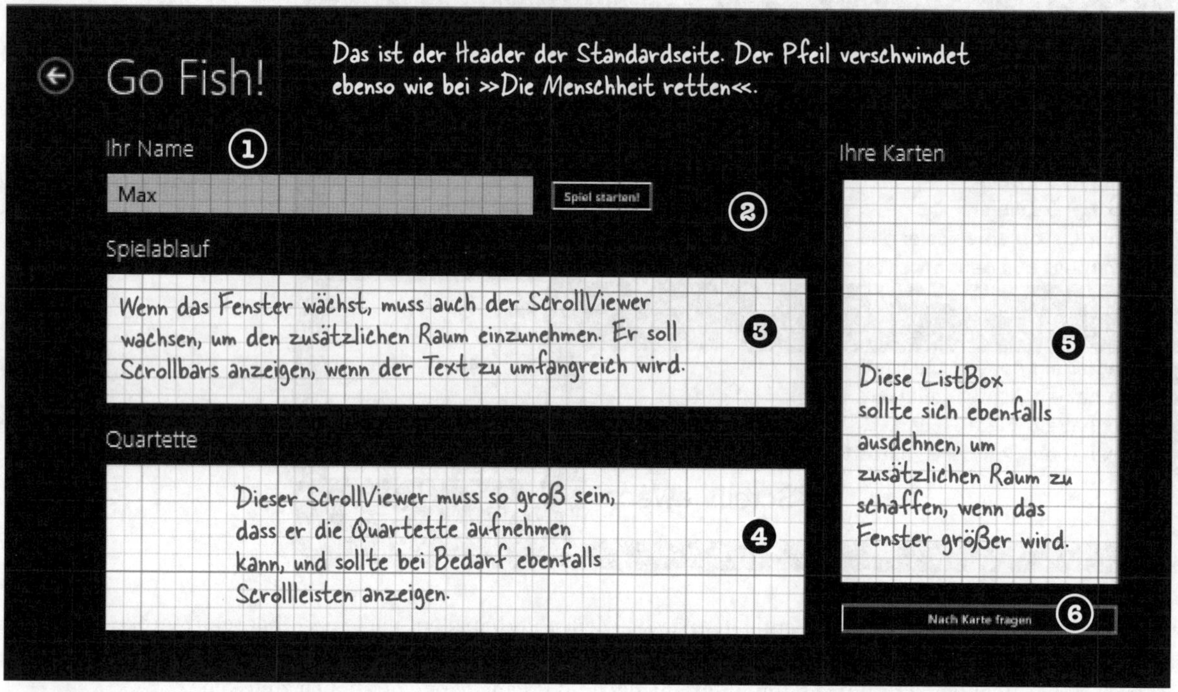
Go Fish!
Das ist der Header der Standardseite. Der Pfeil verschwindet ebenso wie bei »Die Menschheit retten«.
Ihr Name
1
Max
Spiel starten!
2
Ihre Karten
Spielablauf
Wenn das Fenster wächst, muss auch der ScrollViewer wachsen, um den zusätzlichen Raum einzunehmen. Er soll Scrollbars anzeigen, wenn der Text zu umfangreich wird.
3
5
Diese ListBox sollte sich ebenfalls ausdehnen, um zusätzlichen Raum zu schaffen, wenn das Fenster größer wird.
Quartette
Dieser ScrollViewer muss so groß sein, dass er die Quartette aufnehmen kann, und sollte bei Bedarf ebenfalls Scrollleisten anzeigen.
4
Nach Karte fragen
6

Die Standardseite-Vorlage umfasst ein Grid mit zwei Zeilen. Die obere Zeile enthält einen Header mit dem App-Namen, die untere Zeile enthält den Inhalt, der von diesem Grid definiert wird. Das gesamte Grid wird in Zeile 1 der Standardseite stecken (es hat nur eine Spalte, Spalte 0).

```
<Grid Grid.Row="1" Margin="120,0,60,60">

    <TextBlock Text="Ihr Name" Margin="0,0,0,20"
❶      Style="{StaticResource SubheaderTextBlockStyle}"/>
```

Das ist das Start-Tag für das Grid.

Die Ränder rücken das Grid ein, sodass die Ausrichtung der der Seite entspricht. Der linke Rand ist immer 120 Pixel entfernt.

Wir nutzen ein StackPanel, um die TextBox für den Namen des Spielers und den Start-Button in eine Zelle zu packen:

```
<StackPanel Orientation="Horizontal" Grid.Row="1">
    <TextBox x:Name="spielerName" FontSize="24"
        Width="500" MinWidth="300" />

❷   <Button x:Name="startButton" Margin="20,0"
    Content="Spiel starten!"/>
</StackPanel>
```

Das fügt zwischen der TextBox und dem Button einen Abstand von 20 Pixeln ein. Wenn die Eigenschaft Margin nur zwei Zahlen enthält, geben diese den horizontalen (links/rechts) und vertikalen (oben/unten) Rand an.

Die Labels auf der Seite (»Ihr Name«, »Spielablauf« usw.) sind jeweils TextBlocks mit einem schmalen Rand darüber, auf die der `SubHeaderTextBlockStyle` angewandt wird:

```
<TextBlock Text="Spielablauf"
    Style="{StaticResource SubheaderTextBlockStyle}"
    Margin="0,20,0,20" Grid.Row="2"/>
```

Ein ScrollViewer-Steuerelement zeigt den Spielablauf an. Wenn der Text zu groß für das Fenster wird, erscheinen Scrollleisten:

❸
```
<ScrollViewer Grid.Row="3" FontSize="24"
        Background="White" Foreground="Black" />
```

Hier sind ein weiterer TextBlock und ein ScrollViewer zur Anzeige der Quartette. Die standardmäßige vertikale und horizontale Ausrichtung für den ScrollViewer ist `Stretch`, und das wird sich als sehr praktisch erweisen. Wir richten die Zeilen und Spalten so ein, dass sich die ScrollViewer-Steuerelemente an die Bildschirmgröße anpassen.

❹
```
<TextBlock Text="Quartette" Style="{StaticResource SubheaderTextBlockStyle}"
           Margin="0,20,0,20" Grid.Row="4"/>

<ScrollViewer FontSize="24" Background="White" Foreground="Black"
              Grid.Row="5" Grid.RowSpan="2" />
```

Wir nutzen eine schmale, 40 Pixel breite Spalte, um einen kleinen Abstand zu generieren, die ListBox- und Button-Steuerelemente kommen also in die dritte Spalte. Die ListBox umspannt die Zeilen 2 bis 6, erhält also `Grid.Row="1"` und `Grid.RowSpan="5"` – das sorgt dafür, dass die ListBox wächst und die Seite ausfüllt.

Denken Sie daran, dass Zeilen und Spalten bei null beginnen, ein Steuerelement in der dritten Spalte hat also Grid.Column="2".

❺
```
<TextBlock Text="Ihre Karten" Style="{StaticResource SubheaderTextBlockStyle}"
Grid.Row="0" Grid.Column="2" Margin="0,0,0,20"/>

<ListBox x:Name="karten" Background="White" FontSize="24" Height="Auto"
Margin="0,0,0,20" Grid.Row="1" Grid.RowSpan="5" Grid.Column="2"/>
```

Die horizontale und vertikale Ausrichtung des »Nach Karte fragen«-Buttons ist auf `Stretch` gesetzt, damit er die Zelle füllt. Der 20 Pixel breite Rand unter der ListBox generiert einen kleinen Abstand.

❻
```
<Button x:Name="nachKarteFragen" Content="Nach Karte fragen"
HorizontalAlignment="Stretch" VerticalAlignment="Stretch"
Grid.Row="6" Grid.Column="2"/>
```

Wir stellen dieses Grid auf der nächsten Seite fertig →

Zeilen und Spalten können sich an die Seitengröße anpassen

Grids sind äußerst effektive Werkzeuge zur Gestaltung des Layouts einer Seite, weil sie Ihnen helfen, Seiten so zu gestalten, dass sie auf vielen verschiedenen Bildschirmen angezeigt werden können. Höhen und Breiten, die mit * enden, **passen sich automatisch an** unterschiedliche Bildschirmverhältnisse an. Die Go Fish!-Seite hat drei Spalten. Die erste und die dritte haben die Breiten 5* und 2*, **wachsen oder schrumpfen also proportional** und behalten immer ein Verhältnis von 5:2. Die zweite Spalte hat eine feste Breite von 40 Pixeln, um sie getrennt zu halten. So werden die Zeilen und Spalten für die Seite angeordnet (einschließlich der Steuerelemente, die sich in ihnen befinden):

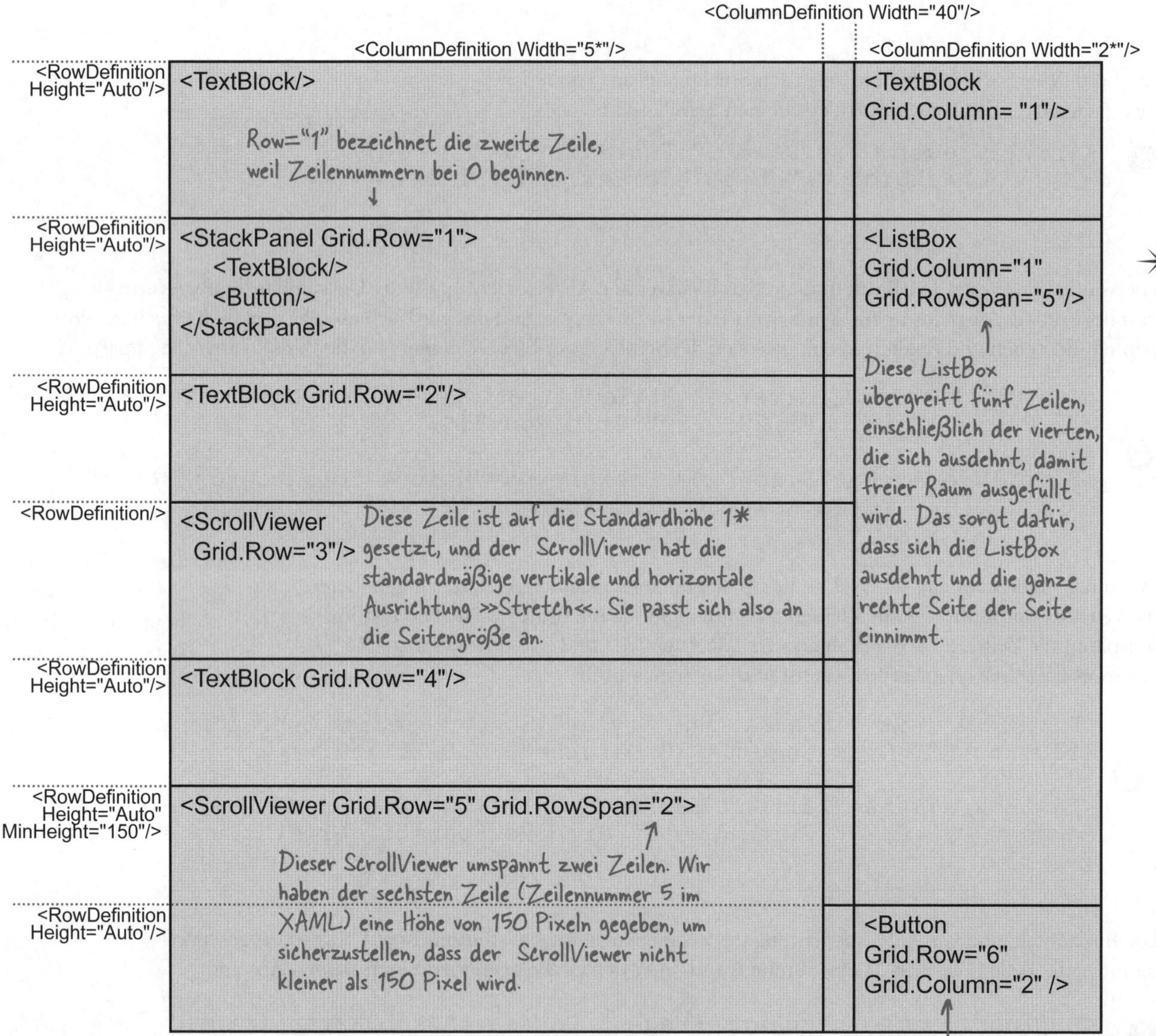
<ColumnDefinition Width="40"/>
<ColumnDefinition Width="5*"/>
<ColumnDefinition Width="2*"/>
<RowDefinition Height="Auto"/>
<TextBlock/>
Row="1" bezeichnet die zweite Zeile, weil Zeilennummern bei 0 beginnen.
<TextBlock Grid.Column= "1"/>
<RowDefinition Height="Auto"/>
<StackPanel Grid.Row="1">
<TextBlock/>
<Button/>
</StackPanel>
<ListBox Grid.Column="1" Grid.RowSpan="5"/>
Diese ListBox übergreift fünf Zeilen, einschließlich der vierten, die sich ausdehnt, damit freier Raum ausgefüllt wird. Das sorgt dafür, dass sich die ListBox ausdehnt und die ganze rechte Seite der Seite einnimmt.
<RowDefinition Height="Auto"/>
<TextBlock Grid.Row="2"/>
<RowDefinition/>
<ScrollViewer Grid.Row="3"/>
Diese Zeile ist auf die Standardhöhe 1* gesetzt, und der ScrollViewer hat die standardmäßige vertikale und horizontale Ausrichtung >>Stretch<<. Sie passt sich also an die Seitengröße an.
<RowDefinition Height="Auto"/>
<TextBlock Grid.Row="4"/>
<RowDefinition Height="Auto" MinHeight="150"/>
<ScrollViewer Grid.Row="5" Grid.RowSpan="2">
Dieser ScrollViewer umspannt zwei Zeilen. Wir haben der sechsten Zeile (Zeilennummer 5 im XAML) eine Höhe von 150 Pixeln gegeben, um sicherzustellen, dass der ScrollViewer nicht kleiner als 150 Pixel wird.
<RowDefinition Height="Auto"/>
<Button Grid.Row="6" Grid.Column="2" />

XAML-Zeilen- und -Spaltennummern beginnen bei 0. Dieser Button befindet sich also in Zeile 6 und Spalte 2 (um die mittlere Spalte zu überspringen). Die vertikale und die horizontale Ausrichtung sind auf Stretch gesetzt; der Button nimmt daher die vollständige Zelle ein. Die Zeile hat die Höhe Auto, die Höhe basiert also auf dem Inhalt (dem Button und seinem Rand).

So funktionieren die Zeilen- und Spaltendefinitionen für das Seitenlayout:

```
<Grid.ColumnDefinitions>
     <ColumnDefinition Width="5*"/>
     <ColumnDefinition Width="40"/>
     <ColumnDefinition Width="2*"/>
 </Grid.ColumnDefinitions>
 <Grid.RowDefinitions>
     <RowDefinition Height="Auto"/>
     <RowDefinition Height="Auto"/>
     <RowDefinition Height="Auto"/>
     <RowDefinition/>
     <RowDefinition Height="Auto"/>
     <RowDefinition Height="Auto" MinHeight="150" />
     <RowDefinition Height="Auto"/>
 </Grid.RowDefinitions>
```

Die erste Spalte ist immer 2,5-mal so breit wie die dritte (ein Verhältnis von 5:2). Die Spalten werden von einer 40 Pixel breiten Spalte getrennt. Das HorizontalAlignment der ScrollViewer- und ListBox-Steuerelemente, die Daten anzeigen, ist auf »Stretch« gesetzt, damit sie die Spalten ausfüllen.

Die vierte Zeile hat die Standardhöhe 1*, damit sie sich an den verfügbaren Platz anpasst, den die anderen Zeilen nicht einnehmen. Die ListBox und der erste ScrollViewer umspannen diese Zeile und wachsen und schrumpfen deswegen auch.

Fast alle Zeilenhöhen sind auf `Auto` **gesetzt. Es gibt nur eine Zeile, die wächst oder schrumpft, und alle Steuerelemente, die diese Zeile umspannen, wachsen und schrumpen deswegen ebenfalls.**

Sie können die Zeilen- und Spaltendefinitionen unter oder über den Steuerelementen im Grid einfügen. Wir haben sie hier darunter platziert.

```
</Grid>
```

Hier ist das End-Tag für das Grid. Sie werden die Einzelteile am Ende dieses Kapitels zusammenfügen, wenn Sie die Verwandlung von Go Fish! in eine Windows Store-App zu Ende führen.

App-Seiten mit dem Grid-System gestalten

Wenn Sie die Buttons am unteren Rand des Designers am Ende von Kapitel 1 noch nicht genutzt haben, um die Grid-Linien, snapping- and snapping to grid-Linien wieder anzuschalten, tun Sie das jetzt.

Haben Sie bemerkt, dass unterschiedliche Windows Store-Apps ein sehr ähnliches Aussehen haben? Das liegt daran, dass sie ein **Grid-System** nutzen, um allen Apps eine, von Microsoft-Designern so genannte »konsistente Silhouette« zu geben. Das Grid besteht aus Quadraten, die als *Einheiten* und *Untereinheiten* bezeichnet werden. Diese haben Sie bereits gesehen, weil sie in die IDE eingebaut sind.

Das Grid besteht aus 20 Pixel breiten Quadraten, die Einheiten genannt werden.

Jede Einheit besteht aus 5 Pixel breiten Untereinheiten.

Die Seitenüberschrift sollte 7 Einheiten hoch sein. Der untere Rand des Texts sollte 5 Einheiten vom oberen Rand der Seite entfernt sein und 6 Einheiten vom linken Rand entfernt beginnen.

120
Go Fish
Ihr Name

Die Header-Zeile wird der Standardseitenvorlage automatisch hinzugefügt. Diese werden Sie später einfügen, wenn Sie das Go Fish!-Beispiel funktionsfähig machen.

In der Go Fish!-App haben Sie die Eigenschaft `Margin` in dem `<Grid>` verwendet, das Ihre Steuerelemente enthält, um Abstände einzubauen. Die Eigenschaft `Margin` besteht entweder aus einer Zahl (einem Breite-Wert für links, oben, rechts und unten), zwei Zahlen (die erste repräsentiert links und rechts, die zweite oben und unten) oder vier durch Kommata getrennte Zahlen, die die Randbreite links, oben, rechts und unten angeben.

Die Seite nutzt Ränder, um zwischen den Elementen und dem Text einen Abstand von einer Einheit einzufügen, und eine Spalte, um zwei Einheiten Abstand zwischen ScrollViewer und ListBox einzufügen.

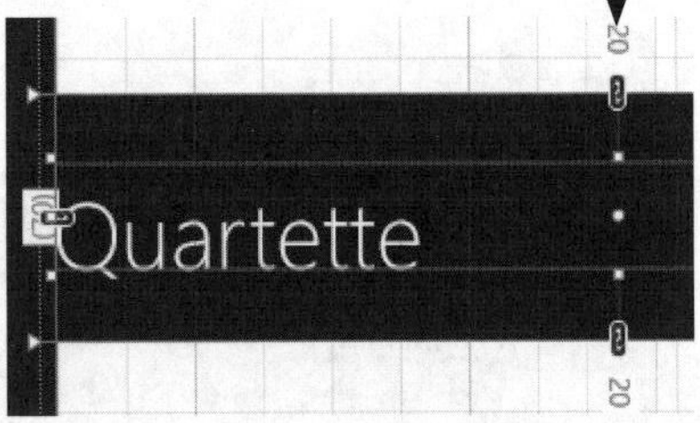
20
Quartette
20

Die Hauptseite Ihrer Go Fish!-App hat einen linken Rand von 120 Pixeln (6 Einheiten), einen oberen Rand von 0 Pixeln und einen linken und rechten Rand von 60 Pixeln (3 Einheiten):

```
<Grid Grid.Row="1" Margin="120,0,60,60">
```

Sie hat außerdem einen Rand von einer Einheit über und unter jedem Label:

```
<TextBlock Text="Quartette"
       Style="{StaticResource SubheaderTextBlockStyle}"
       Margin="0,20,0,20" Grid.Row="4"/>
```

Es gibt keine Dummen Fragen

F: **Was bewirkt es, wenn die Zeilenhöhe oder Spaltenbreite auf »Auto« gesetzt wird?**

A: Wenn Sie die `Height`-Eigenschaft einer Zeile oder die `Width`-Eigenschaft einer Spalte auf `Auto` setzen, sorgt das dafür, dass sich die Zeile oder Spalte so ausdehnt oder zusammenzieht, dass sie sich dem Inhalt genau anpasst. Das können Sie selbst ausprobieren. Erstellen Sie eine neue leere App, bearbeiten Sie das Grid in *MainPage.xaml* und fügen Sie ihm einen Haufen Zeilen und Spalten hinzu, deren Höhe beziehungsweise Breite Sie auf Auto setzen. Im Designer sehen Sie nichts, weil die Zeilen und Spalten alle leer sind und auf eine Höhe von null zusammengestaucht werden. Fügen Sie den Zellen Steuerelemente mit unterschiedlicher Höhe hinzu, sehen Sie, dass sich die Zeilen und Spalten so ausdehnen, dass sie die Steuerelemente aufnehmen können.

F: **Inwiefern unterscheidet sich das davon, die Zeilenhöhe oder Spaltenbreite auf 1*, 2* oder 5* zu setzen?**

A: Der `*` bei der Zeilenhöhe oder Spaltenbreite sorgt dafür, dass die Zeilen oder Spalten **proportional** zum gesamten Grid wachsen. Wenn Sie drei Spalten mit den Breiten `3*`, `3*` und `4*` haben, nehmen die `3*`-Spalten 30 % des gesamten Grids ein (minus der Breite von Spalten mit fester Breite oder der Breite von Spalten mit der Breite Auto), während die `4*`-Spalte 40 % dieser Gesamtbreite einnimmt.

Das ist einer der Gründe dafür, dass die Standardbreite beziehungsweise -höhe 1* sinnvoll ist. Wenn alle Spalten und Zeilen diese Standardeinstellung beibehalten, verteilen sie sich stets gleichmäßig, wenn das Grid wächst oder schrumpft.

F: **»Pixel« – ständig verwenden Sie dieses Wort. Irgendwie habe ich den Eindruck, dass Sie es für etwas verwenden, das eigentlich ganz anders bezeichnet werden müsste.**

A: Viele XAML-Entwickler nutzen den Begriff *Pixel*, aber Sie haben recht – technisch gesehen, nutzen Sie nicht die Pixel, die Sie auf dem Bildschirm sehen. Der technische Begriff für die Zahlen für `Margin`, `Height`, `Width` und andere Eigenschaften ist **geräteunabhängige Einheit**. Windows Store-Apps müssen auf Geräten mit unterschiedlichen Bildschirmgrößen und -formen funktionieren. Geräteunabhängige Einheiten sind immer 1/96 eines Zolls, unabhängig von der Größe des Bildschirms oder seinem Seitenverhältnis. Fünf dieser geräteunabhängigen Einheiten bilden eine Seitenlayout-Untereinheit, und vier Untereinheiten bilden eine Seitenlayout-Einheit. Es ist etwas verwirrend, wenn man gleichzeitig von Seitenlayout-Einheiten und geräteunabhängigen Einheiten spricht, deswegen werden wir *Pixel* verwenden, um geräteunabhängige Einheiten zu bezeichnen.

Sie können alle XAML-Höhen oder -Breiten in anderen Einheiten angeben, indem Sie am Ende `in` (Zoll), `cm` (Zentimeter) oder `pt` anhängen (Punkt, wobei ein typografischer Punkt 1/72 eines Zolls repräsentiert). Versuchen Sie, eine Seite mit Zoll oder Zentimetern aufzubauen. Halten Sie dann ein Lineal an den Bildschirm, um sich zu vergewissern, dass Windows die Größe Ihrer App korrekt anpasst.

F: **Gibt es eine einfache Möglichkeit, sicherzustellen, dass eine App auf vielen verschiedenen Bildschirmen gut aussieht?**

A: Ja, die IDE bietet Ihnen ein ausgezeichnetes Werkzeug dazu. Im XAML-Designer stehen Ihnen mehrere Möglichkeiten zur Verfügung, sich das Aussehen Ihrer Seite auf unterschiedlichen Geräten anzusehen. Sie können das Geräte-Fenster nutzen, um Ihre Seite mit unterschiedlichen Auflösungen oder Ausrichtungen anzusehen. Später werden wir Ihnen zeigen, wie Sie Ihre App in einem Simulator ausführen, über den Sie mit Ihrer App auf simulierten Geräten interagieren können, die Bildschirme mit unterschiedlichen Größen und Seitenverhältnissen haben.

Wenn die Höhe einer Zeile oder die Breite einer Spalte Auto ist, passt diese sich genau ihrem Inhalt an.

Mehr zum Layout von Seiten erfahren Sie im Dev Center:
http://msdn.microsoft.com/de-de/library/windows/apps/hh872191.aspx

ÜBUNG

Gestalten Sie diese Windows Desktop-Formulare mit XAML als Windows Store-Apps. Erstellen Sie ein leeres Windows Store-App-Projekt für jedes dieser Formulare und geben Sie diesen jeweils ein neues Standardseiten-Element (wie Sie es bei *Die Menschheit retten* getan haben). Passen Sie die Seiten dann entsprechend an. Die Apps müssen nicht funktionieren. Erstellen Sie einfach nur das XAML, das Sie benötigen, damit die Seiten den Screenshots entsprechen.

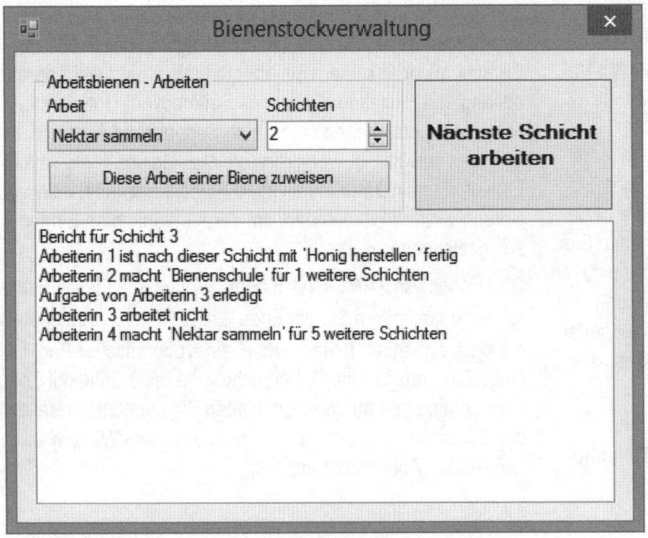

Bienenstockverwaltung
Arbeitsbienen - Arbeiten
Arbeit
Schichten
Nektar sammeln
2
Nächste Schicht arbeiten
Diese Arbeit einer Biene zuweisen
Bericht für Schicht 3
Arbeiterin 1 ist nach dieser Schicht mit 'Honig herstellen' fertig
Arbeiterin 2 macht 'Bienenschule' für 1 weitere Schichten
Aufgabe von Arbeiterin 3 erledigt
Arbeiterin 3 arbeitet nicht
Arbeiterin 4 macht 'Nektar sammeln' für 5 weitere Schichten

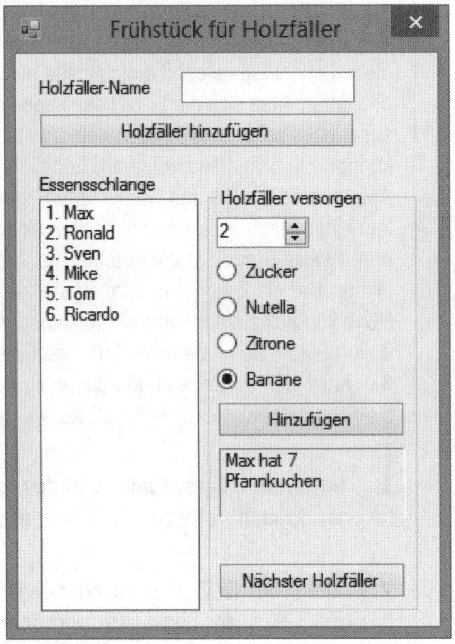

Frühstück für Holzfäller
Holzfäller-Name
Holzfäller hinzufügen
Essensschlange
1. Max
2. Ronald
3. Sven
4. Mike
5. Tom
6. Ricardo
Holzfäller versorgen
2
Zucker
Nutella
Zitrone
Banane
Hinzufügen
Max hat 7 Pfannkuchen
Nächster Holzfäller

Suchen Sie im Standardseiten-XAML nach der richtigen Stelle zum Einfügen eines neuen Grids oder StackPanels, das die restlichen Steuerelemente der Seite aufnimmt? Sie fügen diese der zweiten Zeile (`Grid.Row="1"`) einer neu erstellten leeren Seite hinzu.

```
<Grid Style="{StaticResource LayoutRootStyle}">
    <Grid.RowDefinitions>
        <RowDefinition Height="140"/>
        <RowDefinition Height="*"/>
    </Grid.RowDefinitions>

    <Grid Grid.Row="1" Margin="120,0"...>

    <!-- Back button and page title -->
    <Grid>
        <Grid.ColumnDefinitions>
            <ColumnDefinition Width="Auto"/>
```

Hier ist das <Grid> für diese Seite. Wir haben es eingeklappt.

Suchen Sie diesen Kommentar und fügen Sie Ihr neues Grid darüber ein.

Die Tag-Abfolge im XAML ist flexibel

Wir haben Sie aufgefordert, den XAML-Code für das Seitenlayout unter den Zeilendefinitionen einzufügen, weil man diesen Ort in der Datei leicht findet. Andere Entwickler haben ihren XAML-Code gerne in der Reihenfolge, in der die Elemente auf der Seite angezeigt werden. Sie würden ihn wahrscheinlich unter das schließende </Grid>-Tag für das Grid mit dem Zurück-Button und dem Seitentitel packen. Experimentieren Sie damit ruhig etwas rum, bis Sie Ihre eigenen Vorlieben entwickelt haben.

Zur Umgestaltung dieses Formulars nutzen Sie StackPanels. Sie bestehen aus zwei Gruppen. Auf die Gruppen-Header wird der GroupHeaderTextStyle angewandt, zwischen ihnen gibt's einen 40 Pixel breiten Rand, unter dem Gruppen-Header einen 20 Pixel breiten Rand. Auf die Labels über den Elementen wird BodyTextStyle angewandt, und über dem Element gibt es einen 10 Pixel breiten Rand. Zwischen den Elementen ist 20 Pixel Abstand.

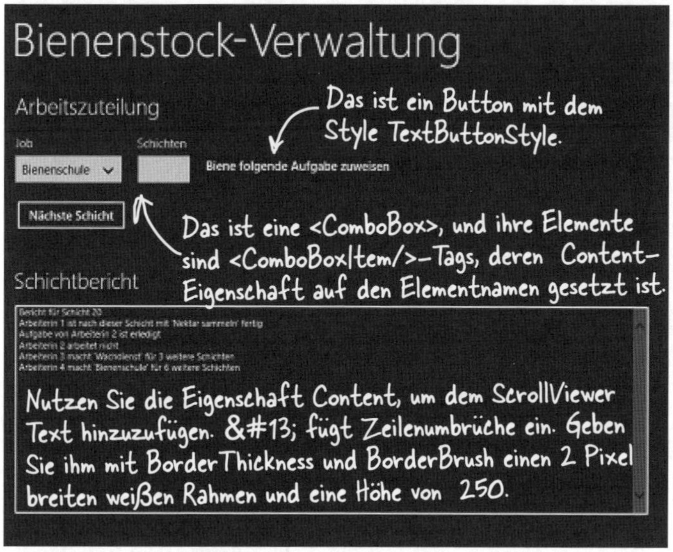

Bienenstock-Verwaltung
Arbeitszuteilung
Job
Schichten
Bienenschule
Biene folgende Aufgabe zuweisen
Nächste Schicht
Schichtbericht
Das ist ein Button mit dem Style TextButtonStyle.
Das ist eine <ComboBox>, und ihre Elemente sind <ComboBoxItem/>-Tags, deren Content-Eigenschaft auf den Elementnamen gesetzt ist.
Nutzen Sie die Eigenschaft Content, um dem ScrollViewer Text hinzuzufügen.
 fügt Zeilenumbrüche ein. Geben Sie ihm mit BorderThickness und BorderBrush einen 2 Pixel breiten weißen Rahmen und eine Höhe von 250.


```
<StackPanel Grid.Row="1" Margin="120,0">
<TextBlock/>
  <StackPanel Orientation="Horizontal">
    <StackPanel>               <StackPanel>        <Button/>
      <TextBlock/>               <TextBlock/>
      <ComboBox>                 <TextBox/>
        <CombiboxItem/>        </StackPanel>
        <CombiboxItem/>
        ... 4 more ...
      </ComboBox>
    </StackPanel>
<Button/>
<TextBlock/>
<ScrollViewer/>
</StackPanel>
```

Setzen Sie die SelectedIndex-Eigenschaft der ComboBox auf 0, damit das erste Element angezeigt wird.

Nutzen Sie für dieses Formular ein Grid. Es hat acht Zeilen, deren Höhe auf Auto gesetzt wird, damit sie sich an ihren Inhalt anpassen. Verwenden Sie StackPanel, um mehrere Steuerelemente in eine Zeile zu packen.

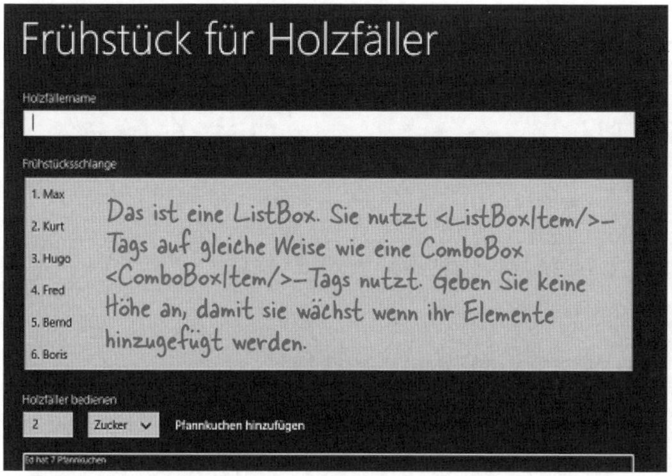

Frühstück für Holzfäller
Holzfällername
Frühstücksschlange
1. Max
2. Kurt
3. Hugo
4. Fred
5. Bernd
6. Boris
Das ist eine ListBox. Sie nutzt <ListBoxItem/>-Tags auf gleiche Weise wie eine ComboBox <ComboBoxItem/>-Tags nutzt. Geben Sie keine Höhe an, damit sie wächst wenn ihr Elemente hinzugefügt werden.
Holzfäller bedienen
2
Zucker
Pfannkuchen hinzufügen
Ed hat 7 Pfannkuchen


```
<Grid Grid.Row="1" Margin="120,0">
  <TextBlock/>
  <TextBox/>
  <TextBlock/>
  <ListBox>
    <ListBoxitem/>
    <ListBoxitem/>
    ... 4 more ...
  </ListBox>
  <TextBlock>
  <StackPanel Orientation="Horizontal">
    <TextBox/>
    <ComboBox> ... 4 items ... </ComboBox>
    <Button/>
  </StackPanel>
  <ScrollViewer/>
  <StackPanel Orientation="Horizontal">
    <Button/>
    <Button/>
  </StackPanel>
```

Geben Sie Ihren Seiten dieses Aussehen, indem Sie einfach **Stellvertreterdaten** in die Steuerelemente einfügen, die eigentlich von den Methoden und Eigenschaften Ihrer Klassen gefüllt würden.

Wenn Sie die »Neues Element…«-Option nutzen, um Ihrem Projekt eine Standardseite hinzuzufügen, kann das zu Designer-Fehlermeldungen führen. Diese können Sie damit zum Verschwinden bringen, dass Sie die Projektmappe neu erstellen.

LÖSUNG ZUR ÜBUNG

Sie sollen Windows Desktop-Formulare mit XAML als Windows Store-Apps gestalten. Erstellen Sie ein leeres Windows Store-App-Projekt für jedes der Formulare und geben Sie diesen jeweils ein neues Standardseiten-Element (wie Sie es bei *Die Menschheit retten* getan haben. Passen Sie die Seiten dann entsprechend an. Die Apps müssen nicht funktionieren. Erstellen Sie einfach nur das XAML, das Sie benötigen, damit die Seiten den Screenshots entsprechen.

```
<StackPanel Grid.Row="1" Margin="120,0">
    <TextBlock Text="Arbeitszuteilung"
            Style="{StaticResource SubheaderTextBlockStyle}"/>
    <StackPanel Orientation="Horizontal" Margin="0,20,0,0">
        <StackPanel Margin="0,0,20,0">
            <TextBlock Text="Job" Margin="0,0,0,10"
                    Style="{StaticResource BodyTextBlockStyle}"/>
            <ComboBox SelectedIndex="0">
                <ComboBoxItem Content="Bienenschule"/>
                <ComboBoxItem Content="Brutpflege"/>
                <ComboBoxItem Content="Stockpflege"/>
                <ComboBoxItem Content="Honig herstellen"/>
                <ComboBoxItem Content="Nektar sammeln"/>
                <ComboBoxItem Content="Wachdienst"/>
            </ComboBox>
        </StackPanel>
        <StackPanel>
            <TextBlock Text="Schichten" Margin="0,0,0,10"
                    Style="{StaticResource BodyTextBlockStyle}"/>
            <TextBox/>
        </StackPanel>
        <Button Content="Biene folgende Aufgabe zuweisen" Margin="20,20,0,0"
                Style="{StaticResource TextBlockButtonStyle}" />
    </StackPanel>
    <Button Content="Nächste Schicht" Margin="0,20,0,0" />

    <TextBlock Text="Schichtbericht" Margin="0,40,0,20"
            Style="{StaticResource SubheaderTextBlockStyle}"/>
    <ScrollViewer BorderThickness="2" BorderBrush="White" Height="250"
            Content="
Bericht für Schicht 20&#13;
Arbeiterin 1 ist nach dieser Schicht mit 'Nektar sammeln' fertig&#13;
Aufgabe von Arbeiterin 2 ist erledigt&#13;
Arbeiterin 2 arbeitet nicht&#13;
Arbeiterin 3 macht 'Wachdienst' für 3 weitere Schichten&#13;
Arbeiterin 4 macht 'Bienenschule' für 6 weitere Schichten
                    "/>
</StackPanel>
```

Hier ist der Rand, den wir Ihnen vorgaben. Werden der rechte und der untere Rand weggelassen, entsprechen sie dem linken bzw. oberen.

Sieht Ihr XAML nicht wie unseres aus? Es gibt viele verschiedene Möglichkeiten, sehr ähnliche (oder gar identische) Seiten mit XAML zu gestalten.

Das ist der Header für die zweite Gruppe, mit einem Rand von 40 Pixeln oben und 20 Pixeln unten.

Hier sind die Testdaten, die wir zur Füllung des Schichtberichts genutzt haben. Die Content-Eigenschaft ignoriert Zeilenumbrüche, wir haben sie eingefügt, um die Lösung besser lesbar zu machen.

```
<Grid Grid.Row="1" Margin="120,0">
    <Grid.RowDefinitions>
        <RowDefinition Height="Auto"/><RowDefinition Height="Auto"/>
        <RowDefinition Height="Auto"/><RowDefinition Height="Auto"/>
        <RowDefinition Height="Auto"/><RowDefinition Height="Auto"/>
        <RowDefinition Height="Auto"/><RowDefinition Height="Auto"/>
    </Grid.RowDefinitions>

    <TextBlock Text="Holzfällername" Margin="0,0,0,10"
               Style="{StaticResource BodyTextBlockStyle}"/>
    <TextBox Grid.Row="1"/>

    <TextBlock Grid.Row="2" Text="Frühstücksschlange" Margin="0,20,0,10"
               Style="{StaticResource BodyTextBlockStyle}"/>
    <ListBox Grid.Row="3">
        <ListBoxItem Content="1. Max"/>
        <ListBoxItem Content="2. Kurt"/>
        <ListBoxItem Content="3. Hugo"/>
        <ListBoxItem Content="4. Fred"/>
        <ListBoxItem Content="5. Bernd"/>
        <ListBoxItem Content="6. Boris"/>
    </ListBox>

    <TextBlock Grid.Row="4" Text="Holzfäller bedienen" Margin="0,20,0,10"
               Style="{StaticResource BodyTextBlockStyle}"/>
    <StackPanel Grid.Row="5" Orientation="Horizontal">
        <TextBox Text="2" Margin="0,0,20,0"/>
        <ComboBox SelectedIndex="0" Margin="0,0,20,0">
            <ComboBoxItem Content="Zucker"/>
            <ComboBoxItem Content="Nutella"/>
            <ComboBoxItem Content="Zitrone"/>
            <ComboBoxItem Content="Banane"/>
        </ComboBox>
        <Button Content="Pfannkuchen hinzufügen"
                Style="{StaticResource TextBlockButtonStyle}"/>
    </StackPanel>
    <ScrollViewer Grid.Row="6" Margin="0,20,0,0" Content="Ed hat 7 Pfannkuchen"
                  BorderThickness="2" BorderBrush="White"/>
    <StackPanel Grid.Row="7" Orientation="Horizontal" Margin="0,40,0,0">
        <Button Content="Holzfäller hinzufügen" Margin="0,0,20,0" />
        <Button Content="Nächster Holzfäller" />
    </StackPanel>

</Grid>
```

Wir haben Zeilenumbrüche entfernt, damit die Zeilendefinitionen auf die Seite passen.

Sie sollten diese Testdaten nur eingeben, damit das Formular so aussieht, wie es verwendet wird. Sie werden gleich lernen, wie Sie Steuerelemente wie diese ListBox mit Eigenschaften Ihrer Klassen verbinden.

Weitere Testdaten ...

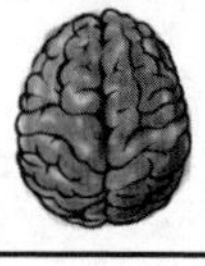

KOPF-NUSS

Was halten Sie von diesem Seitenlayout? Wäre es nicht sinnvoller, die Hinzufügen- und Nächster-Buttons in eine standardmäßige Windows 8-App-Bar zu verwandeln?

Datenbindung verbindet Ihre XAML-Seiten mit Ihren Klassen

TextBlock, ScrollViewer, TextBox und andere Steuerelemente sind für die Anzeige von Daten gedacht. Bei WinForms mussten Sie Eigenschaften nutzen, um Text anzuzeigen oder einer Liste ein Element hinzuzufügen. Das können Sie bei XAML immer noch tun, aber dort gibt es eine einfachere Möglichkeit: Sie können **Datenbindung** nutzen, um die Steuerelemente in Ihrer Seite automatisch mit Daten zu füllen. Besser noch: Sie können Datenbindung sogar nutzen, um Steuerelemente die Eigenschaften Ihrer Klassen aktualisieren zu lassen.

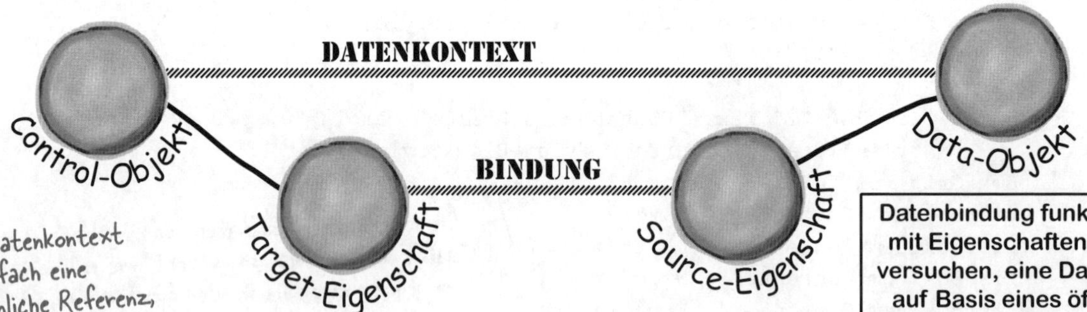
DATENKONTEXT
BINDUNG
Control-Objekt
Target-Eigenschaft
Source-Eigenschaft
Data-Objekt

Der Datenkontext ist einfach eine gewöhnliche Referenz, eine Eigenschaft namens DataContext.

Datenbindung funktioniert nur mit Eigenschaften. Wenn Sie versuchen, eine Datenbindung auf Basis eines öffentlichen Felds zu erstellen, geschieht nichts – Ihnen wird nicht einmal ein Fehler gemeldet!

Kontext, Pfad und Bindung

In XAML ist eine Datenbindung das Verhältnis zwischen der ***Quelleigenschaft*** in einem Objekt, die ein Steuerelement mit Daten füttert, und der ***Zieleigenschaft*** in einem Steuerelement, das die Daten anzeigt. Zur Einrichtung einer Datenbindung muss der **Datenkontext** auf eine Referenz auf das Datenobjekt gesetzt werden. Die **Bindung** des Steuerelements muss auf einen **Bindungspfad** gesetzt werden, d. h. eine Eigenschaft des Objekts, auf das die Bindung erstellt werden soll. Ist das alles eingerichtet, liest das Steuerelement automatisch die Quelleigenschaft und zeigt ihre Daten als Inhalt an.

Der Bindungspfad für diesen TextBlock ist d Eigenschaft Geld. Der Wert von Geld wird fü das Objekt angezeigt, auf das eine Bindung erstellt wurde.

Im XAML richten Sie die Datenbindung ein, indem Sie die Eigenschaft Text auf `{Binding Eigenschaft}` **setzen**:

```
<TextBlock x:Name="börseTextBlock" Text="{Binding Geld}"/>
```

Dann brauchen Sie nur noch ein Objekt, auf das die Bindung erstellt werden soll, hier ein `Typ`-Objekt namens `tim`, dessen `Geld`-Eigenschaft auf den dezimalen Wert 325,50 gesetzt ist. Der Kontext wird eingerichtet, indem der `DataContext`-Eigenschaft eine Referenz auf das Objekt zugewiesen wird.

```
Typ tim = new Typ("Tim", 47, 325.50M);
börseTextBlock.DataContext = tim;
```

Der Datenkontext für diesen TextBlock ist eine Referenz auf ein Typ-Objekt. Der TextBlock liest alle gebundenen Eigenschaften dieses Objekts.

Jetzt ist die Bindung eingerichtet! Der Datenkontext wurde auf eine Typ-Instanz gesetzt, der Bindungspfad auf die Eigenschaft `Geld` wurde eingerichtet. Der TextBlock sieht, dass die Bindung auf `Geld` gesetzt ist, und sucht auf seinem Datenobjekt **nach einer Eigenschaft namens Geld**.

In diesem Fall können Sie den Pfad einfach weglassen und die Eigenschaft auf `{Binding}` setzen. Dann wird lediglich die `ToString()`-Methode des Objekts aufgerufen, die in diesem Fall das Gewünschte liefert.

Bidirektionale Bindung kann die Quelleigenschaft lesen und schreiben

Eine Bindung kann Daten aus einem Datenobjekt lesen. Sie kann auch eine **Zwei-Wege-Bingung** (oder bidirektionale Bindung) nutzen, um die Quelleigenschaft zu verändern:

```
<TextBox x:Name="alterTextBox" Text="{Binding Alter, Mode=TwoWay}"/>
```

Der Bindungspfad dieser TextBox ist die Eigenschaft `Alter`, und die Bindung ist auf den Zwei-Wege-Modus gesetzt. Wenn die Seite angezeigt wird, zeigt die TextBox den Wert der Eigenschaft `Alter` des gebundenen Objekts an. Wird der Wert in der TextBox geändert, ruft das Steuerelement den Setter von `Alter` auf, um den Wert zu aktualisieren.

ZWEI-WEGE-BINDUNG
Zieleigenschaft
Quelleigenschaft

Datenbindung soll Ihnen möglichst wenig Kopfzerbrechen bereiten. Wenn Sie den Bindungspfad auf eine Eigenschaft setzen, die der Datenkontext nicht enthält, werden zwar keine Daten gesetzt oder angezeigt, es wird aber auch kein Fehler gemeldet.

Bindung an Auflistungen mit ObservableCollection

Einige Steuerelemente wie TextBlock oder TextBox zeigen einen String an. Andere wie ScrollViewer zeigen Inhalte aus einem Objekt an. Aber Ihnen sind auch schon Steuerelemente begegnet, die Auflistungen anzeigen: ListBox und ComboBox. Zu diesem Zweck bietet .NET `ObservableCollection<T>`, eine Auflistungsklasse, die speziell für Datenbindungen gedacht ist. Sie funktioniert ähnlich wie `List<T>`. (Auf der nächsten Seite werden Sie sie im Einsatz sehen.)

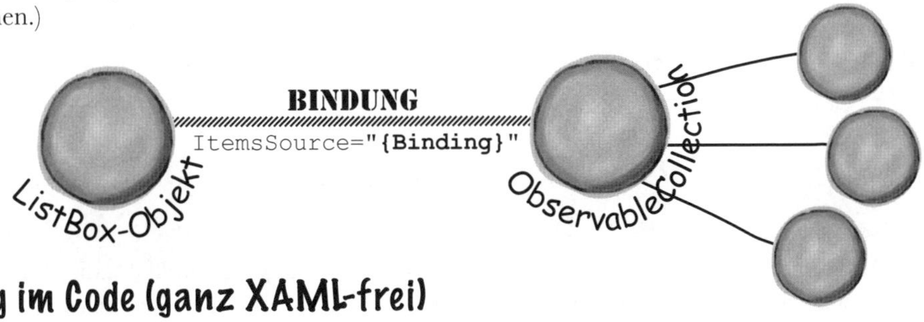
BINDUNG
ItemsSource="{Binding}"
ListBox-Objekt
ObservableCollection

Wenn Sie die ItemsSource-Eigenschaft einer ListBox auf eine ObservableCollection setzen, zeigt diese alle Elemente in der Auflistung an.

Bindung im Code (ganz XAML-frei)

Wenn Sie sich ein Steuerelement ansehen, sehen Sie keine Eigenschaft namens `Binding`. Es gibt in C# keine Möglichkeit, eine Referenz auf eine Eigenschaft eines Objekts zu erhalten, nur auf ein ganzes Objekt. Wenn Sie den XAML-Code für eine Datenbindung erstellen, wird die Bindung über eine **Instanz eines `Binding`-Objekts** erstellt, das den Namen der Zieleigenschaft als String speichert. Hier ist der Code, der im Hintergrund ein `Typ`-Objekt erstellt und eine Bindung für einen TextBlock namens `börseTextBlock` einrichtet, die dessen `Text`-Eigenschaft an die `Geld`-Eigenschaft des `Typ`-Objekts bindet.

```
Typ tim = new Typ("Tim", 47, 325.50M);
Binding geldBindung = new Binding();
geldBindung.Path = new PropertyPath("Geld");
geldBindung.Source = tim;
börseTextBlock.SetBinding(TextBlock.TextProperty, geldBindung);
```

Es gibt eine Klasse namens DependencyProperty, und die Klasse TextBlock hat eine Menge statischer Eigenschaften, die Instanzen davon referenzieren. TextProperty ist eine davon.

XAML-Steuerelemente können vieles enthalten

Befassen wir uns etwas gründlicher mit XAML-**Markup** (dafür steht das M in XAML, das die Tags bezeichnet, die die Seite definieren) und dem **Unterstützungscode** (dem Code in der *.cs*-Datei, der mit dem Markup verknüpft ist).

Wenn Sie ein Grid- oder StackPanel-Steuerelement verwenden, fügen Sie die Steuerelemente, die sie enthalten, zwischen dem Start- und dem End-Tag ein. Gleiches können Sie auch bei anderen Arten von Steuerelementen tun. Bei einem TextBlock oder einer TextBox können Sie die Eigenschaft `Text` setzen, indem Sie den Text und ein End-Tag angeben:

```
<TextBlock>Anzuzeigender Text</TextBlock>
```

Das entspricht vollkommen einer Text-Eigenschaft.

Wenn Sie das tun, nutzen Sie `<LineBreak/>` statt `
`, um Zeilenumbrüche einzufügen. Damit geben Sie eigentlich das Unicode-Zeichen U+0013 an, das als Zeilenumbruchzeichen interpretiert wird. Sie können ihn auch in hexadezimaler Form angeben, `£` liefert Ihnen ein £-Zeichen (denken Sie an den Zeichenkatalog?).

```
<TextBlock>Erste Zeile<LineBreak/>Zweite Zeile</TextBlock>
```

Fügen Sie diesen TextBlock einer XAML-Seite hinzu und nutzen Sie dann »Text bearbeiten«, um ihn zu bearbeiten, und drücken Sie dabei Shift-Enter, um einen Zeilenumbruch hinzuzufügen. Die IDE macht daraus:

```
<TextBlock>
    <Run Text="Erste Zeile"/>
    <LineBreak/>
    <Run Text="Zweite Zeile"/>
</TextBlock>
```

Auf dem Bildschirm mögen diese Varianten gleich aussehen, aber jede davon generiert einen anderen Objektgraphen. Die `<Run>`-Tags werden in eigene String-Objekte umgewandelt, und jeder dieser Strings kann einen eigenen Namen erhalten:

```
<Run Text="Erste Zeile" x:Name="ersteZeile" />
```

Das können Sie nutzen, um den String in dem C#-Code zu verändern, der Ihrem XAML-Formular zugrunde liegt:

```
ersteZeile.Text = "Neuer Text für die erste Zeile";
```

Steuerelemente wie ScrollViewer haben eine `Content`-Eigenschaft (statt einer `Text`-Eigenschaft), die andere Dinge als Text enthalten kann – beliebige andere Steuerelemente. Es gibt viele derartige Container-Steuerelemente. Eins, das recht praktisch ist, ist `Border`, mit dem Sie anderen Steuerelementen wie einer TextBlock, die keinen eigenen Hintergrund haben, einen Hintergrund und einen Rahmen geben können:

```
<Border Background="Blue"
        BorderBrush="Green" BorderThickness="3">

</Border>
```

ScrollViewer erbt von ContentControl. Diesen Typ haben Sie in Die Menschheit retten für den Feind genutzt. Ihr ContentControl enthielt ein Grid mit drei Ellipsen.

OKAY, MIR WIRD JETZT KLARER, WIE DER AUSREDENGENERATOR FUNKTIONIERT. ABER WIE GREIFEN DIE STEUERELEMENTE AUF DIE DATEN IN DEN AUSREDE-OBJEKTEN ZU?

Es gibt keine Dummen Fragen

F: Meine Seite enthielt ein Grid mit einem weiteren Grid mit einem StackPanel. Gibt es eine Grenze dafür, wie viele Steuerelemente in einem anderen enthalten sein können?

A: Nein. Theoretisch können Sie Steuerelemente beliebig schachteln. Später werden wir Ihnen sogar zeigen, wie Sie Ihre eigenen Steuerelemente aufbauen, indem Sie einem Container Inhalte hinzufügen. Ein Grid können Sie in *jedes* Container-Steuerelement einfügen. Einmal haben Sie das schon gemacht, als Sie in *Die Menschheit retten* den Feind aus einem Grid mit drei Ellipsen aufgebaut haben. Das ist eine der Stärken von XAML: Sie können damit komplexe Seiten aus einfachen Steuerelementen aufbauen.

F: Wenn man eine Seite entweder mit einem Grid oder einem StackPanel aufbauen kann, was sollte ich dann wählen?

A: Das hängt von den Umständen ab. Es gibt keine richtige Lösung: Manchmal ist ein StackPanel sinnvoller, manchmal ein Grid, und manchmal sollte man sie sogar kombinieren. Und damit sind die Möglichkeiten nicht einmal ausgeschöpft. In *Die Menschheit retten* haben Sie ein Canvas genutzt. Das ist ein Container, der es Ihnen ermöglicht, die Eigenschaften `Canvas.Left` und `Canvas.Top` zu nutzen, um Steuerelemente an bestimmten Koordinaten zu positionieren. Diese drei Arten von Steuerelementen sind jeweils Unterklassen von `Panel` und erben unter anderem das Verhalten, mehrere andere Steuerelemente aufzunehmen.

F: Heißt das, dass es Steuerelemente gibt, die nur ein einziges anderes Steuerelemente aufnehmen können?

A: Ja. Fügen Sie beispielsweise einen ScrollViewer in eine Seite ein. Betten Sie dann in diesen zwei weitere Steuerelemente ein. Dann sehen Sie Folgendes:

```
<ScrollViewer>
    <TextBox />
    <Button />
</Sc
```

Die Eigenschaft 'Content' wurde mehrfach festgelegt.

Das liegt daran, dass das XAML die `Content`-Eigenschaft des `ScrollViewer`-Objekts setzt, die den Typ `object` hat. Wenn Sie die ScrollViewer durch Grid-Tags ersetzen, sehen Sie hingegen dies:

```
<Grid>
    <TextBox/>
    <Button/>
</Grid>
```

Das funktioniert problemlos, weil die Steuerelemente einer Auflistung namens `Children` hinzugefügt werden. (Ihre Code in *Die Menschheit retten* hat die Feinde über die Auflistung `Children` eingefügt.)

F: Warum haben manche Steuerelemente wie TextBlock eine `Text`-Eigenschaft statt einer `Content`-Eigenschaft?

A: Da diese Steuerelemente nur Text aufnehmen können, haben sie eine String-Eigenschaft namens `Text` statt einer `object`-Eigenschaft namens `Content`. Man bezeichnet das als die **Standardeigenschaft** des Steuerelements. Die Standardeigenschaft eines Grids oder StackPanels ist die Auflistung `Children`.

F: Soll ich meinen XAML-Code eintippen, oder soll ich meine Seiten per Drag-and-drop mit dem Designer aufbauen?

A: Probieren Sie einfach beides aus und nutzen Sie das Verfahren, das Ihnen besser gefällt. Viele Entwickler arbeiten großteils mit dem Designer, andere nutzen ihn so gut wie nie, weil sie den Eindruck haben, dass es schneller geht, den Code einzugeben. Die IntelliSense-Einrichtung der IDE macht die Eingabe von XAML besonders einfach.

F: Und nun sagen Sie mir noch einmal, warum ich WinForms lernen musste? Warum konnten wir uns nicht gleich mit XAML und Windows Store-Apps befassen?

A: Weil XAML eine Menge Konzepte voraussetzt. Nehmen Sie die Auflistung `Children` beispielsweise. Wenn Sie noch nicht wüssten, was Auflistungen sind, könnten Sie dann die Antwort auf die dritte Frage auf dieser Seite verstehen? Vielleicht. Aber wenn man weiß, was Auflistungen sind, ist das erheblich verständlicher. Andererseits ist es sehr einfach, Steuerelemente aus dem Werkzeugkasten auf ein Formular zu ziehen. WinForms sind erheblich weniger komplex als die Seitengestaltung mit XAML. Dass wir mehrere Kapitel WinForms gewidmet haben, hilft Ihnen, den Entwurf visueller Anwendungen und den Aufbau interessanter Projekte besser zu verstehen. Das wiederum half Ihnen, viele dieser Konzepte zu erlernen. Sie können sich XAML nun viel schneller aneignen, da dieses Fundament gelegt ist. Außerdem kann es sehr hilfreich sein, wenn man das gleiche Problem mit unterschiedlichen Mitteln löst. Es kann die Eigenarten der Mittel verdeutlichen. Deswegen werfen wir hier einen erneuten Blick auf Anwendungen, die wir bereits mit WinForms gestaltet haben.

Es hilft Ihnen, die Eigenart des jeweiligen Werkzeugs zu verstehen, wenn Sie das gleiche Problem mit zwei unterschiedlichen Werkzeugen lösen.

Datenbindung für den Strammen Max

Erinnern Sie sich an den Strammen Max aus Kapitel 4? Auch er ist auf Windows 8 umgestiegen und hätte gern eine Window Store-App für seine Sandwich-Speisekarte. Helfen Sie ihm dabei.

Das ist die Seite, die wir aufbauen werden.

Sie nutzt eine einfache Bindung, um einen ListView und einen Run ein einem TextBlock zu füllen, sowie eine bidirektionale Datenbindung für eine TextBox, in der eines der `<Run>`-Tags für die eigentliche Bindung eingesetzt wird.

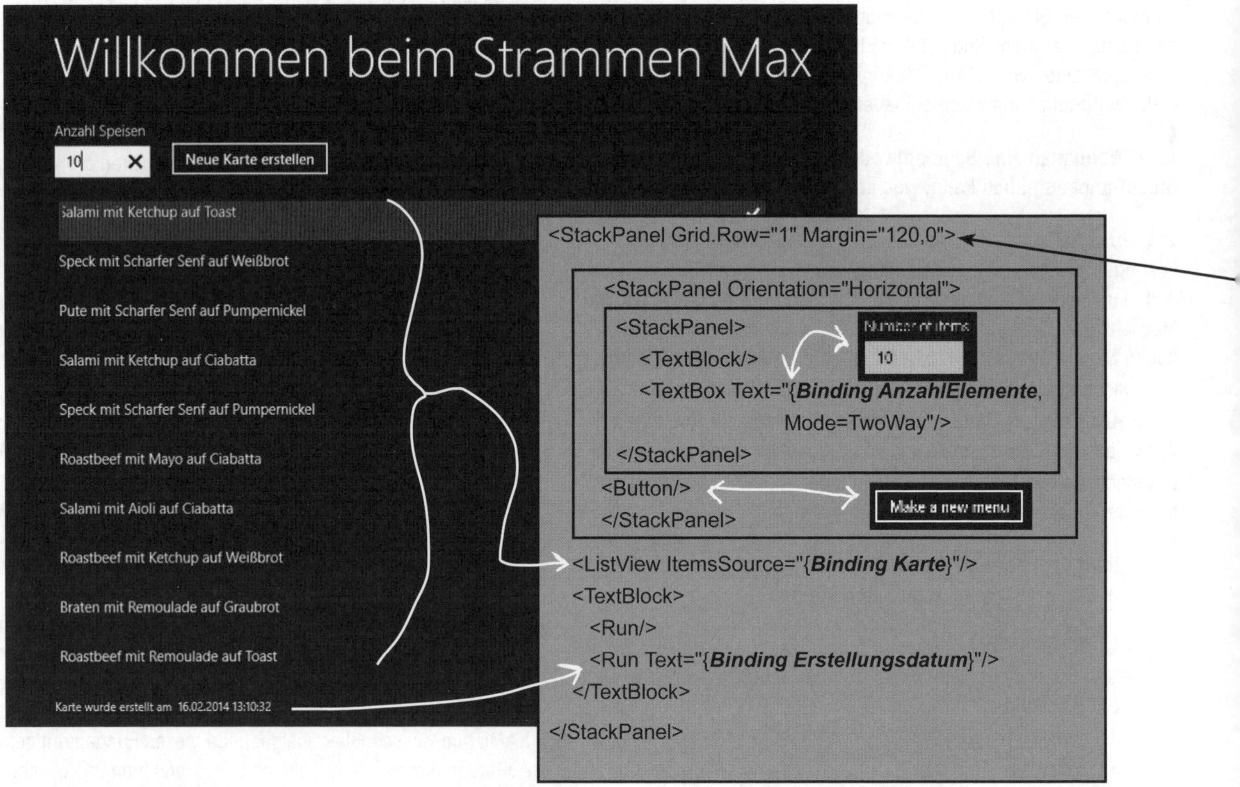
Willkommen beim Strammen Max
Anzahl Speisen
10
Neue Karte erstellen
Salami mit Ketchup auf Toast
Speck mit Scharfer Senf auf Weißbrot
Pute mit Scharfer Senf auf Pumpernickel
Salami mit Ketchup auf Ciabatta
Speck mit Scharfer Senf auf Pumpernickel
Roastbeef mit Mayo auf Ciabatta
Salami mit Aioli auf Ciabatta
Roastbeef mit Ketchup auf Weißbrot
Braten mit Remoulade auf Graubrot
Roastbeef mit Remoulade auf Toast
Karte wurde erstellt am 16.02.2014 13:10:32
<StackPanel Grid.Row="1" Margin="120,0">
<StackPanel Orientation="Horizontal">
<StackPanel>
<TextBlock/>
<TextBox Text="{Binding AnzahlElemente, Mode=TwoWay"/>
</StackPanel>
<Button/>
Make a new menu
</StackPanel>
<ListView ItemsSource="{Binding Karte}"/>
<TextBlock>
<Run/>
<Run Text="{Binding Erstellungsdatum}"/>
</TextBlock>
</StackPanel>

Für die Bindung brauchen wir ein Objekt mit Eigenschaften.

Das `Page`-Objekt hat eine Instanz der Klasse `MenüMacher`, die drei öffentliche Eigenschaften hat: einen int namens `AnzahlElemente`, eine `ObservableCollection` mit Speisen namens `Karte` und ein `DateTime` namens `Erstellungsdatum`.

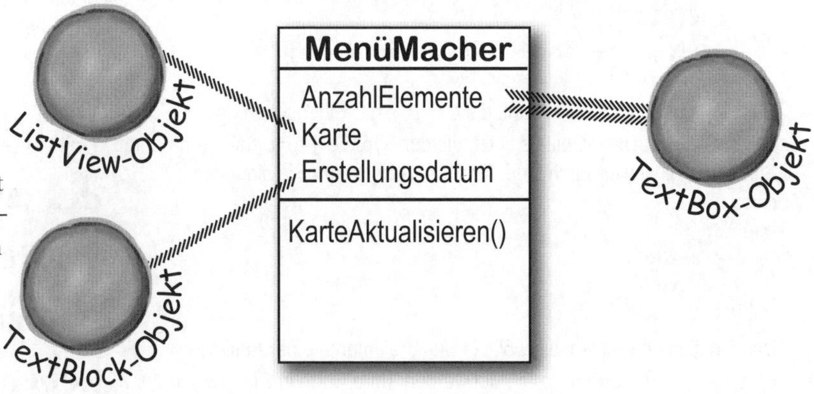
ListView-Objekt
MenüMacher
AnzahlElemente
Karte
Erstellungsdatum
KarteAktualisieren()
TextBox-Objekt
TextBlock-Objekt

Das Page-Objekt erstellt eine Instanz von MenüMacher und nutzt sie als Datenkontext.

Der Konstruktor für das `Page`-Objekt setzt die `DataContext`-Eigenschaft des StackPanel auf eine Instanz von `MenüMacher`. Die Bindung wird vollständig im XAML eingerichtet.

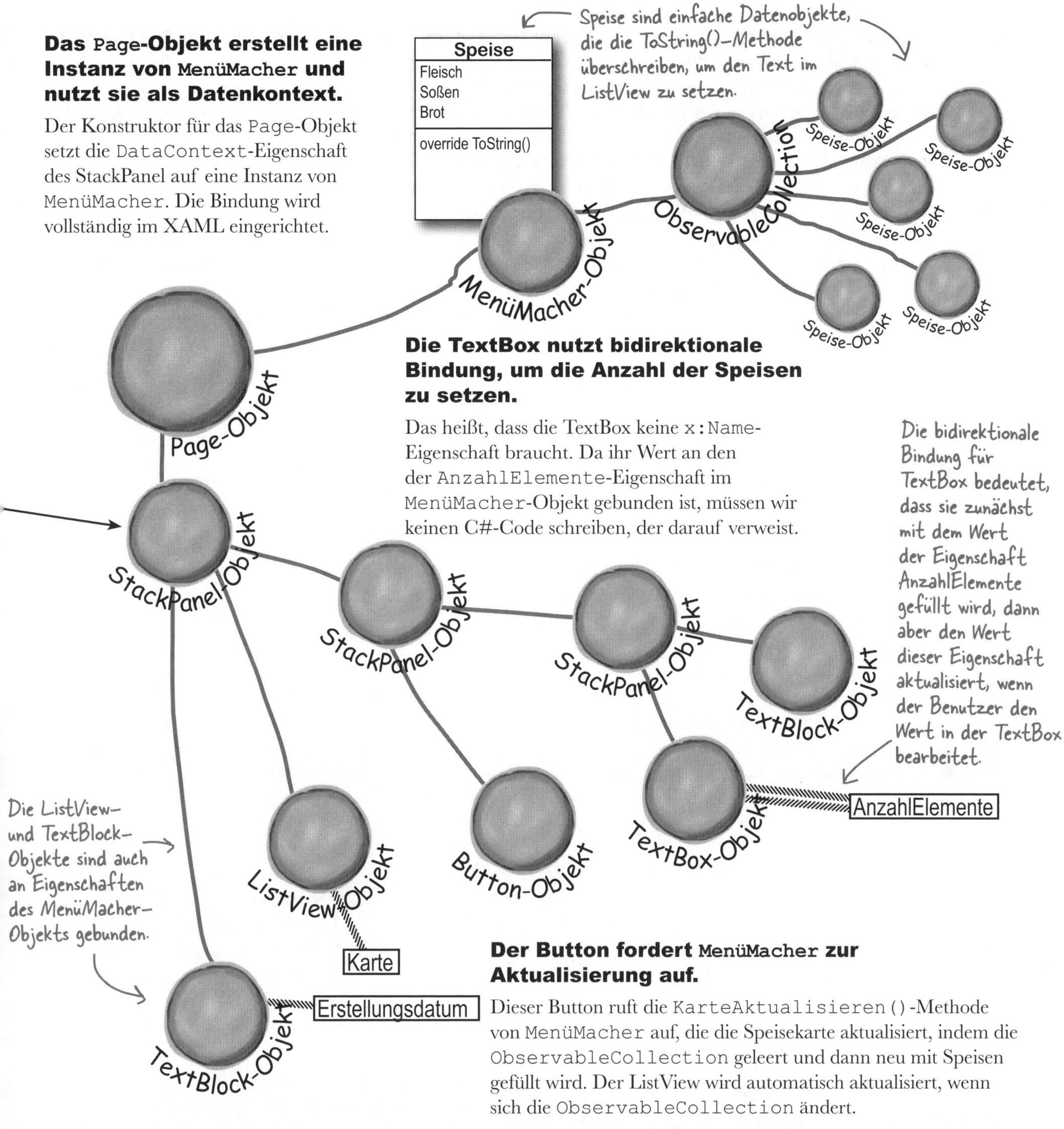
Speise
Fleisch
Soßen
Brot
override ToString()
Speise sind einfache Datenobjekte, die die ToString()-Methode überschreiben, um den Text im ListView zu setzen.
Speise-Objekt
Speise-Objekt
Speise-Objekt
Speise-Objekt
Speise-Objekt
ObservableCollection
MenüMacher-Objekt
Page-Objekt
StackPanel-Objekt
StackPanel-Objekt
StackPanel-Objekt
TextBlock-Objekt
TextBox-Objekt
AnzahlElemente
Die bidirektionale Bindung für TextBox bedeutet, dass sie zunächst mit dem Wert der Eigenschaft AnzahlElemente gefüllt wird, dann aber den Wert dieser Eigenschaft aktualisiert, wenn der Benutzer den Wert in der TextBox bearbeitet.
Button-Objekt
ListView-Objekt
Karte
Die ListView- und TextBlock-Objekte sind auch an Eigenschaften des MenüMacher-Objekts gebunden.
TextBlock-Objekt
Erstellungsdatum

Die TextBox nutzt bidirektionale Bindung, um die Anzahl der Speisen zu setzen.

Das heißt, dass die TextBox keine `x:Name`-Eigenschaft braucht. Da ihr Wert an den der `AnzahlElemente`-Eigenschaft im `MenüMacher`-Objekt gebunden ist, müssen wir keinen C#-Code schreiben, der darauf verweist.

Der Button fordert MenüMacher zur Aktualisierung auf.

Dieser Button ruft die `KarteAktualisieren()`-Methode von `MenüMacher` auf, die die Speisekarte aktualisiert, indem die `ObservableCollection` geleert und dann neu mit Speisen gefüllt wird. Der ListView wird automatisch aktualisiert, wenn sich die `ObservableCollection` ändert.

Hier ist die Herausforderung für Hacker. Wenn Sie das nehmen, was Sie bislang gelesen haben, wie viel von der neuen App für den Strammen Max können Sie dann erstellen, bevor Sie umblättern und unseren Code betrachten?

Tun Sie das!

1 **Erstellen Sie ein neues Projekt und ersetzen Sie MainPage.xaml durch eine Standardseite.**
Erstellen Sie eine neue Windows Store-App. Löschen Sie *MainPage.xaml* und **ersetzen Sie sie durch eine neue Standardseite namens *MainPage.xaml***. Sie müssen das Projekt neu erstellen, nachdem Sie die Seite ersetzt haben. Genau das Gleiche haben Sie auch bei *Die Menschheit retten* getan (blättern Sie zu Kapitel 1 zurück, wenn Sie eine kleine Auffrischung benötigen).

2 **Ergänzen Sie die neue und verbesserte Klasse `MenüMacher`.**
Seit Kapitel 4 haben Sie einiges gelernt. Bauen wir eine sauber gekapselte Klasse auf, bei der Sie die Anzahl an Elementen über eine Eigenschaft setzen können. Im Konstruktor erstellen Sie eine `ObservableCollection` mit `Speise`-Objekten, die jedes Mal aktualisiert wird, wenn `KarteAktualisieren()` aufgerufen wird. Diese Methode aktualisiert außerdem eine `DateTime`-Eigenschaft namens `Erstellungsdatum` mit einem Zeitstempel für die aktuelle Speisekarte. Fügen Sie Ihrem Projekt die folgende `MenüMacher`-Klasse hinzu:

Klicken Sie einfach im Projektmappen-Explorer mit rechts auf den Projektnamen und fügen Sie die neue Klasse hinzu, wie Sie es bei anderen Projekten bereits gemacht haben.

```
using System.Collections.ObjectModel;

class MenüMacher {
    private Random zufall = new Random();
    private List<String> fleisch = new List<String>()
            { "Roastbeef", "Salami", "Pute", "Speck", "Braten" };
    private List<String> soßen = new List<String>() { "Süßer Senf",
          "Scharfer Senf", "Ketchup", "Mayo", "Aioli", "Remoulade" };
    private List<String> brot = new List<String>() { "Graubrot", "Weißbrot",
          "Toast", "Pumpernickel", "Ciabatta", "Brötchen" };

    public ObservableCollection<Speise> Karte { get; private set; }
    public DateTime Erstellungsdatum { get; private set; }
    public int AnzahlElemente { get; set; }

    public MenüMacher() {
        Karte = new ObservableCollection<Speise>();
        AnzahlElemente = 10;
        KarteAktualisieren();
    }

    private Speise SpeiseErstellen() {
        string zufallsFleisch = fleisch[zufall.Next(fleisch.Count)];
        string zufallsSoße = soßen[zufall.Next(soßen.Count)];
        string zufallsBrot = brot[zufall.Next(brot.Count)];
        return new Speise(zufallsFleisch, zufallsSoße, zufallsBrot);
    }

    public void KarteAktualisieren() {
        Karte.Clear();
        for (int i = 0; i < AnzahlElemente; i++) {
            Karte.Add(SpeiseErstellen());
        }
        Erstellungsdatum = DateTime.Now;
    }
}
```

Diese Zeile benötigen Sie, weil ObservableCollection<T> aus diesem Namensraum kommt.

Sie werden Datenbindung nutzen, um die Daten aus diesen Eigenschaften auf Ihrer Seite anzuzeigen. Für AnzahlElemente werden Sie eine bidirektionale Bindung nutzen.

Die Methode SpeiseErstellen() liefert ein Speise-Objekt, nicht einfach Strings. Das vereinfacht es, die Anzeige der Elemente später anzupassen.

Schauen Sie sich genauer an, wie das funktioniert. Es wird nie eine echte Speise-Auflistung erstellt. Die aktuelle wird einfach aktualisiert, indem sie zunächst geleert und dann mit neuen Elementen gefüllt wird.

Was passiert, wenn AnzahlElemente auf eine negative Zahl gesetzt wird?

Nutzen Sie DateTime für Datumswerte

Den DateTime-Typ, mit dem Sie Datumswerte festhalten können, kennen Sie bereits. Sie können ihn außerdem nutzen, um Datums- und Zeitwerte zu erstellen und zu verändern. Die Klasse hat eine statische Eigenschaft namens Now, die die aktuelle Zeit liefert. Außerdem bietet sie Methoden wie AddSeconds(), mit der Sekunden, Millisekunden, Tage usw. hinzugefügt und umgewandelt werden können, sowie Eigenschaften wie Hour und DayOfWeek, mit denen man ein Datum zerlegen kann!

3 **Ergänzen Sie die Klasse `Speise`.**

Sie haben bereits gesehen, dass Sie flexiblere Programme gestalten können, wenn Sie anstelle von Strings Klassen zur Datenspeicherung verwenden. Hier ist eine einfache Klasse, die einen Speisekarteneintrag enthalten kann – fügen Sie auch diese Ihrem Projekt hinzu:

```
class Speise {
    public string Fleisch { get; private set; }
    public string Soße { get; private set; }
    public string Brot { get; private set; }

    public Speise(string fleisch, string soße, string brot) {
        Fleisch = fleisch;
        Soße = soße;
        Brot = brot;
    }

    public override string ToString() {
        return Fleisch + " mit " + Soße + " auf " + Brot;
    }
}
```

Die drei Strings, die eine Speise bilden, werden an den Konstruktor übergeben und in automatischen Eigenschaften gespeichert.

Überschreiben Sie ToString(), damit Speise-Objekte wissen, wie sie sich selbst darstellen.

Fügen Sie diesmal keine Testdaten ein. Das überlassen wir jetzt der Datenbindung.

4 **Erstellen Sie die XAML-Seite.**

Hier ist der Screenshot. Können Sie das mithilfe von StackPanels aufbauen? Die TextBox hat eine Breite von 100. Der untere TextBlock hat den Stil `BodyTextBlockStyle` und enthält zwei <Run>-Tags (der zweite enthält nur das Datum).

Willkommen beim Strammen Max
Vergessen Sie nicht, die AppName-Ressource im <Page.Resources>-Abschnitt am Anfang der Seite zu ändern, um die Seitenüberschrift anzupassen.
Anzahl Speisen
10
Neue Karte erstellen
Salami mit Ketchup auf Toast
Speck mit Scharfer Senf auf Weißbrot
Pute mit Scharfer Senf auf Pumpernickel
Salami mit Ketchup auf Ciabatta
Speck mit Scharfer Senf auf Pumpernickel
Roastbeef mit Mayo auf Ciabatta
Salami mit Aioli auf Ciabatta
Roastbeef mit Ketchup auf Weißbrot
Braten mit Remoulade auf Graubrot
Roastbeef mit Remoulade auf Toast
Das ist ein ListView-Steuerelement. Es ähnelt dem ListBox-Steuerelement – es erbt von der gleichen Basisklasse wie ListBox und bietet die gleiche Auswahlfunktionalität. Aber Windows Store-Apps nutzen üblicherweise ListView statt ListBox, da viele der UI-Eigenschaften wie das Scrollen (mit Trägheit) Windows Store-gemäßer sind. Wir haben auf das erste Element geklickt, um diesen Screenshot zu erstellen, und Sie sehen, dass die Auswahl wie bei einer Windows Store-App erfolgt.
Karte wurde erstellt am 16.02.2014 13:10:32

Können Sie diese Seite auf Basis des Screenshots erstellen, ohne einen Blick auf das XAML zu werfen?

5 Fügen Sie dem XAML die Objektnamen und die Datenbindungen hinzu.

Hier ist das XAML, das *MainPage.xaml* hinzugefügt wird. Achten Sie darauf, dass Sie es **in das äußere Grid unmittelbar über dem** `<!-- Back button and page title -->` **-XAML-Kommentar einfügen**, wie Sie es auf der Seite für *Die Menschheit retten* gemacht haben. Wir haben den Button `neueKarte` genannt. Da wir für ListView, TextBlock und TextBox Datenbindungen nutzen, mussten wir ihnen keinen Namen geben. *(Das Ganze geht noch kürzer. Auch dem Button müssten wir keinen Namen geben. Das haben wir nur getan, damit die IDE automatisch einen Event-Handler namens neueKarte_Click erstellt, wenn wir in der IDE doppelt darauf klicken. Probieren Sie es aus!)*

```
<StackPanel Grid.Row="1" Margin="120,0" x:Name="pageLayoutStackPanel">
    <StackPanel Orientation="Horizontal" Margin="0,0,0,20">
        <StackPanel Margin="0,0,20,0">
            <TextBlock Style="{StaticResource BodyTextBlockStyle}"
                Text="Anzahl Speisen" Margin="0,0,0,10" />
            <TextBox Width="100" HorizontalAlignment="Left"
                      Text="{Binding AnzahlElemente, Mode=TwoWay}" />
        </StackPanel>
        <Button x:Name="neueKarte" VerticalAlignment="Bottom" Click="neueKarte_Click"
        Content="Neue Karte erstellen" Margin="0,0,20,0"/>
    </StackPanel>
    <ListView ItemsSource="{Binding Karte}" Margin="0,0,20,0" />
    <TextBlock Style="{StaticResource CaptionTextBlockStyle}">
    <Run Text="Karte wurde erstellt am " />
    <Run Text="{Binding Erstellungsdatum}"/>
    </TextBlock>
</StackPanel>
```

Hier ist das ListView-Steuerelement. Tauschen Sie es mal gegen eine ListBox aus, wenn Sie sich den Unterschied ansehen wollen.

Wir benötigen eine bidirektionale Datenbindung, um die Anzahl an Speisen mit der TextBox gleichermaßen anzeigen wie setzen zu können.

Dabei sind die <Run>-Tags prakisch. Man braucht nur einen TextBlock und muss doch nur einen Teil seines Texts über eine Bindung stellen lassen.

6 Fügen Sie der MainPage.xaml.cs den Unterstützungscode hinzu.

Der Seitenkonstruktor erstellt die Speisen-Auflistung und die `MenüMacher`-Instanz und richtet den Datenkontext für die beiden Steuerelemente ein, die Datenbindung nutzen. Er benötigt außerdem ein `MenüMacher`-Feld namens `menüMacher`.

```
MenüMacher menüMacher = new MenüMacher();

public MainPage() {
    this.InitializeComponent();

    pageLayoutStackPanel.DataContext = menüMacher;
}
```

Die Klasse in MainPage.xaml.cs erhält ein menüMacher-Feld, das als Datenkontext für das StackPanel genutzt wird, das alle gebundenen Steuerelemente enthält.

Sie müssen nur den Datenkontext für das äußere StackPanel setzen. Es übergibt den Datenkontext an alle darin enthaltenen Steuerelemente.

Klicken Sie dann doppelt auf den Button, um einen Methoden-Stub für den `Click`-Event-Handler generieren zu lassen. Hier ist der Code dafür – er aktualisiert einfach die Speisekarte:

```
private void neueKarte_Click(object sender, RoutedEventArgs e) {
    menüMacher.KarteAktualisieren();
}
```

Man kann Event-Handler so umbenennen, dass XAML und C#-Code gleichzeitig aktualisiert werden. Mehr erfahren Sie unter Punkt 8 im Anhang.

Führen Sie das Programm nun aus! Ändern Sie den Wert in der TextBox. Setzen Sie ihn auf 3, wird eine Speisekarte mit 3 Posten erstellt:

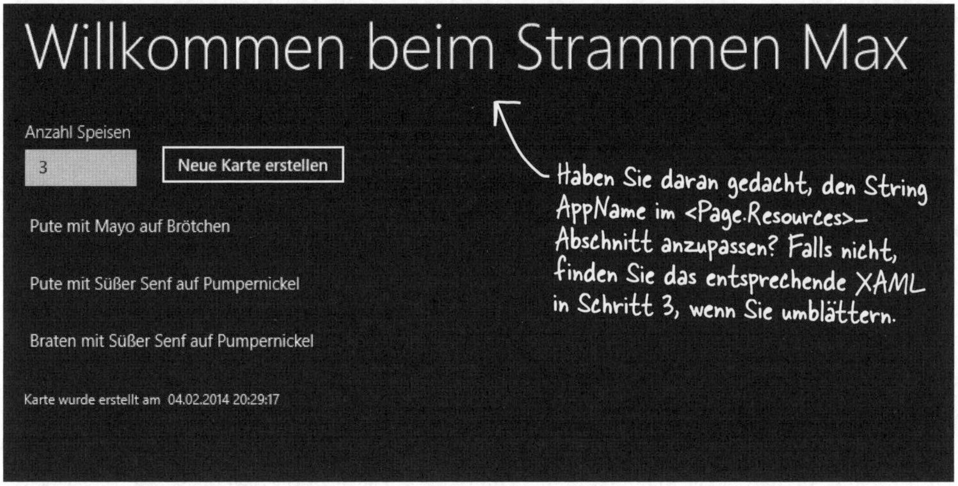
Willkommen beim Strammen Max
Anzahl Speisen
3
Neue Karte erstellen
Pute mit Mayo auf Brötchen
Pute mit Süßer Senf auf Pumpernickel
Braten mit Süßer Senf auf Pumpernickel
Karte wurde erstellt am 04.02.2014 20:29:17
Haben Sie daran gedacht, den String AppName im <Page.Resources>-Abschnitt anzupassen? Falls nicht, finden Sie das entsprechende XAML in Schritt 3, wenn Sie umblättern.

Jetzt können Sie mit der Bindung experimentieren, um sich anzusehen, wie flexibel sie ist. Geben Sie »xyz« ein, löschen Sie den Inhalt der TextBox. Nichts passiert! Wenn Sie Daten in die TextBox eingeben, geben Sie einen String an. Die TextBox fängt mit diesem in der Regel das Richtige an. Sie weiß, dass der Bindungspfad `AnzahlElemente` ist, schlägt im Datenkontext eventuelle Eigenschaften mit diesem Namen nach und versucht dann, den String in den Typ jener Eigenschaft umzuwandeln.

Achten Sie auf das Erstellungsdatum. Es wird nicht aktualisiert, obwohl die Speisekarte selbst aktualisiert wird. Vielleicht gibt es da doch noch etwas zu tun.

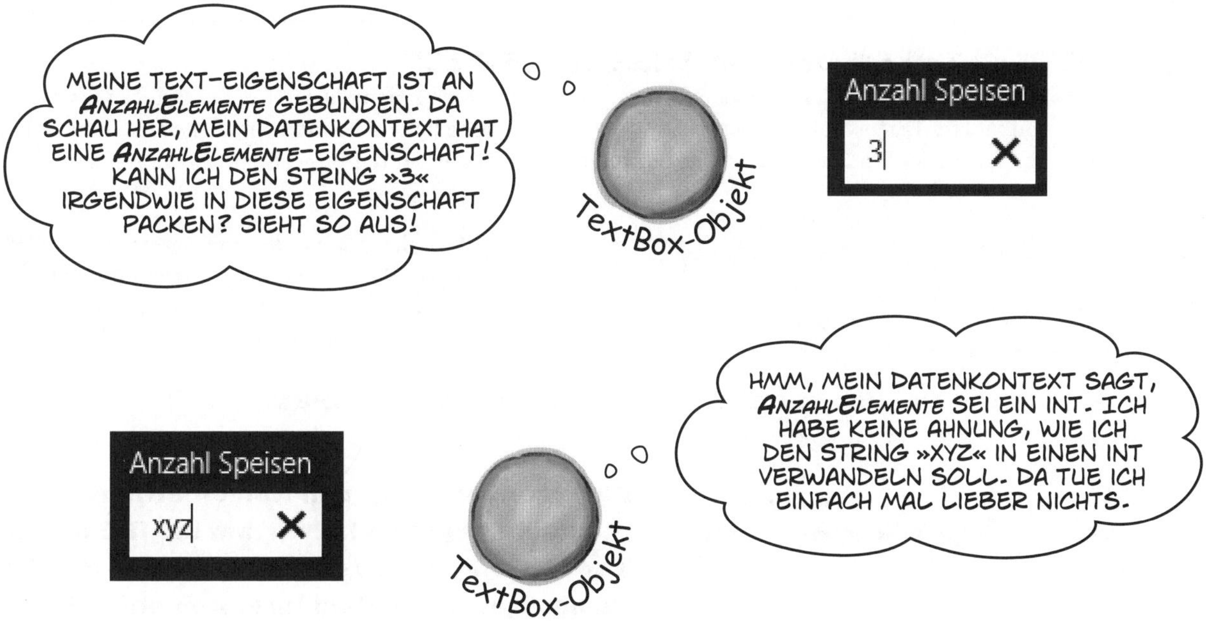
MEINE TEXT-EIGENSCHAFT IST AN ANZAHLELEMENTE GEBUNDEN. DA SCHAU HER, MEIN DATENKONTEXT HAT EINE ANZAHLELEMENTE-EIGENSCHAFT! KANN ICH DEN STRING »3« IRGENDWIE IN DIESE EIGENSCHAFT PACKEN? SIEHT SO AUS!
TextBox-Objekt
Anzahl Speisen
3
HMM, MEIN DATENKONTEXT SAGT, ANZAHLELEMENTE SEI EIN INT. ICH HABE KEINE AHNUNG, WIE ICH DEN STRING »XYZ« IN EINEN INT VERWANDELN SOLL. DA TUE ICH EINFACH MAL LIEBER NICHTS.
Anzahl Speisen
xyz
TextBox-Objekt

Mit statischen Ressourcen Objekte im XAML deklarieren

Wenn Sie mit XAML eine Seite aufbauen, erstellen Sie einen Objektgraphen mit Objekten wie StackPanel, Grid, TextBlock und Button. Und Sie haben gesehen, dass da keinerlei arkane Künste im Spiel sind. Fügen Sie Ihrem XAML ein `<TextBox>`-Tag hinzu, erhält Ihr Page-Objekt ein TextBox-Feld mit einer Referenz auf eine Instanz von TextBox. Geben Sie ihm mit der Eigenschaft `x:Name` einen Namen, nutzt Ihr C#-Unterstützungsocde diesen Namen, um auf diese TextBox zuzugreifen.

Genau das Gleiche können Sie mit Instanzen *fast aller Klassen tun*, die Sie dann als Felder in Ihrer Seite speichern, indem Sie Ihrem XAML eine **statische Ressource** hinzufügen. Datenbindung und statische Ressourcen arbeiten Hand in Hand, insbesondere wenn Sie sie mit dem grafischen Designer der IDE verbinden. Schauen wir uns noch einmal das Programm für den Strammen Max an und machen wir `MenüMacher` zu einer statischen Ressource.

1 LÖSCHEN SIE IM UNTERSTÜTZUNGSCODE DAS FELD *MENÜMACHER*.

Sie werden die Klasse `MenüMacher` und den Datenkontext im XAML einrichten. Löschen Sie deswegen die folgenden Zeilen aus Ihrem C#-Code:

```
MenüMacher menüMacher = new MenüMacher();

public MainPage() {
    this.InitializeComponent();

    pageLayoutStackPanel.DataContext = menüMacher;
}
```

Es gibt keine Dummen Fragen

F: Hey, hier gibt es keinen Schließen-Button. Wie beende ich die dämliche App?

A: Windows Store-Apps haben standardmäßig keinen Schließen-Button, da Sie die meisten Apps nie beenden müssen. Windows Store-Apps haben einen **Anwendungslebenszyklus** mit drei Phasen: nicht in Betrieb, in Betrieb, ausgesetzt. Apps können ausgesetzt werden, wenn der Benutzer sie verlässt oder das System in einen Energiesparmodus wechselt. Und wenn das System Speicher freigeben muss, kann es die App beenden. Später werden Sie lernen, wie Sie Ihre Apps mit diesem Lebenszyklus arbeiten lassen.

2 BETRACHTEN SIE DEN NAMENSRAUM DER SEITE.

Schauen Sie oben in den XAML-Code für Ihre Seite. Sie werden sehen, dass auf dem Start-Tag der Seite ein Satz von `xmlns`-Eigenschaften gesetzt wird. Jede dieser Eigenschaften definiert einen Namensraum. Schauen Sie sich den an, der mit `xmlns:local` beginnt und den Namen Ihren Projekts enthält. Er sollte so aussehen:

Das ist eine XML-Namensraumeigenschaft. Sie besteht aus »xmlns:« und einem Bezeichner, hier »local«.

Wenn der Namensraumwert mit »using:« beginnt, verweist er auf einen der Namensräume im Projekt. Er kann auch mit »http://« beginnen und verweist dann auf einen Standard-XAML-Namensraum.

```
xmlns:local="using:BeimStrammenMax"
```

Diesen Bezeichner werden Sie verwenden, um Objekte im Projektnamensraum zu erstellen.

Da wir unserer App den Namen StrammerMax-Kapitel10 gegeben haben, hat die IDE diesen Namensraum für uns erstellt. Suchen Sie den Namensraum, der dem Ihrer App entspricht, da Sie dort auch Ihren `MenüMacher` finden.

3 FÜGEN SIE IHREM XAML DIE STATISCHE RESSOURCE HINZU UND SETZEN SIE DEN DATENKONTEXT.

Suchen Sie den `<Page.Resources>`-Abschnitt Ihrer Seite und geben Sie **`<local:`** ein, bis ein IntelliSense-Fenster aufspringt:

```
<Page.Resources>
    <local:
```

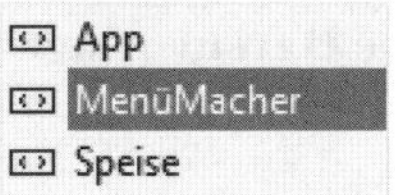
App
MenüMacher
Speise

```
    <!-- TODO: Delete this line if the key AppName is declared in App.xaml -->
    <x:String x:Key="AppName">Willkommen beim Strammen Max</x:String>
</Page.Resources>
```

Sie können nur statische Ressourcen auf Klassen erstellen, die einen parameterlosen Konstruktor haben. Woher sollte das XAML denn wissen, welchen Wert es dem Konstruktor übergeben soll, wenn dieser einen Konstruktor hat?

Das Fenster sollte Ihnen alle Klassen im gewählten Namensraum anzeigen, die Sie verwenden können. Wählen Sie `MenüMacher` und geben Sie der Ressource den Namen `menüMacher`:

```
<local:MenüMacher x:Name="menüMacher"/>
```

Jetzt hat Ihre Seite eine statische Ressource namens `menüMacher`.

4 SETZEN SIE DEN DATENKONTEXT FÜR DAS STACKPANEL UND ALLE SEINE KINDER.

Setzen Sie dann die `DataContext`-Eigenschaft des äußersten StackPanel:

```
<StackPanel Grid.Row="1" Margin="120,0"
        DataContext="{StaticResource ResourceKey=menüMacher}">
```

Ihr Programm funktioniert noch genau so wie zuvor. Doch haben Sie bemerkt, was in der IDE geschah, als Sie dem XAML den Datenkontext hinzugefügt haben? Sobald Sie das taten, erstellte die IDE eine Instanz von MenüMacher, deren Eigenschaften sie einsetzte, um alle Steuerelemente zu füllen, die an sie gebunden waren. Es wird sofort eine Speisekarte erstellt, unmittelbar im Designer – noch bevor Sie das Programm überhaupt ausgeführt haben . Hübsch, nicht wahr!

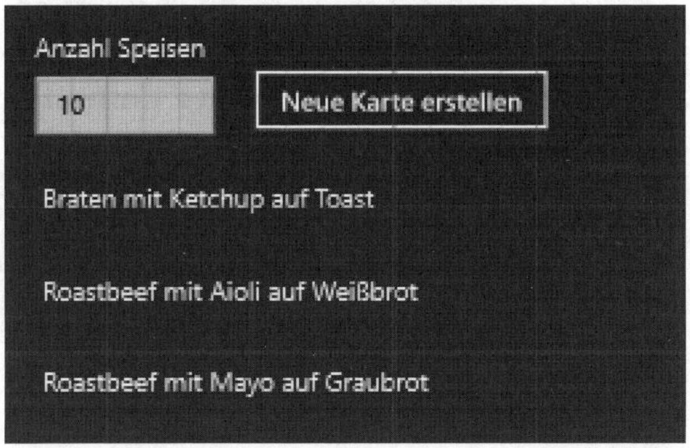
Anzahl Speisen
10
Neue Karte erstellen
Braten mit Ketchup auf Toast
Roastbeef mit Aioli auf Weißbrot
Roastbeef mit Mayo auf Graubrot

Die Speisekarte erscheint unmittelbar im Designer – noch bevor Sie das Programm ausgeführt haben.

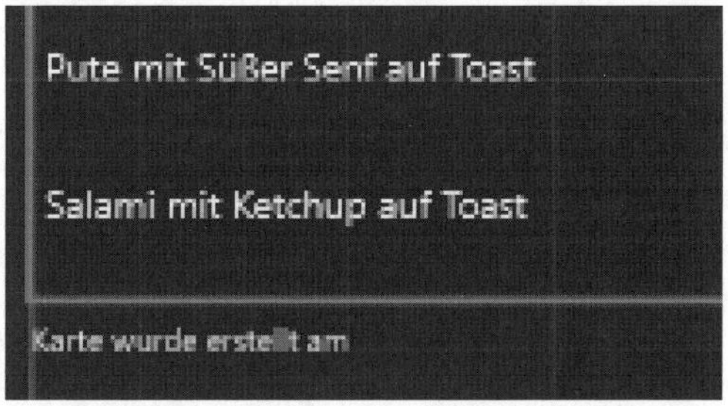
Pute mit Süßer Senf auf Toast
Salami mit Ketchup auf Toast
Karte wurde erstellt am

Irgendetwas stimmt nicht. Die Anzahl an Posten und die Speisekarte wurden gefüllt, aber das Datum wurde nicht generiert. Was ist hier los?

Objekte mit einer Datenvorlage anzeigen

Wenn Sie die Elemente in einer Liste anzeigen, zeigen Sie den Inhalt eines ListViewItem-Steuerelements (bei einem ListView), eines ListBoxItem- oder eines ComboBoxItem-Steuerelements an, das an die Objekte in einer `ObservableCollection` gebunden wird. Alle ListViewItems im Speisekartengenerator für den Strammen Max sind an ein `Speise`-Objekt in seiner `Karte`-Auflistung gebunden. Die ListViewItem-Objekte rufen standardmäßig die `ToString()`-Methode der `MenüMacher`-Objekte auf, aber Sie können eine **Datenvorlage** einsetzen, die eine Datenbindung nutzt, um Daten aus dem gebundenen Objekt anzuzeigen.

Ändern Sie das `<ListView>`-Tag, um eine Standarddatenvorlage einzufügen. Sie nutzt die Standard-Form `{Binding}`, um die `ToString()`-Methode des Elements aufzurufen.

Lassen Sie das ListView-Tag unverändert, aber ersetzen Sie /> durch > und ergänzen Sie ein schließendes </ListView>-Tag am Ende. Fügen Sie dann ein ListView.ItemTemplate-Tag für die Datenvorlage ein.

Das ist tatsächlich eine Standarddatenvorlage, und sie sieht genau wie die Standardvorlage aus, die zur Anzeige von ListViewItems verwendet wird.

```
<ListView ItemsSource="{Binding Karte}" Margin="0,0,20,0">
    <ListView.ItemTemplate>
        <DataTemplate>
            <TextBlock Text="{Binding}"/>
        </DataTemplate>
    </ListView.ItemTemplate>
</ListView>
```

Bei einem {Binding} ohne Pfad wird einfach die ToString()-Methode des eingebundenen Objekts aufgerufen.

Ändern Sie die Datenvorlage, um Ihrer Speisekarte etwas Farbe zu verleihen.

Ersetzen Sie das <DataTemplate>, aber lassen Sie den restlichen ListView unverändert.

Sie können einzelne Run-Tags binden sowie Farbe, Schrift und andere Eigenschaften der einzelnen Tags ändern.

```
<DataTemplate>
  <TextBlock>
      <Run Text="{Binding Fleisch}" Foreground="Blue"/><Run Text=" auf "/>
      <Run Text="{Binding Brot}" FontWeight="Light"/><Run Text=" mit "/>
      <Run Text="{Binding Soße}" Foreground="Red" FontWeight="ExtraBold"/>
  </TextBlock>
</DataTemplate>
```

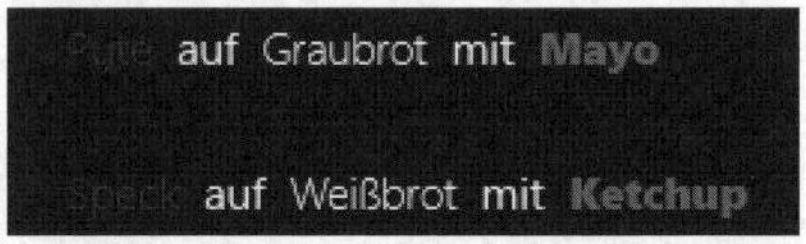
Pute auf Graubrot mit Mayo
Speck auf Weißbrot mit Ketchup

Gehen Sie aufs Ganze! Vorlagen können beliebige Steuerelemente enthalten.

```
<DataTemplate>
    <StackPanel Orientation="Horizontal">
        <StackPanel>
            <TextBlock Text="{Binding Brot}"/>
            <TextBlock Text="{Binding Brot}"/>
            <TextBlock Text="{Binding Brot}"/>
        </StackPanel>
        <Ellipse Fill="DarkSlateBlue" Height="Auto" Width="10" Margin="10,0"/>
        <Button Content="{Binding Soße}" FontFamily="Segoe Script"/>
    </StackPanel>
</DataTemplate>
```

Die Content-Eigenschaft eines DataTemplate kann nur ein Objekt enthalten. Wenn Sie mehrere Steuerelemente benötigen, brauchen Sie also einen Container, ein StackPanel beispielsweise.

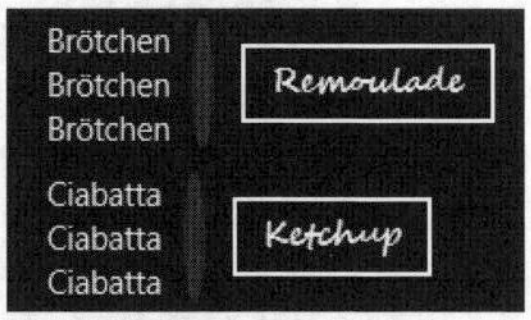
Brötchen
Brötchen
Brötchen
Remoulade
Ciabatta
Ciabatta
Ciabatta
Ketchup

Es gibt keine Dummen Fragen

F: Ich kann also ein StackPanel oder ein Grid nutzen, um meine Seite zu gliedern. Ich kann statische XAML-Ressourcen oder Felder im Unterstützungscode nutzen. Ich kann Eigenschaften auf Steuerelementen setzen oder Datenbindung nutzen. Warum gibt es immer mehrere Möglichkeiten, etwas zu tun?

A: Weil C# und XAML äußerst flexible Werkzeuge zum Aufbau von Anwendungen sind. Diese Flexibilität ermöglicht es, ausgesprochen vielfältige Seiten zu gestalten, die auf vielen Geräten und Bildschirmen funktionieren. Sie bieten Ihnen ein sehr umfangreiches Arsenal an Werkzeugen, um Ihre Seiten *genau richtig* zu machen. Lassen Sie sich von der verwirrenden Überfülle an Optionen nicht verwirren. Betrachten Sie sie einfach als Möglichkeiten, die Ihnen zur Verfügung stehen.

F: Ich verstehe noch nicht so ganz, wie statische Ressourcen funktionieren. Was passiert, wenn ich `<Page.Resources>` ein Tag hinzufüge?

A: Wenn Sie ein Tag einfügen, wird das `Page`-Objekt aktualisiert. Suchen Sie die `AppName`-Ressource, die Sie geändert haben, um die Seitenüberschrift zu ändern:

```
<x:String x:Key="AppName">Willkommen beim
Strammen Max</x:String>
```

Schauen Sie sich nun den Code an, den die Standardseitenvorlage generiert hat, und suchen Sie die Stelle, an der diese Ressource verwendet wird:

```
<TextBlock x:Name="pageTitle" Grid.Co-
lumn="1"
      Text="{StaticResource AppName}"
      Style="{StaticResource HeaderText-
BlockStyle}"/>
```

Die Seite nutzt diese statische Ressource, um den Text zu setzen. Was geschieht im Hintergrund? Mithilfe der IDE können Sie sich ansehen, was geschieht. Setzen Sie einen Haltepunkt in dem Event-Handler für den Button, führen Sie dann den Code aus und betätigen Sie den Button. Fügen Sie `this.Resources["AppName"]` dem Überwachen-Fenster hinzu. Dann werden Sie sehen, dass es eine Referenz auf einen String enthält. Alle statischen Ressourcen funktionieren auf gleiche Weise – wenn Sie Ihrem Code eine statische Ressource hinzufügen, wird ein Objekt erstellt und fügt es einer Auflistung namens `Resources` hinzu.

F: Kann ich diese `{StaticResource}`-Syntax in meinem eigenen Code nutzen, oder ist das nur für Vorlagen gedacht?

A: Natürlich, Sie können jederzeit Ressourcen einrichten und auf diese Weise nutzen. Vorlagen wie die Standardseitenvorlage sind nichts Besonderes. Auch sie bestehen aus XAML und C# und tun nichts, das Sie selbst nicht auch tun können.

Der Name »statische Ressource« ist etwas irreführend. Statische Ressourcen werden für jede Instanz einzeln erstellt, es sind keine statischen Felder!

F: Ich habe `x:Name` genutzt, um den Ressourcennamen `menüMacher` zu setzen, aber die Ressource `AppName` nutzt `x:Key`. Was ist der Unterschied?

A: Wenn Sie die Eigenschaft `x:Key` in einer statischen Ressource nutzen, wird diese Ressource unter diesem Schlüssel der Auflistung `Resources` hinzugefügt. Es wird jedoch kein Feld erstellt (Sie können in Ihrem C#-Code also nicht einfach `AppName` nutzen, sondern müssen den Namen verwenden, um auf die `Resources`-Auflistung zuzugreifen). Wenn Sie die Eigenschaft `x:Name` nutzen, wird der `Resources`-Auflistung ein Element hinzugefügt und gleichzeitig ein Feld auf dem `Page`-Objekt erstellt. Deswegen können Sie die `KarteAktualisieren()`-Methode auf der statischen Ressource `menüMacher` aufrufen.

F: Muss mein Bindungspfad eine String-Eigenschaft haben?

A: Nein, Sie können Eigenschaften beliebiger Typen binden. Wenn eine Umwandlung zwischen dem Quelltyp und dem Zieltyp möglich ist, wird die Bindung funktionieren. Ist das nicht der Fall, werden die Daten ignoriert. Und vergessen Sie auch nicht, dass nicht alle Steuerelemente Text sind. Angenommen, Sie hätten in Ihrem Datenkontext einen Booleschen Wert namens `ObjektAktivieren`. Sie können diesen an eine beliebige Boolesche `IsEnabled`-Eigenschaft binden. Das Steuerelement wird dann auf Basis der Eigenschaft `ObjektAktivieren` aktiviert und deaktiviert:

```
IsEnabled="{Binding ObjektAktivieren}"
```

Wenn Sie diese Eigenschaft an eine Texteigenschaft binden, wird natürlich nur `True` oder `False` ausgegeben.

F: Warum hat die IDE die Daten in meinem Formular angezeigt, als ich die statische Ressource genutzt und den Datenkontext im XAML gesetzt habe, aber nicht, wenn ich dazu C# nutze?

A: Weil die IDE Ihr XAML versteht, das alle Informationen enthält, die sie benötigt, um die Objekte zu erstellen, die zum Aufbau der Seite benötigt werden. Wenn Sie Ihrem XAML-Code die `menüMacher`-Ressource hinzufügen, erstellt die IDE eine Instanz von `MenüMacher`. Das konnte sie auf Basis der `new`-Anweisung im Konstruktor nicht tun, da dieser Konstruktor viele andere Anweisungen enthalten könnte, die ebenfalls ausgeführt werden müssten. Die IDE führt den C#-Unterstützungscode nur aus, wenn das Programm ausgeführt wird. Fügen Sie der Seite jedoch eine statische Ressource hinzu, wird diese von der IDE erstellt wie die Instanzen von TextBlock, StackPanel und den anderen Steuerelementen auf der Seite. Sie setzt die Eigenschaften des Steuerelements, um sie im Designer anzuzeigen. Wenn Sie den Datenkontext und die Bindungspfade einrichten, werden diese auch gesetzt, und die Elemente der Speisekarte erscheinen im Designer der IDE.

INotifyPropertyChanged benachrichtigt gebundene Objekte

Wenn die Klasse `MenüMacher` die Speisekarte aktualisiert, wird der gebundene ListView aktualisiert. Aber `Menü-Macher` aktualisiert ebenfalls die Eigenschaft `Erstellungsdatum`. Warum wird gleichzeitig nicht auch der daran gebundene TextBlock aktualisiert? Das liegt daran, dass bei jeder Änderung einer `ObservableCollection` **ein Event abgesetzt wird**, das alle gebundenen Steuerelemente über die Änderung der Daten informiert. Genau so setzt ein `Button` ein `Click`-Event ab, wenn er angeklickt wird, oder ein `Timer` sein `Tick`-Event, wenn sein Intervall verstrichen ist. Wenn Sie eine `ObservableCollection` verändern, indem Sie Elemente hinzufügen, ändern oder löschen, setzt sie ein Event ab.

Sie können Ihre Datenobjekte auch ihre Zieleigenschaften und gebundenen Steuerelemente über Änderungen informieren lassen. Dazu müssen Sie die **Schnittstelle `INotifyPropertyChanged` implementieren**, die nur ein `PropertyChanged`-Event enthält. Setzen Sie einfach dieses Event ab und genießen Sie es, dass Ihre gebundenen Steuerelemente automatisch aktualisiert werden.

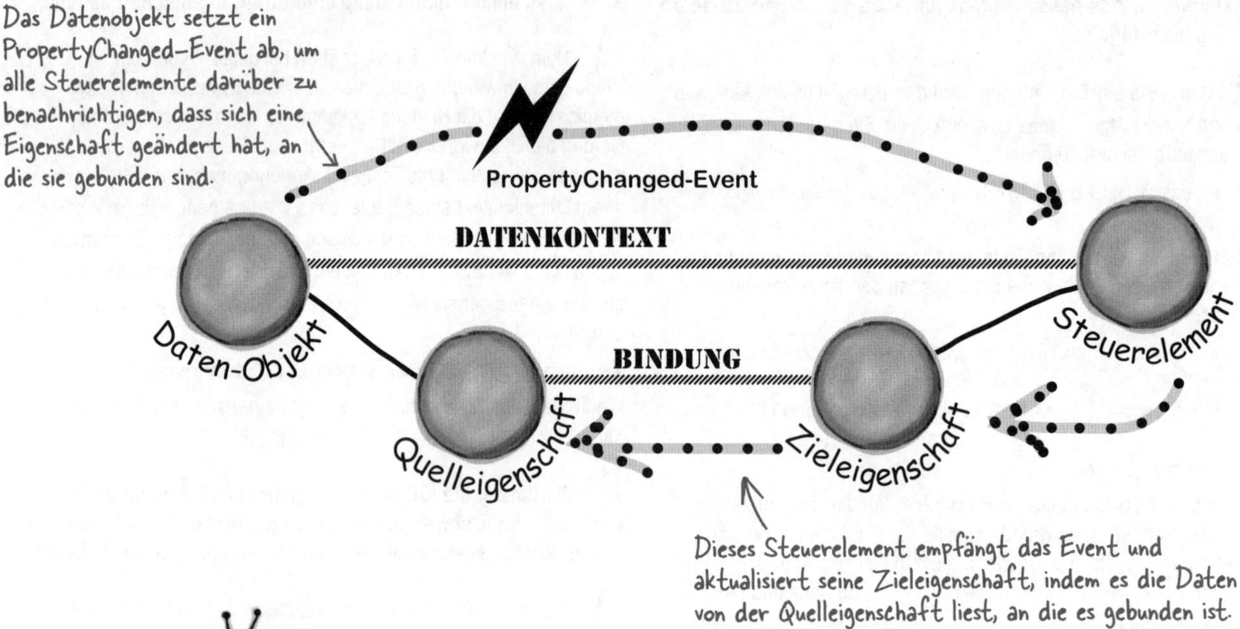

Das Datenobjekt setzt ein PropertyChanged-Event ab, um alle Steuerelemente darüber zu benachrichtigen, dass sich eine Eigenschaft geändert hat, an die sie gebunden sind.
PropertyChanged-Event
DATENKONTEXT
Daten-Objekt
Steuerelement
BINDUNG
Quelleigenschaft
Zieleigenschaft
Dieses Steuerelement empfängt das Event und aktualisiert seine Zieleigenschaft, indem es die Daten von der Quelleigenschaft liest, an die es gebunden ist.

Aufgepasst

Auflistungen funktionieren *fast* genau so wie Datenobjekte.

Das ObservableCollection<T>-Objekt implementiert INotifyPropertyChanged nicht direkt. Stattdessen implementiert es eine eng verwandte Schnittstelle namens ***INotifyCollectionChanged****, die statt eines PropertyChanged-Events ein CollectionChanged-Event absetzt. Das Steuerelement weiß, dass es dieses Event überwachen muss, weil ObservableCollection die Schnittstelle INotifyCollectionChanged implementiert. Wird der Datenkontext eines ListView auf ein INotifyCollectionChanged-Objekt gesetzt, führt das dazu, dass er auf diese Events reagiert.*

Lassen Sie MenüMacher Änderungen des Erstellungsdatums melden

`INotifyPropertyChanged` befindet sich im Namensraum `System.ComponentModel`. Fügen Sie der Klassendatei `MenüMacher` deswegen zunächst die folgende `using`-Anweisung hinzu:

```
using System.ComponentModel;
```

Lassen Sie `MenüMacher` `INotifyPropertyChanged` implementieren und nutzen Sie dann die IDE, um die Schnittstelle automatisch zu implementieren:

class MenüMacher : INotifyPropertyChanged
{
INotifyPropertyChanged-Schnittstelle implementieren
INotifyPropertyChanged-Schnittstelle explizit implementieren

Das läuft etwas anders als in den Kapiteln 7 und 8. Es werden keine weiteren Methoden oder Eigenschaften hinzugefügt, sondern ein Event:

```
public event PropertyChangedEventHandler PropertyChanged;
```

Entspannen Sie sich

Das ist das erste Mal, dass Sie Events selbst absetzen.

Event-Handler schreiben Sie seit Kapitel 1, aber das ist das erste Mal, dass Sie ein Event absetzen. Wie das funktioniert und was dabei passiert, werden Sie in Kapitel 15 lernen. Jetzt müssen Sie nur wissen, dass eine Schnittstelle ein Event einschließen kann und dass `OnPropertyChanged()` einem C#-Standardmuster für das Auslösen von Events folgt.

Ergänzen Sie dann diese `OnPropertyChanged()`-Methode, die das `PropertyChanged`-Event absetzt:

```
private void OnPropertyChanged(string propertyName) {
    PropertyChangedEventHandler propertyChangedEvent = PropertyChanged;
    if (propertyChangedEvent != null) {
        propertyChangedEvent(this, new PropertyChangedEventArgs(propertyName));
    }
}
```

Das ist ein .NET-Standardmuster zum Absetzen von Events.

Jetzt können Sie ein gebundenes Steuerelement über die Änderung einer Eigenschaft benachrichtigen, indem Sie `OnPropertyChanged()` mit dem Namen der Eigenschaft aufrufen, die sich ändert. Der TextBlock, der an `Erstellungsdatum` gebunden ist, soll seine Daten bei jeder Aktualisierung der Speisekarte aktualisieren. Wir müssen also einfach `KarteAktualisieren()` eine Zeile hinzufügen:

```
public void KarteAktualisieren() {
    Karte.Clear();
    for (int i = 0; i < AnzahlElemente; i++) {
        Karte.Add(SpeiseErstellen());
    }
    Erstellungsdatum = DateTime.Now;

    OnPropertyChanged("Erstellungsdatum");
}
```

Jetzt sollte sich das Datum ändern, wenn Sie die Speisekarte generieren.

Aufgepasst

Vergessen Sie nicht. `INotifyPropertyChanged` zu implementieren.

Datenbindung funktioniert nur, wenn das Steuerelement diese Schnittstelle implementiert. Wenn Sie das `: INotifyPropertyChanged` aus der Klassendeklaration weglassen, werden gebundene Steuerelemente nicht aktualisiert – auch dann nicht, wenn das Datenobjekt PropertyChanged-Events absetzt.

Übung

Schließen Sie die Portierung des Go Fish!-Spiels in eine Windows Store-App ab. Sie müssen das weiter oben bereits geschriebene XAML anpassen, um die Datenbindung einzubauen, alle Klassen und Enums aus dem Go Fish!-Spiel in Kapitel 8 kopieren (oder von unserer Website herunterladen) und die Klassen `Spieler` und `Spiel` aktualisieren.

1 Fügen Sie die Klassendateien ein und passen Sie die Namensräume an.

Fügen Sie Ihrem Projekt die folgenden Daten aus dem Code von Go Fish! in Kapitel 8 hinzu: *Werte.cs*, *Farben.cs*, *Karte.cs*, *Kartenstapel.cs*, *KarteComparer_nachFarbe.cs*, *KarteComparer_nachWert.cs*, *Spiel.cs* und *Spieler.cs*. Sie können im Projektmappen-Explorer »Bestehendes Element« hinzufügen, müssen aber **den Namensraum** in allen Dateien an das neue Projekt anpassen (genau wie bei den anderen Projekten zuvor im Buch).

Versuchen Sie, das Spiel zu erstellen. Sie sollten zu *Spiel.cs* und *Spieler.cs* Fehlermeldungen dieser Art erhalten:

1	Der Typ- oder Namespacename "Forms" ist im Namespace "System.Windows" nicht vorhanden. (Fehlt ein Assemblyverweis?)
2	Der Typ- oder Namespacename "TextBox" konnte nicht gefunden werden. (Fehlt eine Using-Direktive oder ein Assemblyverweis?)
3	Der Typ- oder Namespacename "TextBox" konnte nicht gefunden werden. (Fehlt eine Using-Direktive oder ein Assemblyverweis?)

2 Entfernen Sie alle Referenzen auf WinForms-Klassen und Objekten und fügen Sie `Spiel` die folgenden `using`-Zeilen hinzu.

Sie befinden sich nicht mehr in der WinForms-Welt. Löschen Sie also `using System.Windows.Forms;` oben aus *Spiel.cs* und *Spieler.cs*. Sie müssen ebenfalls alle Erwähnungen von TextBox entfernen. Sie müssen die Klasse `Spiel` so ändern, dass `INotifyPropertyChanged` und `ObservableCollection<T>` genutzt werden. Setzen Sie oben in *Spiel.cs* die folgenden using-Zeilen ein:

```
using System.ComponentModel;
using System.Collections.ObjectModel;
```

3 Richten Sie eine Instanz von `Spiel` als statische Ressource ein und aktualisieren Sie den Datenkontext.

Ändern Sie Ihr XAML so, dass eine Instanz von `Spiel` als statische Ressource hinzugefügt wird, und nutzen Sie sie als Datenkontext für das Grid, das die weiter oben in diesem Kapitel erstellte Go Fish!-Seite nutzt. Hier ist das XAML für die statische Ressource: `<local:Spiel x:Name="spiel"/>` – Sie benötigen einen neuen Konstruktor, weil Sie nur Ressourcen einschließen können, die einen parameterlosen Konstruktor haben:

```
public Spiel() {
    SpielerName = "Max";
    Hand = new ObservableCollection<string>();
    SpielZurücksetzen();
}
```

4 Fügen Sie `Spiel` die öffentlichen Eigenschaften für die Datenbindung hinzu.

Hier sind die Eigenschaften, an die Sie die Steuerelemente der Seite binden werden:

```
public bool SpielLäuft { get; private set; }
public bool SpielNichtGestartet { get { return !SpielLäuft; } }
public string SpielerName { get; set; }
public ObservableCollection<string> Hand { get; private set; }
public string Quartette { get { return QuartetteBeschreiben(); } }
public string SpielAblauf { get; private set; }
```

5 **Nutzen Sie Bindung, um TextBox, ListBox und Buttons zu aktivieren/deaktivieren.**
Die »Ihr Name«-TextBox und der »Spiel starten!«-Button sollen nur aktiviert werden, wenn das Spiel nicht gestartet ist, und die »Ihre Karten«-ListBox und der »Nach Karte fragen«-Button sollen nur aktiviert werden, wenn das Spiel läuft. Sie werden `Spiel` Code hinzufügen, um die Eigenschaft `SpielLäuft` zu setzen. Werfen Sie einen Blick auf die Eigenschaft `SpielNichtGestartet`. Überlegen Sie, wie sie funktioniert, und fügen Sie die Bindungen auf die TextBox, die ListBox und die beiden Buttons ein:

Sie brauchen zwei davon.

```
IsEnabled="{Binding SpielLäuft}"        IsEnabled="{Binding SpielNichtGestartet}"
IsEnabled="{Binding SpielLäuft}"        IsEnabled="{Binding SpielNichtGestartet}"
```

6 **Ändern Sie `Spieler` so, dass das `Spiel` zur Anzeige des Spielfortschritts aufgefordert wird.**
Die WinForms-Version der Klasse `Spieler` erwartet eine TextBox als Konstruktorparameter. Ändern Sie das in eine `Spiel`-Referenz, die in einem privaten Feld gespeichert wird. (In der `SpielStarten()`-Methode unten sehen Sie, wie der neue Konstruktor genutzt wird, um Spieler hinzuzufügen.) Suchen Sie die Zeilen, die die TextBox-Referenz nutzt, und ersetzen Sie sie durch Aufrufe der `EintragHinzu()`-Methode von `Spiel`.

7 **Ändern Sie `Spiel`.**
Ändern Sie `RundeSpielen()` so, dass die Methode `void` ist, statt einen Booleschen Wert zu liefern, und nutzen Sie statt der TextBox `EintragHinzu()`, um den Fortschritt anzuzeigen. Wenn ein Spieler gewonnen hat, wird der Fortschritt angezeigt, das Spiel zurückgesetzt und zurückgegeben. Andernfalls wird die Auflistung `Hand` aktualisiert und die Beschreibung der Karten generiert.

Außerdem müssen Sie diese vier Methoden aktualisieren/ergänzen und herausfinden, was sie tun und wie sie funktionieren.

```
public void SpielStarten() {
    FortschrittZurücksetzen();
    SpielLäuft = true;
    OnPropertyChanged("SpielLäuft");
    OnPropertyChanged("SpielNichtGestartet");
    Random zufall = new Random();
    spieler = new List<Spieler>();
    spieler.Add(new Spieler(SpielerName, zufall, this));
    spieler.Add(new Spieler("Tom", zufall, this));
    spieler.Add(new Spieler("Tim", zufall, this));
    Ausgeben();
    spieler[0].HandkartenSortieren();
    Hand.Clear();
    foreach (String karte in SpielerKartenAbrufen())
        Hand.Add(karte);
    if (!SpielLäuft)
        EintragHinzu(SpielerKartenBeschreiben());
    OnPropertyChanged("Quartette");
}
```

```
public void EintragHinzu(string eintrag)
{
    SpielAblauf = eintrag +
            Environment.NewLine +
            SpielAblauf;
    OnPropertyChanged("SpielAblauf");
}
```

Außerdem müssen Sie `INotify-PropertyChanged` implementieren und die `OnPropertyChanged()`-Methode einsetzen, die Sie in der Klasse `MenüMacher` genutzt haben. Die aktualisierten Methoden nutzen sie, und Ihre veränderte `QuartettEntnehmen()`-Methode wird sie ebenfalls verwenden.

```
public void FortschrittZurücksetzen() {
    SpielAblauf = String.Empty;
    OnPropertyChanged("SpielAblauf");
}
```

```
public void SpielZurücksetzen() {
    SpielLäuft = false;
    OnPropertyChanged("SpielLäuft");
    OnPropertyChanged("SpielNichtGestartet");
    quartette =
      new Dictionary<Werte, Spieler>();
    stapel = new Kartenstapel();
    Hand.Clear();
}
```

LÖSUNG
ZUR ÜBUNG

Hier ist der gesamte Unterstützungscode, den Sie schreiben mussten:

```
private void startButton_Click(object sender, RoutedEventArgs e) {
    spiel.SpielStarten();
}
private void nachKarteFragen_Click(object sender, RoutedEventArgs e) {
    if (karten.SelectedIndex >= 0)
        spiel.RundeSpielen(karten.SelectedIndex);
}
private void karten_DoubleTapped(object sender, DoubleTappedRoutedEventArgs e) {
    if (karten.SelectedIndex >= 0)
        spiel.RundeSpielen(karten.SelectedIndex);
}
```

Das sind die erforderlichen Änderungen an `Spieler`:

```
class Spieler {
    private string name;
    public string Name { get { return name; } }
    private Random zufall;
    private Kartenstapel karten;
    private Spiel spiel;
    public Spieler(String name, Random zufall, Spiel spiel) {
        this.name = name;
        this.zufall = zufall;
        this.spiel = spiel;
        this.karten = new Kartenstapel(new Karte[] { });
        spiel.EintragHinzu(name + " ist dem Spiel beigetreten");
    }
    public Kartenstapel HatEinerKarten(Werte wert)
    {
        Kartenstapel meineKarten = karten.WerteEntnehmen(wert);
        spiel.EintragHinzu(Name + " hat " + meineKarten.Count + " " + Karte.Plural(wert));
        return meineKarten;
    }
    public void NachKarteFragen(List<Spieler> spieler, int index,
                                Kartenstapel stapel, Werte wert) {
        spiel.EintragHinzu(Name + " fragt, ob jemand eine " + wert  + " hat.");
        int insgesamtGegebeneKarten = 0;
        for (int i = 0; i < spieler.Count; i++) {
            if (i != index) {
                Spieler spieler = spieler[i];
                Kartenstapel GegebeneKarten = spieler.NachKarteFragen(wert);
                insgesamtGegebeneKarten += GegebeneKarten.Count;
                while (GegebeneKarten.Count > 0)
                    karten.Add(GegebeneKarten.Ausgeben());
            }
        }
        if (insgesamtGegebeneKarten == 0) {
            spiel.EintragHinzu(Name + " muss vom Stapel ziehen.");
            karten.Add(stapel.Ausgeben());
        }
    }
    // ... der Rest der Klasse Spieler bleibt gleich ...
```

Das sind die am XAML erforderlichen Änderungen:

```
<Grid Grid.Row="1" Margin="120,0,60,60" DataContext="{StaticResource ResourceKey=spiel}" >
    <TextBlock Text="Ihr Name" Margin="0,0,0,20"
        Style="{StaticResource SubheaderTextStyle}"/>
    <StackPanel Orientation="Horizontal" Grid.Row="1">
        <TextBox x:Name="spielerName" FontSize="24" Width="500" MinWidth="300"
        Text="{Binding SpielerName, Mode=TwoWay}"
        IsEnabled="{Binding SpielNichtGestartet}" />
       <Button x:Name="startButton" Margin="20,0" IsEnabled="{Binding SpielNichtGestartet}"
             Content="Spiel starten!" Click="startButton_Click" />
    </StackPanel>
    <TextBlock Text="Spielablauf"
        Style="{StaticResource SubheaderTextStyle}" Margin="0,20,0,20" Grid.Row="2" />
    <ScrollViewer Grid.Row="3" FontSize="24" Background="White" Foreground="Black"
            Content="{Binding SpielAblauf}" />
    <TextBlock Text="Quartette" Style="{StaticResource SubheaderTextStyle}"
            Margin="0,20,0,20" Grid.Row="4"/>
    <ScrollViewer FontSize="24" Background="White" Foreground="Black"
            Grid.Row="5" Grid.RowSpan="2" Content="{Binding Quartette}" />
    <TextBlock Text="Ihre Karten" Style="{StaticResource SubheaderTextStyle}"
            Grid.Row="0" Grid.Column="2" Margin="0,0,0,20"/>
    <ListBox Background="White" FontSize="24" Height="Auto" Margin="0,0,0,20"
            x:Name="karten" Grid.Row="1" Grid.RowSpan="5" Grid.Column="2"
            ItemsSource="{Binding Hand}" IsEnabled="{Binding SpielLäuft}"
            DoubleTapped="karten_DoubleTapped" />
    <Button x:Name="nachKarteFragen" Content="Nach Karte fragen" Grid.Column="2"
            HorizontalAlignment="Stretch" VerticalAlignment="Stretch" Grid.Row="6"
            Click="nachKarteFragen_Click" IsEnabled="{Binding SpielLäuft}" />
    <Grid.ColumnDefinitions>
        <ColumnDefinition Width="5*"/>
        <ColumnDefinition Width="40"/>
        <ColumnDefinition Width="2*"/>
    </Grid.ColumnDefinitions>
    <Grid.RowDefinitions>
        <RowDefinition Height="Auto"/>
        <RowDefinition Height="Auto"/>
        <RowDefinition Height="Auto"/>
        <RowDefinition/>
        <RowDefinition Height="Auto"/>
        <RowDefinition Height="Auto" MinHeight="150" />
        <RowDefinition Height="Auto"/>
    </Grid.RowDefinitions>
</Grid>
```

Der Datenkontext für das Grid ist die Klasse Spiel, da alle Bindungen Eigenschaften dieser Klassen betreffen.

Diese TextBox hat eine bidirektionale Bindung auf SpielerName.

Hier ist der Click-Event-Handler für den Start-Button.

Die ScrollViewer für Spielablauf und Quartette sind an die Eigenschaften Spielablauf und Quartette gebunden.

Die Eigenschaft IsEnabled aktiviert oder deaktiviert das Steuerelement. Es ist eine Boolesche Eigenschaft, die Sie an eine Boolesche Eigenschaft binden können, um das Steuerelement auf Basis der Eigenschaft an- oder auszuschalten.

LÖSUNG ZUR ÜBUNG

Das sind sämtliche Änderungen an `Spiel`, einschließlich derjenigen, die wir Ihnen bei der Aufgabenstellung vorgestellt haben.

```
using System.ComponentModel;
using System.Collections.ObjectModel;

class Spiel : INotifyPropertyChanged {
    private List<Spieler> spieler;
    private Dictionary<Werte, Spieler> quartette;
    private Kartenstapel stapel;
    public bool SpielLäuft { get; private set; }
    public bool SpielNichtGestartet { get { return !SpielLäuft; } }
    public string SpielerName { get; set; }
    public ObservableCollection<string> Hand { get; private set; }
    public string Quartette { get { return QuartettBeschreiben(); } }
    public string SpielAblauf { get; private set; }

    public Spiel() {
        SpielerName = "Max";
        Hand = new ObservableCollection<string>();
        SpielZurücksetzen();
    }

    public void EintragHinzu(string eintrag) {
        SpielAblauf = eintrag + Environment.NewLine + SpielAblauf;
        OnPropertyChanged("SpielAblauf");
    }

    public void FortschrittZurücksetzen() {
        SpielAblauf = String.Empty;
        OnPropertyChanged("SpielAblauf");
    }

    public void SpielStarten() {
        FortschrittZurücksetzen();
        SpielLäuft = true;
        OnPropertyChanged("SpielLäuft");
        OnPropertyChanged("SpielNichtGestartet");
        Random zufall = new Random();
        spieler = new List<Spieler>();
        spieler.Add(new Spieler(SpielerName, zufall, this));
        spieler.Add(new Spieler("Tom", zufall, this));
        spieler.Add(new Spieler("Tim", zufall, this));
        Ausgeben();
        spieler[0].HandkartenSortieren();
        Hand.Clear();
        foreach (String karte in SpielerKartenAbrufen())
            Hand.Add(karte);
        if (!SpielLäuft)
            EintragHinzu(SpielerKartenBeschreiben());
        OnPropertyChanged("Quartette");
    }
```

Diese Zeilen benötigen Sie für INotifyPropertyChanged und ObservableCollection.

Diese Eigenschaften werden von der XAML-Datenbindung genutzt.

Hier ist der neue Spiel-Konstruktor. Wir erstellen nur eine Auflistung und leeren diese einfach, wenn das Spiel zurückgesetzt wird. Würden wir ein neues Objekt erstellen, würde das Formular seine Referenz darauf verlieren, und die Aktualisierung würde unterbrochen.

Diese Methode macht die Spielablauf-Datenbindung funktionsfähig. Die Zeilen werden oben eingefügt, damit die alten Aktivitäten nach unten scrollen.

Alle Programme, die Sie bislang in diesem Buch geschrieben haben, können mit XAML zu Windows Store-Apps umgearbeitet werden. Aber es gibt endlos viele Möglichkeiten, sie zu schreiben. Das gilt insbesondere, wenn Sie XAML nutzen! Deswegen haben wir Ihnen so viel Code für diese Anwendung gezeit.

Hier ist die SpielStarten()-Methode, die wir Ihnen vorgegeben haben. Sie leert die Einträge, erstellt die Spieler, gibt die Karten aus und aktualisiert dann Einträge und Quartette.

In der alten Version lieferte diese Methode einen bool, damit das Formular seinen Eintrag aktualisieren konnte. Jetzt ruft sie EintragHinzu auf, und die Datenbindung kümmert sich um den Rest.

```
public void RundeSpielen(int gewählteKarte) {
    Werte gesuchteKarte = spieler[0].Gucken(gewählteKarte).Wert;
    for (int i = 0; i < spieler.Count; i++) {
        if (i == 0)
            spieler[0].NachKarteFragen(spieler, 0, stapel, gesuchteKarte);
        else
            spieler[i].NachKarteFragen(spieler, i, stapel);
        if (QuartetteEntnehmen(spieler[i])) {
            EintragHinzu(spieler[i].Name + " zog neue Karten");
            int karte = 1;
            while (karte <= 5 && stapel.Anzahl > 0) {
                spieler[i].KarteNehmen(stapel.Ausgeben());
                karte++;
            }
        }
        OnPropertyChanged("Quartette");
        spieler[0].HandkartenSortieren();
        if (stapel.Anzahl == 0) {
            EintragHinzu("Der Stapel hat keine Karten mehr. Game Over!");
            EintragHinzu("Der Sieger ist ... " + SiegerNameAbrufen());
            SpielZurücksetzen();
            return;
        }
    }
    Hand.Clear();
    foreach (String karte in SpielerKartenAbrufen())
        Hand.Add(karte);
    if (!SpielLäuft)
        EintragHinzu(SpielerKartenBeschreiben());
}
```

Wenn sich Quartette ändert, muss die Seite über die Änderung informiert werden, damit der ScrollViewer aktualisiert werden kann.

Hier sind die Änderungen an RundeSpielen(). Diese Methode aktualisiert die Einträge, wenn das Spiel vorüber ist, oder die Karten und Quartette, wenn das Spiel nicht vorüber ist.

```
public void SpielZurücksetzen() {
    SpielLäuft = false;
    OnPropertyChanged("SpielLäuft");
    OnPropertyChanged("SpielNichtGestartet");
    quartette = new Dictionary<Werte, Spieler>();
    stapel = new Kartenstapel();
    Hand.Clear();
}
```

Das ist die Methode SpielZurücksetzen() aus der Anleitung. Sie leert Quartette, Stapel und Hand.

```
public event PropertyChangedEventHandler PropertyChanged;
private void OnPropertyChanged(string propertyName) {
    PropertyChangedEventHandler propertyChangedEvent = PropertyChanged;
    if (propertyChangedEvent != null) {
        propertyChangedEvent(this, new PropertyChangedEventArgs(propertyName));
    }
}

// ... der Rest der Klasse Spiel bleibt gleich ...
```

Das ist das Standard-PropertyChanged-Event-Handler-Muster, das wir Ihnen bereits weiter oben im Kapitel vorgestellt haben.

11 Async, Await und Datenkontraktserialisierung

Entschuldigen Sie die Unterbrechung

DANK MEINER DATEASYNC()-METHODE KANN ICH MEIN ROMANTISCHES TREFFEN MIT MARGARET BEENDEN, OHNE DASS ICH SUSI WARTEN LASSEN MUSS.

Niemand mag es, warten zu müssen, insbesondere Nutzer nicht.

Computer sind sehr geschickt, wenn es darum geht, mehrere Dinge auf einmal zu tun – es gibt also keinen Grund, warum Ihre Apps das nicht auch können sollten. In diesem Kapitel werden Sie lernen, wie Sie Ihre Apps reaktionsfähig halten, indem Sie **asynchrone Methoden erstellen**. Sie werden auch erfahren, wie Sie die eingebauten **Dateiwähler- und Benachrichtigungsdialoge** sowie die **asynchrone Dateieingabe und -ausgabe** nutzen, damit Ihre Apps nicht einfrieren. Kombinieren Sie das mit der **Datenkontraktserialisierung**, und Sie haben das Fundament einer absolut modernen App.

Brian hat Dateiprobleme

Brian hat sein XAML, er hat seine Datenbindungen, und ist bereit, seine Ausredeverwaltung in eine Windows Store-App zu verwandeln. Alles läuft wunderbar, bis ...

MOMENT?! WO SIND MEINE DATEIKLASSEN?
ICH HABE DEN GANZEN SYSTEM.IO-NAMENSRAUM UMGEKREMPELT, KANN ABER KEINE FILE-KLASSE FINDEN! WIE SOLL ICH DENN JETZT DATEIEN LESEN ODER SCHREIBEN?

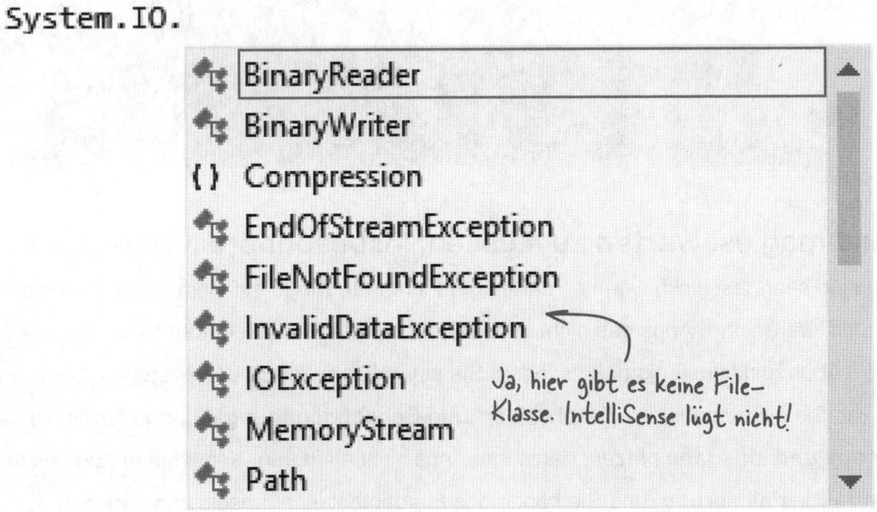
System.IO.
BinaryReader
BinaryWriter
Compression
EndOfStreamException
FileNotFoundException
InvalidDataException
IOException
MemoryStream
Path
Ja, hier gibt es keine File-Klasse. IntelliSense lügt nicht!

UND EINEN BINARYFORMATTER KANN ICH AUCH NICHT FINDEN. WOMIT SERIALISIERE ICH DENN MEINE OBJEKTE?

`System.Runtime.Serialization.`

Das allerdings sieht sehr vielversprechend aus.

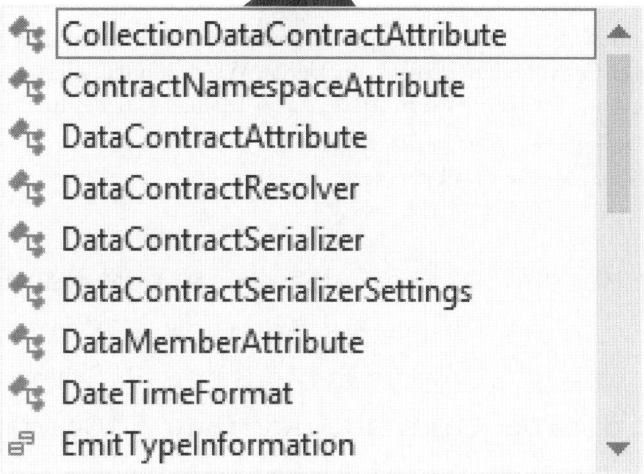
CollectionDataContractAttribute
ContractNamespaceAttribute
DataContractAttribute
DataContractResolver
DataContractSerializer
DataContractSerializerSettings
DataMemberAttribute
DateTimeFormat
EmitTypeInformation

WINDOWS STORE-APPS HABEN VIELES BESSER GEMACHT ALS WINFORMS. SICHER GIBT ES AUCH HIER GUTE WERKZEUGE ... UND GANZ SICHER EINEN GUTEN GRUND, DASS DIESE DINGE HIER FEHLEN.

Windows Store-Apps bieten bessere I/O-Werkzeuge.

Wenn Sie eine Windows Store-App gestalten, muss diese reaktionsschnell, intuitiv und konsistent sein. Deswegen bietet das .NET Framework für Windows Store-Apps Klassen und Methoden, mit denen Sie Dateidialoge und Dateioperationen **asynchron** anzeigen und ausführen können. Das bedeutet, dass Ihre Apps nicht einfrieren, wenn Ihre Dialoge angezeigt oder Ihre Dateien geschrieben werden. Und mit **Datenkontrakten** zur Serialisierung können Ihre Apps Dateien schreiben, mit denen man besser arbeiten kann und die auch viel leichter zu verstehen sind.

Wenn Sie ein Stundenglas sehen, wissen Sie, dass Ihr Programm eingefroren ist und nicht mehr reagiert ... und Benutzer hassen das! (Sie nicht auch?)

Windows Store-Apps nutzen await

Was passiert, wenn Sie aus einem WinForms-Programm heraus `MessageBox.Show()` aufrufen? Alles hält an, und Ihr Programm friert ein, bis der Dialog verschwindet. Träger kann ein Programm nicht reagieren! Windows Store-Apps sollten stets reagieren, selbst wenn sie auf das Feedback eines Benutzers warten. Aber manche Dinge – wie das Warten auf einen Dialog und das Lesen oder Schreiben einer Datei Byte für Byte – dauern recht lang. Wenn eine Methode in einer dieser Operationen hängt und das restliche Programm auf sie wartet, sagt man, sie **blockiere** das Programm – das ist einer der wichtigsten Gründe dafür, dass Programme nicht reagieren.

Windows Store-Apps nutzen den **await-Operator und den async-Modifizierer**, damit sie während dieser Operationen sie nicht blockieren. Wie das funktioniert, können Sie daran sehen, wie Windows Store-Apps mit der Klasse `MessageDialog` Dialoge öffnen, ohne zu blockieren:

Sie erstellen ein MessageDialog-Objekt genau so, wie Sie ein Objekt einer anderen Klasse instantiieren würden.

Konfigurieren Sie den MessageDialog, indem Sie eine Nachricht angeben und Antworten einfügen. Jede Antwort ist ein UICommand-Objekt.

```
MessageDialog dialog = new MessageDialog("Nachricht");
dialog.Commands.Add(new UICommand("Antwort 1"));
dialog.Commands.Add(new UICommand("Antwort 2"));
dialog.Commands.Add(new UICommand("Antwort 3"));
dialog.DefaultCommandIndex = 1;
UICommand ergebnis = await dialog.ShowAsync() as UICommand;
```

Der **await**-Operator bewirkt, dass die Methode, die diesen Code ausführt, anhält und wartet, bis die Methode `ShowAsync()` fertig ist – und diese Methode blockiert, bis der Benutzer einen der Befehle wählt. Inzwischen ***reagiert*** der Rest des Programms ***weiterhin auf andere Events***. Sobald `ShowAsync()` zurückgibt, nimmt die Methode dort wieder auf, wo sie aufgehört hatte (obgleich es sein kann, dass sie wartet, bis andere Events, die inzwischen gestartet wurden, fertig werden).

Wenn Ihre Methoden den `await`-Operator nutzen, **müssen Sie mit dem Modifizierer async deklariert werden**:

```
public async void EinenDialogZeigen() {
    // ... etwas Code...
    UICommand ergebnis = await dialog.ShowAsync() as UICommand;
    // ... etwas mehr Code:
}
```

Ist eine Methode mit `async` deklariert, können Sie sie auf unterschiedliche Weise aufrufen. Sie können die Methode wie gewöhnlich aufrufen. Wenn Sie das tun, kehrt sie zurück, sobald sie auf die `await`-Anweisung stößt. Das verhindert, dass der blockierende Aufruf Ihre App reaktionsunfähig macht.

Wie das funktioniert, können Sie sehen, **wenn Sie eine neue leere App erstellen** und Ihr folgendes XAML hinzufügen:

Tun Sie das!

```
<StackPanel VerticalAlignment="Top" HorizontalAlignment="Center">
    <Button Click="Button_Click_1"  FontSize="36">Sind Sie glücklich?</Button>
    <TextBlock x:Name="antwort" FontSize="36"/>
    <TextBlock x:Name="ticker"  FontSize="36"/>
</StackPanel>
```

Hier ist der Unterstützungscode. Sie müssen `using Windows.UI.Popups` angeben, da sich `MessageDialog` und `UICommand` in diesem Namensraum befinden.

```
DispatcherTimer timer = new DispatcherTimer();
private void Button_Click_1(object sender, RoutedEventArgs e) {
    timer.Tick += timer_Tick;
    timer.Interval = TimeSpan.FromMilliseconds(50);
    timer.Start();
    ZufriedenheitPrüfen();
}
int i = 0;
void timer_Tick(object sender, object e) {
    ticker.Text = "Tick " + i++;
}
private async void ZufriedenheitPrüfen() {
    MessageDialog dialog = new MessageDialog("Sind Sie glücklich?");
    dialog.Commands.Add(new UICommand("Zufrieden wie ein Bär!"));
    dialog.Commands.Add(new UICommand("Traurig wie ein Esel."));
    dialog.DefaultCommandIndex = 1;
    UICommand ergebnis = await dialog.ShowAsync() as UICommand;
    if (ergebnis != null && ergebnis.Label == "Zufrieden wie ein Bär!")
        antwort.Text = "Dieser Benutzer ist glücklich";
    else
        antwort.Text = "Dieser Benutzer ist traurig";
    timer.Stop();
}
```

Wenn Sie die timer.Stop()-Zeile hierhin verschieben, hält der Timer direkt an, weil die async-Methode unmittelbar zurückkehrt, wenn sie auf den await-Operator trifft.

Wenn Sie dieses Programm ausführen, können Sie den Timer ticken sehen, während der Dialog geöffnet ist. Ihre App reagiert weiterhin! Der Timer hört erst auf, nachdem Sie auf eine der Dialogoptionen geklickt haben, da die Methode dann die Arbeit wieder aufnimmt.

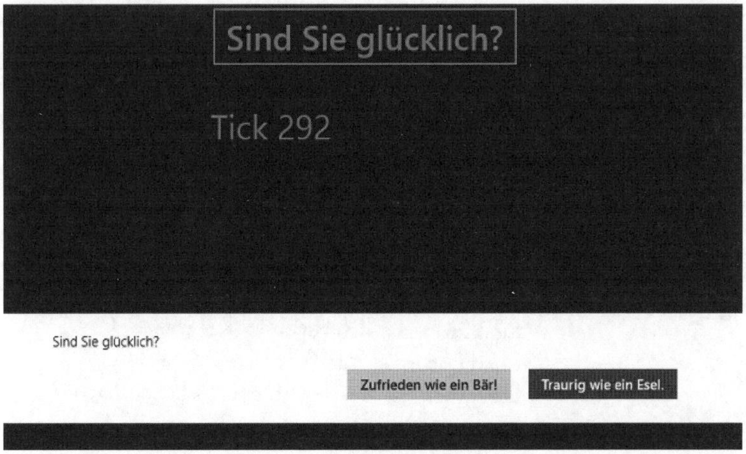
Sind Sie glücklich?
Tick 292
Sind Sie glücklich?
Zufrieden wie ein Bär!
Traurig wie ein Esel.

Dateien schreiben und lesen Sie mit der Klasse FileIO

WinForms nutzt `System.IO.File`, um Dateien zu lesen und zu schreiben. Wie Sie bereits gesehen haben, gibt es diese Klasse im .NET Framework für Windows Store-Apps nicht. Und das ist gut so! Wenn Sie `File.WriteAllText()` nutzen, um eine gigantische Datei zu schreiben, die einen großen Teil Ihrer Festplatte einnehmen wird, blockiert dieser Aufruf, und Ihr Programm reagiert nicht mehr.

Windows Store-Apps nutzen **`Windows.Storage`-Klassen, um Dateien zu lesen und zu schreiben**. Dieser Namensraum enthält eine Datei namens `FileIO`, die diverse Methoden bietet. Im IntelliSense-Fenster sollten einige Namen auftauchen, die Ihnen vertraut vorkommen müssten.

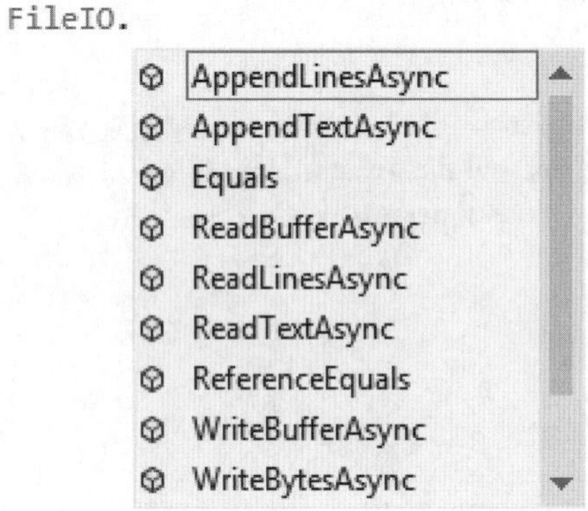
FileIO.
AppendLinesAsync
AppendTextAsync
Equals
ReadBufferAsync
ReadLinesAsync
ReadTextAsync
ReferenceEquals
WriteBufferAsync
WriteBytesAsync

Diese Methoden ähneln denen in der Klasse `File`. `FileIO` bietet `AppendLinesAsync()` und `ReadTextAsync()` dort, wo `File` `AppendLines()` und `ReadText()` bietet. Der Unterschied ist, dass alle diese Methoden mit dem Modifizierer `async` deklariert sind und für die eigentliche Dateioperation den `await`-Operator nutzen. So können Sie Code schreiben, der Dateien lesen und schreiben kann, ohne zu blockieren.

Nutzen Sie Dateiwähler, um Dateipfade zu finden

MessageBoxen sind nicht die einzigen Dialoge, die dafür sorgen, dass Ihre WinForms-Programme nicht mehr reagieren. Auch Dateidialoge tun das. Windows Store-Apps haben ihre eigenen Dateiauswahldialoge für den Zugriff auf Dateien und Ordner, die ebenfalls **asynchron** sind (und nicht blockieren). So erstellen und nutzen Sie einen `FileOpenPicker`, um eine zu öffnende Datei zu finden und mit `ReadTextAsync()` den Text aus der Datei zu lesen:

```
FileOpenPicker picker = new FileOpenPicker {
    ViewMode = PickerViewMode.List,
    SuggestedStartLocation = PickerLocationId.DocumentsLibrary
};
picker.FileTypeFilter.Add(".txt");
IStorageFile datei = await picker.PickSingleFileAsync();
if (datei != null) {
    string dateiInhalt = await FileIO.ReadTextAsync(datei);
}
```

Sie können die Eigenschaften des Pickers stattdessen auch mit einem Objektinitialisierer konfigurieren. Dieser FileOpenPicker zeigt die Dateien als Liste an und beginnt im Heimatverzeichnis des Benutzers.

Der Picker hat eine Auflistung namens FileTypeFilter, die die Typen der Dateien enthält, die er laden kann.

Der Dateiwähler liefert eine IStorageFile-Datei, wenn Sie nur eine Datei auswählen. Mehr dazu erfahren Sie in einigen Seiten.

Sie können die IStorageFile-Referenz unmittelbar an FileIO.ReadTextAsync() übergeben, um den Inhalt der Datei zu lesen.

So sieht der geöffnete FileOpenPicker aus.

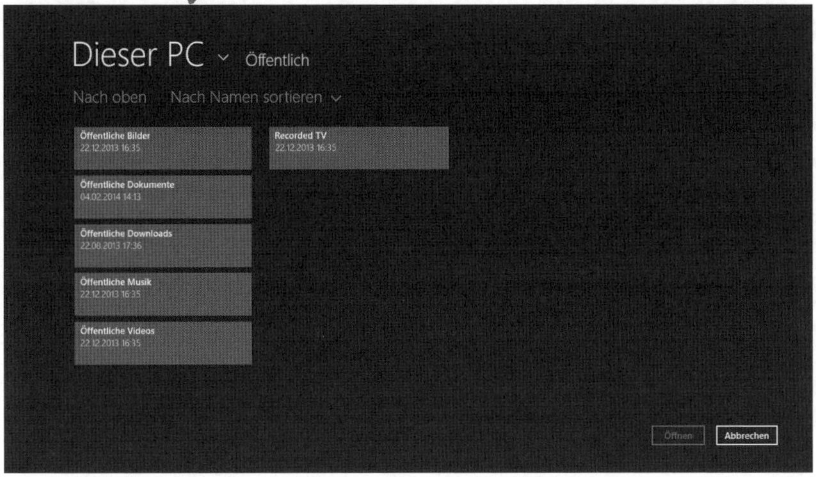
Dieser PC
Öffentlich
Nach oben
Nach Namen sortieren
Öffentliche Bilder
22.12.2013 16:35
Recorded TV
22.12.2013 16:35
Öffentliche Dokumente
04.02.2014 14:13
Öffentliche Downloads
22.08.2013 17:36
Öffentliche Musik
22.12.2013 16:35
Öffentliche Videos
22.12.2013 16:35
Öffnen
Abbrechen

Mit dem `FileSavePicker` kann der Benutzer eine zu speichernde Datei wählen. So kann dieser in Verbindung mit `FileIO.WriteTextAsync()` genutzt werden, um Text in eine Datei zu schreiben:

Der FileSavePicker liefert ebenfalls ein IStorageFile-Objekt. Es enthält alle Informationen, die benötigt werden, um eine Datei zu lesen oder zu schreiben, und kann unmittelbar an WriteTextAsync() übergeben werden.

```
FileSavePicker picker = new FileSavePicker {
    DefaultFileExtension = ".txt",
    SuggestedStartLocation = PickerLocationId.DocumentsLibrary
};
picker.FileTypeChoices.Add("Textdatei", new List<string>() { ".txt" });
picker.FileTypeChoices.Add("Log-Datei",
                           new List<string>() { ".log", ".dat" });
IStorageFile zuSpeichern = await picker.PickSaveFileAsync();
if (zuSpeichern == null) return;
await FileIO.WriteTextAsync(zuSpeichern, zu schreibender Text);
```

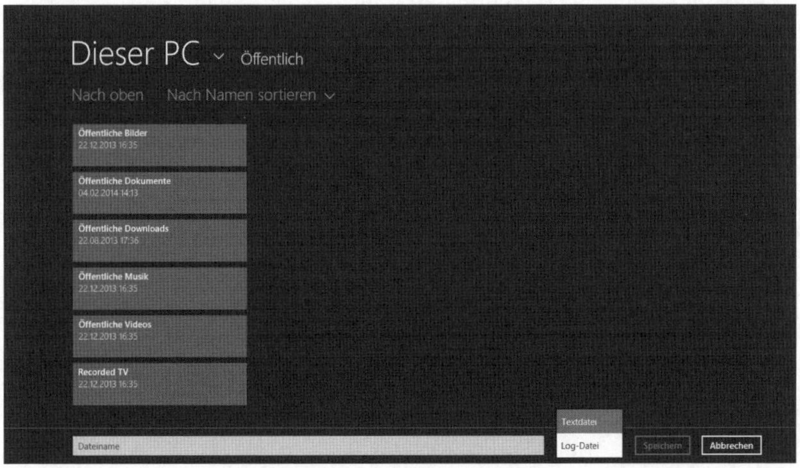
Dieser PC
Öffentlich
Nach oben
Nach Namen sortieren
Öffentliche Bilder
22.12.2013 16:35
Öffentliche Dokumente
04.02.2014 14:13
Öffentliche Downloads
22.08.2013 17:36
Öffentliche Musik
22.12.2013 16:35
Öffentliche Videos
22.12.2013 16:35
Recorded TV
22.12.2013 16:35
Textdatei
Log-Datei
Dateiname
Speichern
Abbrechen

Ein etwas komplexerer Texteditor

Tun Sie das!

Machen wir aus dem einfachen Texteditor aus Kapitel 9 eine Windows Store-App. Sie werden die Klasse `FileIO`, einen `FileOpenPicker` und einen `FileSavePicker` nutzen, um die Dateien zu laden und zu speichern. Aber erst müssen Sie die Hauptseite erstellen. Da das eine Windows Store-App ist, die Dateien öffnen und speichern kann, sollte sie **eine App-Leiste mit Öffnen- und Schließen-Buttons enthalten**. Diese werden Sie mithilfe der IDE einfügen.

Ein AppBar-Steuerelement ähnelt ScrollViewer oder Border – es kann ebenfalls andere Steuerelemente enthalten. Es weiß, wie es sich verbirgt, und zeigt und agiert genau wie jede andere App-Leiste. Sie fügen eine ein, indem Sie sie dem `<BottomAppBar>`- oder `<TopAppBar>`-Abschnitt der Seite hinzufügen.

1. Erstellen Sie eine neue leere Windows Store-App und ersetzen Sie *MainPage.xaml* mit einer neuen Standardseite. Hier ist das XAML für den Seiteninhalt:

```
<Grid Grid.Row="1" Margin="120,0,60,60">
    <Grid.RowDefinitions>
        <RowDefinition Height="Auto"/>
        <RowDefinition/>
        <RowDefinition Height="Auto"/>
    </Grid.RowDefinitions>
    <TextBlock x:Name="dateiname" Margin="10"
               Style="{StaticResource TitleTextBlockStyle}">
        Unbenannt
    </TextBlock>
    <Border Margin="10" Grid.Row="1">
        <TextBox x:Name="text" AcceptsReturn="True"
             ScrollViewer.VerticalScrollBarVisibility="Visible"
             ScrollViewer.HorizontalScrollBarVisibility="Visible"
             TextChanged="text_TextChanged" />
    </Border>
</Grid>
```

Die Eigenschaft AcceptsReturn bewirkt, dass die TextBox mehrzeilige Eingaben akzeptiert.

Die TextBox kann horizontale und vertikale Scrollleisten anzeigen. Diese Eigenschaften schalten diese an.

Klicken Sie mit rechts auf `text_TextChanged` und wählen Sie im Menü Gehe zu Definition F12.
Die IDE erstellt den `TextChanged`-Event-Handler für die TextBox.

2. Nutzen Sie die Dokumentgliederung, um die Seite auszuwählen (oder wählen Sie ein beliebiges Steuerelement aus und drücken Sie einige Male Escape). Expandieren Sie im Eigenschaften-Fenster den Abschnitt Allgemein und suchen Sie nach der Eigenschaft `BottomAppBar`:

Allgemein
BottomAppBar
Neu

Klicken Sie auf den Neu-Button, um eine neue BottomAppBar einzufügen. Die IDE fügt Ihrer Seite dann den folgenden Code hinzu:

```
<Page.BottomAppBar>
    <AppBar/>
</Page.BottomAppBar>
```

3 Bearbeiten Sie <AppBar/> im XAML-Editor und legen Sie ein <StackPanel> als Inhaltscontainer fest:

```
<Page.BottomAppBar>
    <AppBar x:Name="bottomAppBar" Padding="10,0,10,0">
        <StackPanel Orientation="Horizontal" HorizontalAlignment="Right">
        </StackPanel>
    </AppBar>

</Page.BottomAppBar>
```

Hier können Sie das Icon auf Ihrem Button festlegen. Mit den Buttons darüber geben Sie an, ob Sie ein vordefiniertes Icon, ein Zeichen aus einer Schriftart, ein Bild, eine Pfadgrafik oder ein selbst definiertes Icon haben wollen.

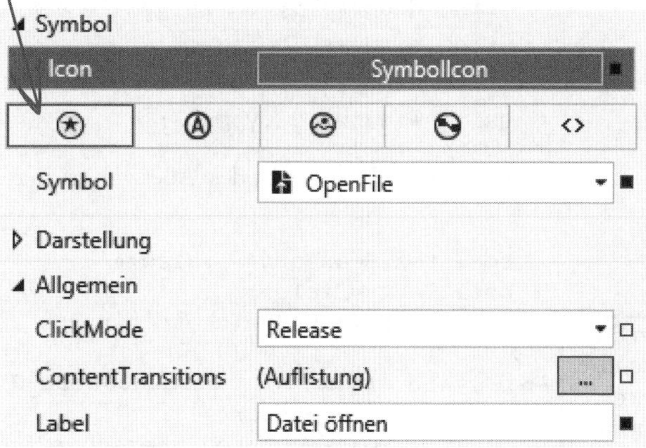
Symbol
Icon
SymbolIcon
Symbol
OpenFile
Darstellung
Allgemein
ClickMode
Release
ContentTransitions
(Auflistung)
Label
Datei öffnen

4 Wählen Sie das StackPanel in der Dokumentgliederung aus, expandieren Sie in der Werkzeugleiste Alle XAML-Steuerelemente und ziehen Sie zwei AppBarButtons in das StackPanel.

Jetzt müssen Sie die beiden AppBarButtons konfigurieren, um ihnen die gewünschten Symbole und Labels zu geben. Wählen Sie den ersten AppBarButton aus, expandieren Sie den Bereich Symbol, klicken Sie auf [⊛] und wählen Sie bei Symbol **OpenFile**. Geben Sie dann unter Allgemein bei Label »Datei öffnen« an.

Machen Sie nun das Gleiche für den zweiten Button. Verwenden Sie als Symbol **Save** und als Label »Datei speichern«. Deaktivieren Sie den Speichern-Button, indem Sie unter Allgemein **IsEnabled** abwählen. Ihr XAML-Code sollte nun folgende Gestalt haben:

```
<Page.BottomAppBar>
    <AppBar x:Name="bottomAppBar" Padding="10,0,10,0">
        <StackPanel Orientation="Horizontal" HorizontalAlignment="Right">
            <AppBarButton x:Name="dateiÖffnen"  Icon="OpenFile"
                          HorizontalAlignment="Stretch" VerticalAlignment="Stretch"
                          Label="Datei öffnen" Click="öffnenButton_Click"  />
            <AppBarButton x:Name="speichernButton" Icon="Save" IsEnabled="False"
                          HorizontalAlignment="Stretch" VerticalAlignment="Stretch"
                          Label="Datei speichern" Click="speichernButton_Click"  />
        </StackPanel>
    </AppBar>
</Page.BottomAppBar>
```

Jetzt haben Sie eine App-Leiste mit praktischen Öffnen- und Schließen-Buttons:

Datei öffnen
Speichern

Sie zeigen die App-Leiste im Designer an, indem Sie das XAML auswählen. Klicken Sie dann doppelt auf die Buttons, um die Click-Event-Handler zu generieren.

5 Hier ist der Unterstützungscode für das Programm. Es nutzt die Eigenschaft `TextBox.Text`, um den Text in der TextBox zu verändern. Wir modifizieren eine Eigenschaft und verzichten auf Datenbindung, um den Code in diesem Programm gegenüber dem aus dem einfachen Texteditor in Kapitel 9 so wenig wie möglich zu verändern. Das sorgt dafür, dass Sie Bezugspunkte haben, wenn Sie zum Vergleich zwischen den beiden Versionen hin- und herspringen wollen. Außerdem benötigen Sie zu Anfang der Datei die folgenden `using`-Anweisungen:

```
using Windows.System;
using Windows.Storage;
using Windows.Storage.Pickers;
using Windows.UI.Popups;
```

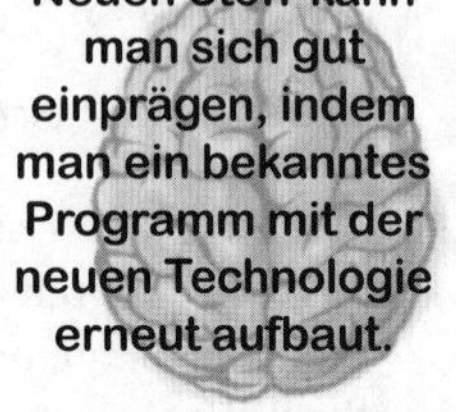

Neuen Stoff kann man sich gut einprägen, indem man ein bekanntes Programm mit der neuen Technologie erneut aufbaut.

Hier ist der Rest des Codes. Alles gehört in die Klasse `MainPage`.

```
bool textGeändert = false;
bool lädt = false;
IStorageFile zuSpeichern = null;

private async void öffnenButton_Click(object sender, RoutedEventArgs e) {
    if (textGeändert) {
        MessageDialog überschreibenDialog = new MessageDialog(
          "Ungespeicherte Änderungen! Wollen Sie wirklich eine neue Datei laden?");
        überschreibenDialog.Commands.Add(new UICommand("Ja"));
        überschreibenDialog.Commands.Add(new UICommand("Nein"));
        überschreibenDialog.DefaultCommandIndex = 1;
        UICommand ergebnis = await überschreibenDialog.ShowAsync() as UICommand;
        if (ergebnis != null && ergebnis.Label == "Nein")
            return;
    }
    DateiÖffnen();
}

private void speichernButton_Click(object sender, RoutedEventArgs e) {
    DateiSpeichern();
}

private void text_TextChanged(object sender, TextChangedEventArgs e) {
    if (lädt) {
        lädt = false;
        return;
    }
    if (!textGeändert) {
        dateiname.Text += "*";
        speichernButton.IsEnabled = true;
        textGeändert = true;
    }
}
```

*Sie brauchen diese drei Felder. Die Booleschen Werte werden genutzt, um das * an das Ende des Dateinamens anzuhängen. Das IStorageFile hält die Datei nach, die gespeichert wird, damit nicht permanent der Dateiwähler angezeigt werden muss.*

Wenn Sie ein `await` in Ihrer Methode haben, muss die Methodendeklaration ein `async` einschließen.

Der Öffnen-Button zeigt einen Dialog an, wenn es ungespeicherte Änderungen gibt. Wenn der Benutzer ihn bestätigt, wird DateiÖffnen() aufgerufen, um den Dateiwähler anzuzeigen und die Datei zu öffnen.

Der Speichern-Button ruft einfach DateiSpeichern() auf.

*Ändert sich der Text, sollte an den Dateinamen ein * angehängt werden, allerdings nur ein einziges Mal. Das Feld textGeändert hält nach, ob sich der Text geändert hat.*

*Das Feld lädt verhindert, dass das * unmittelbar nach dem Laden angehängt wird (weil sich der Text dann auch ändert und das Event abgesetzt wird). Finden Sie heraus, wie das funktioniert?*

```
private async void DateiÖffnen() {
    FileOpenPicker picker = new FileOpenPicker {
        ViewMode = PickerViewMode.List,
        SuggestedStartLocation = PickerLocationId.DocumentsLibrary
    };
    picker.FileTypeFilter.Add(".txt");
    picker.FileTypeFilter.Add(".xml");
    picker.FileTypeFilter.Add(".xaml");
    IStorageFile datei = await picker.PickSingleFileAsync();
    if (datei != null) {
        string dateiInhalt = await FileIO.ReadTextAsync(datei);
        lädt = true;
        text.Text = dateiInhalt;
        textGeändert = false;
        dateiname.Text = datei.Name;
        zuSpeichern = datei;
    }
}
private async void DateiSpeichern() {
    if (zuSpeichern == null) {
        FileSavePicker picker = new FileSavePicker {
            DefaultFileExtension = ".txt",
            SuggestedStartLocation = PickerLocationId.DocumentsLibrary
        };
        picker.FileTypeChoices.Add("Textdatei", new List<string>() { ".txt" });
        picker.FileTypeChoices.Add("XML-Datei", new List<string>() { ".xml", ".xaml" });
        zuSpeichern = await picker.PickSaveFileAsync();
        if (zuSpeichern == null) return;
    }
    await FileIO.WriteTextAsync(zuSpeichern, text.Text);
    await new MessageDialog("Wrote " + zuSpeichern.Name).ShowAsync();
    textGeändert = false;
    dateiname.Text = zuSpeichern.Name;
}
```

DateiÖffnen() und DateiSpeichern() haben große Ähnlichkeit mit dem Code auf der letzen Seite. Sie zeigen die Auswahldialoge an und nutzen dann FileIO-Methoden, um die Datei zu laden oder zu speichern.

Sie können die Windows-Taste gedrückt halten und Z drücken, um die App-Leiste für die aktuelle App anzuzeigen.

Fertig. Setzen Sie das Programm in Gang!

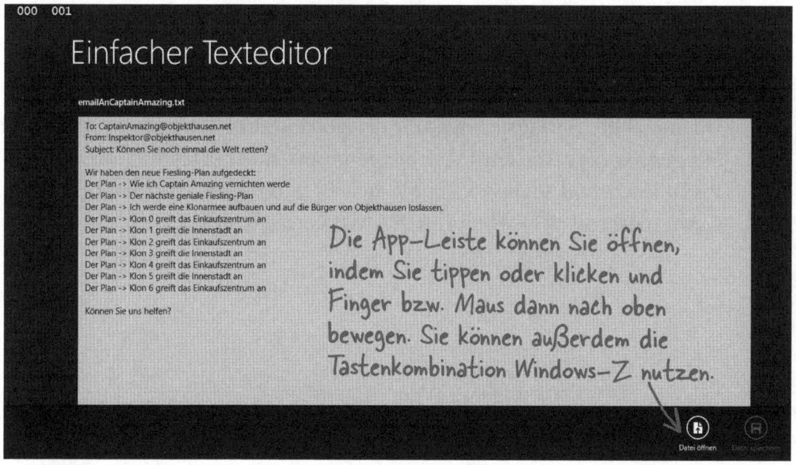
000 001
Einfacher Texteditor
emailAnCaptainAmazing.txt
To: CaptainAmazing@objekthausen.net
From: Inspektor@objekthausen.net
Subject: Können Sie noch einmal die Welt retten?
Wir haben den neue Fiesling-Plan aufgedeckt:
Der Plan -> Wie ich Captain Amazing vernichten werde
Der Plan -> Der nächste geniale Fiesling-Plan
Der Plan -> Ich werde eine Klonarmee aufbauen und auf die Bürger von Objekthausen loslassen.
Der Plan -> Klon 0 greift das Einkaufszentrum an
Der Plan -> Klon 1 greift die Innenstadt an
Der Plan -> Klon 2 greift das Einkaufszentrum an
Der Plan -> Klon 3 greift die Innenstadt an
Der Plan -> Klon 4 greift das Einkaufszentrum an
Der Plan -> Klon 5 greift die Innenstadt an
Der Plan -> Klon 6 greift das Einkaufszentrum an
Können Sie uns helfen?
Die App-Leiste können Sie öffnen, indem Sie tippen oder klicken und Finger bzw. Maus dann nach oben bewegen. Sie können außerdem die Tastenkombination Windows-Z nutzen.
Datei öffnen

OKAY, MIR IST JETZT KLAR, WIE MAN MEINEN AUSREDEMANAGER MIT EINER APP-LEISTE, DIALOGEN UND ASYNCHRONER PROGRAMMIERUNG ERSTELLEN KANN! ABER MEIN BINARYFORMATTER FEHLT MIR NOCH. WIE SERIALISIERE ICH AUSREDE-OBJEKTE?

WÄRE ES NICHT WUNDERBAR, WENN ES EINE MÖGLICHKEIT GÄBE, ***OBJEKTE*** MIT ALL DEN ANNEHMLICHKEITEN DER BINÄREN SERIALISIERUNG ZU SPEICHERN, DIE ABER EIN FORMAT VERWENDET, DAS MENSCHEN IMMER NOCH LESEN UND BEARBEITEN KÖNNEN?

Wenn Sie eine binäre Serialisierung nutzen, schreiben Sie >>reine<< Daten: Die Bytes aus dem Speicher werden aneinandergehängt und in eine Datei geschrieben. Ihnen werden nur so viele Informationen mitgegeben, wie der BinaryFormatter benötigt, um herauszufinden, welche Bytes zu welchem Klassenmember im Objektgraphen gehören. Eine winzige Änderung an einer einzigen Klasse, und schon passt kein einziges dieser Bytes mehr. Versuchen Sie dann, einen Graphen zu deserialisieren, wird Ihnen ein Fehler gemeldet.

Die gibt es, und sie heißt Datenkontraktserialisierung.

Das Schreiben von Textdateien ist wirklich sehr praktisch, weil man die Datei einfach im Editor öffnen kann, um zu schauen, was sich darin befindet. Aber Textdateien sind andererseits ziemlich mies, weil man eine Menge Code schreiben muss, um die Daten, die sie enthalten, zu parsen.

Die binäre Serialisierung mit einem BinaryFormatter war so toll, weil sie so bequem war. Aber auch sie ist auf ihre Weise lausig. Binäre Dateien sind **fragil**. Sie müssen nur eine winzige Änderung an Ihrer Klasse vornehmen, und schon können Sie keine Ihrer Dateien mehr laden! Sie haben bereits gesehen, was für ein Chaos erscheint, wenn Sie eine Binärdatei im Editor öffnen. Viel Glück bei der Suche nach einem Menschen, der eine Binärdatei lesen und bearbeiten kann.

Die Datenkontraktserialisierung bietet das Beste beider Welten. Es ist eine echte Serialisierung, mit der vollständige Objektgraphen für Sie gespeichert werden. Aber sie generiert XML-Dateien, die sich leicht lesen und sogar von Hand bearbeiten lassen (insbesondere wenn man mit der Arbeit mit XAML vertraut ist!).

Ein Datenkontrakt ist eine abstrakte Definition der Daten Ihres Objekts

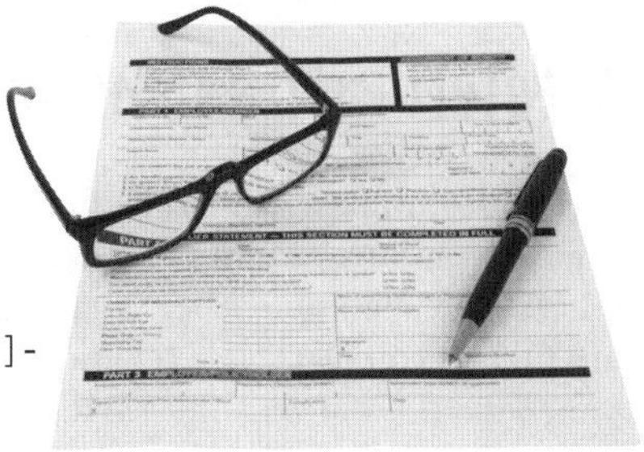

Ein Datenkontrakt ist eine **formelle Übereinkunft**, die mit Ihrer Klasse verbunden ist. Der Kontrakt nutzt die `[DataContract]`- und `[DataMember]`-Attribute, um genau festzulegen, welche Daten während der Serialisierung geschrieben oder gelesen werden.

Wenn Sie Instanzen einer Klasse serialisieren wollen, können Sie einen Datenkontrakt einrichten, indem Sie zu Anfang das Attribut `[DataContract]` angeben und jedes Klassenmember, das serialisiert werden soll, dann mit dem Attribut `[DataMember]` versehen. Hier ist eine einfache Klasse `Typ` mit einem Datenkontrakt:

```
using System.Runtime.Serialization;

[DataContract]
class Typ {

    [DataMember]
    public string Name { get; private set; }

    [DataMember]
    public int Alter { get; private set; }

    [DataMember]
    public decimal Geld { get; private set; }

    public Typ(string name, int alter, decimal geld) {
        Name = name; Alter = alter; Geld = geld;
    }
}
```

Die Attribute [DataContract] und [DataMember] befinden sich im Namensraum System.Runtime.Serialization.

Das Attribut [DataContract] richtet den Datenkontrakt für diese Klasse ein.

Alle Member, die während der Serialisierung gespeichert oder gelesen werden müssen, werden dem Kontrakt mit dem Attribut [DataMember] markiert.

Das xmlns im XML-Fragment für <Typ> unten ist ein Attribut, keine Eigenschaft. In Ihren XAML-Dateien finden Sie Tags mit Attributen wie Fill, Text und x:Name. Im Designer der IDE heißen diese Eigenschaften, weil sie genutzt werden, um die Eigenschaften eines Objekts zu definieren.

Datenkontraktserialisierung nutzt XML-Dateien

Glücklicherweise wissen Sie bereits eine Menge über XML, da XAML XML-basiert ist. XML-Dateien verwenden Start-Tags, End-Tags und Attribute, um Daten zu definieren. Alle Member haben einen Namen, aber der Kontrakt selbst braucht ebenfalls einen Namen – genauer einen **eindeutigen Namensraum** –, weil der Serialisierer die Daten für einen Kontrakt von anderen XML-Daten unterscheiden können muss. Hier ist die XML-Datei, die erstellt wird, wenn die `Typ`-Klasse auf dieser Seite serialisiert wird. Wie üblich haben wir die Lesbarkeit mit Leerzeichen und Zeilenumbrüchen verbessert:

```
<Typ xmlns="http://schemas.datacontract.org/2004/07/XamlTypSerializer"
     xmlns:i="http://www.w3.org/2001/XMLSchema-instance">
   <Alter>37</Alter>
   <Geld>164.38</Geld>
   <Name>Tim</Name>
</Typ>
```

Alle Datenmember erhalten ein eigenes Tag. Das ist erheblich besser lesbar als eine Binärdatei!

Wir haben unserem Projekt den Namen XamlTypSerializer gegeben, der als Namensraum für diesen Kontrakt verwendet wurde.

Dateien mit asynchronen Methoden suchen und öffnen

Die Datenkontraktserialisierung funktioniert ganz ähnlich wie die binäre Serialisierung. Sie müssen eine Datei öffnen, einen Stream zum Lesen oder Schreiben erstellen und dann Methoden zum Lesen oder Schreiben von Objekten aufrufen. Aber es gibt auch Unterschiede: Windows Store-Apps haben asynchrone Methoden zum Öffnen von Dateien. Sie basieren auf den Schnittstellen `IStorageFile` und `IStorageFolder`. Sie können die IDE nutzen, um sich diese Schnittstellen und ihre Member anzusehen.

Gehen Sie zu einer beliebigen Methode und geben Sie **`Windows.Storage.IStorageFolder`** ein. Klicken Sie dann auf `IStorageFolder` und wählen Sie Gehe zu Definition (F12):

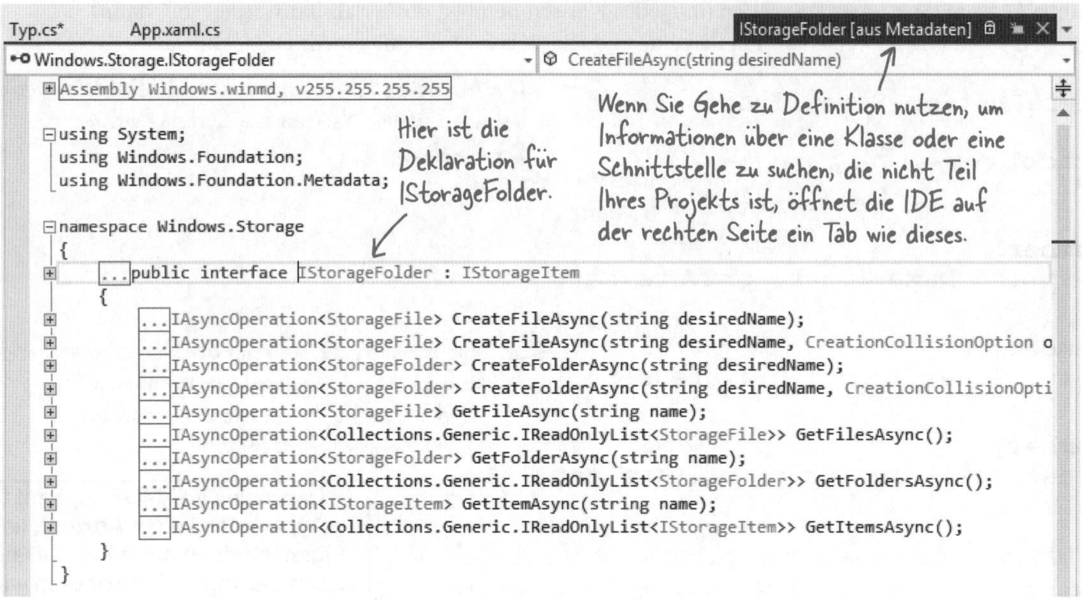
Typ.cs*
App.xaml.cs
IStorageFolder [aus Metadaten]
Windows.Storage.IStorageFolder
CreateFileAsync(string desiredName)
Assembly Windows.winmd, v255.255.255.255
using System;
using Windows.Foundation;
using Windows.Foundation.Metadata;
namespace Windows.Storage
{
...public interface IStorageFolder : IStorageItem
{
...IAsyncOperation<StorageFile> CreateFileAsync(string desiredName);
...IAsyncOperation<StorageFile> CreateFileAsync(string desiredName, CreationCollisionOption o
...IAsyncOperation<StorageFolder> CreateFolderAsync(string desiredName);
...IAsyncOperation<StorageFolder> CreateFolderAsync(string desiredName, CreationCollisionOpti
...IAsyncOperation<StorageFile> GetFileAsync(string name);
...IAsyncOperation<Collections.Generic.IReadOnlyList<StorageFile>> GetFilesAsync();
...IAsyncOperation<StorageFolder> GetFolderAsync(string name);
...IAsyncOperation<Collections.Generic.IReadOnlyList<StorageFolder>> GetFoldersAsync();
...IAsyncOperation<IStorageItem> GetItemAsync(string name);
...IAsyncOperation<Collections.Generic.IReadOnlyList<IStorageItem>> GetItemsAsync();
}
}
Hier ist die Deklaration für IStorageFolder.
Wenn Sie Gehe zu Definition nutzen, um Informationen über eine Klasse oder eine Schnittstelle zu suchen, die nicht Teil Ihres Projekts ist, öffnet die IDE auf der rechten Seite ein Tab wie dieses.

Alle `IStorageFolder`-Objekte repräsentieren ein Verzeichnis im Dateisystem mit Methoden zur Arbeit mit den Dateien darin:

- `CreateFileAsync()` ist eine asynchrone Methode, die eine Datei im Ordner erstellt.
- `CreateFolderAsync()` ist eine asynchrone Methode, die einen Unterordner erstellt.
- `GetFileAsync()` ruft eine Datei im Ordner ab und liefert ein `IStorageFile`-Objekt.
- `GetFolderAsync()` ruft einen Unterordner ab und liefert ein neues `IStorageFolder`-Objekt.
- `GetItemAsync()` ruft entweder eine Datei oder einen Ordner ab und liefert ein `IStorageItem`-Objekt.
- `GetFilesAsync()`, `GetFoldersAsync()` und `GetItemsAsync()` liefern eine Auflistung von Elementen – diese Methoden liefern Auflistungen des Typs **`IReadOnlyList`**, eine sehr einfache Art Auflistung, aus der Sie Elemente über den Index abrufen können, die aber keine Methode zum Hinzufügen, Sortieren und Vergleichen bieten.

Windows Store-Apps schützen Ihr Dateisystem

Blättern Sie zum ersten Code in Kapitel 9 zurück. Wir haben Ihnen gleich gesagt, dass es wahrscheinlich keine gute Idee ist, in den C:\-Ordner zu schreiben. Hoffentlich haben Sie einen sicheren Platz zum Speichern gewählt. Windows Desktop-Programme können ganz schnell wichtige Systemdateien beschädigen. Das ist auch der Grund dafür, dass Windows Store-Apps einen eigenen Ordner für ihre Dateien haben, an dem es sicher ist, Dateien zu lesen und zu schreiben.

Der `Windows.Storage`-Namensraum hat zwei weitere Schnittstellen, die Ihnen bei der Verwaltung der Dinge in Ihrem Dateisystem helfen. Die Schnittstelle `IStorageFile` und die Objekte, die sie implementieren (natürlich!), bewegen, kopieren und öffnen Dateien. Und wenn Sie sich die Deklaration von `IStorageFolder` genau anschauen, werden Sie sehen, dass es die Schnittstelle `IStorageItem` implementiert. `IStorageFile` erweitert die gleiche Schnittstelle. Das ist vernünftig, wenn Sie darüber nachdenken, welche Operationen beide auf Dateien und Ordner anwenden: Löschen, Umbenennen und das Abrufen von Name, Erstellungsdatum, Pfad oder Attributen.

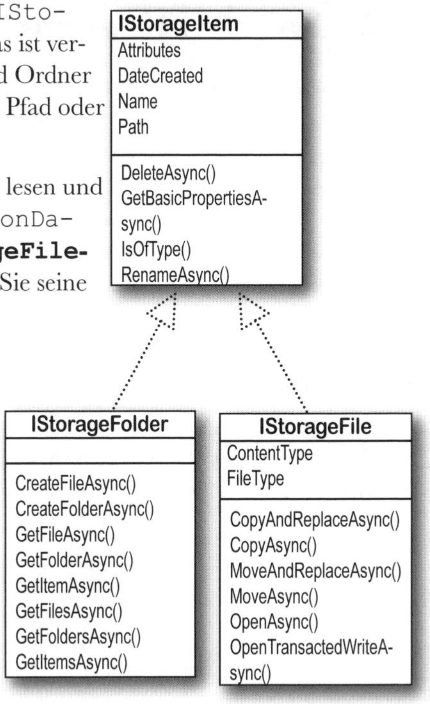
IStorageItem
Attributes
DateCreated
Name
Path
DeleteAsync()
GetBasicPropertiesAsync()
IsOfType()
RenameAsync()
IStorageFolder
CreateFileAsync()
CreateFolderAsync()
GetFileAsync()
GetFolderAsync()
GetItemAsync()
GetFilesAsync()
GetFoldersAsync()
GetItemsAsync()
IStorageFile
ContentType
FileType
CopyAndReplaceAsync()
CopyAsync()
MoveAndReplaceAsync()
MoveAsync()
OpenAsync()
OpenTransactedWriteAsync()

Alle Windows Store-Apps haben einen lokalen Ordner, in dem man sicher Dateien lesen und schreiben kann, auf den Sie über einen `IStorageFolder` namens `ApplicationData.Current.LocalFolder` zugreifen können. Sie können dann ein **`IStorageFile`-Objekt nutzen, um Dateien zum Lesen und Schreiben zu öffnen,** indem Sie seine `OpenAsync()`-Methode aufrufen (die einen `IRandomAccessStream` liefern).

Wenn Sie einen Datenkontrakt und einen Stream haben, benötigen Sie nur einen `DataContractSerializer`, um Objekte aus XML-Dateien zu lesen oder in sie zu schreiben:

```
using Windows.Storage;
using Windows.Storage.Streams;
using System.Runtime.Serialization;
```

Sie brauchen diese using-Anweisungen.

```
Typ tim = new Typ("Tim", 37, 164.38M);
```

Hier ist ein Typ mit dem Datenkontrakt der vorherigen Seite.

```
DataContractSerializer serializer =
      new DataContractSerializer(typeof(Typ));

IStorageFolder lokalerOrdner =
      ApplicationData.Current.LocalFolder;
```

Der Datenkontraktserialisierer muss wissen, welchen Typ er serialisiert. So sagen Sie ihm, dass er Typ-Objekte und ihre Graphen serialisieren soll.

```
IStorageFile typDatei = await lokalerOrdner.CreateFileAsync("Tim.xml",
                              CreationCollisionOption.ReplaceExisting);

using (IRandomAccessStream stream =
        await typDatei.OpenAsync(FileAccessMode.ReadWrite))
using (Stream outputStream = stream.AsStreamForWrite()) {

        serializer.WriteObject(outputStream, tim);

}
Typ timKopie;

using (IRandomAccessStream stream =
      await typDatei.OpenAsync(FileAccessMode.ReadWrite))
using (Stream inputStream = stream.AsStreamForRead()) {

    timKopie = serializer.ReadObject(inputStream) as Typ;

}
```

Sie können CreateFileAsync() zusätzlich einen Parameter übergeben, der Optionen dafür angibt, was passiert, wenn es die Datei bereits gibt. Eine bestehende Datei kann unter anderem geöffnet oder überschrieben werden.

Jetzt haben Sie Eingabe- und Ausgabestreams und können Ihre Objekte serialisieren.

KnownFolders hilft Ihnen beim Zugriff auf wichtige Ordner

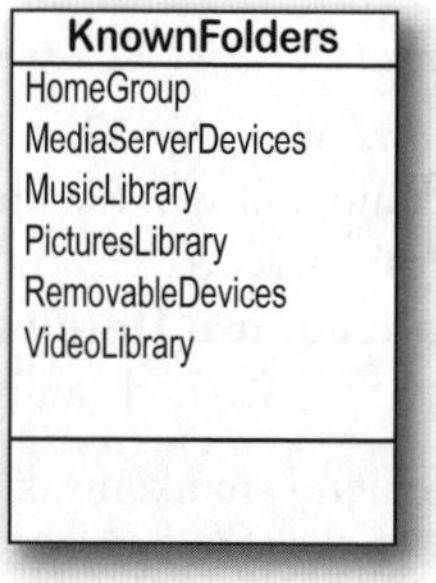
KnownFolders
HomeGroup
MediaServerDevices
MusicLibrary
PicturesLibrary
RemovableDevices
VideoLibrary

Der Namensraum `Windows.Storage` bietet die Klasse `KnownFolders`, die Eigenschaften hat, die Ihnen beim Zugriff auf die Musikbibliothek oder andere Standardverzeichnisse eines typischen Windows-Kontos helfen. Beispielsweise ist `KnownFolders.MusicLibrary` ein `StorageFolder`-Objekt (das `IStorageFolder` implementiert), das Sie nutzen können, um auf die Musikbibliothek des aktuellen Benutzers zuzugreifen.

Aber es gibt ein Problem. Wenn Apps auf andere Orte als den App-lokalen Ordner direkt zugreifen sollen, müssen Sie ihr besondere Berechtigungen geben, indem **Sie dem Paketmanifest die entsprechenden Funktionen hinzufügen**.

Wenn Sie Ihrer App den Zugriff auf die Musikbibliothek gestatten wollen, **klicken Sie im Projektmappen-Explorer doppelt auf *Package.appxmanifest***, klicken dann auf Funktionen und markieren die Musikbibliothek.

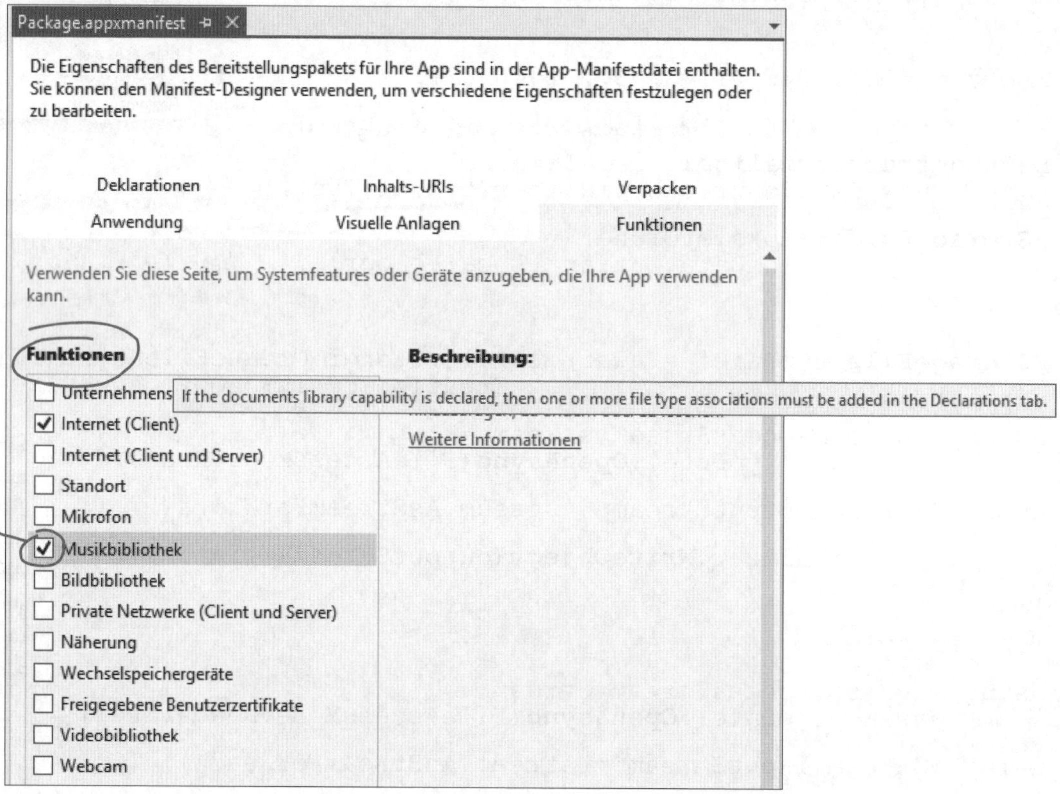
Package.appxmanifest
Die Eigenschaften des Bereitstellungspakets für Ihre App sind in der App-Manifestdatei enthalten. Sie können den Manifest-Designer verwenden, um verschiedene Eigenschaften festzulegen oder zu bearbeiten.
Deklarationen
Inhalts-URIs
Verpacken
Anwendung
Visuelle Anlagen
Funktionen
Verwenden Sie diese Seite, um Systemfeatures oder Geräte anzugeben, die Ihre App verwenden kann.
Funktionen
Beschreibung:
Unternehmens
If the documents library capability is declared, then one or more file type associations must be added in the Declarations tab.
Internet (Client)
Weitere Informationen
Internet (Client und Server)
Standort
Mikrofon
Musikbibliothek
Bildbibliothek
Private Netzwerke (Client und Server)
Näherung
Wechselspeichergeräte
Freigegebene Benutzerzertifikate
Videobibliothek
Webcam

Kreuzen Sie die Musikbibliothek an, um Ihrer App zu gestatten, direkt auf die Musikbibliothek zuzugreifen.

Der gesamte Objektgraph wird in XML serialisiert

Wenn der Datenkontraktserialisierer ein Objekt schreibt, durchläuft er den gesamten Objektgraphen. Alle Instanzen einer Klasse mit einem Datenkontrakt werden in eine XML-Ausgabe geschrieben. Sie können die XML-Ausgabe anpassen, indem Sie einen Namensraum wählen und Member über Parameter für die Attribute `DataContract` und `DataMember` anpassen.

```
[DataContract(Namespace = "http://www.headfirstlabs.com/Kapitel11")]
class Typ {
    public Typ(string name, int alter, decimal geld){
        Name = name;
        Alter = alter;
        Geld = geld;
        TrumpfKarte = Karte.RandomCard();
    }

    [DataMember]
    public string Name { get; private set; }

    [DataMember]
    public int Alter { get; private set; }

    [DataMember]
    public decimal Geld { get; private set; }

    [DataMember(Name = "MeineKarte")]
    public Karte TrumpfKarte { get; set; }

    public override string ToString() {
        return String.Format("Mein Name ist {0}, ich bin {1}, ich habe {2} Euro, "
            + "und meine Trumpfkarte ist {3}", Name, Alter, Geld, TrumpfKarte);
    }
}
```

Das XML für den serialisierten `Typ`:

```
<Typ
   xmlns="http://www.headfirstlabs.com/Kapitel11"
   xmlns:i="http://www.w3.org/2001/XMLSchema-instance">
   <Alter>37</Alter>
   <MeineKarte>
      <Farbe>Herz</Farbe>
      <Wert>Drei</Wert>
   </MeineKarte>
   <Geld>176.22</Geld>
   <Name>Tim</Name>
</Typ>
```

Typ enthält eine Referenz auf ein Karte-Objekt mit einem eigenen Datenkontrakt, wird aber als <MeineKarte>-Tag in das XML eingeschlossen.

```
[DataContract(Namespace = "http://www.headfirstlabs.com/Kapitel11")]
class Karte {
    [DataMember]
    public Farben Farbe { get; set; }

    [DataMember]
    public Werte Wert { get; set; }
a
    public Karte(Farben farbe, Werte wert) {
        this.Farbe = farbe;
        this.Wert = wert;
    }

    private static Random r = new Random();

    public static Karte RandomCard() {
        return new Karte((Farben)r.Next(4), (Werte)r.Next(1, 14));
    }

    public string Name {
        get { return Wert.ToString() + " of " + Farbe.ToString(); }
    }

    public override string ToString() { return Name; }
}
```

Beide Kontrakte befinden sich im gleichen Namensraum, der zur xmlns-Eigenschaft des <Typ>-Tags im serialisierten XML wird.

Datenkontrakt-Membernamen müssen den Eigenschaftsnamen **nicht** entsprechen. Die Klasse `Typ` hat eine Eigenschaft namens `TrumpfKarte`, aber wir haben den `Name`-Parameter des `DataMember`-Attributs genutzt, um den Namen in `MeineKarte` zu ändern. Das sehen Sie nun im serialisierten XML.

Ist Ihnen aufgefallen, dass das serialisisierte XML *den Typ* `Karte` *nicht enthält*? Das liegt daran, dass Sie diese Datenkontraktattribute jeder Klasse mit kompatiblen Membern hinzufügen können – wie die Eigenschaften `Farbe` und `Wert` der Klasse `Karte`, die der Serialisierer mit passenden Enum-Werten auf die Werte `Herz` und `Drei` setzt.

Tun Sie das!

Schreiben Sie Typ-Objekte in den lokalen Ordner Ihrer App

Hier ist ein Projekt, das Ihnen beim Experimentieren mit der Datenkontraktserialisierung hilft. **Erstellen Sie eine neue Windows Store-App** und ersetzen Sie *MainPage.xaml* durch eine neue Standardseite. **Fügen Sie die beiden Klassen** mit den Datenkontrakten von der letzten Seite ein (Sie müssen in beiden `using System.Runtime.Serialization` verwenden). Und fügen Sie ihr die vertrauten Enums `Farben` und `Werte` hinzu (für die Klasse `Karte`). Hier ist die Seite, die Sie nun aufbauen werden:

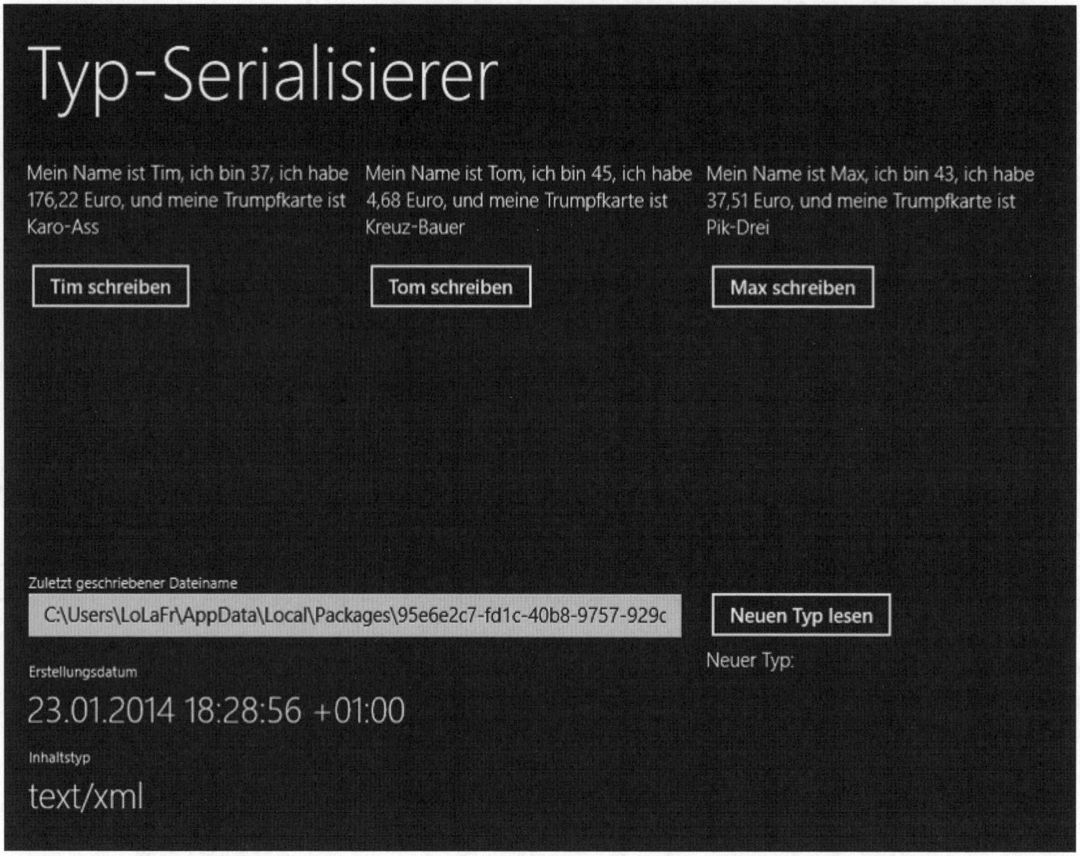

Typ-Serialisierer
Mein Name ist Tim, ich bin 37, ich habe 176,22 Euro, und meine Trumpfkarte ist Karo-Ass
Mein Name ist Tom, ich bin 45, ich habe 4,68 Euro, und meine Trumpfkarte ist Kreuz-Bauer
Mein Name ist Max, ich bin 43, ich habe 37,51 Euro, und meine Trumpfkarte ist Pik-Drei
Tim schreiben
Tom schreiben
Max schreiben
Zuletzt geschriebener Dateiname
C:\Users\LoLaFr\AppData\Local\Packages\95e6e2c7-fd1c-40b8-9757-929c
Neuen Typ lesen
Neuer Typ:
Erstellungsdatum
23.01.2014 18:28:56 +01:00
Inhaltstyp
text/xml

1. Fügen Sie der Seite die statische `TypManager`-Ressource hinzu (und setzen Sie den App-Namen). Die Klasse `TypManager` finden Sie auf der nächsten Seite.

```
<Page.Resources>
    <local:TypManager x:Name="typManager"/>
    <x:String x:Key="AppName">Typ-Serialisierer</x:String>
</Page.Resources>
```

Sie können die leere TypManager-Klasse jetzt hinzufügen, um den Fehler für dieses Tag zu entfernen – Sie werden sie auf der nächsten Seite füllen. Vergessen Sie nicht, die Projektmappe neu zu erstellen, nachdem Sie die leere Klasse erstellt haben, damit die Fehlermeldungen im Designer verschwinden.

2 Hier ist das XAML für die Seite.

```
<Grid Grid.Row="1" DataContext="{StaticResource typManager}" Margin="120,0">
    <Grid.ColumnDefinitions>
        <ColumnDefinition/>
        <ColumnDefinition/>
        <ColumnDefinition/>
    </Grid.ColumnDefinitions>

    <Grid.RowDefinitions>
        <RowDefinition/>
        <RowDefinition/>
    </Grid.RowDefinitions>

    <StackPanel>
        <TextBlock Text="{Binding Tim}" Style="{StaticResource BodyTextBlockStyle}"
            Margin="0,0,0,20"/>
        <Button x:Name="TimSchreiben" Content="Tim schreiben" Click="TimSchreiben_Click"/>
    </StackPanel>

    <StackPanel Grid.Column="1">
        <TextBlock Text="{Binding Tom}" Style="{StaticResource BodyTextBlockStyle}"
            Margin="0,0,0,20"/>
        <Button x:Name="TomSchreiben" Content="Tom schreiben" Click="TomSchreiben_Click"/>
    </StackPanel>

    <StackPanel Grid.Column="2">
        <TextBlock Text="{Binding Max}" Style="{StaticResource BodyTextBlockStyle}"
            Margin="0,0,0,20"/>
        <Button x:Name="MaxSchreiben" Content="Max schreiben" Click="MaxSchreiben_Click"/>
    </StackPanel>

    <StackPanel Grid.Row="1" Grid.ColumnSpan="2" Margin="0,0,20,0">
        <TextBlock>Zuletzt geschriebener Dateiname</TextBlock>
        <TextBox Text="{Binding Path, Mode=TwoWay}" Margin="0,0,0,20"/>
        <TextBlock>Erstellungsdatum</TextBlock>
        <TextBlock Text="{Binding LetzteTypDateiDatum}" Margin="0,0,0,20"
            Style="{StaticResource SubheaderTextBlockStyle}"/>
        <TextBlock>Inhaltstyp</TextBlock>
        <TextBlock Text="{Binding LetzteTypDatei.ContentType}"
                Style="{StaticResource SubheaderTextBlockStyle}"/>
    </StackPanel>

    <StackPanel Grid.Row="1" Grid.Column="2">
        <Button x:Name="NeuerTypLesen" Content="Neuen Typ lesen" Click="NeuerTypLesen_Click"
        Margin="0,10,0,0"/>
        <TextBlock Style="{StaticResource BodyTextBlockStyle}" Margin="0,0,0,20">
    <Run>Neuer Typ: </Run>
    <Run Text="{Binding NeuerTyp}"/>
        </TextBlock>
    </StackPanel>
</Grid>
```

Die Seite hat drei Spalten und zwei Zeilen.

Der Datenkontext des Grids ist die statische Ressource TypManager.

Jede Spalte in der obersten Zeile enthält ein StackPanel mit einem TextBlock und einem Button.

Dieser TextBlock ist an die Max-Eigenschaft im TypManager gebunden.

Die erste Zelle in der unteren Zeile umfasst zwei Spalten. Sie enthält mehrere Steuerelemente, die an Eigenschaften gebunden sind. Warum, denken Sie, haben wir für den Pfad eine TextBox gewählt?

Sie können ein Steuerelement an eine Eigenschaft auf einem Objekt binden. `LetzteTypDatei` ist ein `IStorageFile`-Objekt, und diese TextBlock-Steuerelemente sind an seine Eigenschaften gebunden.

Wir sind noch nicht fertig – blättern Sie um!

Sie brauchen diese using-Anweisungen für die Klasse TypManager.

```
using System.ComponentModel;
using Windows.Storage;
using Windows.Storage.Streams;
using System.IO;
using System.Runtime.Serialization;
```

3 Fügen Sie die Klasse `TypManager` ein.

```
class TypManager : INotifyPropertyChanged
{
    private IStorageFile letzteTypDatei;
    public IStorageFile LetzteTypDatei { get { return letzteTypDatei; } }

    private Typ tim = new Typ("Tim", 37, 176.22M);
    public Typ Tim
    {
        get { return tim; }
    }

    private Typ tom = new Typ("Tom", 45, 4.68M);
    public Typ Tom
    {
        get { return tom; }
    }

    private Typ max = new Typ("Max", 43, 37.51M);
    public Typ Max
    {
        get { return max; }
    }

    public Typ NeuerTyp { get; private set; }
    public string LetzteTypDateiDatum { get; private set; }
    public string Path { get; set; }


    public async void TypLesenAsync()
    {
        if (String.IsNullOrEmpty(Path))
            return;
        letzteTypDatei = await StorageFile.GetFileFromPathAsync(Path);

        using (IRandomAccessStream stream =
                  await letzteTypDatei.OpenAsync(FileAccessMode.Read))
        using (Stream inputStream = stream.AsStreamForRead())
        {
            DataContractSerializer serializer = new DataContractSerializer(typeof(Typ));
            NeuerTyp = serializer.ReadObject(inputStream) as Typ;
        }
        OnPropertyChanged("NeuerTyp");
        OnPropertyChanged("LetzteTypDatei");
    }
```

Das Unterstützungsfeld dieser Eigenschaft wird von der Methode TypLesenAsync() gesetzt, und TextBlocks sind an seine DateCreated- und ContentType-Eigenschaften gebunden.

Das sind drei schreibgeschützte Eigenschaften mit privaten Unterstützungsfeldern. Das XAML hat einen TextBlock an jeden davon gebunden.

Die anderen TextBlocks werden an diese Typ-Eigenschaften gebunden, die von der Methode TypLesenAsync() gesetzt werden.

Sie können die statische Methode `StorageFile.GetFileFromPathAsync()` nutzen, um ein `IStorageFile`-Objekt auf Basis eines String-Pfads zu erstellen.

Die Methode TypLesenAsync() nutzt den Pfad in der TextBox, um das letzteTypDatei-IStorgeFile-Feld zu setzen. Sie verwendet den Serialisierer, um die Objekte aus der XML-Datei zu lesen, und setzt dann PropertyChanged-Events für die Eigenschaften ab, die IStorageFile-Attribute nutzen.

Das erzeugt einen Ordner namens Typen im lokalen Ordner zur Aufnahme der XML-Dateien. Wenn er bereits existiert, wird der vorhandene Ordner geöffnet.

Dieser Code erstellt die XML-Datei, öffnet einen Stream und schreibt den Typ-Objektgraphen in den Stream.

```
    public async void TypAsyncSchreiben(Typ zuschreibenderTyp)
    {
        IStorageFolder typOrdner =
            await ApplicationData.Current.LocalFolder.CreateFolderAsync(
                     "Guys", CreationCollisionOption.OpenIfExists);
        letzteTypDatei =
                await typOrdner.CreateFileAsync(zuschreibenderTyp.Name + ".xml",
                                       CreationCollisionOption.ReplaceExisting);

        using (IRandomAccessStream stream =
                            await letzteTypDatei.OpenAsync(FileAccessMode.ReadWrite))
        using (Stream outputStream = stream.AsStreamForWrite())
        {
            DataContractSerializer serializer = new DataContractSerializer(typeof(Typ));
            serializer.WriteObject(outputStream, zuschreibenderTyp);
        }
        LetzteTypDateiDatum = LetzteTypDatei.DateCreated.ToString();
        Path = letzteTypDatei.Path;
        OnPropertyChanged("LetzteTypDateiDatum");
        OnPropertyChanged("Path");
        OnPropertyChanged("LetzteTypDatei");
    }

    public event PropertyChangedEventHandler PropertyChanged;

    private void OnPropertyChanged(string propertyName)
    {
        PropertyChangedEventHandler propertyChangedEvent = PropertyChanged;
        if (propertyChangedEvent != null)
        {
            propertyChangedEvent(this, new PropertyChangedEventArgs(propertyName));
        }
    }
}
```

Die Methode TypAsyncSchreiben() schreibt einen Typ in eine XML-Datei im Typen-Ordner im lokalen Ordner der App. Sie setzt das letzteTypDatei-IStorageFile-Feld auf die geschriebene Datei und löst dann ein PropertyChanged-Event für die Eigenschaften aus, die das Feld nutzen.

Dieser Code entspricht dem Code, den Sie oben verwendet haben, um INotifyPropertyChanged zu implementieren und PropertyChanged-Events abzusetzen.

4 Hier sind die Event-Handler-Methoden für *MainPage.xaml.cs*:

```
private void TimSchreiben_Click(object sender, RoutedEventArgs e) {
    typManager.TypAsyncSchreiben(typManager.Tim);
}
private void TomSchreiben_Click(object sender, RoutedEventArgs e) {
    typManager.TypAsyncSchreiben(typManager.Tom);
}
private void MaxSchreiben_Click(object sender, RoutedEventArgs e) {
    typManager.TypAsyncSchreiben(typManager.Max);
}
private void NeuenTypLesen_Click(object sender, RoutedEventArgs e) {
    typManager.TypLesenAsync();
}
```

Den Typ-Serialisierer testen

Nutzen Sie den Typ-Serialisierer, um mit der Kontraktserialisierung zu experimentieren:

- ★ Schreiben Sie alle `Typ`-Objekte in die Dokumentbibliothek. Klicken Sie auf den TypLesen-Button, um den gerade geschriebenen Typ zu lesen. Er nutzt den Pfad in der TextBox, um die Datei zu lesen. Versuchen Sie also, diesen Pfad zu ändern, um einen anderen Typ zu lesen. Versuchen Sie, eine Datei zu lesen, die nicht existiert. Was passiert?
- ★ Öffnen Sie den einfachen Texteditor. Sie haben XML-Dateien als eine der Optionen für die Dateiwähler gesetzt, können ihn also nutzen, um Typ-Dateien zu bearbeiten. Öffnen Sie eine der Typ-Dateien, ändern Sie sie, speichern Sie sie und lesen Sie sie wieder mit dem Typ-Serialisierer. Was passiert, wenn Sie ungültiges XML nutzen? Was passiert, wenn Sie Kartenfarbe oder -wert auf einen Wert setzen, der kein gültiger Enum-Wert ist?
- ★ Der einfache Texteditor hat keinen Neu-Button, der ihn zurücksetzt. Wie könnten Sie einen solchen ergänzen? (Sie können ihn auch einfach neu starten.) Versuchen Sie, eine Typ-Datei zu kopieren und sie in einer neuen XML-Datei im *Typen*-Ordner zu speichern. Was passiert, wenn Sie versuchen, diese mit dem Typ-Serialisierer zu lesen?
- ★ Fügen Sie `DataMember`-Namen (`[DataMember(Name="...")]`) hinzu oder löschen Sie vorhandene. Wie wirkt sich das auf das XML aus? Was passiert, wenn Sie den Kontrakt aktualisieren und dann eine zuvor gespeicherte XML-Datei laden? Können Sie die XML-Datei wieder funktionsfähig machen?
- ★ Versuchen Sie, den Namensraum des `Karte`-Datenkontrakts zu ändern. Was passiert mit dem XML?

Es gibt keine Dummen Fragen

F: Warum konnte ich hier die Daten nicht im Dokumente-Verzeichnis schreiben, wie beim Texteditor?

A: Wenn Ihre App den Dateiwähler nutzt, können Sie auf Dateien und Verzeichnisse zugreifen, **ohne** dass im Manifest App-Fähigkeiten gesetzt werden. Das liegt daran, dass der Dateiwähler so gestaltet ist, *dass das Dateisystem unversehrt bleibt.* Sie können nicht auf Installationsordner, lokale Ordner, temporäre Ordner und viele andere unsichere Orte in Ihrem Dateisystem zugreifen, die Ihre App versehentlich beschädigen könnte. Wenn Sie Code schreiben, der direkt in ein Verzeichnis schreibt, können Sie nur in Verzeichnisse schreiben, für die man Fähigkeiten setzen kann.

F: Manchmal ändere ich etwas an meinem XAML oder meinem Code, und der Designer sagt mir, dass ich neu erstellen soll. Warum?

A: Der XAML-Designer der IDE ist wirklich klug. Er kann Ihnen aktualisierte Seiten in Echtzeit anzeigen, wenn Sie Änderungen an Ihrem XML-Code vornehmen. Sie wissen bereits, dass der Klasse `Page` bei der Verwendung statischer Ressourcen Objektreferenzen hinzugefügt werden. Diese Objekte müssen instantiiert werden, damit sie im Designer angezeigt werden können. Wenn Sie eine Änderung an der Klasse vornehmen, die für eine statische Ressource verwendet wird, wird der Designer erst aktualisiert, wenn Sie die Klasse neu erstellen. Das ist sinnvoll so – die IDE erstellt das Projekt nur neu, wenn Sie sie dazu auffordern, und bis Sie das tun, gibt es im Speicher den kompilierten Code nicht, den sie zur Instantiierung der statischen Ressource benötigt.
Sie können die IDE nutzen, um sich genau anzusehen, wie das funktioniert. Öffnen Sie Ihren Typ-Serialisierer und bearbeiten Sie `Typ.ToString()`, um dem Rückgabewert ein paar zusätzliche Wörter hinzuzufügen. Kehren Sie dann wieder zum Designer zurück. Dort sehen Sie immer noch die alte Ausgabe. Wählen Sie jetzt im Erstellen-Menü Neu erstellen. Der Designer aktualisiert sich selbst, sobald die Erstellung des Codes abgeschlossen ist. Versuchen Sie, eine weitere Änderung vorzunehmen, aber erstellen Sie die Projektmappe noch nicht neu. Fügen Sie stattdessen einen weiteren TextBlock ein, der an ein `Typ`-Objekt gebunden ist. Die IDE nutzt die alte Version des Objekts, bis Sie die Projektmappe neu erstellen.

F: Das mit den Namensräumen verwirrt mich. Warum unterscheidet sich der Namensraum im Programm von dem in der XML-Datei?

A: Überlegen wir, wozu man Namensräume braucht. C#, XML-Dateien, das Windows-Dateisystem und Webseiten nutzen jeweils unterschiedliche (aber oft miteinander verwandte) Namenssysteme, um Klassen, XML-Dokumenten, Dateien oder Webseiten einen eindeutigen Namen zu geben. Warum das wichtig ist? Angenommen, Sie hätten in Kapitel 9 eine Klasse namens `KnownFolders` erstellt, um Brian dabei zu unterstützen, Ausredeordner nachzuhalten. Und jetzt stellen Sie fest, dass das .NET Framework bereits eine eigene `KnownFolders`-Klasse mitbringt. Kein Problem. Die Klasse .NET `KnownFolders` befindet sich im Namensraum Windows.Storage und kann so problemlos neben Ihrer Klasse mit dem gleichen Namen bestehen. Das bezeichnet man als **Disambiguation**. Datenkontrakte müssen das auch. In diesem Buch gibt es viele verschiedene Versionen der Klasse `Typ`. Was ist, wenn Sie zwei verschiedene Kontrakte für die Serialisierung von zwei verschiedenen Versionen von `Typ` hätten? Sie können sie in unterschiedliche Namensräume packen, um die Namen zu unterscheiden. Es ist sinnvoll, dass diese Namensräume von denen für Ihre Klassen unabhängig sind, da man Klassen und Kontrakte nicht so schnell durcheinanderbringen kann.

Mit einem Task eine asynchrone Methode aus einer anderen heraus aufrufen

Wenn Sie eine Methode mit dem Modifizierer `async` versehen, können andere asynchrone Methoden immer noch mit await auf sie warten. Aber Sie müssen eine Änderung an der asynchronen Methode vornehmen, um das zu tun. Versuchen Sie, der Methode in *TypManager.cs* Folgendes hinzuzufügen:

```
private async void MethodeDieEinenTypLiest()
{
    await TypLesenAsync();
}
```

Sie erhalten eine Fehlermarkierung mit einer geschlängelten Unterstreichung – und eine sehr praktische Fehlermeldung im Fehlerliste-Fenster:

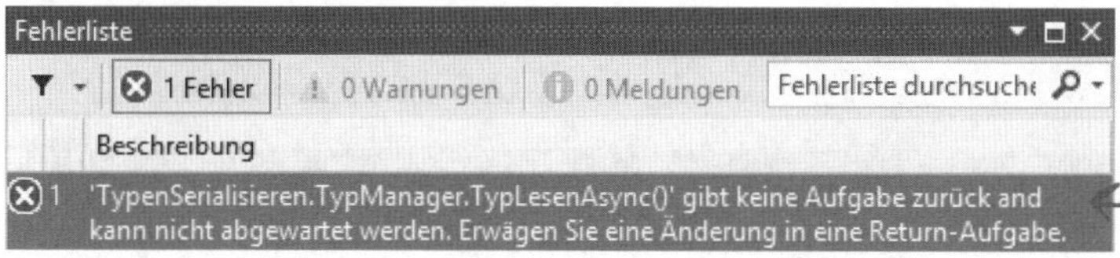
Fehlerliste
1 Fehler
0 Warnungen
0 Meldungen
Fehlerliste durchsuche
Beschreibung
1 'TypenSerialisieren.TypManager.TypLesenAsync()' gibt keine Aufgabe zurück and kann nicht abgewartet werden. Erwägen Sie eine Änderung in eine Return-Aufgabe.

Die IDE sagt Ihnen genau, was Sie tun müssen, um dieses Problem zu beheben.

Wenn Sie einen asynchronen Methodenaufruf machen wollen, muss die Methode, die aufgerufen wird, den Rückgabetyp `Task` haben (oder eine Unterklasse von Task, `Task<T>`, wenn die Methode einen Wert zurückliefern muss). Da `TypLesen()` den Rückgabewert void hat, müssen Sie **in der Deklaration das void durch Task ersetzen**:

```
public async Task TypLesenAsync()
{
    // Das Gleiche wie auf der letzten Seite
}
```

Die empfohlene Namenskonvention ist, dem Namen einer Methode, die mit dem await-Operator aufgerufen werden soll, `Async` anzuhängen. Deswegen ändern wir den Namen von `TypLesen()` in `TypLesenAsync()`.

Jetzt kann die Methode mit dem `await`-Operator aufgerufen werden. Sie verhält sich nun genau wie jede andere asynchrone Methode und gibt die Ausführung zurück, wenn sie auf eine asynchrone Operation stößt. Soll eine Methode einen Wert liefern, würden Sie den Typ `Task<T>` nutzen. Sollte `TypLesenAsync()` beispielsweise das gelesene `Typ`-Objekt zurückliefern, würden Sie den Rückgabetyp in `Task<Typ>` ändern.

IM WAHREN LEBEN IST EIN TASK ETWAS, DAS ERLEDIGT WERDEN MUSS. IST EIN *TASK*- ODER *TASK<T>*-OBJEKT ALSO EINE MÖGLICHKEIT, EINE ART VON OBJEKT LIEFERN ZU LASSEN, DAS EINE AKTION AUSFÜHRT?

Ja! Die Klasse `Task` repräsentiert eine asynchrone Operation.

Der Modifizierer `async`, das Schlüsselwort `await` und die Klasse `Task` vereinfachen das Schreiben asynchronen Codes. Das tun sie, indem sie die gesamte Arbeit der Kontrollübergabe in der Klasse Task kapseln. Wählen Sie "»Gehe zu Definition«, um einen kurzen Blick auf die Eigenschaften und Methoden der Klasse Task zu werfen. Sie finden Methoden wie `Run()`, `Continue()` und `Wait()` und Eigenschaften wie `IsCompleted` und `IsFaulted`. Das sollte Ihnen einen Hinweis darauf geben, was im Hintergrund passiert ... und was alles automatisch gemacht wird, um das Schreiben asynchroner Methoden zu erleichtern.

Mehr zur asynchronen Programmierung erfahren Sie hier:
http://msdn.microsoft.com/de-de/library/vstudio/hh191443.aspx

Erstellen Sie Brian eine neue Ausredeverwaltung

Sie wissen, wie Sie XAML-Dateien erstellen, Dateien lesen oder schreiben und Objekte serialisieren. Es ist Zeit, die Teile zusammenzusetzen und Brians Ausredeverwaltung zu einer Windows Store-App umzugestalten.

Hier ist die Hauptseite:

000 001
032 017
Ausredeverwaltung
Ausrede
Mein Hund muss zur Entfernung von Zahnstein zum Tierarzt.
Reaktion
Gefiel ihm. Er liebt Tiere.
Letzte Verwendung
16.02.2014 18:21:13
Auf aktuelle Zeit setzen
Dateidatum
16.02.2014 18:21:21 +01:00
Neue Ausrede
Ordner
Schnelle Ausrede
Öffnen
Speichern
Speichern unter

Führen Sie Windows Store-Apps im Visual Studio-Simulator aus

Wir haben den Screenshot auf dieser Seite mit dem in die IDE eingebauten Simulator erstellt. Der Simulator ist eine Desktop-Anwendung, die mit Visual Studio installiert wird und mit der Sie Ihre Apps im Vollbildmodus in einem simulierten Gerät ausführen können. Das ist ausgesprochen hilfreich, wenn Sie sehen wollen, wie sie auf Touch- und Hardware-Events reagiert, was für Tests wirklich praktisch sein kann. (Es ist ein Simulator, kein Emulator.)

Den Simulator starten Sie, indem Sie auf den Drop-down-Pfeil neben ▶ Lokaler Computer ▾ klicken und ▶ Simulator ▾ wählen, wenn Sie Ihr Programm ausführen. Jetzt wird Ihre App in einem Simulator ausgeführt, der zeigt, wie sie auf Touch- und Hardware-Events in Vollbildanzeige reagieren wird.

Mehr zur Arbeit mit dem Simulator erfahren Sie hier: http://msdn.microsoft.com/en-us/library/windows/apps/hh441475.aspx.

Seite, Ausrede und Manager trennen

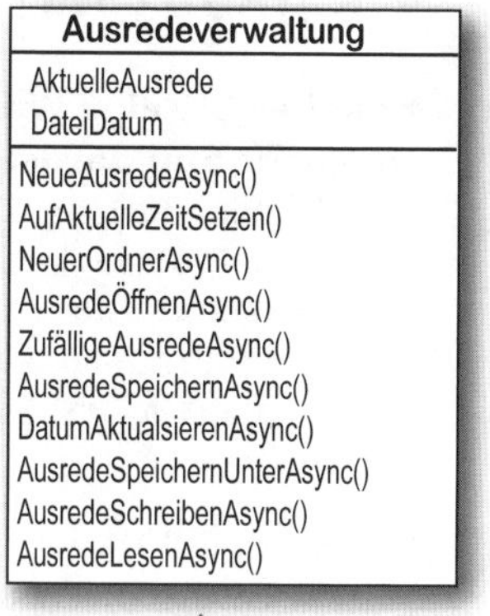

Ausredeverwaltung
AktuelleAusrede
DateiDatum
NeueAusredeAsync()
AufAktuelleZeitSetzen()
NeuerOrdnerAsync()
AusredeÖffnenAsync()
ZufälligeAusredeAsync()
AusredeSpeichernAsync()
DatumAktualsierenAsync()
AusredeSpeichernUnterAsync()
AusredeSchreibenAsync()
AusredeLesenAsync()

Ihr altes `Ausrede`-Objekt wusste, wie es sich selbst liest und schreibt. Das ist keine schlechte Entscheidung beim Design von Objekten, aber Sie können auch andere Entscheidungen treffen. Ihre Typ-Serialisierer-App hatte alle Informationen über den `Typ` in einer Klasse und Methoden zum Lesen und Schreiben von `Typ`-Objekten in der Klasse `TypManager`. Dem gleichen Muster folgen Sie bei der Ausredeverwaltung.

Das ist ein weiteres Beispiel für die **Trennung der Verantwortlichkeiten**, von der wir in den Kapiteln 5 und 6 gesprochen haben. Der `Typ` muss nur den Datenkontrakt anbieten. Was mit dem Kontrakt angestellt werden soll, ist Aufgabe einer anderen Klasse wie `TypManager`. Und keine der Klassen enthält Code für die Aktualisierung der Benutzerschnittstelle, weil sie sich nicht mit der Anzeige von Ausreden befassen – das ist Aufgabe des `MainPage`-Objekts.

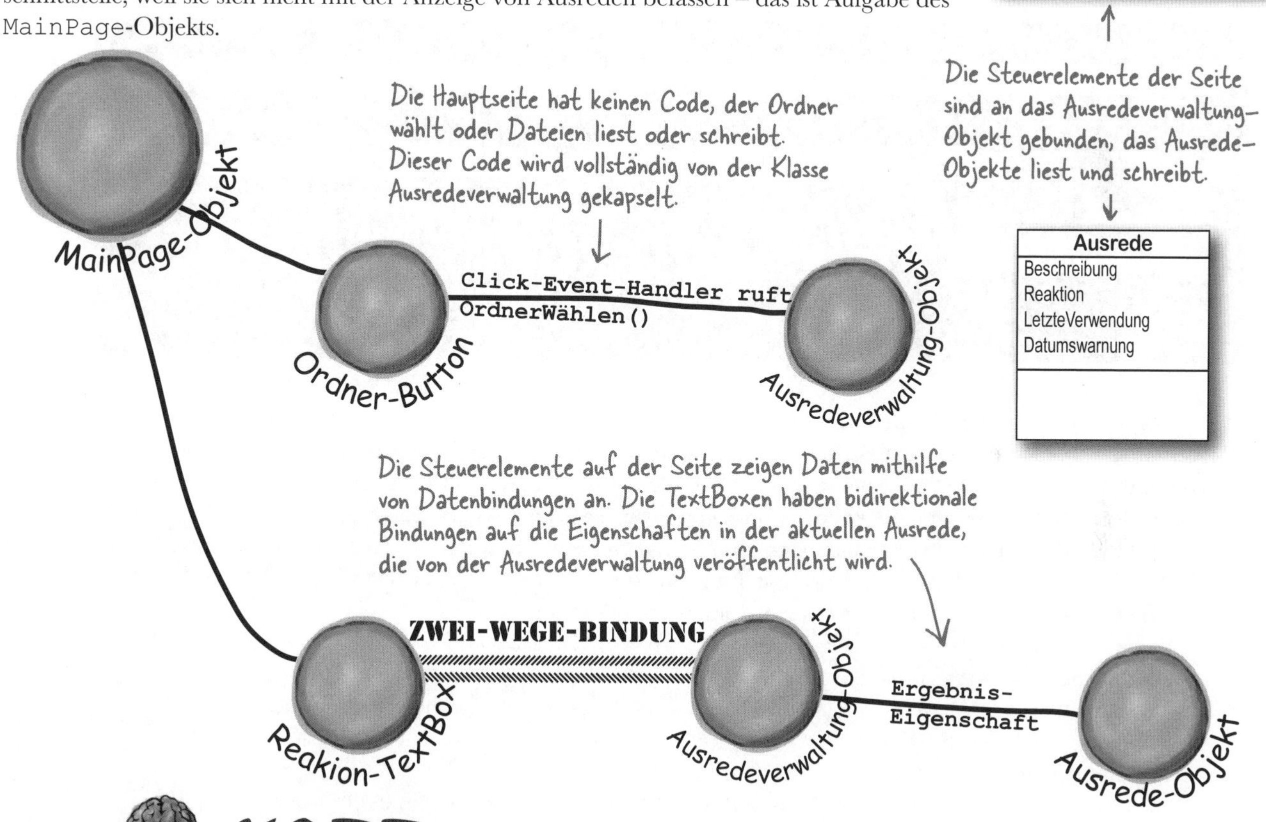

Die Hauptseite hat keinen Code, der Ordner wählt oder Dateien liest oder schreibt. Dieser Code wird vollständig von der Klasse Ausredeverwaltung gekapselt.
Die Steuerelemente der Seite sind an das Ausredeverwaltung-Objekt gebunden, das Ausrede-Objekte liest und schreibt.
MainPage-Objekt
Ordner-Button
Click-Event-Handler ruft OrdnerWählen()
Ausredeverwaltung-Objekt
Ausrede
Beschreibung
Reaktion
LetzteVerwendung
Datumswarnung
Die Steuerelemente auf der Seite zeigen Daten mithilfe von Datenbindungen an. Die TextBoxen haben bidirektionale Bindungen auf die Eigenschaften in der aktuellen Ausrede, die von der Ausredeverwaltung veröffentlicht wird.
ZWEI-WEGE-BINDUNG
Reakion-TextBox
Ausredeverwaltung-Objekt
Ergebnis-Eigenschaft
Ausrede-Objekt

KOPF-NUSS

Die Klassen `Ausrede` und `Ausredeverwaltung` enthalten keinen Code für die Aktualisierung der Benutzerschnittstelle. *Sie können die Datenkontraktserialisierung oder asynchrone Programmierung auch in einem WinForms-Programm verwenden.* Könnten Sie das nutzen, um die Windows Forms-Version von Brians Ausredeverwaltung die gleichen Ausrede-Dateien lesen und schreiben zu lassen wie die neue Windows Store-Ausredeverwaltung?

Die Hauptseite für die Ausredeverwaltung

Tun Sie das!

Erstellen Sie eine Windows Store-App und **ersetzen Sie *MainPage.xaml* durch eine neue Standardseite**. Sie brauchen eine statische `Ausredeverwaltung`-Ressource. Erstellen Sie eine leere `Ausredeverwaltung`-Klasse, damit sich Ihr Code kompilieren lässt, und fügen Sie diese dann als statische Ressource in `<Page.Resources>` ein:

```
<Page.Resources>
    <local:Ausredeverwaltung x:Name="ausredeverwaltung"/>
    <x:String x:Key="AppName">Ausredeverwaltung</x:String>
</Page.Resources>
```

Hier ist das XAML für die Seite – es ist ein einfaches, StackPanel-basiertes Layout. Setzen Sie den Datenkontext für das StackPanel auf die `Ausredeverwaltung`-Ressource.

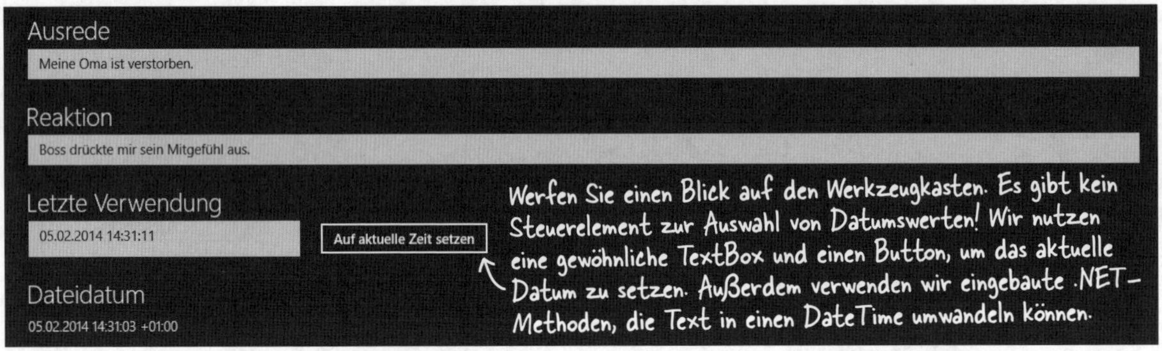

Ausrede
Meine Oma ist verstorben.
Reaktion
Boss drückte mir sein Mitgefühl aus.
Letzte Verwendung
05.02.2014 14:31:11
Auf aktuelle Zeit setzen
Dateidatum
05.02.2014 14:31:03 +01:00
Werfen Sie einen Blick auf den Werkzeugkasten. Es gibt kein Steuerelement zur Auswahl von Datumswerten! Wir nutzen eine gewöhnliche TextBox und einen Button, um das aktuelle Datum zu setzen. Außerdem verwenden wir eingebaute .NET-Methoden, die Text in einen DateTime umwandeln können.


```
<StackPanel Grid.Row="1" Margin="120,0,0,0"
            DataContext="{StaticResource ResourceKey=ausredeverwaltung}">
    <TextBlock Style="{StaticResource SubheaderTextBlockStyle}" Text="Ausrede" Margin="0,0,0,10"/>
    <TextBox Text="{Binding AktuelleAusrede.Beschreibung, Mode=TwoWay}" Margin="0,0,20,20"/>
    <TextBlock Style="{StaticResource SubheaderTextBlockStyle}" Text="Reaktion" Margin="0,0,0,10"/>
    <TextBox Text="{Binding AktuelleAusrede.Reaktion, Mode=TwoWay}" Margin="0,0,20,20"/>
    <TextBlock Style="{StaticResource SubheaderTextBlockStyle}"
               Text="Letzte Verwendung" Margin="0,0,0,10"/>
    <StackPanel Orientation="Horizontal"  Margin="0,0,0,20">
        <TextBox Text="{Binding AktuelleAusrede.LetzteVerwendung, Mode=TwoWay}"
                 MinWidth="300" Margin="0,0,20,0"/>
        <Button Content="Auf aktuelle Zeit setzen"
                Click="AufAktuelleZeitSetzenClick" Margin="0,0,20,0"/>
        <TextBlock Foreground="Red" Text="{Binding AktuelleAusrede.Datumswarnung}"
                 Style="{StaticResource SubheaderTextBlockStyle}"/>
    </StackPanel>

    <TextBlock Style="{StaticResource SubheaderTextBlockStyle}" Text="Dateidatum" Margin="0,0,0,10"/>
    <TextBlock Text="{Binding DateiDatum}" Style="{StaticResource BodyTextBlockStyle}"/>
</StackPanel>
```

Wenn der Benutzer ein ungültiges Datum eingibt, enthält das Feld Datumswarnung eine Warnung, die in diesem TextBlock angezeigt wird.

Die TextBox hat eine bidirektionale Datenbindung auf Eigenschaften im AktuelleAusrede-Objekt in der Klasse Ausredeverwaltung. Der TextBlock für das Dateidatum ist an die DateiDatum-Eigenschaft der Ausredeverwaltung gebunden.

Der Hauptseite eine App-Leiste hinzufügen

Statten Sie die Seite unten mit einer App-Leiste aus. Fügen Sie ihr AppBarButtons hinzu und konfigurieren Sie diese über das Eigenschaften-Fenster so, dass sie dem Screenshot und dem Code darunter entsprechen. Für die Symbole auf den Buttons »Neue Ausrede« und »Schnelle Ausrede« müssen Sie ein Schriftartensymbol wählen und unter Glyph die gewünschten Zeichen eingeben:

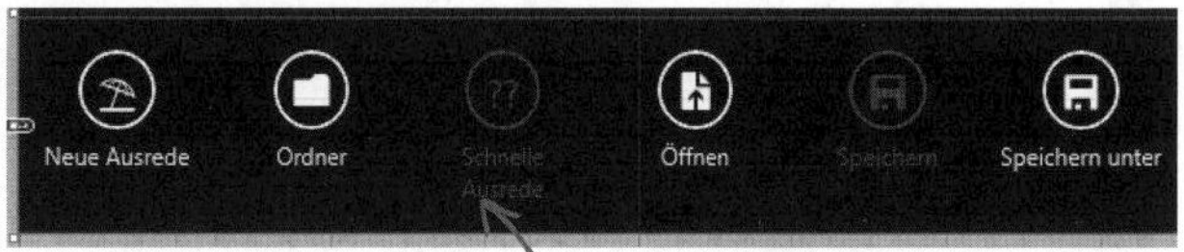
Neue Ausrede
Ordner
Schnelle Ausrede
Öffnen
Speichern
Speichern unter

Deaktivieren Sie Schnelle Ausrede und Speichern, indem Sie IsEnabled abwählen

```
<Page.BottomAppBar>
    <AppBar>
        <StackPanel Orientation="Horizontal">
            <AppBarButton HorizontalAlignment="Stretch"  VerticalAlignment="Stretch"
                         Label="Neue Ausrede">
                <AppBarButton.Icon>
                    <FontIcon Glyph="⛱"/>
                </AppBarButton.Icon>
            </AppBarButton>
            <AppBarButton HorizontalAlignment="Stretch"  VerticalAlignment="Stretch"
                          Label="Ordner" Icon="Folder"/>
            <AppBarButton x:Name="zufallButton" IsEnabled="False" Label="Schnelle Ausrede"
                          VerticalAlignment="Stretch" HorizontalAlignment="Stretch" >
                <AppBarButton.Icon>
                    <FontIcon Glyph="??"/>
                </AppBarButton.Icon>
            </AppBarButton>
            <AppBarButton HorizontalAlignment="Stretch" VerticalAlignment="Stretch"
                          Label="Öffnen" Icon="OpenFile"/>
            <AppBarButton x:Name="speichernButton" Label="Speichern" Icon="Save"  IsEnabled="False"
                          VerticalAlignment="Stretch" HorizontalAlignment="Stretch" />
            <AppBarButton HorizontalAlignment="Stretch" VerticalAlignment="Stretch"
                          Label="Speichern unter" Icon="Save"/>
        </StackPanel>
    </AppBar>
</Page.BottomAppBar>
```

Hier wählen Sie jeweils ein Schriftartensymbol, indem Sie auf den zweiten Button in der Leiste klicken.

Aber wie kommen sie an dieses Symbol?

Sie können alle Attribute über das Eigenschaften-Fenster ändern.

Für Schnelle Ausrede geben Sie einfach zwei Fragezeichen ein.

Das ist die Unicode-Position des Zeichens. Scrollen Sie in der Zeichentabelle abwärts, bis Sie an der Zahl unten links erkennen, dass Sie sich im entsprechenden Zeichenbereich befinden.

Wie aber haben wir dieses seltsame Sonnenschirmzeichen für »Neue Ausrede« ausgewählt? Sie können es einfach in der Zeichentabelle finden. Wählen Sie die Schriftart Segoe UI Symbol und scrollen Sie abwärts. Das Zeichen hat die Unicode-Position »x26F1«. Klicken Sie doppelt darauf, wählen Sie kopieren, wechseln Sie in die IDE und fügen Sie es in das Feld Glyph ein.

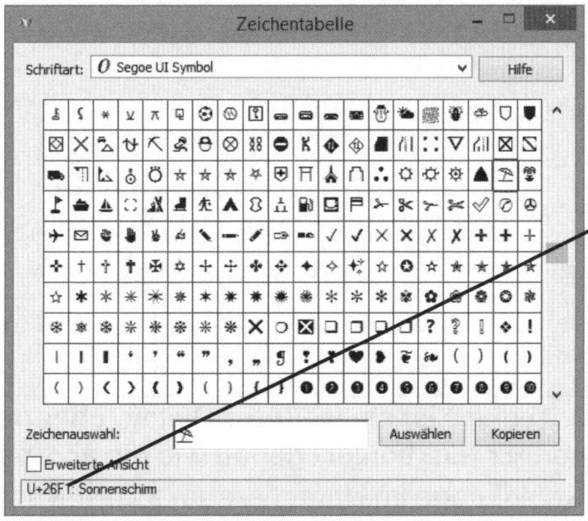
Zeichentabelle
Schriftart:
Segoe UI Symbol
Hilfe
Zeichenauswahl:
Auswählen
Kopieren
Erweiterte Ansicht
U+26F1: Sonnenschirm

U+26F1

Neue Ausrede

Jetzt kommt die Klasse Ausredeverwaltung →

Die Klasse Ausredeverwaltung

Vergessen Sie nicht, die Klasse Ausredeverwaltung INotifyPropertyChanged implementieren zu lassen.

Ausredeverwaltung
AktuelleAusrede DateiDatum
NeueAusredeAsync() AufAktuelleZeitSetzen() NeuerOrdnerAsync() AusredeÖffnenAsync() ZufälligeAusredeAsync() AusredeSpeichernAsync() DatumAktualisierenAsync() AusredeSpeichernUnterAsync() AusredeSchreibenAsync() AusredeLesenAsync()

Hier ist ein Großteil des Codes für die `Ausredeverwaltung` – den Rest dieser Klasse und die Klasse `Ausrede` werden Sie in einer Übung gestalten. Sie hat zwei öffentliche Eigenschaften für Bindungen: `AktuelleAusrede` ist das aktuell geladene `Ausrede`-Objekt, und `DateiDatum` ist ein String, der entweder das Dateidatum oder den Text `"(Keine Datei geladen)"` anzeigt (wenn die aktuelle Ausrede noch nicht gespeichert oder geladen wurde).

Die Methode `NeuerOrdnerAsync()` zeigt eine Ordnerauswahl und liefert true, wenn der Benutzer einen Ordner auswählt. Da das eine async-Methode ist, die einen bool-Wert liefert, hat sie den Rückgabetyp `Task<bool>`.

Sie brauchen diese `using`-Anweisungen:

```
using System.ComponentModel;
using System.IO;
using System.Runtime.Serialization;
using Windows.Storage;
using Windows.Storage.Streams;
using Windows.Storage.FileProperties;
using Windows.Storage.Pickers;
using Windows.UI.Popups;
```

Task befindet sich im Namensraum System. Threading.Tasks, den die IDE bereits eingefügt hat.

```
public Ausrede AktuelleAusrede { get; set; }

public string DateiDatum { get; private set; }

private Random zufall = new Random();

private IStorageFolder ausredeOrdner = null;

private IStorageFile ausredeDatei;

public Ausredeverwaltung() {
    NeueAusredeAsync();
}

async public void NeueAusredeAsync() {
    AktuelleAusrede = new Ausrede();
    ausredeDatei = null;
    OnPropertyChanged("AktuelleAusrede");
    await DatumAktualisierenAsync();
}

public void AufAktuelleZeitSetzen() {
    AktuelleAusrede.LetzteVerwendung = DateTimeOffset.Now.ToString();
    OnPropertyChanged("AktuelleAusrede");
}

public async Task<bool> NeuerOrdnerAsync() {
    FolderPicker folderPicker = new FolderPicker() {
        SuggestedStartLocation = PickerLocationId.DocumentsLibrary
    };
    folderPicker.FileTypeFilter.Add(".xml");
    IStorageFolder ordner = await folderPicker.PickSingleFolderAsync();
    if (ordner != null) {
        ausredeOrdner = ordner;
        return true;
    }
    MessageDialog warndialog = new MessageDialog("Kein Ausredeordner gewählt");
    await warndialog.ShowAsync();
    return false;
}
```

Die IStorageFile-Eigenschaft ausredeDatei hält die aktuelle Ausrededatei fest. Sie ist null, wenn es noch keine gibt.

Wenn der Benutzer auf den Neue Ausrede-Button klickt, setzt die Ausredeverwaltung die aktuelle Entschuldigung zurück und ruft dann DatumAktualsierenAsync() auf, um die Eigenschaft Datei-Datum zu aktualisieren.

Sie können asynchrone Methoden wie `NeueAusredeAsync()` aus einer regulären nicht asynchronen Methode aufrufen. Lassen Sie einfach das Schlüsselwort `await` weg. Die Methode blockiert dann. Die IDE warnt Sie, um sicherzustellen, dass Sie das tatsächlich auch tun wollen.

Diese Methode setzt den String LetzteVerwendung auf die aktuelle Zeit und setzt ein PropertyChanged-Event ab.

Diese asynchrone Methode liefert einen bool, ihr Rückgabetyp ist also Task<bool>.

Wenn der Benutzer einen Ordner wählt, liefert die Methode true. Eine async-Methode, die einen Task<bool> liefert, liefert wie gewöhnlich einen bool-Wert.

`FolderPicker` ist ein weiterer Dialog, über den Sie einen Ordner wählen können. Er funktioniert genau wie die anderen. Schauen Sie sich alle Auswahldialoge im Namensraum `Windows.Storage.Pickers` an: http://msdn.microsoft.com/library/windows/apps/BR207928

```
public async void AusredeÖffnenAsync() {
    FileOpenPicker picker = new FileOpenPicker {
        SuggestedStartLocation = PickerLocationId.DocumentsLibrary,
        CommitButtonText = "Ausrededatei öffnen"
    };
    picker.FileTypeFilter.Add(".xml");
    ausredeDatei = await picker.PickSingleFileAsync();
    if (ausredeDatei != null)
        await AusredeLesenAsync();
}
```

Die Methode AusredeÖffnenAsync() ist wie die TypLesenAsync()-Methode im Typ-Serialisierer.

Hier gibt es einen Bug. Sehen Sie ihn? Sie werden ihn im nächsten Kapitel reparieren.

```
public async void ZufälligeAusredeAsync() {
    IReadOnlyList<IStorageFile> dateien = await ausredeOrdner.GetFilesAsync();
    ausredeDatei = dateien[zufall.Next(0, dateien.Count())];
    await AusredeLesenAsync();
}
```

DatumAktualisierenAsync() setzt die Eigenschaft DateiDatum auf das letzte Veränderungsdatum der aktuellen Ausrededatei. Wenn keine Ausrede geladen ist, wird sie auf einen String gesetzt. Es ist eine async-Methode, die von einer anderen async-Methode aufgerufen wird, und liefert deswegen einen Task.

```
public async Task DatumAktualisierenAsync() {
    if (ausredeDatei != null) {
        BasicProperties basicProperties = await ausredeDatei.GetBasicPropertiesAsync();
        DateiDatum = basicProperties.DateModified.ToString();
    }
    else
        DateiDatum = "(Keine Datei geladen)";
    OnPropertyChanged("DateiDatum");
}
```

Die Methode `IStorageFile.GetBasicPropertiesAsync()` liefert ein `BasicProperties`-Objekt mit schreibgeschützten `DateModified`- und `Size`-Eigenschaften, die das Veränderungsdatum und die Größe der Datei enthalten.

```
public async void AusredeSpeichernAsync() {
    if (AktuelleAusrede == null) {
        await new MessageDialog("Keine Ausrede geladen").ShowAsync();
        return;
    }
    if (String.IsNullOrEmpty(AktuelleAusrede.Beschreibung)) {
        await new MessageDialog("Aktuelle Ausrede hat keine Beschreibung").ShowAsync();
        return;
    }
    if (ausredeDatei == null)
        ausredeDatei = await ausredeOrdner.CreateFileAsync(AktuelleAusrede.Beschreibung + ".xml",
                          CreationCollisionOption.ReplaceExisting);

    await AusredeSchreibenAsync();
}

public async Task AusredeLesenAsync() {
    // Diese Methode schreiben Sie
}

public async Task AusredeSchreibenAsync() {
    // Diese Methode schreiben Sie
}

public async void AusredeSpeichernUnterAsync() {
    // Diese Methode schreiben Sie
}
```

Die Methode AusredeSpeichernAsync() prüft zunächst, ob es eine aktuelle Ausrede gibt und diese keine leere Beschreibung hat, und zeigt gegebenenfalls eine Warnung an. Wenn es eine gültige Ausrede gibt, wird AusredeSchreibenAsync() aufgerufen, um die Ausrede zu schreiben. Gibt es keine Ausrededatei, wird die CreateFileAsync()-Methode aufgerufen, um eine zu erstellen.

Blättern Sie um und schließen Sie die Portierung der App ab →

Der Unterstützungscode für die Seite

Das ist der gesamte Unterstützungscode, den Sie benötigen. Die Event-Handler für die Buttons rufen einfach Methoden in der `Ausredeverwaltung` auf. Das ist der Vorteil der Trennung der Verantwortlichkeiten für die Verwaltung von Ausreden von der für die Anzeige der Benutzerschnittstelle. Ihr Benutzerschnittstellencode ist in der Regel recht einfach, weil die anderen Klassen den Hauptteil der Arbeit verrichten.

Neue Ausrede
Ordner
Schnelle Ausrede
Öffnen
Speichern
Speichern unter

Die Buttons Schnelle Ausrede und Speichern funktionieren nur, wenn der Benutzer einen Ordner gewählt hat, die Event-Handler des Ordner-Buttons nutzen den Rückgabewert der Methode `NeuerOrdnerAsync()`. Wenn diese `true` liefert, werden die Buttons Schnelle Ausrede und Speichern aktiviert.

Neue Ausrede
Ordner
Schnelle Ausrede
Öffnen
Speichern
Speichern unter

```
private void ÖffnenButtonClick(object sender, RoutedEventArgs e) {
    ausredeverwaltung.AusredeÖffnenAsync();
}

private void SpeichernButtonClick(object sender, RoutedEventArgs e) {
    ausredeverwaltung.AusredeSpeichernAsync();
}

private void NeueAusredeButtonClick(object sender, RoutedEventArgs e) {
    ausredeverwaltung.NeueAusredeAsync();
}

private void SpeichernUnterButtonClick(object sender, RoutedEventArgs e) {
    ausredeverwaltung.AusredeSpeichernUnterAsync();
}

private void AufAktuelleZeitSetzenClick(object sender, RoutedEventArgs e) {
    ausredeverwaltung.AufAktuelleZeitSetzen();
}

private void SchnelleAusredeButtonClick(object sender, RoutedEventArgs e) {
    ausredeverwaltung.ZufälligeAusredeAsync();
}

private async void OrdnerButtonClick(object sender, RoutedEventArgs e) {
    bool ordnerGewählt = await ausredeverwaltung.NeuerOrdnerAsync();
    if (ordnerGewählt) {
        speichernButton.IsEnabled = true;
        zufallButton.IsEnabled = true;
    }
}
```

ÜBUNG

Beenden Sie die Klassen `Ausrede` und `Ausredeverwaltung` für Brians neue XAML-Ausredeverwaltung.

INotifyPropertyChanged
PropertyChanged-Event
Ausrede
Beschreibung
Reaktion
LetzteVerwendung
Datumswarnung
INotifyPropertyChanged
PropertyChanged-Event
Ausredeverwaltung
AktuelleAusrede
DateiDatum
NeueAusredeAsync()
AufAktuelleZeitSetzen()
NeuerOrdnerAsync()
AusredeÖffnenAsync()
ZufälligeAusredeAsync()
AusredeSpeichernAsync()
DatumAktualisierenAsync()
AusredeSpeichernUnterAsync()
AusredeSchreibenAsync()
AusredeLesenAsync()

1 **Erstellen Sie die Klasse `Ausrede`.**
Sie braucht einen Datenkontrakt mit dem Namensraum `http://www.headfirstlabs.com/Ausredeverwaltung` und drei Datenmembern. Die ersten beiden Datenmember sind die automatischen String-Eigenschaften `Beschreibung` und `Reaktion`. Das dritte ist ein `DateTime`-Feld namens **`letzteVerwendung`**, das das Unterstützungsfeld für eine String-Eigenschaft namens `LetzteVerwendung` ist (es wird in der Methode `Ausredeverwaltung.AufAktuelleZeitSetzen()` gesetzt).

Die Klasse `Ausrede` nutzt einen besonderen Wert, `DateTime.MinValue`, als Standardwert für das Feld `letzteVerwendung`. Das ist das früheste Datum, das in einer `DateTime`-Variablen gespeichert werden kann, und die Klasse `Ausrede` nutzt sie für eine Ausrede, für die kein Datum gesetzt ist. Der Getter `LetzteVerwendung` liefert `letzteVerwendung.ToString()`, wenn ein Datum gesetzt ist, oder `String.Empty`, wenn das Feld auf `MinValue` gesetzt ist.

Der `LetzteVerwendung`-Setter nutzt diesen Code, um einen String-Wert auf ein Datum zu setzen:

```
DateTime d;
bool datumGültig = DateTime.TryParse(wert, out d);
letzteVerwendung = d;
```

Die Methode `TryParse()` liefert `true`, wenn das Datum gültig ist, `false` andernfalls. Wenn der Benutzer ein ungültiges Datum eingibt, setzt die Methode die schreibgeschützte String-Eigenschaft `Datumswarnung` auf `"Ungültiges Datum:"` plus den ungültigen Wert. Er wird in einem roten TextBlock angezeigt, um den Benutzer darauf aufmerksam zu machen, dass ein ungültiges Datum eingegeben wurde. Vergessen Sie nicht, das `PropertyChanged`-Event abzusetzen, um die Seite darüber zu informieren, dass `Datumswarnung` aktualisiert wurde.

2 **Implementieren Sie `Ausredeverwaltung.AusredeLesenAsync()`.**
Diese Methode öffnet einen Stream und serialisiert die aktuelle Ausrede in die Ausrededatei, die von dem `IStorageFile`-Objekt verwaltet wird, das im Feld `ausredeDatei` gespeichert wird. Dann informiert sie darüber, dass die Ausrede korrekt geschrieben wurde, und ruft `DatumAktualisierenAsync()` auf, um die Eigenschaft `DateiDatum` zu aktualisieren.

3 **Implementieren Sie `Ausredeverwaltung.AusredeSchreibenAsync()`.**
Diese Methode öffnet einen Stream und deserialisiert ein neues `Ausrede`-Objekt aus der Ausrededatei, die von `ausredeDatei` verwaltet wird. Sie setzt ein `PropertyChanged`-Event ab, um der Seite mitzuteilen, dass `AktuelleAusrede` aktualisiert wurde und ruft dann `DatumAktualisierenAsync()` auf. Außerdem müssen Sie `INotifyPropertyChanged` implementieren und die Methode `OnPropertyChanged()` hinzufügen.

4 **Implementieren Sie `Ausredeverwaltung.AusredeSpeichernUnterAsync()`.**
Diese Methode zeigt einen `FileSavePicker` an, über den der Benutzer eine zu speichernde XML-Datei wählen kann. Wenn der Benutzer eine wählt, ruft sie `AusredeSchreibenAsync()` auf, um die Datei zu speichern.

LÖSUNG ZUR ÜBUNG

Hier sind die Methoden, die Sie der Klasse `Ausredeverwaltung` hinzufügen müssen. Lassen Sie die Klasse `INotifyPropertyChanged` erweitern.

```
public async Task AusredeLesenAsync() {
    using (IRandomAccessStream stream =
            await ausredeDatei.OpenAsync(FileAccessMode.Read))
    using (Stream inputStream = stream.AsStreamForRead())     {
        DataContractSerializer serializer = new DataContractSerializer(typeof(Ausrede));
        AktuelleAusrede = serializer.ReadObject(inputStream) as Ausrede;
    }

    await new MessageDialog("Ausrede gelesen aus " + ausredeDatei.Name).ShowAsync();
    OnPropertyChanged("AktuelleAusrede");
    await DatumAktualisierenAsync();
}
```

Diese Methode liest und schreibt Ausrede-Objekte ganz ähnlich wie die entsprechenden Methoden im Typ-Serialisierer.

```
public async Task AusredeSchreibenAsync() {
    using (IRandomAccessStream stream =
            await ausredeDatei.OpenAsync(FileAccessMode.ReadWrite))
    using (Stream outputStream = stream.AsStreamForWrite()) {
        DataContractSerializer serializer = new DataContractSerializer(typeof(Ausrede));
        serializer.WriteObject(outputStream, AktuelleAusrede);
    }
    await new MessageDialog("Ausrede geschrieben in " + ausredeDatei.Name).ShowAsync();
    await DatumAktualisierenAsync();
}

public async void AusredeSpeichernUnterAsync() {
    FileSavePicker picker = new FileSavePicker {
        SuggestedStartLocation = PickerLocationId.DocumentsLibrary,
        SuggestedFileName = AktuelleAusrede.Beschreibung,
        CommitButtonText = "Ausrede-Datei speichern"
    };
    picker.FileTypeChoices.Add("XML-Datei", new List<string>() { ".xml" });
    IStorageFile newAusredeDatei = await picker.PickSaveFileAsync();
    if (newAusredeDatei != null) {
        ausredeDatei = newAusredeDatei;
        await AusredeSchreibenAsync();
    }
}
```

Die Methode AusredeSpeichernUnterAsync() zeigt einen Auswahldialog an und speichert die Ausrede in der ausgewählten Datei. Sie aktualisiert ausredeDatei, um die neue Datei nachzuhalten, die gespeichert wurde (damit der Speichern-Button diese neue Datei speichert).

```
public event PropertyChangedEventHandler PropertyChanged;

private void OnPropertyChanged(string propertyName) {
    PropertyChangedEventHandler propertyChangedEvent = PropertyChanged;
    if (propertyChangedEvent != null) {
        propertyChangedEvent(this, new PropertyChangedEventArgs(propertyName));
    }
}
```

Hier ist der normale Code, um das PropertyChanged-Event zu implementieren.

Dies ist die neue `Ausrede`-Klasse. Sie hat einen Datenkontrakt, der die Eigenschaften `Beschreibung` und `Reaktion` und das Unterstützungsfeld der Eigenschaft `LetzteVerwendung`, `letzteVerwendung`, einschließt.

```
using System.ComponentModel;
using System.Runtime.Serialization;

[DataContract(Namespace="http://www.headfirstlabs.com/Ausredeverwaltung")]
class Ausrede : INotifyPropertyChanged {
    public string Datumswarnung { get; set; }

    [DataMember]
    public string Beschreibung { get; set; }

    [DataMember]
    public string Reaktion { get; set; }

    [DataMember]
    private DateTime letzteVerwendung = DateTime.MinValue;
    public string LetzteVerwendung {
        get {
            if (letzteVerwendung != DateTime.MinValue)
                return letzteVerwendung.ToString();
            else
                return String.Empty;
        }
        set {
            DateTime d = DateTime.MinValue;
            bool datumGültig = DateTime.TryParse(value, out d);
            letzteVerwendung = d;

            if (!String.IsNullOrEmpty(value) && !datumGültig) {
                Datumswarnung = "Ungültiges Datum: " + value;
            }
            else
                Datumswarnung = String.Empty;
            OnPropertyChanged("Datumswarnung");
        }
    }

    public event PropertyChangedEventHandler PropertyChanged;

    private void OnPropertyChanged(string propertyName) {
        PropertyChangedEventHandler propertyChangedEvent = PropertyChanged;
        if (propertyChangedEvent != null) {
            propertyChangedEvent(this, new PropertyChangedEventArgs(propertyName));
        }
    }
}
```

Wenden Sie das Attribut [DataMember] auf das Hintergrundfeld letzteVerwendung an, sorgt das dafür, dass das Feld während der Serialisierung/Deserialisierung geschrieben wird.

Wenn der Benutzer einen gültigen Wert eingibt, wandelt DateTime.TryParse() diesen in einen DateTime um und liefert true. Falls nicht, bleibt der Wert auf DateTime.MinValue gesetzt.

Ist letzteVerwendung auf DateTime.MinValue gesetzt, wird das Feld Datumswarnung auf eine Warnung gesetzt, die dem Benutzer angezeigt wird.

Dieser Code entspricht dem Code zum Auslösen eines `PropertyChanged`-Events weiter oben in diesem Kapitel. Sollten Sie ihn in `Ausrede` oder `Ausredeverwaltung` kopiert, aber das `: INotifyPropertyChanged` in der Klassendeklaration vergessen haben, richten die Steuerelemente auf der Seite die Datenbindung nicht ein. Das heißt, Ihre Objekte setzen `PropertyChanged`-Events ab, aber es gibt kein Steuerelemente, die diese überwachen, und die Datenbindung funktioniert nicht. Das kann ein frustrierender Bug sein!

12 Exception-Handling

Fehler-Prävention

GUT, DASS ICH CODE ZUR BEHANDLUNG DER KATER-EXCEPTION GESCHRIEBEN HABE.

Programmierer sind keine Feuerlöscher.

Sie haben sich auf die Hinterbeine gesetzt, einen Haufen trockener Handbücher und ein paar ansprechende Von Kopf bis Fuß-Bücher durchgearbeitet und haben den Gipfel Ihres Berufsstands erreicht. Dennoch erhalten Sie immer mitten in der Nacht panische Anrufe, weil **Ihr Programm abstürzt** oder **sich nicht so verhält, wie es sich verhalten soll**. Nichts kann einem die Programmierstimmung so verhageln wie die Forderung, einen seltsamen Fehler zu beheben … aber mit **Exception-Handling** kann sich Ihr Code **um die aufkommenden Probleme kümmern**. Und Sie können auf diese Probleme sogar reagieren und dafür sorgen, **dass das Programm weiterläuft**.

Brians Ausreden müssen mobil werden

Kürzlich wurde Brian in die Abteilung International versetzt. Jetzt jettet er quer durch die ganze Welt. Aber er muss sich weiterhin um seine Ausreden kümmern. Deswegen hat er das von Ihnen erstellte Programm auf seinem Laptop installiert und nimmt es mit, wo immer er hingeht.

NE, IST DAS ÖDE HEUTE. EINE TAUCHRUNDE WÄRE 'NE GANZ ANDERE NUMMER. ES IST WOHL MAL WIEDER AN DER ZEIT, DIE AUSREDEVERWALTUNG HOCHZUFAHREN.
Die Ausredeverwaltung läuft auf Brians Laptop.
Brian sucht mal wieder eine Ausrede, um sich von der Arbeit zu verabschieden.

Aber das Programm funktioniert nicht

Brian wählt einen jungfräulichen, leeren Ordner, klickt auf den Button »Schnelle Ausrede« und erhält einen ziemlich hässlichen Fehler. Irgendwie konnten seine Ausreden nicht gefunden werden. Warum das?

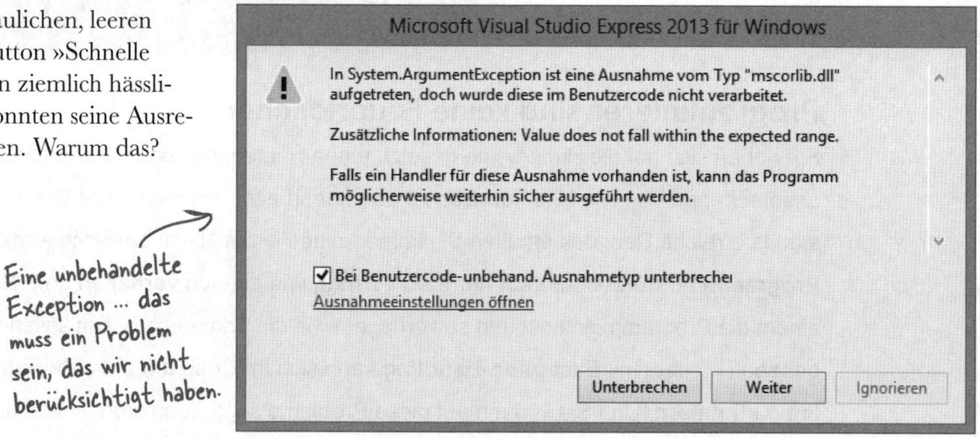
Microsoft Visual Studio Express 2013 für Windows
In System.ArgumentException ist eine Ausnahme vom Typ "mscorlib.dll" aufgetreten, doch wurde diese im Benutzercode nicht verarbeitet.
Zusätzliche Informationen: Value does not fall within the expected range.
Falls ein Handler für diese Ausnahme vorhanden ist, kann das Programm möglicherweise weiterhin sicher ausgeführt werden.
Bei Benutzercode-unbehand. Ausnahmetyp unterbreche
Ausnahmeeinstellungen öffnen
Unterbrechen
Weiter
Ignorieren
Eine unbehandelte Exception ... das muss ein Problem sein, das wir nicht berücksichtigt haben.

Spitzen Sie Ihren Bleistift

Hier ist ein weiteres Beispiel für fehlerhaften Code. Dieser Code löst fünf verschiedene Exceptions aus. Die entsprechenden Fehlermeldungen sehen Sie rechts. Ordnen Sie die Fehlermeldungen den Codezeilen zu, die sie verursachen. Hinweise finden Sie in den Fehlermeldungen.

```
public static void BienenVerwaltung() {
    object dieBiene = new HonigBiene(36.5, "Willi");
    float honigMenge = (float)dieBiene;

    HonigBiene andereBiene = new HonigBiene(12.5, "Maja");
    double bienenname = double.Parse(andereBiene.Name);

    double honigGesamt = 36.5 + 12.5;
    string versorgteBienen = "";
    for (int i = 1; i < (int) honigGesamt; i++) {
        versorgteBienen += i.ToString();
    }
    float f =
      float.Parse(versorgteBienen);

    int drohnen = 4;
    int königinnen = 0;
    int drohnenProKönigin = drohnen / königinnen;

    andereBiene = null;
    if (drohnenProKönigin < 10) {
        andereBiene.ArbeitErledigen();
    }
}
```

double.Parse("32") parst einen String und liefert einen double-Wert wie 32. Der zweite Parameter des HonigBiene-Konstruktors setzt die Eigenschaft Name.

1
Ein Ausnahmefehler des Typs "System.OverflowException" ist in mscorlib.dll aufgetreten.

Zusätzliche Informationen: Der Wert für ein einzelnes Byte war zu groß oder zu klein.

2
Ein Ausnahmefehler des Typs "System.NullReferenceException" ist in BienenAusnahmen.exe aufgetreten.

Zusätzliche Informationen: Der Objektverweis wurde nicht auf eine Objektinstanz festgelegt.

3
Ein Ausnahmefehler des Typs "System.InvalidCastException" ist in BienenAusnahmen.exe aufgetreten.

Zusätzliche Informationen: Die angegebene Umwandlung ist ungültig.

4
Ein Ausnahmefehler des Typs "System.DivideByZeroException" ist in BienenAusnahmen.exe aufgetreten.

Zusätzliche Informationen: Es wurde versucht, durch 0 (null) zu teilen.

5
Ein Ausnahmefehler des Typs "System.ArgumentNullException" ist in mscorlib.dll aufgetreten.

Zusätzliche Informationen: Der Wert darf nicht NULL sein.

Spitzen Sie Ihren Bleistift Lösung

Sie sollten den Codezeilen die Fehlermeldungen zuordnen, die sie verursachen.

```
object dieBiene = new HonigBiene(36.5, "Willi");
float honigMenge = (float)dieBiene;
```

Sie können dieBiene auf einen float casten. Aber wenn der Code ausgeführt wird, erhalten Sie diesen Fehler, weil C# keinen Schimmer hat, wie es ein HonigBiene-Objekt in einen float umwandeln soll.

> Ein Ausnahmefehler des Typs "System.InvalidCastException" ist in BienenAusnahmen.exe aufgetreten.
>
> Zusätzliche Informationen: Die angegebene Umwandlung ist ungültig. **(3)**

Die Methode Parse() erwartet einen String in einem bestimmten Format. Bei dem String »Maja« weiß sie nicht, wie sie ihn umwandeln soll. Deswegen wird eine FormatException ausgelöst.

```
HonigBiene andereBiene = new HonigBiene(12.5, "Maja");
double bienenname = double.Parse(andereBiene.Name);
```

> Ein Ausnahmefehler des Typs "System.ArgumentNullException" ist in mscorlib.dll aufgetreten.
>
> Zusätzliche Informationen: Der Wert darf nicht NULL sein. **(5)**

```
double honigGesamt = 36.5 + 12.5;
string versorgteBienen = "";
for (int i = 1; i < (int) honigGesamt; i++) {
    versorgteBienen += i.ToString();
}
float f = float.Parse(versorgteBienen);
```

Die for-Schleife erzeugt einen String namens versorgteBienen, der eine Zahl mit mehr als 60 Ziffern enthält. Eine so große Zahl kann ein float unmöglich speichern. Ein solcher Versuch führt zu einer OverflowException.

> Ein Ausnahmefehler des Typs "System.OverflowException" ist in mscorlib.dll aufgetreten.
>
> Zusätzliche Informationen: Der Wert für ein einzelnes Byte war zu groß oder zu klein. **(1)**

Diese Exceptions erhalten Sie nie nacheinander. Das Programm löst die erste Exception aus und hält dann an. Die zweite Exception bekommen Sie erst, wenn Sie die erste repariert haben.

```
int drohnen = 4;
int königinnen = 0;
int drohnenProKönigin = drohnen / königinnen;
```

Eine DivideByZeroException kann man sehr leicht auslösen. Teilen Sie einfach eine Zahl durch null.

Ein Ausnahmefehler des Typs "System.DivideByZeroException" ist in BienenAusnahmen.exe aufgetreten.

Zusätzliche Informationen: Es wurde versucht, durch 0 (null) zu teilen.

(4)

Wird eine Zahl durch null geteilt, wird immer dieser Typ von Exception ausgelöst. Selbst wenn Sie den Wert von königinnen nicht kennen, können Sie den Fehler verhindern, indem Sie **vor der Verwendung** sicherzustellen, dass der Wert nicht null ist.

```
andereBiene = null;
if (drohnenProKönigin < 10) {
    andereBiene.ArbeitErledigen();
}
```

Wird die Referenz andereBiene auf null gesetzt, sagt das C#, dass diese auf nichts zeigt. Statt auf ein Objekt zeigt sie auf nichts. Indem es eine NullReferenceException auslöst, sagt Ihnen C#, dass es kein Objekt gibt, dessen ArbeitErledigen()-Methode aufgerufen werden kann.

Ein Ausnahmefehler des Typs "System.NullReferenceException" ist in BienenAusnahmen.exe aufgetreten.

Zusätzliche Informationen: Der Objektverweis wurde nicht auf eine Objektinstanz festgelegt.

(2)

Der DivideByZero-Fehler musste nicht passieren. Dass da etwas nicht in Ordnung ist, können Sie schon erkennen, wenn Sie sich den Code nur ansehen. Das Gleiche gilt für die anderen Exceptions. Diese Fehler ließen sich vermeiden – und je mehr Sie über Exceptions wissen, umso leichter verhindern Sie, dass Ihr Code abstürzt.

Löst Ihr Programm eine Exception aus, erzeugt .NET ein Exception-Objekt

Gerade sahen Sie, wie .NET Ihnen sagt, dass in Ihrem Programm etwas schiefgelaufen ist: über **Exceptions**. In C# wird beim Auftreten einer Exception ein Objekt erzeugt, das das Problem repräsentiert. Die entsprechende Klasse heißt `Exception` (und deswegen verwenden wir hier auch den Begriff Exception statt der deutschen Übersetzung Ausnahme).

Nehmen Sie beispielsweise an, Sie haben ein Array mit 4 Elementen und versuchen, auf das 16. zuzugreifen (Index 15, da Arrays null-basiert sind).

Aus-nah-me, Nomen
Eine Person oder eine Sache, die von einer allgemeinen Aussage ausgeschlossen oder einer Regel nicht unterworfen ist. *Normalerweise hasst Tim Obst, aber Erdbeeren sind eine* ***Ausnahme***.

```
int[] dasArray = {3, 4, 1, 11};
int derWert = dasArray[15];
```

Dieser Code wird offensichtlich zu Problemen führen.

Exception-Objekt

Sobald Ihr Programm auf eine unbehandelte Exception stößt, generiert es ein Objekt mit allen Daten, die es besitzt.

Das Exception-Objekt enthält eine Nachricht, die Ihnen sagt, was das Problem ist, sowie einen StackTrace oder eine Liste aller Aufrufe, die vor der Anweisung erfolgten, die zu der Exception geführt hat.

Wenn die IDE aufgrund einer Exception abbricht, können Sie sich die Einzelheiten zu dieser Exception ansehen, indem **Sie im Überwachungsfenster `$exception` eingeben**. Sie wird außerdem stets im Lokal-Fenster angezeigt, das große Ähnlichkeit mit dem Überwachungsfenster hat, aber nur die aktuellen lokalen Variablen zeigt.

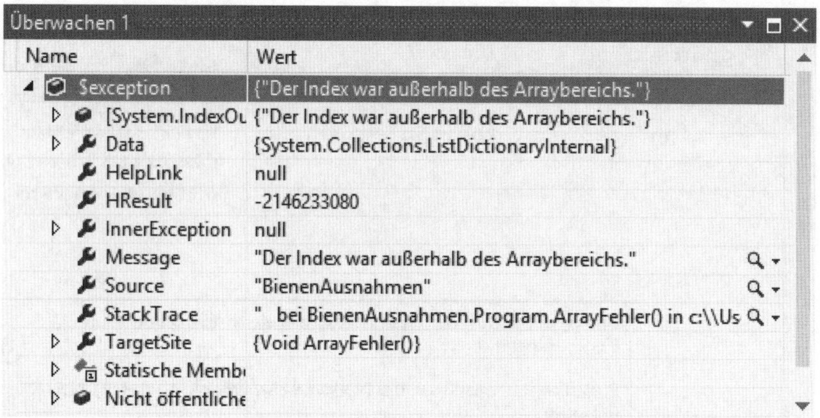
Überwachen 1
Name
Wert
$exception
{"Der Index war außerhalb des Arraybereichs."}
[System.IndexOu
{"Der Index war außerhalb des Arraybereichs."}
Data
{System.Collections.ListDictionaryInternal}
HelpLink
null
HResult
-2146233080
InnerException
null
Message
"Der Index war außerhalb des Arraybereichs."
Source
"BienenAusnahmen"
StackTrace
" bei BienenAusnahmen.Program.ArrayFehler() in c:\\Us
TargetSite
{Void ArrayFehler()}
Statische Memb
Nicht öffentliche

.NET erzeugt dieses Objekt, weil es Ihnen Informationen dazu liefern will, was die Exception verursacht. Sie müssen eventuell Code reparieren oder ein paar Änderungen daran vornehmen, wie eine bestimmte Situation in Ihrem Programm behandelt wird.

Hier zeigt Ihnen eine **`IndexOutOfRangeException`** an, dass Sie einen Fehler haben: Sie versuchen, in einem Array auf eine Position zuzugreifen, die außerhalb des Bereichs liegt. Sie erhalten auch Informationen, die genau angeben, an welcher Stelle Ihres Codes der Fehler auftritt. Das ist eine große Hilfe beim Aufspüren des Problems (selbst wenn Sie Tausende Zeilen Code haben).

Es gibt keine Dummen Fragen

F: Warum gibt es so viele verschiedene Arten von Exceptions?

A: Man kann auf unterschiedlichste Weise Code schreiben, bei dem C# einfach nicht weiß, wie es damit umgehen soll. Es wäre sehr schwer, Probleme zu beheben, würde Ihnen Ihr Programm nur eine allgemeine Fehlermeldung liefern (»In Zeile 37 trat ein Fehler auf«). Probleme lassen sich viel leichter aufspüren und beheben, wenn man genau weiß, was für eine Art Fehler aufgetreten ist.

F: Was genau *ist* denn eine Exception?

A: Es ist ein Objekt (ein Exception-Objekt), das .NET erzeugt, wenn es ein Problem gibt. Und Sie können solche Objekte auch selbst erzeugen. (Zu beidem gleich mehr).

F: Moment? Das ist ein *Objekt*?

A: Ja, eine Exception ist ein **Objekt**. Die Eigenschaften dieses Objekts geben Ihnen Informationen zur Exception. Beispielsweise hat es die Eigenschaft `Message`, die einen nützlichen String enthält wie »Die angegebene Umwandlung war ungültig« und »Der Wert für ein einzelnes Byte war zu groß oder zu klein«, der verwendet wird, um den Überwachungswert für $exception aufzubauen. .NET erzeugt Exceptions, um Ihnen so viele Informationen wie möglich darüber zu liefern, was genau vor sich ging, als die Anweisung ausgeführt wurde, die die Exception auslöste.

F: Hm. Verstehe ich trotzdem nicht. Tut mir leid. Also, warum gibt es so viele verschiedene Arten von Exceptions?

A: Weil es so viele verschiedene Wege gibt, auf denen sich Ihr Code unerwartet verhalten kann. Es gibt eine Menge Situationen, die dazu führen, dass Ihr Code einfach abstürzt. Es wäre ziemlich schwer, diese Probleme zu beheben, wenn Sie nicht wüssten, warum der Fehler passierte. Indem es den Umständen angemessen unterschiedliche Arten von Exceptions erzeugt, liefert Ihnen .NET eine ganze Menge sehr nützliche Informationen, die Ihnen helfen, das Problem auszumachen und zu beheben.

F: Exceptions sollen mir also helfen und nicht einfach Kopfschmerzen bereiten?

A: Ja! Exceptions sollen Ihnen helfen, das Unerwartete zu erwarten. Viele Menschen sind frustriert, wenn ihr Code eine Exception auslöst. Aber wenn Sie sich daran erinnern, dass Ihnen .NET mit der Exception hilft, Fehler in Ihrem Programm aufzuspüren und zu beheben, sind sie eine große Hilfe, wenn Sie herauszufinden versuchen, was dazu führt, dass Ihr Programm hochgeht.

F: Wenn mein Code eine Exception auslöst, liegt das nicht notwendigerweise daran, dass ich einen Fehler gemacht habe?

A: Genau. Manchmal sind Ihre Daten nicht so, wie Sie sie erwarten – beispielsweise wenn sich eine Methode mit einem Array herumschlagen muss, das viel kleiner oder größer ist, als Sie ursprünglich erwartet hatten. Und vergessen Sie nicht, dass Ihre Programme von Menschen verwendet werden und sich diese gern auf nicht planbare Weise verhalten. Mit Exceptions hilft Ihnen .NET, diese unerwarteten Situationen zu verarbeiten, damit Ihr Programm weiterläuft und nicht einfach abstürzt oder eine nutzlose kryptische Fehlermeldung liefert.

F: Nachdem ich wusste, wonach ich suchen musste, war ziemlich klar, warum der Code auf der vorangehenden Seite zu Fehlern führt. Sind alle Exceptions so leicht zu finden?

A: Nein. Unglücklicherweise gibt es Gelegenheiten, bei denen Ihr Code Probleme birgt, die sich nur sehr schwer entdecken lassen, solange man den Code einfach nur betrachtet. Deswegen bietet Ihnen die IDE den **Debugger** – er hilft Ihnen, Fehler auszumerzen, indem er Ihnen ermöglicht, Ihr Programm anzuhalten, zeilenweise auszuführen und dabei die Werte der einzelnen Variablen und Felder einzusehen. Das macht es Ihnen erheblich leichter, herauszufinden, wo sich Ihr Code anders verhält, als Sie es erwartet haben. So haben Sie die beste Chance, das Problem aufzuspüren und zu beheben – oder sogar von Anfang an zu verhindern.

Exceptions helfen Ihnen, Situationen zu finden und zu reparieren, bei denen sich Ihr Code nicht wie erwartet verhält.

Brians Code machte etwas Unerwartetes

Tun Sie das!

Als Brian seine Ausredeverwaltung schrieb, hatte er nicht erwartet, dass ein Benutzer versuchen könnte, eine zufällige Ausrede aus einem leeren Verzeichnis auszuwählen.

1 Das Problem trat auf, als Brian seine Ausredeverwaltung auf einen leeren Ordner auf seinem Laptop zeigen ließ und dann auf den Button Schnelle Ausrede klickte. Schauen wir uns das an und probieren wir, herauszufinden, was schiefgelaufen ist. Hier ist die Fehlermeldung, die erschien, als er das Programm außerhalb der IDE laufen ließ:

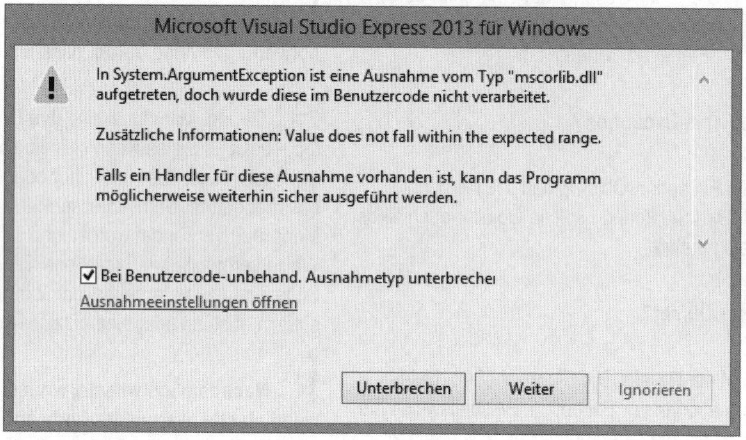
Microsoft Visual Studio Express 2013 für Windows
In System.ArgumentException ist eine Ausnahme vom Typ "mscorlib.dll" aufgetreten, doch wurde diese im Benutzercode nicht verarbeitet.
Zusätzliche Informationen: Value does not fall within the expected range.
Falls ein Handler für diese Ausnahme vorhanden ist, kann das Programm möglicherweise weiterhin sicher ausgeführt werden.
Bei Benutzercode-unbehand. Ausnahmetyp unterbreche
Ausnahmeeinstellungen öffnen
Unterbrechen
Weiter
Ignorieren

2 Gut, das ist ein ordentlicher Ausgangspunkt. Sie sagt Ihnen, dass irgendein Wert nicht in irgendeinem Bereich liegt. Wenn Sie auf den Unterbrechen-Button klicken, kehrt die IDE zum Debugger zurück. Die Ausführung wird an der entsprechenden Codezeile angehalten:

```
public async void ZufälligeAusredeAsync()
{
    IReadOnlyList<IStorageFile> dateien = await ausredeOrdner.GetFilesAsync();
    ausredeDatei = dateien[random.Next(0, dateien.Count())];
    await AusredeLesenAsync();
}
```

3 Nutzen Sie das Überwachungsfenster, um das Problem aufzuspüren. Fügen Sie eine Überwachung für `dateien.Count()` hinzu. Anscheinend liefert dieser Ausdruck den Wert 0. Versuchen Sie, eine Überwachung für `zufall.Next(0, dateien.Count())` zu erstellen. Auch der Ausdruck ist 0. Fügen Sie also eine Überwachung für `dateien[random.Next(0, dateien.Count())]` hinzu.

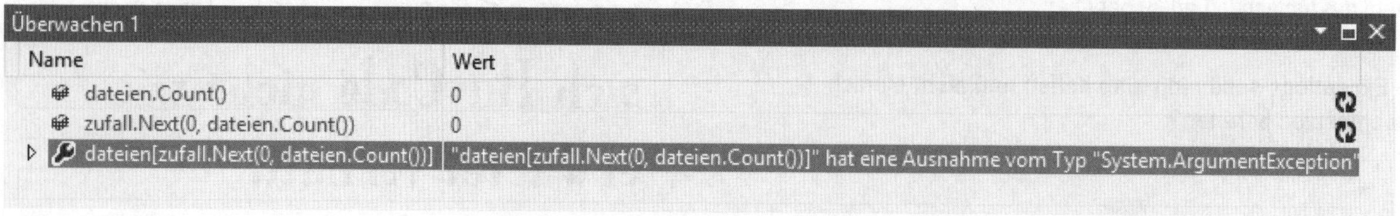
Überwachen 1
Name
Wert
dateien.Count()
0
zufall.Next(0, dateien.Count())
0
dateien[zufall.Next(0, dateien.Count())]
"dateien[zufall.Next(0, dateien.Count())]" hat eine Ausnahme vom Typ "System.ArgumentException"

Im Überwachungsfenster können Sie Methoden aufrufen und Indexer nutzen. Löst eins davon eine Exception aus, sehen Sie auch diese im Überwachungsfenster.

4 Was also ist passiert? Der Aufruf von `GetFilesAsync()` auf einem `IStorageFolder`-Objekt liefert eine `IReadOnlyList<IStorageFile>`-Auflistung. Und wie bei anderen Auflistungen, die Sie verwendet haben, wird eine Exception ausgelöst, wenn Sie versuchen, auf ein Element zuzugreifen, das nicht existiert. Der Versuch, auf das 0. Element einer leeren Auflistung zuzugreifen, führt zu einer `System.ArgumentException` mit der Nachricht: »Der Wert fällt nicht in den erwarteten Bereich.«

Glücklicherweise gibt es eine einfache Möglichkeit, das zu reparieren. Prüfen Sie, ob die Auflistung Elemente enhält, bevor Sie versuchen, welche aus ihr abzurufen:

```
public async void ZufälligeAusredeAsync()
{
    IReadOnlyList<IStorageFile> dateien = await ausredeOrdner.GetFilesAsync();
    if (dateien.Count() == 0) {
        await new MessageDialog("Der Ausredenordner ist leer.").ShowAsync();
        return;
    }
    ausredeDatei = dateien[random.Next(0, dateien.Count())];
    await AusredeLesenAsync();
}
```

Wenn wir prüfen, ob der Ordner Ausreden enthält, **bevor** wir das Ausrede-Objekt erstellen, können wir verhindern, dass die Exception ausgelöst wird – und gleich auch eine hilfreiche Meldung anzeigen lassen.

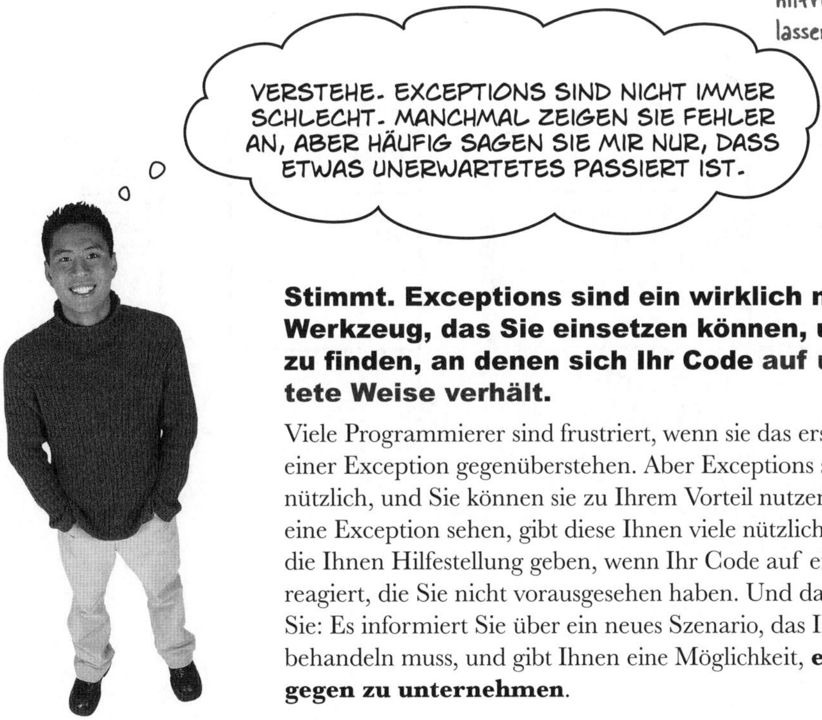
VERSTEHE. EXCEPTIONS SIND NICHT IMMER SCHLECHT. MANCHMAL ZEIGEN SIE FEHLER AN, ABER HÄUFIG SAGEN SIE MIR NUR, DASS ETWAS UNERWARTETES PASSIERT IST.

Stimmt. Exceptions sind ein wirklich nützliches Werkzeug, das Sie einsetzen können, um Punkte zu finden, an denen sich Ihr Code auf unerwartete Weise verhält.

Viele Programmierer sind frustriert, wenn sie das erste Mal einer Exception gegenüberstehen. Aber Exceptions sind wirklich nützlich, und Sie können sie zu Ihrem Vorteil nutzen. Wenn Sie eine Exception sehen, gibt diese Ihnen viele nützliche Hinweise, die Ihnen Hilfestellung geben, wenn Ihr Code auf eine Situation reagiert, die Sie nicht vorausgesehen haben. Und das ist gut für Sie: Es informiert Sie über ein neues Szenario, das Ihr Programm behandeln muss, und gibt Ihnen eine Möglichkeit, **etwas dagegen zu unternehmen**.

Alle Exception-Objekte erben von `Exception`

.NET kennt jede Menge verschiedener Exceptions, die es gegebenenfalls melden können muss. Da viele davon diverse gemeinsame Kennzeichen haben, wird dabei Vererbung genutzt. .NET definiert eine Basisklasse namens Exception, von der alle spezifischen Exception-Typen erben.

Die Klasse `Exception` bietet einige nützliche Member. Die Eigenschaft `Message` speichert eine lesbare Meldung über das Problem, und `StackTrace` sagt Ihnen, was im Speicher passierte, als die Exception auftrat, und was ihr voranging. (Es gibt noch weitere, aber das sind die, die wir zunächst verwenden werden.)

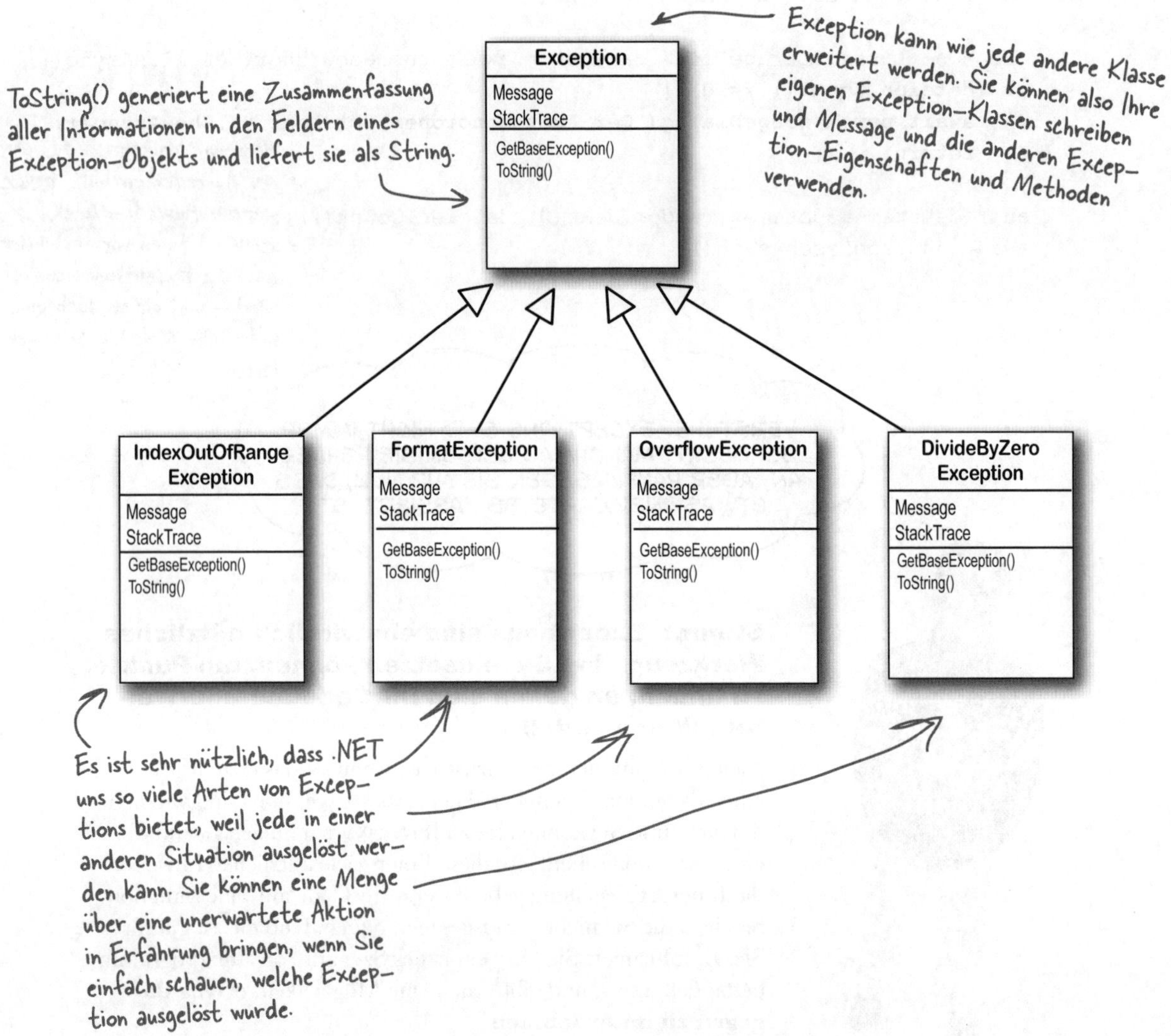

Exception kann wie jede andere Klasse erweitert werden. Sie können also Ihre eigenen Exception-Klassen schreiben und Message und die anderen Exception-Eigenschaften und Methoden verwenden.
ToString() generiert eine Zusammenfassung aller Informationen in den Feldern eines Exception-Objekts und liefert sie als String.
Exception
Message
StackTrace
GetBaseException()
ToString()
IndexOutOfRange Exception
FormatException
OverflowException
DivideByZero Exception
Es ist sehr nützlich, dass .NET uns so viele Arten von Exceptions bietet, weil jede in einer anderen Situation ausgelöst werden kann. Sie können eine Menge über eine unerwartete Aktion in Erfahrung bringen, wenn Sie einfach schauen, welche Exception ausgelöst wurde.

Der Debugger hilft Ihnen, Exceptions in Ihrem Code aufzuspüren und zu verhindern

Die Debug-Werkzeugleiste wird nur angezeigt, wenn Sie Ihr Programm in der IDE debuggen. Sie müssen also ein Programm laufen haben, damit Sie die Werkzeugleistensymbole sehen können.

Bevor Sie Ihrem Programm ein Exception-Handling hinzufügen können, müssen Sie wissen, welche Anweisungen in Ihrem Programm die Exception auslösen. Dabei kann der in die IDE eingebaute **Debugger** sehr hilfreich sein. Sie arbeiten schon das ganze Buch über mit dem Debugger, und es wird Zeit, dass wir ihn uns einmal genauer vorknöpfen. Führen Sie den Debugger aus, blendet die IDE eine Werkzeugleiste mit einigen praktischen Buttons ein. Nehmen Sie sich eine Minute und lassen Sie Ihre Maus über jedem einzelnen schweben, um sich anzeigen zu lassen, wozu er jeweils dient.

Klicken Sie auf das ▾-Symbol in der Debug-Werkzeugleiste und wählen Sie »Button hinzufügen oder entfernen«, um sich zu den verschiedenen verfügbaren Debugging-Befehlen vorzuarbeiten.

Weiter, Alle unterbrechen und Debugging beenden haben Sie in diesem Buch bereits verwendet, um Ihre Programme anzuhalten, wiederaufzunehmen und zu beenden.

Der Button »Windows App aktualisieren« wird in JavaScript-Apps verwendet und ist bei C#-Apps deaktiviert.

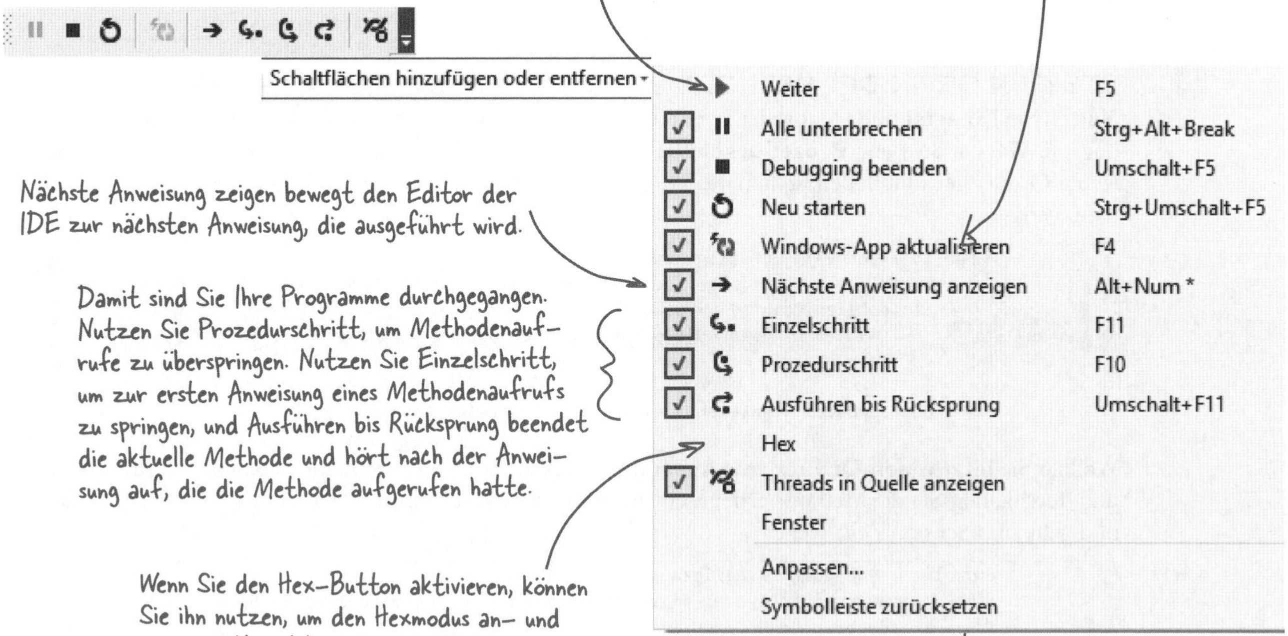

Schaltflächen hinzufügen oder entfernen
Weiter F5
Alle unterbrechen Strg+Alt+Break
Debugging beenden Umschalt+F5
Neu starten Strg+Umschalt+F5
Windows-App aktualisieren F4
Nächste Anweisung anzeigen Alt+Num *
Einzelschritt F11
Prozedurschritt F10
Ausführen bis Rücksprung Umschalt+F11
Hex
Threads in Quelle anzeigen
Fenster
Anpassen...
Symbolleiste zurücksetzen

Nächste Anweisung zeigen bewegt den Editor der IDE zur nächsten Anweisung, die ausgeführt wird.

Damit sind Sie Ihre Programme durchgegangen. Nutzen Sie Prozedurschritt, um Methodenaufrufe zu überspringen. Nutzen Sie Einzelschritt, um zur ersten Anweisung eines Methodenaufrufs zu springen, und Ausführen bis Rücksprung beendet die aktuelle Methode und hört nach der Anweisung auf, die die Methode aufgerufen hatte.

Wenn Sie den Hex-Button aktivieren, können Sie ihn nutzen, um den Hexmodus an- und auszuschalten. Ist er eingeschaltet, werden ganzzahlige Variablenwerte wie int, long oder byte in Hexadezimalform angezeigt.

In diesem Buch werden wir uns nicht ausführlicher mit Threads befassen. Wenn Sie neugierig sind, werfen Sie einen Blick auf Punkt 4. im Anhang.

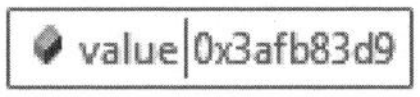

value 0x3afb83d9

Der gleiche Wert, links im Hexmodus, rechts im Dezimalmodus.

value 989561817

Nehmen Sie den Debugger, um herauszufinden, was genau das Problem in der Ausredeverwaltung ist

Nutzen wir den Debugger, um uns das Problem genauer anzusehen, auf das wir in der Ausredeverwaltung gestoßen sind. Das ist eine gute Möglichkeit, etwas Erfahrung mit dem Debugger zu sammeln, weil Sie bereits wissen, wonach Sie suchen (ein Luxus, der Ihnen normalerweise nicht vergönnt ist).

Debuggen Sie das

1. **UNTERBRECHEN SIE IHR PROGRAMM MIT EINEM HALTEPUNKT.**

Sie haben einen Ansatzpunkt – die Exception tritt auf, wenn eine schnelle Ausrede angefordert wird, nachdem ein leerer Ordner gewählt wurde. Öffnen Sie den Unterstützungscode für den Button und nutzen Sie Debuggen → Haltepunkt umschalten (F9), um der Methode einen Haltepunkt hinzuzufügen. Debuggen Sie die App, **wählen Sie einen leeren Ordner** und klicken Sie auf den Zufällige Ausrede-Button, um Ihr Programm am Haltepunkt anhalten zu lassen:

```
private void SchnelleAusredeButtonClick(object sender, RoutedEventArgs e) {
    ausredeverwaltung.ZufälligeAusredeAsync();
}
```

2. **STEIGEN SIE IN DIE METHODE *ZUFÄLLIGEAUSREDEASYNC()* HINAB.**

Nutzen Sie **Einzelschritt** (entweder über die Werkzeugleiste oder die F11-Taste), um die Methode zu debuggen. Wählen Sie dann **Prozedurschritt** (F10), um die Methode zeilenweise durchzugehen. Da Sie einen leeren Ordner gewählt haben, sollten das Programm den `MessageDialog()` anzeigen und die Methode dann verlassen.

```
public async void ZufälligeAusredeAsync() {
    IReadOnlyList<IStorageFile> dateien = await ausredeOrdner.GetFilesAsync();
    if (dateien.Count() == 0) {
        await new MessageDialog("Der Ausredenordner ist leer.").ShowAsync();
        return;
    }
    ausredeDatei = dateien[zufall.Next(0, dateien.Count())];
```

Beachten Sie, dass der Debugger auf den MessageDialog wartet, obgleich dieser mit dem await-Schlüsselwort aufgerufen wurde.

Wählen Sie **jetzt einen Ordner mit Ausreden**, klicken Sie dann erneut auf den Schnelle Ausrede-Button und durchlaufen Sie die Methode erneut schrittweise. Diesmal überspringt der Code den ersten `if`-Block und geht zur nächsten Zeile weiter.

```
public async void ZufälligeAusredeAsync() {
    IReadOnlyList<IStorageFile> dateien = await ausredeOrdner.GetFilesAsync();
    if (dateien.Count() == 0) {
        await new MessageDialog("Der Ausredenordner ist leer.").ShowAsync();
        return;
    }
    ausredeDatei = dateien[zufall.Next(0, dateien.Count())];
    await AusredeLesenAsync();
}
```

3 REPRODUZIEREN SIE DAS PROBLEM MIT DEM ÜBERWACHUNGSFENSTER.

Sie wollen auf der zweiten Zeile anhalten, weil das die Zeile ist, die auf das datei-Objekt zugreift.

Sie wissen bereits, dass das Überwachungsfenster sehr praktisch ist. Jetzt nutzen wir es, um die Exception zu reproduzieren. Halten Sie das Programm an, löschen Sie den alten Haltepunkt und **setzen Sie einen Haltepunkt auf der zweiten Zeile von `ZufälligeAusredeAsync()`**. Starten Sie das Programm, wählen Sie einen neuen Ordner und klicken Sie dann auf Schnelle Ausrede. Wenn der Debugger in der Methode anhält, wählen Sie `dateien.Count()`, klicken mit rechts darauf und wählen Überwachung hinzufügen, um dem Überwachungsfenster eine Überwachung hinzuzufügen:

Überwachen 1
Name
Wert
dateien.Count()
0

4 UNTERSUCHEN SIE DAS PROBLEM MIT EINER ANDEREN ÜBERWACHUNG.

Debugging ist eine *forensische Kriminaluntersuchung an Ihrem Programm*. Man weiß nicht immer, was man sucht, bevor man es findet. Deswegen müssen Sie mit Ihrem Debugger den Hinweisen folgen und den Schuldigen aufspüren. Da `dateien.Count()` unschuldig war, wenden wir uns dem nächsten Verdächtigen zu: Wählen Sie `zufall.Next(dateien.Count())` und erstellen Sie eine Überwachung:

Überwachen 1
Name
Wert
dateien.Count()
0
zufall.Next(0, dateien.Count())
0

Das Überwachungsfenster bietet eine weitere nützliche Funktion – Sie können **die Werte** der angezeigten Variablen und Felder **ändern**. Sie können sogar **Methoden ausführen und neue Objekte erstellen**. Tun Sie das, wird das Neu auswerten-Symbol (⟳) angezeigt. Klicken Sie darauf, wird diese Zeile erneut ausgeführt, da die Ausführung einer Methode (wie bei Random) nicht immer das gleiche Ergebnis bringen muss.

5 DEN SCHULDIGEN FÜR DIE EXCEPTION FINDEN.

Selbst wenn Sie das Problem bereits repariert haben, indem Sie die Zeile hinzugefügt haben, die prüft, ob der Ordner Dateien enthält, können Sie immer noch das Überwachungsfenster nutzen, um die Exception zu reproduzieren.

Hier wird das Debugging interessant. Fügen Sie dem Debugger eine weitere Zeile hinzu – die Anweisung, die tatsächlich die Exception ausgelöst hat: `dateien[zufall.Next(0, dateien.Count())]`. Das wird ausgewertet, sobald es eingegeben wird ... und das löst die Exception aus!

Überwachen 1
Name
Wert
dateien.Count()
0
zufall.Next(0, dateien.Count())
0
dateien[zufall.Next(0, dateien.Count())]
"dateien[zufall.Next(0, dateien.Count())]" hat eine Ausnahme vom Typ "System.ArgumentException"

Klicken Sie auf +, um die Exception zu expandieren, sehen Sie, dass die Eigenschaft `Message` "Index was out of range ..." lautet. Jetzt wissen Sie genau, was das Problem verursacht hat und was geschehen ist. `GetFilesAsync()` liefert eine `IReadOnlyList<IStorageFile>`-Auflistung für einen leeren Ordner mit 0 Elementen. Wenn Sie versuchen, den Indexer (`dateiein[0]`) zu nutzen, wird eine `ArgumentException` ausgelöst.

Exceptions können Sie im Debugger reproduzieren. Auch auf diese Weise helfen Ihnen aussagekräftige Fehlermeldungen dabei, Ihren Code zu reparieren.

Es gibt keine Dummen Fragen

F: **Wenn ich meine App in der IDE ausführe, kann ich mir die Exception-Informationen über das Überwachungsfenster ansehen. Aber was passiert, wenn wir das Programm außerhalb der IDE ausführen?**

A: Das kann man leicht beantworten. Kommentieren Sie die Änderungen aus, die Sie an `ZufälligeAusredeAsync()` vorgenommen haben, um das Problem zu reparieren, und starten Sie die App dann, indem Sie im Debuggen-Menü **Starten ohne Debuggen** wählen. Das startet Ihre App, als wäre sie auf dem Start-Bildschirm gestartet worden (Sie könnten sie ebenso gut von dort starten.) Wählen Sie einen leeren Ordner, klicken Sie auf den ominösen Button und ... schwupps! Ihre App verschwindet einfach.
Das geschieht üblicherweise, wenn eine App **unbehandelte Exceptions** aufweist. (Mehr dazu, wie Sie Exceptions behandeln, erfahren Sie weiter unten in diesem Kapitel.) Die meisten Nutzer hassen Fenster mit kryptischen Fehlermeldungen. Aber die Exception ist nicht verschwunden. Öffnen Sie die Systemsteuerung (suchen Sie auf dem Startbildschirm nach »Systemsteuerung«), suchen Sie nach »Ereignis« und **schauen Sie sich die Event-Logs** an. Expandieren Sie Windows-Protokolle und klicken Sie auf Anwendungen. Eins der Error-Events im Anwendungs-Event-Log enthält die Exception Ihrer App, einschließlich eines **Stacktrace**, der Ihnen die Zeile zeigt, die die Exception auslöste, sowie die Zeilen, die zu ihrem Aufruf führten (den sogenannten *Aufrufstapel*). Beim Debuggen finden Sie den Aufrufstapel in der `StackTrace`-Eigenschaft des `Exception`-Objekts.

F: **Ist das alles? Wenn außerhalb der IDE eine Exception auftritt, hält mein Programm einfach an, ohne dass ich dagegen etwas tun könnte?**

A: Ja, Ihr Programm hält an, wenn es eine ***unbehandelte*** Exception gibt. Aber das heißt nicht, dass alle Ihre Exceptions unbehandelt bleiben müssen! Wir werden Ihnen noch eine Menge darüber erzählen, wie Sie in Ihrem Code Exceptions behandeln können. Ihre Benutzer müssen niemals mit einer unbehandelten Exception konfrontiert werden.

F: **Wie weiß ich, an welche Stelle ich einen Haltepunkt setzen muss?**

A: Das ist eine wirklich gute Frage, auf die es leider keine eindeutige Antwort gibt. Löst Code eine Exception aus, beginnt man am besten immer bei der Anweisung, die sie auslöste. Aber in der Regel befindet sich das eigentliche Problem, dessen Folge die Exception ist, weiter oben im Programm. Beispielsweise könnte eine Anweisung, die einen Division-durch-null-Fehler auslöst, Werte teilen, die zehn Zeilen zuvor erzeugt und bis dahin nicht verwendet wurden. Es gibt also keine eindeutige Antwort darauf, wo man Haltepunkte einfügen muss, weil alle Probleme anders sind. Aber wenn Sie eine klare Vorstellung davon haben, wie Ihr Code funktioniert, sollten Sie dazu in der Lage sein, einen brauchbaren Anfangspunkt zu finden.

F: **Kann ich im Überwachungsfenster jede x-beliebige Methode ausführen?**

A: Ja. Jede Anweisung, die in Ihrem Programm gültig ist, funktioniert im Überwachungsfenster, selbst Dinge, bei denen eine Ausführung im Überwachungsfenster überhaupt keinen Sinn ergibt. Ein Beispiel. Starten Sie ein Programm, halten Sie es an und fügen Sie dann folgende Zeile ins Überwachungsfenster ein: `System.Threading.Thread.Sleep(2000)`. (Erinnern Sie sich, dass diese Methode bewirkt, dass Ihr Programm zwei Sekunden wartet.) Im wirklichen Leben werden Sie wohl nie einen Grund haben, das zu tun, aber die Wirkung ist recht interessant: Sie erhalten für zwei Sekunden eine Sanduhr, während die Methode ausgewertet wird. Dann zeigt das Überwachungsfenster, da `Sleep()` keinen Rückgabewert hat, den Wert »Der Ausdruck wurde ausgewertet und weist keinen Wert auf« an, um Ihnen mitzuteilen, dass nichts zurückgeliefert wurde.
Aber der Ausdruck wurde ausgewertet. Und Sie können nicht nur Methoden ausführen, sondern erhalten bei der Eingabe im Fenster auch IntelliSense-Unterstützung. Das ist nützlich, weil Sie erfahren, welche Eigenschaften und Methoden die im Speicher vorhandenen Objekte bieten.

F: **Moment! Kann ich im Überwachungsfenster dann nicht Dinge ausführen, die beeinflussen, wie mein Programm läuft?**

A: Sicher! Nicht dauerhaft, aber es kann definitiv die Ausgabe Ihres Programms beeinflussen. Und es reicht sogar aus, im Debugger ***die Maus*** über Feldern schweben zu lassen, um das Verhalten eines Programms zu ändern, weil das Schweben über einer Eigenschaft Ihren ***Getter ausführt***. Haben Sie eine Eigenschaft mit einem Getter, der eine Methode ausführt, führt Schweben über dieser Eigenschaft dazu, dass diese Methode ausgeführt wird. Setzt diese Methode einen Wert in Ihrem Programm, bleibt dieser Wert gesetzt, wenn Sie das Programm weiterlaufen lassen. Und das kann im Debugger zu ziemlich unvorhersehbaren und zufälligen Ergebnissen führen: Man nennt sie **Heisenbugs** (das ist ein Witz, den nur Physiker und Katzen in Kisten verstehen).

Führen Sie Ihr Programm in der IDE aus, führt eine unbehandelte Exception dazu, dass es wie an einem Haltepunkt angehalten wird.

Mist, der Code hat immer noch Probleme ...

Brian wollte gerade seine Ausredeverwaltung zum Einsatz bringen, als er versehentlich einen Ordner mit XML-Dateien öffnete, die nicht von der Ausredeverwaltung erstellt worden waren. Schauen Sie, was geschah, als er versuchte, eine dieser Dateien zu laden ...

NICHT SCHON WIEDER ...

1. Sie können Brians Problem nachstellen. Suchen Sie eine XML-Datei mit einer serialisierten `Ausrede`. Öffnen Sie sie im Editor und fügen Sie vor dem ersten <-Zeichen ungültigen Text (Nicht-XML-Text) ein.

2. Öffnen Sie die Ausredeverwaltung in der IDE und öffnen Sie diese Ausrede. Es wird eine Exception ausgelöst! Schauen Sie sich die Meldung an und betätigen Sie dann den Unterbrechen-Button, um die Untersuchung einzuleiten.

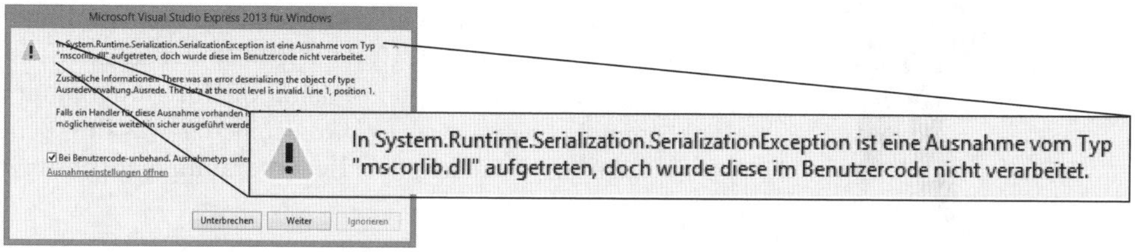
Microsoft Visual Studio Express 2013 für Windows
In System.Runtime.Serialization.SerializationException ist eine Ausnahme vom Typ "mscorlib.dll" aufgetreten, doch wurde diese im Benutzercode nicht verarbeitet.
Unterbrechen
Weiter
Ignorieren

3. Öffnen Sie das Fenster Lokal und erweitern Sie `$exception` (das können Sie auch ins Überwachungsfenster eingeben). Schauen Sie sich die Member genauer an: Sehen Sie, was schiefgelaufen ist?

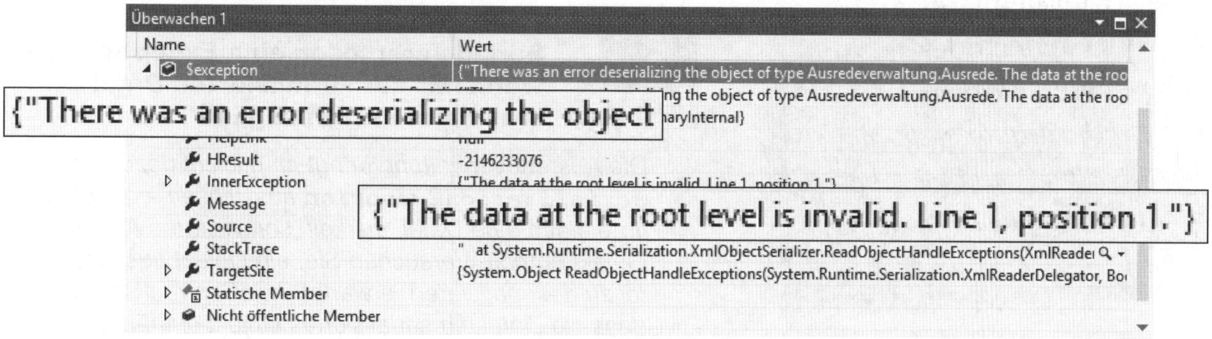
Überwachen 1
Name
Wert
$exception
{"There was an error deserializing the object of type Ausredeverwaltung.Ausrede. The data at the roo
{"There was an error deserializing the object
HResult
-2146233076
InnerException
Message
Source
StackTrace
at System.Runtime.Serialization.XmlObjectSerializer.ReadObjectHandleExceptions(XmlReade
TargetSite
{System.Object ReadObjectHandleExceptions(System.Runtime.Serialization.XmlReaderDelegator, Bo
Statische Member
Nicht öffentliche Member
{"The data at the root level is invalid. Line 1, position 1."}

WO HAT DAS PROGRAMM DIE EXCEPTION AUSGELÖST?

SOLLTE DAS PROGRAMM ABSTÜRZEN, WENN ES AUF EINE UNGÜLTIGE XML-AUSREDE-DATEI STÖßT?

HABEN SIE EINE IDEE, WAS SIE DAGEGEN UNTERNEHMEN KÖNNTEN?

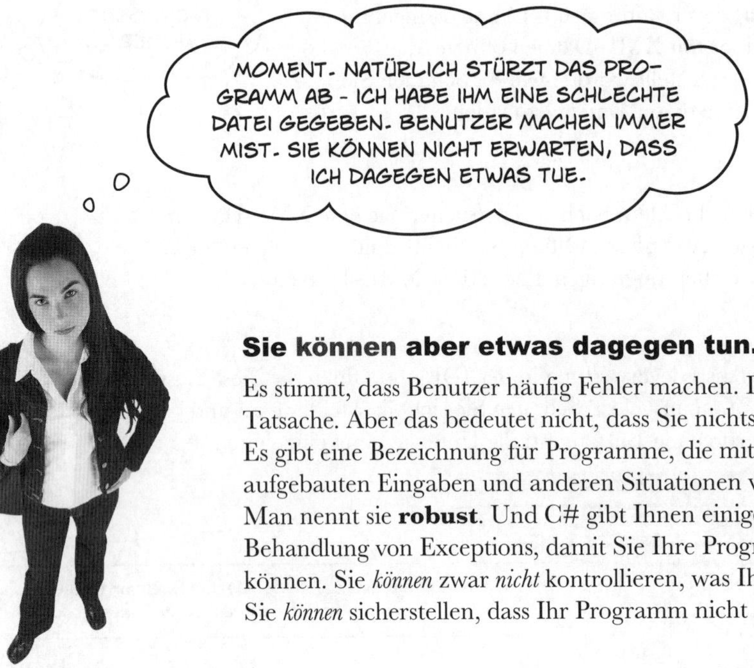
MOMENT. NATÜRLICH STÜRZT DAS PROGRAMM AB – ICH HABE IHM EINE SCHLECHTE DATEI GEGEBEN. BENUTZER MACHEN IMMER MIST. SIE KÖNNEN NICHT ERWARTEN, DASS ICH DAGEGEN ETWAS TUE.

Sie können aber etwas dagegen tun.

Es stimmt, dass Benutzer häufig Fehler machen. Das ist eine unumstößliche Tatsache. Aber das bedeutet nicht, dass Sie nichts dagegen tun könnten. Es gibt eine Bezeichnung für Programme, die mit schlechten Daten, falsch aufgebauten Eingaben und anderen Situationen vernünftig umgehen: Man nennt sie **robust**. Und C# gibt Ihnen einige mächtige Werkzeuge zur Behandlung von Exceptions, damit Sie Ihre Programme robuster machen können. Sie *können* zwar *nicht* kontrollieren, was Ihre Benutzer machen, aber Sie *können* sicherstellen, dass Ihr Programm nicht abstürzt, wenn sie es tun.

ro-bust, Adjektiv
Stabil gebaut. Dazu in der Lage, widrigen Umständen zu widerstehen oder sie zu überwinden. *Nach dem Autobahnbrückendesaster suchte das Ingenieursteam nach einem* **robusteren** *Entwurf für die neue Brücke.*

WUMM!
Aufgepasst

Serialisierer lösen eine Exception aus, wenn mit der serialisierten Datei etwas nicht in Ordnung ist.

Die Ausredeverwaltung bringt man leicht dazu, eine `SerializationException` *auszulösen – geben Sie ihr einfach eine Datei, die kein serialisiertes Ausrede-Objekt enthält. Versuchen Sie, ein Objekt aus einer Datei zu deserialisieren, erwartet DataContractSerializer, dass die Datei ein serialisiertes Objekt enthält, das der Klasse entspricht, die zu lesen versucht wird. Enthält die Datei irgendetwas anderes, löst die Methode* `ReadObject()` *eine* `SerializationException` *aus.*

Die Klasse BinaryFormatter löst ebenfalls eine SeralizationException aus, wenn Sie ihr eine Datei geben, die kein Objekt im richtigen Format enthält. Sie ist sogar noch pingeliger als DataContractSerializer! →

Exceptions mit try und catch behandeln

In C# verwenden Sie `try` und `catch`, um Folgendes zu sagen: »**Versuche** diesen Code und **fange** ihn, falls eine Exception auftritt, mit diesem *anderen* Code **ab**.« Der Codeteil, den Sie versuchen, ist der **Try-Block**, und der Teil, in dem Sie sich um Exceptions kümmern, ist der **Catch-Block**. Im Catch-Block können Sie eine freundliche Fehlermeldung ausgeben, statt das Programm krachend zu Fall kommen zu lassen:

Stecken Sie den Code, der eine Exception verursachen könnte, in den Try-Block. Tritt keine Exception ein, wird er ganz normal ausgeführt, und die Anweisungen im Catch-Block werden ignoriert. Aber wenn eine Anweisung im Try-Block eine Exception auslöst, wird der Rest des Try-Blocks **nicht ausgeführt**.

```
public async Task AusredeLesenAsync() {
   try
   {
      using (IRandomAccessStream stream =
               await ausredeDatei.OpenAsync(FileAccessMode.Read))
      using (Stream inputStream = stream.AsStreamForRead()) {
         DataContractSerializer serializer
                     = new DataContractSerializer(typeof(Ausrede));
         AktuelleAusrede = serializer.ReadObject(inputStream) as Ausrede;
      }

      await new MessageDialog("Ausrede gelesen aus "
                               + ausredeDatei.Name).ShowAsync();
      OnPropertyChanged("AktuelleAusrede");
      await DatumAktualisierenAsync();
   }
   catch (SerializationException)
   {
      new MessageDialog("Nicht lesbar: "
                  + ausredeDatei.Name).ShowAsync();
   }
}
```

Das ist der **Try-Block**. Das Exception-Handling beginnen Sie mit try. Hier steht der problematische Code.

Das Schlüsselwort catch bedeutet, dass im unmittelbar folgenden Code ein **Exception-Handler** steckt.

Wird eine Exception ausgelöst, springt das Programm sofort zur **catch**-Anweisung und beginnt, den **Catch-Block** auszuführen

Das ist die einfachste Art des Exception-Handlings: das Programm anhalten, eine Meldung ausgeben und dann das Programm weiterlaufen lassen. Beachten Sie, dass es kein `await` gibt, wenn der `MessageDialog` angezeigt wird. Das liegt daran, dass Sie **in einer catch-Klausel await nicht nutzen können**. Glücklicherweise können Sie immer noch `ShowAsync()` aufrufen, aber das blockiert, bis der Benutzer den Dialog schließt.

KOPF-NUSS

Wenn Exceptions dazu führen, dass Ihr Code automatisch zum Catch-Block springt, was passiert dann mit den Objekten und Daten, mit denen Sie vor dem Auftreten der Exception gearbeitet haben?

Was passiert, wenn eine Methode gefährlich ist?

Benutzerverhalten kann man nicht planen. Benutzer füttern Ihr Programm mit den seltsamsten Daten und klicken auf vollkommen unerwartete Weise auf Dinge. Aber eigentlich ist das kein Problem, weil Sie unerwartete Eingaben mit einem guten Exception-Handling verarbeiten können.

① Nehmen wir an, ein Benutzer nutzt Ihren Code und macht Eingaben, die Sie nicht erwartet haben.

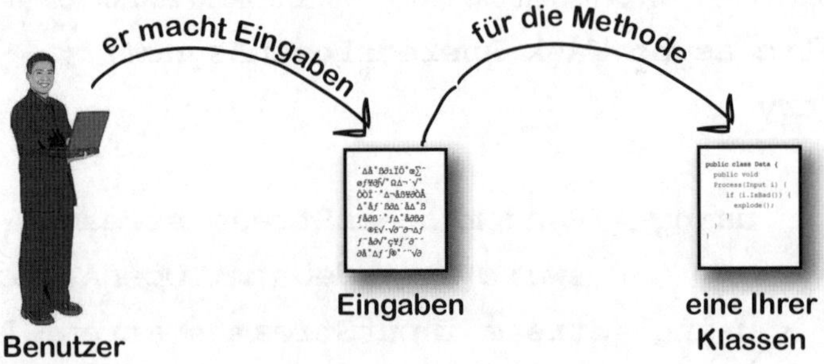

er macht Eingaben
für die Methode
Benutzer
Eingaben
eine Ihrer Klassen

② Diese Methode macht etwas, das riskant ist, etwas, das zur Laufzeit fehlschlagen könnte.

>>Laufzeit<< heißt: während Ihr Programm läuft. Manche Leute bezeichnen Exceptions als Laufzeitfehler.

eine Ihrer Klassen


```
public void
  Verarbeiten(Eingabe e) {
  if (e.IstSchlecht()) {
     explodieren();
  }
}
```

③ Sie müssen *wissen*, dass die aufgerufene Methode riskant ist.

WAS WOHL PASSIERT, WENN ICH DARAUF KLICKE ...
VERARBEITEN() GEHT BEI SCHLECHTEN EINGABEN HOCH.
Benutzer
eine Ihrer Klassen

Die beste Lösung wäre natürlich, Sie finden eine weniger riskante Lösung, die vermeidet, dass die Exception ausgelöst wird. Aber manche Risiken lassen sich einfach nicht vermeiden – und dann sollten Sie das tun.

④ Dann können Sie Code schreiben, der sich um das Problem kümmert, *sollte* es auftreten. Auf diesen Fall müssen Sie vorbereitet sein.

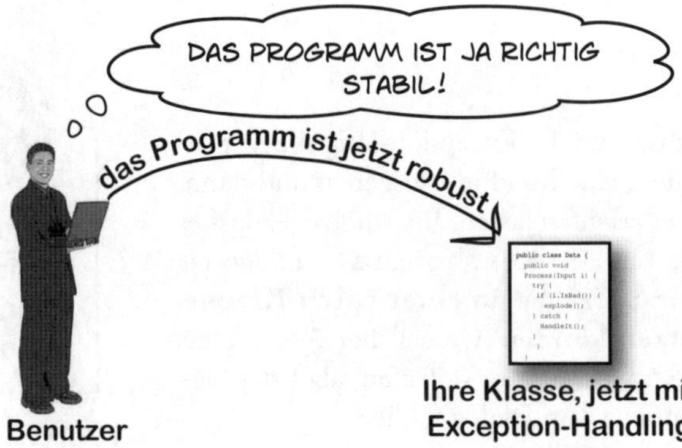

DAS PROGRAMM IST JA RICHTIG STABIL!
das Programm ist jetzt robust
Benutzer
Ihre Klasse, jetzt mit Exception-Handling

Es gibt keine Dummen Fragen

F: Wann verwende ich try und catch?

A: Immer wenn Sie riskanten Code schreiben oder Code, der eine Exception auslösen könnte. Das Schwierige ist, herauszufinden, welcher Code riskant und welcher sicher ist.

Sie haben bereits gesehen, dass Code, der Benutzereingaben verwendet, riskant sein kann. Benutzer geben Ihnen falsche Dateien, Wörter statt Zahlen oder Namen statt Datumswerten und klicken an die unmöglichsten Stellen. Und ein gutes Programm nimmt all diese Eingaben und arbeitet auf ruhige und vorhersagbare Weise. Vielleicht liefert es dem Benutzer kein Ergebnis, mit dem er etwas anfangen kann, aber es teilt ihm mit, dass es auf ein Problem gestoßen ist, und schlägt eventuell sogar eine Lösung vor.

F: Wie kann ein Programm eine Lösung zu einem Problem vorschlagen, von dem es im Voraus gar nichts wissen kann?

A: Dazu ist der Catch-Block da. Ein Catch-Block wird nur ausgeführt, wenn der Code im Try-Block eine Exception auslöst. Das ist Ihre Chance, sicherzustellen, dass der Benutzer davon erfährt, wenn etwas schiefgelaufen ist, und ihm mitzuteilen, dass das eine Situation ist, die sich eventuell beheben lässt.

Es ist nicht sehr hilfreich, wenn die Ausredeverwaltung bei falschen Eingaben einfach abstürzt. Aber es ist auch keine Hilfe, wenn sie versucht, die Eingabe zu lesen, und dann im Formular Müll anzeigt – manche Leute würden sogar sagen, dass das noch schlimmer ist. Aber wenn das Programm eine Fehlermeldung anzeigt, die dem Benutzer sagt, dass die Datei nicht gelesen werden konnte, erhält der Benutzer ein Bild davon, was schiefgelaufen ist, und Informationen, anhand deren er das Problem lösen kann.

F: Wird der Debugger nur eingesetzt, um Exceptions zu reparieren?

A: Nein. Wie Sie in diesem Buch bereits mehrfach gesehen haben, ist der Debugger ein sehr nützliches Werkzeug, das Sie einsetzen können, um den gesamten Code zu untersuchen, den Sie geschrieben haben. Manchmal ist es hilfreich, Code schrittweise durchzugehen und die Werte bestimmter Felder und Variablen zu überprüfen – beispielsweise wenn Sie eine ziemlich komplizierte Methode haben und sichergehen wollen, dass diese ordentlich funktioniert.

Aber wie der Name »Debugger« (Entwanzer) schon andeutet, wird er am häufigsten eingesetzt, um Fehler aufzuspüren und zu beheben. Manchmal sind diese Fehler Exceptions, die ausgelöst werden. Aber häufig werden Sie den Debugger nutzen, um anderen Arten von Problemen beizukommen – beispielsweise Code, der ein unerwartetes Ergebnis liefert.

F: Ich glaube, das, was Sie mit dem Überwachungsfenster gemacht haben, habe ich noch nicht ganz verstanden.

A: Wenn Sie ein Programm debuggen, möchten Sie sich in der Regel genau ansehen, wie sich einige Felder und Variablen ändern. Dazu ist das Überwachungsfenster nützlich. Fügen Sie Überwachungen für ein paar Variablen hinzu, aktualisiert das Überwachungsfenster deren Werte bei jedem Schritt in, aus oder über Ihren Code. So können Sie genau überwachen, was mit ihnen nach den einzelnen Anweisungen passiert. Das kann sehr hilfreich sein, wenn Sie versuchen, ein Problem aufzuspüren.

Im Überwachungsfenster können Sie außerdem beliebige Anweisungen eingeben und sogar Methoden aufrufen. Die IDE wertet alles aus und zeigt die Ergebnisse an. Aktualisiert die Anweisung eins der Felder oder eine der Variablen in Ihrem Programm, wird auch das ausgeführt. So können Sie die Werte ändern, während Ihr Programm läuft. Auch das kann ein sehr hilfreiches Mittel sein, wenn Sie versuchen, Exceptions oder andere Fehler zu reproduzieren.

Alle Änderungen im Überwachungsfenster haben lediglich Einfluss auf die Daten im Speicher und bestehen nur, solange das Programm läuft. Starten Sie Ihr Programm neu, werden sämtliche Änderungen rückgängig gemacht.

Der Catch-Block wird nur ausgeführt, wenn der Try-Block eine Exception auslöst. Er gibt Ihnen eine Möglichkeit, dem Benutzer Informationen zu geben, anhand deren er das Problem beheben kann.

Folgen Sie try/catch mit dem Debugger

Ein wichtiger Teil des Exception-Handlings ist es, dass der restliche Code eines Try-Blocks **übersprungen wird**, wenn eine Anweisung darin eine Exception auslöst. Die Ausführung des Programms springt unmittelbar zur ersten Zeile des Catch-Blocks. ***Aber das müssen Sie uns nicht einfach glauben …***

Debuggen Sie das

1. Fügen Sie der `AusredeLesenAsync()`-Methode der Ausredeverwaltung den vor einigen Seiten präsentierten `try/catch`-Block hinzu. Setzen Sie dann einen Haltepunkt auf der öffnenden Klammer, `{`, des `try`-Blocks.

`SerializationException` befindet sich im Namensraum `System.Runtime.Serialization`. Glücklicherweise enthält die Datei *Ausredeverwaltung.cs* bereits eine `using System.Runtime.Serialization`-Zeile.

2. Debuggen Sie Ihre App und öffnen Sie eine Datei, die **keine gültige Ausrede-Datei ist** (aber die Dateinamenserweiterung *.xml* hat). Wenn der Debugger am Haltepunkt anhält, betätigen Sie fünfmal den Prozedurschritt-Button (oder F10), um zu der Anweisung zu gelanden, die `ReadObject()` aufruft, um die `Ausrede` zu deserialisieren. So sollte der Debugger-Bildschirm aussehen:

```
public async Task AusredeLesenAsync() {
    try {
        using (IRandomAccessStream stream =
            await ausredeDatei.OpenAsync(FileAccessMode.Read))
        using (Stream inputStream = stream.AsStreamForRead()) {
            DataContractSerializer serializer
                = new DataContractSerializer(typeof(Ausrede));
            AktuelleAusrede = serializer.ReadObject(inputStream) as Ausrede;
        }
        await new MessageDialog("Ausrede gelesen aus "
            + ausredeDatei.Name).ShowAsync();
        OnPropertyChanged("AktuelleAusrede");
        await DatumAktualsierenAsync();
    }
    catch (SerializationException)
    {
        new MessageDialog("Nicht lesbar: "
            + ausredeDatei.Name).ShowAsync();
    }
}
```

Setzen Sie den Haltepunkt auf der öffnenden Klammer des try-Blocks.

Überspringen Sie die Anweisungen, bis die gelbe »nächste Anweisung«-Markierung auf der Anweisung steht, die die Ausrede aus dem Stream liest.

3 Arbeiten Sie den Code weiter ab. Sobald der Debugger die `ReadObject()`-Anweisung ausführt, wird die Exception ausgelöst, und das Programm **überspringt** den Rest des Blocks und **fährt unmittelbar mit dem `catch`-Block fort**.

Der Debugger hebt die catch-Anweisung mit der gelben »Nächste Zeile«-Markierung hervor und zeigt den restlichen Block in Grau an, um Ihnen zu zeigen, dass er dieses ganze Ding jetzt ausführen wird.

```
public async Task AusredeLesenAsync() {
    try    {
        using (IRandomAccessStream stream =
            await ausredeDatei.OpenAsync(FileAccessMode.Read))
        using (Stream inputStream = stream.AsStreamForRead()) {
            DataContractSerializer serializer
                = new DataContractSerializer(typeof(Ausrede));
            AktuelleAusrede = serializer.ReadObject(inputStream) as Ausrede;
        }
        await new MessageDialog("Ausrede gelesen aus "
            + ausredeDatei.Name).ShowAsync();
        OnPropertyChanged("AktuelleAusrede");
        await DatumAktualsierenAsync();
    }
    catch (SerializationException)
    {
        new MessageDialog("Nicht lesbar: "
            + ausredeDatei.Name).ShowAsync();
    }
}
```

4 Starten Sie das Programm erneut, indem Sie auf den Weiter-Button (oder F5) drücken. Dieser lässt das Programm von der Zeile ab weiterlaufen, die mit der gelben »Nächste Zeile«-Markierung hervorgehoben wird – das ist in diesem Fall der Catch-Block. Es zeigt einfach den Dialog an und tut dann so, als wäre nichts geschehen. Der hässliche Fehler wurde nun verarbeitet.

Hier ist ein Karrieretipp: In vielen Vorstellungsgesprächen für C#-Programmierer taucht die Frage auf, wie Sie es mit Exceptions in Konstruktoren halten.

Aufgepasst

Exceptions gehören nicht in Konstruktoren!

*Mittlerweile dürfte Ihnen aufgefallen sein, dass ein Konstruktor keinen Rückgabewert hat, nicht einmal `void`. Das liegt daran, dass ein Konstruktor eben nichts zurückliefert. Sein einziger Zweck ist die Initialisierung eines Objekts – und das wirft für das Exception-Handling in Konstruktoren Probleme auf. Wird in einem Konstruktor eine Exception ausgelöst, erhält die Anweisung, die versuchte, die Klasse zu instantiieren, **keine Instanz**.*

Nutzen Sie finally, wenn Sie Code haben, der IMMER ausgeführt werden soll

Löst Ihr Programm eine Exception aus, können verschiedene Dinge passieren. Wird die Exception ***nicht*** behandelt, bricht Ihr Programm die Verarbeitung ab und stürzt ab. ***Wird*** die Exception behandelt, springt Ihr Code in den `catch`-Block. Aber was ist mit dem restlichen Code in Ihrem `try`-Block? Was ist, wenn der einen Stream schließen oder andere wichtige Ressourcen aufräumen soll? Dieser Code muss ausgeführt werden, selbst wenn eine Exception auftritt, da der Zustand Ihres Programms ansonsten chaotisch wird. Dann ist ein **`finally`**-Block sehr praktisch. Er kommt nach den `try`- und `catch`-Blöcken. Der **`finally`-Block läuft immer**, egal ob eine Exception ausgelöst wird oder nicht. Folgendermaßen würden Sie einen solchen nutzen, um zu garantieren, dass `AusredeLesenAsync()` immer das `PropertyChanged`-Event absetzt:

```
public async Task AusredeLesenAsync() {
    try
    {
        using (IRandomAccessStream stream =
                await ausredeDatei.OpenAsync(FileAccessMode.Read))
        using (Stream inputStream = stream.AsStreamForRead()) {
            DataContractSerializer serializer
                    = new DataContractSerializer(typeof(Ausrede));
            AktuelleAusrede = serializer.ReadObject(inputStream) as Ausrede;
        }

        await new MessageDialog("Ausrede gelesen aus "
                                        + ausredeDatei.Name).ShowAsync();
        await DatumAktualisierenAsync();
    }
    catch (SerializationException)
    {
        new MessageDialog("Nicht lesbar: " + ausredeDatei.Name).ShowAsync();
        NeueAusredeAsync();
    }
    finally
    {
        OnPropertyChanged("AktuelleAusrede");
    }
}
```

Der Aufruf von NeueAusrede() setzt das Ausrede-Objekt zurück, aber die Seite liest die Eigenschaft AktuelleAusrede nicht, wenn das PropertyChanged-Event nicht abgesetzt wird. Der finally-Block sorgt dafür, dass das PropertyChanged-Event in jedem Fall abgesetzt wird – ob eine Exception auftrat oder nicht.

Der NeueAusrede()-Aufruf im Catch-Block sorgt dafür, dass das Formular geleert wird, wenn der Ausrede-Konstruktor eine Exception auslöst.

Fangen Sie immer spezifische Exceptions wie `SerializationException` ab. Gewöhnlich folgt einem `catch` die Art von Exception, die abgefangen werden soll. Es ist allerdings auch **`catch (Exception)`** oder gar ein nacktes **`catch`** ohne Angabe einer Exception erlaubt. Beide Konstrukte **fangen alle Exceptions ab**, ganz gleich, um was für eine Exception es sich handelt. Derartige ***Allesfresser-Exception-Handler sind absolut nicht ratsam***. Ihr Code sollte immer versuchen, Exceptions so spezifisch wie möglich abzufangen.

Debuggen Sie jetzt das

1. Aktualisieren Sie `AusredeLesenAsync()` mit dem Code auf der gegenüberliegenden Seite. Setzen Sie dann einen Haltepunkt auf die öffnende Klammer des `try`-Blocks und debuggen Sie das Programm.

2. Führen Sie das Programm normal aus und prüfen Sie, ob der Öffnen-Button funktioniert, wenn Sie eine korrekte Ausrede-Datei laden. Der Debugger sollte am gesetzten Haltepunkt anhalten:

```
public async Task AusredeLesenAsync()
{
    try
    {
        using (IRandomAccessStream stream = await ausredeDatei.OpenAsync(FileAccessMode.Read))
        using (Stream inputStream = stream.AsStreamForRead())
        {
            DataContractSerializer serializer = new DataContractSerializer(typeof(Ausrede));
            AktuelleAusrede = serializer.ReadObject(inputStream) as Ausrede;
        }
        await new MessageDialog("Ausrede gelesen aus " + ausredeDatei.Name).ShowAsync();
        await DatumAktualsierenAsync();
    }
    catch (SerializationException)
    {
        new MessageDialog("Nicht lesbar: " + ausredeDatei.Name).ShowAsync();
        NeueAusredeAsync();
    }
    finally
    {
        OnPropertyChanged("AktuelleAusrede");
    }
}
```

Befinden sich die gelbe Markierung und der Haltepunkt auf der gleichen Zeile, zeigt die IDE Ihnen einen gelben Pfeil auf einem großen roten Punkt.

Achten Sie besonders, auf das, was mit den Dialogen passiert. Manchmal wird ein Dialog erst angezeigt, wenn eine Methode fertig ist. Willkommen in der Welt asynchroner Methoden!

3. Durchlaufen Sie den Rest der Methode und vergewissern Sie sich, dass sie tut, was Sie erwarten. Der `try`-Block sollte abgearbeitet, der `catch`-Block übersprungen (da es keine Exceptions gab) und dann der `finally`-Block ausgeführt werden.

4. Versuchen Sie jetzt, eine fehlerhafte Ausrede-Datei zu öffnen. Die Methode sollte zunächst den `try`-Block ausführen und beim Auftreten der Exception dann zum `catch`-Block springen. Wurden alle Anweisungen im `catch`-Block ausgeführt, wird der `finally`-Block ausgeführt.

Es gibt keine Dummen Fragen

F: Moment mal ... immer wenn mein Programm auf eine Exception stößt, setzt es mit der Arbeit aus, wenn ich keinen speziellen Code zur Verarbeitung der Exception schreibe. Wie kann das gut sein?

A: Mit das Beste an Exceptions ist, dass sie offenlegen, dass es Probleme gibt. Denken Sie nur daran, wie leicht es in einer komplexen Anwendung passieren kann, dass Sie den Überblick über all die Objekte verlieren, mit denen Ihr Programm arbeitet. Exceptions machen Sie auf die Probleme aufmerksam und helfen Ihnen, ihre Ursachen zu beheben, damit Sie immer wissen, dass Ihr Programm macht, was es machen soll.

Jedes Mal, wenn in Ihrem Programm eine Exception auftritt, ist etwas nicht passiert, das Sie erwartet hätten. Vielleicht zeigte eine Referenz nicht auf das erwartete Objekt oder konnte ein Benutzer einen Wert angeben, den Sie nicht berücksichtigt hatten. Möglicherweise war eine Datei nicht mehr verfügbar, mit der Sie zu arbeiten meinten. Passiert so etwas, ohne dass Sie davon Kenntnis haben, würde Ihr Programm wahrscheinlich seltsame Ausgaben liefern und sich sein gesamtes Verhalten von diesem Punkt an vollkommen von dem unterscheiden, was Sie erwarteten, als Sie es schrieben.

Stellen Sie sich jetzt vor, Sie hätten keine Ahnung, dass der Fehler aufgetreten ist, und Ihre Benutzer wenden sich mit falschen Daten an Sie und sagen Ihnen, dass Ihr Programm instabil sei. Deswegen ist es *gut*, dass Exceptions alles unterbrechen, was das Programm macht. Sie zwingen Sie dazu, sich um das Problem zu kümmern, solange es leicht zu finden und zu reparieren ist.

F: Gut ... und was ist dann der Unterschied zwischen einer behandelten und einer unbehandelten Exception?

A: Löst Ihr Programm eine Exception aus, sucht die Laufzeitumgebung in Ihrem Code nach einem passenden Catch-Block. Haben Sie einen geschrieben, werden die von Ihnen für diese bestimmte Exception vorgegebenen Anweisungen ausgeführt. Da es einen Catch-Block für diesen Fehler gibt, wird diese Exception als eine behandelte Exception betrachtet. Findet die Laufzeit keinen passenden Catch-Block für die Exception, hält sie die Ausführung Ihres Programms an und meldet einen Fehler. Dann bezeichnet man die Exception als unbehandelt.

F: Wäre es nicht einfacher, einen Exception-Handler für alles zu schreiben? Dann würde der Code doch jede Art von Exception bewältigen können.

A: Versuchen Sie, so gut es geht, zu vermeiden, **`Exception` abzufangen**. Fangen Sie spezifische Exceptions ab. Sie wissen doch, dass etwas Vorbeugung besser ist als eine ausufernde Therapie. Das gilt auch beim Exception-Handling. Allesfresser-Exception-Handler sind in der Regel ein Zeichen unsauberer Programmierung. Es ist besser, vor dem Öffnen mit `File.Exists()` zu prüfen, ob eine Datei vorhanden ist, als nachher eine `FileNotFoundException` abzufangen. Natürlich gibt es Exceptions, die unvermeidbar sind. Dennoch werden Sie feststellen, dass eine überraschend große Zahl von Exceptions eigentlich gar nicht ausgelöst werden müsste.

Manchmal ist es hilfreich, Exceptions nicht zu behandeln. Ernsthafte Anwendungen sind äußerst komplexe Gebilde, und es ist häufig nicht leicht, ein Programm wiederherzustellen, wenn ein Problem in seinen innersten Strukturen auftaucht. Wenn Sie nur spezifische Exceptions abfangen und die anderen in Ihrem Code so propagieren, dass sie auf einer übergeordneten Ebene behandelt werden, erhalten Sie erheblich robusteren Code, weil unmittelbar deutlich wird, dass es ein Problem gibt

F: Was passiert, wenn ich ein catch habe, das keine bestimmte Exception angibt?

A: Ein derartiger Catch-Block fängt alle Exceptions aus dem Try-Block ein.

F: Warum sollte ich eine spezifische Exception angeben, wenn ein Catch-Block, bei dem keine bestimmte Exception angegeben ist, alles abfängt?

A: Weil bestimmte Exceptions unterschiedliche Aktionen erfordern könnten, damit Ihr Programm weiterlaufen kann. Eine Exception, die auftritt, wenn Sie durch null teilen, könnte einen Catch-Block haben, in dem Sie einige Zahlenwerte setzen, um ein paar der Daten zu speichern, mit denen Sie arbeiten. Eine `NullReferenceException` könnte verlangen, dass Sie eine neue Instanz erstellen, damit das Programm weiterlaufen kann.

F: Erfolgt die gesamte Fehlerbehandlung in try/catch/finally-Folgen?

A: Nein. Die Elemente sind variabel. Sie können **mehrere Catch-Blöcke** haben, wenn Sie mit unterschiedlichen Arten von Fehlern klarkommen müssen, Sie können den Catch-Block aber auch vollständig weglassen. Auch eine try/finally-Folge ist zulässig. Das würde keine Exceptions abfangen, würde aber dafür sorgen, dass der Code im Finally-Block auch dann ausgeführt wird, wenn Sie die Arbeit irgendwo im Try-Block abbrechen. Aber dazu werden wir gleich noch mehr erzählen ...

Unbehandelte Exceptions bedeuten, dass Ihr Programm unvorhersehbar läuft, deswegen wird es dann angehalten.

Pool-Puzzle

Sie haben die ***Aufgabe***, die leeren Zeilen im Code mit den Codeschnipseln aus dem Pool zu füllen. Einzelne Schnipsel **können** mehrfach verwendet werden, und Sie werden nicht alle Schnipsel benötigen. Das ***Ziel*** ist es, eine Klasse zu erstellen, die sich kompilieren lässt und die gezeigte Ausgabe erzeugt.

Ausgabe: ⟶ **Hallo Kumpel!**

```
using System.IO;
public static void Main() {
    Känguruh king = new Känguruh();
    int koala = king.Wombat(
           king.Wombat(king.Wombat(1)));
    try {
        Console.WriteLine((15 / koala)
                + " Eier pro Kilo");
    }
    catch (__________________) {
        Console.WriteLine("Hallo Kumpel!");
    }
}
```

```
class Känguruh {
    ___________ fs;
    int krokodil;
    int dingo = 0;

    public int Wombat(int wallaby) {
        _______ __;
        try {
            if (_______ > 0) {
                __ = _____.OpenWrite("wobbiegong");
                krokodil = 0;
            } else if (________ < 0) {
                krokodil = 3;
            } else {
                ___ = _____.OpenRead("wobbiegong");
                krokodil = 1;
            }
        }
        catch (IOException) {
            krokodil = -3;
        }
        catch {
            krokodil = 4;
        }
        finally {
            if (______ > 2) {
                krokodil ___ dingo;
            }
        }
        ________ ______;
    }
}
```

Hinweis: Alle Schnipsel aus dem Pool können mehrfach verwendet werden.

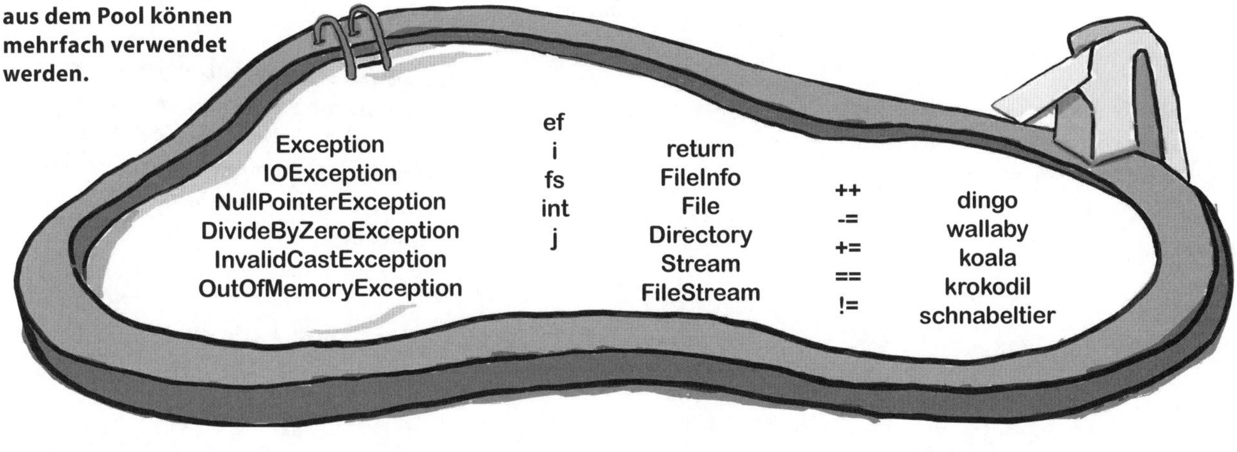
Exception
IOException
NullPointerException
DivideByZeroException
InvalidCastException
OutOfMemoryException
ef
i
fs
int
j
return
FileInfo
File
Directory
Stream
FileStream
++
-=
+=
==
!=
dingo
wallaby
koala
krokodil
schnabeltier

Pool-Puzzle, Lösung

king.Wombat() wird dreimal aufgerufen und liefert beim dritten Mal null. Das führt dazu, dass WriteLine() eine DivideByZeroException auslöst.

```
public static void Main() {
    Känguruh king = new Känguruh();
    int koala = king.Wombat(king.Wombat(king.Wombat(1)));
    try {
        Console.WriteLine((15 / koala) + " Eier pro Kilo");
    }
    catch (DivideByZeroException) {
        Console.WriteLine("Hallo Kumpel!");
    }
}

class Känguruh {
    FileStream fs;
    int krokodil;
    int dingo = 0;

    public int Wombat(int wallaby) {
        dingo ++;
        try {
            if (wallaby > 0) {
                fs = File.OpenWrite("wobbiegong");
                krokodil = 0;
            } else if (wallaby < 0) {
                krokodil = 3;
            } else {
                fs = File.OpenRead("wobbiegong");
                krokodil = 1;
            }
        }
        catch (IOException) {
            krokodil = -3;
        }
        catch {
            krokodil = 4;
        }
        finally {
            if (dingo > 2) {
                krokodil -= dingo;
            }
        }
        return krokodil;
    }
}
```

Dieser catch-Block fängt nur Exceptions ab, wenn der Code durch null teilt.

Dass das ein FileStream ist, kann man daran erkennen, dass das Objekt eine OpenRead()-Methode hat und eine IOException auslöst.

Dieser Code öffnet eine Datei namens >>wobbiegong<< und hält diese nach dem ersten Aufruf offen. Später versucht er erneut, die Datei zu öffnen. Da sie nie geschlossen wurde, wird dann eine IOException ausgelöst.

Sie wissen bereits, dass Dateien immer geschlossen werden müssen, wenn Sie sie nicht mehr benötigen. Tun Sie das nicht, bleibt die Datei gesperrt. Versuchen Sie, sie erneut zu öffnen, erhalten Sie eine IOException.

Denken Sie daran, dass Sie derartige Allesfresser-Exception-Handler in Ihrem Code vermeiden sollten.

Nutzen Sie das Exception-Objekt, um Informationen zum Problem zu erhalten

Wir haben bereits gesagt, dass .NET ein `Exception`-Objekt generiert, wenn eine Exception ausgelöst wird. Schreiben Sie einen `catch`-Block, haben Sie Zugriff auf dieses Objekt. Das funktioniert so:

Wenn eine Anweisung in der Methode `WasRiskantesTun()` eine Exception auslöst, die in der Methode nicht behandelt wird, wird diese vom Exception-Handler für den Code abgefangen, der die Methode aufgerufen hat. Gibt es keinen Exception-Handler, bewegt sich die Exception im Aufrufstapel nach oben. Hat sie das Ende des Aufrufstapels erreicht, ohne dass sie verarbeitet wurde, kommt es zu einer unbehandelten Exception, die Ihr Programm zu Absturz bringt.

1. Ein Objekt schlendert herum, macht sein Ding, begegnet plötzlich dem Unerwarteten und ... löst eine Exception aus.

OH, WAS BITTE IST DENN DAS?
ein Objekt

2. Glücklicherweise fängt sein `try/catch`-Block die Exception ab. Im `catch`-Block gab er der Exception-Referenz den Namen **ex**.

```
try {
    WasRiskantesTun();
}
catch (RiskantesTunException ex) {
    string meldung = ex.Message;
    new MessageDialog("Zu viele Risiken! "
                                  + meldung).ShowAsync();
}
```

Wenn Sie im catch-Block den Exception-Typ angeben, können Sie einen Variablennamen verwenden, über den Ihr Code das Exception-Objekt dann nutzen kann.

3. Das Exception-Objekt besteht, bis der `catch`-Block fertig ist. Dann verschwindet die Referenz **ex**, und das Objekt wird irgendwann Futter für die Müllabfuhr.

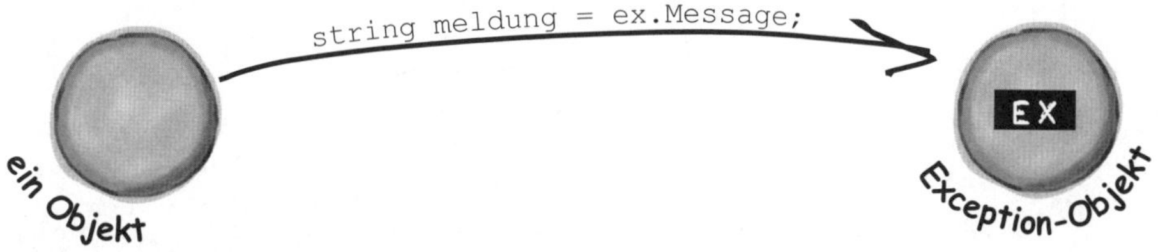
string meldung = ex.Message;
ein Objekt
EX
Exception-Objekt

Mehrere Typen von Exceptions mit mehreren Catch-Blöcken abfangen

Auch über die ToString()-Methode des Exception-Objekts können Sie sich viele nützliche Informationen beschaffen.

Sie wissen, dass Sie spezifische Typen von Exceptions abfangen können ... aber was ist, wenn Sie Code schreiben, in dem mehrere Arten von Problemen auftauchen können? In diesen Fällen möchten Sie vielleicht separaten Code für die unterschiedlichen Arten von Exceptions schreiben. Dann wird die Verwendung von mehreren Catch-Blöcken interessant. Hier ist ein Beispiel mit Code aus der Nektarverarbeitung eines Bienenstocks. Sie können sehen, wie er mehrere Arten von Exceptions abfängt. In einigen Fällen nutzt er Eigenschaften des `Exception`-Objekts. Die Eigenschaft **`Message`** wird häufig verwendet. In der Regel enthält sie eine Beschreibung der Exception, die ausgelöst wurde. Und Sie können `throw` aufrufen, um die Exception erneut auszulösen, damit sie weiter oben im Aufrufstapel behandelt wird.

```
public void NektarVerarbeiten(NektarKrug krug, Biene arbeiter, StockLog log) {
    try {
        NektarEinheit[] einheiten = arbeiter.KrugLeeren(krug);
        for (int anzahl = 0; anzahl < arbeiter.ErwarteteEinheiten; anzahl++) {
            Stream stockLogDatei = log.OpenLogFile();
            arbeiter.LogEintrag(stockLogDatei);
        }
    }
    catch (KrugLeerException) {
        krug.Geleert = true;
    }
    catch (StockLogException ex) {
        throw;
    }
    catch (IOException ex) {
        arbeiter.KöniginBenachrichtigen("Unbekannter Datei-Fehler: "
            + "Meldung: " + ex.Message + "\r\n"
            + "Aufrufstapel: " + ex.StackTrace + "\r\n"
            + "Daten: " + ex.Data + "\r\n");
    }
    finally {
        krug.Versiegeln();
        arbeiter.ArbeitBeendet();
    }
}
```

So können Sie eine Exception an die Methode propagieren, die diese aufrief. Mit throw wird die Exception erneut ausgelöst.

Wird das Exception-Objekt nicht verwendet, muss es nicht deklariert werden.

Haben Sie mehrere catch-Blöcke, werden diese nacheinander geprüft. Hier wird zunächst eine KrugLeerException und dann eine StockLogException abgefangen. Das letzte catch fängt eine IOException ab. Das ist die Basisklasse für eine Reihe von Exceptions bei Dateioperationen, einschließlich FileNotFoundException und EndOfStreamException.

Dieser catch-Block weist die Exception der Variablen ex zu, über die er dann Informationen abrufen kann.

Zwei Blöcke können den gleichen Namen (»ex«) für die Exception verwenden.

Diese Anweisung nutzt drei Eigenschaften des Exception-Objekts: Message, die die Meldung enthält, die z. B. auch im Exception-Fenster der IDE angezeigt wird (»Es wurde versucht, durch 0 zu teilen«), StackTrace, die Ihnen eine Zusammenfassung des Aufrufstapels liefert, und Data, die gelegentlich relevante Daten für die Exception enthält.

Eine Klasse löst eine Exception aus, eine andere fängt sie ab

Natürlich kann auch eine Methode eine Exception abfangen, die von einer anderen Methode in der gleichen Klasse ausgelöst wurde.

Beim Aufbau einer Klasse wissen Sie nicht immer, wie sie verwendet wird. Manchmal nutzen andere Menschen Ihre Objekte auf eine Weise, die zu Problemen führt – und manchmal machen Sie es auch selbst! Dann werden Exceptions interessant.

Das Wichtigste beim Auslösen von Exceptions ist, dass Sie sehen, was schieflaufen könnte, damit Sie eine Art Notfallplan in Kraft setzen können. Normalerweise löst eine Methode keine Exception aus, die sie selbst einfängt. In der Regel wird eine Exception in einer Methode ausgelöst und in einer ganz anderen abgefangen – meist sogar in einem anderen Objekt.

Anstelle von diesem ...

Ohne gutes Exception-Handling kann eine Exception das ganze Programm anhalten. So würde das in einem Programm laufen, das Bienenprofile für eine Bienenkönigin verwaltet.

Der Konstruktor dieses BienenProfil-Objekts erwartet den Dateinamen für eine Datei mit Profildaten, die er mit File.Open() öffnet. Gibt es ein Problem, geht das Programm hoch.

```
stream = File.OpenWrite(profil);
```

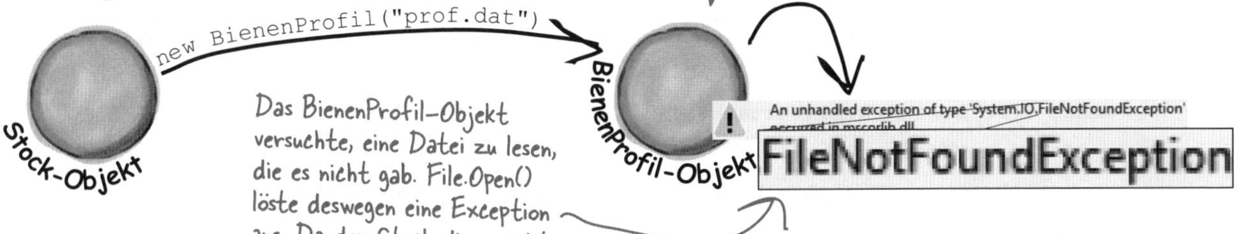

new BienenProfil("prof.dat")
Stock-Objekt
BienenProfil-Objekt
An unhandled exception of type 'System.IO.FileNotFoundException' occurred in mscorlib.dll
FileNotFoundException

Das BienenProfil-Objekt versuchte, eine Datei zu lesen, die es nicht gab. File.Open() löste deswegen eine Exception aus. Da der Stock diese nicht abfängt, bleibt sie unbehandelt.

Beachten Sie, wie das BienenProfil-Objekt die Exception abfängt, mit der Methode LogEintragSchreiben() protokolliert und dann wieder auslöst, damit sie an den Stock übergeben wird.

... können wir das tun:

Das BienenProfil-Objekt kann die Exception abfangen und protokollieren. Dann kann es die Exception mit `throw` wieder auslösen und so an den Stock weiterreichen, der sie abfängt und verarbeitet, damit das Programm weiterlaufen kann.

```
try {
   stream = File.OpenWrite(profil);
} catch (FileNotFoundException ex) {
   LogEintragSchreiben("Konnte " + profil +
    "nicht öffnen: " + ex.Message);
   throw ex;
}
```

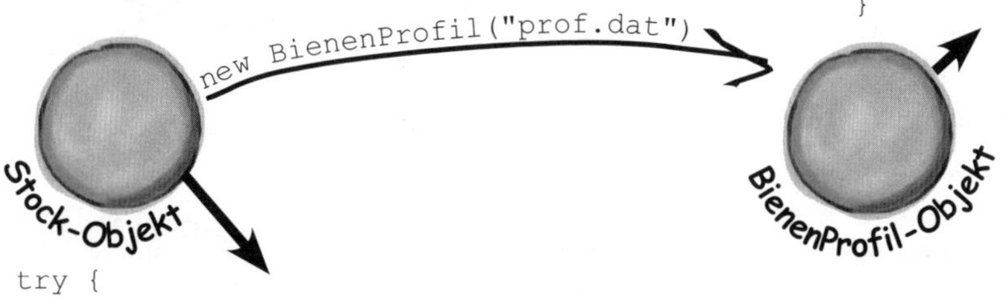

new BienenProfil("prof.dat")
Stock-Objekt
BienenProfil-Objekt

Wenn der Stock jetzt versucht, ein BienenProfil-Objekt zu erstellen, und dabei einen ungültigen Dateinamen übergibt, kann er sich darauf verlassen, dass BienenProfil den Fehler protokolliert und ihn dann auf das Problem aufmerksam macht, indem es eine Exception auslöst. Der Stock kann sie abfangen und korrigierend eingreifen – hier erstellt er das Profil neu.

```
try {
   prof = new BienenProfil("prof.dat");
} catch (FileNotFoundException) {
   Stock.ProfilWiderherstellen("prof.dat");
}
```

Bienen brauchen eine HonigLeerException

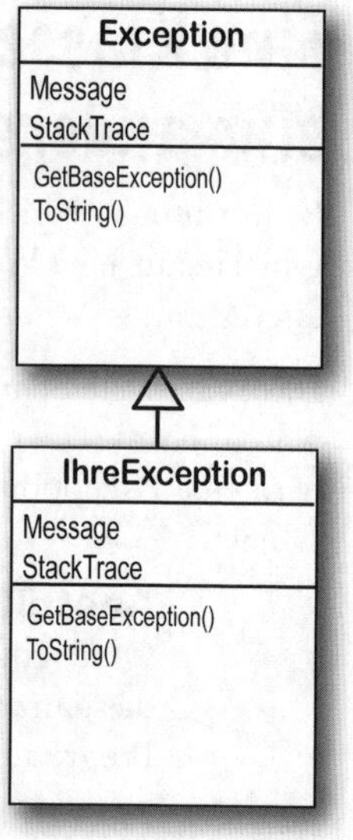
Exception
Message
StackTrace
GetBaseException()
ToString()
IhreException
Message
StackTrace
GetBaseException()
ToString()

Ihre Klassen können ihre eigenen Exceptions auslösen. Beispielsweise ist es recht verbreitet, dass man, wenn man in einer Methode, die einen Wert erwartet, einen Parameter erhält, der null ist, die gleiche Exception auslöst, die auch eine .NET-Methode auslösen würde:

```
throw new ArgumentException();
```

Diese Exception können Sie auslösen, wenn die Methodenparameter ungültige Werte enthalten.

Aber manchmal möchte Ihr Programm eine Exception auslösen, die eine besondere Bedingung beschreibt, die während seiner Ausführung auftritt. Beispielsweise verbrauchen Bienen, die wir im Stock erstellt haben, in Abhängigkeit von ihrem Gewicht unterschiedliche Mengen Honig. Gibt es keinen Honig mehr, wäre es sinnvoll, dass der Stock eine Exception auslöst. Sie können eine eigene Exception-Klasse erstellen, die diese spezifische Fehlerbedingung beschreibt, indem Sie eine Klasse erstellen, die von `Exception` erbt, und diese auslösen, wenn der Fehler auftritt.

```
class HonigLeerException : System.Exception {
    public HonigLeerException(string message) : base(message) { }
}
class HonigLieferSystem {
    ...
    public void EierMitHonigFüttern() {
      if (honigMenge == 0) {
            throw new HonigLeerException("Der Stock hat keinen Honig mehr.");
      } else {
            foreach (Ei ei in Eier) {
               ...
}
public partial class Form1 : Form {
...
   private void honigVerbrauchen_Click(object sender, EventArgs e) {
      HonigLieferSystem lieferung = new HonigLieferSystem();
      try {
           lieferung.EierMitHonigFüttern();
      }
      catch (HonigLeerException ex){
           MessageBox.Show(ex.Message, "Warnung: Setze Stock zurück");
           Stock.Zurücksetzen();
      }
   }
}
```

Sie müssen eine Klasse für Ihre Exception erstellen und diese von System.Exception erben lassen. Beachten Sie, wie wir den Konstruktor überladen, damit wir eine Meldung übergeben können.

Das löst eine Instanz der neuen Exception-Klasse aus.

Hat der Stock noch Honig, wird die Exception nicht ausgelöst, stattdessen wird dieser Code ausgeführt.

Eine eigene Exception können Sie ebenfalls über ihren Namen abfangen, um dann alles damit zu tun, um sie zu behandeln.

Hat der Stock keinen Honig mehr, kann keine der Bienen mehr arbeiten. Der Simulator kann also nicht mehr fortgesetzt werden. In diesem Fall kann das Programm nur weiterlaufen, wenn der Stock zurückgesetzt wird. Das können wir tun, indem wir im Catch-Block Code zum Zurücksetzen des Stocks definieren.

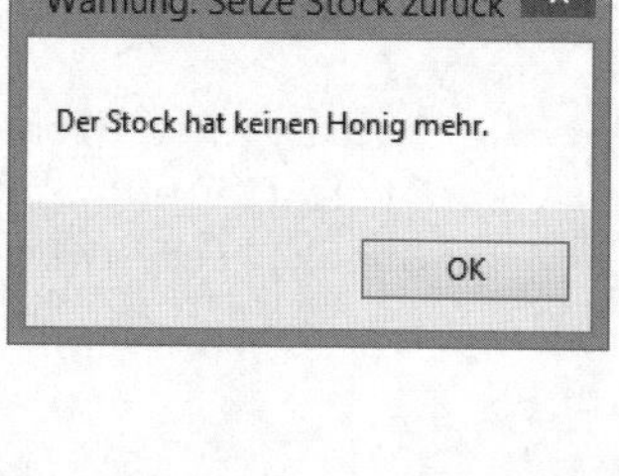
Warnung: Setze Stock zurück
Der Stock hat keinen Honig mehr.
OK

```
public static void Main() {
    Console.Write("Beim ");
    ExTestlauf.Null("ja");
    Console.Write(" braucht man ");
    ExTestlauf.Null("nein");
    Console.WriteLine(".");
}

class DieException : Exception { }
```

Exception-Magneten

Ordnen Sie die Magneten so an, dass die Anwendung die Ausgabe auf der Konsole vornimmt.

Ausgabe:

Beim Bauen braucht man Balken.

```
}
```

```
}
```

```
}
```

```
if (t == "ja") {
```

```
Console.Write("u");
```

```
Console.Write("k");
```

```
Console.Write("B");
```

```
Console.Write("e");
```

```
Console.Write("n");
```

```
try {
```

```
} catch (DieException) {
```

```
throw new DieException();
```

```
} finally {
```

```
riskantesTun(test);
```

```
        Console.Write("l");
    }
}
```

```
class ExTestlauf {
    public static void Null(string test) {
```

```
static void riskantesTun(String t) {
    Console.Write("a");
```

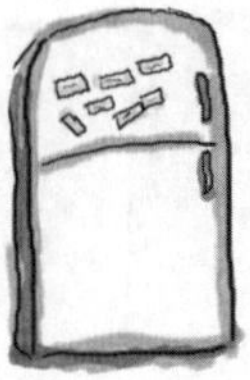

Exception-Magneten, Lösung

Sie sollten die Magneten so anordnen, dass die Anwendung diese Ausgabe auf der Konsole vornimmt.

Ausgabe:

Beim Bauen braucht man Balken.

```
public static void Main() {
    Console.Write("Beim ");
    ExTestlauf.Null("ja");
    Console.Write(" braucht man ");
    ExTestlauf.Null("nein");
    Console.WriteLine(".");
}

class DieException : Exception { }
```

Diese Zeile definiert eine benutzerdefinierte Exception namens DieException, die im catch-Block des Codes abgefangen wird.

```
class ExTestlauf {
  public static void Null(string test) {
    try {
      Console.Write("B");
      riskantesTun(test);
      Console.Write("k");
    } catch (DieException) {
      Console.Write("u");
    } finally {
      Console.Write("e");
    }
    Console.Write("n");
  }
```

Die Methode Null() gibt entweder »Bauen« oder »Balken« aus, je nachdem, ob ihr über den Parameter test »ja« oder etwas anderes übergeben wurde.

Der finally-Block sichert, dass die Methode immer »e« ausgibt. Und das »n« wird außerhalb des Exception-Handlings ausgegeben, die Ausgabe erfolgt also auch immer.

```
  static void riskantesTun(String t) {
    Console.Write("a");
    if (t == "ja") {
      throw new DieException();
    }
    Console.Write("l");
  }
}
```

Diese Zeile wird nur ausgeführt, wenn riskantesTun() die Exception nicht auslöst.

Die Methode riskantesTun() löst die Exception nur aus, wenn ihr der String »ja« übergeben wird.

Punkt für Punkt

- Jede Anweisung kann eine Exception auslösen, wenn zur Laufzeit etwas fehlschlägt.
- Mit `try/catch`-Blöcken können Sie Exceptions behandeln. Unbehandelte Exceptions führen dazu, dass das Programm angehalten und eine Fehlermeldung angezeigt wird.
- Jede Exception im `try`-Block führt dazu, dass das Programm sofort zur ersten Anweisung des `catch`-Blocks springt.
- Das `Exception`-Objekt gibt Ihnen Informationen zur eingefangenen Exception. Geben Sie in der `catch`-Anweisung eine `Exception`-Variable an, enthält diese Informationen zur im `try`-Block ausgelösten Exception:

```
try {
  // Anweisungen, die eine Exception
  // auslösen könnten.
} catch (IOException ex) {
  // Wird eine Exception ausgelöst,
  // enthält ex Informationen dazu.
}
```

- Es gibt viele verschiedene Arten von Exceptions. Für jede gibt es eigene Klassen, die von `Exception` erben. Vermeiden Sie es, `Exception` abzufangen – fangen Sie spezifische `Exception`-Klassen ab.
- Ein `try` kann mehrere `catch`-Blöcke haben:

```
try { ... }
catch (NullReferenceException ex) {
   // Diese Anweisungen werden bei einer
   // NullReferenceException ausgeführt.
}
catch (OverflowException ex) { ... }
catch (FileNotFoundException ex) { ... }
catch (ArgumentException ex) { ... }
```

- Mit `throw` kann Ihr Code selbst Exceptions auslösen:

```
throw new Exception("Exception-Meldung");
```

- Mit `throw;` kann Ihr Code eine Exception auch **neu auslösen.** Das funktioniert nur in einem `catch`-Block und bewahrt den Aufrufstapel.
- Eigene Exception-Typen können Sie erstellen, indem Sie die Basisklasse `Exception` erweitern.

```
class EigeneException : Exception;
```

- Meist müssen Sie nur Exceptions auslösen, für die .NET eingebaute Exception-Klassen wie `ArgumentException` bietet. Verschiedene Arten von Exceptions liefern Sie Ihren Benutzern, damit Sie **ihnen mehr Informationen geben können**. Ein Fenster mit der Meldung »Ein unbekannter Fehler trat auf« ist nicht annähernd so hilfreich wie eine Fehlermeldung, die besagt: »Der Ausreden-Ordner ist leer. Wählen Sie einen anderen Ordner, wenn Sie Ausreden lesen möchten.«

Ein einfaches Mittel, um viele Probleme zu vermeiden: using gibt Ihnen try und finally kostenlos

Erinnern Sie sich: Für eine in einer »using«-Anweisung deklarierte Referenz wird nach Ende des Blocks automatisch Dispose() aufgerufen

Sie wissen bereits, dass `using` ein einfaches Mittel ist, mit dem Sie sicherstellen können, dass Ihre Dateien immer geschlossen werden. Aber Sie wissen nicht, dass das **lediglich ein C#-Kürzel** für `try` und `finally` ist!

```
using (IhreKlasse o
        = new IhreKlasse() ) {

   // Code

}
```

ist das Gleiche wie

```
IhreKlasse o = new IhreKlasse();

try {

    // Code

} finally {

    o.Dispose();

}
```

Mit der using-Anweisung nutzen Sie finally, um sicherzustellen, dass die Methode Dispose() immer aufgerufen wird.

Exception-Vorsorge: Implementieren Sie IDisposable für eigene Aufräumarbeiten

IDisposable ist ein effektives Mittel, um häufige Exceptions und Probleme zu vermeiden. Achten Sie darauf, dass Sie immer using-Anweisungen verwenden, wenn Sie mit einer Klasse arbeiten, die diese Schnittstelle implementiert.

Streams sind klasse, weil in sie bereits Code eingeschlossen ist, der sie schließt, wenn das Objekt nicht mehr benötigt wird. Aber was ist, wenn Sie ein eigenes Objekt haben, das immer etwas tun muss, wenn es nicht mehr benötigt wird? Wäre es nicht wunderbar, wenn Sie eigenen Code schreiben könnten, der immer aufgerufen würde, wenn Ihr Objekt in einer `using`-Anweisung verwendet wird?

In einer »using«-Anweisung können Sie nur Klassen verwenden, die IDisposable implementieren. Andernfalls lässt sich Ihr Programm nicht kompilieren.

Das ermöglicht C# Ihnen mit der Schnittstelle `IDisposable`. Folgendermaßen implementieren Sie `IDisposable` und schreiben in der Methode `Dispose()` Aufräumcode:

Ihre Klasse muss IDisposable implementieren, wenn Sie Ihre Objekte in using-Anweisungen verwenden möchten.

```
class Nektar : IDisposable {
  private double menge;
  private BienenStock stock;
  private Stream stockLog;
  public Nektar(double menge, BienenStock stock, Stream stockLog) {
    this.menge = menge;
    this.stock = stock;
    this.stockLog = stockLog;
  }
  public void Dispose() {
    if (menge > 0) {
       stock.Hinzufügen(menge);
       stock.LogEintragSchreiben(stockLog,
          menge + "mg Nektar hinzugefügt");
       menge = 0;
    }
  }
}
```

Die Schnittstelle IDisposable hat nur einen Member: die Methode Dispose(). Was Sie in dieser Methode angeben, wird am Ende der using-Anweisung, oder wenn Dispose() manuell aufgerufen wird, ausgeführt.

Diese Dispose()-Methode wurde so geschrieben, dass sie mehrfach aufgerufen werden kann, nicht nur einmal.

Dieser Code protokolliert die hinzugefügte Menge Nektar. Das ist wichtig und muss erfolgen, deswegen haben wir den Code in die Methode Dispose() gesteckt.

Eine der Richtlinien für die Implementierung von `IDispose` ist, dass `Dispose()` mehrfach ohne Nebeneffekte aufgerufen werden kann. Haben Sie eine Idee, warum das wichtig sein könnte?

Jetzt können wir mehrere `using`-Anweisungen verwenden. Nutzen wir zunächst ein eingebautes Objekt, `Stream`, das `IDisposable` implementiert. Dann arbeiten wir mit unserem `Nektar`-Objekt, das ebenfalls `IDisposable` implementiert:

Auf gestapelte using-Anweisungen werden Sie häufig stoßen.

```
using (Stream log = File.OpenWrite("log.txt"))
using (Nektar nektar = new Nektar(16.3, stock, log)) {
     biene.FliegenZu(blume);
     biene.Ernten(nektar);
     biene.FliegenZu(stock);
}
```

Das Nektar-Objekt nutzt den log-Stream, der automatisch am Ende der äußeren using-Anweisung geschlossen wird.

Das Biene-Objekt nutzt das Nektar-Objekt, das am Ende der inneren using-Anweisung automatisch die Menge protokolliert.

Es gibt keine Dummen Fragen

F: Kann man in using-Anweisungen auch Objekte verwenden, deren Typ IDisposable nicht implementiert?

A: Nein, sie können darin nur Objekte verwenden, die `IDisposable` implementieren. `IDisposable` und `using` sind aufeinander zugeschnitten. Eine `using`-Anweisung ist, als würden Sie eine neue Instanz einer Klasse erstellen, für die am Ende des Codeblocks aber automatisch `Dispose()` aufgerufen wird. Deswegen muss die Klasse `IDisposable` implementieren.

F: Kann ich in einem using-Block beliebige Anweisungen verwenden?

A: Klar. `using` soll für Sie sichern, dass das erstellte Objekt ordentlich aufgeräumt wird. Aber was Sie mit diesem Objekt zuvor machen, ist allein Ihre Sache. Sie könnten mit `using` auch ein Objekt erzeugen und es innerhalb des Blocks nie verwenden. Aber das wäre recht sinnlos, deswegen würden wir Ihnen das nicht empfehlen.

F: Kann man Dispose() außerhalb von using-Anweisungen aufrufen?

A: Ja. Sie ***müssen*** `using` nicht verwenden. Sie können `Dispose()` auch selbst aufrufen, wenn Sie ein Objekt nicht mehr benötigen. Oder Sie können alle erforderlichen Aufräumarbeiten – wie den Aufruf der `Close()`-Methode von Streams – manuell durchführen. Aber wenn Sie `using` verwenden, macht es Ihren Code leichter verständlich und verhindert Probleme, die auftauchen, wenn Sie Ihre Objekte nicht aufräumen.

F: Sie haben einen »try/finally«-Block erwähnt. Heißt das, dass ich try und finally auch ohne catch verwenden kann?

A: Ja! Sie können einen Try-Block ohne `catch`, aber mit `finally` haben. Das sieht so aus:

```
try {
    MachWasRiskantes();
    NochWasRiskantes();
}
finally {
    DasImmerAusführen();
}
```

Löst `MachWasRiskantes()` eine Exception aus, wird der Finally-Block sofort ausgeführt.

F: Funktioniert Dispose() nur mit Dateien und Streams?

A: Nein. Es gibt viele Klassen, die `IDisposable` implementieren. Wenn Sie eine davon nutzen, sollten Sie immer eine `using`-Anweisung verwenden. (Ein paar davon werden Sie in den nächsten Kapiteln sehen.) Und wenn Sie eine Klasse schreiben, die auf bestimmte Weise aufgeräumt werden muss, können Sie `IDisposable` ebenfalls implementieren.

WENN TRY/CATCH SO KLASSE IST, WARUM UMGIBT DIE IDE NICHT EINFACH ALLES DAMIT? DANN MÜSSTEN WIR ALL DIESE TRY/CATCH-BLÖCKE NICHT SELBST SCHREIBEN.

Sie möchten wissen, welche Art Exception ausgelöst wurde, damit Sie genau diese behandeln können.

Beim Exception-Handling reicht es nicht aus, eine allgemeine Fehlermeldung auszugeben. Beispielsweise könnten wir in der Ausredeverwaltung bei einer `FileNotFoundException` einen Fehler melden, der mutmaßt, wo sich die richtigen Dateien befinden könnten. Haben wir eine Exception, die sich auf Datenbanken bezieht, könnten wir eine E-Mail an den Datenbankadministrator schicken. All das basiert darauf, dass Sie *bestimmte* Arten von Exceptions abfangen.

Deswegen gibt es so viele Klassen, die von Exception erben, und deswegen möchten Sie eventuell auch Ihre eigenen Exception-Klassen schreiben.

Der SCHLIMMSTE catch-Block: Kommentare

Ein Catch-Block hält Ihr Programm am Laufen, wenn Sie das möchten. Es wird eine Exception ausgelöst, Sie fangen sie ab, und statt eine Fehlermeldung zu liefern und das Programm abzubrechen, machen Sie weiter. Aber manchmal ist das nicht das Richtige.

Sehen Sie sich diese `Rechner`-Klasse an, die sich die ganze Zeit seltsam zu verhalten scheint. Aber was passiert hier?

```
public class Rechner {

...

  public void Teilen(float zähler, float nenner) {

    try {

      this.quotient = zähler / nenner;

    } catch {

      // Anmerkung von Tim: Irgendwie müssen wir noch verhindern,

      // dass es zu einer Division durch null kommen kann.

    }

  }

}
```

Hier ist das Problem. Ist der Nenner null, führt das zu einer DivideByZeroException.

Aber es gibt einen Catch-Block. Warum erhalten wir also immer noch Fehler?

Der Programmierer dachte, er könnte seine Exception vergraben, indem er einen leeren Catch-Block einsetzt. Aber damit bereitet er nur demjenigen Kopfschmerzen, der später Probleme in dem Programm aufspüren muss.

Sie sollten Exceptions behandeln, nicht vergraben

Dass Sie Ihr Programm weiterlaufen lassen, bedeutet noch nicht, dass Sie Ihre Exception *behandelt* haben. Der Code oben verhindert, dass der Rechner abstürzt ... zumindest in der Methode `Teilen()`. Aber was ist, wenn anderer Code diese Methode aufruft und versucht, das Ergebnis auszugeben? War der Nenner null, hat die Methode wahrscheinlich einen falschen (und unerwarteten) Wert zurückgeliefert.

Statt einfach einen Kommentar einzufügen und die Exception damit zu begraben, müssen Sie die **Exception behandeln**. Und wenn Sie das Problem nicht behandeln können, ***lassen Sie keine leeren oder nur aus einem Kommentar bestehenden Catch-Blöcke stehen!*** Damit erschweren Sie demjenigen die Arbeit, der das Problem lösen soll. Es ist besser, wenn Sie das Programm weiter Exceptions auslösen lassen, weil man dann leichter herausfinden kann, was schiefgeht.

Denken Sie daran, dass Exceptions, die Ihr Code nicht behandelt, im Aufrufstapel aufsteigen. Das ist ein vollkommen zulässiges Verfahren bei der Behandlung von Exceptions und kann gelegentlich sinnvoller sein als die explizite Verarbeitung einer Exception mit einem try/catch-Block.

Vorübergehende Lösungen sind okay (vorübergehend)

... aber im wahren Leben haben diese »temporären« Lösungen die schlechte Angewohnheit, chronisch zu werden.

Manchmal stoßen Sie auf ein Problem und wissen zwar, dass es wirklich eins ist, Sie wissen aber nicht, was Sie dagegen tun sollen. In solchen Fällen sollten Sie das Problem protokollieren und festhalten, was passiert. Das ist nicht so gut wie eine ordentliche Behandlung der Exception, aber besser als gar nichts.

Hier ist eine vorübergehende Lösung für den Rechner:

```
public class Rechner {

...

  public void Teilen(float zähler, float nenner) {

    try {

      this.quotient = zähler / nenner;

    } catch (Exception ex) {

      using (StreamWriter sw = new StreamWriter(@"C:\Logs\errors.txt") {

          sw.WriteLine(ex.getMessage());

      }

    }

  }

}
```

Denken Sie eine Augenblick über diesen `catch`-Block nach. Was passiert, wenn der `StreamWriter` nicht in *C:\Logs* schreiben kann? Sie können einen weiteren `try/catch`-Block einbetten, um die Gefahr zu verringern. Haben Sie eine bessere Idee, wie man das lösen könnte?

Das muss immer noch repariert werden, aber vorübergehend macht es klar, wo das Problem aufgetreten ist. Allerdings wäre es wahrscheinlich besser, wir würden versuchen, herauszufinden, warum Teilen() überhaupt mit einem Nenner gleich null aufgerufen werden konnte.

ICH VERSTEHE. DAS IST SO, ALS NUTZE MAN DAS EXCEPTION-HANDLING, UM DEN PROBLEMBEREICH ZU MARKIEREN.

Exceptions zu behandeln, ist nicht immer das Gleiche, wie Exceptions zu REPARIEREN.

Es ist nie gut, wenn Ihr Programm hochgeht. Aber noch viel schlimmer ist es, wenn man überhaupt nicht weiß, dass es abstürzt oder was es mit den Daten des Benutzers macht. Deswegen müssen Sie darauf achten, dass Sie sich um die Fehler kümmern, die Sie lösen können, und die protokollieren, die Sie nicht lösen können. **Logs sind zwar ganz praktisch, um Probleme aufzuspüren, aber die bessere und dauerhaftere Lösung ist es, von vornherein zu verhindern, dass die Probleme überhaupt auftreten.**

Einige einfache Gedanken zum Exception-Handling

GESTALTEN SIE IHREN CODE SO, DASS ER **VERSTÄNDLICH** FEHLSCHLÄGT.

GEBEN SIE IHREN BENUTZERN **NÜTZLICHE** FEHLERMELDUNGEN.

LÖSEN SIE, WENN MÖGLICH, EINGEBAUTE .NET-EXCEPTIONS AUS. VERWENDEN SIE EIGENE NUR, WENN SIE SPEZIFISCHE INFORMATIONEN LIEFERN MÜSSEN.

DENKEN SIE ÜBER CODE IM TRY-BLOCK NACH, DER ÜBERSPRUNGEN WERDEN **KÖNNTE.**

... und am wichtigsten ...

VERMEIDEN SIE UNNÖTIGE DATEISYSTEMFEHLER ... **VERWENDEN SIE BEI STREAMS IMMER EINEN USING-BLOCK!**
IMMER IMMER IMMER!

Oder etwas anderes, das IDisposable implementiert.

Exception-Kreuzworträtsel

1
2
3
4
5
6
7
8
9
10
11
12
13
14
15
16
17

Waagerecht

1. »Ausführen bis ________« sagt dem Debugger, dass er alle Anweisungen in der aktuellen Methode ausführen und dann anhalten soll.

5. Ein Try-Block kann mehrere ________-Blöcke haben.

8. Diese Methode wird am Ende eines Using-Blocks immer aufgerufen.

9. Das Feld im Exception-Objekt, das einen String mit einer Beschreibung enthält.

10. Variablen können nur dann in using-Anweisungen deklariert werden, wenn ihr Typ diese Schnittstelle implementiert.

13. Das enthält eine Referenz, wenn sie auf nichts zeigt.

14. Das schalten Sie an, wenn der Debugger anhalten soll, sobald er auf eine bestimmte Codezeile trifft.

16. Eine ______________Exception tritt auf, wenn Sie einen Wert auf einen Typ casten, in den er nicht passt.

17. Ist die nächste Anweisung ein Methodenaufruf, führt der Debugger mit »______schritt« die gesamte Methode aus und hält unmittelbar hinter ihr an.

Senkrecht

2. Das Fenster der IDE, in dem Sie die Werte Ihrer Variablen überprüfen können.

3. Ein derartiges Programm kommt gut mit Fehlern klar.

4. Mit diesem Schlüsselwort können Sie bei einem Problem eine Exception auslösen.

6. Der __________-Block enthält Anweisungen, die nach der Behandlung einer Exception unbedingt ausgeführt werden müssen.

7. Eine ____________Exception heißt, dass Sie versucht haben, in eine Variable einen Wert zu quetschen, der nicht hineinpasst.

11. Wenn Sie Ihre Exceptions ________, können sie schwer aufzuspüren sein.

12. Die Basisklasse, von der DivideByZeroException und FormatException erben.

13. Wenn Sie versuchen, dadurch zu teilen, erhalten Sie eine Exception.

15. Wenn die nächste Anweisung ein Methodenaufruf ist, sagt »______schritt« dem Debugger, dass er die erste Anweisung in dieser Methode ausführen soll.

Exception-Kreuzworträtsel, Lösung

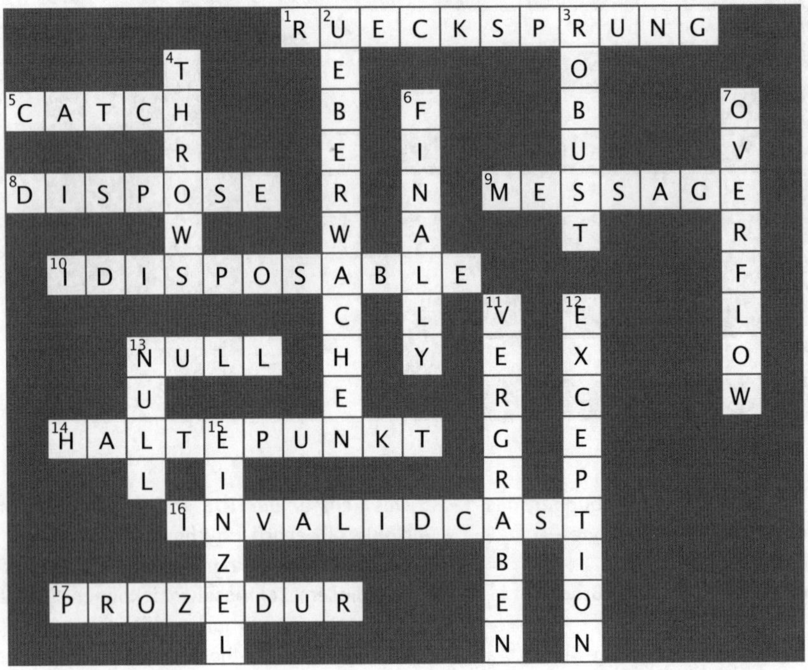
1 RUECKSPRUNG
2 UEBERWACHE
3 ROBUST
4 THROW
5 CATCH
6 FINALLY
7 OVERFLOW
8 DISPOSE
9 MESSAGE
10 IDISPOSABLE
11 VERGRABEN
12 EXCEPTION
13 NULL
14 HALTEPUNKT
15 EINZEL
16 INVALIDCAST
17 PROZEDUR

finally verschafft Brian seinen Urlaub …

Nachdem Brian seine Exceptions im Griff hat, läuft seine Arbeit reibungslos. Er kann sich also endlich seinen wohlverdienten (und von seinem Chef genehmigten) Urlaub nehmen.

… und auch im Büro sieht alles gut aus!

Ihre Fähigkeiten im Exception-Handling haben nicht nur Probleme verhindert. Sie haben auch gesichert, dass Brians Chef keine Ahnung hat, dass jemals etwas schiefgelaufen ist!

DER GUTE BRIAN. NIE VERSÄUMT ER EINEN ARBEITSTAG, ES SEI DENN, ER HAT *ECHT* EIN PROBLEM.

Gutes Exception-Handling ist für die Benutzer unsichtbar. Das Programm stürzt nie ab, und wenn es Probleme gibt, werden diese immer sauber und ohne verwirrende Fehlermeldungen behandelt.

CAPTAIN AMAZING

DER TOD DES OBJEKTS

Von Kopf bis Fuß	
2,98 €	Kapitel 13

Captain Amazing, das Super-Objekt von Objekthausen, verfolgt seinen Erzfeind ...
DU SITZT IN DER FALLE, FIESLING.
ZU SPÄT! GENAU IN DIESEM MOMENT SAMMELT SICH IN DER FABRIK UNTER UNS MEINE KLON-ARMEE ...
... BEREIT, DIE STRASSEN VON OBJEKTHAUSEN IN ANGST UND SCHRECKEN ZU VERSETZEN!
Welcome to
Objectville
Home of Polymorphism
POW!!
ICH WERDE DIE KLON-REFERENZEN NACHEINANDER ÜBERWÄLTIGEN.

Captain Amazing treibt Fiesling in die Enge ...
... und sitzt selbst in der Falle!
SELF DESTRUCT
CLANG
IN WENIGEN MINUTEN WERDEN DU **UND** MEINE ARMEE MÜLL SEIN (GARBAGE-COLLECTOR-FUTTER).
4:00
3:59
3:58
SELF DESTRUCT
BOOM!!
Ist das das Ende von Captain Amazing ...?

Spitzen Sie Ihren Bleistift

Unten ist der Code, der das letzte Gefecht zwischen Captain Amazing und dem Fiesling (seine Klon-Armee nicht zu vergessen) nachstellt. Sie sollen aufzeichnen, was im Speicher passiert, wenn die Klasse `LetztesGefecht` instantiiert wird.

```
class LetztesGefecht {
  public KlonFabrik Fabrik = new KlonFabrik();
  public List<Klon> Klone = new List<Klon>();
  public FieslingFluchtFlugzeug fluchtFlugzeug;

  public LetztesGefecht() {
    Bösewicht fiesling = new Bösewicht(this);
    using (SuperHeld captainAmazing = new SuperHeld()) {
      Fabrik.PersonenInFabrik.Add(captainAmazing);
      Fabrik.PersonenInFabrik.Add(fiesling);
      captainAmazing.Denken("Ich werde die Klon-Referenzen
                           nacheinander überwältigen.");
      captainAmazing.KloneIdentifizieren(Klone);
      captainAmazing.KloneEntfernen(Klone);
      fiesling.Denken("In wenigen Minuten werden du und meine Armee Müll sein");
      fiesling.Denken(" (Garbage-Collector-Futter)");
      fluchtFlugzeug = new FieslingFluchtFlugzeug(fiesling); ❷
      fiesling.CaptainAmazingHereinlegen(Fabrik);
      new MessageDialog("Der Fiesling entkam").ShowAsync();
    }
  }  ❸
}
[Serializable]
class SuperHeld : IDisposable {
      private List<Klon> zuEntfernendeKlone = new List<Klon>();
      public void KloneIdentifizieren(List<Klon> klone) {
          foreach (Klon klon in klone)
              zuEntfernendeKlone.Add(klon);
      }
      public void KloneEntfernen(List<Klon> klone) {
          foreach (Klon klon in zuEntfernendeKlone)
              klone.Remove(klon);
        ...
      }
}
class Bösewicht {
  private LetztesGefecht letztesGefecht;
  public Bösewicht(LetztesGefecht letztesGefecht) {
    this.letztesGefecht = letztesGefecht;
  }
  public void CaptainAmazingHereinlegen(KlonFabrik fabrik) {
    fabrik.SelbstZerstörung.Tick += new EventHandler(SelbstZerstörung_Tick);
    fabrik.SelbstZerstörung.Interval = 600;
    fabrik.SelbstZerstörung.Start();
  }
  private void SelbstZerstörung_Tick(object sender, EventArgs e) {
    letztesGefecht.Fabrik = null;
  }
}
```

Sie können davon ausgehen, dass Klone über einen Objektinitialisierer gesetzt wurde.

Die Beschreibung dessen, was im Fabrik-Objekt passiert, haben wir schon für Sie erledigt. ❶

❷ Zeichnen Sie auf, was hier passiert, wenn das FieslingFluchtFlugzeug-Objekt instantiiert wird.

❸ Zeichnen Sie ein Bild, das zeigt, wie der Heap genau eine Sekunde <u>nach</u> der Ausführung des LetztesGefecht-Konstruktors aussieht.

Es gibt eine Klon-Klasse, die wir Ihnen in diesem Code nicht zeigen. Sie brauchen sie zur Beantwortung der Frage nicht.

Hier ist noch mehr Code (einschließlich der Dispose()-Methode), den wir Ihnen nicht zeigen, weil Sie ihn nicht benötigen, um diese Fragen zu beantworten.

```
class FieslingFluchtFlugzeug {
  public Bösewicht Pilotensitz;
  public FieslingFluchtFlugzeug(Bösewicht flüchtling) {
    Pilotensitz = flüchtling;
  }
}

class KlonFabrik {
  public Timer SelbstZerstörung = new Timer();
  public List<object> PersonenInFabrik = new List<object>();
  ...
}
```

Achten Sie darauf, dass Sie Ihre Objekte beschriften, um die Referenzen anzugeben, die darauf zeigen.

1

FABRIK
KlonFabrik
FIESLING
Bösewicht-Objekt

Die erste Frage haben wir für Sie beantwortet. Achten Sie darauf, dass Sie Verbindungslinien einzeichnen, die die Architektur zeigen – wir haben eine Linie von der Klon-Fabrik zum Bösewicht-Objekt gezogen, weil die Fabrik eine Referenz darauf hat (über das Feld PersonenInFabrik).

Wir haben Platz gelassen, da für diese Phase noch mehr gezeichnet werden muss.

Sie können die Klon- und List-Objekte außer Acht lassen und sich in diesen Zeichnungen auf die wichtigsten Objekte für Captain, Fiesling, Klon-Fabrik und Fluchtflugzeug konzentrieren.

2

3

Sie sollen einzeichnen, was zu diesen beiden Zeitpunkten im Speicher passiert.

An welchem Punkt des Codes stirbt Captain Amazing gemäß Ihren Diagrammen?

....

....

....

....

Halten Sie auch das in Ihrem Diagramm fest.

Spitzen Sie Ihren Bleistift
Lösung

Zeichnen Sie auf, was im Programm LetztesGefecht im Speicher passiert.

Die Referenz captainAmazing zeigt auf ein SuperHeld-Objekt, die Referenz fiesling auf ein Bösewicht-Objekt, und die PersonenInFabrik-Liste von KlonFabrik erhält eine Referenz auf beide.

1

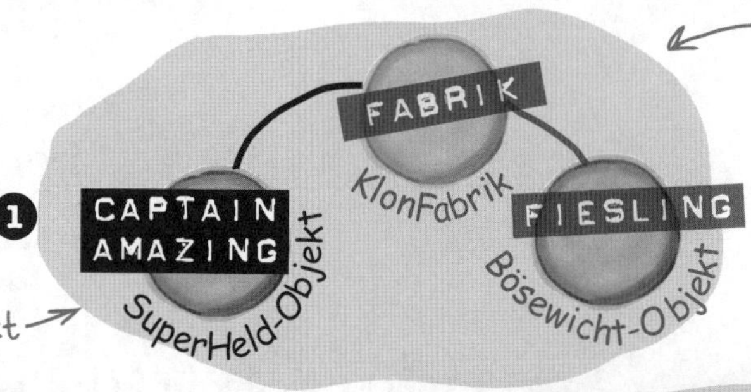

FABRIK
KlonFabrik
CAPTAIN AMAZING
SuperHeld-Objekt
FIESLING
Bösewicht-Objekt

Dieses Objekt sollten Sie dem Diagramm hinzugefügt haben.

2

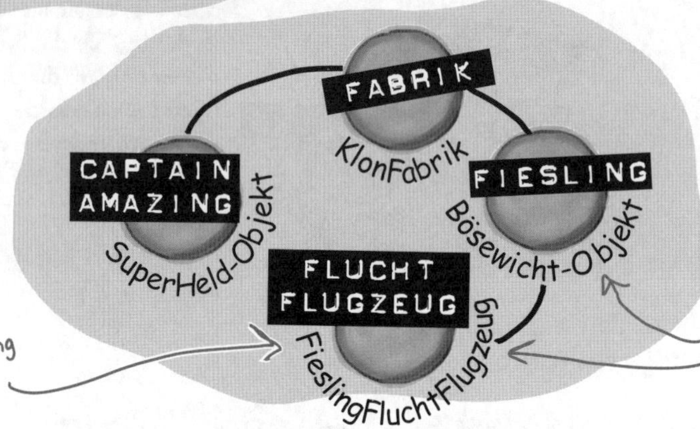

FABRIK
KlonFabrik
CAPTAIN AMAZING
SuperHeld-Objekt
FIESLING
Bösewicht-Objekt
FLUCHT FLUGZEUG
FieslingFluchtFlugzeug

Die fluchtFlugzeug-Referenz zeigt jetzt auf die neue FieslingFluchtFlugzeug-Instanz und ihr Pilotensitz-Feld auf das Bösewicht-Objekt.

Solange fluchtFlugzeug eine Referenz auf Fiesling hat, wird Fiesling nicht vom Garbage Collector eingesammelt.

Wird selbstZerstörung abgesetzt, wird die Referenz fabrik auf null gesetzt und kann vom Garbage Collector eingesammelt werden. Deswegen ist sie in dieser Zeichnung verschwunden.

3

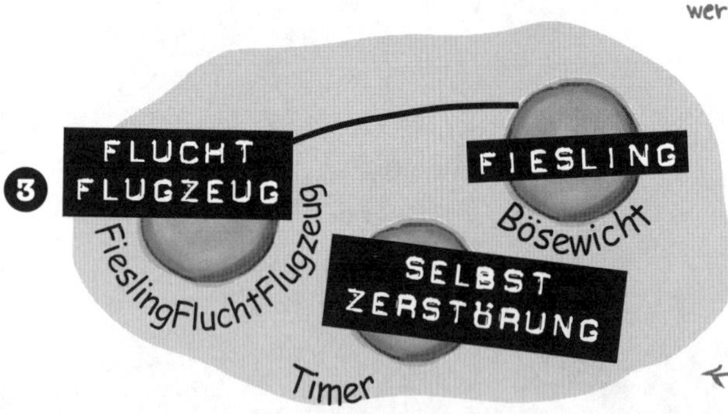

FLUCHT FLUGZEUG
FieslingFluchtFlugzeug
FIESLING
Bösewicht
SELBST ZERSTÖRUNG
Timer

Sobald die Referenz fabrik verschwindet, nimmt sie das KlonFabrik-Objekt mit – und das sorgt dafür, dass das vom Feld PersonenInFabrik referenzierte List-Objekt verschwindet ... das war jedoch das Einzige, das das SuperHeld-Objekt am Leben hielt. Jetzt wird es zerstört, wenn der Garbage Collector das nächste Mal läuft.

Eine Sekunde nach dem Konstruktor von LetztesGefecht ist der Held verschwunden.

An welchem Punkt des Codes stirbt Captain Amazing gemäß Ihren Diagrammen?

```
void SelbstZerstörung_Tick(object sender, EventArgs e) {
    letztesGefecht.fabrik = null;
}
```

Als die SuperHeld-Instanz nicht mehr von der KlonFabrik referenziert wurde, wurde sie ebenfalls für die Garbage Collection vorgemerkt.

Sobald `letztesGefecht.Fabrik` auf null gesetzt ist, kann es vom Garbage Collector eingesammelt werden. Und die Referenz auf den Captain gleich mit!

Später im Bestattungsinstitut
DER SARG DES CAPTAINS IST LEER ... ABER WAS IST DAS?
6e 61 6d 65 73 70 61 63 65 20 51 7b 0d 0a 5b 53
65 72 69 61 6c 69 7a 61 62 6c 65 5d 70 75 62 6c
69 63 20 63 6c 61 73 73 20 4d 73 67 7b 0d 0a 70
75 62 6c 69 63 20 73 74 72 69 6e 67 20 61 3b 70
75 62 6c 69 63 20 73 74 72 69 6e 67 20 62 3b 70
75 62 6c 69 63 20 73 74 72 69 6e 67 20 63 3b 70
75 62 6c 69 63 20 69 6e 74 20 69 3b 0d 0a 70 75
62 6c 69 63 20 76 6f 69 64 20 53 68 6f 77 28 29
7b 4d 65 73 73 61 67 65 42 6f 78 2e 53 68 6f 77
28 63 2e 53 75 62 73 74 72 69 6e 67 28 31 2c 32
29 2b 69 2b 22 40 22 2b 61 2b 63 2b 22 2e 22 2b
62 29 3b 7d 7d 7d 00 01 00 00 00 ff ff ff ff 01
00 00 00 00 00 00 00 0c 02 00 00 00 38 51 2c 20
56 65 72 73 69 6f 6e 3d 31 2e 30 2e 30 2e 30 2c
20 43 75 6c 74 75 72 65 3d 6e 65 75 74 72 61 6c
2c 20 50 75 62 6c 69 63 4b 65 79 54 6f 6b 65 6e
3d 6e 75 6c 6c 05 01 00 00 00 05 51 2e 4d 73 67
04 00 00 00 01 61 01 62 01 63 01 69 01 01 01 00
08 02 00 00 00 06 03 00 00 00 04 6f 62 6a 65 06
04 00 00 00 03 6e 65 74 06 05 00 00 00 07 63 74
76 69 6c 6c 65 17 00 00 00 0b
DAS SIEHT NACH EINER ART GEHEIMCODE AUS. DENKEN SIE, ES KOMMT VOM CAPTAIN?

Ihre letzte Chance, etwas zu TUN … der Finalisierer Ihres Objekts

Manchmal müssen Sie sicherstellen, dass etwas passiert, ***bevor*** Ihr Objekt vom Garbage Collector eingesammelt wird, beispielsweise um nicht verwaltete Ressourcen freizugeben.

Üblicherweise müssen Sie für Objekte, die nur mit verwalteten Ressourcen arbeiten, keine Finalisierer schreiben. Alles, was Ihnen in diesem Buch bislang begegnet ist, war verwaltet – von der CLR verwaltet (einschließlich der Objekte, die auf dem Heap landen). Gelegentlich aber müssen Programmierer auf elementare Windows-Ressourcen zugreifen, die nicht Teil des .NET Framework sind. Wenn Sie im Internet Code finden, der das Attribut `[DllImport]` nutzt, verwenden Sie wahrscheinlich eine nicht verwaltete Ressource. Und einige dieser Nicht-.NET-Ressourcen können Ihr System destabilisieren, wenn hinter ihnen nicht aufgeräumt wird (z. B. indem eine Methode aufgerufen wird). Dazu sind Finalisierer gedacht.

Eine besondere Methode Ihres Objekts, der **Finalisierer**, ermöglicht Ihnen, Code zu schreiben, der immer ausgeführt wird, wenn Ihr Objekt zerstört wird. Betrachten Sie ihn als den persönlichen `finally`-Block des Objekts: Er wird unter allen Umständen ausgeführt.

Hier ist ein Beispiel für den Finalisierer der Klasse `Klon`:

```
[Serializable]
class Klon {
  string Ort;
  int KlonID;

  public Klon (int klonID, string ort){
    this.KlonID = klonID;
    this.Ort = ort;
  }

  public void OrtMitteilen(string ort, int klonID){
     Console.WriteLine("Meine Identifikationsnummer ist {0} und ich" +
                      " bin hier: {1}.", klonID, ort);
  }

  public void ChaosVerursachen(){...}

  ~Klon() {
    OrtMitteilen(this.Ort, this.KlonID);
    Console.WriteLine ("{0} wurde zerstört", KlonID);
  }
}
```

Hier ist der Konstruktor. Es scheint, als würden die Felder KlonID und Ort immer gefüllt, wenn ein Klon erzeugt wird.

Das ~-Zeichen (»Tilde«) sagt, dass der Code in diesem Block ausgeführt wird, wenn das Objekt vom Garbage Collector eingesammelt wird.

Das ist der Finalisierer. Er sendet dem Bösewicht eine Nachricht, die ihm die ID und den Ort des scheidenden Klons mitteilt. Aber er wird nur ausgeführt, wenn das Objekt vom Garbage Collector eingesammelt wird.

Finalisierer schreiben Sie genau so wie Konstruktoren, aber statt eines Zugriffsmodifizierers stellen Sie dem Klassennamen ~ voran. Das sagt .NET, dass der Code im Finalisiererblock ausgeführt werden soll, wenn das Objekt vom Garbage Collector eingesammelt wird.

Finalisierer können keine Parameter haben, da sie nur vom .NET-Framework aufgerufen werden und nicht von anderem Code.

Aufgepasst

Manches, was wir Ihnen zeigen, ist nicht für echte Programme gedacht.

Wir haben oft erwähnt, dass Objekte irgendwann von der Garbage Collection eingesammelt werden, aber nie gesagt, wann genau das passiert – einfach irgendwann, nachdem die letzte Referenz auf das Objekt verschwindet. Gleich zeigen wir Ihnen Code, der das mit `GC.Collect()` anstößt ***und über eine `MessageBox` in einem Finalisierer meldet****. Solche Operationen schrauben am Herz der CLR herum. Das zeigen wir Ihnen nur zur Illustration.* ***Tun Sie so etwas nie in echten Programmen.***

Wann GENAU läuft ein Finalisierer?

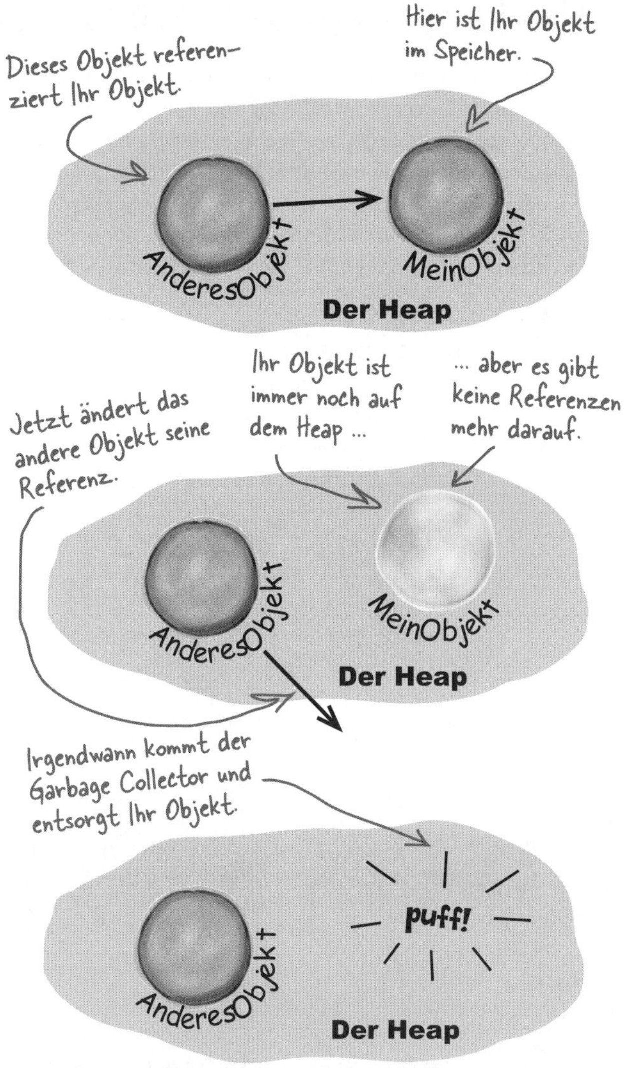
Dieses Objekt referenziert Ihr Objekt.
Hier ist Ihr Objekt im Speicher.
AnderesObjekt
MeinObjekt
Der Heap
Jetzt ändert das andere Objekt seine Referenz.
Ihr Objekt ist immer noch auf dem Heap ...
... aber es gibt keine Referenzen mehr darauf.
AnderesObjekt
MeinObjekt
Der Heap
Irgendwann kommt der Garbage Collector und entsorgt Ihr Objekt.
puff!
AnderesObjekt
Der Heap

Der Finalisierer, den Sie für Ihr Objekt erstellen, läuft, wenn das Objekt vom Garbage Collector eingesammelt wird. Und der Garbage Collector tritt auf den Plan, nachdem ***alle*** Referenzen auf Ihr Objekt verschwunden sind. Aber die Garbage Collection tritt nicht immer *sofort* ein, sobald die Referenzen verschwunden sind.

Nehmen Sie an, Sie haben ein Objekt und eine Referenz auf ein Objekt. .NET schickt den Garbage Collector an die Arbeit, und dieser prüft Ihr Objekt. Da es Referenzen auf das Objekt gibt, übergeht er es und geht weiter. Ihr Objekt bleibt im Speicher bestehen.

Dann passiert etwas. Das letzte Objekt, das eine Referenz auf *Ihr* Objekt enthält, verschwindet. Jetzt sitzt Ihr Objekt im Speicher, aber keine Referenz zeigt mehr darauf. Es kann nicht darauf zugegriffen werden. Im Grunde ist das **Objekt tot**.

Eine Sache fehlt jedoch noch. Die ***Garbage Collection wird von .NET gesteuert,*** nicht von Ihren Objekten. Wird der Garbage Collector in den nächsten paar Sekunden oder sogar Minuten nicht an die Arbeit geschickt, bleibt Ihr Objekt weiter im Speicher. Es kann nicht verwendet werden, wurde aber auch noch nicht eingesammelt. **Und der Finalisierer Ihres Objekts wurde noch nicht ausgeführt.**

Schließlich schickt .NET den Garbage Collector aus. Diesmal ist Ihr Objekt tot. Es wird also entsorgt, und dann wird auch endlich der Finalisierer ausgeführt ... vielleicht mehrere Minuten nachdem die letzte Referenz auf das Objekt gelöscht oder geändert wurde.

Sie können .NET VORSCHLAGEN, dass es Zeit ist, den Müll einzusammeln

.NET lässt Sie ***vorschlagen***, wann eine Garbage Collection eine gute Idee wäre. **Sie werden diese Methode selten verwenden, weil die Garbage Collection auf viele Bedingungen in der CLR eingestellt ist und *ihr Aufruf eigentlich kein guter Gedanke ist.*** Aber die Garbage Collection selbst aufzurufen, hilft zu verstehen, wie ein Finalisierer funktioniert. Wenn Sie das wollen, rufen Sie einmal die Methode `GC.Collect()` auf.

```
public void KloneEntfernen(
                      List<Klon> klone) {
  foreach (Klon klon
                     in zuEntfernendeKlone)
     klone.Remove(klon);
  GC.Collect();
}
```

Geben Sie aber acht. Diese Methode ***zwingt*** .NET nicht, sofort an die Garbage Collection zu gehen. Sie sagt nur: »Führe sobald wie möglich eine Garbage Collection durch.«

Und wie Sie bereits sahen, funktioniert Dispose() auch ohne using. Wenn Sie eine Dispose()-Methode haben, sollte diese keine Nebeneffekte haben, die zu Problemen führen, wenn sie mehrfach ausgeführt wird.

Dispose() arbeitet mit using, Finalisierer mit der Garbage Collection

`Dispose()` wird ausgeführt, wenn ein Objekt, das in einer `using`-Anweisung erstellt wurde, auf null gesetzt wird oder alle Referenzen verliert. Nutzen Sie keine `using`-Anweisung, wird `Dispose()` nicht aufgerufen, wenn die Referenz auf null gesetzt wird – Sie müssen sie direkt aufrufen. Der Finalisierer eines Objekts wird ausgeführt, wenn es vom Garbage Collector eingesammelt wird. Erzeugen wir ein paar Objekte, um uns anzuschauen, worin sich diese beiden Methoden unterscheiden. Starten Sie **Visual Studio für Windows Desktop** und beginnen Sie eine neue **Windows Forms-Anwendung**:

Tun Sie das!

1 ERSTELLEN SIE EINE *KLON*-KLASSE, DIE *IDISPOSABLE* IMPLEMENTIERT UND EINEN FINALISIERER HAT.

Diese Klasse sollte eine automatische `int`-Eigenschaft `Id` haben. Sie hat einen Konstruktor, eine `Dispose()`-Methode und einen Finalisierer:

Das ist ein gutes Beispiel dafür, dass Dektop-Apps gut zur Erforschung von C# und .NET geeignet sind. In diesem Projekt erstellen Sie ein Windows Forms-Projekt, um die blockierende Natur von `MessageBox` zur Erforschung der Funktionsweise der Garbage Collection zu nutzen.

Kurze Erinnerung: Wenn Sie Visual Studio Professional, Premium oder Ultimate nutzen, können Sie Windows Store- und Windows Desktop-Apps schreiben.

```
using System.Windows.Forms;

class Klon : IDisposable {
    public int Id { get; private set; }

    public Klon(int Id) {
        this.Id = Id;
    }

    public void Dispose() {
        MessageBox.Show("Ich wurde entsorgt!",
                "Klon " + Id + " sagt ...");
    }

    ~Klon() {
        MessageBox.Show("Aaargh! Es hat mich erwischt!",
                "Klon " + Id + " sagt ...");
    }
}
```

Da die Klasse IDisposable implementiert, muss sie eine PDispose()-Methode bieten.

Hier ist der Finalisierer. Er wird ausgeführt, wenn das Objekt von der Garbage Collection eingesammelt wird.

In einem Finalisierer eine MessageBox zu öffnen, ist eine Operation am Herzen der CLR. Das sollten Sie nur in Testprogrammen zur Erforschung der Garbage Collection tun.

2 ERSTELLEN SIE EIN FORMULAR MIT DREI BUTTONS.

Erzeugen Sie im `Click`-Handler des ersten Buttons in einer `using`-Anweisung ein `Klon`-Objekt. Hier ist der erste Teil des Codes für den Button.

Hier ist das zu erstellende Formular.

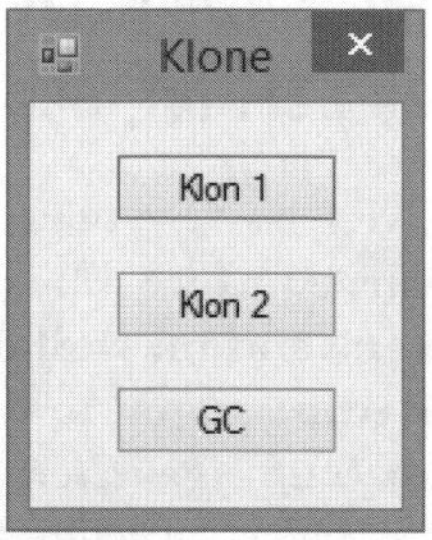
Klone
Klon 1
Klon 2
GC

```
private void klon1_Click(object sender, EventArgs e) {
    using (Klon klon1 = new Klon(1)) {
        // Nichts tun!
    }
}
```

Diese Methode erzeugt einen neuen Klon und tötet ihn dann sofort, indem sie die einzige Referenz löscht.

Da wir klon1 in einer using-Anweisung erstellt haben, wird seine Dispose()-Methode aufgerufen.

Sobald der using-Block fertig ist und die Dispose()-Methode aufgerufen wurde, gibt es keine Referenz darauf mehr. Der Klon wird für die Garbage Collection vorgemerkt.

3 IMPLEMENTIEREN SIE DIE ANDEREN BEIDEN BUTTONS.

Erzeugen Sie im `Click`-Handler des zweiten Buttons einen zweiten Klon und setzen Sie ihn manuell auf `null`:

```
private void klon2_Click(object sender, EventArgs e) {
    Klon klon2 = new Klon(2);
    klon2 = null;
}
```

Da hier keine using-Anweisung verwendet wird, wird Dispose() nicht ausgeführt, der Finalisierer schon.

Rufen Sie aus dem dritten Button `GC.Collect()` auf, um eine Garbage Collection vorzuschlagen.

```
private void gc_Click(object sender, EventArgs e) {
    GC.Collect();
}
```

Das schlägt vor, den Garbage Collector auszuführen.

Denken Sie daran, dass das normalerweise keine gute Idee ist. Aber hier ist es in Ordnung, weil es ein gutes Mittel ist, zu lernen, wie die Garbage Collection abläuft.

4 FÜHREN SIE DAS PROGRAMM AUS UND SPIELEN SIE MIT DISPOSE() UND DEM FINALISIERER.

Klicken Sie auf den ersten Button und sehen Sie sich die Meldung an: `Dispose()` wird erst ausgeführt.

Vergessen Sie oben in der Klasse Klon "using System.Windows.Forms;" nicht.

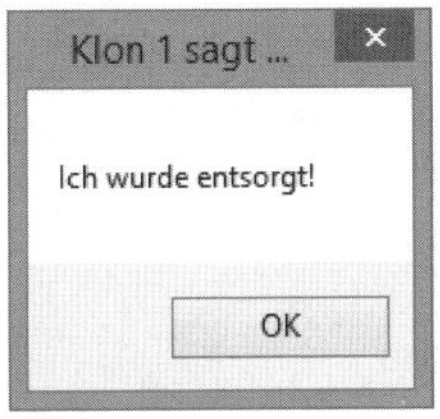
Klon 1 sagt ...
Ich wurde entsorgt!
OK

Obwohl das klon1-Objekt auf null gesetzt und seine Dispose-Methode ausgeführt wurde, ist es immer noch auf dem Heap und wartet auf den Garbage Collector.

KLON 1
Klon-Objekt
Der Heap

Der Müll wird eingesammelt – zu gegebener Zeit. In den meisten Fällen sehen Sie die Garbage Collection-Nachricht ***nicht***, weil auf Ihr Objekt zwar keine Referenz mehr zeigt, aber der Garbage Collector noch nicht gelaufen ist.

Klicken Sie jetzt auf den zweiten Button ... nichts passiert, stimmt's? Das liegt daran, dass wir keine `using`-Anweisung verwendet haben und `Dispose()` nicht aufgeführt wird. Und bis der Garbage Collector läuft, sehen wir keine Nachrichten aus den Finalisierern.

Jetzt ist auch klon2 auf dem Heap, aber es zeigt keine Referenz darauf.

KLON 1
Klon-Objekt
KLON 2
Klon-Objekt
Der Heap

Klicken Sie jetzt auf den dritten Button, um eine Garbage Collection vorzuschlagen. Sie sollten die Nachrichten aus den Finalisierern für `klon1` und `klon2` sehen.

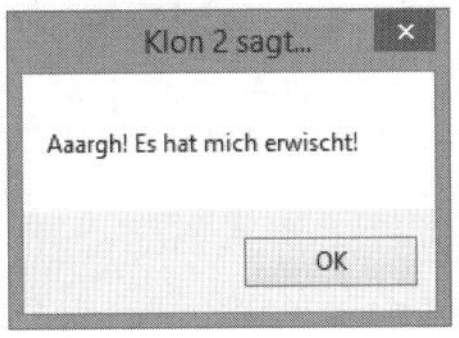
Klon 2 sagt...
Aaargh! Es hat mich erwischt!
OK

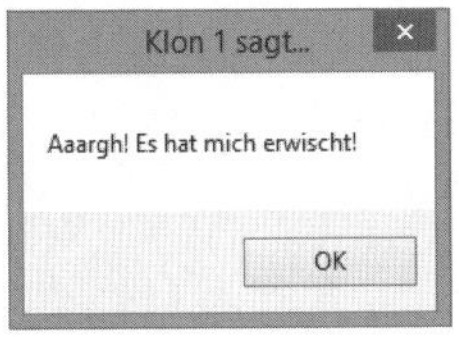
Klon 1 sagt...
Aaargh! Es hat mich erwischt!
OK

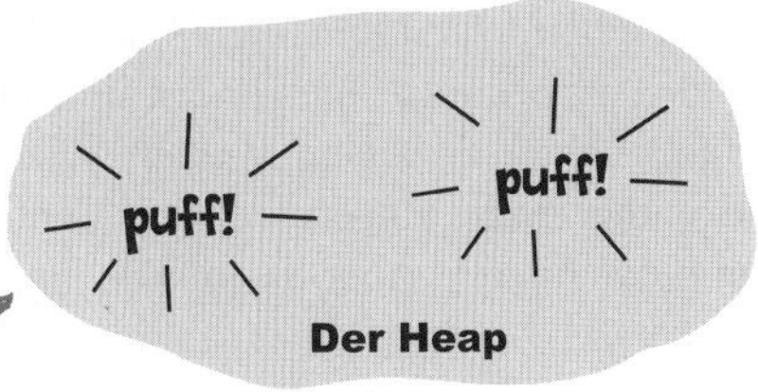
puff!
puff!
Der Heap

Wird GC.Collect() ausgeführt, laufen die Finalisierer beider Objekte.

Spielen Sie mit dem Programm. Klicken Sie auf den Klon1-Button, den Klon2-Button und dann auf den GC-Button. Machen Sie das mehrfach. Manchmal wird klon1 zuerst eingesammelt und manchmal klon2. Gelegentlich wird der Garbage Collector sogar ohne den Aufruf von `GC.Collect()` ausgeführt.

Finalisierer dürfen nicht von der Stabilität abhängen

Beim Schreiben von Finalisierern können Sie sich nicht darauf verlassen, dass sie zu einem bestimmten Zeitpunkt ausgeführt werden. Selbst wenn Sie `GC.Collect()` aufrufen – was Sie vermeiden sollten, wenn Sie nicht einen sehr guten Grund dafür haben –, ***schlagen*** Sie nur vor, dass der Garbage Collector ausgeführt wird. Es gibt keine Garantie dafür, dass das sofort passiert. Und wenn es passiert, haben Sie keine Möglichkeit, in Erfahrung zu bringen, in welcher Reihenfolge Ihre Objekte eingesammelt werden.

Was heißt das für die Praxis? Na, denken Sie mal darüber nach, was passiert, wenn Sie zwei Objekte haben, die einander referenzieren. Wird Objekt 1 zuerst eingesammelt, zeigt die Referenz von Objekt 2 auf ein Objekt, das es nicht mehr gibt. Aber wird Objekt 2 zuerst eingesammelt, ist die Referenz von Objekt 1 ungültig. Das bedeutet, dass ***Sie sich im Finalisierer Ihres Objekts nicht auf Referenzen verlassen können***. Es wäre also ziemlich unklug, in einem Finalisierer etwas zu machen, das davon abhängig ist, dass bestimmte Referenzen noch gültig sind.

Serialisierung ist ein gutes Beispiel für etwas, das Sie **in einem Finalisierer nicht machen sollten**. Hält Ihr Objekt einen Haufen Referenzen auf andere Objekte, ist die Serialisierung davon abhängig, dass ***alle*** diese Objekte noch im Speicher sind ... und alle Objekte, die diese referenzieren und so weiter. Versuchen Sie, etwas zu serialisieren, wenn die Garbage Collection durchgeführt wird, kann das dazu führen, dass wichtige Teile Ihres Objekts **fehlen**, weil einige Objekte eingesammelt wurden, ***bevor*** der Finalisierer ausgeführt wurde.

Glücklicherweise bietet uns C# ein sehr gute Lösung: `IDisposable`. Alles, was Ihre Kerndaten modifizieren könnte oder davon abhängig ist, dass andere Objekte noch immer im Speicher sind, sollte in der Methode `Dispose()` erfolgen, nicht in einem Finalisierer.

Manche Leute betrachten Finalisierer als Sicherungssystem für die Methode `Dispose()`. Und das ist sinnvoll – bei Ihrem `Klon`-Objekt haben Sie ja gerade gesehen, dass die Methode nicht notwendigerweise aufgerufen wird, wenn Sie `IDisposable` implementieren. Aber Sie müssen aufpassen – wenn Ihre `Dispose()`-Methode davon abhängig ist, dass sich andere Objekte noch auf dem Heap befinden, kann es zu Problemen führen, wenn Sie aus Ihrem Finalisierer heraus `Dispose()` aufrufen. Das umgehen Sie am besten, indem Sie **immer eine using-Anweisung verwenden**, wenn Sie eine Klasse instantiieren, die `IDisposable` implementiert.

Nehmen wir an, Sie haben zwei Objekte, die einander referenzieren.

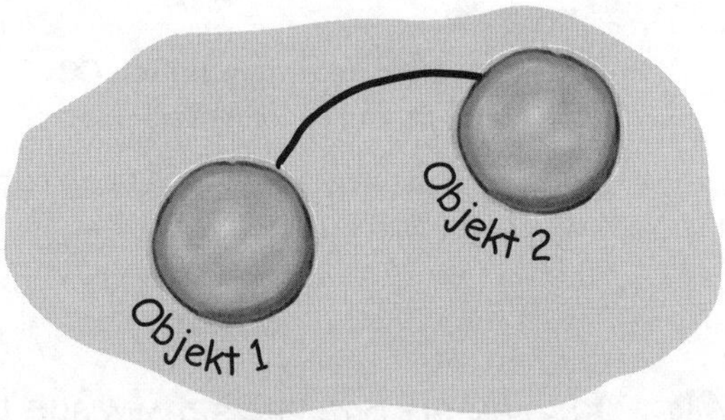
Objekt 2
Objekt 1

Werden beide zur gleichen Zeit für die Garbage Collection markiert, könnte Objekt 1 zuerst verschwinden ...

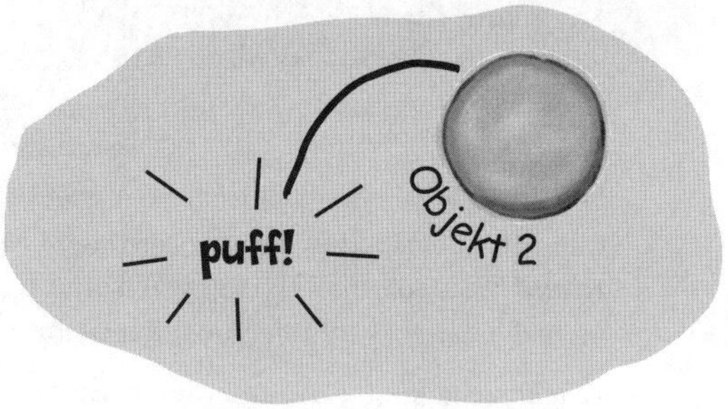
puff!
Objekt 2

... oder Objekt 2 könnte vor Objekt 1 verschwinden. Sie können nicht wissen, in welcher Reihenfolge ...

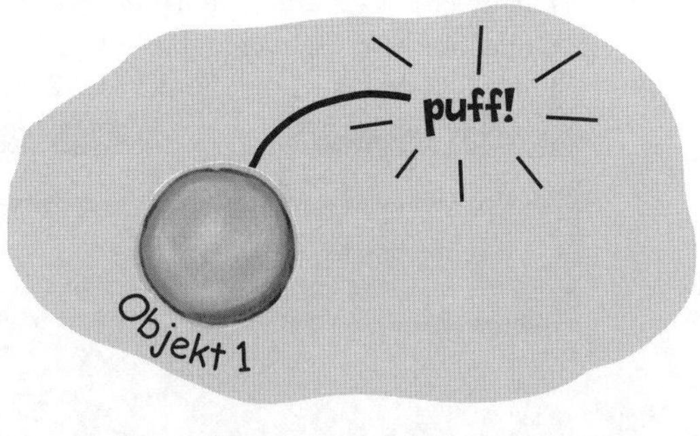
puff!
Objekt 1

... und deswegen kann sich der Finalisierer eines Objekts nicht darauf verlassen, dass ein anderes Objekt noch auf dem Heap ist.

Lassen Sie ein Objekt sich selbst in Dispose() serialisieren

Hat man den Unterschied zwischen `Dispose()` und einem Finalisierer einmal verstanden, ist es leicht, Klassen zu schreiben, deren Objekte sich selbst automatisch serialisieren, wenn sie entsorgt werden.

Tun Sie das!

1 **MACHEN SIE DIE KLASSE KLON (VON SEITE 620) SERIALISIERBAR.**
Stellen Sie der Klassendeklaration einfach das Attribut `[Serializable]` voran, damit wir sie in einer Datei speichern können.

```
[Serializable]
public class Klon : IDisposable
```

2 **VERÄNDERN SIE DISPOSE() SO, DASS DAS OBJEKT IN EINE DATEI SERIALISIERT WIRD.**
Nutzen wir einen `BinaryFormatter`, um `Klon` in `Dispose()` in eine Datei serialisieren zu lassen:

```
using System.IO;
using System.Runtime.Serialization.Formatters.Binary;

// Bestehender Code.

public void Dispose() {
  string dateiname = "C:\\Temp\\Klon.dat";
  string verzname = "C:\\Temp\\";
  if (File.Exists(dateiname) == false) {
    Directory.CreateDirectory(verzname);
  }
  BinaryFormatter bf = new BinaryFormatter();
  using (Stream ausgabe = File.OpenWrite(dateiname)) {
    bf.Serialize(ausgabe, this);
  }
  MessageBox.Show("Muss ... mich ... serialisieren ...",
                  "Klon " + this.Id + "sagt ...");
}
```

Sie brauchen ein paar weitere using-Anweisungen, um die I/O-Klassen zu verwenden.

Hier sind wir nur zu Lehrzwecken zur binären Serialisierung und zu vorgegebenen Verzeichnissen zurückgekehrt, weil sie einfach sind. In echten Programmen sollten Sie das nicht tun.

Der Klon erzeugt das Verzeichnis C:\Temp und serialisiert sich in die Datei Klon.dat.

Wir haben den Dateinamen als String-Literal festgeschrieben. Für ein kleines Spielzeugprogramm wie dieses ist das in Ordnung, unproblematisch ist es aber nicht. Haben Sie eine Idee, zu welchen Problemen das führen könnte und wie sich diese vermeiden ließen?

3 **FÜHREN SIE DIE ANWENDUNG AUS.**
Sie werden das gleiche Verhalten sehen wie vor ein paar Seiten ... aber bevor `klon1` vom Garbage Collector eingesammelt wird, wird das Objekt in eine Datei serialisiert. Werfen Sie einen Blick in die Datei, sehen Sie eine binäre Darstellung des Objekts.

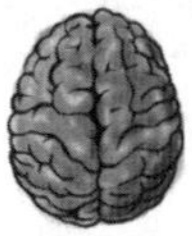

KOPF-NUSS

Dieses Projekt bietet viel Stoff zum Nachdenken. Wie sah wohl der Rest der Klasse `SuperHeld` aus? Teile davon sahen Sie auf Seite 614. Könnten Sie den Rest jetzt schreiben? Sollten Sie das auch?

Natürlich könnte man ein Objekt serialisieren, wenn es entsorgt wird. Aber ist das wirklich so ratsam? Was ist mit der Trennung der Verantwortlichkeiten? Könnte das die Wartung des Codes erschweren? Zu welchen anderen Problemen kann es kommen?

Und ist diese Dispose()-Methode wirklich frei von Nebeneffekten? Was passiert, wenn sie mehrfach aufgerufen wird? All das sind Dinge, über die Sie nachdenken müssen, wenn Sie IDisposable implementieren.

Kamingespräche

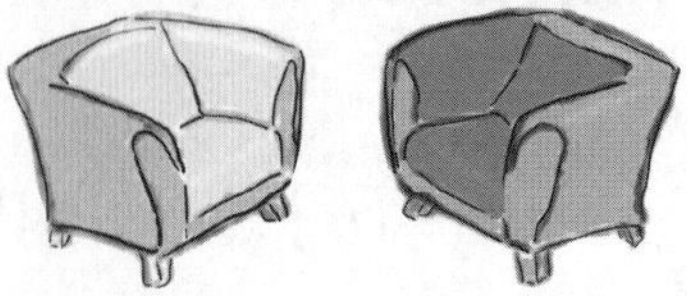

Heute Abend: **Die Methode Dispose() und ein Finalisierer fechten aus, wer wichtiger ist.**

Dispose:

Ehrlich gesagt, bin ich etwas überrascht, dass ich heute Abend eingeladen wurde. Ich dachte, in der Programmiererwelt sei man sich mittlerweile einig. Ist doch klar, dass ich viel wertvoller bin als du. Du bringst doch wirklich nicht viel. Du kannst dich nicht einmal serialisieren oder wichtige Daten ändern und so. Ziemlich instabil, oder?

Finalisierer:

Wie bitte? Sie müssen wohl immer über das Ziel hinausschießen! Ich sei schwach ... na gut. Ich wollte damit ja nicht anfangen. Aber wenn wir uns schon auf das Niveau begeben: Ich bin wenigstens nicht von einer Schnittstelle abhängig. Ohne `IDisposable` sind auch Sie nur eine ganz gewöhnliche nutzlose Methode.

Dispose:

Die Schnittstelle gibt es gerade, **weil** ich so wichtig bin. Ich bin sogar die einzige Methode darin!

Finalisierer:

Gut, gut ... reden Sie sich das ruhig ein. Und was passiert, wenn einer bei der Instantiierung eines Objekts die `using`-Anweisung vergisst? Dann werden Sie einfach ignoriert.

Dispose:

Okay, stimmt schon, stimmt schon. Programmierer müssen wissen, dass sie mich brauchen, und müssen mich entweder direkt aufrufen oder eine `using`-Anweisung verwenden. Aber sie können sich immer darauf verlassen, zu welchem Zeitpunkt ich ausgeführt werde, und können mich einsetzen, um die Arbeiten durchzuführen, die erforderlich sind, um hinter ihren Objekten den Mist wegzukehren. Ich bin mächtig, zuverlässig und leicht zu verwenden. Ich bin eine dreifache Versuchung. Und du? Keiner weiß, wann du ausgeführt wirst oder in welchem Zustand sich die Anwendung befindet, wenn du dich endlich entschließt, in Aktion zu treten.

Handles nutzt Ihr Programm, wenn es .NET und die CLR übergeht und direkt mit Windows interagiert. Da .NET darüber nicht informiert ist, kann es diese für Sie auch nicht bereinigen.

Finalisierer:

Aber ohne mich gibt es keine Möglichkeit, etwas im allerletzten Augenblick auszuführen, unmittelbar bevor ein Objekt vom Garbage Collector eingesammelt wird. Ich kann Netzwerkressourcen freigeben, Fenster-Handles, Streams, alles, was für das restliche Programm zu einem Problem werden könnte, wenn es nicht ordentlich bereinigt wird. Ich kann sichern, dass Objekte gnädiger darauf reagieren, dass sie zu Müll werden. Darüber rümpft man die Nase nicht.

Dispose:

Du kannst eigentlich also nichts, was ich nicht auch kann. Aber du meinst, du wärst 'ne große Sache, weil du läufst, wenn die Garbage Collection erfolgt.

Finalisierer:

Ganz genau, Freundchen – ich laufe immer. Du hingegen brauchst jemanden, der dich ausführt. Im Gegensatz zu dir stehe ich auf eigenen Beinen!

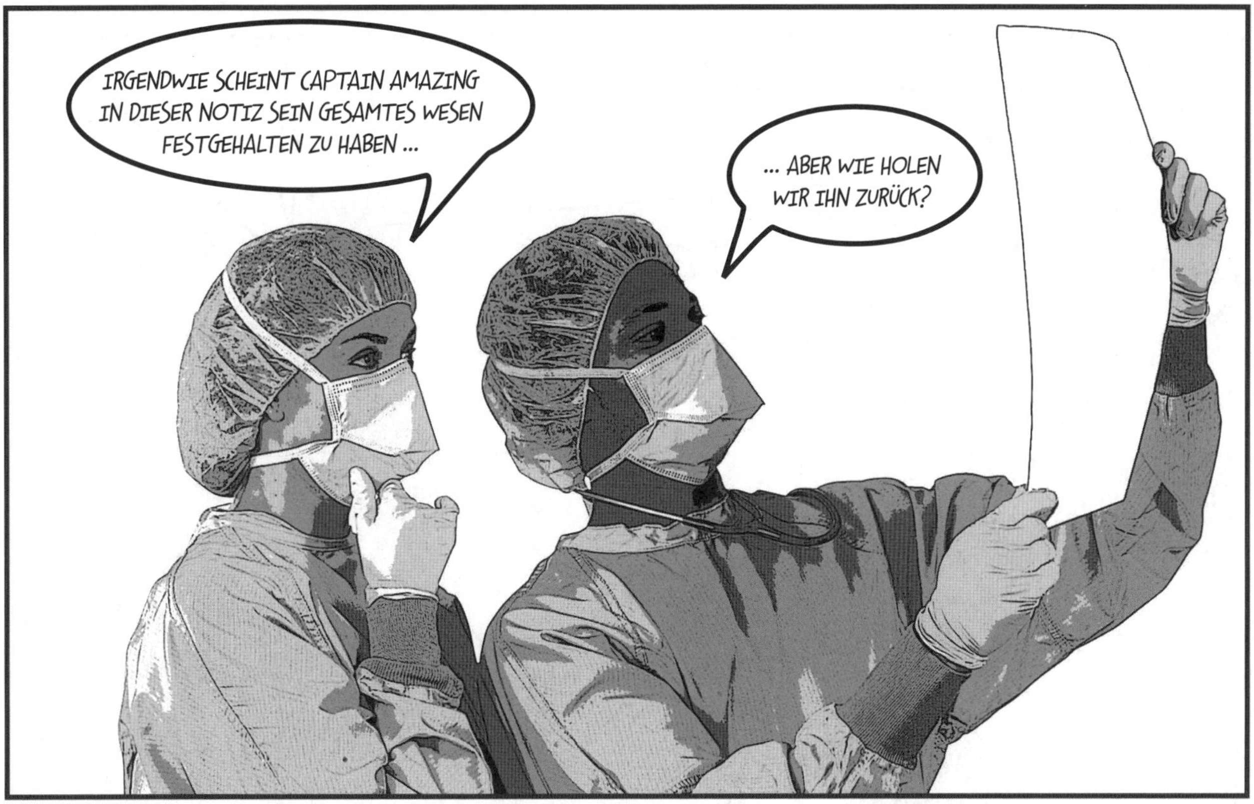
IRGENDWIE SCHEINT CAPTAIN AMAZING IN DIESER NOTIZ SEIN GESAMTES WESEN FESTGEHALTEN ZU HABEN ...
... ABER WIE HOLEN WIR IHN ZURÜCK?

Es gibt keine Dummen Fragen

F: Kann ein Finalisierer alle Felder und Methoden eines Objekts nutzen?

A: Klar. Einem Finalisierer können Sie zwar keine Parameter übergeben, aber auf die Felder des Objekts können Sie zugreifen – aufpassen müssen Sie nur, wenn diese Felder Referenzen auf andere Objekte sind. Diese könnten bereits von der Garbage Collection eingesammelt worden sein. Methoden können Sie auf dem Objekt, das zerstört wird, natürlich auch aufrufen (solange diese Methoden nicht von anderen Objekten abhängig sind).

F: Was passiert, wenn in einem Finalisierer eine Exception ausgelöst wird?

A: Gute Frage. In einem Finalisierer kann man `try/catch` verwenden. Probieren Sie es aus. Erzeugen Sie in einem `try`-Block der gerade geschriebenen `Klon`-Klasse eine `DivideByZeroException`. Fangen Sie sie ab und zeigen Sie eine Meldung an, die sagt: »Es wurde eine Exception abgefangen.« Führen Sie das Programm jetzt aus und klicken Sie auf den ersten und dann auf den GC-Button. Sie sehen nun die Exception-Meldung und die alte Zerstört-Meldung. (Natürlich ist es normalerweise ein **sehr schlechter Gedanke**, in Finalisierern von Objekten, die mehr als Spielzeug sind, Meldungsfenster zu öffnen ... und es kann ja auch passieren, dass diese Meldungen nie angezeigt werden.)

F: Wie oft läuft der Garbage Collector automatisch?

A: Auf diese Frage gibt es keine vernünftige Antwort. Er läuft in keinem leicht vorhersagbaren Rhythmus, und Sie haben keine genaue Kontrolle darüber. Sie können sicher sein, dass er ausgeführt wird, wenn das Programm beendet wird. Wann er ausgeführt wird, können Sie mit `GC.Collect()` beeinflussen ... und auch dann *schlagen* Sie der CLR nur *vor*, die GC jetzt laufen zu lassen.

F: Wie schnell führt .NET die Garbage Collection aus, nachdem ich GC.Collect() aufgerufen habe?

A: Wenn Sie `GC.Collect()` ausführen, sagen Sie .NET, dass es die Garbage Collection sobald wie möglich ausführen soll. ***In der Regel*** erfolgt das, sobald .NET mit seiner aktuellen Arbeit fertig ist. Das heißt, dass es recht bald geschehen wird. Wann genau, können Sie aber nicht steuern.

F: Wenn etwas unbedingt ausgeführt werden muss, stecke ich es in einen Finalisierer, oder?

A: Es kann passieren, dass Finalisierer nicht ausgeführt werden. Finalisierer können unterdrückt werden, wenn die Garbage Collection erfolgt. Oder der Prozess könnte vollständig beendet werden. Falls Sie nicht gerade unverwaltete Ressourcen freigeben müssen, sind `IDisposable` und `using`-Anweisungen fast immer besser.

Inzwischen auf den Straßen von Objekthausen ...
CAPTAIN AMAZING ... ER IST ZURÜCK!
ABER ETWAS STIMMT NICHT. ER SCHEINT NICHT DER ALTE ZU SEIN ... SEINE KRÄFTE SIND SELTSAM.
Später ...
CAPTAIN AMAZING BRAUCHTE SO LANGE, HIERHER ZU KOMMEN, DASS SCHNURRI SICH SELBST VOM BAUM RETTEN MUSSTE ...
MIAU!

Noch später ...
Captain Amazing's Hideout Collection TOP SECRET
PUH ... ÄCHZ .... UFF! ICH BIN ERSCHÖPFT!
Was ist nicht in Ordnung? Warum verhalten sich die Kräfte des Captains anders? Ist das das Ende?

Ein Struct *sieht aus* wie ein Objekt ...

Einer der Typen in .NET, über den wir noch nicht gesprochen haben, ist `struct`. `struct` ist eine Kurzform für **Struktur,** und `structs` sehen Objekten sehr ähnlich. Genau wie Objekte haben sie Felder und Eigenschaften. Und Sie können sie sogar an Methoden übergeben, die einen Parameter des Typs `object` erwarten:

Structs können Schnittstellen implementieren, aber keine anderen Klassen erweitern. Und Structs sind versiegelt, können selbst also nicht erweitert werden.

```
struct FastEinSuperHeld : IDisposable {
    public int SuperKraft;
    public int SuperDing { get; private set; }

    public void BösewichtEliminieren(Bösewicht bösewicht)
    {
        Console.WriteLine("Gib auf, " + bösewicht.Name +
             ", mach dem Wahnsinn ein Ende!");
        if (bösewicht.Ergeben)
            bösewicht.InGefängnisGehen();
        else
            bösewicht.Töten();
    }

    public void Dispose() { ... }
}
```

Ein struct kann Eigenschaften und Felder haben ...

... und Methoden definieren.

Die Macht von Klassen liegt in ihrer Fähigkeit, Verhalten aus dem wahren Leben durch Vererbung und Polymorphie zu imitieren.

Structs sind am besten zur Speicherung von Daten geeignet, aber das Fehlen von Vererbung und Referenzen kann eine ernsthafte Beschränkung sein.

... ist aber *nicht* auf dem Heap

Aber `structs` ***sind keine*** Objekte auf dem Heap. Sie können Methoden und Felder haben, aber keine Finalisierer. Außerdem können sie nicht von Klassen oder anderen `structs` erben oder selbst von Klassen oder `structs` erweitert werden.

Structs erben von System.ValueType, das seinerseits von System.Object erbt. Deswegen haben Structs eine ToString()-Methode – sie wird von Objekt geerbt. Aber das ist alles, was Structs an Vererbung beherrschen.

SuperHeld
struct

Einzelne Klassen können Sie mit einem Struct imitieren, aber komplexe Vererbungshierarchien lassen sich mit ihnen nicht darstellen.

Structs können keine anderen Klassen erweitern.

Deswegen nutzen Sie häufiger Klassen als Structs. Was aber nicht heißt, dass nicht auch Structs ihren Zweck hätten!

Der wesentliche Unterschied zwischen Structs und Klassen ist aber, dass Structs ***per Wert, nicht per Referenz kopiert werden***. Auf der nächsten Seite erfahren Sie, was das heißt ...

Werte werden kopiert, Referenzen werden zugewiesen

Sie haben bereits eine Vorstellung davon, wie sich Typen unterscheiden. Auf der einen Seite haben Sie **Werttypen** wie `int`, `bool` und `decimal`. Auf der anderen Seite haben Sie **Objekttypen** wie `List`, `Stream` und `Exception`. Und diese funktionieren nicht auf gleiche Weise, oder?

Hier ist eine kurze Auffrischung zu Werttypen vs. Referenztypen.

Weisen Sie einer Werttypvariablen über das Gleichheitszeichen den Wert einer anderen Variablen zu, wird **eine Kopie des Werts erstellt**. Anschließend sind die beiden Variablen nicht mehr miteinander verbunden. Aber wenn Sie das Gleichheitszeichen mit Referenzen nutzen, **lassen Sie beide Referenzen auf das gleiche Objekt zeigen**.

- Variablendeklarationen und -zuweisungen funktionieren bei Wert- und Referenztypen gleich.

int und bool speichern Werttypen, List und Exception sind Objekttypen.

Ja, einst sagten wir, dass Methoden und Anweisungen IMMER in Klassen stehen. Das ist so also nicht ganz richtig – es kann auch ein Struct sein.

```
int wieViele = 25;
bool furchteinflößend = true;
List<double> temperaturen = new List<double>();
Exception ex = new Exception("Berechnung unmöglich");
```

Die Initialisierung erfolgt bei allen auf die gleiche grundlegende Weise.

- Bei der Zuweisung von Werten schleichen sich allerdings Unterschiede ein. Werttypen werden grundsätzlich kopiert. Hier ist ein Beispiel:

Diese Zeile kopiert den in der Variablen wieViele gespeicherten Wert in die Variable fünfzehnMehr und fügt ihm 15 hinzu.

Eine Änderung der Variablen fünfzehnMehr hat keine Auswirkungen auf wieViele und umgekehrt.

```
int fünfzehnMehr = wieViele;
fünfzehnMehr += 15;
Console.WriteLine("wieViele ist {0}, fünfzehnMehr ist {1}",
                  wieViele, fünfzehnMehr);
```

Die Ausgabe hier zeigt, dass `fünfzehnMehr` und `wieViele` ***nicht*** verbunden sind:

```
wieViele ist 25, fünfzehnMehr ist 40
```

- Bei Objektzuweisungen werden aber keine Werte, sondern Referenzen zugewiesen:

Das lässt die Referenz andereList auf dasselbe Objekt zeigen wie die Referenz temperaturen.

```
temperaturen.Add(56.5F);
temperaturen.Add(27.4F);
List<double> andereList = temperaturen;
andereList.Add(62.9F);
```

Beide Referenzen zeigen auf dasselbe Objekt.

TEMPERATUREN
ANDERELIST
List<Float>

Eine Änderung der `List` bedeutet also, dass beide Referenzen die Aktualisierung sehen ... da beide auf das gleiche `List`-Objekt zeigen.

```
Console.WriteLine("temperaturen hat {0}, andereList {1} Elemente",
                  temperaturen.Count(), andereList.Count());
```

Die Ausgabe hier zeigt, dass `andereList` und `temperaturen` tatsächlich auf ***dasselbe*** Objekt zeigen:

Als Sie andereList.Add() aufriefen, wurde ein neuer Wert in die Liste eingefügt, auf die andereList und temperaturen zeigen.

```
temperaturen hat 3, andereList 3 Elemente
```

Structs sind Werttypen, Objekte sind Referenztypen

Wenn Sie ein `struct` erstellen, erzeugen Sie einen **Werttyp**. Das bedeutet, dass Sie, wenn Sie eine `struct`-Variable über das Gleichheitszeichen einer anderen gleichsetzen, in der neuen Variablen eine neue *Kopie* des Structs erzeugen. Obwohl ein `struct` wie eine Klasse *aussieht*, verhält es sich nicht wie eine.

Tun Sie das!

1 ERSTELLEN SIE EIN STRUCT NAMENS HUND.
Hier ist ein einfaches Struct, das Hunde repräsentiert. Es sieht wie eine Klasse aus, ist aber keine. Fügen Sie es einer **neuen Konsolenanwendung** hinzu.

```
struct Hund {
  public string Name;
  public string Rasse;

  public Hund(string name, string rasse) {
    this.Name = name;
    this.Rasse = rasse;
  }

  public void Reden() {
      Console.WriteLine("Ich heiße {0} und bin ein {1}.", Name, Rasse);
  }
}
```

Ja, das ist keine ordentliche Kapselung. Aber so brauchen wir das, um dieses Problem zu erläutern.

2 ERSTELLEN SIE EINE KLASSE NAMENS HUNDEARTIG.
Erstellen Sie eine Kopie des Structs `Hund` und **ersetzen Sie struct durch class** und **Hund durch Hundeartig** (und vergessen Sie nicht, den Konstruktor anzupassen). Jetzt haben Sie eine Klasse `Hundeartig`, mit der Sie spielen können, die fast genau dem Struct `Hund` entspricht.

3 FÜGEN SIE CODE HINZU, DER EINIGE KOPIEN VON HUNDEN UND HUNDEARTIGEN ERSTELLT.
Hier ist der Code für die `Main()`-Methode:

```
Hundeartig fido = new Hundeartig("Fido", "Mops");
Hundeartig tim = fido;
tim.Name = "Tim";
tim.Rasse = "Beagle";
fido.Reden();

Hund hans = new Hund("Hans", "Pudel");
Hund grete = hans;
grete.Name = "Grete";
grete.Rasse = "Pitbull";
hans.Reden();

Console.ReadKey();
```

Sie haben in Ihren Programmen bereits Structs verwendet. Erinnern Sie sich an Point aus den Kapiteln 12 und 13 oder an DateTime in Kapitel 9? Das sind Structs!

4 BEVOR SIE DIESE ANWENDUNG AUSFÜHREN ...
Was wird auf die Konsole geschrieben, wenn Sie diesen Code ausführen?

Spitzen Sie Ihren Bleistift

....

....

Spitzen Sie Ihren Bleistift
Lösung

Was wird auf die Konsole geschrieben?

Ich heiße Tim und bin ein Beagle.

Ich heiße Hans und bin ein Pudel.

Folgendes ist passiert …

Die Referenzen `tim` und `fido` zeigen beide auf dasselbe Objekt, beide ändern also dieselben Felder und rufen dieselbe `Reden()`-Methode auf. Aber Structs funktionieren anders. Als Sie `grete` erstellten, haben Sie eine neue Kopie der Daten in `hans` erstellt. Diese beiden Structs sind vollkommen unabhängig voneinander.

Ein Hundeartig-Objekt wurde erstellt, und die Referenz fido zeigt darauf.

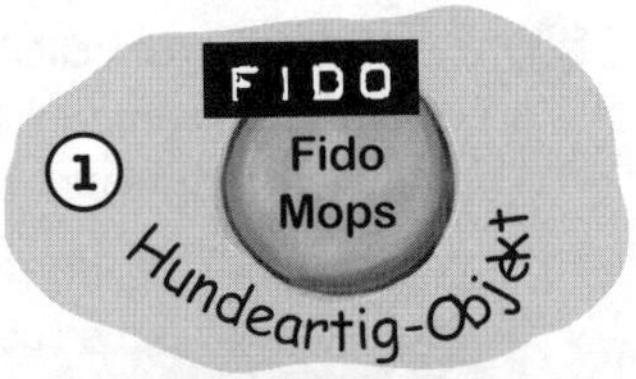
FIDO
Fido
Mops
1
Hundeartig-Objekt

```
Hundeartig fido = new Hundeartig("Fido", "Mops"); (1)
Hundeartig tim = fido; (2)
tim.Name = "Tim";
tim.Rasse = "Beagle";
fido.Reden(); (3)
```

Die neue Referenzvariable tim wurde erstellt, aber dem Heap wird kein neues Objekt hinzugefügt – die Referenz tim zeigt auf dasselbe Objekt wie fido.

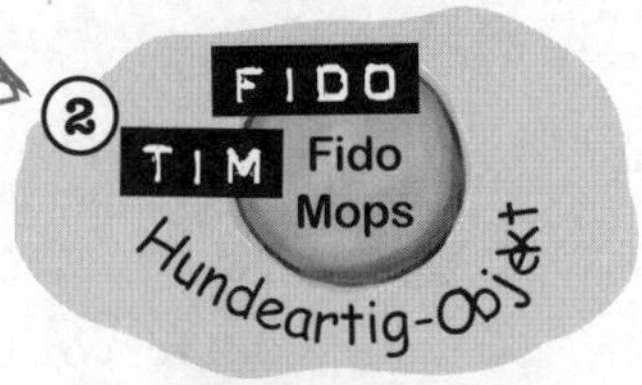
2
FIDO
TIM
Fido
Mops
Hundeartig-Objekt

Da fido und tim auf dasselbe Objekt zeigen, rufen fido.Reden() und tim.Reden() die gleiche Methode auf und erzeugen beide dieselbe Ausgabe mit »Tim« und »Beagle«.

FIDO
TIM
Tim
Beagle
3
Hundeartig-Objekt

```
Hund hans = new Hund("Hans", "Pudel"); (4)
Hund grete = hans; (5)
grete.Name = "Grete";
grete.Rasse = "Pitbull";
hans.Reden(); (6)
```

Erstellen Sie eine Instanz eines Structs, sieht diese einem Objekt sehr ähnlich – Sie haben eine Variable, über die Sie auf seine Felder und Methoden zugreifen können.

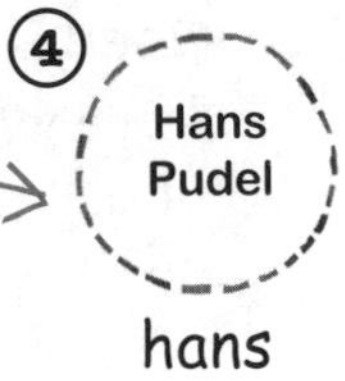
4
Hans
Pudel
hans

Das ist der entscheidende Unterschied. Als Sie die Variable grete hinzufügten, haben Sie einen neuen Wert erzeugt.

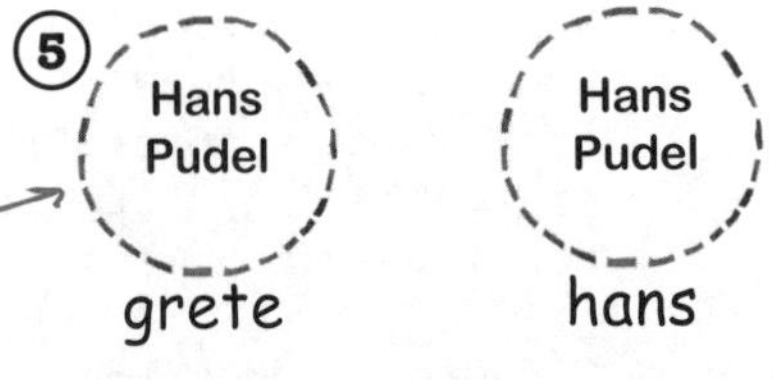
5
Hans
Pudel
grete
Hans
Pudel
hans

Setzen Sie ein Struct einem anderen gleich, erzeugen Sie eine KOPIE der Daten des Structs. Das liegt daran, dass struct ein WERTTYP ist.

Da Sie eine neue Kopie der Daten erstellt hatten, blieb hans unverändert, als Sie die Felder von grete änderten.

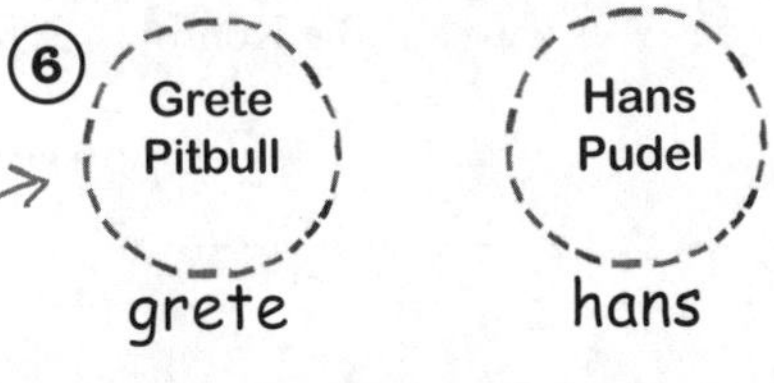
6
Grete
Pitbull
grete
Hans
Pudel
hans

Hinter den Kulissen

Stack vs. Heap: mehr zum Speicher

Wie sich `structs` und Objekte unterscheiden, lässt sich leicht verstehen – die Kopie eines Structs können Sie erstellen, indem Sie einfach das Gleichheitszeichen verwenden. Das geht bei Objekten nicht. Aber was passiert da hinter den Kulissen?

Die .NET CLR speichert Ihre Daten im Speicher an zwei Orten. Sie wissen bereits, dass sich Objekte auf dem **Heap** befinden. Daneben hält sie noch einen weiteren Speicherbereich, der als **Stack** (Stapel) bezeichnet wird. In ihm werden alle lokalen Variablen gespeichert, die Sie in Ihren Methoden deklarieren oder ihnen als Parameter übergeben. Den Stack können Sie sich als einen Haufen Fächer vorstellen, in die Sie Werte packen können. Wird eine Methode aufgerufen, fügt die CLR oben auf dem Stack weitere Fächer hinzu. Ist die Methode fertig, werden ihre Fächer entfernt.

Rufen Sie sich ins Gedächtnis zurück, dass die CLR aktiv den Speicher verwaltet, während Ihr Programm läuft, und sich um den Heap und die Garbage Collection kümmert.

Obwohl Sie einer object-Variablen ein Struct zuweisen können, unterscheiden sich Structs und Objekte.

Der Code

Code wie diesen könnten Sie in einem Programm sehen.

So sieht der Stack aus, nachdem diese Anweisungen ausgeführt wurden.

Der Stack

Hier befinden sich Structs und lokale Variablen.

```
Hundeartig fido = new Hundeartig("Fido", "Mops");
Hund hans = new Hund("Hans", "Pudel");
```

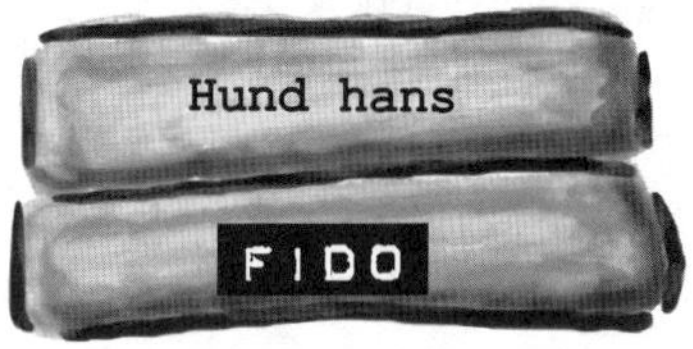
Hund hans
FIDO

```
Hundeartig fido = new Hundeartig("Fido", "Mops");
Hund hans = new Hund("Hans", "Pudel");
Hund grete = hans;
```

Erstellen Sie eine Variable für ein Struct – oder einen beliebigen anderen Werttyp –, wird auf den Stack ein neues »Fach« gestapelt. Dieses Fach ist eine Kopie des Werts in Ihrer Variablen.

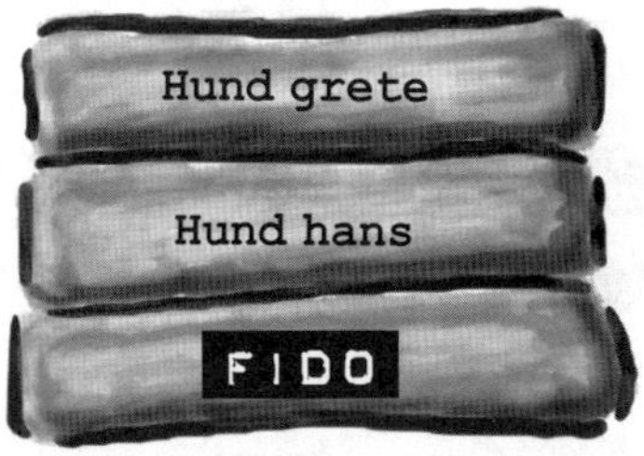
Hund grete
Hund hans
FIDO

```
Hundeartig fido = new Hundeartig("Fido", "Mops");
Hund hans = new Hund("Hans", "Pudel");
Hund grete = hans;
DreiMalSprechen(hans);
public void DreiMalSprechen(Hund hund) {
    int i;
    for (i = 0; i < 5; i++)
        hund.Reden();
}
```

Rufen Sie eine Methode auf, legt die CLR ihre lokalen Variablen oben auf den Stack und nimmt sie wieder herunter, wenn die Methode fertig ist.

int i
Hund hund
Hund grete
Hund hans
FIDO

MOMENT- WOZU MUSS ICH DAS WISSEN? ICH HABE DOCH KEINERLEI EINFLUSS DARAUF?

Sie sollten unbedingt wissen, wie sich Structs, die man per Wert kopiert, von Objekten unterscheidet, die man per Referenz kopiert.

Gelegentlich müssen Sie eine Methode schreiben, die einen Werttyp ***oder*** einen Referenztyp akzeptieren kann – vielleicht eine Methode, die mit `Hund` oder mit `Hundeartig` arbeiten muss. Befinden Sie sich in dieser Situation, können Sie das Schlüsselwort `object` verwenden:

```
public HundOderHundeartigesAusführen(object etwas) { ... }
```

Senden Sie dieser Methode ein Struct, wird das Struct in eine spezielle Objekt-»Verpackung« **eingepackt**, die ihm ein Leben auf dem Heap erlaubt. Diese Verpackung bezeichnet man üblicherweise als **Wrapper** und den Vorgang des Ein-/Auspackens als **Boxing** bzw. **Unboxing**. Solange sich der Wrapper auf dem Heap befindet, können Sie mit dem Struct nicht viel anfangen. Sie müssen es »auspacken«, um mit ihm zu arbeiten. Glücklicherweise passiert das *automatisch*, wenn Sie einen Referenztyp auf einen Werttyp setzen oder einer Methode, die eine `object`-Referenz erwartet, einen Werttyp übergeben.

Ob ein Objekt ein verpacktes Struct oder ein anderer verpackter Werttyp ist, können Sie ebenfalls mit dem Schlüsselwort »is« prüfen.

1 So sehen Stack und Heap aus, nachdem Sie eine `object`-Variable erstellt und ihr einen `Hund`-Struct-Wert zugewiesen haben.

```
Hund sid = new Hund("Sid", "Husky");
Object obj = sid;
```

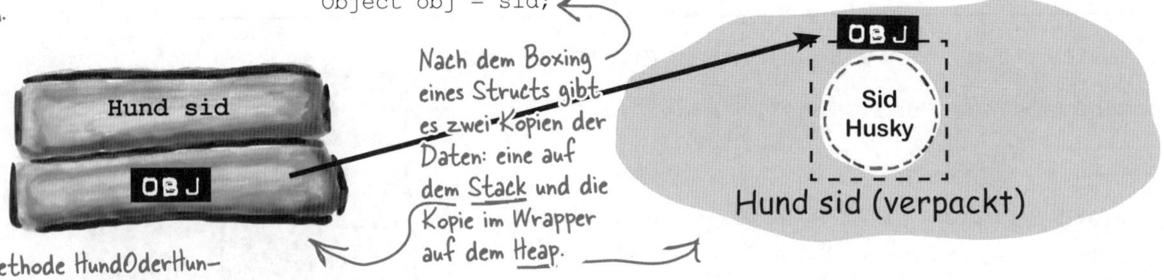
Hund sid
OBJ
Nach dem Boxing eines Structs gibt es zwei Kopien der Daten: eine auf dem Stack und die Kopie im Wrapper auf dem Heap.
OBJ
Sid
Husky
Hund sid (verpackt)

Die Methode HundOderHundeartigesAusführen() erwartet eine Objektreferenz, das Hund-Objekt wird also verpackt, bevor sie übergeben wird. Wird sie auf Hund gecastet, wird sie ausgepackt.

2 Möchten Sie das Objekt auspacken, müssen Sie es einfach auf den benötigten Typ casten. Das Unboxing erfolgt dann automatisch. Das Schlüsselwort **as können Sie mit Werttypen nicht** verwenden, deswegen müssen Sie den `Hund` casten.

```
if (obj is Hund)
    Hund susi = (Hund) obj;
```

Das sind Structs. Auf dem Heap sind sie also nur in einem Wrapper.

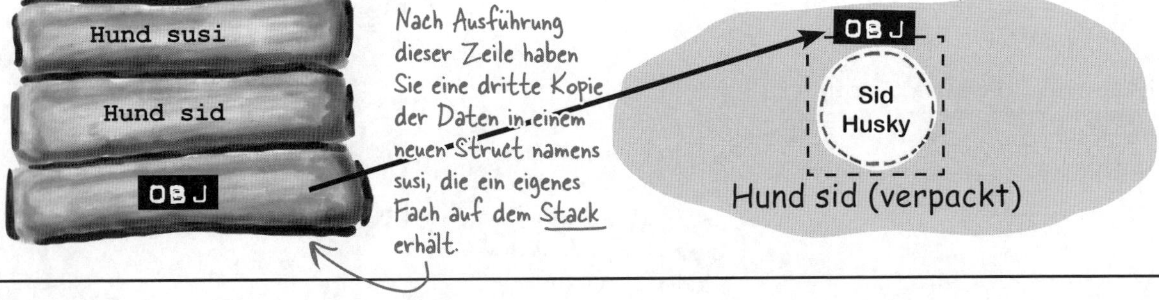
Hund susi
Hund sid
OBJ
Nach Ausführung dieser Zeile haben Sie eine dritte Kopie der Daten in einem neuen Struct namens susi, die ein eigenes Fach auf dem Stack erhält.
OBJ
Sid
Husky
Hund sid (verpackt)

Hinter den Kulissen

Wird eine Methode aufgerufen, sucht sie ihr Argument auf dem Stack

Der Stack spielt eine wichtige Rolle dabei, wie die CLR Ihre Programme ausführt. Beispielsweise hält man es für selbstverständlich, dass man eine Methode schreiben kann, die eine andere Methode aufruft. Ja sogar, dass eine Methode auch sich selbst aufrufen kann (was man als *Rekursion* bezeichnet). Und der Stack ist das, was Programmen die Möglichkeit gibt, diese Dinge zu tun.

Hier sind einige Methoden aus einem Hundesimulator. Sie sind recht einfach: `HundFüttern()` ruft `Essen()` auf, `Essen()` ruft `NapfPrüfen()` auf.

```
public double HundFüttern(Hundeartig hund, Napf napf) {
    double gegessen = Essen(hund.FutterMenge, Napf);
    return hund.FutterMenge + .05d;
// Etwas geht immer daneben.
}

public void Essen(double futterMenge, Napf napf) {
    napf.Füllmenge -= futterMenge;
    NapfPrüfen(napf.Füllmenge);
}

public void NapfPrüfen(double füllmenge) {
    if (füllmenge < 12.5d) {
        string meldung = "Mein Napf ist fast leer!";
        Console.WriteLine(meldung);
    }
}
```

Achten Sie auf die Terminologie: Als Parameter bezeichnet man den Teil der Methodendeklaration, der die erforderlichen Werte angibt, als Argument den tatsächlichen Wert bzw. die Referenz, die der Methode beim Aufruf übergeben wird.

So sieht der Stack aus, wenn `HundFüttern()` `Essen()` aufruft, das `NapfPrüfen()` aufruft, das `Console.WriteLine()` aufruft:

HUND
NAPF
NAPF
futterMenge wert
HUND
NAPF
füllmenge wert
NAPF
futterMenge wert
HUND
NAPF
MELDUNG
füllmenge wert
NAPF
futterMenge wert
HUND
NAPF

1. **`HundFüttern()` erwartet zwei Parameter, eine `Hundeartig`- und eine `Napf`-Referenz. Wird es aufgerufen, befinden sich die übergebenen Argumente auf dem Stack.**

2. **`HundFüttern()` muss zwei Argumente an `Essen()` übergeben, also werden diese auch auf den Stack geschoben.**

3. **Während sich die Methodenaufrufe stapeln und das Programm immer tiefer in Methoden taucht, die Methoden aufrufen, wird der Stack größer und größer.**

4. **Gibt `Console.WriteLine()` zurück, wird sein Argument vom Stack entfernt. `Essen()` kann also fortfahren, als wäre nichts geschehen. Deswegen ist der Stack so nützlich!**

Mit Parametern Methoden mehrere Werte liefern lassen

Tun Sie das!

Da wir gerade von Parametern und Argumenten sprechen: Es gibt noch andere Möglichkeiten, Werte in Methoden zu setzen und aus ihnen herauszubekommen. Alle beruhen darauf, dass Methodendeklarationen weitere **Modifizierer** erhalten. Eins der gebräuchlichsten Verfahren ist die Verwendung des **Modifizierers out**, der einen Ausgabeparameter deklariert. Das funktioniert so: Erstellen Sie eine neue Windows Forms-Anwendung und fügen Sie dem Formular folgende leere Methodendeklaration hinzu. Beachten Sie die out-Modifizierer auf den beiden Parametern:

```
public int DreiWerteLiefern(out double halb, out int doppelt)
{
        return 1;
}
```

Mit out-Parametern kann eine Methode mehrere Parameter liefern.

Wenn Sie versuchen, diesen Code zu erstellen, sehen Sie zwei Fehler: **Der out-Parameter »halb« muss eine Zuweisung erhalten, bevor die Steuerung die aktuelle Methode verlässt** (gleiches gilt für den Parameter doppelt). Wenn Sie einen out-Parameter nutzen, ***müssen*** Sie ihn setzen, bevor die Methode zurückgibt – ebenso, wie Sie immer eine return-Anweisung nutzen, wenn die Methodendeklaration sagt, dass die Methode einen Wert liefert. Hier ist die vollständige Methode:

```
Random random = new Random();

public int DreiWerteLiefern(out double halb, out int doppelt) {
    int wert = random.Next(1000);
    halb = ((double)wert) / 2;
    doppelt = wert * 2;
    return wert;
}
```

Die Methode muss alle Ausgabeparameter setzen, bevor sie zurückkehrt, sonst scheitert die Kompilierung.

Auffrischung: Wenn Windows Forms-Programme Console. WriteLine() aufrufen, wird das Ausgabefenster der IDE genutzt.

Nachdem Sie die out-Parameter gesetzt haben, kompiliert der Code. Nutzen wir sie nun. Fügen Sie einen Button mit diesem Event-Handler hinzu:

```
private void button1_Click(object sender, EventArgs e) {
    int a;
    double b;
    int c;
    a = DreiWerteLiefern(b, c);
    Console.WriteLine("Wert = {0}, Halb = {1}, Doppelt = {2}", a, b, c);
}
```

Ist Ihnen aufgefallen, dass Sie b und c nicht initialisieren mussten? Sie müssen Variablen nicht initialisieren, bevor Sie sie als Argument für einen out-Parameter nutzen.

Aber es gibt weitere Erstellungsfehler: **Das 1-Argument muss mit dem out-Schlüsselwort übergeben werden**. Wenn Sie eine Methode mit einem out-Parameter aufrufen, müssen Sie das Schlüsselwort out angeben, wenn Sie ihr das Argument übergeben. So also sollte diese Zeile aussehen:

```
a = DreiWerteLiefern(out b, out c);
```

Jetzt lässt sich Ihr Programm erstellen. Wenn Sie es ausführen, setzt die Methode DreiWerteLiefern() drei Werte und liefert alle drei zurück: a wird der Rückgabewert der Methode, b erhält den vom Parameter halb gelieferten Wert, und c erhält den vom Parameter doppelt gelieferten Wert.

Für dieses Projekt nutzen wir eine Windows Forms-Anwendung, weil Sie dann besser mehrfach auf Buttons klicken und die Ausgaben im Ausgabefenster einsehen können.

Mit dem Modifizierer ref Referenzen übergeben

Eine Sache, die Sie schon sehr häufig gesehen haben, ist, dass Sie an Methoden eine Kopie des Werts übergeben, wenn Sie ihnen einen `int`, `double`, `struct` oder einen anderen Werttyp übergeben. Dieses Verfahren hat einen Namen: **pass by value**, was bedeutet, dass der Wert des Arguments kopiert und der Methode übergeben wird.

Aber es gibt noch ein weiteres Verfahren, Methoden Argumente zu übergeben, dass **pass by reference** heißt. Sie können das Schlüsselwort **`ref`** nutzen, um einer Methode zu gestatten, direkt mit dem Argument zu arbeiten, das ihr übergeben wird. Wie den Modifizierer `out` müssen Sie **`ref`** bei der Deklaration und beim Aufruf der Methode verwenden. Es spielt keine Rolle, ob das Argument ein Wert- oder ein Referenztyp ist – jede Variable, die an einen `ref`-Parameter einer Methode übergeben wird, wird von dieser Methode direkt verändert.

Eigentlich verhält sich ein out-Argument wie ein ref-Argument. Der einzige Unterschied ist, dass es nicht zugewiesen werden muss, bevor es in die Methode geht, und zugewiesen werden muss, bevor die Methode zurückkehrt.

Schauen Sie sich an, wie das funktioniert, indem Sie Ihrem Programm diese Methode hinzufügen:

```
public void IntUndButtonVerändern(ref int wert, ref Button button) {
    int i = wert;
    i *= 5;
    wert = i - 3;
    button = button1;
}
}
```

Wenn diese Methode die wert- und button-Parameter setzt, ändert sie die Werte der Variablen q und button in der Methode button2_Click(), durch die sie aufgerufen wurde.

Und fügen Sie einen Button mit diesem Event-Handler hinzu, der die Methode aufruft:

```
private void button2_Click(object sender, EventArgs e) {
    int q = 100;
    Button b = button2;
    IntUndButtonVerändern(ref q, ref b);
    Console.WriteLine("q = {0}, b.Text = {1}", q, b.Text);
}
```

Gibt »q = 497, b.Text = button1« aus, weil die Methode die Variablen q und b tatsächlich verändert hat.

Wenn `button2_Click()` die Methode `IntUndButtonVerändern()` aufruft, übergibt sie die Variablen `q` und `b` per Referenz. `IntUndButtonVerändern()` arbeitet mit ihnen wie mit gewöhnlich Variablen. Aber da sie per Referenz übergeben wurden, aktualisierte sie dabei die Variablen `q` und `b`, nicht nur Kopien dieser Variablen. Endet die Methode, werden die Variablen `q` und `b` also mit den geänderten Werten aktualisiert.

Führen Sie das Programm mit dem Debugger aus und fügen Sie Überwachungen für `q` und `b` ein, um zu sehen, wie das funktioniert.

TryParse() nutzt out-Parameter

Ein ausgezeichnetes Beispiel für out-Parameter finden Sie bei den eingebauten Werttypen. Häufig wollen Sie einen String wie »35.67« in einen double umwandeln. Es gibt eine Methode, mit der Sie genau das machen können: double.Parse("35.67") liefert den double-Wert 35.67. Aber double.Parse("xyz") löst eine FormatException aus. Manchmal ist das erwünscht, aber manchmal sollten Sie prüfen, ob ein String in den entsprechenden Typ übersetzt werden kann. Dazu dient TryParse(): double.TryParse("xyz", out d) liefert false und setzt d auf den double-Wert 0. TryParse("35.67", out d) liefert true und setzt d auf 35.67.

Erinnern Sie sich noch an Kapitel 9, wo wir eine switch-Anweisung nutzten, um »Pik« in Farben.Pik umzuwandeln? Es gibt die statischen Methoden Enum.Parse() und Enum.TryParse(), mit denen Sie genau das machen können!

Mit optionalen Parametern Standardwerte setzen

Häufig werden Ihre Methoden immer wieder mit den gleichen Argumenten aufgerufen, benötigen den Parameter aber trotzdem, weil er sich gelegentlich ändert. Es wäre nützlich, Sie könnten einen Standardwert setzen, damit Sie das Argument beim Methodenaufruf nur angeben müssen, wenn es tatsächlich anders ist.

Genau das können Sie mit optionalen Parametern machen. Einen optionalen Parameter können Sie in der Methodendeklaration anzeigen, indem Sie hinter dem Parameter ein Gleichheitszeichen und den gewünschten Standardwert angeben. Eine Methode kann beliebig viele optionale Parameter haben, aber alle optionalen Parameter müssen den erforderlichen Parametern folgen.

Hier ist eine Methode, die optionale Parameter nutzt, um zu prüfen, ob jemand Fieber hat:

```
void TemperaturPrüfen(double temperatur, double zuHoch = 37.5, double zuTief = 36)
{
    if (temperatur < zuHoch && temperatur > zuTief)
        Console.WriteLine("Ihnen geht es blendend!");
    else
        Console.WriteLine("Sie sollten besser zum Arzt gehen!");
}
```

Die Vorgaben für optionale Parameter werden in der Deklaration angegeben.

Diese Methode hat zwei optionale Parameter: `zuHoch` hat den Standardwert 37.5, und `zuTief` hat den Standardwert 36. Wird `TemperaturPrüfen()` mit einem Argument aufgerufen, werden die Standardwerte für `zuHoch` und `zuTief` verwendet. Rufen Sie die Methode mit zwei Argumenten auf, wird das zweite Argument für `zuHoch` verwendet, aber für `zuTief` weiterhin der Standardwert. Geben Sie drei Argumente an, übergeben Sie Werte für alle drei Parameter.

Es gibt noch eine weitere Möglichkeit. Wenn Sie einige (aber nicht alle) Standardwerte nutzen wollen, können Sie **benannte Argumente** verwenden, um nur für die gewünschten Parameter Werte zu übergeben. Dazu müssen Sie lediglich die Namen der Parameter und dahinter einen Doppelpunkt und den Wert angeben. Nutzen Sie mehrere benannte Argumente, müssen Sie diese durch Kommata trennen wie gewöhnliche Argumente auch.

Fügen Sie die Methode `TemperaturPrüfen()` Ihrem Formular hinzu und erstellen Sie dann einen Button mit folgendem Event-Handler. Schauen Sie ihn sich unter dem Debugger an, um sich damit vertraut zu machen, wie das funktioniert:

```
private void button3_Click(object sender, EventArgs e)
{
    // Die Standardwerte sind für einen gewöhnlichen Menschen
in Ordnung.
    TemperaturPrüfen(38.3);

    // Bei einem Hund sind die Grenzen 38 und 39 Grad.
    TemperaturPrüfen(38.5, 39, 38);

    // Tim hat eine etwas geringere Körpertemperatur.
    TemperaturPrüfen(36.2, zuTief: 35.5);
}
```

Mit optionalen und benannten Parametern können Sie Ihren Methoden Standardwerte geben.

Nullbare Typen vertreten nicht existierende Werte

In vielen Projekten in diesem Buch haben Sie mit `null` angezeigt, dass es keinen Wert gibt. Das ist sehr gebräuchlich: Man kann `null` nutzen, um anzuzeigen, dass eine Variable, ein Feld oder eine Eigenschaft leer ist, und man kann prüfen, ob etwas gleich `null` ist, da das **bedeutet, dass es keinen Wert hat**. Aber ein Struct (und `ints`, `bools`, Enums und andere Werttypen) können Sie nicht `null` setzen, das heißt, die folgenden Anweisungen führen zu Fehlern und verhindern, dass das Programm kompiliert wird:

```
bool einBool = null;
DateTime meinDatum = null;
```

Wie also gibt man bei diesen Tpen einen leeren Wert an?

Angenommen, unser Programm müsste mit einem Datums- und Uhrzeitwert arbeiten. Dazu würden Sie normalerweise eine `DateTime`-Variable nutzen. Aber was ist, wenn diese Variable nicht immer einen Wert hat? Dann erweisen sich nullbare Typen als praktisch. Sie hängen einfach ans Ende eines Werttypen ein Fragezeichen (?) an und machen ihn damit zu einem **nullbaren Typ**, den Sie auf `null` setzen können.

```
bool? nullbarerBool = null;
DateTime? nullbaresDatum = null;
```

Jeder nullbare Typ hat eine Eigenschaft namens `Value`, die den Wert repräsentiert. Bei `DateTime?` hat `Value` den Typ `DateTime`, bei `int?` den Typ `int` usw. Außerdem haben Sie die Eigenschaft `HasValue`, die `true` liefert, wenn es einen Wert gibt.

Einen Werttyp können Sie immer in einen nullbaren Typ umwandeln:

```
DateTime einDatum = DateTime.Now;
DateTime? nullbaresDatum = einDatum;
```

Aber einen nullbaren Typ müssen Sie casten, um ihn als Werttyp nutzen zu können:

```
einDatum = (DateTime)nullbaresDatum;
```

Ist `HasValue false`, löst die Eigenschaft `Value` eine `InvalidOperationException` aus, und das tut auch der Cast (da er der Verwendung der Eigenschaft `Value` entspricht).

In Kapitel 11 haben Sie in der Ausredeverwaltung DateTime.MinValue genutzt, um anzuzeigen, dass ein Datum nicht gesetzt ist. Nullable<DateTime> würde Ihren Code und die serialisierten XML-Dateien besser lesbar machen.

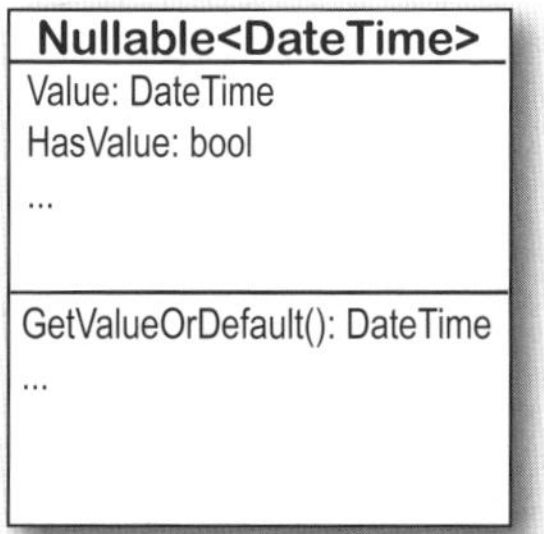
Nullable<DateTime>
Value: DateTime
HasValue: bool
...
GetValueOrDefault(): DateTime
...

Nullable<T> ist ein Struct, das einen Werttyp oder einen Null-Wert speichern kann. Hier sind einige der Methoden und Eigenschaften von Nullable<DateTime>.

Das Fragezeichen in T? ist ein Alias für Nullable<T>

Hängen Sie an einen Werttyp ein Fragezeichen an (z. B. int? oder decimal?), übersetzt der Compiler das in das Struct Nullable<T> (Nullable<int> oder Nullable<decimal>). Testen Sie das selbst: Fügen Sie einem Programm ein Nullable<DateTime> hinzu, setzen Sie darauf einen Haltepunkt und richten Sie eine Überwachung ein. Bei der Überwachung wird System.DateTime? angezeigt. Das ist ein Beispiel für einen Alias – und dieser ist nicht der erste, der Ihnen begegnet ist. Lassen Sie den Cursor über einem int schweben. Sie sehen, dass stattdessen System.Int32 angezeigt wird:

int.Parse() und int.TryParse() sind Member dieses Structs.

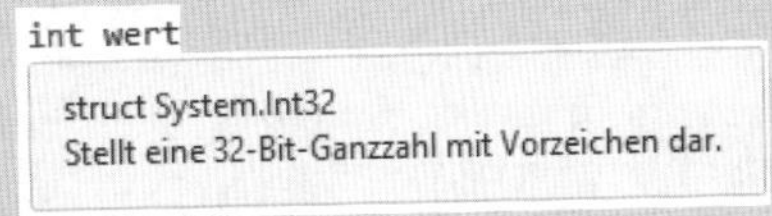
int wert
struct System.Int32
Stellt eine 32-Bit-Ganzzahl mit Vorzeichen dar.

Wiederholen Sie das für alle Typen, die wir am Anfang von Kapitel 4 erwähnten. Sie sehen, es sind alles Aliase für Structs – String ausgenommen, das eine Klasse namens System.string ist (ein Referenztyp, kein Werttyp).

Nullbare Typen machen Programme robuster

Anwender machen die verrücktesten Dinge. Sie denken, Sie wissen, wie man mit Ihrem Programm arbeiten wird, aber dann wird in unerwarteter Reihenfolge auf Buttons geklickt, oder es werden 256 Leerzeichen in ein Textfeld eingegeben, oder ein Programm wird über den Task-Manager abgebrochen, während es Daten in eine Datei schreibt, und plötzlich meldet es alle möglichen Fehler. In Kapitel 10 sagten wir, Programme, die mit falsch geformten, unerwarteten oder völlig abstrusen Daten nachsichtig umgehen, nenne man **robust**. Bei der Verarbeitung von Benutzereingaben können nullbare Typen Ihre Programme robuster machen. Prüfen Sie das selbst – **erstellen Sie eine neue Konsolenanwendung** und fügen Sie ihr die Klasse `RobusterTyp` hinzu:

Schauen Sie sich das IntelliSense-Fenster an, wenn Sie in RobusterTyp.ToString() Geburtstag.Wert eingeben. Da die Eigenschaft Value ein DateTime ist, sehen Sie alle DateTime-Member.

```
class RobusterTyp {
    public DateTime? Geburtstag { get; private set; }
    public int? Größe { get; private set; }

    public RobusterTyp(string geburtstag, string größe) {
        DateTime tempDatum;
        if (DateTime.TryParse(geburtstag, out tempDatum))
            Geburtstag = tempDatum;
        else
            Geburtstag = null;

        int tempInt;
        if (int.TryParse(größe, out tempInt))
            Größe = tempInt;
        else
            Größe = null;
    }

    public override string ToString() {
        string beschreibung;
        if (Geburtstag != null)
            beschreibung = "Mein Geburtstag ist " + Geburtstag.Value.ToLongDateString();
        else
            beschreibung = "Ich kenne meinen Geburtstag nicht";
        if (Größe != null)
            beschreibung += ", und bin " + Größe + " cm groß";
        else
            beschreibung += ", und kenne meine Größe nicht";
        return beschreibung;
    }
}
```

Nutzen Sie ToLongDateString(), um das Datum in eine lesbare Ausgabe umzuwandeln.

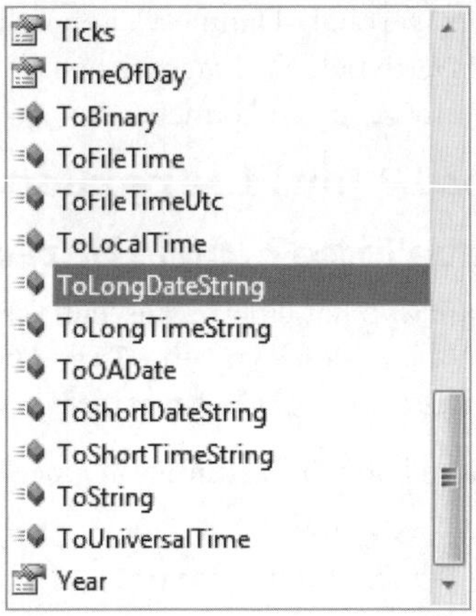
Ticks
TimeOfDay
ToBinary
ToFileTime
ToFileTimeUtc
ToLocalTime
ToLongDateString
ToLongTimeString
ToOADate
ToShortDateString
ToShortTimeString
ToString
ToUniversalTime
Year

Nutzen Sie die TryParse()-Methode von DateTime und int, um zu versuchen, die Benutzereingaben umzuwandeln.

Haben die Benutzer Müll eingegeben, haben die nullbaren Typen keinen Wert. HasValue() liefert also false.

Experimentieren Sie mit anderen DateTime-Methoden, die mit »To« beginnen, und schauen Sie, wie sie sich auf die Ausgabe Ihres Programms auswirken.

Hier ist die `Main()`-Methode des Programms. Sie nutzt **`Console.ReadLine()`**, um Benutzereingaben zu erhalten:

```
static void Main(string[] args) {
    Console.Write("Ihr Geburtstag? ");
    string geburtstag = Console.ReadLine();
    Console.Write("Ihre Größe in cm? ");
    string größe = Console.ReadLine();
    RobusterTyp typ = new RobusterTyp(geburtstag, größe);
    Console.WriteLine(typ.ToString());
    Console.ReadKey();
}
```

Schauen Sie, was passiert, wenn Sie unterschiedliche Werte für das Datum eingeben. `DateTime.TryParse()` **kann eine Menge davon interpretieren. Wenn Sie ein Datum eingeben, das die Methode nicht parsen kann, erhält die Eigenschaft** `Geburtstag` **von** `RobusterTyp` **keinen Wert.**

Pool-Puzzle

Sie haben die **Aufgabe**, die leeren Zeilen im Code mit den Codeschnipseln aus dem Pool zu füllen. Einzelne Schnipsel **können** mehrfach verwendet werden, und Sie werden nicht alle Schnipsel benötigen. Das **Ziel** ist es, eine Klasse zu erstellen, die sich kompilieren lässt und die gezeigte Ausgabe in die Konsole schreibt, wenn **eine neue Instanz der Klasse Wasserhahn erstellt wird**.

```
class Wasserhahn {
    public Wasserhahn() {
        Tisch wein = new Tisch();
        Gelenk buch = new Gelenk();
        wein.Set(buch);
        buch.Set(wein);
        wein.Lampe(10);
        buch.Garten.Lampe("Vor");
        buch.Birne *= 2;
        wein.Lampe("Minuten");
        wein.Lampe(buch);
    }
}
```

Ausgabe, wenn Sie ein Wasserhahn-Objekt erstellen:

```
Vor 20 Minuten
```

Hier ist das Ziel ... diese Ausgabe soll kommen.

```
________ Tisch {
    public string Treppe;
    public Gelenk Boden;
    public void Set(Gelenk b) {
        Boden = b;
    }
    public void Lampe(object öl) {
        if (öl ____ int)
            ________.Birne = (int)öl;
        else if (öl ____ string)
            Treppe = (string)öl;
        else if (öl ____ Gelenk) {
            ________ bier = öl ____ ________;
            Console.WriteLine(bier.Tisch()
          + " " + ________.Birne + " " + Treppe);
        }
    }
}
________ Gelenk {
    public int Birne;
    public Tisch Garten;
    public void Set(Tisch a) {
        Garten = a;
    }
    public string Tisch() {
        return ________.Treppe;
    }
}
```

Bonuspunkt: Kreisen Sie die Zeilen ein, in denen das Boxing geschieht.

Tipp: Alle Schnipsel aus dem Pool können mehrfach verwendet werden.

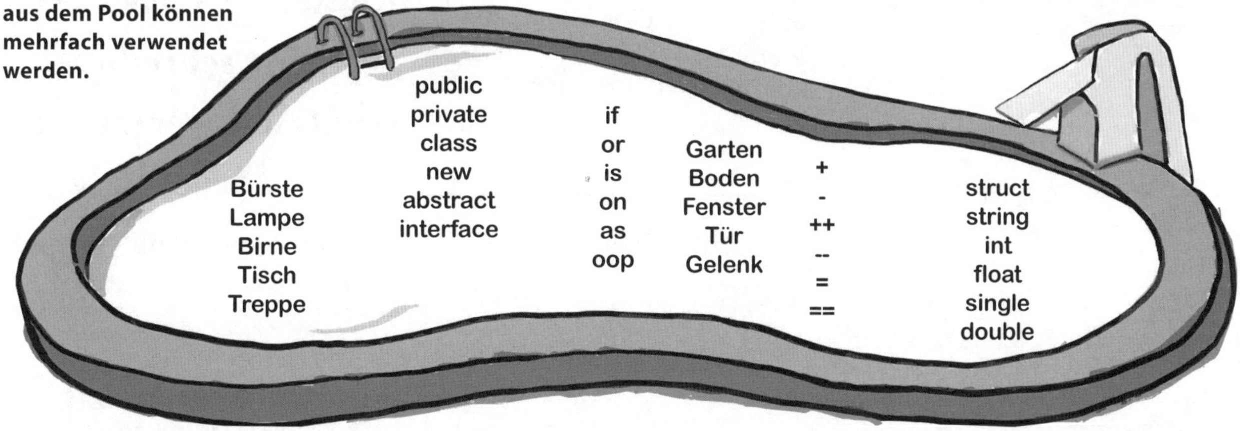
Bürste
Lampe
Birne
Tisch
Treppe
public
private
class
new
abstract
interface
if
or
is
on
as
oop
Garten
Boden
Fenster
Tür
Gelenk
+
-
++
--
=
==
struct
string
int
float
single
double

→ Antworten auf Seite 648

Es gibt keine Dummen Fragen

F: Einen Moment noch. Warum sollte ich mich um den Stack kümmern?

A: Weil Sie Referenztypen und Werttypen besser verstehen, wenn Ihnen der Unterschied zwischen Stack und Heap klar ist. Dass Structs und Klassen anders funktionieren, vergisst man leicht – nutzen Sie mit ihnen ein Gleichheitszeichen, sieht das zunächst sehr ähnlich aus. Aber wenn Ihnen klar ist, wie .NET und die CLR das im Hintergrund verwalten, verstehen Sie auch, ***warum*** sich Wert- und Referenztypen unterschiedlich verhalten.

F: Und das Boxing? Welche Rolle spielt das für mich?

A: Weil Sie wissen müssen, wann Dinge auf dem Stack landen, und weil Sie es wissen müssen, wenn Daten hin- und herkopiert werden. Boxing nimmt zusätzlichen Speicher und mehr Zeit in Anspruch. Wenn Sie das in Ihrem Programm nur ein paar Mal machen (oder auch 100 Mal), wird Ihnen der Unterschied nicht auffallen. Aber nehmen wir an, dass ein Programm das Gleiche immer wieder macht, Millionen Male in der Sekunde. So weit hergeholt ist das gar nicht. Gegen Ende des Buchs werden Sie ein Arkade-Spiel erstellen, das viele Berechnungen pro Sekunde durchführt. Stellen Sie dann fest, dass Ihr Programm immer mehr Speicher benötigt oder immer langsamer läuft, können Sie es eventuell effektiver machen, indem Sie in den häufig laufenden Teilen Boxing vermeiden.

F: Ich erhalte eine neue Kopie eines Structs, wenn ich eine Struct-Variable einer anderen zuweise. Aber was bringt mir das?

A: Ein Punkt, bei dem das wirklich hilfreich ist, ist die **Kapselung**. Schauen Sie sich diesen vertrauten Code einer Klasse an, die ihren eigenen Ort kennt:

```
private Point ort;
public Point Ort{
  get { return ort; }
}
```

Wäre `Point` eine Klasse, wäre das eine armselige Kapselung. Es würde keine Rolle spielen, dass `ort` privat ist, weil Sie eine schreibgeschützte Eigenschaft öffentlich gemacht haben, die eine Referenz darauf zurückliefert. Jedes andere Objekt könnte also darauf zugreifen.

Glücklicherweise ist `Point` eigentlich ein Struct. Und das bedeutet, dass die öffentliche Eigenschaft `Ort` eine neue Kopie des Punkts liefert. Das Objekt, das die Kopie verwendet, kann mit ihr machen, was es will – keine dieser Änderungen wirkt sich auf das private Feld `ort` aus.

Schauen Sie sich die Label-Animation in Kapitel 4 noch einmal an. Unter der Motorhaube haben Sie indirekt Point und Location genutzt. Das heißt, dass Ihr Code Struct-Werte gesetzt hat (selbst wenn Sie sie nicht direkt deklariert haben).

F: Wie weiß ich, ob ich ein Struct oder eine Klasse verwenden soll?

A: Meist nutzen Programmierer Klassen. Structs unterliegen einer Menge Einschränkungen, die dazu führen, dass sich komplexere Aufgaben mit ihnen nur schwer lösen lassen. Sie unterstützen keine Vererbung, keine Abstraktion und nur begrenzte Polymorphie, und Sie wissen bereits, wie wichtig diese Dinge sind, wenn man saubere Programme aufbauen will.

Praktisch sind Structs, wenn Sie eine kleine, beschränkte Menge an Daten haben, mit denen Sie wiederholt arbeiten müssen. Rectangle und Point sind gute Beispiele dafür – Sie machen nicht viel damit, aber was Sie damit machen, machen Sie meist sehr oft. Structs sind häufig klein, und ihre Reichweite ist beschränkt. Haben Sie eine kleine Gruppe mit ein paar unterschiedlichen Arten von Daten, die Sie in einem Feld speichern oder an eine Methode übergeben wollen, ist das wahrscheinlich ein guter Kandidat für ein Struct. Aber wenn die Arbeit mit dem Struct zu viel Boxing/Unboxing verlangt, sind Sie mit einer Klasse meist besser bedient.

Structs können die Kapselung verbessern, weil eine schreibgeschützte Eigenschaft, die ein Struct liefert, immer eine neue Kopie liefert.

Spitzen Sie Ihren Bleistift

Diese Methode soll ein Klon-Objekt vernichten, funktioniert aber nicht. Warum nicht?

```
private void KlonNullSetzen(Klon klon) {
    klon = null;
}
```

....

....

Ein unangekündigter Test! Antworten gibt es auf Seite 642.

Captain Amazing ... nicht ganz

Nach all dem Gerede über Boxing sollte Ihnen recht klar sein, was mit dem weniger mächtigen und schneller erschöpften Captain Amazing los war. Es war eigentlich gar nicht Captain Amazing, sondern ein verpacktes Struct:

Das ist ein großer Vorteil von Structs (und anderen Werten) – von ihnen können Sie leicht Kopien erstellen.

struct **VS.** Objekt

1 STRUCTS KÖNNEN NICHT VON KLASSEN ERBEN.
Kein Wunder, dass die Superkräfte des Captains etwas schwach schienen! Er hat keinerlei Verhalten geerbt.

2 STRUCTS WERDEN PER WERT KOPIERT.
Das ist einer der nützlichsten Aspekte von Structs. Insbesondere für die Kapselung kann das sehr hilfreich sein.

1 MAN KANN KEINE NEUE KOPIE EINES OBJEKTS ERSTELLEN.
Weisen Sie einer Referenzvariablen eine andere zu, kopieren Sie eine ***Referenz*** auf ***dasselbe*** Objekt.

2 BEI OBJEKTEN KANN MAN DAS SCHLÜSSELWORT »AS« VERWENDEN.
Objekte ermöglichen Polymorphie, indem sie gestatten, dass ein Objekt eins der Objekte vertritt, deren Klasse es erbt.

Ein wichtiger Punkt: Mit »is« können Sie prüfen, ob ein Struct eine Schnittstelle implementiert. Das ist einer der Aspekte der Polymorphie, die Structs unterstützen.

Im Labor.
ICH GLAUBE, ICH HABE EINE MÖGLICHKEIT GEFUNDEN, EINEM GEWÖHNLICHEN BÜRGER SEINE KRÄFTE ZU GEBEN!
ESSENCE OF AMAZING

Erweiterungsmethoden fügen BESTEHENDEN Klassen neue Verhalten hinzu

Erinnern Sie sich an den Modifizierer sealed aus Kapitel 7? So richten Sie eine Klasse ein, die nicht erweitert werden kann.

Manchmal müssen Sie eine Klasse erweitern, von der Sie nicht erben können, beispielsweise eine Klasse, die als `sealed` gekennzeichnet ist (viele .NET-Klassen sind versiegelt und können deswegen nicht erweitert werden). C# gibt Ihnen ein mächtiges Mittel dafür: **Erweiterungsmethoden**. Fügen Sie Ihrem Projekt eine Klasse mit Erweiterungsmethoden hinzu, **fügt** es bestehenden **Klassen neue Methoden hinzu**. Dazu müssen Sie nur eine statische Klasse erstellen und ihr eine statische Methode hinzufügen, die als ersten Parameter eine Instanz der Klasse annimmt, und diesen mit dem Schlüsselwort `this` verbinden.

Nehmen wir an, Sie hätten die Klasse `GewöhnlicherMensch`:

```
sealed class GewöhnlicherMensch {
    private int alter;
    private int gewicht;

    public GewöhnlicherMensch(int gewicht){
        this.gewicht = gewicht;
    }

    public void ZurArbeitGehen() { // Zur-Arbeit-Gehen-Code }
    public void RechnungenBezahlen() { // Rechnung-Zahlen-Code }
}
```

Die Klasse GewöhnlicherMensch ist versiegelt. Von ihr können also keine Unterklassen gebildet werden. Aber was ist, wenn wir ihr eine Methode hinzufügen möchten?

Eine Erweiterungsmethode verwenden Sie, indem Sie den ersten Parameter über das Schlüsselwort »this« angeben.

Da wir die Klasse GewöhnlicherMensch erweitern möchten, geben wir als ersten Parameter this GewöhnlicherMensch an.

Die Klasse `SuperheldSerum` fügt `GewöhnlicherMensch` eine Erweiterungsmethode hinzu:

```
static class SuperheldSerum {
    public static string MauerBrechen(this GewöhnlicherMensch h, double wandstärke) {
        return ("Habe die Wand der Stärke " + wandstärke + " durchbrochen.");
    }
}
```

Erweiterungsmethoden sind immer statisch und müssen sich in statischen Klassen befinden.

Wird dem Projekt die Klasse `SuperheldSerum` hinzugefügt, erhält `GewöhnlicherMensch` die Methode `MauerBrechen`. Diese kann dann verwendet werden:

```
static void Main(string[] args) {
    GewöhnlicherMensch stefan = new GewöhnlicherMensch(185);
    Console.WriteLine(stefan.MauerBrechen(89.2));
}
```

Erzeugt das Formular eine Instanz von GewöhnlicherMensch, kann es direkt auf die Methode MauerBrechen() zugreifen – wenn es Zugriff auf die Klasse SuperheldSerum hat.

Probieren Sie es aus! **Erstellen Sie eine neue Konsolenanwendung** und fügen Sie ihr die beiden Klassen und die Main()-Methode hinzu. Debuggen Sie die Methode MauerBrechen() und schauen Sie, was passiert.

Spitzen Sie Ihren Bleistift – Lösung

Diese Methode soll ein Klon-Objekt vernichten, funktioniert aber nicht. Warum nicht?

```
private void KlonNullSetzen(Klon klon) {
    klon = null;
}
```

Der Parameter klon ist nur auf dem Stack. Wird er auf null gesetzt, hat das keine Auswirkungen auf den Heap.

Es wird nur der eigene Methodenparameter auf null gesetzt, der lediglich eine der Referenzen auf den Klon ist.

Es gibt keine Dummen Fragen

F: Können Sie mir noch einmal erklären, warum ich die neue Methode der Klasse nicht direkt hinzufügen kann? Warum muss ich stattdessen die Erweiterung verwenden?

A: Wenn Sie die Klasse ändern können, werden Sie das in den meisten Fällen auch tun – Erweiterungsmethoden sind nicht als Ersatz für die Vererbung gedacht. Aber sie können sehr praktisch sein, wenn Sie es mit Klassen zu tun haben, die Sie nicht erweitern können. Richtig mächtig werden Erweiterungsmethoden, wenn Sie das Verhalten von etwas ändern müssen, auf das Sie ***normalerweise keinen Zugriff haben***, wie einen Typ oder eine Klasse, die mit dem .NET Framework oder einer anderen Bibliothek ausgeliefert wird.

F: Warum soll ich Erweiterungsmethoden überhaupt verwenden? Warum nutzen wir nicht einfach Vererbung?

A: Erweiterungsmethoden sollen wie gesagt kein Ersatz für Vererbung sein. Sie sind praktisch, wenn Sie Klassen haben, die Sie nicht erweitern können. Mit Erweiterungsmethoden können Sie das Verhalten ganzer Gruppen von Objekten verändern und sogar elementare Klassen des .NET Framework erweitern.

Die Erweiterung von Klassen gibt Ihnen neue Verhalten, verlangt aber, dass Sie die Unterklasse verwenden, wenn Sie dieses neue Verhalten nutzen wollen.

F: Wirkt sich meine Erweiterungsmethode auf alle Instanzen einer Klasse oder nur auf eine bestimmte aus?

A: Sie wirkt sich auf alle Instanzen der Klasse aus, die Sie erweitern. Nachdem Sie eine neue Erweiterungsmethode erstellt haben, wird die neue Methode in der IDE sogar unter den normalen Methoden angezeigt.

Eine Sache sollten Sie sich zu Erweiterungsmethoden noch merken: Sie erhalten keinen Zugriff auf Klasseninterna!

Ah, ich verstehe! Man könnte Erweiterungsmethoden also verwenden, um eine der eingebauten Klassen des .NET Framework zu erweitern, stimmt's?

Genau! Es gibt Klassen, von denen man nicht erben kann.

Öffnen Sie ein Projekt, fügen Sie ihm eine Klasse hinzu und geben Sie Folgendes ein:

```
public class x : string { }
```

Versuchen Sie, Ihren Code zu kompilieren – die IDE meldet Ihnen einen Fehler. Grund dafür ist, dass einige .NET-Klassen **versiegelt** sind. Das bedeutet, dass Sie von ihnen keine Klassen ableiten können. (Mit Ihren eigenen Klassen können Sie das auch tun! Fügen Sie Ihrer Klassendeklaration nach dem Zugriffsmodifizierer `public` einfach das Schlüsselwort `sealed` hinzu. Dann kann keine andere Klasse mehr von ihr erben.) Erweiterungsmethoden geben Ihnen eine Möglichkeit, sie zu erweitern, selbst wenn Sie von ihr nicht erben können.

Aber das ist nicht alles, was Sie mit Erweiterungsmethoden tun können. Sie können damit nicht nur Klassen, sondern auch **Schnittstellen** erweitern. Dazu müssen Sie als ersten Parameter der Erweiterungsmethode nach dem Schlüsselwort `this` statt des Klassennamens einen Schnittstellennamen angeben. Tun Sie das, wird die Erweiterungsmethode **jeder Klasse hinzugefügt, die diese Schnittstelle implementiert**. Im nächsten Kapitel werden Sie LINQ kennenlernen – LINQ wurde *vollständig mit Erweiterungsmethoden* aufgebaut, die die Schnittstelle `IEnumerable<T>` erweitern.

Die Kombination aus Schnittstellen und Erweiterungsmethoden kann sehr nützlich sein, weil Sie die Verhalten dann allen Klassen hinzufügen, die die Schnittstelle implementieren.

Einen elementaren Typ erweitern: string

Tun Sie das!

Es passiert nicht oft, dass Sie die Möglichkeit haben, das Verhalten eines der grundlegendsten Typen einer Sprache wie Strings zu erweitern. Aber mit Erweiterungsmethoden können Sie genau das tun! Erstellen Sie ein neues Projekt und fügen Sie ihm eine Datei namens `MenschErweiterung.cs` hinzu. Es spielt keine Rolle, welche Art von Projekt Sie wählen – Sie werden die IDE nutzen, um die Funktionsweise von Erweiterungsmethoden zu erforschen.

1 STECKEN SIE IHRE ERWEITERUNGSMETHODEN IN EINEN SEPARATEN NAMENSRAUM.

Sie sollten Ihre Erweiterungsmethoden in einem anderen Namensraum speichern als den Rest Ihres Codes. So vermeiden Sie, dass Sie Schwierigkeiten haben, Ihre Erweiterungen zu finden, wenn Sie sie in anderen Projekten verwenden möchten. Richten Sie auch eine statische Klasse für Ihre Methoden ein.

```
namespace MeineErweiterung {
  public static class MenschErweiterung {
```

Die Verwendung eines separaten Namensraums hilft der Organisation.

Die Klasse, in der die Erweiterungsmethode definiert wird, muss statisch sein.

2 ERSTELLEN SIE EINE STATISCHE ERWEITERUNGSMETHODE UND DEFINIEREN SIE DEN ERSTEN PARAMETER MIT `this` SOWIE DEM ZU ERWEITERNDEN TYP.

Bei der Deklaration von Erweiterungsmethoden müssen Sie zwei wichtige Dinge beachten: Die Methode muss statisch sein und als ersten Parameter die zu erweiternde Klasse erwarten.

Auch die Erweiterungsmethode muss statisch sein.

```
public static bool IstNotruf (this string s){
```

»this string« sagt, dass wir string erweitern.

3 STECKEN SIE IN DIE METHODE CODE ZUR STRING-AUSWERTUNG.

```
public static class MenschErweiterung {
  public static bool IstNotruf(this string s){
    if (s.Contains("Hilfe!"))
      return true;
    else
      return false;
  }
}
```

Auf diese Klasse soll aus einem anderen Namensraum zugegriffen werden, **machen Sie sie also public!**

Das prüft den String auf einen bestimmten Wert ... etwas, das sich in der Standardklasse string ganz sicher nicht befindet.

4 NUTZEN SIE DIE ISTNOTRUF()-ERWEITERUNGSMETHODE.

Fügen Sie einer beliebigen anderen Klasse oben using MeineErweiterung; hinzu. Wenn Sie jetzt einen String nutzen, können Sie auch die Erweiterungsmethoden nutzen. Das sehen Sie, wenn Sie den Namen einer String-Variablen und einen Punkt eingeben:

```
static void Main(string[] args)
{
    string meldung = "Klone verursachen Chaos in der Fabrik. Hilfe";
    meldung.
}
```

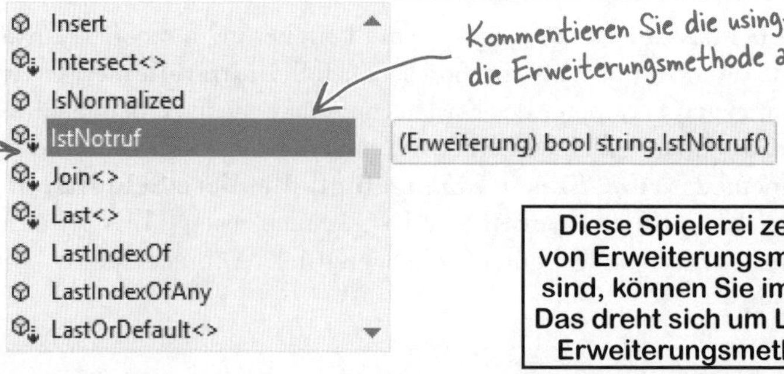
Insert
Intersect<>
IsNormalized
IstNotruf
Join<>
Last<>
LastIndexOf
LastIndexOfAny
LastOrDefault<>
(Erweiterung) bool string.IstNotruf()

Sobald Sie den Punkt eingeben, blendet die IDE ein IntelliSense-Fenster mit allen Methoden von String ein ... einschließlich Ihrer Erweiterungsmethode.

Kommentieren Sie die using-Zeile aus, verschwindet die Erweiterungsmethode aus dem IntelliSense-Fenster.

Das IntelliSense-Fenster sagt Ihnen, dass es eine Erweiterung ist.

Diese Spielerei zeigt Ihnen nur die Syntax von Erweiterungsmethoden. Wie nützlich sie sind, können Sie im nächsten Kapitel sehen. Das dreht sich um LINQ, das vollständig über Erweiterungsmethoden implementiert ist.

Erweiterungs-Magneten

Ordnen Sie die Magneten so, dass diese Ausgabe erzeugt wird:

`ein Euro erzeugt mehr Euros`

```
namespace Oben {
  static class Rand {
    public static void Senden

    }
    public static string ZuPreis

     }
   }
  }
}
```

```
namespace Seitlich {
  using Oben;
   class Program {

        Console.ReadKey();
      }
    }
  }
```

```
s.Senden();
i = 3;
b.Grün().Senden();.ZuPreis()
b.Grün().Senden(); = false
(this bool b) {
bool b = true;
if (b == true)
   return "er";
else
   return " mehr Euros";
int i = 1;
Console.Write(s);
(this string s) {
(this int n) {
public static string Grün
b.Grün().Senden();;
b.Grün().Senden();
static void Main(string[] args) {
if (n == 1)
   return "ein Euro ";
.Senden();
else
   return "zeugt";
string s = i.ZuPreis();
```

Erweiterungs-Magneten, Lösung

Sie sollten mithilfe der Magneten diese Ausgabe erzeugen:

ein Euro erzeugt mehr Euros

Der Namensraum Oben enthält die Erweiterungen. Der Namensraum Seitlich enthält den Einstiegspunkt.

Die Klasse Rand erweitert string mit einer Methode namens Senden(), die einfach einen String auf die Konsole schreibt, und einer Methode namens ZuPreis(), die »ein Euro« liefert, wenn der int gleich 1 ist, oder »mehr Euros«, wenn er das nicht ist.

```
namespace Oben {
  static class Rand {
    public static void Senden (this string s) {
      Console.Write(s);
    }
    public static string ZuPreis (this int n) {
      if (n == 1)
          return "ein Euro ";
      else
          return " mehr Euros";
    }

    public static string Grün (this bool b) {
      if (b == true)
          return "er";
      else
          return "zeugt";
    }
  }
}
```

Die Methode Grün erweitert bool – ist der bool-Wert true, liefert sie den String »er«, ist er false, den String »zeugt«.

Der Einstiegspunkt nutzt die Erweiterungen, die Sie in der Klasse Rand ergänzt haben.

```
namespace Seitlich {
  using Oben;
  class Program {
    static void Main(string[] args) {
      int i = 1;
      string s = i.ZuPreis();
      s.Senden();
      bool b = true;
      b.Grün().Senden();
      b = false;
      b.Grün().Senden();
      i = 3;
      i.ZuPreis() .Senden();
      Console.ReadKey();
    }
  }
}
```

WIR HABEN DIE KLASSE SUPERHELD NEU ERSTELLT, ABER WIE BRINGEN WIR DEN CAPTAIN ZURÜCK?

GROSSARTIG! ICH HABE DEN CODE ANALYSIERT – DER CAPTAIN HAT SEINEN CODE GENUTZT, UM SICH SELBST ZU SERIALISIEREN!

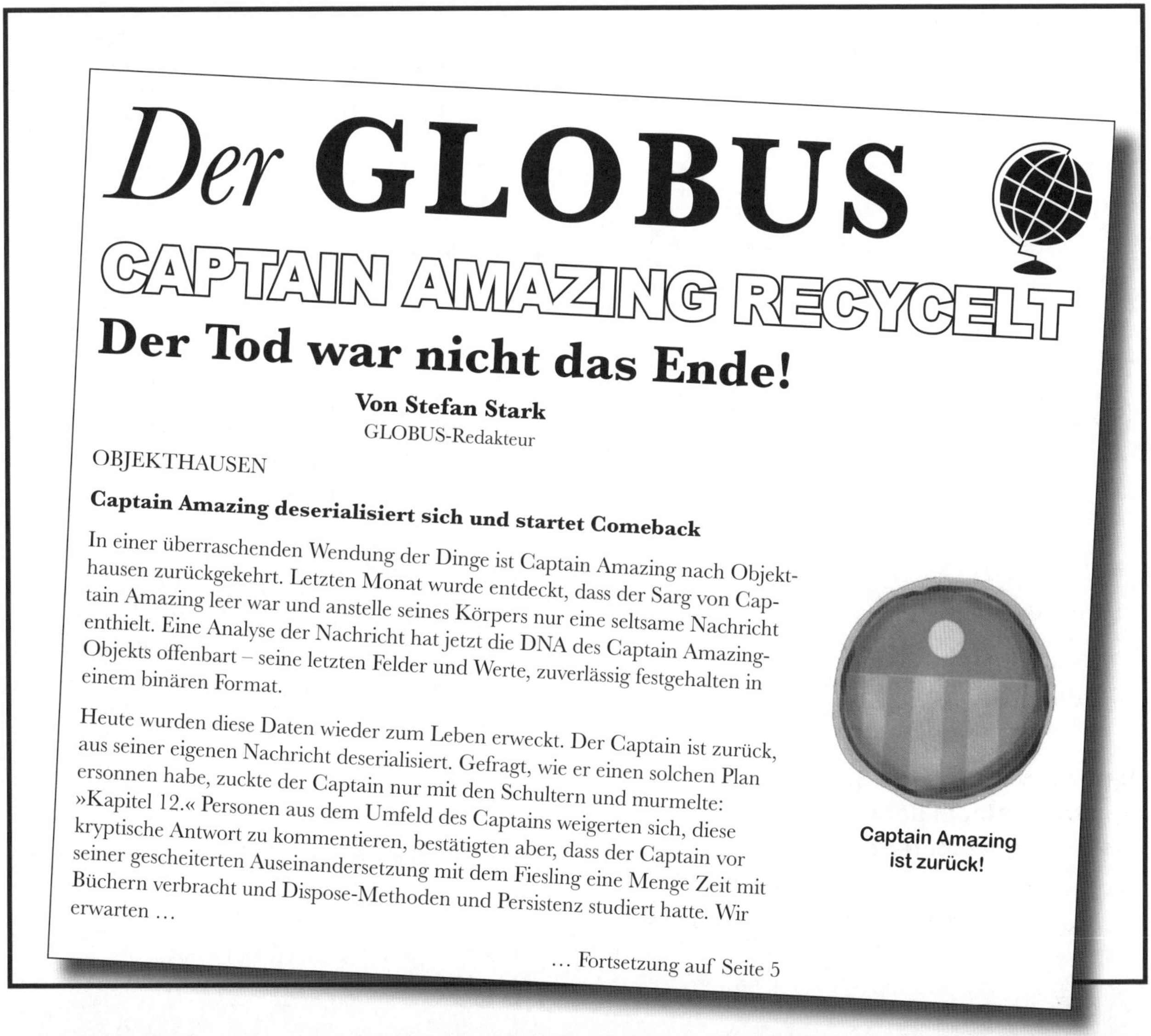

Der GLOBUS

CAPTAIN AMAZING RECYCELT

Der Tod war nicht das Ende!

Von Stefan Stark

GLOBUS-Redakteur

OBJEKTHAUSEN

Captain Amazing deserialisiert sich und startet Comeback

In einer überraschenden Wendung der Dinge ist Captain Amazing nach Objekthausen zurückgekehrt. Letzten Monat wurde entdeckt, dass der Sarg von Captain Amazing leer war und anstelle seines Körpers nur eine seltsame Nachricht enthielt. Eine Analyse der Nachricht hat jetzt die DNA des Captain Amazing-Objekts offenbart – seine letzten Felder und Werte, zuverlässig festgehalten in einem binären Format.

Heute wurden diese Daten wieder zum Leben erweckt. Der Captain ist zurück, aus seiner eigenen Nachricht deserialisiert. Gefragt, wie er einen solchen Plan ersonnen habe, zuckte der Captain nur mit den Schultern und murmelte: »Kapitel 12.« Personen aus dem Umfeld des Captains weigerten sich, diese kryptische Antwort zu kommentieren, bestätigten aber, dass der Captain vor seiner gescheiterten Auseinandersetzung mit dem Fiesling eine Menge Zeit mit Büchern verbracht und Dispose-Methoden und Persistenz studiert hatte. Wir erwarten …

Captain Amazing ist zurück!

… Fortsetzung auf Seite 5

Pool-Puzzle, Lösung von Seite 639

```
struct Tisch {
    public string Treppe;
    public Gelenk Boden;
    public void Set(Gelenk b) {
        Boden = b;
    }
    public void Lampe(object öl) {
        if (öl is int)
            Boden.Birne = (int)öl;
        else if (öl is string)
            Treppe = (string)öl;
        else if (öl is Gelenk) {
            Gelenk bier = öl as Gelenk;
            Console.WriteLine(bier.Tisch()
              + " " + Boden.Birne + " " + Treppe);
        }
    }
}
```

Die Methode Lampe() setzt die verschiedenen Strings und ints. Rufen Sie sie mit einem int auf, wird das Birne-Feld des Objekts, auf das Gelenk zeigt, darauf gesetzt.

Übergeben Sie Lampe einen String, wird das Treppe-Feld auf den Wert des Strings gesetzt.

Denken Sie daran, dass das Schlüsselwort as nur mit Klassen, nicht mit Structs funktioniert.

Ausgabe, wenn Sie ein Wasserhahn-Objekt erstellen:

Vor 20 Minuten

```
class Wasserhahn {
    public Wasserhahn() {
        Tisch wein = new Tisch();
        Gelenk buch = new Gelenk();
        wein.Set(buch);
        buch.Set(wein);
        wein.Lampe(10);
        buch.Garten.Lampe("Vor");
        buch.Birne *= 2;
        wein.Lampe("Minuten");
        wein.Lampe(buch);
    }
}
```

Deswegen muss Tisch ein Struct sein. Wäre es eine Klasse, würde wein auf das gleiche Objekt zeigen wie buch.Garten. Das würde dazu führen, dass dieser Code den String »Vor« überschreibt.

```
class Gelenk {
    public int Birne;
    public Tisch Garten;
    public void Set(Tisch a) {
        Garten = a;
    }
    public string Tisch() {
        return Garten.Treppe;
    }
}
```

Gelenk und Tisch haben beide eine Set()-Methode. Die Set()-Methode von Gelenk setzt das Tisch-Feld Garten, die Set()-Methode von Tisch setzt das Gelenk-Feld Boden.

Bonuspunkt: Kreisen Sie die Zeilen ein, in denen das Boxing geschieht.

Da die Methode Lampe() einen object-Parameter erwartet, erfolgt automatisch ein Boxing, wenn ihr ein int oder ein String übergeben wird.

14 Datenabfrage und App-Bau mit LINQ

Bekommen Sie Ihre Daten in den Griff

WENN DU DAS **ERSTE** WORT DIESES ARTIKELS NIMMST UND DAS **ZWEITE** WORT IN DIESER LISTE UND BEIDE DEM **FÜNFTEN** WORT HIER DRÜBEN HINZUFÜGST, ERHÄLTST DU EINE **GEHEIMNACHRICHT** VON DER REGIERUNG!
The Dallas News
Oldest Business Institution in Texas • Invites American Industry to Consider—
TEXAS AS A MARKET
Advertising Age

Die Welt ist datengesteuert ... Sie sollten damit zu leben wissen.

Vorbei sind die Zeiten, in denen Sie Tage, sogar Wochen programmieren konnten, ohne sich mit **Massen von Daten** befassen zu müssen. Heute ***dreht sich alles um Daten***. Und mit **LINQ** lässt sich all das bewältigen. Mit LINQ können Sie **Ihre Daten** nicht bloß auf leichte, intuitive Weise **abfragen**, sondern auch **gruppieren** und **Daten von unterschiedlichen Quellen zusammenführen**. Und wenn Sie Ihre Daten zu Happen gebündelt haben, mit denen man arbeiten kann, bieten Ihnen Windows Store-Apps **Steuerelemente**, über die Benutzer diese Daten erforschen, durchlaufen oder auch detailliert betrachten können.

Tim ist der größte Captain-Amazing-Fan ...

Tim ist einer der fleißigsten Sammler von Captain-Amazing-Comics, -Graphic Novels und -Devotionalien. Es weiß alles über den Captain, hat sämtliches Promotion-Material zu allen Filmen und eine Comic-Sammlung, die man einfach nur beeindruckend nennen kann.

SCHAUEN SIE SICH DIESE LIMITIERTE CAPTAIN-AMAZING-TASSE VON DER 2. AMAZIN'CON AN - SIGNIERT VOM AKTUELLEN ZEICHNER!
Sie sehen richtig – das ist tatsächlich das Set der gefloppten Captain-Amazing-Fernsehshow, die von September bis November 1973 lief. Wie hat er den Kram wohl in die Finger bekommen?

... aber seine Sammlung ist ein einziges Chaos

Tim mag zwar ein leidenschaftlicher Sammler sein, aber er ist nicht gerade ordentlich. Er will daher versuchen, Ordnung in die »Kronjuwelen« seiner Comic-Sammlung zu bringen, und braucht dazu Ihre Hilfe. Können Sie Tim eine App zur Verwaltung seiner Comics aufbauen?

CAPTAIN AMAZING
THE DEATH OF THE OBJECT

Das gerahmte Cover der legendären »Tod des Objekts«-Ausgabe, signiert von den Autoren.

CAPTAIN AMAZING
A Woman's work IS NEVER DONE
ISSUE 96 12 CENTS
TRIBAL TATTOO MADNESS
ISSUE 83 TWO BUCKS
ISSUE 6 10 CENTS
JOHNNY AMERICA VERSUS THE PINKO
ISSUE 74 75 CENTS
BLACK MONDAY
ISSUE 68 75 CENTS
The Swindler
ISSUE 19 10 CENTS
ROCK AND ROLL

LINQ kann Daten aus vielen Quellen ziehen

LINQ ist unser Retter! LINQ (oder **L**anguage **In**tegrated **Q**uery) ist eine flexible C#-Einrichtung, mit der Sie **Abfragen schreiben können, um Daten aus Auflistungen herauszuziehen**. Aber mit LINQ können Sie nicht nur mit Auflistungen arbeiten – Sie können es nutzen, um *alle* Objekte abzufragen, die die Schnittstelle `IEnumerable<T>` implementieren.

Setzen wir also LINQ ein, um Tim bei der Verwaltung seiner Comic-Sammlung zu unterstützen.

Im Simulator steckten die Bienen in einer Auflistung.

Hier ist eine Abfrage, die wir in einem Bienensimulator genutzt haben, um Bienen anhand ihres Status zu gruppieren und zu ordnen. Der Simulator ist Teil des kostenlosen GDI+-PDFs das Sie von der Head First Labs-Website herunterladen können.

```
var bienenGruppen =
  from biene in welt.Bienen
  group biene by biene.AktuellerStatus
  into bienenGruppe
  orderby bienenGruppe.Key
  select bienenGruppe;
```

LINQ

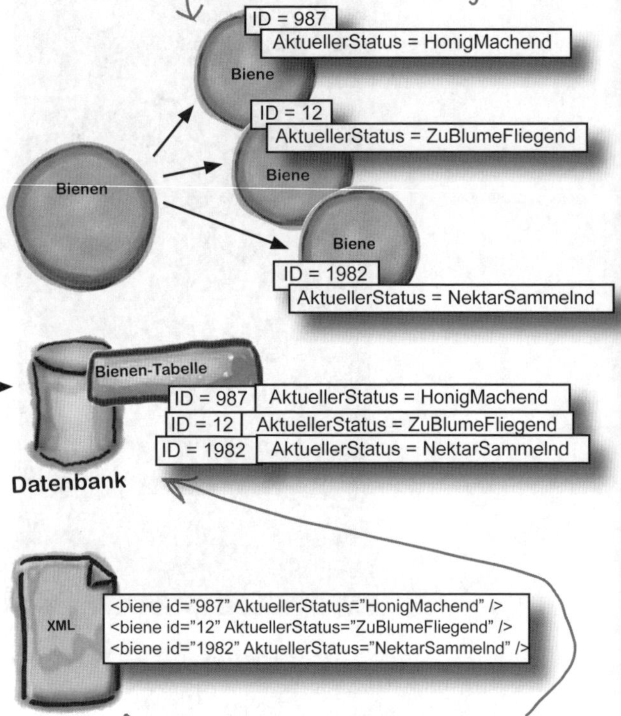
ID = 987
AktuellerStatus = HonigMachend
Biene
ID = 12
AktuellerStatus = ZuBlumeFliegend
Biene
Bienen
Biene
ID = 1982
AktuellerStatus = NektarSammelnd
Bienen-Tabelle
ID = 987 AktuellerStatus = HonigMachend
ID = 12 AktuellerStatus = ZuBlumeFliegend
ID = 1982 AktuellerStatus = NektarSammelnd
Datenbank
XML
<biene id="987" AktuellerStatus="HonigMachend" />
<biene id="12" AktuellerStatus="ZuBlumeFliegend" />
<biene id="1982" AktuellerStatus="NektarSammelnd" />

Das Wunderbare an LINQ ist, dass die gleiche Abfrage mit einer Datenbank, einem XML-Dokument und einer Auflistung mit Bienen oder Kunden oder irgendetwas anderem funktioniert.

LINQ funktioniert mit fast jeder Datenquelle, die Sie in .NET verwenden können. Ihr Code muss am Anfang eine `using System.Linq;`-Zeile enthalten, aber das war es auch schon. Noch besser ist, dass die IDE in alle Codedateien, die mit ihr erstellt werden, automatisch eine LINQ-Referenz einschließt.

.NET-Auflistungen sind bereits für LINQ eingerichtet

Alle Auflistungstypen in .NET implementieren die Schnittstelle IEnumerable<T>, die Sie in Kapitel 8 kennengelernt haben. Machen Sie Folgendes zur Auffrischung: Geben Sie in der IDE System.Collections.Generic.IEnumerable<int> ein, klicken Sie mit der rechten Maustaste auf die Zeile und wählen Sie »Gehe zu Definition«. Sie werden feststellen, dass die Schnittstelle IEnumerable die Methode GetEnumerator() definiert:

Sie sehen, dass IEnumerable<T> die Schnittstelle IEnumerable implementiert. Schauen Sie sich die Definition an, um mehr darüber zu erfahren.

```
namespace System.Collections.Generic {
  public interface IEnumerable<T> : IEnumerable {
        // Zusammenfassung:
        //     Gibt einen Enumerator zurück, der eine Auflistung durchläuft.
        //
        // Rückgabewerte:
        //     Ein System.Collections.IEnumerator<T>-Objekt, das zum
        //     Durchlaufen der Auflistung verwendet werden kann.
    IEnumerator<T> GetEnumerator();
  }
}
```

Das ist die einzige Methode in dieser Schnittstelle. Alle Auflistungen implementieren diese Methode. Sie könnten auch eine eigene Auflistung implementieren, die IEnumerable<T> implementiert ... und haben Sie das getan,, können Sie LINQ auch mit Ihrer Auflistung verwenden.

Diese Methode verlangt, dass Auflistungen eine Möglichkeit bieten, die Elemente der Auflistung nacheinander zu durchlaufen. Das ist die einzige Voraussetzung von LINQ. Wenn Sie eine Datenliste elementweise durchlaufen können, können Sie IEnumerable<T> implementieren, und dann kann LINQ die Auflistung abfragen.

Hinter den Kulissen

LINQ nutzt **Erweiterungsmethoden**, über die Sie Daten abfragen, sortieren und aktualisieren können. Prüfen Sie das selbst. Erstellen Sie ein int-Array namens linqtest, stecken Sie einige Zahlen in das Array und geben Sie dann diese Codezeile ein (keine Sorge, was sie macht, werden Sie gleich lernen):

```
var ergebnis = from i in linqtest where i < 3 select i;
```

Jetzt verstehen Sie, warum die Erweiterungsmethoden aus Kapitel 13 so wichtig sind ... sie ermöglichen .NET (und Ihnen), bestehenden Typen neue Verhalten zu geben.

Kommentieren Sie jetzt using System.Linq; am Anfang der von Ihnen erstellten Datei aus. Versuchen Sie, die Projektmappe neu zu erstellen, werden Sie feststellen, dass sich diese Zeile nicht mehr kompilieren lässt. Die Methoden, die Sie aufrufen, wenn Sie LINQ nutzen, sind einfach Erweiterungsmethoden, die verwendet werden, um Arrays zu erweitern.

LINQ vereinfacht Abfragen

Hier ist ein einfaches Beispiel für die LINQ-Syntax. Es wählt in einem `int`-Array alle Zahlen kleiner 37 aus und bringt sie in eine aufsteigende Reihenfolge. Das macht sie mit vier **Klauseln**, die sagen, welche Auflistung abgefragt werden soll, welche Kriterien verwendet werden, welche Member der Auflistung abgefragt und wie die Ergebnisse sortiert und zurückgeliefert werden sollen.

```
int[] werte = new int[] {0, 12, 44, 36, 92, 54, 13, 8};

var ergebnis = from w in werte

    where w < 37

    orderby w

    select w;

foreach(int i in ergebnis)

    Console.WriteLine(i);

Console.ReadKey();
```

Das weist den Werten im abzufragenden Array in der Anfrage den Buchstaben »w« zu. w ist also erst 0, dann 12, dann 44, dann 36 ... usw. Man nennt das Bereichsvariable.

Diese LINQ-Abfrage hat vier Klauseln: die from-Klausel, eine where-Klausel, eine orderby-Klausel und die select-Klausel.

Das sagt, dass alle Werte im Array ausgewählt werden, die kleiner als 37 sind.

Dann werden diese Werte in eine Reihenfolge gebracht (von klein nach groß).

Wenn Sie schon mit SQL gearbeitet haben, erscheint es Ihnen vielleicht seltsam, dass das select am Ende steht, aber so funktioniert das in LINQ eben.

Jetzt können Sie das Ergebnis-Array durchlaufen und die einzelnen LINQ-Ergebnisse ausgeben

Ausgabe:

```
0 8 12 13 36
```

var

var ist ein Schlüsselwort, das den Compiler anweist, den Typ einer Variablen zur Kompilierzeit zu ermitteln. .NET ermittelt den Typ auf Basis der lokalen Variablen, die Sie mit LINQ abfragen. Wenn Sie Ihre Projektmappe erstellen, ersetzt der Compiler var mit dem erforderlichen Typ für die Daten, mit denen Sie arbeiten.

Im Beispiel oben wird das var in dieser Zeile

```
var ergebnis = from w in werte
```

durch den Compiler folgendermaßen ersetzt:

```
IEnumerable<int>
```

Und da wir uns gerade mit Schnittstellen für Auflistungen befassen: Erinnern Sie sich noch daran, dass IEnumerable<T> die Schnittstelle ist, die die Iteration ermöglicht? Viele der LINQ-Abfragen werden über Erweiterungsmethoden implementiert, die IEnumerable<T> erweitern. Sie werden diese Schnittstelle also häufig sehen.

Blättern Sie zur Auffrischung zu `IEnumerable<T>` zu Kapitel 8 zurück. Und lesen Sie auch unter Punkt 6 im Anhang mehr darüber.

LINQ ist einfach, Ihre Abfragen sind das nicht immer

Tim hat gerade sein Start-up-Unternehmen, das im Windows Store Apps verkauft, an einen großen Investor verkauft und möchte Teile seines Gewinns in die teuerste Captain-Amazing-Ausgabe investieren, die er finden kann. Wie kann LINQ ihm helfen, seine Daten zu durchforsten und herauszufinden, welche Comics am teuersten sind?

1 Tim hat von einer Captain-Amazing-Fansite eine Liste aller Captain-Amazing-Folgen heruntergeladen. Er hat sie in eine `List<T>` mit `Comic`-Objekten gesteckt, die zwei Felder haben: `Name` und `Folge`.

```
class Comic {
    public string Name { get; set; }
    public int Folge { get; set; }
}
```

Seinen Katalog hat Tim mit Objekt- und Auflistungsinitialisierern erstellt:

```
private static IEnumerable<Comic> KatalogGenerieren() {
    return new List<Comic> {
        new Comic { Name = "Johnny America vs. the Pinko", Folge = 6 },
        new Comic { Name = "Rock and Roll (limitierte Auflage)", Folge = 19 },
        new Comic { Name = "Woman's Work", Folge = 36 },
        new Comic { Name = "Hippie Madness (Fehldruck)", Folge = 57 },
        new Comic { Name = "Revenge of the New Wave Freak (beschädigt)", Folge = 68 },
        new Comic { Name = "Black Monday", Folge = 74 },
        new Comic { Name = "Tribal Tattoo Madness", Folge = 83 },
        new Comic { Name = "The Death of an Object", Folge = 97 },
    };
}
```

Diese Methode ist nur statisch, damit es leichter ist, sie aus der Einstiegsmethode einer Konsolenanwendung aufzurufen.

Wir haben die Klammern bei den Auflistungs- und Objektinitialisierern nach <Comic> weggelassen, weil sie nicht erforderlich sind.

Folge 74 von Captain Amazing heißt »Black Monday«.

Nehmen Sie sich eine Minute und blättern Sie zu Punkt 7 des Anhangs, um etwas über diese praktische Syntaxform zu lernen. Das ist eine gute Experimentiergelegenheit!

2 Glücklicherweise gibt es auf *Gregors Liste* einen florierenden Handel mit Captain-Amazing-Comics. Tim weiß, dass Folge 57, »Hippie Madness«, falsch gedruckt wurde und der Verlag deswegen fast die gesamte Auflage makuliert hat. Auf *Gregors Liste* hat er kürzlich eine seltene Kopie für 13.525 € gefunden. Nach ein paar Stunden Sucherei konnte Tim ein `Dictionary<>` aufbauen, das Folgen Preise zuordnet.

```
private static Dictionary<int, decimal> PreiseAufbauen() {
    return new Dictionary<int, decimal> {
        {6, 3600M},
        {19, 500M},
        {36, 650M},
        {57, 13525M},
        {68, 250M},
        {74, 75M},
        {83, 25M},
        {97, 35M},
    };
}
```

Erinnern Sie sich noch an diese Syntax für Auflistungsinitialisierer für Dictionaries aus Kapitel 8?

Folge 57 ist 13,525 € wert.

KOPF-NUSS

Schauen Sie sich die LINQ-Abfrage auf Seite 654 und Tims Methoden auf dieser Seite genau an. Was muss Tim in seine Abfrage packen, um die teuersten Folgen zu finden?

Anatomie einer Abfrage

Tim könnte seine Comic-Daten mit einer LINQ-Abfrage analysieren. Die `where`-Klausel sagt LINQ, welche Elemente aus der Auflistung in das Ergebnis eingeschlossen werden sollen. Aber diese Klausel muss kein einfacher Vergleich sein. Sie kann jeden gültigen C#-Ausdruck enthalten – beispielsweise das `werte`-Dictionary verwenden, um nur die Comics zurückzuliefern, die mehr als 500 € wert sind. Und die `orderby`-Klausel funktioniert auf gleiche Weise – wir können LINQ anweisen, die Comics nach Wert zu sortieren.

```
IEnumerable<Comic> comics = KatalogAufbauen();

Dictionary<int, decimal> werte = PreiseAbrufen();


var amTeuersten =

    from comic in comics

    where werte[comic.Folge] > 500

    orderby werte[comic.Folge] descending

    select comic;


foreach (Comic comic in amTeuersten)

    Console.WriteLine("{0} ist {1:c} wert",

                      comic.Name, werte[comic.Folge]);
```

Die Abfrage nutzt die Daten im Dictionary werte, um Comic-Objekte aus der List comics zu ziehen.

Die erste Klausel ist die from-Klausel. Sie weist LINQ an, comics abzufragen und den Namen comic für die einzelnen Datenelemente aus der Liste zu verwenden.

Der Name in der where-Klausel ist beliebig. Wir haben comic gewählt.

Die where- und orderby-Klauseln können BELIEBIGE C#-Ausdrücke enthalten. Wir können also werte verwenden, um nur die Comics auszuwählen, die mehr als 500 € wert sind, und sie so liefern lassen, dass die teuersten zuerst kommen.

Der Name comic wurde in der from-Klausel definiert, damit wir ihn in diesen Klauseln verwenden können.

Fügen Sie der WriteLine-Ausgabe »{1:c}« hinzu, wird der zweite Parameter im lokalen Währungsformat ausgegeben.

Das Ergebnis der Abfrage wird in der Auflistung amTeuersten gespeichert. Die select-Klausel bestimmt, was in das Ergebnis kommt – da sie comic wählt, liefert die Abfrage Comic-Objekte.

Ausgabe

```
Hippie Madness (Fehldruck) ist 13.525,00 € wert
Johnny America vs. the Pinko ist 3.600,00 € wert
Woman's Work ist 650,00 € wert
```

Wir zeigen Ihnen alle LINQ-Abfragen in diesem Kapitel doppelt: erst in einer Konsolenanwendung, die Ihnen hilft, die Funktionsweise zu verstehen, dann in einer größeren Windows Store-App, damit Sie sich ansehen können, wie eine LINQ-Abfrage im Kontext funktioniert – weil Ihr Hirn Dinge leichter festhalten kann, wenn sie ihm in einem Kontext präsentiert werden!

Machen Sie sich keine Gedanken, wenn Sie noch nie mit SQL gearbeitet haben – um mit LINQ zu arbeiten, müssen Sie nichts darüber wissen. Aber wenn Sie neugierig sind, sollten Sie sich »SQL von Kopf bis Fuß« ansehen.

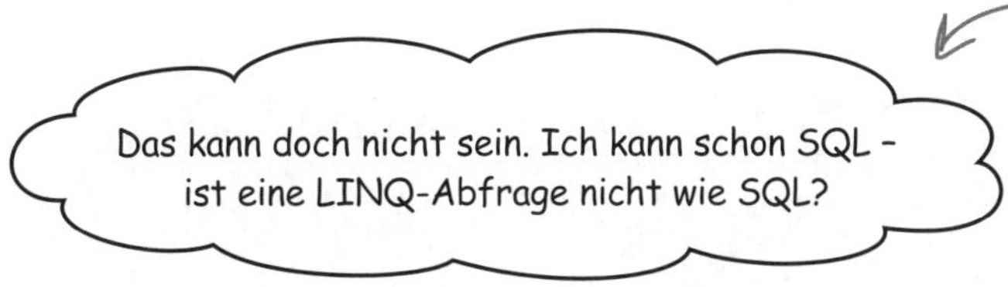
Das kann doch nicht sein. Ich kann schon SQL – ist eine LINQ-Abfrage nicht wie SQL?

LINQ *sieht* vielleicht aus wie SQL, *funktioniert* aber nicht so.

Wenn Sie schon viel mit SQL gearbeitet haben, kann es verführerisch sein, den ganzen LINQ-Kram als intuitiv und trivial abzutun – und damit wären Sie nicht allein: Viele Entwickler machen diesen Fehler. Es stimmt, dass LINQ die Schlüsselwörter `select`, `from`, `where`, `descending` und `join` verwendet, die aus SQL entlehnt sind. Aber LINQ unterscheidet sich stark von SQL. Wenn Sie versuchen, mit LINQ so zu arbeiten, wie Sie mit SQL arbeiten, führt das zu Code, der **nicht das macht, was Sie erwarten**.

Ein großer Unterschied zwischen beiden besteht darin, dass SQL auf ***Tabellen*** operiert, die ganz anders sind als ***enumerierbare Objekte***. Und ein ganz entscheidender Unterschied ist, dass SQL-Tabellen keine Ordnung haben, enumerierbare Objekte schon. Führen Sie auf einer Tabelle eine SQL-`SELECT`-Abfrage aus, können Sie sicher sein, dass diese Tabelle dabei nicht verändert wird. SQL bietet die unterschiedlichsten eingebauten Mechanismen für die Datensicherheit, auf die Sie sich verlassen können.

Wenn Sie wirklich ins Detail gehen wollen: SQL-Abfragen sind Gruppenoperationen: Das bedeutet, dass Sie die Zeilen in einer Tabelle nicht in einer vorhersehbaren Abfolge bearbeiten. Eine Auflistung hingegen kann *alles* speichern – Werte, Structs, Objekte, alles – und enumerierbare Objekte (oder Sequenzen) haben eine festgelegte Abfolge. (Die Zeilen einer Tabelle stehen in keiner bestimmten Reihenfolge, bis Sie eine SQL-Abfrage ausführen lassen, die sie ordnet. Die Elemente in einer Liste hingegen stehen in einer Reihenfolge.) Und mit LINQ können Sie alle Operationen durchführen, die von den Elementen in der Auflistung unterstützt werden – es kann auf den Objekten in einer Auflistung sogar Methoden aufrufen. Außerdem durchläuft LINQ die Auflistung, was bedeutet, dass es seine Operationen in einer bestimmten Reihenfolge durchführt. Vielleicht erscheint das alles nicht wichtig, aber wenn Sie mit SQL vertraut sind und erwarten, dass sich Ihre LINQ-Abfragen wie SQL verhalten, kann es passieren, dass Ihre LINQ-Abfragen Sie überraschen werden.

Es gibt noch eine Menge weiterer Unterscheide zwischen LINQ und SQL, aber die müssen Sie nicht verstanden haben, um hier Ihre ersten Schritte mit LINQ zu machen. Gehen Sie es einfach vorbehaltlos an und erwarten Sie nicht, dass es wie SQL funktioniert.

Tim könnte unsere Hilfe gebrauchen

Helfen wir Tim, indem wir ihm eine Windows Store-App zur Verwaltung seiner Comic-Sammlung erstellen – und ihm zeigen, wie nützlich LINQ sein kann, wenn man mit Daten zu tun hat.

Tims Comics
Wählen Sie die auszuführende Abfrage
LINQ macht Abfragen leicht
Eine Beispielabfrage
Zeigen wir Tim, wie flexibel LINQ ist
Teuere Comics
Comics über 500 €
Comics, die mehr als 500 Euro wert sind. Hilft Tim, die begehrtesten Comics herauszufinden.

Windows Store-Apps nutzen eine seitenbasierte Navigation

Öffnen Sie den Werkzeugkasten und suchen Sie nach dem XAML-Äquivalent für das WinForms-TabControl. Sie finden keins? Das ist kein Zufall. Tabs sind eins der Kennzeichen von Desktop-Anwendungen, und wenn Sie sie nicht nutzen, kann das dazu führen, dass Ihr Bildschirm unübersichtlich wird. Windows Store-Apps nutzen ein **Navigationssystem, das auf Seiten basiert.** Das kann die Unordnung mindern und eine intuitivere Schnittstelle für Ihr Programm bieten.

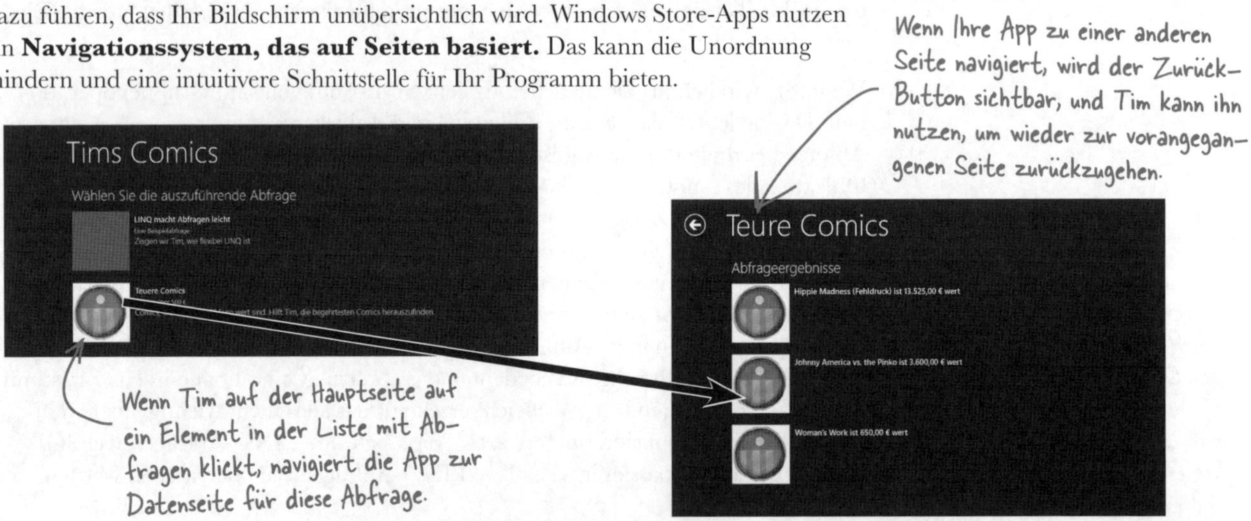
Wenn Ihre App zu einer anderen Seite navigiert, wird der Zurück-Button sichtbar, und Tim kann ihn nutzen, um wieder zur vorangegangenen Seite zurückzugehen.
Tims Comics
Wählen Sie die auszuführende Abfrage
LINQ macht Abfragen leicht
Teuere Comics
Teure Comics
Abfrageergebnisse
Hippie Madness (Fehldruck) ist 13.525,00 € wert
Johnny America vs. the Pinko ist 3.600,00 € wert
Woman's Work ist 650,00 € wert
Wenn Tim auf der Hauptseite auf ein Element in der Liste mit Abfragen klickt, navigiert die App zur Datenseite für diese Abfrage.

Mehr Informationen zum Navigationsdesign für Windows Store-Apps finden Sie hier: http://msdn.microsoft.com/de-de/library/windows/apps/hh761500.aspx

Erforschen Sie die Seitennavigation mit der IDE

Hier haben Sie mal wieder die Möglichkeit, die IDE als Lernmittel zu nutzen. Öffnen Sie eine beliebige von Ihnen erstellte Windows Store-App und laden Sie *App.xaml.cs*. Das ist die Hauptanwendungsdatei, von der jede Windows Store-App eine hat. Es ist eine Unterklasse einer Klasse namens `Application` im Namensraum `Windows.UI.Xaml`, die immer in einer Datei namens *App.xaml* gespeichert wird. Das `Application`-Objekt Ihrer App initialisiert die App und verwaltet den Lebenszyklus der App: den Start, das Anhalten und die Wiederaufnahme. Und es macht eine andere nützliche Sache: Es erstellt ein **`Frame`**-Objekt (aus `Windows.UI.Xaml.Controls`). Dieses wird von der App genutzt, um die Navigation in Ihren XAML-Seiten zu unterstützen.

Suchen Sie die `OnLaunched()`-Methode in Ihrer `App`. Sie wird beim Start Ihrer App ausgeführt und richtet den Frame ein:

```
/// <summary>
/// Wird aufgerufen, wenn die Anwendung durch den Endbenutzer normal gestartet wird.  Wei
/// werden z. B. verwendet, wenn die Anwendung gestartet wird, um eine bestimmte Datei zu
/// </summary>
/// <param name="e">Details über Startanforderung und -prozess.</param>
protected override void OnLaunched(LaunchActivatedEventArgs e)
{
    Frame rootFrame = Window.Current.Content as Frame;

    // App-Initialisierung nicht wiederholen, wenn das Fenster bereits Inhalte enthält.
    // Nur sicherstellen, dass das Fenster aktiv ist.
    if (rootFrame == null)
    {
        // Einen Rahmen erstellen, der als Navigationskontext fungiert und zum Parameter
        rootFrame = new Frame();
        // Standardsprache festlegen
        rootFrame.Language = Windows.Globalization.ApplicationLanguages.Languages[0];

        rootFrame.NavigationFailed += OnNavigationFailed;

        if (e.PreviousExecutionState == ApplicationExecutionState.Terminated)
        {
            //TODO: Zustand von zuvor angehaltener Anwendung laden
        }

        // Den Rahmen im aktuellen Fenster platzieren
        Window.Current.Content = rootFrame;
    }

    if (rootFrame.Content == null)
    {
        // Wenn der Navigationsstapel nicht wiederhergestellt wird, zur ersten Se
        // und die neue Seite konfigurieren, indem die erforderlichen Informatio
        // übergeben werden
        rootFrame.Navigate(typeof(MainPage), e.Arguments);
    }
    // Sicherstellen, dass das aktuelle Fenster aktiv ist
    Window.Current.Activate();
}
```

Nutzen Sie »Gehe zu Definition«, um einen Blick in die Klassen Window und Frame zu werfen, die das Hauptfenster der aktuellen Anwendung und des Navigationsframes repräsentieren.

Hier erstellt die App einen neuen Navigationsframe, der alle Seiten der Anwendung enthält.

Wenn Sie MainPage.xaml löschen und durch eine Standardseite mit dem gleichen Namen ersetzen, erstellen Sie eine neue MainPage-Klasse, die Navigate() stattdessen verwenden kann, um eine Instanz der neu hinzugefügten Seite zu erstellen.

So öffnet die App Ihre Hauptseite. `Frame.Navigate()` erstellt eine neue Instanz einer Seite und zeigt dann ihren Inhalt an. Das Schlüsselwort `typeof` liefert den Typ einer Klasse. So bringt der Code in Erfahrung, welchen Typ Seite er instantiiert.

Ihre Apps können `Frame.Navigate()` für die Navigation zwischen Seiten nutzen. Alle XAML-Seiten haben **eine Eigenschaft namens `Frame`**. Wenn Sie Ihrer App die Seite AndereSeite hinzufügen, würden Sie sich folgendermaßen zu ihr begeben. Beachten Sie das **Argument `abfrage`** für `Navigate()`. Dieser **Parameter** wird der neu erstellten Seite übergeben.

```
if (this.Frame != null)
    this.Frame.Navigate(typeof(AndereSeite), abfrage);
```

Mehr über `typeof` erfahren Sie unter 5. im Anhang.

Wenn Sie eine Seite namens AndereSeite erstellen, fügt die IDE Ihrem Projekt eine Klasse namens AndereSeite hinzu. Dieser Code geht zu einer neuen Instanz von AndereSeite und übergibt »abfrage« als Argument.

Bauen Sie Tims App auf

Tun Sie das!

Sie werden eine App erstellen, die Seitennavigation nutzt, um verschiedene LINQ-Abfragen auszuführen. Zunächst werden das die beiden Abfragen sein, die Ihnen bereits begegnet sind.

1 **Erstellen Sie ein neues Windows Store-App-Projekt.**

Nutzen Sie die Leere App-Vorlage, löschen Sie *MainPage.xaml* und erstellen Sie eine neue Standardseite namens *MainPage.xaml*. **Fügen Sie dann eine weitere Standardseite namens *Abfragedaten.xaml* *hinzu*.** Vergessen Sie nicht, **Projektmappe neu erstellen** aufzurufen, bevor Sie zu Schritt 2 übergehen.

2 **Schreiben Sie die Klasse `Comic`.**

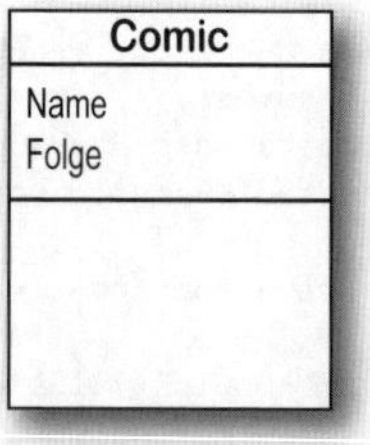
Comic
Name
Folge

Sie haben die Klasse `Comic` vor einigen Seiten bereits gesehen. Fügen Sie sie nun Ihrem Projekt hinzu.

```
class Comic {
    public string Name { get; set; }
    public int Folge { get; set; }
}
```

3 **Schreiben Sie die Klasse `ComicAbfrage`.**

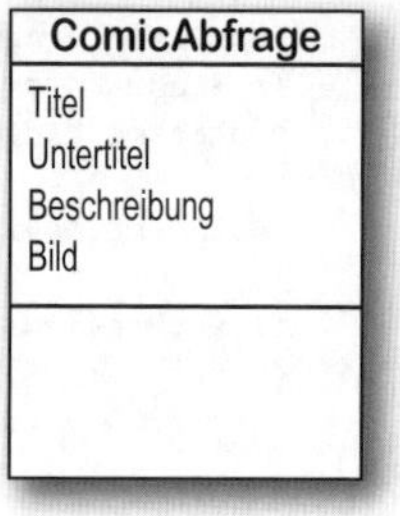
ComicAbfrage
Titel
Untertitel
Beschreibung
Bild

Sie brauchen eine Klasse zur Darstellung einer Abfrage. Wenn diese App fertig ist, haben Sie eine Instanz von `ComicAbfrage` für jede LINQ-Abfrage in diesem Kapitel. Schauen Sie sich den Screenshot von vor zwei Seiten an. Jede Abfrage wird durch ein Symbol repräsentiert – Sie brauchen eine Möglichkeit, dieses in Ihrer Klasse zu repräsentieren. Das werden Sie mit einem `BitmapImage`-Objekt tun. `BitmapImage` befindet sich im Namensraum `Windows.UI.Xaml.Media.Imaging`. Zu Anfang Ihrer Klasse benötigen Sie also eine entsprechende `using`-Anweisung.

```
using Windows.UI.Xaml.Media.Imaging;

class ComicAbfrage {
    public string Titel { get; private set; }
    public string Untertitel { get; private set; }
    public string Beschreibung { get; private set; }
    public BitmapImage Bild { get; private set; }

    public ComicAbfrage(string titel, string untertitel,
                        string beschreibung, BitmapImage bild) {
        Titel = titel;
        Untertitel = untertitel;
        Beschreibung = beschreibung;
        Bild = bild;
    }
}
```

Sie können die using-Anweisung in Ihrer .cs-Datei innerhalb der Namensraumdeklaration angeben, wenn Sie wollen.

ComicAbfrageManager
VerfügbareAbfragen AktuelleAbfrageergebnisse Titel
VerfügbareAbfragenAktualisieren() AbfrageergebnisseAktualisieren() static KatalogAufbauen() static PreiseAbrufen() private LinqMachtAbfragenLeicht() private TeureComics() private BildAusAssetErstellen()

4 Schreiben Sie eine Abfrage-Verwaltungsklasse, an die Sie die Steuerelemente binden können.

Tims App wird das gleiche Muster nutzen wie die beiden vorangegangenen Apps. Die Klasse `ComicAbfrageManager` kümmert sich um die Ausführung der Abfragen und die Veröffentlichung der Eigenschaften mit den Ergebnissen. Alle XAML-Seiten werden eine statische Ressource erhalten, die eine Instanz von `ComicAbfrageManager` referenziert, und ihre Methoden aufrufen, um Abfragen auszuführen und die Ergebnisse per Datenbindung in die Steuerelemente zu bringen.

```
using System.Collections.ObjectModel;
using Windows.UI.Xaml.Media.Imaging;

class ComicAbfrageManager {

    public ObservableCollection<ComicAbfrage> VerfügbareAbfragen { get; private set; }

    public ObservableCollection<object> AktuelleAbfrageergebnisse { get; private set; }

    public string Titel { get; set; }

    public ComicAbfrageManager() {
        VerfügbareAbfragenAktualisieren();
        AktuelleAbfrageergebnisse = new ObservableCollection<object>();
    }

    private void VerfügbareAbfragenAktualisieren() {
        VerfügbareAbfragen = new ObservableCollection<ComicAbfrage> {
            new ComicAbfrage("LINQ macht Abfragen leicht", "Eine Beispielabfrage",
                "Zeigen wir Tim, wie flexibl LINQ ist",
                BildAusAssetErstellen("purple_250x250.jpg")),

            new ComicAbfrage("Teure Comics", "Comics über 500 €",
                "Comics, die mehr als 500 Euro wert sind."
                 + " Hilft Tim, die begehrtesten Comics herauszufinden.",
                BildAusAssetErstellen("captain_amazing_250x250.jpg")),
        };
    }

    private static BitmapImage BildAusAssetErstellen(string bilddateiName) {
        return new BitmapImage(new Uri("ms-appx:///Assets/" + bilddateiName));
    }

    public void AbfrageergebnisseAktualisieren(ComicAbfrage abfrage) {
        Titel = abfrage.Titel;

        switch (abfrage.Titel) {
            case "LINQ macht Abfragen leicht": LinqMachtAbfragenLeicht(); break;
            case "Teure Comics": TeureComics(); break;
        }
    }
```

Der ListView mit Abfragen auf der Hauptseite ist an die Eigenschaft VerfügbareAbfragen gebunden.

AktuelleAbfrageergebnisse und Titel werden genutzt, um die Abfrageergebnisse auf der Abfragedaten-Seite anzuzeigen.

Dieser Auflistungsinitialisierer erstellt die ComicAbfrage-Objekte, die auf der Hauptseite angezeigt werden.

Die in diesem Beispiel genutzte Abfragedaten-Seite nutzt diese Methode, um eine LINQ-Abfrage auszuführen.

Schauen Sie sich `BildAusAssetErstellen()` genau an. Verstehen Sie das?

Überlegen Sie, bevor Sie umblättern, wie die Methoden `LinqMachtAbfragenLeicht()` und `TeureComics()` aussehen werden, die die App nutzen wird, um die Abfragen auszuführen.

```
public static IEnumerable<Comic> KatalogAufbauen() {
    return new List<Comic> {
        new Comic { Name = "Johnny America vs. the Pinko", Folge = 6 },
        new Comic { Name = "Rock and Roll (limitierte Auflage)", Folge = 19 },
        new Comic { Name = "Woman's Work", Folge = 36 },
        new Comic { Name = "Hippie Madness (Fehldruck)", Folge = 57 },
        new Comic { Name = "Revenge of the New Wave Freak (beschädigt)", Folge = 68 },
        new Comic { Name = "Black Monday", Folge = 74 },
        new Comic { Name = "Tribal Tattoo Madness", Folge = 83 },
        new Comic { Name = "The Death of an Object", Folge = 97 },
    };
}

private static Dictionary<int, decimal> PreiseAbrufen() {
    return new Dictionary<int, decimal> {
        { 6, 3600M }, { 19, 500M }, { 36, 650M }, { 57, 13525M },
        { 68, 250M }, { 74, 75M }, { 83, 25.75M }, { 97, 35.25M },
    };
}

private void LinqMachtAbfragenLeicht() {
    int[] werte = new int[] { 0, 12, 44, 36, 92, 54, 13, 8 };
    var ergebnis = from w in werte
                   where w < 37
                   orderby w
                   select w;

    AktuelleAbfrageergebnisse.Clear();
    foreach (int i in ergebnis)
        AktuelleAbfrageergebnisse.Add(
             new {
                     Titel = i.ToString(),
                     Bild = BildAusAssetErstellen("purple_250x250.jpg"),
                 }
            );
}

private void TeureComics() {
    IEnumerable<Comic> comics = KatalogAufbauen();
    Dictionary<int, decimal> werte = PreiseAbrufen();

    var amTeuersten = from comic in comics
        where werte[comic.Folge] > 500
        orderby werte[comic.Folge] descending
        select comic;

    AktuelleAbfrageergebnisse.Clear();
    foreach (Comic comic in amTeuersten)
        AktuelleAbfrageergebnisse.Add(
                new {
                    Titel = String.Format("{0} ist {1:c} wert",
                                          comic.Name, werte[comic.Folge]),
                   Bild = BildAusAssetErstellen("captain_amazing_250x250.jpg"),
                }
            );
}
}
```

Das sind die Methoden KatalogAufbauen() und PreiseAbrufen(), die wir vor ein paar Seiten skizziert haben.

Wir wissen immer noch nicht, wie die Methode BildAusAssetErstellen() funktioniert. Das werden wir sicher auf der nächsten Seite herausfinden.

Diese Methoden führen eine der zuvor beschriebenen LINQ-Abfragen aus. Sie schreiben die Ergebnisse aber nicht in die Konsole, sondern fügen sie der Eigenschaft `AktuelleAbfrageergebnisse`, einer `ObservableCollection<object>`, hinzu. Schauen Sie sich die new { }-Anweisung genauer an. Da wird irgendwie das Schlüsselwort new mit einem Objektinitialisierer verwendet. Normalerweise folgt auf das Schlüsselwort new ein Klassenname. Den gibt es hier nicht. Diese Anweisungen erstellen also Instanzen anonymer Typen.

Mit dem Schlüsselwort new anonyme Typen erstellen

Das Schlüsselwort `new` nutzen Sie seit Kapitel 3, um neue Instanzen von Objekten zu erstellen. Wenn Sie es verwendet haben, haben Sie immer einen Typ angegeben (die Anweisung `new Typ()` erstellt eine Instanz des Typs `Guy`). Aber Sie können `new` auch ohne einen Typ nutzen, um einen **anonymen Typ zu erstellen**. Das ist ein gültiger Typ mit schreibgeschützten Eigenschaften, der aber keinen Namen hat. Eigenschaften fügen Sie anonymen Typen über einen Objektinitialisierer hinzu.

Hier ist die Anweisung aus der `TeureComics`-Abfrage auf der gegenüberliegenden Seite, die eine Instanz eines anonymen Typs erstellt, der der Auflistung in der Eigenschaft `AktuelleAbfrageergebnisse` hinzugefügt wird:

```
new {
    Titel = String.Format("{0} ist {1:c} wert",
    comic.Name, werte[comic.Folge]),
    Bild = BildAusAssetErstellen("captain_amazing_250x250.jpg"),
}
```

Wenn Sie das Programm ausführen, können Sie die erstellten Objekte genau so einsehen wie andere Objekte. So sieht eine Instanz des anonymen Typs im Überwachen-Fenster aus:

Bild
{Windows.UI.Xaml.Media.Imaging.BitmapImage}
Titel
"Hippie Madness (Fehldruck) ist 13.525,00 € w

Das funktioniert genau so wie ein Objektinitialisierer. Sie können im Objektinitialisierer Methoden wie `BildAusAssetErstellen()` und `String.Format()` aufrufen, um die Eigenschaften zu füllen. (Natürlich können Sie sie auch direkt auf die gewünschten Werte setzen.)

Eine Sache hingegen können Sie *nicht* tun: Sie können nicht auf den Namen des Typs verweisen, weil er keinen Namen hat! Deswegen brauchen Sie das Schlüsselwort `var`, weil entsprechende Variablen Referenzen auf anonyme Typen festhalten können:

```
var meinAnonymesObjekt = new {
    Name = "Tom",
    Geld = 186.3M,
    Alter = 37,
};
Console.WriteLine(meinAnonymesObjekt.Name);
```

a-no-nym, Adjektiv.
Nicht durch einen Namen identifiziert. *Geheimagent Dash Martin nutzt einen Aliasnamen, um sich* ***anonym*** *zu machen, damit KGB-Agenten ihn nicht enttarnen.*

Mehr zu anonymen Typen erfahren Sie unter Punkt 9. im Anhang.

Dieser Code erstellt eine Instanz eines anonymen Typs, speichert eine Referenz auf das neue Objekt in der Variablen `meinAnonymesObjekt` und nutzt dieses, um die Eigenschaft `Name` in die Ausgabe zu schreiben.

Blättern Sie um, um die Anwendung fertigzustellen →

5 **Dem *Assets*-Ordner des Projekts Bilddateien hinzufügen.**

Suchen Sie unter den Bilddateien für dieses Projekt *purple_250x250.jpg* und *captain_amazing_250x250.jpg* (die können Sie von der Webseite zum Buch herunterladen) und speichern Sie sie in einem Ordner. Gehen Sie dann zum Projektmappen-Explorer, klicken Sie mit rechts auf den Ordner Assets und wählen Sie Hinzufügen → Vorhandenes Element. Fügen Sie dann diese Dateien hinzu. Schauen wir uns jetzt diese `BildAusAssetErstellen`-Methode genauer an:

```
private static BitmapImage BildAusAssetErstellen(string bilddateiName) {
     return new BitmapImage(new Uri("ms-appx:///Assets/" + bilddateiName));
}
```

Alle Dateien in Ihrem Projekt haben einen eindeutigen Namen im `ms-appx`-Namensraum. Die Datei *purple_250x250.jpg* im *Assets*-Ordner hat den eindeutigen Namen *ms-appx:///Assets/purple_250x250.jpg*. Diesen können Sie nutzen, um die Datei in ein `BitmapImage`-Objekt zu laden. Und gleich werden Sie auch sehen, wie dieses Objekt an das <Image>-Steuerelement in Ihrem XAML gebunden werden kann.

6 **Stellen Sie das XAML und den Unterstützungscode für die Hauptseite fertig.**

Öffnen Sie *MainPage.xaml*. Hier sind die Ressourcen für die Seite:

```
<Page.Resources>
    <local:ComicAbfrageManager x:Name="comicAbfrageManager"/>
    <x:String x:Key="AppName">Tims Comics</x:String>
</Page.Resources>
```

Nutzen Sie ein `StackPanel`, um den Inhalt anzuordnen:

```
<Grid Grid.Row="1" Margin="120,0"
    DataContext="{StaticResource ResourceKey=comicAbfrageManager}">
    <Grid.RowDefinitions>
        <RowDefinition Height="Auto"/>
        <RowDefinition/>
    </Grid.RowDefinitions>
    <TextBlock Style="{StaticResource SubheaderTextBlockStyle}"
        Text="Wählen Sie die auszuführende Abfrage" Margin="10,0,0,20"/>
    <ListView Grid.Row="1" Margin="0,-10,0,0" ItemsSource="{Binding VerfügbareAbfragen}"
        ItemTemplate="{StaticResource ListenelementVorlage}"
        SelectionMode="None" IsItemClickEnabled="True" ItemClick="ListView_ItemClick"/>
</Grid>
```

Die Eigenschaft IsItemClickEnabled lässt den ListView ein ItemClick-Event absetzen, wenn ein Element angeklickt wird.

Diese Datenvorlage müssen wir noch definieren.

Fügen Sie dem Unterstützungscode den folgenden Event-Handler hinzu. Der `SelectionChanged`-Event-Handler für einen ListView kann über `e.AddedItems` auf die Elemente zugreifen, die geändert wurden. Der ListView ist an eine `ObservableCollection` mit `ComicAbfrage`-Objekten gebunden, `e.AddedItems[0]` enthält also immer die `ComicAbfrage`, auf die der Benutzer geklickt hat. Dieses Objekt werden Sie über `Frame.Navigate()` als Parameter an die neue Seite übergeben.

```
private void ListView_ItemClick(object sender, ItemClickEventArgs e) {
    ComicAbfrage abfrage = e.ClickedItem as ComicAbfrage;
    if (abfrage != null)
        this.Frame.Navigate(typeof(Abfragedaten), abfrage);
}
```

Das zweite Argument übergibt ein Objekt an die Seite, zu der Sie navigieren

7 **Stellen Sie das XAML und den Unterstützungscode für die Abfragedaten-Seite fertig.**

Öffnen Sie *Abfragedaten.xaml*. Hier sind die Ressourcen für die Seite:

```
<Page.Resources>
    <local:ComicAbfrageManager x:Name="comicAbfrageManager"/>
    <x:String x:Key="AppName">Abfragedaten</x:String>
</Page.Resources>
```

Nutzen Sie ein weiteres Grid für die Darstellung des Inhalts:

```
<Grid Grid.Row="1" Margin="120,0" DataContext="{StaticResource ResourceKey=comicAbfrageManager}">
    <Grid.RowDefinitions>
        <RowDefinition Height="Auto"/> <RowDefinition/>
    </Grid.RowDefinitions>
    <TextBlock Style="{StaticResource SubheaderTextBlockStyle}"
               Text="Abfrageergebnisse" Margin="10,0,0,20"/>
    <ListView Grid.Row="1" Margin="0,-10,0,0" ItemsSource="{Binding AktuelleAbfrageergebnisse}"
              ItemTemplate="{StaticResource ListenelementVorlage}" SelectionMode="None"/>
</Grid>
```

Sie können mehrere <RowDefinition>-Tags auf der gleichen Zeile angeben.

Wenn die Hauptseite `Frame.Navigate()` aufruft, um zu den Abfrageergebnissen zu gehen, wird eine `ComicAbfrage` als Parameter übergeben. Auf diesen Parameter können Sie zugreifen, indem Sie im Unterstützungscode die Methode `OnNavigatedTo()` überschreiben und über `e.Parameter` auf den Navigationsparameter zugreifen. Expandieren Sie in *Abfragedaten.xaml.cs* den Abschnitt NavigationHelper-Registrierung und ersetzen Sie dort den Inhalt von `OnNavigatedTo()` durch den folgenden Code:

```
protected override void OnNavigatedTo(NavigationEventArgs e) {
    ComicAbfrage comicAbfrage = e.Parameter as ComicAbfrage;
    if (comicAbfrage != null) {
        comicAbfrageManager.AbfrageergebnisseAktualisieren(comicAbfrage);
        pageTitle.Text = comicAbfrageManager.Titel;
    }
    navigationHelper.OnNavigatedTo(e);
}
```

8 Schreiben Sie die Vorlage, die die Darstellung der Listenelemente definiert!

Wie also zeigt das Programm die Bilder in den ListView-Elementen an? Dazu müssen Sie eine Datenvorlage definieren. Öffnen Sie *App.xaml* und fügen Sie die Datenvorlage unten in das `<Application.Resources>`-Element ein:

```
<DataTemplate x:Key="ListenelementVorlage">
    <Grid Height="110" Margin="6">
        <Grid.ColumnDefinitions>
            <ColumnDefinition Width="Auto"/>
            <ColumnDefinition Width="*"/>
        </Grid.ColumnDefinitions>
        <Border Background="{StaticResource ListViewItemPlaceholderBackgroundThemeBrush}"
                Width="110" Height="110">
            <Image Source="{Binding Bild}" Stretch="UniformToFill"/>
        </Border>
        <StackPanel Grid.Column="1" VerticalAlignment="Top" Margin="10,0,0,0">
            <TextBlock Text="{Binding Titel}" Style="{StaticResource TitleTextBlockStyle}"
                    TextWrapping="NoWrap"/>
            <TextBlock Text="{Binding Untertitel}"
                    Style="{StaticResource CaptionTextBlockStyle}" TextWrapping="NoWrap"/>
            <TextBlock Text="{Binding Beschreibung}"
                    Style="{StaticResource BodyTextBlockStyle}" MaxHeight="60"/>
        </StackPanel>
    </Grid>
</DataTemplate>
```

Die Eigenschaften des ComicAbfrage-Objekts sowie die anonymen Typen, die von Ihren LINQ-Abfragen geliefert werden, entsprechen den Bindungen im DataTemplate und erscheinen deswegen im ListView.

8 Führen Sie das Programm aus! Und nutzen Sie die IDE, um sich anzusehen, wie es funktioniert!

Teure Comics
Comics über 500 €
Comics, die mehr als 500 Euro wert sind. Hilft Tim, die begehrtesten Comics herauszufinden.

Alle Auflistungen sind enumerierbar – sie implementieren `IEnumerable<T>` –, aber technisch ist etwas Enumerierbares nur eine Auflistung, wenn es `ICollection<T>`, d. h. `Add()`, `Clear()`, `Contains()`, `CopyTo()` und `Remove()`, implementiert … und `ICollection<T>` erweitert `IEnumerable<T>`. LINQ arbeitet mit Sequenzen von Werten, nicht Auflistungen, und eine Sequenz ist alles, was `IEnumerable<T>` implementiert.

LINQ ist vielseitig

Mit LINQ können Sie nicht nur ein paar Elemente aus einer Auflistung herausziehen. Sie können die Elemente auch verändern, bevor Sie sie zurückliefern. Und nachdem Sie eine Gruppe von Ergebnisauflistungen generiert haben, gibt LINQ Ihnen einen Haufen Methoden, mit denen Sie arbeiten können. Alles in allem liefert Ihnen LINQ die Werkzeuge, die Sie zur Verwaltung Ihrer Daten benötigen.

Alle Elemente verändern, die von der Abfrage geliefert werden

Dieser Code hängt an das Ende jedes Strings im Array einen String an. Das Array selbst ändert er nicht – er **erzeugt eine neue Sequenz** mit den veränderten Strings.

```
string[] sandwiches = { "Schinken und Käse", "Salami mit Mayo",
                        "Pute und Mangold", "Hähnchenbrust" };
var graubrotSandwiches =
    from sandwich in sandwiches
    select sandwich + " auf Graubrot";

foreach (var sandwich in graubrotSandwiches)
    Console.WriteLine(sandwich);
```

Das hängt »auf Graubrot« an jedes Element im Ergebnis der Abfrage an.

Ausgabe:

```
Schinken und Käse auf Graubrot
Salami mit Mayo auf Graubrot
Pute und Mangold auf Graubrot
Hähnchenbrust auf Graubrot
```

Beachten Sie, dass an alle zurückgelieferten Elemente »auf Graubrot« angehängt wurde.

Diese Änderung erfolgt in den von der Abfrage zurückgelieferten Ergebnissen … nicht an den Elementen in der ursprünglichen Auflistung oder Datenbank.

Auf Auflistungen Berechnungen durchführen

Sie erinnern sich sicher, dass wir gesagt hatten, dass LINQ Ihren Auflistungen und allem anderen, das `IEnumerable<T>` implementiert, Erweiterungsmethoden hinzufügt (sowie Objekte für den Datenbankzugriff) … einige davon sind auch für sich sehr mächtig und erfordern nicht einmal eine Abfrage:

```
Random random = new Random();
List<int> listMitZahlen = new List<int>();
int länge = random.Next(50, 150);
for (int i = 0; i < länge; i++)
    listMitZahlen.Add(random.Next(100));

Console.WriteLine("Es gibt {0} Zahlen",
                  listMitZahlen.Count());
Console.WriteLine("Die kleinste ist {0}",
                  listMitZahlen.Min());
Console.WriteLine("Die größte ist {0}",
                  listMitZahlen.Max());
Console.WriteLine("Ihre Summe ist {0}",
                  listMitZahlen.Sum());
Console.WriteLine("Ihr Durchschnitt ist {0:F2}",
                  listMitZahlen.Average());
```

Keine dieser Methoden ist Teil der .NET-Auflistungsklassen … sie werden alle von LINQ definiert.

Es sind alles Erweiterungsmethoden, die in der Enumerable-Klasse im Namensraum System.Linq definiert werden. Wenn Sie sich das selbst ansehen wollen, klicken Sie auf ein Vorkommen und wählen Gehe zu Definition.

Eine Sequenz ist eine geordnete Menge von Objekten und wird von LINQ als IEnumerable<T> geliefert.

Ergebnisse in einer neuen Sequenz speichern

Manchmal möchten Sie die Ergebnisse einer LINQ-Abfrage aufbewahren. Dazu können Sie `ToList()` verwenden:

```
var unter50sortiert =
  from zahl in listMitZahlen
  where zahl < 50
  orderby zahl descending
  select zahl;

List<int> neueList = unter50sortiert.ToList();
```

Diesmal sortieren wir eine Liste mit Zahlen absteigend.

ToList() wandelt einen LINQ-var in eine List<T> um, damit Sie das Ergebnis speichern können. Es gibt auch ToArray() und ToDictionary(), die die entsprechenden Auflistungstypen liefern.

Aufgepasst

LINQ-Abfragen, werden erst ausgeführt, wenn Sie auf ihr Ergebnis zugreifen!

Das nennt man »verzögerte Auswertung« – die LINQ-Abfrage tut nichts, bis eine Anweisung ausgeführt wird, die ihr Ergebnis verwendet. Deswegen ist ToList() so wichtig: Es weist LINQ an, die Abfrage sofort auszuwerten.

Mit der Methode `Take()` können Sie auch nur eine Untermenge des Ergebnisses abrufen:

```
var ersteFünf = unter50sortiert.Take(5);

List<int> kurzeListe = ersteFünf.ToList();
foreach (int n in kurzeListe)
    Console.WriteLine(n);
```

Take() nimmt die angegebene Zahl von Elementen vom Anfang der Ergebnisse. Stecken Sie diese in einen anderen var, können Sie sie in eine List umwandeln.

Microsofts offizielle 101 LINQ-Beispiele

LINQ kann noch eine Menge mehr. Netterweise bietet Microsoft eine Referenz, die Ihnen weiterhelfen kann:

http://code.msdn.microsoft.com/101-LINQ-Samples-3fb9811b

Es gibt keine Dummen Fragen

F: Das sind eine Menge neuer Schlüsselwörter – `from`, `where`, `orderby`, `select` ... das ist wie eine ganz andere Sprache. Warum sieht es so anders aus als der Rest von C#?

A: Weil es einem anderen Zweck dient. Die C#-Syntax wurde im Wesentlichen zur Ausführung kleiner Operationen und Berechnungen gestaltet. Sie können eine Schleife starten, eine Variable setzen, eine mathematische Operation durchführen oder eine Methode aufrufen ... das sind alles separate Operationen.

LINQ-Abfragen sehen anders aus, weil eine einzelne LINQ-Abfrage in der Regel eine Menge Dinge gleichzeitig tut. Sehen wir uns eine einfache Abfrage mal genauer an:

```
var kleiner10 =
 from zahl in zahlArray
 where zahl < 10
 select zahl;
```

Das sieht sehr einfach aus – viel steckt da nicht drin, stimmt's? Aber eigentlich ist das ziemlich komplexer Code. Überlegen Sie, was alles passieren muss, damit das Programm in `zahlArray` tatsächlich alle Zahlen kleiner 10 auswählt. Erst muss es das gesamte Array durchlaufen und alle Zahlen mit 10 vergleichen. Dann müssen alle passenden Zahlen gesammelt werden, damit Ihr Code sie nutzen kann. Und deswegen sieht LINQ etwas seltsam aus: weil C# eine Menge Verhalten auf kleinem Raum zusammenpacken muss.

Mit LINQ können Sie komplexe Aufgaben mit wenig Code erledigen.

Neue Abfragen für Tims App

Das ist ein Beispiel für die Trennung der Verantwortlichkeiten. Sie können weitere Abfragen hinzufügen, indem Sie ComicAbfrageManager verändern, ohne dass Sie das XML oder den Unterstützungscode anrühren müssen, weil Sie den ganzen Abfragecode in dieser Klasse gekapselt haben.

Tim möchte gern erfahren, wie LINQ ihn bei der Verwaltung seiner Daten unterstützen kann. Fügen Sie die drei Abfragen von der letzten Seite in seinen Code ein, um ihm zu zeigen, was LINQ leisten kann. Sie müssen dazu nur die Klasse `ComicAbfrageManager` aktualisieren (und dem Ordner *Assets* ein weiteres Bild hinzufügen). Erweitern Sie zunächst den Objektinitialisierer für `VerfügbareAbfragen` um die drei `ComicAbfragen`:

Tun Sie das!

```
private void VerfügbareAbfragenAktualisieren() {
    VerfügbareAbfragen = new ObservableCollection<ComicAbfrage> {
        new ComicAbfrage("LINQ macht Abfragen leicht", "Eine Beispielabfrage",
            "Zeigen wir Tim, wie flexibel LINQ ist",
            BildAusAssetErstellen("purple_250x250.jpg")),

        new ComicAbfrage("Teure Comics", "Comics über 500 €",
            "Comics, die mehr als 500 Euro wert sind."
            + " Hilft Tim, die begehrtesten Comics herauszufinden.",
            BildAusAssetErstellen("captain_amazing_250x250.jpg")),

        new ComicAbfrage("LINQ ist vielseitig 1", "Abfrageergebnisse verändern",
            "Dieser Code hängt einen String ans Ende jedes Strings im Array an.",
            BildAusAssetErstellen("bluegray_250x250.jpg")),

        new ComicAbfrage("LINQ ist vielseitig 2", "Berechnungen auf Auflistungen",
            "LINQ bietet Erweiterungsmethoden für Auflistungen (und alles andere,"
              + " was IEnumerable<T> implementiert).",
            BildAusAssetErstellen("purple_250x250.jpg")),

        new ComicAbfrage("LINQ ist vielseitig 3",
            "Ergebnisse oder Teile davon in neuen Sequenzen speichern",
            "Manchmal will man die Ergebnisse einer LINQ-Abfrage festhalten.",
            BildAusAssetErstellen("bluegray_250x250.jpg")),
    };
}
```

Ergänzen Sie diese drei Abfragen, damit sie auf der Hauptseite erscheinen.

Sie müssen die `switch`-Anweisung aktualisieren, damit die gewünschten Abfragen ausgeführt werden, wenn sie im ListView ausgewählt werden:

```
public void AbfrageergebnisseAktualisieren(ComicAbfrage abfrage) {
    Titel = abfrage.Titel;

    switch (abfrage.Titel) {

        case "LINQ macht Abfragen leicht": LinqMachtAbfragenLeicht(); break;
        case "Teure Comics": TeureComics(); break;
        case "LINQ ist vielseitig 1": LinqIstVielseitig1(); break;
        case "LINQ ist vielseitig 2": LinqIstVielseitig2(); break;
        case "LINQ ist vielseitig 3": LinqIstVielseitig3(); break;
    }
}
```

Fügen Sie der switch-Anweisung diese drei case-Optionen hinzu. Sie werden von der Abfragedaten-Seite angezeigt, wenn zu ihr navigiert wird.

Schreiben Sie nun die folgenden drei Methoden. Vergleichen Sie sie mit den LINQ-Abfragen von den letzten beiden Seiten:

```
private void LinqIstVielseitig1() {
    string[] sandwiches = { "Schinken und Käse", "Salami mit Mayo",
                            "Pute und Mangold", "Hähnchenbrust" };
    var graubrotSandwiches =
        from sandwich in sandwiches
        select sandwich + " auf Graubrot";

    AktuelleAbfrageergebnisse.Clear();
    foreach (var sandwich in graubrotSandwiches)
        AktuelleAbfrageergebnisse.Add(AnonymesListViewItemErstellen(sandwich,
                                      "bluegray_250x250.jpg"));
}
private void LinqIstVielseitig2() {
    Random random = new Random();
    List<int> listMitZahlen = new List<int>();
    int länge = random.Next(50, 150);
    for (int i = 0; i < länge; i++)
        listMitZahlen.Add(random.Next(100));

    AktuelleAbfrageergebnisse.Clear();
    AktuelleAbfrageergebnisse.Add(AnonymesListViewItemErstellen(
        String.Format("Es gibt {0} Zahlen", listMitZahlen.Count())));
    AktuelleAbfrageergebnisse.Add(
        AnonymesListViewItemErstellen(String.Format("Die kleinste ist{0}", listMitZahlen.Min())));
    AktuelleAbfrageergebnisse.Add(
       AnonymesListViewItemErstellen(String.Format("Die größte ist {0}", listMitZahlen.Max())));
    AktuelleAbfrageergebnisse.Add(
       AnonymesListViewItemErstellen(String.Format("Die Summe ist {0}", listMitZahlen.Sum())));
    AktuelleAbfrageergebnisse.Add(AnonymesListViewItemErstellen(
            String.Format("Der Durchschnitt ist {0:F2}", listMitZahlen.Average())));
}
private void LinqIstVielseitig3() {
    List<int> listMitZahlen = new List<int>();
    for (int i = 1; i <= 10000; i++)
        listMitZahlen.Add(i);

    var unter50sortiert =
         from zahl in listMitZahlen
         where zahl < 50
         orderby zahl descending
         select zahl;

    var ersteFünf = unter50sortiert .Take(6);

    List<int> kurzeList = ersteFünf.ToList();
    foreach (int n in kurzeList)
        AktuelleAbfrageergebnisse.Add(AnonymesListViewItemErstellen(n.ToString(),
                                                         "bluegray_250x250.jpg"));

}
```

Sie müssen die Datei bluegray_250x250.jpg von der Head First Labs-Website herunterladen und dem Ordner Assets hinzufügen.

Tun Sie das

MICRO ÜBUNG

Sie benötigen eine weitere Methode, um diesen Code funktionsfähig zu machen. Alle drei `LinqIstVielseitig`-Methoden rufen eine Methode namens `AnonymesListViewItemErstellen()` auf. Ihr erster Parameter ist der Titel und sollte für die Titel-Eigenschaft eines neuen anonymen Objekts verwendet werden. Der zweite Parameter ist **optional**. Es ist der Name einer Bilddatei, die zur `Bild`-Eigenschaft des anonymen Objekts werden soll, und ihr Vorgabewert sollte *purple_250x250.jpg* sein. Können Sie diese Methode erstellen? Die Lösung finden Sie auf der nächsten Seite.

Punkt für Punkt

- Mit **`from`** geben Sie das abzufragende `IEnumerable<T>` an. Darauf folgen der Name einer Variablen, dann **`in`** und dann der Name der Auflistung (`from wert in werte`).
- **`where`** folgt normalerweise der `from`-Klausel. Dort verwenden Sie eine gewöhnliche C#-Bedingung, um LINQ zu sagen, welche Elemente ausgewählt werden sollen (`where wert < 10`).
- Mit **`orderby`** können Sie die Ergebnisse sortieren. Darauf folgen die Sortierkriterien und optional **`descending`**, um die Sortierung umzukehren (`orderby wert descending`).
- Mit **`select`** geben Sie an, was in das Ergebnis kommen soll (`select wert`).
- Mit **`Take`** können Sie die ersten Elemente aus dem Ergebnis herausziehen (`ergebnis.Take(10)`). LINQ gibt Ihnen weitere Methoden für Auflistungen: `Min()`, `Max()`, `Sum()` und `Average()`.
- Mit `select` können Sie alles auswählen – Sie sind nicht auf den Namen beschränkt, den Sie in der `from`-Klausel erzeugt haben. Ein Beispiel: Zieht LINQ eine Menge mit Preisen aus einem `int`-Array und gibt ihnen in der `from`-Klausel den Namen `wert`, können Sie folgendermaßen eine Liste mit Preis-Strings zurückliefern: `select String.Format("{0:c}", wert().)`

Das ist genau wie das {0:x}, das Sie in Kapitel 9 im Hex-Dumper verwendet haben. Es gibt auch {0:d} und {0:D} für kurze und lange Datumswerte und {0:P} oder {0:Pn} für Prozentwerte (mit n Nachkommastellen).

Micro-Übung Lösung

```
private object AnonymesListViewItemErstellen(string titel,
                              string bilddatei = "purple_250x250.jpg") {
    return new {
        Titel = titel,
        Bild = BildAusAssetErstellen(bilddatei),
    };
}
```

Es gibt keine Dummen Fragen

F: Wie funktioniert die `from`-Klausel?

A: Sie hat Ähnlichkeit mit der ersten Zeile einer `foreach`-Schleife. LINQ-Abfragen kann man sich schlechter vorstellen, weil sie anders als die meisten üblichen C#-Anweisungen nicht nur eine einzige Operation durchführen.

Eine LINQ-Abfrage macht die gleiche Sache für eine Auflistung immer wieder. Die `from`-Klausel macht zwei Dinge: Sie sagt LINQ, auf welcher Auflistung die Abfrage operieren soll, und gibt einen Namen an, der für die einzelnen Elemente der abzufragenden Auflistung verwendet wird.

Wie die `from`-Klausel den neuen Namen für die Elemente in der Auflistung erzeugt, hat große Ähnlichkeit damit, wie es eine `foreach`-Schleife macht. Hier ist die erste Zeile einer `foreach`-Schleife:

```
foreach (int i in werte)
```

Diese `foreach`-Schleife erzeugt eine temporäre Variable `i`, der sie nacheinander die Elemente in der Auflistung `werte` zuweist. Sehen Sie sich jetzt die `from`-Klausel einer LINQ-Abfrage auf der gleichen Auflistung an:

```
from i in werte
```

Diese Klausel macht so ziemlich das Gleiche. Sie erzeugt eine temporäre Variable namens `i` und weist ihr nacheinander die Elemente in der Auflistung `werte` zu. Die `foreach`-Schleife führt für jedes Element in der Auflistung den gleichen Codeblock aus, während die LINQ-Abfrage in der `where`-Klausel auf alle Elemente in der Auflistung die gleichen Kriterien anwendet, um zu ermitteln, ob es in das Ergebnis eingeschlossen werden soll oder nicht. Dabei darf man nicht vergessen, dass LINQ-Abfragen nur Erweiterungsmethoden sind. Die eigentliche Arbeit wird von Methoden verrichtet, die Sie auch ohne LINQ aufrufen könnten.

F: Wie entscheidet LINQ, was ins Ergebnis übernommen wird?

A: Dazu dient die `select`-Klausel. Jede LINQ-Abfrage liefert eine Sequenz, und alle Elemente darin haben den gleichen Typ. Sie sagt LINQ genau, was diese Sequenz enthalten soll. Fragen Sie ein Array oder eine Liste ab, die nur einen einzigen Typ enthält (wie ein Array mit `int`s oder eine `List<string>`), ist klar, was in die `select`-Klausel kommt. Aber was ist, wenn Sie aus einer Liste mit `Comic`-Objekten auswählen? Sie können wie Tim jeweils sämtliche Objekte auswählen. Oder ändern Sie die letzte Zeile der Abfrage so, dass nur `comic.Name` gewählt wird, damit eine Sequenz mit Strings geliefert wird. Oder Sie können `comic.Folge` wählen und eine Sequenz mit `int`s liefern lassen.

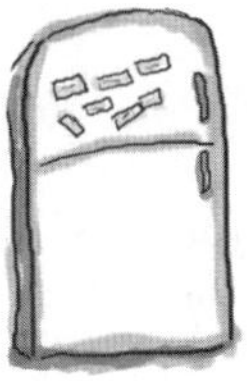

LINQ-Magneten

Ordnen Sie die Magneten so um, dass die unten gezeigte Ausgabe erzeugt wird.

```
taube descending
Console.WriteLine("Viel Spaß auf der Route {0}",
wiesel.Sum()
spatz in bären
taube in dachse
where
from
from
orderby
select
select
var wiesel =
int[] dachse =
var marder =
var bären =
);
marder
.Take(3);
taube + 5;
spatz - 1;
(taube != 36 && taube < 50)
{ 36, 5, 91, 3, 41, 69, 8 };
```

Ausgabe:

```
Viel Spaß auf der Route 66
```

LINQ-Magneten, Lösung

Sie sollten die Magneten so umordnen, dass die unten gezeigte Ausgabe erzeugt wird.

LINQ beginnt mit einer Sequenz oder einem Array – hier einem Array mit int-Werten.

```
int[] dachse = { 36, 5, 91, 3, 41, 69, 8 };
```

»from taube in dachse« ist in einem Puzzle brauchbar, als LINQ-Abfrage aber unlesbar. »from dachs in dachse« ist lesbarer.

```
var marder =
    from taube in dachse
    where (taube != 36 && taube < 50)
    orderby taube descending
    select taube + 5;
```

Nach dieser Anweisung enthält marder vier Zahlen: 46, 13, 10 und 8.

Diese LINQ-Anweisung zieht alle Zahlen, die kleiner 50 und nicht gleich 36 sind, aus dem Array heraus, addiert jeder 5 hinzu, sortiert sie dann absteigend und steckt sie in ein neues Objekt, auf das die Referenz marder zeigt.

```
var bären =
    marder.Take(3);
```

Nach dieser Anweisung enthält bären drei Zahlen: 46, 13 und 10.

Hier holen wir die ersten drei Zahlen aus marder und stecken sie in eine neue Auflistung namens bären.

```
var wiesel =
    from spatz in bären
    select spatz - 1;
```

Nach dieser Anweisung enthält wiesel drei Zahlen: 45, 12 und 9.

Diese Anweisung zieht einfach von allen Zahlen in bären 1 ab und steckt sie in wiesel.

```
Console.WriteLine("Viel Spaß auf der Route {0}",
    wiesel.Sum() );
```

45 + 12 + 9 = 66

Die Zahlen in wiesel ergeben zusammen 66.

Ausgabe:

```
Viel Spaß auf der Route 66
```

LINQ kann Ergebnisse zu Gruppen zusammenfassen

Sie können LINQ nutzen, um Ergebnisse zu gruppieren. Das kann sehr praktisch sein, wenn man Auflistungen zerlegen muss. Werfen wir einen genaueren Blick auf eine Abfrage, die eine Auflistung zerlegt.

In Aktion können Sie diese LINQ-Abfrage sehen (und dabei gleichzeitig mehr zu WinForms-Anwendungen lernen), wenn Sie einen Bienenstock-Simulator mit netten Animationen aufbauen. Das kostenlose GDI+-Kapitel können Sie unter http://headfirstlabs.com/hfcsharp herunterladen.

```
var bienenGruppen =
    from biene in welt.Bienen
    group biene by biene.AktuellerStatus
    into bienenGruppe
    orderby bienenGruppe.Key
    select bienenGruppe;
```

1 Die Abfrage beginnt wie alle anderen Abfragen, die Sie bisher gesehen haben – indem sie Biene-Objekte aus der `List<Biene>`-Auflistung `welt.Bienen` zieht.

2 Die nächste Zeile der Abfrage enthält ein neues Schlüsselwort: **`group`**. Das sagt, dass die Abfrage ***Gruppen*** von Bienen liefern soll. Dies bedeutet, dass nicht eine einzige Sequenz geliefert wird, sondern eine **Sequenz von Sequenzen**. **`group biene by biene.AktuellerStatus`** sagt LINQ, dass eine Gruppe für jeden `AktuellerStatus`-Wert bei den ausgewählten Bienen zurückgeliefert werden soll. Schließlich müssen wir LINQ einen Namen für die Gruppe geben. Das macht die nächste Zeile: **`into bienenGruppe`** sagt, dass der Name »bienenGruppe« auf die neuen Gruppen verweist.

3 Nachdem wir Gruppen haben, können wir sie manipulieren. Da wir eine Sequenz mit Gruppen liefern, können wir das Schlüsselwort `orderby` verwenden, um die Gruppen gemäß den `AktuellerStatus`-Werten in eine Reihenfolge zu bringen (Untätig, ZuBlumeFliegen usw.): **`orderby bienenGruppe.Key`** sagt der Abfrage, dass die Sequenz über den Gruppenschlüssel sortiert werden soll. Da wir die Bienen über ihren `AktuellerStatus`-Wert gruppiert haben, wird dieser als Schlüssel verwendet.

4 Jetzt müssen wir nur noch das Schlüsselwort `select` einsetzen, um anzuzeigen, was von der Abfrage zurückgeliefert wird. Da wir Gruppen zurückliefern, wählen wir den Gruppennamen: **`select bienenGruppe;`**.

Da die Bienen über ihren Status gruppiert wurden, nennen wir diesen Status den »Schlüssel« (Key). Der Schlüssel einer Gruppe ist das Kriterium, über das gruppiert wurde.

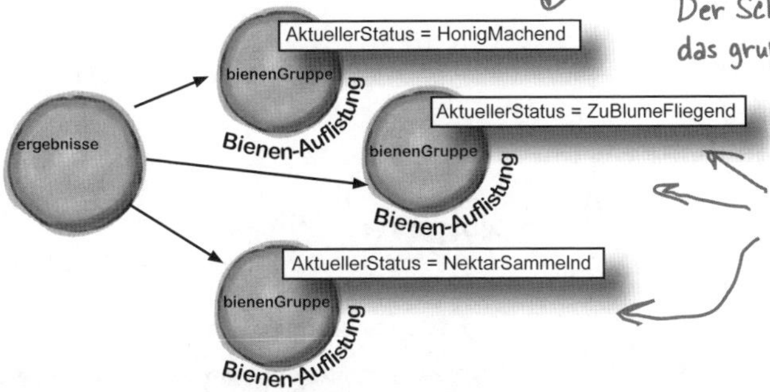
ergebnisse
AktuellerStatus = HonigMachend
bienenGruppe
Bienen-Auflistung
AktuellerStatus = ZuBlumeFliegend
bienenGruppe
Bienen-Auflistung
AktuellerStatus = NektarSammelnd
bienenGruppe
Bienen-Auflistung

Beachten Sie, dass diese Abfrage Gruppen von Bienen liefert, keine einzelnen Bienen.

Tims Werte gruppieren

Tim findet eine Menge billiger Comics, einige Comic-Bücher im mittleren Preissegment und ein paar teurere und möchte wissen, welche Optionen er hat, bevor er sich entscheidet, welche Comics er kauft. Die Preise hat er aus jüngeren Verkäufen auf Gregors Liste entnommen und mit `PreiseAufbauen()` in ein `Dictionary<int, decimal>` gesteckt. Nutzen wir LINQ, um sie in drei Gruppen einzuteilen: eine für billige Comics unter 100 €, eine für Comics zwischen 100 und 1000 € und eine für die teuren, die mehr als 1000 € kosten. Wir erstellen ein `Preisbereich`-Enum, das wir als Schlüssel für die Gruppen verwenden werden, und die Methode `PreisAuswerten()`, die den Preis auswertet und einen `Preisbereich`-Wert liefert.

1 **Jede Gruppe braucht einen Schlüssel – dazu nutzen wir ein Enum.**
Der Schlüssel ist das Ding, das alle Mitglieder einer Gruppe gemeinsam haben. Der Schlüssel kann alles sein: ein String, eine Zahl oder auch eine Objektreferenz. Wir werden uns die Preise ansehen, die Tim auf eBay fand. Jede Gruppe, die die Abfrage liefert, ist eine Sequenz mit Nummern von Folgen und ihr Schlüssel ein `Preisbereich`-Wert. Die Methode `PreisAuswerten()` erwartet als Parameter einen Preis und liefert einen `Preisbereich`-Wert:

```
enum Preisbereich { Billige, Mittlere, Teure }

static Preisbereich PreisAuswerten(decimal preis) {
    if (preis < 100M) return Preisbereich.Billige;
    else if (preis < 1000M) return Preisbereich.Mittlere;
    else return Preisbereich.Teure;
}
```

Fügen Sie den Code auf dieser Seite in eine neue Konsolenanwendung ein – schauen Sie, ob Sie sie funktionsfähig machen können! Am Ende dieses Kapitels werden Sie diese Abfrage Tims Windows Store-App hinzufügen.

2 **Jetzt können wir die Comics über ihre Preiskategorie gruppieren.**
Die LINQ-Abfrage liefert eine **Sequenz mit Sequenzen**. Jede Sequenz im Ergebnis hat eine `Key`-Eigenschaft, die dem `Preisbereich` entspricht, der von `PreisAuswerten()` zurückgeliefert wird. Sehen Sie sich die `group by`-Klausel genau an – wir ziehen Paare aus dem Dictionary und verwenden für diese den Namen `paar`: `paar.Key` ist die Nummer der Folge, und `paar.Value` ist der Preis von eBay. Fügen wir `group paar.Key` hinzu, erstellt LINQ Gruppen mit Nummern von Folgen und bündelt diese Gruppen dann auf Basis der Preiskategorie, die von `PreisAuswerten()` geliefert wird:

```
Dictionary<int, decimal> werte = PreiseAufbauen();

var preisGruppen =
    from paar in werte
    group paar.Key by PreisAuswerten(paar.Value)
        into preisGruppe
        orderby preisGruppe.Key descending
        select preisGruppe;

foreach (var gruppe in preisGruppen) {
    Console.Write("{0} {1} Comics gefunden: Folgen", gruppe.Count(), gruppe.Key);
    foreach (var preis in gruppe)
        Console.Write(preis.ToString() + " ");
    Console.WriteLine();
}
```

Die Abfrage ermittelt, in welche Gruppe ein bestimmter Preis fällt, indem sie den Preis an PreisAuswerten() sendet. Diese Methode liefert einen Preisbereich-Wert, der als Schlüssel der Gruppe verwendet wird.

Jede Gruppe ist eine Sequenz, die in der inneren foreach-Schleife gelesen wird, um die Preise herauszuziehen.

Ausgabe:

```
2 Teure Comics gefunden: Folgen 6 57
3 Mittlere Comics gefunden: Folgen 19 36 68
3 Billige Comics gefunden: Folgen 74 83 97
```

Pool-Puzzle

Sie haben die **Aufgabe**, die leeren Zeilen im Code mit den Codeschnipseln aus dem Pool zu füllen. Einzelne Schnipsel können mehrfach verwendet werden, und Sie werden nicht alle Schnipsel benötigen. Das **Ziel** ist es, eine Klasse zu erstellen, die die gezeigte ***Ausgabe*** erzeugt.

Horses enjoy eating carrots, but they love eating apples.

```
class Vers {
    public string[] Wörter;
    public int Value;
    public Vers(string[] Wörter, int Wert) {
        this.Wörter = Wörter; this.Wert = Wert;
    }
}
```

Tipp: LINQ sortiert Strings in alphabetischer Reihenfolge.

```
Vers[] verse = {
  new Vers( new string [] { "eating", "carrots,",
          "but", "enjoy", "Horses" } , 1),
  new Vers( new string [] { "zebras?", "hay",
         "Cows", "bridge.", "bolted" } , 2),
  new Vers( new string [] { "fork", "dogs!",
         "Engine", "and" }, 3 ) ,
  new Vers( new string [] { "love", "they",
         "apples.", "eating" }, 2 ) ,
  new Vers( new string [] { "whistled.", "Bump"
         }, 1 ) };
```

```
var ______ =
    from ______ in ______
    ______ vers by vers.______
    into wortgruppen
    orderby ________.______
    select ________;

____ _________ = wörter.______(2);

foreach (var gruppe in zweiGruppen)
{
   int i = 0;
   foreach (______ innen in ______) {
      i++;
      if (i == ______.Key) {
         var gedicht =
            ______ wort in ______.______
            ________ wort descending
            ______ wort + ____;
         foreach (var wort in ______)
            Console.Write(wort);
      }
   }
}
```

Hinweis: Alle Schnipsel aus dem Pool können mehrfach verwendet werden.

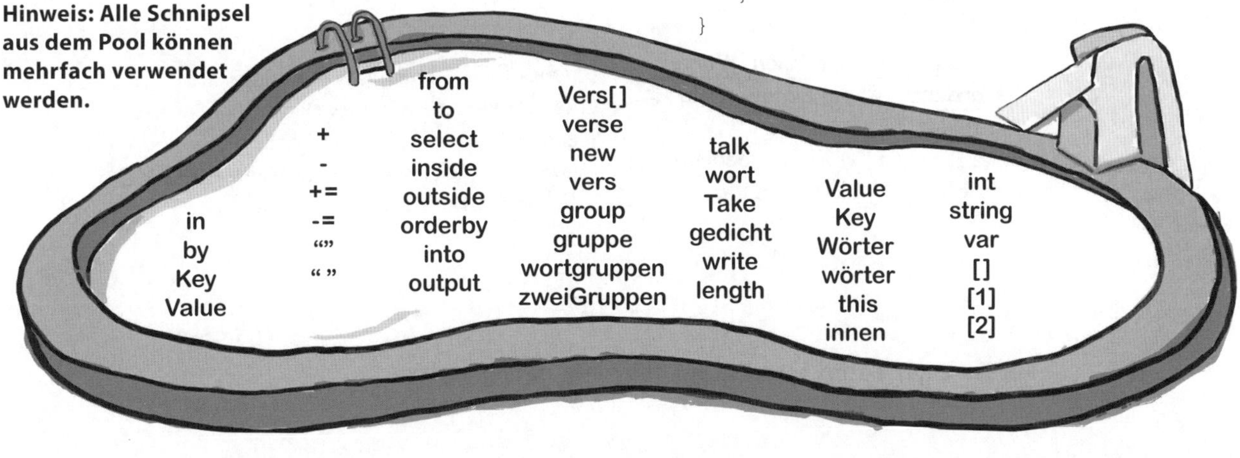
in
by
Key
Value
+
-
+=
-=
""
" "
from
to
select
inside
outside
orderby
into
output
Vers[]
verse
new
vers
group
gruppe
wortgruppen
zweiGruppen
talk
wort
Take
gedicht
write
length
Value
Key
Wörter
wörter
this
innen
int
string
var
[]
[1]
[2]

Pool-Puzzle, Lösung

```
class Vers {
    public string[] Wörter;
    public int Wert;
    public Vers(string[] Wörter, int Wert) {
        this.Wörter = Wörter; this.Wert = Wert;
    }
}

Vers[] verse = {
  new Vers( new string [] { "eating", "carrots,", "but", "enjoy", "Horses" } ,
1),
  new Vers( new string [] { "zebras?", "hay", "Cows", "bridge.", "bolted" } , 2),
  new Vers( new string [] { "fork", "dogs!", "Engine", "and" }, 3 ) ,
  new Vers( new string [] { "love", "they", "apples.", "eating" }, 2 ) ,
  new Vers( new string [] { "whistled.", "Bump" }, 1 )
};

var wörter =
    from vers in verse
    group vers by vers.Wert
    into wortgruppen
    orderby wortgruppen.Key
    select wortgruppen;

var zweiGruppen = wörter.Take(2);

foreach (var gruppe in zweiGruppen)
{
    int i = 0;
    foreach (var innen in gruppe) {
        i++;
        if (i == gruppe.Key) {
            var gedicht =
                from wort in innen.Wörter
                orderby wort descending
                select wort + " ";
            foreach (var wort in gedicht)
                Console.Write(wort);
        }
    }
}
```

Die erste LINQ-Abfrage teilt die Vers-Objekte im verse[]-Array anhand ihres Werts und in aufsteigender Reihenfolge nach dem Wert in Gruppen ein.

Die ersten beiden Gruppen sind die Verse mit den Werten 1 und 2.

Diese Schleife führt eine LINQ-Abfrage auf dem ersten Vers-Objekt in der ersten Gruppe und dem zweiten Vers-Objekt in der zweiten Gruppe aus.

Haben Sie erkannt, dass die beiden Satzfragmente »Horses enjoy eating carrots, but« und »they love eating apples« in absteigender alphabetischer Reihenfolge stehen?

Ausgabe: **Horses enjoy eating carrots, but they love eating apples.**

Zwei Auflistungen in einer Abfrage mit join kombinieren

Tim hat eine ganze Sammlung von Comics erworben, möchte diese nun mit den Preisen vergleichen, die er auf Gregors Liste gefunden hat, und prüfen, ob sich die Preise zum Guten oder Schlechten gewandelt haben. Er hat seine Käufe in einer `Erwerb`-Klasse mit zwei automatischen Eigenschaften festgehalten, `Folge` und `Preis`. Und er hat eine `List<Erwerb>` namens `erwerbe`, die alle Comics enthält, die er gekauft hat. Aber jetzt muss er seine Erwerbe mit den Preisen auf eBay vergleichen. Wie soll er das tun?

LINQ kommt ihm zu Hilfe! Mit seinem `join`-Schlüsselwort können Sie mit einer einzigen Abfrage **Daten aus zwei Auflistungen kombinieren**. Das macht es, indem es Elemente in der ersten Auflistung mit Elementen in der zweiten Auflistung vergleicht. (LINQ arbeitet hier sehr effizient – es vergleicht Elementpaare nur, wenn es das wirklich muss.) Das führt zu einem Ergebnis, das alle passenden Paare kombiniert.

1 Beginnen Sie Ihre Abfrage mit der üblichen `from`-Klausel. Aber statt auf sie die Kriterien folgen zu lassen, die verwendet werden, um zu bestimmen, was ins Ergebnis kommt, fügen Sie Folgendes an:

```
join name in Auflistung
```

Die `join`-Klausel sagt LINQ, dass es beide Auflistungen durchlaufen soll, um Paare mit Elementen aus beiden Auflistungen zu bilden. *`name`* wird dem Element zugewiesen, das in jedem Durchlauf aus der verknüpften Auflistung herausgezogen wird. Diesen Namen werden wir in der `where`-Klausel nutzen.

Tim hat seine Daten in einer Auflistung mit Erwerb-Objekten namens erwerbe.

```
class Erwerb {
  public int Folge
            { get; set; }
  public decimal Preis
            { get; set; }
}
```

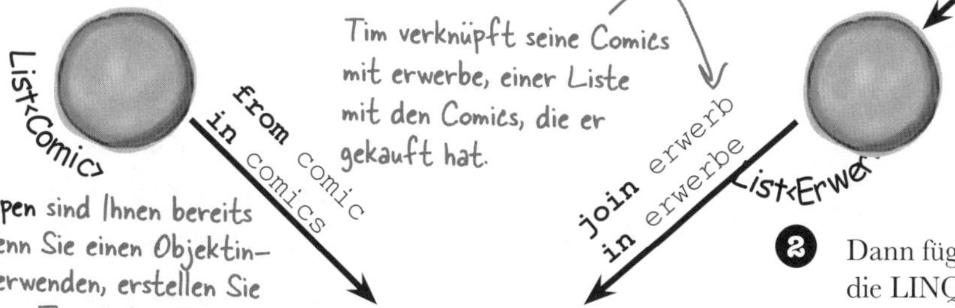
List<Comic>
from comic
in comics
Tim verknüpft seine Comics mit erwerbe, einer Liste mit den Comics, die er gekauft hat.
join erwerb
in erwerbe
List<Erwerb>

Anonyme Typen sind Ihnen bereits begegnet. Wenn Sie einen Objektinitialisierer verwenden, erstellen Sie einen anonymen Typ, indem Sie in geschweiften Klammern eine Folge von Namen und Werten angeben.

```
on comic.Folge
equals erwerb.Folge
```

2 Dann fügen Sie die **on**-Klausel hinzu, die LINQ sagt, wie die beiden Auflistungen verknüpft werden sollen. Darauf folgen der Name des Members in der ersten Auflistung, über das Sie vergleichen, anschließend **`equals`** und dann der Name des Members in der zweiten Auflistung, mit dem verglichen werden soll.

3 Sie werden die LINQ-Abfrage wie gewöhnlich mit `where`- und `orderby`-Klauseln fortsetzen. Sie könnten sie mit einer gewöhnlichen `select`-Klausel abschließen, aber meist möchten Sie ein Ergebnis zurückliefern, das ein paar Daten aus der einen und ein paar aus der anderen Auflistung liefert. Dann nutzen Sie **`select new`**, um mithilfe eines **anonymen Typs** eine angepasste Ergebnismenge zu liefern.

Auf select new folgen geschweifte Klammern, die die Daten für das Ergebnis enthalten.

```
select new { comic.Name,
comic.Folge, erwerb.Preis }
```

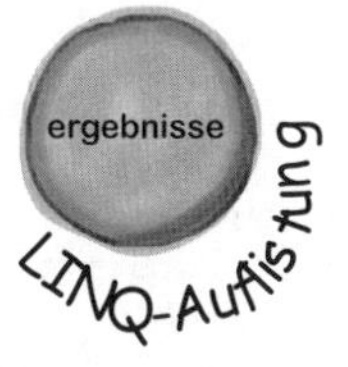
ergebnisse
LINQ-Auflistung

Folge = 6	name = "Johnny America"	Preis = 3600
Folge = 19	name = "Rock and Roll"	Preis = 375
Folge = 57	name = "Hippie Madness"	Preis = 13215

Mehr zu anonymen Typen finden Sie unter Punkt 9 des Anhangs!

Tim hat eine Menge Kohle gespart

Offenbar versteht sich Tim aufs Feilschen. Diese Abfrage erzeugt eine List mit `Erwerb`-Objekten, die seine Erwerbe enthält, und vergleicht diese mit den Preisen, die er auf Gregors Liste fand.

1 **Erst erzeugte Tim die Auflistung für den Join.**
Die erste Auflistung hatte Tim schon – er nutzte einfach seine alte `KatalogGenerieren()`-Methode. Er musste also nur noch eine `ErwerbeSuchen()`-Methode schreiben, um eine Liste mit `Erwerb`-Objekten aufzubauen.

```
public List<Erwerb> ErwerbeSuchen() {
    List<Erwerb> erwerbe = new List<Erwerb>() {
        new Erwerb() { Folge = 68, Preis = 225M },
        new Erwerb() { Folge = 19, Preis = 375M },
        new Erwerb() { Folge = 6, Preis = 3600M },
        new Erwerb() { Folge = 57, Preis = 13215M },
        new Erwerb() { Folge = 36, Preis = 660M },
    };
    return erwerbe;
}
```

Das ist eine statische Methode in der Klasse Erwerb.

Für Folge 57 zahlte Tim 13.215 €.

2 **Jetzt konnte er den Join durchführen!**
Sie haben bereits alle Teile seiner Abfrage gesehen ... hier sind sie in einem Stück.

```
List<Comic> comics = KatalogGenerieren();
Dictionary<int, decimal> werte = PreiseAufbauen();
List<Erwerb> erwerbe = ErwerbeSuchen();
var ergebnisse =
    from comic in comics
    join erwerb in erwerbe
    on comic.Folge equals erwerb.Folge
    orderby comic.Folge ascending
    select new { comic.Name, comic.Folge, erwerb.Preis };
decimal listenWert = 0;
decimal ausgabenGesamt = 0;
foreach (var ergebnis in ergebnisse) {
    listenWert += werte[ergebnis.Folge];
    ausgabenGesamt += ergebnis.Preis;
    Console.WriteLine("Folge {0} ({1}) erworben für {2:c}",
             ergebnis.Folge, ergebnis.Name, ergebnis.Preis);
}
Console.WriteLine("{0:c} ausgegeben für Comics im Wert von {1:c}",
             ausgabenGesamt, listenWert);
```

Da Tim eine join-Klausel verwendet, vergleicht LINQ alle Elemente in der Auflistung comics mit allen Elementen in erwerbe, um zu prüfen, wo comic.Folge gleich erwerb.Folge ist.

Die Klausel select new erzeugt eine Ergebnismenge mit Name und Folge des comic-Elements und dem Preis des erwerb-Elements.

Tim ist sehr glücklich, dass er LINQ beherrscht, weil es ihm zeigt, wie hart er verhandelt hat!

Ausgabe:

```
Folge 6 (Johnny America vs. the Pinko) erworben für 3.600,00 €
Folge 19 (Rock and Roll (limitierte Auflage)) erworben für 375,00 €
Folge 36 (Womanís Work) erworben für 660,00 €
Folge 57 (Hippie Madness (Fehldruck)) erworben für 13.215,00 €
Folge 68 (Revenge of the New Wave Freak (beschädigt)) erworben für 225,00 €
18.075,00 € ausgegeben für Comics im Wert von 18.525,00 €
```

Punkt für Punkt

- Die **group**-Klausel weist LINQ an, Ergebnisse zu gruppieren – wird sie verwendet, erstellt LINQ eine Auflistung mit jeweils einer Auflistung pro Gruppe.
- Die Elemente einer Gruppe haben ein Member gemeinsam. Das ist der **Schlüssel** der Gruppe. Nutzen Sie das Schlüsselwort **by**, um den Schlüssel der Gruppe anzugeben. Jede Gruppenauflistung hat das Member **Key**, das den Schlüssel der Gruppe angibt.
- Mit der **join**-Klausel können Sie zwei Auflistungen in einer einzigen Abfrage zusammenfassen. Tun Sie das, vergleicht LINQ alle Elemente der ersten Auflistung mit allen Elementen der zweiten und schließt passende Paare in die Ergebnismenge ein.
- Mit der **on** ... **equals**-Klausel sagen Join-Abfragen, wie die Elementpaare verglichen werden sollen.
- Bei einer **Join**-Abfrage streben Sie in der Regel ein Ergebnis an, das einige Elemente aus der ersten Auflistung und einige aus der zweiten enthält. Mit der **select**-Klausel können Sie selbst definierte Ergebnisse aus beiden aufbauen.
- Mit **select new** können Sie selbst definierte LINQ-Abfrageergebnisse aufbauen, die nur die Elemente enthalten, die Sie benötigen.

Übung

Fügen Sie Tims App die beiden letzten LINQ-Abfragen hinzu.

1. **FÜGEN SIE *VERFÜGBAREABFRAGENAKTUALISIEREN()* FOLGENDE COMICABFRAGEN HINZU.**
Aktualisieren Sie den Objektinitialisierer für `VerfügbareAbfragen`, um zwei neue `ComicAbfrage`-Objekte zu instantiieren, damit sie der Hauptseite hinzugefügt werden. So sollten die neuen Buttons aussehen:

Comics nach Preisbereich
Tims Werte gruppieren
Tim kauft Massen billiger Comics, einige Comics im mittleren Preissegment und wenige teuere und möchte wissen, in welchen Bereich ein Comic fällt, bevor er sich zum Kauf entschließt.
Käufe und Preise vergleichen
Ist Tim ein guter Feilscher?
Diese Abfrage erstellt eine Liste von Erwerb-Objekten, die Tims Erwerbe enthalten und vergleicht sie mit den Preisen auf Gregors Liste.

Wie erreichen Sie es, dass der Seitentitel Tim sagt, wie viel er ausgegeben hat und wie viel die entsprechenden Comics wert sind?

2. **ERGÄNZEN SIE METHODEN, DIE DIE ABFRAGEN AUSFÜHREN UND DIE AUSGABE AUFBAUEN.**
Sie müssen dem Projekt außerdem die `Erwerbe`-Klasse und die `PreisAuswerten()`-Methode sowie das Enum `Preisbereich` hinzufügen. Machen Sie `PreisAuswerten()` zu einer statischen Methode der Klasse `Erwerbe`.

3. **FÜGEN SIE *ABFRAGEERGEBNISSEAKTUALISIEREN()* DIE NEUEN ABFRAGEN HINZU.**
Wenn Sie der `switch`-Anweisung in `AbfrageergebnisseAktualisieren` die beiden neuen Abfragemethoden hinzugefügt haben, können wir loslegen.

Es gibt keine Dummen Fragen

F: Wie Joins funktionieren, verstehe ich noch nicht so recht.

A: `Joins` arbeiten mit zwei beliebigen Sequenzen. Angenommen, Sie haben eine Auflistung mit Fußballspielern namens `team` – ihre Elemente sind Objekte mit den Eigenschaften `Name`, `Position` und `Nummer`. Die Spieler, deren Trikots eine Nummer größer 10 haben, könnten wir also mit dieser Abfrage ermitteln:

```
var ergebnisse =
 from spieler in team
 where spieler.Nummer > 10
 select spieler;
```

Nun möchten wir die Trikotgrößen aller Spieler ermitteln und verfügen über eine `trikots`-Auflistung, deren Elemente die Eigenschaften `Nummer` und `Größe` haben. Das ginge mit einem Join problemlos:

```
var ergebnisse =
 from spieler in team
 where spieler.Nummer > 10
 join trikot in trikots
  on spieler.Nummer
  equals trikot.Nummer
 select trikot;
```

F: Moment, diese Abfrage liefert mir nur einen Haufen Trikots. Was ist, wenn ich jedem Spieler seine Trikotgröße zuordnen will und mich für die Trikotnummer überhaupt nicht interessiere?

A: Dazu dienen **anonyme Typen** – Sie können einen anonymen Typ aufbauen, der nur die Daten enthält, die Sie benötigen. Und Sie können dabei beliebige Member der Elemente aus den per Join verknüpften Auflistungen wählen.

Folgendermaßen können Sie den Namen des Spielers, seine Trikotgröße und sonst nichts auswählen:

```
var ergebnisse =
 from spieler in team
 where spieler.Nummer > 10
 join trikot in trikots
  on spieler.Nummer
  equals trikot.Nummer
 select new {
      spieler.Name,
      trikot.Größe
 };
```

Die IDE ist so clever, dass sie genau herausfinden kann, welche Ergebnisse von Ihrer Abfrage erzeugt werden. Erzeugen Sie eine Schleife, um die Ergebnisse zu durchlaufen, blendet die IDE ein IntelliSense-Fenster ein, sobald Sie den Namen der Variablen eingeben.

```
foreach (var r in
          ergebnisse)
    r.
```

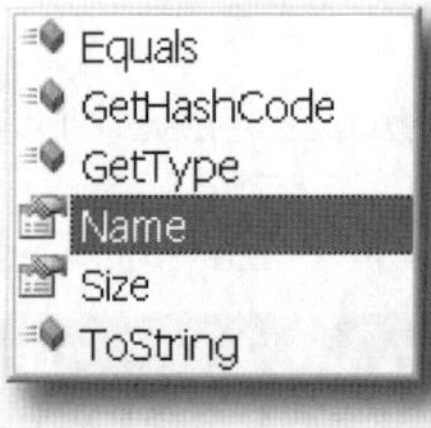
Equals
GetHashCode
GetType
Name
Size
ToString

Beachten Sie, dass die Liste `Name` und `Größe` enthält. Fügen Sie der `select`-Klausel weitere Member hinzu, erscheinen auch diese in der Liste. Das liegt daran, dass die IDE dann einen anderen anonymen Typ mit anderen Membern erzeugt.

F: Können Sie einen Moment innehalten und noch mal erklären, was `var` ist?

A: Ja, klar. Das Schlüsselwort `var` löst ein verzwicktes Problem, das LINQ mitbringt. Normalerweise ist beim Aufruf einer Methode oder der Ausführung einer Anweisung immer vollkommen klar, mit welchen Typen Sie arbeiten. Liefert Ihre Methode einen `string`, können Sie ihr Ergebnis beispielsweise nur in einer `string`-Variablen speichern.

Aber so einfach ist LINQ nicht. Wenn Sie eine LINQ-Anweisung aufbauen, kann diese einen anonymen Typ liefern, *der an keiner Stelle Ihres Programms definiert ist*. Sie wissen, dass es irgendeine Art Sequenz ist. Aber welche Art Sequenz? Das wissen Sie nicht – weil die Objekte, die in diese Sequenz kommen, vollständig davon abhängig sind, was Sie in Ihre LINQ-Abfrage stecken.

Schauen Sie sich beispielsweise diese Abfrage an:

```
var amTeuersten =
 from comic in comics
 where werte[comic.Folge] > 500
 orderby werte[comic.Folge] descending
 select comic;
```

Was wäre, wenn Sie die letzte Zeile so änderten:

```
select new
    { Name = comic.Name,
      FolgeNr = "Nr. " +
                comic.Folge };
```

Das liefert einen gültigen Typ: einen anonymen Typ mit zwei Membern, dem String `Name` und dem String `FolgeNr`. Aber es gibt im Programm keine Definition für diesen Typ. Trotzdem muss man die Variable `amTeuersten` mit irgendeinem Typ deklarieren.

Zu diesem Zweck gibt uns C# das Schlüsselwort `var`, das dem Compiler Folgendes sagt: »Wir wissen, dass das ein zulässiger Typ ist. Aber welcher, können wir jetzt noch nicht sagen. Finde das also bitte selbst heraus und quäl uns nicht damit. Vielen Dank.«

Lösung zur Übung

Hier ist der Code, den Sie Tims App hinzufügen müssen, damit die beiden letzten LINQ-Abfragen erscheinen.

```
private void VerfügbareAbfragenAktualisieren() {
    VerfügbareAbfragen = new ObservableCollection<ComicAbfrage> {
        new ComicAbfrage("LINQ macht Abfragen leicht", "Eine Beispielabfrage",
            "Zeigen wir Tim, wie flexibl LINQ ist",
            BildAusAssetErstellen("purple_250x250.jpg")),

        new ComicAbfrage("Teure Comics", "Comics über 500 €",
            "Comics, die mehr als 500 Euro wert sind."
            + " Hilft Tim, die begehrtesten Comics herauszufinden.",
            BildAusAssetErstellen("captain_amazing_250x250.jpg")),

        new ComicAbfrage("LINQ ist vielseitig 1", "Abfrageergebnisse verändern",
            "Dieser Code hängt einen String ans Ende jedes Strings im Array an.",
            BildAusAssetErstellen("bluegray_250x250.jpg")),

        new ComicAbfrage("LINQ ist vielseitig 2", "Berechnungen auf Auflistungen",
            "LINQ bietet Erweiterungsmethoden für Auflistungen (und alles andere,"
              + " was IEnumerable<T> implementiert).",
            BildAusAssetErstellen("purple_250x250.jpg")),

        new ComicAbfrage("LINQ ist vielseitig 3",
            "Ergebnisse oder Teile davon in neuen Sequenzen speichern",
            "Manchmal will man die Ergebnisse einer LINQ-Abfrage festhalten.",
            BildAusAssetErstellen("bluegray_250x250.jpg")),

        new ComicAbfrage("Comics nach Preisbereich",
            "Tims Werte gruppieren",
            "Tim kauft Massen billiger Comics, einige Comics im mittleren Preissegment"
                 + " und wenige teure und möchte wissen, in welchen Bereich ein Comic"
                 + " fällt, bevor er sich zum Kauf entschließt.",
               BildAusAssetErstellen("captain_amazing_250x250.jpg")),

        new ComicAbfrage("Käufe und Preise vergleichen",
            "Ist Tim ein guter Feilscher?",
            "Diese Abfrage erstellt eine Liste von Erwerb-Objekten, die Tims Erwerbe"
                 + " enthalten und vergleicht sie mit den Preisen auf Gregors Liste.",
            BildAusAssetErstellen("captain_amazing_250x250.jpg")),
    };
}
```

Wenn diese beiden ComicAbfragen dem VerfügbareAbfragen-Objektinitialisierer hinzugefügt werden, erscheinen sie auf der Hauptseite.

LÖSUNG ZUR ÜBUNG

```
public void AbfrageergebnisseAktualisieren(ComicAbfrage abfrage) {
    Titel = abfrage.Titel;

    switch (abfrage.Titel) {
        case "LINQ macht Abfragen leicht": LinqMachtAbfragenLeicht();
break;
        case "Teure Comics": TeureComics(); break;
        case "LINQ ist vielseitig 1": LinqIstVielseitig1(); break;
        case "LINQ ist vielseitig 2": LinqIstVielseitig2(); break;
        case "LINQ ist vielseitig 3": LinqIstVielseitig3(); break;
        case "Comics nach Preisbereich":
            TimsWerteGruppieren();
            break;
        case "Käufe und Preise vergleichen":
            ErwerbeMitPreisenVerknüpfen();
            break;
    }
}

enum Preisbereich { Billige, Mittlere, Teure }

class Erwerb {
    public int Folge { get; set; }
    public decimal Preis { get; set; }

    public static IEnumerable<Erwerb> ErwerbeSuchen()
    {
        List<Erwerb> erwerbe = new List<Erwerb>() {
            new Erwerb() { Folge = 68, Preis = 225M },
            new Erwerb() { Folge = 19, Preis = 375M },
            new Erwerb() { Folge = 6, Preis = 3600M },
            new Erwerb() { Folge = 57, Preis = 13215M },
            new Erwerb() { Folge = 36, Preis = 660M },
        };
        return erwerbe;
    }

    public static Preisbereich PreisAuswerten(decimal preise)
    {
        if (preise < 100M) return Preisbereich.Billige;
        else if (preise < 1000M) return Preisbereich.Mittlere;
        else return Preisbereich.Teure;
    }
}
```

Hier sind die neuen case-Klauseln für die switch-Anweisung, die die Abfragemethoden aufruft.

Vergessen Sie das Enum Preisbereich nicht.

Hier ist die Klasse Erwerb. PreisAuswerten() ist jetzt eine statische Methode dieser Klasse.

```
private void TimsWerteGruppieren() {
    Dictionary<int, decimal> werte = PreiseAbrufen();
    var preisgruppen =
        from paar in werte
        group paar.Key by Erwerb.PreisAuswerten(paar.Value)
            into preisgruppe
            orderby preisgruppe.Key descending
            select preisgruppe;
    foreach (var gruppe in preisgruppen) {
        string meldung = String.Format("{0} {1} Comics gefunden: Folgen ",
                                       gruppe.Count(), gruppe.Key);
        foreach (var preise in gruppe)
            meldung += preise.ToString() + " ";
        AktuelleAbfrageergebnisse.Add(
            AnonymesListViewItemErstellen(meldung, "captain_amazing_250x250.jpg"));
    }
}

private void ErwerbeMitPreisenVerknüpfen() {
    IEnumerable<Comic> comics = KatalogAufbauen();
    Dictionary<int, decimal> werte = PreiseAbrufen();
    IEnumerable<Erwerb> erwerbe = Erwerb.ErwerbeSuchen();
    var ergebnisse =
        from comic in comics
        join erwerb in erwerbe
        on comic.Folge equals erwerb.Folge
        orderby comic.Folge ascending
        select new {
            Comic = comic,
            Preis = erwerb.Preis,
            Titel = comic.Name,
            Untertitel = "Folge " + comic.Folge,
            Beschreibung = String.Format("Erworben für {0:c}", erwerb.Preis),
            Bild = BildAusAssetErstellen("captain_amazing_250x250.jpg"),
        };

    decimal wertAufGregorsListe = 0;
    decimal ausgabenGesamt = 0;
    foreach (var ergebnis in ergebnisse) {
        wertAufGregorsListe += werte[ergebnis.Comic.Folge];
        ausgabenGesamt += ergebnis.Preis;
        AktuelleAbfrageergebnisse.Add(ergebnis);
    }

    Titel = String.Format("{0:c} für Comics im Wert von {1:c} ausgegeben",
             ausgabenGesamt, wertAufGregorsListe);
}
```

Hier sind die Methoden mit den LINQ-Abfragen.

Der Seitentitel ist an die Titel-Eigenschaft des ComicAbfrageManager-Objekts gebunden. Diese Zeile ändert ihn also in eine Meldung, die Tim sagt, wie viel er ausgegeben hat und wie viel seine Comics wert sind.

Daten mit semantischem Zoom navigieren

Schön, dass wir Tim einen Überblick über seine Sammlung verschaffen konnten. Geben wir ihm nun noch eine Möglichkeit, sich die Einzelheiten anzusehen. Es gibt ein sehr praktisches Steuerelement, mit dessen Hilfe Sie der Navigation Ihrer App eine zusätzliche Dimension verleihen können. Der **semantische Zoom** ist ein Steuerelement mit Scrollleiste, bei dem die Benutzer zwischen zwei unterschiedlichen Darstellungen einer Datenmenge umschalten können: einer »herausgezoomten« Überblicksdarstellung der Dateien und einer »hereingezoomten« Detaildarstellung der Daten eines Elements in der Menge.

Drücken Sie den -Button des Simulators, um ihn in den Zoom-Modus zu versetzen. Halten Sie die Maustaste gedrückt und nutzen Sie das Scrollrad, um die Zoom-Geste zu simulieren.

Alle Comics in der Sammlung
Mit Zoom-Geste herein- oder herauszoomen
Johnny America vs. the Pinko
Folge 6
Der Captain gegen Der Pinko
Rock and Roll (Limitierte Auflage)
Folge 19
Der Captain gegen Doktor Vortran
Woman's Work
Folge 36
Der Captain gegen Hysterianna

Sie können die auf Tablets oder Smartphones übliche Zwei-Finger-Zoom-Geste verwenden, um zwischen den Darstellungsmodi dieses Steuerelements umzuschalten. Sie können aber auch auf die Elemente klicken oder das Scrollrad nutzen.

Mit semantischem Zoom können Sie zwischen zwei verschiedenen Darstellungen der gleichen Datenmenge umschalten: einer herausgezoomten Darstellung, die viele Elemente zeigt, und einer hereingezoomten Darstellung, die mehr Details zeigt.

Alle Comics in der Sammlung
Mit Zoom-Geste herein- oder herauszoomen
Head First Comics
CAPTAIN AMAZING
ISSUE 36 12 CENTS
Woman's work
IS NEVER DONE
Name
Woman's Work
Folge
36
Jahr
1968
Cover-Preis
12 Cents
Antagonist
Hysterianna
Zusammenfassung
Der Captain trifft auf seinen ersten weiblichen Gegner, Hysterianna, die mit ihren erstaunlichen telepathischen und telekinetischen Fähigkeiten eine Mädchenarmee aufgestellt hat. Selbst der Captain kann kaum widerstehen.

Mehr über die Integration des semantischen Zoomens in Ihre App erfahren Sie hier: http://msdn.microsoft.com/de-de/library/windows/apps/hh465319.aspx.

Hier ist das elementare XAML-Muster für das SemanticZoom-Steuerelement. Es nutzt einen ListView oder einen GridView für die herausgezoomte Ansicht und einen weiteren für die hereingezoomte Ansicht:

```
<SemanticZoom IsZoomedInViewActive="False" >
    <SemanticZoom.ZoomedOutView>
        <ListView>
            <!-- Dieser Abschnitt enthält einen ListView oder
             GridView mit dem herausgezoomten Datenüberblick -->
        </ListView>
    </SemanticZoom.ZoomedOutView>
    <SemanticZoom.ZoomedInView>
        <GridView>
            <!-- Dieser ListView oder GridView zeigt
                 die hereingezoomten Daten im Detail. -->
            <GridView.ItemTemplate>
              <DataTemplate>
                <!-- Die Steuerelemente hier bilden
                     die Vorlage für die Detaildarstellung. -->
              </DataTemplate>
            </GridView.ItemTemplate>
        </GridView>
    </SemanticZoom.ZoomedInView>
</SemanticZoom>
```

Ein GridView hat große Ähnlichkeit mit einem ListView. Der Hauptunterschied ist, dass der ListView seine Elemente vertikal scrollt, ein GridView hingegen horizontal.

Die hereingezoomten und die herausgezoomten Darstellungen enthalten einen ListView oder GridView mit einer Datenvorlage, die Steuerelemente für die Darstellung der Daten enthält.

Wir haben einen ListView für die Überblicksdarstellung genutzt und einen GridView für die Detaildarstellung, aber Sie können für beides verwenden, was Sie wollen.

ListView und GridView implementieren ISemanticZoomInformation

SemanticZoom kann nur Steuerelemente enthalten, die die Schnittstelle ISemanticZoomInformation implementieren. Diese definiert die Methoden, über die das SemanticZoom-Steuerelement den Ansichtswechsel steuert. Glücklicherweise müssen Sie diese Schnittstelle nicht selbst definieren. Im Beispiel auf dieser Seite nutzen wir einen ListView für die herausgezoomten Elemente und einen GridView für die hereingezoomten Elemente.

Geben Sie Tims App semantischen Zoom

Tun Sie das!

Tim würde gerne alle Comics in seiner Sammlung betrachten und sich dann mit einer einfachen Zoom-Geste die ausführlichen Informationen zu einem Comic ansehen.

1 FÜGEN SIE DER HAUPTSEITE EIN NEUES ELEMENT HINZU.

Tim muss auf irgendetwas klicken, also müssen Sie zunächst ein neues Element einfügen, das alle Comics in der Auflistung liefert. Fügen Sie also `ComicAbfrageManager` eine Methode hinzu, die alle Comics anzeigt:

```
private void AlleComics() {
    foreach (Comic comic in KatalogAufbauen()) {
        var ergebnis = new {
            Bild = BildAusAssetErstellen("captain_amazing_zoom_250x250.jpg"),
            Titel = comic.Name,
            Untertitel = "Folge " + comic.Folge,
            Beschreibung = "Der Captain gegen " + comic.Antagonist,
            Comic = comic,
        };
        AktuelleAbfrageergebnisse.Add(ergebnis);
    }
}
```

Fügen Sie dann der `switch`-Anweisung in `AbfrageergebnisseAktualisieren()` eine neue Option hinzu:

```
case "Alle Comics in der Sammlung": AlleComics(); break;
```

Schließen Sie das ab, indem Sie dem Auflistungsinitialisierer in `VerfügbareAbfragenAktualisieren()` ein neues `ComicAbfrage`-Objekt geben. Außerdem müssen Sie dem *Assets/*-Ordner das Bild *captain_amazing_zoom_250x250.jpg* hinzufügen.

```
new ComicAbfrage("Alle Comics in der Sammlung",
            "Alle Comics in der Sammlung abrufen",
            "Diese Abfrage liefert alle Comics",
            BildAusAssetErstellen("captain_amazing_zoom_250x250.jpg")),
```

Laden Sie dieses Bild von der Head First C#-Website herunter.

2 FÜGEN SIE DER KLASSE COMIC WEITERE EIGENSCHAFTEN HINZU.

Semantischer Zoom ist nur dann sinnvoll, wenn es Detailinformationen gibt. Da wir weiterhin `Comic`-Objekte aus der Auflistung `ComicAbfrageManager.AktuelleAbfrageergebnisse` anzeigen werden, müssen wir diese Daten nur der Klasse Comic hinzufügen und diese Eigenschaften dann an den hereingezoomten View binden.

```
using Windows.UI.Xaml.Media.Imaging;

class Comic {
    public string Name { get; set; }
    public int Folge { get; set; }
    public int Jahr { get; set; }
    public string CoverPreis { get; set; }
    public string Zusammenfassung { get; set; }
    public string Antagonist { get; set; }
    public BitmapImage Cover { get; set; }
}
```

3 ERGÄNZEN SIE DIE AUSFÜHRLICHEN COMIC-DATEN.

Ändern Sie die Methode `KatalogAufbauen()` und ergänzen Sie die zusätzlichen Daten zu den Comics. Außerdem müssen Sie die Coverbilder unter den Projekt-Assets speichern. Sie finden sie auf der Webseite zum Buch.

```
public static IEnumerable<Comic> KatalogAufbauen() {
  return new List<Comic> {
    new Comic { Name = "Johnny America vs. the Pinko", Folge = 6, Jahr = 1949, CoverPreis = "10 Cents",
        Antagonist = "Der Pinko", Cover = BildAusAssetErstellen("Captain Amazing Issue 6 cover.png"),
        Zusammenfassung = "Captain Amazing muss die USA vor den Kommunisten retten. Der Pinko und seine"
            + " kommunistischen Genossen wollen die Goldreserven in Fort Knox stehlen." },

    new Comic { Name = "Rock and Roll (limitierte Auflage)", Folge = 19, Jahr = 1957, CoverPreis = "10 Cents",
        Antagonist = "Doktor Vortran", Cover = BildAusAssetErstellen("Captain Amazing Issue 19 cover.png"),
        Zusammenfassung = "Doktor Vortran verführt die Jugend der Nation mit einem Radiowellengerät, "
            + " mit der er das Bewusstsein von Rock-and-Roll-Fans zu kontrollieren versucht." },

      new Comic { Name = "Woman's Work", Folge = 36, Jahr = 1968, CoverPreis = "12 Cents",
          Antagonist = "Hysterianna", Cover = BildAusAssetErstellen("Captain Amazing Issue 36 cover.png"),
          Zusammenfassung = "Der Captain trifft auf seinen ersten weiblichen Gegner, Hysterianna, "
              + " die mit ihren erstaunlichen telepathischen und telekinetischen Fähigkeiten eine"
                      + " Mädchenarmee aufgestellt hat. Selbst der Captain kann kaum widerstehen." },

      new Comic { Name = "Hippie Madness (Fehldruck)", Folge = 57, Jahr = 1973, CoverPreis = "20 Cents",
          Antagonist = "Die Kanzlerin", Cover = BildAusAssetErstellen("Captain Amazing Issue 57 cover.png"),
          Zusammenfassung = "Zombies bedrohen Objekthausen. Die Kanzlerin fälscht die Wahlen, indem "
              + " sie ein Zombiegen in die Zigarettenversorgung der Stadt einspeist." },

      new Comic { Name = "Revenge of the New Wave Freak (beschädigt)", Folge = 68, Jahr = 1984,
          CoverPreis = "75 Cents", Antagonist = "Der Fiesling",
          Cover = BildAusAssetErstellen("Captain Amazing Issue 68 cover.png"),
          Zusammenfassung = "Etwas Augenmakeup verwandelt Dr. Alvin Mudd in den neuen Erzfeind des "
              + " Captains. Das erste Erscheinen des Fieslings in einem Captain Amazing-Comic." },

      new Comic { Name = "Black Monday", Folge = 74, Jahr = 1986, CoverPreis = "75 Cents",
          Antagonist = "Die Kanzlerin", Cover = BildAusAssetErstellen("Captain Amazing Issue 74 cover.png"),
          Zusammenfassung = "Die Kanzlerin kehrt während einer Finanzkrise nach Objekthausen zurück"
              + " und versucht mit ihren Zombies, die Börse von Objekthausen zu übernehmen." },

      new Comic { Name = "Tribal Tattoo Madness", Folge = 83, Jahr = 1996, CoverPreis = "Two bucks",
          Antagonist = "Affenmann", Cover = BildAusAssetErstellen("Captain Amazing Issue 83 cover.png"),
          Zusammenfassung = "Der Affenmann flieht aus dem Gefängnis und verursacht Chaos und Entsetzen"
              + " mit seiner Bande tätowierter Henkersknechte und seinen tödlichen NDW-Strahlen." },

      new Comic { Name = "The Death of an Object", Folge = 97, Jahr = 2013, CoverPreis = "Four bucks",
          Antagonist = "Der Fiesling", Cover = BildAusAssetErstellen("Captain Amazing Issue 97 cover.png"),
          Zusammenfassung = "Ein vorgetäuschter Angriff der Klonarmee des Fieslings auf Objekthausen "
              + " führt zur Vernichtung des Captain. Gibt es eine Möglichkeit ihn wiederherzustellen?" },
    };
}
```

Blättern Sie um, um die App fertig zu stellen →

4 FÜGEN SIE EINE NEUE STANDARDSEITE FÜR DAS SEMANTICZOOM-STEUERELEMENT EIN.

Mit dem Rest der App ist Tim zufrieden. Wir werden also nicht die vorhandene Seite verändern, sondern eine neue Seite einfügen. **Fügen Sie eine neue Standardseite mit dem Namen *AbfragedatenZoom.xaml* ein.**

Kehren Sie danach zu ***MainPage.xaml*** **zurück und verändern Sie den** `ItemClick`**-Event-Handler** im Unterstützungscode so, dass zur `AbfragedatenZoom`-Seite navigiert wird, wenn der Benutzer auf die neu hinzugefügte Abfrage klickt:

```
private void ListView_ItemClick(object sender, ItemClickEventArgs e) {
    ComicAbfrage abfrage = e.ClickedItem as ComicAbfrage;
    if (abfrage != null) {
        if (abfrage.Titel == "Alle Comics in der Sammlung")
            this.Frame.Navigate(typeof(AbfragedatenZoom), abfrage);
        else
            this.Frame.Navigate(typeof(Abfragedaten), abfrage);
    }
}
```

Hier ist der neue ItemClick-Event-Handler für MainPage.xaml. Er prüft den Titel der Abfrage, um zu entscheiden, ob er zu einer Abfragedaten- oder einer AbfragedatenZoom-Seite navigieren soll.

5 FÜGEN SIE DER NEUEN SEITE EINE STATISCHE *COMICABFRAGEMANAGER*-RESSOURCE HINZU.

Die neue `AbfragedatenZoom`-Seite funktioniert genau so wie die vorhandene `Abfragedaten`-Seite. Sie müssen dem `<Page.Resources>`-Abschnitt von *AbfragedatenZoom.xaml* einen `ComicAbfrageManager` hinzufügen. Die AppName-Ressource müssen Sie nicht anpassen, weil die Seite diese mit C#-Code setzt:

```
<Page.Resources>
    <local:ComicAbfrageManager x:Name="ComicAbfrageManager"/>
    <!-- TODO: Diese Zeile löschen, wenn AppName in App.xaml deklariert ist -->
    <x:String x:Key="AppName">My Application</x:String>
</Page.Resources>
```

6 ERGÄNZEN SIE DEN UNTERSTÜTZUNGSCODE FÜR DIE NEUE DATENSEITE.

Und Sie müssen *AbfragedatenZoom.xaml.cs* genau die gleiche `OnNavigatedTo()`-Methode hinzufügen.

```
protected override void OnNavigatedTo(NavigationEventArgs e) {
    ComicAbfrage ComicAbfrage = e.Parameter as ComicAbfrage;
    if (ComicAbfrage != null) {
        ComicAbfrageManager.AbfrageergebnisseAktualisieren(ComicAbfrage);
        pageTitle.Text = ComicAbfrageManager.Titel;
    }
    navigationHelper.OnNavigatedTo(e);
}
```

7 ERSTELLEN SIE DAS XAML FÜR DIE NEUE DATENSEITE.

Jetzt bleibt nur noch eine Aufgabe: Erstellen Sie das XAML für die *AbfragedatenZoom.xaml*-Seite mit einem SemanticZoom-Steuerelement, das die Comic-Detaildaten anzeigt. Das ist die komplexeste Seite, die Sie bislang erstellt haben. Wir haben sie auf zwei Seiten verteilt, damit Sie leichter verstehen, was passiert.

```
<Grid Grid.Row="1" Margin="120,0"
                DataContext="{StaticResource ResourceKey=ComicAbfrageManager}">
    <Grid.RowDefinitions>
        <RowDefinition Height="Auto"/>
        <RowDefinition/>
    </Grid.RowDefinitions>

    <TextBlock Style="{StaticResource SubheaderTextBlockStyle}" Margin="0,0,0,20"
               Text="Mit Zoom-Geste herein- oder herauszoomen" />

    <SemanticZoom IsZoomedInViewActive="False" Grid.Row="1">

        <SemanticZoom.ZoomedOutView>
            <ListView ItemsSource="{Binding AktuelleAbfrageergebnisse}"
                      Margin="0,0,20,0"
                      ItemTemplate="{StaticResource ListenelementVorlage}"
                      SelectionMode="None" />
        </SemanticZoom.ZoomedOutView>

        <SemanticZoom.ZoomedInView>
          <GridView ItemsSource="{Binding AktuelleAbfrageergebnisse}"
                Margin="0,0,20,0" SelectionMode="None" x:Name="detailGridView">
            <GridView.ItemTemplate>
              <DataTemplate>
                <Grid Height="780" Width="600" Margin="10">
                  <Grid.ColumnDefinitions>
                     <ColumnDefinition Width="Auto"/>
                     <ColumnDefinition/>
                  </Grid.ColumnDefinitions>

                  <Image Source="{Binding Comic.Cover}" Margin="0,0,20,0"
                         Stretch="UniformToFill" Width="326" Height="500"
                         VerticalAlignment="Top"/>
```

Wir packen den SemanticZoom in eine Grid-Zeile, damit seine ListView- und GridView-Steuerelemente scrollen können.

Der ZoomedOutView ist ein ListView, der genau dem auf der Abfragedaten-Seite entspricht.

Der ZoomedInView basiert auf einem GridView. Seine Datenvorlage ist ein Grid, das ein Image-Control für das Cover und ein StackPanel mit TextBlock-Steuerelementen für die anderen Eigenschaften enthält.

Die Datenvorlage des GridView funktioniert genau wie der ListView. Blättern Sie zu Kapitel 10, wenn Sie eine Auffrischung zur Funktionsweise von Datenvorlagen benötigen.

Das restliche XAML für die Comic-Daten finden Sie auf der nächsten Seite. →

```
                <StackPanel Grid.Column="1">

                    <TextBlock Text="Name"
                               Style="{StaticResource CaptionTextBlockStyle}" />
                    <TextBlock Text="{Binding Comic.Name}"
                               Style="{StaticResource BaseTextBlockStyle}" />

                    <TextBlock Text="Folge"
                              Style="{StaticResource CaptionTextBlockStyle}" Margin="0,10,0,0" />
                    <TextBlock Text="{Binding Comic.Folge}"
                               Style="{StaticResource BaseTextBlockStyle}" />

                    <TextBlock Text="Jahr"
                               Style="{StaticResource CaptionTextBlockStyle}" Margin="0,10,0,0" />
                    <TextBlock Text="{Binding Comic.Jahr}"
                               Style="{StaticResource BaseTextBlockStyle}" />

                    <TextBlock Text="Cover-Preis"
                               Style="{StaticResource CaptionTextBlockStyle}" Margin="0,10,0,0" />
                    <TextBlock Text="{Binding Comic.CoverPreis}"
                               Style="{StaticResource BaseTextBlockStyle}" />

                    <TextBlock Text="Antagonist"
                               Style="{StaticResource CaptionTextBlockStyle}" Margin="0,10,0,0" />
                    <TextBlock Text="{Binding Comic.Antagonist}"
                               Style="{StaticResource BaseTextBlockStyle}" />

                    <TextBlock Text="Zusammenfassung"
                               Style="{StaticResource CaptionTextBlockStyle}" Margin="0,10,0,0" />
                    <TextBlock Text="{Binding Comic.Zusammenfassung}"
                               Style="{StaticResource BaseTextBlockStyle}" />
               </StackPanel>
            </Grid>
          </DataTemplate>
        </GridView.ItemTemplate>
      </GridView>
    </SemanticZoom.ZoomedInView>
  </SemanticZoom>
</Grid>
```

Hier ist der Rest der Elementvorlage des GridViews für den ZoomedInView. Die Daten werden in mehreren TextBlock-Steuerelementen angezeigt, die an Eigenschaften des Comic-Objekts gebunden sind.

Abfragen mit LINQPad bearbeiten

Es gibt ein ausgezeichnetes Werkzeug zum Erlernen, Erforschen und Arbeiten mit LINQ. Es heißt LINQPad und wird von Joe Albahari kostenlos bereitgestellt (einem der Superstars der technischen Gutachter für C# von Kopf bis Fuß, der dieses Buch von vielen Fehlern befreit hat). Sie können es hier herunterladen:

http://www.linqpad.net/

Sie haben Tim große Freude bereitet

Dank der neuen App, die Sie für ihn gebaut haben, konnte er seine Sammlung endlich in Ordnung bringen. Gute Arbeit!

Alle Comics in der Sammlung
Mit Zoom-Geste herein- oder herauszoomen
CAPTAIN AMAZING
ISSUE 74
75 CENTS
BLACK MONDAY
Name
Black Monday
Folge
74
Jahr
1986
Cover-Preis
75 Cents
Antagonist
Die Kanzlering
Zusammenfassung
Die Kanzlerin kehrt während einer Finanzkrise nach Objekthausen zurück und versucht mit ihren Zombies die Börse von Objekthausen zu übernehmen.

DAS IST DAS BESTE, WAS MIR PASSIERT IST, SEIT ICH DIESEN LIMITIERTEN REPRINT VON FOLGE 23 FÜR NUR 50 CENT AUF DEM FLOHMARKT GEFUNDEN HABE!

Die Split App-Vorlage der IDE vereinfacht den Aufbau von Apps, die sich um die Navigation durch Daten drehen

Es gibt eine einfachere Möglichkeit, zweiseitige Apps aufzubauen, die einen Übergang zwischen einem Überblick und Datenseiten bieten, die gruppierte Elemente anzeigen. Wenn Sie ein neues Projekt mit der **Split App-Vorlage** erstellen, erzeugt die IDE automatisch ein Projekt, bei dem der Benutzer von einer Überblicksseite zu einer Seite mit Detaildarstellung der Daten wechseln kann. Wir werden uns die Split App-Vorlage ansehen, indem wir die App, die wir für Tim erstellt haben, so anpassen, dass sie darauf basiert.

Tun Sie das!

1 **Erstellen Sie ein neues Split App-Projekt und führen Sie es aus.**
Die Split App-Projektvorlage enthält eine Klasse, die Beispieldaten generiert. Das heißt, dass Sie die App unmittelbar nach der Erstellung ausführen können.

Erstellen Sie ein neues **Split App (XAML)-Projekt und geben Sie ihm den Namen TimsComicsSplitApp**, damit der Namensraum dem des Codes entspricht, den Sie auf den nächsten paar Seiten sehen werden.

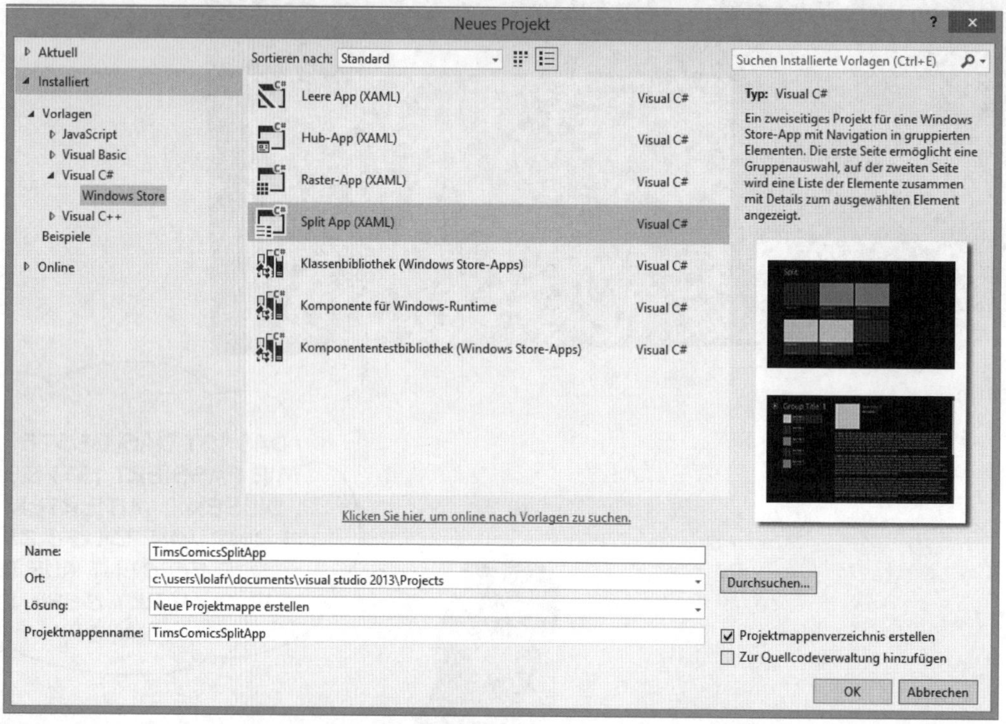
Neues Projekt
Aktuell
Installiert
Vorlagen
JavaScript
Visual Basic
Visual C#
Windows Store
Visual C++
Beispiele
Online
Sortieren nach: Standard
Leere App (XAML) Visual C#
Hub-App (XAML) Visual C#
Raster-App (XAML) Visual C#
Split App (XAML) Visual C#
Klassenbibliothek (Windows Store-Apps) Visual C#
Komponente für Windows-Runtime Visual C#
Komponententestbibliothek (Windows Store-Apps) Visual C#
Suchen Installierte Vorlagen (Ctrl+E)
Typ: Visual C#
Ein zweiseitiges Projekt für eine Windows Store-App mit Navigation in gruppierten Elementen. Die erste Seite ermöglicht eine Gruppenauswahl, auf der zweiten Seite wird eine Liste der Elemente zusammen mit Details zum ausgewählten Element angezeigt.
Klicken Sie hier, um online nach Vorlagen zu suchen.
Name: TimsComicsSplitApp
Ort: c:\users\lolafr\documents\visual studio 2013\Projects
Durchsuchen...
Lösung: Neue Projektmappe erstellen
Projektmappenname: TimsComicsSplitApp
Projektmappenverzeichnis erstellen
Zur Quellcodeverwaltung hinzufügen
OK
Abbrechen

Ändern Sie den App-Namen über die Ressource `AppName` in »Tims Comics«. In Projekten, die mit der Split App-Projektvorlage erstellt werden, finden Sie die **`AppName`-Ressource in der *App.xaml*-Datei**:

```
<x:String x:Key="AppName">Tims Comics</x:String>
```

Führen Sie die App jetzt aus. Eine Split App hat zwei Seiten. Die erste Seite ist die Elementseite, auf der Sie die Sammlung der Elemente sein, die Sie sich genauer ansehen können:

Das XAML für die Elementseite finden Sie in der Datei ItemsPage.xaml. Das XAML für die Seite wird so eingerichtet, dass Gruppen mit dem gleichen DataTemplate angezeigt, Width und Height aber auf 250 gesetzt werden.

Tims Comics
Group Title: 1
Group Title: 3

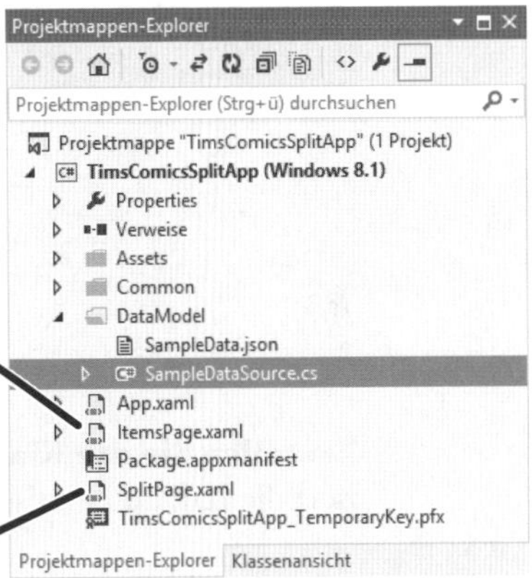

Projektmappen-Explorer
Projektmappen-Explorer (Strg+ü) durchsuchen
Projektmappe "TimsComicsSplitApp" (1 Projekt)
TimsComicsSplitApp (Windows 8.1)
Properties
Verweise
Assets
Common
DataModel
SampleData.json
SampleDataSource.cs
App.xaml
ItemsPage.xaml
Package.appxmanifest
SplitPage.xaml
TimsComicsSplitApp_TemporaryKey.pfx
Projektmappen-Explorer
Klassenansicht

Klicken Sie auf eins der Elemente, um sich zur Split Page zu begeben:

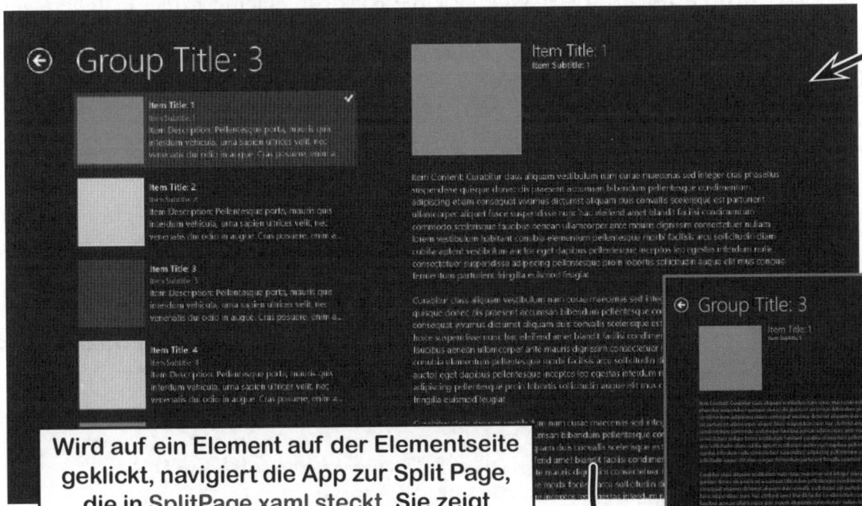

Group Title: 3
Item Title: 1
Item Title: 2
Item Title: 3
Item Title: 4

Wird auf ein Element auf der Elementseite geklickt, navigiert die App zur Split Page, die in SplitPage.xaml steckt. Sie zeigt den Inhalt der Gruppe mit der vertrauten ListenelementVorlage auf der linken Seite an. Die Daten zum ausgewählten Element werden auf der rechten Seite angezeigt. Dazu wird einfaches XAML mit Datenbindung genutzt, keine Vorlage.

Group Title: 3

Das XAML für die Split Page zeigt den Datenbereich nur an, wenn der Bildschirm ins Hochformat gedreht wird. Das können Sie selbst ausprobieren: Führen Sie die App im Simulator aus und nutzen Sie die Buttons und , um das simulierte Gerät zu drehen.

Der lange Text ist ein einziger TextBlock, den Sie in Schritt 6 durch dem XAML-Code aus Ihrer App ersetzen, der die Comic-Details anzeigt.

2 **Fügen Sie dem Ordner DataModel die Datenklassen hinzu.**

Klicken Sie mit rechts im Projektmappen-Explorer auf den Ordner *DataModel* und wählen Sie Hinzufügen → Klasse..., um die neue Klasse dem Ordner hinzuzufügen.

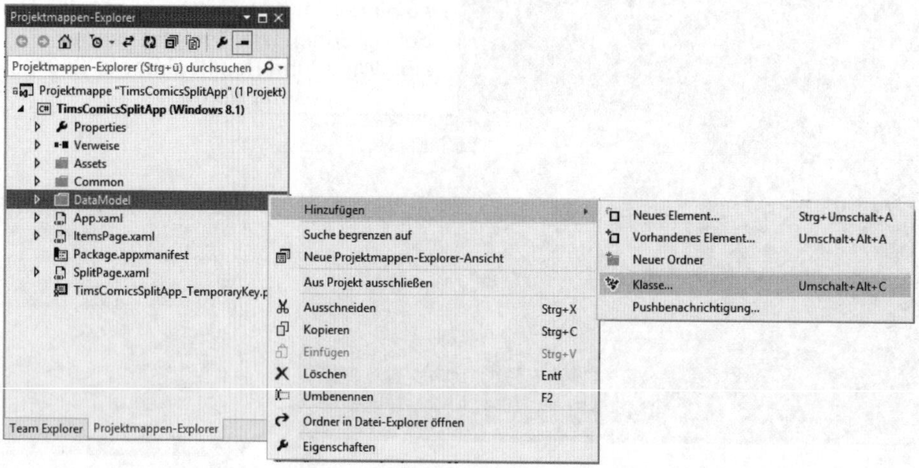

Projektmappen-Explorer
Projektmappen-Explorer (Strg+ü) durchsuchen
Projektmappe "TimsComicsSplitApp" (1 Projekt)
TimsComicsSplitApp (Windows 8.1)
Properties
Verweise
Assets
Common
DataModel
App.xaml
ItemsPage.xaml
Package.appxmanifest
SplitPage.xaml
TimsComicsSplitApp_TemporaryKey.p
Team Explorer
Projektmappen-Explorer
Hinzufügen
Suche begrenzen auf
Neue Projektmappen-Explorer-Ansicht
Aus Projekt ausschließen
Ausschneiden Strg+X
Kopieren Strg+C
Einfügen Strg+V
Löschen Entf
Umbenennen F2
Ordner in Datei-Explorer öffnen
Eigenschaften
Neues Element... Strg+Umschalt+A
Vorhandenes Element... Umschalt+Alt+A
Neuer Ordner
Klasse... Umschalt+Alt+C
Pushbenachrichtigung...

Erstellen Sie die Klasse `ComicAbfrageManager`. Wenn Sie die Klasse in einem Ordner erstellen, generiert die IDE automatisch einen Namensraum, der den Ordnernamen einschließt:

```
namespace TimsComicsSplitApp.DataModel
{
    class ComicAbfrageManager
    {

    }
}
```

Kopieren Sie den Inhalt der Klasse `ComicAbfrageManager` aus der funktionierenden Tims Comics-App und fügen Sie sie in die neu erstellte *ComicAbfrageManager.cs*-Datei im Ordner *DataModel* ein. Achten Sie darauf, dass Sie den Namensraum `TimsComicsSplitApp.DataModel` beibehalten – und vergessen Sie die `using`-Anweisung nicht.

Wiederholen Sie anschließend die gleichen Schritte, um die Klassen **`Comic`, `ComicAbfrage` und `Erwerb` sowie das Enum `Preisbereich` ebenfalls einzufügen**. Alle sollten im Ordner DataModel erstellt werden, d. h., alle sollten sich im Namensraum `TimsComicsSplitApp.DataModel` befinden. So sollte der Projektmappen-Explorer aussehen, nachdem Sie alle Dateien hinzugefügt haben: ⟶

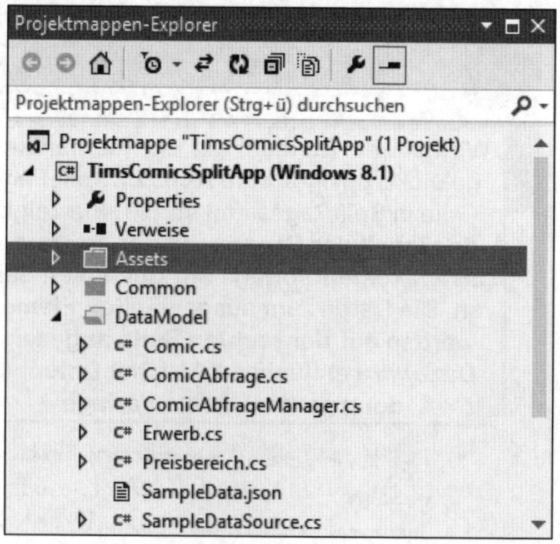

Projektmappen-Explorer
Projektmappen-Explorer (Strg+ü) durchsuchen
Projektmappe "TimsComicsSplitApp" (1 Projekt)
TimsComicsSplitApp (Windows 8.1)
Properties
Verweise
Assets
Common
DataModel
Comic.cs
ComicAbfrage.cs
ComicAbfrageManager.cs
Erwerb.cs
Preisbereich.cs
SampleData.json
SampleDataSource.cs

Im Ordner *DataModel* gab es bereits eine Datei namens *SampleDataSource.cs*, die den Code zur Erstellung der Beispieldaten enthält, die Sie sahen, als wir die App ausgeführt haben.

Öffnen Sie diese Datei – sie funktioniert tatsächlich ganz ähnlich wie die Datenklassen, die Sie für Tim erstellt haben. Die Datei enthält mehrere Klassen einschließlich der Klassen `SampleDataGroup` (die ähnlich wie `ComicAbfrage` die übergeordneten Gruppen repräsentiert) und `SampleDataItem` (die wie `Comic` die einzelnen Elemente repräsentiert). Die tatsächlichen Beispieldaten werden im Konstruktor der Klasse `SampleDataSource` ganz am Ende der Datei erzeugt.

Der Unterstützungscode für die Elementseite erstellt eine neue Instanz der Klasse `SampleDataSource` und nutzt diese, um ein Dictionary namens `DefaultViewModel` zu füllen.

Mehr zu diesem ViewModel und dem Aufbau eines solchen erfahren Sie in Kapitel 16.

MOMENT!
DIE DATEN VON DER COMIC-APP SIND GENAU SO STRUKTURIERT WIE DIE BEISPIELDATEN, ES SOLLTE KEIN PROBLEM SEIN, SIE IN DIESE VIEWS ZU BRINGEN.

Das stimmt. Die Split App-Vorlage soll Ihnen die Integration Ihrer Daten erleichtern.

Sie müssen nur wenige Anpassungen am Unterstützungscode für die Elementseite und die Split-Seite vornehmen, um Ihre Daten in die Split App zu bringen. Das ist das, was wir als Nächstes machen werden. Außerdem werden wir die Split-Seite so modifizieren, dass sie das gleiche XAML nutzt, um das Comic-Cover und die Comic-Daten auf der Datenseite anzuzeigen.

3 **Den Unterstützungcode in ItemsPage.xaml.cs anpassen.**

Öffnen Sie *ItemsPanel.xaml.cs* und nutzen Sie Bearbeiten → Suchen und Ersetzen, um im Code nach »TODO:« zu suchen. Schauen Sie sich die Kommentare an – die Vorlage sagt Ihnen, dass Sie hier die Beispieldaten ersetzen müssen. Kommentieren Sie die folgenden beiden Zeilen aus, die den Items-Wert im `DefaultViewModel`-Dictionary setzen, und **ersetzen Sie diese durch Ihren eigenen Code,** der die Eigenschaft `VerfügbareAbfragen` aus einem neuen `ComicAbfrageManager` liest:

Kommentieren Sie diese Zeilen aus.

```
// TODO: Ein geeignetes Datenmodell für die problematische Domäne erstellen, um ...
// var sampleDataGroups = await SampleDataSource.GetGroupsAsync();
// this.DefaultViewModel["Items"] = sampleDataGroups;
this.DefaultViewModel["Items"] = new DataModel.ComicAbfrageManager().VerfügbareAbfragen;
```

Ergänzen Sie diese Zeile.

Außerdem müssen Sie den Code im `ItemView_ItemClick()`-Event-Handler ändern, der versucht, das Element, auf das geklickt wurde, auf den Typ `SampleDataGroup` zu casten (es wird über das Event-Argument übergeben und ist über `e.ClickedItem` zugreifbar). Die Eigenschaft `VerfügbareAbfragen` liefert eine Auflistung von ComicAbfrage-Objekten. Der neue `ItemClick()`-Event-Handler sieht also so aus:

```
void ItemView_ItemClick(object sender, ItemClickEventArgs e) {
    // Zur entsprechenden Zielseite navigieren und die neue Seite ...,
    // indem die erforderlichen Informationen als Navigationsparameter ...
    // var groupId = ((SampleDataGroup)e.ClickedItem).UniqueId;
    // this.Frame.Navigate(typeof(SplitPage), groupId);
    DataModel.ComicAbfrage abfrage = e.ClickedItem as DataModel.ComicAbfrage;
    if (abfrage != null)
        this.Frame.Navigate(typeof(SplitPage), abfrage);
}
```

ComicAbfrage hat diesen Namensraum.

4 **Ändern Sie den Unterstützungscode in SplitPage.xaml.cs.**

Die *SplitPage.xaml.cs* enthält ebenfalls Code, der geändert werden muss. Ersetzen Sie den vollständigen Inhalt der Methode `navigationHelper_LoadState()`, die beim Laden der Seite aufgerufen wird und die Daten für die Seite setzt, durch den folgenden Code:

```
private async void navigationHelper_LoadState(object sender, LoadStateEventArgs e) {
    DataModel.ComicAbfrageManager ComicAbfrageManager = new DataModel.ComicAbfrageManager();
    DataModel.ComicAbfrage abfrage = e.NavigationParameter as DataModel.ComicAbfrage;
    ComicAbfrageManager.AbfrageergebnisseAktualisieren(abfrage);
    this.DefaultViewModel["Group"] = abfrage;
    this.DefaultViewModel["Items"] = ComicAbfrageManager.AktuelleAbfrageergebnisse;
}
```

Außerdem finden Sie noch die Methode `navigationHelper_SaveState()`, die ihr ermöglicht, die zuletzt angeklickte Seite festzuhalten. Der generierte Code castet das ausgewählte Element auf `SampleDataItem`. Kommentieren Sie den gesamten Code in dieser Methode aus:

```
private void navigationHelper_SaveState(object sender, SaveStateEventArgs e) {
    //if (this.itemsViewSource.View != null)
    //{
    //    var selectedItem = (Data.SampleDataItem)this.itemsViewSource.View.CurrentItem;
    //    if (selectedItem != null) e.PageState["SelectedItem"] = selectedItem.UniqueId;
    //}
}
```

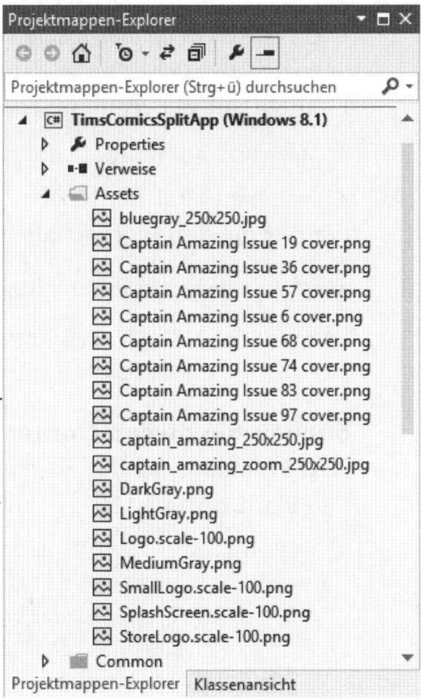
Projektmappen-Explorer
Projektmappen-Explorer (Strg+ü) durchsuchen
TimsComicsSplitApp (Windows 8.1)
Properties
Verweise
Assets
bluegray_250x250.jpg
Captain Amazing Issue 19 cover.png
Captain Amazing Issue 36 cover.png
Captain Amazing Issue 57 cover.png
Captain Amazing Issue 6 cover.png
Captain Amazing Issue 68 cover.png
Captain Amazing Issue 74 cover.png
Captain Amazing Issue 83 cover.png
Captain Amazing Issue 97 cover.png
captain_amazing_250x250.jpg
captain_amazing_zoom_250x250.jpg
DarkGray.png
LightGray.png
Logo.scale-100.png
MediumGray.png
SmallLogo.scale-100.png
SplashScreen.scale-100.png
StoreLogo.scale-100.png
Common
Projektmappen-Explorer
Klassenansicht

5 **Fügen Sie in den Ordner Assets die Bilder ein.**

Sie brauchen die Bilddateien aus der App, die Sie für Tim erstellt haben. **Klicken Sie mit rechts auf den Ordner *Assets* und wählen Sie Hinzufügen → Vorhandenes Element...**, um das entsprechende Fenster zu öffnen. Gehen Sie zu dem Ordner mit dem Code für die App, die Sie zu Anfang dieses Kapitels erstellt haben, und nutzen Sie Strg-Klick, um alle Dateien außer *Logo.png*, *SmallLogo.png*, *SplashScreen.png* und *StoreLogo.png* auszuwählen. Klicken Sie auf Hinzufügen, um alle Dateien in den *Assets*-Ordner Ihres Projekts einzufügen.

5 **Passen Sie die Datenvorlage der Elementseite an.**

Der Unterstützungscode ist nun so eingerichtet, dass er das Datenmodell unserer Comic-App nutzt. Aber die Seitenvorlagen müssen noch so angepasst werden, dass sie tatsächlich die Daten aus den Objekten verwenden, die unsere Datenquelle liefert. Öffnen Sie *ItemPanel.xaml*. Suchen Sie den GridView mit der `x:Name` `itemGridView` und **ändern** Sie im `DataTemplate` die Eigenschaften für die Bindungen für die `Image`- und `TextBlock`-Elemente so, dass sie denen unseres Comic Objects entsprechen:

```
<DataTemplate>
    <Grid HorizontalAlignment="Left" Width="250" Height="250">
        <Border Background="{ThemeResource ListViewItemPlaceholderBackgroundThemeBrush}">
            <Image Source="{Binding Bild}" Stretch="UniformToFill"
                   AutomationProperties.Name="{Binding Title}"/>
        </Border>
        <StackPanel VerticalAlignment="Bottom"
           Background="{ThemeResource ListViewItemOverlayBackgroundThemeBrush}">
            <TextBlock Text="{Binding Titel}"
               Foreground="{ThemeResource ListViewItemOverlayForegroundThemeBrush}"
               Style="{StaticResource BaseTextBlockStyle}"
               Height="60" Margin="15,0,15,0" FontWeight="SemiBold"/>
            <TextBlock Text="{Binding Untertitel}"
               Foreground="{ThemeResource ListViewItemOverlaySecondaryForegroundThemeBrush}"
               Style="{StaticResource BaseTextBlockStyle}" TextWrapping="NoWrap"
               Margin="15,0,15,10" FontSize="12"/>
         </StackPanel>
    </Grid>
</DataTemplate>
```

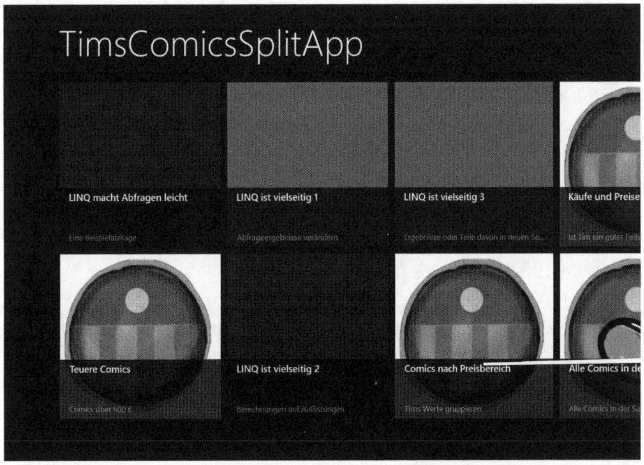
TimsComicsSplitApp
LINQ macht Abfragen leicht
LINQ ist vielseitig 1
LINQ ist vielseitig 3
Teuere Comics
LINQ ist vielseitig 2
Comics nach Preisbereich

Die App läuft, und die Elementseite zeigt die verfügbaren Abfragen aus dem ComicAbfrageManager-Objekt an!

6 Ändern Sie die SplitPage.xaml, um die Comic-Daten anzuzeigen.

Das XAML in *SplitPage.xaml* verwendet Vorlagen, um die Elemente auf der linken Seite des Splits anzuzeigen, aber es nutzt ganz gewöhnliches einfaches XAML mit Datenbindung, um das ausgewählte Element auf der rechten Seite anzuzeigen.

Ändern Sie die Vorlage, die sich in einem ListView mit dem `x:Name` `itemListView` befindet, genau so, wie Sie es auf der letzten Seite mit der Vorlage in *ItemsPanel.xaml* gemacht haben. Ersetzen Sie wieder nur die drei Eigenschaften für die Bindungen.

SplitPage.xaml nutzt einen einzigen Textblock, um darunter die Details anzuzeigen:

```
<TextBlock Grid.Row="2" Grid.ColumnSpan="2" Margin="0,20,0,0"
        Text="{Binding Content}" Style="{StaticResource BodyTextStyle}"/>
```

Wir werden diese Eigenschaften wiederverwenden, damit die Comic-Daten an der gleichen Stelle der Seite erscheinen.

Suchen Sie diesen Content-TextBlock und ersetzen Sie ihn durch das Comic-Daten-XAML unten. Achten Sie darauf, dass Sie dem äußeren Grid die Eigenschaften `Grid.Row`, `Grid.ColumnSpan` und `Margin` hinzufügen:

```
<Grid Height="780" Width="600" Grid.Row="2" Grid.ColumnSpan="2" Margin="0,20,0,0">
    <Grid.ColumnDefinitions>
        <ColumnDefinition Width="Auto"/>
        <ColumnDefinition/>
    </Grid.ColumnDefinitions>
    <Image Source="{Binding Comic.Cover}" Margin="0,0,20,0"
      Stretch="UniformToFill" Width="326" Height="500"
      VerticalAlignment="Top"/>
    <StackPanel Grid.Column="1">
        <TextBlock Text="Name"
              Style="{StaticResource CaptionTextBlockStyle}" />
        <TextBlock Text="{Binding Comic.Name}"
                  Style="{StaticResource BaseTextBlockStyle}" />
        <TextBlock Text="Folge"
                   Style="{StaticResource CaptionTextBlockStyle}" Margin="0,10,0,0" />
        <TextBlock Text="{Binding Comic.Folge}"
                  Style="{StaticResource BaseTextBlockStyle}" />
        <TextBlock Text="Jahr"
                  Style="{StaticResource CaptionTextBlockStyle}" Margin="0,10,0,0" />
        <TextBlock Text="{Binding Comic.Jahr}"
                  Style="{StaticResource BaseTextBlockStyle}" />
        <TextBlock Text="Cover-Preis"
                  Style="{StaticResource CaptionTextBlockStyle}" Margin="0,10,0,0" />
        <TextBlock Text="{Binding Comic.CoverPreis}"
                Style="{StaticResource BaseTextBlockStyle}" />
        <TextBlock Text="Antagonist"
                 Style="{StaticResource CaptionTextBlockStyle}" Margin="0,10,0,0" />
        <TextBlock Text="{Binding Comic.Antagonist}"
                 Style="{StaticResource BaseTextBlockStyle}" />
        <TextBlock Text="Zusammenfassung"
                 Style="{StaticResource CaptionTextBlockStyle}" Margin="0,10,0,0" />
        <TextBlock Text="{Binding Comic.Zusammenfassung}"
                  Style="{StaticResource BaseTextBlockStyle}" />
    </StackPanel>
</Grid>
```

Jetzt können Sie sich in Ihrer Split-App die Ergebnisse aller Abfragen ansehen, die Comics liefern, und sich die ausführlichen Daten des ausgewählten Comics auf der Split Page anzeigen lassen.

Alle Comic...
Johnny America vs. the Pinko
Folge 6
Rock and Roll (Limitierte Auflage
Folge 19
Woman's Work
Folge 36
Hippie Madness (Fehldruck)
Folge 57
Revenge of the New Wave Frea...
Folge 68
Black Monday
Folge 74
Tribal Tattoo Madness
Folge 83
Hippie Madness (Fehldruck)
Folge 57
CAPTAIN AMAZING
ISSUE 57 20 CENTS
Name
Hippie Madness (Fehl
Folge
57
Jahr
1973
Cover-Preis
20 Cents
Antagonist
Die Kanzlerin
Zusammenfassung
Zombies bedrohen O
Kanzlerin fälscht die V
ein Zombiegen in die
Zigarettenversorgung
einspeist.

Einige der Abfragen liefern keine Comics. Alle Felder, die an ein entsprechendes Objekt gebunden sind, bleiben also leer. In Kapitel 16 werden Sie mit Wertumwandlern Bekanntschaft machen, die Ihnen ermöglichen, diese Felder zu verbergen oder Vorgabewerte anzeigen zu lassen.

Die Abfrage Teure Comics liefert eine Folge anonymer Objekte, die nur die Eigenschaften Titel und Bild haben.

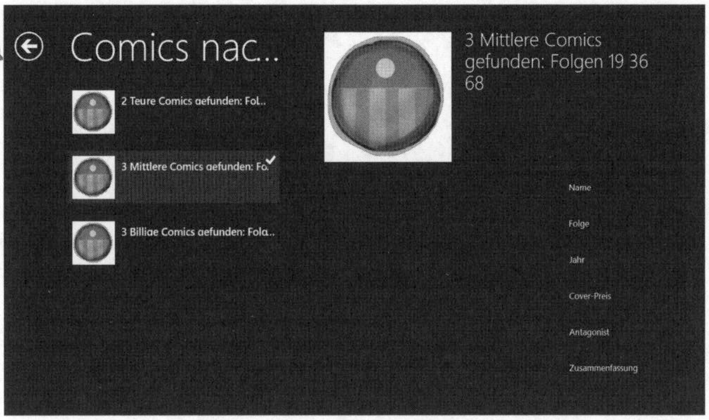
Comics nac...
2 Teure Comics gefunden: Fol...
3 Mittlere Comics gefunden: Fo
3 Billige Comics gefunden: Folg...
3 Mittlere Comics gefunden: Folgen 19 36 68
Name
Folge
Jahr
Cover-Preis
Antagonist
Zusammenfassung

Diese Steuerelemente sind an Eigenschaften gebunden, die es im Datenkontext nicht gibt, bleiben auf der Seite also leer. Später im Buch werden Sie Werkzeuge kennenlernen, die Sie nutzen können, um die Labels zu verbergen oder Vorgabewerte anzuzeigen.

Sie können Ihren Projekten, die die Items Page- und Split Page-Vorlagen nutzen, neue Seiten auch über die Neues Element hinzufügen-Einrichtung der IDE hinzufügen, die Sie für die Standardseite verwendet haben. Es gibt noch eine weitere praktische Vorlage, die Grid App, die drei Navigationsebenen bietet. Mehr über Grid Apps und Split Apps erfahren Sie hier:
http://msdn.microsoft.com/de-de/library/windows/apps/hh768232.aspx

15 Events und Delegates

Was Ihr Code macht, wenn Sie nicht gucken

ICH SOLLTE JETZT LIEBER DAS BAUMERSCHEINTAUSDEM-NICHTS-EVENT ABONNIEREN, SONST MUSS ICH NACHHER MEINE ONBEINGEBROCHEN()-METHODE AUFRUFEN.

Ihre Objekte beginnen, für sich selbst zu denken.

Sie können nicht immer kontrollieren, was Ihre Objekte machen. Manche Dinge passieren einfach. Und wenn sie passieren, sollten Ihre Objekte schlau genug sein, **auf alles eine Antwort zu wissen**, was eintreten könnte. Darum geht es bei Events (oder Ereignissen). Ein Objekt *veröffentlicht* ein Event, andere Objekte *abonnieren* es, und alle arbeiten zusammen, damit die Dinge im Fluss bleiben. Das geht so lange gut, bis zu viele Objekte auf dasselbe Event reagieren. Dann werden sich **Callbacks** als praktisch erweisen.

Möchten auch Sie, dass Ihre Objekte für sich selbst denken?

Angenommen, Sie schreiben einen Baseball-Simulator. Sie modellieren ein Spiel, verkaufen die Software an die Yankees (die haben ein dickes Portemonnaie) und scheffeln die Millionen. Sie erstellen `Ball`-, `Werfer`-, `Schiri`- und `Fan`-Objekte und eine Menge mehr. Sie schreiben Ihren Code so, dass ein `Werfer`-Objekt einen Ball fangen kann.

Das ist ein Standardverfahren zur Bezeichnung von Methoden – später werden wir noch mehr dazu erzählen.

Jetzt müssen Sie alles nur noch zusammenknüpfen. Sie fügen `Ball` eine `OnBallInSpiel()`-Methode hinzu und möchten nun, dass Ihr `Werfer`-Objekt mit seiner Event-Handler-Methode darauf reagiert. Nachdem die Methoden geschrieben sind, müssen die einzelnen Methoden nur noch verknüpft werden.

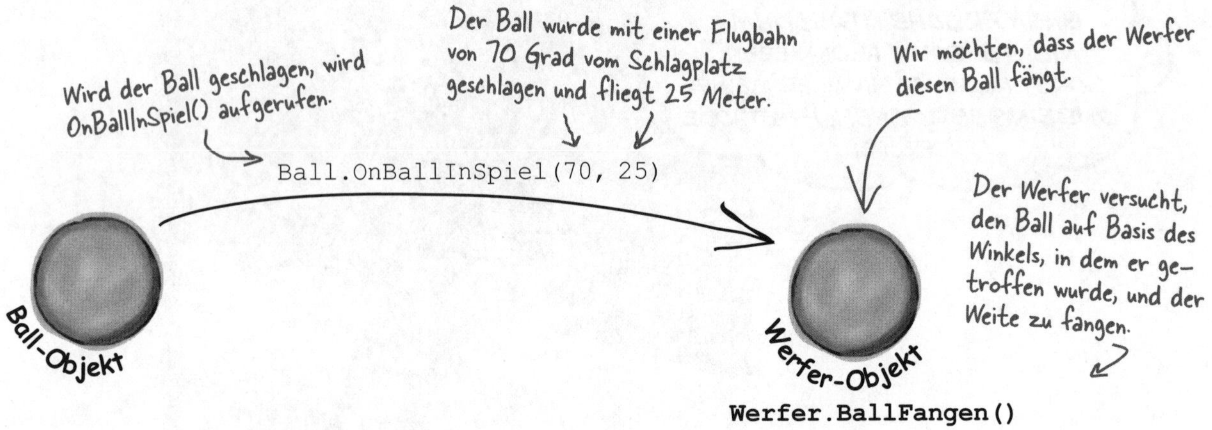
Der Ball wurde mit einer Flugbahn von 70 Grad vom Schlagplatz geschlagen und fliegt 25 Meter.
Wird der Ball geschlagen, wird OnBallInSpiel() aufgerufen.
Wir möchten, dass der Werfer diesen Ball fängt.
Ball.OnBallInSpiel(70, 25)
Der Werfer versucht, den Ball auf Basis des Winkels, in dem er getroffen wurde, und der Weite zu fangen.
Ball-Objekt
Werfer-Objekt
Werfer.BallFangen()

Aber woher weiß ein Objekt, dass es reagieren soll?

Hier ist das Problem. Sie wollen, dass sich Ihr `Ball`-Objekt nur um das Geschlagenwerden kümmert und Ihr `Werfer`-Objekt nur darum, Bälle zu fangen, die in seinen Bereich fliegen. Anders gesagt, Sie möchten nicht, dass der `Ball` dem `Werfer` sagen muss: »Ich komme zu dir.«

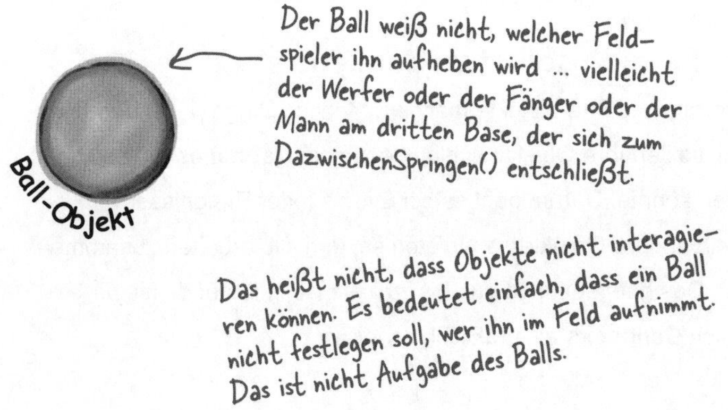
Der Ball weiß nicht, welcher Feldspieler ihn aufheben wird … vielleicht der Werfer oder der Fänger oder der Mann am dritten Base, der sich zum DazwischenSpringen() entschließt.
Ball-Objekt
Das heißt nicht, dass Objekte nicht interagieren können. Es bedeutet einfach, dass ein Ball nicht festlegen soll, wer ihn im Feld aufnimmt. Das ist nicht Aufgabe des Balls.

Ihre Objekte sollen sich nur um sich selbst kümmern, nicht um andere Objekte. Sie trennen die Verantwortlichkeiten der Objekte.

Wenn Events eintreten … lauschen Objekte

Dazu müssen Sie ein **Event** nutzen, wenn der Ball geschlagen wird. Ein Event ist einfach ***etwas, das in Ihrem Programm passiert***, ein Ereignis. Andere Objekte können dann auf dieses Event reagieren – beispielsweise unser `Werfer`-Objekt.

Noch besser ist, dass mehrere Objekte auf ein Event lauschen können. Der `Werfer` lauscht auf ein Ball-geschlagen-Event und ebenso ein `Fänger`, ein `MannAmDrittenBase`, ein `Schiri` und sogar ein `Fan`. Und alle Objekte können auf das Event unterschiedlich reagieren.

Wir möchten also ein `Ball`-Objekt, das **ein Event absetzen kann**. Dann sollen andere Objekte **diesen bestimmten Typ von Event abonnieren** … das bedeutet, dass sie darauf lauschen und benachrichtigt werden, wenn dieses Event eintritt.

Event, Nomen
Ein **Ding**, das passiert und meist wichtig ist.
*Die Sonnenfinsternis war ein umwerfendes **Event**.*

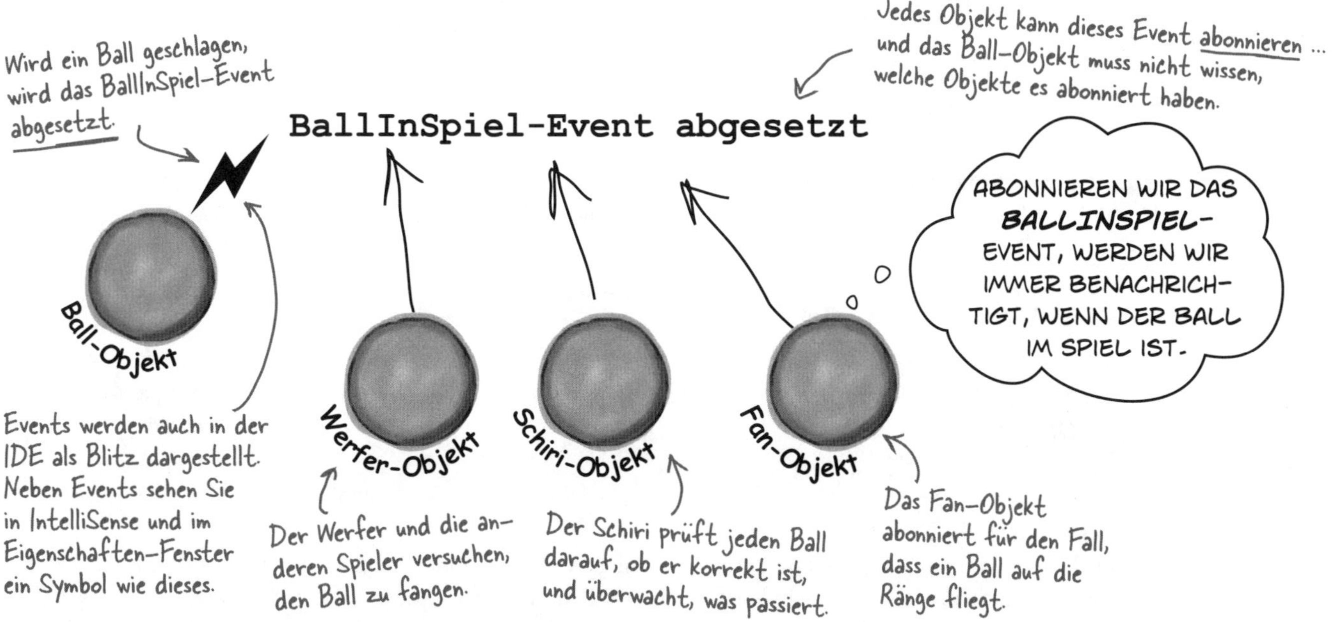
Wird ein Ball geschlagen, wird das BallInSpiel-Event abgesetzt.
BallInSpiel-Event abgesetzt
Jedes Objekt kann dieses Event abonnieren … und das Ball-Objekt muss nicht wissen, welche Objekte es abonniert haben.
ABONNIEREN WIR DAS BALLINSPIEL-EVENT, WERDEN WIR IMMER BENACHRICHTIGT, WENN DER BALL IM SPIEL IST.
Ball-Objekt
Werfer-Objekt
Schiri-Objekt
Fan-Objekt
Events werden auch in der IDE als Blitz dargestellt. Neben Events sehen Sie in IntelliSense und im Eigenschaften-Fenster ein Symbol wie dieses.
Der Werfer und die anderen Spieler versuchen, den Ball zu fangen.
Der Schiri prüft jeden Ball darauf, ob er korrekt ist, und überwacht, was passiert.
Das Fan-Objekt abonniert für den Fall, dass ein Ball auf die Ränge fliegt.

Sie wollen ETWAS mit einem Event TUN? Dann brauchen Sie einen Event-Handler!

»Erfährt« Ihr Objekt von einem Event, können Sie Code einrichten, der daraufhin ausgeführt wird. Derartigen Code bezeichnet man als **Event-Handler**. Ein Event-Handler erhält Informationen zu dem Event und wird jedes Mal ausgeführt, wenn es eintritt.

Das tun wir schon die ganze Zeit. Jedes Mal, wenn Sie auf einen Button klicken, wird ein Event abgesetzt, auf das Ihr Code reagiert.

Denken Sie daran, dass all das zur Laufzeit ***ohne Ihr Eingreifen*** erfolgt. Sie schreiben also Code zum Auslösen eines Events sowie Code, der diese Events verarbeitet, und starten Ihre Anwendung. Wird ein Event abgesetzt, tritt dann immer Ihr Event-Handler in Aktion … *ohne dass Sie etwas tun.* Und das Beste ist, dass Ihre Objekte dann getrennte Verantwortlichkeiten haben. Sie kümmern sich um sich selbst, nicht um andere Objekte.

Ein Objekt <u>setzt</u> ein Event <u>ab</u>, andere lauschen darauf ...

Ein Event hat einen **Herausgeber** (**Publisher**) und mehrere **Abonnenten** (**Subscribers**). Schauen wir uns an, wie Events, Event-Handler und das Abonnieren von Events in C# funktionieren:

① **Erst abonnieren die anderen Objekte ein Event.**
Bevor der `Ball` sein `BallInSpiel`-Event absetzen kann, müssen es die anderen Objekte abonnieren. Auf diese Weise sagen sie, dass sie informiert werden wollen, wenn ein `BallInSpiel`-Event eintritt.

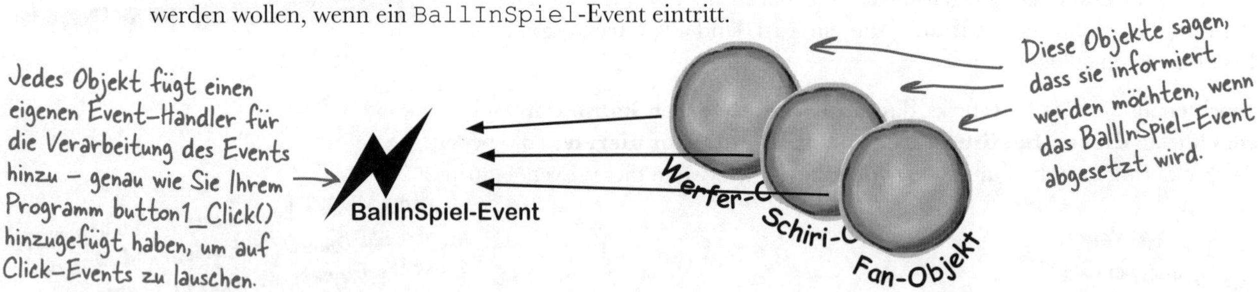
Jedes Objekt fügt einen eigenen Event-Handler für die Verarbeitung des Events hinzu – genau wie Sie Ihrem Programm button1_Click() hinzugefügt haben, um auf Click-Events zu lauschen.
BallInSpiel-Event
Werfer-O
Schiri-O
Fan-Objekt
Diese Objekte sagen, dass sie informiert werden möchten, wenn das BallInSpiel-Event abgesetzt wird.

② **Irgendetwas setzt ein Event ab.**
Der Ball wird getroffen. Das `Ball`-Objekt kann ein neues Event absetzen.

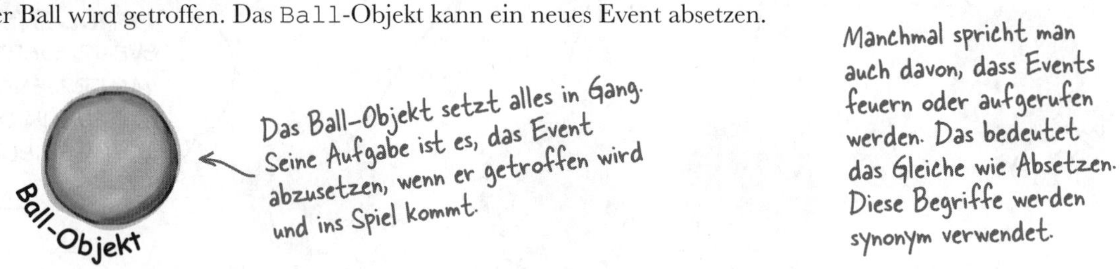
Ball-Objekt
Das Ball-Objekt setzt alles in Gang. Seine Aufgabe ist es, das Event abzusetzen, wenn er getroffen wird und ins Spiel kommt.
Manchmal spricht man auch davon, dass Events feuern oder aufgerufen werden. Das bedeutet das Gleiche wie Absetzen. Diese Begriffe werden synonym verwendet.

③ **Der Ball setzt ein Event ab.**
Es wird ein neues Event abgesetzt (wie das funktioniert, werden wir gleich erklären). Dieses Event hat einige Argumente wie die Geschwindigkeit des Balls und seine Flugbahn. Diese Argumente sind als Instanz der Klasse `EventArgs` an das Event geknüpft. Dann wird das Event abgeschickt und ist für jeden verfügbar, der darauf lauscht.

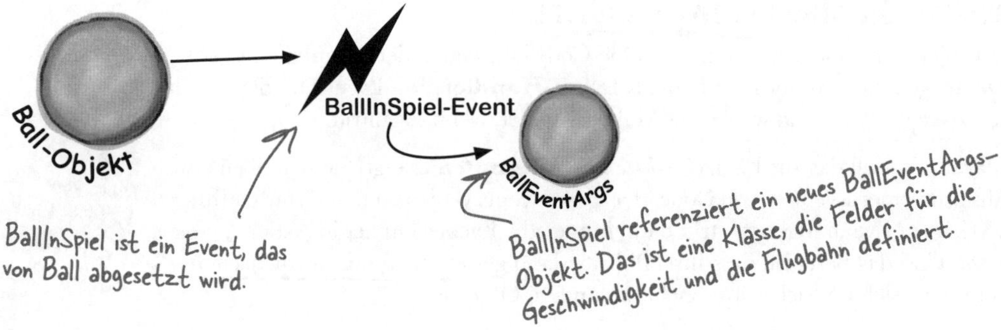
Ball-Objekt
BallInSpiel-Event
BallEventArgs
BallInSpiel ist ein Event, das von Ball abgesetzt wird.
BallInSpiel referenziert ein neues BallEventArgs-Objekt. Das ist eine Klasse, die Felder für die Geschwindigkeit und die Flugbahn definiert.

Dann behandeln andere Objekte das Event

Nachdem ein Event abgesetzt wurde, erhalten alle Objekte, die es abonniert haben, eine Benachrichtigung und können darauf reagieren:

4 **Abonnenten erhalten Benachrichtigungen.**
Da die `Werfer`-, `Schiri`- und `Fan`-Objekte das `BallInSpiel`-Event von `Ball` abonniert haben, werden sie alle benachrichtigt – ihre Event-Handler-Methoden werden nacheinander aufgerufen.

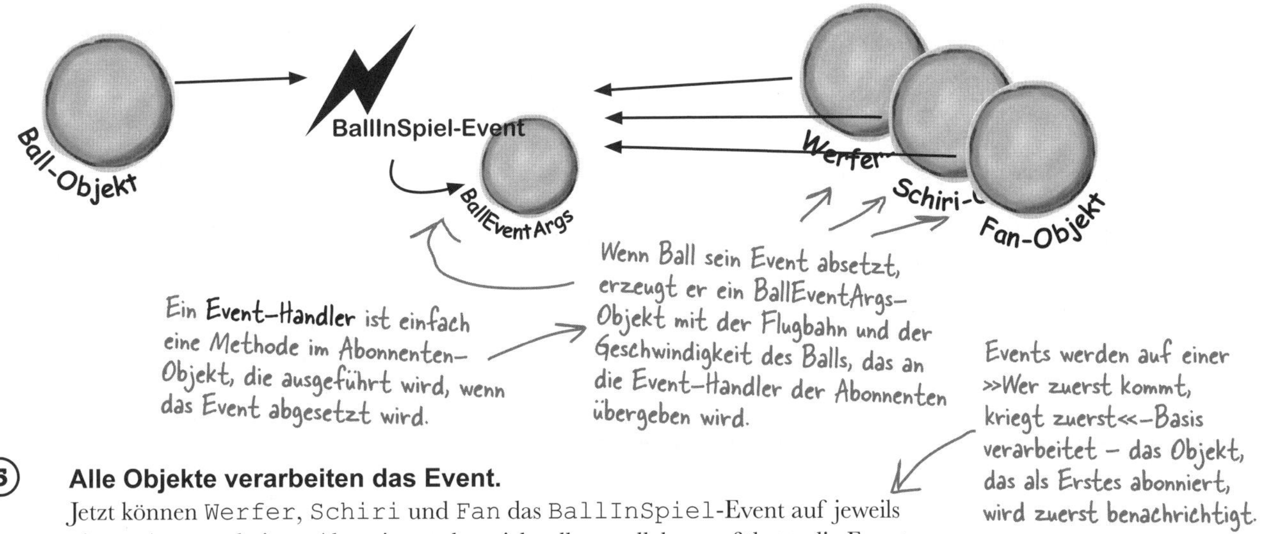

Ball-Objekt
BallInSpiel-Event
BallEventArgs
Werfer-
Schiri-
Fan-Objekt
Wenn Ball sein Event absetzt, erzeugt er ein BallEventArgs-Objekt mit der Flugbahn und der Geschwindigkeit des Balls, das an die Event-Handler der Abonnenten übergeben wird.
Ein Event-Handler ist einfach eine Methode im Abonnenten-Objekt, die ausgeführt wird, wenn das Event abgesetzt wird.
Events werden auf einer »Wer zuerst kommt, kriegt zuerst«-Basis verarbeitet – das Objekt, das als Erstes abonniert, wird zuerst benachrichtigt.

5 **Alle Objekte verarbeiten das Event.**
Jetzt können `Werfer`, `Schiri` und `Fan` das `BallInSpiel`-Event auf jeweils eigene Art verarbeiten. Aber sie werden nicht alle parallel ausgeführt – die Event-Handler werden nacheinander mit einer Referenz auf ein `BallEventArgs`-Objekt als Parameter aufgerufen.

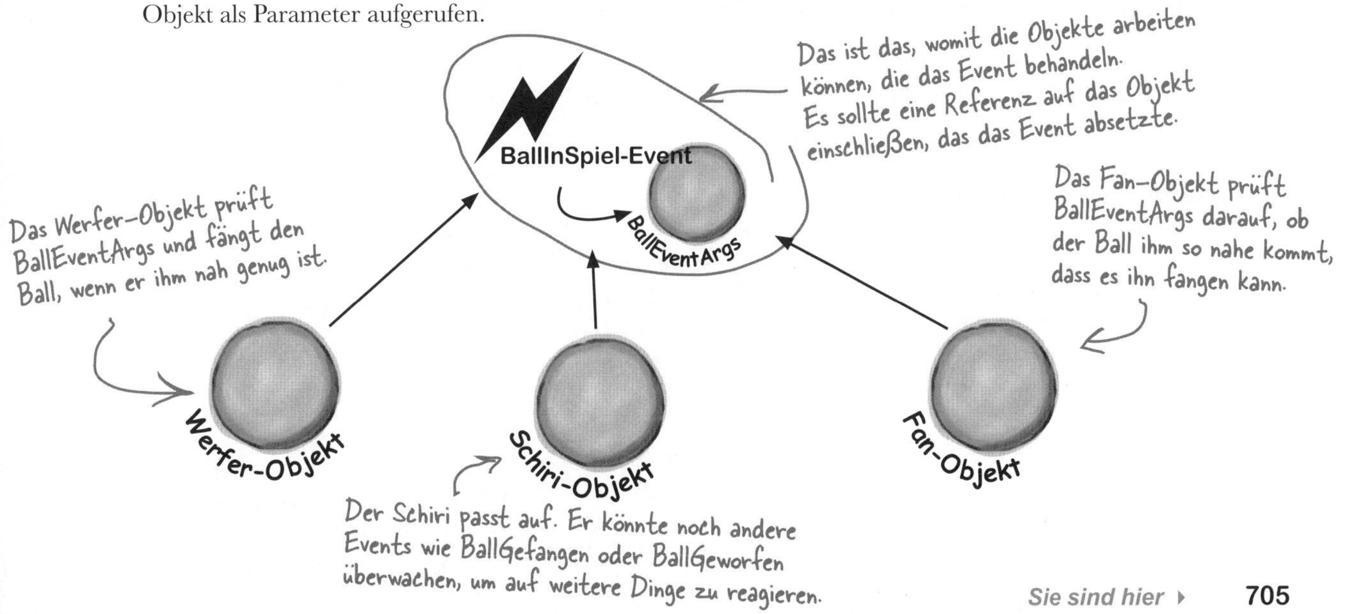

Das ist das, womit die Objekte arbeiten können, die das Event behandeln. Es sollte eine Referenz auf das Objekt einschließen, das das Event absetzte.
BallInSpiel-Event
BallEventArgs
Das Werfer-Objekt prüft BallEventArgs und fängt den Ball, wenn er ihm nah genug ist.
Das Fan-Objekt prüft BallEventArgs darauf, ob der Ball ihm so nahe kommt, dass es ihn fangen kann.
Werfer-Objekt
Schiri-Objekt
Fan-Objekt
Der Schiri passt auf. Er könnte noch andere Events wie BallGefangen oder BallGeworfen überwachen, um auf weitere Dinge zu reagieren.

Die Punkte verbinden

Nachdem Sie wissen, was passiert, können wir uns genauer ansehen, wie die Dinge zusammenspielen. Glücklicherweise gibt es nur wenige bewegliche Teile.

Es ist gut (allerdings nicht erforderlich), wenn Ihr Event-Argument von EventArgs erbt. Das ist **eine leere Klasse** – sie hat keine öffentlichen Member.

Das bedeutet, dass Sie Ihr EventArgs-Objekt **upcasten** können, wenn Sie es mit einem Event senden müssen, das sich nicht speziell mit ihm befasst.

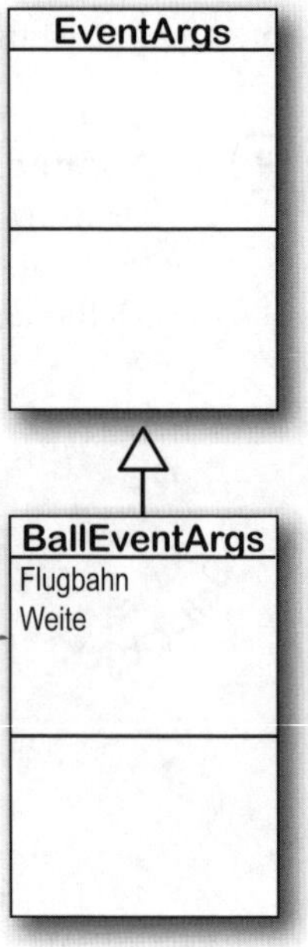
EventArgs
BallEventArgs
Flugbahn
Weite

Ball nutzt diese Eigenschaften, um den Event-Handlern Informationen darüber zu geben, wie der Ball getroffen wurde.

1. **Wir brauchen ein Objekt für die Event-Argumente.**
   Denken Sie daran, dass unser `BallInSpiel`-Event ein paar Argumente mit sich trägt. Wir benötigen also ein sehr einfaches Objekt für diese Argumente. .NET bietet eine Standardklasse dafür, die **`EventArgs`** heißt. Aber diese **hat keine Member.** Sie soll Ihnen nur ermöglichen, an Event-Handler Event-Argument-Objekte zu übergeben, mit denen sie arbeiten können. Hier ist die Klassendeklaration:

```
class BallEventArgs : EventArgs
```

2. **Dann definieren wir das Event in der Klasse, die es absetzt.**
   Die Klasse Ball hat eine Zeile mit dem **Schlüsselwort `event`** – auf diese Weise informiert sie die anderen Objekte über das Event, damit diese es abonnieren können. Diese Zeile kann sich an beliebiger Stelle der Klasse finden – üblicherweise steht sie in der Nähe der Eigenschaftendeklarationen. Wenn die Klasse `Ball` sie enthält, können andere Objekte das Event von Ball abonnieren. Das Schlüsselwort event ist Ihnen begegnet, als Sie PropertyChanged abgesetzt haben. Hier ist die BallInSpiel `event`-Deklaration:

```
public event EventHandler BallInSpiel;
```

Events sind üblicherweise öffentlich. Dieses Event ist in der Klasse Ball definiert, aber wir möchten, dass Werfer, Schiri usw. es referenzieren können. Sie könnten es privat machen, wenn nur Instanzen derselben Klasse es abonnieren können sollen.

Nach dem Schlüsselwort event kommt EventHandler. Das ist **kein reserviertes C#-Schlüsselwort** – es ist ein Teil von .NET. Sie brauchen es, um den Objekten, die das Event abonnieren, mitzuteilen, wie ihre Event-Handler-Methoden aussehen müssen.

Wenn Sie EventHandler nutzen, sagen Sie anderen Objekten, dass ihre EventHandler zwei Parameter erwarten müssen, ein object namens sender, das eine Referenz auf das Objekt darstellt, das das Event absetzte, und eine EventArgs-Referenz namens e.

(3) Die abonnierenden Klassen brauchen Event-Handler-Methoden.

Jedes Objekt, das das `BallInSpiel`-Event von Ball abonnieren will, benötigt einen Event-Handler. Wie Event-Handler funktionieren, wissen Sie bereits – jedes Mal, wenn Sie eine Methode zur Verarbeitung des `Click`-Events eines Buttons oder das `ValueChanged`-Event eines `NumericUpDown`-Elements hinzugefügt haben, hat die IDE Ihrer Klasse eine **Event-Handler-Methode** hinzugefügt. Das `BallInSpiel`-Event von Ball funktioniert genau so, und Event-Handler sollten Ihnen ziemlich vertraut sein:

```
void ball_BallInSpiel(object sender, EventArgs e)
```

Es gibt keine C#-Regel, die festlegt, dass die Namen Ihrer Event-Handler eine bestimmte Form haben, aber es gibt eine ziemlich standardisierte Namenskonvention: Die Namen sollten aus dem Namen der Objektreferenz, einem Unterstrich und dem Namen des Events bestehen.

Die Klasse, die diese spezielle Event-Handler-Methode enthält, hat eine Ball-Referenz namens ball. Ihr BallInSpiel-Event-Handler beginnt deswegen mit »ball_«. Darauf folgt der Name des Events, das behandelt wird, also »BallInSpiel«.

Die Deklaration des BallInSpiel-Events gibt den Typ EventHandler vor. Das bedeutet, dass die Methode zwei Parameter akzeptieren muss – ein Objekt namens sender und ein EventArgs-Objekt namens e – und keinen Rückgabewert haben darf.

(4) Die einzelnen Objekte abonnieren das Event.

Nachdem wir den Event-Handler eingerichtet haben, müssen die `Werfer`-, `Schiri`-, `MannAmDrittenBase`- und `Fan`-Objekte ihre Event-Handler registrieren. Jedes von ihnen hat eine spezielle `ball_BallInSpiel`-Methode, die auf jeweils andere Weise auf das Event reagiert. Gibt es eine `Ball`-Referenz namens `ball`, können die Event-Handler mit dem +=-Operator registriert werden:

```
ball.BallInSpiel += new Event-Handler(ball_BallInSpiel);
```

Das sagt C#, dass der EventHandler mit dem BallInSpiel-Event des Objekts verbunden werden soll, auf das die Referenz ball zeigt.

Mit dem +=-Operator kann ein Event-Handler für ein Event registriert werden.

Dieser Teil gibt die Event-Handler-Methode an, die das Event abonnieren soll.

Die Signatur der Event-Handler-Methode (ihre Parameter und ihr Rückgabewert) muss der **entsprechen**, die von EventHandler definiert wird. Sonst lässt sich das Programm nicht kompilieren.

Blättern Sie um, es kommt noch was …

⑤ Ein Ball-Objekt löst sein Event aus, um die Abonnenten darüber zu informieren, dass es im Spiel ist.

Nachdem die Events eingerichtet sind, kann Ball sein **Event absetzen**, um auf etwas zu reagieren, das im Simulator passiert. Das Absetzen des Events ist leicht – es muss nur das `BallInSpiel`-Event aufgerufen werden.

```
EventHandler ballInSpiel = BallInSpiel;
if (ballInSpiel != null)
  ballInSpiel(this, e);
```

BallInSpiel wird in eine Variable kopiert, die auf null geprüft wird, bevor über sie das Event abgesetzt wird.

e ist ein neues BallEventArgs-Objekt.

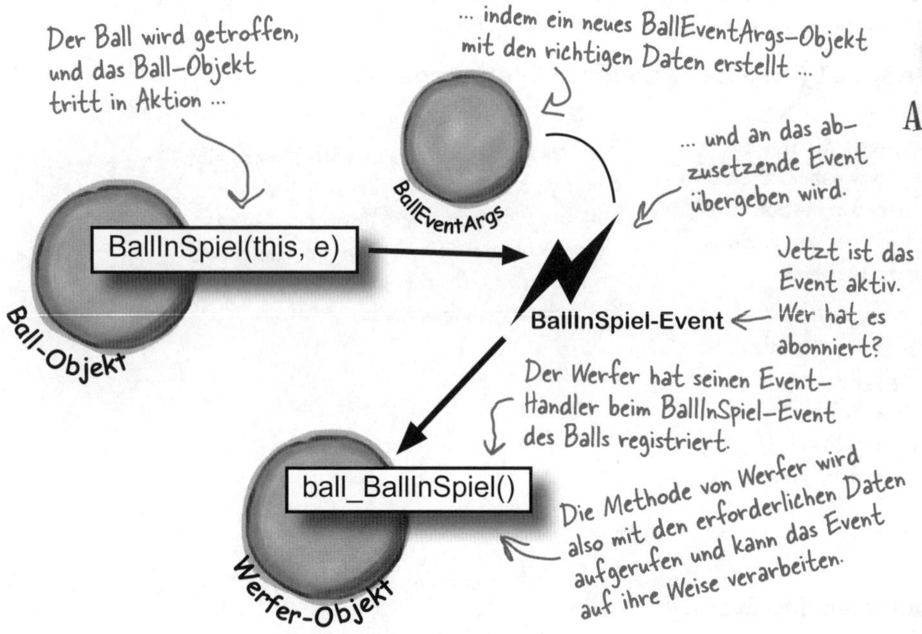

Der Ball wird getroffen, und das Ball-Objekt tritt in Aktion ...
... indem ein neues BallEventArgs-Objekt mit den richtigen Daten erstellt ...
BallEventArgs
... und an das abzusetzende Event übergeben wird.
BallInSpiel(this, e)
Ball-Objekt
Jetzt ist das Event aktiv. Wer hat es abonniert?
BallInSpiel-Event
Der Werfer hat seinen Event-Handler beim BallInSpiel-Event des Balls registriert.
ball_BallInSpiel()
Werfer-Objekt
Die Methode von Werfer wird also mit den erforderlichen Daten aufgerufen und kann das Event auf ihre Weise verarbeiten.

WUMM!
Aufgepasst

Wird ein Event ohne Handler abgesetzt, wird eine Exception ausgelöst.

*Haben keine Objekte dem Event ihre Event-Handler hinzugefügt, ist das Event null. Prüfen Sie also immer, ob Ihr Event ungleich null ist, bevor Sie es absetzen. Tun Sie das nicht, erhalten Sie eine NullReferenceException. Aus diesem Grund sollten Sie auch **die Event-Variable kopieren**, bevor Sie prüfen, ob sie null ist – in sehr seltenen Fällen kann das Event zwischen Prüfung und Aufruf null werden.*

Nutzen Sie Standardnamen für Methoden zum Absetzen von Events

Nehmen Sie sich eine Minute und gehen Sie zu dem Code einer Windows Store-App. Geben Sie an einer Stelle, an der Sie eine Methode definieren, das Schlüsselwort **`override`** ein. Drücken Sie danach die Leertaste, springt ein IntelliSense-Fenster auf:

```
override
```

OnDoubleTapped(DoubleTappedRoutedEventArgs e)
OnDragEnter(DragEventArgs e)
OnDragLeave(DragEventArgs e)
OnDragOver(DragEventArgs e)
OnDrop(DragEventArgs e)
OnGotFocus(RoutedEventArgs e)

Sehen Sie, dass jede dieser Methoden einen EventArgs-Parameter erwartet? Alle übergeben diesen Parameter an das Event, wenn sie es absetzen.

Es gibt eine Menge Events, die ein Form-Objekt absetzen kann, und für jedes davon gibt es eine eigene Methode, die es absetzt. Die `OnDoubleTapped()`-Methode setzt das `DoubleTapped`-Event ab (das von der Superklasse `UIElement` geerbt wird), und das ist ihre einzige Daseinsberechtigung. Das Ball-Event wird also der gleichen Konvention folgen: Wir werden dafür sorgen, dass es **eine Methode namens OnBallInSpiel hat**, die ein `BallEventArgs`-Objekt als Parameter erwartet. Der Baseball-Simulator ruft diese Methode immer dann auf, wenn er das `BallInSpiel`-Event absetzen muss – entdeckt der Simulator, dass der Ball mit dem Schläger getroffen wurde, erzeugt er eine `BallEventArgs`-Instanz mit der Flugbahn und der Distanz des Balls und übergibt sie an `OnBallInSpiel()`.

Es gibt keine Dummen Fragen

F: Warum muss ich bei der Deklaration eines Events das Wort EventHandler einschließen? Ich dachte, der Event-Handler wäre das, was die anderen Objekte nutzen, um das Event zu abonnieren.

A: Das stimmt – wenn Sie ein Event abonnieren müssen, schreiben Sie eine Methode, die als Event-Handler bezeichnet wird. Ist Ihnen aber aufgefallen, dass wir das Wort `EventHandler` in der Event-Deklaration (Schritt 2) ***und*** in der Zeile verwendet haben, mit der wir den Event-Handler beim Event registrieren (Schritt 4)? `EventHandler` definiert die **Signatur** des Events – das Wort sagt Objekten, die das Event abonnieren, wie sie ihre Methoden definieren müssen. Es sagt genau, dass eine Methode, die für dieses Event registriert werden soll, zwei Parameter erwarten (eine `object`- und eine `EventArgs`-Referenz) und den Rückgabewert `void` haben muss.

F: Was passiert, wenn ich versuche, eine Methode zu verwenden, die nicht dem von EventHandler definierten Schema entspricht?

A: Dann lässt sich Ihr Programm nicht kompilieren. Der Compiler sichert, dass Sie nie aus Versehen eine inkompatible Methode für ein Event registrieren. Darum ist der Standard-Event-Handler `EventHandler` so nützlich – sobald Sie ihn sehen, wissen Sie genau, wie Ihre Event-Handler-Methode aussehen muss.

F: Moment. »Standard-Event-Handler«? Gibt es noch andere?

A: Ja! Ihre Events ***müssen nicht ein*** Objekt und ein `EventArgs` übergeben. Sie können alles Mögliche versenden – oder auch nichts! Schauen Sie sich die letzte Zeile im IntelliSense-Fenster auf der gegenüberliegenden Seite an. Sehen Sie, dass die Methode `OnDragEnter` eine `DragEventArgs`-Referenz statt einer `EventArgs`-Referenz erwartet? `DragEventArgs` erbt von `EventArgs`, genau wie `BallEventArgs`. Das `DragDrop`-Event des Formulars nutzt `EventHandler`. Es nutzt etwas anderes, `DragEventHandler`, und wenn Sie es mit Ihrem verarbeiten wollen, muss Ihr Event-Handler eine `object`- und eine `DragEventArgs`-Referenz akzeptieren.

Die Parameter der Events werden von *Delegates* definiert – `EventHandler` und `DragEventHandler` sind Beispiele für Delegates. Aber darüber werden wir in Kürze ausführlicher reden.

F: Dann kann ich meine Event-Handler wohl auch etwas anderes zurückliefern lassen als void, oder?

A: Ja, können Sie. Aber meist ist das kein guter Gedanke. Liefert Ihr Event-Handler nicht `void` zurück, können Sie Event-Handler nicht *verketten*. Das bedeutet, dass Sie mit einem Event nicht mehrere Handler verbinden können. Da das Verketten eine praktische Funktionalität ist, sollte man seine Event-Handler immer `void` liefern lassen.

F: Verketten? Was ist das?

A: Darüber können mehrere Objekte das gleiche Event abonnieren – sie ketten ihre Event-Handler nacheinander an das Event. Auch darüber werden wir gleich noch sprechen.

F: Habe ich deswegen += verwendet, als ich meinen Event-Handler hinzugefügt habe? So als würde ich den vorhandenen Handlern einen neuen hinzufügen?

A: Genau! Jedes Mal, wenn Sie einen Event-Handler hinzufügen, sollten Sie `+=` verwenden. So sichern Sie, dass Ihr Handler die vorhandenen Handler nicht ersetzt. Er wird einfach zu einem Element in einer möglicherweise sehr langen Kette von Event-Handlern, die alle auf das gleiche Event lauschen.

F: Warum wird »this« verwendet, wenn das BallInSpiel()-Event ausgelöst wird?

A: Weil das der erste Parameter des Standard-Event-Handlers ist. Haben Sie gesehen, dass jeder Click-Event-Handler den Parameter »object sender« hat? Dieser Parameter ist eine **Referenz auf das Objekt, das das Event absetzt**. Behandeln Sie einen Button-Klick, zeigt `sender` auf den Button, der angeklickt wurde. Behandeln Sie ein `BallInSpiel`-Event, zeigt `sender` auf das `Ball`-Objekt, das im Spiel ist – und der Ball setzt den Parameter auf `this`, wenn er das Event absetzt.

EIN Event wird immer von EINEM Objekt abgesetzt.

Auf EIN Event können aber beliebig VIELE Objekte reagieren.

Die IDE erzeugt Event-Handler automatisch

Die meisten Programmierer folgen bei der Benennung ihrer Event-Handler den gleichen Konventionen. Gibt es ein `Ball`-Objekt, das ein `BallInSpiel`-Event hat, und hat die Referenz auf das Objekt den Namen `ball`, hat der Event-Handler üblicherweise den Namen `ball_BallInSpiel()`. Das ist keine festgeschriebene Regel, macht Code für andere Programmierer aber besser lesbar.

Glücklicherweise macht es die IDE Ihnen leicht, Ihren Event-Handlern ordentliche Namen zu geben. Sie hat eine Funktion, die **automatisch Event-Handler-Methoden hinzufügt**, wenn Sie mit einer Klasse arbeiten, die ein Event absetzt. Es sollte nicht zu überraschend sein, dass Ihnen die IDE diese Arbeit abnehmen kann – schließlich ist das genau das, was sie macht, wenn Sie in Ihrem Formular doppelt auf einen Button klicken. (Das könnte Ihnen bekannt vorkommen, weil Sie es in vorangegangenen Kapiteln bereits gemacht haben.)

Tun Sie das!

1. **Fügen Sie einer neuen Windows Store-Anwendung Ball und BallEventArgs hinzu.**
Hier ist die Klasse Ball:

```
class Ball {
    public event EventHandler BallInSpiel;
    public void OnBallInSpiel(BallEventArgs e) {
        EventHandler ballInSpiel = BallInSpiel;
        if (ballInSpiel != null)
            ballInSpiel(this, e);
    }
}
```

Und dies ist die Klasse BallEventArgs:

```
class BallEventArgs : EventArgs {
    public int Flugbahn { get; private set; }
    public int Weite { get; private set; }
    public BallEventArgs(int Flugbahn, int Weite) {
        this.Flugbahn = Flugbahn;
        this.Weite = Weite;
    }
}
```

2. **Beginnen Sie, den Konstruktor für Werfer hinzuzufügen.**
Fügen Sie Ihrem Projekt die Klasse `Werfer` hinzu. Geben Sie ihr einen Konstruktor, der eine `Ball`-Referenz über einen Parameter namens `ball` annimmt. Der Konstruktor enthält nur eine einzige Zeile Code, die den Event-Handler der Klasse für `ball.BallInSpiel` registriert. Beginnen Sie, die Anweisung einzugeben, aber **tippen Sie das += noch nicht ein**.

```
public Werfer(Ball ball) {
    ball.BallInSpiel
}
```

3 Geben Sie += ein, beendet die IDE die Anweisung für Sie.

Sobald Sie in die Anweisung += eintippen, blendet die IDE einen nützlichen kleinen Kasten ein:

```
public Werfer(Ball ball) {
    ball.BallInSpiel +=
}
```

ball_BallInSpiel; (Zum Einfügen TAB-Taste drücken)

Drücken Sie die Tabulatortaste, beendet die IDE die Anweisung für Sie. Sie sieht dann so aus:

```
public Werfer(Ball ball) {
    ball.BallInSpiel += ball_BallInSpiel;
}
```

4 Die IDE fügt auch Ihren Event-Handler hinzu.

Sie sind noch nicht fertig – Sie brauchen immer noch die Methode, die für das Event registriert wird. Wenn die IDE die Anweisung fertiggestellt hat, präsentiert sie Ihnen einen weiteren Kasten.

```
new EventHandler(  ball_BallInSpiel;
```

Zum Generieren des Handlers "ball_BallInSpiel" in dieser Klasse die TAB-Taste drücken

Drücken Sie erneut die Tabulatortaste, damit die IDE der Klasse `Werfer` diese Event-Handler-Methode hinzufügt. Die IDE folgt immer der `referenzName_HandlerName()`-Konvention:

```
void ball_BallInSpiel(object sender, EventArgs e) {
    throw new NotImplementedException();
}
```

Diese NotImplementedException fügt die IDE immer als Platzhalter ein, damit bei der Ausführung eine Exception ausgelöst wird, die Ihnen sagt, dass Sie etwas noch implementieren müssen, das die IDE automatisch eingefügt hat.

5 Beenden Sie den Event-Handler des Werfers.

Jetzt haben Sie das Gerüst des Event-Handlers und müssen nur noch den restlichen Code einbauen. Der Werfer soll alle niedrigen Bälle fangen oder andernfalls das erste Base bewachen.

```
void ball_BallInSpiel(object sender,EventArgs e) {
    if (e is BallEventArgs) {
        BallEventArgs ballEventArgs = e as BallEventArgs;
        if ((ballEventArgs.Weite < 30) && (ballEventArgs.Flugbahn < 60))
            BallFangen();
        else
            ErstesBaseBewachen();
    }
}
```

Diese Methoden werden Sie gleich hinzufügen.

Da BallEventArgs eine Unterklasse von EventArgs ist, downcasten wir mit as, damit wir die Eigenschaften verwenden können.

ÜBUNG

Es ist an der Zeit, das bisher Gelernte anzuwenden. Sie sollen die Klassen `Ball` und `Werfer` vervollständigen, eine `Fan`-Klasse hinzufügen und sicherstellen, dass sie alle in einer sehr einfachen Version Ihres Baseball-Simulators zusammenarbeiten.

1 **Vervollständigen Sie die Klasse Werfer.**
Unten sehen Sie, was wir bisher für `Werfer` haben. Ergänzen Sie die Methoden `BallFangen()` und `ErstesBaseBewachen()`. Beide sollten einen String erstellen, der sagt, dass der Fänger den Ball gefangen hat beziehungsweise zur ersten Base gelaufen ist, und diesen String dann einer öffentlichen `ObservableCollection<string>` namens `WerferSagt` hinzufügen.

```
class Werfer {
    public Werfer(Ball ball) {
        ball.BallInSpiel += ball_BallInSpiel;
    }

    void ball_BallInSpiel(object sender, EventArgs e) {
        if (e is BallEventArgs){
            BallEventArgs ballEventArgs = e as BallEventArgs;
            if ((ballEventArgs.Weite < 30) && (ballEventArgs.Flugbahn < 60))
                BallFangen();
            else
                ErstesMalHüten();
        }
    }
}
```

Sie müssen diese Methoden so implementieren, dass der ObservableCollection WerferSagt ein String hinzufügt wird.

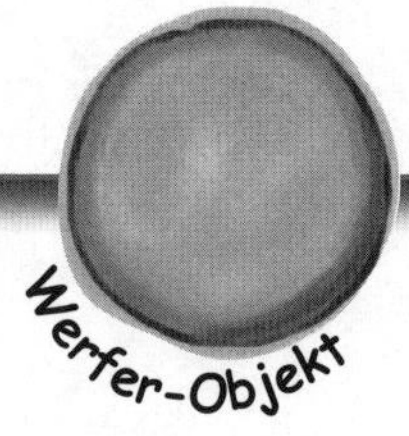
Werfer-Objekt

2 **Schreiben Sie die Klasse Fan.**
Erzeugen Sie eine andere Klasse namens `Fan`. `Fan` soll in seinem Konstruktor ebenfalls das `BallInSpiel`-Event abonnieren. Der Event-Handler von Fan muss prüfen, ob die Weite größer als 130 Meter und die Flugbahn größer als 30 ist (ein Homerun), nach einem Handschuh greifen und versuchen, den Ball dann zu fangen. Andernfalls sollte der Fan kreischen und schreien. Alles, was der Fan schreit und ruft, sollte einer `ObservableCollection<string>` namens `FanSagt` hinzugefügt werden.

Schauen Sie sich das Ausgabefenster auf der nächsten Seite an, um zu sehen, was genau ausgegeben werden soll.

?
Fan-Objekt

3 **ERSTELLEN SIE EINEN SEHR EINFACHEN SIMULATOR.**

Sollten Sie das noch nicht getan haben, erstellen Sie nun eine neue leere Windows Store-App. Ersetzen Sie *MainPage.xaml* durch eine Standardseite und fügen Sie ihr die folgende `BaseballSimulator`-Klasse hinzu. Fügen Sie sie der Seite dann als statische Ressource hinzu.

```
using System.Collections.ObjectModel;

class BaseballSimulator {
    private Ball ball = new Ball();
    private Werfer werfer;
    private Fan fan;
    public ObservableCollection<string> FanSagt { get { return fan.FanSagt; } }
    public ObservableCollection<string> WerferSagt { get { return werfer.WerferSagt; } }
    public int Flugbahn { get; set; }
    public int Weite { get; set; }
    public BaseballSimulator()     {
        werfer = new Werfer(ball);
        fan = new Fan(ball);
    }
    public void BallSpielen() {
        BallEventArgs ballEventArgs = new BallEventArgs(Flugbahn, Weite);
        ball.OnBallInSpiel(ballEventArgs);
    }
}
```

4 **DIE HAUPTSEITE ERSTELLEN.**

Können Sie das XAML auf Basis dieses Screenshots entwickeln? Die beiden TextBox-Steuerelemente sind an die `Flugbahn`- und `Weite`-Eigenschaften der statischen Ressource `BaseballSimulator` gebunden, und das Werfer- und Fan-Geplapper sind ListView-Steuerelemente, die an die beiden`ObservableCollections` gebunden sind.

Versuchen Sie, die hier gezeigten Ausrufe von Werfer und Fan mit drei aufeinanderfolgenden Bällen zu rekonstruieren. Notieren Sie unten die Werte, mit denen Sie diese Ausrufe generiert haben:

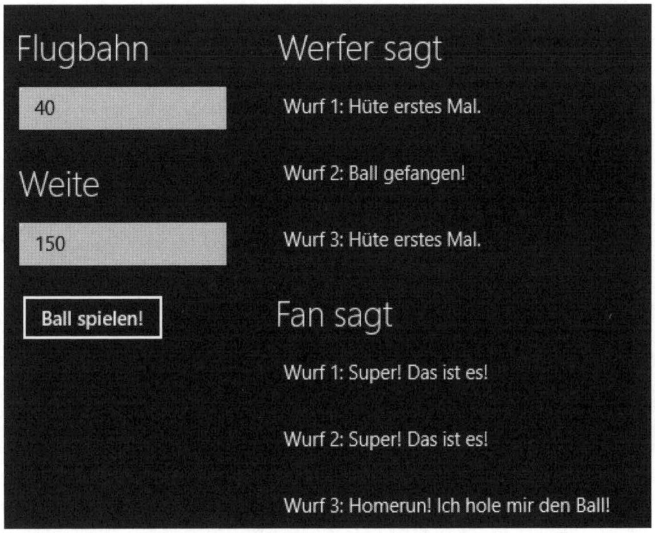
Flugbahn
40
Weite
150
Ball spielen!
Werfer sagt
Wurf 1: Hüte erstes Mal.
Wurf 2: Ball gefangen!
Wurf 3: Hüte erstes Mal.
Fan sagt
Wurf 1: Super! Das ist es!
Wurf 2: Super! Das ist es!
Wurf 3: Homerun! Ich hole mir den Ball!

Ball 1:		**Ball 2:**		**Ball 3:**	
Flugbahn:	....	Flugbahn:	....	Flugbahn:	....
Weite:	....	Weite:	....	Weite:	....

Lösung zur Übung

Jetzt war es an der Zeit, das bisher Gelernte anzuwenden. Sie sollten die Klassen `Ball` und `Werfer` vervollständigen, eine `Fan`-Klasse hinzufügen und sicherstellen, dass sie alle in einer sehr einfachen Version Ihres Baseball-Simulators zusammenarbeiten.

```
class Ball
{
    public event EventHandler BallInSpiel;
    public void OnBallInSpiel(BallEventArgs e)
    {
        EventHandler ballInSpiel = BallInSpiel;
        if (ballInSpiel != null)
            ballInSpiel(this, e);
    }
}
```

Die Methode OnBallInSpiel() setzt nur das BallInSpiel-Event ab – muss aber prüfen, ob das Event nicht null ist, da ansonsten eine Exception ausgelöst wird.

Schreibgeschützte automatische Eigenschaften funktionieren in EventArgs sehr gut, da die Event-Handler die ihnen übergebenen Daten nur lesen.

```
class BallEventArgs : EventArgs {
{
    public int Flugbahn { get; private set; }
    public int Weite { get; private set; }
    public BallEventArgs(int Flugbahn, int Weite)
    {
        this.Flugbahn = Flugbahn;
        this.Weite = Weite;
    }
}
using System.Collections.ObjectModel;
class Fan {
    public ObservableCollection<string> FanSagt = new ObservableCollection<string>();
    private int wurfNummer = 0;

    public Fan(Ball ball) {
        ball.BallInSpiel += new EventHandler(ball_BallInSpiel);
    }

    void ball_BallInSpiel(object sender, EventArgs e)  {
        wurfNummer++;
        if (e is BallEventArgs) {
            BallEventArgs ballEventArgs = e as BallEventArgs;
            if (ballEventArgs.Weite > 95 && ballEventArgs.Flugbahn > 30)
                FanSagt.Add("Wurf " + wurfNummer
                          + ": Homerun! Ich hole mir den Ball!");
            else
                FanSagt.Add("Wurf " + wurfNummer + ": Super! Das ist es!");
        }
    }
}
```

Der Fan-Konstruktor hängt seinen Event-Handler an das BallInSpiel-Event an.

Der BallInSpiel-Handler von Fan sucht nach einem Ball, der lang und hoch genug ist.

Der einzige Unterstützungscode für die Seite ist dieser **`Button_Click()`-Event-Handler**:

```
private void Button_Click(object sender, RoutedEventArgs e) {
    baseballSimulator.BallSpielen();
}
```

Die statische Ressource kommt in Page.Ressources.

Hier ist das XAML für die Seite. Setzen Sie außerdem `<local:BaseballSimulator x:Name="baseballSimulator"/>`:

```
<Grid Grid.Row="1" Margin="120,0" DataContext="{StaticResource ResourceKey=baseballSimulator}">
  <Grid.ColumnDefinitions>
      <ColumnDefinition Width="200" />
      <ColumnDefinition/>
  </Grid.ColumnDefinitions>
  <StackPanel Margin="0,0,40,0">
    <TextBlock Text="Flugbahn" Style="{StaticResource SubheaderTextBlockStyle}" Margin="0,0,0,20"/>
    <TextBox Text="{Binding Flugbahn, Mode=TwoWay}"  Margin="0,0,0,20"/>
    <TextBlock Text="Weite" Style="{StaticResource SubheaderTextBlockStyle}" Margin="0,0,0,20"/>
    <TextBox Text="{Binding Weite, Mode=TwoWay}" Margin="0,0,0,20"/>
    <Button Content="Ball spielen!" Click="Button_Click"/>
  </StackPanel>
  <StackPanel Grid.Column="1">
    <TextBlock Text="Werfer sagt" Style="{StaticResource SubheaderTextBlockStyle}" Margin="0,0,0,20"/>
    <ListView ItemsSource="{Binding WerferSagt}" Height="150"/>
    <TextBlock Text="Fan sagt" Style="{StaticResource SubheaderTextBlockStyle}" Margin="0,0,0,20"/>
    <ListView ItemsSource="{Binding FanSagt}" Height="150"/>
  </StackPanel>
</Grid>
```

Und hier ist die Klasse `Werfer` (sie muss oben `using System.Collections.ObjectModel;` angeben):

```
class Werfer {
    public ObservableCollection<string> WerferSagt = new ObservableCollection<string>();
    private int wurfNummer = 0;
    public Werfer(Ball ball)     {
        ball.BallInSpiel += ball_BallInSpiel;
    }
    void ball_BallInSpiel(object sender, EventArgs e) {
        wurfNummer++;
        if (e is BallEventArgs) {
            BallEventArgs ballEventArgs = e as BallEventArgs;
            if ((ballEventArgs.Weite < 95) && (ballEventArgs.Flugbahn < 60))
                BallFangen();
            else
                ErstesMalHüten();
        }
    }
    private void BallFangen() {
        WerferSagt.Add("Wurf " + wurfNummer + ": Ball gefangen!");
    }
    private void ErstesMalHüten() {
        WerferSagt.Add("Wurf " + wurfNummer + ": Hüte erstes Mal.");
    }
}
```

Wir haben Ihnen den BallInSpiel-Event-Handler vorgegeben. Er wartet auf flache Bälle.

Hier sind die Werte, die wir verwendet haben, um die Ausgabe zu erhalten. Ihre könnten etwas anders aussehen.

Ball 1:		**Ball 2:**		**Ball 3:**	
Flugbahn:	75	Flugbahn:	48	Flugbahn:	40
Weite:	33	Weite:	28	Weite:	150

Mit generischen Event-Handlern eigene Event-Typen definieren

Werfen Sie einen Blick auf die Event-Deklaration in der Klasse `Ball`:

```
public event EventHandler BallInSpiel;
```

Öffnen Sie nun eine beliebige Windows Forms-App und schauen Sie sich die `Click`-Event-Deklaration für einen Button oder eins der anderen Steuerelemente an, die Sie im ersten Teil des Buchs genutzt haben:

```
public event EventHandler Click;
```

Fällt Ihnen etwas auf? Die Namen sind verschieden, aber die Deklaration ist gleich. Und auch wenn das funktioniert, weiß jemand, der auf die Deklaration der Klasse blickt, nicht unbedingt, dass `BallEventHandler` immer ein `BallEventArgs` übergibt, wenn das Event abgesetzt wird. Aber .NET gibt uns ein praktisches Mittel, diese Information zu vermitteln: generische `EventHandler`. Ändern Sie den `BallInSpiel`-Event-Handler folgendermaßen:

Das generische Argument für EventHandler muss eine Unterklasse von EventArgs sein.

```
public event EventHandler<BallEventArgs> BallInSpiel;
```

Außerdem müssen Sie `OnBallInPlay` so ändern, dass `EventHandler` durch `EventHandler<BallEventArgs>` ersetzt wird. Erstellen Sie Ihren Code nun neu. Sie sollten die folgende Fehlermeldung sehen:

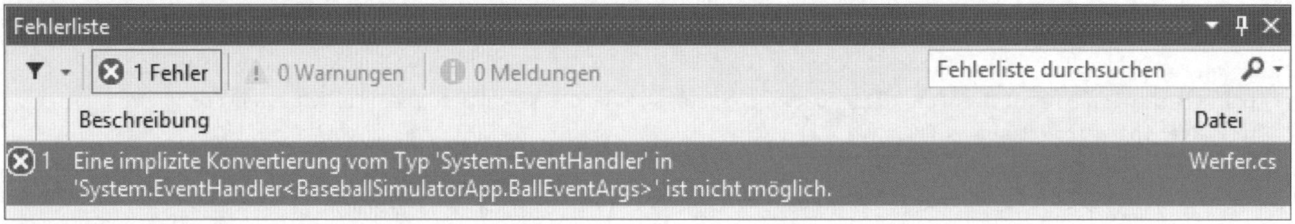
Fehlerliste
1 Fehler
0 Warnungen
0 Meldungen
Fehlerliste durchsuchen
Beschreibung
Datei
1 Eine implizite Konvertierung vom Typ 'System.EventHandler' in 'System.EventHandler<BaseballSimulatorApp.BallEventArgs>' ist nicht möglich.
Werfer.cs

Nachdem Sie die Event-Deklaration geändert haben, muss auch Ihre Referenz darauf in der Klasse `Ball` aktualisiert werden:

```
EventHandler<BallEventArgs> ballInPlay = BallInSpiel;
if (ballInPlay != null)
    ballInPlay(this, e);
```

C# führt eine implizite Umwandlung durch, wenn Sie das Schlüsselwort new und den Typ weglassen

Vor einigen Seiten haben Sie die IDE verwendet, um automatisch die folgende Event-Handler-Methode zu erstellen:

```
ball.BallInSpiel += ball_BallInSpiel;
```

Wenn Sie diese Syntax nutzen, führt C# ein **implizite Umwandlung** durch und ermittelt den Typ für Sie. Versuchen Sie, diese Zeile in `Werfer` oder `Fan` durch Folgendes zu ersetzen:

```
ball.BallInSpiel += new EventHandler<BallEventArgs>(ball_BallInSpiel);
```

Ihr Programm wird weiterhin problemlos kompiliert, weil die IDE automatisch Code generiert hat, der eine implizite Umwandlung nutzt. Das sorgte dafür, dass Sie den Typ nicht ändern mussten, als Sie den Typ des Events änderten.

Windows Forms nutzen viele verschiedene Events

Für die nächsten beiden Projekte werden wir einen Gang zurückschalten und wieder zu Desktop-Projekten zurückkehren, weil sie zu Lehrzwecken gut geeignet sind. Das liegt daran, dass Sie, immer wenn, Sie einen Button erstellt, im Designer doppelt auf ihn geklickt und eine Methode wie `button1_Click()` geschrieben haben, mit Events gearbeitet haben. (Windows Store-Apps nutzen ebenfalls Events.)

Tun Sie das!

1. Erstellen Sie eine neue **Windows Forms-Anwendung**. Gehen Sie zum Eigenschaften-Fenster für das Formular. Erinnern Sie sich noch an die Symbole oben in diesem Fenster? Klicken Sie auf den Events-Button (der mit dem Blitz). Damit öffnen Sie **die Events-Seite des Eigenschaften-Fensters**:

Die Events für ein Steuerelement können Sie sehen, indem Sie auf den Events-Button des Eigenschaften-Fensters klicken.

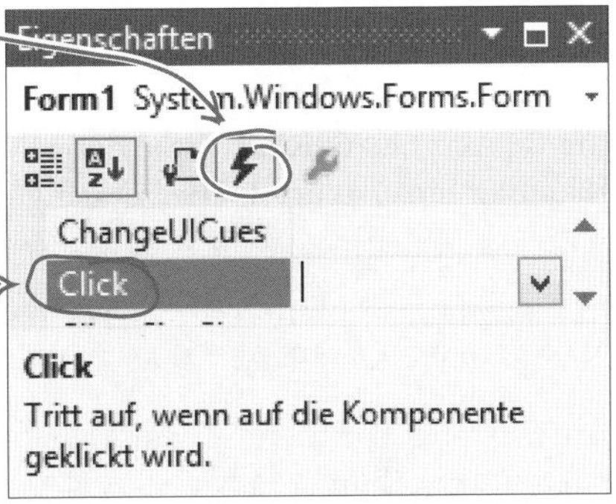
Eigenschaften
Form1 System.Windows.Forms.Form
ChangeUICues
Click
Click
Tritt auf, wenn auf die Komponente geklickt wird.

Einen Event-Handler, der angestoßen wird, wenn jemand auf das Formular klickt, können Sie registrieren, indem Sie auf der Events-Seite neben Click Form1_Click auswählen.

Scrollen Sie zu Click und klicken Sie doppelt auf das Wort »Click«. Die IDE fügt dem Formular dann einen neuen Event-Handler hinzu, der angestoßen wird, wenn darauf geklickt wird. Außerdem ergänzt sie Form1.Designer.cs um eine Zeile, die den Event-Handler für das Event registriert.

2. Doppelklicken Sie in der Events-Seite auf »Click«. Die IDE fügt Ihrem Formular dann automatisch eine Event-Handler-Methode namens `Form1_Click` hinzu. Ergänzen Sie diese um folgende Codezeile:

```
private void Form1_Click(object sender, EventArgs e) {
    MessageBox.Show("Sie haben gerade auf das Formular geklickt");
}
```

3. Visual Studio hat für Sie aber nicht nur die kleine Methodendeklaration geschrieben. Es hat für Sie auch den Event-Handler beim `Click`-Event des Formulars registriert. Öffnen Sie Form1.Designer.cs und nutzen Sie die Schnellsuche-Funktion der IDE (Bearbeiten –> Suchen und Ersetzen –> Schnellsuche), um im aktuellen Projekt den Text `Form1_Click` zu suchen. Sie werden diese Codezeile finden:

```
this.Click += new System.EventHandler(this.Form1_Click);
```

Führen Sie das Programm jetzt aus und testen Sie, ob der Code funktioniert!

Sie sind noch nicht fertig – blättern Sie um! →

Ein Event, viele Handler

Hier ist eine richtig nützliche Sache, die Sie mit Events machen können: Sie können sie so **verketten**, dass ein Event oder Delegate nacheinander mehrere Methoden aufruft. Fügen wir der Anwendung in paar Buttons hinzu, um zu sehen, wie das funktioniert.

4 Ergänzen Sie Ihr Formular um diese Methoden:

```
private void EtwasSagen(object sender, EventArgs e) {
    MessageBox.Show("Etwas");
}
private void EtwasAnderesSagen(object sender, EventArgs e) {
    MessageBox.Show("Etwas anderes");
}
```

5 Fügen Sie Ihrem Formular jetzt zwei Buttons hinzu. Klicken Sie doppelt auf beide Buttons, um ihre Event-Handler hinzuzufügen. Hier ist der Code für beide Event-Handler:

```
private void button1_Click(object sender, EventArgs e) {
    this.Click +=new EventHandler(EtwasSagen);
}
private void button2_Click(object sender, EventArgs e) {
    this.Click +=new EventHandler(EtwasAnderesSagen);
}
```

Es gibt keine Dummen Fragen

F: Warum ließ die IDE den neu hinzugefügten Event-Handler für Werfer eine Exception auslösen?

A: Der von ihr eingefügte Code löste eine `NotImplementedException` aus, um Sie daran zu erinnern, dass Sie hier noch Code schreiben müssen. Das ist eine sehr nützliche Exception, da Sie sie, genau wie die IDE, als Platzhalter verwenden können. Beispielsweise kann man sie nutzen, wenn man ein Gerüst für eine Klasse aufbaut, aber noch nicht den gesamten Code einfügen will. Löst Ihr Programm eine Exception aus, wissen Sie, dass das nicht an einem Fehler liegt, sondern hier noch etwas zu tun ist.

Nun sollten Sie erst mal einen Augenblick darüber nachdenken, was diese beiden Buttons tun. Beide Buttons **knüpfen einen neuen Event-Handler an das Click-Event des Formulars**. In den ersten drei Schritten haben Sie mithilfe der IDE die üblichen Event-Handler eingefügt, die ein Dialogfenster einblenden, wenn das Click-Ereignis ausgelöst wird – sie fügte `Form1.Designer.cs` Code hinzu, der den +=-Operator nutzte, um den Event-Handler anzubinden.

Jetzt haben Sie zwei Buttons hinzugefügt, die genau die gleiche Syntax nutzen, um zusätzliche Event-Handler an eben dieses Click-Event zu knüpfen. **Bevor Sie fortfahren**, sollten Sie überlegen, was passiert, wenn Sie das Programm ausführen, dann auf den ersten Button, anschließend auf den zweiten Button und schließlich auf das Formular klicken. Können Sie das herausfinden, ohne das Programm auszuführen?

Wir verwenden für dieses Projekt eine Windows Forms-App, um die Art und Weise auszunutzen, auf die Windows Forms Events nutzen. Das funktioniert mit allen Events, aber man kann es sich besonders leicht anhand des `Click`-Events eines Buttons ansehen.

Aufgepasst

Event-Handler müssen immer »registriert« werden.

*Ziehen Sie einen Button auf ein Formular und fügen diesem eine Methode namens `button1_Click()` hinzu, die die erforderlichen Parameter aufweist, **aber nicht beim Button registriert ist**, wird sie auch nicht aufgerufen. Klicken Sie im Designer doppelt auf den Button, sieht die IDE, dass der Standard-Event-Handler-Name vergeben ist, und fügt für den Button einen Event-Handler namens `button1_Click_1()` hinzu.*

Führen Sie Ihr Programm jetzt aus und tun Sie Folgendes:

★ **Klicken Sie auf das Formular** – es erscheint ein Dialog mit dem Text »Sie haben gerade auf das Formular geklickt«.

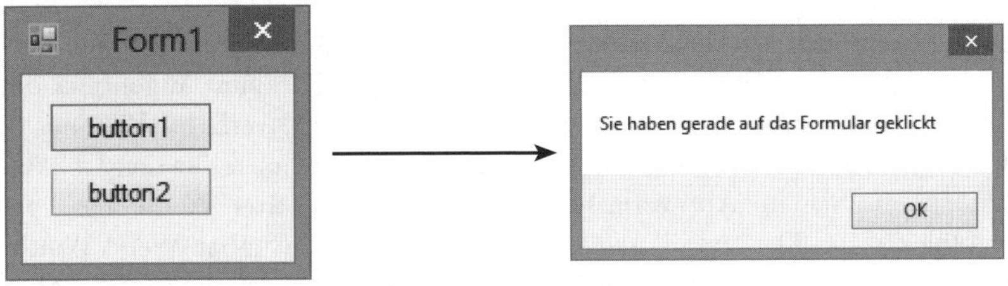
Form1
button1
button2
Sie haben gerade auf das Formular geklickt
OK

Genau wie erwartet – der Click-Event-Handler des Formulars öffnet ein Meldungsfenster.

★ **Klicken Sie jetzt auf button1** und dann **wieder auf das Formular**. Es erscheinen zwei Dialoge: erst »Sie haben gerade auf das Formular geklickt« und dann »Etwas«.

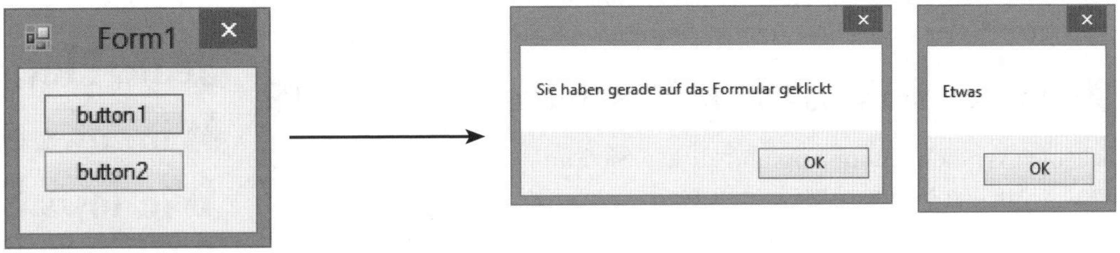
Form1
button1
button2
Sie haben gerade auf das Formular geklickt
OK
Etwas
OK

Aber jeder Klick auf einen Button bewirkt, dass beim nächsten Klick auf das Formular eine weitere Meldung angezeigt wird!

★ **Klicken Sie zweimal auf button2** und dann **wieder auf das Formular**. Es erscheinen vier Dialoge: »Sie haben gerade auf das Formular geklickt«, »Etwas«, »Etwas anderes« und »Etwas anderes«.

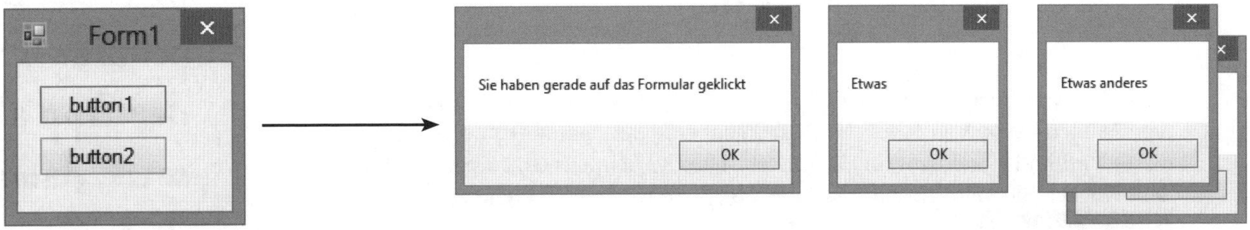
Form1
button1
button2
Sie haben gerade auf das Formular geklickt
OK
Etwas
OK
Etwas anderes
OK

Was ist hier passiert?

Jedes Mal, wenn Sie auf einen der Buttons geklickten, haben Sie eine weitere Methode an das Click-Event des Formulars gekettet – entweder `EtwasSagen()` oder `EtwasAnderesSagen()`. Immer wenn Sie auf einen der Buttons klicken, **ketten Sie die gleiche Methode ein weiteres Mal** an das Ereignis. Das Event interessiert nicht, wie viele Methoden an es gekettet sind oder ob die gleiche Methode in seiner Kette mehrfach vorhanden ist. Jedes Mal, wenn das Event abgesetzt wird, ruft es diese einfach nacheinander in der Reihenfolge auf, in der sie angeknüpft wurden.

Klicken Sie auf die Buttons, hängen Sie einen neuen Event-Handler an das Click-Event an.

Bei einem Klick auf einen Button sehen Sie also nichts! Sie müssen auf das Formular klicken, da die Buttons das Verhalten des Formulars verändern, indem sie das Click-Event anpassen.

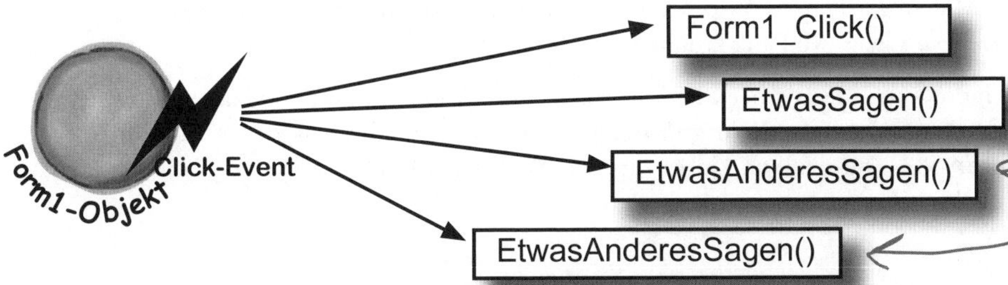
Form1-Objekt
Click-Event
Form1_Click()
EtwasSagen()
EtwasAnderesSagen()
EtwasAnderesSagen()

Eine Methode kann mehrfach an ein Event geknüpft sein.

Windows Store-Apps nutzen Events für die Abwicklung des Prozesslebenszyklus

Windows Store-Apps können sich selbst beenden, indem sie Application.Current.Exit() aufrufen, aber das muss eine durchdachte Windows Store-App nicht tun, weil sie selbst die Lebenszyklusverwaltung nutzen kann.

Ihnen ist vielleicht ein wichtiger Unterschied zwischen Windows Store-Apps und Desktop-Anwendungen aufgefallen: Es gibt keine offensichtliche Möglichkeit, eine Windows Store-App zu schließen. Denken Sie einen Augenblick darüber nach ... warum sollte man eine App schließen wollen? Sie könnten sie verlassen, aber was ist, wenn Ihr Rechner genug Speicherplatz und die erforderlichen CPU-Zyklen zur Verfügung hat, um sie am Leben zu lassen, für den Fall, dass Sie später wieder zu ihr zurückkehren wollen? Wenn Sie eine App verlassen, **setzt** Windows sie **aus**. Wenn eine App ausgesetzt ist, bleibt sie im Speicher, und alle Objekte und Ressourcen, die sie benötigt, bleiben verfügbar. Wenn Windows diesen Speicher freigeben muss, **beendet** es die App und entfernt die von ihr verwendeten Ressourcen aus dem Speicher. Aber spielt es für Sie als Benutzer eine Rolle, ob Ihre App ausgesetzt oder beendet ist? In den meisten Fällen ist das den meisten Benutzern egal – solange die App, wenn sie wieder aufgenommen wird, wieder in einem Zustand präsentiert wird, der für den Benutzer sinnvoll ist. Die Reaktion einer App auf die Aufforderungen zum Aussetzen und Wiederaufnehmen bezeichnet man als **Lebenszyklusverwaltung**.

Erforschen Sie die Lebenszyklusverwaltungs-Events mit der IDE

Jedes Mal, wenn Windows eine Windows Store-App aussetzt, wird das Suspending-Event der App abgesetzt, damit sie ihren Zustand speichern kann.

Öffnen Sie eine beliebige Windows Store-App und klicken Sie im Projektmappen-Explorer doppelt auf *App.xaml.cs*. Suchen Sie den `App`-Konstruktor:

```
public App()
{
    this.InitializeComponent();
    this.Suspending += OnSuspending;
}
```

Sie sollten verstehen, was passiert. `App`, eine Unterklasse der `Application`-Klasse aus dem Namensraum `Windows.UI.Xaml`, hat ein Event namens `Suspending`, und dieses wird im Konstruktor an einen Event-Handler namens `OnSuspending` gebunden. Klicken Sie mit rechts auf **`Suspending`** und wählen Sie Gehe zu Definition, um ein Application [aus Metadaten]-Tab mit den Membern der Klasse `Application` zu öffnen. Gehen Sie dann zum **Suspending-Event**:

```
// Zusammenfassung:
//     Tritt ein, wenn die Anwendung aus einem Zustand in den suspendierten Zustand
//     (Suspended) übergeht.
public event SuspendingEventHandler Suspending;
```

Dieses Event wird jedes Mal abgesetzt, wenn der Benutzer die App verlässt. Das bedeutet, die `OnSuspending()`-Methode in *App.xaml.cs* wird jedes Mal aufgerufen, wenn Ihre App angehalten wird. Gleichermaßen wird die `OnLaunched()`-Methode in *App.xaml.cs* jedes Mal aufgerufen, wenn Ihre App gestartet wird.

Ist Ihre App angehalten, kann Windows sie jederzeit beenden. Sie sollten Ihre App in der Form gestalten, dass sie sich **so verhält, als würde sie beendet, wenn sie angehalten wird**, indem Sie ihren aktuellen Zustand speichern. Die Methode `OnLaunched()` kann anhand ihres Arguments prüfen, ob sie wieder aufgenommen wird, nachdem sie zuvor angehalten wurde.

Geben Sie Tims Comics eine Lebenszyklusverwaltung

Tun Sie das!

Verändern wir Tims Comic-App so, dass sie die aktuelle Seite speichert und wiederherstellt. Wir werden den `Suspending`-Event-Handler so verändern, dass er den Namen der aktuellen Abfrage in eine Datei im lokalen Ordner der App schreibt, sobald Tim die App verlässt. Beendet Windows die App, sorgen wir dafür, dass wieder zu dieser Seite gewechselt wird, wenn die App neu gestartet wird.

1. **Ergänzen Sie eine Klasse, die das Speichern und Laden des Zustands steuert.**
Ergänzen Sie eine Klasse namens `AussetzenManager`. Sie hat eine statische Eigenschaft, um die aktuelle Abfrage festzuhalten, und zwei statische Methoden, die den Namen der Abfrage in die Datei *_zustand.txt* im *local*-Ordner der App schreiben.

```
using Windows.Storage;
class AussetzenManager {
    public static string AktuelleAbfrage { get; set; }

    private const string dateiname = "_zustand.txt";

    static async public Task SpeichernAsync() {
        if (String.IsNullOrEmpty(AktuelleAbfrage))
            AktuelleAbfrage = String.Empty;
        IStorageFile iStorageFile =
                await ApplicationData.Current.LocalFolder.CreateFileAsync(
                            dateiname, CreationCollisionOption.ReplaceExisting);
        await FileIO.WriteTextAsync(iStorageFile, AktuelleAbfrage);
    }

    static async public Task LadenAsync() {
        IStorageFile iStorageFile =
                await ApplicationData.Current.LocalFolder.GetFileAsync(dateiname);
        AktuelleAbfrage = await FileIO.ReadTextAsync(iStorageFile);
    }
}
```

2. **Lassen Sie die Hauptseite `AussetzenManager` aktualisieren, wenn eine Abfrage geladen wird.**
Der ListView in *MainPage.xaml* veranlasst, dass die App zu einem Element navigiert, wenn ein Element angeklickt wird. Fügen Sie **also dem `ItemClick`-Event-Handler eine Zeile hinzu**, die die statische `AktuelleAbfrage`-Eigenschaft von `AussetzenManager` auf den Titel der Abfrage setzt, die geladen wird:

```
private void ListView_ItemClick(object sender, ItemClickEventArgs e) {
    ComicAbfrage abfrage = e.ClickedItem as ComicAbfrage;
    if (abfrage != null) {
        AussetzenManager.AktuelleAbfrage = abfrage.Titel;
        if (abfrage.Title == "Alle Comics in der Sammlung")
            this.Frame.Navigate(typeof(AbfragedatenZoom), abfrage);
        else
            this.Frame.Navigate(typeof(Abfragedaten), abfrage);
    }
}
```

Jedes Mal, wenn auf eine Abfrage geklickt wird, aktualisiert der Event-Handler die statische Eigenschaft AktuelleAbfrage.

3 Überschreiben Sie `OnNavigatedFrom()`, um die gespeicherte Abfrage zu löschen.

Wenn der Benutzer auf den Zurück-Button klickt, um eine Seite zu verlassen, wird unter anderem das **`NavigatedFrom`**-Event abgesetzt. Sie müssen in `Abfragedaten` **und** `AbfragedatenZoom` die Methode `OnNavigatedFrom()` überschreiben, die unmittelbar aufgerufen wird nachdem die Seite entladen wurde. **Gehen Sie zu *Abfragedaten.xaml.cs*** und suchen Sie nach `OnNavigatedFrom` oder geben Sie in der Klasse das Schlüsselwort `override` ein und nutzen Sie dann das IntelliSense-Fenster, um einen Methoden-Stub zu erstellen, falls es diesen noch nicht gibt:

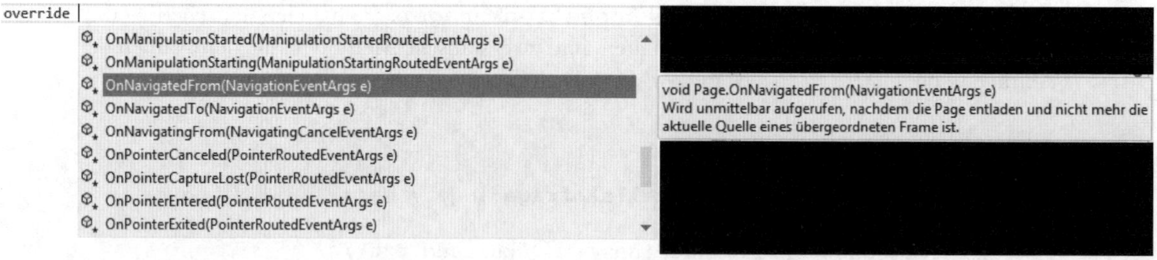
override
OnManipulationStarted(ManipulationStartedRoutedEventArgs e)
OnManipulationStarting(ManipulationStartingRoutedEventArgs e)
OnNavigatedFrom(NavigationEventArgs e)
OnNavigatedTo(NavigationEventArgs e)
OnNavigatingFrom(NavigatingCancelEventArgs e)
OnPointerCanceled(PointerRoutedEventArgs e)
OnPointerCaptureLost(PointerRoutedEventArgs e)
OnPointerEntered(PointerRoutedEventArgs e)
OnPointerExited(PointerRoutedEventArgs e)
void Page.OnNavigatedFrom(NavigationEventArgs e)
Wird unmittelbar aufgerufen, nachdem die Page entladen und nicht mehr die aktuelle Quelle eines übergeordneten Frame ist.

Wenn Sie im IntelliSense-Fenster `OnNavigatedFrom()` auswählen, fügt die IDE einen Methoden-Stub ein, der die `OnNavigatedFrom()`-Methode der Basisklasse aufruft. Fügen Sie eine Zeile ein, die die Abfrage löscht. **Tun Sie dann das Gleiche in *AbfragedatenZoom.xaml.cs*.**

```
protected override void OnNavigatedFrom(NavigationEventArgs e) {
    AussetzenManager.AktuelleAbfrage = null;
    navigationHelper.OnNavigatedFrom(e);
}
```

Wenn die Abfragedaten- und AbfragedatenZoom-Seiten ihre OnNavigatedFrom-Events absetzen, um wieder zur Hauptseite zurückzukehren, wird die AktuelleAbfrage-Eigenschaft des SuspensionManager gelöscht.

4 Ändern Sie den `Suspending`-Event-Handler, um den Zustand zu speichern.

Öffnen Sie *App.xaml.cs* und suchen Sie den `OnSuspending()`-Event-Handler, der mit dem `Suspending`-Event verbunden wurde. Er enthält einen Kommentar, der mit `TODO` beginnt:

```
private void OnSuspending(object sender, SuspendingEventArgs e)
{
    var deferral = e.SuspendingOperation.GetDeferral();
    //TODO: Anwendungszustand speichern und alle Hintergrundaktivitäten beenden
    deferral.Complete();
}
```

Einige der Vorlagen der IDE enthalten diese »TODO«-Zeilen, um Ihnen zu sagen, wo Code eingefügt werden sollte.

Ersetzen Sie die TODO-Zeile durch einen Aufruf von `SpeichernAsync()`. Achten Sie darauf, dass Sie der Deklaration das Schlüsselwort **`async`** voranstellen, damit Sie das Schlüsselwort `await` nutzen können, um einen asynchronen Aufruf durchzuführen:

```
async private void OnSuspending(object sender, SuspendingEventArgs e)
{
    var deferral = e.SuspendingOperation.GetDeferral();
    await AussetzenManager.SpeichernAsync();
    deferral.Complete();
}
```

5 Aktualisieren Sie die Methode `OnLaunched`, um den Zustand wiederherzustellen.

Das, was wir bisher gemacht haben, sorgt dafür, dass die App die statische `AussetzenManager`-Eigenschaft `AktuelleAbfrage` aktuell hält. Jetzt müssen wir nur noch den `Launched`-Event-Handler in *App.xaml.cs* dazu bringen, ihren Zustand wiederherzustellen.

Das brauchen Sie, damit Sie den await-Operator nutzen können.

```
async protected override void OnLaunched(LaunchActivatedEventArgs args) {
    SettingsPane.GetForCurrentView().CommandsRequested += OnCommandsRequested;

    Frame rootFrame = Window.Current.Content as Frame;

    // App-Initialisierung nicht wiederholen, wenn das Fenster bereits.
    // Inhalte enthält. Nur sicherstellen, dass das Fenster aktiv ist.

    if (rootFrame == null)
    {
        // Einen Rahmen erstellen, der als Navigationskontext fungiert und zum ...
        rootFrame = new Frame();

        if (args.PreviousExecutionState == ApplicationExecutionState.Terminated) {
            await AussetzenManager.LadenAsync();
        }
 ...
        // Den Rahmen im aktuellen Fenster platzieren.
        Window.Current.Content = rootFrame;
    }

    if (rootFrame.Content == null) {
        // Wenn der Navigationsstapel nicht wiederhergestellt wird, zur ...
        // und die neue Seite konfigurieren, indem die erforderlichen...
        // übergeben werden.
        if (!rootFrame.Navigate(typeof(MainPage), args.Arguments)) {
            throw new Exception("Failed to create initial page");
        }
        if (!String.IsNullOrEmpty(AussetzenManager.AktuelleAbfrage)) {
            var AktuelleAbfrageSequenz =
                from abfrage in new ComicAbfrageManager().VerfügbareAbfrage
                where abfrage.Titel == AussetzenManager.AktuelleAbfrage
                select abfrage;

            if (AktuelleAbfrageSequenz.Count() == 1) {
                ComicAbfrage abfrage = AktuelleAbfrageSequenz.First();
                if (abfrage != null) {
                    if (abfrage.Titel == "Alle Comics in der Sammlung")
                        rootFrame.Navigate(typeof(AbfragedatenZoom), abfrage);
                    else
                        rootFrame.Navigate(typeof(Abfragedaten), abfrage);
                }
            }
        }
    }
    // Sicherstellen, dass das aktuelle Fenster ...
    Window.Current.Activate();
}
```

Hier ist eine weitere TODO-Anweisung: Platz, um den Zustand einer zuvor angehaltenen Anwendung zu laden. Ersetzen Sie sie durch einen Aufruf der LadenAsync()-Methode des AussetzenManager.

Schauen Sie sich diese LINQ-Abfrage genauer an. Verstehen Sie, wie sie funktioniert?

Fügen Sie diesen Code ein, um den zuvor gespeicherten Zustand mit einer Liste von Abfragen zu vergleichen. Wird eine bekannte Abfrage gefunden, navigiert die App zur Datenseite dieser Abfrage.

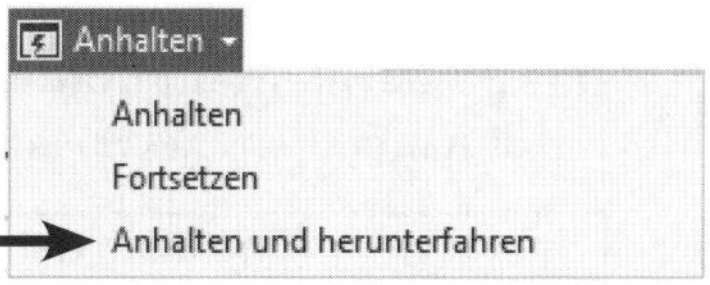
Anhalten
Anhalten
Fortsetzen
Anhalten und herunterfahren

Sie können das Anhalten-Drop-down nutzen, um Ihre App zu testen. Dieses finden Sie in der Debugging-Werkzeugleiste, die nur sichtbar ist, wenn die App im Debugger läuft (Sie können sie unter Ansicht → Werkzeugleisten aktivieren). Klicken Sie auf Anhalten und herunterfahren, um die App zu beenden und das `OnSuspending`-Event auszulösen.

XAML-Steuerelemente nutzen Routing-Events

Blättern Sie einige Seiten zurück und schauen Sie sich das IntelliSense-Fenster genauer an, das aufsprang, als Sie in der IDE `override` eingaben. Zwei der Namen der Event-Argumenttypen lauten etwas anders als die anderen. Das zweite Argument des `DoubleTapped`-Events hat den Typ `DoubleTappedRoutedEventArgs`, und das des `GotFocus`-Events ist ein `RoutedEventArgs`. Der Grund dafür ist, dass `DoubleTapped` und `GotFocus` **Routing-Events** sind. Diese entsprechen gewöhnlichen Events. Es gibt aber einen Unterschied: Wenn ein Steuerelement auf ein Routing-Event reagiert, löst es wie gewöhnlich zunächst den Event-Handler aus. Dann macht es etwas anderes: Wenn das Event nicht verarbeitet wurde, **sendet es das Routing-Event an seinen Container**. Der Container setzt das Event ab und sendet es dann seinerseits an seinen Container, falls es immer noch nicht verarbeitet wurde. Das Event **steigt so** lange auf, bis es verarbeitet wird oder an der **Wurzel**, dem obersten Container, ankommt. Hier ist die Signatur der Event-Handler-Methode eines typischen Routing-Events.

```
private void EventHandler(object sender, RoutedEventArgs e)
```

Das `RoutedEventArgs`-Objekt hat eine Eigenschaft namens **`Handled`**, die der Event-Handler nutzen kann, um anzuzeigen, dass er das Event verarbeitet hat. Wird diese Eigenschaft auf `true` gesetzt**, steigt das Event nicht weiter auf**.

In normalen Events wie auch in Routing-Events enthält der Parameter `sender` immer eine Referenz auf das Objekt, das den Event-Handler aufgerufen hat. Wenn ein Event von einem Steuerelement zu einem Container wie einem Grid aufsteigt, wird `sender` zu einer Referenz auf das Grid-Steuerelement, wenn das Grid selbst seinen Event-Handler aufruft. Aber was ist, wenn Sie herausfinden wollen, welches Steuerelement das ursprüngliche Element abgesetzt hat? Kein Problem. Das `RoutedEventArgs`-Objekt hat eine Eigenschaft namens **`OriginalSource`**, die eine Referenz auf das Steuerelement enthält, das das Event ursprünglich abgesetzt hat. Wenn `OriginalSource` und `sender` auf dasselbe Objekt zeigen, ist das Steuerelement, das den Event-Handler aufgerufen hat, auch das Steuerelement, von dem das Event ausging.

IsHitTestVisible bestimmt, ob ein Element »visible« für Zeiger oder Maus ist

Normalerweise kann jedes Element auf der Seite von Zeiger oder Maus »getroffen« werden – wenn es bestimmte Kriterien erfüllt. Es muss sichtbar sein (was Sie mit der Eigenschaft `Visibility` ändern können), es muss eine `Background`- oder `Fill`-Eigenschaft haben, die nicht null ist (die aber `Transparent` sein kann), es muss (mit der Eigenschaft `IsEnabled`) aktiviert sein, und `Height` und `Width` müssen größer als null sein. Wenn alle diese Bedingungen erfüllt sind, liefert die Eigenschaft **`IsHitTestVisible True`**. Das sorgt dafür, dass das Element auf Zeiger- oder Maus-Events reagieren kann.

Diese Eigenschaft ist besonders nützlich, wenn Sie Ihre Steuerelemente für die Maus »unsichtbar« machen wollen. Wenn Sie `IsHitTestVisible` auf `False` setzen, gehen alle Zeiger-Taps oder Mausklicks **einfach durch das Steuerelement hindurch**. Gibt es ein anderes Steuerelement darunter, erhält stattdessen jenes Steuerelement das Event.

Eine Liste der Routing-Events finden Sie hier:
http://msdn.microsoft.com/de-de/library/windows/apps/Hh758286.aspx

Die Struktur von Steuerelementen, die andere Steuerelemente enthalten, die wiederum andere Steuerelemente enthalten, bezeichnet man als Objektbaum. Routing-Events steigen im Baum von den Kindern über die Eltern auf, bis sie das Wurzelelement an der Spitze erreichen.

Eine App zur Erforschung von Routing-Events

Hier ist eine Windows Store-App, die Sie nutzen können, um mit Routing-Events zu experimentieren. Sie hat ein StackPanel mit einem Border, das das Grid enthält, in dem es eine Ellipse und ein Rectangle gibt. Schauen Sie sich den Screenshot an. Sehen Sie, dass das Rectangle über der Ellipse liegt? Wenn Sie beide Steuerelemente in die gleiche Zelle stecken, werden sie übereinandergestapelt. Aber beide Steuerelemente haben das gleiche Elternelement: das Grid, dessen Elternelemente Border und dann StackPanel sind. Routing-Events von Rectangle oder Ellipse steigen über die Eltern zur Wurzel des **Objektbaums** auf.

Denken Sie daran, dass MainPage.xaml eine neue Standardseite ist.

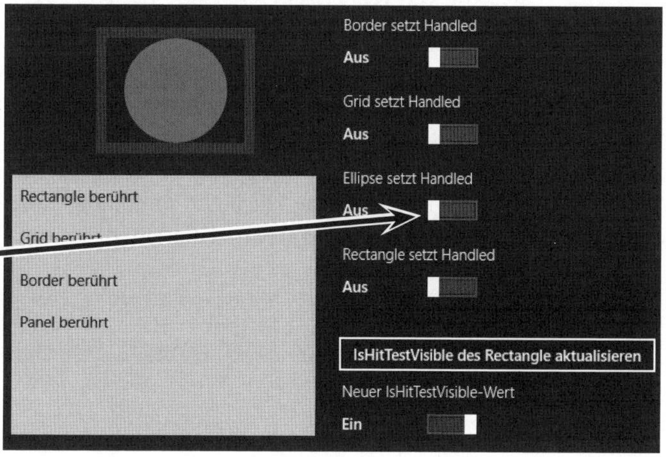
Border setzt Handled
Aus
Grid setzt Handled
Aus
Ellipse setzt Handled
Aus
Rectangle setzt Handled
Aus
Rectangle berührt
Grid berührt
Border berührt
Panel berührt
IsHitTestVisible des Rectangle aktualisieren
Neuer IsHitTestVisible-Wert
Ein

Das ist ein **ToggleSwitch**-Steuerelement, das Sie nutzen können, um einen Wert an- oder ausschalten. Der Header-Text wird mit der Eigenschaft `Header` gesetzt, und Sie können den Wert des Steuerelements über die Eigenschaft `IsOn` setzen und abrufen.

```
<Grid Grid.Row="1" Margin="120,0">
    <Grid.ColumnDefinitions>
        <ColumnDefinition Width="Auto"/>
        <ColumnDefinition/>
    </Grid.ColumnDefinitions>

    <StackPanel x:Name="panel" PointerPressed="StackPanel_PointerPressed">
        <Border BorderThickness="10" BorderBrush="Blue" Width="155" x:Name="border"
                Margin="20" PointerPressed="Border_PointerPressed">
            <Grid x:Name="grid" PointerPressed="Grid_PointerPressed">
                <Ellipse Fill="Red"  Width="100" Height="100"
                      PointerPressed="Ellipse_PointerPressed"/>
                <Rectangle Fill="Gray" Width="50" Height="50"
                      PointerPressed="Rectangle_PointerPressed" x:Name="grauesRectangle"/>
            </Grid>
        </Border>
        <ListBox BorderThickness="1" Width="300" Height="250" x:Name="ausgabe" Margin="0,0,20,0"/>
    </StackPanel>

    <StackPanel Grid.Column="1">
        <ToggleSwitch Header="Border setzt Handled" x:Name="borderSetztHandled"/>
        <ToggleSwitch Header="Grid setzt Handled" x:Name="gridSetztHandled" />
        <ToggleSwitch Header="Ellipse setzt Handled" x:Name="ellipseSetztHandled"/>
        <ToggleSwitch Header="Rectangle setzt Handled" x:Name="rectangleSetztHandled"/>
        <Button Content="IsHitTestVisible des Rectangle aktualisieren"
              Click="UpdateHitTestButton" Margin="0,20,20,0"/>
        <ToggleSwitch IsOn="True" Header="Neuer IsHitTestVisible-Wert"
              x:Name="newHitTestVisibleValue" />
    </StackPanel>
</Grid>
```

Routing-Events steigen im Objektbaum auf.

IsOn ist standardmäßig False. Dieser Schalter ist auf True gesetzt, weil IsHitTestVisible bei Steuerelementen standardmäßig true ist.

Blättern Sie um, um die App fertigzustellen.

Eine ObservableCollection für die Ausgabe in der ListBox anzeigen.

Erstellen Sie ein Feld namens `ausgabeListe` und setzen Sie es im Seitenkonstruktor als Wert für die Eigenschaft `ListBox.ItemsSource`. Und vergessen Sie nicht, oben `using System.Collections.ObjectModel` anzugeben.

```
public sealed partial class MainPage : Page {
    ObservableCollection<string> ausgabeListe = new ObservableCollection<string>();

    public MainPage() {
        this.InitializeComponent();

        ausgabe.ItemsSource = ausgabeListe;
    }
```

Hier ist der Unterstützungscode. Der `PointerPressed`-Event-Handler der jeweiligen Steuerelemente leert die Ausgabe, wenn er die ursprüngliche Quelle ist, und hängt dann einen String an die Ausgabe an. Wenn der »verarbeitete« Schalter an ist, wird `e.Handled` genutzt, um das Event zu verarbeiten.

```
private void Ellipse_PointerPressed(object sender, PointerRoutedEventArgs e) {
    if (sender == e.OriginalSource) ausgabeListe.Clear();
    ausgabeListe.Add("Ellipse berührt");
    if (ellipseSetztHandled.IsOn) e.Handled = true;
}

private void Rectangle_PointerPressed(object sender, PointerRoutedEventArgs e) {
    if (sender == e.OriginalSource) ausgabeListe.Clear();
    ausgabeListe.Add("Rectangle berührt");
    if (rectangleSetztHandled.IsOn) e.Handled = true;
}

private void Grid_PointerPressed(object sender, PointerRoutedEventArgs e) {
    if (sender == e.OriginalSource) ausgabeListe.Clear();
    ausgabeListe.Add("Grid berührt");
    if (gridSetztHandled.IsOn) e.Handled = true;
}

private void Border_PointerPressed(object sender, PointerRoutedEventArgs e) {
    if (sender == e.OriginalSource) ausgabeListe.Clear();
    ausgabeListe.Add("Border berührt");
    if (borderSetztHandled.IsOn) e.Handled = true;
}

private void StackPanel_PointerPressed(object sender, PointerRoutedEventArgs e) {
    if (sender == e.OriginalSource) ausgabeListe.Clear();
    ausgabeListe.Add("Panel berührt");
}

private void UpdateHitTestButton(object sender, RoutedEventArgs e) {
    grauesRectangle.IsHitTestVisible = newHitTestVisibleValue.IsOn;
}
```

Einige Routing-Event-Handler empfangen eine Unterklasse von RoutedEventArgs, beispielsweise PointerRoutedEventArgs für das PointerPressed-Event.

Der Click-Event-Handler für den Button nutzt die Eigenschaft IsOn des Schalters, um IsHitTestVisible für das Rectangle an- oder auszuschalten.

HIER IST DER OBJEKTGRAPH FÜR DIE HAUPTSEITE.

Die Klasse `MainPage` befindet sich an der Wurzel des Objektbaums. Die Standard-*MainPage.xaml* ist eine Instanz von `Page`.

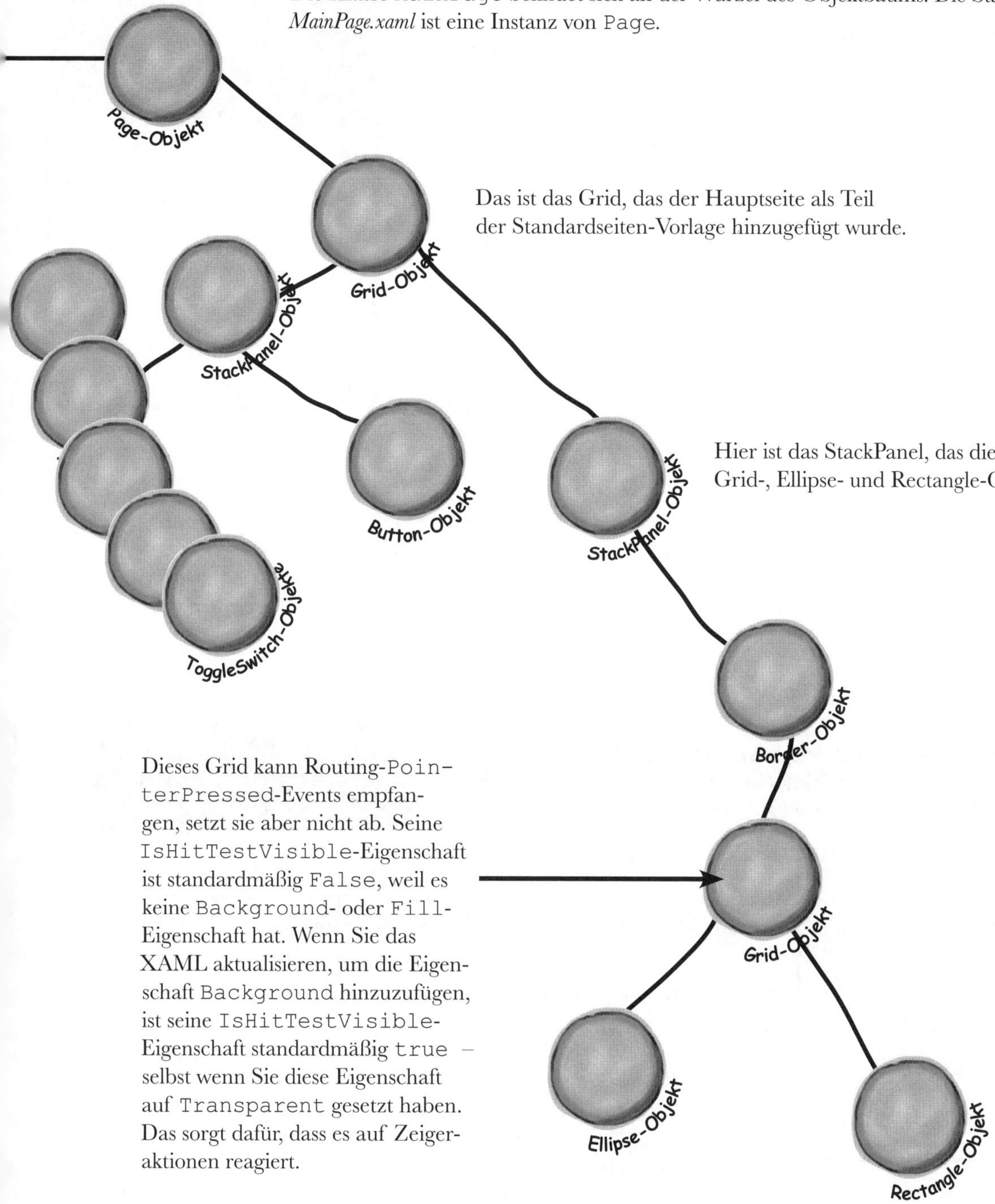
Page-Objekt
Grid-Objekt
StackPanel-Objekt
Button-Objekt
ToggleSwitch-Objekte
StackPanel-Objekt
Border-Objekt
Grid-Objekt
Ellipse-Objekt
Rectangle-Objekt

Das ist das Grid, das der Hauptseite als Teil der Standardseiten-Vorlage hinzugefügt wurde.

Hier ist das StackPanel, das die Border-, Grid-, Ellipse- und Rectangle-Objekte enthält.

Dieses Grid kann Routing-`PointerPressed`-Events empfangen, setzt sie aber nicht ab. Seine `IsHitTestVisible`-Eigenschaft ist standardmäßig `False`, weil es keine `Background`- oder `Fill`-Eigenschaft hat. Wenn Sie das XAML aktualisieren, um die Eigenschaft `Background` hinzuzufügen, ist seine `IsHitTestVisible`-Eigenschaft standardmäßig `true` – selbst wenn Sie diese Eigenschaft auf `Transparent` gesetzt haben. Das sorgt dafür, dass es auf Zeigeraktionen reagiert.

Blättern Sie um, um die neue App zur Erforschung von Routing-Events einzusetzen. →

FÜHREN SIE DIE APP AUS UND KLICKEN ODER TIPPEN SIE AUF DAS GRAUE RECTANGLE-OBJEKT.

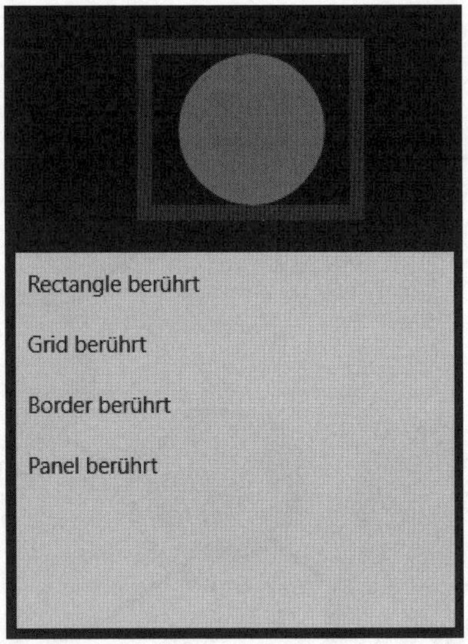
Rectangle berührt
Grid berührt
Border berührt
Panel berührt

Sie sollten jetzt die Ausgabe in dem Screenshot auf der rechten Seite sehen. Was passiert, können Sie sich genau ansehen, wenn Sie einen Haltepunkt auf der ersten Zeile von `Rectangle_PointerPressed()`, dem `PointerPressed`-Event-Handler des Rectangle-Steuerelements, setzen:

```
private void Rectangle_PointerPressed(object sender, PointerRoutedEventArgs e) {
    if (sender == e.OriginalSource) ausgabeListe.Clear();
    ausgabeListe.Add("Rectangle berührt");
    if (rectangleSetztHandled.IsOn) e.Handled = true;
}
```

Klicken Sie wieder auf das graue Rechteck – diesmal sollte der Haltepunkt ausgelöst werden. Nutzen Sie Prozedurschritt (F10), um **den Code zeilenweise durchzugehen**. Erst sehen Sie, wie der `if`-Block ausgeführt wird, um die `ObservableCollection ausgabeListe` zu leeren, die an die ListBox gebunden ist. Das passiert, weil `sender` und `e.OriginalSource` das gleiche Rectangle-Steuerelement referenzieren. Das ist nur in der Event-Handler-Methode für das Steuerelement wahr, von dem das Event ausging (hier ist das das Steuerelement, auf das Sie getippt oder geklickt haben), `sender == e.OriginalSource` ist also true.

Fahren Sie, wenn das Ende der Methode erreicht wird, fort, **das Programm schrittweise abzuarbeiten**. Das Event steigt weiter durch den Objektbaum auf, führt erst den Event-Handler des Rectangles, dann den des Grids, des Borders, des Panels und schließlich den Event-Handler aus, der Teil der `Page` ist. Dieser ist nicht Teil Ihres Codes und nicht Teil des Routing-Events, wird also immer ausgeführt. Da keins dieser Steuerelemente die ursprüngliche Quelle des Events ist, ist der Sender nie gleich `e.OriginalSource`. Also löscht keiner dieser Event-Handler die Ausgabe.

SCHALTEN SIE *ISHITTESTVISIBLE* AB, DRÜCKEN SIE DEN BUTTON »AKTUALISIEREN« UND KLICKEN ODER TIPPEN SIE DANN AUF DAS RECTANGLE.

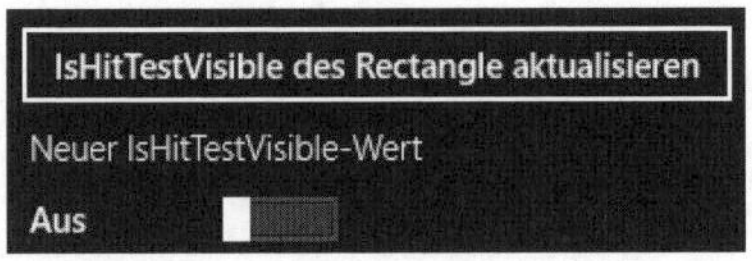
IsHitTestVisible des Rectangle aktualisieren
Neuer IsHitTestVisible-Wert
Aus

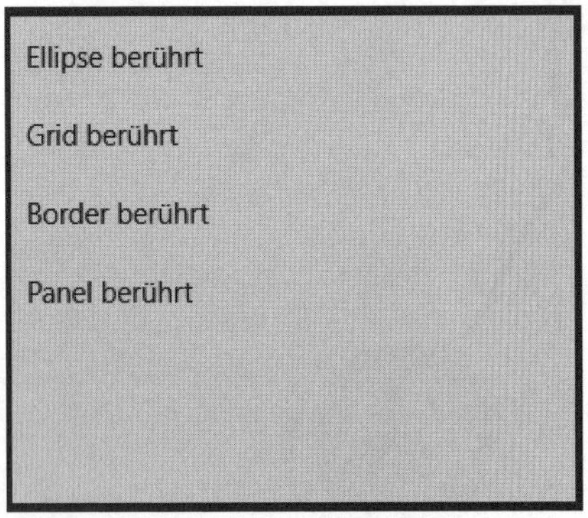
Ellipse berührt
Grid berührt
Border berührt
Panel berührt

← Sie sollten diese Ausgabe sehen.

Moment! Sie haben auf das Rechteck getippt, aber es wurde der `PointerPressed`-Event-Handler des Ellipse-Steuerelements ausgeführt. Warum das?

Als Sie den Button betätigten, hat sein `Click`-Event-Handler die `IsHitTestVisible`-Eigenschaft des Rectangle-Steuerelements auf `false` gesetzt. Das hat es für Klicks und Zeigeraktionen »unsichtbar« gemacht. Als Sie auf das Rechteck tippten, ging Ihr Tippen unmittelbar durch das Rechteck hindurch zum obersten Steuerelement darunter auf dieser Seite, dessen `IsHitTestVisible` auf `true` gesetzt ist und deren `Background`-Eigenschaft auf eine Farbe oder den Wert `Transparent` gesetzt ist. Hier findet es das Ellipse-Steuerelement und setzt sein `PointerPressed`-Event ab.

SETZEN SIE DEN SCHALTER »GRID HANDLED« AUF AN UND KLICKEN ODER TIPPEN SIE AUF DAS GRAUE RECHTECK.

Sie sollten diese Ausgabe sehen. →

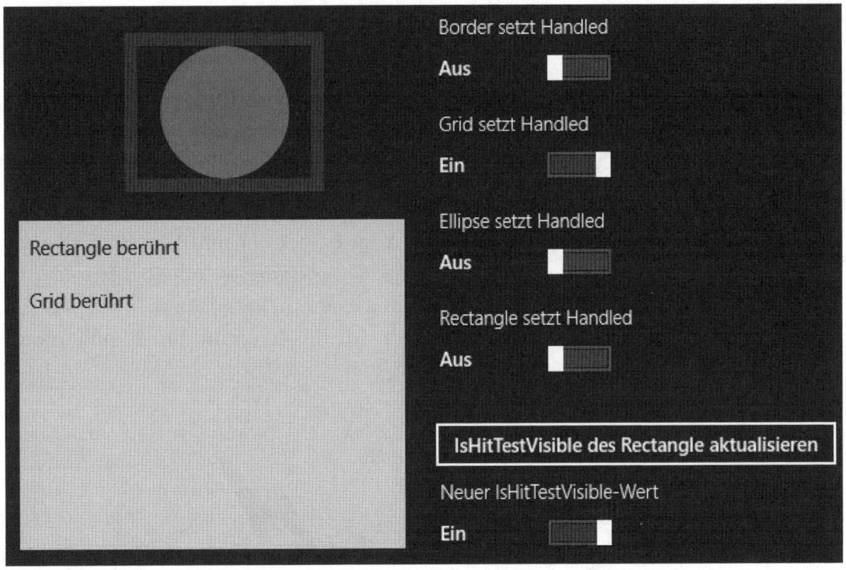
Border setzt Handled
Aus
Grid setzt Handled
Ein
Ellipse setzt Handled
Aus
Rectangle setzt Handled
Aus
Rectangle berührt
Grid berührt
IsHitTestVisible des Rectangle aktualisieren
Neuer IsHitTestVisible-Wert
Ein

Warum also werden der Ausgabe nur zwei Zeilen hinzugefügt? **Gehen Sie den Code wieder schrittweise durch**, um sich anzusehen, was passiert. Diesmal war `gridSetztHandled.IsOn` true, weil Sie `gridSetztHandled` auf `On` gesetzt haben, die letzte Zeile des **Event-Handlers des Grids setzt also `e.IsHandled` auf `true`**. Sobald der Routing-Event-Handler das tut, **steigt das Event nicht weiter auf**. Ist der Event-Handler des Grids fertig, sieht die App, dass das Event verarbeitet wurde, und ruft die Event-Handler des Border- und Panel-Elements nicht mehr auf. Stattdessen wird zum Event-Handler der `Page` gesprungen, der außerhalb des von Ihnen erstellten Codes liegt.

EXPERIMENTIEREN SIE MIT ROUTING-EVENTS.

Hier sind ein paar Dinge, die Sie ausprobieren können:

★ Klicken Sie auf das graue Rechteck und die rote Ellipse und schauen Sie sich in der Ausgabe an, wie die Events aufsteigen.

★ Legen Sie, oben beginnend, alle Schalter um, damit die Event-Handler `e.Handled` auf `true` setzen. Sie können beobachten, dass die Events nicht mehr aufsteigen, wenn sie verarbeitet wurden.

★ Setzen Sie Haltepunkte und arbeiten Sie alle Event-Handler-Methoden schrittweise ab.

★ Setzen Sie einen Haltepunkt im Event-Handler der Ellipse und schalten Sie dann die `IsHitTestVisible`-Eigenschaft des Rechtecks an und aus, indem Sie den unteren Schalter umlegen und den Button betätigen. Arbeiten Sie schrittweise den Code für das Rectangle ab, wenn `IsHitTestVisible` auf `false` gesetzt ist.

★ Halten Sie das Programm an und fügen Sie dem Grid eine `Background`-Eigenschaft hinzu, um es für Zeigeraktionen sichtbar zu machen.

Ein Routing-Event löst erst den Event-Handler für das Steuerelement aus, von dem das Event ausging, und steigt dann über die Steuerelementhierarchie auf, bis es die Wurzel erreicht oder ein Event-Handler e.Handled auf true setzt.

Event-Sender mit Event-Empfängern verbinden

Eines der schwierigsten Dinge bei Events ist, dass der **Sender** des Events wissen muss, was für eine Art von Event er senden soll – einschließlich der Argumente, die er dem Event übergeben muss. Und der **Empfänger** des Events muss den Rückgabetyp und die Argumente kennen, die seine Event-Handler-Methoden haben müssen.

Aber – und das ist der schwierige Teil – Sie können Sender und Empfänger nicht *zusammenknüpfen.* Sie möchten, dass der Sender das Event sendet und *sich keine Gedanken über die Empfänger macht.* Und der Empfänger soll sich nur für das Event interessieren, *nicht für das Objekt, das es abgesetzt hat.* Sender und Empfänger konzentrieren sich also beide auf das Event und nicht aufeinander.

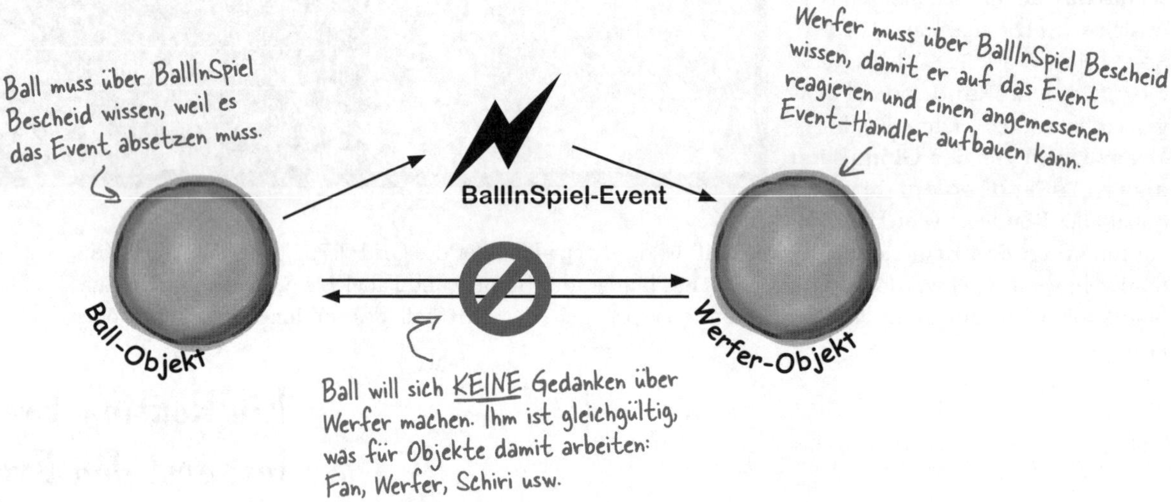
Ball muss über BallInSpiel Bescheid wissen, weil es das Event absetzen muss.
Werfer muss über BallInSpiel Bescheid wissen, damit er auf das Event reagieren und einen angemessenen Event-Handler aufbauen kann.
BallInSpiel-Event
Ball-Objekt
Werfer-Objekt
Ball will sich KEINE Gedanken über Werfer machen. Ihm ist gleichgültig, was für Objekte damit arbeiten: Fan, Werfer, Schiri usw.

»Wir werden uns mit Ihnen in Verbindung setzen.«

Sie wissen, was dieser Code macht:

```
Ball aktuellerBall;
```

Er erzeugt eine **Referenzvariable**, die auf ein beliebiges Ball-Objekt zeigen kann. Sie ist nicht an eine bestimmte Ball-Instanz gebunden. Stattdessen kann sie auf jedes Ball-Objekt zeigen – oder null sein und auf überhaupt nichts zeigen.

Ein Event benötigt eine vergleichbare Art von Referenz – aber statt einer, die auf ein Objekt zeigt, benötigt es eine, die **auf eine Methode zeigt**. Jedes Event muss eine Liste der Methoden festhalten, die für es registriert sind. Sie haben bereits gesehen, dass sich diese in anderen Klassen befinden und sogar privat sein können. Wie also hält es all diese Event-Handler-Methoden nach, die es aufrufen muss? Dazu nutzt es Dinger, die man **Delegate** nennt.

> De-le-gat, Nomen
> Eine Person, die ausgesendet wurde, um eine andere zu vertreten.
> *Die Kanzlerin schickte eine **Delegation** zum Gipfel.*

Ein Delegate VERTRITT die eigentliche Methode

Einer der nützlichsten Aspekte eines Events ist, dass es, wenn es abgesetzt wird, **keine Ahnung hat**, wessen Event-Handler-Methoden es aufruft. Jeder, der ein Event abonniert, wird aufgerufen. Wie also verwaltet das Event das?

Es nutzt einen C#-Typ namens **Delegate** (oder auch Delegat). Delegates sind spezielle Referenztypen, mit denen Sie auf eine **Methode in einer Klasse verweisen können ...** und sie sind die Grundlage für Events.

Sie haben in diesem Kapitel bereits Delegates genutzt! Als Sie das `BallInSpiel`-Event verwendeten, haben Sie `EventHandler` verwendet. Und `EventHandler` ist eben einfach ein Delegate. Klicken Sie in der IDE mit der rechten Maustaste auf `EventHandler` und wählen »Zu Definition gehen«, sehen Sie Folgendes (probieren Sie es selbst):

Erstellen Sie ein Delegate, müssen Sie nur die Signatur der Methoden angeben, auf die es zeigen kann.

Dieses Delegate kann also verwendet werden, um Methoden zu referenzieren, die ein object und ein EventArgs erwarten und keinen Rückgabewert haben.

```
public delegate void EventHandler(object sender, EventArgs e);
```

Das gibt den Rückgabewert der Delegate-Signatur an – er bedeutet, dass ein EventHandler nur auf Methoden zeigen kann, deren Rückgabewert void ist.

Der Name dieses Delegates ist EventHandler.

Tun Sie das!

Ein Delegate fügt Ihrem Projekt einen neuen Typ hinzu

Fügen Sie Ihrem Projekt ein Delegate hinzu, erzeugen Sie einen **Delegate-Typ**. Wenn Sie diesen für ein Feld oder eine Variable nutzen, erzeugen Sie eine **Instanz** dieses Delegate-Typs. **Erstellen Sie also eine neue Konsolenanwendung**. Fügen Sie ihr dann eine neue Klassendatei namens `WandeltIntInString.cs` hinzu. Aber statt in diese eine Klasse einzugeben, stecken Sie in sie nur eine einzige Zeile:

```
public delegate string WandeltIntInString(int i);
```

WandeltIntInString ist ein Delegate-Typ, den Sie Ihrem Projekt hinzugefügt haben. Jetzt können Sie ihn verwenden, um Variablen und Felder zu deklarieren, ebenso wie Sie es mit Klassen oder Schnittstellen machen können.

Fügen Sie dann der Klasse `Program` eine `HalloDa()`-Methode hinzu:

```
private static string HalloDa(int i)
{
    return "Hallo da! Nr. " + (i * 100);
}
```

Die Signatur dieser Methode entspricht WandeltIntInString.

Füllen Sie nun die `Main()`-Methode:

```
static void Main(string[] args)
{
    WandeltIntInString dieMethode = new WandeltIntInString(HalloDa);
    string text = dieMethode(5);
    Console.WriteLine(text);
    Console.ReadKey();
}
```

dieMethode ist eine Variable mit dem Typ WandeltIntInString. Sie hat große Ähnlichkeit mit einer Referenzvariablen, versieht aber nicht ein Objekt auf dem Heap mit einem Label, sondern eine Methode.

eineMethode können Sie setzen wie jede andere Variable. Aber rufen Sie sie auf wie eine gewöhnliche Methode, ruft sie die Methode auf, auf die sie zeigt.

Die Variable `dieMethode` zeigt auf `HalloDa()`. Ruft Ihr Programm `dieMethode(5)` auf, ruft sie `HalloDa()` mit dem Argument 5 auf und lässt diese Methode damit den String-Wert »`Hallo da! Nr. 500`« liefern – genau so, als wäre sie direkt aufgerufen worden. Nehmen Sie sich einen Augenblick und gehen Sie das Programm mit dem Debugger durch, um zu sehen, was hier passiert.

Auch hier nutzen wir Windows Forms. Diesmal, weil `MessageBox.Show()` blockiert und man dann leicht sehen kann, was passiert.

Delegates in Aktion

Delegates haben nichts Geheimnisvolles – und für sie ist nicht einmal viel Code erforderlich. Nutzen wir sie, um einem Restaurantbesitzer zu helfen, die geheimen Zutaten seines Küchenchefs zu sortieren.

Tun Sie das!

1 **Fügen Sie einem neuen Windows Forms-Projekt ein Delegate hinzu.**
Delegates stehen üblicherweise außerhalb anderer Klassen. Fügen Sie Ihrem Projekt also eine neue Klassendatei hinzu, die Sie `GeheimZutatHinzufügen.cs` nennen. Sie enthält nur eine Codezeile:

Löschen Sie die Klassendeklaration aus der Klassendatei und ersetzen Sie sie durch diese Zeile.

```
public delegate string GeheimZutatAbrufen(int menge);
```

(Denken Sie daran, die Klassendeklaration vollständig zu löschen.) Mit diesem Delegate kann ein Feld erstellt werden, das auf eine beliebige Methode zeigen kann, die einen `int`-Parameter erwartet und einen String zurückliefert.

2 **Fügen Sie eine Klasse für die Küchenchefin Susanne hinzu.**
`Susanne.cs` enthält eine Klasse, die die Geheimzutaten der Küchenchefin Susanne festhält. Diese hat eine private Methode namens `SusannesGeheimZutat()` mit einer Signatur, die `GeheimZutatAbrufen` entspricht. Außerdem hat sie eine schreibgeschützte Eigenschaft, deren Typ Sie sich genau ansehen sollten. Sie liefert ein `GeheimZutatAbrufen`. Andere Objekte können diese Eigenschaft also nutzen, um eine Referenz auf Susannes `SusannesGeheimZutat()`-Methode abzurufen – die Eigenschaft kann eine Delegate-Referenz darauf liefern, obwohl <u>sie privat ist</u>.

```
public class Susanne {
  public GeheimZutatAbrufen GeheimZutatMethode {
    get {
      return new GeheimZutatAbrufen(SusannesGeheimZutat);
    }
  }
  private string SusannesGeheimZutat(int menge) {
      return menge.ToString() + " Gramm Nelken";
  }
}
```

Susannes Geheimzutat-Methode erwartet einen int und liefert einen String, der ihre Geheimzutat beschreibt.

3 **Fügen Sie dann eine Klasse für die Souschefin Anne hinzu.**
Annes Methode funktioniert ähnlich wie die von Susanne:

Annes GeheimZutatAbrufen-Eigenschaft liefert eine Instanz des Delegates GeheimZutatAbrufen, das auf ihre Geheimzutaten-Methode zeigt.

```
public class Anne {
    public GeheimZutatAbrufen AnnesGeheimZutatMethode {
        get {
            return new GeheimZutatAbrufen(AnnesGeheimZutat);
        }
    }
    private string AnnesGeheimZutat(int menge) {
        if (menge < 10)
            return menge.ToString()
                        + " Dosen Sardinen -- das reicht nicht!";
        else
            return menge.ToString() + " Dosen Sardinen";
    }
}
```

Annes Geheimzutat-Methode erwartet ebenfalls einen int und liefert einen String, der aber anders aussieht als der von Susanne.

4 Erstellen Sie das Formular und ein Delegate.

Erstellen Sie dieses Formular.

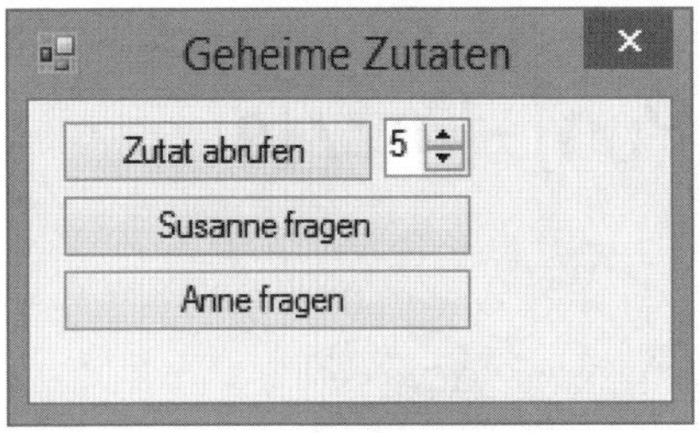
Geheime Zutaten
Zutat abrufen
5
Susanne fragen
Anne fragen

Hier ist der Code für das Formular:

```
GeheimZutatAbrufen zutatenMethode = null;
Susanne susanne = new Susanne();
Anne anne = new Anne();

private void zutatNutzen_Click(object sender, EventArgs e) {
    if (zutatenMethode != null)
        Console.WriteLine("Ich füge " + zutatenMethode((int)menge.Value) + " hinzu");
    else
        Console.WriteLine("Ich habe keine Geheimzutat!");
}

private void susanneFragen_Click(object sender, EventArgs e) {
    zutatenMethode = new GeheimZutatAbrufen(susanne.GeheimZutatMethode);
}

private void anneFragen_Click(object sender, EventArgs e) {
    zutatenMethode = new GeheimZutatAbrufen(anne.AnnesGeheimZutatMethode);
}
```

Achten Sie darauf, dass das NumericUpDown-Steuerelement den Namen »menge« hat.

5 Schauen Sie sich mit dem Debugger an, wie Delegates funktionieren.

Sie haben ein wunderbares Werkzeug – den Debugger der IDE –, das Ihnen gut helfen kann, Delegates in den Griff zu bekommen. Führen Sie die folgenden Schritte durch (die Ausgabe sehen Sie im Ausgabefenster):

- Starten Sie Ihr Programm. Klicken Sie erst auf den Button »Zutat erfragen«; auf der Konsole sollte die Zeile »Ich habe keine Geheimzutat« erscheinen.
- Klicken Sie auf den Button »Susannes Delegate« – das nimmt das `zutatenMethode`-Feld des Formulars (das ein `GeheimZutatAbrufen`-Delegate ist) und setzt es auf das, was Susannes `GeheimZutatAbrufen`-Eigenschaft liefert. Diese Eigenschaft liefert eine Instanz des Typs `GeheimZutatAbrufen`, die auf die `SusannesGeheimZutat()`-Methode zeigt.
- Klicken Sie erneut auf den Button »Zutat abrufen«. Jetzt zeigt das `zutatenMethode`-Feld des Formulars auf `SusannesGeheimZutat()`, ruft sie auf, übergibt ihr den Wert im `NumericUpDown` (denken Sie daran, ihm den Namen **menge** zu geben) und schreibt die Ausgabe in die Konsole.
- Klicken Sie auf den Button »Anne fragen«. Er nutzt die Eigenschaft `Anne.GeheimZutatAbrufen`, um das `zutatenMethode`-Feld des Formulars auf die `AnnesGeheimZutat()`-Methode zeigen zu lassen.
- Klicken Sie noch einmal auf »Zutat abrufen«. Jetzt wird Annes Methode aufgerufen.
- **Nutzen Sie an dieser Stelle den Debugger**, um genau zu beobachten, was passiert. Setzen Sie einen Haltepunkt auf die erste Zeile der drei Methoden im Formular. **Starten Sie dann das Programm neu** (`zutatenMethode` wird dadurch wieder auf null gesetzt) und beginnen Sie erneut mit den fünf vorangehenden Schritten. Nutzen Sie die Einzelschritte (F11), um die einzelnen Codezeilen durchzugehen. Beobachten Sie, was passiert, wenn Sie auf »Zutat erfragen« klicken. Die Ausführung springt gleich in die Klassen `Susanne` und `Anne`, je nachdem, auf welche Methode das Feld `zutatenMethode` zeigt.

Pool-Puzzle

Sie haben die ***Aufgabe***, die leeren Zeilen im Code mit den Codeschnipseln aus dem Pool zu füllen. Einzelne Schnipsel **können** mehrfach verwendet werden, und Sie werden nicht alle Schnipsel benötigen. Das ***Ziel*** ist es, den Code für ein Formular zu vervollständigen, das folgende Ausgabe in die Konsole schreibt, wenn auf den Button `button1` geklickt wird.

Ausgabe

`Maxe wird dich holen!`

```
public Form1() {
    InitializeComponent();
    this.______ += new EventHandler(Minibus);
    this.______ += new EventHandler(____________);
}
void Abschlepper(object sender, EventArgs e) {
    Console.Write("wird dich ");
}
void Motorrad(object sender, EventArgs e) {
    button1.______ += new EventHandler(____________);
}
void Fahrrad(object sender, EventArgs e) {
    Console.WriteLine("holen!");
}
void ____________(object sender, EventArgs e) {
    button1.______ += new EventHandler(Müllwagen);
    button1.______ += new EventHandler(____________);
}
void ____________(object sender, EventArgs e) {
    Console.Write("Maxe ");
}
```

Hinweis: Jedes Teil aus dem Pool kann mehrfach verwendet werden.

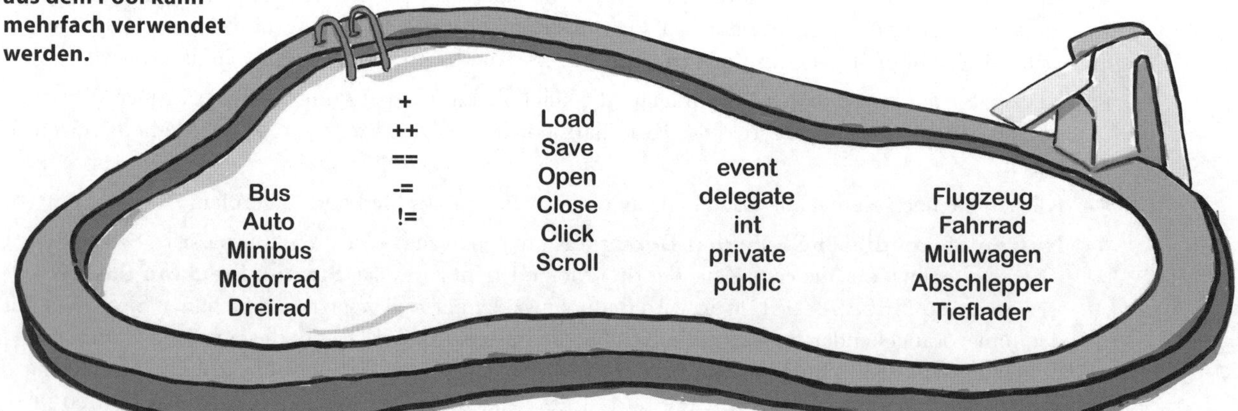
Bus
Auto
Minibus
Motorrad
Dreirad
+
++
==
-=
!=
Load
Save
Open
Close
Click
Scroll
event
delegate
int
private
public
Flugzeug
Fahrrad
Müllwagen
Abschlepper
Tieflader

Jedes Objekt kann ein öffentliches Event abonnieren ...

Angenommen, wir fügen unserem Simulator eine neue Klasse hinzu – die Klasse `Schläger`, die dem Gebilde das Event `BallGeschlagen` hinzufügt. Das funktioniert so: Wenn der Simulator entdeckt, dass der Spieler den Ball geschlagen hat, ruft er die `OnBallGeschlagen()`-Methode von `Schläger` auf, die das `BallGeschlagen`-Event absetzt.

Jetzt können wir der Klasse `Ball` eine `schläger_BallGeschlagen`-Methode hinzufügen, die das `BallGeschlagen`-Event von `Schläger` abonniert. Wird der Ball geschlagen, ruft ihr eigener Event-Handler die Methode `OnBallInSpiel()` auf, um ihr eigenes Event, `BallInSpiel`, abzusetzen und die Kettenreaktion in Gang zu bringen. Feldspieler fangen, Fans kreischen, Schiris rufen ... das Spiel ist angepfiffen.

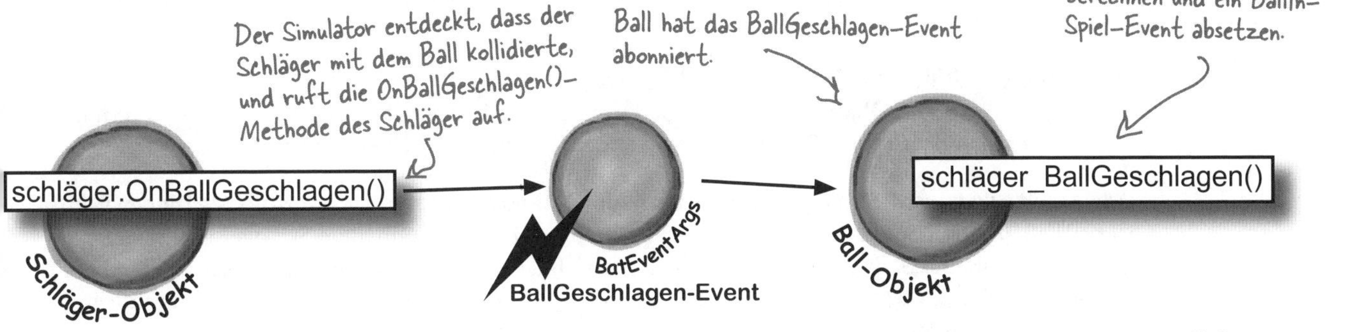
Jetzt kann der Event-Handler die Informationen dazu übernehmen, wie hart der Ball getroffen wurde, die Weite und die Flugbahn berechnen und ein BallIn-Spiel-Event absetzen.
Der Simulator entdeckt, dass der Schläger mit dem Ball kollidierte, und ruft die OnBallGeschlagen()-Methode des Schläger auf.
Ball hat das BallGeschlagen-Event abonniert.
schläger.OnBallGeschlagen()
Schläger-Objekt
BatEventArgs
BallGeschlagen-Event
schläger_BallGeschlagen()
Ball-Objekt

... aber das ist nicht immer richtig!

Es ist jeweils immer nur ein Ball im Spiel. Aber wenn das Schläger-Objekt ein Event nutzt, um zu verkünden, dass der Ball geschlagen wurde, kann jedes Ball-Objekt dieses Event abonnieren. Und das bedeutet, dass wir uns ein hässliches kleines Problem eingebrockt haben – was passiert, wenn ein Programmierer aus Versehen drei weitere Ball-Objekte einfügt? Dann schlägt der Schläger, trifft – und **vier verschiedene Bälle fliegen** ins Feld!

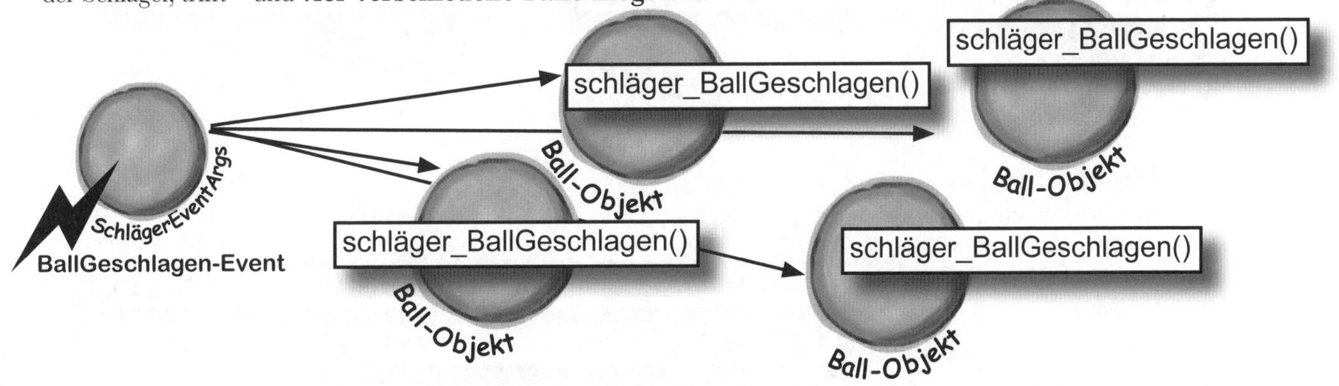
Mist! Diese Bälle sollten eigentlich in Reserve gehalten werden für den Fall, das der erste in den Park geschlagen wird.
Aber ein unachtsamer Programmierer hat mehrere Bälle das BallGeschlagen-Event abonnieren lassen ... als der Schläger den Ball traf, der vom Werfer geworfen wurde, flogen alle vier ins Feld!
SchlägerEventArgs
BallGeschlagen-Event
schläger_BallGeschlagen()
Ball-Objekt
schläger_BallGeschlagen()
Ball-Objekt
schläger_BallGeschlagen()
Ball-Objekt
schläger_BallGeschlagen()
Ball-Objekt

Nutzen Sie Callbacks statt Events, um genau ein Objekt mit einem Delegate zu verbinden

Unser Event-System funktioniert nur, wenn wir lediglich einen `Ball` und einen `Schläger` haben. Haben Sie mehrere `Ball`-Objekte, die alle das öffentliche Event `BallGeschlagen` abonnieren, fliegen alle los, wenn das Event abgesetzt wird. Aber das ist unsinnig ... eigentlich wird nur ein einziges `Ball`-Objekt getroffen. Wir müssen ermöglichen, dass sich der eine Ball, der geschlagen wird, beim Schläger registrieren kann, müssen das aber auf eine Weise tun, die es keinem anderen Ball erlaubt, sich zu registrieren.

Hier sind **Callbacks** praktisch. Das ist eine Technik, die man mit Delegates nutzen kann. Statt ein Event zu veröffentlichen, das jeder abonnieren kann, nutzt ein Objekt eine Methode (häufig einen Konstruktor), die ein Delegate als Argument nimmt, und hält dieses mit einem privaten Feld fest. Wir werden ein Callback nutzen, um zu sichern, dass `Schläger` genau einen `Ball` benachrichtigt:

1. **Der Schläger hält sein Delegate-Feld privat.**
   Dass sich falsche `Ball`-Objekte an das Delegate von Schläger hängen, lässt sich am einfachsten verhindern, indem man es privat macht. So kann `Schläger` steuern, wer sich bei ihm registrieren kann.

2. **Der Konstruktor von Schläger übernimmt ein Delegate, das auf eine Ball-Methode zeigt.**
   Ist der Ball im Spiel, erzeugt er die neue `Schläger`-Instanz und übergibt dem Schläger einen Zeiger auf seine `OnBallInSpiel()`-Methode. Diese bezeichnet man als **Callback-Methode** (Rückruf-Methode), weil `Schläger` sie nutzt, um eine Methode auf dem Objekt aufzurufen, das es instantiierte.

ballGetroffenCallback
Schläger-Objekt
Das Ball-Objekt übergibt eine Delegate-Referenz auf seine eigene OnBallInSpiel()-Methode an den Konstruktor von Schläger. Der Schläger speichert dieses Delegate im privaten Feld ballGetroffenCallback.

3. **Wird der Ball getroffen, ruft er die Callback-Methode auf.**
   Aber da das Delegate von Schläger privat ist, kann Schläger 100%ig sicher sein, dass kein anderer Ball getroffen wurde. Das löst das Problem.

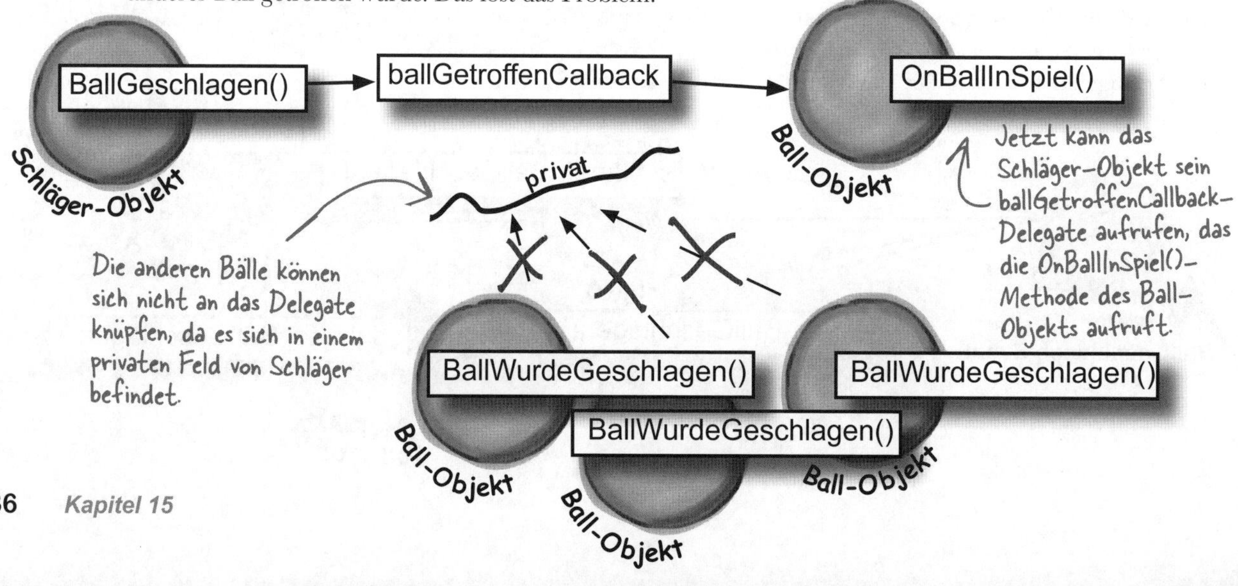
BallGeschlagen()
ballGetroffenCallback
OnBallInSpiel()
Schläger-Objekt
Ball-Objekt
privat
Jetzt kann das Schläger-Objekt sein ballGetroffenCallback-Delegate aufrufen, das die OnBallInSpiel()-Methode des Ball-Objekts aufruft.
Die anderen Bälle können sich nicht an das Delegate knüpfen, da es sich in einem privaten Feld von Schläger befindet.
BallWurdeGeschlagen()
BallWurdeGeschlagen()
BallWurdeGeschlagen()
Ball-Objekt
Ball-Objekt
Ball-Objekt

Kurz-Krimi

Der Fall des Goldenen Hummers

Heiner »Leichtfuß« Heimweh ist `SchatzSucher`. Er war einem der begehrtesten Schätze unter den so seltenen und ungewöhnlichen Wassergetier-Juwelen auf der Spur: einem Jade-gefassten, leuchtenden Goldhummer. Aber was war mit den ganzen anderen `Schatzsuchern`? In ihren Konstruktoren erhielten auch sie doch einen Verweis auf eben diesen Hummer! Wie konnte Heiner den Schatz als ***Erster*** aufspüren?

In einem gestohlenen Klassendiagramm entdeckte Heiner, dass die Klasse GoldHummer ein InDeckungGehen-Event absetzt, wenn sich ihr jemand nähert. Dieses enthielt sogar eine NeuerOrtArgs-Instanz mit Informationen zu dem Ort, zu dem sich der Hummer bewegt. Dieses Event kannten die anderen Schatzsucher nicht, und Heiner sah sich schon nach dem Hummer greifen.

Heiner fügte seinem Konstruktor Code hinzu, der auf seiner GoldHummer-Referenz die Methode `schatz_inDeckungGehen()` als Event-Handler für das `InDeckungGehen`-Event registrierte. Dann schickte er einen billigen Schnüffler aus, sich an den Hummer ranzumachen, und wartete, dass der Hummer flüchtete, sich verbarg und das `InDeckungGehen`-Event absetzte – und seiner `schatz_InDeckungGehen509()`-Methode damit alle erforderlichen Informationen lieferte.

Zunächst verlief alles nach Plan. Heiner erhielt den neuen Ort und eilte los, um sich den Hummer zu schnappen. Doch angekommen, musste er erstaunt mit ansehen, wie sich drei andere `SchatzSucher` um den Hummer stritten.

Wie konnten die anderen Schatzsucher Heiner ausstechen?

→ Antworten auf Seite 741.

Pool-Puzzle, Lösung

Der Konstruktor hängt die beiden Event-Handler an das Load-Event. Sie werden angestoßen, sobald das Formular geladen ist.

```
public Form1() {
    InitializeComponent();
    this.Load += new EventHandler(Minibus);
    this.Load += new EventHandler(Motorrad);
}
void Abschlepper(object sender, EventArgs e) {
    Console.Write("wird dich ");
}
void Motorrad(object sender, EventArgs e) {

    button1.Click += new EventHandler(Fahrrad);
}
void Fahrrad(object sender, EventArgs e) {
    Console.WriteLine("holen!");
}
void Minibus(object sender, EventArgs e) {
    button1.Click += new EventHandler(Müllwagen);
    button1.Click += new EventHandler(Abschlepper);
}
void Müllwagen(object sender, EventArgs e) {
    Console.Write("Maxe ");
}
```

Die zwei Load-Event-Handler registrieren drei separate Event-Handler für das Click-Event des Buttons.

Ein Klick auf den Button ruft die drei registrierten Event-Handler auf.

Denken Sie daran, dass Console.WriteLine() in einer WinForms-Anwendung ins Ausgabefenster der IDE schreibt.

Callbacks nutzen Delegates, aber KEINE Events

Callbacks sind eine **andere Verwendung von Delegates**. Dazu brauchen sie keine neuen Schlüsselwörter oder Operatoren. Der Begriff beschreibt nur ein **Muster** – eine Verwendungsweise von Delegates mit Ihren Klassen, bei der ein Objekt einem anderen sagen kann: »Informiere mich, wenn das passiert – aber sag's keinem anderen!«

Tun Sie das!

① Fügen Sie dem Baseball-Projekt ein weiteres Delegate hinzu.

Da `Schläger` ein privates Delegate-Feld erhalten soll, das auf die `OnBallInSpiel()`-Methode von Ball zeigt, brauchen wir ein Delegate mit passender Signatur:

```
delegate void SchlägerCallback(BallEventArgs e);
```

Delegates müssen nicht immer in eigenen Dateien stehen. Stecken Sie dieses in die gleiche Datei wie Schläger. Achten Sie darauf, dass es innerhalb des Namensraums, aber außerhalb der Klassendeklaration steht.

Das Delegate von Schläger zeigt auf die OnBallInSpiel()-Methode von Ball. Das Callback-Delegate muss also die gleiche Signatur haben wie OnBallInSpiel() – d. h., es muss einen BallEventArgs-Parameter übernehmen und darf nichts zurückliefern.

② Fügen Sie dem Projekt die Klasse Schläger hinzu.

Die Klasse `Schläger` ist einfach. `Schläger` hat eine `BallGeschlagen()`-Methode, die der Simulator aufruft, wenn ein Ball geschlagen wird. Diese `BallGeschlagen()`-Methode nutzt das `ballGetroffenCallback()`-Delegate, um die `OnBallInSpiel()`-Methode von Ball aufzurufen (oder eine beliebige andere an den Konstruktor übergebene Methode).

```
class Schläger {
    private SchlägerCallback ballGetroffenCallback;
    public Schläger(SchlägerCallback callbackDelegate) {
        this.ballGetroffenCallback = new SchlägerCallback(callbackDelegate);
    }

    public void BallGeschlagen(BallEventArgs e) {
        if (ballGetroffenCallback != null)
            ballGetroffenCallback(e);
    }
}
```

Prüfen Sie unbedingt jedes Delegate darauf, ob es null ist. Eine null-Referenz würde zu einer Exception führen.

Wir haben hier = statt += verwendet, weil ein Schläger nur mit einem Ball verbunden sein soll, damit dieses Delegate nur einmal gesetzt wird. Aber Sie können auch ein Callback mit += schreiben, um mehrere Methoden zurückzurufen. Bei Callbacks geht es darum, dass das Objekt die Kontrolle darüber behält, wer lauscht. Bei Events *verlangen* andere Objekte eine Benachrichtigung, indem sie Event-Handler anknüpfen. Bei Callbacks übergeben andere Objekte ihre Delegates und *bitten* um Benachrichtigung.

③ Wir müssen den Schläger mit einem Ball verbinden.

Wie erhält der `Schläger`-Konstruktor jetzt eine Referenz auf die `OnBallInSpiel()`-Methode eines bestimmten Balls? Das ist leicht – rufen Sie einfach die `NeuerSchläger()`-Methode auf, die Sie `Ball` hinzufügen müssen:

```
public Schläger NeuerSchläger()
{
    return new Schläger(new SchlägerCallback(OnBallInSpiel));
}
```

Wir setzen das Callback im Schläger-Konstruktor. Aber gelegentlich ist es sinnvoller, die Callback-Methode über eine öffentliche Methode oder den Setter einer Eigenschaft zu setzen.

Die Methode NeuerSchläger() erzeugt ein neues Schläger-Objekt und nutzt das SchlägerDelegate, um ihm eine Referenz auf OnBallInSpiel() zu übergeben. Das ist die Callback-Methode, die der Schläger verwenden wird, wenn er den Ball trifft.

4 Jetzt können wir die Klasse Ball besser kapseln.

Es ist ungewöhnlich, dass eine der `On...`-Methoden zum Auslösen eines Events `public` ist. Folgen wir diesem Muster auch mit unserem Ball, indem wir seine `OnBallInSpiel()`-Methode `protected` machen:

```
protected void OnBallInSpiel(BallEventArgs e)
{
    EventHandler<BallEventArgs> ballInSpiel = BallInSpiel;
    if (ballInSpiel != null)
        ballInSpiel(this, e);
}
```

Das ist ein wichtiges **Standardmuster**, auf das Sie bei der Arbeit mit .NET-Klassen immer wieder stoßen werden. Setzt eine .NET-Klasse ein Event ab, finden Sie fast immer eine geschützte Methode, die mit »On« beginnt.

5 Jetzt müssen wir nur noch das Formular einbinden.

`BaseballSimulator` kann die `OnBallInSpiel()`-Methode von `Ball` nicht mehr aufrufen – genau das wollten wir, und das ist der Grund dafür, dass die IDE jetzt einen Fehler meldet. Nun muss das Formular den Ball nach einem neuen Schläger fragen, damit der Ball geschlagen werden kann. Tut es das, stellt `Ball` sicher, dass die Methode `OnBallInSpiel()` mit dem Callback des Schlägers verbunden ist.

```
public void BallSpielen()
{
    Schläger schläger = ball.NeuerSchläger();
    BallEventArgs ballEventArgs = new BallEventArgs(
        Flugbahn, Weite );
    schläger.BallGeschlagen(ballEventArgs);
}
```

Möchte das Formular einen Ball schlagen, muss es sich vom Ball einen neuen Schläger liefern lassen. Der Ball sichert, dass das Callback mit dem Schläger verknüpft ist. Ruft das Formular die BallGeschlagen()-Methode von Schläger auf, ruft diese die OnBallInSpiel()-Methode von Ball auf, die das Event absetzt.

Führen Sie das Programm aus – es sollte wie zuvor funktionieren. Aber jetzt ist es vor Problemen **geschützt**, die daraus resultieren, dass mehrere Ball-Objekte auf das gleiche Event lauschen.

Vertrauen Sie uns nicht blind – testen Sie das im Debugger!

Punkt für Punkt

- Wenn Sie Ihrem Projekt ein Delegate hinzufügen, **erstellen Sie einen neuen Typ**, der Referenzen auf Methoden speichert.
- Events informieren über Delegates Objekte darüber, dass Aktionen eingetreten sind.
- Objekte abonnieren die Events anderer Objekte, wenn sie auf etwas reagieren müssen, das in diesen Objekten passiert.
- `EventHandler` ist ein Delegate-Typ, der bei der Arbeit mit Delegates verbreitet ist.
- An ein Event können Sie mehrere Event-Handler hängen. Deswegen nutzen Sie +=, um einem Event einen Handler zuzuweisen.
- Zur Vermeidung von `NullReferenceExceptions` sollten Sie vor der Verwendung von Delegates immer prüfen, ob sie null sind.
- Alle Steuerelemente in der Toolbox nutzen Events, um in Ihren Programmen Dinge geschehen zu lassen.
- Übergibt ein Objekt einem anderen eine Referenz auf eine Methode, damit es – und nur dieses – Informationen zurückliefern kann, bezeichnet man das als Callback.
- Beliebige Methoden können die Events Ihrer Objekte anonym abonnieren, während Ihre Objekte mit Callbacks mehr Steuerungsmöglichkeiten über die Delegates haben, die sie akzeptieren.
- Callbacks und Events nutzen beide Delegates, um Methoden in anderen Objekten zu referenzieren und aufzurufen.
- Der Debugger ist ein sehr nützliches Werkzeug, das Ihnen hilft, die Funktionsweise von Events, Delegates und Callbacks zu verstehen. Nutzen Sie ihn!

Callbacks und MessageDialog-Befehle

Wenn Sie einen `UICommand` für einen `MessageDialog` erstellen, können Sie ihm mit dem Delegate `UICommandInvokedHandler` ein Callback geben. Zusätzlich können Sie einen optionalen Bezeichner übergeben. Label und Bezeichner sind über den `IUICommand`-Delegate-Parameter zugänglich.

Fügen Sie diese Zeilen einer App hinzu. Sie können den IDE-Befehl Methodenstub generieren nutzen, um einen Stub für die Callback-Methode zu erstellen.

```
MessageDialog dialog = new MessageDialog("Ein Dialog");
dialog.Commands.Add(new UICommand("Ein Label", EinUiCommandCallback, "Ein Identifier"));
await dialog.ShowAsync();
```

Das muss kein String sein.

Es gibt keine Dummen Fragen

F: Worin unterscheiden sich Callbacks und Events?

A: Events sind ein Teil von .NET. Sie bieten Objekten die Möglichkeit, andere Objekte darüber zu informieren, dass etwas Bestimmtes passiert ist. Veröffentlicht ein Objekt ein Event, kann dieses von einer beliebigen Anzahl von Objekten abonniert werden, ohne dass das veröffentlichende Objekt das weiß oder sich dafür interessiert. Setzt ein Objekt ein Event ab, ruft es alle Event-Handler auf, die für dieses registriert sind.

Callbacks sind kein Teil von .NET – »Callback« ist einfach ein Name für eine Verwendungsweise von Delegates (oder Events – da Sie jederzeit private Events zum Aufbau von Callbacks nutzen können). Ein Callback ist einfach eine Beziehung zwischen zwei Klassen, bei der ein Objekt um Benachrichtigung bittet. Bei Events hingegen **verlangt** ein Objekt eine Benachrichtigung bei Eintreffen eines Events.

F: Callback ist also kein richtiger .NET#-Typ?

A: Nein, ist es nicht. Ein Callback ist ein ***Muster*** – es ist einfach ein neuer Weg, die Typen, Schlüsselwörter und Werkzeuge zu verwenden, die C# mitbringt. Sehen Sie sich noch einmal den Callback-Code an, den Sie gerade für Schläger und Ball geschrieben haben. Sehen Sie irgendwelche Schlüsselwörter, die Sie bisher noch nicht verwendet haben? Nein! Aber es nutzt Delegates, die ein .NET-Typ sind.

Es gibt eine Menge Muster, die Sie verwenden können. Und es gibt sogar einen Bereich der Programmierung, der sich mit den sogenannten ***Entwurfsmustern*** befasst. Dort finden Sie Lösungen zu vielen Problemen, über die Sie stolpern werden. Und für Probleme, die immer und immer wieder auftauchen, gibt es eigene Entwurfsmuster, die Sie nutzen können.

F: Callbacks sind also einfach private Events?

A: Nicht ganz. Es mag einfach sein, sich das vorzustellen, aber eigentlich sind private Events etwas ganz anderes. Denken Sie daran, was der Zugriffsmodifizierer `private` tatsächlich bedeutet. Markieren Sie ein Klassenmember als `private`, können nur Instanzen der gleichen Klasse darauf zugreifen. Markieren Sie ein Event als `private`, können es also nur Instanzen der gleichen Klasse abonnieren. Das ist ganz anders als bei einem Callback, weil es immer noch einschließt, dass beliebig viele Objekte ein Event anonym abonnieren können.

F: Aber es sieht doch wie ein Event aus, dem nur das Schlüsselwort event fehlt, oder?

A: Der Grund dafür, dass Callbacks und Events so große Ähnlichkeit haben, ist, dass beide **Delegates** nutzen. Dass sie das tun, ist vernünftig, weil Delegates das C#-Werkzeug darstellen, um zwischen Objekten Methodenreferenzen auszutauschen.

Aber der große Unterschied zwischen gewöhnlichen Events und Callbacks ist, dass Events einer Klasse ermöglichen, der Welt zu sagen, dass etwas Bestimmtes passiert ist. Ein Callback hingegen wird nie veröffentlicht. Es ist privat, und die aufrufende Methode steuert genau, wen sie aufruft.

Werfen Sie auf der O'Reilly-Website einen Blick auf »Entwurfsmuster von Kopf bis Fuß«. Es ist ein ausgezeichnetes Buch, in dem Sie eine Menge über unterschiedliche Muster erfahren, die Sie auf Ihre eigenen Programme anwenden können. Und schon beim ersten Muster, das Ihnen begegnen wird, finden Sie eine Überschrift mit dem Titel »Herausgeber und Abonnent«. Das sollte Ihnen vertraut vorkommen. Ein Objekt veröffentlicht Informationen, andere Objekte abonnieren sie. In C# wird das Beobachter-Muster über Events implementiert.

Delegates werden häufig mit anonymen Methoden und Lambda-Ausdrücken verwendet. Mehr darüber erfahren Sie unter Punkt 9 im Anhang.

Kurz-Krimi,
Lösung

Der Fall des Goldenen Hummers

Wie konnten die anderen Schatzsucher Heiner ausstechen?

Die Lösung des Problems liegt darin, wie der Schatzsucher seine Beute sucht. Aber erst müssen wir uns genau ansehen, was Heiner in den gestohlenen Diagrammen gefunden hat.

In einem gestohlenen Klassendiagramm entdeckte Heiner, dass die Klasse GoldHummer ein InDeckungGehen-Event absetzt, wenn sich ihr jemand nähert. Dieses enthielt sogar eine NeuerOrtArgs-Instanz mit Informationen zu dem Ort, zu dem sich der Hummer bewegt. Dieses Event kannten die anderen Schatzsucher nicht, und Heiner sah sich schon nach dem Hummer greifen.

```
public class GoldHummer {
    public delegate void Flüchten(NeuerOrtArgs e);
    public event Flüchten InDeckungGehen;
    public void EsKommtEiner() {
        Flüchten inDeckungGehen = InDeckungGehen;
        if (inDeckungGehen != null)
         inDeckungGehen(this,new NeuerOrtArgs("unter dem Stein"));
    }
}
public class NeuerOrtArgs {
    public NeuerOrtArgs(Versteck neuerOrt) {
        this.neuerOrt = neuerOrt;
    }
    private Versteck neuerOrt;
    public Versteck NeuerOrt { get { return neuerOrt; } }
}
```

Jedes Mal, wenn sich jemand dem GoldHummer nähert, setzt seine EsKommtEiner()-Methode das Event InDeckung-Gehen ab und sucht nach einem neuen Versteck.

Und wie nutzte Heiner die frisch entdeckten Insiderinformationen?

Heiner fügte seinem Konstruktor Code hinzu, der auf seiner GoldHummer-Referenz die Methode schatz_InDeckungGehen() als Event-Handler für das InDeckungGehen-Event registrierte. Dann schickte er einen billigen Schnüffler aus, sich an den Hummer ranzumachen, und wartete, dass der Hummer flüchtete, sich verbarg und das InDeckungGehen-Event absetzte – und seiner AufHinweiseAchten()-Methode damit alle erforderlichen Informationen lieferte.

```
public class SchatzSucher {
    public SchatzSucher(GoldHummer schatz) {
        schatz.InDeckungGehen += schatz_InDeckungGehen;
    }
    void schatz_InDeckungGehen(object sender, NeuerOrtArgs e) {
        HierinGehen(e.NeuerOrt);
    }
    void HierinGehen(Versteck ort) {
        // ... Code, um an einen neuen Ort zu gehen ...
    }
}
```

Heiner hielt sich für gerissen, als er seinen Konstruktor so änderte, dass er einen Event-Handler für das InDe-ckungGehen-Event registrierte, der seine HierinGehen()-Methode aufruft. Aber er vergaß, dass die anderen Schatzsucher von der gleichen Klasse erben und sein gerissener Code auch ihre Event-Handler an die Kette hängt!

Und das erklärt, warum Heiners Plan nach hinten losging. Als er dem SchatzSucher-Konstruktor den Event-Handler hinzufügte, fügte er ihn unbeabsichtigt ***auch allen anderen SchatzSuchern hinzu!*** Und das bedeutete, dass die Event-Handler aller Schatzsucher für das InDeckungGehen-Event registriert wurden. Als der GoldHummer in Deckung ging, wurden also alle über das Ereignis benachrichtigt. Auch das wäre noch kein Problem gewesen, wäre Heiner der Erste gewesen, der die Nachricht erhält. Aber Heiner hatte keine Möglichkeit, in Erfahrung zu bringen, wann die anderen Schatzsucher informiert würden – hatten diese sich vor ihm registriert, erhielten sie auch vor ihm die Benachrichtigung.

Mit Delegates den Einstellungen-Charm von Windows nutzen

Gehen Sie zur Windows 8-Startseite und tippen Sie auf das Internet Explorer-Symbol. Öffnen Sie dann Charms und tippen Sie auf Einstellungen. Der Internet Explorer hat Windows 8 gesagt, dass es dem Einstellungen-Charms-Menü Optionen wie die Internetoptionen und Info hinzufügen soll. Aber wenn Sie auf die Info-Option für den IE tippen, sieht das ganz anders aus als bei den Maps-, Mail- oder Windows Store-Apps. Das liegt daran, dass es im Ermessen der jeweiligen App, genauer gesagt sogar der jeweiligen Seite, liegt, Windows über seine Optionen für den Einstellungen-Charm zu informieren und ein Callback zu registrieren, das aufgerufen wird, wenn der Benutzer die Option wählt. C#-Windows Store-Apps nutzen dazu Delegates. Nehmen wir die IDE, um uns anzusehen, wie das funktioniert, und fügen wir **Tims App einen Info-Befehl für den Einstellungen-Charm hinzu**.

Öffnen Sie *MainPage.xaml.cs* und fügen Sie ihr diese beiden `using`-Anweisungen und die eine Codezeile für den Konstruktor hinzu:

```
using Windows.UI.ApplicationSettings;
using Windows.UI.Popups;

/// <summary>
/// Eine Standardseite mit Eigenschaften, die die meisten Anwendungen aufweisen.
/// </summary>
public sealed partial class MainPage : Page
{
    public MainPage()
    {
        this.InitializeComponent();

        SettingsPane.GetForCurrentView().CommandsRequested += MainPage_CommandsRequested;
    }
```

`SettingsPane` ist eine statische Klasse, mit der Ihre App die Befehlsliste des Einstellungen-Charms verändern kann. Sie befindet sich im Namensraum `Windows.UI.ApplicationSettings`.

Wenn Sie += eingeben, erstellt die IDE automatisch den Methoden-Stub für den Event-Handler. Dieser sollte das Folgende enthalten. Der Code nutzt ein Delegate namens `UICommandInvokedHandler`. Ergänzen Sie also eine Methode namens `AboutInvokedHandler()`. Das ist die Methode, die von der Info-Einstellung aufgerufen wird.

```
void MainPage_CommandsRequested(SettingsPane sender, SettingsPaneCommandsRequestedEventArgs args) {
    UICommandInvokedHandler invokedHandler =
                            new UICommandInvokedHandler(AboutInvokedHandler);
    SettingsCommand aboutCommand = new SettingsCommand("Info", "Über Tims Comics",
                                       invokedHandler);
    args.Request.ApplicationCommands.Add(aboutCommand);
}

async void AboutInvokedHandler(IUICommand command) {
    await new MessageDialog("Eine App, die Tim bei der Verwaltung seiner Comics hilft.",
                "Tims Comics").ShowAsync();
}
```

Führen Sie die App aus. Öffnen Sie Charms, tippen Sie auf Einstellungen und wählen Sie dann die Option Info. Ihre App ruft `AboutInvokedHandler` auf und zeigt den `MessageDialog` an.

Tims Comics
Wählen Sie die auszuführende Abfrage
Tims Comics
Eine App, die Tim bei der Verwaltung seiner Comics hilft.
Schließen

Wenn Sie zur Hauptseite gehen und den Einstellungen-Charm aktivieren, zeigt die App jetzt eine Info-Option an, die einen MessageDialog öffnet.

Auf Charms und App-Leiste mit der Windows-Taste (⊞) zugreifen.

- ★ Öffnen Sie Charms mit ⊞ + I.
- ★ Öffnen Sie Einstellungen mit ⊞ + I.
- ★ Rufen Sie die App-Leiste mit ⊞ + Z auf.

Schauen wir uns nun mithilfe der IDE an, wie das funktioniert. Halten Sie das Programm an und nutzen Sie Gehe zu Definition, um die **Definition von `SettingsCommand`** aus den Metadaten aufzurufen:

```
[...]public sealed class SettingsCommand : IUICommand
{
    [...]public SettingsCommand(object settingsCommandId, string label, UICommandInvokedHandler handler);

    [...]public object Id { get; set; }
    [...]public UICommandInvokedHandler Invoked { get; set; }
    [...]public string Label { get; set; }
}
```

Nutzen Sie nun erneut Gehe zu Definition, um die Definition von `UICommandInvokedHandler` zu erhalten:

```
[...]public delegate void UICommandInvokedHandler(IUICommand command);
```

Suchen
Teilen
Start
Geräte
Einstellungen

Mit Windows + I können Sie Einstellungen öffnen.

Schauen Sie sich die verschiedenen Objekte an, damit Sie genau verstehen, wie das funktioniert:

- ★ Die Methode `SettingsPane.GetForCurrentView()` liefert ein Objekt mit einem `CommandsRequested`-Event. Suchen Sie im Code die Definition von `CommandsRequested`, um sich die Event-Definition anzusehen.
- ★ Der Event-Handler hat ein `SettingsPaneCommandsRequestedEventArgs`-Argument. Gehen Sie zu seiner Definition, um sich das `Request`-Objekt anzusehen, das auf der dritten Zeile des Event-Handlers genutzt wird.
- ★ Das `Request`-Objekt hat eine Eigenschaft: einen Auflistung namens `ApplicationCommands`, die `SettingsCommand`-Objekte enthält.
- ★ Kehren Sie wieder zu Ihrem Event-Handler zurück, denn jetzt können Sie verstehen, was er tut. Wenn der Benutzer auf Einstellungen tippt, setzt Einstellungen das `CommandsRequested`-Event ab, um von der App Befehle und Callbacks anzufordern. Sie haben einen Listener mit diesem Event verbunden. Dieser Listener liefert einen `SettingsCommand`, der eine Info-Option mit einem Delegate definiert, das auf eine Methode zeigt, die einen `MessageDialog` öffnet. Wenn Sie auf Info tippen, nutzt Einstellungen dieses Delegate, um den `AboutInvokedHandler()` aufzurufen.
- ★ Immer noch nicht ganz klar? Keine Sorge. Nutzen Sie die ⊖ ▾ ⊕ -Navigationsbuttons der Werkzeugleiste, um zwischen den Definitionen zu wechseln. Setzen Sie Haltepunkte im Konstruktor und den beiden Methoden. Manchmal muss man zwischen den Definitionen hin- und herspringen, bevor es klick macht.

Apps können auch mit den Charms Search und Share interagieren! Wegweiser zu weiteren Informationen finden Sie unter Punkt 1 des Anhangs.

16 App-Entwurf mit dem MVVM-Muster

Tolle Apps, außen wie innen

JA, FRANK, ICH HABE VERSTANDEN, DASS DU AM LIEBSTEN MIT MIR ZU HAUSE BLEIBST, ABER WIR MÄDELS WISSEN, DASS OBJEKTE AM BESTEN FUNKTIONIEREN, WENN MAN SICH AUF LOCKERE BINDUNG BESCHRÄNKT ...

Beeindruckendes Aussehen allein reicht nicht.

Woran denken Sie, wenn Sie den Begriff Design hören? An Beispiele herausragender Gebäudearchitektur? Eine aufregend gestaltete Seite? Ein Produkt, das gleichermaßen ästhetisch ansprechend wie gut gebaut ist? Genau diese Prinzipien gelten auch für Apps. In diesem Kapitel werden Sie das **Model-View-ViewModel-Muster** kennenlernen und erfahren, wie Sie mit seiner Hilfe gut gebaute, locker gebundene Apps aufbauen. Dabei werden Sie etwas über **Animationen und Steuerelementvorlagen** für die visuelle Gestaltung Ihrer Apps erfahren, lernen, wie Sie sich Datenbindungen mit **Konvertierern** erleichtern, und sehen, wie Sie all das zusammenbringen, um ein ***solides C#-Fundament*** für alle Apps zu schaffen, die Sie erstellen wollen.

Die Von Kopf bis Fuß-Basketball-Liga braucht eine App

Tim und Brian sind die Kapitäne von zwei der Topmannschaften in der Von Kopf bis Fuß-Basketball-Liga, der Amateurliga von Objekthausen. Sie haben einige ausgezeichnete Spieler, und diese Spieler verdienen eine ausgezeichnete App, mit der man nachhalten kann, wer in der Startaufstellung steht und wer auf der Bank sitzt.

Jedes Team hat eine Startmannschaft und eine Ersatzbank. Jeder Spieler hat einen Namen und eine Nummer.

Von Kopf bis Fuß-Basketball-Liga
Die Tiger
Startaufstellung
Tim Nr. 42
Henry Nr. 11
Tom Nr. 4
Lucinda Nr. 18
Kim Nr. 16
Ersatzbank
Bertha Nr. 23
Max Nr. 21
Die Bären
Startaufstellung
Brian Nr. 31
Lukas Nr. 23
Kathrin Nr. 6
Mike Nr. 0
Jo Nr. 42
Ersatzbank
Hans Nr. 32
Ricco Nr. 8

Diese Seite enthält vier verschiedene ListView-Steuerelemente. Wir brauchen für jedes eine ObservableCollection, die es an seine ItemsSource bindet.

Aber können sie sich über die Gestaltung einigen?

Unglücklicherweise sind Brian und Tim unterschiedlicher Meinung über den Aufbau der App, und die Diskussion beginnt, etwas erhitzt zu werden. Anscheinend will Brian eine App, bei der es sehr leicht ist, die Daten, die auf der Seite angezeigt werden, zu verwalten, während Tim großen Wert darauf legt, dass die Datenbindungen so einfach wie möglich sind. Das mag zwar auf dem Platz schon vorhandene Rivalitätdurchaus noch anheizen, erleichtert den Aufbau der App aber in keiner Weise!

FÜR MICH IST SONNENKLAR, DASS WIR DIE EINARBEITUNG VON DATEN SO LEICHT WIE MÖGLICH MACHEN MÜSSEN!

Tim: Moment, Kumpel. Das scheint mir etwas kurzsichtig.

Brian: Sicher verstehst du einfach nicht, wie ich das meine, deswegen formuliere ich die Sache noch einmal deutlicher, damit es auch dir klar wird. Zunächst schreiben wir eine einfache `Spieler`-Klasse mit Eigenschaften für den Namen, die Nummer und seinen Platz, Team oder Bank.

Tim: Ich *verstehe* vollkommen, was du sagt. Aber du verstehst mich nicht. Du machst dir nur über die Modellierung der Daten Gedanken.

Brian: Klar doch. Das ist doch das Fundament von allem.

Tim: Das erleichtert es, die Daten zu erstellen.

Brian: Ich sehe, du kommst langsam dahinter ...

Tim: Ich bin noch nicht fertig. Was ist mit dem Rest der App? Wir haben ListView- und TextBlock-Steuerelemente, die die Daten anzeigen müssen. Wenn wir keine Auflistungen haben, an die wir die Steuerelemente binden können, funktionieren die nicht.

Brian: Hm ...

Tim: Genau. Wir müssen in Bezug auf unser Objektmodell also einige, sagen wir, taktische Entscheidungen fällen.

Brian: Kompromisse, meinst du, die uns zwingen, ein erbärmliches Objektmodell zu erstellen, mit dem man nicht gut arbeiten kann, damit wir etwas haben, an das wir unsere Steuerelemente binden können..

Tim: Es sei denn, du hättest eine bessere Idee.

KOPF-NUSS

Wie können Sie Klassen erzeugen, die das Erstellen von Bindungen erleichtern, die aber immer noch ein Objektmodell bilden, das die Arbeit mit den Daten vereinfacht?

Entwerfen Sie für die Datenbindung oder für die Arbeit mit Daten?

Sie wissen bereits, wie wichtig es ist, ein Objektmodell zu erstellen, das es Ihnen ermöglicht, leicht mit Ihren Daten zu arbeiten. Aber was ist, wenn Sie mit diesen Objekten **zwei unterschiedliche Dinge** anstellen müssen? Das ist eins der Probleme, denen Sie sich am häufigsten gegenübersehen werden, wenn Sie Apps entwerfen. Ihre Objekte müssen öffentliche Eigenschaften und `ObservableCollections` bieten, an die Ihre XAML-Steuerelemente gebunden werden können. Aber manchmal führt das dazu, dass man mit Ihren Daten schlechter arbeiten kann, weil es Sie dazu zwingt, ein Objektmodell aufzubauen, das weniger intuitiv ist.

Spieler
Name: string Nummer: int Aufgestellt: bool

Team
TeamName: string SpielerListe: IEnumerable<string>

Es ist schwer, Klassen so zu optimieren, dass man sie leicht mit LINQ-Abfragen untersuchen und zerlegen kann ...

```
var ersatzbank =
    from spieler in _team.SpielerListe
    where spieler.Aufgestellt == false
    select spieler;
```

Wenn Ihr Datenmodell diese Gestalt hat, beschränkt es die Möglichkeiten, die Ihnen für den Aufbau Ihrer Seiten zur Verfügung stehen.

Man greift schnell zum falschen Werkzeug für eine Aufgabe!

Wenn Sie Ihre Daten auf diese Weise modellieren, ist es leichter, Seiten aufzubauen, aber schwerer, Code zu schreiben, der die Daten abfragt und verwaltet.

... wenn man diese Daten auch an die XAML-Steuerelemente auf den Seiten Ihrer App binden muss.

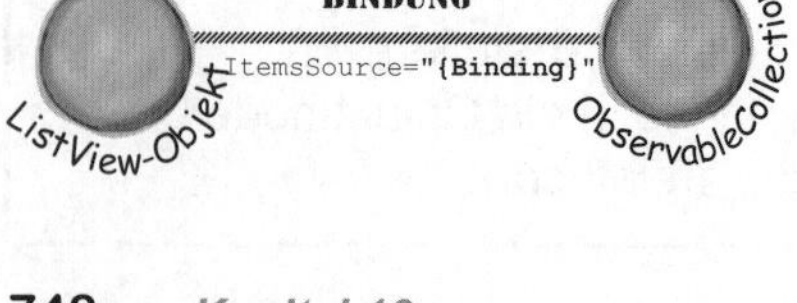
BINDUNG
ItemsSource="{Binding}"
ListView-Objekt
ObservableCollection

Spieler
Name: string Nummer: int

Team
TeamName: string Aufstellung: ObservableCollection Bank: ObservableCollection

Liga
TimsTeam: Team BriansTeam: Team
Es wäre praktisch, wenn man hier private Methoden zur Erstellung von Testdaten hätte.

MVVM berücksichtigt Bindung <u>und</u> Daten

Fast alle Apps, deren Objektmodell eine gewisse Größe oder Komplexität übersteigt, stehen vor dem Problem, dass sie entweder einen Kompromiss beim Klassenmodell oder bei den Objekten machen müssen, die für Bindungen bereitstehen. Glücklicherweise gibt es ein Entwurfsmuster, das App-Entwickler nutzen können, um diesem Problem zu begegnen. Es ist das sogenannte **Model-View-ViewModel**-Muster (oder **MVVM**), das darauf basiert, dass Sie Ihre App in drei Schichten zerlegen: das ***Model***, das die Daten und den Zustand der App aufnimmt, den ***View***, der die Seiten und Steuerelemente enthält, mit denen der Benutzer interagiert, und das ***ViewModel***, das die Daten im Model in Objekte umwandelt, die für Bindungen bereitgestellt werden müssen, und Events im View überwacht, über die das Model informiert werden muss.

MVVM ist ein Muster, das Werkzeuge nutzt, die Ihnen bereits zur Verfügung stehen, beispielsweise die Callbacks und das Beobachtermuster aus dem letzten Kapitel.

All comics in the collection
Pinch to zoom in or out
VIEW

Alle Objekte, mit denen der Benutzer direkt interagiert, kommen in den View.

Dazu zählen Seiten, Buttons, Grids, StackPanels, ListViews und andere Steuerelemente, die mit XAML aufgebaut werden können. Die Steuerelemente sind an Objekte im ViewModel gebunden, und die Event-Handler der Steuerelemente rufen Methoden im ViewModel auf.

VIEW
MODEL

Das ViewModel hat die Eigenschaften, die an die Steuerelemente des View gebunden werden.

Die Eigenschaften im View-Model erhalten ihre Daten von den Objekten im Model, wandeln sie in eine Form um, die die Steuerelemente des View verstehen können, und benachrichtigen den View, wenn sich die Daten ändern.

MODEL

Alle Objekte, die den Zustand der App festhalten, befinden sich im Model.

Hier bewahrt Ihre App ihre Daten auf. Das ViewModel ruft Eigenschaften und Methoden im Model auf. Wenn sich Objekte im Verlauf der Lebensdauer einer App ändern oder wenn Daten gesichert oder geladen werden müssen, erfolgt das ebenfalls hier.

Das ViewModel ist der <u>Kitt</u>, der die Objekte im View mit den Objekten im Model verbindet und dazu Werkzeuge nutzt, die Ihnen bereits vertraut sind.

Mit dem MVVM-Muster die Basketball-App angehen

Erstellen Sie eine neue Windows Store-App und **geben Sie Ihr den Namen <u>BasketballTeams</u>** (weil wir den Namensraum `BasketballTeams` im Code nutzen werden und Ihr Code dann dem entspricht, was Sie auf den nächsten Seiten sehen).

Tun Sie das

1 ***ERSTELLEN SIE ORDNER NAMENS MODEL, VIEW UND VIEWMODEL.***

Klicken Sie im Projektmappen-Explorer mit rechts auf das Projekt und wählen Sie im Hinzufügen-Menü Neuer Ordner:

Ersetzen Sie *MainPage.xaml* noch nicht mit einer Standardseite. Das werden Sie in Schritt 4 tun.

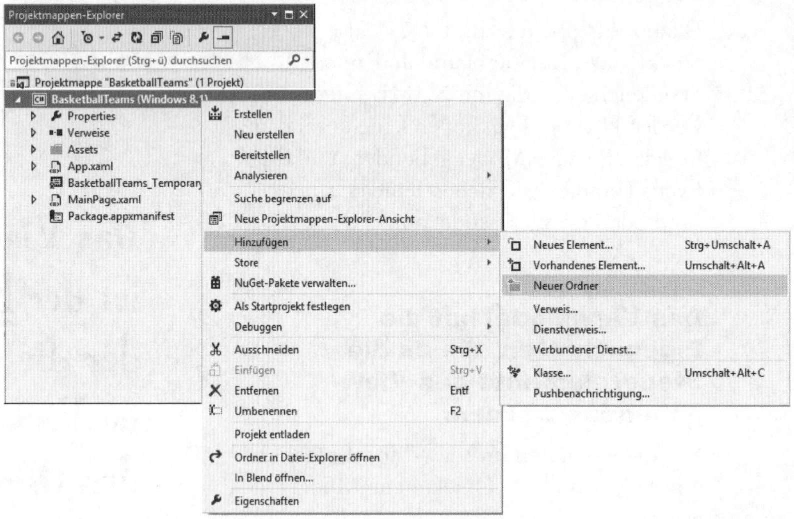

Projektmappen-Explorer
Projektmappen-Explorer (Strg+ü) durchsuchen
Projektmappe "BasketballTeams" (1 Projekt)
BasketballTeams (Windows 8.1)
Properties
Verweise
Assets
App.xaml
BasketballTeams_Temporar
MainPage.xaml
Package.appxmanifest
Erstellen
Neu erstellen
Bereitstellen
Analysieren
Suche begrenzen auf
Neue Projektmappen-Explorer-Ansicht
Hinzufügen
Store
NuGet-Pakete verwalten...
Als Startprojekt festlegen
Debuggen
Ausschneiden Strg+X
Einfügen Strg+V
Entfernen Entf
Umbenennen F2
Projekt entladen
Ordner in Datei-Explorer öffnen
In Blend öffnen...
Eigenschaften
Neues Element... Strg+Umschalt+A
Vorhandenes Element... Umschalt+Alt+A
Neuer Ordner
Verweis...
Dienstverweis...
Verbundener Dienst...
Klasse... Umschalt+Alt+C
Pushbenachrichtigung...

Wenn Sie Ihrem Projekt über den Projektmappen-Explorer einen neuen Ordner hinzufügen, erstellt die IDE einen auf dem Ordnernamen basierenden Namensraum. Das sorgt dafür, dass Hinzufügen → Klasse... Klassen im jeweiligen Namensraum erstellt. Wenn Sie dem Model-Ordner eine Klasse hinzufügen, fügt die IDE der `namespace`-Zeile zu Anfang der Datei deswegen `BasketballTeams.Model` hinzu.

Beginnen Sie mit dem *Model*-Ordner. Wiederholen Sie es zwei Mal für die Ordner *View* und *ViewModel*, um Ihrem Projekt die folgende Gestalt zu geben:

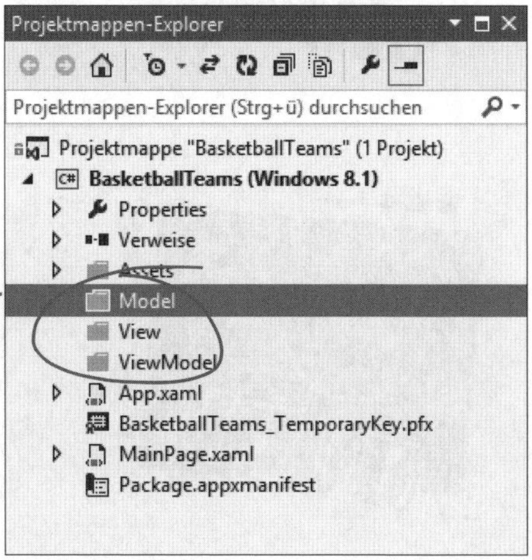

Projektmappen-Explorer
Projektmappen-Explorer (Strg+ü) durchsuchen
Projektmappe "BasketballTeams" (1 Projekt)
BasketballTeams (Windows 8.1)
Properties
Verweise
Assets
Model
View
ViewModel
App.xaml
BasketballTeams_TemporaryKey.pfx
MainPage.xaml
Package.appxmanifest

Diese Ordner werden die Klassen, Steuerelemente und Seiten Ihrer App aufnehmen.

MODEL

2 BEGINNEN SIE DAS MODEL MIT DER KLASSE SPIELER.

Klicken Sie mit rechts auf den Ordner *Model* und **fügen Sie eine Klasse namens `Spieler` hinzu.** Wenn Sie eine Klasse in einem Ordner erstellen, hängt die IDE hinten an den Namensraum den Namen des Ordners an. So sieht `Spieler` aus:

```
namespace BasketballTeams.Model {
    class Spieler {
        public string Name { get; private set; }
        public int Nummer { get;  private set; }
        public bool Aufgestellt { get; private set; }

        public Spieler(string name, int nummer, bool aufgestellt) {
            Name = name;
            Nummer = nummer;
            Aufgestellt = aufgestellt;
        }
    }
}
```

Wenn Sie eine Klasse in einem Ordner erstellen, hängt die IDE seinen Namen an den Namensraum an.

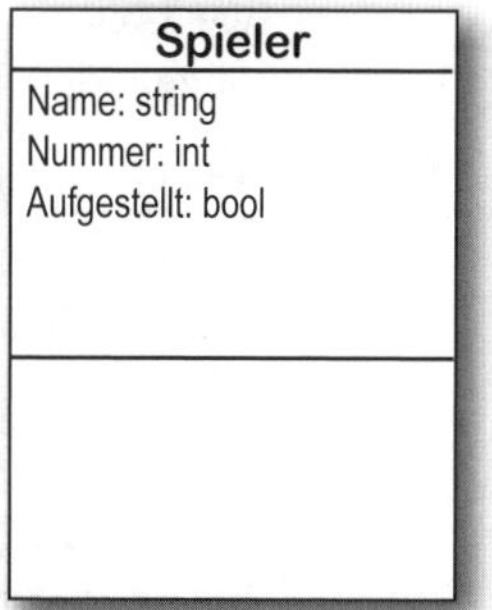
Spieler
Name: string
Nummer: int
Aufgestellt: bool

Unterschiedliche Klassen kümmern sich um unterschiedliche Dinge? Klingt irgendwie vertraut ...

Diese Klassen sind schlank, weil sie sich nur damit befassen, welche Spieler in welchem Team sind. Keine dieser Klassen befasst sich mit der Anzeige der Daten; sie verwalten sie nur.

3 BEENDEN SIE DAS MODEL MIT DER KLASSE TEAM

Fügen Sie **dem Ordner *Model* dann die Klasse `Team` hinzu**. Hier ist der Code.

```
namespace BasketballTeams.Model {
    class Team {
        public string TeamName { get; private set; }

        private readonly List<Spieler> _spielerListe =
                                    new List<Spieler>();
        public IEnumerable<Spieler> SpielerListe {
            get { return new List<Spieler>(_spielerListe); }
        }

        public Team(string teamName, IEnumerable<Spieler> spielerListe) {
            TeamName = teamName;
            _spielerListe.AddRange(spielerListe);
        }
    }
}
```

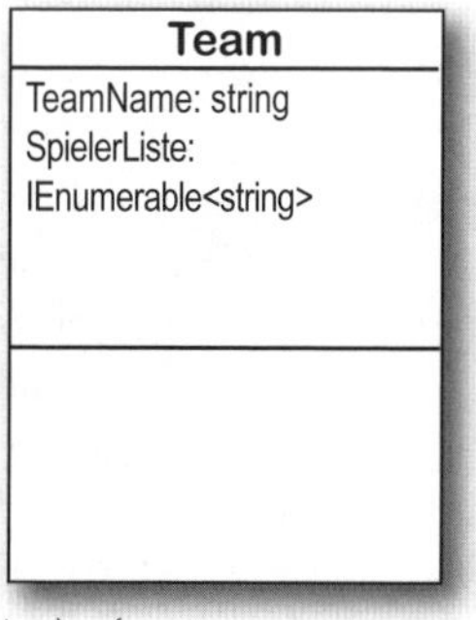
Team
TeamName: string
SpielerListe:
IEnumerable<string>

Das _ sagt Ihnen, dass das Feld privat ist.

Ihr *Model*-Ordner sollte nun so aussehen:

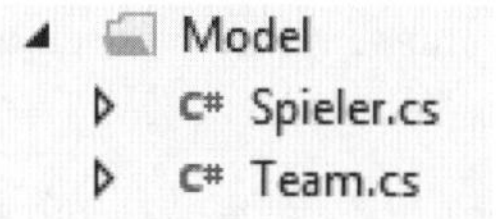
Model
C# Spieler.cs
C# Team.cs

Wir haben dem Namen des Felds `_spielerListe` einen Unterstrich vorangestellt. Es ist eine gebräuchliche Namenskonvention, private Felder auf diese Weise zu markieren. Wir nutzen sie in diesem Kapitel, damit Sie sich an den Anblick gewöhnen.

Auf der nächsten Seite kommt der View.

VIEW

4 FÜGEN SIE DIE HAUPTSEITE DEM ORDNER VIEW HINZU.

Klicken Sie mit rechts auf den Ordner *View* und **fügen Sie ihm eine neue Standardseite namens** *LigaSeite.xaml* hinzu. Wie beim Ersetzen von *MainPage.xaml* durch eine neue Standardseite wird Ihnen mitgeteilt, dass dem Projekt einige Elemente hinzugefügt werden, und Sie müssen die Projektmappe neu erstellen. Bearbeiten Sie das XAML und geben Sie der Seite den Titel »Von Kopf bis Fuß-Basketball-Liga«, indem Sie (wie üblich) die statische Ressource `AppName` ersetzen. Wir werden *MainPage.xaml* nicht nutzen, deswegen werden Sie sie im nächsten Schritt löschen.

5 ERSETZEN SIE MAINPAGE.XAML DURCH DIE NEUE SEITE LIGASEITE.XAML.

Löschen Sie *MainPage.xaml* aus dem Projekt und versuchen Sie, die Projektmappe neu zu erstellen. Sie erhalten den folgenden Fehler:

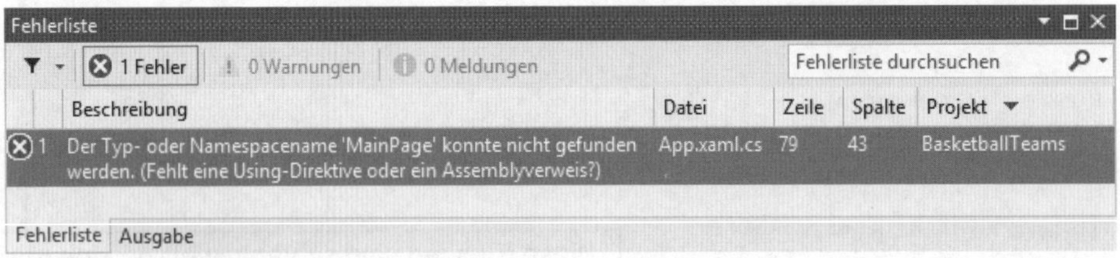
Fehlerliste
1 Fehler
0 Warnungen
0 Meldungen
Fehlerliste durchsuchen
Beschreibung
Datei
Zeile
Spalte
Projekt
1
Der Typ- oder Namespacename 'MainPage' konnte nicht gefunden werden. (Fehlt eine Using-Direktive oder ein Assemblyverweis?)
App.xaml.cs
79
43
BasketballTeams
Fehlerliste
Ausgabe

Klicken Sie doppelt auf die Meldung, um zu der Zeile zu springen, die nach dem Löschen von *MainPage.xaml* nicht mehr funktioniert:

```
if (rootFrame.Content == null)
{
    // Wenn der Navigationsstapel nicht wiederhergestellt wird, zu
    // und die neue Seite konfigurieren, indem die erforderlichen
    // übergeben werden
    rootFrame.Navigate(typeof(MainPage), e.Arguments);
}
```

Sie wissen, was dieser Code leistet! Sie haben ihn verändert, als Sie die App für Tim erstellten. Er sucht nach einer `MainPage`-Klasse, zu der beim Start der App navigiert wird, Sie aber haben gerade die entsprechende XAML-Datei gelöscht. Kein Problem! Geben Sie einfach die gewünschte Klasse an:

```
if (rootFrame.Content == null)
{
    // Wenn der Navigationsstapel nicht wiederhergestellt wird, zu
    // und die neue Seite konfigurieren, indem die erforderlichen
    // übergeben werden
    rootFrame.Navigate(typeof(LigaSeite), e.Arguments);
}
```

Seltsam. Sie haben dem Projekt `LigaSeite` hinzugefügt und doch ist es unbekannt. Das liegt daran, dass Sie die Seite einem Ordner hinzugefügt haben und **die IDE sie deswegen in den Namensraum View gepackt hat**. Sie müssen beim Verweis auf die Klasse also nur den Namensraum angeben:

```
if (rootFrame.Content == null)
{
    // Wenn der Navigationsstapel nicht wiederhergestellt wird, zu
    // und die neue Seite konfigurieren, indem die erforderlichen
    // übergeben werden
    rootFrame.Navigate(typeof(View.LigaSeite), e.Arguments);
}
```

Jetzt lässt sich die App kompilieren! Sie können sie ausführen, um einen Blick auf die neue Seite zu werfen.

Eigene Steuerelemente erstellen

Werfen Sie einen Blick auf die Seite, die wir erstellen werden. Jedes Team wird durch die gleiche Sammlung von Steuerelementen dargestellt: ein TextBlock, noch ein TextBlock, ein ListView, ein weiterer TextBlock und ein weiterer ListView, die alle in einem StackPanel in einem Border stecken. Wollen wir der Seite wirklich zwei identische Sätze von Steuerelementen hinzufügen? Was ist, wenn Sie die App für ein drittes und viertes Team erweitern wollen? Das würde eine Menge doppelten Code bedeuten. Das können wir mit **Benutzersteuerelementen** vermeiden. Ein Benutzersteuerelement ist eine Klasse, die Sie nutzen können, um eigene Steuerelemente zu erstellen. Benutzersteuerelemente bauen Sie wie gewöhnliche Seiten mit XAML und Unterstützungscode auf. Fügen wir unserem Projekt also ein Benutzersteuerelement hinzu.

UserControl ist eine Basisklasse, die Ihnen eine Möglichkeit bietet, Steuerelemente zu kapseln, die miteinander in Beziehung stehen, und die Logik zu gestalten, die das Verhalten des Steuerelements definiert.

1 Fügen Sie dem Ordner View das neue Benutzersteuerelement hinzu.

Klicken Sie mit rechts auf den Ordner *View* und fügen Sie ihm ein neues Element hinzu. Wählen Sie im Dialog Benutzersteuerelement und nutzen Sie den Namen *TeamControl.xaml*.

2 Schauen Sie sich den Unterstützungscode für das Benutzersteuerelement an.

Öffnen Sie *TeamControl.xaml.cs*. Die Klasse erweitert die Basisklasse `UserControl`. Hier geben Sie den gesamten Unterstützungscode für das Benutzersteuerelement an.

```
namespace BasketballTeams.View
{
    public sealed partial class TeamControl : UserControl
    {
        public TeamControl()
        {
            this.InitializeComponent();
        }
    }
}
```

3 Schauen Sie sich das XAML für das Benutzersteuerelement an.

Das Benutzersteuerelement enthält nichts als ein leeres `<Grid>`. Es wird Ihr XAML aufnehmen.

Versuchen Sie, bevor Sie umblättern, herauszufinden, wie das XAML in `TeamControl` aussehen muss, indem Sie sich den Screenshot dazu ansehen.

- Sie brauchen ein `<StackPanel>`, um die Steuerelemente in den `<Border>` aufzunehmen. Welche Border-Eigenschaft erzeugt wohl die abgerundeten Ecken?
- Es hat zwei ListViews, die die Daten für die SpielerListe anzeigen, braucht also einen `<UserControl.Resources>`-Abschnitt mit einer Datenvorlage. Sie heißt `SpielerItemTemplate`.
- Binden Sie die ListView-Elemente an die Eigenschaften `Aufstellung` und `Bank` und den TextBlock oben an `TeamName`.
- Das Border-Element befindet sich in einem `<Grid>` mit einer Zeile mit `Height="Auto"`, damit diese sich nicht über das Ende des ListViews erstreckt, um die vollständige Seite zu füllen.

»SPRUNG INS KALTE WASSER ...«

Wir nähern uns dem Ende des Buchs und möchten Sie mit Problemen konfrontieren, die denen ähneln, vor denen Sie im wahren Leben stehen werden. Ein guter Programmierer arbeitet häufig auf Basis von Vermutungen. Deswegen geben wir Ihnen gerade genug Informationen dazu, wie ein `UserControl` funktioniert. Es sind nicht einmal die Bindungen eingerichtet. Sie sehen im Designer also keine Daten! Wie viel des XAML können Sie erstellen, bevor Sie umblättern?

❹ Das TeamControl-XAML.

Hier ist der Code für das Benutzersteuerelement `TeamControl`, das Sie dem Ordner *View* hinzugefügt haben. Haben Sie bemerkt, dass wir Ihnen die Eigenschaften, aber keinen Datenkontext für die Bindungen gegeben haben? Sie sollten verstehen, warum. Die beiden Steuerelemente auf der Seite zeigen unterschiedliche Daten an. Die Seite setzt also für beide einen anderen Datenkontext.

```
<UserControl
    x:Class="BasketballTeams.View.TeamControl"
    xmlns="http://schemas.microsoft.com/winfx/2006/xaml/presentation"
    xmlns:x="http://schemas.microsoft.com/winfx/2006/xaml"
    xmlns:local="using:BasketballTeams.View"
    xmlns:d="http://schemas.microsoft.com/expression/blend/2008"
    xmlns:mc="http://schemas.openxmlformats.org/markup-compatibility/2006"
    mc:Ignorable="d"
    d:DesignHeight="300"
    d:DesignWidth="400">

    <UserControl.Resources>
        <DataTemplate x:Key="SpielerItemTemplate">
            <TextBlock Style="{StaticResource BaseTextBlockStyle}">
                <Run Text="{Binding Name}"/>
                <Run Text=" Nr."/>
                <Run Text="{Binding Nummer}"/>
            </TextBlock>
        </DataTemplate>
    </UserControl.Resources>

    <Grid>
        <Grid.RowDefinitions>
            <RowDefinition Height="Auto"/>
        </Grid.RowDefinitions>

        <Border BorderThickness="2" BorderBrush="Blue" CornerRadius="6" Margin="0,0,40,0">
            <StackPanel Margin="20">
                <TextBlock Text="{Binding TeamName}"
                           Style="{StaticResource HeaderTextBlockStyle}"/>
                <TextBlock Text="Startaufstellung"
                           Style="{StaticResource SubheaderTextBlockStyle}" Margin="0,20,0,0"/>
                <ListView ItemsSource="{Binding Aufstellung}"
                          ItemTemplate="{StaticResource SpielerItemTemplate}" Margin="0,20,0,0"/>
                <TextBlock Text="Ersatzbank"
                           Style="{StaticResource SubheaderTextBlockStyle}" Margin="0,20,0,0"/>
                <ListView ItemsSource="{Binding Bank}"
                          ItemTemplate="{StaticResource SpielerItemTemplate}" Margin="0,20,0,0"/>
            </StackPanel>
        </Border>
    </Grid>
</UserControl>
```

Sie wissen bereits, dass sich die Größe von Steuerelementen auf Basis der Eigenschaften Height und Width ändert. Sie können diese Zahlen anpassen, um die Anzeige des Steuerelements im Designer-Fenster anzupassen, wenn Sie es verändern.

Hier ist die Vorlage für die Elemente in den ListView-Steuerelementen. Jede Zeile enthält einen TextBlock mit drei Runs, zur Anzeige von Name und Nummer des Spielers.

Sie können die Eigenschaft CornerRadius nutzen, um die Ecken des Rahmens abzurunden.

Beide ListViews nutzen die Vorlage, die als statische Ressource definiert wurde.

ÜBUNG

VIEW
MODEL

Erstellen Sie das ViewModel für die BasketballTeams-App, indem Sie sich die Daten im Model und die Bindungen im View ansehen und sich überlegen, welchen »Kitt« die App für ihre Verbindung braucht.

1 FÜGEN SIE IN LIGASEITE.XAML DIE TEAMCONTROLS EIN.

Fügen Sie der Seite zunächst die folgenden `xmlns`-Eigenschaften hinzu, damit sie die neuen Namensräume kennt:

```
xmlns:view="using:BasketballTeams.View"
xmlns:viewmodel="using:BasketballTeams.ViewModel"
```

Ergänzen Sie dann eine Instanz von `LigaViewModel` als statische Ressource:

```
<Page.Resources>
    <viewmodel:LigaViewModel x:Name="LigaViewModel"/>
    <x:String x:Key="AppName">Von Kopf bis Fuß-Basketball-Liga</x:String>
</Page.Resources>
```

Jetzt können Sie der Seite ein StackPanel mit den beiden `TeamControls` hinzufügen:

```
<StackPanel Orientation="Horizontal" Margin="120,0,0,0" Grid.Row="1"
DataContext="{StaticResource ResourceKey=LigaViewModel}" >
    <view:TeamControl DataContext="{Binding TimsTeam}" Margin="0,0,20,0"/>
    <view:TeamControl DataContext="{Binding BriansTeam}" Margin="0,0,20,0"/>
</StackPanel>
```

Achten Sie darauf, dass Sie die Klassen und Seiten in den richtigen Ordnern erstellt haben; die Namensräume entsprechen ansonstem dem Code in der Projektmappe nicht.

2 ERSTELLEN SIE DIE VIEWMODEL-KLASSEN.

Erstellen Sie diese Klassen im Ordner *ViewModel*.

SpielerViewModel
Name: string Nummer: int

TeamViewModel
TeamName: string Aufstellung: ObservableCollection <SpielerViewModel> Bank: ObservableCollection <SpielerViewModel>
constructor: TeamViewModel(Model.Team) private TeamsAktualisieren()

LigaViewModel
TimsTeam: TeamViewModel BriansTeam: TeamViewModel
private BärenSpielerAbrufen(): Model.Team private TigerSpielerAbrufen(): Model.Team

3 MACHEN SIE DIE VIEWMODEL-KLASSEN FUNKTIONSFÄHIG.

Tipps zu der LINQ-Abfrage könnten sich einige Seiten zuvor finden lassen ...

★ `SpielerViewModel` ist ein einfaches Datenobjekt mit zwei schreibgeschützten Eigenschaften.

★ `LigaViewModel` hat zwei private Methoden, um die Testdaten für die Seite zu erstellen. Die Klasse erstellt `Model.Team`-Objekte für die Teams, die dem TeamViewModel-Konstruktor übergeben werden.

★ `TeamViewModel` hat einen Konstruktor, der ein `Model.Team`-Objekt erwartet. Er setzt die Eigenschaft `TeamName` und ruft dann die private Methode `TeamsAktualisieren()` auf, die mit LINQ-Abfragen die Spielerlisten für die Eigenschaften Aufstellung und Bank ermittelt. Fügen Sie den Klassen **`using Model;`** hinzu, damit Sie Objekte aus dem Namensraum `Model` nutzen können.

Wenn die IDE Ihnen im XAML-Designer meldet, dass `LigaViewModel` im Namensraum `ViewModel` nicht existiert, Sie aber sicher sind, dass Sie die Klasse korrekt eingefügt haben, klicken Sie mit rechts auf das Projekt BasketballTeams und wählen Projekt entladen. Klicken Sie dann erneut dort und wählen Sie Projekt neu laden.

LÖSUNG ZUR ÜBUNG

Das ViewModel für BasketballTeams hat drei Klassen: `LigaViewModel`, `SpielerViewModel` und `TeamViewModel`. Alle befinden sich im Ordner *ViewModel*.

Wenn Sie `using Model;` weglassen, müssen Sie überall `Model.Team` statt `Team` verwenden.

```
namespace BasketballTeams.ViewModel {
    using Model;
    using System.Collections.ObjectModel;

    class LigaViewModel {
        public TeamViewModel BriansTeam { get; private set; }
        public TeamViewModel TimsTeam { get; private set; }

        public LigaViewModel() {
            Team briansTeam = new Team("Die Bären", BärenSpielerAbrufen());
            BriansTeam = new TeamViewModel(briansTeam);

            Team timsTeam= new Team("Die Tiger", TigerSpielerAbrufen());
            TimsTeam = new TeamViewModel(timsTeam);
        }

        private IEnumerable<Spieler> BärenSpielerAbrufen() {
            List<Spieler> bärenSpieler = new List<Spieler>() {
                new Spieler("Brian", 31, true),
                new Spieler("Lukas", 23, true),
                new Spieler("Kathrin",6, true),
                new Spieler("Mike", 0, true),
                new Spieler("Jo", 42, true),
                new Spieler("Hans",32, false),
                new Spieler("Ricco",8, false),
            };
            return bärenSpieler;
        }

        private IEnumerable<Spieler> TigerSpielerAbrufen() {
            List<Spieler> tigerSpieler = new List<Spieler>() {
                new Spieler("Tim",42, true),
                new Spieler("Henry",11, true),
                new Spieler("Tom",4, true),
                new Spieler("Lucinda", 18, true),
                new Spieler("Kim", 16, true),
                new Spieler("Bertha", 23, false),
                new Spieler("Max",21,  false),
            };
            return tigerSpieler;
        }
    }
}
```

LigaViewModel veröffentlicht TeamViewModel-Objekte, die ein TeamControl als Datenkontext nutzen kann. Es erstellte das Team-Model-Objekt, das TeamViewModel nutzt.

Diese private Methode generiert Testdaten für die Bären, indem es eine neue Liste von Spieler-Objekten erstellt.

Sie nutzen Klassen aus dem Model zur Speicherung der Daten. Deswegen liefert diese Methode Spieler-Objekte und keine SpielerViewModel-Objekte.

Testdaten werden in der Regel im ViewModel erstellt, weil der Zustand einer MVVM-Anwendung über Instanzen der Model-Klassen verwaltet wird, die von ViewModel-Objekten gekapselt werden.

Hier ist das SpielerViewModel. Es ist ein einfaches Datenobjekt mit Eigenschaften, die die Datenvorlage für die Bindungen verwenden kann.

```
namespace BasketballTeams.ViewModel {
    class SpielerViewModel {
        public string Name { get; private set; }
        public int Nummer { get; private set; }

        public SpielerViewModel(string name, int nummer) {
            Name = name;
            Nummer = nummer;
        }
    }
}
```

In einer typischen MVVM-App implementieren nur ViewModel-Klassen `INotifyPropertyChanged`, da das die einzigen Objekte sind, an die XAML-Steuerelemente gebunden werden.

```
namespace BasketballTeams.ViewModel {
    using Model;
    using System.Collections.ObjectModel;
    using System.ComponentModel;

    class TeamViewModel : INotifyPropertyChanged {
        public ObservableCollection<SpielerViewModel> Aufstellung { get; private set; }
        public ObservableCollection<SpielerViewModel> Bank { get; private set; }

        private Team _team;

        private string _teamName;
        public string TeamName {
            get { return _teamName; }
            set {
                _teamName = value;
                OnPropertyChanged("TeamName");
            }
        }

        public TeamViewModel(Team team) {
            _team = team;

            Aufstellung = new ObservableCollection<SpielerViewModel>();
            Bank = new ObservableCollection<SpielerViewModel>();

            TeamName = _team.TeamName;

            TeamsAktualisieren();
        }

        private void TeamsAktualisieren() {
            var startaufstellung =
                from spieler in _team.SpielerListe
                where spieler.Aufgestellt
                select spieler;
            Aufstellung.Clear();
            foreach (Spieler spieler in startaufstellung)
                Aufstellung.Add(new SpielerViewModel(spieler.Name, spieler.Nummer));

            var ersatzbank =
                from spieler in _team.SpielerListe
                where spieler.Aufgestellt == false
                select spieler;
            Bank.Clear();
            foreach (Spieler spieler in ersatzbank)
                Bank.Add(new SpielerViewModel(spieler.Name, spieler.Nummer));
        }

        public event PropertyChangedEventHandler PropertyChanged;

        protected void OnPropertyChanged(string propertyName) {
            PropertyChangedEventHandler propertyChanged = PropertyChanged;
            if (propertyChanged != null)
                propertyChanged(this, new PropertyChangedEventArgs(propertyName));
        }
    }
}
```

Hier speichert die App ihren Zustand – in Team-Objekten, die im ViewModel gekapselt sind. Der Rest der Klasse übersetzt die Model-Daten in Eigenschaften, die der View für Bindungen nutzen kann.

Wenn sich die Eigenschaft TeamName ändert, setzt TeamViewModel ein PropertyChanged-Event ab, damit alle gebundenen Objekte aktualisiert werden.

Diese LINQ-Abfrage findet alle Spieler in der Startaufstellung und fügt sie der ObservableCollection-Eigenschaft Auflistung hinzu.

Hier ist eine ähnliche LINQ-Abfrage, die die Spieler sucht, die zu Anfang auf der Bank sitzen.

IST EIN BENUTZERSTEUERELEMENT NICHT EINFACH EIN VERFAHREN, XAML ÜBER MEHRERE DATEIEN ZU VERTEILEN?

Benutzersteuerelemente sind vollständige Steuerelemente, die Sie erstellen.

Wie alle anderen Steuerelemente sind Benutzersteuerelemente Objekte – in diesem Fall Objekte, die die Basisklasse `UserControl` erweitern, die vertraute Eigenschaften wie `Height` und `Visibility` und Routing-Events wie `Tapped` und `PointerEntered` bietet. Aber Sie können auch eigene Eigenschaften ergänzen und andere XAML-Steuerelemente einsetzen, um äußerst komplexe und sogar visuell beeindruckende Steuerelemente zu erstellen. Aber das Wichtigste ist, dass Ihnen ein Benutzersteuerelement ermöglicht, diese anderen Steuerelemente zu einem einzigen XAML-Steuerelement zu **kapseln**, das Sie wiederverwenden können.

MOMENT ... DIESE SACHE MIT DER KAPSELUNG UND DER TRENNUNG VON OBJEKTEN IN SCHICHTEN KLINGT IRGENDWIE VERTRAUT. HAT DAS ETWAS MIT DER ***TRENNUNG DER VERANTWORTLICHKEITEN*** ZU TUN?

Genau! Model, View und ViewModel trennen die Verantwortlichkeiten des Programms.

Eine der größten Herausforderungen beim Entwurf großer, robuster Anwendungen ist die Verteilung der Aufgaben auf die Objekte. Es gibt praktisch eine unendliche Zahl von Möglichkeiten, eine App zu gestalten. Das ist wunderbar, weil es bedeutet, dass Ihnen C# flexible Werkzeuge gibt. Aber es ist auch eine Herausforderung, weil die Entscheidungen von heute Probleme bei den Änderungen von morgen verursachen könnten. MVVM hilft Ihnen, die Verantwortung für die Daten in Ihrer App von der Verantwortung für das UI zu trennen. Das erleichtert den Entwurf von Apps, weil es Ihnen hilft, genau festzulegen, wohin Daten und wohin UI-Elemente kommen, und Ihnen darüber hinaus Muster für die Verbindung von beidem bietet.

Wenn eine Änderung an einer Klasse Änderungen an zwei weiteren Klassen erfordert, die wiederum Änderungen an weiteren Klassen erfordern, bezeichnen Programmierer das als eine »Schrotgewehroperation« (Shotgun Surgery). Das kann äußerst frustrierend sein, insbesondere wenn man es eilig hat.

Die Trennung der Verantwortlichkeiten ist ein ausgezeichnetes Verfahren, um derartige Probleme zu verhindern, und MVVM ist ein äußerst nützliches Mittel, um einige wichtige Dinge zu trennen, die in fast allen Programmen zu erledigen sind.

Es gibt keine Dummen Fragen

F: Gibt es etwas, das mir verbietet Steuerelemente ins ViewModel oder `ObservableCollections` ins Model zu stecken?

A: Nein, gibt es nicht, aber dann ist das kein MVVM mehr. Klassen wie Steuerelemente und Seiten befassen sich mit der Anzeige von Daten. Wenn Sie diese in den View stecken, können Sie Ihren Code leichter warten, wenn Ihre App wächst. Wenn Sie heute dem MVVM-Muster vertrauen, wird es Ihnen morgen besser gehen, weil sich Ihr Code leichter pflegen lässt.

F: Ich verstehe noch nicht, was *Zustand* heißt.

A: Mit *Zustand* bezeichnet man die Objekte im Speicher, die bestimmen, wie sich Ihre App verhält: den Text in einem Texteditor, den Ort der Feinde und Spieler sowie die Punktzahl in einem Computerspiel, die Werte in den Zellen einer Tabellenkalkulation. Das ist tatsächlich ein komplizierteres Konzept, weil man nicht immer so leicht sagen kann, welche Objekte Teil des Zustands sind und welche nicht. Eins der Ziele des nächsten Projekts in diesem Kapitel ist es, Ihnen dabei zu helfen, einen praktischen, realistischen Maßstab dafür zu erlangen, was *Zustand* tatsächlich bedeutet.

F: Warum brauche ich oben in den ViewModel-Klassen `using Model;`?

A: Als Sie die Klassen im *Model*-Ordner erstellten, hat die IDE sie automatisch im Namensraum `BasketballTeams.Model` erstellt. Der Punkt in der Mitte dieses Namensraums bedeutet, dass sich Model unter BasketballTeams befindet. Alle anderen Klassen in einem Namensraum unter BasketballTeams können auf Klassen in Model zugreifen, indem Sie entweder jedem Verweis `Model.` voranstellen oder indem Sie eine using-Zeile ergänzen. Klassen außerhalb von `BasketballTeams` müssen stattdessen `using BasketballTeams.Model;` angeben.

F: Kann mein Benutzersteuerelement andere Steuerelemente enthalten?

A: Das kann es. Sie können ihm Inhalt hinzufügen wie jedem anderen Steuerelement auch:

```
<view:TeamControl>
    <TextBlock>Hallo!</TextBlock>
</view:TeamControl>
```

Das setzt die `Content`-Eigenschaft des Benutzersteuerelements auf den `TextBlock`. Aber wenn Sie das tun, wird Ihr `TeamControl` durch einen `TextBlock` ersetzt.

Das können Sie reparieren, indem Sie dem XAML Ihres `UserControl` einen `<UserControl.ContentTemplate>`-Abschnitt hinzufügen. Stecken Sie in diesen Abschnitt ein `DataTemplate` mit dem XAML für Ihr Steuerelement. Folgendes

```
<ContentPresenter
   Content="{TemplateBinding
Content}"/>
```

wird dann durch den Inhalt ersetzt.

F: Auf meiner Seite gibt ein Dreieck mit einem Ausrufezeichen. Was sagt das?

A: Der XAML-Designer der IDE ist eine ziemlich ausgefeilte Maschine. Er funktioniert so gut, dass man manchmal vergisst, wie viel Arbeit tatsächlich geleistet werden muss, damit eine Seite angezeigt und aktualisiert werden kann, während wir das XAML bearbeiten. Nachdem das BasketballTeams-Programm fertig ist, zeigt Ihnen der Designer die Testdaten für die beiden Mannschaften. Aber werden diese Testdaten nicht in privaten Methoden des ViewModel erstellt? Das heißt, dass der Designer diese Methoden jedes Mal ausführen muss, wenn er die Seite aktualisiert. Diese Methoden müssen also kompiliert werden, damit er ordentlich funktionieren kann. Wenn Sie die Steuerelemente verändern, die sich auf der Seite befinden, dann ist der neueste C#-Code noch nicht kompiliert worden. Der Designer sagt Ihnen deswegen, dass die Anzeige eventuell nicht mehr aktuell ist. Sobald Sie den Code neu erstellen, verschwinden die Ausrufezeichen in der Regel.

F: Die BasketballTeams-App, die ich gerade erstellt haben, hat zu Anfang nur Testdaten. Was ist, wenn ich eine Funktion ergänzen will, die die Daten im Model ändert – wie würde ich das angehen?

A: Angenommen, Sie möchten das BasketballTeams-Programm so ändern, dass Tim und Brian Spieler wechseln können. Sie wissen bereits, dass die ListViews im View an `ObservableCollection`s gebunden sind. Das ViewModel kommuniziert also über `PropertyChanged`- und `CollectionChanged`-Events mit dem View. Und Sie können Model und ViewModel auf genau die gleiche Weise miteinander kommunizieren lassen. Sie könnten dem `Team`-Objekt ein `TeamsAktualisieren`-Event geben. Das `TeamViewModel` würde dieses Event überwachen, und sein Event-Handler würde die Auflistungen `Aufstellung` und `Bank` aktualisieren, die dann wieder `CollectionChanged`-Events absetzen würden, die zur Aktualisierung der ListViews führen würden.

Events sind ein gutes Mittel, um das Model mit dem Rest der App kommunizieren zu lassen, weil das Model nicht wissen muss, ob andere Klassen die Events überwachen. Es kann sich einfach auf die Verwaltung des Zustands konzentrieren und überlässt es anderen Klassen, sich um die Eingaben und die Aktualisierung der Benutzerschnittstelle zu kümmern, weil es von den Klassen in ViewModel und View ***entkoppelt*** ist.

Das Model-View-ViewModel-Entwurfsmuster ist eigentlich eine Adaption eines anderen Musters namens Model-View-Controller. Mehr zum MVC-Muster können Sie in dem kostenlosen GDI+ PDF erfahren, das Sie von der Website herunterladen können.

Kamingespräche

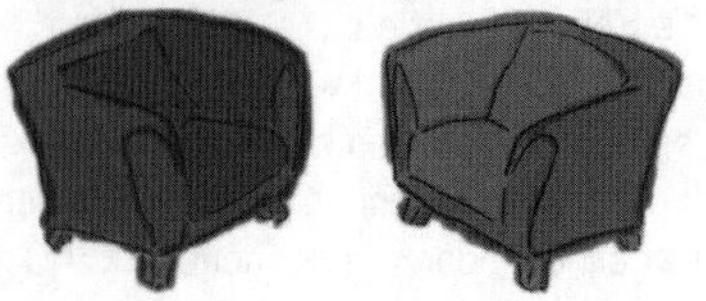

Heute Abend: **Ein Model und ein ViewModel führen eine erhitzte Debatte über die kritische Frage des Tages: »Wer ist unentbehrlicher?«**

Model:

Ich habe keine Ahnung, warum wir diese Diskussion überhaupt führen müssen. Wo bliebest du denn ohne mich? Ich habe die Daten, ich habe die Logik, die entscheidet, wie die App funktioniert. Ohne mich hättest du ja überhaupt nichts zu tun.

ViewModel:

Warum musst du immer so tun, als wärest du der Mittelpunkt der Welt?

Model:

Weißt du, soweit ich das sehen kann, könnte ich das tatsächlich sein.

ViewModel:

Ha! Und was würde passieren, wenn ich einfach die Hände in den Schoß legte?

Model:

Das würdest du nicht wagen.

ViewModel:

Sicher?! Ohne mich wärst du vollkommen nutzlos. Der View hätte keine Ahnung, wie er mit dir reden sollte. Die Steuerelemente blieben leer, und der Benutzer säße im Finstern.

Model:

Jetzt weißt du, warum du nur über Ereignisse kommunizieren kannst. Du bist eine solche Nervensäge!

ViewModel:

Ich glaube, genau darüber sollten wir uns einmal unterhalten. Erklär mir doch mal, warum du mich deine innersten Gegebenheiten nicht sehen lässt? Warum bietest du mir nur Methoden und Eigenschaften und lässt mich nur über Event-Argumente Nachrichten senden?

Model:

Natürlich! Kaum vorzustellen, was für ein Chaos du anstellen könntest und würdest, wenn ich meine Daten nicht kapselte!

ViewModel:

Das klingt, als hätte hier ***jemand*** ein Problem mit dem Vertrauen.

Model:

Ja sicher! Ich vertraue niemandem. Ich lasse niemanden außer meine eigenen Methoden meine Daten verwalten. Wie bitte sollte ich den sonst die Integrität unseres Zustands gewährleisten? Und außerdem bin ich doch nicht der Einzige, der sich so verhält! Lässt du mich etwa mit dem View kommunizieren? Mir scheint das ein ganz netter Kerl zu sein.

ViewModel:

Ihr zwei sprecht doch nicht einmal die gleiche Sprache! Ich habe dich noch nie ein `PropertyChanged`-Event absetzen sehen und bin mir fast sicher, dass keins deiner Objekte tatsächlich `INotifyPropertyChanged` implementiert.

Model:

Dass du es wagst! Ich, `PropertyChanged`-Events absetzen? Kein Model, das etwas auf sich hält, würde je ein `PropertyChanged`-Event absetzen! Es grenzt schon an Beleidigung, überhaupt vorzuschlagen, ich könnte mich mit etwas anderem als Daten befassen. Für was für eine Art Schicht hältst du mich eigentlich?

Der Schiri braucht eine Stoppuhr

Tim und Brian mussten das letzte Spiel absagen, weil der Schiri seine Stoppuhr vergessen hatte. Können wir das MVVM-Muster nutzen, um den beiden eine Stoppuhr-App zu erstellen?

Wie soll der Schiri ohne Stoppuhr die Einhaltung der Drei-Sekunden-Regel überwachen?

MVVM heißt: Den Zustand der App im Blick

MVVM-Apps nutzen Model und View, um Zustand und Benutzerschnittstelle zu trennen. Wenn Sie mit dem Aufbau einer MVVM-App beginnen, denken Sie in der Regel deswegen zunächst darüber nach, was es heißt, den Zustand der App zu verwalten. Wenn Sie den Zustand in trockenen Tüchern haben, können Sie sich an den Aufbau des Models machen, das Felder und Eigenschaften nutzen wird, um den Zustand festzuhalten – sich also um alles kümmert, was die App festhalten muss, damit sie leisten kann, was sie leisten soll. Die meisten Apps müssen den Zustand auch verändern. Das Model veröffentlicht also öffentliche Methoden, die den Zustand ändern. Das Rest der App muss den aktuellen Zustand sehen. Dafür bietet das Model öffentliche Eigenschaften.

Was also heißt es, den Zustand einer Stoppuhr zu verwalten?

Die Stopuhr weiß, ob sie läuft oder nicht.

Sie können auf einen Blick sehen, ob sich die Zeiger bewegen oder nicht. Das Stoppuhr-Model muss also irgendwie sagen können, ob die Uhr läuft oder nicht.

Die verstrichene Zeit ist immer verfügbar.

Ob es nun die Zeiger auf einer analogen Stoppuhr oder die Zahlen auf einer digitalen Stoppuhr sind, Sie können stets sehen, wie viel Zeit verstrichen ist.

Die Rundenzeit kann eingesehen und gesetzt werden.

Die meisten Stoppuhren haben eine Rundenfunktion, mit der sie die aktuelle Zeit speichern können, ohne die Uhr anzuhalten. Analoge Stoppuhren nutzen einen zusätzlichen Zeigersatz, während digitale Stoppuhren häufig ein separates Feld zur Anzeige der Rundenzeit bieten.

Die Stoppuhr kann gestoppt, gestartet und zurückgesetzt werden.

Die App muss eine Möglichkeit bieten, die Uhr zu starten, sie anzuhalten und sie zurückzusetzen. Das heißt, das Model muss dem Rest der App die Möglichkeit bieten, das zu tun.

Das Model hält den Zustand der App fest: das, was die App jetzt weiß. Es bietet Aktionen, die den Zustand der App modifizieren, und Eigenschaften, über die der Rest der App den aktuellen Zustand sehen kann.

Das Model für die Stoppuhr-App

MODEL

Nachdem wir wissen, was es heißt, den Zustand einer Stoppuhr zu definieren, haben wir genug Informationen, um uns an den Aufbau der Model-Schicht der Stoppuhr-App zu machen. Erzeugen Sie eine neue Windows Store-App **mit dem Namen *Stoppuhr***, damit Ihre Namensräume denen im Code auf den nächsten Seiten entsprechen. Erstellen Sie dann die Ordner ***Model*, *View* und *ViewModel***. Fügen Sie dem Ordner *Model* die Klasse `StoppuhrModel` hinzu:

Tun Sie das

```
class StoppuhrModel {
    private DateTime? _gestartet;

    private TimeSpan? _letzteVerstricheneZeit;

    public bool Läuft {
        get { return _gestartet.HasValue; }
    }

    public TimeSpan? Verstrichen {
        get {
            if (_gestartet.HasValue) {
                if (_letzteVerstricheneZeit.HasValue)
                    return SeitStartVerstricheneZeitBerechnen() + _letzteVerstricheneZeit;
                else
                    return SeitStartVerstricheneZeitBerechnen();
            }
            else
                return _letzteVerstricheneZeit;
        }
    }

    private TimeSpan SeitStartVerstricheneZeitBerechnen() {
        return DateTime.Now - _gestartet.Value;
    }

    public void Start() {
        _gestartet = DateTime.Now;
        if (!_letzteVerstricheneZeit.HasValue)
            _letzteVerstricheneZeit = new TimeSpan(0);
    }

    public void Stopp() {
        if (_gestartet.HasValue)
            _letzteVerstricheneZeit += DateTime.Now - _gestartet.Value;
        _gestartet = null;
    }

    public void Zurücksetzen() {
        _letzteVerstricheneZeit = null;
        _gestartet = null;
    }

    public StoppuhrModel() {
        Zurücksetzen();
    }
}
```

Achten Sie darauf, dass Sie Stoppuhr im Ordner Model erstellen. Wir haben die namespace { }-Zeilen weggelassen, weil Sie inzwischen wissen, wie diese aussehen.

Diese beiden privaten Felder halten den Zustand der Stoppuhr fest. Beide sind nullbar.

Wir könnten ein zusätzliches bool-Feld nutzen, um festzuhalten, ob die Stoppuhr läuft. Aber das Feld wäre nur true, wenn _gestartet einen Wert hat, wir können stattdessen also auch einfach _gestartet.HasValue nutzen.

Diese schreibgeschützte Eigenschaft nutzt zwei private Felder, um die verstrichene Zeit zu berechnen. Verstehen Sie, wie sie funktioniert?

Ein Tipp: Wenn Sie Additionen mit DateTime- oder TimeSpan-Werten vornehmen, erhalten Sie immer einen TimeSpan-Wert.

Der Rest der App muss die Stoppuhr starten und anhalten können, also bietet das Model Methoden, die das tun.

Den Zustand zurücksetzen bedeutet, die Felder auf null zu setzen.

Initialisiert eine neue Instanz von StoppuhrModel in zurückgesetztem und angehaltenem Zustand.

TimeSpan und DateTime

Das sind zwei sehr nützliche Structs zur Verwaltung von Zeit in Apps. DateTime, das ein Datum speichert, haben Sie bereits kennengelernt. TimeSpan repräsentiert ein Zeitintervall. Das Intervall wird in Ticks gespeichert (einem Zehn-millionstel einer Sekunde oder einem Zehntausendstel einer Millisekunde). TimeSpan bietet Methoden, diese Ticks in Sekunden, Millisekunden, Tage usw. umzuwandeln.

Events informieren den Rest der App über Zustandsänderungen

Die Stoppuhr muss die Rundenzeit festhalten und muss diese Zeit als Teil des Zustands speichern. Außerdem braucht sie eine Möglichkeit, die Rundenzeit zu ermitteln. Aber was passiert, wenn der Rest der App etwas tun soll, wenn die Rundenzeit gesetzt wird? Das ViewModel könnte es mit einem Symbol anzeigen oder eine kurze Animation einblenden. Das Model **nutzt häufig ein Event, um den Rest der App über wichtige Zustandsänderungen zu informieren**. Geben wir dem Model also ein Event, das abgesetzt wird, wenn die Rundenzeit aktualisiert wird. Fügen Sie dazu zunächst dem Ordner *Model* die Klasse `RundeEventArgs` hinzu:

Hier ist die Klasse RundeEventArgs. Erstellen Sie sie im Ordner Model, damit sie den richtigen Namensraum erhält.

```
class RundeEventArgs : EventArgs {

    public TimeSpan? Rundenzeit { get; private set; }

    public RundeEventArgs(TimeSpan? rundenzeit) {

        Rundenzeit = rundenzeit;

    }
}
```

Wenn die Rundenzeit aktualisiert wird, muss die App die verstrichene Zeit in Erfahrung bringen. Wir brauchen also eine TimeSpan-Eigenschaft, die diese aufnehmen kann.

Ändern Sie die Klasse `StoppuhrModel` und fügen Sie ihr eine `Runde()`-Methode hinzu, die die Eigenschaft `Rundenzeit` setzt und ein `RundeAktualisiert`-Event absetzt.

```
public void Zurücksetzen() {
    _letzteVerstricheneZeit = null;
    _gestartet = null;
    Rundenzeit = null;
}

public TimeSpan? Rundenzeit { get; private set; }

public void Runde() {
    Rundenzeit = Verstrichen;
    OnRundeAktualisiert(Rundenzeit);
}

public event EventHandler<RundeEventArgs> RundeAktualisiert;

private void OnRundeAktualisiert(TimeSpan? rundenzeit) {
    EventHandler<RundeEventArgs> rundeAktualisiert = RundeAktualisiert;
    if (rundeAktualisiert != null) {
        rundeAktualisiert(this, new RundeEventArgs(rundenzeit));
    }
}
```

Achten Sie darauf, dass die Eigenschaft Rundenzeit zurückgesetzt wird, wenn der restliche Stoppuhr-Zustand zurückgesetzt wird.

Eine automatische Eigenschaft reicht. Wir brauchen kein privates Unterstützungsfeld, weil es keine Berechnungen gibt, die gekapselt werden müssen.

Die Methode Runde() aktualisiert die Eigeschaft und setzt das Event ab.

Das ist der übliche Code zum Absetzen eines Events.

Wenn das Model Events nutzt, braucht es keine Referenzen auf andere Klassen, um den Rest der App über wichtige Zustandsänderungen zu informieren. Das vereinfacht den Aufbau, weil das Model von den anderen Schichten entkoppelt ist.

Eine angenehme Nebenwirkung entkoppelter Schichten ist, dass Sie Ihr Projekt erstellen können, sobald das Model fertig ist.

Sollte Ihnen die IDE sagen, dass `StoppuhrViewModel` im Namensraum `ViewModel` nicht vorhanden ist, obwohl Sie es dort sehen können, versuchen Sie, das Projekt neu zu laden.

Den View für eine einfache Stoppuhr erstellen

All comics in the collection
VIEW

Hier ist das XAML für ein einfaches Stoppuhr-Steuerelement. **Erstellen Sie im Ordner *View* ein Benutzersteuerelement namens *EinfacheStoppuhr.xaml*** und fügen Sie folgenden Code ein. Das Steuerelement enthält TextBlock-Steuerelemente, die die verstrichene Zeit und die Rundenzeit anzeigen, und Buttons, über die die Uhr gestartet, angehalten und zurückgesetzt wird und die Rundenzeit festgehalten werden kann.

```
<UserControl
    x:Class="Stoppuhr.View.EinfacheStoppuhr"
    xmlns="http://schemas.microsoft.com/winfx/2006/xaml/presentation"
    xmlns:x="http://schemas.microsoft.com/winfx/2006/xaml"
    xmlns:local="using:Stoppuhr.View"
    xmlns:d="http://schemas.microsoft.com/expression/blend/2008"
    xmlns:mc="http://schemas.openxmlformats.org/markup-compatibility/2006"
    mc:Ignorable="d"
    d:DesignHeight="300"
    d:DesignWidth="400"
    xmlns:viewmodel="using:Stoppuhr.ViewModel">

    <UserControl.Resources>
        <viewmodel:StoppuhrViewModel x:Name="viewModel"/>
    </UserControl.Resources>

    <Grid DataContext="{StaticResource ResourceKey=viewModel}">
        <StackPanel>
            <TextBlock>
                <Run>Verstrichene Zeit: </Run>
                <Run Text="{Binding Stunden}"/>
                <Run>:</Run>
                <Run Text="{Binding Minuten}"/>
                <Run>:</Run>
                <Run Text="{Binding Sekunden}"/>
            </TextBlock>
            <TextBlock>
                <Run>Rundenzeit: </Run>
                <Run Text="{Binding RundeStunden}"/>
                <Run>:</Run>
                <Run Text="{Binding RundeMinuten}"/>
                <Run>:</Run>
                <Run Text="{Binding RundeSekunden}"/>
            </TextBlock>
            <StackPanel Orientation="Horizontal">
                <Button Click="StartButton_Click">Start</Button>
                <Button Click="StoppButton_Click">Stopp</Button>
                <Button Click="ZurücksetzenButton_Click">Zurücksetzen</Button>
                <Button Click="RundeButton_Click">Runde</Button>
            </StackPanel>
        </StackPanel>
    </Grid>
</UserControl>
```

Dieses Steuerelement befindet sich im View-Ordner unter dem Hauptnamensraum Ihres Projekts.

Sie müssen dieses xmlns-Attribut setzen, damit Sie auf jenen Namensraum zugreifen können. Unser Projekt heißt Stoppuhr, der ViewModel-Namensraum ist also Stoppuhr.ViewModel.

Dieses Benutzersteuerelement speichert eine Instanz des ViewModel als statische Ressource und nutzt diese als Datenkontext. Hier muss der Datenkontext nicht von einem Container gesetzt werden, da es es ihn selbst festhält.

Dieser TextBlock ist an Eigenschaften des ViewModel gebunden, die die verstrichene Zeit angeben.

Dieser TextBlock ist an Eigenschaften gebunden, die die Rundenzeit veröffentlichen.

Das ViewModel muss PropertyChanged-Events absetzen, um diese Werte aktuell zu halten.

Der Code lässt sich erst kompilieren, wenn Sie die `Click`-Event-Handler für das Steuerelement und im Namensraum `ViewModel` eine `StoppuhrViewModel`-Klasse erstellt haben.

Ein Tipp: Nutzen Sie einen DispatcherTimer, um das Model permanent abzufragen und die Eigenschaften zu aktualisieren.

Der Code für das ViewModel steht auf der nächsten Seite. Wie viel davon können Sie auf Basis von View und Model erstellen, bevor Sie umblättern? Fügen Sie der Hauptseite ein EinfacheStoppuhr-Steuerelement hinzu und schauen Sie, wie weit Sie kommen.

Arbeiten Sie sorgfältig. Die IDE ist nicht immer im Unrecht. Manchmal kann ein Fehler im XAML einer Seite (ein fehlendes `xmlns`-Attribut beispielsweise) zu Fehlern in vielen Dateien führen.

VIEW
MODEL

Das Stoppuhr-ViewModel

Hier ist das ViewModel für die Stoppuhr. Stecken Sie es in den Namensraum `ViewModel`.

Sie brauchen diese using-Anweisungen, damit sich die Klasse kompilieren lässt.

```
using Model;
using System.ComponentModel;
using Windows.UI.Xaml;
```

```
class StoppuhrViewModel : INotifyPropertyChanged {
    private StoppuhrModel _stoppuhrModel = new StoppuhrModel();

    private DispatcherTimer _timer = new DispatcherTimer();

    public bool Läuft { get { return _stoppuhrModel.Läuft; } }

    public StoppuhrViewModel() {
        _timer.Interval = TimeSpan.FromMilliseconds(50);
        _timer.Tick += TimerTick;
        _timer.Start();
        Start();

        _stoppuhrModel.RundeAktualisiert += RundeAktualisiertEventHandler;
    }

    public void Start() {
        _stoppuhrModel.Start();
    }

    public void Stopp() {
        _stoppuhrModel.Stopp();
    }

    public void Runde() {
        _stoppuhrModel.Runde();
    }

    public void Zurücksetzen() {
        bool läuft = Läuft;
        _stoppuhrModel.Zurücksetzen();
        if (läuft)
            _stoppuhrModel.Start();
    }

    int _letzteStunden;
    int _letzteMinuten;
    decimal _letzteSekunden;
    void TimerTick(object sender, object e) {
        if (_letzteStunden != Stunden) {
            _letzteStunden = Stunden;
            OnPropertyChanged("Stunden");
        }
        if (_letzteMinuten != Minuten) {
            _letzteMinuten = Minuten;
            OnPropertyChanged("Minuten");
        }
        if (_letzteSekunden != Sekunden) {
            _letzteSekunden = Sekunden;
            OnPropertyChanged("Sekunden");
        }
    }

    public int Stunden {
        get { return _stoppuhrModel.Verstrichen.HasValue ? _stoppuhrModel.Verstrichen.Value.Hours : 0; }
    }
```

Die Eigenschaft Läuft prüft anhand des Model, ob die Stoppuhr läuft.

Die Methoden Start(), Stopp() und Runde() rufen einfach die entsprechenden Methoden des Model auf.

Die Zurücksetzen()-Methode ruft erst die Zurücksetzen()-Methode des Model auf. Lief die Stoppuhr bereits, ruft sie die eigene Start()-Methode auf.

Jedes Mal, wenn der DispatcherTimer tickt, prüft das ViewModel, ob sich Stunden, Minuten und Sekunden geändert haben. Ist das der Fall, wird das entsprechende PropertyChanged-Event abgesetzt, damit sich der View aktualisieren kann.

Mit der ? : -Syntax können Sie eine Bedingung in eine Zeile packen. Sie funktioniert genau so wie eine `if`-Anweisung. Mehr darüber erfahren Sie unter Punkt 2 im Anhang.

```
    public int Minuten {
        get { return _stoppuhrModel.Verstrichen.HasValue ? _stoppuhrModel.Verstrichen.Value.Minutes : 0;
}
    }

    public decimal Sekunden {
        get {
            if (_stoppuhrModel.Verstrichen.HasValue) {
                return (decimal)_stoppuhrModel.Verstrichen.Value.Seconds
                    + (_stoppuhrModel.Verstrichen.Value.Milliseconds * .001M);
            }
            else
                return 0.0M;
        }
    }

    public int RundeStunden {
        get { return _stoppuhrModel.Rundenzeit.HasValue ? _stoppuhrModel.Rundenzeit.Value.Hours : 0; }
    }

    public int RundeMinuten {
        get { return _stoppuhrModel.Rundenzeit.HasValue ? _stoppuhrModel.Rundenzeit.Value.Minutes : 0; }
    }

    public decimal RundeSekunden {
        get {
            if (_stoppuhrModel.Rundenzeit.HasValue) {
                return (decimal)_stoppuhrModel.Rundenzeit.Value.Seconds
                    + (_stoppuhrModel.Rundenzeit.Value.Milliseconds * .001M);
            }
            else
                return 0.0M;
        }
    }

    int _letzteRundeStunden;
    int _letzteRundeMinuten;
    decimal _letzteRundeSekunden;
    private void RundeAktualisiertEventHandler(object sender, RundeEventArgs e) {
        if (_letzteRundeStunden != RundeStunden) {
            _letzteRundeStunden = RundeStunden;
            OnPropertyChanged("RundeStunden");
        }
        if (_letzteRundeMinuten != RundeMinuten) {
            _letzteRundeMinuten = RundeMinuten;
            OnPropertyChanged("RundeMinuten");
        }
        if (_letzteRundeSekunden != RundeSekunden) {
            _letzteRundeSekunden = RundeSekunden;
            OnPropertyChanged("RundeSekunden");
        }
    }

    public event PropertyChangedEventHandler PropertyChanged;
    protected void OnPropertyChanged(string propertyName) {
        PropertyChangedEventHandler propertyChanged = PropertyChanged;
        if (propertyChanged != null)
            propertyChanged(this, new PropertyChangedEventArgs(propertyName));
    }
}
```

Verstrichen.Value liefert einen TimeSpan-Wert, dessen Minutes-Eigenschaft einen int liefert.

Die Eigenschaft Seconds liefert die Sekunden und die Hundertstelsekunden als decimal-Wert. Wie das funktioniert, können Sie sich ansehen, indem Sie im Debugger einen Haltepunkt setzen.

Diese Eigenschaften funktionieren genau wie die Eigenschaften für die verstrichene Zeit, basieren aber auf Rundenzeit statt auf Verstrichen.

Hier ist der Event-Handler für das RundeAktualisiert-Event des Model. Er funktioniert genau so wie der Event-Handler des DispatcherTimer. Er prüft die Eigenschaften für die Rundenzeit und setzt Events für die ab, die sich geändert haben.

Hier ist der vertraute PropertyChanged-Code.

Die Stoppuhr-App abschließen

Jetzt müssen wir nur noch einige lose Fäden verbinden. Das EinfacheStoppuhr-Benutzersteuerelement hat bisher keine Event-Handler. Die müssen Sie noch einbauen. Anschließend kann das Steuerelement der Hauptseite hinzugefügt werden.

1. Fügen Sie zunächst dem Unterstützungscode in ***EinfacheStoppuhr.xaml.cs*** die folgenden Event-Handler hinzu:

```
private void StartButton_Click(object sender, RoutedEventArgs e) {
    viewModel.Start();
}
private void StoppButton_Click(object sender, RoutedEventArgs e) {
    viewModel.Stopp();
}
private void ZurücksetzenButton_Click(object sender, RoutedEventArgs e) {
    viewModel.Zurücksetzen();
}
private void RundeButton_Click(object sender, RoutedEventArgs e) {
    viewModel.Runde();
}
```

Die Buttons im View rufen einfach die Methoden im ViewModel auf. Das ist ein recht übliches Verhalten für einen View.

2. **Löschen Sie dann *MainPage.xaml* und fügen Sie stattdessen eine neue Standardseite ein**, wie Sie es in den anderen Projekten auch gemacht haben (vergessen Sie nicht, die Projektmappe neu zu erstellen).

3. Öffnen Sie die *MainPage.xaml*-Datei und fügen Sie dem Wurzel-Tag **diesen XML-Namensraum** hinzu:

```
xmlns:view="using:Stoppuhr.View"
```

4. Ändern Sie die AppName-Ressource *MainPage.xaml*, um **den Seitennamen zu setzen**:

```
<Page.Resources>
    <x:String x:Key="AppName">Stoppuhr</x:String>
</Page.Resources>
```

Das gesamte Verhalten steckt im Benutzersteuerelement. Es gibt also keinen Unterstützungscode für die Hauptseite.

5. **Fügen Sie dem XAML-Code** in *MainPage.xaml* ein **EinfacheStoppuhr-Steuerelement hinzu:**

```
<view:EinfacheStoppuhr Grid.Row="1" Margin="120,0"/>
```

Jetzt sollte Ihre App laufen. Klicken Sie auf die Buttons Start, Stopp, Zurücksetzen und Runde, um sich anzusehen, wie Ihre Stoppuhr funktioniert.

Stoppuhr
Verstrichene Zeit: 0 : 3 : 5,999
Rundenzeit: 0 : 2 : 28,249
Start
Stopp
Zurücksetzen
Runde

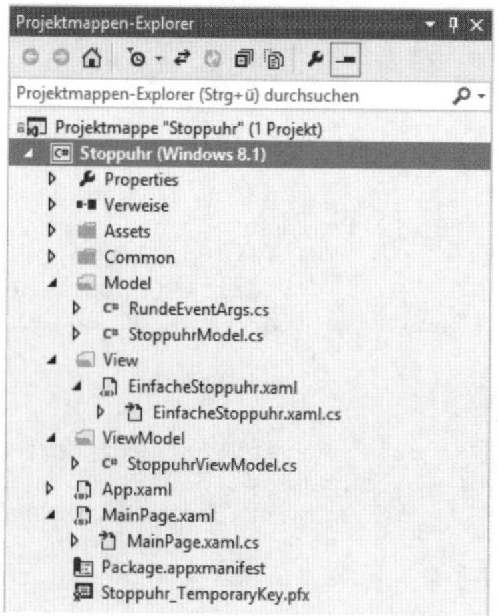
Projektmappen-Explorer
Projektmappen-Explorer (Strg+ü) durchsuchen
Projektmappe "Stoppuhr" (1 Projekt)
Stoppuhr (Windows 8.1)
Properties
Verweise
Assets
Common
Model
RundeEventArgs.cs
StoppuhrModel.cs
View
EinfacheStoppuhr.xaml
EinfacheStoppuhr.xaml.cs
ViewModel
StoppuhrViewModel.cs
App.xaml
MainPage.xaml
MainPage.xaml.cs
Package.appxmanifest
Stoppuhr_TemporaryKey.pfx

Fehlt etwas? Ihre Projektmappe sollte jetzt so aussehen.

KÖNNEN WIR UNS VIELLEICHT NOCH EINMAL DARÜBER UNTERHALTEN, WIE SIE ENTSCHIEDEN HABEN, WAS WOHIN KOMMT. WARUM HABEN SIE BEIM BASKETBALL-PROGRAMM DIE SEITE IN DEN VIEW-ORDNER GESTECKT, BEI DER STOPPUHR ABER NICHT? WARUM HABEN SIE FÜR DIE VERSTRICHENE ZEIT EINEN TIMER GENUTZT, FÜR DIE RUNDENZEIT HINGEGEN EIN EVENT? UND WARUM STECKT DER TIMER IM VIEWMODEL UND NICHT IM MODEL? MIR SCHEINT DAS ALLES SO ***WILLKÜRLICH!***

Wenn man ein Muster wie MVVM nutzt, muss man Entscheidungen fällen.

MVVM ist ein Muster. Das bedeutet, dass es Konventionen, aber keine in Stein gemeißelten Regeln gibt, deren Einhaltung mit einem Compiler geprüft werden kann. Außerdem ist es ein ***flexibles*** Muster. Das heißt, dass es viele verschiedene Möglichkeiten gibt, es zu implementieren. In den Beispielen in diesem Kapitel werden wir Ihnen einige der Dinge zeigen, auf die Sie in MVVM-Anwendungen häufiger stoßen werden. Und wenn wir etwas tun, das wir auch anders hätten machen können, dann erläutern wir diese Entscheidungen. Das soll Ihnen zeigen, wie flexibel – *und auch inflexibel* – das MVVM-Muster ist.

HIER SIND EINIGE REGELN, DIE WIR BEFOLGEN, WENN WIR UNSERE MVVM-ANWENDUNGEN AUFBAUEN:

- Die Model-, ViewModel- und View-Klassen befinden sich in **eigenen Namensräumen**.
- Steuerelemente und Seiten im View können **Referenzen auf das ViewModel haben**, damit sie seine Methoden aufrufen und seine Eigenschaften mit einer Ein- oder Zwei-Wege-Bindung binden können.
- Objekte im ViewModel speichern **keine** Referenzen auf Objekte im View.
- Wenn das ViewModel dem View Informationen geben muss, nutzt es **`PropertyChanged`- und `CollectionChanged`-Events**, damit die Bindungen automatisch aktualisiert werden.
- ViewModel-Objekte haben **Referenzen auf Model-Objekte** und können ihre Methoden aufrufen und ihre Eigenschaften setzen und abrufen.
- Wenn das Model Informationen an das ViewModel übergeben muss, kann es **ein Event absetzen**.
- Objekte im Model haben **keine** Referenzen auf Objekte im ViewModel.
- Das Model **muss sauber gekapselt sein**. Es darf nur von anderen Objekten im Model abhängig sein. Wenn Sie den gesamten anderen Code im Projekt löschen, sollte sich der Code im Model-Ordner immer noch kompilieren lassen.
- `DispatcherTimer` und asynchroner Code kommen üblicherweise ins ViewModel und nicht ins Model. Code, der sich um Zeitabläufe dreht, steuert in der Regel, ***wie*** sich der Zustand der App ändert, bildet selbst aber ***keinen Teil*** des Zustands.

Konvertierer wandeln Werte für Bindungen automatisch um

VIEW
MODEL
Tools

Konvertierer sind nützliche Werkzeuge für den Aufbau des ViewModel.

Jeder, der eine Digitaluhr hat, weiß, dass sie Minuten üblicherweise mit einer vorangestellten 0 anzeigt. Auch unsere Stoppuhr sollte die Minuten mit zwei Ziffern darstellen. Und die Sekunden sollte sie ebenfalls mit zwei Ziffern darstellen und auf die nächstliegende Hundertstelsekunde runden. Wir *könnten* das ViewModel so ändern, dass es entsprechend formatierte String-Werte veröffentlicht. Das aber würde heißen, dass wir jedes Mal, wenn wir eine neue Formatierung der Daten wünschen, weitere Eigenschaften einfügen müssten. Mit **Wertkonvertierern** können wir uns das sparen. Ein Wertkonvertierer ist ein Objekt, das die XAML-Bindung nutzt, um die Daten zu formatieren, bevor sie an das Steuerelement übergeben werden. Sie können einen Wertkonvertierer erstellen, indem Sie die Schnittstelle `IValueConverter` (aus dem Namensraum `Windows.UI.Xaml.Data`) implementieren. Fügen Sie der Stoppuhr nun einen Wertkonvertierer hinzu.

1. **Fügen Sie dem Ordner ViewModel die Klasse ZeitformatConverter hinzu.**
Ergänzen Sie zu Anfang der Datei **`using Windows.UI.Xaml.Data;`** und lassen Sie die Klasse dann die Schnittstelle **`IValueConverter`** implementieren. Nutzen Sie die IDE, um die Schnittstelle automatisch zu implementieren. Es werden Stubs für die Methoden `Convert()` und `ConvertBack()` erstellt.

2. **Implementieren Sie in Ihrem Wertkonvertierer die Methode Convert().**
`Convert()` erwartet mehrere Parameter, von denen wir zwei verwenden werden. Der Parameter **`value`** ist der rohe Datenwert, der an die Bindung übergeben wird. Mit **`parameter`** können Sie einen Parameter in XAML angeben.

```
using Windows.UI.Xaml.Data;

class ZeitformatConverter : IValueConverter {
    public object Convert(object value, Type targetType,
                          object parameter, string language) {
        if (value is decimal)
            return ((decimal)value).ToString("00.00");
        else if (value is int) {
            if (parameter == null)
                return ((int)value).ToString("d1");
            else
                return ((int)value).ToString(parameter.ToString());
        }
        return value;
    }

    public object ConvertBack(object value, Type targetType,
                              object parameter, string language) {
        throw new NotImplementedException();
    }
}
```

Dieser Konvertierer weiß, wie er decimal- und int-Werte konvertiert. Für int-Werte können Sie optional einen Parameter übergeben.

Die Methode ConvertBack() wird für bidirektionale Bindungen genutzt. Da wir sie in diesem Projekt nicht benötigen werden, können Sie den Stub unverändert lassen.

Ist es eine gute Idee, eine `NotImplementedException` im Code zu lassen? Bei diesem Projekt sollte dieser Code nie ausgeführt werden. Wäre es nicht besser, er schlüge stillschweigend fehl, wenn er ausgeführt wird, damit der Benutzer nie mit dem Problem konfrontiert wird? Oder wäre es besser, es würde eine Exception ausgelöst, damit Sie dem Problem auf den Grund gehen können? Welche Entscheidung gibt uns eine robustere App? Darauf gibt es nicht notwendigerweise eine richtige Antwort.

VIEW

3 Fügen Sie dem Stoppuhr-Steuerelement den Konvertierer als statische Ressource hinzu.

Geben Sie ihn einfach unter dem `ViewModel`-Objekt an:

```
<UserControl.Resources>
    <viewmodel:StoppuhrViewModel x:Name="viewModel"/>
    <viewmodel:ZeitformatConverter x:Name="zeitformatConverter"/>
</UserControl.Resources>
```

Eventuell müssen Sie die Projektmappe neu erstellen, wenn Sie diese Zeile einfügen. In seltenen Fällen müssen Sie das Projekt sogar neu laden.

4 Aktualisieren Sie das XAML, damit der Wertkonvertierer verwendet wird.

Ändern Sie das `{Binding}`-Markup, indem Sie ihm in den `<Run>`-Tags `Converter=` hinzufügen.

Vergessen Sie die zweite schließende geschweifte Klammer nicht, wenn kein Parameter angegeben wird.

```
<TextBlock>
    <Run>Verstrichene Zeit: </Run>
    <Run Text="{Binding Stunden,
        Converter={StaticResource zeitformatConverter}}"/>
    <Run>:</Run>
    <Run Text="{Binding Minuten,
        Converter={StaticResource zeitformatConverter}, ConverterParameter=d2}"/>
    <Run>:</Run>
    <Run Text="{Binding Sekunden,
        Converter={StaticResource zeitformatConverter}}"/>
</TextBlock>
<TextBlock>
    <Run>Rundenzeit: </Run>
    <Run Text="{Binding RundeStunden,
        Converter={StaticResource zeitformatConverter}}"/>
    <Run>:</Run>
    <Run Text="{Binding RundeMinuten,
        Converter={StaticResource zeitformatConverter}, ConverterParameter=d2}"/>
    <Run>:</Run>
    <Run Text="{Binding RundeSekunden,
        Converter={StaticResource zeitformatConverter}}"/>
</TextBlock>
```

Nutzen Sie ConverterParameter, um dem Konvertierer einen Parameter zu übergeben.

Jetzt verarbeitet die Stoppuhr die Werte mit dem Konvertierer, bevor sie an die TextBlock-Steuerelemente übergeben werden. Die Zahlen erscheinen nun im richtigen Format auf der Seite.

Verstrichene Zeit: 0 : 00 : 12,08
Rundenzeit: 0 : 00 : 06,36
Start
Stopp
Zurücksetzen
Runde

Konvertierer können mit unterschiedlichen Typen arbeiten

TextBlock- und TextBox-Steuerelemente arbeiten mit Text, also ist es kein Problem, wenn ihre `Text`-Eigenschaft an Strings oder Zahlen gebunden wird. Aber es gibt viele andere Eigenschaften, die Sie ebenfalls binden können. Wenn Ihr ViewModel eine Boolean-Eigenschaft hat, kann diese an jede `true/false`-Eigenschaft gebunden werden. Sie können sogar Eigenschaften, die Enums verwenden, für Bindungen nutzen – die Eigenschaft `IsVisible`, nutzt das Enum `Visibility` und das heißt, dass Sie auch Konvertierer dafür schreiben können. Fügen wir der Stoppuhr Boolean- und `Visibility`-Bindungen hinzu.

Hier sind zwei praktische Konvertierer.

Manchmal wollen Sie Boolean-Eigenschaften wie `IsEnabled` so binden, dass das Steuerelement aktiviert wird, wenn die gebundene Eigenschaft `false` ist. Wir nutzen dann einen neuen Konvertierer namens `BoolNichtConverter`, der die Boolesche Zieleigenschaft mit dem ! -Operator umkehrt.

```
IsEnabled="{Binding Läuft, Converter={StaticResource nichtConverter}}"
```

Häufig sollen Steuerelemente auf Basis einer Booleschen Eigenschaft des Datenkontexts angezeigt oder verborgen werden. Die Visibility-Eigenschaft eines Steuerelements können Sie nur an eine Zieleigenschaft binden, deren Typ `Visibility` ist (d. h., die einen Wert wie `Visibility.Collapsed` liefert). Dazu schreiben wir einen `BoolVisibilityConverter`, der es uns ermöglicht, die `Visibility`-Eigenschaft eines Steuerelements an eine Boolesche Zieleigenschaft zu binden, um das Steuerelement sichtbar oder unsichtbar zu machen.

```
Visibility="{Binding Läuft, Converter={StaticResource visibilityConverter}}"
```

1 DEN TICK-EVENT-HANDLER DES VIEWMODEL ANPASSEN.

Ändern Sie den `Tick`-Event-Handler des `DispatcherTimer` so, dass er ein `PropertyChanged`-Event absetzt, wenn sich der Wert der Eigenschaft `Läuft` ändert:

VIEW MODEL

```
int _letzteStunden;
int _letzteMinuten;
decimal _letzteSekunden;
bool _letztesLäuft;
void TimerTick(object sender, object e) {
    if (_letztesLäuft != Läuft) {
        _letztesLäuft = Läuft;
        OnPropertyChanged("Läuft");
    }
    if (_letzteStunden != Stunden) {
        _letzteStunden = Stunden;
        OnPropertyChanged("Stunden");
    }
    if (_letzteMinuten != Minuten) {
        _letzteMinuten = Minuten;
        OnPropertyChanged("Minuten");
    }
    if (_letzteSekunden != Sekunden) {
        _letzteSekunden = Sekunden;
        OnPropertyChanged("Sekunden");
    }
}
```

Wir haben die Prüfung von Läuft dem Timer hinzugefügt. Wäre es nicht sinnvoller, stattdessen das Model ein Event absetzen zu lassen?

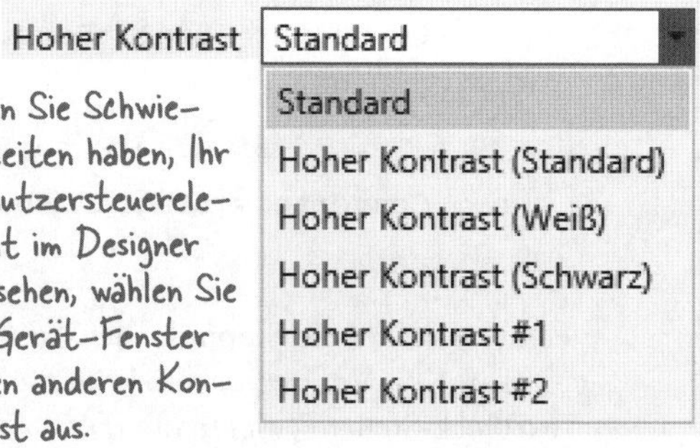
Hoher Kontrast
Standard
Standard
Hoher Kontrast (Standard)
Hoher Kontrast (Weiß)
Hoher Kontrast (Schwarz)
Hoher Kontrast #1
Hoher Kontrast #2

Wenn Sie Schwierigkeiten haben, Ihr Benutzersteuerelement im Designer zu sehen, wählen Sie im Gerät-Fenster einen anderen Kontrast aus.

VIEW
MODEL

2 SCHREIBEN SIE EINEN KONVERTIERER, DER BOOL-WERTE UMKEHRT.

Hier ist ein Wertkonvertierer, der `true` in `false` wandelt und umgekehrt. Diesen können Sie für Boolesche Eigenschaften wie `IsEnabled` auf Ihren Steuerelementen nutzen:

```
using Windows.UI.Xaml.Data;

class BoolNichtConverter : IValueConverter {
    public object Convert(object value, Type targetType, object parameter, string language) {
        if ((value is bool) && ((bool)value) == false)
            return true;
        else
            return false;
    }
    public object ConvertBack(object value, Type targetType, object parameter, string language) {
        throw new NotImplementedException();
    }
}
```

3 SCHREIBEN SIE EINEN KONVERTER, DER BOOL-WERTE IN VISIBILITY-ENUM-WERTE KONVERTIERT.

Sie haben bereits gesehen, dass Sie ein Steuerelement sichtbar oder unsichtbar machen können, indem Sie seine `Visibility`-Eigenschaft auf `Visible` oder `Collapsed` setzen. Diese Werte kommen aus einem Enum im Namensraum *Windows.UI.Xaml*, das `Visibility` heißt. Hier ist ein Konvertierer, der Boolesche Werte in Visibility-Werte konvertiert:

```
using Windows.UI.Xaml;
using Windows.UI.Xaml.Data;

class BoolVisibilityConverter : IValueConverter {
    public object Convert(object value, Type targetType, object parameter, string language) {
        if ((value is bool) && ((bool)value) == true)
            return Visibility.Visible;
        else
            return Visibility.Collapsed;
    }
    public object ConvertBack(object value, Type targetType, object parameter, string language) {
        throw new NotImplementedException();
    }
}
```

All comics in the collection
VIEW

4 LASSEN SIE DIE EINFACHE STOPPUHR DIE KONVERTIERER NUTZEN.

Fügen Sie *EinfacheStoppuhr.xaml* Instanzen dieser Konvertierer als statische Ressourcen hinzu:

```
<viewmodel:BoolVisibilityConverter x:Key="visibilityConverter"/>
<viewmodel:BoolNichtConverter x:Key="nichtConverter"/>
```

Jetzt können Sie die `IsEnabled`- und `Visibility`-Eigenschaften des Steuerelements an die `Läuft`-Eigenschaft des ViewModel binden:

```
<StackPanel Orientation="Horizontal">
    <Button IsEnabled="{Binding Läuft, Converter={StaticResource nichtConverter}}"
            Click="StartButton_Click">Start</Button>
    <Button IsEnabled="{Binding Läuft}" Click="StoppButton_Click">Stopp</Button>
    <Button Click="ZurücksetzenButton_Click">Zurücksetzen</Button>
    <Button IsEnabled="{Binding Läuft}" Click="RundeButton_Click">Runde</Button>
</StackPanel>
<TextBlock Text="Stoppuhr läuft"
           Visibility="{Binding Läuft, Converter={StaticResource visibilityConverter}}"/>
```

← Das aktiviert den Start-Button nur, wenn die Stoppuhr nicht läuft.

↖ Das lässt einen TextBlock sichtbar werden, wenn die Stoppuhr läuft.

Das Aussehen von Steuerelementen mit Styles ändern

VIEW
Tools

Wenn Sie die View-Schicht Ihrer App aufbauen, schreiben Sie üblicherweise hauptsächlich XAML-Code. XAML-Steuerelemente sind einfach Objekte, es ist also jederzeit *möglich*, einen vollständigen View nur mit C#-Code aufzubauen. Aber XAML wurde speziell darauf konzipiert, dass es diese Aufgabe erheblich einfacher macht. Schauen wir uns anhand eines Beispiels an, wie Sie gewöhnliche Buttons mit XAML anpassen können.

Wir wollen die Buttons in *EinfacheStoppuhr.xaml* so ändern, dass sie wie AppBarButtons aussehen, und unserer Stoppuhr damit folgendes Aussehen verleihen:

Verstrichene Zeit: 0 : 00 : 14,00
Rundenzeit: 0 : 00 : 09,09
Start
Stopp
Zurücksetzen
Runde
Stoppuhr läuft

An den Buttons in *EinfacheStoppuhr.xaml* müssen wir dazu nur die folgenden Änderungen vornehmen. Wir fügen ihnen **`Style="{StaticResource AppBarButtonStyle}"`** hinzu und setzen den Button-Inhalt auf den Hex-Wert eines Symbols aus der Schriftart Segoe UI Symbol:

```
<Button Style="{StaticResource AppBarButtonStyle}"
        IsEnabled="{Binding Läuft, Converter={StaticResource nichtConverter}}"
        AutomationProperties.Name="Start"
        Click="StartButton_Click">&#xE102;</Button>

<Button Style="{StaticResource AppBarButtonStyle}"
        AutomationProperties.Name="Stopp"
        IsEnabled="{Binding Läuft}" Click="StoppButton_Click">&#xE103;</Button>

<Button Style="{StaticResource AppBarButtonStyle}"
        AutomationProperties.Name="Zurücksetzen"
        Click="ZurücksetzenButton_Click">&#xE10E;</Button>

<Button Style="{StaticResource AppBarButtonStyle}"
        AutomationProperties.Name="Runde"
        IsEnabled="{Binding Läuft}" Click="RundeButton_Click">&#xE16D;</Button>
```

Natürlich benötigen wir noch die entsprechende Ressource, eine Vorlage für den **AppBarButtonStyle**, der hier verwendet wird. Diese entnehmen wir einer Datei, die in VS 2012 Teil der Vorlage für eine Standardseite war, *StandardStyles.xaml*. Eine Kopie finden Sie im Beispielcode zu diesem Buch unter den Dateien zu diesem Kapitel. Sie enthält eine Menge Beispiele dafür, was man mit Stilvorlagen alles erreichen kann. Einige davon werden wir uns auf den nächsten Seiten ansehen, damit wir die entsprechenden Technologien anschließend in unseren eigenen Anwendungen nutzen können.

① Öffnen Sie also nun *StandardStyles.xaml* in der IDE. Das Start-Tag sagt Ihnen, dass die Datei ein `ResourceDictionary` enthält. Das ist ein Objekt, das Ihrer App statische Ressourcen bereitstellt.

```
<ResourceDictionary
    xmlns="http://schemas.microsoft.com/winfx/2006/xaml/presentation"
    xmlns:x="http://schemas.microsoft.com/winfx/2006/xaml">
```

② Schauen Sie nach `AppBarButtonStyle`, um die statische Ressource zu suchen, die wir auf den Button anwenden wollen. Sie werden feststellen, dass sie mit einem **`<Style>`**-Tag definiert wird. Kopieren Sie den gesamten Style (am einfachsten geht das, indem Sie ihn mit einem Klick auf das Minuszeichen neben dem `<Style>`-Tag zusammenklappen und dann lediglich den zusammengeklappten Bereich auswählen und kopieren). Fügen Sie ihn dann in das **`<UserControl.Ressources>`**-Element von *EinfacheStoppuhr.xaml* ein. Wenn Sie die App jetzt ausführen, sehen die Buttons wie **AppBarButton**s aus.

Ein Style enthält Setter, die **Eigenschaften für alle Steuerelemente setzen, auf die er angewandt wird**. Die `TargetType`-Eigenschaft eines Styles bestimmt, auf welche Art von Steuerelement er angewandt werden kann – hier ist das `ButtonBase`, die Klasse, von der `Button` erbt. Der Style enthält `<Setter>`-Tags, die Eigenschaften jedes Steuerelements setzen, auf die der Style angewandt wird.

Diese Setter setzen die Farbe, die Ausrichtung und die Schrift jedes Buttons, auf den dieser Stil angewandt wird.

```
<Style x:Key="AppBarButtonStyle" TargetType="ButtonBase">
    <Setter Property="Foreground"
            Value="{StaticResource AppBarItemForegroundThemeBrush}"/>
    <Setter Property="VerticalAlignment" Value="Stretch"/>
    <Setter Property="FontFamily" Value="Segoe UI Symbol"/>
    <Setter Property="FontWeight" Value="Normal"/>
    <Setter Property="FontSize" Value="20"/>
    <Setter Property="AutomationProperties.ItemType" Value="App Bar Button"/>
```

Das ist eine statische Ressource, die entweder eine helle oder eine dunkle Farbe setzt, je nachdem, welches Thema zur Anzeige des Steuerelements verwendet wird.

Andere Steuerelemente können diese Eigenschaft nutzen, um zu ermitteln, dass das ein AppBarButton ist.

③ Der nächste `<Setter>` setzt die `Template`-Eigenschaft auf ein `<ControlTemplate>`. Das definiert die **Vorlage** für das Steuerelement. Wenn der Button auf die Seite gezeichnet wird, findet Windows anhand der Steuerelementvorlage heraus, was gezeichnet werden soll, und zeigt alle Steuerelemente an, die in der Vorlage enthalten sind.

```
<Setter Property="Template">
    <Setter.Value>
        <ControlTemplate TargetType="ButtonBase">
```

Diese Steuerelementvorlage ist für ButtonBase-Objekte oder Objekte von Unterklassen (wie Button) gedacht.

MOMENT, DAS KOMMT MIR BEKANNT VOR. HABE ICH NICHT BEREITS IN KAPITEL 1 EIN *CONTROLTEMPLATE* VERWENDET?

Ja! Sie haben mithilfe der IDE eine Vorlage für die Feinde erstellt.

Wenn Sie sich diesen Code noch einmal ansehen, verstehen Sie jetzt genau, wie er funktioniert. Die IDE hat die Steuerelementvorlage als statische Ressource namens `FeindTemplate` definiert, und Sie konnten dem Feind-Steuerelement das Aussehen eines Aliens verleihen, indem Sie seine `Template`-Eigenschaft auf dieses zeigen ließen. Die IDE hat das Template mit `x:Key` statt mit `x:Name` erstellt. Ihr Code nutzt also die `Resources`-Auflistung, um es über den Namen abzurufen.

④ Die Vorlage nutzt ein StackPanel, um den Button tatsächlich zu zeichnen. Es enthält ein Grid und einen TextBlock. Das Grid enthält keine Spalten oder Zeilen – es nutzt den Umstand, dass die Zellen in einem Grid übereinandergezeichnet werden (wie Sie im letzten Kapitel bei der Betrachtung von Routing-Events sahen). Es nutzt zwei Glyphen aus der Schriftart Segoe UI Symbol, um einen kreisförmigen Button zu zeichnen: `` ist ein ausgefüllter Kreis und `` ein leerer. (Das können Sie sich selbst im Zeichenkatalog ansehen.) Über den Glyphen ist ein ContentPresenter-Steuerelement. Wenn das `Button`-Objekt erstellt wird, wird es durch den Inhalt zwischen dem Start- und dem End-Tag oder dem Wert der `Content`-Eigenschaft ersetzt – es präsentiert also den Inhalt.

Stopp

```
<ControlTemplate TargetType="ButtonBase">

    <Grid x:Name="RootGrid" Width="100" Background="Transparent">

        <StackPanel VerticalAlignment="Top" Margin="0,12,0,11">

            <Grid Width="40" Height="40" Margin="0,0,0,5" HorizontalAlignment="Center">

                <TextBlock x:Name="BackgroundGlyph" Text="&#xE0A8;"
                           FontFamily="Segoe UI Symbol" FontSize="53.333" Margin="-4,-19,0,0"
                           Foreground="{StaticResource AppBarItemBackgroundThemeBrush}"/>

                <TextBlock x:Name="OutlineGlyph" Text="&#xE0A7;" FontFamily="Segoe UI Symbol"
                           FontSize="53.333" Margin="-4,-19,0,0"/>

                <ContentPresenter x:Name="Content" HorizontalAlignment="Center"
                                  Margin="-1,-1,0,0" VerticalAlignment="Center"/>

            </Grid>

            <TextBlock
                x:Name="TextLabel" Text="{TemplateBinding AutomationProperties.Name}"
                Foreground="{StaticResource AppBarItemForegroundThemeBrush}"
                Margin="0,0,2,0" FontSize="12" TextAlignment="Center"
                Width="88" MaxHeight="32" TextTrimming="WordEllipsis"
                Style="{StaticResource BasicTextStyle}"/>

        </StackPanel>
```

Sie haben das »Pause«-Zeichen, den Glyphen E103, auf der letzten Seite als Bild für den Button gesetzt. Das landet also im TextBlock. Die Setter in Schritt 2 setzen die Schriftart auf Segoe UI Symbol.

Mit dem `TemplateBinding`-Markup können Sie Eigenschaften im ControlTemplate an Eigenschaften des Steuerelements binden, auf das es angewandt wird – mit Bindungen für `Text`, `Width`, `Foreground` usw. können Sie also Werte auf den `Button` setzen und in der Vorlage lesen. `AutomationProperties` gibt Ihnen weitere Namen für Bindungen.

In StandardStyles.xaml können Sie weitere Beispiele für AutomationProperties finden.

Die Klasse `AutomationProperties` ist ein praktisches Mittel, einem ControlTemplate zusätzliche Informationen zu übergeben. Aber eigentlich ist sie für die Barrierefreundlichkeit gedacht. Mehr erfahren Sie hier: http://msdn.microsoft.com/en-us/library/windows/apps/xaml/hh868160.aspx

5 Die letzten beiden Steuerelemente umgeben das Ganze mit einem Rechteck. Das eine hat den Namen FocusVisualWhite und wird mit gestrichelten Linien gezeichnet. Das andere mit dem Namen FocusVisualBlack wird ebenfalls mit gestrichelten Linien gezeichnet, aber das Strichmuster hat kürzere Striche. Diese Rechtecke können Sie sehen, wenn Sie die Stoppuhr ausführen und auf die Tab-Taste drücken, um zwischen den Buttons zu wechseln.

```
<Rectangle
        x:Name="FocusVisualWhite" IsHitTestVisible="False"
        Stroke="{StaticResource FocusVisualWhiteStrokeThemeBrush}"
        StrokeEndLineCap="Square" StrokeDashArray="1,1"
        Opacity="0" StrokeDashOffset="1.5"/>

<Rectangle
        x:Name="FocusVisualBlack IsHitTestVisible="False"
        Stroke="{StaticResource FocusVisualBlackStrokeThemeBrush}"
        StrokeEndLineCap="Square" StrokeDashArray="1,1"
        Opacity="0" StrokeDashOffset="0.5"/>
```

Styles können alle Steuerelemente eines bestimmten Typs ändern

Schauen Sie sich an, wie `AppBarButtonStyle` definiert wurde:

```
<Style x:Key="AppBarButtonStyle" TargetType="ButtonBase">
```

Dieser Style wird als statische Ressource mit dem Schlüssel `AppBarButtonStyle` erstellt, damit er über die `Style`-Eigenschaft auf Buttons (oder Objekte einer beliebigen Klasse, die `ButtonBase` erweitert) angewandt werden kann. Aber was passiert, wenn Sie den Schlüssel weglassen? Dann wird der Style **automatisch auf alle Klassen angewandt, die `TargetType` entsprechen**. Fügen wir einen entsprechenden Style ein, damit wir uns das in Aktion ansehen können.

6 Öffnen Sie die Datei *EinfacheStoppuhr.xaml* und bearbeiten Sie den Abschnitt `<UserControl.Resources>`. Fügen Sie als statische Ressource einen Style mit dem `TargetType` `TextBlock` ein. Lassen Sie diesen Style Schriftgröße und Schriftgewicht setzen:

```
<Style TargetType="TextBlock">

    <Setter Property="FontSize" Value="16"/>

    <Setter Property="FontWeight" Value="Bold"/>

</Style>
```

Sobald Sie diesen Style einfügen, werden die `FontSize`- und `FontWeight`-Eigenschaften aller TextBlocks in `EinfacheStoppuhr` entsprechend gesetzt:

Der Style ändert unmittelbar alle TextBlocks und setzt FontSize auf 16 und FontWeight auf Bold.
Verstrichene Zeit: 0 : 00 : 43,02
Rundenzeit: 0 : 00 : 00,00
Start
Stopp
Zurücksetzen
Runde
Stoppuhr läuft
Wir haben das Gerät-Fenster in der IDE genutzt, um das Hell-Design zu wählen, damit die Steuerelemente im Designer besser erkennbar sind.

Visuelle Zustände lassen Steuerelemente auf Änderungen reagieren

Wenn Sie die Maus über einem Button schweben lassen, wird er undurchsichtig. Wenn Sie mit der Tabulatortaste den Fokus auf den Button verschieben, erscheint um ihn herum eine gestrichelte Linie. Diese Dinge geschehen, weil Sie den **Zustand des Buttons geändert haben**. Wenn Sie die Maus über ihm schweben lassen, bringen Sie ihn in einen Zustand, der als `PointerOver` bezeichnet wird, und wenn Sie ihm den Fokus geben, versetzen Sie ihn in den Fokus-Zustand. Es gibt viele verschiedene Zustände, in denen sich ein Steuerelement befinden kann, und die meisten Steuerelemente müssen nicht auf alle Zustände reagieren.

Steuerelemente und Steuerelementvorlagen nutzen **visuelle Zustandsgruppen**, um das Aussehen und Verhalten von Steuerelementen anzupassen, wenn sie sich in einem bestimmten Zustand befinden. Buttons haben eine visuelle Zustandsgruppe namens `CommonStates`, die einen Zustand namens `Normal`, einen namens `PointerOver` (wenn der Mauszeiger über dem Button schwebt), einen namens `Pressed` (wenn der Benutzer tatsächlich den Button betätigt) und einen namens `Disabled` (wenn der Button deaktiviert ist) einschließen. Die Steuerelementvorlage im `AppBarButtonStyle`-Style hat einen <VisualStateGroup>-Abschnitt, der festlegt, wie sich die Eigenschaften des Buttons ändern, wenn er sich in einem dieser Zustände befindet.

```
<VisualStateGroup x:Name="CommonStates">
    <VisualState x:Name="Normal"/>
    <VisualState x:Name="PointerOver">
        <Storyboard>
            Animation für eine Eigenschaft, wenn der Zeiger über dem Button schwebt,
            Andere Animation für eine andere Eigenschaft im gleichen Zustand.
        </Storyboard>
    </VisualState>
    <VisualState x:Name="Pressed">
        <Storyboard>
            Animation für eine Eigenschaft, wenn der Button gedrückt wird.
            Andere Animation für eine andere Eigenschaft im gleichen Zustand.
            Noch eine weitere – es kann viele Animationen für Eigenschaften geben.
        </Storyboard>
    </VisualState>
    <VisualState x:Name="Disabled">
        <Storyboard>
            Animation für eine Eigenschaft, wenn der Button deaktiviert ist.
            Andere Animation für eine andere Eigenschaft im gleichen Zustand
            usw.
        </Storyboard>
    </VisualState>
</VisualStateGroup>
```

Das Steuerelement muss nichts Besonderes tun, wenn es sich im normalen Zustand befindet.

Alle Zustände werden mit einem `<VisualState>`-Tag behandelt, das ein `Storyboard` enthält. `Storyboards` enthalten Animationen und können eine Zeitleiste nutzen, um Anfang und Ende der Animation festzulegen.

Alle `Storyboards` nutzen Animationen, um Eigenschaften zu verändern. Wenn das Steuerelement in einen bestimmten Zustand eintritt, startet das `Storyboard` die Animationen, die die Werte in den Eigenschaften ändern können.

Mit DoubleAnimation double-Werte animieren

Wenn Sie in XAML für ein Steuerelement eine numerische Eigenschaft wie `Width` oder `Height` angeben, wird der Wert einer `double`-Eigenschaft auf dem entsprechenden Objekt gesetzt. `DoubleAnimation` gibt Ihnen eine Möglichkeit, einen **double-Wert stufenweise über ein Zeitintervall von einem Wert in einen anderen übergehen zu lassen**. Das wird häufig genutzt, um ein Steuerelement zu verändern, wenn es in einen visuellen Zustand wechselt. Die Steuerelementvorlagen in `AppBarButtonStyle` nutzen `DoubleAnimation`, um den Zustand `Focused` anzuzeigen, indem die Blickdichte der zwei Rechtecke um den Rand des Steuerelements von 0 (transparent) in 1 (undurchsichtig) geändert wird. Die Dauer ist null, und das bedeutet, dass die Animation sofort erfolgt:

```
<VisualState x:Name="Focused">
    <Storyboard>
        <DoubleAnimation
            Storyboard.TargetName="FocusVisualWhite"
            Storyboard.TargetProperty="Opacity"
            To="1"
            Duration="0"/>
        <DoubleAnimation
            Storyboard.TargetName="FocusVisualBlack"
            Storyboard.TargetProperty="Opacity"
            To="1"
            Duration="0"/>
    </Storyboard>
</VisualState>
```

Die Animation wird auf das Steuerelement namens FocusVisualWhite angewandt.

Die Eigenschaft Opacity wird von Ihrem Standardwert zu 1 animiert.

Wenn der Button den Zustand Focused verlässt, wird das Storyboard zurückgesetzt. Alle Animationen fallen in ihren Ausgangszustand zurück. Hier heißt das, dass Opacity wieder auf 0 gesetzt wird.

Experimentieren wir mit dieser Animation, um ein Gefühl dafür zu gewinnen, wie sie funktioniert. Kopieren Sie den gesamten Style in Ihr Benutzersteuerelement, passen Sie die Buttons so an, dass sie den neuen Stil nutzen, und verändern Sie dann die Animation:

1. **Wenn Sie den Style noch nicht** in den `<UserControl.Resources>` -Abschnitt von *EinfacheStoppuhr.xaml* **kopiert haben**, tun Sie das jetzt. **Setzen Sie** ihn unmittelbar unter die Konvertierer.

2. Ändern Sie den **x:Key** für den Style in `StoppuhrButtonStyle`. Modifizieren Sie dann die vier Buttons so, dass sie den neuen Namen nutzen, indem Sie die Eigenschaft `Style` in `Style="{StaticResource StoppuhrButtonStyle}"` ändern.

   Die Buttons sehen nicht anders aus, weil der von Ihnen neu hinzugefügte Style dem entspricht, den Sie zuvor bereits hatten.

3. Ändern Sie die `DoubleAnimation`-Tags im visuellen Zustand `Focused` so, dass die Animation nicht mehr null, sondern fünf Sekunden dauert. Eine Dauer wird immer in der Form ***`Stunden:Minuten:Sekunden`*** angegeben. Ändern Sie Duration also in **`Duration="0:0:5"`** (in beiden Animationen, damit es mit beiden Themen funktioniert).

4. Starten Sie das Programm und **nutzen Sie sie die Tab-Taste**, um den Fokus zwischen den Buttons zu wechseln. Der gestrichelte Rahmen verblasst nun langsam innerhalb von fünf Sekunden.

5. Ändern Sie die Animation erneut, diesmal in **`Duration="0:0:0.5" AutoReverse="true" RepeatBehavior="Forever"`**.

6. Führen Sie die App ein weiteres Mal aus. Jetzt pulsiert das Fokus-Rechteck, indem es eine halbe Sekunde eingeblendet und dann eine halbe Sekunde ausgeblendet wird.

Objektwerte mit Objektanimationen animieren

Während einige Eigenschaften Ihrer Steuerelemente double-Werte nutzen, nutzen andere Objekte. Wenn Sie die Eigenschaft `Foreground` auf Black setzen, setzen Sie sie eigentlich auf ein `SolidColorBrush`-Objekt. Ein Beispiel dafür können Sie in der Animation für den `Pressed`-Zustand des StoppuhrButtonStyle sehen, der eine `ObjectAnimationUsingKeyFrames`-Animation nutzt, um die Farbe des Kreiszeichens, das den Hintergrund bildet, zu ändern, wenn der Button gedrückt wird:

```
<VisualState x:Name="Pressed">
  <Storyboard>
    <ObjectAnimationUsingKeyFrames
         Storyboard.TargetName="BackgroundGlyph" Storyboard.TargetProperty="Foreground">
        <DiscreteObjectKeyFrame KeyTime="0"
             Value="{StaticResource AppBarItemPointerOverBackgroundThemeBrush}"/>
    </ObjectAnimationUsingKeyFrames>
    <ObjectAnimationUsingKeyFrames Storyboard.TargetName="Content"
         Storyboard.TargetProperty="Foreground">
        <DiscreteObjectKeyFrame KeyTime="0"
             Value="{StaticResource AppBarItemPointerOverForegroundThemeBrush}"/>
    </ObjectAnimationUsingKeyFrames>
  </Storyboard>
</VisualState>
```

KeyFrameAnimations basieren auf **Key-Frames**. Ein Key-Frame ist ein diskretes Ereignis, das zu bestimmten Zeiten während der Animation eintritt. Wie das funktioniert, können Sie sich ansehen, **indem Sie dem `Pressed`-Storyboard eine dritte Animation hinzufügen**. Fügen Sie Folgendes unmittelbar über dem schließenden `</Storyboard>`-Tag ein:

```
<ObjectAnimationUsingKeyFrames
          Storyboard.TargetName="Content" Storyboard.TargetProperty="Visibility">

    <DiscreteObjectKeyFrame KeyTime="0:0:0" Value="Visible"/>

    <DiscreteObjectKeyFrame KeyTime="0:0:0.2" Value="Collapsed"/>

    <DiscreteObjectKeyFrame KeyTime="0:0:0.4" Value="Visible"/>

    <DiscreteObjectKeyFrame KeyTime="0:0:0.6" Value="Collapsed"/>

    <DiscreteObjectKeyFrame KeyTime="0:0:0.8" Value="Visible"/>

</ObjectAnimationUsingKeyFrames>
```

Führen Sie Ihr Programm jetzt erneut aus. Wenn Sie jetzt einen Button drücken, blinkt das Zeichen, das als `Content` gesetzt ist. Haben Sie bemerkt, dass die Animation auf halbem Weg abbricht, wenn Sie den Button nicht mehr drücken? Das liegt daran, dass der Zustand dann wieder zu `Normal` wechselt und die Animation zurück auf ihren Start gesetzt wird.

Ein Beispiel dafür, wie das ControlTemplate für eine Checkbox visuelle Zustände nutzt, finden Sie hier: http://msdn.microsoft.com/library/windows/apps/hh465374.aspx

Mit dem gleichen ViewModel eine analoge Stoppuhr gestalten

Das MVVM-Muster **entkoppelt** den View vom ViewModel und das ViewModel vom Model. Das ist äußerst praktisch, wenn Sie Änderungen an einer der Schichten vornehmen müssen. Aufgrund dieser Entkopplung können Sie recht sicher sein, dass Sie keine »Schrotgewehroperationen« anstoßen, bei denen sich die Änderungen auf die anderen Schichten auswirken. Testen wir also, ob wir bei der Entkopplung von View und ViewModel der Stoppuhr gute Arbeit geleistet haben. Erstellen wir einen neuen View, ohne dass wir die vorhandenen Klassen im ViewModel ändern. Am C#-Code müssen Sie nur eine einzige Sache ändern. **Sie müssen dem ViewModel einen neuen Konvertierer hinzufügen**, der Minuten und Sekunden in Winkel konvertiert.

Tun Sie das!

1 EIN KONVERTIERER, DER ZEITEN IN WINKEL KONVERTIERT.

Fügen Sie dem Ordner *ViewModel* die Klasse `WinkelConverter` hinzu. Sie werden sie für die Zeiger auf dem Zifferblatt verwenden.

```
using Windows.UI.Xaml.Data;
class WinkelConverter : IValueConverter {
    public object Convert(object value, Type targetType, object parameter, string language) {
        double geparsterWert;
        if ((value != null)
            && double.TryParse(value.ToString(), out geparsterWert)
            && (parameter != null))
            switch (parameter.ToString()) {
                case "Stunden":
                    return geparsterWert * 30;
                case "Minuten":
                case "Sekunden":
                    return geparsterWert * 6;
            }
        return 0;
    }
    public object ConvertBack(object value, Type targetType, object parameter, string language) {
        throw new NotImplementedException();
    }
}
```

Stunden kann ein Wert zwischen 0 und 11 sein. Für die Umwandlung in einen Winkel wird er deswegen mit 30 multipliziert.

Minuten und Sekunden können Werte zwischen 0 und 60 sein. Sie werden in einen Winkel umgewandelt, indem sie mit 6 multipliziert werden.

VIEW
MODEL

2 DAS NEUE USERCONTROL EINFÜGEN.

Fügen Sie dem Ordner ***View*** ein **neues Benutzersteuerelement namens `AnalogStoppuhr` hinzu.** Fügen Sie dann den `ViewModel`-Namensraum dem `<UserControl>`-Tag hinzu. Ändern Sie außerdem DesignHeight und DesignWidth:

```
d:DesignHeight="300"
d:DesignWidth="400"
xmlns:viewmodel="using:Stoppuhr.ViewModel">
```

All comics in the collection
VIEW

Und schließlich fügen Sie den statischen Ressourcen das ViewModel, zwei Konvertierer und einen Style hinzu.

```
<UserControl.Resources>
    <viewmodel:StoppuhrViewModel x:Name="viewModel"/>
    <viewmodel:BoolNichtConverter x:Key="nichtConverter"/>
    <viewmodel:WinkelConverter x:Key="winkelConverter"/>
    <Style TargetType="TextBlock">
        <Setter Property="RenderTransformOrigin" Value="0.5,0.5"/>
        <Setter Property="Foreground" Value="Black"/>
        <Setter Property="FontSize" Value="20"/>
    </Style>
</UserControl.Resources>
```

All comics in the collection
VIEW

3 FÜGEN SIE DEM GRID ZIFFERBLATT UND ZEIGER HINZU.

Fügen Sie in das `<Grid>`-Tag das Stoppuhrzifferblatt und vier Rechtecke für die Zeiger ein.

```
<Grid x:Name="baseGrid" DataContext="{StaticResource ResourceKey=viewModel}">
    <Grid.ColumnDefinitions>
        <ColumnDefinition Width="400"/>
    </Grid.ColumnDefinitions>
    <Ellipse Width="300" Height="300" Stroke="Black" StrokeThickness="2">
        <Ellipse.Fill>
            <LinearGradientBrush EndPoint="0.5,1" StartPoint="0.5,0">
                <LinearGradientBrush.RelativeTransform>
                    <CompositeTransform CenterY="0.5" CenterX="0.5" Rotation="45"/>
                </LinearGradientBrush.RelativeTransform>
                <GradientStop Color="#FFB03F3F"/>
                <GradientStop Color="#FFE4CECE" Offset="1"/>
            </LinearGradientBrush>
        </Ellipse.Fill>
    </Ellipse>
    <Rectangle RenderTransformOrigin="0.5,0.5" Width="2" Height="150" Fill="Black">
        <Rectangle.RenderTransform>
            <TransformGroup>
                <TranslateTransform Y="-60"/>
                <RotateTransform Angle="{Binding Sekunden,
                    Converter={StaticResource ResourceKey=winkelConverter},
                    ConverterParameter=Sekunden}"/>
            </TransformGroup>
        </Rectangle.RenderTransform>
    </Rectangle>
    <Rectangle RenderTransformOrigin="0.5,0.5" Width="4" Height="100" Fill="Black">
        <Rectangle.RenderTransform>
            <TransformGroup>
                <TranslateTransform Y="-50"/>
                <RotateTransform Angle="{Binding Minuten,
                    Converter={StaticResource ResourceKey=winkelConverter},
                    ConverterParameter=Minuten}"/>
            </TransformGroup>
        </Rectangle.RenderTransform>
    </Rectangle>
    <Rectangle RenderTransformOrigin="0.5,0.5" Width="1" Height="150" Fill="Yellow">
        <Rectangle.RenderTransform>
            <TransformGroup>
                <TranslateTransform Y="-60"/>
                <RotateTransform Angle="{Binding RundeSekunden,
                    Converter={StaticResource ResourceKey=winkelConverter},
                    ConverterParameter=Sekunden}"/>
            </TransformGroup>
        </Rectangle.RenderTransform>
    </Rectangle>
    <Rectangle RenderTransformOrigin="0.5,0.5" Width="2" Height="100" Fill="Yellow">
        <Rectangle.RenderTransform>
            <TransformGroup>
                <TranslateTransform Y="-50"/>
                <RotateTransform Angle="{Binding RundeMinuten,
                    Converter={StaticResource ResourceKey=winkelConverter},
                    ConverterParameter=Minuten}"/>
            </TransformGroup>
        </Rectangle.RenderTransform>
    </Rectangle>
    <Ellipse Width="10" Height="10" Fill="Black"/>
</Grid>
```

Das Setzen der Spaltenbreite verhindert, dass es den Container füllt.

Das ist das Zifferblatt der Stoppuhr. Es hat eine schwarze Umrandung und einen grauen Gradienten als Hintergrund.

Hier ist der Sekundenzeiger. Es ist ein langes, schmales Rectangle mit einer Translations- und einer Rotations-Transformation.

Hier ist der Minutenzeiger.

Jedes Steuerelement kann einen RenderTransform-Abschnitt haben.

Das sind zwei gelbe Zeiger für die Rundenzeit.

Mit dem Tag TransformGroup können Sie mehrere Transformationen auf ein Steuerelement anwenden.

Das zeichnet einen zusätzlichen Kreis in der Mitte, um den Punkt zu verdecken, an dem sich die Zeiger überschneiden. Da er sich am Ende des Grids befindet, wird er als Letztes gezeichnet und landet ganz oben.

Das Zifferblatt wird mit einem Gradient-Pinsel gefüllt – so wie der Hintergrund, den Sie in *Die Menschheit retten* verwendet haben.

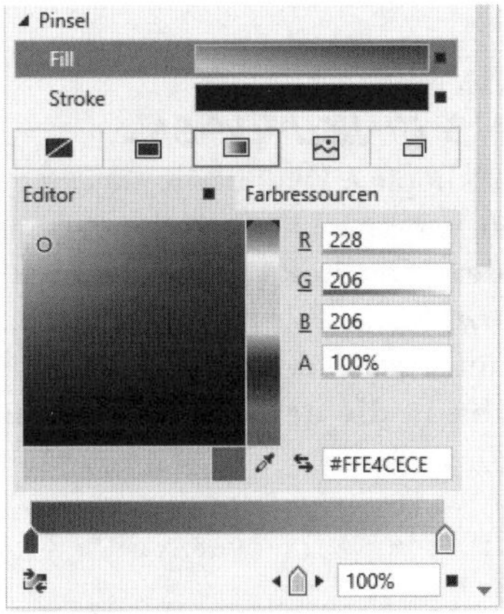
Pinsel
Fill
Stroke
Editor
Farbressourcen
R 228
G 206
B 206
A 100%
#FFE4CECE
100%

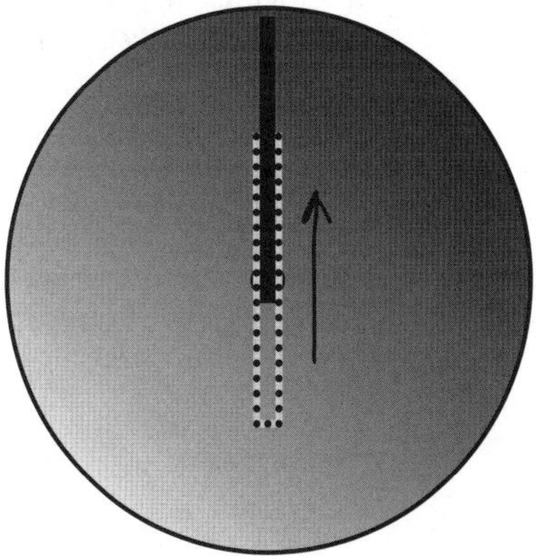

Alle Zeiger werden zwei Mal transformiert. Zunächst sind sie auf dem Zifferblatt zentriert. Die erste Transformation verschiebt sie, damit sie in der Position für die Drehung sind.

```
<TranslateTransform Y="-60"/>

<RotateTransform Angle="{Binding Seconds,
    Converter={StaticResource ResourceKey=winkelConverter},
    ConverterParameter=Seconds}"/>
```

Die zweite Transformation dreht den Zeiger in den richtigen Winkel. Die `Angle`-Eigenschaft der Rotation ist an die Sekunden oder Minuten des ViewModel gebunden und nutzt den Winkelkonvertierer, um diesen Wert in einen Winkel umzuwandeln.

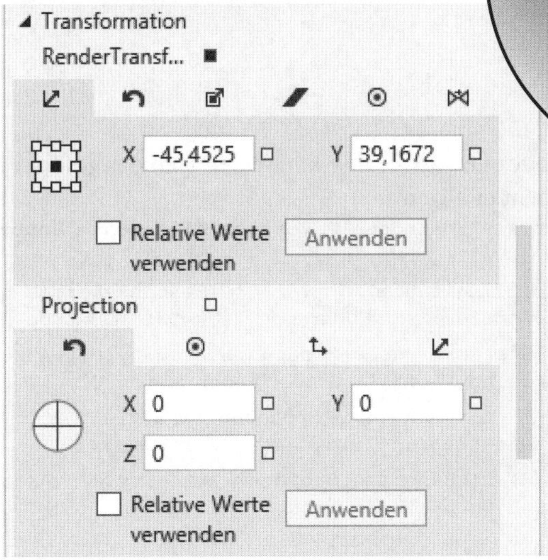
Transformation
RenderTransf...
X -45,4525
Y 39,1672
Relative Werte verwenden
Anwenden
Projection
X 0
Y 0
Z 0
Relative Werte verwenden
Anwenden

Jedes Steuerelement kann ein `RenderTransform`-Element haben, das ändert, wie es angezeigt wird. Das kann Drehungen, Verschiebungen, Verzerrungen oder Größenänderungen und anderes einschließen.

In *Die Menschheit retten* haben Sie mit Transformationen die Ellipsen geändert, um die Feinde wie Aliens aussehen zu lassen.

Ihre Stoppuhr beginnt zu ticken, sobald Sie den zweiten Zeiger hinzufügen, da eine Instanz des ViewModel als statische Ressource erzeugt wird, um das Steuerelement im Designer anzuzeigen. Es kann sein, dass der Designer die Aktualisierung irgendwann einstellt, aber Sie können sie wieder in Gang setzen, indem Sie das Designer-Fenster verlassen und dann wieder zu ihm zurückkehren.

4 DER STOPPUHR DIE BUTTONS HINZUFÜGEN.

Spendieren wir unserer Analogstoppuhr »Knöpfe«. Die Buttons nutzen den Style, den Sie in *EinfacheStoppuhr.xaml* kopiert haben. Sie müssen ihn nicht noch einmal kopieren, sondern können ein ResourceDictionary nutzen. **Fügen Sie dem Ordner *View* ein neues Ressourcenwörterbuch-Element namens *StoppuhrStyles.xaml* hinzu** (Sie finden ein entsprechendes Element im Neues Element-Dialog). Schneiden Sie dann einfach den gesamten `StoppuhrButtonStyle` aus *EinfacheStoppuhr.xaml* aus **und fügen Sie ihn in die neue Datei *StoppuhrStyles.xaml* ein.**

```
<ResourceDictionary
    xmlns="http://schemas.microsoft.com/winfx/2006/xaml/presentation"
    xmlns:x="http://schemas.microsoft.com/winfx/2006/xaml"
    xmlns:local="using:Stoppuhr.View">

    <Style x:Key="StoppuhrButtonStyle" TargetType="ButtonBase">
        <Setter Property="Foreground" Value="{StaticResource AppBarItemForegroundThemeBrush}"/>

    ...

    </Style>
</ResoucreDictionary>
```

Bearbeiten Sie nun die *App.xaml*, um das Dictionary den App-Ressourcen hinzuzufügen. Wenn Sie eine neue Windows Store-App anlegen, erzeugt die IDE eine *App.xaml*-Datei. Erstellen Sie in dieser ein `<Application.Resources>`-Tag, das ein `<ResourceDictionary>`-Tag mit einem `<ResourceDictionary.MergedDictionary>`-Tag enthält. Deklarieren Sie dann dort Ihre Ressourcen:

```
<Application.Resources>
    <ResourceDictionary>
        <ResourceDictionary.MergedDictionaries>
            <ResourceDictionary Source="View/StoppuhrStyles.xaml"/>
        </ResourceDictionary.MergedDictionaries>
    </ResourceDictionary>
</Application.Resources>
```

Diese Struktur verwenden Sie für den Fall, dass Sie später noch weitere Ressourcenwörterbücher einbinden wollen. Eigentlich würde es hier reichen, einfach unser ResourceDictionary in Application.Resources zu deklarieren.

Wenn Sie App.xaml diese Zeile hinzufügen, werden die neuen StoppuhrStyles.xaml-Styles in die Ressourcen der App eingearbeitet.

Jetzt können Sie die Buttons ergänzen. Sie können einfach das gesamte StackPanel per Copy-and-paste in das neue Steuerelement einfügen.

```
<StackPanel Orientation="Horizontal" VerticalAlignment="Bottom">
    <Button Style="{StaticResource StoppuhrButtonStyle}"
       IsEnabled="{Binding Läuft, Converter={StaticResource nichtConverter}}"
       AutomationProperties.Name="Start" Click="StartButton_Click">&#xE102;</Button>
    <Button Style="{StaticResource StoppuhrButtonStyle}" AutomationProperties.Name="Stopp"
      IsEnabled="{Binding Läuft}" Click="StoppButton_Click">&#xE103;</Button>
    <Button Style="{StaticResource StoppuhrButtonStyle}" AutomationProperties.Name="Zurücksetzen"
      Click="ZurücksetzenButton_Click">&#xE10E;</Button>
    <Button Style="{StaticResource StoppuhrButtonStyle}" AutomationProperties.Name="Runde"
      IsEnabled="{Binding Läuft}" Click="RundeButton_Click">&#xE16D;</Button>
</StackPanel>
```

Setzen Sie die VerticalAlignment-Eigenschaft, damit die Buttons unten angezeigt werden.

Uns gefällt es, wenn die Buttons in das Zifferblatt ragen. Sie können Sie auch einer zweiten Zeile im Grid hinzufügen, wenn Sie sie lieber unter dem Zifferblatt anzeigen wollen.

5 UNTERSTÜTZUNGSCODE UND HAUPTSEITE ANPASSEN.

Sie haben die Buttons hinzugefügt, aber die entsprechenden Event-Handler-Methoden fehlen noch. Der Unterstützungscode ist der gleiche wie der für die einfache Stoppuhr:

```
private void StartButton_Click(object sender, RoutedEventArgs e) {
    viewModel.Start();
}
private void StoppButton_Click(object sender, RoutedEventArgs e) {
    viewModel.Stopp();
}
private void ZurücksetzenButton_Click(object sender, RoutedEventArgs e) {
    viewModel.Zurücksetzen();
}
private void RundeButton_Click(object sender, RoutedEventArgs e) {
    viewModel.Runde();
}
```

Jetzt müssen Sie nur noch *MainPage.xaml* so anpassen, dass ein `AnalogStoppuhr`-Steuerelement angezeigt wird:

```
<StackPanel Orientation="Vertical" Grid.Row="1" Margin="120,0">
    <view:EinfacheStoppuhr Margin="0,0,0,40" />
    <view:AnalogStoppuhr/>
</StackPanel>
```

Führen Sie die App aus. Jetzt haben Sie zwei Stoppuhr-Steuerelemente auf der Seite.

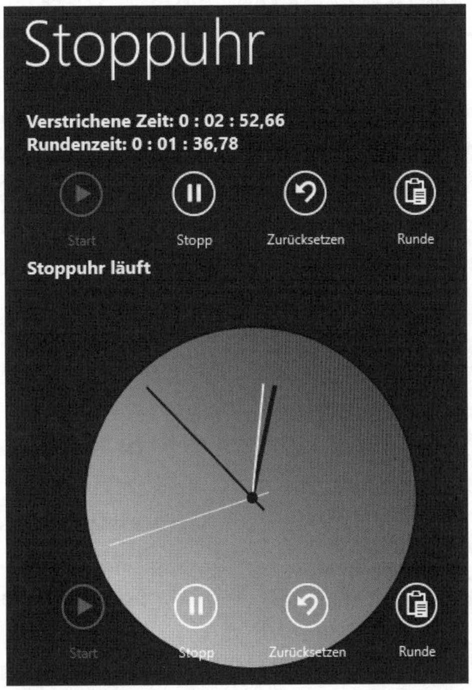
Stoppuhr
Verstrichene Zeit: 0 : 02 : 52,66
Rundenzeit: 0 : 01 : 36,78
Start
Stopp
Zurücksetzen
Runde
Stoppuhr läuft
Start
Stopp
Zurücksetzen
Runde

Beide Stoppuhren zeigen ihre eigene Zeit an, weil beide eine eigene Instanz des ViewModel als statische Ressource haben.

Was geschieht, wenn Sie das _stoppuhrModel-Feld des ViewModel statisch machen? Was ändert sich am Verhalten der Stoppuhr-Anwendung? Haben Sie eine Idee, warum das passiert?

UI-Steuerelemente können auch mit C#-Code instantiiert werden

Sie wissen bereits, dass Ihr XAML-Code Klassen im Namensraum `Windows.UI` instantiiert, und haben in Kapitel 10 sogar die IDE genutzt, um diese zu erforschen. Aber was ist, wenn Sie in Ihrem Code neue Steuerelemente erstellen wollen? Da Steuerelemente bloß Objekte sind, können Sie sie einfach erstellen und verwenden wie alle anderen Objekte auch. Probieren Sie es aus. **Verändern Sie den Unterstützungscode, um das Zifferblatt der analogen Stoppuhr mit Markierungen zu versehen**.

```
using Windows.UI;
using Windows.UI.Xaml.Shapes;
using Windows.UI.Xaml.Media;
public sealed partial class AnalogStoppuhr : UserControl {
    public AnalogStoppuhr() {
        this.InitializeComponent();
        MarkierungenZeichnen();
    }

    private void MarkierungenZeichnen() {
        for (int i = 0; i < 360; i += 3) {
            Rectangle rectangle = new Rectangle();
            rectangle.Width = (i % 30 == 0) ? 3 : 1;
            rectangle.Height = 15;
            rectangle.Fill = new SolidColorBrush(Colors.Black);
            rectangle.RenderTransformOrigin = new Point(0.5, 0.5);

            TransformGroup transforms = new TransformGroup();
            transforms.Children.Add(new TranslateTransform() { Y = -140 });
            transforms.Children.Add(new RotateTransform() { Angle = i });
            rectangle.RenderTransform = transforms;
            baseGrid.Children.Add(rectangle);
        }
    }
    // ... die Button-Event-Handler bleiben unverändert
```

Sie brauchen die Namensräume Windows.UI für die Klasse Colors, Windows.UI.Xaml.Shapes für das Rectangle und die Transformationen sowie Windows.UI.Xaml.Media für SolidColorBrush.

Ändern Sie den Konstruktor so, dass er eine Methode aufruft, die die Markierungen erstellt.

Diese Anweisung nutzt den Modulooperator %, um die Striche für die Stunden dicker als die Striche für die Minuten zu machen. `i % 30` liefert nur dann 0, wenn `i` durch 30 geteilt werden kann.

Das erstellt Instanzen eben der Rectangle-Klasse, die auch mit dem <Rectangle>-Tag referenziert wird.

Blättern Sie zum XAML für die Minuten- und Sekundenzeiger zurück. Dieser Code setzt genau die gleiche Transformation ein, bindet die Eigenschaft Angle aber nicht, sondern setzt sie auf einen Wert.

Steuerelemente wie Grid, StackPanel und Canvas haben eine `Children`-Auflistung mit Referenzen auf alle Steuerelemente, die in ihnen enthalten sind. Sie können dem Grid Steuerelemente hinzufügen, indem Sie ihre `Add()`-Methode aufrufen. Sie können alle ihre `Clear()`-Methode aufrufen. Auf gleiche Weise können Sie einer `TransformGroup` Transformationen hinzufügen.

In Kapitel 11 haben Sie ein `Binding`-Objekt genutzt, um in C#-Code eine Datenbindung einzurichten. Wären Sie dazu in der Lage, das XAML für die Erstellung der Rectangle-Steuerelemente für die Zeiger zu entfernen und durch C# zu ersetzen, das genau das Gleiche leistet?

DANKE, DASS IHR UNS ALLES GEBAUT HABT, WAS WIR FÜR UNSER SPIEL BRAUCHEN. JETZT KÖNNEN WIR EIN WÖRTCHEN MITREDEN BEIM KAMPF UM DIE MEISTERSCHAFT VON OBJEKTHAUSEN.

Jetzt, da Sie die Stoppuhr mit Markierungen versehen haben, wird der Schiri weniger Fehler machen.

Start
Stopp
Zurücksetzen
Runde

Welche Mannschaft wird die Liga beherrschen und den OOP-Pokal gewinnen? Niemand weiß es genau. Aber wir können sicher sein, dass Tim, Tom und Max Wetten darauf abschließen werden!

C# kann auch »echte« Animationen aufbauen

Tun Sie das!

In der C#- und XAML-Welt kann *Animation* eine Eigenschaft bedeuten, die sich über einen Zeitverlauf ändert. Aber im wahren Leben bezeichnet man damit die Bewegung und Veränderung gezeichneter Dinge. Bauen wir also ein einfaches Programm auf, das »echte« Animationen durchführt.

Diese Bilder bilden jeweils einen Frame der Animation, der sich leicht von denen davor und danach unterscheidet. Wenn man sie in Reihenfolge schnell hintereinander zeigt (Frame 1, 2, 3, 4 und dann rückwärts 3 und 2), erweckt das den Eindruck, als würde die Biene mit den Flügeln schlagen.

1
2
3
4

Erstellen Sie ein Projekt und fügen Sie ihm die Bilder hinzu

Machen wir uns an das Projekt. **Erstellen Sie eine neue Windows Store-App namens** `AnimierteBiene`. Laden Sie die vier Bilder (es sind *.png*-Dateien) von der Webseite zum Buch herunter. Packen Sie **alle in den Ordner *Assets***. Außerdem müssen Sie die Ordner *View*, *Model* und *ViewModel* erstellen.

Laden Sie die Bilder von der Webseite zum Buch herunter:
examples.oreilly.de/german_examples/hfcsharp3ger/

Die Bienen flattern lustig mit den Flügeln, wenn Sie die Seite umblättern.

DAS IST DAS, WAS MIR EHER IN DEN SINN KOMMT, WENN ICH AN *ANIMATION* DENKE ...

Fassen Sie Ihre Vorstellung von Animationen nicht zu eng.

Geben Sie genau acht, wenn Sie die Windows Start-Seite öffnen: Öffnen Sie ein Info-Fenster, lassen Sie die Maus über einem Button schweben oder tun Sie irgendetwas anderes in einer Windows App. Animationen gibt's überall, und wenn Sie beginnen, darauf zu achten, werden Sie sie entdecken.

Das Bild mit einem Benutzersteuerelement animieren

Kapseln wir den Frame-basierten Animationscode. **Fügen Sie dem Ordner View ein Benutzersteuerelement namens *AnimiertesBild* hinzu.** Es enthält sehr wenig XAML – die ganze Logik steckt im Unterstützungscode. Hier sehen Sie alles, was im XAML im `<UserControl>`-Tag steckt:

```
<Grid>
    <Image x:Name="image" Stretch="Fill"/>
</Grid>
```

Die Arbeit wird im Unterstützungscode geleistet. Beachten Sie, dass der überladene Konstruktor die Methode `AnimationStarten()` aufruft, die die **Storyboard- und Key-Frame-Animationsobjekte** erstellt und die `Source`-Eigenschaft des Image-Steuerelements animiert.

```
using Windows.UI.Xaml.Media.Animation;
using Windows.UI.Xaml.Media.Imaging;

public sealed partial class AnimiertesBild : UserControl {
    public AnimiertesBild() {
        this.InitializeComponent();
    }

    public AnimiertesBild(IEnumerable<string> bildnamen, TimeSpan interval)
        : this()
    {
        AnimationStarten(bildnamen, interval);
    }

    public void AnimationStarten(IEnumerable<string> bildnamen, TimeSpan interval) {
        Storyboard storyboard = new Storyboard();
        ObjectAnimationUsingKeyFrames animation = new ObjectAnimationUsingKeyFrames();
        Storyboard.SetTarget(animation, image);
        Storyboard.SetTargetProperty(animation, "Source");

        TimeSpan aktuellesIntervall = TimeSpan.FromMilliseconds(0);
        foreach (string bildname in bildnamen) {
            ObjectKeyFrame keyFrame = new DiscreteObjectKeyFrame();
            keyFrame.Value = BildAusAssetErstellen(bildname);
            keyFrame.KeyTime = aktuellesIntervall;
            animation.KeyFrames.Add(keyFrame);
            aktuellesIntervall = aktuellesIntervall.Add(interval);
        }

        storyboard.RepeatBehavior = RepeatBehavior.Forever;
        storyboard.AutoReverse = true;
        storyboard.Children.Add(animation);
        storyboard.Begin();
    }

    private static BitmapImage BildAusAssetErstellen(string bilddateiName) {
        return new BitmapImage(new Uri("ms-appx:///Assets/" + bilddateiName));
    }
}
```

BitmapImage befindet sich im Namensraum Media.Imaging, Storyboard und die anderen Animationsklassen in Media.Animation.

Alle Steuerelemente müssen einen parameterlosen Konstruktor haben, wenn Sie Instanzen mit XAML erstellen wollen. Sie können trotzdem überladene Konstruktoren nutzen, aber diese können nur verwendet werden, wenn Sie Code schreiben, um das Steuerelement zu erstellen.

Die statischen Methoden `SetTarget()` und `SetTargetProperty()` aus der Klase `Storyboard` setzen das Zielobjekt, das animiert wird (`"image"`), und die Eigenschaft, die sich ändert (`"Source"`).

Wenn das `Storyboard`-Objekt eingerichtet ist und der `Children`-Auflistung die Animationen hinzugefügt wurden, rufen Sie seine `Begin()`-Methode auf, um die Animation zu starten.

Lassen Sie die Bienen über die Seite fliegen

Tun Sie das!

Probieren wir unser AnimiertesBild-Steuerelement aus.

❶ **ERSETZEN SIE MAINPAGE.XAML DURCH EINE STANDARDSEITE.**

Fügen Sie dem Ordner ***View* eine Standardseite** namens *FliegendeBienen.xaml* hinzu. Löschen Sie *MainPage.xaml* aus dem Projekt. Ändern Sie dann *App.xaml.cs*, damit beim Start zur neuen Seite navigiert wird:

```
rootFrame.Navigate(typeof(View.FliegendeBienen), args.Arguments)
```

❷ **DIE BIENEN FLIEGEN ÜBER DAS CANVAS.**

Ändern Sie zunächst die statische Ressource `AppName` in `Fliegende Bienen`. Fügen Sie dem `<Page>`-Tag der neuen Seite dann ein xmlns-Attribut hinzu, damit Sie auf den Namensraum `View` zugreifen können:

```
xmlns:view="using:AnimierteBiene.View"
```

Laden Sie das Projekt neu, wenn es sich nicht kompilieren lässt. Sollten Sie einen anderen Projektnamen gewählt haben, achten Sie darauf, dass Sie den richtigen Namensraum anstelle von AnimierteBiene nutzen.

Fügen Sie dann ***FliegendeBienen.xaml* ein Canvas hinzu**. Canvas ist ein Container, kann also andere Steuerelemente wie Grid oder StackPanel enthalten. Der Unterschied ist, dass Sie bei einem Canvas mit `Canvas.Left` und `Canvas.Top` die Koordinaten des Steuerelemente setzen können. In Kapitel 1 haben Sie ein Canvas als Spielfeld für *Die Menschheit retten* verwendet. Hier folgt das XAML, das Sie *FliegendeBienen.xaml* hinzufügen müssen.

```
<Canvas Grid.Row="1" Background="SkyBlue" Width="600"
        HorizontalAlignment="Left" Margin="120,0,120,120">
    <view:AnimiertesBild Canvas.Left="55" Canvas.Top="40"
                         x:Name="ersteBiene" Width="50" Height="50"/>
    <view:AnimiertesBild Canvas.Left="80" Canvas.Top="260"
                         x:Name="zweiteBiene" Width="200" Height="200"/>
    <view:AnimiertesBild Canvas.Left="230" Canvas.Top="100"
                         x:Name="dritteBiene" Width="300" Height="125"/>
</Canvas>
```

Das AnimiertesBild-Steuerelement wird erst sichtbar, wenn seine `AnimationStarten()`-Methode aufgerufen wird. Die Steuerelemente erscheinen im Canvas also nur als Umrisse. Sie können sie über die Dokumentgliederung auswählen. Versuchen Sie, die Steuerelemente auf dem Canvas zu bewegen. Sie werden feststellen, dass sich `Canvas.Left` und `Canvas.Top` ändern.

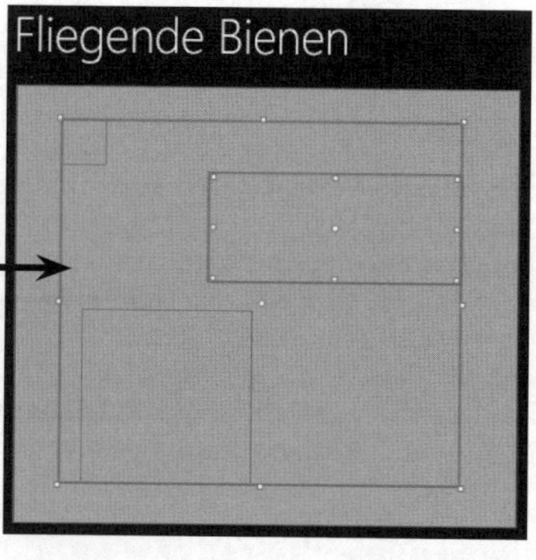
Fliegende Bienen

3 Schreiben Sie den Unterstützungscode für die Seite.

Sie brauchen die folgende `using`-Anweisung für den Namensraum, der `Storyboard` und `DoubleAnimation` enthält:

```
using Windows.UI.Xaml.Media.Animation;
```

Jetzt können Sie den **Konstruktor in *FliegendeBienen.xaml.cs* ändern**, um die Bienenanimation zu starten. Erstellen wir eine `DoubleAnimation`, um die Eigenschaft `Canvas.Left` zu animieren. Vergleichen Sie den Code für die Erstellung eines Storyboards und einer Animation mit dem XAML-Code mit einer `<DoubleAnimation>` weiter oben in diesem Kapitel.

```
public FliegendeBienen() {
    this.InitializeComponent();
    NavigationHelper-Code ausgespart
    List<string> bildnamen = new List<string>();
    bildnamen.Add("Bee animation 1.png");
    bildnamen.Add("Bee animation 2.png");
    bildnamen.Add("Bee animation 3.png");
    bildnamen.Add("Bee animation 4.png");

    ersteBiene.AnimationStarten(bildnamen, TimeSpan.FromMilliseconds(50));
    zweiteBiene.AnimationStarten(bildnamen, TimeSpan.FromMilliseconds(10));
    dritteBiene.AnimationStarten(bildnamen, TimeSpan.FromMilliseconds(100));

    Storyboard storyboard = new Storyboard();
    DoubleAnimation animation = new DoubleAnimation();
    Storyboard.SetTarget(animation, ersteBiene);
    Storyboard.SetTargetProperty(animation, "(Canvas.Left)");
    animation.From = 50;
    animation.To = 450;
    animation.Duration = TimeSpan.FromSeconds(3);
    animation.RepeatBehavior = RepeatBehavior.Forever;
    animation.AutoReverse = true;
    storyboard.Children.Add(animation);
    storyboard.Begin();
}
```

Die Methode AnimationStarten() erwartet eine Sequenz mit Asset-Namen und ein TimeSpan-Objekt, das die Aktualisierungsrate für die Frames festlegt.

Statt <Storyboard>- und <DoubleAnimation>-Tags wie weiter oben in diesem Kapitel können Sie Storyboard- und DoubleAnimation-Objekte erstellen und ihre Eigenschaften in Code setzen.

Führen Sie das Programm aus. Sie sehen jetzt drei Bienen, die mit ihren Flügeln wedeln. Sie haben ihnen jeweils eigene Intervalle gegeben. Sie flattern also mit unterschiedlicher Geschwindigkeit, weil ihre Timer unterschiedliche Zeitdauern warten, bevor sie Frames ändern. Die Canvas.Left-Eigenschaft der obersten Biene wird von 50 zu 450 und wieder zurück animiert. Das sorgt dafür, dass sie sich auf der Seite herumbewegt. Schauen Sie sich genau die Eigenschaften an, die auf dem DoubleAnimation-Objekt gesetzt werden, und vergleichen Sie diese mit den XAML-Eigenschaften, die Sie weiter oben in diesem Kapitel genutzt haben.

Irgendetwas stimmt hier nicht. Haben Sie das bemerkt?

Irgendetwas stimmt hier nicht: Die Ordner *Model* und *ViewModel* sind leer, und Sie erstellen die Testdaten im View. Das ist nicht MVVM!

Wenn wir weitere Bienen hinzufügen wollen, müssten wir weitere Steuerelemente im View erstellen und separat initialisieren. Was ist, wenn wir Bienen unterschiedlicher Größe wollen? Oder andere Dinge animieren? Wenn wir ein für Daten optimiertes Model hätten, wäre das erheblich einfacher. Wie können wir dieses Projekt ins MVVM-Format bringen?

All comics in the collection
Pinch to zoom in or out
VIEW

???

MODEL

VIEW
MODEL

EIN KINDERSPIEL. NUTZEN WIR EINFACH EINE *OBSERVABLECOLLECTION* MIT STEUERELEMENTEN UND BINDEN WIR DIE CHILDREN-EIGENSCHAFT DES CANVAS DARAN. WARUM BLOẞ BLASEN SIE DIE SACHE SO AUF?

Das würde nicht funktionieren. Datenbindung klappt nur mit der `Children`-Eigenschaft von Containerelementen – und das hat seinen Grund.

Datenbindung funktioniert nur mit **angefügten Eigenschaften**. Das sind Eigenschaften, die im XAML-Code erscheinen. Das `Canvas`-Objekt *hat* eine öffentliche `Children`-Eigenschaft, aber wenn Sie versuchen, diese mit XAML zu setzen (`Children="{Binding ...}"`), lässt sich Ihr Code ***nicht kompilieren***.

Sie wissen jedoch bereits, wie Sie eine Auflistung an ein XAML-Steuerelement binden, weil Sie das schon bei ListView- und GridView-Steuerelementen getan haben. Sie können die Eigenschaft `ItemsSource` nutzen. Diese Datenbindung können wir also einsetzen, um Kindelemente an ein Canvas zu binden.

Mit ItemsPanelTemplate Steuerelemente an ein Canvas binden

Wenn Sie die Eigenschaft `ItemsSource` nutzen, um Elemente an ListViews, GridViews oder ListBoxen zu binden, spielt es keine Rolle, was für Elemente Sie binden, weil die Eigenschaft `ItemsSource` immer auf gleiche Weise funktioniert. Angenommen Sie erstellen drei Klassen, die genau das gleiche Verhalten haben, dann würden Sie dieses Verhalten in die Basisklasse stecken und die drei Klassen diese erweitern lassen, richtig? Genau das hat Microsofts Team bei der Erstellung der Auswahlsteuerelemente gemacht. ListView, GridView und ListBox erweitern alle eine Klasse namens `Selector`, die eine Unterklasse von **`ItemsControl`** ist, **einer Klasse, die eine Auflistung von Elementen anzeigt**.

1. Wir werden die Eigenschaft `ItemsPanel` nutzen, um eine **Vorlage für das Panel zu setzen, die das Layout der Elemente steuert**. Fügen Sie *FliegendeBienen.xaml* zunächst den Namensraum `ViewModel` hinzu:

```
xmlns:viewmodel="using:AnimierteBiene.ViewModel"
```

Wenn Sie einen anderen Projektnamen vergeben haben, ändern Sie AnimierteBiene entsprechend.

2. **Fügen Sie dann dem Ordner *ViewModel* eine *leere* Klasse namens `BieneViewModel` hinzu** und fügen Sie anschließend eine Instanz dieser Klasse als statische Ressource zu *FliegendeBienen.xaml* hinzu:

```
<viewmodel:BieneViewModel x:Key="viewModel"/>
```

Bearbeiten Sie *FliegendeBienen.xaml.cs* und **löschen Sie den gesamten zusätzlichen Code, den Sie dem `FliegendeBienen()`-Konstruktor** in `FliegendeBienen` hinzugefügt haben. Geben Sie acht, dass Sie die Methode `InitializeComponents()` und die drei Zeilen mit dem `NavigationHelper`-Code ***nicht löschen***!

3. Hier ist das XAML für das ItemsControl. Öffnen Sie *FliegendeBienen.xaml*, **löschen Sie das <Canvas>-Tag** und **ersetzen Sie es durch dieses ItemsControl**:

Nutzen Sie die statische ViewModel-Ressource als Datenkontext und binden Sie ItemsSource an eine Eigenschaft namens Sprites.

```
<ItemsControl DataContext="{StaticResource viewModel}"
    ItemsSource="{Binding Path=Sprites}"
    Grid.Row="1" Margin="120,0,120,120">
    <ItemsControl.ItemsPanel>
        <ItemsPanelTemplate>
            <Canvas Background="SkyBlue" />
        </ItemsPanelTemplate>
    </ItemsControl.ItemsPanel>
</ItemsControl>
```

Sie können das Panel einrichten, wie Sie wollen. Wir nutzen ein Canvas mit einem himmelblauen Hintergrund.

Nutzen Sie die Eigenschaft `ItemsPanel`, um ein `ItemsPanelTemplate` einzurichten. Dieses enthält ein Panel-Steuerelement. Grid und Canvas erweitern beide die Klasse `Panel`. Alle Elemente, die an `ItemsSource` gebunden werden, werden der `Children`-Auflistung des Panels hinzugefügt.

Wenn das ItemsControl erstellt wird, erstellt es ein Panel zur Aufnahme seiner Elemente und nutzt das `ItemsPanelTemplate` als Steuerelementvorlage.

Das Fabrikmethode-Muster

MVVM ist nur eins von vielen Entwurfsmustern. Ein weiteres sehr gebräuchliches und nützliches Muster ist das Fabrikmethode-Muster, bei dem Sie eine »Fabrikmethode« haben, die Objekte erstellt. Die Fabrikmethode ist in der Regel statisch, und ihr Name endet häufig mit Factory/Fabrik, damit klar ist, was passiert.

4. Erstellen Sie **im *View*-Ordner eine neue Klasse mit dem Namen `BienenHelfer`**. Achten Sie darauf, dass es eine statische Klasse ist, weil sie nur statische Methoden enthalten wird, die Ihrem ViewModel helfen, die Bienen zu verwalten.

```
using Windows.UI.Xaml.Controls;
using Windows.UI.Xaml.Media.Animation;

static class BienenHelfer {
    public static AnimiertesBild BienenFactory(
                double breite, double höhe, TimeSpan schlagIntervall) {
        List<string> bildnamen = new List<string>();
        bildnamen.Add("Bee animation 1.png");
        bildnamen.Add("Bee animation 2.png");
        bildnamen.Add("Bee animation 3.png");
        bildnamen.Add("Bee animation 4.png");

        AnimiertesBild biene = new AnimiertesBild(bildnamen, schlagIntervall);
        biene.Width = breite;
        biene.Height = höhe;
        return biene;
    }

    public static void BienenOrtSetzen(AnimiertesBild biene, double x, double y) {
        Canvas.SetLeft(biene, x);
        Canvas.SetTop(biene, y);
    }

    public static void BienenBewegung(AnimiertesBild biene,
                                   double startX, double zielX, double y) {
        Canvas.SetTop(biene, y);
        Storyboard storyboard = new Storyboard();
        DoubleAnimation animation = new DoubleAnimation();
        Storyboard.SetTarget(animation, biene);
        Storyboard.SetTargetProperty(animation, "(Canvas.Left)");
        animation.From = startX;
        animation.To = zielX;
        animation.Duration = TimeSpan.FromSeconds(3);
        animation.RepeatBehavior = RepeatBehavior.Forever;
        animation.AutoReverse = true;
        storyboard.Children.Add(animation);
        storyboard.Begin();
    }
}
```

Diese Fabrikmethode erstellt Biene-Steuerelemente. Es ist sinnvoll, sie im View zu belassen, weil das UI-bezogener Code ist.

Eine (häufig statische) Methode, in die Sie eine kleine Codeeinheit nehmen, die häufig wiederverwendet wird, bezeichnet man oft als Hilfsmethode. Wenn Sie derartige Hilfsmethoden in eine Klasse stecken, deren Name mit Helper/Helfer endet, verbessert das die Lesbarkeit Ihres Codes.

Das ist der gleiche Code wie der im Seitenkonstruktor. Jetzt steckt er in einer statischen Hilfsmethode.

Das wird sich im letzten Workshop als praktisch erweisen.

Alle XAML-Steuerelemente erben von der `UIElement`-Basisklasse im Namensraum `Windows.UI.Xaml`. Wir nutzen den Namensraum (`Windows.UI.Xaml.UIElement`) im Body der Klasse explizit und fügen keine `using`-Anweisung ein, um den UI-bezogenen Code zu minimieren, den wir dem ViewModel hinzufügen.

Wir haben `UIElement` genutzt, weil es die allgemeinste Klasse ist, die alle Sprites erweitern. Bei einigen Projekten können Unterklassen wie `FrameworkElement` geeigneter sein, da in ihr viele Eigenschaften definiert werden, unter anderem `Width`, `Height`, `Opacity`, `HorizontalAlignment` usw.

5 Hier ist der Code für die leere `BieneViewModel`-Klasse, die Sie dem Ordner *ViewModel* hinzugefügt haben. Dadurch dass wir den UI-spezifischen Code in den View verschieben, können wir den Code im ViewModel einfach halten und uns auf die Verwaltung der bienenbezogenen Logik fokussieren.

```
using View;
using System.Collections.ObjectModel;
using System.Collections.Specialized;

class BieneViewModel {
    private readonly ObservableCollection<Windows.UI.Xaml.UIElement>
              _sprites = new ObservableCollection<Windows.UI.Xaml.UIElement>();
    public INotifyCollectionChanged Sprites { get { return _sprites; } }

    public BieneViewModel() {
        AnimiertesBild ersteBiene =
            BienenHelfer.BienenFactory(50, 50,
                              TimeSpan.FromMilliseconds(50));
        _sprites.Add(ersteBiene);

        AnimiertesBild zweiteBiene =
            BienenHelfer.BienenFactory(200, 200, TimeSpan.FromMilliseconds(10));
        _sprites.Add(zweiteBiene);

        AnimiertesBild dritteBiene =
            BienenHelfer.BienenFactory(300, 125, TimeSpan.FromMilliseconds(100));
        _sprites.Add(dritteBiene);

        BienenHelfer.BienenBewegung(ersteBiene, 50, 450, 40);
        BienenHelfer.BienenOrtSetzen(zweiteBiene, 80, 260);
        BienenHelfer.BienenOrtSetzen(dritteBiene, 230, 100);
    }
}
```

Wenn das AnimiertesBild-Steuerelement der ObservableCollection _sprites hinzugefügt wird, das an die ItemsSource-Eigenschaft des ItemsControl gebunden ist, wird das Steuerelement dem ItemPanel hinzugefügt, das auf Basis des ItemsPanelTemplate erstellt wird.

Wir machen zwei Dinge, um die Eigenschaft Sprites zu kapseln. Das Unterstützungsfeld wird als readonly markiert, damit es später nicht überschrieben werden kann, und wir veröffentlichen sie als INotifyCollectionChanged-Eigenschaft, damit andere Klassen sie nur überwachen, aber nicht ändern können.

Sprite ist ein Begriff, der ein Bild oder eine Animation bezeichnet, das/die in ein größeres Gebilde eingebaut wird.

Eigenschaften und Animationen werden gesetzt, nachdem die Steuerelemente der `ObservableCollection` hinzugefügt wurden. Warum funktioniert das?

6 Führen Sie Ihre App aus. Sie sollte genau so aussehen wie zuvor, aber das Verhalten wurde jetzt über mehrere Schichten verteilt. Der UI-spezifische Code steckt im View, und der Code, der sich mit Bienen und Bewegungen befasst, steckt im ViewModel.

Das Schlüsselwort readonly

Ein wichtiges Motiv für Kapselung ist, dass sie verhindert, dass eine Klasse versehentlich die Daten einer anderen Klasse überschreibt. Aber was verhindert, dass eine Klasse ihre eigenen Daten überschreibt? Das kann das Schlüsselwort readonly unterbinden. Alle Felder, die Sie als readonly markieren, können nur in der eigenen Deklaration oder im Konstruktor verändert werden.

Lange Übung

Das ist die letzte Übung in diesem Buch. Sie sollen ein Programm erstellen, das Bienen und Sterne animiert. Sie müssen eine Menge Code schreiben, aber dem sind Sie jetzt gewachsen ... und wenn das hier läuft, haben Sie alle Werkzeuge, die Sie zum Aufbau eines vollständigen Videospiels benötigen. *(Eine Idee, was Sie in Workshop 3 erwartet?)*

1 HIER IST DIE APP, DIE SIE ERSTELLEN WERDEN.

Bienen mit flatternden Flügeln fliegen auf einem dunkelblauen Canvas herum, während im Hintergrund Sterne blinken. Sie werden einen View aufbauen, der Bienen, Sterne und eine Seite enthält, auf der sie angezeigt werden, ein Model, das ihre Position festhält und Events absetzt, wenn sich Bienen bewegen oder Sterne ändern, und ein ViewModel, das beides verbindet.

Sterne werden ein- und ausgeblendet.
Die Bienen fliegen am Himmel zu zufällig ausgewählten Orten. Wenn sich die Größe des Canvas ändert, fliegen sie zu einem neuen Ort.

Wenn sich die Größe des Spielfelds ändert, bewegen sich die Sterne unmittelbar, während die Bienen langsam zu ihren neuen Positionen fliegen. Das können Sie testen, indem Sie das Programm im Simulator ausführen und mit dem ▣-Button seine Auflösung ändern.

2 ERZEUGEN SIE EIN NEUES WINDOWS STORE-APP-PROJEKT.

Erstellen Sie ein neues Projekt namens SterneBeiNacht. Fügen Sie ihm ***Model-*, *View-* und *ViewModel*-Ordner hinzu**. Wenn das erledigt ist, müssen Sie dem Ordner *ViewModel* eine **leere Klasse namens `BieneSternViewModel`** hinzufügen.

3 ERZEUGEN SIE IM VIEW-ORDNER EINE NEUE STANDARDSEITE.

Erstellen Sie im *View*-Ordner eine neue Standardseite namens *BienenUndSterneBeiNacht.xaml*. Fügen Sie folgenden Namensraum in das Wurzelelement von *BienenUndSterneBeiNacht.xaml* ein (er sollte dem Projektnamen entsprechen, `SterneBeiNacht`):

```
xmlns:viewmodel="using:SterneBeiNacht.ViewModel"
```

Fügen Sie das ViewModel als statische Ressource ein und ändern Sie den Seitennamen:

```
<Page.Resources>
   <viewmodel:BieneSternViewModel x:Name="viewModel"/>
   <x:String x:Key="AppName">Bienen und Sterne bei Nacht</x:String>
</Page.Resources>
```

Das XAML für die Seite ist vollkommen identisch mit dem von *FliegendeBienen.xaml* im letzten Projekt, davon abgesehen, dass der Canvas-Hintergrund blau ist und dass es einen `SizeChanged`-Event-Handler enthält:

```
<Canvas Background="Blue" SizeChanged="SizeChangedHandler" />
```

Das `Size-Changed`-Event wird abgesetzt, wenn ein Steuerelement die Größe ändert; die `EventArgs`-Eigenschaften geben die neue Größe wieder.

Visual Studio bringt ein fantastisches Werkzeug zur Arbeit mit Figuren mit! Öffnen Sie Blend für Visual Studio 2013 und nutzen Sie Stift, Bleistift und Werkzeugkasten, um XAML-Grafiken zu erstellen, die Sie per Copy-and-paste in Ihre C#-Projekte einfügen können.

Der Code in Schritt 4 lässt sich erst kompilieren, wenn Sie in Schritt 9 dem ViewModel die Eigenschaft SpielfeldGröße hinzugefügt haben. Sie können die IDE nutzen, um jetzt einen Eigenschafts-Stub dafür zu erstellen.

All comics in the collection
VIEW

4 DER UNTERSTÜTZUNGSCODE FÜR DIE SEITE UND DIE APP.

Fügen Sie der *BienenUndSterneBeiNacht.xaml.cs*-Datei im *View*-Ordner den `SizeChanged`-Event-Handler hinzu:

```
private void SizeChangedHandler(object sender, SizeChangedEventArgs e) {
    viewModel.SpielfeldGröße = new Size(e.NewSize.Width, e.NewSize.Height);
}
```

Ändern Sie dann den `rootFrame.Navigate()`-Aufruf in *App.xaml.cs*, damit die App mit Ihrer neuen Seite beginnt:

```
rootFrame.Navigate(typeof(View.BienenUndSterneBeiNacht), args.Arguments))
```

5 FÜGEN SIE DEM ORDNER DAS *ANIMIERTESBILD*-STEUERELEMENT HINZU.

Kehren Sie zum Ordner *View* zurück und fügen Sie ihm das AnimiertesBild-Steuerelement hinzu. Das ist genau das Steuerelement, das wir bereits zuvor in diesem Kapitel verwendet haben. Achten Sie darauf, dass Sie dem Ordner *Assets* die **Bilddateien** für die Animation hinzufügen.

6 Fügen Sie View ein Benutzersteuerelement namens *STERNCONTROL* HINZU.

Dieses Steuerelement zeichnet einen Stern. Es hat außerdem zwei Storyboards, eins zum Einblenden und eins zum Ausblenden. **Fügen Sie dem Unterstützungscode Methoden namens `Einblenden()` und `Ausblenden()` hinzu**, die die Storyboards anstoßen.

Ein Polygon-Steuerelement nutzt eine Punktmenge, um ein Vieleck zu zeichnen. Dieses Benutzersteuerelement nutzt eins, um einen Stern zu zeichnen.

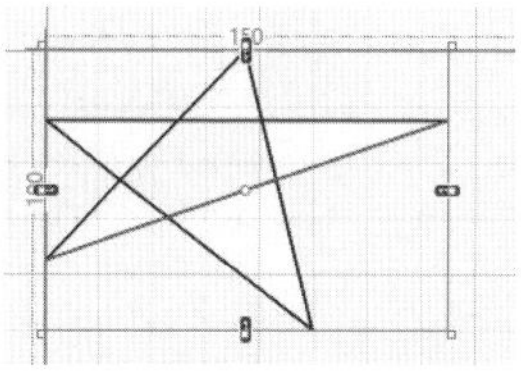

```
<UserControl
    // Der übliche von der IDE erstellte XAML-Code ist okay,
    // hier werden keine zusätzlichen Namensräume benötigt.
    >

    <UserControl.Resources>
        <Storyboard x:Name="einblendenStoryboard">
            <DoubleAnimation From="0" To="1" Storyboard.TargetName="sternPolygon"
                       Storyboard.TargetProperty="Opacity" Duration="0:0:1.5" />
        </Storyboard>
        <Storyboard x:Name="ausblendenStoryboard">
           <DoubleAnimation From="1" To="0" Storyboard.TargetName="sternPolygon"
                       Storyboard.TargetProperty="Opacity" Duration="0:0:1.5" />
        </Storyboard>
    </UserControl.Resources>

    <Grid>
        <Polygon Points="0,75 75,0 100,100 0,25 150,25" Fill="Snow"
                 Stroke="Black" x:Name="sternPolygon"/>
    </Grid>
</UserControl>
```

Sie brauchen öffentliche Einblenden()- und Ausblenden()-Methoden im Unterstützungscode, die diese Storyboards in Gang setzen. Das bringt die Sterne zum Blinken.

Dieses Polygon zeichnet den Stern. Sie können die Sterne durch andere Figuren ersetzen, wenn Sie sich mit ihrer Funktionsweise vertraut machen wollen.

Es gibt nach andere Figuren als Ellipsen, Rechtecke und Vielecke:
http://msdn.microsoft.com/library/windows/apps/hh465055.aspx

Lange Übung (Fortsetzung)

7 Fügen Sie dem View die Klasse *BienenSternHelfer* hinzu.

Hier ist eine nützliche Hilfsklasse. Sie enthält einige vertraute Werkzeuge und ein paar neue. Stecken Sie sie in den Ordner *View*.

```
using Windows.UI.Xaml;
using Windows.UI.Xaml.Controls;
using Windows.UI.Xaml.Media.Animation;
using Windows.UI.Xaml.Shapes;

static class BienenSternHelfer {
    public static AnimiertesBild BienenFactory(double breite, double höhe, TimeSpan schlagIntervall) {
        List<string> bildnamen = new List<string>();
        bildnamen.Add("Bee animation 1.png");
        bildnamen.Add("Bee animation 2.png");
        bildnamen.Add("Bee animation 3.png");
        bildnamen.Add("Bee animation 4.png");

        AnimiertesBild biene = new AnimiertesBild(bildnamen, schlagIntervall);
        biene.Width = breite;
        biene.Height = höhe;
        return biene;
    }

    public static void CanvasOrtSetzen(UIElement control, double x, double y) {
        Canvas.SetLeft(control, x);
        Canvas.SetTop(control, y);
    }

    public static void ElementAufCanvasBewegen(UIElement uiElement, double zielX, double zielY) {
        double startX = Canvas.GetLeft(uiElement);
        double startY = Canvas.GetTop(uiElement);

        Storyboard storyboard = new Storyboard();
        DoubleAnimation animationX = DoubleAnimationErstellen(uiElement,
                                    startX, zielX, "(Canvas.Left)");
        DoubleAnimation animationY = DoubleAnimationErstellen(uiElement,
                                    startY, zielY, "(Canvas.Top)");
        storyboard.Children.Add(animationX);
        storyboard.Children.Add(animationY);
        storyboard.Begin();
    }

    public static DoubleAnimation DoubleAnimationErstellen(UIElement uiElement,
                              double von, double nach, string animierteEigenschaft) {
        DoubleAnimation animation = new DoubleAnimation();
        Storyboard.SetTarget(animation, uiElement);
        Storyboard.SetTargetProperty(animation, animierteEigenschaft);
        animation.From = von;
        animation.To = nach;
        animation.Duration = TimeSpan.FromSeconds(3);
        return animation;
    }

    public static void InHintergrund(SternControl neuerStern) {
        Canvas.SetZIndex(neuerStern, -1000);
    }
}
```

All comics in the collection
VIEW

Die Methoden `SetLeft()` und `GetLeft()` setzen die X-Position eines Steuerelements bzw. rufen sie ab. `SetTop()` und `GetTop()` machen das Gleiche für die Y-Position. Sie funktionieren auch, nachdem ein Steuerelement dem Canvas hinzugefügt wurde.

Wir haben eine Hilfsmethode namens DoubleAnimationErstellen() erzeugt, die eine DoubleAnimation über drei Sekunden erstellt. Diese Methode nutzt sie, um ein UIElement von der aktuellen Position zu einem neuen Punkt zu bewegen, indem sie die Eigenschaften Canvas.Left und Canvas.Top animiert.

Der »Z-Index« verweist auf die Schichtung der Steuerelemente auf einem Panel. Ein Steuerelement mit einem höheren Z-Index wird über eines mit einem niedrigeren Z-Index gezeichnet.

8 DIE KLASSEN *BIENE*, *STERN* UND *EVENTARGS* FÜR DAS MODEL.

Unser Model muss die Position und Größe der Bienen festhalten sowie die Position der Sterne. Außerdem setzt es Events ab, damit das ViewModel Bescheid weiß, wenn es eine Änderung bei einer Biene oder einem Stern gibt.

MODEL

```
using Windows.Foundation;
class Biene {
    public Point Ort { get; set; }
    public Size Größe { get; set; }
    public Rect Position { get { return new Rect(Ort, Größe); } }
    public double Breite { get { return Position.Width; } }
    public double Höhe { get { return Position.Height; } }

    public Biene(Point ort, Size größe) {
        Ort = ort;
        Größe = größe;
    }
}
```

```
using Windows.Foundation;
class Stern {
    public Point Ort {
        get; set;
    }

    public Stern(Point ort) {
        Ort = ort;
    }
}
```

Versuchen Sie, der Klasse Stern eine bool-Eigenschaft DrehtSich hinzuzufügen, wenn Ihr Programm funktioniert. Nutzen Sie diese, um einige der Sterne dazu zu bringen, sich langsam zu drehen.

```
using Windows.Foundation;
class BieneBewegtEventArgs : EventArgs {
    public Biene BewegteBiene { get; private set; }
    public double X { get; private set; }
    public double Y { get; private set; }

    public BieneBewegtEventArgs(Biene bewegteBiene, double x, double y) {
        BewegteBiene = bewegteBiene;
        X = x;
        Y = y;
    }
}
```

Das Model setzt Events ab, die diese EventArgs nutzen, um das ViewModel über Änderungen zu informieren.

```
using Windows.Foundation;
class SternGeändertEventArgs : EventArgs {
    public Stern GeänderterStern { get; private set; }
    public bool Entfernt { get; private set; }

    public SternGeändertEventArgs(Stern geänderterStern, bool entfernt) {
        GeänderterStern = geänderterStern;
        Entfernt = entfernt;
    }
}
```

Das Rect-Struct hat mehrere überladene Konstruktoren und Methoden, mit denen Sie Breite, Höhe, Größe und Ort abrufen können (entweder als Point oder als separate x- und y-double-Koordinaten).

Die Points-Eigenschaft von Polygon ist eine Auflistung mit Point-Structs.

Die Structs Point, Size und Rect

Der Namensraum Windows.Foundation enthält viele nützliche Structs. Point nutzt x- und y-double-Eigenschaften, um Koordinaten zu speichern. Size hat ebenfalls zwei double-Eigenschaften, Width und Height, und einen besonderen Empty-Wert. Rect speichert zwei Koordinaten für die linke obere und rechte untere Ecke eines Rechtecks. Es hat viele nützliche Methoden, die Breite und Höhe oder die Schnittmenge mit anderen Rects ermitteln und weiteres.

Lange Übung (Fortsetzung)

9 DIE BIENESTERNMODEL-KLASSE FÜR DAS MODEL.

Wir haben die privaten Felder und einige praktische Methoden vorgegeben. Sie müssen die Klasse BieneSternModel fertigstellen.

MODEL

```
using Windows.Foundation;

class BieneSternModel {
    public static readonly Size SternGröße = new Size(150, 100);

    private readonly Dictionary<Biene, Point> _bienen = new Dictionary<Biene, Point>();
    private readonly Dictionary<Stern, Point> _sterne = new Dictionary<Stern, Point>();
    private Random _random = new Random();

    public BieneSternModel() {
        _spielfeldGröße = Size.Empty;
    }

    public void Aktualisieren() {
        BieneBewegen();
        SternReinOderRaus();
    }

    private static bool RectÜberschneidenSich(Rect r1, Rect r2) {
        r1.Intersect(r2);
        if (r1.Width > 0 || r1.Height > 0)
            return true;
        return false;
    }

    public Size SpielfeldGröße {
        // Unterstützungsfeld erstellen. In Setter BienenErstellen() und SterneErstellen()aufrufen.
    }
    private void BienenErstellen() {
        // Zurückgeben, wenn das Spielfeld leer ist. Alle eventuell vorhandenen Bienen bewegen.
        // Andernfalls zwischen 5 und 15 Bienen zufälliger Größe (40 bis 150 Pixel) erstellen,
        // _bienen hinzufügen und das BieneBewegt-Event absetzen.
    }
    private void SterneErstellen() {
        // Zurückgeben, wenn das Spielfeld leer ist. Den Ort aller eventuell
        // vorhandenen Sterne auf einen neuen Point setzen und SternGeändert
        // absetzen, andernfalls 5 bis 10 Mal SternErstellen() aufrufen.
    }
    private void SternErstellen() {
        // Einen Punkt ohne Überschneidungen suchen, _sterne einen neuen
        // Stern hinzufügen und das SternGeändert-Event absetzen.
    }
    private Point PunktOhneÜberschneidungSuchen(Size größe) {
        // Linke obere Ecke eines Rechtecks suchen, das keine Überschneidungen mit anderen Bienen
        // oder Sternen aufweist. Erstellen Sie zufällige Rechtecke und verwenden Sie LINQ, um
        // eventuelle Überschneidungen auszuschließen (nutzen Sie dazu RectÜberschneidenSich()).
    }
    private void BieneBewegen(Biene biene = null) {
        // Zurückgeben, wenn es keine Bienen gibt. Wenn der Parameter null ist, eine zufällige
        // Biene wählen. Dann einen Punkt ohne Überschneidung suchen, den Ort der Biene
        // aktualisieren, _bienen aktualisieren und dann das BieneBewegt-Event absetzen.
    }
    private void SternReinOderRaus() {
        // Münze werfen (_random.Next(2) == 0) und entweder mit SternErstellen() einen Stern
        // erstellen oder einen löschen und SternGeändert absetzen. Immer einen Stern erstellen,
        // wenn es <= 5 Sterne gibt, immer einen löschen, wenn es >= 20 Sterne gibt.
        // _sterne.Keys.ToList()[_random.Next(_sterne.Count)] findet einen zufälligen Stern.
    }
    // Sie müssen die Events BieneBewegt und SternGeändert sowie Methoden, die sie aufrufen,
    // schreiben. Sie nutzen die Klassen BieneBewegtEventArgs und SternGeändertEventArgs.
}
```

Mit readonly können Sie einen konstanten Struct-Wert erstellen.

Size.Empty ist ein Size-Wert, der für eine leere Größe reserviert ist. Sie nutzen ihn, damit Bienen und Sterne nur erstellt werden, wenn die Größe des Spielfelds geändert wird.

Das ViewModel nutzt einen Timer, um diese Aktualisieren()-Methode regelmäßig aufzurufen.

Diese Methode prüft zwei Rect-Structs und liefert true, wenn sie einander überschneiden. Dazu wird die Methode Intersect() verwendet.

SpielfeldGröße ist eine Eigenschaft.

Liefern Sie einen beliebigen Punkt, wenn nach 1000 Versuchen kein Punkt gefunden wurde, der keine Überschneidungen aufweist.

Testen Sie mit dem Simulator, ob die App bei unterschiedlichen Bildschirmgrößen und -ausrichtungen funktioniert.

VIEW
MODEL

10 DIE KLASSE *BIENESTERNVIEWMODEL* FÜR DAS VIEWMODEL.

Ergänzen Sie die Methoden mit den Kommentaren. Sie müssen sich genau ansehen, wie das Model funktioniert und was der View erwartet. Die Hilfsmethoden werden sich als praktisch erweisen.

`DispatcherTimer` und `UIElement` sollten die einzigen `Windows.UI.Xaml`-Klassen sein, die im ViewModel verwendet werden. Mit `using` können Sie = nutzen, um ein einziges Member eines anderen Namensraums zu deklarieren.

```
using View;
using Model;
using System.Collections.ObjectModel;
using System.Collections.Specialized;
using Windows.Foundation;
using DispatcherTimer = Windows.UI.Xaml.DispatcherTimer;
using UIElement = Windows.UI.Xaml.UIElement;

class BieneSternViewModel {
    private readonly ObservableCollection<UIElement>
                _sprites = new ObservableCollection<UIElement>();
    public INotifyCollectionChanged Sprites { get { return _sprites; } }

    private readonly Dictionary<Stern, SternControl> _sterne = new Dictionary<Stern, SternControl>();
    private readonly List<SternControl> _verblassteSterne = new List<SternControl>();

    private BieneSternModel _model = new BieneSternModel();

    private readonly Dictionary<Biene, AnimiertesBild> _bienen = new Dictionary<Biene,
AnimiertesBild>();

    private DispatcherTimer _timer = new DispatcherTimer();

    public Size SpielfeldGröße { /* Getter/Setter liefern/setzen _model.SpielfeldGröße */ }

    public BieneSternViewModel() {
        // Event-Handler mit den BieneBewegt- und SternGeändert-Events von BieneSternModel
        // verbinden und den Timer so starten, dass er alle 2 Sekunden tickt.
    }
    void timer_Tick(object sender, object e) {
        // Bei jedem Tick alle SternControl-Referenzen in _verblassteSterne abrufen und das
        // Objekt aus _sprites entfernen, dann die Aktualisieren()-Methode von BieneViewModel
        // aufrufen, damit das Model aktualisiert wird.
    }
    void BieneBewegtHandler(object sender, BieneBewegtEventArgs e) {
        // Das Dictionary _bienen ordnet die Biene-Objekte des Models AnimiertesBild-Objekten
        // im View zu. Wird eine Biene bewegt, setzt BieneViewModel das BieneBewegt-Event ab,
        // und teilt allen mit, welche Biene sich an welchen Ort bewegt hat. Wenn _bienen
        // noch kein AnimiertesBild-Objekt für die Biene enthält, muss ein neues erstellt und
        // sein Ort auf dem Canvas gesetzt werden, bevor _bienen und _sprites aktualisiert werden.
        // Wenn in _bienen ein AnimiertesBild-Objekt gefunden wird, muss es mit einer
        // Animation an den neuen Ort auf dem Canvas bewegt werden.
    }
    void SternBewegtHandler(object sender, SternGeändertEventArgs e) {
       // _sterne funktioniert wie _bienen, ordnet aber Stern-Objekte SternControl-Steuer-
       // elementen zu. Die EventArgs enthalten eine Referenz auf das Stern-Objekt (das eine
       // Ort-Eigenschaft hat) und einen bool, der sagt, ob der Stern entfernt wurde.
       // Ist das der Fall, wird er ausgeblendet, indem er aus _sterne entfernt,
       // _verblassteSterne hinzugefügt und seine Ausblenden()-Methode aufgerufen wird (er wird
       // beim nächsten Aktualisieren()-Aufruf aus _sprites entfernt.
       //
       // Wird der Stern nicht entfernt, prüfen Sie, ob _sterne ihn enthält, und rufen gegebenen-
       // falls das SternControl ab; andernfalls wird ein neues SternControl erstellt, eingeblen-
       // det, _sprites hinzugefügt und in den Hintergrund geschickt, damit es hinter den Bienen
       // ist. Dann setzen Sie den Canvas-Ort dafür.
    }
}
```

Das Steuerelement wird aktualisiert, wenn Sie den neuen Canvas-Ort setzen. So bewegen sich die Sterne, wenn sich die Größe des Spielfelds ändert.

Lange Übung (Lösung)

Hier sind die ergänzten Methoden in `BieneSternModel`.

```
using Windows.Foundation;

class BieneSternModel {
    public static readonly Size SternGröße = new Size(150, 100);

    private readonly Dictionary<Biene, Point> _bienen = new Dictionary<Biene, Point>();
    private readonly Dictionary<Stern, Point> _sterne = new Dictionary<Stern, Point>();
    private Random _random = new Random();

    public BieneSternModel() {
        _spielfeldGröße = Size.Empty;
    }

    public void Aktualisieren() {
        BieneBewegen();
        SternReinOderRaus();
    }

    private static bool RectÜberschneidenSich(Rect r1, Rect r2) {
        r1.Intersect(r2);
        if (r1.Width > 0 || r1.Height > 0)
            return true;
        return false;
    }

    private Size _spielfeldGröße;
    public Size SpielfeldGröße {
        get { return _spielfeldGröße; }
        set
        {
            _spielfeldGröße = value;
            BienenErstellen();
            SterneErstellen();
        }
    }

    private void BienenErstellen() {
        if (SpielfeldGröße == Size.Empty) return;

        if (_bienen.Count() > 0) {
            List<Biene> alleBienen = _bienen.Keys.ToList();
            foreach (Biene biene in alleBienen)
                BieneBewegen(biene);
        } else {
            int bienenAnzahl = _random.Next(5, 10);
            for (int i = 0; i < bienenAnzahl; i++) {
                int s = _random.Next(50, 100);
                Size bienenGröße = new Size(s, s);
                Point neuerOrt = PunktOhneÜberschneidungSuchen(bienenGröße);
                Biene neueBiene = new Biene(neuerOrt, bienenGröße);
                _bienen[neueBiene] = new Point(neuerOrt.X, neuerOrt.Y);
                OnBieneBewegt(neueBiene, neuerOrt.X, neuerOrt.Y);
            }
        }
    }
```

Das haben wir Ihnen vorgegeben.

Hier sind die Methoden für den SternControl-Unterstützungscode:

```
public void Einblenden() {
    einblendenStoryboard.Begin();
}

public void Ausblenden() {
    ausblendenStoryboard.Begin();
}
```

Wenn sich die Eigenschaft SpielfeldGröße ändert, aktualisiert das Model das Unterstützungsfeld _spielfeldGröße und ruft dann BienenErstellen() und SterneErstellen() auf. So kann das ViewModel dem Model sagen, dass es sich anpassen soll, wenn sich die Größe ändert – was z. B. geschieht, wenn Sie das Programm auf einem Tablet ausführen und dessen Ausrichtung ändern.

Wenn es Bienen gibt, werden sie bewegt. BieneBewegen() sucht nach einem Ort ohne Überschneidungen für jede Biene und setzt ein BieneBewegt-Event ab.

Wenn es im Model noch keine Bienen gibt, werden neue Biene-Objekte erstellt, und ihr Ort wird festgelegt. Jedes Mal, wenn eine Biene hinzugefügt oder geändert wird, muss ein BieneBewegt-Event abgesetzt werden.

```
private void SterneErstellen() {
    if (SpielfeldGröße == Size.Empty) return;

    if (_sterne.Count > 0) {
        foreach (Stern stern in _sterne.Keys) {
            stern.Ort = PunktOhneÜberschneidungSuchen(SternGröße);
            OnSternGeändert(stern, false);
        }
    } else {
        int sternAnzahl = _random.Next(5, 10);
        for (int i = 0; i < sternAnzahl; i++)
            SternErstellen();
    }
}

private void SternErstellen() {
    Point neuerOrt = PunktOhneÜberschneidungSuchen(SternGröße);
    Stern neuerStern = new Stern(neuerOrt);
    _sterne[neuerStern] = new Point(neuerOrt.X, neuerOrt.Y);
    OnSternGeändert(neuerStern, false);
}

private Point PunktOhneÜberschneidungSuchen(Size größe) {
    Rect neuesRect;
    bool keineÜberschneidung = false;
    int zähler = 0;
    while (!keineÜberschneidung) {
        neuesRect = new Rect(_random.Next((int)SpielfeldGröße.Width - 150),
            _random.Next((int)SpielfeldGröße.Height - 150),
            größe.Width, größe.Height);
        var überschneidendeBienen =
            from biene in _bienen.Keys
            where RectÜberschneidenSich(biene.Position, neuesRect)
            select biene;

        var überschneidendeSterne =
            from stern in _sterne.Keys
            where RectÜberschneidenSich(
                new Rect(stern.Ort.X, stern.Ort.Y, SternGröße.Width, SternGröße.Height),
                neuesRect)
            select stern;

        if ((überschneidendeBienen.Count() + überschneidendeSterne.Count() == 0) ||
            (zähler++ > 1000))
            keineÜberschneidung = true;
    }
    return new Point(neuesRect.X, neuesRect.Y);
}

private void BieneBewegen(Biene biene = null) {
    if (_bienen.Keys.Count() == 0) return;
    if (biene == null) {
        int bienenAnzahl = _sterne.Count;
        List<Biene> bienen = _bienen.Keys.ToList();
        biene = bienen[_random.Next(bienen.Count)];
    }
    biene.Ort = PunktOhneÜberschneidungSuchen(biene.Größe);
    _bienen[biene] = biene.Ort;
    OnBieneBewegt(biene, biene.Ort.X, biene.Ort.Y);
}
```

Wenn es Sterne gibt, setzen wir den Ort der Sterne auf einen neuen Punkt auf dem Spielfeld und setzen SternGeändert ab. Es ist Aufgabe des ViewModel, dieses Event zu verarbeiten und das entsprechende Steuerelement zu bewegen.

Erstellt ein zufälliges Rect und prüft dann Überschneidungen. Wir lassen rechts 250 Pixel Platz und unten 150 Pixel, damit Sterne und Bienen das Spielfeld nicht verlassen.

Die LINQ-Abfragen suchen mit RectÜberschneidenSich() nach Bienen oder Sternen, die eine Überschneidung mit dem neuen Rect aufweisen. Wenn einer der Rückgabewerte eine Anzahl hat, weist das neue Rect Überschneidungen auf.

Wurde das 1000 Mal wiederholt, gibt es auf dem Spielfeld wahrscheinlich keine Punkte ohne Überschneidungen mehr, und wir müssen aus einer ansonsten endlos laufenden Schleife ausbrechen.

Lange Übung (Lösung)

Die letzten Member der Klasse `BieneSternModel`.

Wählt zufällig entweder 0 oder 1, erstellt aber immer einen Stern, wenn es weniger als fünf gibt, und löscht immer einen, wenn es 20 oder mehr gibt.

```
    private void SternReinOderRaus() {
        if (((_random.Next(2) == 0) || (_sterne.Count <= 5)) && (_sterne.Count < 20 ))
            SternErstellen();
        else {
            Stern zuEntfernenderStern = _sterne.Keys.ToList()[_random.Next(_sterne.Count)];
            _sterne.Remove(zuEntfernenderStern);
            OnSternGeändert(zuEntfernenderStern, true);
        }
    }

    public event EventHandler<BieneBewegtEventArgs> BieneBewegt;

    private void OnBieneBewegt(Biene bewegteBiene, double x, double y)
    {
        EventHandler<BieneBewegtEventArgs> bieneBewegt = BieneBewegt;
        if (bieneBewegt != null)
        {
            bieneBewegt(this, new BieneBewegtEventArgs(bewegteBiene, x, y));
        }
    }

    public event EventHandler<SternGeändertEventArgs> SternGeändert;

    private void OnSternGeändert(Stern geänderterStern, bool entfernt)
    {
        EventHandler<SternGeändertEventArgs> sternGeändert = SternGeändert;
        if (sternGeändert != null)
        {
            sternGeändert(this, new SternGeändertEventArgs(geänderterStern, entfernt));
        }
    }
}
```

Jedes Mal, wenn Aktualisieren() aufgerufen wird, soll entweder ein Stern hinzugefügt oder gelöscht werden. Ums Erstellen kümmert sich bereits SternErstellen(). Wenn wir einen löschen, entfernen wir ihn einfach aus _sterne und setzen SternGeändert ab.

Das sind die üblichen Event-Handler und Methoden, die die Events auslösen.

Hier sind die ergänzten Methoden der Klasse `BieneSternViewModel`.

```
using View;
using Model;
using System.Collections.ObjectModel;
using System.Collections.Specialized;
using Windows.Foundation;
using DispatcherTimer = Windows.UI.Xaml.DispatcherTimer;
using UIElement = Windows.UI.Xaml.UIElement;

class BieneSternViewModel {
    private readonly ObservableCollection<UIElement>
                _sprites = new ObservableCollection<UIElement>();
    public INotifyCollectionChanged Sprites { get { return _sprites; } }

    private readonly Dictionary<Stern, SternControl> _sterne = new Dictionary<Stern, SternControl>();
    private readonly List<SternControl> _verblassteSterne = new List<SternControl>();

    private BieneSternModel _model = new BieneSternModel();

    private readonly Dictionary<Biene, AnimiertesBild> _bienen
                                        = new Dictionary<Biene, AnimiertesBild>();

    private DispatcherTimer _timer = new DispatcherTimer();
```

Auch das haben wir Ihnen vorgegeben.

Wenn Sie bei der Trennung der Verantwortlichkeiten gute Arbeit geleistet haben, sind Ihre Designs häufig von Hause aus locker gebunden.

Die SpielfeldGröße-Eigenschaft des ViewModel wird einfach an die Eigenschaft des Model übergeben. Ihr Setter ruft die Methoden auf, die BieneBewegt und SternGeändert absetzen. Es geschieht also Folgendes, wenn sich die Größe des Bildschirms ändert: 1) das Canvas setzt SizeChanged ab, das 2) die SpielfeldGröße-Eigenschaft des ViewModel aktualisiert, die 3) die Eigenschaft des Model aktualisiert, die 4) Methoden zur Aktualisierung von Bienen und Sternen aufruft, die 5) BieneBewegt und SternGeändert absetzen, die 6) die Event-Handler des ViewModel anstoßen, die 7) Sprites aktualisieren, was 8) die Steuerelemente auf dem Canvas aktualisiert. Das ist ein Beispiel lockerer Bindung. Die Dinge werden nicht von einem zentralen Objekt koordiniert. Das ist ein sehr stabiles Verfahren zum Aufbau von Software, weil kein Objekt explizit wissen muss, wie andere Objekte funktionieren. Sie müssen stets nur eine Sache beherrschen.

```
    public Size SpielfeldGröße {
        get { return _model.SpielfeldGröße; }
        set { _model.SpielfeldGröße = value; }
    }

    public BieneSternViewModel() {
        _model.BieneBewegt += BieneBewegtHandler;
        _model.SternGeändert += SternBewegtHandler;

        _timer.Interval = TimeSpan.FromSeconds(2);
        _timer.Tick += timer_Tick;
        _timer.Start();
    }

    void timer_Tick(object sender, object e) {
        foreach (SternControl sternControl in _verblassteSterne)
            _sprites.Remove(sternControl);

        _model.Aktualisieren();
    }

    void BieneBewegtHandler(object sender, BieneBewegtEventArgs e) {
        if (!_bienen.ContainsKey(e.BewegteBiene)) {
            AnimiertesBild bieneControl = BienenSternHelfer.BienenFactory(
                        e.BewegteBiene.Breite, e.BewegteBiene.Höhe, TimeSpan.FromMilliseconds(20));
            BienenSternHelfer.CanvasOrtSetzen(bieneControl, e.X, e.Y);
            _bienen[e.BewegteBiene] = bieneControl;
            _sprites.Add(bieneControl);
        } else {
            AnimiertesBild bieneControl = _bienen[e.BewegteBiene];
            BienenSternHelfer.ElementAufCanvasBewegen(bieneControl, e.X, e.Y);
        }
    }

    void SternBewegtHandler(object sender, SternGeändertEventArgs e) {
        if (e.Entfernt) {
            SternControl sternControl = _sterne[e.GeänderterStern];
            _sterne.Remove(e.GeänderterStern);
            _verblassteSterne.Add(sternControl);
            sternControl.Ausblenden();
        } else {
            SternControl neuerStern;
            if (_sterne.ContainsKey(e.GeänderterStern))
                neuerStern = _sterne[e.GeänderterStern];
            else {
                neuerStern = new SternControl();
                _sterne[e.GeänderterStern] = neuerStern;
                neuerStern.Einblenden();
                BienenSternHelfer.InHintergrund(neuerStern);
                _sprites.Add(neuerStern);
            }
            BienenSternHelfer.CanvasOrtSetzen(
                      neuerStern, e.GeänderterStern.Ort.X, e.GeänderterStern.Ort.Y);
        }
    }
}
```

_verblassteSterne enthält die Steuerelemente, die aktuell ausgeblendet werden und entfernt werden, wenn die Aktualisieren()-Methode des ViewModel das nächste Mal aufgerufen wird.

Wenn ein Stern hinzugefügt wird, muss seine Einblenden()-Methode aufgerufen werden. Ist er bereits da, wird er nur bewegt, wenn sich die Größe des Spielfelds ändert. Unabhängig davon soll er sich zum nächsten Ort auf dem Canvas bewegen.

Glückwunsch! (Aber Sie sind noch nicht fertig ...)

Haben Sie die letzte Übung abgeschlossen? Und Sie haben alles verstanden, was dort vor sich ging? Wenn das der Fall ist, dann unseren herzlichsten **Glückwunsch** – Sie haben eine Menge über C# gelernt – und das wahrscheinlich in kürzerer Zeit, als Sie es erwartet hätten! Die Welt des Programmierens steht Ihnen offen.

Aber es gibt noch ein paar Dinge, die Sie tun sollten, bevor Sie zum letzten Workshop übergehen, wenn Sie tatsächlich sichergehen wollen, dass alle Informationen, die Sie Ihrem Gehirn überantwortet haben, tatsächlich dort haften bleiben.

Avoid These

Werfen Sie einen letzten Blick auf Die Menschheit retten.

Wenn Sie alles gemacht haben, was wir Ihnen gesagt haben, dann haben Sie *Die Menschheit retten* zwei Mal erstellt, einmal zu Anfang das Buchs und dann noch einmal, bevor Sie sich an Kapitel 10 gemacht haben. Selbst beim zweiten Mal gab es Teile, die für Sie noch wie Zauberei gewirkt haben mögen. Aber beim Programmieren **gibt es keine Zauberei**. Gehen Sie den von Ihnen erstellten Code noch ein letztes Mal durch. Sie werden überrascht sein, wie viel Sie jetzt verstehen! Es gibt fast nicht, dass eine Lektion besser im Gedächtnis verankert als ein Erfolgserlebnis.

Beim Programmieren gibt es keine Zauberei. Programme funktionieren, weil sie so gebaut wurden, dass sie funktionieren. Jeder Code kann verstanden werden.

... aber Code ist erheblich leichter verständlich, wenn der Programmierer Entwurfsmuster und die Prinzipien der objektorientierten Programmierung berücksichtigt hat.

Reden Sie mit Ihren Freunden darüber.

Menschen sind Gesellschaftwesen, und wenn Sie mit Ihrem sozialen Umfeld über die Dinge reden, die Sie gelernt haben, können Sie sich diese besser merken. Heutzutage schließt dieses »Reden« auch soziale Netzwerke ein! Und Sie haben hier wirklich etwas geleistet, das können Sie anderen ruhig mit Stolz mitteilen!

Machen Sie eine Pause. Besser noch, gönnen Sie sich ein Nickerchen.

Ihr Gehirn hat eine Menge Informationen aufgesogen, und manchmal ist Schlaf das Beste, was man machen kann, um dieses ganz neue Wissen tatsächlich »einzusperren«. Viele neurowissenschaftliche Untersuchungen zeigen, dass die Informationsabsorption **nach einer Nacht mit hinreichend Schlaf** deutlich verbessert ist. Gönnen Sie Ihrem Gehirn also die wohlverdiente Pause!

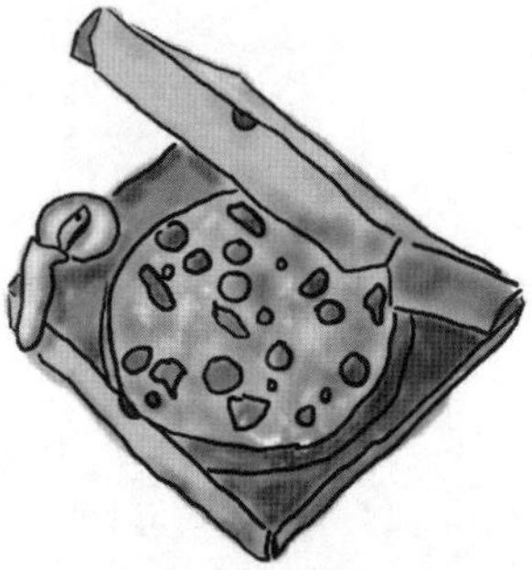

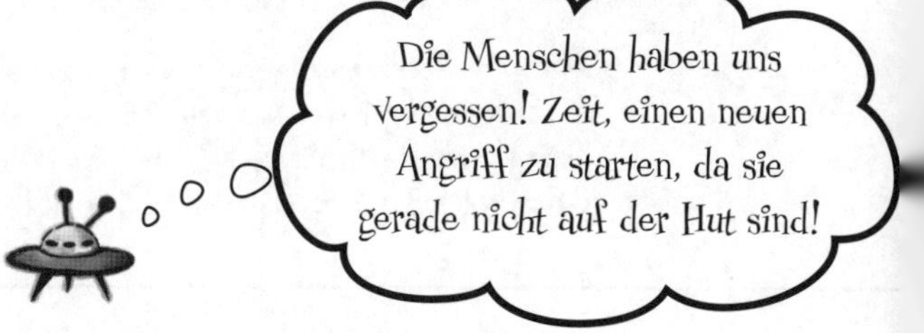
Die Menschen haben uns vergessen! Zeit, einen neuen Angriff zu starten, da sie gerade nicht auf der Hut sind!

Name:

Datum:

C#-Workshop
Invaders

Dieser Workshop gibt Ihnen eine Spezifikation für ein Programm, das Sie erstellen sollen, um die Fertigkeiten zum Einsatz zu bringen, die Sie im Verlauf dieses Buchs erworben haben.

Dieses Projekt ist umfangreicher als alle, die Ihnen bisher begegnet sind. Lesen Sie sich also alles erst einmal durch, bevor Sie beginnen, und gönnen Sie sich etwas Zeit. Haben Sie alle Übungen in diesem Buch nachvollzogen, stehen Ihnen alle Werkzeuge, die Sie für diesen Workshop brauchen, zur Verfügung.

Ein paar Entwurfsdetails haben wir bereits für Sie eingesetzt. Und wir haben sichergestellt, dass Sie alle Teile haben, die Sie benötigen ... und sonst nichts.

Sie müssen die Arbeit zu Ende führen. Die englische Version des fertigen Invaders-Spiels können Sie im Windows Store als Open Source-Projekt erhalten. Der Quellcode ist also verfügbar ... aber Sie werden am meisten lernen, wenn Sie das Projekt ganz allein aufbauen!

(Weitere Informationen finden Sie unter www.headfirstlabs.com/hfcsharp.)

Der Urvater aller Videospiele

In diesem Workshop werden Sie einer der beliebtesten, am meisten bewunderten und am häufigsten kopierten Ikonen der Videospielgeschichte die Ehre erweisen, einem Spiel, das keiner weiteren Vorstellung bedarf. **Es ist Zeit, ein Invaders-Spiel zu schreiben.**

Wenn der Spieler Aliens zerstört, steigt seine Punktzahl. Diese wird in der rechten oberen Ecke angezeigt.

Invaders ist eine Windows Store-App, die nur eine Standardseite nutzt.

Die Invader greifen in Wellen zu 11 Spalten mit je sechs Invadern an. Die erste Welle bewegt sich langsam und feuert jeweils nur wenige Schüsse ab. Die nächste Welle bewegt sich schneller und schießt häufiger. Sind alle Aliens in einer Welle zerstört, greift die nächste Welle an.

Der Spieler beginnt mit drei Schiffen. Das erste Schiff ist im Spiel, und die anderen beiden werden in Reserve gehalten. Seine Reserveschiffe werden in der rechten oberen Ecke angezeigt.

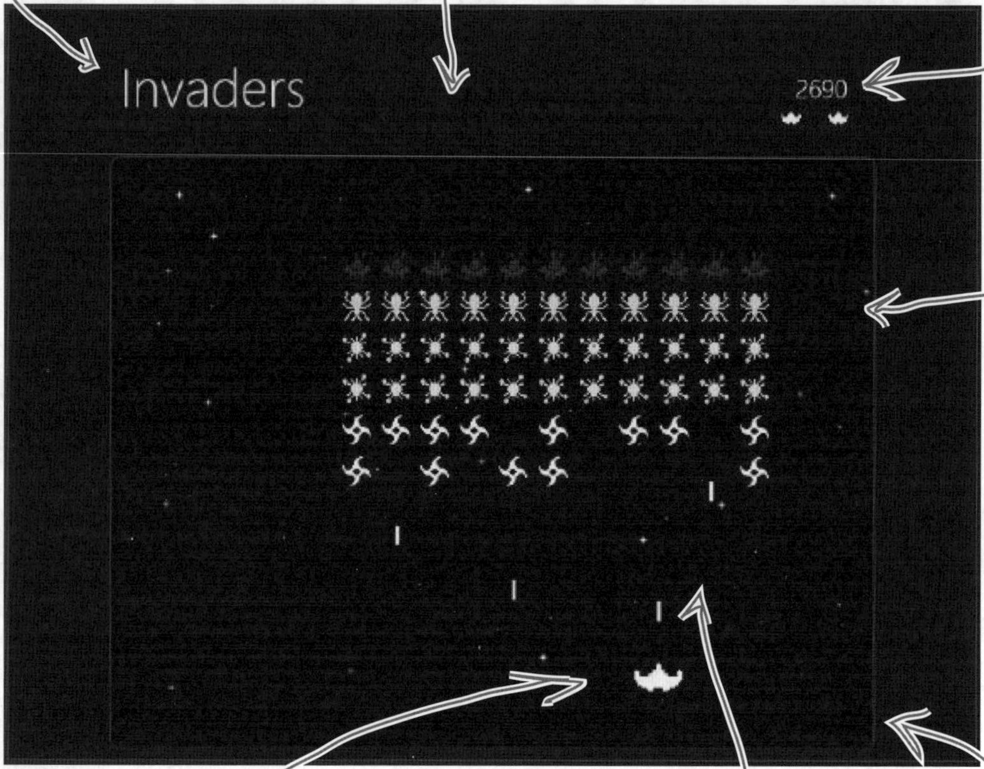
Invaders
2690

Die Schiffe der Aliens nutzen grobkörnige, pixelierte Grafiken in einem Retrostil, der an die 80er gemahnt. Das Spielfeld hat das Seitenverhältnis 4:3, wie es bei alten Arcade-Geräten üblich war. Vervollständigt wird der Retrolook durch simulierte Bildzeilen, die das Spiel noch authentischer wirken lassen.

Der Spieler bewegt das Schiff nach links und rechts und schießt auf die Invader. Trifft ein Schiff einen Invader, wird der Invader zerstört, und die Punktzahl des Spielers steigt.

Die Invader schießen zurück. Trifft einer der Schüsse das Schiff, verliert der Spieler ein Leben. Hat er all seine Leben aufgebraucht oder erreichen die Invader den unteren Rand des Bildschirms, endet das Spiel. Es wird dann eine große »GAME OVER«-Meldung in der Mitte des Bildschirms angezeigt.

Die vielfarbigen Sterne im Hintergrund blinken, haben aber keine Auswirkungen auf das Spiel.

Ihre Aufgabe: Verteidigen Sie den Planeten gegen die Wellen der Invader

Die Invader greifen in Wellen an. Jede Welle ist eine kompakte Formation von 30 einzelnen Invadern. Wenn der Spieler Invader zerstört, steigt seine Punktzahl. Die untersten beiden Invader-Reihen haben die Form von Sternen und bringen 10 Punkte. Die Raumschiffe bringen 20 Punkte, die fliegenden Untertassen 30, die Wanzen 40 und die Satelliten 50. Der Spieler beginnt mit drei Leben. Verliert er alle drei Leben oder erreichen die Invader den unteren Bildschirmrand, ist das Spiel verloren.

Denken Sie daran: Die Invaders-Grafiken finden Sie auf der Webseite zum Buch.

Es gibt fünf verschiedene Typen von Invadern, die sich aber alle auf gleiche Weise verhalten. Sie beginnen oben am Bildschirm und bewegen sich auf dem Bildschirm nach links, bis sie den Rand erreichen. Dann sinken sie tiefer und bewegen sich nach rechts. Erreichen sie den rechten Rand, sinken sie weiter und bewegen sich wieder nach links. Erreichen die Invader den unteren Bildschirmrand, ist das Spiel vorüber.

10
20
30
40
50

Die erste Invader-Welle kann zwei Schüsse gleichzeitig abfeuern – die Invader halten ihre Schüsse zurück, wenn bereits zwei Schüsse auf dem Bildschirm sind. Die zweite Welle feuert drei Schüsse ab, die dritte vier usw.

Spieler neigen dazu, mehrere Tasten gedrückt zu halten. Das Spiel sollte festhalten, welche Tasten aktuell gedrückt werden. Werden Pfeil-nach-rechts- und die Leertaste gedrückt, sollte sich das Schiff nach rechts bewegen und feuern (falls noch keine zwei Schüsse auf dem Bildschirm sind).

Schüsse werden durch Betätigung der Leertaste oder durch Tippen auf den Bildschirm abgefeuert. Aber es können jeweils nur zwei Schüsse des Spielers gleichzeitig auf dem Bildschirm sein. Trifft ein Schuss etwas oder verschwindet er, kann der nächste abgefeuert werden.

Trifft ein Schuss einen Invader, verschwinden beide. Ansonsten verschwindet der Schuss, wenn er den Bildschirm oben verlässt.

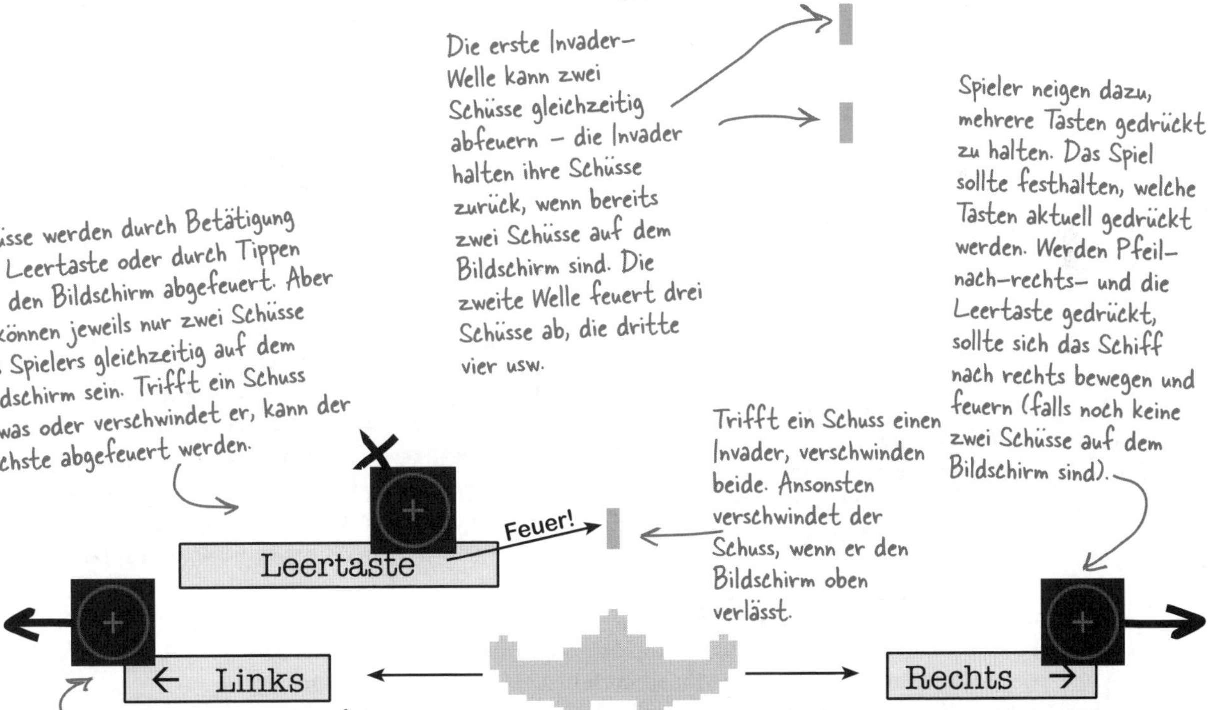
Feuer!
Leertaste
← Links
Rechts →

Ein Wischen nach links oder die Pfeil-nach-links-Taste bewegt das Schiff zum linken Rand des Bildschirms.

Ein Wischen nach rechts oder die Pfeil-nach-rechts-Taste bewegt das Schiff nach rechts.

Die Architektur von Invaders

Invaders ist eine MVVM-App. Das Model muss eine Welle von Invadern (einschließlich ihrer Position, ihres Typs und ihres Punktwerts), das Schiff des Spieler, die Schüsse, die Spieler und Feind aufeinander abfeuern, sowie die Sterne im Hintergrund festhalten. Der View nutzt eine Standardseite und Steuerelemente für animierte Bilder und Sterne sowie eine statische Hilfsklasse zur Unterstützung des ViewModel.

Hier ist ein Überblick über das, was Sie aufbauen müssen:

Die eigentliche Arena ist ein ItemsControl mit einem Canvas für ein ItemsTemplate, dessen ItemsSource an eine ObservableCollection mit Steuerelementen gebunden ist.

VIEW
MODEL

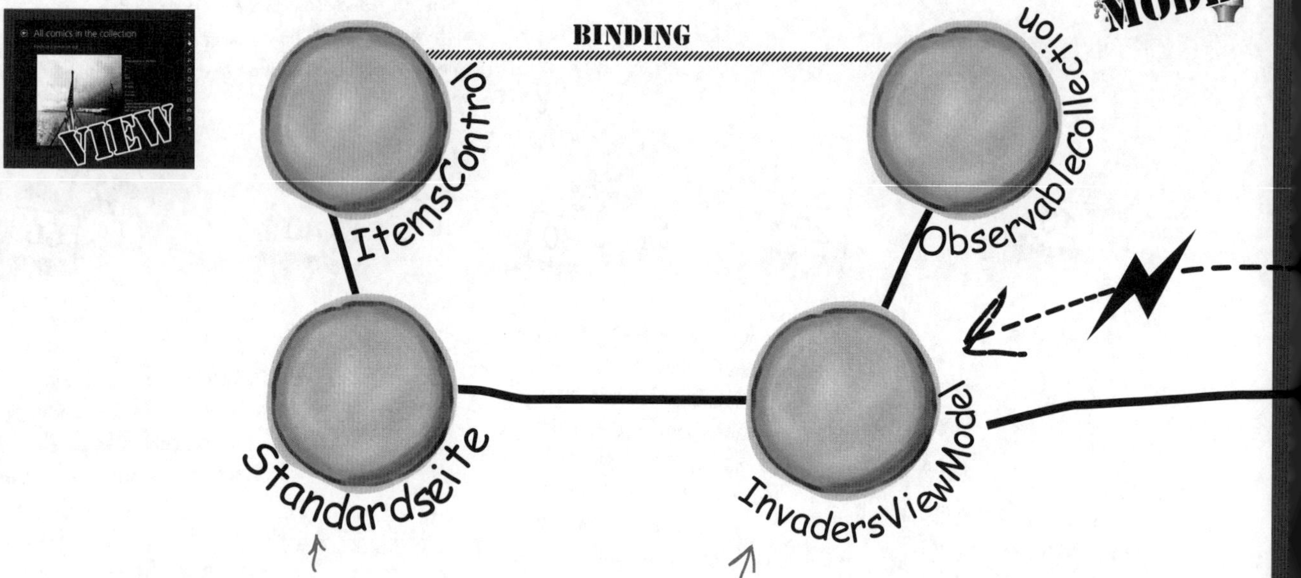

VIEW
BINDING
ItemsControl
ObservableCollection
Standardseite
InvadersViewModel

Diese App besteht aus einer Standardseite, die ein ItemsControl für die Arena, in der sich das Geschehen abspielt, ein GridView mit den verbleibenden Schiffen des Spielers, ein Pop-up zur Anzeige eines Infokastens sowie einige weitere Buttons und TextBlocks enthält, die genutzt werden, um anzuzeigen, dass das Spiel angehalten oder beendet ist.

Das ViewModel-Objekt überwacht Events, die vom Model abgesetzt werden, und nutzt sie, um die Auflistung mit Steuerelementen zu aktualisieren, damit der View sie zur Bindung verwenden kann. Außerdem setzt es PropertyChanged-Events ab, um den View zu informieren, wenn sich die Anzahl verbleibender Leben geändert hat oder das Spiel angehalten wurde beziehungsweise beendet ist.

<Popup> ist Ihnen noch nicht begegnet.

Beim Programmieren ist es auch sehr wichtig, dass Sie herauszufinden in der Lage sind, wie Sie Werkzeuge einsetzen, die Ihnen noch nicht begegnet sind. Wir haben hier ein neues Steuerelement ins Spiel gebracht, Popup, das Sie nutzen werden, um einen Infokasten anzuzeigen, wenn der Benutzer im Einstellungen-Charm Info wählt. Das ist eine gute Möglichkeit, Ihre Fertigkeiten als Entwickler zu testen!

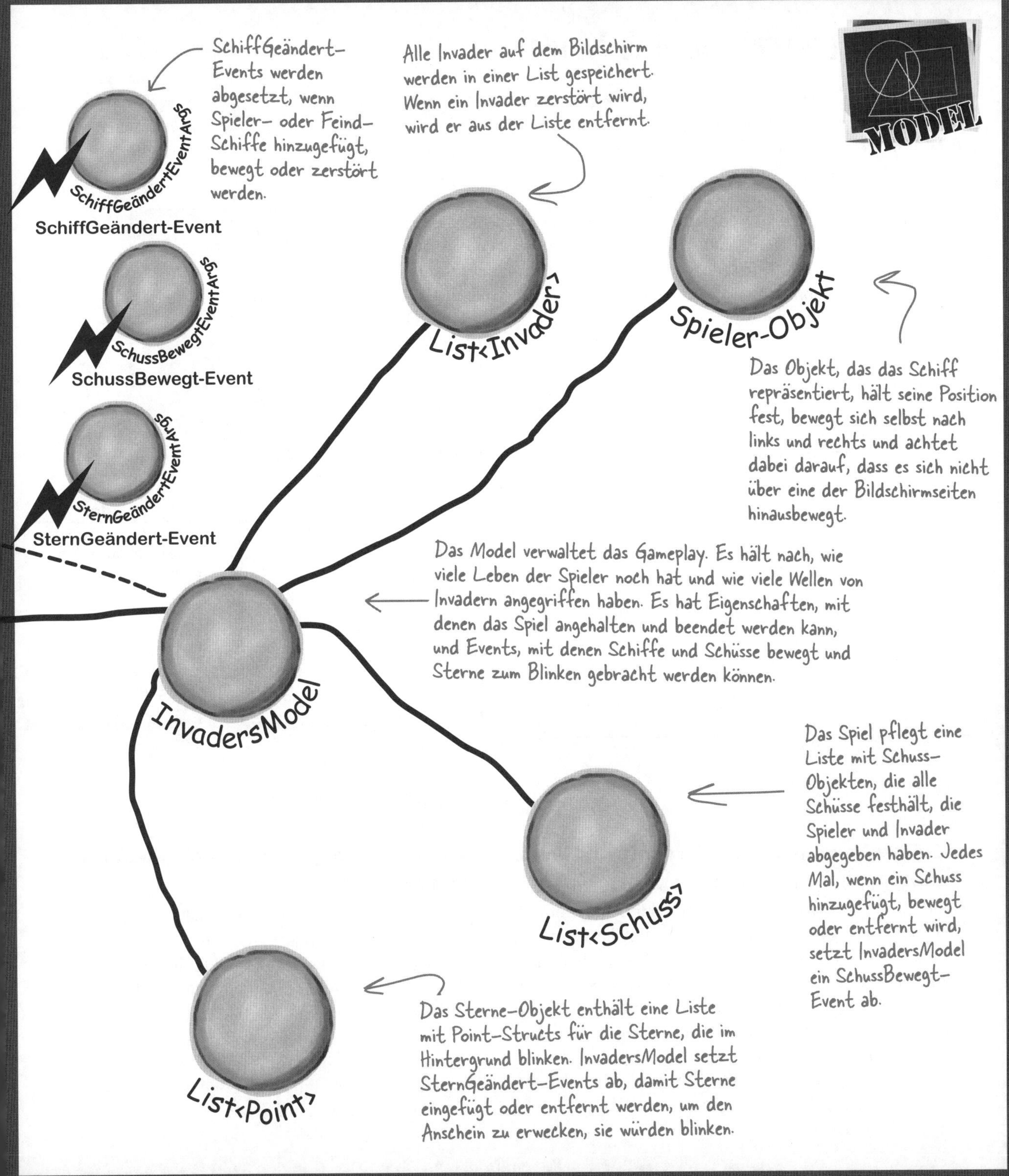
MODEL
SchiffGeändert-Events werden abgesetzt, wenn Spieler- oder Feind-Schiffe hinzugefügt, bewegt oder zerstört werden.
SchiffGeändertEventArgs
SchiffGeändert-Event
SchussBewegtEventArgs
SchussBewegt-Event
SternGeändertEventArgs
SternGeändert-Event
Alle Invader auf dem Bildschirm werden in einer List gespeichert. Wenn ein Invader zerstört wird, wird er aus der Liste entfernt.
List<Invader>
Spieler-Objekt
Das Objekt, das das Schiff repräsentiert, hält seine Position fest, bewegt sich selbst nach links und rechts und achtet dabei darauf, dass es sich nicht über eine der Bildschirmseiten hinausbewegt.
Das Model verwaltet das Gameplay. Es hält nach, wie viele Leben der Spieler noch hat und wie viele Wellen von Invadern angegriffen haben. Es hat Eigenschaften, mit denen das Spiel angehalten und beendet werden kann, und Events, mit denen Schiffe und Schüsse bewegt und Sterne zum Blinken gebracht werden können.
InvadersModel
Das Spiel pflegt eine Liste mit Schuss-Objekten, die alle Schüsse festhält, die Spieler und Invader abgegeben haben. Jedes Mal, wenn ein Schuss hinzugefügt, bewegt oder entfernt wird, setzt InvadersModel ein SchussBewegt-Event ab.
List<Schuss>
List<Point>
Das Sterne-Objekt enthält eine Liste mit Point-Structs für die Sterne, die im Hintergrund blinken. InvadersModel setzt SternGeändert-Events ab, damit Sterne eingefügt oder entfernt werden, um den Anschein zu erwecken, sie würden blinken.

Das Objektmodell für das Model

Kollisionserkennung heißt, zu erkennen, wenn zwei bewegte Sprites aneinander gestoßen sind.

Bevor Sie die Klasse `InvadersModel` aufbauen können, brauchen Sie die Klassen, die sie nutzt, um den Spielablauf festzuhalten. Sie muss ein Objekt für den Spieler und Auflistungen für Invader, Schüsse und Sterne haben. Das bedeutet, dass sie Klassen für Invader und Schüsse braucht. (Für die Sterne nutzt sie ein `Point`-Struct, da sie nur die Position der einzelnen Sterne kennen muss.)

Die Klassen `Spieler` und `Invader` **erweitern eine abstrakte Klasse namens `Schiff`**, die Eigenschaften hat (die im Konstruktor gesetzt werden), über die Position und Größe festgehalten werden. Außerdem hat sie eine praktische Eigenschaft, die Position und Größe nutzt, um ein `Rect` zu erstellen, das für die Kollisionserkennung genutzt werden kann. Sie müssen die beiden Unterklassen implementieren.

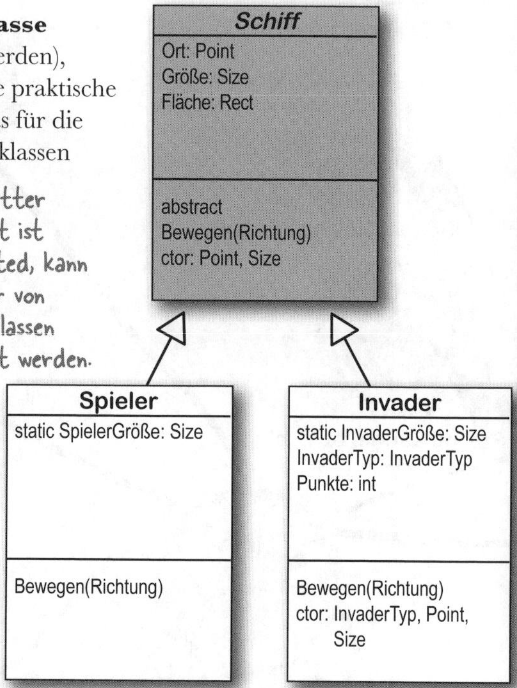
Schiff
Ort: Point
Größe: Size
Fläche: Rect
abstract
Bewegen(Richtung)
ctor: Point, Size
Spieler
static SpielerGröße: Size
Bewegen(Richtung)
Invader
static InvaderGröße: Size
InvaderTyp: InvaderTyp
Punkte: int
Bewegen(Richtung)
ctor: InvaderTyp, Point, Size

Hier ist die abstrakte Klasse `Schiff` für den Ordner *Model*:

Der Setter für Ort ist protected, kann also nur von Unterklassen genutzt werden.

```
using Windows.Foundation;

abstract class Schiff {
    public Point Ort { get; protected set; }

    public Size Größe { get; private set; }

    public Rect Fläche {
        get { return new Rect(Ort, Größe); }
    }

    public Schiff(Point ort, Size größe) {
        Ort = ort;
        Größe = größe;
    }

    public abstract void Bewegen(Richtung richtung);
}
```

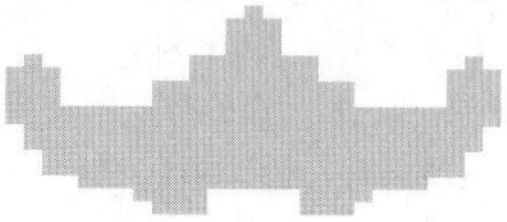

Der Spieler bewegt sich nach rechts und links.

Das Model ruft die `Bewegen()`-Methode von `Spieler` auf und gibt dabei über ein `Richtung`-Enum-Wert an, ob er sich nach links oder rechts bewegt. Der Spieler kann sich nicht über die Grenzen des Bildschirms hinaus bewegen. Er kann die statische `SpielfeldGröße`-Eigenschaft von `InvadersModel` nutzen, um die Bewegung einzustellen, wenn er die Grenzen des Spielfelds erreicht. Außerdem benöten Sie einen statischen schreibgeschützten `Size`-Wert für die Größe von `Spieler` (25 × 15 Pixel) und einen konstanten `double`-Wert für seine Geschwindigkeit (10 Pixel pro `Bewegen()`-Aufruf).

Invader bewegen sich nach links, rechts und unten.

`Invader` und `Spieler` haben beide eine `Bewegen()`-Methode, die mit einer switch-Anweisung die Bewegungsrichtung ermittelt. Die Klasse `Invader` hat einen zusätzlichen Konstruktor, der Parameter erwartet, die seine `InvaderTyp`- und `Punkte`-Eigenschaften setzen. Diese Eigenschaften bestimmen, welche Grafik auf der Seite angezeigt wird und wie viele Punkte dem Punktwert hinzugefügt werden, wenn das Schiff zerstört wird.

MODEL

```
using Windows.Foundation;

class Schuss {
    public const double SchussPixelProSek = 95;

    public Point Ort { get; private set; }
    public static Size SchussGröße = new Size(2, 10);
    private Richtung _richtung;
    public Richtung Richtung { get; private set; }

    private DateTime _zuletztBewegt;

    public Schuss(Point ort, Richtung richtung) {
        Ort = ort;
        _richtung = richtung;
        _zuletztBewegt = DateTime.Now;
    }

    public void Bewegen() {
        TimeSpan zeitSeitZuletztBewegt =
                          DateTime.Now - _zuletztBewegt;
        double weite = zeitSeitZuletztBewegt.Milliseconds
                          * SchussPixelProSek / 1000;
        if (Richtung == Richtung.Hoch) weite *= -1;
        Ort = new Point(Ort.X, Ort.Y + weite);
        _zuletztBewegt = DateTime.Now;
    }
}
```

Sie können die Schüsse beschleunigen oder verlangsamen, indem Sie diesen Wert ändern.

Die Klasse Schuss.

Das Model nutzt die Klasse Schuss, um die von Spieler und Invadern abgefeuerten Schüsse festzuhalten. Schauen Sie sich `Bewegen()` genau an: Die Methode nutzt ein privates `DateTime`-Feld, um die Zeit der letzten Bewegung festzuhalten. Bei jedem Aufruf von `Bewegen()` wird `Ort` mit einer Geschwindigkeit von 95 Pixeln pro Sekunde nach oben oder unten bewegt.

Außerdem brauchen Sie diese drei `EventArgs`-Klassen, über die das Model dem ViewModel mitteilt, dass Sterne erscheinen und verschwinden, Schüsse sich bewegen, erscheinen und verschwinden sowie Schiffe sich bewegen und sterben. Wenn Spieler oder Invader einen Schuss abgeben, erstellt das Model ein `Schuss`-Objekt und setzt dann ein `SchussBewegt`-Event ab. Das ViewModel verarbeitet dieses Event und aktualisiert seine `Sprites`-Auflistung, die den View über die Änderung informiert.

```
using Windows.Foundation;

class SternGeändertEventArgs : EventArgs {
    public Point Point { get; private set; }
    public bool Verschwunden { get; private set; }

    public SternGeändertEventArgs(Point point,
                                  bool verschwunden) {
        Point = point;
        Verschwunden = verschwunden;
    }
}
```

```
using Windows.Foundation;

class SchussBewegtEventArgs : EventArgs {
    public Schuss Schuss { get; private set; }
    public bool Verschwunden { get; private set; }
    public SchussBewegtEventArgs(Schuss schuss,
                         bool verschwunden) {
        Schuss = schuss;
        Verschwunden = verschwunden;
    }
}
```

```
using Windows.Foundation;

class SchiffGeändertEventArgs : EventArgs {
    public Schiff SchiffAktualisiert { get; private set; }
    public bool Tod { get; private set; }
    public SchiffGeändertEventArgs(Schiff schiffAktualisiert,
                         bool tod) {
        SchiffAktualisiert = schiffAktualisiert;
        Tod = tod;
    }
}
```

```
enum InvaderTyp {
    Wanze,
    Untertasse,
    Satellit,
    Raumschiff,
    Stern,
}
```

Bestimmt den Typ des Invaders.

```
enum Richtung {
    Links,
    Rechts,
    Hoch,
    Runter,
}
```

Bestimmt die Bewegungsrichtung von Schiffen und Schüssen.

Die Klasse InvadersModel

Die Klasse `InvadersModel` steuert das Invaders-Spiel. Hier ist ein Ansatzpunkt dafür, wie diese Klasse aussehen sollte – aber Ihnen bleibt dennoch eine Menge zu tun.

```
using Windows.Foundation;

class InvadersModel {
    public readonly static Size SpielfeldGröße = new Size(400, 300);
    public const int MaxSpielerSchüsse = 3;
    public const int StartSternZahl = 50;

    private readonly Random _random = new Random();

    public int Punkte { get; private set; }
    public int Welle { get; private set; }
    public int Leben { get; private set; }

    public bool GameOver { get; private set; }

    private DateTime? _spielerTod = null;
    public bool SpielerStirbt { get { return _spielerTod.HasValue; } }

    private Spieler _player;

    private readonly List<Invader> _invaders = new List<Invader>();
    private readonly List<Schuss> _spielerSchüsse = new List<Schuss>();
    private readonly List<Schuss> _invaderSchüsse = new List<Schuss>();
    private readonly List<Point> _sterne = new List<Point>();

    private Richtung _invaderRichtung = Richtung.Links;
    private bool _geradeRunterBewegt = false;

    private DateTime _zuletztAktualisiert = DateTime.MinValue;

    public InvadersModel() {
        SpielBeenden();
    }

    public void SpielBeenden() {
        GameOver = true;
    }

    // Sie müssen den Rest der Klasse InvadersModel fertigstellen.
}
```

Wenn der Spieler stirbt, lässt das ViewModel das Schiff 2,5 Sekunden lang blinken. Das Model nutzt DateTime?, um diese Zeit nachzuhalten und zu verhindern, dass sich Schiff oder Schüsse bewegen, während der Spieler stirbt.

Die Methoden von InvadersModel

Die Klasse `InvadersModel` hat fünf öffentliche Methoden, die vom ViewModel verwendet werden. Die Methode `SpielBeenden()` finden Sie auf der gegenüberliegenden Seite – hier sind die anderen:

1. **SPIELSTARTEN() STARTET DAS SPIEL.**
Diese Methode setzt die Eigenschaft `GameOver` auf `false`. Dann löscht sie alle Invader aus `_invaders` und Schüsse aus `_spielerSchüsse` und `_invaderSchüsse` (aber zuvor setzt sie für jedes Element ein `SchiffGeändert`- bzw. `SchussBewegt`-Event ab). Dann löscht sie die Sterne (und setzt dabei für jeden Stern `SternGeändert` ab) und erstellt neue Sterne. Schließlich erstellt sie ein neues `Spieler`-Objekt (setzt dabei `SchiffGeändert` ab), setzt Leben auf 2, Welle auf 0 und generiert die erste Welle.

2. **FEUERN() LÄSST DEN SPIELER EINEN SCHUSS ABGEBEN.**
Diese Methode prüft, wie viele Schüsse auf dem Bildschirm sind, um sicherzugehen, dass es nicht zu viele sind, fügt dann `_spielerSchüsse` einen neuen `Schuss` hinzu und setzt `SchussBewegt` ab.

3. **SPIELERBEWEGEN() BEWEGT DEN SPIELER.**
Wenn der Spieler bereits gestorben ist, geschieht nichts, andernfalls wird die `Bewegen()`-Methode des `Spieler`-Objekts aufgerufen und dann `SchiffGeändert` abgesetzt, um das ViewModel darüber zu informieren, dass sich das Schiff bewegt hat.

4. **BLINKEN() LÄSST DIE STERNE BLINKEN.**
Diese Methode entscheidet zufällig, ob ein Stern hinzugefügt oder gelöscht werden soll, und setzt `SternGeändert` ab. Die anfängliche Zahl von Sternen wird nie um mehr als 50 % über- bzw. um mehr als 15 % unterschritten.

5. **AKTUALISIEREN() HÄLT DAS SPIEL IN GANG.**
Das ViewModel nutzt einen Timer, um `Aktualisieren()` viele Male pro Sekunde aufzurufen, solange das Spiel noch nicht beendet ist – das treibt den Spielablauf voran. Prüfen Sie zunächst, ob das Spiel angehalten ist. Andernfalls macht die Methode Folgendes (die Sterne blinken immer, auch wenn das Spiel angehalten ist):

    - ★ Nächste Welle erstellen, wenn es keine Invader mehr gibt.
    - ★ Invader bewegen, wenn der Spieler noch nicht gestorben ist (mehr dazu auf der nächsten Seite).
    - ★ Schüsse aktualisieren (es sei denn, der Spieler ist tot). Das Spiel muss beide Auflistungen mit Schüssen durchlaufen und auf ihren Elementen `Bewegen()` aufrufen. Verlässt ein Schuss den Bildschirm, wird er aus der Auflistung entfernt, und `SchussBewegt` wird abgesetzt.
    - ★ Die Invader schießen zurück (auch dazu mehr auf der nächsten Seite).
    - ★ Schließlich werden Kollisionen überprüft: erst für Schüsse, die einen Invader überschneiden (beide werden aus den Auflistungen entfernt), dann für den Spieler. Hier wird die `Rect`-Eigenschaft der Basisklasse `Schiff` nützlich sein. Nutzen Sie die Methode für Rect-Überschneidungen aus Kapitel 16, um Kollisionen zu erkennen (mehr dazu auf der nächsten Seite).

Ein Tipp: Wenn Sie versuchen, ein Objekt aus einer Auflistung zu entfernen, die Sie gerade mit `foreach` durchlaufen, führt das zu einer Exception. Mit der `ToList()`-LINQ-Erweiterungsmethode können Sie erst eine Kopie der Auflistung erstellen und diese dann durchlaufen.

Die Vervollständigung von InvadersModel

Das Problem bei Klassendiagrammen ist, dass sie in der Regel alle nicht öffentlichen Eigenschaften und Methoden aussparen. Auch wenn Sie die Methoden von der letzten Seite haben, müssen Sie also noch einiges tun. Hier sind einige Dinge, über die Sie nachdenken sollten:

Auf den ersten Blick könnte die nächste Seite etwas komplizierter erscheinen, aber alle LINQ-Abfragen umfassen nur ein paar Codezeilen. Ein Tipp: Machen Sie es nicht zu kompliziert!

Das Spiel findet in einer Arena von 400 x 300 Pixeln statt

Die erste Zeile in der Klasse `InvadersModel` erstellt ein öffentliches `Size`-Feld namens `SpielfeldGröße`. Es ist statisch und schreibgeschützt, und das heißt, dass es sich nicht ändert, solange dieses `InvadersModel`-Objekt besteht. Es definiert die Grenzen des Spielfelds für alle Objekte des Models: Die Schüsse können es nutzen, um zu prüfen, ob sie den oberen oder unteren Rand des Spielfelds erreicht haben, Invader und Spieler können es nutzen, um zu prüfen, ob sie eine der Seiten erreicht haben. Die Objekte im View bewegen sich üblicherweise auf einem Canvas, das größer als 400 × 300 ist. Eine Aufgabe des ViewModel wird also sein, alle Koordinaten so zu skalieren, dass die Objekte an die richtige Stelle bewegt werden.

Das ViewModel muss die Model-Koordinaten auf dem Spielfeld von 400 × 300 für die Größe des Canvas auf der Seite übersetzen.

Eine NächsteWelle()-Methode

Eine einfache Methode zur Erstellung der nächsten Welle könnte hilfreich sein. Sie sollte die Eigenschaft `Welle` inkrementieren, die private Auflistung `_invaders` leeren und dann alle `Invader`-Objekte erstellen und allen dabei ein `Ort`-Feld mit den richtigen Koordinaten geben. Versuchen Sie, die Invader so zu verteilen, dass sie einen horizontalen Abstand von 1,4 Invader-Breiten und einen vertikalen Abstand von 1,4 Invader-Höhen haben.

Das ist ein Beispiel für eine private Methode, die von großem Nutzen für das ViewModel sein wird.

Einige Vorschläge für weitere private Methoden

Hier sind einige weitere private Methoden, die Sie in Erwägung ziehen sollten. Überlegen Sie, ob diese Ihnen auch helfen würden, die Klasse `Spiel` zu gestalten:

- ★ Eine Methode, die prüft, ob der Spieler getroffen wurde (`SpielerKollisionPrüfen()`).
- ★ Eine Methode, die prüft, ob ein Invader getroffen wurde (`InvaderKollisionPrüfen()`).
- ★ Eine Methode, die alle Invader bewegt (`InvaderBewegen()`).
- ★ Eine Methode, die die Invader Schüsse abgeben lässt (`ZurückFeuern()`).

Die Invader bewegen sich unabhängig von Seite zu Seite. Wenn sie den Rand der Arena erreichen, bewegen sie sich nach unten. Eine Methode, die alle Invader bewegt, ruft die Bewegen()-Methode der einzelnen Invader auf. Sie kann das Feld _zuletztAktualisiert nutzen, um die Invader zu beschleunigen, indem sie die Zeit reduziert, die zwischen den Schritten der Invader verstreicht, während die Anzahl der Invader in der Formation schrumpft.

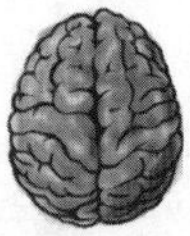

KOPF-NUSS

Man kann geschützte oder private Eigenschaften und Methoden in Klassendiagrammen anzeigen, aber das begegnet einem nur selten. Warum, glauben Sie, ist das so?

LINQ vereinfacht die Kollisionserkennung

MODEL

Sie haben Auflistungen mit Invadern und Schüssen und müssen diese Auflistungen durchsuchen, um bestimmte Invader und Schüsse zu finden. Jedes Mal, wenn Sie *Auflistung* und *Suchen* in einem Satz sehen, sollten Sie an LINQ denken. Folgendes müssen Sie tun:

1 **HERAUSFINDEN, OB DIE INVADER DEN RAND ERREICHT HABEN.**
Die Invader müssen die Richtung ändern, wenn ein Invader nur noch zwei horizontale Bewegungsschritte vom Rand der Arena entfernt ist. Wenn die Invader nach rechts gehen, muss das Spiel sie anweisen, wenn sie den Rand der Arena erreichen, eine Reihe nach unten und von da ab nach links zu gehen. Gehen sie nach links, muss das Spiel prüfen, ob sie den linken Rand erreicht haben. Dazu wird von `Aktualisieren()` eine private `InvaderBewegen()`-Methode aufgerufen. Zunächst sollte diese anhand von `_zuletztAktualisiert` berechnen, wie viel Zeit seit der letzten Bewegung verstrichen ist. Ist diese zu klein, prüft und aktualisiert sie das private Feld `übersprungeneFrames`. Wenn sich die Invader nach rechts bewegen, sollte `InvaderBewegen()` mit einer LINQ-Abfrage in `_invaders` nach Invadern suchen, deren X-Position in Reichweite des rechten Rands ist. Wenn sie welche findet, sollte sie die Invader nach unten wandern lassen und dann `invaderRichtung` auf `Richtung.Links` setzen. Wenn nicht, kann sie allen Invadern sagen, dass sie nach rechts gehen sollen. Bewegen sich die Invader hingegen nach links, sollte sie mit einer anderen LINQ-Abfrage prüfen, ob Invader den linken Rand erreicht haben, die Invader gegebenenfalls nach unten schweben lassen und die Bewegungsrichtung umkehren. Sie kann ein `_geradeRunterBewegt`-Feld nutzen, um nachzuhalten, ob die Formation gerade vorgerückt ist und die Richtung geändert hat.

2 **WELCHE INVADER KÖNNEN SCHIEßEN?**
Lassen Sie von `Aktualisieren()` eine weitere Methode namens `ZurückFeuern()` aufrufen. Sie sollte zurückgeben, ob die Schussliste der Invader bereits `welle + 1` Schüsse enthält oder `_random.Next(10) < 10 - Welle` ist (die Invader schießen zufällig, nicht immer.) Wenn beide Tests bestanden werden, nutzt sie eine LINQ-Abfrage, um Invader über `Ort.X` zu gruppieren und `descending` zu sortieren. Dann kann sie zufällig eine der Gruppen wählen und mit `Last()` den untersten Invader in der Spalte ermitteln. Jetzt haben Sie den Schützen und können `_invaderSchüsse` einen unmittelbar unter der Mitte des Invaders (nutzen Sie dazu die `Fläche`-Eigenschaft des Invaders) positionierten Schuss hinzufügen.

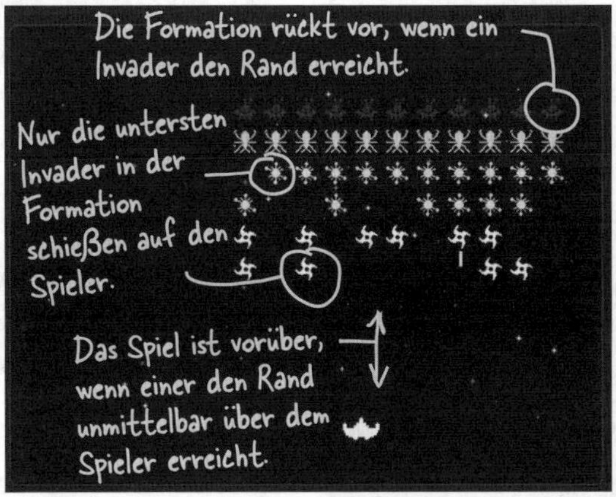
Die Formation rückt vor, wenn ein Invader den Rand erreicht.
Nur die untersten Invader in der Formation schießen auf den Spieler.
Das Spiel ist vorüber, wenn einer den Rand unmittelbar über dem Spieler erreicht.

3 **PRÜFEN, OB INVADER UND SPIELER KOLLIDIERT SIND.**
Sie brauchen eine Methode, die Kollisionen überprüft. Es müssen drei Kollisionen überprüft werden. Dabei wird die Methode für Rechtecküberschneidungen aus Kapitel 16 praktisch sein.

- ★ Suchen Sie mit LINQ tote Invader, indem Sie die Schüsse in der Liste des Spielers durchlaufen und alle Invader ermitteln, bei denen `Fläche` die Position des Schussen enthält. Löschen Sie Invader und Schuss.
- ★ Ermitteln Sie mit einer Abfrage, ob ein Invader den unteren Spielfeldrand erreicht hat. Beenden Sie das Spiel, wenn das der Fall ist.
- ★ Schüsse, die mit dem Spieler kollidieren, können Sie ohne LINQ einfach über eine Schleife und die `Fläche`-Eigenschaft des Spielers ermitteln. (Und vergessen Sie nicht, **Sie können Auflistungen, die Sie in einer `foreach`-Schleife durchlaufen, in dieser Schleife nicht ändern**. Eine temporäre Kopie der Liste könnte hier hilfreich sein.)

Die Invaders-Seite für den View

Die Invaders-Hauptseite ist eine Standardseite im Ordner *View*. Sie hat ein ViewModel-Objekt als statische Ressource, das als `DataContext` für alle Steuerelemente auf der Seite verwendet wird.

Alle Aktionen werden über Bindungen abgewickelt.

Invader, Spieler, Schüsse, Sterne und sogar die vorgetäuschten Bildzeilen sind Steuerelemente, die einer `ObservableCollection` mit Steuerelementen im ViewModel hinzugefügt werden. Außerdem benötigen Sie einen **TextBlock mit dem Text »Game Over«**, dessen `Visibility` an die Eigenschaft `GameOver` gebunden ist, und einen weiteren mit dem Text »Pause«, der an die Eigenschaft `Pause` gebunden ist.

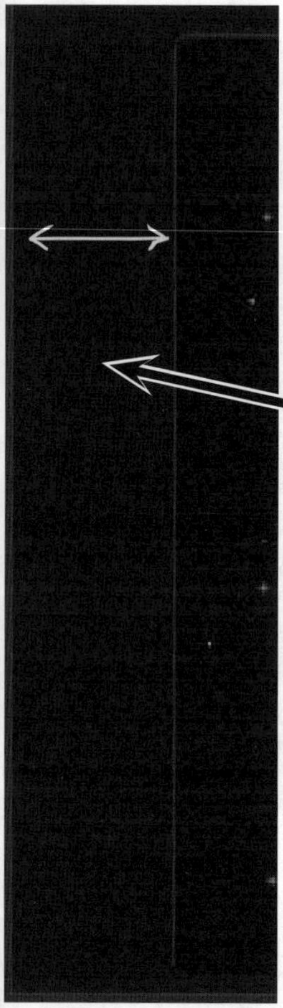

2690

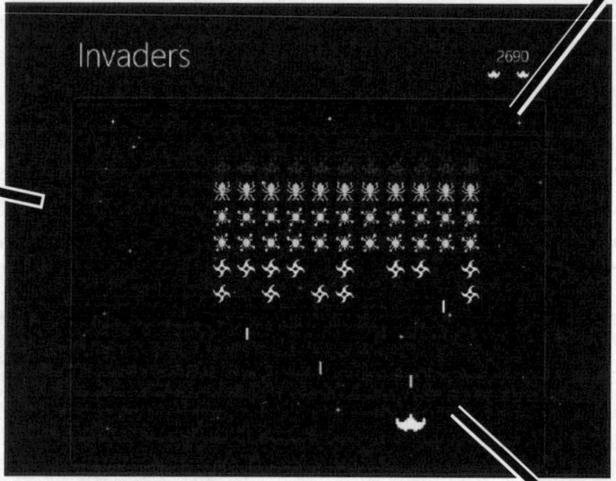
Invaders
2690

Punkte und Leben sind separate Steuerelemente.

In der rechten oberen Ecke gibt es ein StackPanel mit einem TextBlock, der an die Eigenschaft `Punkte` gebunden ist, und einen GridView, der an die Eigenschaft `Leben` gebunden ist. Der GridView zeigt Schiffe an, weil **sein `DataTemplate` ein Image-Steuerelement** ist. Die `Leben`-Eigenschaft des ViewModel muss also eine Auflistung mit Objekten sein – `new object()` –, damit der GridView Bilder einfügt oder löscht.

Das Spielfeld wird immer auf ein Seitenverhältnis von 4:3 gebracht.

Das eigentliche Spielfeld ist ein `Border` mit abgerundeten Ecken, das ein `ItemsControl` enthält, dessen `ItemsPath` an die Eigenschaft `Sprites` gebunden ist und dessen `ItemsPanel` ein `Canvas` mit schwarzem Hintergrund ist. Den Code, der die Ränder anpasst, damit das **Seitenverhältnis von 4:3** bewahrt wird, sehen Sie auf der nächsten Seite. Er ändert die `Margin`-Eigenschaft des `Border`, damit `Height` stets 4/3 von `Width` beträgt, auch wenn sich die Größe des Bildschirms ändert oder der Bildschirm gedreht wird.

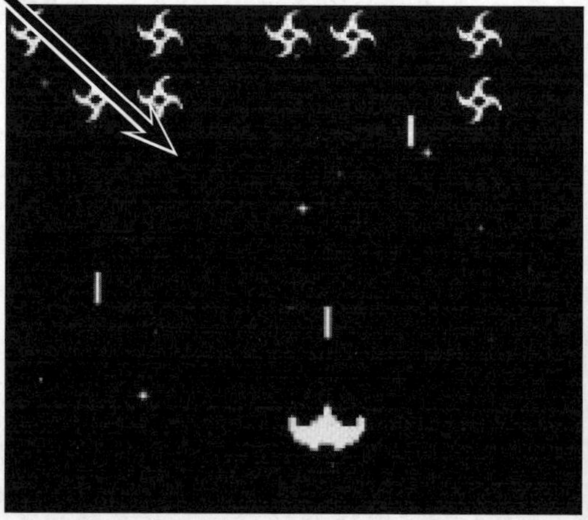

Das Seitenverhältnis des Spielfelds beibehalten

VIEW

Der Unterstützungscode für die Seite muss zwei Dinge tun. Er muss Events verarbeiten, die von einer Größenänderung der Seite ausgelöst wurden, **um das Seitenverhältnis von 4:3 für das Spielfeld beizubehalten**, und er muss Tasten- und Gesteneingaben verarbeiten. Er ändert die Spielfeldgröße, wenn der Spieler ein Tablet dreht. Also müssen Sie einige Events im XAML-Wurzelelement der Seite deklarieren:

```
<Page
    x:Name="pageRoot"
    ...
    xmlns:viewmodel="using:(Ihr Namensraum).ViewModel"

    SizeChanged="seite_SizeChanged"

    ManipulationMode="TranslateX" ManipulationDelta="seite_ManipulationDelta"
    ManipulationCompleted="seite_ManipulationCompleted" Tapped="seite_Tapped"
    >
```

Die Manipulation- und Tapped-Events brauchen Sie zur Verarbeitung von Eingaben. Dazu kommen wir auf der nächsten Seite.

... und ein paar weitere im `Border` um das Spielfeld:

```
<Border x:Name="spielfeld" BorderBrush="Blue" BorderThickness="2" CornerRadius="10"
        Background="Black"  Margin="5" Grid.Row="1" Loaded="spielfeld_Loaded">
    <ItemsControl
     ...
```

Hier ist der Unterstützungscode, der das Seitenverhältnis des Spielfelds bewahrt, indem er entweder rechts und links oder oben und unten zusätzlichen Rand ergänzt:

```
private void spielfeld_Loaded(object sender, RoutedEventArgs e) {
    SpielfeldGrößeAktualsieren(spielfeld.RenderSize);
}

private void seite_SizeChanged(object sender, SizeChangedEventArgs e) {
    SpielfeldGrößeAktualsieren(new Size(e.NewSize.Width, e.NewSize.Height - 160));
}

private void SpielfeldGrößeAktualsieren(Size neueSpielfeldGröße) {
    double zielBreite;
    double zielHöhe;
    if (neueSpielfeldGröße.Width > neueSpielfeldGröße.Height)     {
        zielBreite = neueSpielfeldGröße.Height * 4 / 3;
        zielHöhe = neueSpielfeldGröße.Height;
        double linksRechtsRand = (neueSpielfeldGröße.Width - zielBreite) / 2;
        spielfeld.Margin = new Thickness(linksRechtsRand, 0, linksRechtsRand, 0);
    } else {
        zielHöhe = neueSpielfeldGröße.Width * 3 / 4;
        zielBreite = neueSpielfeldGröße.Width;
        double obenUntenRand = (neueSpielfeldGröße.Height - zielHöhe) / 2;
        spielfeld.Margin = new Thickness(0, obenUntenRand, 0, obenUntenRand);
    }
    spielfeld.Width = zielBreite;
    spielfeld.Height = zielHöhe;
    viewModel.SpielfeldGröße = spielfeld.RenderSize;
}
```

SpielfeldGrößeAktualsieren() berechnet die neue Höhe und Breite, ändert die Steuerelemente und dann die SpielfeldGröße-Eigenschaft des ViewModel.

Auf Gesten- und Tasteneingaben reagieren

Ihr Spiel muss reagieren, wenn der Benutzer Tasten betätigt oder über einen Touchscreen wischt, um das Schiff zu steuern. Da dies eine MVVM-App ist, ist die Trennung der Verantwortlichkeiten wichtig. Die Seite muss Tasten-, Wisch- und Tippaktionen registrieren und das ViewModel über sie informieren. Das ViewModel hat die Aufgabe, sie als Spielaktionen zu interpretieren und die erforderlichen Methoden auf dem Model aufzurufen.

Tastatur-Event-Handler werden im Unterstützungscode eingefügt

Ändern Sie `OnNavigatedTo()` und `OnNavigatedFrom()` (wie in Kapitel 14), um Event-Handler für `KeyUp` und `KeyDown` zu registrieren sowie zu entfernen und zur Verarbeitung der Tastenaktionen Methoden auf dem ViewModel aufrufen zu lassen.

```
protected override void OnNavigatedTo(NavigationEventArgs e) {
    Window.Current.CoreWindow.KeyDown += KeyDownHandler;
    Window.Current.CoreWindow.KeyUp += KeyUpHandler;
    navigationHelper.OnNavigatedTo(e);
}

protected override void OnNavigatedFrom(NavigationEventArgs e) {
    Window.Current.CoreWindow.KeyDown -= KeyDownHandler;
    Window.Current.CoreWindow.KeyUp -= KeyUpHandler;
    navigationHelper.OnNavigatedFrom(e);
}

private void KeyDownHandler(object sender, KeyEventArgs e) {
    viewModel.KeyDown(e.VirtualKey);
}

private void KeyUpHandler(object sender, KeyEventArgs e) {
    viewModel.KeyUp(e.VirtualKey);
}
```

Window.Current.CoreWindow liefert Ihnen eine Referenz auf ein CoreWindow-Objekt, das Events für grundlegende UI-Verhalten wie Tastenaktionen hat. Das sorgt dafür, dass Tastenaktionen immer von Ihrem Event-Handler verarbeitet werden.

Event-Handler für Wisch- und Tippgesten

Sie müssen Wischgesten nach links und rechts verarbeiten, um das Schiff zu bewegen, und Tippgesten, um Schüsse abzugeben. Die Event-Handler wurden im XAML auf der letzten Seite verbunden. Sie müssen also nur noch die Event-Handler-Methoden selbst schreiben.

```
private void seite_ManipulationDelta(object sender, ManipulationDeltaRoutedEventArgs e) {
    if (e.Delta.Translation.X < -1)
        viewModel.LinksGesteBegonnen();
    else if (e.Delta.Translation.X > 1)
        viewModel.RechtsGesteBegonnen();
}

private void seite_ManipulationCompleted(object sender, ManipulationCompletedRoutedEventArgs e) {
    viewModel.LinksGesteBeendet();
    viewModel.RechtsGesteBeendet();
}

private void seite_Tapped(object sender, TappedRoutedEventArgs e) {
    viewModel.Tapped();
}
```

Das ManipulationDelta-Event wird permanent abgesetzt, wenn sich ein Finger während einer Wischgeste bewegt. e.Delta.Translation sagt Ihnen, wie weit sich der Finger bewegt hat, seitdem das Event das letzte Mal abgesetzt wurde.

ManipulationCompleted wird abgesetzt, wenn der Finger angehoben wird. Das ViewModel entscheidet, wie es mit diesen Events umgeht.

Ein AnimiertesBild-Steuerelement für das Schiff

VIEW

Sie können das `AnimiertesBild`-Steuerelement, das Sie schon in Kapitel 16 verwendet haben, für die Invader- und Spieler-Schiffe nutzen. Für das Spieler-Schiff gibt es nur ein Bild, das nicht animiert ist. Sie können es also als Liste mit nur einem Bild übergeben (so können Sie später eine Animation hinzufügen, wenn Sie das wollen).

Werden Invader-Schiffe getroffen, sollten sie ausgeblendet werden und nicht mit einem Mal verschwinden. Und jeder, der einmal alte Arcade-Spiele gespielt hat, weiß, dass das Schiff des Spielers 2,5 Sekunden blinken soll, bevor das Spiel wieder aufgenommen wird. Sie müssen `AnimiertesBild` also den folgenden Unterstützungscode hinzufügen:

```
public void InvaderGetroffen() {
    invaderGetroffenStoryboard.Begin();
}

public void BlinkenBeginnen() {
    blinkenStoryboard.Begin();
}

public void BlinkenBeenden() {
    blinkenStoryboard.Stop();
}
```

Außerdem brauchen Sie natürlich geeignete Storyboards. Das `invaderGetroffenStoryboard` ist eine `DoubleAnimation`, die die Eigenschaft `Opacity` von 1 zu 0 animiert. `blinkenStoryboard` ist eine Key-Frame-Animation, die die Sichtbarkeit umschaltet, um das Steuerelement verschwinden und wieder erscheinen zu lassen.

Ein Steuerelement für die großen Sterne

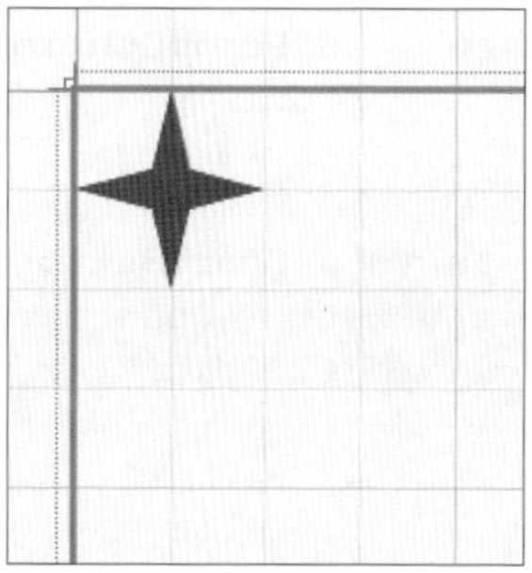

Der mit Sternen durchsetzte Hintergrund enthält drei Arten von Sternen: Kreise, Rechtecke und große Sterne. Die großen Sterne sind immer noch recht klein – nur 10 x 10 Pixel. Sie müssen also ein Benutzersteuerelement mit einem `Polygon` erstellen. Die Sterne können unterschiedliche Farben haben. Ihr Steuerelement muss also eine öffentliche Methode bieten, mit der die Farbe des Polygons geändert werden kann:

```
public void FarbeSetzen(SolidColorBrush solidColorBrush) {
    polygon.Fill = solidColorBrush;
}
```

InvadersHelper unterstützt das ViewModel

Das ViewModel könnte eine Hilfsklasse mit Fabrikmethoden für Invader-, Spielerschiff-, Schuss und Stern-Steuerelemente gebrauchen. Die Methode `SternControlFactory()` sollte eine Zufallszahl nutzen, um entweder ein Rechteck, einen Kreis oder einen großen Stern zu liefern. Sie können auch eine private Methode ergänzen, die zufällig eine Farbe liefert (`return Colors.LightBlue;`), damit `SternControlFactory()` Sterne in unterschiedlichen Farben liefern kann.

Außerdem brauchen Sie eine `ScanLineFactory()`-Methode zur Erstellung der vorgetäuschten Bildzeilen. Jede Bildzeile ist ein Rechteck mit `Fill` gleich `new SolidColorBrush(Colors.White)`, `Height` gleich 2 und `Opacity` gleich .1.

Alle Fabrikmethoden sollten einen double-Parameter namens `maßstab` erwarten. Den werden wir uns gleich ansehen.

Über Einstellungen ein Info-Pop-up anzeigen

VIEW

In Kapitel 15 haben Sie gelernt, wie Sie ein Callback für den Infobefehl des Einstellungen-Charms registrieren. Sie sollen herausfinden, wie Sie Ihrer Seite ein Pop-up hinzufügen. Hier ist der Unterstützungscode für den Einstellungen-Charm – zusätzlich finden Sie den Event-Handler für den Start-Button des Spiels, den Sie noch hinzufügen müssen:

```
public InvadersPage() {
    this.InitializeComponent();

    SettingsPane.GetForCurrentView().CommandsRequested
                              += InvadersPage_CommandsRequested;
}
void InvadersPage_CommandsRequested(SettingsPane sender,
                    SettingsPaneCommandsRequestedEventArgs args)
{
    UICommandInvokedHandler invokedHandler =
              new UICommandInvokedHandler(AboutInvokedHandler);
    SettingsCommand infoBefehl = new SettingsCommand(
                    "Info", "Über Invaders", invokedHandler);
    args.Request.ApplicationCommands.Add(infoBefehl);
}
private void AboutInvokedHandler(IUICommand command) {
    viewModel.Pause = true;
    infoPopup.IsOpen = true;
}
private void PopupSchließen(object sender, RoutedEventArgs e) {
    infoPopup.IsOpen = false;
    viewModel.Pause = false;
}
private void StartButtonClick(object sender, RoutedEventArgs e) {
    infoPopup.IsOpen = false;
    viewModel.SpielStarten();
}
```

Info
C# von Kopf bis Fuß
präsentiert
Invaders
Erfahren Sie, wie man diese App erstellt!
Es macht Spaß, C# zu lernen, und es ist einfacher, als Sie wohl vermuten würden. Erfahren Sie mehr unter:
www.oreilly.de

Das ist das Pop-up, das wir entworfen haben. Nutzen Sie ein StackPanel oder Grid, um es mit den Steuerelementen zu füllen, die Sie benötigen. Der Zurück-Button ist mit dem Event-Handler PopupSchließen verbunden.

Hier ist etwas XAML, das Sie als Ausgangsbasis verwenden können:

```
<Popup x:Name="infoPopup" Grid.RowSpan="2"
VerticalAlignment="Stretch" HorizontalAlignment="Right"
Width="400" IsOpen="False">

    <StackPanel Background="Blue" VerticalAlignment="Stretch"
                HorizontalAlignment="Stretch" Width="360" Margin="20">
```

Eins noch: Es sieht hübscher aus, wenn das Pop-up mit einem Übergang geöffnet wird. Schauen Sie, ob Sie herausfinden, wie Sie die `Transitions`-Auflistung im Eigenschaften-Fenster nutzen, um eine `EntranceThemeTransition` zu integrieren.

Transitions
(Auflistung)
...

Erstellen Sie das ViewModel

Das ViewModel enthält zwei Klassen. `InvadersViewModel` ist das zentrale ViewModel-Objekt, und der `BooleanVisibilityConverter` entspricht dem, den Sie in Kapitel 16 genutzt haben – Sie können ihn dazu verwenden, die `Visible`-Eigenschaft der TextBlocks für »Game Over« und »Pause« an die `GameOver`- bzw. `Pause`-Eigenschaft des ViewModel zu binden. Im Rest dieses Workshops dreht sich also alles um den Aufbau des ViewModel.

Als Ansatzpunkt zeigen wir Ihnen hier den Anfang der Klasse`InvadersViewModel`:

```
using View;
using Model;
using System.ComponentModel;
using System.Collections.ObjectModel;
using System.Collections.Specialized;
using Windows.Foundation;
using DispatcherTimer = Windows.UI.Xaml.DispatcherTimer;
using FrameworkElement = Windows.UI.Xaml.FrameworkElement;

class InvadersViewModel : INotifyPropertyChanged {
    private readonly ObservableCollection<FrameworkElement>
              _sprites = new ObservableCollection<FrameworkElement>();
    public INotifyCollectionChanged Sprites { get { return _sprites; } }

    public bool GameOver { get { return _model.GameOver; } }

    private readonly ObservableCollection<object> _leben =
                                       new ObservableCollection<object>();
    public INotifyCollectionChanged Leben { get { return _leben; } }

    public bool Pause { get; set; }
    private bool _zuletztPause = true;

    public static double Maßstab { get; private set; }

    public int Punkte { get; private set; }

    public Size SpielfeldGröße {
        set {
            Maßstab = value.Width / 405;
            _model.Aktualisieren();
            BildzeilenNeuErstellen();
        }
    }

    private readonly InvadersModel _model = new InvadersModel();
    private readonly DispatcherTimer _timer = new DispatcherTimer();
    private FrameworkElement _spielerControl = null;
    private bool _spielerBlinkt = false;
    private readonly Dictionary<Invader, FrameworkElement> _invaders =
                               new Dictionary<Invader, FrameworkElement>();
    private readonly Dictionary<FrameworkElement, DateTime> _toteInvader =
                               new Dictionary<FrameworkElement, DateTime>();
    private readonly Dictionary<Schuss, FrameworkElement> _schüsse =
                               new Dictionary<Schuss, FrameworkElement>();
    private readonly Dictionary<Point, FrameworkElement> _sterne =
                               new Dictionary<Point, FrameworkElement>();
    private readonly List<FrameworkElement> _bildzeilen =
                               new List<FrameworkElement>();
```

Gemäß dem gleichen Muster haben Sie die Sprites für »Bienen und Sterne bei Nacht« verwaltet: Sie haben ein privates, schreibgeschütztes ObservableCollection-Feld mit Steuerelementen erstellt und nur eine INotifyCollectionChanged-Eigenschaft veröffentlicht.

`Maßstab` ist ein Multiplikator, der mit `X`, `Y`, `Width` und `Height` multipliziert wird, um diese Werte von den 400-×-300-Model-Koordinaten in die korrekten Canvas-Koordinaten im Spielfeld zu übersetzen.

`SpielfeldGröße` hat nur einen Setter und wird vom View aktualisiert, wenn sich die Spielfeldgröße ändert. Wird `SpielfeldGröße` gesetzt, berechnet dieser Setter einen neuen `Maßstab`-Multiplikator und weist dann das Model an, Events zur Aktualisierung aller Schiffe und Sterne abzusetzen. Außerdem werden die Bildzeilen neu erstellt.

Benutzereingaben verarbeiten

Sie haben bereits gesehen, dass die Hauptseite im View Methoden des ViewModel aufruft, um Benutzerinteraktionen zu verarbeiten. Hier sind die Methoden, die aufgerufen werden. Der Benutzer muss beliebig Tastatur oder Touchscreen nutzen können. Das erreichen wir dadurch, dass das ViewModel sowohl bei Tippgesten als auch bei der Leertaste die `Feuern()`-Methode des Model aufruft. Die Schiffsbewegung ist etwas komplizierter: Tastenaktionen und Wischgesten aktualisieren `DateTime?`-Felder, die den Zeitpunkt der letzten Interaktion enthalten oder null sind, wenn es keine aktuelle Interaktion gibt.

Haben Sie bemerkt, dass alle Methoden auf dieser Seite die Sichtbarkeit `internal` haben? Das liegt daran, dass wir diese Methoden erstellt haben, indem wir erst den Code von vor ein paar Seiten eingeben und dann die Methoden-Stub-erstellen-Einrichtung der IDE genutzt haben, um die Methodendeklaration zu generieren. `internal` heißt, dass die Methode in der Assembly öffentlich zugänglich ist, für andere Assemblies jedoch privat erscheint. Mehr zu Assemblies erfahren Sie unter Punkt 3 im Anhang.

```
private DateTime? _linksAktion = null;
private DateTime? _rechtsAktion = null;
```

Das ViewModel nutzt Nullable<DateTime>-Felder, um die letzten Rechts-links-Aktionen festzuhalten, die durch eine Tastenbetätigung oder eine Geste ausgelöst wurden.

```
internal void KeyDown(Windows.System.VirtualKey virtualKey) {
    if (virtualKey == Windows.System.VirtualKey.Space)
        _model.Feuern();

    if (virtualKey == Windows.System.VirtualKey.Left)
        _linksAktion = DateTime.Now;

    if (virtualKey == Windows.System.VirtualKey.Right)
        _rechtsAktion = DateTime.Now;
}
```

Der View ruft die KeyDown-Methode des Key-Event-Handlers der Page auf und übergibt ihr die gedrückte Taste. Wenn es die Leertaste war, sagt das ViewModel dem Model, dass ein Schuss abgegeben werden soll. War es Pfeil-nach-links oder Pfeil-nach-rechts, wird das Feld _linksAktion bzw. _rechtsAktion aktualisiert.

```
internal void KeyUp(Windows.System.VirtualKey virtualKey) {
    if (virtualKey == Windows.System.VirtualKey.Left)
        _linksAktion = null;

    if (virtualKey == Windows.System.VirtualKey.Right)
        _rechtsAktion = null;
}
```

Wenn der Spieler Pfeil-nach-links oder Pfeil-nach-rechts drückt, wird das entsprechende Feld auf null gesetzt.

Der Timer-Event-Handler des ViewModel kann also herausfinden, ob er das Schiff bewegen soll, indem er die Felder _linksAktion und _rechtsAktion prüft.

```
internal void LinksGesteBegonnen() {
    _linksAktion = DateTime.Now;
}

internal void LinksGesteBeendet() {
    _linksAktion = null;
}

internal void RechtsGesteBegonnen() {
    _rechtsAktion = DateTime.Now;
}

internal void RechtsGesteBeendet() {
    _rechtsAktion = null;
}

internal void Tapped() {
    _model.Feuern();
}
```

Der View ruft in seinen Event-Handlern für Wisch- und Tippgesten diese Methoden auf. Wenn der Benutzer nach links oder rechts wischt, wird _linksAktion oder _rechtsAktion aktualisiert. Tippt er, wird gefeuert.

Das Tapped-Event der Seite wird abgesetzt, wenn der Spieler auf den Start-Button tippt. Das Spiel beginnt also damit, dass der Spieler einen Schuss abgibt. Eine Idee, wie Sie das verhindern können?

Die InvadersViewModel-Methoden

VIEW
MODEL

Wir helfen Ihnen mit einem Konstruktor und zwei nützlichen Methoden auf die Sprünge.

DER *INVADERSVIEWMODEL*-KONSTRUKTOR RICHTET DIE *INVADERSMODEL*-EVENT-HANDLER EIN UND BEENDET DAS SPIEL.

```
public InvadersViewModel() {
    Maßstab = 1;

    _model.SchiffGeändert += ModelSchiffGeändertEventHandler;
    _model.SchussBewegt += ModelSchussBewegtEventHandler;
    _model.SternGeändert += ModelSternGeändertEventHandler;

    _timer.Interval = TimeSpan.FromMilliseconds(100);
    _timer.Tick += TimerTickEventHandler;

    SpielBeenden();
}
```

Wenn die Eigenschaft Maßstab auf 1 gesetzt ist, aktualisiert das ViewModel den View mit einem 1:1 skalierten 400-x-300-Schlachtfeld, aber der View aktualisiert bald darauf die SpielfeldGröße-Eigenschaft des ViewModel, was zur Aktualisierung der Eigenschaft Maßstab führt.

Ein Tick alle 100 Millisekunden sorgt dafür, dass der View 10 Mal pro Sekunde aktualisiert wird. Das ist nicht das Gleiche wie eine Framerate, weil wir Animationen nutzen werden, um die Sprites zu bewegen.

Das Spiel beenden, damit es mit einem Game Over-Bildschirm startet.

DIE METHODE *SPIELSTARTEN()* LEERT INVADER UND SCHÜSSE AUS DER SPRITES-AUFLISTUNG, SAGT DEM MODEL, DASS ES DAS SPIEL STARTEN SOLL, UND STARTET DEN TIMER.

```
public void SpielStarten(){
    Pause = false;
    foreach (var invader in _invaders.Values) _sprites.Remove(invader);
    foreach (var schuss in _schüsse.Values) _sprites.Remove(schuss);
    _model.SpielStarten();
    OnPropertyChanged("GameOver");
    _timer.Start();
}
```

Wenn das Model das Spiel startet, wird die Eigenschaft GameOver aktualisiert, damit das ViewModel ein PropertyChanged-Event absetzt, um den View zu aktualisieren.

DIE METHODE *BILDZEILENNEUERSTELLEN()* SIMULIERT BILDZEILEN.

```
private void BildzeilenNeuErstellen(){
    foreach (FrameworkElement bildzeile in _bildzeilen)
        if (_sprites.Contains(bildzeile))
            _sprites.Remove(bildzeile);
    _bildzeilen.Clear();
    for (int y = 0; y < 300; y += 2) {
        FrameworkElement bildzeile = InvadersHelper.ScanLineFactory(y, 400, Maßstab);
        _bildzeilen.Add(bildzeile);
        _sprites.Add(bildzeile);
    }
}
```

Diese Fabrikmethode müssen Sie erstellen.

Die Fabrikmethode nutzt dieses Argument, um die Rechtecke auf die richtige Größe und an die richtige Position zu bringen.

Der View wird aktualisiert, wenn der Timer tickt

Setzt das `InvadersModel` ein `SchiffGeändert`-Event ab, muss das ViewModel herausfinden, welche Art Schiff sich geändert hat, und seine Auflistungen dann entsprechend aktualisieren, damit der View den aktuellen Zustand des Model akkurat widerspiegelt. So funktioniert der `SchiffGeändert`-Event-Handler:

```
void TimerTickEventHandler(object sender, object e) {
    if (_zuletztPause != Pause)
    {
        Das Feld _zuletztPause nutzen, um jedes Mal ein PropertyChanged-Event
        abzusetzen, wenn sich die Eigenschaft Pause ändert.
    }
    if (!Pause)
    {
        Wenn _linksAktion und _rechtsAktion einen Wert haben, werden entweder gleichzeitig
        zwei Tasten gedrückt, oder eine Taste wird gedrückt und eine Geste ausgeführt – es wird
        der Wert mit der späteren Zeit gewählt, um die Bewegungsrichtung zu wählen.
        Andernfalls das Feld mit einem Wert wählen und diesen an _model.SpielerBewegen()
        übergeben.
    }

    InvadersModel zur Aktualisierung auffordern. Dann die Eigenschaft Punkte prüfen.
    Diese aktualisieren, wenn sie nicht _model.Punkte entspricht, und PropertyChanged absetzen.

    Leben aktualisieren, damit es _model.Leben entspricht, indem entweder ein Objekt
    entfernt oder ein new object() hinzugefügt wird.

    foreach (FrameworkElement control in _toteInvader.Keys.ToList())
    {
        Alle Schlüssel im Dictionary _toteInvader sind AnimiertesBild-Steuerelemente,
        die Werte sind die Zeit, zu der sie gestorben sind. Es dauert eine halbe Sekunde,
        bis die Ausblendeanimation der Invader abgeschlossen ist. Alle Invader, die vor
        mehr als einer halben Sekunde gestorben sind, müssen aus _sprites und _toteInvader.
        entfernt werden.
    }

    Wenn das Spiel aus ist, ein PropertyChanged-Event absetzen und den Timer anhalten.
}
```

Das Schiff des Spielers bewegt sich und stirbt

Wenn das `InvadersModel` ein `SchiffGeändert`-Event absetzt, muss das ViewModel herausfinden, was für ein Schiff sich geändert hat, und seine Auflistungen entsprechend ändern, damit der View den Zustand des Models spiegeln kann. So funktioniert der `SchiffGeändert`-Event-Handler:

```
void ModelSchiffGeändertEventHandler(object sender, SchiffGeändertEventArgs e) {
    if (!e.Tod) {
        if (e.SchiffAktualisiert is Invader) {
            Invader invader = e.SchiffAktualisiert as Invader;
```

Sie müssen e.SchiffAktualisiert auf die richtige Klasse casten, entweder Invader oder SpielerSchiff.

Wenn _invaders keine Invader enthält, wird mit InvadersControlFactory() ein neues Steuerelement erstellt und dieser Auflistung und den Sprites hinzugefügt. Andernfalls wird das Invader-Steuerelement an seine Position bewegt und skaliert – vergessen Sie nicht, den Maßstab-Wert zu übergeben!

Eine praktische Methode, die Sie InvadersHelper noch hinzufügen sollten:

```
              InvadersHelper.GrößeAnpassen(invaderControl, invader.Size.Width * Maßstab,
                                           invader.Size.Height * Maßstab);
        } else if (e.SchiffAktualisiert is Spieler) {
```

Wenn _spielerBlinkt true ist, blinkt das Schiff des Spielers, weil es gestorben ist; beenden Sie das Blinken. Prüfen Sie dann, ob _spielerControl null ist. Wenn das der Fall ist, erstellen Sie mit SpielerControlFactory() einen Spieler und fügen ihn Sprites hinzu. Andernfalls Schiff des Spielers bewegen und skalieren.

```
    } else {
        if (e.SchiffAktualisiert is Invader) {
```

Wenn Invader nicht null ist, InvaderGetroffen() aufrufen (Sie müssen das Steuerelement aus _invaders abrufen und auf AnimiertesBild casten). Fügen Sie dann den Invader _toteInvader hinzu und entfernen Sie ihn aus _invaders. _toteInvader enthält den Zeitpunkt, zu dem der Invader getroffen wurde. Das ViewModel entfernt das AnimiertesBild-Steuerelement des Invaders erst aus den Sprites, wenn das Ausblenden abgeschlossen ist.

```
        } else if (e.SchiffAktualisiert is Spieler) {
```

Casten Sie _spielerControl auf AnimiertesBild, starten Sie das Blinken und setzen Sie _spielerBlinkt auf true. Die Blink-Animation kann laufen, bis das ViewModel ein weiteres SchiffGeändert-Event vom Model erhält, weil das bedeutet, dass das Spiel fortgesetzt wird.

```
        }
    }
}
```

»Schüsse abgegeben!«

Die Event-Handler des `InvadersViewModel` für die Events `SchussBewegt` und `SternGeändert` sind recht ähnlich.

```
void ModelSchussBewegtEventHandler(object sender, SchussBewegtEventArgs e) {
    if (!e.Verschwunden)
    {
        Wenn der Schuss kein Schlüssel im _schüsse-Dictionary ist, mit der Fabrikmethode
        ein neues Schuss-Steuerelement erstellen und dann _schüsse und _sprites hinzufügen.
        Wenn er sich im _schüsse-Dictionary befindet, ist er bereits auf dem Bildschirm.
        Suchen Sie also das Steuerelement und bewegen Sie es anhand Ort mit der Hilfsmethode.
    } else {
        Der Schuss ist verschwunden, prüfen Sie also, ob er sich in _schüsse befindet. Falls ja,
        entfernen Sie das Steuerelement aus _sprites und das Schuss-Objekt aus _schüsse.
    }
}

void ModelSternGeändertEventHandler(object sender, SternGeändertEventArgs e) {
    if (e.Verschwunden && _sterne.ContainsKey(e.Point))
    {
        Suchen Sie das Steuerelement in _sterne und entfernen Sie es aus _sprites.
    } else {
        if (!_sterne.ContainsKey(e.Point))
        {
            Erstellen Sie mit der Fabrikmethode ein neues Steuerelement und fügen Sie es
            _sterne (mit dem Point aus den EventArgs als Schlüssel) und den Sprites hinzu.
        } else {
            Sterne ändern ihren Ort gewöhnlich nicht, diese else-Klausel sollte also nicht aktiv
            werden – aber Sie können sie nutzen, um Sternschnuppen einzufügen, wenn Sie
            wollen. Suchen Sie in _sterne das Steuerelement für den Stern und nutzen Sie eine
            Hilfsmethode, um es an die neue Position zu bewegen.
        }
    }
}
```

Die Menschen haben ihre Verteidigung verbessert. Auf geht's in die epische Schlacht um die Herrschaft!

Und es ist immer noch mehr zu tun ...

Sie meinen, das Spiel sähe ziemlich gut aus? Mit ein paar weiteren Ergänzungen können Sie das Qualitätsniveau weiter heben:

Ergänzen Sie Sound

Mit dem MediaElement-XAML-Tag können Sie Ihre App mit Sound ausstatten. Wie könnten Sie in das Spiel Soundeffekte einbauen, wenn sich die Invader bewegen, der Spieler Schüsse abgibt und Schiffe zerstört werden? Hinweise können Sie auf dieser Seite finden:

http://msdn.microsoft.com/library/windows/apps/hh465160.aspx

Fügen Sie ein Mutterschiff hinzu

Ab und an kann ein Mutterschiff, das 250 Punkte wert ist, das Spielfeld oben durchqueren. Trifft der Spieler dieses, erhält er einen Bonus.

Ein Schild kann aus vielen kleinen Blöcken bestehen, die genau wie die Invader verschwinden, wenn sie getroffen werden, aber keine Punkte wert sind.

Fügen Sie Schilde hinzu

Fügen Sie gleitende Schilde hinzu, hinter denen der Spieler sich verbergen kann. Sie können einfache Schilde erzeugen, durch die die Feinde und der Spieler nicht hindurchschießen können. Aber wenn Ihr Spiel so richtig abheben soll, können Sie zusätzlich Schilde erstellen, die Spieler und Invader nach einer gewissen Anzahl von Treffern durchbrechen.

Fügen Sie Sturzbomber hinzu

Erstellen Sie eine besondere Art von Feind, der sich im Sturzflug auf den Spieler stürzt. Ein Sturzflieger sollte aus der Formation ausbrechen, auf den Spieler zufliegen, nach dem Angriff am unteren Rand des Bildschirms entlangfliegen und wieder seine Position einnehmen.

Fügen Sie weitere Waffen hinzu

Rüsten Sie auf! Intelligente Bomben, Laser, Lenkwaffen ... es gibt unendlich viele Arten von Waffen, die Spieler und Invader einsetzen können, um einander anzugreifen. Versuchen Sie, dem Spiel drei weitere Waffen hinzuzufügen.

Fügen Sie dem Einstellungen-Charm einen Optionen-Befehl hinzu

So wie Sie dem Einstellungen-Charm einen Infobefehl gegeben haben, so können Sie ihm auch einen Optionen-Befehl hinzufügen, der ein zweites Pop-up öffnet, in dem Sie die Bildzeilen abschalten, die Anzahl an Leben anpassen, Klangeffekte abschalten können usw.

Hier können Sie sich beweisen! Haben Sie eine coole Version des Spiels entwickelt? Veröffentlichen Sie Ihren Invaders-Code auf CodePlex oder einer anderen Code-Hosting-Site und geben Sie damit im Head First C#-Forum an: www.headfirstlabs.com/books/hfcsharp/.

17 Bonusprojekt

Erstellen Sie eine Windows Phone-App

SIE MEINEN, ICH WÜSSTE GENUG, UM MICH DIREKT AN DIE ARBEIT ZU MACHEN? DAS KLINGT NUN WIRKLICH TOLL!
OB ER SICH ZUVOR NICHT VIELLEICHT DOCH EIN NEUES TELEFON ANSCHAFFEN SOLLTE?

Sie können bereits Windows Phone-Apps schreiben.

Klassen, Objekte, XAML, Kapselung, Vererbung, Polymorphie, LINQ, MVVM … Sie haben alle Werkzeuge, die Sie zur Erstellung beeindruckender Windows Store- und Desktop-Apps benötigen. Aber wussten Sie auch, dass Sie die **gleichen Werkzeuge nutzen können, um Apps für *Windows Phones* zu erstellen**? Sie haben richtig gehört! In diesem Bonusprojekt werden wir Sie durch den Aufbau eines Spiels für die Windows Phone-Plattform begleiten. Und sollten Sie kein Windows Phone-Gerät haben, können Sie den **Windows Phone-Emulator** nutzen, um es zu spielen. Legen wir los!

Bienenalarm!

Sie werden ein Windows Phone 8-Spiel namens **Bienenalarm** erstellen. Ein Stock ziemlich aufgebrachter Bienen lässt sich nur mit einer sehr schmackhaften Blüte befrieden. Je mehr Bienen Sie mit der Blume fangen, umso höher wird Ihre Punktzahl.

12:59
Erlaubte Fehler: 0
0
Bienen Alarm
Neues Spiel starten
Lernen Sie, wie man dieses Spiel erstellt

Fangen Sie die Bienen, während sie den Bildschirm hinabfliegen.

Die Bienenstock bewegt sich am oberen Bildschirmrand hin und her, und aus ihm starten Bienen, die Sie mit Ihrer Blume fangen müssen. Je mehr Bienen Sie einfangen, umso schneller kommen sie aus dem Stock, und umso mehr bewegt sich der Stock von rechts oder links, bevor er der nächsten Biene die Tore öffnet.

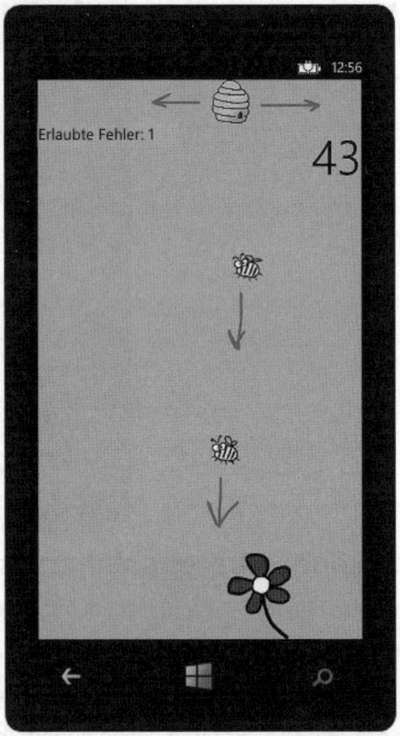
12:56
Erlaubte Fehler: 1
43

Steuern Sie die Blume mit Touchgesten.

Sie steuern die Blume, indem Sie sie nach links und rechts über den Bildschirm ziehen. Sie folgt Ihrem Finger und ermöglicht Ihnen, die Bienen abzufangen, die auf den unteren Bildschirmrand zufliegen. Sie dürfen nur fünf Bienen verfehlen. Verfehlen Sie mehr, endet das Spiel. Das Spiel wird mit zunehmender Zeit immer schwerer.

Bevor Sie loslegen können ...

Damit Sie dieses Projekt aufbauen können, müssen Sie **Visual Studio 2012 für Windows Phone installieren**. Die kostenlose Express-Version können Sie hier herunterladen:

http://www.visualstudio.com/downloads/download-visual-studio-vs

Es gibt zwei Möglichkeiten, das Spiel auszuführen. Am einfachsten geht es, wenn Sie den **Windows Phone Emulator** nutzen, der mit Visual Studio ausgeliefert wird.

Mit dem Emulator können Sie Windows Phone-Apps auf Ihrem Computer ausführen.

Das Spiel im Emulator ausführen.

Standardmäßig führt Visual Studio für Windows Phone Apps im Emulator aus, der ein vollständiges Windows Phone 8 (Internetverbindung, ein vorgetäuschtes GSM-Netzwerk und vieles mehr eingeschlossen) mitbringt.

Emulator WVGA 512MB(DE)

Der Ausführen-Button der IDE startet den Emulator.

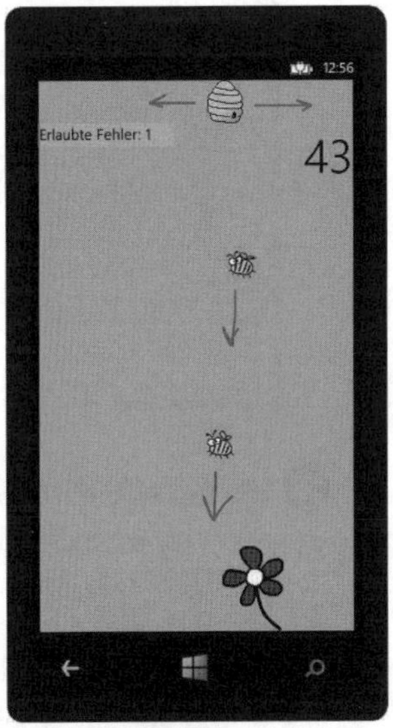
12:56
Erlaubte Fehler: 1
43

WUMM!
Aufgepasst

Der Windows Phone Emulator erfordert Hyper-V

Hyper-V ist die Virtualisierungstechnologie für Windows 8, die allerdings nicht von allen CPUs und Windows 8-Versionen genutzt werden kann. Microsoft bietet den folgenden Guide an, der Sie bei der Einrichtung unterstützt:

http://msdn.microsoft.com/en-us/library/windowsphone/develop/jj863509.aspx

*Hyper-V **läuft** auf virtuellen Maschinen, die in VMWare, VirtualBox, Parallels oder anderen Virtualisierungsprodukten laufen, wenn es von Ihrem Prozessor unterstützt wird. Weitere Informationen finden Sie in der Softwaredokumentation zu Ihrer Virtualisierungssoftware oder auf der jeweiligen Support-Website (eventuell müssen Sie Optionen wie »eingebettete VMs« oder »VT-x oder AMD-V virtualisieren« aktivieren, damit es funktioniert).*

Ihre App auf einem Windows Phone ausführen.

Wenn Sie ein Windows Phone 8 über USB mit Ihrem Rechner verbinden, können Sie Ihre App auf dem Gerät debuggen.

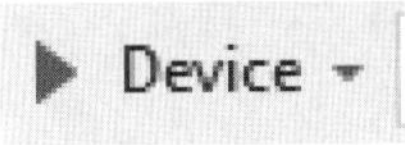
Device

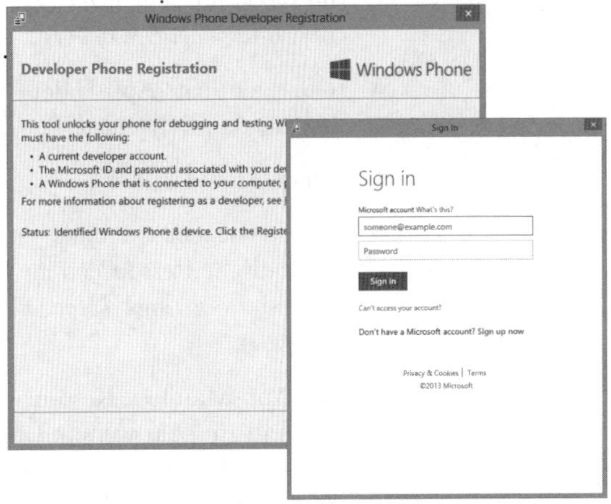
Windows Phone Developer Registration
Developer Phone Registration
Windows Phone
Sign in
Sign in

Das funktioniert nur, wenn Ihr Gerät mit einem aktiven Windows Phone Dev Center-Konto registriert ist (was kostenpflichtig sein kann): **https://dev.windowsphone.com/**.

Wenn Sie ein Konto eingerichtet haben, können Sie Ihr Gerät zur Entwicklung registrieren. Hier erfahren Sie, wie das geht:

http://msdn.microsoft.com/en-us/library/windowsphone/develop/ff769508.aspx

1 ERSTELLEN SIE EINE *WINDOWS PHONE-APP*.

Öffnen Sie Visual Studio 2012 für Windows Phone und **erstellen Sie ein neues Windows Phone-App-Projekt namens Bienenalarm**. (Sie können auch einen anderen Namen wählen, aber dann werden sich die Namensräume unterscheiden.)

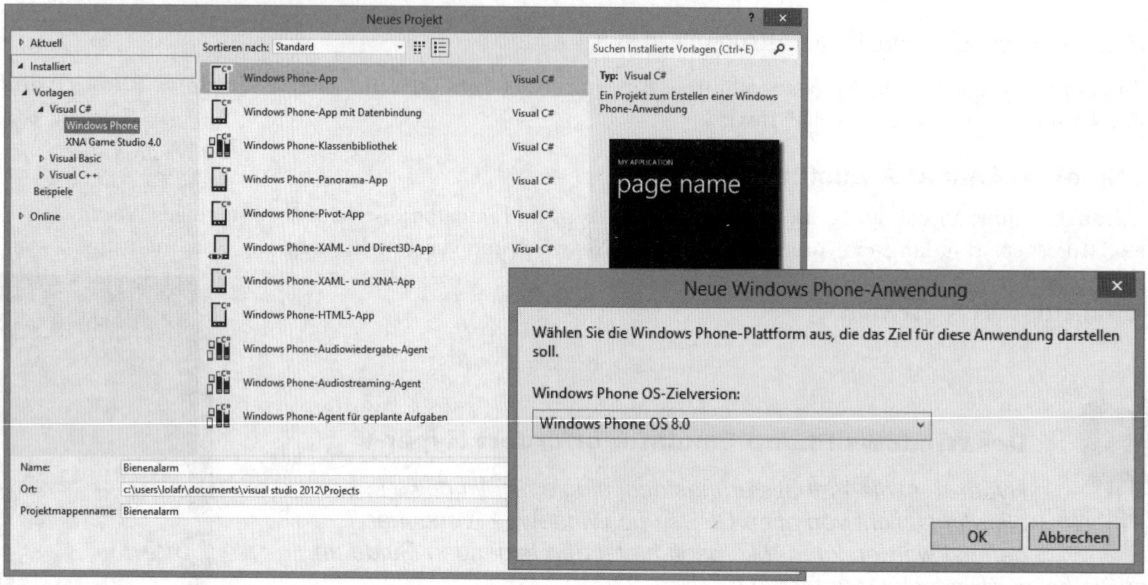

Neues Projekt
Aktuell
Installiert
Vorlagen
Visual C#
Windows Phone
XNA Game Studio 4.0
Visual Basic
Visual C++
Beispiele
Online
Sortieren nach: Standard
Windows Phone-App
Windows Phone-App mit Datenbindung
Windows Phone-Klassenbibliothek
Windows Phone-Panorama-App
Windows Phone-Pivot-App
Windows Phone-XAML- und Direct3D-App
Windows Phone-XAML- und XNA-App
Windows Phone-HTML5-App
Windows Phone-Audiowiedergabe-Agent
Windows Phone-Audiostreaming-Agent
Windows Phone-Agent für geplante Aufgaben
Visual C#
Suchen Installierte Vorlagen (Strg+E)
Typ: Visual C#
Ein Projekt zum Erstellen einer Windows Phone-Anwendung
MY APPLICATION
page name
Name: Bienenalarm
Ort: c:\users\lolafr\documents\visual studio 2012\Projects
Projektmappenname: Bienenalarm
Neue Windows Phone-Anwendung
Wählen Sie die Windows Phone-Plattform aus, die das Ziel für diese Anwendung darstellen soll.
Windows Phone OS-Zielversion:
Windows Phone OS 8.0
OK
Abbrechen

2 SCHAUEN SIE SICH DIE ERSTELLTEN DATEIEN AN.

Visual Studio für Windows Phone sollte Ihnen vertraut vorkommen, weil es fast vollkommen mit den IDEs der Windows 8- und Desktop-Versionen identisch ist. Wenn Sie das neue Projekt erzeugen, fügt die IDE ihm automatisch unter anderem die folgenden Dateien hinzu:

- Die XAML- und C#-Dateien für die Hauptseite (*MainPage.xaml* und *MainPage.xaml.cs*).
- Die eigentliche App-Datei (*App.xaml* und *App.xaml.cs*).
- Einen *Assets*-Ordner.
- Eine C#-Quellcodedatei für statische Ressourcen für lokalisierte Strings (*LocalizedStrings.cs*).
- Ein App-Manifest, Ressourcen und ein paar weitere Dateien und Ordner (von denen Sie keine für dieses Projekt benötigen).

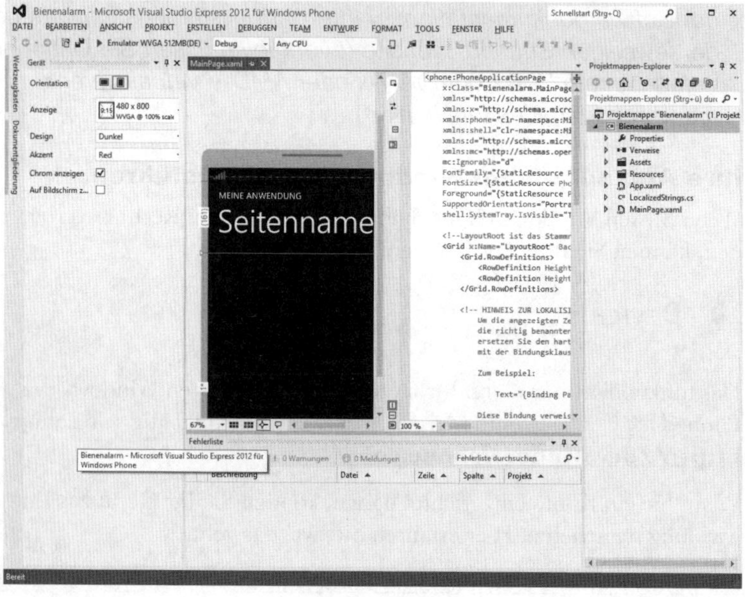

Bienenalarm - Microsoft Visual Studio Express 2012 für Windows Phone
DATEI BEARBEITEN ANSICHT PROJEKT ERSTELLEN DEBUGGEN TEAM ENTWURF FORMAT TOOLS FENSTER HILFE
Emulator WVGA 512MB(DE)
Debug
Any CPU
Gerät
MainPage.xaml
Orientation
Anzeige
480 x 800
Design
Dunkel
Akzent
Red
Chrom anzeigen
MEINE ANWENDUNG
Seitenname
Projektmappen-Explorer
Projektmappe "Bienenalarm"
Bienenalarm
Properties
Verweise
Assets
Resources
App.xaml
LocalizedStrings.cs
MainPage.xaml
Fehlerliste
Bereit

❸ VERBERGEN SIE DAS TITLE-PANEL AUF DER HAUPTSEITE.

Die Hauptseite, *MainPage.xaml*, sollte bereits in der IDE geöffnet sein (wenn nicht, öffnen Sie sie). Das ist die Hauptseite, die von Ihrer App angezeigt wird. Schauen Sie sich den XAML-Code dafür an und suchen Sie das StackPanel namens TitlePanel.

```
<!--TitlePanel enthält den Namen der Anwendung und den Seitentitel -->
<StackPanel x:Name="TitlePanel" Grid.Row="0" Margin="12,17,0,28">
    <TextBlock Text="MEINE ANWENDUNG" Style="{StaticResource PhoneTextNormalStyle}" Margin="12,0"/>
    <TextBlock Text="Seitenname" Margin="9,-7,0,0" Style="{StaticResource PhoneTextTitle1Style}"/>
</StackPanel>
```

Bearbeiten Sie das XAML und **fügen Sie dem StackPanel `Visibility="Collapsed"` hinzu**, damit die TextBlocks für den Titel verschwinden. Das erweckt den Eindruck, Ihre App sei eine Vollbild-App.

Die IDE hat MainPage.xaml mit einem StackPanel namens TitlePanel erstellt, das zwei TextBlocks enthält. Fügen Sie ihm diese Visibility-Eigenschaft hinzu, um es verschwinden zu lassen.

```
<!--TitlePanel enthält den Namen der Anwendung und den Seitentitel-->
<StackPanel x:Name="TitlePanel" Grid.Row="0" Margin="12,17,0,28" Visibility="Collapsed">
    <TextBlock Text="MEINE ANWENDUNG" Style="{StaticResource PhoneTextNormalStyle}" Margin="12,0"/>
    <TextBlock Text="Seitenname" Margin="9,-7,0,0" Style="{StaticResource PhoneTextTitle1Style}"/>
</StackPanel>
```

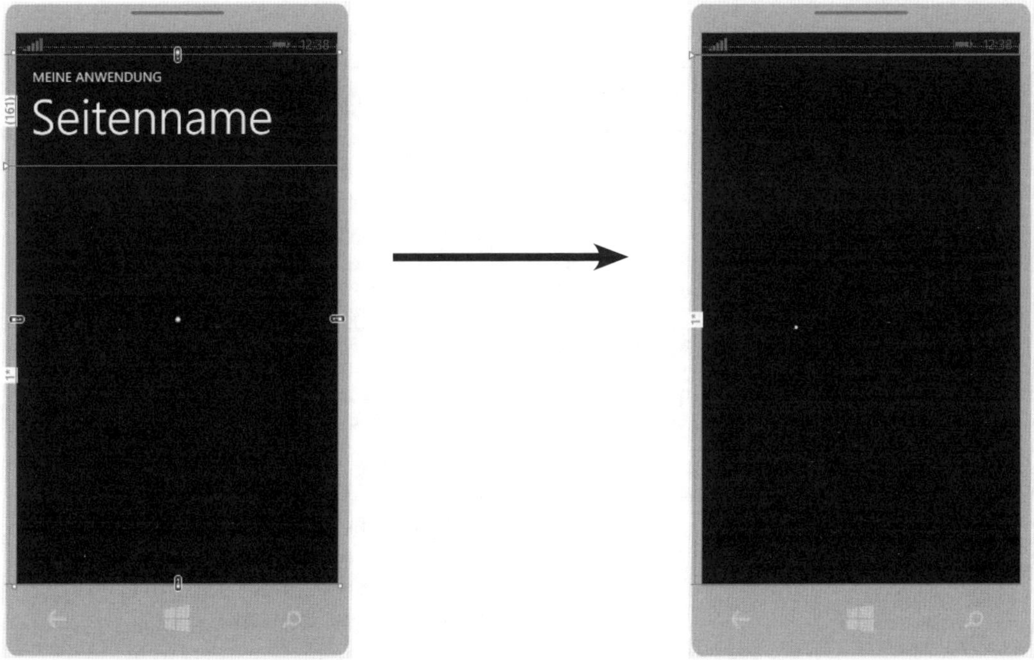
MEINE ANWENDUNG
Seitenname

❹ DIE KLASSE *BIENENALARMMODEL* IM MODEL-ORDNER ERSTELLEN.

Bienenalarm ist eine MVVM-App, braucht also Model-, View- und ViewModel-Schichten. Wir beginnen mit der Model-Schicht. Hier besteht das Model aus nur einer Klasse namens `BienenalarmModel`, die sich im Ordner *Model* und im entsprechenden Namensraum befindet. Erstellen Sie den Ordner *Model* und fügen Sie ihm die Klasse `BienenalarmModel` hinzu:

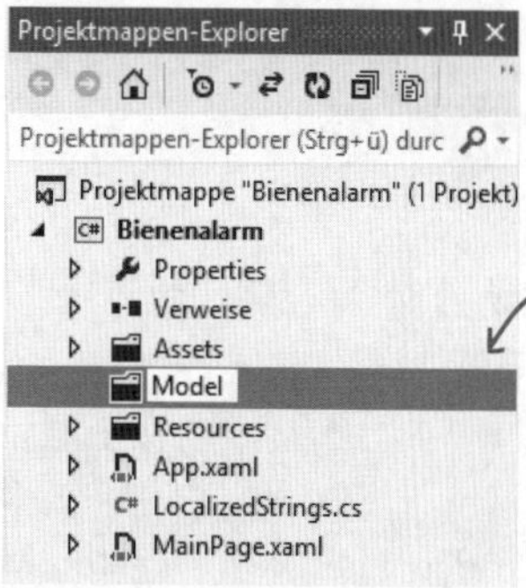

Projektmappen-Explorer
Projektmappen-Explorer (Strg+ü) durc
Projektmappe "Bienenalarm" (1 Projekt)
Bienenalarm
Properties
Verweise
Assets
Model
Resources
App.xaml
LocalizedStrings.cs
MainPage.xaml

Erstellen Sie im Projektmappen-Explorer den Model-Ordner und klicken Sie dann mit rechts darauf, um ihm die Klasse BienenalarmModel hinzuzufügen. Das sorgt dafür, dass sie im Namensraum Bienenalarm.Model erstellt wird.

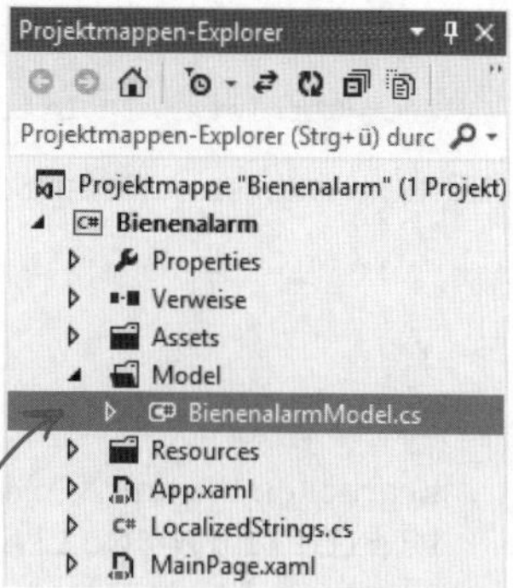

Projektmappen-Explorer
Projektmappen-Explorer (Strg+ü) durc
Projektmappe "Bienenalarm" (1 Projekt)
Bienenalarm
Properties
Verweise
Assets
Model
BienenalarmModel.cs
Resources
App.xaml
LocalizedStrings.cs
MainPage.xaml

Hier ist der Code für die Klasse `BienenalarmModel`. Sie hat Eigenschaften, über die die verbleibenden Fehler, die Punktzahl und die Zeit zwischen den Starts von Bienen abgerufen werden können, und eine Methode, die das Spiel startet. Außerdem gibt es Methoden, die ihr mitteilen, dass der Spieler die Blume bewegt hat und dass eine Biene gelandet ist. Eine weitere ruft die Stockposition für den nächsten Start ab.

```
using Windows.Foundation;

class BienenalarmModel {
    public int ErlaubteFehler { get; private set; }
    public int Punktzahl { get; private set; }
    public TimeSpan ZeitZwischenBienen  {
        get {
            double millisekunden = 500;
            millisekunden = Math.Max(millisekunden - Punktzahl * 2.5, 100);
            return TimeSpan.FromMilliseconds(millisekunden);
        }
    }
    private double _blumenbreite;
    private double _bienenbreite;
    private double _blumeLeft;
    private double _spielfeldbreite;
    private double _stockbreite;
    private double _letzteStockposition;
    private bool _gameOver;
    private readonly Random _zufall = new Random();

    public void SpielStarten(double blumenbreite, double bienenbreite,
                             double spielfeldbreite, double stockbreite) {
        _blumenbreite = blumenbreite;
        _bienenbreite = bienenbreite;
        _spielfeldbreite = spielfeldbreite;
        _stockbreite = stockbreite;
        _letzteStockposition = spielfeldbreite / 2;
        ErlaubteFehler = 5;
        Punktzahl = 0;
        _gameOver = false;
        OnSpielerGepunktet();
    }
```

Das ViewModel nutzt diese Eigenschaften, um die Punkte und die verbleibenden Fehler zu aktualisieren.

Je mehr Bienen der Spieler fängt, umso schneller wird das Spiel. Diese Eigenschaft berechnet die Zeit zwischen den Bienen auf Basis der Punktzahl.

SpielStarten() setzt das Spiel zurück. Das ViewModel übergibt dieser Methode die Breite von Blume, Biene, Spielfeld und Stock, die die anderen Methoden der Klasse nutzen.

MODEL

```
public void BlumeBewegen(double blumeLeft) {
    _blumeLeft = blumeLeft;
}

public void BieneGelandet(double bieneLeft) {
    if ((bieneLeft < _blumeLeft) || (bieneLeft > _blumeLeft + _blumenbreite)) {
        if (ErlaubteFehler > 0) {
            ErlaubteFehler--;
            OnVerfehlt();
        } else {
            _gameOver = true;
            OnGameOver();
        }
    }
    else if (!_gameOver) {
        Punktzahl++;
        OnSpielerGepunktet();
    }
}

public double NächsteStockPosition() {
    double delta = 10 + Math.Max(1, Punktzahl * .5);

    if (_letzteStockposition <= _stockbreite * 2)
        _letzteStockposition += delta;
    else if (_letzteStockposition >= _spielfeldbreite - _stockbreite * 2)
        _letzteStockposition -= delta;
    else
        _letzteStockposition += delta * (_zufall.Next(2) == 0 ? 1 : -1);


    return _letzteStockposition;
}

public EventHandler Verfehlt;
private void OnVerfehlt() {
    EventHandler verfehlt = Verfehlt;
    if (verfehlt != null)
        verfehlt(this, new EventArgs());
}

public EventHandler GameOver;
private void OnGameOver() {
    EventHandler gameOver = GameOver;
    if (gameOver != null)
        gameOver(this, new EventArgs());
}

public EventHandler SpielerGepunktet;
private void OnSpielerGepunktet() {
    EventHandler spielerGepunktet = SpielerGepunktet;
    if (spielerGepunktet != null)
        spielerGepunktet(this, new EventArgs());
}
}
```

Diese Methode wird aufgerufen, wenn der Spieler die Blume bewegt. Sie aktualisiert einfach die Position der Blume.

Wenn die Biene landet, prüft das Model, ob sich die linke Ecke der Biene innerhalb der Grenzen der Blume befindet. Tut sie das nicht, hat der Spieler sie verfehlt, andernfalls hat er gepunktet.

Wenn eine Biene startet, nutzt das ViewModel diese Methode, um die nächste horizontale Position für den Stock zum Starten der Biene zu finden. Diese Methode sorgt dafür, dass sich der Stock nicht zu weit bewegt. Mit zunehmender Punktzahl legt der Stock zwischen den Starts der Bienen eine wachsende Strecke zurück.

Das ViewModel überwacht diese beiden Events, damit es den View aktualisieren kann, wenn der Spieler eine Biene verfehlt, punktet oder das Spiel verliert.

5 Erstellen Sie den View-Ordner und bauen Sie das *BienenControl* auf.

Der View besteht aus zwei Windows Phone-Benutzersteuerelementen. Das erste heißt `BienenControl` und stellt ein animiertes Bienenbild dar, das sich über das Spielfeld bewegt. Erstellen Sie zunächst den Ordner *View*. Klicken Sie im Projektmappen-Explorer mit rechts darauf, wählen Sie Neues Element hinzufügen und **erstellen Sie ein neues** [Windows Phone-Benutzersteuerelement] **namens *BienenControl.xaml***:

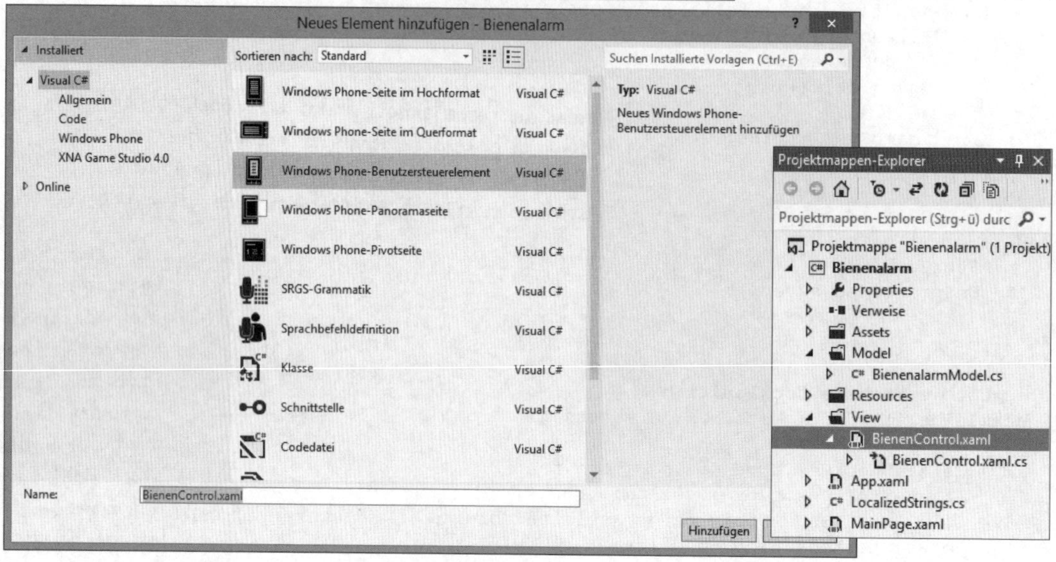
Neues Element hinzufügen - Bienenalarm
Installiert
Visual C#
Allgemein
Code
Windows Phone
XNA Game Studio 4.0
Online
Sortieren nach: Standard
Suchen Installierte Vorlagen (Ctrl+E)
Windows Phone-Seite im Hochformat Visual C#
Windows Phone-Seite im Querformat Visual C#
Windows Phone-Benutzersteuerelement Visual C#
Windows Phone-Panoramaseite Visual C#
Windows Phone-Pivotseite Visual C#
SRGS-Grammatik Visual C#
Sprachbefehldefinition Visual C#
Klasse Visual C#
Schnittstelle Visual C#
Codedatei Visual C#
Typ: Visual C#
Neues Windows Phone-Benutzersteuerelement hinzufügen
Name: BienenControl.xaml
Hinzufügen
Projektmappen-Explorer
Projektmappen-Explorer (Strg+ü) durc
Projektmappe "Bienenalarm" (1 Projekt)
Bienenalarm
Properties
Verweise
Assets
Model
BienenalarmModel.cs
Resources
View
BienenControl.xaml
BienenControl.xaml.cs
App.xaml
LocalizedStrings.cs
MainPage.xaml

Bearbeiten Sie das XAML in *BienenControl.xaml*. Suchen Sie das Grid mit dem Namen LayoutRoot, geben Sie ihm einen transparenten Hintergrund und fügen Sie ihm ein Image-Steuerelement mit dem Namen `image` hinzu. So sollte das XAML aussehen:

```
<Grid x:Name="LayoutRoot" Background="Transparent">

    <Image x:Name="image" Stretch="Fill"/>

</Grid>
```

Sie benötigen die animierten flatternden Bienenbilder sowie die Bilder für die Blume und den Stock. **Laden Sie sich die Bilder von der Webseite zum Buch herunter:**

examples.oreilly.de/german_examples/hfcsharp3ger/

Klicken Sie dann mit rechts auf den Ordner *Assets* und **fügen Sie ihm die Dateien als vorhandene Elemente hinzu**. Anschließend sollte Ihr *Assets*-Ordner folgendermaßen aussehen:

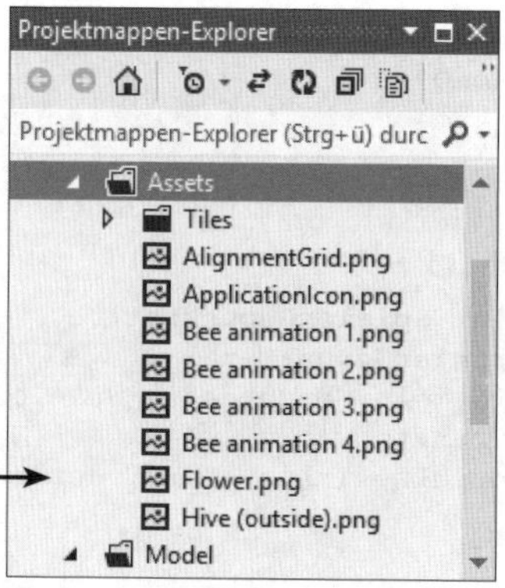
Projektmappen-Explorer
Projektmappen-Explorer (Strg+ü) durc
Assets
Tiles
AlignmentGrid.png
ApplicationIcon.png
Bee animation 1.png
Bee animation 2.png
Bee animation 3.png
Bee animation 4.png
Flower.png
Hive (outside).png
Model

VIEW

Jetzt können Sie **den C#-Unterstützungscode für *BienenControl*** schreiben. Hier ist der Code, den Sie *BienenControl.xaml.cs* hinzufügen sollten:

Wenn ein Storyboard seine Animation abgeschlossen hat, setzt es ein `Completed`-Event ab. Dieser überladene `BienenControl`-Konstruktor nimmt ein `EventHandler`-Delegate als Parameter, den das ViewModel nutzt, um herauszufinden, wann die Biene landet.

```
using Microsoft.Phone.Media;
using System.Windows.Media.Animation;
using System.Windows.Media.Imaging;

public sealed partial class BienenControl : UserControl {
    public readonly Storyboard FallStoryboard;

    public BienenControl() {
        this.InitializeComponent();
        FlatternBeginnen(TimeSpan.FromMilliseconds(30));
    }

    public BienenControl(double X, double vonY, double nachY, EventHandler fertig) : this() {
        FallStoryboard = new Storyboard();
        DoubleAnimation animation = new DoubleAnimation();

        Storyboard.SetTarget(animation, this);
        Canvas.SetLeft(this, X);
        Storyboard.SetTargetProperty(animation, new PropertyPath("(Canvas.Top)"));
        animation.From = vonY;
        animation.To = nachY;
        animation.Duration = TimeSpan.FromSeconds(1);

        if (fertig != null) FallStoryboard.Completed += fertig;

        FallStoryboard.Children.Add(animation);
        FallStoryboard.Begin();
    }

    public void FlatternBeginnen(TimeSpan interval) {
        List<string> bildnamen = new List<string>() {
            "Bee animation 1.png", "Bee animation 2.png", "Bee animation 3.png", "Bee animation 4.png"
        };

        Storyboard storyboard = new Storyboard();
        ObjectAnimationUsingKeyFrames animation = new ObjectAnimationUsingKeyFrames();
        Storyboard.SetTarget(animation, image);
        Storyboard.SetTargetProperty(animation, new PropertyPath("Source"));

        TimeSpan aktuellesIntervall = TimeSpan.FromMilliseconds(0);
        foreach (string bildname in bildnamen) {
            ObjectKeyFrame keyFrame = new DiscreteObjectKeyFrame();
            keyFrame.Value = BildAusAssetsErstellen(bildname);
            keyFrame.KeyTime = aktuellesIntervall;
            animation.KeyFrames.Add(keyFrame);
            aktuellesIntervall = aktuellesIntervall.Add(interval);
        }

        storyboard.RepeatBehavior = RepeatBehavior.Forever;
        storyboard.AutoReverse = true;
        storyboard.Children.Add(animation);
        storyboard.Begin();
    }

    private static BitmapImage BildAusAssetsErstellen(string bilddateiName) {
        return new BitmapImage(new Uri("/Assets/" + bilddateiName, UriKind.RelativeOrAbsolute));
    }
}
```

Diese Animation bewegt die Biene auf dem Canvas-Spielfeld nach unten. Sie beginnt beim Stock und endet bei der Blume.

Das als Argument übergebene EventHandler-Delegate wird mit dem Completed-Event des Storyboards verbunden.

Diese Key-Frame-Animation durchläuft die Animations-Frames, um die Flügel der Biene flattern zu lassen.

6 DAS VIEWMODEL ERSTELLEN.

Die ViewModel-Schicht besteht aus nur einer Klasse, **`BienenalarmViewModel`**, die die Methoden, Eigenschaften und Events des Models nutzt, um die Steuerelemente im View zu aktualisieren. **Erstellen Sie den Ordner *ViewModel* und die Klasse `BienenalarmViewModel`.** Hier ist der Code für die Klasse:

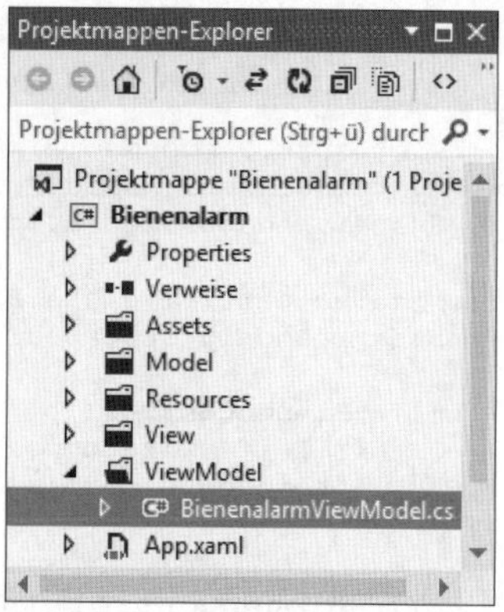
Projektmappen-Explorer
Projektmappen-Explorer (Strg+ü) durch
Projektmappe "Bienenalarm" (1 Proje
Bienenalarm
Properties
Verweise
Assets
Model
Resources
View
ViewModel
BienenalarmViewModel.cs
App.xaml

```
using View;
using System.Collections.ObjectModel;
using System.Collections.Specialized;
using System.ComponentModel;
using System.Windows;
using System.Windows.Controls;
using System.Windows.Threading;
```

Dieser View nutzt ein ItemsPanel, um diese Auflistung mit BienenControl-Objekten an die Children-Eigenschaft eines Canvas zu binden. Das ViewModel kann also weitere Bienen einfügen, indem es das Feld _bienenControls aktualisiert.

```
class BienenalarmViewModel : INotifyPropertyChanged {
    public INotifyCollectionChanged BienenControls { get { return _bienenControls; } }
    private readonly ObservableCollection<BienenControl> _bienenControls
                                        = new ObservableCollection<BienenControl>();

    public Thickness BlumenRand { get; private set; }
    public Thickness StockRand { get; private set; }
    public int ErlaubteFehler { get { return _model.ErlaubteFehler; } }
    public int Punktzahl { get { return _model.Punktzahl; } }
    public Visibility GameOver { get; private set; }

    private Size _bieneGröße;
    private readonly Model.BienenalarmModel _model = new Model.BienenalarmModel();
    private readonly DispatcherTimer _timer = new DispatcherTimer();
    private double _letztesX;
    private Size _spielfeldGröße { get; set; }
    private Size _stockGröße { get; set; }
    private Size _blumenGröße { get; set; }

    public BienenalarmViewModel() {
        _model.Verfehlt += VerfehltEventHandler;
        _model.GameOver += GameOverEventHandler;
        _model.SpielerGepunktet += SpielerGepunktetEventHandler;

        _timer.Tick += StockTimerTick;

        GameOver = Visibility.Visible;
        OnPropertyChanged("GameOver");
    }

    public void SpielStarten(Size blumenGröße, Size stockGröße, Size spielfeldGröße) {
        _blumenGröße = blumenGröße;
        _stockGröße = stockGröße;
        _spielfeldGröße = spielfeldGröße;
        _bieneGröße = new Size(spielfeldGröße.Width / 10, spielfeldGröße.Width / 10);
        _model.SpielStarten(blumenGröße.Width, _bieneGröße.Width,
                        spielfeldGröße.Width, stockGröße.Width);
        OnPropertyChanged("ErlaubteFehler");
        _timer.Interval = _model.ZeitZwischenBienen;
        _timer.Start();

        GameOver = Visibility.Collapsed;
        OnPropertyChanged("GameOver");
    }
```

Diese Eigenschaften sind an die Margin-Eigenschaft der Blume- und Stock-Bilder gebunden. Das ViewModel kann sie also nach links und rechts bewegen, indem es den linken Rand aktualisiert und ein PropertyChanged-Event absetzt.

Das ViewModel hält eine Referenz auf eine Instanz des Model in einem privaten Feld. Hier verbindet es seine Event-Handler mit den Events des Model.

Das ViewModel erstellt die BienenControls und setzt ihre Breite und Höhe, dafür braucht es einen Size-Wert.

Der View kann das Spiel starten, indem er die SpielStarten()-Methode des ViewModel aufruft und ihr die Größe von Blume, Stock und Spielfeld übergibt. Das ViewModel setzt seine privaten Felder, startet den Timer und aktualisiert die Eigenschaft GameOver.

VIEW
MODEL

Wenn der Benutzer eine Wischgeste ausführt, wird das ManipulationDelta-Event des Views abgesetzt. Sein Event-Handler ruft diese Methode auf, um den Ort der Blume zu aktualisieren.

```
    public void ManipulationDelta(double neuesX) {
        neuesX = _letztesX + neuesX * 1.5;
        if (neuesX >= 0 && neuesX < (_spielfeldGröße.Width - _blumenGröße.Width)) {
            _model.BlumeBewegen(neuesX);
            BlumenRand = new Thickness(neuesX, 0, 0, 0);
            OnPropertyChanged("BlumenRand");
            _letztesX = neuesX;
        }
    }

    private void GameOverEventHandler(object sender, EventArgs e) {
        _timer.Stop();
        GameOver = Visibility.Visible;
        OnPropertyChanged("GameOver");
    }

    private void VerfehltEventHandler(object sender, EventArgs e) {
        OnPropertyChanged("ErlaubteFehler");
    }

    void StockTimerTick(object sender, EventArgs e) {
        if (_spielfeldGröße.Width <= 0) return;

        double x = _model.NächsteStockPosition();

        StockRand = new Thickness(x, 0, 0, 0);
        OnPropertyChanged("StockRand");

        BienenControl biene = new BienenControl(x + _stockGröße.Width / 2, 0,
                                  _spielfeldGröße.Height + _blumenGröße.Height / 3, BieneGelandet);
        biene.Width = _bieneGröße.Width;
        biene.Height = _bieneGröße.Height;
        _bienenControls.Add(biene);
    }

    private void BieneGelandet(object sender, EventArgs e) {
        BienenControl gelandet = null;
        foreach (BienenControl sprite in _bienenControls) {
            if (sprite.FallStoryboard == sender)
                gelandet = sprite;
        }
        _model.BieneGelandet(Canvas.GetLeft(gelandet));
        if (gelandet != null) _bienenControls.Remove(gelandet);
    }

    public event PropertyChangedEventHandler PropertyChanged;
    private void OnPropertyChanged(string propertyName) {
        PropertyChangedEventHandler propertyChanged = PropertyChanged;
        if (propertyChanged != null)
            propertyChanged(this, new PropertyChangedEventArgs(propertyName));
    }

    private void SpielerGepunktetEventHandler(object sender, EventArgs e) {
        OnPropertyChanged("Punktzahl");
        _timer.Interval = _model.ZeitZwischenBienen;
    }
}
```

Wenn das Spiel endet, hält das ViewModel den Timer an und aktualisiert die Eigenschaft GameOver, die an das StackPanel mit dem Game Over-TextBlock, dem Button und dem Link gebunden ist.

Jedes Mal, wenn der Timer tickt, bittet das ViewModel das Model um die nächste Stockposition und erzeugt eine neue Biene, indem es ein BienenControl erstellt und der ObservableCollection _bienenControls hinzufügt. Das bewirkt, dass es der Children-Eigenschaft des Spielfeld-Canvas hinzugefügt wird.

Ein Delegate für die Methode `BieneGelandet` wird an das `BienenControl` übergeben, das es dem `Completed`-Event der Fall-Animation des Storyboards hinzufügt. Wenn dieses abgesetzt wird, wird das `Storyboard`-Objekt als `sender` gesetzt. Die `FallStoryboard`-Eigenschaft des `BienenControl` liefert eine Referenz auf dieses `Storyboard`-Objekt, damit das ViewModel es nutzen kann, um das entsprechende `BienenControl` in seiner `_bienenControls`-Auflistung zu suchen.

Wenn der Spieler punktet, wird der Timer über die ZeitZwischenBienen-Eigenschaft des Model aktualisiert, um das Spiel etwas schneller ablaufen zu lassen.

7 DAS BIENENALARMSPIELCONTROL STEUERT DAS SPIEL.

Der View enthält eine weitere Sache. `BienenalarmSpielControl` enthält Image-Controls für Stock und Blume, das Canvas, auf dem sich die Bienen bewegen, und die Steuerelemente, die angezeigt werden, wenn das Spiel vorüber ist (einschließlich eines Buttons, mit dem das Spiel gestartet werden kann). **Fügen Sie** *View*-Ordner **ein neues** [Windows Phone-Benutzersteuerelement] **namens *BienenalarmSpielControl.xaml*** hinzu. Hier ist das XAML:

```
<Grid x:Name="LayoutRoot" Background="SkyBlue">
    <Grid.RowDefinitions>
        <RowDefinition Height="*"/>
        <RowDefinition Height="10*"/>
        <RowDefinition Height="2*"/>
    </Grid.RowDefinitions>
```

Wenn Sie ein neues Windows Phone-Benutzersteuerelement erstellen, gibt die IDE ihm ein leeres Grid namens LayoutRoot. Ändern Sie den Background in SkyBlue und geben Sie dem Grid drei Zeilen: eine obere Zeile für den Stock, eine mittlere Zeile für das Spielfeld und eine untere Zeile für die Blume.

```
    <Image x:Name="hive"
        Source="/Assets/Hive (outside).png"
        HorizontalAlignment="Left"
        Margin="{Binding StockRand}"/>
```

Die Margin-Eigenschaft des Stock-Bilds ist an die StockRand-Eigenschaft des ViewModel gebunden.

```
    <ItemsControl Grid.Row="1" x:Name="spielfeld">
        <ItemsControl ItemsSource="{Binding BienenControls}">
            <ItemsControl.ItemsPanel>
                <ItemsPanelTemplate>
                    <Canvas/>
                </ItemsPanelTemplate>
            </ItemsControl.ItemsPanel>
        </ItemsControl>
    </ItemsControl>
```

Die ItemsSource-Eigenschaft des ItemsControl ist an eine ObservableCollection mit BienenControl-Objekten im ViewModel gebunden. Alle Steuerelemente werden dem Canvas also im ItemsPanelTemplate hinzugefügt.

```
    <TextBlock Grid.Row="1" Foreground="Black" VerticalAlignment="Top">
        <Run>Erlaubte Fehler: </Run>
        <Run Text="{Binding ErlaubteFehler}"/>
    </TextBlock>

    <TextBlock Grid.Row="1" Foreground="Black" VerticalAlignment="Top"
            HorizontalAlignment="Right" Text="{Binding Punktzahl}"
            Style="{StaticResource PanoramaItemHeaderTextStyle}"/>
```

Diese TextBlocks zeigen die Punktzahl und die Anzahl an Fehlern an, die der Spieler noch machen kann, bevor das Spiel endet.

```
    <Image x:Name="blume"
        Source="/Assets/Flower.png"
        Grid.Row="2"
        HorizontalAlignment="Left"
        Margin="{Binding BlumenRand}"/>
```

Die GameOver-Eigenschaft des ViewModel liefert einen Visibility-Wert, kann also direkt an eine XAML-Visibility-Eigenschaft gebunden werden.

```
    <StackPanel Grid.Row="1" VerticalAlignment="Center"
            HorizontalAlignment="Center" Visibility="{Binding GameOver}">
        <StackPanel Orientation="Horizontal" HorizontalAlignment="Center">
            <TextBlock Foreground="Yellow"
                    Style="{StaticResource JumpListAlphabetSmallStyle}">Bienen</TextBlock>
            <view:BienenControl Width="75" Height="75"/>
            <TextBlock Foreground="Black"
                    Style="{StaticResource JumpListAlphabetSmallStyle}">Alarm</TextBlock>
        </StackPanel>

        <Button Click="Button_Click">Neues Spiel starten</Button>

        <HyperlinkButton Content="Lernen Sie, wie man dieses Spiel erstellt"
                    NavigateUri="http://www.headfirstlabs.com/hfcsharp"
                    TargetName="_blank" />

    </StackPanel>
</Grid>
```

Für diese Zeile brauchen Sie das XML-Namensraum-Markup für xmlns:view auf der nächsten Seite. Sie zeichnet eine flatternde Biene auf die Seite.

Der Click-Event-Handler für diesen Button befindet sich im Unterstützungscode auf der nächsten Seite.

VIEW

Fügen Sie dann dem `<UserControl>`-Tag oben in der XAML-Datei ein **`xmlns:view`**-Attribut und einen **`ManipulationDelta`**-Event-Handler hinzu. Positionieren Sie zunächst Ihren Cursor vor der schließenden spitzen Klammer, **>**, in Zeile 10 und drücken Sie Return, um eine Zeile einzufügen. Geben Sie dann **`xmlns:view=""`** ein. Wenn Sie das Anführungszeichen eingeben, öffnet sich ein IntelliSense-Fenster, das Sie bei der Vervollständigung des Namensraums unterstützt:

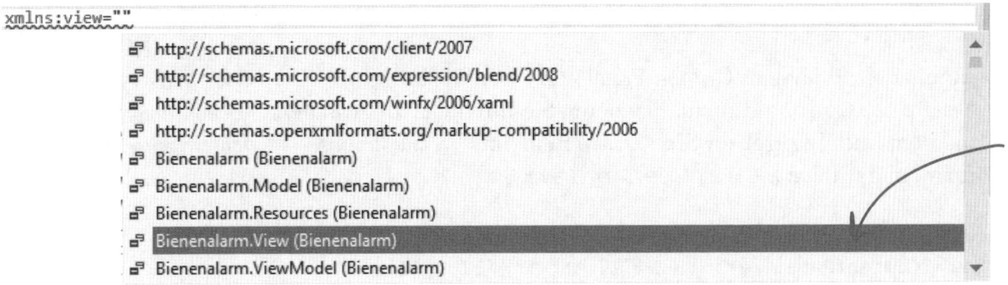
xmlns:view=""
http://schemas.microsoft.com/client/2007
http://schemas.microsoft.com/expression/blend/2008
http://schemas.microsoft.com/winfx/2006/xaml
http://schemas.openxmlformats.org/markup-compatibility/2006
Bienenalarm (Bienenalarm)
Bienenalarm.Model (Bienenalarm)
Bienenalarm.Resources (Bienenalarm)
Bienenalarm.View (Bienenalarm)
Bienenalarm.ViewModel (Bienenalarm)

Wählen Sie in dieser Liste den View-Namensraum aus. Wenn Sie einen anderen Projektnamen gewählt haben, sehen Sie in diesem Fenster diesen anstelle von Bienenalarm.

Drücken Sie erneut Return und geben Sie **`ManipulationDelta=""`** ein, um den Event-Handler zu verbinden. Wieder öffnet die IDE ein IntelliSense-Fenster, über das Sie dem Unterstützungscode eine neue Event-Handler-Methode hinzufügen können:

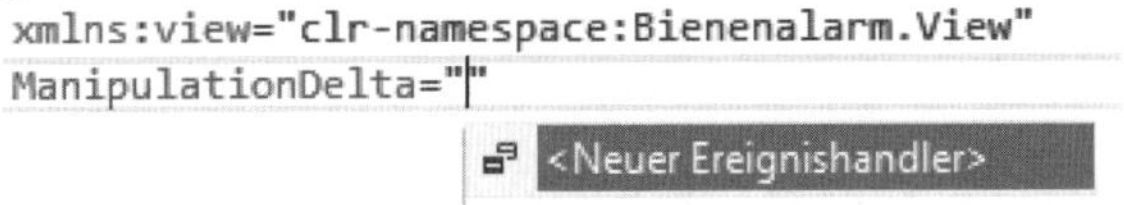
xmlns:view="clr-namespace:Bienenalarm.View"
ManipulationDelta=""
<Neuer Ereignishandler>

Wenn Sie fertig sind, enthält das `<UserControl>`-Start-Tag diese beiden zusätzlichen Zeilen:

```
xmlns:view="clr-namespace:Bienenalarm.View"
ManipulationDelta="UserControl_ManipulationDelta"
```

Wenn die IDE aus irgendeinem Grund kein IntelliSense-Fenster öffnet, können Sie diese Zeilen auch einfach manuell eingeben.

Öffnen Sie schließlich die *BienenalarmSpielControl.xaml.cs* und schreiben Sie den Unterstützungscode. Hier ist der Code dafür:

```
using ViewModel;

public partial class BienenalarmSpielControl : UserControl {
    private readonly ViewModel.BienenalarmViewModel _viewModel = new ViewModel.BienenalarmViewModel();

    public BienenalarmSpielControl()
        InitializeComponent();

        DataContext = _viewModel;
    }

    private void Button_Click(object sender, RoutedEventArgs e) {
        _viewModel.SpielStarten(blume.RenderSize, hive.RenderSize, spielfeld.RenderSize);
    }

    private void UserControl_ManipulationDelta(object sender,
                                        System.Windows.Input.ManipulationDeltaEventArgs e) {
        _viewModel.ManipulationDelta(e.DeltaManipulation.Translation.X);
    }
}
```

Das Spiel-Steuerelement hält eine Referenz auf eine ViewModel-Instanz, die es als Datenkontext nutzt.

Der Start-Button ruft die SpielStarten()-Methode des ViewModel auf und übergibt die Size-Werte, die das ViewModel als Argumente braucht.

Der ManipulationDelta-Event-Handler ruft einfach die Methode des ViewModel auf.

❽ AKTUALISIEREN SIE DIE HAUPTSEITE, UM IHR DAS SPIELSTEUERELEMENT HINZUZUFÜGEN.

Nachdem wir das gesamte Spiel in `BienenalarmSpielControl` gekapselt haben, müssen wir es nur noch der Hauptseite hinzufügen. Öffnen Sie *MainPage.xaml* und **fügen Sie dem `<phone:PhoneApplicationPage>`-Start-Tag den `xmlns:view`-Namensraum hinzu**, genau wie Sie es beim Start-Tag von *BienenalarmSpielControl.xaml* gemacht haben.

```
xmlns:view="clr-namespace:Bienenalarm.View"
```

Auch auf die Gefahr hin, dass wir uns wiederholen: Wenn Sie einen anderen Projektnamen gewählt haben, müssen Sie hier den entsprechenden Namensraum anstelle von Bienenalarm wählen.

Suchen Sie dann das Grid namens ContentPanel und fügen Sie ihm Ihr `BienenalarmSpielControl` hinzu. Platzieren Sie Ihren Cursor zwischen dem Start- und dem End-Tag, **geben Sie `<view:`** ein, um ein IntelliSense-Fenster zu öffnen, und wählen Sie dort `BienenalarmSpielControl`:

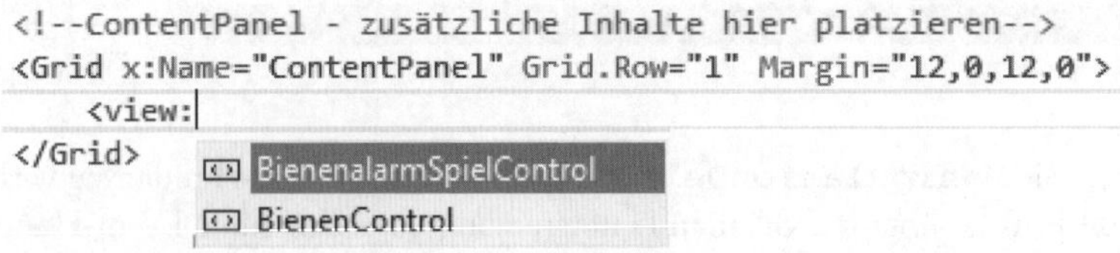

<!--ContentPanel - zusätzliche Inhalte hier platzieren-->
<Grid x:Name="ContentPanel" Grid.Row="1" Margin="12,0,12,0">
<view:
</Grid>
BienenalarmSpielControl
BienenControl

So sollte Ihr XAML anschließend aussehen:

```
<!--ContentPanel - zusätzliche Inhalte hier platzieren-->
<Grid x:Name="ContentPanel" Grid.Row="1" Margin="12,0,12,0">
    <view:BienenalarmSpielControl/>
</Grid>
```

Erlaubte Fehler:
Bienen
Alarm
Neues Spiel starten
Lernen Sie, wie man dieses Spiel erstellt

Glückwunsch – Ihr Spiel funktioniert!

Unmittelbar nachdem Sie *MainPage.xaml* aktualisiert haben, sollte die Startseite des Spiels im Designer erscheinen. Jetzt können Sie das Spiel im Emulator oder auf einem Gerät ausführen – lassen Sie Ihrer Kreativität freien Lauf und erweitern Sie das Spiel!

- ★ Fügen Sie Bonusbienen ein, die mehr Punkte bringen, oder böse Bienen, die der Spieler vermeiden muss.
- ★ Lassen Sie einige Bienen von Seite zu Seite fliegen, indem Sie `(Canvas.Left-)` Animationen einbauen.
- ★ Wir haben Ihnen zusätzlich eine Bilddatei mit einer Innenansicht des Stocks geliefert. Fällt Ihnen irgendetwas Tolles ein, das Sie damit anstellen könnten?
- ★ **Veröffentlichen Sie** Ihren Code auf CodePlex, GitHub oder einer anderen Code-Sharing-Site ... und teilen Sie es anderen Lesern im *Head First C#*-Forum mit: http://www.headfirstlabs.com/hfcsharp.

Anhang:
Was übrig bleibt

Die Top ~~10~~ 11 der Themen, die es nicht ins Buch geschafft haben

ICH WILL NOCH MEHR!

Der Spaß fängt gerade erst an!

Wir haben Ihnen viele wunderbare Werkzeuge gezeigt, mit denen Sie mit C# richtig **mächtige Software** aufbauen können. Aber es war unmöglich, **alle Werkzeuge, Technologien und Techniken** in dieses Buch einzuschließen – so viele Seiten hat es einfach nicht. Wir mussten einige *sehr harte Entscheidungen* in Bezug darauf treffen, was wir aufnehmen und was wir weglassen. Hier sind ein paar Themen, die es nicht geschafft haben. Aber auch wenn wir zu ihnen nicht gekommen sind, denken wir trotzdem, dass sie **wichtig und nützlich** sind, und möchten Ihnen einen kleinen Ausblick auf sie bieten.

1. Der Windows Store hat einiges mehr zu bieten

Sie möchten noch mehr zur Programmierung von Windows Store-Apps erfahren? Microsoft hält einige fantastische Quellen für Sie bereit, die Sie beim Lernen unterstützen. Laden Sie dazu zunächst das **Windows 8 Camp Training Kit** herunter, in dem Sie Präsentationen, Beispiele, Links zu nützlichen Ressourcen und – was am interessantesten ist - ***eine Sammlung von praktischen Workshops*** finden, in denen Sie so ungefähr alles lernen können – ob Sie nun wissen wollen, wie man auf die Kamera eines Geräts zugreift, wie man aktive Kacheln erstellt oder wie man in Apps Push-Nachrichten nutzt. Den Installer für das Windows 8 Camp Training Kit können Sie hier herunterladen:

http://www.microsoft.com/en-us/download/details.aspx?id=29854

Nach der Installation erhalten Sie eine Sammlung von Webseiten, Präsentationen sowie Dokumentationen und Quellcode für die Workshops. Das ist der nächste wirklich empfehlenswerte Schritt, wenn Sie sichergehen wollen, dass die C#-Konzepte in Ihrem Hirn hängen bleiben.

C:\Win8CS\Default.htm
Windows 8 Training Kit
Windows
dpe
Hands-on-labs
Samples
Presentations
Resources
Welcome to Windows 8 Camp in a box
Windows Camps are free trainings to jumpstart your Windows Store app development. You can find a camp near you via our registration site: http://www.devcamps.ms/windows.
"Windows Camp in a box" is an off-line version of the resources we use for our camps. This kit includes the hands-on-labs, presentations, samples (with source), and links to additional resources.
Once you have completed and polished your app, attend an application excellence lab to get a developer token to submit your app to the Windows store.
Happy Windows 8 coding!
Let us know how we are doing at win8tkfb@microsoft.com

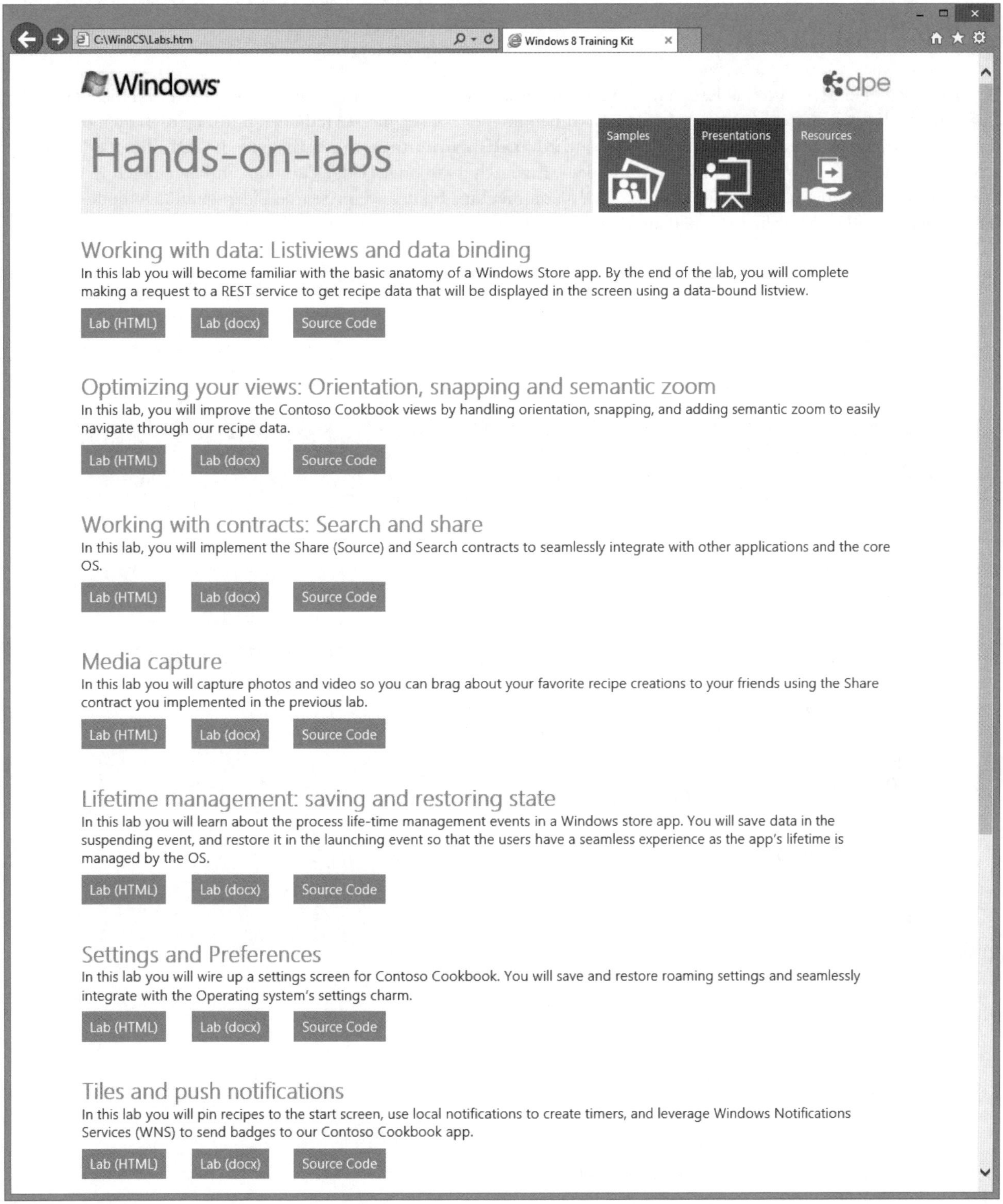
C:\Win8CS\Labs.htm
Windows 8 Training Kit
Windows
dpe
Hands-on-labs
Samples
Presentations
Resources
Working with data: Listiviews and data binding
In this lab you will become familiar with the basic anatomy of a Windows Store app. By the end of the lab, you will complete making a request to a REST service to get recipe data that will be displayed in the screen using a data-bound listview.
Lab (HTML)
Lab (docx)
Source Code
Optimizing your views: Orientation, snapping and semantic zoom
In this lab, you will improve the Contoso Cookbook views by handling orientation, snapping, and adding semantic zoom to easily navigate through our recipe data.
Lab (HTML)
Lab (docx)
Source Code
Working with contracts: Search and share
In this lab, you will implement the Share (Source) and Search contracts to seamlessly integrate with other applications and the core OS.
Lab (HTML)
Lab (docx)
Source Code
Media capture
In this lab you will capture photos and video so you can brag about your favorite recipe creations to your friends using the Share contract you implemented in the previous lab.
Lab (HTML)
Lab (docx)
Source Code
Lifetime management: saving and restoring state
In this lab you will learn about the process life-time management events in a Windows store app. You will save data in the suspending event, and restore it in the launching event so that the users have a seamless experience as the app's lifetime is managed by the OS.
Lab (HTML)
Lab (docx)
Source Code
Settings and Preferences
In this lab you will wire up a settings screen for Contoso Cookbook. You will save and restore roaming settings and seamlessly integrate with the Operating system's settings charm.
Lab (HTML)
Lab (docx)
Source Code
Tiles and push notifications
In this lab you will pin recipes to the start screen, use local notifications to create timers, and leverage Windows Notifications Services (WNS) to send badges to our Contoso Cookbook app.
Lab (HTML)
Lab (docx)
Source Code

Auch diese Dinge hätten wir gern mit der gleichen Gründlichkeit behandelt wie die anderen in diesem Buch, aber dazu war einfach nicht genug Platz! Dennoch wollten wir Ihnen eine gute Ausgangsbasis und Hinweise auf weitere Informationen geben.

2. Die Grundlagen

Bevor wir beginnen: Hier ist eine Klasse namens `Typ`, die wir in diesem Anhang nutzen werden. Werfen Sie einen Blick auf die Kommentare. Sehen Sie, dass die Kommentare zur Klasse, ihren Methoden und Eigenschaften durch drei Schrägstriche eingeleitet werden (`///`)? Das sind **XML-Kommentare**, deren Eingabe die IDE Ihnen erleichtert. Geben Sie »`///`« vor einer Klassen-, Methoden-, Eigenschaften- oder Felddeklaration (und an einigen weiteren Stellen) ein, ergänzt die IDE das Gerüst eines XML-Kommentars. Später, wenn Sie die Eigenschaft, Methode usw. nutzen, zeigt die IDE die Informationen aus dem XML-Kommentar im IntelliSense-Fenster an.

```
/// <summary>
/// Ein Typ mit Name, Alter und einer gefüllten Geldbörse.
/// </summary>
class Typ
{
    /*
     * Beachten Sie, dass die Unterstützungsfelder für Name und Alter als readonly
     * markiert sind. Das heißt, dass das Unterstützungsfeld nur bei der
     * Initialisierung gesetzt werden kann (in der Deklaration oder im Konstruktor).
     */

    /// <summary>
    /// Schreibgeschütztes Unterstützungsfeld für Name.
    /// </summary>
    private readonly string name;

    /// <summary>
    /// Der Name des Typs.
    /// </summary>
    public string Name { get { return name; } }

    /// <summary>
    /// Schreibgeschütztes Unterstützungsfeld für Alter.
    /// </summary>
    private readonly int alter;

    /// <summary>
    /// Das Alter des Typs.
    /// </summary>
    public int Alter { get { return alter; } }

    /*
     * Knete ist nicht schreibgeschützt, da sich der Wert mit der Zeit ändern kann.
     */

    /// <summary>
    /// Wie viel Geld der Typ hat.
    /// </summary>
    public int Knete { get; private set; }
```

Der XML-Kommentar für eine Klasse besteht aus einem <summary>-Block. Beachten Sie, dass er mit <summary> beginnt und mit </summary> endet.

Mit readonly markierte Felder sind ein nützliches Werkzeug für die Kapselung, weil sie dafür sorgen, dass die Felder nach der Initialisierung nicht mehr geändert werden können.

```
    /// <summary>
    /// Der Konstruktor setzt Name, Alter und Knete.
    /// </summary>
    /// <param name="name">Der Name des Typs</param>
    /// <param name="alter">Das Alter des Typs</param>
    /// <param name="knete">Wie viel Geld der Typ zu Anfang hat</param>
    public Typ(string name, int alter, int knete) {
        this.name = name;
        this.alter = alter;
        Knete = knete;
    }

    public override string ToString() {
        return String.Format("{0} ist {1} Jahre alt und hat {2} €", Name, Alter, Knete);
    }

    /// <summary>
    /// Geld aus der Börse springen lassen.
    /// </summary>
    /// <param name="betrag">Der zu gebende Geldbetrag</param>
    /// <returns>Der gegebene Betrag oder 0, wenn der Typ nicht genug Geld hatte</returns>
    public int GeldGeben(int betrag) {
        if (betrag <= Knete && betrag > 0)
        {
            Knete -= betrag;
            return betrag;
        }
        else
        {
            return 0;
        }
    }

    /// <summary>
    /// Geld in die Börse stecken.
    /// </summary>
    /// <param name="betrag">Zu empfangender Betrag</param>
    /// <returns>Der erhaltene Betrag oder 0, wenn kein Geld erhalten wurde</returns>
    public int GeldErhalten(int betrag) {
        if (betrag > 0)
        {
            if (betrag > 5)
            {
                Knete += betrag;
                return betrag;
            }
            Console.WriteLine("{0} sagt: {1} ist keine angemessene Summe", Name, betrag);
        }
        return 0;
    }
}
```

Fügt die IDE das Gerüst für einen Konstruktor oder eine andere Methode ein, erzeugt sie ein <param>-Tag für jeden Parameter.

Hier überschreiben wir ToString(). Das wird in Kapitel 8 behandelt.

Weitere Grundlagen ...

Wenn man eine neue Programmiersprache lernt, fühlt man sich schnell erschlagen. C# bildet da keine Ausnahme. Deswegen haben wir uns auf die Aspekte der Sprache konzentriert, die für den lernenden Programmierer – unserer Erfahrung nach – die nützlichsten sind. Es gibt jedoch noch weitere Dinge, die hilfreich sind, die man aber besser auf eigene Faust erforscht. Hier ist eine Konsolenanwendung, die einige davon demonstriert.

```
static void Main(string[] args)
{
    // Diese Typ- und Random-Instanzen nutzen wir im gesamten Beispiel.
    Typ tom = new Typ("Tom", 43, 100);
    Typ tim = new Typ("Tim", 41, 100);
    Random random = new Random();

    /*
     * Es gibt zwei nützliche Schlüsselwörter für Schleifen. "continue" sagt, dass
     * die Schleife direkt zum nächsten Durchlauf übergehen soll. "break" sagt,
     * dass die Schleife sofort beendet werden soll.
     *
     * break, continue, throw und return bezeichnet man als "Sprunganweisungen", weil
     * sie Programme veranlassen, an eine andere Codestelle zu springen.
     * (break haben Sie im Zusammenhang mit switch/case in Kapitel 8 kennengelernt,
     * throw in Kapitel 10.) Es gibt noch eine Sprunganweisung, goto, die zu einer
     * Sprungmarke springt. (Diese Sprungmarken haben eine ähnliche Syntax wie die,
     * die Sie aus case-Anweisungen kennen.)
     *
     * Die nächste Schleife ließe sich ohne continue und break schreiben. Das ist ein
     * gutes Beispiel dafür, dass man in C# sein Ziel auf unterschiedliche Weise erreichen
     * kann. break, continue und die anderen Schlüsselwörter oder Operatoren benötigen
     * Sie in keinem der Programme in diesem Buch.
     *
     * break wird auch mit "case" verwendet, wie Sie aus Kapitel 8 wissen.
     */

    while (true) {
        int zuGebenderBetrag = random.Next(20);

        // continue springt zum nächsten Durchlauf einer Schleife. Hier sorgt
        // es dafür, dass Tim nur Beträge über 10 Euro gegeben werden.
        if (zuGebenderBetrag < 10)
            continue;

        // break bricht eine Schleife vorzeitig ab
        if (tim.GeldErhalten(tom.GeldGeben(zuGebenderBetrag)) == 0)
            break;

        Console.WriteLine("Tom gab Tim {0} €, Tim hat {1} €, Tom hat {2} €",
            zuGebenderBetrag, tim.Knete, tom.Knete);
    }
    Console.WriteLine("Tom verbleiben {0} €", tom.Knete);
```

Alle Dinge, die wir hier behandeln, können Sie sich am besten ansehen, indem Sie den Code im Debugger untersuchen und mit Überwachungen beobachten.

Viele sagen, dass Sprunganweisungen schlecht seien und dass man das Gleiche auch auf anderem Weg erreichen könne. Aber sollten Sie einmal einer begegnen, wissen Sie jetzt, was Sie vor sich haben.

continue bewirkt, dass das Programm den Rest der Iteration überspringt und wieder zum Anfang der Schleife springt.

break bewirkt, dass die Schleife endet und das Programm zur Console.WriteLine()-Anweisung übergeht.

```
// Der Bedingungsoperator ?: ist ein kollabiertes if/then/else:
// [Boolescher Test] ? [Anweisungen bei true] : [Anweisungen bei false]
Console.WriteLine("Tom hat {0} Geld als Tim",
    tom.Knete > tim.Knete ? "mehr" : "weniger");
```

```
// Der Null-Operator ?? prüft, ob ein Wert null ist, und liefert entweder den Wert,
// wenn er nicht null ist, oder andernfalls den angegebenen Wert:
// [zu prüfender Wert] ?? [bei null zu liefernder Wert]
tom = null;
Console.WriteLine("Ergebnis von ?? ist '{0}'", tom ?? tim);
```

Da tom null ist, liefert der ??-Operator stattdessen tim.

```
// Hier ist eine Schleife, die goto und Marken nutzt. So etwas sieht man selten, kann
// aber bei geschachtelten Schleifen nützlich sein. (break verlässt nur die innerste
// der Schleifen.)
for (int i = 0; i < 10; i++)
{
    for (int j = 0; j < 3; j++)
    {
        if (i > 3)
            goto nachSchleife;
        Console.WriteLine("i = {0}, j = {1}", i, j);
    }
}
nachSchleife:
```

Diese goto-Anweisung bewirkt, dass die Ausführung direkt zur Marke springt.

Eine Marke ist eine Folge aus Buchstaben, Ziffern und Unterstrichen, auf die ein Doppelpunkt folgt.

```
// Wenn Sie mit dem =-Operator eine Zuweisung machen, liefert sie einen Wert,
// den Sie in einer Anweisung oder einer if-Anweisung nutzen können.
int a;
int b = (a = 3 * 5);
Console.WriteLine("a = {0}; b = {1};", a, b);
```

Die erste Anweisung setzt a auf 3 * 5 und dann b auf das Ergebnis.

```
// Stellen Sie den ++-Operator vor eine Variable, inkrementiert er die Variable,
// bevor er den Rest der Anweisung ausführt.
a = ++b * 10;
Console.WriteLine("a = {0}; b = {1};", a, b);
```

++b bedeutet, dass b erst inkrementiert und dann a auf b * 10 gesetzt wird.

```
// Stellen Sie ihn hinter die Variable, inkrementiert er nach Ausführung
// der Anweisung.
a = b++ * 10;
Console.WriteLine("a = {0}; b = {1};", a, b);
```

b++ heißt, dass a erst auf b * 10 gesetzt und dann b inkrementiert wird.

```
/*
 * Nutzen Sie in logischen Tests && und ||, kürzen sie ab -- das heißt,
 * dass die Auswertung beim Scheitern des Tests beendet wird. Der Ausdruck (A || B)
 * ist immer wahr, wenn A wahr ist, unabhängig vom Wert von B.
 * Der Ausdruck (A && B) ist immer falsch, wenn A falsch ist, unabhängig vom
 * Wert von B. In beiden Fällen wird B nicht ausgewertet,
 * weil der Operator seinen Wert nicht braucht, um einen Wert zu ermitteln.
 */
```

```
int x = 0;
int y = 10;
int z = 20;
```

Diese Werte werden wir im Code auf der nächsten Seite nutzen!

Nutzen Sie /* und */, um Kommentare einzufügen, müssen Sie am Anfang der Zeilen kein * setzen, aber es macht den Kommentar besser lesbar.

Das Abkürzen der Booleschen ODER- und UND-Operatoren können Sie nutzen, um Bedingungsanweisungen zu formulieren, da das im Prinzip sagt: »(y / x == 4) nur ausführen, wenn (y < z) true ist.«

```
// y / x löst eine DivideByZeroException aus, weil x 0 ist. Aber da (y < z) true ist, weiß
// der ||-Operator, bevor er den zweiten Ausdruck auswertet, dass das Ergebnis true
// sein wird. Deswegen kürzt er ab und wertet (y / x == 4) nicht mehr aus.
// .
if ((y < z) || (y / x == 4))
    Console.WriteLine("Wird ausgegeben, da || abkürzt");

// Da (y > z) false ist, weiß der &&-Operator, bevor er den zweiten Ausdruck
// auswertet, dass das Ergebnis false ist. Er kürzt ab und löst keine Exception aus.
if ((y > z) && (y / x == 4))
    Console.WriteLine("Wird nicht ausgegeben, da && abkürzt");


/*
 * Wenn wir ans Programmieren denken, denken viele von uns in 1 und 0.
 * Die Manipulation dieser 1-en und 0-en ermöglichen Bit-Operatoren.
 */

// Nutzen Sie Convert.ToString() und Convert.ToInt32(), um eine Zahl in einen bzw.
// aus einem String von 1-en und 0-en umzuwandeln. Das zweite Argument gibt an, dass
// eine Umwandlung zur Basis 2 erfolgt.
string binärWert = Convert.ToString(217, 2);
int intWert = Convert.ToInt32(binärWert, 2);
Console.WriteLine("Binär {0} ist als int {1}", binärWert, intWert);

// Die Operatoren &, |, ^ und ~ bedeuten UND, ODER, XOR und Bitkomplement.
int wert1 = Convert.ToInt32("100000001", 2);
int wert2 = Convert.ToInt32("001010100", 2);
int or = wert1 | wert2;
int and = wert1 & wert2;
int xor = wert1 ^ wert2;
int not = ~wert1;
```

Die logischen Operatoren &, | und ^ arbeiten mit allen ganzzahligen numerischen Typen, Enums und bool. Der einzige Unterschied zwischen & und && (und | und ||) bei bool ist, dass sie nicht abkürzen.

~ ist die logische Negation auf Ganzzahltypen und Enums und entspricht auf gewisse Weise dem ! für bool.

```
// Werte ausgeben und dabei mit String.PadLeft() links mit 0 auffüllen.
Console.WriteLine("wert1: {0}", Convert.ToString(wert1, 2));
Console.WriteLine("wert2: {0}", Convert.ToString(wert2, 2).PadLeft(9, '0'));
Console.WriteLine("  or: {0}", Convert.ToString(or, 2).PadLeft(9, '0'));
Console.WriteLine(" and: {0}", Convert.ToString(and, 2).PadLeft(9, '0'));
Console.WriteLine(" xor: {0}", Convert.ToString(xor, 2).PadLeft(9, '0'));
Console.WriteLine(" not: {0}", Convert.ToString(not, 2).PadLeft(9, '0'));
// Beachten Sie, was ~ lieferte:  11111111111111111111111011111110.
// Das ist das 32-Bit-Komplement von wert1: 00000000000000000000000100000001.
// Die logischen Operatoren arbeiten mit int, d.h. 32-Bit-Ganzzahlen.
```

Das verstehen Sie erheblich besser, wenn Sie das Programm ausführen und sich die Ausgabe ansehen. Denken Sie daran, dass Sie den ganzen Code nicht selbst eingeben müssen. Laden Sie ihn von der Webseite zum Buch herunter: **examples.oreilly.de/german_examples/hfcsharp3ger/**

Convert.ToString() liefert einen String, auf dem wir PadLeft() aufrufen, das die Ausgabe mit 0 auffüllt.

```
// Die Operatoren << und >> verschieben Bits nach rechts und links. Und Sie können
// jeden logischen Operator mit = kombinieren, >>= oder &= ist wie += oder *=.
int bits = Convert.ToInt32("11", 2);
for (int i = 0; i < 5; i++)
{
    bits <<= 2;
    Console.WriteLine(Convert.ToString(bits, 2).PadLeft(12, '0'));
}
for (int i = 0; i < 5; i++)
{
    bits >>= 2;
    Console.WriteLine(Convert.ToString(bits, 2).PadLeft(12, '0'));
}
```

Das hat nichts mit Logik zu tun. Es ist allerdings etwas, das Ihnen häufiger begegnen wird.

```
// Sie können ein neues Objekt instantiieren und auf ihm eine Methode aufrufen,
// ohne mit einer Variablen darauf zu verweisen.
Console.WriteLine(new Typ("Hans", 47, 376).ToString());


// Im gesamten Buch haben wir Strings mit dem +-Operator verkettet, und das
// funktionierte ordentlich. Aber in Schleifen, die häufig ausgeführt werden,
// versuchen viele, das zu vermeiden, weil bei jedem + ein neues Objekt auf dem Heap
// erstellt wird, das später entsorgt werden muss. Deswegen bietet .NET
// eine Klasse namens StringBuilder, mit der man effizient Strings erstellen
// und verketten kann. Ihre Append()-Methode hängt einen String ans Ende an.
// AppendFormat() hängt einen formatierten String (unter Verwendung von {0} und {1}
// wie bei String.Format() und Console.WriteLine()) an. AppendLine() hängt
// einen String mit einem Zeilenumbruch ans Ende an. Den endgültig
// aufgebauten String liefert Ihnen die ToString()-Methode.
StringBuilder stringBuilder = new StringBuilder("Hallo ");
stringBuilder.Append("da, ");
stringBuilder.AppendFormat("{0} Jahre alter Typ {1}. ", tim.Alter, tim.Name);
stringBuilder.AppendLine("Klasse Wetter.");
Console.WriteLine(stringBuilder.ToString());

Console.ReadKey();
```

Ein Hinweis: In diesem speziellen Beispiel ist StringBuilder langsamer als +, da + die Länge des Strings im Voraus berechnet und deswegen weiß, wie viel Speicher reserviert werden muss.

StringBuilder nutzt man üblicherweise, wenn man nicht weiß, wie häufig man verketten muss.

```
/*
 * Das ist ein guter Ausgangspunkt, jedoch in keiner Weise vollständig.
 * Aber Microsoft bietet Ihnen eine Referenz mit einer vollständigen Liste aller
 * C#-Operatoren und -Schlüsselwörter sowie anderen Features der Sprache. Werfen Sie
 * einen Blick drauf - und machen Sie sich keine Gedanken, wenn das zu Anfang
 * etwas unverständlich scheint. MSDN ist eine gute Informationsquelle, soll aber
 * eine Referenz und kein Lehrbuch sein.
 *
 * C#-Referenz: http://msdn.microsoft.com/de-de/library/618ayhy6.aspx
 * C#-Operatoren: http://msdn.microsoft.com/de-de/library/6a71f45d.aspx
 * C#-Schlüsselwörter: http://msdn.microsoft.com/de-de/library/x53a06bb.aspx
 */
}
```

3. Namensräume und Assemblies

In diesem Buch haben wir uns entschieden, den praktischen Kram in den Vordergrund zu stellen, den Sie benötigen, um Anwendungen aufzubauen und auszuführen. In allen Kapiteln haben Sie in Visual Studio Projekte erstellt und im Debugger ausgeführt. Wir haben Ihnen gezeigt, wie Ihr Code zu einer Programmdatei verarbeitet wird und wie Sie diese veröffentlichen können, damit andere sie auf ihren Rechnern installieren können. Für die Übungen in diesem Buch reicht das, dennoch sollten wir noch einmal an diesen Punkt zurückkehren und uns ansehen, was genau Sie dort erstellen.

Wenn Sie ein C#-Programm kompilieren, erzeugen Sie eine Assembly. Eine Assembly ist eine Datei, die den kompilierten Code enthält. Es gibt zwei Arten von Assemblies. Einerseits gibt es Programmdateien (die man auch als »Prozess-Assemblies« bezeichnet) mit der Dateinamenserweiterung EXE. Alle Programme in diesem Buch werden als Programmdateien kompiliert. Das sind die Assemblies, die Sie ausführen können (gewöhnliche EXE-Dateien, die Sie mit einem Doppelklick starten). Es gibt auch Bibliotheks-Assemblies mit der Dateinamenserweiterung DLL. Sie enthalten Klassen, die Sie in Ihren Programmen nutzen können, und, wie Sie gleich sehen werden, Namensräume spielen eine wichtige Rolle dabei, wie Sie sie verwenden.

Wie man mit Assemblies arbeitet, lernen Sie am leichtesten, indem Sie erst eine Klassenbibliothek erstellen und dann ein Programm schreiben, das diese nutzt. Erstellen Sie zunächst ein Klassenbibliothek-Projekt in **Visual Studio 2013 für Windows Desktop** mit dem Namen `VKbF.Csharp.Reste3`. Wird die Bibliothek erstellt, enthält sie die Datei `Class.cs`. **Löschen** Sie diese Datei und **fügen Sie eine neue Klasse** namens `Typ.cs` ein. Öffnen Sie die neue Datei `Typ.cs`:

```
namespace VKbF.Csharp.Reste3
{
    class Typ
    {
    }
}
```

Klassenbibliotheken können auch in Visual Studio für Windows 8 erstellt werden. Hier haben wir Sie aufgefordert, ein Projekt in der Desktop-Version zu erstellen, weil es bereits Verweise für alle Framework-Assemblies gibt. Das »Verweis hinzufügen«-Fenster, das Sie auf der nächsten Seite sehen, ist deswegen leer.

Sie sehen, dass Visual Studio den Namensraum an den Namen der Klassenbibliothek anpasst. Das ist üblich.

Setzen Sie in `Typ` den Code aus »Was übrig bleibt 2« ein. Wir werden ihn gleich nutzen. Ergänzen Sie dann **zwei weitere Klassen** namens `HalloSager` und `ZeilenSchreiber`. Hier ist der Code für `HalloSager`:

```
namespace VKbF.Csharp.Reste3
{
    public static class HalloSager
    {
      public static void HalloSagen(string name)
       {
          MessageBox.Show("Hallo! Ich bin der " + name);
       }
    }
}
```

Und das ist der Code für `ZeilenSchreiber` (ebenfalls im Namensraum `VKbF.Csharp.Reste3`):

```
    internal static class ZeilenSchreiber {
        public static void ZeileSchreiben(string nachricht)
        {
            Console.WriteLine(nachricht);
        }
    }
```

Wir gaben der Klassenbibliothek den Namen `VKbF.Csharp.Reste3`, weil das die übliche Konvention für die Benennung von Assemblies ist. Mehr darüber erfahren Sie unter http://msdn.microsoft.com/de-de/library/ms229048.aspx.

Versuchen Sie jetzt, das Programm zu kompilieren. Ihnen wird ein Fehler gemeldet:

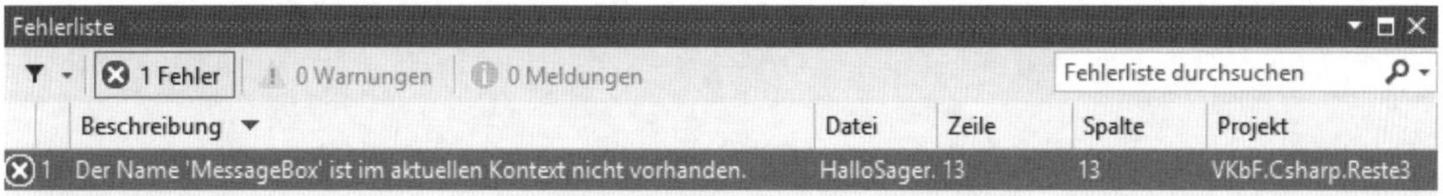
Fehlerliste
1 Fehler
0 Warnungen
0 Meldungen
Fehlerliste durchsuchen
Beschreibung
Datei
Zeile
Spalte
Projekt
1 Der Name 'MessageBox' ist im aktuellen Kontext nicht vorhanden.
HalloSager. 13
13
VKbF.Csharp.Reste3

Kein Problem – wir wissen, wie man das in Desktopanwendungen repariert. Fügen Sie oben in Ihre Klasse folgende Zeile ein:

```
using System.Windows.Forms;
```

Aber das Kompilieren klappt immer noch nicht! Hier stimmt was nicht. Haben Sie bemerkt, dass IntelliSense Ihnen ab »using System.Win« keine Vorschläge mehr macht? Das liegt daran, dass Ihr Projekt **keinen Verweis auf die Assembly `System.Windows.Forms` hat**.

Richten wir also einen Verweis ein. Gehen Sie in den Projektmappen-Explorer und öffnen Sie den Ordner »Verweise«. Klicken Sie mit rechts darauf und wählen Sie »Verweis hinzufügen…«, um dieses Fenster zu öffnen:

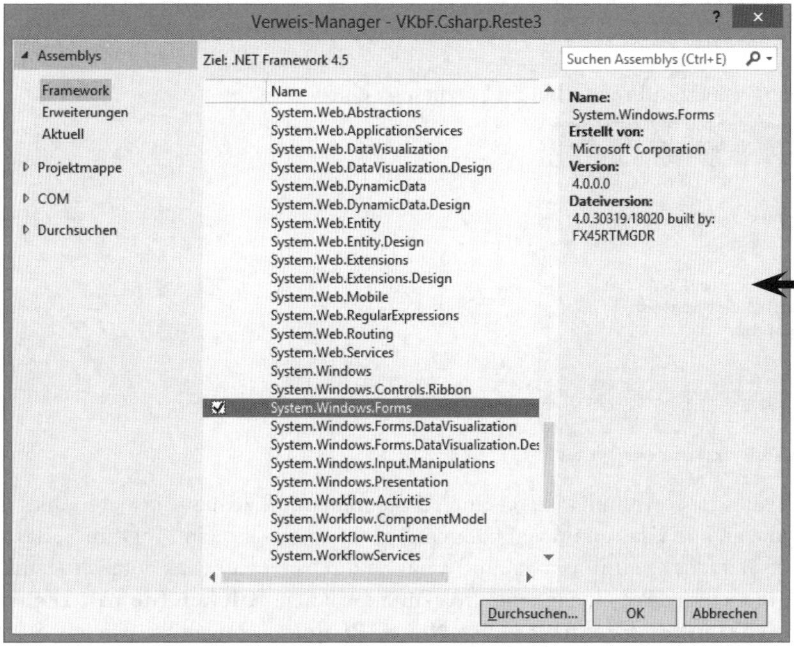
Verweis-Manager - VKbF.Csharp.Reste3
Assemblys
Framework
Erweiterungen
Aktuell
Projektmappe
COM
Durchsuchen
Ziel: .NET Framework 4.5
Suchen Assemblys (Ctrl+E)
Name
System.Web.Abstractions
System.Web.ApplicationServices
System.Web.DataVisualization
System.Web.DataVisualization.Design
System.Web.DynamicData
System.Web.DynamicData.Design
System.Web.Entity
System.Web.Entity.Design
System.Web.Extensions
System.Web.Extensions.Design
System.Web.Mobile
System.Web.RegularExpressions
System.Web.Routing
System.Web.Services
System.Windows
System.Windows.Controls.Ribbon
System.Windows.Forms
System.Windows.Forms.DataVisualization
System.Windows.Input.Manipulations
System.Windows.Presentation
System.Workflow.Activities
System.Workflow.ComponentModel
System.Workflow.Runtime
System.WorkflowServices
Name:
System.Windows.Forms
Erstellt von:
Microsoft Corporation
Version:
4.0.0.0
Dateiversion:
4.0.30319.18020 built by: FX45RTMGDR
Durchsuchen...
OK
Abbrechen

Dieses Fenster zeigt Ihnen die Assemblies, auf die Ihr Programm zugreifen kann. Einige sind im Global Assembly Cache (GAC) gespeichert, aber nicht alle Assemblies im GAC werden hier angezeigt. Der GAC ist der zentrale, systemweite Assembly-Vorrat, auf den sämtliche .NET-Programme zugreifen können. Alle Assemblies können Sie in Erfahrung bringen, indem Sie Folgendes im Startmenü (oder bei älteren Windows-Versionen unter Alle Programme –> Ausführen) eingeben:
`%systemroot%\assembly`

Geben Sie auf dem Tab .NET »System.Windows.Forms« ein. Sie sollten dann zu dieser Assembly geführt werden. Wählen Sie sie aus und klicken Sie auf OK. Jetzt sollte `System.Windows.Forms` im Verweise-Ordner im Projektmappen-Explorer erscheinen – und Ihr Programm müsste sich kompilieren lassen!

Welche Assemblies bei »Verweis hinzufügen« angezeigt werden, wird nicht anhand des GAC, sondern anhand eines Registrierungsschlüssels ermittelt (siehe http://support.microsoft.com/kb/306149).

… was also haben wir da gemacht?

Schauen Sie sich die Deklarationen für `ZeilenSchreiber` und `HalloSager` genau an:

```
public class HalloSager

internal static class ZeilenSchreiber
```

Es gibt **Zugriffsmodifizierer auf der Klassendeklaration**: `HalloSager` ist als **`public`** deklariert, `ZeilenSchreiber` als **`internal`**. Gleich werden Sie eine Konsolenanwendung schreiben, die diese Klassenbibliothek referenziert. Ein Programm kann nur auf die öffentlichen Klassen einer Klassenbibliothek *direkt* zugreifen – indirekt auch auf andere Klassen, wenn eine Methode eine andere aufruft oder eine Instanz einer internen Klasse zurückliefert, die eine öffentliche Schnittstelle hat.

Gehen Sie zur Klasse `Typ` und werfen Sie einen Blick auf ihre Deklaration:

```
class Typ
```

Da es keinen Zugriffsmodifizierer gibt, wird der Standard, `internal`, verwendet. Wir möchten einen `Typ` in einer anderen Klasse verwenden, deswegen **ändern wir die Deklaration so**, dass die Klasse öffentlich wird:

```
public class Typ
```

Versuchen Sie dann, das Programm im Debugger auszuführen, erhalten Sie diesen Fehler:

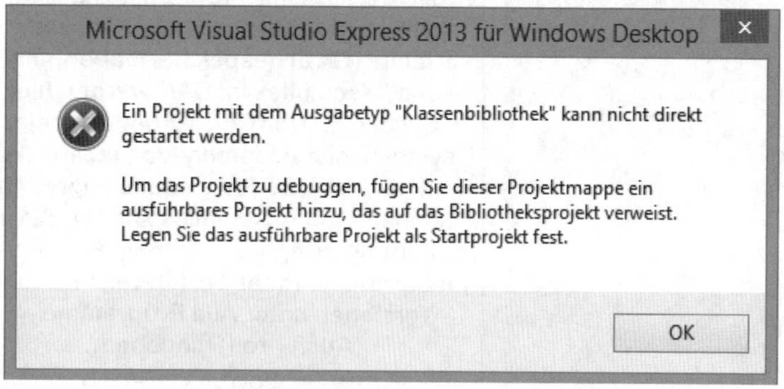
Microsoft Visual Studio Express 2013 für Windows Desktop
Ein Projekt mit dem Ausgabetyp "Klassenbibliothek" kann nicht direkt gestartet werden.
Um das Projekt zu debuggen, fügen Sie dieser Projektmappe ein ausführbares Projekt hinzu, das auf das Bibliotheksprojekt verweist. Legen Sie das ausführbare Projekt als Startprojekt fest.
OK

Wenn Sie darüber nachdenken, erkennen Sie, dass das vernünftig ist, da eine Klassenbibliothek keinen Einstiegspunkt hat. Sie ist nur eine Sammlung von Klassen, die andere Klassen nutzen können. Schreiben wir also ein Programm, das diese Klassen nutzt, damit der Debugger etwas hat, das er ausführen kann. Visual Studio bietet eine sehr nützliche Funktion, die wir gleich verwenden werden: Es kann mehrere Projekte in eine Projektmappe laden. **Klicken Sie mit rechts auf den Projektmappen-Explorer und wählen Sie Hinzufügen -> Neues Projekt…** Fügen Sie eine neue Konsolenanwendung namens `DasProgramm` hinzu.

Das neue Projekt sollte im Projektmappen-Explorer unter der Klassenbibliothek erscheinen. Klicken Sie unter DasProgramm auf Verweise und wählen Sie »Verweis hinzufügen…«. Expandieren Sie [◢ Projektmappe] und **klicken Sie auf Projekte**. Sie sollten Ihr Klassenbibliothek-Projekt ([☐ VKbF.Csharp.Reste3]) sehen. Wählen Sie es aus. Jetzt müsste es im Projektmappen-Explorer erscheinen, wenn Sie unter DasProgramm auf »Verweise« klicken.

Fügen Sie am Anfang der Datei `Program.cs` folgende `using`-Zeile hinzu:

```
using VKbF.Csharp.Reste3;
```

Haben Sie bemerkt, dass IntelliSense »Csharp« und »Reste3« vorschlägt, während Sie tippen?

Schreiben wir das Programm. Tippen Sie **Typ** und schauen Sie, was angezeigt wird:

```
static void Main(string[] args)
{
```

Typ
Typ
typeof
class VKbF.Csharp.Reste3.Typ
Ein Typ mit Name, Alter und einer gefüllten Geldbörse.

IntelliSense führt den vollständigen Namensraum von `Typ` auf. Sie sehen so, dass die Klasse in einer andere Assembly definiert ist. Vervollständigen Sie das Programm:

```
static void Main(string[] args)
{
    Typ typ = new Typ("Tim", 43, 125);
    HalloSager.HalloSagen(typ.Name);
}
```

Führen Sie das Programm aus. Mist – immer noch der gleiche Fehler, weil man eine Klassenbibliothek nicht ausführen kann! Kein Problem. Klicken Sie mit rechts auf `DasProgramm` und **wählen Sie »Als Startprojekt festlegen«**. Eine Projektmappe kann verschiedene Projekte enthalten. So sagen Sie, welches im Debugger ausgeführt werden soll. Jetzt lässt sich das Programm ausführen!

Ein Programm auf der Kommandozeile erstellen

Ein Buch zur Programmierung beginnt üblicherweise mit einem *Hallo Welt*-Programm, das einfach den Text »Hallo Welt« ausgibt. Wenn man sich in eine neue Sprache einarbeitet, prüft man damit, ob alle Werkzeuge so funktionieren, dass sich komplexere Programme erstellen lassen. Die **Developer-Eingabeaufforderung** wird mit Visual Studio installiert. Wenn Sie sie ausführen, ist der C#-Compiler csc.exe im Pfad. Starten Sie sie und nutzen Sie dann Notepad, um HalloWelt.cs zu erstellen. Kompilieren Sie Ihren Code mit csc.exe und führen Sie das erstellte Programm dann aus:

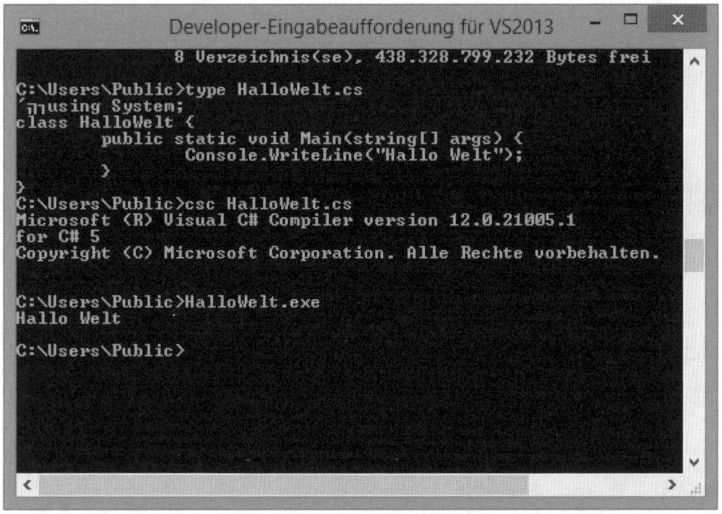
Developer-Eingabeaufforderung für VS2013
8 Verzeichnis(se), 438.328.799.232 Bytes frei
C:\Users\Public>type HalloWelt.cs
using System;
class HalloWelt {
public static void Main(string[] args) {
Console.WriteLine("Hallo Welt");
}
}
C:\Users\Public>csc HalloWelt.cs
Microsoft (R) Visual C# Compiler version 12.0.21005.1
for C# 5
Copyright (C) Microsoft Corporation. Alle Rechte vorbehalten.
C:\Users\Public>HalloWelt.exe
Hallo Welt
C:\Users\Public>

Was übrig bleibt

Im gesamten Buch sagten wir Ihnen, dass Sie Code kompilieren. Er wird in die **Common Intermediate Language** (IL) kompiliert, die maschinennahe Sprache, die von .NET verwendet wird. Dies ist eine lesbare Assembler-Sprache, in die alle .NET-Sprachen (C# und Visual Basic eingeschlossen) kompiliert werden. Sie wird dann durch den **Just-in-Time-Compiler** der CLR in nativen Maschinencode übersetzt, wenn Sie das Programm ausführen. Dieser heißt so, weil er IL-Code zur Zeit der Ausführung (und nicht vorab) in nativen Code kompiliert.

Das heißt, dass EXEs und DLLs IL enthalten und keinen nativen Assembler-Code. Es können also viele Sprachen in IL kompiliert werden, das die CLR ausführen kann – einschließlich Visual Basic .NET, F#, J#, Managed C++/CLI, JScript .NET, Windows PowerShell, IronPython, Iron Ruby und mehr. Das ist sehr nützlich: Da VB.NET zu IL kompiliert wird, können Sie eine in C# geschriebene Assembly in einem VB.NET-Programm nutzen (oder umgekehrt).

Auf einem Mac oder unter Linux können Sie Mono installieren. Das ist eine Open Source-Implementierung, die EXE-Dateien ausführen kann, die auf einem PC erstellt wurden (normalerweise mit »mono DasProgramm.exe« – aber das funktioniert bei nur *manchen* .NET-Assemblies). Das sei nur nebenbei gesagt. Dieses Buch konzentriert sich auf Microsoft-Technologien. Aber wir müssen zugeben, dass es echt cool ***ist***, unsere Anwendungen auf dem Mac oder unter Linux laufen zu sehen!

Das ist eine sehr oberflächliche Behandlung von Assemblies. Es gibt noch viel mehr zu erfahren (einschließlich Versionierung und Signierung) unter http://msdn.microsoft.com/de-de/library/k3677y81.aspx.

4. Mit BackgroundWorker das UI reaktiver machen

Wir haben Ihnen zwei Wege gezeigt, wie Sie eine Anwendung mehrere Dinge gleichzeitig machen lassen können. In Kapitel 2 haben Sie gelernt, wie Sie mit `Application.DoEvents()` ein Formular auf Button-Klicks reagieren lassen, während es eigentlich eine Schleife abarbeitet. Aber das ist ***keine gute Lösung*** (aus vielen Gründen, die wir nicht ausgeführt haben). Deswegen haben wir Ihnen in Kapitel 4 eine bessere Lösung gezeigt: mit einem Timer in regelmäßigen Abständen ein Ereignis auszulösen. Später haben Sie gelernt, wie Sie `async`, `await` und `Task` nutzen. Eine Alternative zu asynchronen Methoden ist das Threading, das allerdings sehr kompliziert ist und zu hässlichen Bugs führen kann, wenn man nicht sorgfältig arbeitet. .NET bietet Ihnen jedoch eine weitere nützliche Komponente namens **`BackgroundWorker`**, die es Ihren Programmen leichter macht, Threads sicher zu verwenden.

Hier ist ein einfaches Projekt, das Ihnen dabei helfen wird, zu verstehen, wie BackgroundWorker funktioniert. Bauen Sie dieses Formular auf. Ziehen Sie eine `CheckBox` darauf (nennen Sie sie `backgroundWorkerCheckbox`), zwei Buttons (`startButton` und `endeButton`) und eine `ProgressBar` (`progressBar1`). Ziehen Sie dann einen `BackgroundWorker` auf das Formular. Er erscheint unten im Designer. Lassen Sie den Namen `backgroundWorker1` und setzen Sie die Eigenschaften `WorkerReportsProgress` und `WorkerSupportsCancellation` auf `true`.

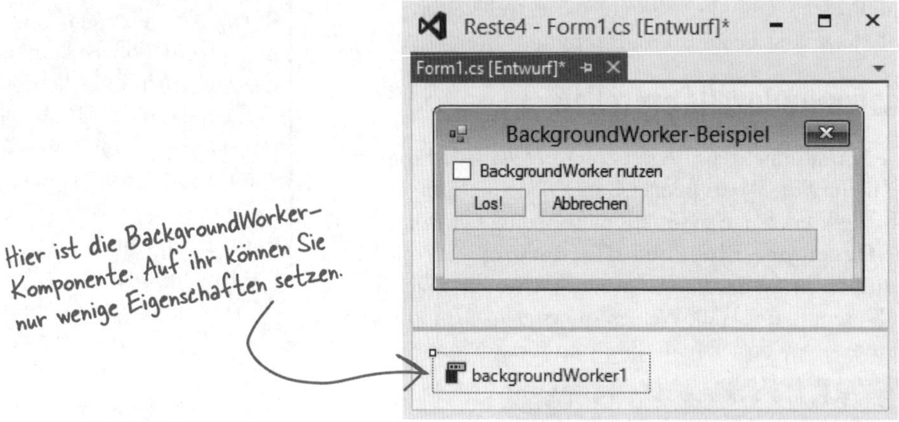

Reste4 - Form1.cs [Entwurf]*
Form1.cs [Entwurf]*
BackgroundWorker-Beispiel
BackgroundWorker nutzen
Los!
Abbrechen
backgroundWorker1
Hier ist die BackgroundWorker-Komponente. Auf ihr können Sie nur wenige Eigenschaften setzen.

Wählen Sie den `BackgroundWorker` und gehen Sie im Eigenschaften-Fenster zur Events-Seite (indem Sie auf den Blitz klicken). Es gibt drei Events: `DoWork`, `ProgressChanged` und `RunWorkerCompleted`. Klicken Sie doppelt auf jedes, um Event-Handler für alle Events einzufügen.

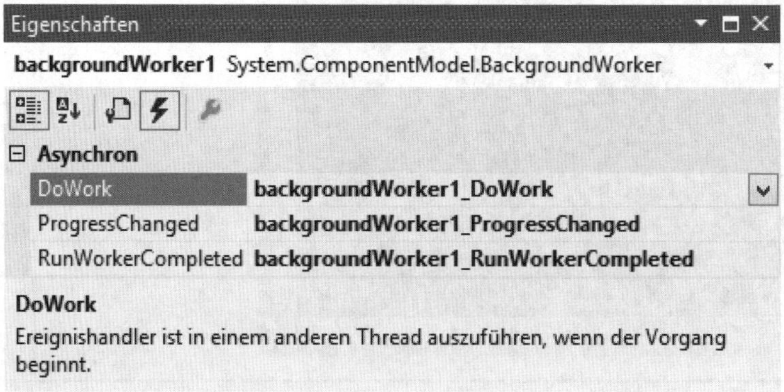

Eigenschaften
backgroundWorker1 System.ComponentModel.BackgroundWorker
Asynchron
DoWork backgroundWorker1_DoWork
ProgressChanged backgroundWorker1_ProgressChanged
RunWorkerCompleted backgroundWorker1_RunWorkerCompleted
DoWork
Ereignishandler ist in einem anderen Thread auszuführen, wenn der Vorgang beginnt.

Den Code für das Formular sehen Sie auf den folgenden beiden Seiten.

Der Code für das Formular.

```
/// <summary>
/// Eine Methode, die Rechenzeit verschwendet, indem sie 100 ms lang rechnet.
/// </summary>
private void CPUZeitVerschwenden() {
    DateTime startZeit = DateTime.Now;
    double wert = Math.E;
    while (DateTime.Now < startZeit.AddMilliseconds(100)) {
        wert /= Math.PI;
        wert *= Math.Sqrt(2);
    }
}
```

CPUZeitVerschwenden() führt Berechnungen aus, die den Rechner für 100 Millisekunden in Anspruch nehmen, und gibt dann zurück.

```
/// <summary>
/// Ein Klick auf den Start-Button lässt 10 Sekunden lang Rechenzeit verschwenden.
/// </summary>
private void startButton_Click(object sender, EventArgs e) {
    startButton.Enabled = false;
    if (!backgroundWorkerCheckbox.Checked) {
        // Wird kein BackgroundWorker verwendet, einfach Rechenzeit verschwenden.
        for (int i = 1; i <= 100; i++) {
            CPUZeitVerschwenden();
            progressBar1.Value = i;
        }
        startButton.Enabled = true;
    } else {
        endeButton.Enabled = true;

        // Wird der BackgroundWorker verwendet, seine RunWorkerAsync()-Methode nutzen,
        // um ihn anzuweisen, die Arbeit aufzunehmen.
        backgroundWorker1.RunWorkerAsync(new Typ("Tom", 37, 146));
    }
}
```

Nutzt das Formular den BackgroundWorker, wird der Ende-Button aktiviert.

Klickt der Benutzer auf Start, prüft der Event-Handler, ob die Checkbox »BackgroundWorker nutzen« angewählt ist. Ist das nicht der Fall, verschwendet das Formular 10 Sekunden lang Rechenzeit, andernfalls ruft es BackgroundWorker RunWorkerAsync() auf, um ihn anzuweisen, er möge beginnen, im Hintergrund zu arbeiten.

Weisen Sie einen BackgroundWorker zu arbeiten an, können Sie ihm ein Argument übergeben. Hier geben wir ihm ein Typ-Objekt (dessen Definition Sie unter Punkt 2 finden).

```
/// <summary>
/// Der BackgroundWorker führt seinen DoWork-Event-Handler im Hintergrund aus.
/// </summary>
private void backgroundWorker1_DoWork(object sender, DoWorkEventArgs e) {
    // e.Argument liefert das an RunWorkerAsync() übergebene Argument.
    Console.WriteLine("BackgroundWorker-Argument: " + (e.Argument ?? "null"));

    // Rechenzeit verschwenden.
    for (int i = 1; i <= 100; i++) {
        CPUZeitVerschwenden();
        // BackgroundWorker.ReportProgress nutzen, um die Vollständigkeit in % zu erhalten.
        backgroundWorker1.ReportProgress(i);

        // Ist BackgroundWorker.CancellationPending true, beenden.
        if (backgroundWorker1.CancellationPending) {
            Console.WriteLine("Beendet");
            break;
        }
    }
}
```

Das ist ein gutes Beispiel für den Einsatz des ??-Operators, den wir unter Punkt 2 erwähnten. Ist e.Argument null, liefert er »null«, andernfalls e.Argument.

Wird auf dem BackgroundWorker RunWorkerAsync() aufgerufen, wird die DoWork-Event-Handler-Methode im Hintergrund ausgeführt. Beachten Sie, dass diese ebenfalls CPUZeitVerschwenden() aufruft, um CPU-Zyklen zu verschwenden. Außerdem wird ReportProgress() aufgerufen, um die prozentuale Vervollständigung (eine Zahl von 0 bis 100) zu liefern.

Die Methode CancellationPending prüft, ob auf dem BackgroundWorker CancelAsync() aufgerufen wurde.

Der BackgroundWorker setzt die ProgressChanged- und RunWorkerCompleted-Events ab, wenn WorkerReportsProgress und WorkerSupportsCancellation true sind.

```
/// <summary>
/// BackgroundWorker setzt sein ProgressChanged-Event ab, wenn ein Fortschritt gemeldet wird.
/// </summary>
private void backgroundWorker1_ProgressChanged(object sender, ProgressChangedEventArgs e) {
    progressBar1.Value = e.ProgressPercentage;
}
```

Ruft der DoWork-Event-Handler ProgressChanged() auf, setzt der BackgroundWorker sein ProgressChanged-Event ab und setzt e.ProgressPercentage auf den übergebenen Prozentwert.

```
/// <summary>
/// BackgroundWorker setzt RunWorkerCompleted ab, wenn die Arbeit erledigt (abgebrochen) ist.
/// </summary>
private void backgroundWorker1_RunWorkerCompleted(object sender, RunWorkerCompletedEventArgs e)
{
    startButton.Enabled = true;
    endeButton.Enabled = false;
}
```

Ist die Arbeit abgeschlossen, reaktiviert der RunWorkerCompleted-Event-Handler den Start-Button und deaktiviert den Ende-Button.

```
/// <summary>
/// Klickt der Benutzer auf Ende, wird mit BackgroundWorker.CancelAsync() die Nachricht gesendet.
/// </summary>
private void endeButton_Click(object sender, EventArgs e) {
    backgroundWorker1.CancelAsync();
}
```

Klickt der Benutzer auf Ende, wird BackgroundWorker.CancelAsync() aufgerufen, um die Beendigungsnachricht zu übergeben.

Funktioniert Ihr Formular, können Sie das Programm ausführen. Es ist gut zu sehen, dass `BackgroundWorker` das Programm erheblich reaktionsfähiger macht:

- Deaktivieren Sie »BackgroundWorker nutzen« und klicken Sie auf Start. Sie sehen, wie sich die Fortschrittsleiste füllt. Versuchen Sie, das Formular zu verschieben – es geht nicht. Das Formular ist eingefroren. Wenn Sie Glück haben, zappelt es vielleicht etwas, wenn Sie mit der Maus daran ziehen.
- Wählen Sie dann »BackgroundWorker nutzen« an und klicken Sie erneut auf Start. Jetzt reagiert das Programm. Sie können es verschieben und sogar schließen – ohne Verzögerung. Ist die Arbeit abgeschlossen, wird mit `RunWorkerCompleted` der Button reaktiviert.
- Klicken Sie, während das Programm (mit `BackgroundWorker`) läuft, auf Ende. Das Programm aktualisiert `CancellationPending`, und das bricht das Programm ab und beendet die Schleife.

Fragen Sie sich, warum Sie `ReportProgress()` nutzen müssen und nicht direkt `ProgressBar.Value` setzen können? Probieren Sie es. Fügen Sie dem `DoWork`-Event-Handler folgende Zeile hinzu:

```
progressBar1.Value = 10;
```

Führen Sie das Programm wieder aus. Sobald es die Zeile erreicht, wird eine `InvalidOperationException` mit folgender Meldung ausgelöst: »Ungültiger threadübergreifender Vorgang: Der Zugriff auf das Steuerelement progressBar1 erfolgte von einem anderen Thread als dem Thread, für den es erstellt wurde.« Der Grund dafür ist, dass `BackgroundWorker` einen neuen Thread startet und in ihm `DoWork` ausführt. Es gibt also zwei Threads: den GUI-Thread, der das Formular ausführt, und den Hintergrund-Thread. Eine der Regeln für Threads ist, dass nur der GUI-Thread Steuerelemente aktualisieren darf, andernfalls wird eine Exception ausgelöst.

Das ist nur einer der Haken bei Threads, die einem Entwickler begegnen – deswegen haben wir sie im restlichen Buch nicht erwähnt. Wenn Sie nach einer guten Anleitung suchen, empfehlen wir Ihnen Tim Albaharis ausgezeichnetes E-Book über das Threading in C# und .NET: http://www.albahari.com/threading.

5. Die Klasse Type und GetType()

Einer der mächtigsten Aspekte von C# ist das umfangreiche Typsystem. Aber bevor man hinreichend Erfahrung im Aufbau von Programmen hat, sieht man das nur schwer ein – im Gegenteil, es scheint zunächst sogar etwas verwirrend. Wir wollen Ihnen zumindest andeuten, wie Typen in C# und .NET funktionieren. Hier ist eine Konsolenanwendung, die eine Einführung in einige der Werkzeuge bietet, die Sie für die Arbeit mit Typen zur Verfügung haben.

```
class Program {
    class EingebetteteKlasse {
        public class DoppeltEingebetteteKlasse {
             // Inhalt der eingebetteten Klasse ...
        }
    }

    static void Main(string[] args) {
        Type typType = typeof(Typ);
        Console.WriteLine("{0} erweitert {1}",
            typType.FullName,
            typType.BaseType.FullName);
        // Ausgabe: TypBeispiel.Typ erweitert System.Object

        Type eingebettetType = typeof(EingebetteteKlasse.DoppeltEingebetteteKlasse);
        Console.WriteLine(eingebettetType.FullName);
        // Ausgabe: TypBeispiel.Program+EingebetteteKlasse+DoppeltEingebetteteKlasse

        List<Typ> typList = new List<Typ>();
        Console.WriteLine(typList.GetType().Name);
        // Ausgabe: List`1

        Dictionary<string, Typ> typDictionary = new Dictionary<string, Typ>();
        Console.WriteLine(typDictionary.GetType().Name);
        // Ausgabe: Dictionary`2

        Type t = typeof(Program);
        Console.WriteLine(t.FullName);
        // Ausgabe: TypBeispiel.Program

        Type intType = typeof(int);
        Type int32Type = typeof(Int32);
        Console.WriteLine("{0} - {1}", intType.FullName, int32Type.FullName);
        // System.Int32 - System.Int32

        Console.WriteLine("{0} {1}", float.MinValue, float.MaxValue);
        // Ausgabe:-3.402823E+38 3.402823E+38

        Console.WriteLine("{0} {1}", int.MinValue, int.MaxValue);
        // Ausgabe:-2147483648 2147483647

        Console.WriteLine("{0} {1}", DateTime.MinValue, DateTime.MaxValue);
       // Ausgabe: 1/1/0001 12:00:00 AM 12/31/9999 11:59:59 PM

        Console.WriteLine(12345.GetType().FullName);
        // Ausgabe: System.Int32

        Console.ReadKey();
    }
}
```

Das hatten wir nur kurz erwähnt. Nehmen Sie das als Auffrischung dazu, dass man Klassen ineinanderschachteln kann. Program enthält EingebetteteKlasse, die DoppeltEingebetteteKlasse enthält.

Der Einstiegspunkt ...

Mit typeof können Sie einen Typ (wie Typ, int oder DateTime) in ein Type-Objekt umwandeln. Dann können Sie den vollständigen Namen und den Basistyp ermitteln (der Object ist, wenn die Klasse nichts erweitert).

Wenn Sie den Typ eines generischen Typs ermitteln, ist es der Name des Typs, gefolgt von einem Backtick und der Anzahl der generischen Parameter.

Das ist die Klasse System.Type. Die Methode GetType() liefert ein Type-Objekt.

Die Eigenschaft FullName, die wir im ersten Teil des Programms genutzt haben, ist ein Member von System.Type.

float ist ein Alias für System.Single und int ein Alias für System.Int32. Beides sind Structs.

Numerische Werttypen und DateTime haben MinValue- und MaxValue-Eigenschaften, die den höchsten und niedrigsten zulässigen Wert liefern.

Auch Literale haben Typen! Und diese können Sie mit GetType() abrufen.

Es gibt noch eine Menge über Typen zu lernen! Mehr erfahren Sie unter http://msdn.microsoft.com/de-de/library/ms173104.aspx.

6. Gleichheit, IEquatable und Equals()

Wenn wir zwei Variablen vergleichen mussten, haben wir bislang den ==-Operator genutzt. Aber Sie wissen bereits, dass, auch wenn alles gleich ist, einiges noch gleicher ist. Bei Werttypen (wie `int`, `double`, `DateTime` oder anderen `structs`) funktioniert der ==-Operator gut. Aber wenn Sie ihn nutzen, um Referenzvariablen zu vergleichen, prüfen Sie nur, ob zwei Referenzvariablen auf das gleiche Objekt zeigen (oder beide null sind). Für manche Zwecke mag das geeignet sein, aber C# und .NET bieten weitere Werkzeuge, um Objekte auf Wertgleichheit zu prüfen.

Alle Objekte haben eine `Equals()`-Methode, die standardmäßig `true` liefert, wird ihr eine Referenz auf das Objekt selbst übergeben. Die statische Methode `Object.ReferenceEquals()` erwartet zwei Parameter und liefert `true`, wenn beide auf das gleiche Objekt zeigen (oder beide `null` sind). Folgendes Beispiel können Sie in einer Konsolenanwendung testen:

```
Typ tim1 = new Typ("Tim", 37, 100);
Typ tim2 = tim1;
Console.WriteLine(Object.ReferenceEquals(tim1, tim2));  // True
Console.WriteLine(tim1.Equals(tim2));                   // True
Console.WriteLine(Object.ReferenceEquals(null, null));  // True

tim2 = new Typ("Tim", 37, 100);
Console.WriteLine(Object.ReferenceEquals(tim1, tim2));  // False
Console.WriteLine(tim1.Equals(tim2));                   // False
```

Auch hier nutzen wir die Klasse Typ aus Punkt 2.

Aber das ist nur der Anfang. Mit der .NET-Schnittstelle `IEquatable<T>` können Sie Ihren Objekten Code hinzufügen, mit dem diese entscheiden können, ob sie gleich anderen Objekten sind. Ein Objekt, das `IEquatable<T>` implementiert, weiß, wie es seine Werte mit den Werten anderer Objekte des Typs T vergleicht. Die Schnittstelle bietet eine Methode, `Equals()`, die Sie implementieren, indem Sie den Wert des aktuellen Objekts mit dem eines anderen Objekts vergleichen (siehe auch die MSDN-Seite http://msdn.microsoft.com/de-de/library/ms131190.aspx). Hier ist ein relevanter Auszug:

Tun Sie das nicht, erhalten Sie eine Compiler-Warnung.

»Wenn Sie Equals implementieren, sollten Sie auch die Basisklassenimplementierung von Object.Equals(Object) und GetHashCode überschreiben, um ihr Verhalten mit dem von IEquatable<T>.Equals abzustimmen. Überschreiben Sie Object.Equals(Object), wird Ihre überschriebene Implementierung auch beim statischen Equals(System.Object, System.Object)-Aufruf für Ihre Klasse verwendet. Das sichert konsistentes Verhalten aller Equals-Aufrufe, wie das Beispiel zeigt.«

Hier ist die Klasse `VergleichbarerTyp`, die `Typ` erweitert und `IEquatable<Typ>` implementiert:

```
/// <summary>
/// Ein Typ, der weiß, wie er sich mit anderen Typen vergleicht.
/// </summary>
class VergleichbarerTyp : Typ, IEquatable<Typ> {

    public VergleichbarerTyp(string name, int alter, int knete)
        : base(name, alter, knete) { }

    /// <summary>
    /// Das Objekt mit einem VergleichbarerTyp vergleichen.
    /// </summary>
    /// <param name="typ2">Das zu vergleichende VergleichbarerTyp-Objekt</param>
    /// <returns>True, wenn die Objekte gleiche Werte haben, sonst false</returns>
    public bool Equals(Typ typ2) {
        if (ReferenceEquals(null, typ2)) return false;
        if (ReferenceEquals(this, typ2)) return true;
        return Equals(typ2.Name, Name) && typ2.Alter == Alter && typ2.Knete == Knete;
    }
```

Equals() vergleicht die tatsächlichen Werte in den Feldern des anderen Typ-Objekts, prüft, ob Name, Alter und Knete gleich sind, und liefert nur true, wenn das der Fall ist.

```
    /// <summary>
    /// Überschreibt die Equals-Methode und lässt sie Equals(Typ) aufrufen.
    /// </summary>
    /// <param name="obj">Das zu vergleichende Objekt</param>
    /// <returns>true, wenn obj ein Typ und wertgleich ist, sonst false</returns>
    public override bool Equals(object obj) {
        if (!(obj is Typ)) return false;
        return Equals((Typ)obj);
    }
```

Weil das andere Equals() bereits Typen vergleicht, wird es einfach aufgerufen.

Da wir die geerbte Equals()-Methode überschreiben, überschreiben wir auch GetHashCode (wegen der Übereinstimmung, die der MSDN-Artikel erwähnte).

```
    /// <summary>
    /// Ein Teil des Vertrags beim Überschreiben von Equals ist, dass Sie auch
    /// GetHashCode() überschreiben müssen. Die Methode sollte einen int-Wert
    /// liefern, der das Objekt eindeutig referenziert.
    /// </summary>
    /// <returns></returns>
    public override int GetHashCode() {
        const int primzahl = 397;
        int ergebnis = Alter;
        ergebnis = (ergebnis * primzahl) ^ (Name != null ? Name.GetHashCode() : 0);
        ergebnis = (ergebnis * primzahl) ^ Knete;
        return ergebnis;
    }
}
```

Das ist ein übliches Muster für GetHashCode(). Beachten Sie die Verwendung des Bit-XOR-Operators (^), einer Primzahl und des Bedingungsoperators (?:).

Und so sieht es aus, wenn man mit `Equals()` zwei Objekte des Typs `VergleichbarerTyp` vergleicht:

```
tim1 = new VergleichbarerTyp("Tim", 37, 100);
tim2 = new VergleichbarerTyp("Tim", 37, 100);
Console.WriteLine(Object.ReferenceEquals(tim1, tim2));   // False
Console.WriteLine(tim1.Equals(tim2));                    // True

tim1.GeldGeben(50);
Console.WriteLine(tim1.Equals(tim2));                    // False
tim2.GeldGeben(50);
Console.WriteLine(tim1.Equals(tim2));                    // True
```

Typ.Equals() liefert nur dann true, wenn die Werte der beiden Objekte tatsächlich gleich sind.

Nachdem `Equals()` und `GetHashCode()` implementiert sind und die Werte der Felder und Eigenschaften prüfen, funktioniert auch `List.Contains()`. Hier ist eine `List<Typ>`, die einige `Typ`-Objekte enthält, einschließlich eines `VergleichbarerTyp`-Objekts mit den gleichen Werten wie das von `tim1` referenzierte Objekt:

```
List<Typ> guys = new List<Typ>() {
    new Typ("Tom", 42, 125),
    new VergleichbarerTyp(tim1.Name, tim1.Alter, tim1.Knete),
    new Typ("Tobi", 39, 95)
};

Console.WriteLine(guys.Contains(tim1));                  // True

Console.WriteLine(tim1 == tim2);                         // False
```

List.Contains() durchläuft den Inhalt und ruft die Equals()-Methode aller Objekte auf, um sie mit der Referenz zu vergleichen, die Sie übergeben.

Obwohl tim1 und tim2 auf äquivalente Objekte zeigen, vergleichen == und != immer noch die Referenzen und nicht die Objekte.

Kann man das nicht ändern? Blättern Sie um, um das herauszufinden!

Wenn Sie zwei `VergleichbarerTyp`-Referenzen mit den Operatoren == und != vergleichen, prüfen diese nur, ob beide Referenzen auf das gleiche Objekt zeigen oder ob beide null sind. Aber was ist, wenn Sie sie tatsächlich dazu bringen wollen, die Werte von Objekten zu vergleichen? Es ist tatsächlich möglich, **einen Operator zu überladen** – d. h. ihn neu zu definieren, um ihn etwas Spezifisches machen zu lassen, wenn er mit Referenzen eines bestimmten Typs arbeitet. Ein Beispiel dafür sehen Sie in der Klasse `VergleichbarerTypMitÜberladung`, die `VergleichbarerTyp` erweitert und die Operatoren == und =! überschreibt:

```
/// <summary>
/// Ein Typ, der weiß, wie er sich mit anderen Typen vergleicht.
/// </summary>
class VergleichbarerTypMitÜberladung : VergleichbarerTyp
{
    public VergleichbarerTypMitÜberladung(string name, int alter, int knete)
        : base(name, alter, knete) { }

    public static bool operator ==(VergleichbarerTypMitÜberladung links,
                                   VergleichbarerTypMitÜberladung rechts)
    {
        if (Object.ReferenceEquals(links, null)) return false;
        else return links.Equals(rechts);
    }

    public static bool operator !=(VergleichbarerTypMitÜberladung links,
                                   VergleichbarerTypMitÜberladung rechts)
    {
        return !(links == rechts);
    }

    public override bool Equals(object obj) {
        return base.Equals(obj);
    }

    public override int GetHashCode() {
        return base.GetHashCode();
    }
}
```

Hätten wir mit == statt mit Object.ReferenceEquals() auf null geprüft, hätten wir eine StackOverflowException erhalten. Sehen Sie, warum?

Da wir == bereits definiert haben, können wir ihn hier einfach nutzen.

Wenn wir Equals() und GetHashCode() nicht überschreiben, warnt uns die IDE, dass VergleichbarerTypMitÜberladung == oder != überschreibt und nicht Object.GetHashCode().

Da sich VergleichbarerTypMitÜberladung genau wie VergleichbarerTyp und Typ verhält, können wir einfach die Basismethoden aufrufen.

Hier ist etwas Code, der `VergleichbarerTypMitÜberladung` nutzt:

```
tim1 = new VergleichbarerTypMitÜberladung(tim1.Name, tim1.Alter, tim1.Knete);
tim2 = new VergleichbarerTypMitÜberladung(tim1.Name, tim1.Alter, tim1.Knete);
Console.WriteLine(tim1 == tim2);    // False
Console.WriteLine(tim1 != tim2);    // True
Console.WriteLine((VergleichbarerTypMitÜberladung)tim1 ==
                                 (VergleichbarerTypMitÜberladung)tim2);  // True
Console.WriteLine((VergleichbarerTypMitÜberladung)tim1 !=
                                 (VergleichbarerTypMitÜberladung)tim2);  // False
tim2.GeldErhalten(25);
Console.WriteLine((VergleichbarerTypMitÜberladung)tim1 ==
                                 (VergleichbarerTypMitÜberladung)tim2);  // False
Console.WriteLine((VergleichbarerTypMitÜberladung)tim1 !=
                                 (VergleichbarerTypMitÜberladung)tim2);  // True
```

Was passiert hier? An dieser Stelle werden die Operatoren == und =! von Typ genutzt. Unsere Überladungen erhalten Sie erst nach einem Cast.

7. Mit yield return enumerierbare Objekte erzeugen

In Kapitel 8 haben Sie die Schnittstelle `IEnumerable` und ihre Verwendung in der foreach-Schleife kennengelernt. C# und .NET stellen Ihnen über `IEnumerable` hinaus weitere praktische Werkzeuge für den Aufbau eigener Auflistungen zur Verfügung. Nehmen wir an, Sie möchten einen Enumerator die Werte dieses `Sport`-Enums in Reihenfolge liefern lassen:

```
enum Sport
{
    Fußball, Handball,
    Basketball, Hockey,
    Golf, Rugby, Fechten,
}
```

Sie könnten `IEnumerable` manuell implementieren, indem Sie `Current` und `MoveNext()` implementieren:

```
class SportAuflistung : IEnumerable<Sport> {
    public IEnumerator<Sport> GetEnumerator() {
        return new ManuellerSportEnumerator();
    }
    System.Collections.IEnumerator System.Collections.IEnumerable.GetEnumerator() {
        return GetEnumerator();
    }
    class ManuellerSportEnumerator : IEnumerator<Sport> {
        int current = -1;
        public Sport Current { get { return (Sport)current; } }
        public void Dispose() { return; } // nichts zu entsorgen
        object System.Collections.IEnumerator.Current { get { return Current; } }
        public bool MoveNext() {
            int maxEnumWert = Enum.GetValues(typeof(Sport)).Length - 1;
            if ((int)current >= maxEnumWert)
                return false;
            current++;
            return true;
        }
        public void Reset() { current = 0; }
    }
}
```

IEnumerable enthält nur eine Methode, GetEnumerator(), aber wir müssen die Klasse für den Enumerator aufbauen, den sie liefert.

Der Enumerator implementiert IEnumerator<Sport>. Die foreach-Schleife nutzt die Eigenschaft Current und die Methode MoveNext().

MoveNext() inkrementiert Current und nutzt es, um den nächsten Sport im Enum zu liefern.

Hier ist eine foreach-Schleife, die `SportAuflistung` durchläuft. Sie liefert die Sportarten in der vorgegebenen Reihenfolge (Fußball, Handball, Basketball, Hockey, Golf, Rugby, Fechten):

```
Console.WriteLine("SportAuflistung-Inhalt:");
SportAuflistung sportAuflistung = new SportAuflistung();
foreach (Sport sport in sportAuflistung)
    Console.WriteLine(sport.ToString());
```

Es ist eine Menge Arbeit, einen Enumerator aufzubauen – er muss seinen Zustand verwalten und die gelieferten Sportarten nachhalten. Aber C# stellt Ihnen ein praktisches Werkzeug zur Verfügung, mit dem Sie Enumeratoren leichter aufbauen können. Das ist die `yield return`-Anweisung, und die werden Sie kennenlernen, wenn Sie umblättern.

Nur zur Erinnerung an Dinge aus Kapitel 15: Alle Auflistungen sind enumerierbar, aber nicht alles, was enumerierbar ist, ist auch eine Auflistung. Das ist es nur, wenn es ICollection<T> implementiert. Wir haben Ihnen nicht gezeigt, wie man eigene Auflistungen aufbaut, aber wenn Sie wissen, wie man Enumeratoren konstruiert, haben Sie bereits die ersten Schritte auf diesem Weg hinter sich.

Die Anweisung `yield return` ist eine Art automatischer Enumerator-Erzeuger. Die Klasse `SportAuflistung` macht genau das Gleiche wie auf der letzten Seite, aber ihr Enumerator umfasst nur drei Zeilen:

```
class SportAuflistung : IEnumerable<Sport> {
    System.Collections.IEnumerator System.Collections.IEnumerable.GetEnumerator() {
        return GetEnumerator();
    }
    public IEnumerator<Sport> GetEnumerator() {
        int maxEnumWert = Enum.GetValues(typeof(Sport)).Length - 1;
        for (int i = 0; i <= maxEnumWert; i++) {
            yield return (Sport)i;
        }
    }
}
```

Wie bereits gesagt, ist das erst der Anfang für eine SportAuflistung-Klasse. Sie müssten immer noch die Schnittstelle ICollection<Sport> implementieren.

Das sieht etwas seltsam aus, aber wenn Sie es mit dem Debugger durchgehen, verstehen Sie, was hier passiert. Sieht der Compiler eine Methode mit einer `yield return`-Anweisung, die einen `IEnumerator` oder `IEnumerator<T>` liefert, **ergänzt er automatisch `MoveNext()` und `Current`**. Bei der Ausführung liefert das erste `yield return` den ersten Wert an die `foreach`-Schleife. Fährt `foreach` fort (indem `MoveNext()` aufgerufen wird), nimmt es die Ausführung **unmittelbar hinter** dem zuletzt ausgeführten `yield return` wieder auf. `MoveNext()` liefert `false`, wenn die Enumerator-Methode zurückkehrt. Auf dem Papier mag das etwas unverständlich klingen, wenn Sie es aber im Debugger mit Einzelschritt (F11) durchlaufen, wird alles klarer werden. Um die Sache etwas leichter zu machen, sehen Sie hier einen einfachen `NameEnumerator()`, der vier Namen durchläuft:

```
static IEnumerable<string> NameCollection() {
    yield return "Tom";   // Nach dieser Anweisung wird die Methode verlassen ...
    yield return "Hans"; // ... und hier beim nächsten Mal wieder aufgenommen.
    yield return "Tim";
    yield return "Frank";
}
```

Sie wird von dieser `foreach`-Schleife durchlaufen. Schauen Sie sich mit Einzelschritt (F11) an, was passiert:

```
IEnumerable<string> namen = NameCollection(); // Setzen Sie hier einen Haltepunkt.
foreach (string name in namen)
    Console.WriteLine(name);
```

Außerdem sehen Sie bei Auflistungen häufig **Indexer**. Rufen Sie mit [] ein Objekt aus einer Liste, einem Array oder Dictionary ab (z. B. `dieList[3]` oder `dasDictionary["Hugo"]`), nutzen Sie einen Indexer. Eigentlich ist ein Indexer bloß eine Methode. Er sieht wie eine Eigenschaft aus, hat aber einen benannten Parameter.

Die IDE bietet ein nützliches Codefragment. Geben Sie **`indexer`** ein und drücken danach zweimal Tab, fügt die IDE automatisch das Gerüst für einen Indexer ein.

Dies ist ein Indexer für die Klasse `SportAuflistung`:

```
public Sport this[int index] {
    get { return (Sport)index; }
}
```

Übergeben Sie diesem Indexer 3, liefert er den Enum-Wert `Hockey`.

Hier ist ein `IEnumerable<Typ>` mit einem Indexer, über den Sie das Alter des Typs setzen und abrufen können.

```
class TypAuflistung : IEnumerable<Typ> {
  private static readonly Dictionary<string, int> nameUndAlter = new Dictionary<string, int>()
  {
        {"Tim", 41}, {"Tom", 43}, {"Jan", 39}, {"Hans", 44}, {"Fred", 45}
  };

  public IEnumerator<Typ> GetEnumerator() {
      Random random = new Random();
      int vielKnete = 125 * nameUndAlter.Count;

      int count = 0;
      foreach (string name in nameUndAlter.Keys) {
          int kneteFürTyp = (++count < nameUndAlter.Count) ? random.Next(125) : vielKnete;
          vielKnete -= kneteFürTyp;
          yield return new Typ(name, nameUndAlter[name], kneteFürTyp);
      }
  }

  System.Collections.IEnumerator System.Collections.IEnumerable.GetEnumerator() {
      return GetEnumerator();
  }

  /// <summary>
  /// Holt oder setzt das Alter eines Typs.
  /// </summary>
  /// <param name="name">Name des Typs</param>
  /// <returns>Alter des Typs</returns>
  public int this[string name] {
      get {
          if (nameUndAlter.ContainsKey(name))
              return nameUndAlter[name];
          throw new IndexOutOfRangeException("Name " + name + " wurde nicht gefunden");
      }
      set {
          if (nameUndAlter.ContainsKey(name))
              nameUndAlter[name] = value;
          else
              nameUndAlter.Add(name, value);
      }
  }
}
```

Der Enumerator nutzt dieses private Dictionary, um die erzeugten Typen festzuhalten, erzeugt die Typ-Objekte selbst aber erst, wenn der Enumerator genutzt wird.

Erzeugt Typ-Objekte mit zufällig gefüllter Börse. Das tun wir nur, um Ihnen zu zeigen, dass der Enumerator die Objekte für die Schleife im Vorübergehen erzeugen kann.

Wird ein ungültiger Index übergeben, wird normalerweise eine IndexOutOfRangeException ausgelöst.

Dieser Indexer ist ein Setter, der entweder das Alter des Typs ändert oder dem Dictionary einen neuen Typ hinzufügt.

Hier ist Code, der mit dem Indexer das Alter eines Typs ändert, zwei neue erzeugt und dann alle durchläuft:

```
Console.WriteLine("Zwei Typen hinzufügen und einen ändern");
typAuflistung["Tom"] = typAuflistung["Tim"] + 3;
typAuflistung["Bill"] = 57;
typAuflistung["Hans"] = 31;
foreach (Typ typ in typAuflistung)
   Console.WriteLine(typ.ToString());
```

Die Codebeispiele auf dieser Seite stammen aus dem kostenlosen GDI+-PDF, das Sie auf unserer Website finden:

http://www.headfirstlabs.com/hfcsharp

8. Umgestalten (Refactoring)

Umgestalten bedeutet, die Struktur von Code zu ändern, ohne sein Verhalten zu ändern. Wenn Sie komplexe Methoden schreiben, sollten Sie gelegentlich zurücktreten und schauen, wie Sie sie ändern könnten, damit sie leichter zu verstehen sind. Glücklicherweise sind in die IDE einige sehr nützliche Umgestaltungswerkzeuge eingebaut. Es gibt alle möglichen Arten von Codeänderungen, die Sie durchführen können – hier sind einige, die wir häufig verwenden.

Eine Methode extrahieren

Als wir den Code für den steuerelementbasierten Renderer für das GDI+-PDF schrieben, haben wir ursprünglich diese foreach-Schleife mit eingeschlossen:

```
foreach (Biene biene in welt.Bienen) {
    bienenControl = BienenControlSuchen(biene);
    if (biene.InStock) {
        if (feldForm.Controls.Contains(bienenControl)) {
            feldForm.Controls.Remove(bienenControl);
            bienenControl.Size = new Size(40, 40);
            stockForm.Controls.Add(bienenControl);
            bienenControl.BringToFront();
    } else if (stockForm.Controls.Contains(bienenControl)) {
        stockForm.Controls.Remove(bienenControl);
        bienenControl.Size = new Size(20, 20);
        feldForm.Controls.Add(bienenControl);
        bienenControl.BringToFront();
    }
    bienenControl.Location = biene.Ort;
}
```

Diese vier Zeilen bewegen ein BienenControl vom Feld in den Stock.

Und diese vier Zeilen bewegen ein BienenControl vom Stock aufs Feld.

Einer unserer Gutachter, Joe Albahari, wies uns darauf hin, dass das ein wenig schlecht zu lesen sei. Er schlug vor, die **zwei Vier-Zeilen-Blöcke in Methoden herauszuziehen**. Wir wählten also den ersten Block aus, klickten mit rechts darauf und wählten »Umgestalten → Methode extrahieren...« – es sprang dieses Fenster auf:

Den Namen für die neue Methode haben wir eingegeben. Wir haben uns für den passenden Namen BieneVonFeldZuStock() entschieden.

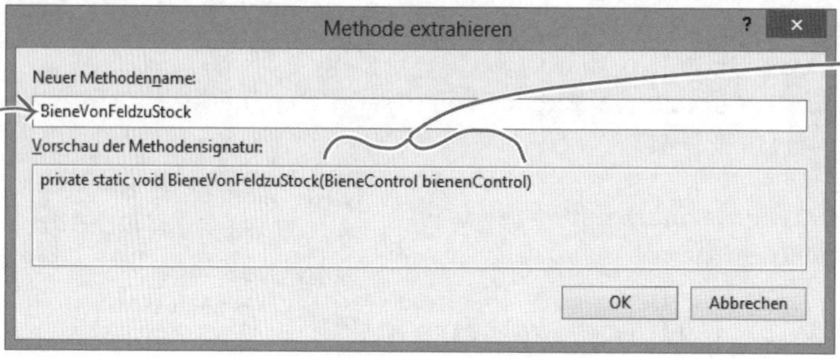

Methode extrahieren
Neuer Methodenname:
BieneVonFeldzuStock
Vorschau der Methodensignatur:
private static void BieneVonFeldzuStock(BieneControl bienenControl)
OK
Abbrechen

Die IDE hat den von uns ausgewählten Code untersucht, dabei festgestellt, dass er eine BienenControl-Variable namens bienenControl verwendet, und diese als Parameter hinzugefügt.

Dann extrahierten wir die anderen vier Zeilen in eine Methode namens `BieneVonStockZuFeld()`. So sah die `foreach`-Schleife anschließend aus – sie ist viel besser lesbar:

```
foreach (Biene biene in welt.Bienen) {
    bienenControl = BienenControlSuchen(biene);
    if (biene.InStock) {
        if (feldForm.Controls.Contains(bienenControl))
            BieneVonFeldZuStock(bienenControl);
    } else if (stockForm.Controls.Contains(bienenControl))
        BieneVonStockZuFeld(bienenControl, biene);
    bienenControl.Ort = biene.Ort;
}
```

Eine Variable umbenennen

In Kapitel 3 erfuhren Sie, wie intuitive Namen für Klassen, Methoden, Felder und Variablen die Lesbarkeit Ihres Codes verbessern. Die IDE kann Ihnen wirklich helfen, wenn es darum geht, den Dingen in Ihrem Code Namen zu geben. Klicken Sie einfach auf eine Klasse, Variable, Eigenschaft, Methode, Konstante usw. – also auf fast alles, das Sie mit einem Namen versehen können – und wählen Sie »Umgestalten → Umbenennen«. Sie können auch F2 drücken, was hilfreich ist, da Sie die Möglichkeit wahrscheinlich permanent nutzen werden, nachdem Sie sie einmal kennengelernt haben.

Wir haben »bienenControl« im Code für den Simulator gewählt und umbenannt. Das wurde uns angezeigt:

In diesem Fenster können Sie einen neuen Namen für das Element wählen. Würden wir stattdessen z. B. »Bobbo« verwenden, würde die IDE den Code durchgehen und **jedes Vorkommen** in »Bobbo« ändern.

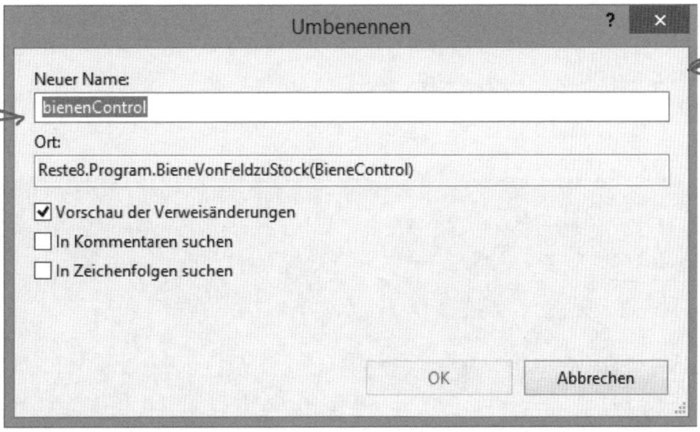

Umbenennen
?
×
Neuer Name:
bienenControl
Ort:
Reste8.Program.BieneVonFeldzuStock(BieneControl)
Vorschau der Verweisänderungen
In Kommentaren suchen
In Zeichenfolgen suchen
OK
Abbrechen

Die IDE macht beim Umbenennen ganze Arbeit. Nennen Sie eine Klasse um, ändert sie jede Anweisung, die sie instantiiert oder nutzt. Sie können an beliebiger Stelle des Codes auf ein beliebiges Vorkommen des Namens klicken. Die IDE führt die Änderung an allen Punkten Ihres Programms durch.

Eine Testbedingung konsolidieren

Hier ist ein sauberer Weg, das Feature »Methode extrahieren« zu verwenden. Öffnen Sie ein Programm, fügen Sie ihm einen Button hinzu und stecken Sie diesen Code in seinen Event-Handler:

```
private void button1_Click(object sender, EventArgs e) {
    int wert = 5;
    string text = "Hallo du";
    if (wert == 36 || text.Contains("du"))
        MessageBox.Show("Buh!");
}
```

Es findet sogar heraus, dass eine statische Methode erstellt werden muss, da keine Felder genutzt werden.

Markieren Sie alles in der if-Anweisung: `wert == 36 || text.Contains("du")`. Klicken Sie mit rechts darauf und wählen Sie »Umgestalten → Methode extrahieren...«. Dann wird dieses Fenster eingeblendet:

Jede Testbedingung wird zu einem bool ausgewertet. Die IDE erzeugt also eine Methode, die einen bool zurückliefert, und ersetzt die Testbedingung durch einen Aufruf dieser Methode.

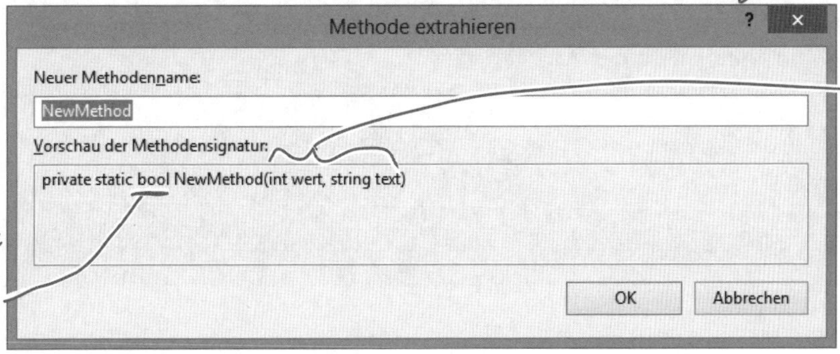

Methode extrahieren
?
×
Neuer Methodenname:
NewMethod
Vorschau der Methodensignatur:
private static bool NewMethod(int wert, string text)
OK
Abbrechen

Der Ausdruck nutzt die zwei Variablennamen wert und text. Die IDE hat diese also als Methodenparameter mit diesen Namen hinzugefügt.

Das verbessert nicht nur die Lesbarkeit Ihres Codes, sondern liefert Ihnen auch eine Methode, die Sie an anderer Stelle wiederverwenden können!

9. Anonyme Typen und Methoden sowie Lambda-Ausdrücke

In C# können Sie Typen und Methoden erstellen, ohne explizite Deklarationen zu verwenden. Ein Typ oder eine Methode ohne Namen nennt man **anonym**. Das sind sehr mächtige Werkzeuge – ohne die beispielsweise LINQ nicht möglich wäre. Aber es ist erheblich einfacher, anonyme Typen, Methoden und Lambda-Ausdrücke zu verstehen, wenn man die Sprache bereits im Griff hat. Deswegen haben wir sie in diesem Buch nicht ausführlicher behandelt. Hier ist eine Kurzeinführung, damit Sie sich später weiter damit vertraut machen können.

```
class Program {
    delegate void IntUndString(int i, string s);
    delegate int IntsKombinieren(int x, int y);

    static void Main(string[] args) {
        /*
         * In Kapitel 14 sahen Sie, wie var den Compiler ermitteln lässt, welchen
         * Typ ein Objekt zur Kompilierungszeit hat.
         *
         * Mit var und new können Sie auch anonyme Typen erstellen.
         *
         * Mehr über anonyme Typen lernen Sie hier:
         * http://msdn.microsoft.com/de-de/library/bb397696.aspx
         */

        // Einen anonymen Typ erstellen, der Typ ähnelt:
        var anonymerTyp = new { Name = "Tom", Alter = 43, Knete = 137 };

        // Geben Sie das ein, nimmt IntelliSense automatisch die Member auf -
        // Name, Alter und Knete erscheinen im IntelliSense-Fenster.
        Console.WriteLine("{0} ist {1} Jahre alt und hat {2} €",
            anonymerTyp.Name, anonymerTyp.Alter, anonymerTyp.Knete);
        // Ausgabe: Tom ist 43 Jahre alt und hat 137 €

        // Instanzen anonymer Typen haben eine nützliche ToString()-Methode.
        Console.WriteLine(anonymerTyp.ToString());
        // Ausgabe: { Name = Tom, Alter = 43, Knete = 137 }

        /*
         * In Kapitel 15 haben Sie gelernt, wie man mit einem Delegate Methoden
         * referenziert. In allen bisherigen Beispielen wurden den Delegates
         * bereits bestehende Methoden zugewiesen.
         *
         * Anonyme Methoden sind Methoden, die Sie in einer Anweisung deklarieren -
         * in geschweiften Klammern { }, genau wie anonyme Typen.
         *
         * Mehr über anonyme Methoden lernen Sie hier:
         * http://msdn.microsoft.com/de-de/library/0yw3tz5k.aspx
         */
```

```
// Hier ist eine anonyme Methode, die einen int und einen String in die Konsole schreibt.
// Ihre Deklaration entspricht unserem IntUndString-Delegate (das oben definiert wurde),
// wurde und kann einer Variablen des Typs IntUndString zugewiesen werden.
IntUndString ausgeben = delegate(int i, string s)
                           { Console.WriteLine("{0} - {1}", i, s); };
ausgeben(123, "vier fünf sechs");
// Ausgabe: 123 - vier fünf sechs

// Noch eine anonyme Methode mit der gleichen Signatur (int, string).
// Sie prüft, ob der String den int enthält.
IntUndString enthält = delegate(int i, string s)
                          { Console.WriteLine(s.Contains(i.ToString())); };
enthält(123, "vier fünf sechs");
// Ausgabe: False

enthält(123, "vier 123 fünf sechs");
// Ausgabe: True

// Sie können eine Methode dynamisch mit Delegate.DynamicInvoke() aufrufen und
// die Parameter als Array von Objekten übergeben.
Delegate d = enthält;
d.DynamicInvoke(new object[] { 123, "vier 123 fünf sechs" });
// Ausgabe: True

/*
 * Ein Lambda-Ausdruck ist eine Art besondere Methode, die den Operator
 * => nutzt. Man bezeichnet ihn als Lambda-Operator, aber wenn man von
 * Lambda-Ausdrücken spricht, sagt man beim Lesen "wird zu".
 * Hier ist ein einfacher Lambda-Ausdruck:
 *
 *    (a, b) => { return a + b; }
 *
 * Das könnten Sie als "a und b wird zu a plus b" lesen - eine anonyme
 * Methode zur Addition zweier Werte. Lambda-Ausdrücke können Sie sich als
 * anonyme Methoden vorstellen, die Parameter akzeptieren und Werte liefern.
 *
 * Mehr über Lambda-Ausdrücke erfahren Sie hier:
 * http://msdn.microsoft.com/de-de/library/bb397687.aspx
 */

// Hier ist ein Lambda-Ausdruck zur Addition zweier Zahlen. Die Signatur
// entspricht dem Delegate IntsKombinieren, kann also einer Variablen vom Typ
// IntsKombinieren zugewiesen werden. Beachten Sie, dass IntsKombinieren den Typ
// int liefert - d. h., dass der Lambda-Ausdruck einen int liefern muss.
IntsKombinieren addierer = (a, b) => { return a + b; };
Console.WriteLine(addierer(3, 5));
// Ausgabe: 8

// Ein weiterer Lambda-Ausdruck, der zwei Zahlen multipliziert.
IntsKombinieren multiplizierer = (int a, int b) => { return a * b; };
Console.WriteLine(multiplizierer(3, 5));
// Ausgabe: 15

// Mit der Kombination aus Lambda-Ausdrücken und LINQ kann man sehr mächtige
// Dinge tun. Hier ist ein einfaches Beispiel:
var größer3 = new List<int> { 1, 2, 3, 4, 5, 6 }.Where(x => x > 3);
foreach (int i in größer3) Console.Write("{0} ", i);
// Ausgabe: 4 5 6

Console.ReadKey();
    }
}
```

10. LINQ to XML

XML haben Sie in diesem Buch als ein Format für Dateien kennengelernt, dass komplexe Daten in Textform repräsentiert. Das .NET Framework bietet Ihnen einige mächtige Werkzeuge zum Erstellen, Laden und Speichern von XML-Dateien. Halten Sie XML-Daten einmal in den Händen, können Sie sie mit LINQ abfragen. Geben Sie am Anfang der Datei »`using System.Xml.Linq;`« an und nutzen Sie diese Methode – sie generiert ein XML-Dokument mit Stammkundendaten von Sternback.

```
private static XDocument GetSternbackDaten() {
    XDocument dok = new XDocument(
        new XDeclaration("1.0", "utf-8", "yes"),
        new XComment("Sternback Stammkundendaten"),
        new XElement("SternbackDaten",
            new XAttribute("FilialienName", "Im Park"),
            new XAttribute("Ort", "Berlin-Mitte"),
            new XElement("Person",
                new XElement("PersonenDaten",
                    new XElement("Name", "Jana Venus"),
                    new XElement("PLZ", 11215)),
                new XElement("Lieblingsgetränk", "Schoko-Macchiato"),
                new XElement("GeldAusgegeben", 255),
                new XElement("Besuche", 50)),
            new XElement("Person",
                new XElement("PersonenDaten",
                    new XElement("Name", "Lisa Nilson"),
                    new XElement("PLZ", 11238)),
                new XElement("Lieblingsgetränk", "Doppel-Cappuccino"),
                new XElement("GeldAusgegeben", 150),
                new XElement("Besuche", 35)),
            new XElement("Person",
                new XElement("PersonenDaten",
                    new XElement("Name", "Frank Matt"),
                    new XElement("PLZ", 11217)),
                new XElement("Lieblingsgetränk", "Zitronengras-Tee"),
                new XElement("GeldAusgegeben", 75),
                new XElement("Besuche", 15)),
            new XElement("Person",
                new XElement("PersonenDaten",
                    new XElement("Name", "Hans Neu"),
                    new XElement("PLZ", 11217)),
                new XElement("Lieblingsgetränk", "Banana-Split im Becher"),
                new XElement("GeldAusgegeben", 60),
                new XElement("Besuche", 10)),
            new XElement("Person",
                new XElement("PersonenDaten",
                    new XElement("Name", "Sarah Kalter"),
                    new XElement("PLZ", 11215)),
                new XElement("Lieblingsgetränk", "Boring Coffee"),
                new XElement("GeldAusgegeben", 110),
                new XElement("Besuche", 15))));
    return dok;
}
```

Sie können XDocument nutzen, um eine XML-Datei zu erstellen, einschließlich der XML-Dateien, die Sie mit einem DataContractSerializer lesen und schreiben können.

Ein XMLDocument-Objekt repräsentiert ein XML-Dokument. Es ist Teil des Namensraums System.Xml.Linq.

Nutzen Sie XElement-Objekte, um die Elemente unter dem XML-Baum zu erstellen.

Microsoft bietet online ausführliche Dokumentationen zu LINQ und LINQ to XML. Mehr zu LINQ to XML und den Klassen im Namensraum System.Xml.Linq finden Sie hier: http://msdn.microsoft.com/de-de/library/bb387098.aspx.

XML-Dateien laden und speichern

Ein `XDocument`-Objekt können Sie auf die Konsole schreiben oder in einer Datei speichern, und Sie können eine XML-Datei in ein `XDocument`-Objekt laden:

```
XDocument dok = GetSternbackDaten();
Console.WriteLine(dok.ToString());
dok.Save("SternbackDaten.xml");
XDocument anderesDok = XDocument.Load("SternbackDaten.xml");
```

Die Load()- und Save()-Methoden von XDocument lesen oder schreiben XML-Dateien. Seine ToString()-Methode liefert den gesamten Inhalt als einen großen XML-String.

Ihre Daten abfragen

Hier ist eine einfache LINQ-Abfrage, die die Sternback-Daten über das `XDocument` abfragt:

```
var daten = from element in dok.Descendants("Person")
    select new { getränk = element.Element("Lieblingsgetränk").Value,
        betrag = element.Element("GeldAusgegeben").Value,
        plz = element.Element("PersonenDaten").Element("PLZ").Value };
foreach (var p in daten)
    Console.WriteLine(p.ToString());
```

Die Methode Descendants() liefert eine Referenz auf ein Objekt, das Sie gleich in LINQ einstöpseln können.

Sie wissen bereits, dass Sie mit LINQ Methoden aufrufen und als Teil der Abfrage verwenden können. Mit der Methode Element() funktioniert das ziemlich gut.

Und Sie können auch komplexere Abfragen durchführen:

```
    var plzGruppen = from element in dok.Descendants("Person")
        group element.Element("Lieblingsgetränk").Value
        by element.Element("PersonenDaten").Element("PLZ").Value
            into plzGruppe
            select plzGruppe;
    foreach (var gruppe in plzGruppen)
        Console.WriteLine("{0} Lieblingsgetränk in {1}",
                    gruppe.Distinct().Count(), gruppe.Key);
```

Element() liefert ein XElement-Objekt, dessen Eigenschaften Sie nutzen können, um bestimmte Werte in Ihrem XML-Dokument zu prüfen.

Daten aus einem RSS-Feed lesen

Mit LINQ to XML können Sie einige sehr mächtige Dinge tun. Hier ist eine einfache Abfrage **zum Lesen von Artikeln in unserem Blog**:

```
XDocument blog = XDocument.Load("http://www.stellman-greene.com/feed");
Console.WriteLine(blog.Element("rss").Element("channel").Element("title").Value);
var einträge = from eintrag in blog.Descendants("item")
    select new { Title = eintrag.Element("title").Value,
        Date = eintrag.Element("pubDate").Value};
foreach (var eintrag in einträge)
    Console.WriteLine(eintrag.ToString());
```

Die XDocument.Load()-Methode bietet mehrere Überladungen. Diese zieht die XML-Daten aus einer URL.

Erstellen Sie eine neue Konsolenanwendung, achten Sie darauf, dass die Datei »using System.Xml.Linq;« angibt, geben Sie diese Abfrage in die Main()-Methode ein und schauen Sie sich an, was der Code auf der Konsole ausgibt.

Wir haben die URL unseres Blogs, **Building Better Software**, verwendet: http://www.stellman-greene.com/.

11. Windows Presentation Foundation

In diesem Buch haben Sie Projekte mit drei verschiedenen Technologien erstellt: Windows Store-Apps in C# und XAML, Microsofts neuester Plattform für die Erstellung grafischer Anwendungen, und zwei verschiedene Arten von Desktopanwendungen, Windows Forms-Apps und Konsolenanwendungen. Und Ihnen ist noch eine vierte Technologie begegnet, Windows Phone-Apps mit C# und XAML.

Eine weitere Technologie für den Aufbau von Desktop-Apps, die Visual Studio 2013 für Desktop unterstützt, ist die **Windows Presentation Foundation** (WPF). Wie Windows Store-Apps basiert diese auf XAML und nutzt viele der gleichen Konstrukte und Syntaxformen: Grids, StackPanels, TextBlocks, statische Ressourcen, Datenbindung und mehr.

Wir hätten WPF gerne in diesem Buch behandelt, hatten aber einfach keinen Platz dafür. Auf http://www.headfirstlabs.com/hfcsharp **finden Sie als Alternative unseren *WPF Learner's Guide to Head First C#*.** Das ist ein PDF-Guide, der Ihnen erläutert, wie Sie WPF-Versionen vieler der Windows Store-Apps in diesem Buch erstellen, und mit *Die Menschheit retten* aus Kapitel 1 beginnt.

Die meisten WPF-Projekte können Sie auch erstellen, wenn Sie kein Windows 8 haben.

Wenn Sie Windows 8 nicht haben, sollten Sie dieses PDF *unbedingt* herunterladen, da Sie es als Alternative für die Dinge nutzen können, die Sie in den Kapiteln 1 und 2 sowie 10 bis 16 lernen. Haben Sie Ihr Betriebssystem aktualisiert, können Sie gleich damit beginnen, die Projekte als Windows Store-Apps neu zu erstellen. Und selbst wenn Sie Windows 8 haben, kann es nicht schaden, die Projekte noch einmal neu als WPF-Desktopanwendungen zu erstellen.

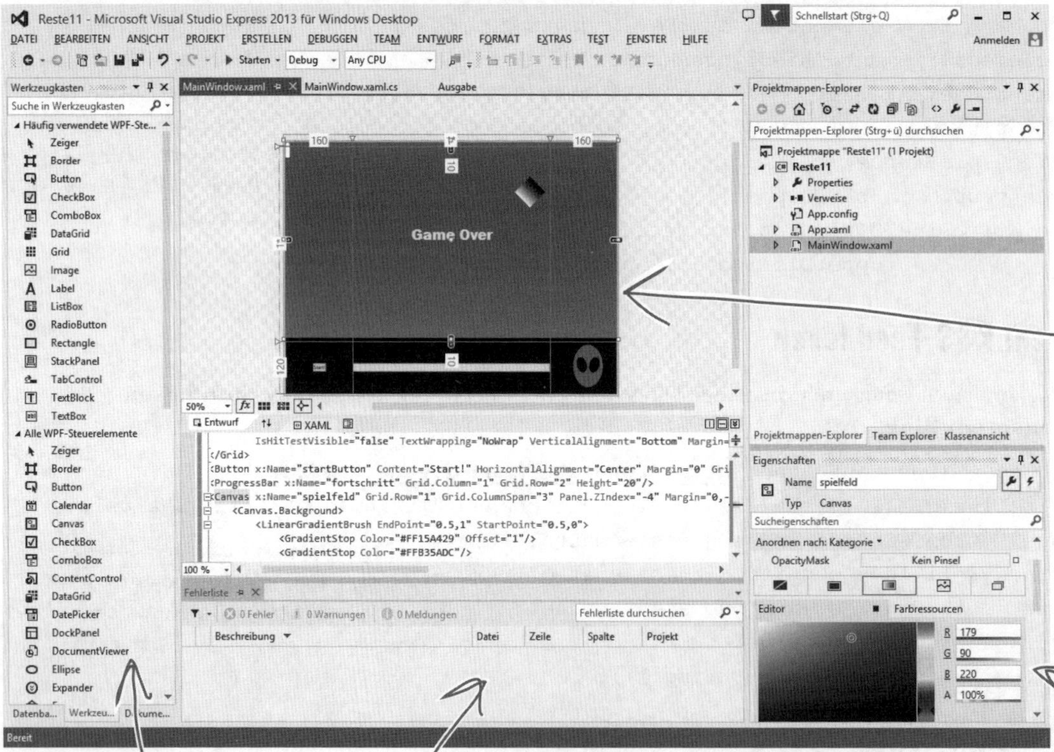
Reste11 - Microsoft Visual Studio Express 2013 für Windows Desktop
Werkzeugkasten
MainWindow.xaml
MainWindow.xaml.cs
Ausgabe
Projektmappen-Explorer
Game Over
Projektmappe "Reste11" (1 Projekt)
Reste11
Properties
Verweise
App.config
App.xaml
MainWindow.xaml
Eigenschaften
Name spielfeld
Typ Canvas
Fehlerliste
Bereit
In WPF-Apps nutzen Sie XAML, um anstelle von Seiten, die den ganzen Bildschirm einnehmen, Formulare in Fenstern zu gestalten.
Viele der Steuerelemente sollten Ihnen bekannt vorkommen ...
... und der Rest der IDE sieht fast genau so aus und verhält sich auch gleich.
Die meisten XAML-Steuerelemente sind gleich und haben die gleichen Eigenschaften ... aber es gibt auch Unterschiede.

Wussten Sie, dass Sie mit C# und dem .NET Framework ...

- ... mit fortgeschrittenen LINQ-Abfragen noch viel mehr Macht über Ihre Daten erhalten?
- ... mit eingebauten Klassen auf Websites und andere Netzwerkressourcen zugreifen können?
- ... Ihren Programmen eine fortgeschrittene Verschlüsselung und Sicherheit hinzufügen können?
- ... komplexe Anwendungen mit Multi-Threading erstellen können?
- ... Ihre Klassen so verteilen können, dass andere sie nutzen können?
- ... mit regulären Ausdrücken ausgefeilte Suchoperationen auf Texten vornehmen können?
- Und noch vieles mehr! Sie werden erstaunt sein, wie mächtig C# sein kann?

ICH HATTE KEINEN SCHIMMER! WO KANN ICH MEHR DARÜBER LERNEN?

5th Edition
Covers CLR 4.5 & Asynchronous Programming
C# 5.0
IN A NUTSHELL
The Definitive Reference
O'REILLY
Joseph Albahari & Ben Albahari

Joseph Albahari hat uns sehr geholfen, indem er die erste Auflage dieses Buchs einer gründlichen technischen Überprüfung unterzog. Vielen Dank für all deine Hilfe, Joe!

Das alles erklärt dieses wunderbare Buch!

Es heißt ***C# 5.0 in a Nutshell*** und wurde von Joseph Albahari und Ben Albahari geschrieben. Es ist ein ausführliches Handbuch zu allem, was C# zu bieten hat. Sie werden fortgeschrittenere Features der Sprache C# kennenlernen sowie die grundlegenden Klassen und Werkzeuge des .NET Framework, und Sie werden **noch mehr darüber erfahren**, was bei C# hinter den Kulissen tatsächlich abläuft.

Gehen Sie zu **http://www.oreilly.de/**.

Index

Symbole

- & (Und-Zeichen)
  - &-Operator (logisches UND) 852
  - &&-Operator 76, 99, 851
- <!-- und -->, Kommentarbegrenzer in XML 543
- * (Asterisk)
  - *=-Operator (Multiplikation und Zuweisung) 68, 117, 151, 154
  - Multiplikationsoperator, Typumwandlung 147
- @ (At-Zeichen), vor Dateinamen 413, 425
- ~-Operator (Bitkomplement) 852
- : (Doppelpunkt)
  - Implementierung von Schnittstellen 298
  - Erweiterung von Basisklassen 256
- ?:-Operator (Bedingungsoperator) 766, 851, 863
- { } (geschweifte Klammern) 129
  - Code für Klassen oder Methoden in 75
  - Anweisungen zu Codeblöcken gruppieren 61, 62
  - bei Codeblöcken weglassen 241
  - Paare in der IDE erkennen 71
  - Variablen in Strings interpolieren in StreamWriter 414
- .-Operator (Punkt) 68
- \\ (zwei Backslashes), Backslashes in Strings maskieren 425
- = (Gleichzeichen)
  - Zuweisungsoperator 67, 72, 851
  - mit logischen Operatoren kombinieren 853
  - ==-Operator (Gleichheit) 76, 862–864
  - = versus == 72, 81
- ! (Ausrufezeichen)
  - !=-Operator (Nicht-Gleich) 76, 180
  - NICHT-Operator 68, 149, 284
- >-Operator (Größer-als) 76
- <<-Operator (Verschiebung nach links) 853
- <-Operator (Kleiner-als) 76
- - (Minuszeichen)
  - - --Operator (Dekrement) 68
  - -=-Operator (Subtraktion und Zuweisung) 151, 154
  - Subtraktionsoperator 68, 147
- \n (Zeilenvorschubzeichen) 75, 106, 143, 397, 413, 425
- ??-Operator (Null-Operator) 851
- =>-Operator
  - in Lambda-Ausdrücken 871
- | (Pipe-Zeichen)
  - logisches ODER 852
  - ||-Operator (ODER) 76, 434, 851
- + (Pluszeichen)
  - +=-Operator (Addition und Zuweisung) 38, 68, 709
  - Additionsoperator 68
  - Addition oder Stringverkettung, Typumwandlung bei 147–148
  - ++-Operator (Inkrement) 68, 851
  - Stringverkettungsoperator 68, 853
- >>-Operator (Verschiebung nach rechts) 853
- \r (Return-Zeichen) 397, 425
- ; (Semikolon), Beenden von Anweisungen 59, 75
- / (Schrägstrich)
  - /* und */, Begrenzer für mehrzeilige Kommentare 851
  - Kommentare, die mit // beginnen 75
  - Kommentare, die mit /// beginnen 92, 97
  - Kommentare mit /* und */ oder mit // 69
  - Divisionsoperator 68
  - Divisionoperator, Typumwandlung 147
  - /// (XML-Kommentare) 848
- [ ] (eckige Klammern)
  - auf Elemente zugreifen 168
  - Objekte aus einer List, einem Array oder einem Dictionary abrufen 866
  - bei der Deklaration und Initialisierung von Arrays 166
- \t (Tab-Zeichen) 143, 413, 425
- ^-Operator (XOR) 852, 863

A

Abendessen-Planer-Projekt 198–209
Abendessen-Klasse 201, 204–205
Ähnlichkeiten zwischen den Klassen Abendessen und Geburtstagsfeier 248
DekoKostenBerechnen( )-Methode 210
einzelne Kosten neu berechnen 209
erben von Party-Klasse 274–278
Felder kapseln in Abendessen-Klasse 211
Kostenermittlung 199
NumericUpDown-Steuerelement 209
Optionen, einzeln berechnen 208
Rechner reparieren 232–234
Testlauf 206
Abfragedaten-Seiten 665
Abfragen
AbfrageManager-Klasse 661
Anatomie von 656
Bearbeiten in LINQPad 690
LINQ 654, 667
mit join in einer Abfrage zwei Auflistungen kombinieren 677
abstract-Schlüsselwort 323
abstrakte Klassen 320–327
Kamingespräche 326–327
Nutzen 321–322
abstrakte Methoden 320, 323
Abstraktion
allgemein versus spezifisch 249–255
als OOP-Prinzip 330
Abwählen von Steuerelementen für die Bearbeitung 23
Additionsoperator. *Siehe* + (Pluszeichen), unter Symbole
Additions-Und-Zuweisungsoperator (+=). *Siehe* + (Pluszeichen), unter Symbole; zusammengesetzte Operatoren
Adventure-Spiel (siehe Workshops, 2 Die Suche)
ähnlicher Code 248
ähnliche Verhalten 248
Albahari, Ben 875
Albahari, Joe 690, 860, 868, 875
Aliens 8–9, 45–52, 53–56, ix–xii
Erde retten vor 807–830
Gastronomie 8
allozieren, Definition 429
allozierte Ressourcen 429
Animationen
animierte Label 180
aufbauen mit C# 788
Bienen über Seite fliegen lassen 790
Code, der die Feinde animiert (Beispiel) 34
Desktop-Anwendungen 98–100
Key-Frame 780
Methoden-Stub für FeindAnimieren( )-Methode generieren (Beispiel) 33
mit DoubleAnimation double-Werte animieren 779
Programm, das Bienen und Sterne animiert 796–805
visuellen Zustand von Buttons ändern 778
Windows Phone-App, Bienenalarm 839
anonym, Definition 663
anonyme Methoden 870
anonyme Typen 680, 870
mit new-Schlüsselwort erstellen 662, 663
Anweisungen 81
beenden mit ; (Semikolon) 75
Definition 61
in Schleifen 71
wichtige Informationen zu 81
APIs, Definition 57
AppBarButtonStyle 774
DoubleAnimation 779
AppBar-Steuerelemente 542
AppendAllText( )-Methode 424
Append( ), AppendFormat( ) und AppendLine( ), StringBuilder 853
ApplicationData.Current.LocalFolder 549
Application-Objekt 659
Application Programming Interfaces. *Siehe* APIs
Application.Resources-Tag 784
AppName ändern für Windows Store-App 23
Apps. *Siehe auch* Windows Store-Apps
von Null auf aufbauen 73

App.xaml.cs-Datei 4, 659, 720–723
App.xaml-Datei 659, 688, 692, 784
Argumente 148
  Kompatibilität mit Typ der Parameter 149
ArgumentException 577, 601
arithmetische Operatoren 68
  automatisches Casten bei 147, 148
Arrays 166–167, 304
  Kartenstapel erstellen mit 357
  Länge ermitteln 167
  mit [ ] Element abrufen aus 866
  mit Objekten 184
  mit Referenztypen 167
  Probleme bei der Arbeit mit 358
  versus Lists 360–362
as-Schlüsselwort 307
  illegale Downcasts 312
  Verwendung bei Downcasts 310, 331
  Verwendung bei Objekten 641
  Werrtypen und 632
Assemblies 315, 854–857
Assets-Ordner
  Bilder hinzufügen zu 664
asynchrone Methoden 538
  mit Hilfe von Task aufrufen 557
  nutzen, um Dateien zu suchen und zu öffnen 548
async-Modifizierer 538
  in OpenFile( )- und SaveFile( )-Methoden 545
  Methoden, die await-Operator nutzen 544
Attribute 445
Auflistungen 358–408. *Siehe auch* Einträge zu den verschiedenen Auflistungstypen
  Berechnungen durchführen auf 666
  Bindung an, mit ObservableCollection 513
  Controls, dic in einem anderen Steuerelement enthalten sind 515
  Dictionaries (Wörterbücher) 387–400
  Exception beim Zugriff auf nicht vorhandene Elemente 577
  generische 367
  IEnumerator<T> GetEnumerator( ) implementieren 653
  Indexer 866
  Listen 359–376
  mit Joins zwei Auflistungen in einer Abfrage kombinieren 677, 678
  Queues und Stacks 401–406
  versus Tabellen 657
Auflistungsinitialisierer 168, 368–369
Ausredeverwaltung-Projekt 431–435
  als Windows Store-App neu erstellen 558–568
  Binärdateien zur Serialisierung von Ausrede-Objekten verwenden 461
  Codeproblem 583
  das Formular aufbauen 432
  Debugging 580–581
  DialogResult 434
  Event-Handlers 432
  in Windows Store-App umwandeln 488
  Lösung 434–435
  Ordner-Button 432
  Schnelle Ausrede-Button 435
  unerwartetes Benutzerverhalten 576–577
Auswählen und Abwählen von Steuerelemente für die Bearbeitung 23
AutomationProperties-Klasse 776
automatische Eigenschaften 304
await-Operator 538, 557, 580, 721
  async-Schlüsselwort in Methodendeklaration 544
  in OpenFile( )- und SaveFile( )-Methoden 545
  kann nicht in catch-Klausel verwendet werden 585

B

BackgroundWorker, WinForms reaktionsfähig machen 858–860
Baseball-Simulator-Projekt 702–719
  Abonnieren von Events 735
  Callbacks 736–738
  Fan-Klasse 712–715
  Werfer-Klasse 712–715
base-Schlüsselwort 272, 317
Basisklassen 248
  Doppelpunkt (:) 256

erweitern 255
Konstruktoren 273
stattdessen Unterklassen verwenden 261
Tier-Basisklasse für Zoo-Simulator 251–252
Unterklassen, Zugriff auf mit base-Schlüsselwort 272
Upcast 309
Bauer-Klasse (Beispiel) 222–228
Konstruktor, private Felder initialisieren 227
testen 224–225
vollständig kapseln 225
Bedingungsausdrücke. *Siehe auch* Bedingungsprüfung
konsolidieren 869
Bedingungsoperator (?:) 766, 851, 863
Bedingungsoperatoren 76
Bedingungsprüfung 76–80, 81
zu Endlosschleifen führende 79
Benutzersteuerelemente 753–759
AnalogStoppuhr 781
AnimiertesBild 789
die andere Steuerelemente enthalten 759
Objekte, die die Basisklasse UserControl erweitern 758
Stoppuhr-App 765
Event-Handler für 768
Windows Phone-App 838
Windows Phone-App, BienenalarmSpielControl 842
Berücksichtigung von Groß-/Kleinschreibung in C# und XAML 19
Bibliotheken
Klassenbibliotheken erstellen 854
bidirektionale Datenbindung 513
TextBox-Steuerelement in MenüMacher-Projekt 517
Bienen 279, 596–598, 602
animieren 788–791
Bienen und Sterne animieren 796–805
Verwaltungssysteme 279–285, 287–291
Bienenstockverwaltungssystem-Projekt 279–289, 294–307
Arbeiter-Klasse von Biene-Klasse ableiten 288
Formular aktualisieren, um Bienen zu instantiieren 288
Formular erstellen 283
Klassen Arbeiter und Königin erstellen 283
Klassenhierarchie mit Arbeiter und Königin 295
mit Vererbung erweitern 287–291
HonigLeerException 598
Schnittstellen 296–305
Referenzen 302–303
Vererbung 305
Bilder, mit Benutzersteuerelement animieren 789
Bildschirme, unterschiedliche, Windows Store-Apps auf 507
Binärdateien 448
arbeiten mit 455
Hex-Dump 455
schreiben 451
vergleichen 453
binäre Serialisierung versus Datenkontrakt-Serialisierung 546
Binär und Dezimal, Umwandeln zwischen 143
BinaryFormatter 444
Deserialize( )-Methode 444, 447
Serializable-Attribut 445, 447
SerializationException 584
Serialize( )-Methode 444
BinaryReader 452
BinaryWriter 451
Binding-Objekt 512, 513
Bindung. *Siehe* Datenbindung
Bindungspfad 512
Eigenschaftstyp 525
Bitkomplement-Operator (~) 852
Blend for Visual Studio 2012 796
Blöcke (mit Code) 31, 62, 81
geschweifte Klammern weglassen 241
Boolesche Werte, Converter für 773
bool-Typ 67, 142, 144
Wahr/Falsch-Werte 68
Border-Steuerelemente 514
BottomAppBar-Eigenschaft 542
Boxing, Objekte und Structs 632, 640
Verpacken von Structs 641
break-Anweisungen 850

break-Schlüsselwort in case-Anweisung 437, 438
Button-Steuerelemente
  Button-Klasse 110
  Code zur Interaktion mit Objekten hinzufügen 131
  Content-Eigenschaft 73, 776
  Eigenschaften für Windows Desktop-App ändern 97
  etwas tun lassen 75
  Formular hinzufügen 130, 135
  MenuMaker-Projekt 517
  mit x:Name-Eigenschaft benennen 73
  Seite hinzufügen 54
  Text-Eigenschaft über Eigenschaften-Fenster ändern 90
  visuelle Zustände 778
  Windows Desktop-App hinzufügen 89
  XAML, Aussehen ändern mit Styles 775
by-Schlüsselwort 679
Byte-Arrays 425
  Text verschieben in 450
Byte-Order-Mark 460
byte-Type 142, 144
  umwandeln von zu großem int-Wert in 147

C

C#
  Anwendungscode 11
  case in 231
  kombinieren mit XAML 7
  Microsoft-Referenz für 853
  mit Visual Studio IDE nutzen, Fähigkeiten von 3
  und .NET Framework, Fähigkeiten von 875
  von Visual erstellte Dateien beim Anlegen eines neuen Projekts 4
  Vorteile von 2
C# 5.0 in a Nutshell 875
Callbacks 736–740
  versus Events 740
camelCase 231
Canvas-Steuerelement
  Canvas.Left-Eigenschaft animieren 791
  Ellipse-Steuerelement hinzufügen 26
  in Spielfeld verwandeln 24
  Kindsteuerelemente, Datenbindung und 792
  Steuerelemente binden an, mit ItemsPanelTemplate 793–795
  Windows Store-App hinzufügen 21
  ziehen, Änderungen an Eigenschaften Left und Top 26
Captain Amazing 612–616, 625, 626, 641, 647
case-Anweisungen 437, 438. *Siehe auch* switch-Anweisungen
case in C# 231
Casts 146–148
  arithmetische Operatoren, automatische Umwandlung mit 147
  automatisches Casting in C# 148
  decimal-Wert auf int-Typ 146
  Zahlen verpacken 147
  zu große Werte, automatische Anpassung in C# 147
catch-Blöcke 585, 587, 601
  in Debugger nachvollziehen 588–589
  mehrere, zur Verarbeitung von Exceptions unterschiedlicher Typen 596
  ohne Exception-Angabe 592
  Programme nach Fehlern weiterlaufen lassen 604
Charms 742–743
char-Typ 143, 144, 449
CheckBox-Steuerelemente 83
  Geburtstagsfeier-Projekt 243
  Text- und Checked-Eigenschaften in Eigenschaften-Fenster ändern 90
  Windows Desktop-App hinzufügen 89
CheckFileExists-Eigenschaft, OpenFileDialog 421
CheckPathExists-Eigenschaft, OpenFileDialog 421
Children-Auflistung, XAML-Steuerelemente 515
Clowns 117–119, 313
  Maxe der Clown 313, 734, 756
  Schreckclowns 313
CLR (Common Language Runtime) 57, 171
Code
  ähnlicher 248
  automatisch von der IDE erstellter 7, 81
  kopieren 107

Ratschlag zu Programmierübungen 112
Verdopplung vermeiden 251
wiederholen 247
Codeblöcke 31, 62, 81
geschweifte Klammern weglassen 241
Codevorlagen
Umordnen, um ein funktionierendes C#-Programm zu erstellen 82
zum Schreiben von for-Schleifen verwenden 71
zur Erstellung von Klassen verwenden 84, 127, 138
Collection<T>-Schnittstelle 865
Color.FromArgb( )-Methode 98
ComboBoxItem-Objekt 524
CommandsRequested-Event 743
Common Intermediate Language (IL) 857
Common Language Runtime (CLR) 57, 171
CommonStates-Gruppe 778
CompareTo( )-Methode 371
Compiler-Fehler, Klassen, die Schnittstellen implementieren 296
Console.Error.WriteLine( ) 458
Console.WriteLine( )-Methode 224
Container-Tags 7
ContentControl
mit StackPanel gruppieren 23
neues ContentControl-Objekt erstellen und Methode hinzufügen 32
Vorlage bearbeiten, leere erstellen ... 25
Windows Store-App hinzufügen 21
Content-Eigenschaft
Button-Steuerelemente 22
Benutzersteuerelemente 759
XAML-Steuerelemente 514, 515
continue-Anweisungen 850
ControlCollection-Objekt 494
Controls-Eigenschaft
Form-Klasse und 497
Steuerelemente, die andere Steuerelemente enthalten 494
ControlTemplate 25, 47, 775–776. *Siehe auch* Vorlagen
Convert( )- und ConvertBack( )-Methoden, Wert-Konvertierer 770
CreateDirectory( )-Methode 424
CreateFileAsync( )-Methode 549
Create( )-Methode 424
CryptoStream 418
.csproj-Dateien (Projektdateien) 56
AktuelleAbfrageergebnisse-Eigenschaft 662

D

DataContract-Attribute 547, 551
DataMember-Attribute 547, 551
DataModel-Ordner, Datenklassen hinzufügen zu 694
Dateidialoge 427
blockieren WinForms-Apps 540
Dateien
herausfinden, ob eine Datei existiert 424
Informationen ermitteln über 424
lesen aus oder schreiben in 424
(siehe auch Streams)
schreiben 436
Text anhängen an 424
ungespeicherte Dateien, angezeigt mit * (Asterisk) in IDE 58
Datei-I/O
FileIO-Klasse 540
Windows Store-Apps 537
Dateinamen, @ vor 413
Daten
aus mehreren Quellen zusammenziehen 652
Kategorien speichern 352
Datenbindung
an Auflistungen mit ObservableCollection 513
bidirektionale Bindung, Source-Eigenschaft abrufen und setzen 513
Canvas-Kindsteuerelemente und 792
entwerfen für 748
INotifyPropertyChanged, gebundene Objekte senden Aktualisierungen 526
Konvertierer, Werte automatisch konvertieren für 770

mit Datenvorlagen, Objekte anzeigen 524
mit dem MVVM-Muster für Datenbindung entwerfen 749
mit ItemsPanelTemplate Steuerelemente an ein Canvas binden 793–795
öffentliche Eigenschaften für Go Fish-Spiel umwandeln 528
TeamControl, XAML-Steuerelement (Beispiel) 754
XAML-Seiten mit Klassen verbinden 512
zur Erstellung der Speisekarte für den Strammen Max nutzen 516–521

Datenkontext 512, 756, 765, 793
für MenüMacher setzen (Beispiel) 517
für StackPanel und seine Kinder setzen 523
TeamControl (Beispiel) 754

Datenkontraktserialisierung 546
Datenkontrakt, Definition 547
ganze Objektgraphen in XML serialisieren 551
Mehrdeutigkeit auflösen in 556
Objekte im lokalen Ordner der App speichern 552–556
XML-Dateien 547

Datennavigation, Apps aufbauen 692–700

Datenvorlagen nutzen, um Objekte anzuzeigen 524

Deadly Diamond of Death 328

Debuggen-Menü
Debuggen beenden 99
Debuggen starten 56, 70
Fortsetzen 70
Prozedurschritt 70

Debugger 575, 579–581
Catch-Blöcke
den Ablauf verfolgen 588–589
mehrere 596
ohne Exception-Angabe 592
Delegates erforschen 733
die Veränderung von Variablen überwachen 69
Einzelschritt-Befehl 580
finally-Block 590
Punkt für Punkt 601
(siehe auch Exception-Handling)
try/catch-Ablauf verfolgen 588
Überwachen-Fenster 587
Methoden ausführen in 582
Verwendung für 587
wo man Haltepunkte setzen sollte 582

Debugging 579
Ausredeverwaltung 580–581
System.Diagnostics.Debug.WriteLine( ) 496
Windows Desktop-Apps in IDE 91

Debugging starten-Button 70

decimal-Typ 143, 144
für Finanzwerte nutzen 205
Versuch, einer int-Variablen einen decimal-Wert zuzuweisen 146

Dekrementoperator (- -) 68

Delegate, Definition 730

Delegates 739
Callbacks und 738
Definition 731
delegate-Typ 731
den Windows-Einstellungen-Charm nutzen 742
Events, Callbacks und 740
in Aktion 732–733
in Debugger erforschen 733
mehrere Events 718
mit einem Event verbinden 736–738
Windows Phone-App, Bienenalarm 841

Delete( )-Methode 424

DependencyProperty-Klasse 513

Desktopanwendungen 57

Destruktor 618

dezimale und binäre Zahlen, umwandeln zwischen 143

Dialogfenster 422–424
als Objekte 423
anpassen 425
Dateidialog 427
öffnen 421

DialogResult 421–423
Ausredeverwaltung 434

Dictionaries 387–389
Add( )-Methode 387
ContainsKey( )-Methode 387

Funktionsüberblick 388
in Programm nutzen 389
mit [ ] Objekte abrufen aus 866
Schlüssel 387
Schlüssel und Werte 388
zu den App-Ressourcen hinzufügen 784
Directory.GetFiles( )-Methode 435
Disabled-Zustand (Steuerelemente) 778
Dispose( )-Methode 429, 430, 602
außerhalb von using-Anweisung aufrufen 603
Finalisierer 622, 624
Objekt serialisieren in 623
using-Anweisung 620–622
DivideByZeroException 573, 578
Divisionsoperator (/) 68
DLL-Dateinamenserweiterung 854
Dokumentüberblick-Fenster, Steuerelemente verändern 25
Doppelpunkt-Operator 298
DoubleAnimation 779
Canvas.Left-Eigenschaft animieren 791
double-Typ 143, 144
Definition 142
Downcast 310
mit as-Schlüsselwort 331
scheitern 312
Schnittstellen 311

E

Editoren
einen weniger einfachen Texteditor aufbauen 542–545
Evolution von Texteditoren 62
Eigenschaften 116
Abendessen-Rechner reparieren mit (Beispiel) 232–234
Anweisungen in 229
automatische 225
Unterstützungsfelder anstelle von 336
erleichtern die Kapselung 223
Getter und Setter als 229
in Schnittstellen 304
Klassen 105
öffentliche 231
öffentliche Eigenschaften initialisieren 226
schreibgeschützte 225, 226
versus Felder 318
von Schnittstellen für Klasse gefordert 296
XAML-Steuerelemente 20
Eigenschaften-Fenster
Event-Handlers 42
Steuerelemente in Windows Store-Apps ändern über 22
Suchfeld, XAML-Eigenschaften finden mit 28
Transformationen 46
Windows Desktop-App-Steuerelemente einrichten über 90
zwischen Eigenschaften und Event-Handlern wechseln in 42
Einheiten, gerätunabhängige 507
Einstellungen-Charm 742
Info-Popup öffnen 822
Einstiegspunkt für ein Programm 92, 265
ändern 94
Elemente in einer Liste 524
Ellipsen 25
Ellipse-Steuerelemente
Bearbeiten, um Feinden das Aussehen von Aliens zu verleihen 46
Canvas hinzufügen 26
Empfänger von Events, verbinden mit Sendern 730
Emulatoren
Windows Phone-App, erfordert Hyper-V 833
Windows Phone-Apps ausführen in 833
Endlosschleifen 79
End-Tags 7
Entwicklerlizenz 51
Entwurf
Code mit Klassen- und Methodennamen intuitiv machen 120–121
intuitive Klassen 134
Trennung der Verantwortlichkeiten 278

Entwurfsmuster 740. *Siehe auch* MVVM-Muster
Callback-Muster 740
Fabrikmethoden-Muster 794
Model-View-Controller-Muster (MVC) 759
Model-View-ViewModel-Muster (MVVM) 748–749, 758–760, 769
Observer-Muster 740
Enumeration 352–353
enumerierbare Objekte, erstellen mit yield return 865–867
Enums 353–357
große Zahlen 354
Klasse erstellen, die Spielkarten modelliert 355, 356
versus Listen 367
Zahlen durch Namen repräsentieren 354
Equals( )-Methode 862–864
erben, Definition 249
Ergebnisse zufällig machen 168–169
Erstellen-Menü (IDE) 56
erweitern 250
Erweiterungsmethoden 642, 643
LINQ 653
Strings 644
Escape-Sequenzen 75
Event-Handler 214, 703
Ausredeverwaltung 432
automatische 710–711
etwas anderes als void zurückliefern aus 709
für Geburtstagsfeier-Projekt-Steuerelemente 244
für Tastenaktionen, Wisch- und Tippgesten im Invaders-Workshop 824
hinzufügen 709
hinzufügen für Button in Windows Desktop-App 90
hinzufügen zu Steuerelementen, um mit dem Spieler zu interagieren 42–44
Punkt für Punkt 739
Schlüsselwörter private oder public mit 214
Seitenwurzel, für Wisch- und Tippgesten 820
Stoppuhr-App-Benutzersteuerelement 768
Tastatur, für Invaders-Spiel 820
TextChanged-Event-Handler für TextBox 542
Typen 709
verknüpfen mit 718
wie sie funktionieren 704–705
EventHandler 706, 709
als Typ eines Delegates 739
Event-Handler für Gesten im Wurzelelemente der Seite angeben 820
Events 703–744
Abonnieren von
abonnierende Klassen 707
mögliche Probleme bei 735
wie es funktioniert 704–705
absetzen 527, 708
Absetzen von Events, für die es keine Handler gibt 708
beim Auslösen von Events Methoden angeben 708
Callbacks versus 740
Definition 703
Delegates 718, 739
Formulare 717
gebundene Steuerelemente über Änderungen in ObservableCollection informieren 526
kommunizieren mit Model in MVVM-Apps 759
Objekte, abonnieren von 735
Referenzvariablen 730
Routing-Events mit App erforschen 725–729
Routing-Events, XAML-Steuerelemente 724
Sender mit Empfängern verbinden 730
(siehe auch Event-Handler)
Stoppuhr-App, Model, Rest der App über Zustandsänderungen informieren 764
ViewModel, an View übergeben in MVVM-Apps 769
von Windows Store-Apps für Lebenszyklus-Management eingesetzt 720–723
wie sie funktionieren 704–705
event-Schlüsselwort 706
Exception, Definition 574
Exception-Handling xxi–xxviii
behandelte versus unbehandelte Exceptions 592
Catch-Block 585, 587
DivideByZeroException 573, 578
eine Zahl durch null teilen 573
einfache Ideen für 606

Exception-Objekt, das generiert wird, wenn eine Exceptio ausgelöst wird 574
Exceptions auslösen und abfangen 597
Exceptions erkennen 575
Exceptions in Konstruktoren 589
Finalisierer 625
Finally-Block 590
FormatException 578
für Benutzer unsichtbar 609
IDisposable-Schnittstelle, zum Aufräumen plementieren 602
IndexOutOfRangeException 578
mit Exceptions Fehler finden 577
NullReferenceException 573
OverFlowException 578
Programm mit Exceptions anhalten 592
Punkt für Punkt 601
(siehe auch Debugger)
spezielle Exception-Typen abfangen 592, 603
Try-Block 585, 587
unbehandelte Exceptions 582
unerwartete Eingaben 586
using-Anweisung 601
verarbeiten, nicht vergraben 604
verarbeiten versus beheben 605
warum es so viele Exceptions gibt 575
Exception-Objekt 574, 575, 601
Informationen zum Problem abrufen 595
Message-Eigenschaft 596
von Exception-Klasse erben 578
Exists( )-Methode 424
Extensible Application Markup Language. *Siehe* XAML

F

Fabrikmethode-Muster 794
Farben
Farbthema in Visual Studio auswählen 5
im Formularhintergrund über eine Animation durchlaufen 98
vordefinierte versus eigene erstellen 98
Farbgradient, XAML-Steuerelement hinzufügen 24
Fehler
Dateisystemfehler mit using-Anweisungen verhindern 430
DivideByZero 573
Kompilierungsfehler und Schnittstellen 296
ungültige Argumente 149
Fehlerbehandlung 592
Fehlerliste-Fenster 5
Fehler untersuchen 34
Kompilierungsfehler beheben 59, 62
Felder 33, 116
Formular hinzufügen 130, 132
maskieren 228, 235
Objekte, die die Felder anderer nutzen, Probleme 208
öffentliche 221
öffentliche Felder initialisieren 226
ohne Zugriff 214
private 211–216, 227, 231
Schnittstellen 297
Unterstützungsfelder, gesetzt von Eigenschaften 223
versus Eigenschaften 318
versus Methoden 116
FIFO (First In, First Out), Queues 402
FileInfo-Klasse 424
versus File-Klasse 460
File-Klasse 424
Close( )-Methode 460
Create( )-Methode 453
OpenWrite( )-Methode 453
ReadAllBytes( )-Methode 449, 450, 460
ReadAllLines( )-Methode 460
ReadAllText( )-Methode 427, 460
statische Methoden 460
versus FileInfo-Klasse 460
WriteAllBytes( )-Methode 449, 450, 460
WriteAllLines( )-Methode 460
WriteAllText( )-Methode 427, 449, 460
FileNotFoundException 603
FileOpenPicker-Objekt 540
FileSavePicker-Objekt 541

FileStreams 411
- BinaryReader 452
- BinaryWriter 451
- Bytes aus Datei lesen, in Datei schreiben 412
- erstellt und verwaltet von StreamWriter 413, 425
- versus StreamReader und StreamWriter 460

Filter-Eigenschaft
- OpenFileDialog-Objekt 422, 427
- SaveFileDialog-Objekt 423

Finalisierer 618
- Abhängigkeit von der Gültigkeit von Referenzen 622
- Dispose( )-Methode 622, 624
- Felder und Methoden 625
- Garbage Collection 619–621
- in, ausgelöste Exceptions 625

Finally-Block 590, 592
- try/finally 603
- using-Anweisungen 601

Finanzbeträge, decimal-Typ für 205

float-Typ 143, 144
- int-Wert hinzufügen zu, Umwandlung durch +-Operator 147

FlowLayoutPanel 427
- Controls-Eigenschaft 494

focused-Zustand, animieren 779

foreach-Schleifen
- auf alle Member von Stack oder Queue zugreifen 404
- basieren auf IEnumerable<T> 379
- from-Klausel in LINQ im Vergleich zu 670
- Listen 363, 364

Form1-Formular, Programme ohne 265

FormatException 578

Form-Objekt 494, 497

Formulare
- als Objekte 170–171
- Buttons hinzufügen zu 130, 135
- Events 717
- Methoden hinzufügen zu 131
- Variablen hinzufügen zu 130

for-Schleife 71, 77–81, 100

Frame-Eigenschaft, XAML-Seiten 659

Frame-Objekt 659

from-Klausel 656, 670, 673

Funktionen 330

G

Game Over-Text, Windows Store-Spiel hinzufügen 26

Garbage Collection 158, 171, 625
- Code, der sie automatisch auslöst, Gefahr von 618
- Finalisierer 619–621

GC.Collect( )-Methode 619, 625

GDI+-Grafik 489

Geburtstagsfeier-Projekt 238–246
- Code, der die Steuerelemente funktionsfähig macht 244
- das Programm testen 246
- Formular Steuerelemente hinzufügen 243
- Gebühr für Feiern mit mehr als 12 Personen 247
- Geburtstagsfeier-Klasse 239–242
- Party-Klasse erweitern 274–278

Geltung 316

generische Auflistungen 364, 367, 401–404

generische Datentypen 367

Gerät-Projekt 308–312
- Downcasting 310
  - Schnittstellen 311
- Gerät-Klasse 308
- Upcasting 309
  - Schnittstellen 311

gerätunabhängige Einheiten 507

geschweifte Klammern. *Siehe* { }, unter Symbole

Gestenverarbeitung in Invaders-Spiel 820, 824

GetFiles( )-Methode 424

GetLastAccessTime( )-Methode 424

GetLastWriteTime( )-Methode 424

Getter 223, 229
- Schnitstelleneigenschaften 304
- Schnittstellen mit Getter aber ohne Setter 301

GetType( )-Methode, Type-Klasse 861

Gleichheit
==-Operator, IEquatable und Equals( ) 862–864
Gleichheitsoperator (==) 72, 76
Go Fish!-Kartenspiel 390–400
goto-Anweisungen 851
GPS-Navigationssystem 103
Gradienten, XAML-Steuerelement hinzufügen 24
grafische Benutzerschnittstelle (siehe GUI)
Grids für Windows Store-App-Seite 506
einrichten 18
StackPanel versus 515
Steuerelemente hinzufügen zu 20
GridView-Steuerelemente 793
semantischen Zoom implementieren 685
Größer-als-Operator (>) 76
Großschreibung 231
GroupBox-Steuerelement 239
group by-Klausel 674, 679
group-Klausel 679
group-Schlüsselwort 673, 674
GUI (Graphical User Interface) 111
Workshop, 1, Ein Tag beim Rennen 194
GZipStream-Objekt 411

H

"Hallo Welt"-Programm, aus Eingabeaufforderung erstellen 857
Haltepunkte
einfügen in Code 69
wohin man sie stecken sollte 582
Handled-Eigenschaft, RoutedEventArgs-Objekt 724
Hausmodell-Übung 332–339
Verstecken spielen 339–346
Head First Labs-Website, Lösungen herunterladen von 112
Heap 118, 119
versus Stack 631–633
hebräische Buchstaben 449
Herausgeber/Abonnent-Muster 740
Hexadezimalwerte 448, 455
arbeiten mit 456
Hex-Dump 455
Hex-Dumper mit Datei-Streams aufbauen 456
StreamReader und StreamWriter 457
Hierarchie 249
Definition 255
Klassenhierarchie erstellen 254
Höhe und Breite, Windows Store-App-Seite 504
HorizontalAlignment-Eigenschaft, Steuerelemente 22
Hyper-V 833

I

IClown-Schnittstelle 300
erweitern 313–314
Zugriffsmodifizierer 316–317
ICollection<T>-Schnittstelle 666
IComparable-Schnittstelle 371
IComparer-Schnittstelle 372
Instanzen erstellen 373
komplexe Vergleiche 374
mehrere Klassen 373
SortBy-Feld 374
IDE (Integrated Development Environment) 2. *Siehe auch* Visual Studio IDE
Änderungen vornehmen in, IDE ändert Standarddateien 55
Dateien bearbeiten 56
Projektmappen erstellen (.sln-Dateien) 56
Visual Studio for Windows Phone IDE 834
was sie bei der Entwicklung von Anwendungen leistet 54
IDisposable-Schnittstelle 429, 603, 620
Dispose( ) als Alternative zu Finalisierern 622
Exceptions vermeiden 602
Streams implementieren 430
IEnumerable-Schnittstelle 652, 653, 865
foreach-Schleifen 379
ICollection<T>-Schnittstelle und 666
Upcasting einer vollständigen List mit 380
IEnumerator-Schnittstelle 866

IEnumerator<T>-Schnittstelle 866
IEquatable<T>-Schnittstelle 862–864
if-Anweisungen 149, 436
  Bedingungsausdruck konsolidieren 869
  in SchokoriegelController-Klassenmethode (Beispiel) 122
if/else-Anweisungen 72, 436
  Bedingungen einrichten und prüfen, ob sie zutreffen 76–80
  Erfahrung sammeln mit 83, 85
  KuchenText.Länge prüfen (Beispiel) 241
IL (Intermediate Language) 857
Index (Arrays) 166–167
Indexer 866
IndexOutOfRangeException 574, 578
Info-Popup, Einstellungen-Charm einrichten 822
Inhaltssteuerelemente 514
InitialDirectory-Eigenschaft, OpenFileDialog 422, 427
Initialisierung 133
InitializeComponent( )-Methode 228
Inkrementoperator (++) 68, 851
INotifyPropertyChanged-Schnittstelle 526, 757
Instantiierung, Schnittstellen 302
Instanzen 110
  Anforderungen für, nicht statische Methoden versus statische Methoden 115
  Definition 110
  Dinge nachverfolgen 116
  erstellen 117–119, 129
  Felder 116
Integer, in Code verwenden 155
Integrated Development Environment (IDE). *Siehe* IDE; Visual Studio IDE
IntelliSense (in Visual Studio) 59
interface-Schlüsselwort 297
Intermediate Language (IL) 857
internal-Zugriffsmodifizierer 315, 824, 856
Internet Explorer (IE), Info-Option 742
int-Typ 67, 142, 144, 145
  Casten von int-Variable auf byte-Typ (zu groß) 147
  deklarieren 155
  keine automatische Umwandlung in einen String 149
  Versuch, einen decimal-Wert einer int-Variablen zuzuweisen 146
  Wert zuweisen 155
  zu float-Wert hinzufügen, Umwandlung durch +-Operator 147
IRandomAccessStream 549
IsHitTestVisible-Eigenschaft 45, 724, 728–729
is-Schlüsselwort 304, 310
  as-Schlüsselwort versus 307
  von Unterklasse implementierte Klasse oder Schnittstelle prüfen 306
IStorageFolder-Schnittstelle 548
  Methoden für die Arbeit mit Dateien 548
IStorageItem-Schnittstelle 549
IsVisible-Eigenschaft 772
ItemsPanelTemplate, Steuerelemente an ein Canvas binden über 793–795
ItemsSource-Eigenschaft 792
  Elemente an ListView-, GridView- oder ListBox-Steuerelemente binden 793
IValueConverter-Schnittstelle 770

J

join-Klausel 677, 678, 679, 680
jump-Anweisungen 850

K

Kacheln 47
Kapselung 197–236, 461, xiii–xxviii
  als Prinzip der OOP 330
  automatische Eigenschaften 225
  Beispiel 222
  bessere, mit dem Modifizierer protected 318
  Definition 211
  Geburtstagsfeier-Klasse (Beispiel) 245

Ideen für 221
Navigator-Programm (Beispiel) 218
sauber gekapselte Klassen versus schlecht gekapselte Klassen 220
Vorteile für Klassen 217
Zugriff in Methoden, Feldern oder Eigenschaften steuern mit 212–217
Kathrins Geburtstagsplaner. *Siehe* Geburtstagsfeier-Projekt
Kathrins Partyplaner. *Siehe* Abendessen-Projekt
Keyboard-Event-Handler 820, 824
Key-Frame-Animations 780
Key-Frames, Definition 780
Kind 250
Klassen 60–62, 65, 92–94, 102–107
abonnieren 707
abstrakte (siehe abstrakte Klassen)
Ähnlichkeiten zwischen 134
Anweisungen in 81
Auflistungen 359
Code zwischen { } (geschweifte Klammern) 75
Desktop-App eine neue Klasse hinzufügen 94
entwerfen 103, 124–126, 128, 134, 239
Trennung der Verantwortlichkeiten 278
erstellen (Beispiel) 129
geschützte 315
herausfinden, ob eine Klasse eine Schnittstelle implementiert 304
Implementierung bestimmter Methoden und Eigenschaften mit Schnittstellen verlangen 296
Instanzen von, erstellen 117–119
interne 315
Kapselung 212–217, 220–221
konkrete 320
kopieren 107
Member 315
Methoden 61
mit Codevorlagen erstellen 84
mit using Elemente aus anderen Namenräumen einbinden 91
nach Gemeinsamkeiten suchen 253
Namensgebung 120–121
Namensräume 65
natürliche Struktur 122
nie instantiierte 319
Objekte aufbauen mit 109
öffentliche 315
organisieren 124
partielle 81
private 315
serialisierbare 445
statische 115
Vererbung. *Siehe* Vererbung
versiegelte 315, 643
versus Structs 640
warum manche nie instantiiert werden sollten 322
Klassenbibliotheken erstellen 854
Klassendiagramme 107
Abendessen-Klasse (Beispiel) 202
Klassen organisieren 124–126
Klassen planen mit 122
nach oben bewegen, nicht nach unten 265
private Felder und Typen 282
Klassenhierarchie 249, 254
Stock-Simulator 295
Klauseln in LINQ-Abfragen 654
Kleinbuchstaben, umwandeln in 231
Kleiner-als-Operator (<) 76
Klon-Klasse, IDisposable implementieren 620, 621
KnownFolders-Klasse 550
Kodierungen 412, 425
Unicode 448, 449
Kommandozeilenargumente 458
Kommentare
mit /// beginnende 92, 97
mit // in Code einfügen 75
mit /* oder // beginnende 69
/* und */ um mehrzeilige Kommentare 851
XML 543, 848
Kompilieren von Programmen mit Erstellen-Menü der IDE 56
konkrete Klassen 320
Konsolenanwendungen 266
Konstanten 202

Konstruktoren 227, 229
- Basisklasse und Unterklasse 273
- Exceptions in 589
- genauere Betrachtung von 228
- neue mit switch-Anweisung aufbauen 439
- ohne Parameter 228
- parameterlose 523, 528, 789

Konvertierer 770–773
- automatisch Werte für Bindungen konvertieren 770
- Convert.ToString( ) und Convert.ToInt32( ) 852
- Minuten und Sekunden in Winkel umwandeln 781
- mit vielen verschiedenen Typen arbeiten 772

Kovarianz 380

Kurzschlussoperatoren 851

L

Label für Objekte (siehe Referenzvariablen)

Label, Schleife mit goto-Anweisung und 851

Label-Steuerelemente
- animieren 180–181
- Button aktualisieren 75
- Eigenschaften über Eigenschaften-Fenster ändern 90
- Geburtstagsfeier-Projekt 243
- Windows Desktop-App hinzufügen 89

Lambda-Ausdrücke 870, 871

Launched-Event-Handler aktualisieren 723

Lebenszyklus, Windows Store-Apps 522

Leere App-Vorlage 4, 12, 58, 507
- StandardStyles.xaml-Datei 543

Length-Eigenschaft, Arrays 167

LIFO (Last In, First Out), Stacks 403

LINQ (Language Integrated Query) 649–700
- Abfrageanweisungen 670
- Abfragen 654
- Abfragen, Anatomie von 656
- Berechnungen auf Auflistungen durchführen 666
- Daten aus mehreren Quellen herausziehen 652
- Elemente verändern 666
- Ergebnisse gruppieren 673, 674
- Erweiterungsmethoden 653
- from-Klausel 670, 673
- Invaders-Workshop 817
- Join-Abfragen 680
- komplexe Abfragen mit 655
- LINQ to XML 872
- mit join zwei Auflistungen in einer Abfrage kombinieren 677, 678
- .NET-Auflistungn 653
- orderby-Klausel 670, 673
- select-Klausel 670
- Take-Anweisung 670
- Unterschiede zur restlichen C#-Syntax 667
- var-Schlüsselwort und 680
- versus SQL 657
- verzögerte Ausführung von Abfragen 667
- where-Klausel 670

LINQPad 690

ListBoxItem-Objekt 524

ListBox-Steuerelemente 793
- Windows Store Go Fish!-App-Seite 502

Listen
- Objekte liefern aus mit [ ] 866

List<T>-Klasse 359–376
- beliebige Typen speichern 364
- CompareTo( )-Methode 371
- foreach-Schleife 363, 378
- foreach-Schleife und IEnumerable<T> 379
- IComparable-Schnittstelle 371
- IComparer-Schnittstelle 372
- IComparer-Schnittstelle, Instanz erstellen 373
- IComparer-Schnittstelle, komplexe Vergleiche mit 374
- IComparer-Schnittstelle, mehrere Implementierungen 373
- Klasse zum Speichern eines Kartenstapels aufbauen 382–386
- mit Auflistungsinitialisierern erstellen 368
- sortieren 370
- Sort( )-Methode 370
- Stacks oder Queues umwandeln in 404
- Upcasting mit IEnumerable<T> 380
- versus Arrays 360–362
- versus Enums 367

wachsen und schrumpfen dynamisch 363
was Sie damit tun können 360
ListViewItem-Objekt 524
ListView-Steuerelemente 793
App zur Verwaltung von Tims Comic-Sammlung 664
Datenbindung an Eigenschaften in MenüMacher (Beispiel) 517
füllen mit einseitiger Datenbindung 516
semantischen Zoom implementieren 685
Literale 143, 172
logische Operatoren 851
kombinieren mit = 853
nutzen, um Bedingungen zu prüfen 76
&, | und ^ 852
long-Typ 142, 144
umwandeln in String 148

M

Main( )-Methode 92, 93
MainPage-Klasse 499
ManipulationDelta-Event 841
Event-Handler für 843
Margin-Eigenschaft
Button-Steuerelemente 22
Grid-Steuerelement 506
Maskieren von Feldern 228, 231
mathematische Operatoren 68
Mauszeiger, beim Debugging über einer Variablen schweben lassen 70
Mehrdeutigkeiten auflösen 556
Mehrdeutigkeit vermeiden 328
Mehrfachvererbung 328
Member (Klasse) 315
MemoryStreams 411
MessageBox.Show( )-Methode 95, 146
Argumenttyp entspricht Parametertyp nicht 148
Umwandlung von \n-Zeichen in Zeilenumbruch 397
MessageDialog-Objekt 538
Message-Eigenschaft, Exception-Objekt 578, 596
Methoden 60, 105
abstrakte 320, 323
Argumente müssen Typ der Parameter entsprechen 149
Argumente per Referenz übergeben 635
auf Klassen im gleichen Namensraum aufrufen 65
auf private Felder mit öffentlichen Methoden zugreifen 214
aus anderen Namensräumen zugreifbar machen 91
Code ergänzen für 32
Code zwischen { } (geschweifte Klammern) 75
Definition 31, 61
Delegates als Stellvertreter für 731
die Schlüsselwörter override und virtual 270
erstellen mit IDE 31–34
Erweiterungen (siehe Erweiterungsmethoden)
Formular hinzufügen 131
Getter und Setter versus 229
herausziehen 868
in Desktop-App-Klasse 93
mit out-Parametern mehrere Werte zurückliefern 634
Namensgebung 120–121
Navigator-Klasse (Beispiel) 104
Objekt 109
öffentliche 221
öffentliche, Großschreibung von Namen 231
ohne Rückgabewert 227
optionale Parameter, Vorgabewerte festlegen 636
private 213–214
Rückgabewerte 104
Schnittstellen implementieren 299–300
Signatur 229
spezifischste aufrufen 255
statische. *Siehe* statische Methoden
this-Schlüsselwort in 170
überladene (siehe überladene Methoden)
überschreiben 252, 260
verbergen versus überschreiben 268
verborgene, über andere Referenzen aufrufen 269
versus Felder 116
von Schnittstellen für Klassen verlangt 296
Microsoft Download Center 49
Microsoft-Referenz zu C# 853
Model 749. *Siehe auch* MVVM -Muster

Regeln für MVVM-Apps 769
Stoppuhr-App, mit Events die App über Zustandsänderungen informieren 764
using Model-Anweisung zu Anfang von ViewModel-Klassen 759

Model-View-Controller (MVC)-Muster 759

Model-View-ViewModel-Muster. *Siehe* MVVM-Muster

Multiplikationsoperator. *Siehe* * (Asterisk), unter Symbole

Muster. *Siehe* Entwurfsmuster

MVC-Muster (Model-View-Controller) 759

MVVM-Muster (Model-View-ViewModel) 745–806
Benutzersteuerelemente 753–757
Bienen und Sterne animieren, Programm für 796–805
Bildanimationen und 792
die Verantwortlichkeiten des Programms trennen 758
Diskussion zwischen Model und ViewModel 760
Einsatz zum Aufbau einer BasketballTeam-App 750–752
Entkopplung der Komponenten 781
Entscheidungen zur Implementierung 769
erleichtert spätere Bearbeitung des Codes 759
für Bindung und Daten entwerfen 749
Invaders-Spiel 810
Model kommuniziert mit dem Rest der App 759
Regeln für den Aufbau von Apps 769
Stoppuhr, analoge, mit ViewModel erstellen 781–785
Stoppuhr für BasketballTeam-Projekt 763–768
Windows Phone-App, Bienenalarm 836
Windows Phone-App, Bienenalarm, ViewModel 840
Zustand der App 762

N

Name-Feld, Eigenschaften-Fenster 22

Namensräume 81
Gründe für Verwendung 556
in C#-Programmen 60, 381
Klassen in 65
und Assemblies 854–857
von IDE für Windows Desktop-App generierte 92, 93
Windows Runtime und .NET Framework-Tools 57
XML 522

NavigatedFrom-Event-Handler 722

Navigation-Projekt 102–114
bessere Kapselung für Route-Klasse 218
Navigator-Klasse, Methode zum Setzen und Ändern von Routen 104

Navigation, seitenbasierte, in Windows Store-Apps 658

.NET Framework 875
Auflistungen 359, 653
eingebaute Klassen und Assemblies 315
Events auslösen, Muster für 527
für Windows Store-Apps 489
Garbage Collection 619
generische Auflistungen 401
generische Schnittstellen für die Arbeit mit Auflistungen 364
KnownFolders-Klasse 550, 556
Math.Min( )-Methode 113
Methoden überladen, von eingebauten Klassen 381
Namensräume 57, 60, 182
.NET für Windows Desktop 57
.NET für Windows Store-Apps 57
ObservableCollection<T>-Klasse für Datenbindung 513
Random-Klasse 168–169
Streams, Daten lesen und schreiben 410
Structs 627
System-Namensraum, Verwendung von 81
System.Windows.Forms-Namensraum 228
using-Anweisungen, zur Verwendung von Animationscode 34
versiegelte Klassen 642
vorgefertigte Strukturen 2
Werkzeuge in C#-Code verwenden 60
Zeilenumbrüche einfügen mit Environment.NewLine 397

NetworkStreams 411

new-Anweisungen
Array-Objekt erstellen 166
Klasseninstanzen erstellen 118
Konstruktor verwenden mit 227

new-Schlüsselwort 108
anonyme Typen erstellen mit 662, 663

beim Verbergen von Methoden verwenden 269
Schnittstellen 302
Nicht-gleich-Operator (!=) 76, 180
NICHT-Operator (!) 68
Normal-Zustand (Steuerelemente) 778
nullbare Typen 637
Programme robuster machen mit 638
Null-Operator (??) 851
NullReferenceException 573
null-Schlüsselwort 171
NumericUpDown-Steuerelemente 106, 151
Geburtstagsfeier-Projekt 243
\n (Zeilenvorschubzeichen) 75, 106, 143, 397, 413, 425

O

Oberklasse 250
ObjectAnimationUsingKeyFrames-Animation 780
Objekte x–xxviii
als Variablen 155
Array mit, durchlaufen 184
aus Klassen erstellen 109
Typ-Objekte (Beispiel) 128
Boxing 632
deklarieren 155
Downcasting 310
Event-Argument 706
Events abonnieren 735
Finalisierer (siehe Finalisierer)
ganze, mit Serialisierung lesen 444
Garbage Collection 158
Gefahren bei der gegenseitigen Verwendung von Feldern 208
in Objekt auf Felder zugreifen 211
Kapselung (siehe Kapselung)
Methoden versus Felder 116
mit anderen Objekten kommunizieren 170, 172
Navigator-Klasse programmieren mit (Beispiel) 108, 111, 113
null-Schlüsselwort 171
object-Typ 143
Zuweisungen an Variablen, Parameter oder Felder mit 149
Objektbaum 724
Objektwerte mit Objektanimationen animieren 780
Referenzen 303
Referenzvariablen (siehe Referenzvariablen)
Speicherung in Heap-Speicher 118
Steuerelemente als 180
Upcasting 309
versehentlich missbrauchen 210
versus Structs 629, 641
Werte zuweisen 155
Werttypen versus 628
Zustände 442
Objektgraphen 495–497
mit Datenkontraktserialisierung in XML serialisieren 551
mit IDE erforschen 497
Objektinitialisierer 133, 135, 227
öffentliche Felder und Eigenschaften initialisieren in 226
objektorientierte Programmierung (OOP) 330, 461
Objektreferenzen versus Schnittstellenreferenzen 318
ObservableCollection<T>-Auflistungen 513, 662, 726
Änderungen in, Event absetzen, um gebundene Steuerelemente zu informieren 526
Eigenschaften ändern und Steuerelementen Animationen hinzufügen 795
für Speisen in MenüMacher-Projekt verwenden 517
Observer-Muster 740
ODER-Operator (||) 434
ODER-Operator. *Siehe* | (Pipe-Symbol), unter Symbole
öffentliche Eigenschaften
Groß-/Kleinschreibung 231
initialisieren 226
öffentliche Felder 221
initialisieren 226
öffentliche Methoden 221
auf private Felder zugreifen 214
Groß-/Kleinschreibung 231

öffentliche Schnittstellen 297
Öffnen von Dialogfenstern 421
on … equals-Klausel 679
OnSuspending( )-Event-Handler 722
OOP (objektorientierte Programmierung) 330, 461
OpenFileDialog-Steuerelement 422, 427
OpenRead( )-Methode 424
OpenWrite( )-Methode 424
Operatoren 68
  Referenz zu den C#-Operatoren 853
  zusammengesetzt 154
optionale Parameter, Vorgabewerte setzen mit 636
orderby-Klausel 656, 670, 673
Ordner. *Siehe auch* Verzeichnisse; Dateien
  wichtige, Zugriff auf mit KnownFolders 550
OriginalSource-Eigenschaft, RoutedEventArgs-Objekt 724
out-Parameter
  die eingebaute Werttyp-TryParse( )-Methode verwenden 635
  Methoden mehrere Werte zurückliefern lassen 634
OverFlowException 578

P

Page-Objekt 498
  Instanz von MenüMacher erstellen und als Datenkontext verwenden 517
Parameter 104, 106
  Groß-/Kleinschreibung 231
  Verdecken von Feldern 228, 231, 235
  von Methoden 61
parameterlose Konstruktoren 523, 528, 789
partielle Klassen 65, 81
PascalCase 231
PictureBox-Steuerelemente 96, 251, 469
  aktualisieren 484
  Workshop, 1 Ein Tag beim Rennen 190, 192, 194
Pixel
  Begriffsverwendung in Bezug auf XAML-Layouts 507
  Ränder von Grid-Layouts 502, 506
PointerOver-Zustand (Steuerelemente) 778
PointerPressed-Event-Handler 726
Polymorphie 331
  als OOP-Prinzip 330
Pressed-Zustand (Steuerelemente) 778
  Animation von 780
private Felder 211–216
  deklarieren 231
  mit Konstruktoren initialisieren 227
private Methoden 213–214
  Zwischenergebnisse bei der Berechnung der Kosten im Party-Kosten-Rechner 232
private-Zugriffsmodifizierer 300, 315
Program-Klasse
  Code für Desktop-App gespeichert in 93
  Main( )-Methode 92
Programmdatei 56, 854
Programme
  Anatomie eines C#-Programms 60
  anhalten, wiederaufnehmen und beenden in IDE 35
  ausführen 35
  die IDE hilft Ihnen beim Programmieren 58
  mit Debugger Veränderung von Variablen beobachten 69
  Operatoren in 68
  Schleifen in 71
  Ursprung von C#-Programmen 56
  Variablen in 66
Programmiererreferenz für C# 853
Programmierung
  automatisch von Visual Studio IDE generierter Code 7
  C#-Code, für Syntax 32
  Vorteile der Verwendung von C# mit Visual Studio IDE 3
ProgressBar
  aktualisieren in Windows Store-App-Spiel 24
  Windows Store-App hinzufügen 21

Projekte
Projektdateien (.csproj) 56
Windows Store-Projekt erstellen 54
Projektmappendateien (.sln-Dateien), von IDE erstellt 56
Projektmappenexplorer 5
alles in einem Projekt zeigen 58
Form-Designer 96
zwischen offenen Projektdateien wechseln 58
PropertyChanged-Event 526
absetzen 527
protected-Schlüsselwort 317
protected-Zugriffsmodifizierer 315
Prozedurschritt (Debug) 70
public void-Methoden 301
public-Zugriffmodifizierer 315, 856
Klassen 65
Punkt für Punkt
Delegates 739
Event-Handler 739
Exception-Handling 601
Lists 364
Referenzvariablen 172
try/catch-Blöcke 601
Typen 172
Punktoperator (.) 68

Q

Queues 401
FIFO (First In, First Out) 402
foreach-Schleifen 404
in die Schlange stellen/aus ihr herausnehmen 402
umwandeln in Listen 404

R

Random-Klasse 168–169
Next( )-Methode 355
readonly-Schlüsselwort 795
ReadTextAsync( )-Methode 540
Rechner-Programm 604–605
vorübergehende Lösung 605
Rectangle-Steuerelemente
Canvas hinzufügen 26
durch Drehung in Raute verwandeln 27
für Spielgrenzen verwenden 483
Referenzen. *Siehe auch* Referenzvariablen
mit ref-Modifizierer als Referenz übergeben 635
Objekt 303
Objekt versus Schnittstelle 318
Schnittstelle 302–303
versus Werte 628
Referenzvariablen 156–158, 730
Arrays mit 167
auf eine Instanz einer anderen Klasse setzen 331
für Steuerelemente 181
Garbage Collection 158
Instanzen von Unterklassen zuweisen an 261
mehrere Referenzen auf ein Objekt 157
Nebenwirkungen von 160
unbeabsichtigte Änderungen 165
Zugriff auf unterschiedliche Eigenschaften und Methoden 311
Objekte, die mit anderen Objekten reden 170
Schnittstellentyp, auf Objekt zeigen, das die Schnittstelle implementiert 331
Unterklassenreferenz anstelle einer Basisklassereferenz verwenden 264
wie sie funktionieren 172
ref-Schlüsselwort 635
Reisekostenrechner 151–154
Remote Debugger, Sideloading von Apps 49
Remote Debugging starten 50
Rennbahn-Simulator-Projekt. *Siehe* Workshops, 1 Ein Tag beim Rennen
reservierte Wörter 150, 172, 182
return-Anweisung 61, 104, 105
riskanter Code xxi–xxviii
RoboBiene-Klasse 306
robust 584, 586, 592, 638
Rotationen 27

RoutedEventArgs-Objekt 724

Routing Events 724
  Benutzersteuerelemente 758
  mit Windows Store-App erforschen 725–729

\r (Return-Zeichen) 397, 425

RSS-Feed, LINQ to XML 873

Rückgabetyp 104, 105

Rückgabewert 61, 104

Rückgängig-Befehl (IDE) 81
  Änderungen an Steuerelementen rückgängig machen 23

S

SaveFileDialog-Steuerelement 423, 427
  Title-Eigenschaft 427

sbyte-Typ 142

Schleifen 71
  continue- und break-Schlüsselwörter 850
  einem Programm while- und for-Schleifen hinzufügen 77–79
    Endlosschleifen 79
  foreach. *Siehe* foreach-Schleifen
  für die Animationen in Windows Desktop-App nutzen 98–100

Schließen-Buttons, Windows Store-Apps und 522

Schlüsselwörter 150, 182
  Refernez für C#-Schlüsselwörter 853

Schnittstellen 296–318
  abstrakte Klassen und 320–322, 326
  abstrakte Methoden und 323
  Ähnlichkeiten mit Kontrakten 312
  andere Schnittstellen erweitern 305
  Anweisungen und 312
  Doppelpunktoperator 298
  Downcasting 311
  einfaches Verfahren zur Implementierung 312
  erweitern 643
  Felder 297
  generische, zur Arbeit mit Auflistungen 364
  Getter ohne Setter 301
  herausfinden, ob eine Klasse eine bestimmte Schnittstelle implementiert 304
  implementieren 299–301
  is-Schlüsselwort 304, 307
  IVersteck (Beispiel) 340
  Kompilierungsfehler 296
  Mehrdeutigkeit vermeiden 328
  mit interface-Schlüsselwort definieren 297
  Namensgebung 297
  new-Schlüsselwort 302
  Objektreferenzen versus Schnittstellenreferenzen 318
  öffentliche 297
  public void-Methoden 301
  Referenzen 302–303
    warum verwenden 318
  Upcasting 309, 311
  verlangen, dass ein Klasse Methoden und Eigenschaften implementiert 296
  Verwendung von Klassen in verschiedenen Situationen ermöglichen 298
  void-Methoden 300
  warum verwenden 312, 318

Schokoriegel-Steuerungssystem 120–126

schreibgeschützte Eigenschaften 225, 226
  Kosten-Eigenschaft, Abendessen-Rechner 232

ScrollViewer-Steuerelemente
  nur ein Steuerelement einbetten in 515
  Windows Store Go Fish!-App-Seite 502

sealed-Zugriffsmodifizierer 315, 643

Seiten
  in MVVM-Anwendungen 769
  Layout, Grid versus StackPanel 515
  Optionen für den Entwurf und die Erstellung von 525

seitenbasierte Navigation, Windows Store-Apps 658

Seitenüberschrift, Text ändern 23

SelectionChanged-Event-Handler 664

select-Klausel 670, 679

select new-Klausel 677, 679

Selector-Klasse 793

SemanticZoom-Steuerelement 684–690
  Comic-Verwaltung hinzufügen 686–691
  elementares XAML-Muster für 685

Sender von Events, mit Empfängern verbinden 730
senkrechter Strich 434
Sequenzen 666
  Definition 667
Serialisierung 440–449
  Datenkontrakt 546
  Finalisierer und 622
  herausfinden, wo sich serialisierte Dateien unterscheiden und sie dort verändern 454
  Kartenstapel serialisieren und deserialisieren 446–447
  Klassen serialisierbar machen 445
  Objekte in Datei serialisieren 448
  Objekt in Dispose( )-Methode serialisieren 623
  Objektzustände 442
  serialisierte Dateien manuell lesen und schreiben 453
  vollständige Objekte lesen 444
  was mit Objekten passiert 441, 443
Serializable-Attribut 445
SerializationException 584, 588
  BinaryFormatter 584
Setter 223, 229
  Schnittstelleneigenschaften 304
  Schnittstellen mit Getter aber ohne Setter 301
SettingsPane-Klasse 742
short-Typ 142, 144, 145
ShowDialog( )-Methode 421, 423
Signatur (Methode) 229
Simulator in Visual Studio, Windows Store-Apps ausführen 558
Skew-Transformationen 46
SortBy-Feld 374
Sort( )-Methode 370
Source-Eigenschaft, Image-Steuerelement, animieren 789
Source-Eigenschaft, mit bidirektionaler Bindung setzen oder abrufen 513
Speicher 118
  Stack versus Heap 631–633
Spezifikation 390
  Rennbahn-Simulation aufbauen 188
Spion-Projekt 212–214
Split-App-Vorlage, Projekt erstellen mit 692–700
  Bilder, Assets-Ordner hinzufügen 697
  SplitPage.xaml so verändern, das Comic-Daten angezeigt werden 698
  Unterstützungscode in ItemsPage.xaml.cs verändern 696
  Unterstützungscode in SplitPage.xaml.cs verändern 696
Sprites 795
SQL versus LINQ 657
Stack 401, 640
  Elemente entnehmen 403
  foreach-Schleife 404
  LIFO (Last In, First Out) 403
  umwandeln in Listen 404
  versus Heap 631–633
StackPanel 10, 13, 42, 500, 502, 504, 509, 515, 520, 524
  Ausredeverwaltung-Projekt 560
  DataContext-Eigenschaft setzen 517, 523
  Grid-Layout versus 515
  mit Öffnen- und Schließen-Buttons 543
  TextBlock und ContentControl gruppieren mit 23
  über Dokumentgliederung verändern 25
  Windows Store-App-Spiel 26
StackTrace-Eigenschaft, Exception-Klasse 578
Standardeigenschaften von Steuerelementen 515
Standardseite-Vorlage 502
StandardStyles.xaml-Datei 543
Start-Button, das Programm starten lassen 40
Startfenster, einem Programm hinzufügen 47
Start-Tags 7
static-Schlüsselwort 115
  Instanzerstellung und 117
statische Methoden 115
  wann man sie verwenden sollte 115
statische Ressourcen in XAML 522, 525, 528
  AppBar-Beispiel 543
Sterne und Bienen, Programm, das animiert 796–805
Steuerelemente 10
  an Canvas binden mit ItemsPanelTemplate 793–795
  animierte Label-Steuerelemente 180

auf Canvas verschieben 26
auf Formularen initialisieren mit InitializeComponent( ) 228
Auflistungen anzeigen, Datenbindung an Auflistung 513
Aussehen eines Typs mit Styles ändern 774–777
aus Werkzeugkasten auf Seite gezogene, generiertes XAML für 21
C#-Code für 11
Code hinzufügen, damit Steuerelemente mit dem Spieler interagieren 42–44
Datenbindung, XAML-Seiten mit Klasse verbinden 512
double-Eigenschaften, Animation für 779
in andere Steuerelemente einbetten 515
in MVVM-Anwendungen 769
in .NET für Windows Store-Apps 57
mit Eigenschaften das Aussehen ändern 22
Seite hinzufügen 54
Seitenlayout beginnen mit 502
Spiel in Windows Store-App funktionsfähig machen 24
UI-Steuerelemente mit C#-Code erstellen 786
visuelle Zustände führen zu Änderungen 778
Windows Store-App, auf einer Seite 500
WinForms-Apps 494–497
XAML, mit Text und mehr 514

Stil bearbeiten-Kontextmenü-Eintrag 73
Textstil für TextBlocks ändern 23

Stoppuhr-App 761–768
analoge Stoppuhr mit gleichem ViewModel aufbauen 781–785
Converter wandeln Werte für Bindungen um 770
Events in Model informieren App über Zustandsänderungen 764
letzte Feinarbeiten 768
View 765
ViewModel 766

Storyboard-Objekt
Begin( )-Methode 789
Garbage Collection für 791
SetTarget( )- und SetTargetProperty( )-Methoden 789

Storyboard-Tags 778
Pressed-Event, Animation einfügen für 780

Strammer Max, zufällige Speisekarten 168–169
bessere Speisekarte mit Datenbindung erstellen 516–525

Stream-Objekt 410
Read( )-Methode 458

StreamReader 417, 425
Hex-dump 457
versus FileStream 460

Streams 410
Bytes lesen aus, mit Stream.Read( ) 458
Dinge, die Sie damit tun können 411
Dispose( )-Methode 430
mit Streams Hex-Dumper aufbauen 456
Objekte serialisieren in 447
schließen 425
schließen vergessen 412
Text in Dateien schreiben 413
unterschiedliche Typen 411
using-Anweisungen 430
verketten 418

StreamWriter 413–417, 425
{0} und {1}, Variablen an Strings übergeben 425
Close( )-Methode 413
Hex-Dump 457
mit StreamReader verwenden 417
versus FileStream 460
Write( )- und WriteLine( )-Methoden 413, 414

StringBuilder-Klasse 853

String.IsNullOrEmpty( ) 282

Stringliterale 413, 425

String.PadLeft( )-Methode 852

Strings
aufspalten 439
Datenspeicherung im Speicher als Unicode 449
Erweiterungsmethoden 644
formatieren 205
in Byte-Array umwandeln 425
in Zahlen umwandeln 457
Kategorien von Daten speichern 352
Substring( )-Methode 457
Verkettung, automatische Typumwandlung mit +-Operator 148
Verkettungsoperator (+) 68

string-Typ 67, 142, 144, 151
in andere Typen umwandeln 148
Stringverkettungsoperator (+) 853
Zahlen oder Boolesche Werte in Strings umwandeln 147
Structs 627
Boxing 632, 641
Variablen eines anderen Struct-Typen zuweisen 630, 640
versus Klassen 640
versus Objekte 629
Styles, Erscheinung eines Typs Steuerelement ändern 774–777
Subtraktionsoperator. *Siehe* - (Minuszeichen), unter Symbole
Suspending-Event, Windows Store-Apps 720–723
OnSuspending( )-Event-Handler verändern 722
SuspensionManager-Klasse 721
switch-Anweisungen 437–439
neue Konstruktoren aufbauen mit 439
System.ComponentModel-Namensraum 527
System.Diagnostics.Debug.WriteLine( ) 496
System.IO.File-Klasse 540
System-Namensraum 81
System.Runtime.Serialization-Namensraum 547
System.Windows.Form-Klasse 497
System.Windows.Forms.Control-Klasse 497
System.Windows.Forms-Namensraum 93, 105, 129, 228

T

TabControl 239, 243
Tabellen versus Auflistungen 657
TableLayoutPanel 427, 469
Controls-Eigenschaft 494
TabPages-Eigenschaft 243
Tags, XAML 7
Take-Anweisung 670
TargetType-Eigenschaft, Style 775, 777
Task-Klasse (oder Task<T>) 557
TemplateBinding-Markup 776
Template-Eigenschaft, Steuerelemente 775
Text bearbeiten-Kontextmenü-Option
Text für Button in Windows Store-App ändern 22
Text für TextBlock-Steuerelement ändern 23
TextBlock-Steuerelemente 83
aktualisieren durch Button-Betätigung 75
Bindungspfad 512
Datenbindung auf Eigenschaften in MenüMacher (Beispiel) 517
Datenkontext 512
Game Over-Text für Windows Store-App 26
mit Dokumentgliederung verändern 25
Style-Eigenschaft 73
Text und Stil in Windows Store-App ändern 23
Windows Store Go Fish!-App-Seite 502
TextBox-Steuerelemente 106
bidirektionale Datenbindung 516, 517
Geburtstagsfeier-Projekt 243
TexChanged-Event-Handler hinzufügen 245
Text-Eigenschaft, Text verändern mit 544
TextChanged-Event-Handler 245, 542, 544
Texteditoren
weniger einfachen Texteditor erstellen 542–545
Text-Eigenschaft, XAML-Steuerelemente 514, 515
this-Schlüsselwort 170, 316
Event absetzen über 709
Felder von Parametern gleichen Namens unterscheiden 231, 235
im ersten Parameter einer Erweiterungsmethode 642
Workshop, 1 Ein Tag beim Rennen 191
Threading 860
throw, Exceptions neu auslösen mit 596, 601
Tiere, Vererbung, Programm 250–256
TimeNumberFormatConverter-Klasse 770
Timer
LabelBouncer-Animation (Beispiel) 181
Spielablauf steuern über 38
Tippgeste, Event-Handler in Wurzelelement der Seite registrieren 820
Tippspiel erstellen 176–179

Title-Eigenschaft, SaveFileDialog 423, 427
ToggleSwitch-Steuerelemente 725
ToString( )-Methode 148, 205, 354
  Karte-Objekt hinzufügen (Beispiel) 378
  überschreiben, um Objekt sich selbst beschreiben zu lassen 377
Transformationen
  in Eigenschaften-Fenster durchführen 46
  Rectangle um 45 Grad drehen 27
  Zeiger in analoger Stoppuhr 783
Trennung der Verantwortlichkeiten 234, 278
try-Blöcke 585, 587, 601. *Siehe auch* Exception-Handling
  im Debugger nachverfolgen 588–589
  using-Anweisungen und 601
try/catch/finally-Sequenz zur Fehlerverarbeitung 592. *Siehe auch* Exception-Handling
try/finally-Block 603. *Siehe auch* Exception-Handling
\t (Tabzeichen) 143, 413, 425
Typargument 364
Type-Klasse und GetType( )-Methode 861
Typen xi–xxviii
  Argument, Kompatibilität mit Parametertyp 149
  Arrays 166–167
  auf Objekte mit Referenzvariablen verweisen 156–158
  automatisches Casting in C# 148
  char 143
  Delegates 731
  für ganze Zahlen 142
  generische 367
  gebräuchliche Typen in C# 142
  gewaltige und winzige Zahlen speichern 143
  int-, string- und bool-Typ 67
  Literale 143
  mehrere Referenzen und ihre Nebenwirkungen 160–162
  Objekttypen 143
  Rückgabetyp 104
  Variablen 66–67, 144
  verschiedene Typen speichern Werte unterschiedlicher Größe 172
  Werttypen 146
Typen (Zwei Typen-Projekt) 128–133, 135–136
typeof-Schlüsselwort 659

U

überladene Konstruktoren 789
  Ausredeverwaltung 432
  einen Stream als Argument übernehmen 417
überladene Methoden 355
  eigene schreiben 381
Überschreiben von Methoden 271
  abstrakte Klassenmethoden 323
  override-Schlüsselwort 260, 266
    Verhalten erben mit 270
  verbergen versus 268
Überwachen-Fenster 70
UI (Benutzerschnittstelle)
  mit grafischem Designer entwerfen 3
  Steuerelemente mit C#-Code erstellen 786
UICommandInvokedHandler 742
UICommand-Objekt 539
UIElement-Basisklasse 795
uint-Typ 142
ulong-Typ 142
Umgestalten 868–869
unbehandelte Exceptions 582
  versus Exceptions 592
UND-Operator. *Siehe* & (Und-Zeichen), unter Symbole
unerwartete Eingaben 586
Ungültiges Argument-Fehler 149
Unicode 397, 448, 460, 514, 561
  Text umwandeln in 449
Unter der Lupe, Zugriffsmodifizierer 316–317
Unterklassen 248, 255, 259–261, 265, 272
  anstelle von Basisklasse verwenden 261
  Codeverdopplung mit Vererbung vermeiden 251
  geerbte Methoden überschreiben 260
  Instanzen von, übergeben 265
  Kinder und 250
  Konstruktoren 273

Oberklassenmethoden verbergen 268–269
Upcasting 309, 331
verändern 259–260
von Basisklasse erben 256
Unterstützungsfelder 223, 228, 336
Upcasting 309
aber nicht Downcasting 312
Schnittstellen 311
Unterklasse anstelle von Basisklasse verwenden 331
vollständige Liste mit IEnumerable<T> 380
ushort-Typ 142
using-Anweisungen 34, 430, 603
Dispose( ) 620
Exception-Handling 601
für Desktop-Anwendungen 92, 94
using System.Windows.Forms 93
in C#-Programmen 60

V

value-Parameter, Setter 229
Variablen 66, 144
Änderungen an mit Debugger nachverfolgen 69
Datentypen 142
Deklaration 66
Deklaration mit Typ und Name 75
Formular hinzufügen 130, 132
Namensgebung 154
passende Typen von Parametern 149
Referenzen (siehe Referenzvariablen)
umbenennen 869
Werte zuweisen zu 67
Datentyp und 146
Wert von 66
var-Schlüsselwort 654, 680
Verbergen von Methoden 271
mit anderer Referenz verborgene Methoden aufrufen 269
mit new-Schlüsselwort 269
Überschreiben versus 268
Vererbung 247–292
als OOP-Prinzip 330
aus Unterklasse mit base-Schlüsselwort auf Basisklasse zugreifen 272
Basisklassenmethoden, die eine Unterklasse verändern muss 259
Bienenstockverwaltung erweitern mit (Beispiel) 287–291
Codeverdopplung in Unterklassen vermeiden mit 251
die Schlüsselwörter override und virtual nutzen, um Verhalten zu erben 270
Instanz einer Unterklasse übergeben 265
jede Unterklasse erweitert ihre Basisklasse 255
Klassen, die man nicht erweitern kann 643
Klassenhierarchie aufbauen 254
Klassenhierarchie, Bienenstock-Simulator 295
Klassen mit Einstiegspunkt 265
Klassenmodell von allgemeinen zu spezifischeren Klassen aufbauen 249
Konstruktoren für Basisklasse und Unterklassen 273
mehrere 328
mit Doppelpunkt eine Basisklasse erweitern 256
nach Klassen suchen, die vieles gemeinsam haben 253
Party-Basisklasse für die Klassen Abendessen und Geburtstagsfeier 274–278
Schnittstelle 305
Schnittstelle, implementierende Klasse 306
(siehe auch Schnittstelle)
Terminologie 250
Unterklasse anstelle von Basisklasse nutzen 261
Unterklassen 259–260
Zoo-Simulator entwerfen 250
Verketten von Events 709, 718
Verkettungsoperator (+) 68
automatische Typumwandlung mit 148
Veröffentlichen von Apps im Windows Store 48
Verstecken-Spiel 339–346
Verteilungspaket 11
VerticalAlignment-Eigenschaft, Steuerelemente 22
Verzeichnisse
Liste von Dateien abrufen 424
löschen 424
neue erstellen 424
verzögerte Auswertung 667

View 749. *Siehe auch* MVVM-Muste
 für einfache Stoppuhr aufbauen 765
 Regeln für MVVM-Apps 769
 Stoppuhr-App, Buttons, die Methoden im ViewModel aufrufen 768
ViewModel 749. *Siehe auch* MVVM-Muster
 BasketballTeam-Projekt 755–757
 Regeln für MVVM-Apps 769
 Stoppuhr-App 766
 using Model-Anweisung zu Anfang der Klasse 759
virtual-Schlüsselwort 260, 266
 Verhalten erben mit 270
virtuelle Maschinen 171
virtuelle Methoden 265
Visibility-Enum 772
Visible-Eigenschaft, Formulare oder Steuerelemente 99
Visual Designer 3
 Benutzerschnittstelle bearbeiten 5
Visual Studio 2013 Express-Versionen
 Einrichten xxxvi
Visual Studio für Windows Phone IDE 834
Visual Studio IDE 2–7
 Änderungen vornehmen in, Änderungen am Code 96
 automatisch generierter Code von, Umgang mit 81
 Fensterlayout zurücksetzen, Fenster-Menü 35
 Methode extrahieren-Einrichtung, Umgestalten-Menü 869
 mit C# verwenden, Fähigkeiten von 3
 neues Projekt erstellen 4
 Remote Debugger 49
 Rückgängig-Befehl und automatisch generierter Code 81
 Überwachen-Fenster in Visual Studio 2013 für Windows 498
 unterschiedliche Teile erforschen 5
 unterstützt Sie beim Programmieren 58, 62
 Visual Studio 2013 für Windows Desktop 89
 Windows Store-Apps im Simulator ausführen 558
 XAML-Designer, Aufforderung, Code neu zu erstellen 556
visuelle Zustände, Steuerelemente auf Änderungen an reagieren lassen 778
void-Methoden
 öffentliche 301
 Schnittstellen 300
void-Rückgabetyp 104, 105, 121, 131
void-Schlüsselwort, vor Methoden 61
vollständig qualifizierte Namen 60
Vorfahren 250
Vorlagen. *Siehe auch* die Namen der im Eintrag erscheinenden Vorlagen
 Feind-Vorlage für Windows Store-App-Spiel erstellen 25
 für Feinde bearbeiten (Beispiel) 46

W

Werkzeugkasten 5
 Alle XAML-Steuerelemente-Bereich 21
 erweitern 89
 Häufig verwendete XAML-Steuerelemente-Bereich 20
Werte versus Referenzen 628
Wertkonvertierer 770–773
 automatisch Werte für Bindungen konvertieren 770
 mit vielen verschiedenen Typen arbeiten 772
Werttypen 142, 172
 ändern 172
 bool (siehe bool-Typ)
 byte (siehe byte-Typ)
 Casting 146–148
 char (siehe char-Typ)
 decimal (siehe decimal-Typ)
 double (siehe double-Typ)
 int (siehe int-Typ)
 long (siehe long-Typ)
 mehr Informationen zu 146
 sbyte 142
 short (siehe short-Typ)
 Structs als 629
 TryParse( )-Methode mit out-Parametern 635
 uint 142
 ulong 142
 ushort 142

Variablentyp entspricht Parametertyp 149
versus Objekte 628
where-Klausel 656, 670
while-Schleifen 71, 77–81, 100
continue- und break-Schlüsselwörter in 850
Endlosschleifen 99
Whitespace, zusätzlicher, in C#-Code 75
Windows 8 11, 874
Windows 8 Camp Training Kit 846
Windows App Certification Kit 48
Windows Desktop
App erstellen 87–100
Animationen 98–100
den Einstiegspunkt eines Programms ändern 94
Einstiegspunkt, Main( )-Methode 92
in der IDE vorgenommene Änderungen und Änderungen im Code 96
Kernpunkte einer Desktop-Anwendungen 93
MessageBox.Show( )-Methode 95
Windows Einstellungen-Charm nutzen 742
Windows Forms Application-Projekt erstellen 88
Windows Phone-App erstellen 831–844
Benutzersteuerelemente 838
bevor Sie loslegen 833
Bienenalarm-Spiel 832
BienenalarmSpielControl der Hauptseite hinzufügen 844
BienenalarmSpielControl zur Verwaltung des Spiels 842
C#-Unterstützungscode für BienenControl 839
Model, View und ViewModel für Bienenalarm-App erstellen 836
neues Windows Phone-Projekt erstellen 834
Windows Phone Dev Center-Konto 833
Windows Presentation Foundation. *Siehe* WPF
Windows Presentation Foundation (WPF) 874
Windows-Rechner 143
Windows Runtime, Namensraum für Werkzeuge in 57
Windows.Storage.IStorageFolder 548
Windows.Storage-Namensraum 540
KnownFolders-Klasse 550
Windows Store-Apps xix–xxviii
Apps im Windows Store veröffentlichen 48
Ausredeveraltung neu erstellen als 558–568
bessere IO-Werkzeuge 537
das Dateisystem schützen 548
Datenbindung, XAML-Seiten mit Klassen verbinden 512
GoFish!-Formular als App-Seite neu gestalten 500–506
Seitenlayout mit Steuerelementen beginnen 502
Seiten mit Grid-System aufbauen 506
Umwandlung abschließen 528–534
Zeilen und Spalten, Größe bei Änderung der Bildschirmgröße anpassen 504
INotifyPropertyChanged, gebundene Objekte Aktualisierungen senden lassen 526
in Visual Studio-Simulator ausführen 558
mehr zur Programmierung erfahren 846
mit await reaktionsfähiger machen 538
mit Datenbindung bessere Speisekarte aufbauen 516–521
mit Datenvorlage Objekte anzeigen 524
mit Events den Lebenszyklus der App steuern 720–723
mit statischen Ressourcen Objekte im XAML deklarieren 522
mit WPF erstellen auf Systemen vor Windows 8 11
mit XAML UI-Objekte erstellen 498
.NET für, Werkzeuge zur Erstellung von Apps 57
neue Projekte erstellen für 54
Seitennavigation mit der IDE erforschen 659
Texteditor 542–545
Tims Comic-Sammlung verwalten 658, 660–666, 668
semantischer Zoom 686–690
Split-App für die Navigation von Daten 692–700
Werte gruppieren 674
Windows Desktop-Forms-Apps umgestalten als 508–511
Windows.UI-Namesraum 786
Windows UI Steuerelemente. *Siehe* Steuerelemente
Windows.UI.Xaml.Conrols-Namensraum 57
Windows.UI.Xaml-Namensraum 795

WinForms-Apps
Apps mit BackgroundWorker reaktionsfähiger machen 858–860
GDI+-Grafik 489
Gründe, sie zu lernen 515
mit System.IO.File Dateien lesen/schreiben 540
versus Windows Store-Apps 489
von IDE eingerichteten Objektgraphen nutzen 494
WinkelConverter-Klasse 781
Workshops
1 Die Suche 187–196
Anwendungsarchitektur 192
fertige Programmdatei 196
GUI 194
Hunde-Array 192
PictureBox-Steuerelement 190, 192, 194
RadioButton-Steuerelemente 192
this-Schlüsselwort 191
Typ-Array 192
Typ-Klasse 191
Typ-Objekt 193
Wette-Klasse 191
Wette-Objekt 193
Wettstube-GroupBox 195
Windhund-Klasse 190
2 Die Suche 465–486
Beweger-Klasse 474–475
Beweger-Klasse, Quellcode 475
BlauerTrank-Klasse 482
Feind-Klasse 478
Feind-Unterklassen 479
Fledermaus-Unterklasse 479
Formular delegiert Arbeit an Spiel-Objekt 471
Formular, erstellen 468–469
Formular, FigurenAktualisieren( )-Methode 484
Formular, Teile zusammenfügen 483–485
Geist-Unterklasse 479
Ghoul-Unterklasse 479
Ideen zu Verbesserung des Spiels 486
IPotion-Schnittstelle 482
Keule-Unterklasse 481
Objekte, Spieler, Feind, Waffe und Spiel 470
RoterTrank-Klasse 482
Schwert-Unterklasse 481
Spieler-Klasse 476
Spieler-Klasse Angreifen( )-Methode 477
Spieler-Klasse Bewegen( )-Methode 477
Spiel-Klasse 472–473
Waffe-Klasse 480
Waffe-Unterklassen 481
3 Invaders 807–830
abgegebene Schüsse 828
Architektur 810
Arten von Invadern 809
auf Gesten und Tastatureingaben reagieren 820
Benutzereingaben verarbeiten 824
Bewegung 809
das Seitenverhältnis des Spielfelds bewahren 819
Ergänzungen 829
InvadersHelper-Klasse für ViewModel 821
InvadersModel-Klasse 814
InvadersModel-Klasse füllen 816
InvadersModel-Klassenmethoden 815
Invaders-Seite für den View erstellen 818
InvadersViewModel-Klassenmethoden 825
LINQ 817
mit Einstellungen-Charm Info-Popup öffnen 822
Objektmodell für das Model 812
Schiff des Spielers, bewegen und sterben 827
Spiel-Klasse 814
Spiel-Klasse füllen 816
Steuerelement für große Sterne 821
View aktualisieren, wenn der Timer tickt 826
ViewModel aufbauen 823
Wörterbücher. *Siehe* Dictionaries
WPF (Windows Presentation Foundation) 11, 13, 874

X

XAML 489
Anwendungscode 11
Auswirkungen von Änderungen in der IDE auf den Code 55
Datenbindung in 512
Definition 7
Eigenschaften 20, 28, 37
Steuerelemente ändern über 22
Flexibilität bei der Tag-Abfolge 508
generiert, für aus Werkzeugkasten auf Seite gezogene Steuerelemente 21

mit C# kombinieren, grafische Programme erstellen 3
mit statischen Ressourcen Objekte deklarieren in 522
Seitendesign mit, WinForms versus 515
Steuerelemente, die Text und andere Steuerelemente enthalten 514
UI für Windows Store-Apps erstellen mit 498
vom Projektmappen-Explorer erstellte Dateien, wenn in Visual Studio ein neues Projekt erstellt wird 4
Vorlagen bearbeiten 46
Windows Desktop-Formulare neu gestalten in 508–511
Windows Presentation Foundation (WPF) 874
XML
Ausgabe von Datenkontraktserialisierer 551
Kommentare 97, 848
LINQ to XML 872
Namensräume 547, 843
xmlns 522, 755
x:Name-Eigenschaft 73
x:Name- und x:Key-Eigenschaften, statische Ressourcen 525
XOR-Operator (~) 852
XOR-Operator (^) 863

Y

yield return, enumerierbare Objekte erstellen mit 865–867

Z

Zahlen
Datentypen für 142
dezimale in binäre umwandeln 143
über Enums mit Namen darstellen 354
Zeichenkatalog (Charmap.exe) 448, 449, 776
Zeilenumbrücke. *Siehe auch* \n; \r
XAML-Text-Steuerelementen hinzufügen 514
Zeilen und Spalten, Größe in Windows Store-App-Seite ändern 504
Auto-Einstellung 507
für Zeilenhöhe und Spaltenbreite * verwenden 507
Zielportal, zu dem der Spieler den Menschen zieht (Spiel-Beispiel) 27
Zoom-Geste 684
Zoom, SemanticZoom-Steuerelement 684–690
Zoo-Simulator-Projekt 250–256
Basisklasse erweitern 255
Klassenhierarchie 254
zuÄndernderText-Eigenschaften 499
Zu Definition gehen 429
Informationen zu Klassen erhalten, die nicht Teil Ihres Projekts sind 548
Zufallszahlen generieren 214
Zugriffsmodifizierer 315–317, 856
Geltung 316
internal 315
private 315
protected 315
protected versus private oder public 318
public 315
sealed 315
zusammengesetzte Operatoren 68, 151, 154
Zustand 759
Änderungen in, Stoppuhr-App 764
auf Zeitmessung bezogener Code 769
Relevanz für MVVM 762
Zuweisung 15, 77, 81
=-Operator 851
Werte zu Variablen 67
Zuweisungsoperator (=) 72. *Siehe auch* = (Gleich-Zeichen), unter Symbole